ET. Teatro
572

L'intera opera di Eduardo De Filippo è pubblicata da Einaudi

Eduardo De Filippo
Cantata dei giorni pari

A cura di Anna Barsotti

Einaudi

© 1956, 1959, 1962, 1966, 1971 e 1998 Giulio Einaudi editore s.p.a., Torino

www.einaudi.it

ISBN 978-88-06-17291-6

Il romanzo teatrale eduardiano.

Ci sono due modi di accostarsi al teatro di Eduardo: lo si può leggere come un romanzo teatrale, lo si può rileggere come uno fra gli esempi piú complessi di drammaturgia consuntiva novecentesca. Se infatti le commedie di Eduardo sembrano testi preventivi, di fatto (come vedremo) rappresentano la verifica, la messa in discussione e l'accrescimento della sua «memoria di attore»[1], e di attore-capocomico, precedentemente accumulata.

Egli ha comunque scritto e rappresentato le sue commedie una dopo l'altra, come se si trattasse dei capitoli di un romanzo: nel quale l'artista trinitario (attore-autore e regista) si riserva una parte importante (si proietti o meno nel personaggio protagonista). Queste commedie spesso si assomigliano ma non appaiono mai gratuite o ripetitive: si è contenti di ritrovare nell'ultima elementi che comparivano nelle precedenti, ed anche elementi nuovi che ci rivelano a che punto il *pensiero del teatro* del loro autore sia giunto su determinati problemi della vita. Problemi che fanno capo sempre – per Eduardo – al «conflitto fra individuo e società»:

> tutto ha inizio, sempre da uno stimolo emotivo: reazione a un'ingiustizia, sdegno per l'ipocrisia mia e altrui, solidarietà e simpatia umana per una persona o un gruppo di persone, ribellione contro leggi superate e anacronistiche [...], sgomento di fronte a fatti che, come le guerre, sconvolgono la vita dei popoli[2].

---

* Si ripropone con qualche leggero ritocco (e qualche aggiunta bibliografica in nota) l'Introduzione dal teatro di Eduardo già pubblicata nel primo volume della *Cantata dei giorni dispari*, uscito a nostra cura negli «Einaudi Tascabili» nel 1995.

[1] Siro Ferrone, *Scrivere per la compagnia*, in aa.vv., *Scrivere il teatro*, a cura di Franca Angelini, Bulzoni, Roma 1990, p. 65. Ma per le due definizioni di drammaturgia «preventiva» e «consuntiva» si rimanda a quanto lo stesso Ferrone ha avuto occasione di precisare in aa.vv., *Non cala il sipario. Lo stato del teatro*, a cura di Jader Jacobelli, Laterza, Roma-Bari 1992, pp. 97-102.

[2] Eduardo De Filippo, *Nota* introduttiva a I *capolavori di Eduardo*, Einaudi, Torino 1973, p. VII. Eduardo riprende in questa nota il discorso, *Il tea-*

D'altra parte il suo romanzo viaggia sul filo di *un'ambiguità* eminentemente *teatrale*: è un'opera con tanti cassetti segreti, piena di doppi fondi, trucchi e sorprese: facilissima da capire anche per un fanciullo, ma difficile da intendere in profondità, perché della realtà cui rimanda per metafore (personaggi e oggetti dotati di un'estrema varietà di sensi e di suggestioni) esprime anche tensioni negate, bisogni nascosti, paure inconsapevoli. Del *teatro del mondo* il suo romanzo intreccia molteplici aspetti: il piano della storia, che si radica nel retroterra e nel retrotempo mediterraneo-regionalistico, senza mai cessare di rapportarsi all'intero paese e all'oggi; il piano del reale, puntigliosamente documentato, ma anche quello del fantastico, nell'oscillazione continua fra la rappresentazione dell'individuo *isolato* in un mondo che non lo capisce e la resa dei suoi tentativi di costruire un rapporto di comunicazione con gli *altri*. Altri come personaggi, altri come spettatori: perché in quella folla di personaggi-uomo, buffoneschi e melodrammatici, lieti e minacciosi, là in un angolino della foto di gruppo... ci siamo anche noi!

Nel romanzo teatrale eduardiano lo spettatore è previsto («perché non solo quando recito, ma già quando scrivo il pubblico io lo prevedo»[3]) e agisce, modernamente, quale concorrente del personaggio: concorrente ma interlocutore indispensabile. Unendo il particolare all'universale, restringendo la proporzione ma innalzando il significato della Storia, nelle sue storie di conflitti interiori e interpersonali (che girano attorno al contrasto fra l'individuo disarmato e la forza del potere) l'autore ha abbassato l'altezza del mondo in modo che tutti possiamo toccarlo. Ciò non significa che la morale del suo romanzo teatrale sia consolatoria[4], è anzi una «morale storica», se il senso della storia è (come afferma Villari) nella «problematicità del reale». La sua morale è «nella superiore consapevolezza della difficoltà

---

tro e il mio lavoro, tenuto all'Accademia dei Lincei in occasione del premio «Antonio Feltrinelli» per il teatro conferitogli nel 1972.

[3] Ivi, p. IX.

[4] Nel suo discorso improvvisato per il funerale del «maestro» (dichiara di dover molto sia a lui che a Pirandello), Dario Fo osservava che l'arte di Eduardo è stata interpretata spesso in modo sbagliato da critici e intellettuali «ne hanno sottolineato gli aspetti di rassegnazione e di rinuncia, ma nella sua drammaturgia, nel suo modo di usare l'arma dell'ironia come strumento di denuncia dell'ingiustizia, non c'erano né rassegnazione né rinuncia» (cfr. *Testimonianze* in appendice al catalogo della mostra *Eduardo De Filippo. Vita e opere, 1900-1984*, Mondadori, Milano 1986, p. 189).

e problematicità del vivere e dell'agire»[5], perciò Eduardo l'affida alle forme di un teatro il cui «difficile e problematico» impegno civile non sia neppure mostrato. In tal senso va inteso il suo paragone con Fo: «Io non ho mai avuto il coraggio di togliermi completamente la maschera, Dario Fo invece è un Pulcinella che si è tolto la maschera»[6]; e anche il suo aforisma: «Scrivere una commedia impegnata è facile; il difficile è impegnare il pubblico ad ascoltarla»[7].

Eduardo credeva nel valore di scambio fra *teatro* e *vita sociale*. Si era posto l'obiettivo di percorrere quella «sottile e difficile linea di confine tra l'invenzione poetica, la fantasia e la vita», che nel teatro è il limite del *come se*[8], immaginando che questo limite potesse essere attraversato nei due sensi e che la dura realtà potesse essere regolata dall'«orologio della fantasia». «Nu relogio cumpiacente» ma che batte con il ritmo giusto, al contrario: «fa tà-tí, tàtí, nun fa tí-tà...»[9]. Diceva: «Teatro significa vivere sul serio quello che gli altri, nella vita, recitano male»[10]. Naturalmente dalla parte dell'uomo che nonostante tutto crede o spera nell'armonia delle forze della ragione (qui è la chiave antifrastica della sua famigerata misantropia), ci ha dato *antieroi* che caparbiamente restano fedeli a se stessi (Sik-Sik, l'artefice magico, Luca Cupiello) o maturano soprattutto quando nel cielo rombano i motori del Male (Gennaro Jovine). Il protagonista eduardiano è un eroe del nostro tempo, non tragico, bastona-

[5] Lucio Villari, *Eduardo: il senso e la malinconia della storia*, in «Nuovi Argomenti», n. 15, luglio-settembre 1985, p. 4.

[6] Da un'intervista a Gigi Dall'Aglio (che ha lavorato con Eduardo a una nuova versione del *Figlio di Pulcinella* per la compagnia del Collettivo) raccolta da Stefano De Matteis il 15 marzo 1987, cit. in Stefano De Matteis, *Identità dell'attore napoletano*, in «Teatro e Storia», v, n. 1, aprile 1990, p. 104 n.

[7] Eduardo De Filippo, in *Eduardo, polemiche, pensieri, pagine inedite*, a cura di Isabella Quarantotti De Filippo, Bompiani, Milano 1985, p. 164.

[8] La legge del «come se», già trasferita da Lotman dal mondo del gioco infantile a quello del teatro (cfr. Jurij M. Lotman, *Semiotica della scena*, trad. it. in «Strumenti critici», n. 44, febbraio 1981), è assunta come regola specifica del gioco teatrale da Siro Ferrone, in *Attori mercanti corsari. La Commedia dell'Arte in Europa tra Cinque e Seicento*, Einaudi, Torino 1993; e da Tessari nell'*Introduzione* al volume di Roberto Alonge, Roberto Tessari, *Lo spettacolo teatrale*, LED, Milano 1996. Si rinvia comunque, per l'identificazione del fenomeno nel teatro di Eduardo, al nostro libro *Eduardo drammaturgo (fra mondo del teatro e teatro del mondo)*, Bulzoni, Roma 1988, pp. 237-57.

[9] Eduardo De Filippo, *Fantasia* (1956), in *Le poesie di Eduardo*, Einaudi, Torino 1975, p. 73.

[10] Eduardo De Filippo, cit. da Lucio Villari, *Eduardo: il senso e la malinconia della storia* cit., p. 4.

to[11], ma che raramente si arrende, e impara: o, se non impara lui, imparano gli altri...

Da qui anche la coerenza della scelta comica di Eduardo, con tutte le sue sfumature di intelligente amarezza: l'umorismo è per lui «la parte amara della risata», nasce «dalla delusione dell'uomo che per natura è ottimista»[12]; perciò egli mette in scena le *tragedie* che si consumano nella quotidianità di uomini normali, provocate dall'incomprensione, dalle frustrazioni, dalla volontà di illudersi, ma che non giungono mai (o quasi mai) ad uccidere lo spirito della *commedia*, perché tendono a risolversi nella consapevolezza. Al fondo delle sue storie di vita c'è la convinzione, che lo sorregge anche nei momenti piú difficili, che il contributo del teatro alla presa di coscienza è tanto piú efficace quanto piú il pubblico ride, di quel riso che passa per il cervello. Il «riso» diventa per lui una specie di grimaldello per penetrare nel linguaggio degli altri, spettatori compresi, e instaurare con essi (come diceva Sciascia) «una conversazione di vita»[13]. Alla base di questa comicità c'è naturalmente il distacco investigativo su personaggi e ambienti:

> Occhi e orecchie mie sono stati asserviti da sempre – e non esagero – a uno spirito di osservazione instancabile, ossessivo, che mi ha tenuto e mi tiene inchiodato al mio prossimo e che mi porta a lasciarmi affascinare dal modo d'essere e di esprimersi dell'umanità[14].

Il distacco è servito all'autore per registrare e graduare il valore delle parole e delle azioni umane, ma «bisogna vedere l'applicazione di quella battuta o di quella frase – presa ad esempio su un tram – nel contesto dove la vuoi applicare: può diventare realistica, comica, tragica [...] il teatro è sintesi»[15]. Quindi l'alone comico o d'ironia grottesca in cui mostra parole e azioni (anche l'attore, per ferite di occhiate e di gesti) diventa stru-

[11] Per l'individuazione del personaggio dell'«eroe non tragico» nel teatro, cfr. Walter Benjamin, *L'opera d'arte nell'epoca della sua riproducibilità tecnica*, trad. it. Einaudi, Torino 1966, pp. 129-30.

[12] Eduardo De Filippo, cit. da Giovanni Sarno, *Intervista con Eduardo De Filippo*, in «Roma», 31 marzo 1940.

[13] Leonardo Sciascia, *Ricordo di Eduardo*, in «L'Espresso», 11 novembre 1985, p. 22.

[14] Eduardo De Filippo, *Nota* introduttiva a *I capolavori di Eduardo* cit., p. VII.

[15] Eduardo De Filippo, *Lezioni di teatro*, a cura di Paola Quarenghi, prefazione di Ferruccio Marotti, Einaudi, Torino 1986, pp. 35-37.

mento della sua superiore malizia nel porgere quella materia talvolta spinosa con una specie di arguto *understatement*; per far sí che il pubblico al quale tali materiali colpevolizzanti vengono offerti, tranquillizzato, li accolga e ci ragioni. «Io non credo nel tagliare le teste ma nel cercare di farle pensare»[16]: diceva; ma in quest'altro suo aforisma sornione: «quando il pubblico ride troppo a teatro, non pensa mai di aver riso di se stesso, e forse perciò dà del buffone all'attore che è riuscito a farlo ridere troppo»[17].

«Cosí le onde si agitano incessantemente alla superficie del mare, mentre negli strati inferiori v'è pace profonda. [...] Talvolta il flutto fuggente abbandona un poco di spuma sulla rena della spiaggia. Il fanciullo che gioca poco lontano corre per raccoglierla nel pugno, ma un attimo dopo si meraviglia di non avere che qualche goccia d'acqua nel cavo della mano, di un'acqua piú salata e piú amara di quella dell'onda che l'ha gettata sulla rena. Il riso nasce come questa spuma [...]: è anch'esso una spuma a base di sale; e come la spuma scintilla»[18]. Per Eduardo, lo spettatore capace di crescere, di passare dalla risata alla meraviglia alla riflessione[19], «trova talvolta una gran dose di amarezza in cosí esigua sostanza»[20].

Perciò egli ha esaltato con la sorpresa delle parole e dei gesti, piú ancora che delle situazioni, un modo di rappresentare tradizionale (ma nel senso che vedremo), attento a immortalare la sospensione comica e anche drammatica del particolare senza mai dimenticare il contesto generale. La sua cultura d'attore, e d'attore nato e cresciuto in un ambiente di forte resistenza della tradizione scenica, l'ha guidato nella creazione di una drammaturgia che a partire dal linguaggio (l'«eresia dialettale») stabilisce rapporti controllati fra le storie da raccontare e quelle da mostrare al pubblico: bloccando la naturalità di comportamenti esibiti, frazionando i meccanismi abituali del discorso, e aprendo vuoti, pause, silenzi attivi attraverso cui evocare profondità poetiche.

[16] Eduardo De Filippo, in *Eduardo, polemiche, pensieri, pagine inedite* cit., p. 176.
[17] Ivi, p. 148.
[18] Henri Bergson, *Il riso. Saggio sul significato del comico*, trad. it. Laterza, Roma-Bari 1983, pp. 127-28.
[19] Cosí Eduardo quasi alla fine del suo percorso di artista: «Il pubblico è cresciuto, ha preso coscienza. Il mio è finito col diventare un discorso profetico: nelle commedie ho trattato una verità che è diventata verosimile» (in «Il Giornale d'Italia», 19 maggio 1981).
[20] Ancora Bergson, *Il riso. Saggio sul significato del comico* cit., p. 128.

D'altra parte il suo modo di narrare storie ha molto dell'*atto del ricordare*, e non solo là dove il mondo come rappresentazione sconfina nel sogno ad occhi aperti: storie di gente che ha vissuto, amato, sofferto, riso, deriso ed è stata derisa; ha provato gli inverni della guerra e le primavere della pace, trovato sia negli uni che nelle altre «giorni pari» e «giorni dispari». Perché la gente eduardiana, che ha guardato il mondo nel disorientamento di sempre piú perfezionate scoperte (la Radio, la Televisione, l'Atomica, lo Sputnik... il registratore!), si sforza di non perdere di vista un suo punto di riferimento essenziale, una famiglia, una Città...

Proprio la sua attenzione alla gente, e al «personaggio in piú», il pubblico, ha sottratto l'autore a ogni tentazione di drammaturgia soggettiva: la sua *arte della commedia* si fonda sia su un lavoro di scavo interiore che su un lavoro d'astrazione e di generalizzazione. Sik-Sik, Luca Cupiello, Gennaro Jovine, Pasquale Lojacono saranno anche autoimmagini, ma nel senso delle diverse personalità che egli avrebbe potuto assumere (se il nostro carattere è davvero una scelta che continuamente si rinnova), la sua ambivalenza di *poeta comico* e *tragico* implica l'orchestrazione di molte voci e di molti strumenti («Non ci dobbiamo occupare di noi stessi: non è un'autoconfessione, la commedia»[21]). Si hanno, come si dice in fisica, i suoni armonici del suono fondamentale, ma, proprio perché Eduardo è un moderno (pur nell'esercizio di un'arte antica), il suono fondamentale produce anche risposte disarmoniche, e il coinvolgimento del pubblico, che entra a far parte del concerto, può anche creare musica dodecafonica.

Cosí Eduardo, nato esattamente all'inizio del secolo con il suo romanzo teatrale diventa testimone di situazioni artistiche disposte come alla ricerca della molteplicità del reale e al tempo stesso di una bruciante e bianca fissione di sogni. È difficile immaginar un'opera piú completa, piú ricca e piú sensibile della sua, per chi vorrà in futuro osservare il nostro Novecento: le commedie infatti nelle varie forme drammaturgiche e sceniche connesse alla maturazione dell'uomo e dell'artista, costituiscono un repertorio ovvero «la memoria tematica di un teatro che scandaglia la particolarità del suo pubblico»; visto a distanza, esso rivela qualcosa di simile a «una psiche riflessa della mentalità so-

[21] Eduardo De Filippo, *Lezioni di teatro* cit., p. 35.

ciale»[22]. Questo repertorio non solo registra puntualmente ma sembra presentire gli umori diffusi nella società italiana per un arco storico assai ampio, affrontando (al di là dell'originaria e pregnante questione meridionale) molti problemi che si sono via via imposti all'attenzione di tutti: dagli anni Venti all'apogeo del fascismo, alla seconda guerra mondiale e al secondo dopoguerra, alla restaurazione moderata e all'espansione della società industriale, con le sue successive crisi. E anziché mettere la parola fine, costituire il *punto d'arrivo*, l'opera eduardiana potrebbe rappresentare il *punto di partenza* per comprendere l'ieri, l'oggi e il domani: appunto perché lascia che la memoria personale e collettiva riaffiori, con i suoi complessi di colpa che non vengono rimossi, portando allo scoperto le motivazioni e le conseguenze dei fatti accaduti.

«Non so quando le mie commedie moriranno e non mi interessa», diceva Eduardo, e su questo punto mentiva, ma diceva la verità affermando subito dopo: «l'importante è che siano nate vive»[23], perché «il teatro muore quando si limita a raccontare fatti accaduti; solo le conseguenze dei fatti accaduti possono raccontare un teatro vivo»[24]. Solo in tali conseguenze è per lui il nocciolo di quella «verità» teatrabile «che abbia dentro pure qualcosa di profetico» (come ribadisce Campese, il suo capocomico *alter ego* in *L'arte della commedia*). Eduardo attribuisce al «vero teatro» anche una dimensione di futuro: quella capacità di filtrare e persino anticipare la memoria collettiva, che dev'essere qualcosa che continua, attraverso il dialogo «vivo» con il pubblico. Almeno con il pubblico: se non si riesce, dati i rapporti difficili tra gli uomini, a far parlare tra loro i personaggi-uomo o «prototipo dell'uomo».

Il teatro nasce dal teatro.

Ma la memoria di Eduardo è anzitutto una *memoria scenica*: l'albero della vita e dello spettacolo affonda le radici in un terreno misto di reale e di fantastico, con le sue ramificazioni intrecciate e non distinte. «Puoi far teatro se tu sei teatro, | perché

---

[22] Claudio Meldolesi, *La microsocietà degli attori. Una storia di tre secoli*, in «Inchiesta», XIV, n. 63-64, gennaio-giugno 1984, p. 109.
[23] Eduardo De Filippo, in *Eduardo, polemiche, pensieri, pagine inedite* cit., p. 142.
[24] Ivi, p. 151.

il teatro nasce dal teatro | e quando è puro non consente giochi: | l'albero è uno e i frutti sono pochi»[25]. In questi versi è il senso di un rapporto privilegiato, che diventa via via esclusivo sul piano biografico-artistico: guardare e vivere la vita *sub specie theatri*. Una prospettiva che incomincia per lui, figlio d'arte, fin da quando gioca a nascondino coi fratelli nel dietroscena o fra le quinte, nelle «stanze del teatro», e il gioco è già mestiere:

> Avevo sei, sette anni, e passavo giornate e serate a teatro. [...] Una commedia, o dalle quinte, o da un angolo di platea, o con la testa infilata tra le sbarre della ringhiera del loggione, o da un palco, me la vedevo chissà quante volte. Ricordo con chiarezza che perfino gli attori che piú ammiravo e che piú mi entusiasmavano, come mio padre Eduardo Scarpetta o il Pantalena, o la splendida Magnetti, suscitavano in me pensieri critici: «Quando farò l'attore, io non parlerò cosí in fretta», pensavo. Oppure: «Qui si dovrebbe abbassare la voce. Prima di quello strillo ci farei una pausa lunga almeno tre fiati», e restavo là inchiodato ad ascoltare, dimenticando ogni altra cosa[26].

La lente della fantasia comica gli permetterà di guardare anche alle scene del mondo, avendo l'orecchio ai ritmi della società e della storia; perché lo «spazio del teatro» è il campo d'azione quotidiano e famigliare, in cui si mescolano le questioni economiche connesse alla recitazione e le preoccupazioni per la salute e gli affetti. E il luogo e l'ambiente in cui nascono amori e s'accendono odi, si stringono alleanze e si consumano tradimenti; e dove il momento pre-espressivo è vissuto dall'attore, entrato a far parte di quella famiglia e microsocietà teatrale, come occasione su cui sviluppare azioni concrete che poi saranno guardate dal pubblico. Di qui l'apparente paradosso eduardiano: «La mia vera casa è il palcoscenico, là so esattamente come muovermi, cosa fare: nella vita sono uno sfollato»[27]. Anche quando la vista naturale gli viene meno dietro agli «occhiali neri» il mondo della scena rimane a fuoco: il «terzo occhio» del teatrante, quello di Otto Marvuglia in *La grande magia* come quello di Campese in *L'arte della commedia*, gli consentirà fino alla fine di percorrere con sicurezza le tavole del palcoscenico[28].

---

[25] Ivi, p. 146.
[26] Eduardo De Filippo, Conferenza inaugurale dello Studio Internazionale dello Spettacolo, Montalcino 1983; un estratto è pubblicato in *Eduardo, polemiche, pensieri, pagine inedite* cit., p. 108.
[27] Ivi, p. 148.
[28] Anche Eduardo avrebbe potuto dire come il suo Campese in *L'arte del-*

Proprio la sua esistenza di artista di teatro, un po' nomade e un po' Don Chisciotte anche quando gli arride la fortuna, ha consentito al grande «giuocoliero» di cogliere e proiettare su un palcoscenico «sempe apierto» i mobili ed eterni fenomeni della vita. Una straordinaria percezione del vivere la sua, ma che ha bisogno del referente scenico (dell'attore e della compagnia) per manifestarsi in strutture artistiche. Da un punto di vista cosí straniato i principî che informano la sua visione della vita nel teatro diventano quelli che dovrebbero regolare la vita fuori del teatro. La chiarezza indispensabile perché una commedia (o un dramma) comunichi col pubblico è anche il mezzo per rifondare la normalità dei rapporti interumani. La necessità che un personaggio (sia pure il protagonista) non soverchi gli altri, o una compagnia teatrale proceda di concerto, si trasforma nell'esigenza di solidarietà famigliare e sociale. Questo rapporto di mutuo scambio, di continuo spostamento della propria vita sull'altro e viceversa, mentre esalta certi valori (provocazione, dialogo, solidarietà) ne fa emergere i contrari (soliloquio, antagonismo, indifferenza). L'opera di Eduardo appare al fondo il consuntivo di una vita progressivamente spostata: *come se* nella messa in scena del mondo egli avesse liberato, ambiguamente, la propria patologia di uomo di teatro.

Perciò il suo *teatro* è *vita* non in senso mimetico o naturalistico e neppure soltanto metaforico, ma in quel senso speciale, comune ai grandi uomini di teatro completi (come Shakespeare, come Molière...) che attraverso il teatro hanno vissuto. Fra gioia e gelo, lanterna magica ma impegno a tutti i costi, la scena ha consentito al poliedrico artefice, attore-autore-regista in senso antico e moderno, di sacrificare una vita e di trarne la massima soddisfazione, facendola passare «in un attimo». Sala d'aspetto d'un dentista, la terra, in cui si attende di tirarsi «questo dente definitivo»: ci sono quelli che aspettano soltanto, quelli che si distraggono per non pensare, e quelli che hanno il dono di distrarre e di far pensare: «il dono che abbiamo avuto [...]. E poi se ne

---

la commedia: «quando cammino per le strade e mi capita di battere due o tre volte il piede in terra [...], mi sorprende sempre il fatto che quei colpi [...] non producano lo stesso rumore di quando batto il piede sul palcoscenico, se tocco con la mano il muro di un palazzo [...] lo faccio sempre [...] con la sensazione di avvertire sotto le dita la superficie della carta e della tela dipinta» (atto I).

vanno all'altro mondo e ti saluto! E viene la nuova generazione: il punto di arrivo, il punto di partenza...»[29].

In questo gioco di staffette artistiche (che riprende anch'esso un rituale scenico)[30], assumono senso dinamico i rapporti di Eduardo con i suoi padri-maestri, naturali o adottivi: Eduardo Scarpetta, che lo introduce nell'arte del teatro di tradizione napoletana, e Luigi Pirandello, che gli apre la via del teatro colto novecentesco. S'illumina delle luci della ribalta anche il suo «difficile» rapporto con Peppino, consumato a teatro e per il teatro, fino alla scena di collisione durante le prove[31]. Dramma dell'incomprensione, impostato come fra padre e figlio: da una parte il «gelo» del fratello maggiore (quel gelo che Eduardo si riconosce)[32], dall'altra l'esuberanza del minore, «di carattere allegro, ansioso di vivere fino in fondo la sua stagione di gloria»[33].

La lacerazione fra «I De Filippo», magnifica famiglia, perfetta compagnia, non si risarcirà che *in extremis*: forse perché, dei due fratelli, il piú vecchio non volle rinunciare al ruolo di padre e il piú giovane volle ribellarsi a quello di figlio... Ma anche perché in quella famiglia-compagnia (come nelle antiche dei comici dell'Arte) «per un attore che si solleva al rango di capocomico, molti altri sacrificano il loro libero arbitrio»[34]. Peppino era il solista della comicità buffonesca e in quanto tale si sentiva sacrificato dal progetto d'«armonia collettiva» del fratello maggiore; per poter navigare liberamente, ovvero esibire senza costrizioni le sue doti di attore, evade dal sistema della compagnia. E un

[29] Eduardo De Filippo, *Lezioni di teatro* cit., p. 133.

[30] L'antico rito del passaggio della mezza maschera nera di Pulcinella l'aveva compiuto Salvatore Petito con suo figlio Antonio, e lo ripeterà, la sera dell'inaugurazione del Teatro San Ferdinando (21 gennaio 1954), un attore di tradizione, Salvatore De Muto, con Eduardo.

[31] In una mattina del novembre 1944, durante le prove al Diana di Napoli davanti agli attori della compagnia che in quella stagione comprendeva Dolores Palumbo, Giuseppe Rotondo, Giovanni Amato, Rosina e Gennaro Pisano Pietro Carloni (Titina era a casa ammalata), scoppia la lite che segnerà la fine del «Teatro Umoristico I De Filippo».

[32] Anche nei confronti del figlio Luca: «[...] fare teatro significa sacrificare una vita. [...] Luca è venuto dalla gavetta sotto il gelo delle mie abitudini teatrali: quando sono in palcoscenico a provare, quando ero sul palcoscenico a recitare... È stata tutta una vita di sacrifici. E di gelo: cosí si fa teatro» (Eduardo De Filippo alla Festa del Teatro di Taormina-Arte, 17 settembre 1984, in *Eduardo, polemiche, pensieri, pagine inedite* cit., p. 30).

[33] Isabella Quarantotti De Filippo, *Eduardo e Peppino*, in *Eduardo, polemiche, pensieri, pagine inedite* cit., p. 30.

[34] Siro Ferrone, *Attori mercanti corsari. La Commedia dell'Arte in Europa tra Cinque e Seicento* cit., p. 176.

tradimento secondo Eduardo, capocomico *in pectore*[35], che concepisce militarmente quel sistema; ma l'insubordinazione e poi la fuga di Peppino portano alla definizione di un fenomeno che si stava producendo di fatto: l'elevazione del fratello maggiore al rango di capocomico, la trasformazione della «Compagnia Umoristica I De Filippo» nel «Teatro di Eduardo».

Le coincidenze d'una poetica e d'un vissuto globali si svelano dunque, nelle varie tappe del percorso artistico eduardiano, segnate dalla tensione a quel dialogo fra *tradizione* e *innovazione* che impedisce al teatro di balbettare soltanto oppure di morire. Ad ogni livello i rapporti appaiono difficili e conflittuali, concretizzandosi nel dramma del passaggio vecchi-giovani, ma devono essere dinamici per entrare nel circuito vitale e proiettarsi nel futuro. Perciò per capire il teatro di Eduardo, oltre ogni convenzione cristallizzata di «eduardismo»[36], bisogna partire dal suo punto di vista sulla tradizione. «La tradizione» è per lui «la vita che continua», solo se saputa intendere e usare «mette le ali»[37]; non ha una forma definitiva e unica, al contrario, quando acquista una forma diventa ripetizione, immobilità... morte.

Con un altro dei suoi paradossali aforismi egli arriverà alla fine a capovolgere la consueta prospettiva esistenziale: «il punto di arrivo dell'uomo è [...] la sua nascita mentre il punto di partenza è la morte che, oltre a rappresentare la sua partenza dal mondo, va a costituire un punto di partenza per i giovani»[38]. La morte fisica lo incuriosisce, lo sgomenta, ma non gli fa paura; la vera morte sarebbe per lui la fine del nesso fra le generazioni e del passaggio di eredità da un membro all'altro (anche perché, come dice Adorno, «quando ogni tradizione è spenta, la marcia verso

[35] Nel giugno del 1942 i due fratelli De Filippo avevano stipulato un nuovo contratto triennale (Titina partecipò sempre alla ditta come scritturata), che riservava a Peppino la direzione amministrativa e a Eduardo quella tecnico-artistica: quest'ultimo aveva insindacabile potestà sulla scelta del repertorio, l'ingaggio degli attori, la scelta delle piazze e dei teatri nelle singole città e tutte le altre mansioni del capocomico. Cfr. Isabella Quarantotti De Filippo, in *Eduardo, polemiche, pensieri, pagine inedite* cit.; e quindi Maurizio Giammusso, *Vita di Eduardo*, Mondadori, Milano 1993, p. 165.

[36] Claudio Meldolesi, *Gesti parole e cose dialettali. Su Eduardo Cecchi e il teatro della differenza*, in «Quaderni di Teatro», VIII, n. 31, 1986.

[37] Eduardo De Filippo, Conferenza inaugurale dello Studio Internazionale dello Spettacolo, Montalcino 1983, in *Eduardo, polemiche, pensieri, pagine inedite* cit., p. 182.

[38] Eduardo De Filippo, cit. da Carlo Donat Cattin, *Eduardo: «Invecchiate con me»* (anticipazione dell'intervista Tv, «Primo piano», 19 ottobre 1984), in «Corriere della Sera», 13 ottobre 1984.

la disumanità è avviata»[39]). I giovani, «figli d'arte» compresi, hanno il diritto di «dare un calcio» all'esperienza dei «padri», ma solo dopo aver appreso quell'esperienza e averla usata come «trampolino di lancio», senza pretendere di «partire da zero»; d'altra parte i vecchi non devono ancorarsi e ancorarli al passato, se vogliono conseguire quell'«immortalità» laica che è la speranza di sopravvivere oltre la fine del loro «ciclo», una «immortalità umana, quindi limitata, ma all'uomo è stato concesso il dono di sognare, che non è piccola cosa»[40].

Nella visione che egli ha dell'universo, come movimento di perenne trasformazione in cui «cicli, sempre uguali e sempre diversi, si susseguono, accogliendoci tutti nella loro inarrestabile evoluzione», anche la tradizione diventa una maniera per creare un linguaggio che dev'essere reinventato dai suoi stessi soggetti, se non vuole esaurirsi in modelli ripetitivi (anche il suo nell'eduardismo).

D'altronde il suo partire da strutture di vita, per parlare del teatro o per le sue creazioni sceniche, deriva dal modo stesso con cui Eduardo rivive il teatro di tradizione. Egli incomincia a fare teatro in un'epoca di trapasso tra la fase del «grande attore» e dei suoi diretti eredi e quella del teatro «funzionale» (secondo le scansioni cicliche formulate da Meldolesi)[41], ma in un luogo speciale che non dimentica mai del tutto la propria dimensione di spettacolo. «Napule è nu paese curioso: | è un teatro antico, sempre apierto. | Ce nasce gente ca, senza cuncierto, | scenne p' 'e strate e sape recità»[42]: è una Città in cui si produce un comportamento sociale che è attorico al punto da passare per talento naturale degli individui e della collettività. E in cui l'attore vero e proprio rafforza la nativa disponibilità alla rappresentazione con le regole non scritte della microsocietà del teatro: costruite sulle prove, sulla quantità disordinata dei repertori, sull'apprendimento di azioni, gesti, suoni, trucchi... Di quel *mondo del teatro* Eduardo conserva una memoria viva, che interferisce, in zone di con-fluenza e anche di confusione, nella sua proposta drammaturgica del *teatro del mondo*.

[39] Theodor W. Adorno, *Über Tradition*, in *Inselalmanch auf das Jahr 1966*; trad. it. in *Parva aesthetica. Saggi 1958-1967*, Feltrinelli, Milano 1979, p. 27.

[40] Eduardo De Filippo, Conferenza inaugurale dello Studio Internazionale dello Spettacolo, Montalcino 1983; in *Eduardo, polemiche, pensieri, pagine inedite* cit., p. 182.

[41] Claudio Meldolesi, *Fondamenti del teatro italiano. La generazione dei registi*, Sansoni, Firenze 1984, pp. 12-13.

[42] Eduardo De Filippo, *Baccalà* (1949), in *Le poesie di Eduardo* cit., p. 191.

Eduardo non dimentica che il teatro si avvale di mezzi materiali per esprimersi, che la tradizione è un capitale (come la «cassetta dei trucchi» di Campese); una valigia d'esperienze che serve a partire appunto, ma per raggiungere la libertà, l'autonomia. Anche lui, alla prima svolta del suo viaggio comico, l'epoca di formazione della «Compagnia Umoristica I De Filippo», ha sentito il bisogno di dare un calcio agli abiti paterni per cucirsi abiti nuovi: «Non è stato facile rifarsi da capo. Io mi sono dovuto spogliare da cima a fondo»[43]. In questa come in altre dichiarazioni degli anni Trenta, in cui egli sembra riecheggiare la filosofia pirandelliana dell'«abito» (ma sostanziandola da attore con «la carne viva del personaggio»), dimostra di attraversare quella fase di orgogliosa irriconoscenza in cui «da giovani ci sentiamo la forza di sollevare il mondo e farlo girare a modo nostro»[44]. Ma più tardi, quando la sua originalità di attore-autore-regista risulterà indiscussa, egli stesso vorrà testimoniare che solo dopo aver maturato l'esperienza della tradizione (cui appartiene) ha potuto reinventarla.

Qui il senso della sua riedificazione del Teatro San Ferdinando (che avrebbe dovuto far rinascere il repertorio dell'Ottocento comico napoletano, oltre a lanciare opere di giovani autori); per la cui inaugurazione, nel gennaio del 1954, Eduardo indossa la casacca del Pulcinella filosofo e commentatore-in-scena di *Palummella zompa e vola* di Antonio Petito. Di qui anche la sua fondazione, nel 1956, della «Scarpettiana», compagnia che avrebbe contribuito alla formazione o al rilancio di un bel gruppo di attori di tradizione (come Beniamino Maggio, fratello di Dante, Rosalia, e di quella stessa Pupella che a quarant'anni, dopo una vita su palcoscenici minori, incomincerà da allora la sua vera carriera). Verrà poi, di conseguenza, la sua ricapitolazione

---

[43] «Quando un attore ha recitato per anni e anni in un genere, mettendosi addosso tutti i lenocinii, tutte le maniere di una recitazione artificiosa e [...] preveduta, combinata, architettata, se vuole veramente ritrovare se stesso sotto i vestiti degli altri, senza offesa per la decenza, sapite che ha da fà? S'ha da mettere nudo come Dio l'ha fatto. E cosí noi abbiamo fatto: io, sorema e frateme [...]. Nudi, nudi, tutti e tre. E cosí ricominciare a rivestirsi, a poco a poco, coi panni nostri ma non panni belli e fatti, buoni per tutti i casi e per tutti gli usi, ma abiti [...] tagliati sulla carne viva del personaggio, messi insieme [...] a seconda della nostra diversa sensibilità. [...] Dopo anni e anni in cui abbiamo dovuto essere com'erano gli altri, ora grazie a Dio, si respira. Mo' simme nuie!» (Eduardo De Filippo cit. da Lucio D'Ambra, *Tre umoristi del teatro: I De Filippo*, in «Il Dramma», n. 175, 1° dicembre 1933).

[44] Eduardo De Filippo, Conferenza inaugurale dello Studio Internazionale dello Spettacolo, Montalcino 1983 cit.

scenica e editoriale del teatro di quel padre naturale e d'arte, Eduardo Scarpetta[45], che non era «un padre severo o un padre cattivo», ma «un grande attore»[46].

È un riconoscimento e insieme un'esaltazione delle proprie radici. Infatti *entrare nell'arte*, come figlio o adepto, significa per l'attore di tradizione (specialmente napoletano) introdursi in un mondo nel quale codici o abilità fondamentali si apprendono sempre e comunque attraverso il *gergo* e la *gavetta*[47]. Dopo aver assaporato nell'infanzia i giochi di palcoscenico, Eduardo scappa dal collegio in cui l'aveva messo quello strano borghese «settecentesco», che era appunto il capocomico Scarpetta[48]; e si fa le ossa appena quattordicenne nei piccoli teatri periferici dove si imbatte per la prima volta nei «fracchettini» di Totò. «Mi pagava la sarta, una volta alla settimana. Per quei quattro soldi dovevo recitare, fare rumori fuori scena, pulire le scarpe e occuparmi dell'attrezzeria»[49]. Ma anche suo padre, che non era figlio d'arte ed era stato spinto sul palcoscenico dalla necessità, aveva firmato a quindici anni (nel 1868) un contratto per il San Carlino che lo obbligava «in qualità di generico di seconda fila» a ballare, a tingersi il volto, «essere sospeso in aria, se qualche produzione il richiedesse», e pure «a cantare nei cori, e a solo, nei *vaudevilles*»[50]; avrebbe perciò considerato l'insegnamento

---

[45] *Eduardo De Filippo presenta quattro commedie di Eduardo e Vincenzo Scarpetta*, Einaudi, Torino 1974. Ma Eduardo si era ricollegato all'opera del padre rappresentando nel 1953, al Teatro Mediterraneo di Napoli, *Miseria e nobiltà*.

[46] Eduardo De Filippo, cit. da Luigi Compagnone, *Caro Eduardo hai 80 anni*, in «Oggi», 21 maggio 1980.

[47] «Qui c'è dentro il gergo teatrale. Tu non hai a che fare con un accademico, hai a che fare con una "bestia di teatro". Lo sai che significa "bestia di teatro"? [...] se non lo apprendi non lo capisci [...] sennò devi andare dove si fa accademia, non dove si fa teatro. Questo è il punto» (Eduardo De Filippo, *Lezioni di teatro* cit., pp. 152-56). Ricordiamo ancora a proposito dell'apprendistato del figlio «Luca è venuto dalla gavetta, sotto il gelo delle mie abitudini teatrali [...]» (*Eduardo, polemiche, pensieri, pagine inedite* cit., p. 30).

[48] Eduardo Scarpetta possedeva una cultura teatrale soprattutto legata alla «tradizione borghese del teatro napoletano, cioè alla tradizione che si era [...] andata formando fra Settecento e Ottocento» (Vanda Monaco, *Introduzione* a Eduardo Scarpetta, *«Miseria e Nobiltà» e altre commedie*, a cura della stessa, Guida, Napoli 1980, p. 20); già Vittorio Viviani ne ha sottolineato il settecentismo di «riformatore» e «personaggio», in *Storia del teatro napoletano*, Guida, Napoli 1969, p. 676.

[49] Eduardo De Filippo, in *Eduardo, polemiche, pensieri, pagine inedite* cit., p. 152.

[50] Eduardo Scarpetta, *Cinquant'anni di palcoscenico, memorie*, introdu-

della musica come un investimento per i ragazzi De Filippo: alla peggio avrebbero potuto guadagnarsi da vivere suonando nei *café-chantant!* [51].

Lo stesso Raffaele Viviani, figlio di un povero impresario teatrale, avrebbe esordito nel 1893 arrangiato nell'abito di un Pupo in sostituzione di un tenore e comico ammalato, nei numeri che completavano lo spettacolo marionettistico al Teatrino della Porta di San Gennaro [52]. Aveva quattro anni e mezzo: quasi come Eduardo quella sera del 1904 in cui debutta al Valle, in costume da cinesino, nella parodia scarpettiana dell'operetta *La Geisha*. Le luci della ribalta, quelle «piccole stelle luminose» che s'accendono mentre «il buio della sala [...] spalanca il suo baratro infinito» [53], stimolano il suo primo applauso d'attore, contagiando il pubblico. «Sembra impossibile che io ricordi una cosa tanto lontana, è vero?», chiederà piú di settant'anni dopo a una platea di gente non di teatro [54]; per la gente di teatro quella domanda sarebbe stata inutile, perché la memoria della vita di palcoscenico è un dato genetico nella microsocietà degli attori.

L'attore che scrive.

Attraverso questa memoria scenica (nei luoghi come Napoli dove la tradizione resiste) si riconosce il percorso comune di attori-autori anche distanti fra loro, come appunto Scarpetta,

zione di Renato Carpentieri, prefazione di Benedetto Croce, Savelli, Milano 1982 (ristampa anastatica della prima edizione, Gennarelli, Napoli 1922), pp. 91-92.

[51] Titina dalle dieci a mezzogiorno faceva esercizi di pianoforte, Eduardo aveva la musica nel sangue ma non amava le lezioni. Cfr. Maurizio Giammusso, *Vita di Eduardo* cit., p. 26.

[52] Raffaele Viviani, *Dalla vita alle scene*, Cappelli, Bologna 1928; poi Guida, Napoli 1977.

[53] Citiamo dalla lunga didascalia iniziale, una specie di confessione d'attore, presente nel testo di *Sik-Sik, l'artefice magico* pubblicato nella prima edizione einaudiana della *Cantata dei giorni pari*, del 1959; nell'edizione del 1971 (riveduta dall'autore) della stessa *Cantata*, tale confessione scompare dal testo della commedia, ma viene ristampata nel programma di sala della sua rappresentazione nel 1980

[54] «Eppure non solo io la ricordo, ma quella emozione, quell'eccitamento, quella paura mista a gioia esultante, io le provo ancora oggi, identiche, [...] quando entro in scena» (Eduardo De Filippo, discorso tenuto in occasione della consegna della laurea *honoris causa*, Roma 1980, Archivio De Filippo; cit. da Maurizio Giammusso, *Vita di Eduardo* cit., p. 8).

Viviani, Eduardo e prima di tutti il mitico Petito. Attori-autori com'erano stati i piú illustri comici dell'Arte: capocomici, organizzatori di compagnie, condotti da necessità pratiche oltre che da aspirazioni di distinzione a fabbricare i loro testi o scenari. Separati da generazioni, da soggettive biografie d'artista o da differenti contesti culturali e politici, questi attori che scrivono si ricollegano l'uno all'altro sul filo di una tradizione in cui neppure le distinzioni fra teatro di prosa e teatro per musica appaiono nette[55]. Appartiene infatti alla tradizione dello spettacolo napoletano anche la *memoria di un repertorio* che dalla nascita del professionismo teatrale discende, per successive trasformazioni, nei prodotti sette-ottocenteschi, musicali e non; cui si aggiungono, nell'epoca otto-novecentesca, i rapporti col teatro dei pupi e delle macchiette, col varietà ed il *café-chantant*, prefigurati dalla «maschera-senza-maschera» scarpettiana (don Felice Sciosciammocca) ed esaltati dai «personaggi-numero» di Viviani (prima e dopo che egli approdasse al cosiddetto «teatro di prosa»)[56].

Anche Eduardo, di una dozzina di anni piú giovane di Viviani nel periodo del suo apprendistato (a Napoli come a Roma) era passato dal varietà alla rivista, dopo che il governo aveva fatto chiudere i *variétés* perché offrivano uno spettacolo «poco edificante» ai reduci del fronte; e avrebbe celebrato nella rivista *Pulcinella principe in sogno...*, con *Sik-Sik, l'artefice magico*, il prototipo dei suoi antieroi di palcoscenico, attraverso una felice coincidenza di funzione immediata e originaria dello spettacolo e ambiente di avanspettacolo simulato dal testo. In questi generi o sottogeneri del teatro, la tradizione continuava ad opporsi negli anni Venti-Trenta, sul piano basso della fatica teatrale oltre che su quello alto delle figure d'eccezione (Viviani, Petrolini, Totò...), alla condizione media del recitare all'italiana a quello stereotipo dell'«attore di voce» che aggiornava un compromesso, stretto in tempi lontani, fra «la lingua media scritta e le

[55] Si rimanda in proposito al nostro saggio, *Scarpetta in Viviani: la traduzione nel moderno*, in «Il castello di Elsinore», v, n. 15, 1992.

[56] Le figurine-uomo del primo Viviani, dal 1917 al 1919, talvolta preesistenti ai testi e (anche le femminili) interpretate dall'attore-autore, appaiono di per sé rifinite e complete, nell'abbigliamento e nel carattere scenico, portatrici di un nucleo comico oppure drammatico, spesso grottesco, che si sviluppa nel corso dell'opera; «personaggi-numero» appunto, tolti dalla realtà ma che la simbolizzano anziché riprodurla. Cfr. Anna Barsotti, *Da «'O vico» a «'O buvero 'e Sant'Antonio»: la memoria scenica del primo Viviani*, in «Ariel», III, n. 3, settembre-dicembre 1988.

convenzioni sceniche borghesi»[57]. Ma per Eduardo come per Viviani la tradizione dialettale partenopea avrebbe funzionato davvero da trampolino di lancio: anche per soluzioni drammaturgiche piú complesse, dalla macchietta o lo *sketch* all'atto unico fino all'opera in due o tre atti, non sono attori in cerca di identità, ma attori già virtualmente autori, con un repertorio collaudato nel baule dei trucchi e delle scene che nel solco d'una comicità venata di malinconia e di tragedia, di razionalità e di assurdo, scaveranno viadotti capaci di portare a un pubblico nazionale e universale.

Nel transito fra le due guerre e il secondo dopoguerra, sul crinale storico che distingue la produzione di Viviani da quella di Eduardo[58], essi innoveranno la tradizione in modi diversi: il luogo scenico si sposta dalla strada alla casa, via via che sottoproletari e artigiani, bottegai e signori scaduti appaiono sempre piú corrosi dal tarlo delle aspirazioni borghesi. Eppure i personaggi vivianeschi come quelli eduardiani sono attratti dal miraggio della trasformazione improvvisa (per virtú di Santi o del Lotto) d'uno *status* comunque precario, che aguzza l'ingegno istrionico anche dei dementi. Scemulillo di *Fatto di cronaca* è parente povero di Michele, il pazzo di *Ditegli sempre di sí*; lo Scugnizzo di *Via Partenope* rappresenta l'infanzia di *De Pretore Vincenzo*; il Magnetizzatore girovago e la sua donna che fa la Sonnambula in *Piazza Ferrovia* prefigurano Sik-Sik e la sua *partner* d'arte e di miseria, Concetta. Ciò avviene perché nella memoria teatrale di Viviani come in quella di Eduardo la sceneggiata si incontra con l'avanspettacolo, il varietà con la farsa petitiana e scarpettiana, anche quando, prima l'uno e poi l'altro, diventano drammaturghi; e attraverso i loro personaggi lo squilibrio sociale di Napoli si traduce nelle contraddizioni dell'uomo d'ogni tempo.

D'altra parte, in quanto figlio d'arte, Eduardo poteva attingere direttamente alla magia comica dei grandi attori-autori na-

---

[57] Claudio Meldolesi, *Gesti parole e cose dialettali. Su Eduardo Cecchi e il teatro della differenza* cit., p. 132.

[58] La carriera di drammaturgo di Raffaele Viviani si racchiude paradossalmente entro i termini della censura, concentrandosi fra il 1917 e il 1928, fra la campagna di governo per far chiudere i varietà e la direttiva del ministero della Cultura Popolare di non occuparsi di teatro vernacolo (per cui i teatri chiusero le porte ai suoi drammi). Anche successivamente, però, l'attore continuò a recitare, fin verso il 1943-44. Cfr. Guido Davico Bonino, *Introduzione* a Raffaele Viviani, *Teatro*, a cura dello stesso, Antonia Lezza e Pasquale Scialò, 5 voll., Guida, Napoli 1987-91.

poletani dell'Ottocento: Scarpetta appunto e il suo diverso maestro Petito. Entrambi capocomici, avevano abitudini patriarcali
nell'ordinamento interno della loro compagnia; ma se Petito riu-
niva gli attori sul palcoscenico prima delle prove, per recitare le
orazioni in coro, e per contratto li obbligava a «recitare, cantare, suonare, sfondare e cambiar sesso»[59], Scarpetta avrebbe interpretato la crisi della «maschera» in senso naturalistico (basta
coi «giochi di prestigio se si vuol essere uomini e non pupatto-
li»!) riformando il trucco e la recitazione. Avrebbe cercato di im-
borghesire il teatro di tradizione popolare-dialettale nei soggetti, nei personaggi, nella lingua, anche nella scelta del destinatario, il pubblico. Perciò trasforma il figurino «scemolillo» e
«aggraziatello» ereditato da Petito (don Felice Sciosciammocca
era stato il suo primo ruolo d'attore) in un personaggio-conteni-
tore che varierà da opera ad opera, ma il cui modello creaturale
sarà sostanzialmente lo stesso: il piccolo-borghese guardato sí
dal basso, ma con un'ottica grottesca disumanizzante, un «tenore caricaturato» alla cui creazione concorrono naturalmente, le
particolarità dell'interprete.

Scarpetta era famoso «per le sue straordinarie doti mimiche
per quel suo rapido sollevare e abbassare il sopracciglio destro»,
un tic che Eduardo erediterà riorganizzandolo in un contesto
espressivo diverso; ma si imponeva soprattutto «per quella voce
"di petto" che era inconfondibile, specie se rapportata al "cantare" dei suoi comici. Era un modo come dissacrare la caricatura del dettato "serio" con un senso del verisimile ancora, in sostanza, piú buffonesco»[60]. Il suo Sciosciammocca assumeva cosí
la maschera (senza la maschera) di quel ceto appena appena ele-
vatosi, che della sua incerta promozione sociale portava addosso,
negli abiti acchittati e striminziti, i segni vistosi e ridicoli. E
proprio questo imborghesimento del personaggio centrale – dal
Pulcinella petitiano al don Felice scarpettiano – segnala non solo una svolta storica del paese, ma anche un mutamento di obiet-
tivi spettacolari del teatro napoletano nel secondo Ottocento.

«Petito è un'ipotesi ancora preunitaria [...] quella cioè del
contadino inurbato con una subalternità sostanziale rispetto ai

---

[59] «L'attore all'occorrenza doveva entrare in scena aprendosi un passag-
giò che non fosse né la porta né la finestra, ma sfondare una parete; il cambiar
sesso non si riferiva solamente al vestirsi da donna, ma indossare le spoglie di
qualche animale e imitarne la voce e gli atteggiamenti» (A. Vitti, *Storie e storielle del teatro di prosa*, Vecchi, Milano 1926, p. 45).
[60] Vittorio Viviani, *Storia del teatro napoletano* cit, p. 668.

modelli alti»; ma la maschera di Pulcinella era anche «un elemento di affermazione della diversità e della necessità che la diversità sopravviva [...], e Pulcinella in Petito ha sempre questo orgoglio della diversità»[61]. A tale Pulcinella, eroe della differenza, sembrano paradossalmente piú vicini i tipi vivianeschi o certi antieroi eduardiani che i personaggi scarpettiani: piccoli-borghesi appunto, in cui il *rovello dell'apparenza* non è inferiore all'*assillo della fame*. Forse perciò qualche critico distingue un primo periodo fra Ottocento e Novecento, in cui si avrebbe «una sorta di inversione della tradizione – come quella operata da Scarpetta e da altri attori della sua generazione – e poi una sorta di rinascita» nel nuovo secolo «dovuta alla reinvenzione che ne fanno gli attori "indipendenti" e "inventori" come [...] Viviani e poi Eduardo»[62].

Ma se Scarpetta, come uomo di teatro del suo tempo, aveva ricercato la propria distinzione in una «riforma» del repertorio napoletano che ponesse i suoi prodotti dialettali sullo stesso piano dei migliori prodotti in lingua, e in una identità artistica di traduttore-autore di *pochades* e *vaudevilles*, a ben guardare la tradizione lo trascinò altrove (almeno rispetto ai propositi riassunti nelle sue *Memorie*). Anche se la sua ambizione era umanizzare la maschera nel senso della psicologia borghese, e ristrutturare il copione farsesco operandovi una rimozione degli elementi fantastici verso la «naturalezza» e la «verosimiglianza» della «commedia brillante», come capocomico utilizzò specialmente attori della scuola del suo maestro tradito[63]. Lui stesso, nel togliere la maschera al suo don Felice, non realizzò un personaggio a tutto tondo: spinse piuttosto il figurino nella direzione del varietà[64], con una stilizzazione musicale, canzonettistica, piú raffinata rispetto al ruolo petitiano, eppure ancor piú lontana da ogni ipotesi naturalistica.

Quindi Eduardo ha potuto allenarsi anche alla scuola del pa-

[61] Franca Angelini, *Il teatro della nuova Italia dalle origini al 1880*, in aa.vv, *Teatro dell'Italia Unita*, Il Saggiatore, Milano 1980, pp. 146-47.
[62] Stefano De Matteis, *Identità dell'attore napoletano* cit., p. 94.
[63] Ricordiamo anche che furono attori della «Fenice», quindi comici-cantanti, a formare il nucleo della prima compagnia di Scarpetta, ritornato al San Carlino nel 1880.
[64] Pensiamo a *Lu curaggio de nu pompiere napulitanu* del 1877 (poi reinterpretato da Eduardo); c'è ancora la coppia don Felice - Pulcinella, e «qui si vede da dove viene la coppia comica del Varietà, del cretino e del forbito, perbene, elegante» (Franca Angelini, *Epica popolare*, in *Teatro e spettacolo nel primo Novecento*, Laterza, Roma-Bari 1988, p. 92).

dre, se nel teatro napoletano di tradizione il lavoro dell'attore-autore sul personaggio è anche «allenamento alla distanza».
Attraverso una commedia come *Miseria e nobiltà*, la catena della
grande famiglia-compagnia teatrale Scarpetta - De Filippo sembra allungarsi (con le sue maglie irregolari, con i suoi nodi inso-
luti) dalla fine del secolo scorso alla fine dell'attuale[65]. E qui l'incastro di intrighi galanti in un quadro di miseria quotidiana e pittoresca consente a un don Felice impoverito e ai suoi affamati
compari, mascherati da nobili signori, di attraversare un ambiente piú alto senza farsene assorbire. Perciò quando Eduardo
figlio sostituisce gli emarginati istrionici con attori veri e propri
in *Uomo e galantuomo* (una delle sue prime commedie scritta per
la compagnia del fratellastro Vincenzo) fa emergere ciò che era
implicito nella «finzione reale» di Eduardo padre: la maschera
denuncia il suo vero ruolo, di attore-artista che quando interpreta il popolo, come quando interpreta la nobiltà, ne prende al
tempo stesso le distanze.

«L'attore deve misurarsi, controllarsi, costringersi ininterrottamente. Mai commuoversi o immedesimarsi... se il personaggio gli è estraneo, meglio ancora», perché «le vere lacrime, negli
occhi di un attore che stia interpretando una scena drammatica,
disincantano il pubblico dalla finzione scenica: non è la propria
commozione che un attore deve trasmettere al pubblico»[66]. Anche perciò possiamo parlare di comicità tragica o fantastica per
il teatro di Eduardo: le tragedie dei suoi personaggi-uomo non si
esauriscono mai nel «pianto» (che libera in maniera intimistica
e irrazionale, coinvolgendo lo spettatore solo sul piano emotivo), ma si manifestano negli intervalli del «riso» (un riso che
cattura l'attenzione e stimola la riflessione). Grazie alla singolare interpretazione che Eduardo (attore che scrive)[67] dà dei suoi

[65] Eduardo Scarpetta aveva scritto per il figlio Vincenzo (primo capocomico di Eduardo) la parte di Peppeniello in *Miseria e nobiltà*; poi l'avrebbe interpretata Titina, Eduardo la recitò nel marzo del 1911 al Mercadante di Napoli, a Peppino toccò qualche anno piú tardi; quasi mezzo secolo dopo serví a far
debuttare anche Luca De Filippo. Una catena famigliare e scenica sembra
passare attraverso quella parte di fanciullo, figlio di papà povero, che fugge da
casa per guadagnarsi il pane da servitorello, ed è disposto a scambiare padre
e madre pur di mangiare: «Vuie abbasta che me facite magna' io ve chiammo
pure mamma» (Eduardo Scarpetta, *Miseria e nobiltà*, in «*Miseria e nobiltà*» e
altre commedie cit., atto II, p. 251).
[66] Eduardo De Filippo, in *Eduardo, polemiche, pensieri, pagine inedite* cit.,
pp. 30 e 152.
[67] La definizione risale a Giovanni Macchia, che nel suo libro *Gli anni del-
l'attesa* (Adelphi, Milano 1987) ricorda ironicamente l'osservazione di un suo

personaggi, si realizza quella corrente alternata fra *distacco* e *partecipazione* (dell'attore-autore con il personaggio ma anche con il pubblico) che si riverbera sul rapporto stesso del pubblico con il personaggio, consentendo allo spettatore di *ridere* di quel personaggio e al tempo stesso *partecipare al suo dramma*.

Nella prospettiva di una tradizione che, reinventata modernamente, può anche portare a una speciale «epicità», si chiarisce non solo la questione del malinteso naturalismo della recitazione di Eduardo, ma anche l'origine dei suoi straordinari «primi piani» e della sua capacità di «parlare senza parole». È vero che la sua recitazione comunica un'impressione complessiva di naturalezza, ma si tratta di una naturalezza costruita («la recitazione naturale è la cosa piú difficile e costruita che ci sia»[68]), alla base della quale c'è una dialettica costante e mirata fra il *volto* e la *maschera*. Senza ricorrere alla deformazione mimica, che avrebbe portato al prevalere della maschera, Eduardo alternava piuttosto a frequenti e continui mutamenti d'espressione (quelli che nell'insieme danno l'impressione di una recitazione naturale) alcuni, rari, gesti «discreti»[69], di cui allungava la durata. Su una sostanziale *mobilità del viso* innestava alcuni *momenti di fissità*, nei quali soltanto si coglieva la maschera. Una volta concentrata (attraverso la fissità) l'attenzione del pubblico, che era cosí indotto «a usare il primo piano verso il solo volto»[70], l'attore ricominciava a muoverlo (con apparente naturalezza); ma ormai il gioco di prestigio era fatto e il pubblico continuava a guardare lui, il suo viso, anche quando la sua recitazione senza parole rasentava l'ineffabile.

«Bestia di teatro» addestrata sulle tavole di palcoscenico, Eduardo sa che sul palcoscenico sono personaggi, e non uomini veri, a comunicare col pubblico, ma che il fascino del teatro è in questa *ambiguità*: l'attore è come se fosse un'altra persona, è un personaggio ma potrebbe essere un individuo reale, di cui lo spettatore all'inizio diffida perché lo sente altro da sé. Quindi

---

«austero collega» («Abbiamo dato il Premio Feltrinelli a un guitto») al conferimento del premio a Eduardo De Filippo.

[68] Eduardo De Filippo, *Lezioni di teatro* cit., p. 148.

[69] Riguardo alle definizioni del codice gestuale nel teatro, si veda Molinari, in Cesare Molinari e Valeria Ottolenghi, *Leggere il teatro*, Vallecchi, Firenze 1985.

[70] Dario Fo, *Manuale minimo dell'attore*, Einaudi, Torino 1987, p. 64. Per la spiegazione del fenomeno si rinvia al nostro saggio I *«primi piani» di Eduardo: l'attore fra la maschera e il volto*, in aa.vv., *Eduardo in maschera: incontri nel suo teatro*, a cura di Manola Buscagli, ESI, Napoli 1995.

XXVI ANNA BARSOTTI

elabora la sua strategia del contatto e della distanza, per arrivare attraverso il testo-spettacolo a una specie di *confidenza sinistra* con il pubblico: «Tendi sempre una mano al pubblico, vedrai che lui te la stringerà nella sua destra. Non tendergli anche l'altra mano perché te la rifiuterà senz'altro sdegnosamente. Ma tu aspetta e vedrai che sarà lui a tenderti la seconda, desideroso di farsela stringere, ed allora sarai tu a rifiutargliela, facendogli però intendere che una sera o l'altra gliela tenderai affettuosamente»[71]. In questa strategia si combinano insieme l'arte della recitazione e l'arte della commedia di Eduardo: perché le «parole» create dall'«autore» per il personaggio devono essere ricreate dall'«attore», che è «il vero confessore spirituale del personaggio» avendo a disposizione, oltre alla voce, «gesti, sguardi, movimenti». «Pur essendo autore, o forse proprio perché lo sono, – ripeteva spesso, – so che una vera intimità può esistere solo tra personaggio e attore»[72].

Storia di una drammaturgia consuntiva.

Come autore, Eduardo ha raccolto in vita le sue commedie (almeno quelle che ha ritenuto di pubblicare) in due Cantate: la *Cantata dei giorni pari* e la *Cantata dei giorni dispari*. La prima comprende diciassette commedie, scritte tra il 1920 e il 1942 (da *Farmacia di turno* a *Io, l'erede*); la seconda, suddivisa in tre volumi, conta ventidue commedie, scritte tra il 1945 e il 1973 (da *Napoli milionaria!* a *Gli esami non finiscono mai*). Ciò avviene nell'ultima edizione Einaudi (identica a quella del 1979 «riveduta» dall'autore), che riproponiamo.

Eppure nella storia di queste edizioni, storia complessa perché legata allo svolgimento della produzione di un uomo di spettacolo, gli avvenimenti rappresentati dalla pubblicazione delle diverse commedie non solo non si succedono in modo lineare ma testimoniano di ripensamenti o revisioni: attraverso testi che appaiono variati in alcune tappe cruciali del percorso[73]. Proprio

---

[71] Eduardo De Filippo, in *Eduardo, polemiche, pensieri, pagine inedite* cit, p. 148. Cosí conclude: «Insomma, se ti rifiuti, ti seguirà per sempre, se ti rifiuta lui, sei fottuto» (*ibid.*).
[72] Ivi, p. 170.
[73] Per la *Cantata dei giorni pari* le tappe piú importanti risultano, a partire dalla prima edizione del 1959, quella dell'edizione 1962, dell'edizione 1971 (riveduta dall'autore), e dell'edizione 1979 (anch'essa riveduta). Il percorso

perché la storia degli spettacoli si intreccia alla storia della composizione dei testi (e a quella delle loro diverse composizioni), l'itinerario delle edizioni assume un particolare significato e il *corpus* finale reca le tracce di metamorfosi, riscritture, spostamenti, inversioni, aggiunte o espunzioni, che lo rendono *vivo*.

Nel merito delle varie tappe e del loro significato entreremo a parte; ci preme qui sottolineare il senso profondo e complessivo del fenomeno. Sappiamo che Eduardo non pubblicava mai una sua commedia prima di averla messa in scena, perché il copione scritto prima (o nel corso) delle prove e poi il testo-spettacolo costruito insieme alla compagnia non equivalgono per lui alla «commedia letteraria», fissata una volta per tutte *ne varietur*. La parola «fine» tracciata sull'ultimo foglio del «copione» non concludeva mai la storia del suo lavoro teatrale: «poi ha inizio la storia del nostro lavoro, quello che facciamo insieme noi attori e voi pubblico»[74]. Solo la concreta esperienza dello spettacolo può superare (almeno in parte) la distanza fra spettatori e attori e trasformare la diffidenza iniziale dei primi in una nuova consuetudine, in quella «conversazione di vita» che accomuna la scena e l'udienza. L'*attore* e il *pubblico*, i due poli differenti e contigui che attraverso lo spettacolo entrano in relazione, aggiungono altre storie alla *fabula* scritta per il teatro: perciò per Eduardo l'esistenza d'una commedia incominciava ancor prima dell'alzarsi del sipario-cornice, durante le prove, e seguitava anche dopo: «non mi portate il copione definitivo, – raccomandava ai suoi allievi di drammaturgia, – perché nemmeno quando va in

---

editoriale della *Cantata dei giorni dispari* appare ancora piú complesso per l'accrescersi, via via nel tempo, del *corpus* teatrale eduardiano se il primo volume esce nel 1951 e il secondo nel 1958 (avanti cioè la prima pubblicazione della *Cantata dei giorni pari*), la prima edizione dei tre volumi è del 1966. La crescita implica naturalmente lo spostamento automatico di alcuni testi da un volume in quello precedente, ma comprende pure alcuni spostamenti d'autore, e dal punto di vista delle revisioni dei testi anche questo percorso conta delle tappe importanti: le edizioni del 1971 e del 1979 per tutti e tre i volumi. Per un discorso piú sistematico su questo problema rimandiamo alla *Nota sulle «Cantate» di Eduardo. Edizioni e varianti*, posta in appendice al nostro volume *Eduardo drammaturgo* cit., pp. 509-10; ma anche alla *Nota su edizioni e varianti della «Cantata dei giorni pari»*, compresa nel presente volume, e alla *Nota su edizioni e varianti della «Cantata dei giorni dispari»* che correda i tre volumi della *Cantata* omonima pubblicati (a nostra cura) negli «Einaudi Tascabili», nel 1995. Abbiamo segnalato comunque, nei cappelli introduttivi ai singoli testi delle commedie, le varianti testuali individuate confrontando le varie edizioni delle Cantate einaudiane.

[74] Eduardo De Filippo, *Nota* introduttiva a *I capolavori di Eduardo* cit., p. IX.

prova una commedia il copione è definitivo: nemmeno quando va in scena!»[75].

Ce lo conferma una testimonianza di Peppino sul metodo di lavoro della famiglia-compagnia «I De Filippo», che indirettamente illumina quello del fratello maggiore:

> pur quando [una commedia nuova] era stata scritta, il lavoro non si poteva considerare terminato. V'erano le modifiche che nascevano alla *prova* dei fatti. [...] Infine, neanche alla rappresentazione quel testo restava quello dell'ultima *prova*; alla luce della ribalta, durante la recita, alla *prova* della magica atmosfera che proveniva dal calore del pubblico, qualche battuta e perfino qualche scena intera poteva denunciare la necessità di dover essere rimaneggiata [oppure] da una semplice battuta detta fuori testo, se ne poteva trarre un appropriato leit-motiv di sicuro successo[76].

Vi ricorre la parola «prova»: si profila cosí una sorta di *drammaturgia della prova* che appare basata sul gioco dell'attore, ma che la centralità dell'attore non riesce a spiegare del tutto. Pensiamo alla battuta di Nennillo in *Natale in casa Cupiello* – «nun me piace 'o presebbio» – venuta «a soggetto» a Peppino durante una delle repliche della commedia (allora in un atto) al cinema-teatro Kursaal di Napoli, nel 1931[77]. Quella battuta (secondo il fratello minore) «divenne poi lo slogan fortunato della commedia e, addirittura mio fratello in seguito ne trasse la conclusione [...] che oggi il testo presenta»[78]. Dunque Eduardo riutilizza l'improvvisazione attorica di Peppino come modulo compositivo, sviluppando il punto d'appoggio recitativo per costruire una simmetrica e significativa architettura dell'opera.

Ma procediamo a ritroso nel tempo, e consideriamo i titoli stessi delle commedie. Eduardo si era riunito (per la prima volta) a Titina e Peppino nella Compagnia di Riviste Molinari del Teatro Nuovo, per debuttare nel 1930 con *Pulcinella principe in sogno*... «Fu quello, in verità, – scrive ancora Peppino, – l'inizio della vera fortuna per noi De Filippo. [...] Del successo enorme che ottenne quello spettacolo, la parte del leone spettò al *Sik-Sik* di Eduardo»[79]. Non solo *Sik-Sik, l'artefice magico* nasce come

---

[75] Eduardo De Filippo, *Lezioni di teatro* cit., p. 60.
[76] Peppino De Filippo, *Una famiglia difficile*, Marotta, Napoli 1977, p. 265. Il corsivo è nostro.
[77] Si rinvia in proposito alla *Cronologia della vita e del teatro* di Eduardo, presente in questo volume
[78] Peppino De Filippo, *Una famiglia difficile* cit., p. 266.
[79] Ivi, pp. 238-39.

sketch all'interno della rivista, mentre già si stava provando (quasi un miracolo di San Gennaro! [80]), ma il nome del protagonista nasce da un'osservazione dello stesso Peppino che guarda il fratello maggiore mentre recita: «Eduà, non lo vedi come sei sicco sicco? Pari la statua della fame!» Un esempio di come l'autore riuscisse a *sdoppiare* il suo *punto di vista*: si situa dalla parte dello spettatore (riutilizzando lo sguardo di Peppino) e dalla parte dell'attore (che recita); e ci dice, fin dal titolo dell'opera, come gli attori ricevono gli sguardi di coloro che li scrutano sulla scena («l'artefice magico» è una citazione ironica da d'Annunzio, che cosí aveva chiamato il grande illusionista Gabrieli). «Chi si diverte a fare teatro, – affermava Eduardo, – diventa spettatore di se stesso»[81]; ma il suo punto di vista di drammaturgo apre un varco intermedio fra le due prospettive, di *chi fa teatro* e di *chi lo osserva*.

Solo uscendo dai confini di una lettura letteraria della sua drammaturgia possiamo dunque intenderne la portata. È necessario cogliere l'originalità dell'artefice magico nella sua triadica complessità di attore, scrittore e regista di compagnia. «Cerco di far sí, – spiega Eduardo, – che le mie tre attività teatrali si aiutino a vicenda, senza prevalere l'una sull'altra e allora autore, attore e regista collaborano strettamente, animati dalla medesima volontà di dare allo spettacolo il meglio di se stessi»[82]. Ma in questo gioco delle parti anche gli altri attori svolgono un ruolo importante al suo fianco: «m'interessa piú l'attore creativo che quello obbediente; quest'ultimo non impara, aspetta ordini; è un impiegato, non un collaboratore»[83]. Perciò il regista (che è in

[80] Magliulo racconta che Eduardo, incaricato di scrivere il secondo tempo dello spettacolo con lo pseudonimo di Tricot (l'altro autore, Kokasse, era Mario Mangini, il marito di Maria Scarpetta), non partecipava alle prime prove; passavano i giorni e non dava segni di vita. Aulicino, l'impresario, e il suo «secondo» Vincenzo Scala decisero di raccomandarsi a San Gennaro, accendendogli un cero da cinque soldi: quarantotto ore dopo Eduardo apparve sventolando quattro o cinque fogli di carta da imballaggio (forse quella del cartoccio di pane, formaggio e pere, su cui era nato in un vagone di terza classe *Sik-Sik*, secondo l'autore), come appunto un illusionista che estrae un coniglio dal cilindro. Cfr. Gennaro Magliulo, *Eduardo*, Cappelli, Bologna 1959, p. 24; e Eduardo De Filippo, cit. da Vittorio Buttafava, *Pensa per un anno una commedia e la scrive in una settimana*, in «Oggi», 5 gennaio 1956.
[81] Eduardo De Filippo, in *Eduardo, polemiche, pensieri, pagine inedite* cit., p. 159.
[82] Eduardo De Filippo, *Nota* introduttiva a *I capolavori di Eduardo* cit., p. IX.
[83] Eduardo De Filippo, in *Eduardo, polemiche, pensieri, pagine inedite* cit., p. 170.

lui) può apparire una presenza piú discreta e piú sottile di quanto non ci abbia abituato il teatro del Novecento: il «regista» (per lui) ha il compito di «armonizzare [...] l'insieme», organizzando il gioco di squadra e creando il «ritmo» dello «spettacolo»[84]. Infatti «il vero pubblico vuole applaudire alla fine di una rappresentazione quando, staccatosi dalla finzione scenica, s'accorge con quanta umiltà e bravura abbiano lavorato assieme autore, attori e regista»[85].

La trinità artistica di Eduardo ha agevolato forse una piú diretta comunicazione fra lui e la «compagnia», come fra l'«insieme» e il pubblico (anche il «pubblico» deve essere creativo, indicando «con le sue reazioni» all'attore e all'autore «la vera natura teatrale del personaggio»); ma ha favorito soprattutto una continua «conversazione» fra testo drammaturgico ed evento spettacolare. Solo nella prospettiva della *fisicità* che sostanzia i suoi *testi* teatrali si può comprendere il significato novecentesco della sua esperienza di uomo di teatro completo. Quei testi (variati in seguito alle rappresentazioni, come dimostrano le diverse edizioni delle Cantate), pur non essendo piú gli scenari parziali e provvisori dello spettacolo popolare-dialettale, non sono neanche gli scritti elaborati preventivamente, senza tener conto dell'ambiente in cui sono realizzati. Un *ambiente* appunto costituito non solo dalla scena o dall'edificio teatrale (studio Tv compreso), ma anche dal complesso di attori che dà corpo e voce allo spettacolo e dal rapporto stesso di interazione dello spettacolo col pubblico.

Infatti nel teatro di Eduardo è fondamentale la creazione di uno *spazio di relazione*, basato sulla bipolarità attori-spettatori; proprio perché la «diversità» che forma la magia del teatro ha bisogno di uno «spazio che esibisca la sua normalità non rispetto all'idea di teatro ma rispetto al sociale quotidiano»[86]. Cosí la diversità del teatro finisce per configurarsi in una «utopia sociale» che restituisca al nostro teatro novecentesco «valore» e «fun-

---

[84] *Ibidem*. Eduardo diceva anche: «A costo di sembrare un reazionario, confesso che preferisco un teatro dominato dal grande attore a quello dominato dal grande regista. Se non altro costa meno» (ivi, p. 164).

[85] Ivi, p. 151.

[86] Citiamo dal bel libro di Fabrizio Cruciani, *Lo spazio del teatro*, Laterza, Roma-Bari 1992. Lo «spazio delle rappresentazioni» ha per Cruciani una storia non omogenea a quella del cosiddetto «teatro all'italiana», si definisce anzi «per differenziazione», ed è gestito prevalentemente dal «teatro dei professionisti» (come per esempio il teatro elisabettiano, il teatro spagnolo del Siglo de Oro, il teatro dei nostri comici dell'Arte).

zione» anche in rapporto ai teatri del passato. Lo «spazio del teatro» (secondo Cruciani) deve avere proporzioni e memoria per essere «vivo», ma anche per tornare ad essere «lo spazio a parte in cui si esaltano quei valori di interrelazione faticosamente e drammaticamente riconquistati alla negazione quotidiana»[87]. E appunto partendo da una tradizione di spettacolo napoletano che affonda le sue radici nel «teatro dei professionisti», dei comici dell'Arte, Eduardo ha perseguito una rifondazione del teatro per cui l'individuazione dello *spazio dell'attore* in rapporto con quello del *personaggio* e con quello del *pubblico* porta all'inclusione dello spettatore stesso (il «personaggio in piú») nello spazio globale dell'opera scenica.

> Cosa aspetto in questo mio studio [...]: il segnale che dia il «chi di scena», il fatidico «primo secondo», che manda su il sipario e scopre per il pubblico la realtà costruita, e per l'attore la finzione reale. [...] Con la mia immaginazione cerco di mettere uno spettatore in ogni piccolo angolo della mia camera [...] E se scrivessi? Con il continuo stridio della penna, riuscirò [...] a rivedere i mille volti?[88].

Con questo passo egli ci inizia e ci fa assistere alla drammaturgica seduta spiritica che ha favorito l'incontro – nel suo laboratorio teatrale – fra *oralità* e *scrittura*, fra una cultura che predilige la mimica e il gesto, i valori fonici e sonori della parola, e un'altra che, della parola, privilegia il significato e anche l'aspetto letterario Se la civiltà teatrale del nostro secolo ha riscoperto sintomatici incroci fra le due culture, a maggior ragione li ha riscoperti il teatro di Eduardo. Il suo rapporto naturale e ambivalente fra tradizione e innovazione lo ha reso capace di evocare mediante un processo fisico – nella funzione di un personaggio invisibile o come elemento di una originale scenografia – lo spettatore. Troveremo il palcoscenico prolungato e inclinato verso la platea, che attraverso un balcone obliquo rispecchia la presenza del Professor Santanna in *Questi fantasmi!*, o assisteremo alla trasformazione del pubblico in mare in *La grande magia*. Ma nella previsione eduardiana di uno spettacolo si può riconoscere l'invenzione di uno spazio anche attraverso il movimento degli attori-personaggi: un movimento in cui gesto e voce o mancan-

---

[87] Ivi, p. 179.
[88] Eduardo De Filippo, *Primo... secondo (Aspetto il segnale)*, in «Il Dramma», n. 240, 1936; ora in *Eduardo, polemiche, pensieri, pagine inedite* cit., p. 121.

za della voce sono le punte estreme di un conflitto, che gesto, voce o afasia svelano.

Quindi la scena di Eduardo è capace di movimentare il palcoscenico (dato) perforandolo o ritagliandovi piccoli spazi: la *cameretta* ricavata col *tramezzo* in cui Gennaro Jovine si guadagna un *angolo* dello *stanzone lercio e affumicato* di *Napoli milionaria!*; il *mezzanino* costruito *alla buona* e difeso da una *tenda*, dall'alto del quale lo Zi' Nicola di *Le voci di dentro* spara i suoi colpi di fuochista fantasioso e i suoi materialissimi sputi; il *balcone* dove, *beato, consuma all'aperto il suo pasto* il vecchio Antonio Piscopo di *Sabato, domenica e lunedí*. Questi rifugi dell'antieroe eduardiano corrispondono alla psicologia individuale e artistica del loro creatore, se egli si farà costruire sul set televisivo delle sue commedie una singolare cabina di regia: «il suo sgabuzzino, messo su di fortuna con una catinella da cui pende un velluto di scena, un tramezzo, due sedie e un monitor Barco»[89]. Ma quegli spazi ristretti esistono soprattutto in quanto vi agiscono grandi personaggi: in modo che la recitazione, piú che messinscena in sé, sia sviluppo di forti energie da offrire al pensiero («In teatro la parola, l'incanto, l'inventiva contano infinitamente piú di una messa in scena grandiosa, perfetta»[90]).

Ciò è possibile appunto perché Eduardo non è soltanto un autore che scrive a partire dalla scena, ma anche un capocomico che scrive a partire dalla compagnia. Sia nel «Teatro Umoristico I De Filippo» che nel «Teatro di Eduardo» (con e senza Titina) egli lavora su se stesso, su e con gli altri attori di cui conosce i ruoli e le possibilità espressive[91]. Scrive perfino per farsi perdonare da un attore una parte modesta nella commedia precedente: per sua sorella Titina scriverà *Filumena Marturano*, dopo averla sacrificata in Que*sti fantasmi!* nella parte della moglie abbandonata (che ha una sola scena) perché era troppo anziana per fare la moglie infedele del protagonista e inadatta alla follia comica della sorella del portiere disegnata sulle qualità di Tina Pica.

---

[89] Gerardo Guerrieri, *Pagine di teatro*, in «Teatro e Storia», v, n. 1, aprile 1990.
[90] Eduardo De Filippo, in *Eduardo, polemiche, pensieri, pagine inedite* cit., p. 164.
[91] Per dirla con Isabella Quarantotti De Filippo, Eduardo «amministrava la scrittura come un padre di una famiglia numerosa amministra il suo patrimonio: quest'anno il maggiore ha bisogno di un paio di scarpe? L'anno prossimo si penserà al cappotto della piú piccola» (testimonianza resa a Maurizio Giammusso, in *Vita di Eduardo* cit., p. 186).

Egli scrive per dei corpi precisi: anche se poi questi corpi cambiano, la costruzione scritta conserva le tracce della persona dell'attore, di un modo di parlare suo proprio (la conquista della parola può essere anche una conquista del corpo). Pensiamo appunto alla Filumena cucita addosso a Titina, anche per la particolare qualificazione del suo linguaggio verbale. È l'unica donna protagonista del teatro di Eduardo[92]; perciò la forza del personaggio sta nella sua mescolanza di caratteristiche maschili e femminili generalmente separate nel teatro dell'autore: la caparbietà e l'accortezza, l'*ostinazione* contro tutto e contro tutti, nel perseguire la propria visione del mondo, e il *senso della realtà*, che non le manca mai. Ciò è significato proprio dal linguaggio: nei potenti *monologhi* che segnano atto per atto lo svolgimento dell'opera, scandito dalle successive trasformazioni del *leit-motiv* della protagonista («'E figlie so' ffiglie!»). Monologhi al femminile: nel senso che non comunicano attraverso la disquisizione e il cavillo, le armi d'«'o munno ca se defende c' 'a carta e c' 'a penna», ma con la suggestione e la forza delle immagini. Lingua e personaggio diventano tutt'uno: non solo perché Filumena è «analfabeta» e parla «napoletano», ma anche perché attraverso la sua voce, la «voce» di Titina che Eduardo aveva «nell'orecchio»[93], il dialetto acquista il senso e la potenza di una *lingua contro*, di una *lingua* (scenicamente) *vera*.

Eduardo scrive anche sotto la spinta delle rappresentazioni da fare, del ciclo di recite da concludere, di un contratto da rispettare; è addirittura capace di scrivere una commedia nuova per sopperire alla mancanza di un attore. *Le voci di dentro* gli venne da qualche ripostiglio della memoria praticamente in tempo di prova («Appena finita una scena [...] nel giro di due ore le pagine erano al Teatro Nuovo, dove si provava senza neppure una lettura preliminare [...] e, naturalmente, senza il personaggio principale che ero io, costretto al tavolino per quella massacran-

[92] «Scrissi *Filumena* per mia sorella Titina. Ella era un po' avvilita [...], il vero successo alla ribalta, diceva, è sempre riservato all'uomo, al primo attore» (Eduardo De Filippo, cit. da Sergio Lori, *Intervista con il grande autore-attore napoletano*, in «Roma», 7 maggio 1969).

[93] Durante le prove che seguono il debutto insoddisfacente di *Filumena Marturano* al Politeama di Napoli (il 7 novembre 1946) e precedono il debutto trionfale della commedia all'Eliseo di Roma (l'8 gennaio del 1947), Eduardo avrebbe detto a Titina: «Se ho scritto questa commedia è perché mi fidavo di te, perché avevo la tua voce nell'orecchio [...]: fa' come credi, ti lascio libera, recita pure come ti pare!» (cfr. Augusto Carloni, *Titina De Filippo*, Rusconi, Milano 1984, p. 130).

te maratona»[94]) per essere rappresentata al posto di *La grande
magia*, che non poteva piú andare in scena senza Titina (colta
da malore). Anche queste competenze gli derivano dal lontano
apprendistato comico, oltre che dalla continua pratica del palcoscenico; un apprendistato che, anche nel campo della scrittura, implica l'appropriazione di un patrimonio di parti attoriche
e di testi, resi anonimi dall'uso collettivo come nella tradizione
orale, e di cui il genio individuale che li reinventa diviene il modello originale.

Io ho scritto per necessità, per pratica del palcoscenico, perché
mi hanno fatto copiare continuamente copioni, mi hanno messo
a scrivere, e quindi mi sono impadronito della tecnica. Ho fatto
scuola ricopiando commedie, portando a termine commedie
brutte, commedie buone o commedie false, che non corrispon-
devano alle mie idee. Quindi sugli errori degli altri mi sono curato io[95]:

dirà il maestro ai suoi allievi di drammaturgia; rievocando addirittura un tirocinio di tipo alfieriano cui lo avrebbe obbligato il
padre Scarpetta: «legato ad una sedia due ore al giorno. "Oggi
copia Bracco – diceva – domani Viviani". E io stavo lí con i cal-
li alle mani, le dita tutte macchiate d'inchiostro»[96].

Tale pratica (che ancora appartiene all'epoca e all'ambiente in
cui Eduardo nasce) implica anche la riscrittura di un testo rima-
neggiando l'idea iniziale[97]: per sopprimere un personaggio se
manca l'attore, per marcare o alleggerire una caratterizzazione se

---

[94] Eduardo De Filippo, cit. da Renzo Nissim, *Eduardo: come ho scritto una
commedia in una settimana*, in «Il Tempo», 13 luglio 1983.

[95] Eduardo De Filippo, *Lezioni di teatro* cit., p. 135.

[96] Eduardo De Filippo, cit. da Fiorenza Di Franco, *Eduardo da scugnizzo
a senatore*, Laterza, Bari 1983, p. 7. Anche se sulla completa veridicità
dell'aneddoto permangono dubbi (a causa della citazione di Viviani) possiamo
trovarvi un riscontro, fattuale e collettivo, legato al vissuto dell'attore; si veda in proposito Claudio Meldolesi, *L'attore, le sue fonti e i suoi orizzonti*, in
«Teatro e Storia», IV, n. 2, ottobre 1989. Comunque, nel discorso cit. per il
conferimento della laurea *honoris causa* dell'Università di Roma, Eduardo
conferma: «Ricordo che mio padre, Eduardo Scarpetta, mi regalò una scrivania per invogliarmi a copiare i testi teatrali, a dieci pagine al giorno. Cosí fu
che copiando commedie, farse e tragedie, a poco a poco, copia oggi copia domani, finii per capire il taglio di una scena, il ritmo dei dialoghi, la durata giusta per un atto unico, per due, per tre atti» (18 novembre 1980).

[97] Nella composizione bisogna procedere dall'«idea» alla scrittura del
«soggetto», alla «scaletta» (lo «sceneggio») e «solo dopo dialogare»; il dialogo è «la fase definitiva della commedia» (Eduardo De Filippo, *Lezioni di teatro* cit., p. 30).

l'attore cambia, per trasformare una fine d'atto se si decide di ricomporre la drammaturgia in base alle esigenze della compagnia, alle occasioni dello spettacolo, alle variazioni del pubblico. L'uso tradizionale delle riduzioni o degli ampliamenti incide indubbiamente sulla biografia a tappe di *Natale in casa Cupiello*. L'opera nasce nel 1931 come atto unico (il secondo attuale) per il debutto dei De Filippo nell'avanspettacolo; cresce per l'aggiunta del primo atto intorno al '32-33 (quando la Compagnia Umoristica è passata al Sannazzaro), e completa forse il suo sviluppo, con la versione piú compiuta ma non definitiva del terzo atto, nel 1943 (anno della prima pubblicazione del testo in «Il Dramma»).

Infatti questa biografia testuale, di per sé problematica quanto alle date[98], diventa tanto piú intrigante se assumiamo il punto di vista delle edizioni e delle loro varianti. La prima edizione della commedia, nella *Cantata dei giorni dispari* del 1959, presenta una versione diversa da quella che appare nella *Cantata* del 1979, riveduta dall'autore. La prima, piú sintetica e caratterizzata da una piú marcata dialettalità nel linguaggio, fu ricostruita a memoria da Eduardo e Titina (che avevano perso il copione originario) nell'urgenza della pubblicazione della *Cantata*[99]; la seconda, che amplia battute e didascalie, aggiungendo episodi sul versante comico e su quello drammatico, è stata riscritta per intero dal solo Eduardo e può apparire quindi piú letteraria. Eppure è lecito supporre che abbia influito su questa ricomposizione della sua scrittura la messinscena televisiva del 1977, con le esigenze di italianizzazione linguistica indotte dal mezzo[100]; anche se, già alla sua ripresa teatrale del 1976, Tian osservava: «forse perché l'abbiamo rivista in una edizione nella quale

[98] Per la questione della cronologia di *Natale* si rimanda alla *Nota storico-critica* che precede il testo (ma si veda già il nostro libro *Eduardo drammaturgo* cit., pp. 119-20). La questione implica comunque l'interferenza fra le pubblicazioni «tramite scena» e le pubblicazioni «tramite libro» che riguarda sia gli «uomini di scena che diventano anche uomini di libro» (come Viviani, Eduardo e Fo) sia «un uomo di libro che diventa anche un uomo di scena» (come Pirandello); cfr. Ferdinando Taviani, *Uomini di scena, uomini di libro. Introduzione alla letteratura teatrale italiana del Novecento*, il Mulino, Bologna 1995.

[99] Cosí ci ha raccontato Isabella Quarantotti De Filippo nel corso di una conversazione a Roma nel 1987.

[100] Di *Natale in casa Cupiello* si hanno due edizioni Tv per la regia di Eduardo: la prima trasmessa il 15 gennaio 1962 (Raiuno); la seconda, alla quale facciamo riferimento, trasmessa per la prima volta il 25 dicembre 1977 (Raiuno).

Eduardo mostra di aver sublimato nello stesso tempo interpretazione e regia, ci sembra che questa commedia non sia piú necessariamente legata alla sua condizione di "napoletana"»[101].

Perciò i testi eduardiani, se dal punto di vista dello scrittore «per» il teatro[102] sono preventivi («un'idea [...] valida, con il tempo matura, migliora e allora la commedia si sviluppa come testo e anche come teatro, come spettacolo completo, messo in scena e recitato nei minimi particolari»), dal punto di vista delle loro stesse edizioni appaiono consuntivi e possono interessare anche «il lettore» (quando «l'autore ha saputo esprimersi»)[103]. Nell'atto della scrittura l'attore-autore-regista ha cercato di predisporre l'incontro fra testo e rappresentazione, ma poi con un atto drammaturgico globale ha ricondensato sulla pagina l'impasto fra i molteplici codici del teatro. In questo senso la sua è una *scrittura scenica*: getta un ponte mobile fra i diversi linguaggi, come fra lingua e dialetto, e non abbandona mai gli apporti dell'oralità, anzi li significa meglio e li valorizza. Intreccia l'aspetto verbale dell'opera, le battute dei personaggi, dietro ai quali si intravvedono i corpi degli attori (comici popolari e attrici di valore come Titina, Tina Pica, Pupella Maggio, Regina Bianchi)[104], con le indicazioni perentorie delle didascalie, che si precisano o si ampliano progressivamente. Specialmente le didascalie, attra-

---

[101] Renzo Tian, *Natale in casa Cupiello*, in «Il Messaggero», Roma, 7 maggio 1976.

[102] Eduardo appartiene indubbiamente alla categoria di autori drammatici individuata da Livio: quelli che nell'atto di stendere le loro opere tengono conto del «linguaggio della scena del loro tempo» e, pur volendolo cambiare o rendere piú funzionale alla loro poetica dello spettacolo, «questo linguaggio inscri[vono] all'interno del [loro] testo» (Gigi Livio, *La scrittura drammatica. Teoria e pratica esegetica*, Mursia, Milano 1992, p. 9).

[103] Eduardo De Filippo, *Nota* introduttiva a *I capolavori di Eduardo* cit., p. IX. Il lettore non è certamente il destinatario del testo drammaturgico (com'è invece del testo letterario puro); il testo drammaturgico non è destinato che alla lettura di chi lo metterà in scena (attori e regista). Tuttavia, con l'invenzione della stampa, il copione diventa anche libro, e quindi nell'età moderna le battute e soprattutto le didascalie possono guidare o sollecitare anche la messinscena fantastica del lettore. Eduardo ne è consapevole; non a caso, quando tolse dal cartellone (per una vicenda piú di «autocensura» che di censura vera e propria) *L'arte della commedia*, la pubblicò subito dopo, con una avvertenza in cui delegava al «lettore» (in attesa di poterlo fare con lo «spettatore») il compito di giudicare l'opera. Cfr. Anna Barsotti, *Eduardo drammaturgo* cit., p. 469.

[104] «Se il prossimo libro su Eduardo, – scrive Meldolesi, – non si dimenticherà le sue "spalle", si riuscirà certamente a capire qualcosa di piú sul conto del maestro» (Claudio Meldolesi, *Gesti parole e cose dialettali* cit., p. 141).

verso le quali il creatore dell'opera parla in prima persona[105], non si rivolgono soltanto come istruzioni per l'uso agli interpreti e ai registi del futuro, nel tentativo di ridurre al minimo l'ineluttabile tradimento della messa in scena, ma recano appunto le tracce di ambienti e movimenti, espressioni e ammiccamenti, gesti, suoni, alterazioni o vuoti della voce, che hanno formato nel tempo la mobile realtà delle messinscene di Eduardo.

Anche per ciò la sua drammaturgia è quanto di piú vicino si possa immaginare a una *drammaturgia della prova*. Non pensiamo soltanto all'emblematica scena delle prove nel primo atto di *Uomo e galantuomo*, che si arricchisce della lezione sull'arte del suggeritore nell'edizione '79 della *Cantata dei giorni pari*[106]; la prova assume, come abbiamo visto, anche un valore compositivo: «Il terzo atto di *Napoli milionaria!* l'ho scritto tre volte e la terza è stata dopo che era già andata in scena»[107]. C'è in Eduar-

---

[105] Si veda in proposito Anne Ubersfeld, *Lire le théâtre*, Edition Sociales, Paris 1977; poi *Theatrikón. Leggere il teatro*, trad. it. Edizioni Universitarie La Goliardica, Roma 1984.

[106] Quindi dopo la messinscena Tv della commedia da parte di Eduardo (26 dicembre 1975, Raidue), che rappresenta l'episodio per esteso e dopo altre messinscene in teatro, dal momento che una nota all'edizione '71 della stessa *Cantata* (dove le varianti sono minime rispetto alla prima del '59) avverte che esiste del testo «una versione piú completa, con brani a soggetto riportati per intero, pubblicata nel 1966, nella "Collezione di teatro" Einaudi, diretta da Paolo Grassi e Gerardo Guerrieri».

[107] Eduardo De Filippo, *Lezioni di teatro* cit., p. 30. L'ultima parte del terzo atto appare quella che ha subito maggiori modifiche, confrontando diverse versioni di *Napoli milionaria!*: dal manoscritto originale (conservato presso la Biblioteca del Gabinetto Vieusseux di Firenze) al copione del 1945 (nella Biblioteca Teatrale del Burcardo di Roma) alla prima pubblicazione del testo come appendice del quotidiano napoletano «La Voce» (1946) fino alla sua edizione nella *Cantata dei giorni dispari* (Einaudi, 1951) alla quale corrispondono le successive. Nel manoscritto l'autore avverte che «le pagine dopo il numero 12, fino al finale della commedia, non corrispondono alla versione definitiva, in quanto essa fu elaborata durante le prove» (pp. 22-23); infatti la scena fra Gennaro e il brigadiere Ciappa incomincia con una battuta del protagonista (in cui si fa riferimento ai capelli bianchi); poi risulta piú preciso il rimando alla malattia (polmonite) e alla medicina di Rituccia (penicillina, parola equivocata da 'O Miezo Prevete in «penzilina»); inoltre Amalia chiede la grazia alla Madonna promettendole i suoi orecchini di brillanti, un mantello d'argento, un pellegrinaggio scalza fino al santuario. L'ultimo episodio manca nelle versioni posteriori. Subisce varianti anche la scena dell'incontro fra Riccardo e Amalia: nel manoscritto il dialogo è piú lungo rispetto alle altre versioni scritte o a stampa e termina, dopo che l'impiegato ha consegnato la medicina al dottore, con una battuta di Amalia («No aspettate. Non facite questa azione [cioè di andarsene senza pretendere nulla in cambio]... Quello che haggio fatt'io che ccentra? he simmo nuje pe' dire chello che haggio

do la volontà di fare teatro in senso completo, ma la prima e le repliche di una sua commedia *non finiscono mai* lo spettacolo. C'è il testo, che però è quasi inesauribile perché richiede continui ritorni; c'è il metodo di lavoro, la cui regola richiede tuttavia di andare oltre le sue stesse regole [108]; c'è la scena, ma è come se fosse un altro luogo, con piccoli spazi ricavati al suo interno che movimentano e trasformano quello dei grandi palcoscenici all'italiana; c'è il tempo, ma un tempo fittizio, creato e accettato come fosse un altro tempo, un tempo ciclico, fatto di momenti che funzionano come altalene fra passato e futuro. È un tempo di raccolta dei momenti attorici, delle parti come «concentrati di storie» incarnate dagli attori: a partire dal corpo stesso di Eduardo, e da quelli di Peppino e Titina... che gli resteranno nella memoria scenica anche quando scompariranno dalla compagnia.

Quindi il romanzo teatrale eduardiano, il *corpus* delle Cantate, è un'opera compiuta-incompiuta, la cui lettura si compie nell'incompiutezza, sempre in sospeso, sempre da ricominciare, perché trova i suoi oggetti continuamente rilanciati in una vertiginosa rotazione. La drammaturgia parallela che Eduardo ha dato alle stampe va intesa in termini diversi dalla letteratura drammatica preventiva: è appunto una *testualità consuntiva* che sintetizza l'esperienza teatrale in un quadro ricco di tracce scenotecniche, le quali possono collaborare all'*immaginazione materiale* dei suoi spettacoli. Attore per destino e drammaturgo e regista per conseguenza, oltre che per vocazione, Eduardo traspone la compiutezza-incompiutezza del suo triplice ruolo nel suo modello teatrale: nella cornice del suo romanzo scenico i testi-rappresentazione si collocano come realtà del teatro che trascorre, trascorso ma anche da ricominciare ogni volta da capo.

Anche l'«architettura» delle sue commedie è tale da simulare con un «gioco simbolico», ciò che non è organizzato, la «vita che continua». Il suo obiettivo era creare una struttura che fos-

---

fatt'io? Ma llà ce stà chella criatura...», III, p. 93) che scompare nel copione, nell'edizione del '46 e in quella del '51 (come per esaltare la soluzione pacificatrice della scena). Invece l'episodio si ripropone nel film del 1950, diretto e interpretato da Eduardo (con Totò che doppia il protagonista nella parte del «finto morto»); uno di quegli esempi che dimostrano come Eduardo non gettasse mai completamente alcun pezzo della sua drammaturgia, ma fosse pronto a recuperarlo e a riadattarlo a seconda del genere e del pubblico.

[108] Per Eduardo si può apprendere una «tecnica» ovvero «la parte artigianale del lavoro di un commediografo», ma «il teatro non ha una tecnica rigida, non l'ha mai avuta» (ivi, p. 55).

se recepita come mancanza di struttura; ma proprio per provocare nel pubblico (interlocutore e antagonista) l'impressione di naturalezza, sui piani della lingua parlata e del gesto o delle sorprese nell'intreccio, bisognava che la sua drammaturgia fosse notevolmente complessa e comprendesse la contemporanea possibilità di molti «punti di vista». Raccomanderà ai suoi allievi: «dobbiamo generalizzare l'idea [...], perché possa arrivare poi al pubblico. [...] La prima cosa è il distacco da quello che uno deve scrivere»[109]; ancora il distacco, nell'«arte della commedia» come nell'«arte della recitazione». Ecco perché le sue sono opere infinitamente ripensabili, ma grazie a un movimento che le trascende: si sviluppano come testo e come spettacolo, eppure sono predisposte a sempre nuove conversazioni, con altro pubblico, con altri interpreti, traducibili sulle scene del mondo e trasmissibili nel tempo grande...

Pensiamo appunto a una «commedia storica» come *Napoli milionaria!*, il cui debutto nel 1945 fa da spartiacque al romanzo teatrale eduardiano. «Ha da passa' 'a nuttata». E *dicendo questa ultima battuta* il protagonista *riprende posto accanto al tavolo come in attesa, ma fiducioso* (did., atto III): proprio in quella battuta, sospesa sulla fine dell'opera, vibra l'eco della speranza in una palingenesi morale, non solo storica e sociale, che animava il nostro risveglio dagli anni bui del fascismo e della guerra. Attesa, *allora* fiduciosa, del superamento d'ogni «nuttata». Eppure la stessa battuta divenuta proverbiale, ma già interpretata *non* fiduciosamente da Eduardo-attore nella sua messinscena televisiva del 1962[110], viene espunta dall'autore stesso nel libretto del melodramma spoletano del 1977[111]; per poi svuotarsi di senso

[109] Eduardo De Filippo, *Lezioni di teatro* cit., pp. 35-37.
[110] Facciamo riferimento alla messinscena Tv, registrata in studio per la regia di Eduardo e trasmessa la prima volta il 22 gennaio 1962 (Raiuno). Nell'ultimo atto, prevale nell'interpretazione eduardiana del protagonista il *codice del silenzio*: scompare la *maschera*, quella addetta (nella mimica dell'attore) all'effetto del distacco comico, e resta il *volto*; un volto umano ma non cordiale, non piú complice né particolarmente mobile, tranne lo sguardo, attento, vigile, circospetto. E il volto dell'attore quando è serio è cattivo, con sfumature verso l'ironia e il sarcasmo; Eduardo recita quasi sempre dando le spalle ai suoi interlocutori scenici, a fronte dello spettatore. Un atteggiamento, un volto, uno sguardo che sostanzialmente non mutano neppure quando l'attore pronuncia l'ultima battuta (appunto non *fiducioso* come nella didascalia).
[111] Nel libretto per l'opera *Napoli milionaria* di Nino Rota (rappresentata il 22 giugno 1977, in occasione della XX edizione del Festival dei Due Mondi di Spoleto) Eduardo tolse appunto la battuta finale, per significare

storico nell'edizione teatrale della commedia da parte di Peppino Patroni Griffi nel 1993. Qui il *pater familias* Gennaro Jovine,
impersonato da Carlo Giuffrè, appare chiuso in un suo accigliato tormento, straniato non solo a causa della guerra e di una diversa tempra morale, mentre al suo fianco ingigantisce il personaggio della moglie antagonista, Amalia, incarnata da Isa Danieli, «scatenata e introversa nella sua frenesia quasi animale di
sopravvivere a tutti i costi e alle migliori condizioni possibili»[112].
D'altra parte sulla storia del testo e delle sue messinscene non
agisce soltanto il *sentimento del tempo* dell'attore-autore-regista o
dei suoi successivi interpreti nei confronti della mentalità del
pubblico, funziona anche l'*ambiguità strutturale* del teatro eduardiano, che nei *finali* specialmente consente di capovolgere la visione del mondo espressa da un'opera, magari sottraendo al testo scritto una battuta o una didascalia (come Eduardo stesso
faceva nelle sue varie interpretazioni e regie).

    Napoli milionaria! è comunque un «testo di frontiera». Con
la sua prima rappresentazione al San Carlo di Napoli cala il si-

---

che ancora, nel '77, «'a nuttata» non era passata. Cfr. E. Mo, *Eduardo cambia il finale del testo: «Napoli milionaria» diventa disperata*, in «Corriere della
Sera», 19 giugno 1977. Un discorso a parte meriterebbe il percorso di questa
battuta finale dal '45 al '77, non solo attraverso le versioni (scritte, pubblica-
te, rappresentate) della commedia, ma anche quelle del film, dell'allestimento tv e del melodramma. Pronunziata fiduciosamente dall'attore-protagonista
nel '45-46, come risulta da alcune recensioni alle rappresentazioni oltreché dalla didascalia; senza specifico rilievo nel film, il cui finale è affidato piuttosto
alla morale espressa da Gennaro-Eduardo a Pasqualino-Totò: «In ogni paese
ci sono gruppi di buoni che non pensano che al bene della gente. Ma quando
i buoni di un paese non si mettono d'accordo con i buoni di un altro paese, allora viene la guerra» (Sceneggiatura, Archivi di Cinecittà a Roma, p. 185);
detta in tono serio e duro nella versione televisiva; la battuta viene eliminata
appunto dalla versione per musica (nel manoscritto originale del libretto, conservato presso il Vieusseux di Firenze, e nello spettacolo registrato, visionabile
presso l'Ente Festival dei Due Mondi di Spoleto). Inoltre, dal confronto fra
le varie articolazioni che uno stesso intreccio subisce attraverso generi e tempi diversi emergono altri percorsi interessanti, anche di andata e ritorno, che
ci confermano il carattere mobile dei testi eduardiani (scritti, editi, spettacolari). Si veda intanto la Tesi di Laurea di Annamaria Laguzzi, *«Napoli milionaria» dalla commedia al film (con riferimenti anche allo spettacolo televisivo e al-
l'opera lirica)*, da noi seguita, e discussa presso l'Università degli Studi di Torino (Facoltà di Lettere e Filosofia, a.a. 1995-96).

    [112] Franco Quadri, *Il tormento di Giuffrè. La nuttata di Eduardo secondo
Patroni Griffi*, in «la Repubblica», 20 maggio 1993. Ricordiamo comunque il
commento di un recensore anonimo al debutto romano della commedia, al Salone Margherita, il 31 marzo 1945, a proposito dell'interpretazione che Titina dava di Amalia: «Titina ha creato una figura indimenticabile di "nuova ricca"» (in «Il Messaggero», 1° aprile 1945).

pario sulla *Cantata dei giorni pari* per riaprirsi sulla *Cantata dei giorni dispari*: subito dopo che dalla rottura della «Compagnia Umoristica I De Filippo», provocata dalla traumatica fuga di Peppino, era nato «Il Teatro di Eduardo» (con Titina De Filippo). Il clima delle Cantate muta sotto l'infuriare della «bufera» bellica, di quella «guerra mondiale, spietata, bestiale, inutile» che impedisce al Cantastorie teatrale di ricorrere soltanto alla fantasia comica per illustrare le avventure e le disavventure della sua città: una città trasformata in palcoscenico della distruzione materiale e della dissoluzione morale del paese[113]. Ma alla *disparità* della nuova *Cantata* concorre anche l'emancipazione di Eduardo dalle esigenze plurali e paritarie di una compagnia come «I De Filippo», che lo vincolava alla vocazione da mamo *sui generis* di Peppino e alle sue aspirazioni di riformatore all'interno della «commedia napoletana».

A partire da questi eventi storici e teatrali, il conflitto tra individuo e società si manifesta nella drammaturgia di Eduardo come opposizione fra un *personaggio-protagonista*, legato a valori ai quali non sa o non vuole rinunciare, e il *coro-antagonista* dei famigliari, dei vicini, degli amici, che quei valori o ignora o rifiuta. L'Immaginario dell'autore è sostanzialmente polemico, incentrato sul tropo dell'antitesi, ma recupera e rilancia in forme novecentesche il principio della conflittualità come presupposto del genere teatrale. Perciò la stessa opposizione diventa, con sempre maggiore consapevolezza nella *Cantata dei giorni dispari*, crisi del dialogo, divaricazione fra il *codice privato* del Protagonista e il *linguaggio comune* di quell'Antagonista collettivo che arriverà a capovolgere talvolta, dolorosamente, il mito eduardiano della solidarietà e della comunicazione fra gli uomini.

Ma anche da questo punto di vista il singolare della nuova formula («Il Teatro di Eduardo») può alludere al nuovo percorso della compagnia capitanata dal solo Eduardo. Egli non è piú un attore fra gli attori, un attore che recita la parte del protagonista: è Eduardo e contemporaneamente il protagonista. Di qui il rapporto di identificazione-distanziazione con il personaggio che crea e interpreta, allontanandolo da sé per poterlo «ogni volta» ricreare e reinterpretare «da capo»; non da solo, natural-

---

[113] In questo senso va intesa l'allocuzione di Eduardo al pubblico della rappresentazione romana, il 31 marzo 1945; egli non avrebbe piú fatto, semplicemente, del «teatro da ridere [...] ogni anno di guerra ha contato come un secolo della nostra vita di prima» (Eduardo De Filippo, cit. da Mario B. Mignone, *Il teatro di Eduardo. Critica sociale*, Trevi, Roma 1974, p. 11).

mente, ma insieme e in rapporto agli altri attori-personaggi della sua compagnia.

Eduardo ricompone, a partire dalla conquista indiscussa del
ruolo di *metteur en scène*, la totalità dell'autore-interprete-regista:
si scrive da sé i suoi testi e diventa il *padrone della scena*[114]. Quei
testi parleranno di lui, dei suoi ricordi e delle sue premonizioni,
delle sue illusioni e delle sue disillusioni, dei suoi rapporti con gli
altri che finiranno per coincidere (almeno in parte) con la storia
di un'epoca e di una società; ma in quanto testi per il teatro
alluderanno anche ai difficili rapporti nella vita di compagnia,
dove gli attori possono contrapporsi l'un l'altro, ciascuno nel
proprio linguaggio, però si trovano talvolta solidali, come l'an-
tagonista-coro che interpretano, nella ribellione al capocomi-
co-demiurgo che persegue il proprio sogno di «armonia collettiva». La scrittura scenica eduardiana rivela questa schizofrenia,
io-mondo, che rispecchia un'opposizione rituale anche nel mondo del teatro; perciò «Il Teatro di Eduardo» significherà anche
teatro del protagonista, il cui linguaggio si differenzia sempre (come vedremo) da quello degli altri attori-personaggi, nella *parola*
come nel suo doppio agito, il *silenzio*.

Percorsi del romanzo.

Il romanzo teatrale eduardiano si suddivide dunque in due
tempi principali: prima e dopo la *guerra*, prima e dopo la *trasformazione della compagnia* per cui l'autore scrive. Ma per la quantità e complessità degli episodi che lo compongono possiamo di-
stinguervi alcuni filoni, storicamente e tematicamente riconoscibili, che ne chiariscono anche il percorso drammaturgico. Il
tempo anteguerra (1920-42) inizia con le commedie piú legate alla tradizione dialettale dello spettacolo napoletano, da *Farmacia
di turno* del '20 a *Quinto piano, ti saluto!* del '34; ma il farsesco
della *lengua napolitana* (che offre piú facili occasioni al comico
delle parole) si stempera già nell'ironia un po' malinconica, un
po' acre che colpisce il consunto *travet* di *Filosoficamente* (1928)
o il mediocre possidente provinciale di *Chi è cchiú felice 'e me!*
(1929). Infatti il primo tempo, la *Cantata dei giorni pari*, comprende anche le commedie cosiddette borghesi: cui non è certo

---

[114] Si veda, a proposito dei discussi rapporti fra testo e rappresentazione,
il bel libro di Roberto Alonge, *Dal testo alla scena*, Tirrenia Stampatori, Torino 1984.

estraneo l'incontro dei De Filippo con Pirandello (al Teatro Sannazzaro nel 1933), ma che rispondono anche all'esigenza personale di Eduardo di uscire dal circuito e dalla diffusione regionali per risalire (come gli raccomandava Bontempelli) «le vie d'I-
talia».

Fra il '35 e il '36 l'attore che scrive per la Compagnia
Umoristica decide di arricchire il suo «capitale» con *Il berretto a
sonagli*, combinandolo con la propria accumulazione di mestiere:
il Ciampa eduardiano è memorabile, ossessivo e stralunato. Ma
incomincia in questo periodo anche un altro apprendistato: la
collaborazione fra Pirandello e Eduardo (dove il «vecchio» maestro rappresenta il «nuovo» teatro italiano) per fare una commedia di una delle piú secche novelle del primo, *L'abito nuovo*,
aiuterà il giovane allievo nella ricerca di una personale identità di
artista. Da colui che gli appare un «super-autore»[115] Eduardo
impara a strutturare i suoi testi in tre atti, restando tuttavia fe-
dele al suo originale processo creativo: alla drammaturgia delle
attrazioni (i tre atti recitabili anche in modo indipendente) e al
rapporto di intimità-estraneità dell'attore-autore con il personaggio. Rapporto che si sbilancia in senso critico proprio nei
confronti della ricca borghesia napoletana, divenuta in questi
anni materia del suo teatro: *Uno coi capelli bianchi* (1935) maschera una cattiveria inaudita per Eduardo; ma anche il suo atteggiamento verso gli ipocriti benefattori di *Io, l'erede* (1942) è
privo di ogni residua complicità. Sono commedie giocate sull'*età*
e sull'*eredità*, su *abiti vecchi* che è difficile gettare e su *abiti nuovi* che bisognerebbe inventare, dove la lingua italiana s'accampa
come colore di fondo e significativamente come codice della falsificazione, mentre gli accenti dialettali ne rilevano i toni emotivi.

In queste prime tappe del percorso teatrale eduardiano può
apparire istintivo o non ancora pienamente consapevole l'incontro tra i due strati culturali dell'*oralità* e della *scrittura*; ma appunto perciò il drammaturgo mostra di evadere, in alcune prove
davvero felici, sia dagli schematismi della farsa che dalle tecniche
convenzionali del dramma borghese. Si profila già il *leit-motiv*
della *comunicazione difficile*. In *Ditegli sempre di sí*, commedia
messa in scena nel '27 dalla compagnia del fratellastro Vincenzo
(anche se poi variata nella rappresentazione dei De Filippo), il

---

[115] Cfr. Claudio Meldolesi, *La trinità di Eduardo: scrittura d'attore, mondo
dialettale e teatro nazionale*, in *Fra Totò e Gadda. Sei invenzioni sprecate del teatro italiano*, Bulzoni, Roma 1987.

motivo si aggancia al problema concreto della pazzia, attraverso la fissazione verbale del protagonista («C'è la parola adatta, perché non la possiamo usare?»); ma la contaminazione fra tradizione sancarliniana, Scarpetta padre e teatro pirandelliano (o grottesco) trasforma il *refrain* comico-maniacale del pazzo in una specie di formula magica, capace di smontare i giochetti di vanità, di ipocrisia e di egoismo, che si celano dietro il parlar figurato dei cosiddetti normali[116]. Nell'atto unico del '29, *Sik-Sik, l'artefice magico*, la crisi del dialogo si innesta piú intimamente nel campo dell'*illusion comique*, regionalmente incarnata, tuttavia, nel vissuto d'un artista da strapazzo.

Pazzi, fanciulli che non crescono mai o visionari, non sono che varianti – nell'antropologia drammatica eduardiana – del primo termine del conflitto fra individuo e società. A questa genía di spostati appartiene naturalmente l'*attore*, uno che prova sulla propria pelle il *dramma del passaggio* dalla vita alla scena e viceversa. Specialmente l'attore di infima categoria: il *tipo tradizionale dell'artista guitto, povero, tormentato e... filosofo*, come ci viene incontro in Sik-Sik, mascherato nei panni approssimativi del mestiere. Attraverso la patetica e ridicola *performance* di questo piccolo mago del varietà, che caparbiamente, contro le banali ma per lui tragiche difficoltà, vuole illudersi d'essere grande, l'attore-autore ci offre una versione originale di teatro-nel-teatro (con *piccola marcia d'occasione* che scandisce i due tempi dell'azione e mutamenti di scena a vista). Il gioco fra lingua e dialetto, in bocca all'illusionista-illuso, si traduce nelle forme storpiate d'un italiano pretenzioso ma bastardo, che avvia alla sperimentazione espressionistica del linguaggio scenico. Infatti questo sognatore e costruttore di sogni (come poi l'infantile caparbio Luca Cupiello) trasforma la propria arte in ragione di vita; risucchiato dai suoi giochi magici, si ostina a proiettare la propria personalità in un immaginario linguaggio elevato, di cui non avverte le grottesche contaminazioni. Il suo è dunque un *linguaggio privato*: quando si rivolge al *rispettabile pubblico*, il pubblico non viene nemmeno rappresentato, gli rispondono soltanto, ma *come non dovrebbero*, le due «spalle» rivali Rafele e Nicola. L'allocuzione al pubblico diventa un lungo monologo che isola il protagonista, mentre invano, ma eroicamente, cerca di salvare con la manomissione verbale dei fatti la propria illusione.

---

[116] Cfr. Guido Davico Bonino, *Ditegli sempre di sí*, in «La Stampa», 11 febbraio 1982.

Con l'ultima ripresa di questo *personaggio*, l'*autore* concluderà il suo percorso di *attore* (il 15 ottobre 1980 al Quirino di Roma). È significativo che nel testo (non particolarmente variato) le didascalie superino le approssimazioni del canovaccio e gli stessi limiti naturalistici, mostrandoci il carattere del protagonista secondo il punto di vista dell'autore. O meglio l'autore-attore, nei confronti del suo personaggio-attore, riesce a mettersi da una parte e dall'altra del *come se*: dalla parte dell'attore come personaggio, generatore di miti, e dalla parte dell'attore come persona, in carne ossa e anima. Non è un caso che Eduardo scelga come immagini dell'attore, quindi anche autoimmagini, i piú miseri viaggiatori della scena, il cui «terzo occhio» cade senza soluzione di continuità sui maledetti problemi del mestiere, sugli impacci sentimentali e famigliari, come sulle favole rappresentative. Prima ancora di Sik-Sik, diviso fra le preoccupazioni per la «spalla» mancante e poi malamente sostituita, la moglie incinta e la dignità del suo spettacolo incontriamo Gennaro De Sia, l'affannato capocomico di *Uomo e galantuomo* (1922), combattuto fra le prove della commedia da rappresentare e gli incidenti di un mestiere che si prolunga come vita. Poi verranno Otto Marvuglia, che combina anche nel nome «grande magia» e piccoli giochi di prestigio, e Oreste Campese, capocomico girovago in cerca di dignità per l'«arte della commedia». Attori da secoli addestrati al trasformismo: capaci di portare nell'*abito* materiale e metaforico del mestiere i segni della diversità della *societas comicorum* rispetto a tutta la società civile.

D'altra parte anche *L'abito nuovo* (1936) allude a una maschera: però questa maschera ricco-borghese, ma disonorata, l'onesto Crispucci di Eduardo non la sopporterà. Nella rielaborazione dello «scenario» suggeritogli da Pirandello il giovane attore-autore dimostra la propria capacità di autonomia; forse perciò il maestro gli aveva proposto di scrivere insieme i dialoghi: «il personaggio centrale parlerà con le sue parole, e allora sarà piú vivo piú reale!»[117]. Proprio dall'innesto di «puro sangue partenopeo» nella «tragedia sicula» di Pirandello[118] emergono i tratti originali di Eduardo, e non solo per la diversa connotazione del protagonista. Nel passaggio *dalla pagina alla scena* l'introversione del *travet* della novella si rovescia nel suo contrario: il Cri-

[117] Eduardo De Filippo, *Il giuoco delle parti*, in aa.vv., *Eduardo De Filippo e il Teatro San Ferdinando*, Edizioni Teatro San Ferdinando, Napoli 1954.
[118] Alberto Savinio, *L'abito nuovo*, in «Omnibus», 26 giugno 1937; ora in *Palchetti romani*, Adelphi, Milano 1982, pp. 73-75.

spucci della commedia sfoga sempre le proprie passioni e frustrazioni con rabbia, e si ribella clamorosamente alla parte di
«erede cornuto» impostagli dall'ipocrisia del mondo o dal buon
senso comune. Ma colpisce soprattutto il *diverso finale*: alla battuta amaramente sardonica, eppure rassegnata, del Crispucci
narrato («Wagon Restaurant!») subentra quella fragorosamente
letale del suo Sosia scenico («'A morte d' 'o curnuto»). In quel
finale da grottesca tragedia, Savinio coglieva il «gioco» eduardiano del «grande attore»: condotto per tre atti attraverso uno
scambio di «dramma interno» e di «dramma esterno», ma che in
quel «tac» orrendo, nello stacco fra vita e morte, toccava il suo
«punto supremo»[119]. D'altra parte Eduardo compie anche un'o-
perazione registica moderna: dimostra che dare espressione a ciò
che nel racconto appartiene al campo dell'inespresso non significa soltanto teatralizzare, ma reinterpretare e persino rovesciare il senso ultimo di un testo. Il corpo carnevalesco e la bizzarra
clownerie verbale dell'ultimo Crispucci («Redite...! Forte, forte!
Accussí!») preludono al suo impietrimento, preparando alla folgorazione di una morte fisica, ma non morale, che colpisce chi a
quell'*abito nuovo - maschera vecchia* si ribella fino in fondo.

Alla fine, il laboratorio eduardiano anteguerra non mostra
soltanto un'alternanza sperimentale fra tradizione e innovazione, ma anche potenzialità di incontro e di mutuo scambio. Per
Eduardo la tradizione contiene elementi innovativi[120], mentre
per Peppino gli stessi elementi servono a perfezionare un'arte
che non vuole superare i suoi limiti: «Stimavo e veneravo Pirandello; però ritenevo sbagliato sacrificare il nostro repertorio.
Mio fratello invece la pensava diversamente»[121]. Suo fratello
pensava che tutto potesse coesistere: «Pirandello, la creatività attorica e la tradizione dialettale napoletana»[122]. Perciò nella stessa *Cantata* in cui la parabola sarcastica di *Io, l'erede* chiude l'illusione dei *giorni pari* si incontra una fiaba napoletana a lieto fine, *Non ti pago* del 1940.

In *Io, l'erede* il motivo dell'estraneo, sopraggiunto a levar la
maschera all'ipocrisia borghese, assume cadenze pirandelliane
soprattutto nei monologhi sofistici dell'enigmatico *deus ex ma-*

---

[119] *Ibidem*.
[120] Cfr. Franca Angelini, *Eduardo negli anni Trenta: abiti vecchi e nuovi*, in
«Ariel», III, n. 3, settembre-dicembre 1988; poi in *Serafino e la tigre*, Marsilio,
Venezia 1990, pp. 233-48.
[121] Peppino De Filippo, in «Gente», 15 gennaio 1978.
[122] Claudio Meldolesi, in *La trinità di Eduardo* cit., p. 70.

china[123], che dissolve anziché risolvere. Anche in *Non ti pago* è questione di eredità: ma i giochi fra sogno e realtà, spirito e materia, si organizzano intorno a un motivo-chiave della cultura e della teatralità di Napoli, il *delirio da gioco del lotto*. Questo tipico commercio dei sogni partenopeo domina l'esistenza di tutti i personaggi della commedia, che comprende sia i vivi che i morti. E anche un racconto di fantasmi che aggiorna l'antico motivo della «successione». Dietro l'ostinazione del protagonista a non cedere la figlia (e il biglietto vincente) al giovane troppo fortunato che aspira «con le nozze» a succedergli, traspare l'arcaica «paura del genero»: la resistenza di questo «re», padrone del «banco lotto» per diritto ereditario, a trasmettere il potere allo sposo della figlia, un «estraneo»[124]. Ma la pazzia di don Ferdinando, che vorrebbe portare in tribunale l'anima del padre morto, non è che un granello di quella generale d'un ambiente che sostiene il diritto legale del Bertolini (l'intruso) a incassare il premio del biglietto (e del sogno) conteso. Alla fine il vecchio re resterà in vita e in carica, restaurando il suo potere patriarcale, anche se dovrà condividere col genero (acconsentendo alle nozze e donando come dote alla figlia i milioni della vincita...) il proprio regno. C'è sempre nei vecchi eduardiani, anche nei piú simpatici, una certa protervia come gelosa difesa dei privilegi acquisiti con l'età e l'esperienza: e la messa in scena d'autore continuerà a premere sul tasto dell'«ambiguità» o della «incolpevole cattiveria» del protagonista[125]. Ma anche in questa *commedia* di costume, sulla cui *tragicità* di fondo Eduardo seguita a insistere, il sorriso e il riso non investono tanto la visione del mondo popolare-arcaica dei suoi napoletani veraci (di quelli che non parlano italiano, ancora lingua della falsificazio-

---

[123] A proposito del modello pirandelliano di questo personaggio di «dominatore» astrattamente «filosofeggiante», che l'autore (dal *Piacere dell'onestà* al *Giuoco delle parti*, da *Tutto per bene* all'*Enrico IV*) aveva creato pensando a Ruggero Ruggeri, si veda l'ultimo *Pirandello* di Roberto Alonge (Laterza, Roma-Bari 1997).

[124] Cfr. Vladimir Ja. Propp, *Edipo alla luce del folclore*, trad. it. Einaudi, Torino 1975. Nella commedia di Eduardo la ripresa di questo motivo archetipico non è certo cosciente; si tratta di quegli «elementi vivi» che nelle tradizioni di un popolo passano e si trasformano di tempo in tempo, da un genere all'altro. (Cfr. Michail Bachtin, *Risposta a una domanda della relazione di «Novyj Mir»*, trad. it. in «Il Ponte», nn. 11-12, 1979).

[125] Per una ripresa della commedia, cfr. Giorgio Prosperi, *Non ti pago*, in «Il Tempo», 5 dicembre 1962; e Renzo Tian, *Non ti pago*, in «Il Messaggero», 5 dicembre 1962.

ne). Il comico è provocato piuttosto dall'idea «paradossale» di un contenzioso spiritico-giuridico sulla proprietà dei sogni!

D'altra parte nell'itinerario del nostro artista «in cerca», che aspira a «un teatro senza confini», *Natale in casa Cupiello* rappresenta il testo-ponte verso la sua drammaturgia piú impegnata o matura. Come si è accennato, motivi legati al difficile equilibrio fra i due De Filippo, nella vita e sulla scena, e motivi interni allo sviluppo della poetica del fratello maggiore confluiscono nella lunga elaborazione dell'opera; la cui singolare biografia trova significativi riscontri nel suo sistema compositivo. Il secondo atto (il primo che Eduardo scrive per il debutto dei De Filippo al Kursaal) presenta fattori di maggiore dinamismo melodrammatico e farsesco. La scena della sfida fra il marito e l'amante di Ninuccia deve molto alle tradizionali «sceneggiate». Ma gli aspetti piú platealmente regionalistici dell'atto, anche sul versante comico (pensiamo alla lettera natalizia di Peppino-Nennillo), vengono riassorbiti e resi diversamente funzionali dal complesso movimento d'insieme. Nella prospettiva dell'organismo drammaturgico completo, l'atto secondo diventa l'episodio-cardine fra il prologo e l'epilogo della tragicommedia di un «antieroe», Luca Cupiello, votato fino alla morte alla costruzione del suo «presepio» materiale e simbolico, rituale ma anche famigliare e sociale.

L'architettura stessa dell'opera predispone la centralità di un *personaggio* che riemergerà con forza dagli episodi della *Cantata* successiva: in varie metamorfosi sceniche ma sempre in un rapporto di *ambigua intimità* con il suo *attautore*. È come la reincarnazione di una maschera umana – anche se Eduardo finirà per avere due buchi al posto delle guance – che soffre in modi progressivamente piú coscienti uno stesso *dramma della solitudine*. Proprio la sua mania per il presepio distrae ed esclude Luca Cupiello dal mondo circostante, trasformando anche il suo linguaggio in un «parlare speciale»; a partire da quello scambio di battute fra padre e figlio («Te piace 'o presebbio, è ove'» – «Non mi piace») che supera via via il farsesco «diavolo a molla» fra caratteri ostinati, per esprimere una divaricazione di codici fondata su opposte gerarchie di valori. È importante come l'attore che interpreta Nennillo pronunci, alla fine, il sospirato «sí» alla provocazione *in extremis* del padre; ma comunque appaia quel consenso – convinto o soltanto pietoso – Lucariello potrà sempre, come tutti i grandi visionari, *disperdere lo sguardo lontano* [...] *per inseguire una visione incantevole: un Presepe grande co-*

me il mondo... (did., atto III). *Natale* è anche una commedia sulla *memoria* e sulla possibilità di tramandare sentimenti e cultura da una generazione all'altra[126].

Un senso mitologico d'autore, quello dell'artefice trinitario, resta profondamente inscritto nel testo, anche se nei *finali doppi* è predisposta la traducibilità futura delle Cantate. Ripensiamo al finale di *Napoli milionaria!*: al di là dell'interpretazione o rimozione di quella battuta che chiude la sua favola storica e metaforica, il protagonista continua a rappresentare nel romanzo teatrale eduardiano l'uomo nuovo, l'«altro uomo» rinato dall'esperienza iniziatica d'un «viaggio» attraverso l'«inferno» d'un paese distrutto e martoriato. Dopo l'evasione dal mondo da parte di un Luca - Don Chisciotte, il «finto morto» Gennaro Jovine prenderà coscienza: e solo dopo la sua presa di coscienza, negli ultimi due atti della commedia, l'«io epico»[127] parlerà con le sue parole, cercando di realizzare quella conversazione di vita col pubblico che diventa l'obiettivo del «Teatro di Eduardo». *Napoli milionaria!* trasforma il diritto della *memoria* in dovere della comunicazione e in viatico di conoscenza: nella *consapevolezza* che il terreno di coltura per gli errori futuri sarà nella mancante o irrisoria volontà di ricerca sul passato e sul perché della barbarie moderna («'A guerra non è fernuta... E non è fernuto niente!»).

È un discorso utopistico con l'Uomo e sull'Uomo quello che Eduardo intende fare, staccandosi dalla compagnia dei De Filippo per elevarsi a *drammaturgo civile* del nostro dopoguerra, con le delusioni inevitabilmente connesse a questo termine. Anche perciò (secondo un tipico paradosso artistico) la sua *maschera umana* diventa interprete e mediatrice di una condizione che supera i confini geografici, sociali e culturali da cui è originata. Pur possedendo connotazioni individuali e radici storiche che saranno di volta in volta aggiornate, rappresenta un intero modo di rapportarsi all'esistenza, mentre la focalizzazione multipla degli altri (personaggi o spettatori) assicura alla materia scenica un'impostazione dialettica. D'altra parte sappiamo che Eduardo attribuisce un «senso di futuro» al «compito dello scrittore»[128]:

---

[126] Sulla commedia si veda l'ultima, magistrale, analisi di Franca Angelini: *«Natale in casa Cupiello» di Eduardo De Filippo*, in aa.vv., *Letteratura Italiana. Le opere*, vol. IV, Einaudi, Torino 1995.

[127] Assumiamo il termine da Peter Szondi, *Teoria del dramma moderno (1880-1950)*, trad. it. Einaudi, Torino 1962.

[128] Eduardo De Filippo, in «Il Giornale d'Italia», 19 maggio 1981.

interpretare gli umori, i sentimenti del pubblico, significa anche
presentirli. Perciò attraverso il «ciclo» delle commedie scritte
fra il 1945 e il 1948 si può rivivere il trapasso dall'illusione d'un
cambiamento radicale della società (*Napoli milionaria!*) alla delusione già presentita nel '46 (*Questi fantasmi!*), fino alla disillusione in atto del '48 (*Le voci di dentro*).

Se *Napoli milionaria!*, dramma d'una famiglia napoletana
sconvolta, ancor piú che dai mali della guerra, dal tentativo
spregiudicato di esorcizzarli coi profitti del mercato nero, poteva ancora esprimere un sentimento ottimistico della volontà, lo
spostato e *tormentato* protagonista di *Questi fantasmi!*, Pasquale
Lojacono, con la sua ambigua schermaglia con spettri partenopei
ma universalmente inquietanti si fa portavoce d'una rifluente situazione di incertezza e di confusione morale. La distanza cronologica fra le due opere è minima, tuttavia la seconda commedia eduardiana del dopoguerra, introducendo il *fantastico* nel
quotidiano, prefigura la crisi di quell'ottimismo che apparirà a
tutti evidente solo qualche anno dopo.

D'altra parte i *Fantasmi* di Eduardo non preannunciano
soltanto una problematica storico-sociale; l'ambientazione quasi surreale, nel barocco palazzo infestato da spiriti antichi e moderni, traduce anche in spazio e in clima scenico il presentimento d'una ricaduta nel passato. L'architettura scenografica del
grande camerone d'ingresso è progettata, dalla lunga didascalia
iniziale, in funzione d'un gioco di specchi fra proscenio, scena e
retroscena, capace di abbindolare anche il pubblico: *Per la vicenda che mi accingo a narrare, la disposizione scenica d'obbligo è
la seguente: Ai due lati del boccascena, tra il proscenio e l'inizio
delle due pareti, formando l'angolo per la prospettiva del pubblico,
fanno corpo a sé due balconi che, s'immagina, fanno parte dell'intera distesa del piano* [...] (did., atto I).

Qui il teatro-nel-teatro dell'autore sfrutta a pieno, con naturale umoristica armonia, tutti i suoi trucchi, in uno scambio calcolato di ruoli fra il protagonista, l'attore-regista e lo spettatore.
Quest'ultimo è anche rappresentato: nel Professor Santanna, il
«dirimpettaio» con il quale Pasquale Lojacono parla dal «balcone»; si tratta di un personaggio invisibile (anche se occhiuto e petulante), ma trasparente, un'anima *utile* (anche se) *non compare
mai*. Eppure quando irromperanno nel camerone d'ingresso i pre-
sunti fantasmi, in una esorcizzazione parodica ma affettuosa dei
Sei personaggi pirandelliani, il protagonista stesso si trasformerà
in pubblico, seguendo la scena *come uno spettatore che ha pagato
il biglietto* (did., atto III) dall'esterno del balcone. Proprio attra-

verso i due *balconi obliqui*, sospesi tra la finzione della scena e la realtà della sala, lo «spazio del teatro» eduardiano si apre a nuove significazioni, manifestando la tensione del creatore di spettacoli (stavolta anche scenografo) a rompere le quattro pareti del palcoscenico in interno, come per ricercare, in tempi difficili, un diverso dialogo col pubblico. Infatti la solitudine di Pasquale Lojacono troverà espressione e sfogo nel simulato dialogo-monologo essenziale con l'unico personaggio che lo ascolterà fino in fondo, lo spettatore.

Ma come un antico poeta della *res publica*, Eduardo credeva possibile un dialogo diretto non solo con il pubblico, anche con gli uomini del potere. «Da *Napoli milionaria!* fino alle *Voci di dentro* c'è un linguaggio preciso», avrebbe detto nel '56 a Pandolfi. Quasi contemporaneamente a *Questi fantasmi!* scrive *Filumena Marturano*: quella Medea-madre napoletana, che rovescia l'esito del Mito e genera il riscatto della persona umana, avrebbe dovuto parlare ai «governanti»; però «le cose rimasero stazionarie e allora ho scritto *Le voci di dentro*, dove il personaggio non parla piú perché è inutile parlare quando nessuno ascolta»[129]. Il poeta comico e drammatico prova dispetto o amara disillusione quando le sue «parole» non ricevono risposta. Non a caso lo sviluppo di molte sue commedie ha un andamento in tre tempi, ma solo i primi due (quello dell'illusione o dell'ideale e quello della delusione) si ripetono puntualmente, mentre il terzo può dare adito a soluzioni diverse. Restano quasi in tutte la *provocazione* e il *diniego*, ma l'esito di un possibile o impossibile dialogo svaria a seconda del tempo interno dell'autore e del tempo esterno della società e della sua storia...

Ecco perché, dopo la soluzione ancora realistica e positiva di *Filumena Marturano*, il pendolo eduardiano sembra spostarsi decisamente verso il polo del fantastico[130]. In *La grande magia* come in *Le voci di dentro* (del 1948) il problema piú assillante di questo periodo di crisi o di disillusione storica è proprio quello della *comunicazione difficile*. In entrambe le commedie l'intesa fra i personaggi sembra impossibile, pur ricorrendo nella prima alla mediazione di un mago (Otto Marvuglia) e nella seconda alla provocazione di un testimone visionario (Alberto Saporito).

[129] Eduardo De Filippo (1956), cit. da Vito Pandolfi, *Intervista a quattr'occhi con Eduardo De Filippo*, in *Teatro italiano contemporaneo, 1945-59*, Schwarz, Milano 1959, pp. 199-200.
[130] Assumiamo il termine prevalentemente nell'accezione di Tzvetan Todorov, *La letteratura fantastica*, trad. it. Garzanti, Milano 1977.

Ma grazie al nuovo linguaggio scenico il rapporto di provocazione-comunicazione con lo spettatore è garantito: sia nel dibattito fra illusione e realtà della *Grande magia* che in quello fra sogno e realtà delle *Voci di dentro*. Anche il teatro eduardiano ha avvertito il bisogno di passare dal mondo visibile e fisicamente udibile a quello interiore, e vi ha trovato quei «corpuscoli psichici» (di cui parla Debenedetti) prodotti dall'implosione novecentesca del «personaggio uomo»; ma li ha disposti ancora a prestarsi come personaggi fatti a immagine e somiglianza dell'uomo e a comunicare i loro segreti al «personaggio in piú». Cosí è riuscito a salvare il *suo* protagonista-uomo, quell'*alter ego* che ci viene incontro in diversi esemplari, capace di mediare e magari di «rendere piú praticabile la vita» con il suo motto araldico: *si tratta di te!* [131]. Nella seconda commedia specialmente, Eduardo ricorre al congegno post-pirandelliano del «teatro inchiesta» per condurre il suo testimone d'accusa alla scoperta d'una verità profonda, l'assassinio della «parola» fondata sulla «stima reciproca», senza arrivare tuttavia alla necessità dell'Assurdo. Perciò l'ambiguità *fantastica* si rivela alla fine una grande trovata scenica, per avvertire il pubblico del pericolo di mostri (anche dentro di noi), che non investono la sfera astratta dell'esistenza, ma quella del nostro *vissuto*.

Tuttavia se il «discorso profetico» – alla fine del secondo ciclo del dopoguerra – è angoscioso, non è rassegnato: la delusione non frena Eduardo, lo stimola anzi a ricercare altri punti di contatto con la realtà. Siamo alla terza fase del suo itinerario drammaturgico e della sua attività di uomo di teatro: scandita storicamente dal passaggio attraverso il boom economico, l'egemonia culturale americana, la contestazione e il crollo dei pregiudizi ma anche degli antichi valori famigliari e sociali. I due filoni che si alternano e si avvicendano in questa fase sono riconducibili alla trasformazione traumatica della famiglia (da *Mia famiglia* del 1954 a *Sabato, domenica e lunedí* del 1959) e alla necessità, anche se problematica, di un impegno civile (da *De Pretore Vincenzo* del 1957 a *Il sindaco del Rione Sanità* del 1960). Opera riassuntiva di entrambi i filoni avrebbe dovuto essere l'ultima, *Gli esami non finiscono mai* del 1973.

Si sviluppa con particolare evidenza, nei *drammi famigliari* di questi anni, la centralità di quel personaggio ambiguamente

---

[131] Cfr. in proposito Giacomo Debenedetti, *Commemorazione provvisoria del personaggio uomo*, in *Personaggi e destino*, Il Saggiatore, Milano 1971.

proiettivo, che affermatosi con Luca Cupiello, l'*inetto* a vivere, ha assunto le sembianze di Gennaro Jovine, colui che *agisce* maturato dall'esperienza, e di Pasquale Lojacono, il *disilluso* che si rifugia di nuovo nella visione, non d'un mitico presepe ma d'una provvidenziale e napoletana fortuna. Perché la famiglia rappresenta sempre, per Eduardo, il microteatro della società italiana e addirittura del mondo, secondo una prospettiva che ha origine nella sua particolare «napoletanità»: non come «cosa immobile» ma come «linguaggio che si evolve a seconda dei periodi storici [...] a Napoli sono passati in tanti e per capirci ci si intendeva a gesti. Poi si inventavano le parole. E cosí è stato nel teatro»[132]. Il coro famigliare eduardiano (polifonico, con qualche a solo prepotente, con qualche voce stonata) è espressione di questa napoletanità e al tempo stesso richiama il vissuto d'una compagnia di teatro. Non a caso Raffaele, il Pulcinella-*travet* di *Sabato, domenica e lunedí*, dirà a proposito della sua famiglia allargata: «Già, qua come stiamo combinati potremmo formare la piú grande compagnia di prosa napoletana. La signora Elena prima attrice. Zia Memè, mia sorella, caratterista comica. Donna Rosa, madre nobile. Giulianella l'ingenua. Don Federico: attor giovane. (*Mostrando Virginia*) La servetta, eccola qua. Mio fratello generico primario e parti sostenute. Attilio, mio nipote, il mamo» (atto II).

La prospettiva è sempre quella teatrale: basterebbe a confermarlo il luogo scenico privilegiato dagli interni domestici eduardiani. Interni per modo di dire: ché la *camera da pranzo a tutti gli usi* tagliata e aperta dal *telaio a vetri che dà fuori al terrazzo o sul vico* diventa una specie di *vademecum* reale-esemplare, concreto-metaforico, della qualità napoletana della vita, anche attraverso la messa in scena dei diversi ceti sociali. Dall'enorme *stanzone lercio e affumicato* ma *con telaio a vetri che dà sul vicolo* nel basso di *Napoli milionaria!* alla *stanza di passaggio che divide tutti gli ambienti* dell'appartamento altoborghese di *Mia famiglia*, si tratta sempre di uno spazio aperto e di transizione, eppure crocicchio di problemi comuni, in cui i famigliari, ma anche i vicini e gli amici si incontrano, si intrattengono e si scontrano. La *privacy* è estranea al famigliarismo eduardiano: il suo mondo umano è in continuo e vicendevole fermento, e non si chiude mai fra le quattro pareti dell'intimità domestica; perciò con-vivere in questa famiglia-compagnia può esasperare oltre che limi-

---

[132] Eduardo De Filippo, cit. da Massimo Nava, *Eduardo e la Napoli dei «giorni dispari»*, in «Corriere della Sera», 17 gennaio 1983.

tare i desideri dei singoli, può portare alla caccia di angoli ripo-
sti in cui isolarsi, per nascondere agli altri i propri sentimenti, le
proprie illusioni e disillusioni.

È certo l'osservazione della reale vita napoletana a suggerire al drammaturgo-scenografo il particolare taglio spaziale, la
sua propria geometria dei luoghi. Ma questa topologia e il movimento scenico che ne consegue entrano nel gioco della sua
rappresentazione del teatro del mondo. Se la strada è il luogo
deputato di Viviani, il punto di vista di Eduardo si muove
piuttosto dall'interno all'esterno, ma anche viceversa. Tutti i
personaggi di una Città eterogenea, e perciò emblematica, finiscono per affollare il luogo deputato del famigliarismo eduardiano, che può essere assimilato a un grande palcoscenico concen-
trico, dove tramezzi o tende, come quinte di teatro, separano
solo provvisoriamente i piccoli spazi individuali. Anche perché la
Napoli eduardiana è una città-alveare: non è mai o quasi mai
quella delle ville arroccate e isolate dai giardini, ma comunque la
si spacchi, in verticale – i piani alti, i quinti piani della piccola e
media borghesia – o in orizzontale – i bassi dei ceti piú emarginati –, è quella sempre attraversata da odori, profumi o puzze interfamigliari, fiori caffè ragú fritture o mondezze, e collegata
dal perenne chiamarsi, parlarsi, urlarsi, dimenarsi da una apertura all'altra, sia porta o finestra o terrazza.

Pensiamo alla tazzina «'e cafè» che viaggia di mano in mano
ai coristi circostanti il letto del moribondo, nell'ultimo atto di
Natale in casa Cupiello: è certo una variante comica alla fondamentale tragicità dell'epilogo, ma è contemporaneamente un ri-
chiamo attivo e concreto ad una consuetudine di rapporti sociali, di buon vicinato, per cui anche un evento triste o luttuoso
diventa occasione di incontro e di partecipazione. Le pareti del
privato domestico si aprono a spazialità collettivizzanti: perciò il
marito di una vicina può comunicare con lei attraverso il portiere, chiamandolo «da sopra la finestra d' 'a cucina». Anche *'O vascio 'e donn'Amalia Jovine*, in *Napoli milionaria!*, riunisce una
moltitudine varia di personaggi, tranvieri e tassisti disoccupati,
operai del gas e loschi figuri, signore scadute e tipi d'impiegato,
per il rito mattutino del caffè (stavolta pagato a caro prezzo!)
Questo spaccato naturalistico, sintomatico d'un continuo «traffico» di frequentazioni interfamigliari, perfora o rende trasparente di per sé, attraverso la dinamica delle entrate e delle uscite, la scatola del palcoscenico. Finché un altro spaccato napoletano, l'antico palazzo di *Questi fantasmi!* con i suoi tetti e

terrazzi che diventano altrettante vie di comunicazione fra il dentro e il fuori, non complicherà di illusività e di allusività il gioco delle apparizioni e delle sparizioni, trasformando la scena nella sala degli specchi d'un Luna-park spiritico. Là il rito della preparazione del caffè, celebrato dal solo protagonista fuori dal balcone, servirà a giocare una partita truccata con lo spettatore rappresentato e con il pubblico reale.

Quindi i segni dell'apparenza soggettiva, gli *abiti*, diventano nella Napoli di Eduardo tutti i panni o gli stracci del mondo: come mobili sipari coprono, balcone dopo balcone o da una finestra all'altra, le facciate delle case, attraverso fili che uniscono anche visivamente la vita di dentro con quella di fuori, dell'uno con quella degli altri. Quei fili già intrecciano le diverse esistenze individuali e famigliari sulla piccola ribalta-sfogo di *Gennareniello* (1932), la cui apertura scenica, con *le donne che stendono il bucato* sulla *terrazza comune* (did.), riprende quella stessa di *Uomo e galantuomo*, la prima commedia meta-teatrale dell'autore. Cosí quel «reggipetto» teso ad asciugare dalla bella dattilografa chiacchierata dal vicinato provocherà la vena poetica dell'attempato protagonista (pensionato e inventore incompreso) ma anche la gelosia della moglie; e si trasforma nell'oggetto-*climax* che sconvolge la mediocre, apparente tranquillità d'una famiglia-prototipo eduardiana[133]. Questa famiglia apparirà anche in seguito attraversata, aggredita, ma insieme integrata e vivificata, dal moto perpetuo di piú personaggi che non possono dirsi estranei, perché incarnano l'onnipresente coro del teatro di Eduardo. Il preteso interno si configura come soglia di continuo valicata o profanata: non meraviglia che alla fine si traduca nella metaforica *strada dove ci si incontra per caso* (did.) di *Gli esami non finiscono mai*.

Dato questo rapporto costante fra il *dentro* e il *fuori*, il fenomeno della *trasformazione famigliare* appare in un primo momento a Eduardo, in *Mia famiglia* del '54, come sintomo di una malattia sociale che investe l'individuo e la collettività. Cosí almeno sembra ad uno dei suoi protagonisti piú ambigui: un padre che rifiuta con l'indifferenza e il mutismo il linguaggio falsamente ribellistico dei figli; ai quali vorrebbe proporre valori di-

---

[133] Difatti la composizione famigliare elaborata fra la prima redazione del *Natale* (l'atto unico) e *Gennareniello* si ritrova poi, con alcune varianti significative, nel successivo teatro di Eduardo: padre-madre-figlio-sorella/fratello del padre; cui si aggiunge il personaggio della figlia (che nel *Natale* ha la stessa funzione squilibrante della giovane vicina di Gennareniello).

versi da quelli banali e spettacolari del benessere contemporaneo, ma è incapace di esprimerli in parole che ne rinnovino il senso. Alberto Stigliano ammetterà alla fine la sua parte di colpa, ma saranno ancora i giovani, nel «dramma» che apre la seconda *Cantata dei giorni dispari*, a cercare nei vecchi quell'appoggio morale senza il quale si sentono soli e sbandati.

D'altra parte la prospettiva investe un cambiamento della società che per essere accettato o almeno discusso richiede la comunicazione: perciò anche la problematica dei due testi centrali del famigliarismo eduardiano riguarda la crisi del dialogo. Nella famiglia patologica o in trasformazione il *silenzio* può generare ansia, fare paura e radicalizzare l'incomprensione; ma le *parole* stesse possono provocare pudori, rancori e antagonismi, come in *Sabato, domenica e lunedí* del '59. Perciò in questa «commedia», che mette significativamente in scena una grande «famiglia da teatro comico napoletano», la figlia piú giovane aiuterà i genitori a sciogliere con la sincerità del linguaggio il loro nodo di incomprensione reciproca. Alla fine del romanzo famigliare dal Cinquanta al Sessanta, la metamorfosi dei rapporti generazionali può divenire motore di crescita per tutti.

Ma proprio perché il famigliarismo eduardiano è una spia per l'osservazione e l'approfondimento d'una situazione drammatica esistenziale, oltre che domestica e sociale, le sue problematiche intonate alla crisi del dialogo investono anche le opere in cui vibra, in questo decennio, la *corda civile*. In *De Pretore Vincenzo* ('57) il motivo della *paternità ignota* trasforma un caso da manuale di sociologia in un dramma *fantastico-sociale*: un trovatello divenuto ladro tenta di arrangiarsi anche coi santi, figurandosi un aldilà-aldiqua umanizzato ma giusto. Tuttavia, sognando se stesso come l'eroe di una fiaba napoletana a lieto fine, egli diventa il martire visionario di una leggenda terrena: la fiaba si svolge soltanto *dentro di lui*, mentre i suoi antagonisti sono sempre in agguato nel *mondo esterno*. La struttura del testo (che è stato però molto variato) conferma l'ambivalenza di piani: l'azione non procede per atti ma si suddivide in due «parti» e si sviluppa «epicamente» in «quadri», con mutamenti di scena a vista, giochi di luci, commenti musicali, per cui l'opposizione tra realtà e sogno procede armoniosamente fra tradizione napoletana in versi e brechtismo.

Invece per il *realismo sociale* del *Sindaco del Rione Sanità* ('60) ritornano i tre atti: si avvia l'azione *in medias res* e si fa procedere secondo una linea ascendente fino al punto culminante, che è ancora la morte del protagonista. Infatti anche nel sistema semantico di questo dramma si oppongono *giustizia privata - giusti-zia pubblica*, ovvero, secondo la visione del mondo di Antonio Barracano, *giustizia privata saggiamente amministrata - ingiustizia pubblica*. Il padre-padrino conduce il suo gioco fino all'estremo: fino a mascherare il proprio ferimento mortale con la morte na-turale, per evitare la «catena» di vendette che si sarebbe allun-gata fra la famiglia e la gente sua e quelle dell'omicida. Ma il medico dal nome emblematico, Della Ragione, complice per una vita di questo sindaco *honoris causa*, rifiuterà di firmare il certi-ficato di morte come voleva lui («collasso cardiaco»). Decide, costi quello che costi, di testimoniare la verità: « Scannatemi, uc-cidetemi, ma avrò la gioia di scriverci sotto in fede» (atto III). Si afferma cosí «alla fine» del testo, in posizione cioè fortemente «mitologizzante»[134], un sistema semantico nuovo: che nega la le-gittimità di ogni giustizia individuale fondata sulla connivenza e sul silenzio. Ma trattandosi d'un testo teatrale e artistico (dove Eduardo scrive per sé, al solito, la parte del protagonista[135]) i due sistemi formano un'unica architettura, a reggere la quale collaborano scambievolmente, elasticamente. Proprio perché il disegno di Antonio Barracano – la sua «vita intera» spesa «per limitare la catena dei reati e dei delitti» nel sogno di «un mon-do meno rotondo ma un poco piú quadrato» – conserva nel-l'insieme dell'opera attrattiva e grandezza, la sua negazione fi-nale risulta significativa e poetica.

Di qui anche lo spessore polisemico dell'ambiguità eduardia-na, come impossibilità di schematizzare in termini manichei i contrasti drammatici; si può sempre trovare una chiave diversa o piú penetrante per interpretare i lavori del drammaturgo, al di là dei generi e delle forme in cui sono stati rubricati: dalla «far-sa napoletana» alla «commedia dialettale» al «dramma borghe-se» dell'anteguerra, dal «neorealismo» e «surrealismo» del do-poguerra fino al «teatro epico» degli anni Settanta... *Gli esami*

[134] Assumiamo il termine da Jurij M. Lotman, *La struttura del testo poeti-co*, trad. it. Mursia, Milano 1976. Secondo il semiologo russo ogni testo arti-stico presenta un aspetto «fabulistico» («rappresenta qualche episodio della realtà») e, contemporaneamente, un aspetto «mitologico» («simula un intero universo»); soprattutto la «fine» di un'opera assume una funzione «mitolo-gizzante»: «una buona o una cattiva fine [...] testimonia non solo della con-clusione di questo o quell'intreccio, ma anche della costruzione del mondo nel suo insieme» (pp. 260-61).
[135] «Posso dire quale è stato il mio ruolo preferito: Antonio Barracallo nel *Sindaco del Rione Sanità*, a mio parere una delle parti piú difficili ma piú in-teressanti che un attore possa desiderare» (Eduardo De Filippo, in *Eduardo, polemiche, pensieri, pagine inedite* cit., p. 170).

non finiscono mai. Eppure proprio nella sua ultima opera l'ambiguità, che dal gioco delle parti fra attore-autore e regista passa a connotare il testo, pare sbilanciarsi dalla parte della tesi del
protagonista. Qui la *Weltansbauung* sembra in sintonia con quel
«mondo di vecchi» che è «la metafora allibita, in chiave drammatica ma preferibilmente grottesca, del teatro di questi ultimi
anni»[136]. Nel silenzio solipsistico, che alla fine di questi «esami»
annuncia la morte del protagonista, ci pare di riconoscere la ri-
duzione dell'*antilinguaggio* al suo *grado zero* che accomuna i grandi vecchi di Beckett e certe coppie senili di Ionesco, che hanno
come unico interlocutore un coro di sedie. Nella pantomima sarcastica di Guglielmo Speranza, «personaggio prototipo dell'uomo» dal cognome antifrastico, l'interlocutore diventa il nastro
del registratore che soverchia le voci del presente con la ripetizione delle *voci del passato*.

Ma questo non poteva essere il testamento di Eduardo, come
uomo e come uomo di teatro: anche *Gli esami non finiscono mai*
riesce a comunicare quel senso di indignazione che ha salvato altri suoi drammi da ipotesi di disperazione o peggio di rassegnazione. I lampi di nera comicità che illuminano in modo sinistro
le reazioni incongrue del contesto (scenario di parenti terribili e
di perfidie sociali) fanno scattare sí la risata ma continuano a
provocare nello spettatore un complice senso di colpa. Anche
perché neppure stavolta il *silenzio* dell'attore-personaggio (sempre presente nel testo con le sue prepotenti didascalie gestuali e
mimiche) rinuncia ad essere tecnica e viatico di spettacolo; egli
continua a tendere attraverso la ribalta «una mano» al pubblico
(nascondendo l'«altra» dietro la schiena). Ce lo conferma l'a-
zione conclusiva del protagonista il quale ricomincia a muoversi
proprio durante il suo funerale, rovesciando la funzione dell'*a-
bito* che gli altri hanno imposto al suo *corpo*. Proprio perché ab-
bigliato come un figurino del varietà, esce alla fine dai panni del
disilluso borghese per reinterpretare ironicamente davanti al suo
pubblico vero la parte del finto morto. Può anche smascherare
con lo *sguardo* quel capolavoro di ipocrisia che è l'elogio funebre
del suo Sosia persecutorio, Furio La Spina; e *si diverte, si sente al
centro di un gioco talmente infantile da farglielo ritenere uno dei
doni piú assurdi e affascinanti che la fantasia bizzarra dell'umanità
abbia concesso all'uomo* (did., atto III).

La fantasia magica e bizzarra della creazione scenica consen-

---

[136] Renzo De Monticelli, *Il monologo silenzioso di Eduardo*, in «Corriere
della Sera», 1° marzo 1974.

te all'artista di prefigurarsi un aldilà da cui continuare a prendersi gioco della vita e persino della morte. E ancora una volta la prospettiva teatrale risulta profetica. Pensiamo ai funerali di Eduardo, con l'improvvisa interruzione della diretta Tv al momento del commiato; quando uno dei ragazzi del carcere di Napoli avrebbe dovuto salutare «l'unico senatore della Repubblica che si fosse occupato di loro», poi Marotti dell'Ateneo di Roma avrebbe parlato ancora, infine Dario Fo in rappresentanza dei «teatranti». Invece no: era «la vendetta dei politici che si erano visti esclusi dal rito» (dice Fo), ma anche di quel «sistema teatrale» che «amava e ama riempirsi la bocca e gonfiare le gote»[137] contro cui Eduardo ha ingaggiato una lotta da cui è uscito almeno in parte vincitore. Da capo di compagnia non s'è mai voluto trasformare in capofila d'un teatro ufficiale, continuando fino alla fine la sua politica di teatro famigliare, anche grazie alla sua memoria e al suo «parlar furbesco» di comico. Perciò su quel funerale sembra aleggiare la risata di Eduardo: «Era proprio il finale che lui voleva. Non c'era dubbio, se l'era inventato personalmente, se l'era sceneggiato e allestito col permesso del Padreterno, il padreterno dei teatranti»[138].

La comunicazione difficile.

Con Eduardo De Filippo siamo alla personificazione di una diversa dimensione del teatro non piú soltanto teatro di situazione e di parola, ma una drammaturgia che nasce dalle tavole del palcoscenico, da una rifondazione unificatrice dei ruoli divisi per l'avvento dell'«industria teatrale»[139]. Non è autore la cui

[137] A proposito dell'eredità eduardiana, Taviani individua, oltre ai filoni drammaturgici e spettacolari piú direttamente connessi all'ambito propriamente napoletano, il cerchio piú ampio di un teatro che non s'adegua ai progetti dell'organizzazione culturale, che vive di un giro commerciale virtualmente indipendente, che, benché sia teatro, fatto dunque per il successo, e benché sia «vivo», dedito dunque ai compromessi, alla fine però «non si mischia». Eduardo, Dario Fo, anche Carmelo Bene, si riconoscono in visioni personali del teatro testardamente perseguite: anche nella pratica, «questi solitari strateghi del teatro sapevano trovarsi simili» (Ferdinando Taviani, *Eduardo e dopo*, in *Dossier:Eduardo De Filippo e la sua eredità*, in «lettera dall'Italia», v, n. 19, luglio-settembre 1990, p. 23).
[138] Dario Fo, in *Testimonianze*, appendice al catalogo della mostra *Eduardo De Filippo. Vita e opere, 1900-1984* cit., p. 189.
[139] Per una nuova interpretazione del fenomeno, si veda il libro di Roberto Tessari, *Teatro italiano del Novecento. Fenomenologie e strutture 1906-1976*, Le lettere, Firenze 1996.

maturazione avviene esclusivamente sulla base di una crescita intellettuale e culturale dello scrittore, anche se gli aspetti semantici e strutturali del suo teatro segnano, con successive trasformazioni, il suo inserimento nel percorso della civiltà teatrale del Novecento.

Nel suo teatro interagiscono reciprocamente i piani dello spettacolo popolare-dialettale (al di là delle sue labili collocazioni di classe) e del teatro colto novecentesco (dal mito nazionale Pirandello in poi ed oltre...) La cultura europea viene man mano a suffragare l'originaria matrice partenopea e farsesca, ma da questa è vivificata e resa piú concreta: la napoletanità eduardiana, che progressivamente si attenua nei suoi referenti naturalistici, diventa occasione e linguaggio per affrontare problemi universali. Certo pirandellismo iniziale viene via via esorcizzato culturalmente e moralmente: la dialettica pirandelliana scopre gli anelli che non tengono nella catena sociale ed esistenziale, quella eduardiana riconduce il fenomeno a concreto movimento storico (e smaltisce il pirandellismo). Se Pirandello, nel denunciare la frattura tra finzione e realtà, tende a porre l'accento sul primo termine, Eduardo conclude all'opposto che la finzione è sí presente nella vita, ma come ostacolo che bisogna comunque tentare di superare. Il sentimento di delusione – che deriva e traspare dalla sua fondamentale fiducia nell'uomo – esprime il rifiuto non dell'esistenza della realtà, ma della sua negatività. Nel suo teatro non ci sono «maschere nude», perché nella disgregazione epocale cerca di salvare il «volto» del personaggio-persona; non c'è neppure ratificazione ironica del «male di vivere», ma una comicità che esprime anche sdegno, rabbia, amarezza, e quindi il desiderio di ripristinare quel rapporto autentico fra uomo e natura o fra uomo e civiltà che il disordine della Storia ha ottenebrato.

Perciò il romanzo teatrale di Eduardo va controcorrente: il suo protagonista intraprende un periglioso e inattuale viaggio attraverso la Storia, quando essa ha perduto ogni privilegio di consequenzialità (o almeno cosí pare). Il protagonista eduardiano è uno spostato ma anche uno «scampato» che da «ectoplasma» aspira a ritornare «uomo». Il viatico che gli occorre, in questo viaggio verso un nuovo umanesimo, è appunto la «parola adatta», la «parola colorata» che possa riattivare quel dialogo entrato in crisi nella cosiddetta realtà, come nel suo doppio, il teatro.

Il filo rosso che lega le diverse prove della sua drammaturgia è quello stesso che attraversa, con il *leit-motiv* della *comunica-*

zione difficile, la drammaturgia europea del nostro secolo, da Pirandello a Ionesco a Beckett. Ma le tecniche della comunicazione scenica non riguardano soltanto le forme verbali, comprendono anche le strutture dei codici mimico-gestuale, prossemico, spaziale-scenografico. E anche questa prospettiva rivela nel teatro di Eduardo quella «trinità eretica» individuata da Meldolesi: «scrittura d'attore, mondo dialettale e teatro in lingua».

La parola eduardiana è una *parola agita*, temporalizzata e spazializzata, eppure predisposta a conversazioni sceniche senza confini, perché nella sua parabola eccentrica rispetto al cosmo delle avanguardie il drammaturgo ha affrontato la crisi del dialogo sfruttando il suo «capitale» di soluzioni per rendere teatrabile quella stessa crisi. La sua è quasi sempre una *drammaturgia della comunicazione*, sia pure di una comunicazione difficile, ma in cui *dire è fare*. Nelle commedie di Eduardo le parole hanno ancora un senso, possono essere usate come armi di offesa e di difesa, anche e soprattutto quando vengono a mancare: ancora grazie alla matrice partenopea dell'attore-che-scrive, al suo bagaglio di abitudini generative, e a quel repertorio che contamina livelli e generi di spettacolo come in un *teatro della memoria*[140].

A quali espedienti ricorre Eduardo per rendere spettacolare la crisi del dialogo? Il suo protagonista incomincia con l'inventarsi un *linguaggio privato* (pensiamo a Sik-Sik, l'artefice magico); un *anti-linguaggio* che si condensa in formule ripetute caparbiamente, con effetti comici dirompenti, finché il suo messaggio non venga ricevuto da chi ascolta. Però questa *terapia della parola*, intesa ad infrangere la barriera della solitudine propria e dell'incredulità altrui, è impraticabile per il pazzo protagonista di *Ditegli sempre di sí* («C'è la parola adatta, perché non la dobbiamo usare?»); ottiene un successo ambiguo alla fine del *Natale* di Luca Cupiello («Te piace 'o presebbio?»); sembra funzionare grazie al *leit-motiv* di Gennaro Jovine («'A guerra non è fernuta... E non è fernuto niente!»), ma solo nella *Napoli milionaria!* del '45. Tuttavia, anche quando il discorso del protagonista non viene inteso dagli altri personaggi, il personaggio in piú, il pubbli-

---

[140] In questo stesso bagaglio hanno continuato a pescare gli esponenti della nuova drammaturgia napoletana, Manlio Santanelli, Annibale Ruccello, Enzo Moscato, ed altri; magari passando attraverso Beckett e Pinter (Santanelli) o Genet (Moscato) e stravolgendone artificialmente il senso originario. «Cosí come la linea scarpettiana ha potuto ricollegarsi, tramite Eduardo, a una linea pirandelliana, [...] oggi, i drammi dei nuovi drammaturghi napoletani [...], passando attraverso Pinter o Genet, Beckett o Artaud, possono ricollegarsi a Eduardo e Viviani» (Ferdinando Taviani, *Eduardo e dopo* cit., p. 24).

co, lo comprende. Gli arriva il senso del lucido delirio del matto Michele, e anche quello dell'incubo rivelatore di Alberto Saporito, delle sue «voci di dentro» che denunciano, in toni grottescamente inferici, il novecentesco «tradimento delle parole»[141].
Proprio la tendenza al *monologo* dei protagonisti eduardiani apre canali essenziali di comunicazione con il pubblico. Ma il passo dal monologo al *mutismo* è breve, ed evidenzia il rifiuto di quei rapporti interumani che, nel dialogo convenzionale, sono divenuti finzione. Perciò la difficoltà a parlare insieme risalta di piú nelle commedie che testimoniano o prefigurano cambiamenti della società, in fasi critiche della sua storia e del suo sviluppo: *Questi fantasmi!* ('46), *Le voci di dentro* ('48), *Mia famiglia* ('54). Le trovate del teatro di Eduardo per drammatizzare la crisi del dialogo passano dunque dal *dialogo-monologo* di Pasquale Lojacono con un fantasma-uomo al *linguaggio alternativo*, pirotecnico, dello «sparavierze» Zi' Nicola, e arrivano al *silenzio* drastico, ma ancora *strumentale*, di Alberto Stigliano. Se il conformismo è un'arma del potere in grado di condizionare, con le sue «parole grigio scuro», qualunque creatività e spontaneità dell'individuo, l'espediente tecnico della *sfasatura dei linguaggi* deve per forza sconfinare nella soluzione del *silenzio*.
Ma il silenzio eduardiano non è né crepuscolare né intimista, neppure cechoviano, nella sua *pregnanza attorica* appare concretamente prodotto dalla rinuncia ai compromessi ipocriti della parola parlata. «Il culmine del Gran Grottesco, – scrive Ripellino per lo spettacolo di *Gli esami non finiscono mai* del marzo 1974, – è nel finale, quando Guglielmo, in nero smoking dai risvolti di raso, i capelli gommati e i pomelli vermigli, con un mazzetto di fiori ravvolto nell'argento delle Pompe Funebri, rivive le proprie esequie, ridendo del sempre presente compare [Furio La Spina] che, in alto cilindro e col viso piú bianco del cenere, pronunzia un mellifluo necrologio»[142]. È uno di quei casi in cui drammaturgicamente *dire* ma anche *non dire* è *fare* in cui il *silenzio agito* dall'attore rappresenta una risposta del personaggio alla persecuzione, anche verbale, degli altri.

---

[141] A cui accennerà Annibale Ruccello, in un'intervista pubblicata postuma, in «Sipario», n. 466, 1987, pp. 70-74. Si veda a riguardo anche il nostro *Eduardo, punto e a capo? A proposito della nuova drammaturgia napoletana*, in «Il Castello di Elsinore», n. 24, 1995.
[142] Angelo Maria Ripellino, *Cancan prima del lutto*, in *Siate buffi. Cronache di teatro, circo e altre arti* («*L'Espresso*» 1969-77), Bulzoni, Roma 1989, p. 279.

Lingue e linguaggio.

D'altra parte se il teatro di Eduardo è un teatro che comunica anche quando manifesta la difficoltà a comunicare, il suo stesso codice verbale merita attenzione. La sua *lingua interna* nasce da una complessa polifonia fra *lingua* e *dialetto*; conta ciò che esprime ma anche come lo esprime. Tanto piú che neppure l'uso del napoletano è vera scelta all'inizio, per l'autore, ma continuità con la famiglia d'arte in cui cresce anzitutto come attore. Perciò in quella prima tappa del suo itinerario drammaturgico che corrisponde alle commedie scritte fra il 1920 e il 1934, i testi appaiono complessivamente denotati da un uso ancora naturalistico e parzialmente farsesco del dialetto: stretto in bocca ai personaggi bassi, italianizzato nell'espressione dei ceti piú elevati (anche se il «bilinguismo», l'alternanza di «toscano» e «dialetto» in uno stesso testo teatrale, faceva parte della tradizione, a partire dalla «commedia meditata» di Francesco Cerlone)[143].

Comunque già all'inizio del suo percorso scenico il linguaggio usato dall'attore-autore rivela una tensione sperimentatrice. Eduardo ritaglia dal «dialetto regolamentato» appreso dal padre i pezzi comici di una lingua sforzata e velleitaria, «quello strano miscuglio di dialetto e di italiano» che rifletteva nelle commedie di Scarpetta la cultura deformata dei ceti medi della sua città; ma in bocca al protagonista di *Sik-Sik, l'artefice magico*, quella lingua vera si trasforma (come abbiamo visto) nel codice privato e un po' barocco di un illusionista-illuso, assumendo valore espressionistico.

Una seconda tappa si può d'altra parte individuare fra il 1935 e il 1942, in rapporto ai cosiddetti drammi borghesi di Eduardo (*Uno coi capelli bianchi*; *Io l'erede*; *L'abito nuovo*). Anche l'esercizio di traduzione e reinterpretazione delle opere pirandelliane (*Liolà* e *Il berretto a sonagli*) contribuisce a sganciare il giovane attore che scrive dalla pratica naturalistica del dialetto, portandolo alla elaborazione di un linguaggio diverso da quello usato in precedenza. Affrontando l'italiano parlato da ceti napoletani piú alti egli sperimenta soluzioni di contaminazione o di contrasto, con intenti di parodia sociale. Per quanto il «teatro da ridere» dei De Filippo mostri in superficie le solite trovate esilaran-

[143] Cfr. Vittorio Viviani, in *Storia del teatro napoletano* cit.

ti, a tali «allegrie» (osserva Savinio) «i commendatori e le loro signore venuti a farsi quattro risate, ridono sí, ma con la bocca storta»[144]. Gli unici personaggi con cui Eduardo intrattiene, in questi anni, il consueto rapporto di *ambigua proiezione* sono il povero-cristo di *L'abito nuovo* e il contro-eroe sognatore di *Non ti pago*: quei protagonisti in cui l'emotività o la voce del cuore si traduce a sprazzi nello sfogo dialettale. Infatti mentre sottopone a prove un nuovo uso scenico della lingua italiana, egli non abbandona gli esperimenti sul dialetto (in *Non ti pago*, ma anche nel «parto trigemino» di *Natale in casa Cupiello*). Lavorando su entrambi i fronti Eduardo va sondando le possibilità di una rigenerazione dialettale del teatro nazionale, e prepara il terreno alla sua invenzione post-bellica.

La terza tappa del suo viaggio artistico abbraccia infatti un periodo considerevolmente piú lungo (rispetto alle prime due); coincide con gli anni del «Teatro di Eduardo», dal 1945 al 1973, ed è la fase in cui si osservano i risultati piú originali della sua lingua-in-scena. Nelle commedie scritte appunto dal dopoguerra in poi, il linguaggio di volta in volta creato dipende dalla caratterizzazione dei personaggi e dei loro reciproci rapporti nelle interazioni del testo-spettacolo. Una *corrente alternata lingua-dialetto* contraddistingue la *Cantata dei giorni dispari*, con ogni possibile interferenza fra i due registri, impiegati sempre con una flessibilità che risponde a particolari esigenze espressive. Ma come dice Meldolesi «l'originalità dialettale di Eduardo risiede in un'energia polemica» che percorre tutti i piani del suo teatro, e che sprigiona dalla «fonte attorica»[145]. Si è visto come Eduardo, prima di essere un autore dialettale, sia un attore della «verità esclusa», che esibisce il trapasso dal non rappresentabile (il conflitto drammatico messo in crisi proprio dalla crisi del dialogo) al rappresentabile (la spettacolarizzazione di questa crisi), giocando sugli ambigui rapporti fra lingua e dialetto.

Colpisce infatti la napoletanità rinnovata del linguaggio in *Napoli milionaria!* Qui il drammaturgo torna sostanzialmente al dialetto: è un dialetto, però, piú legato alla manifestazione dei sentimenti o alla funzione del «parlato recitato» che alla rappresentazione naturalistica di un ceto sociale. È anche un caso di iperdialettismo, se eccezionalmente invade l'attacco della didascalia iniziale (*'O vascio 'e donn'Amalia Jovine*) come per

---

[144] Alberto Savinio, *Teatro da ridere*, in «Omnibus», 19 ottobre 1938; ora in *Palchetti romani* cit., pp. 334-37.
[145] Claudio Meldolesi, *Gesti parole e cose dialettali* cit., p. 40.

una intrusione epica dell'attore nella narrazione scenica. Il linguaggio del teatro di Eduardo non è piú un codice ereditario o fotografico, ma assume un rilievo espressivo interno; perciò nella stessa commedia la *parola italiana* focalizza i momenti in cui il discorso del protagonista diventa *mitologizzante*: come l'improvvisato comizio di Gennaro Jovine sul «popolo», i «prufessori» e i «governanti», che non viene marcatamente inteso dal pubblico in scena, dai famigliari e dai frequentatori del basso. Laddove invece prevale in *Filumena Marturano* ma soprattutto in seguito, il colore della lingua nazionale (sempre impastato di dialettalità nella sintassi, nelle troncature tipiche dei nomi e dei vocativi), la *lengua napoletana* rappresenta la macchia emotiva o esprime lo sforzo compiuto dalla *verità* per emergere dal contesto: come anche nella denuncia gridata dal protagonista visionario di *Le voci di dentro*.

Insomma, il linguaggio scenico delle Cantate diventa per via sempre meno mimetico e piú allusivo: un «codice espressivistico»[146] cui concorrono naturalmente la mimica e la gestualità dell'attore, e anche certi tipici sdoppiamenti dello spazio (in *Questi fantasmi!* come poi in *La grande magia*) del drammaturgo-scenografo. Se Eduardo è stato «l'attore italiano piú intransigente verso l'antilingua recitativa, con quel suo teatro di identità delle cose, in cui tutto sembra a posto, ma in cui nel profondo ogni elemento contraddice la sua immagine»[147], parte di questo fenomeno resta profondamente inscritta nei testi della sua drammaturgia consuntiva.

Comunque l'eresia verbale che fa del suo teatro (a detta di Garboli e Pasolini) l'opposto del «teatro italiano» consiste proprio nell'aver attivato «la vitalità dialettale in promiscuità con il teatro in lingua, sovvertendo le distinzioni regolamentari»[148]. Non si è trattato (come hanno scritto altri) di un graduale distacco dal dialetto napoletano in direzione di una lingua nazionale di area campana, in corrispondenza delle mutate esigenze drammaturgiche dell'autore e anche del «maturarsi della situazione linguistica del dopoguerra orientata all'affermarsi sempre piú esteso dell'italiano sia come lingua pubblica che come lin-

[146] Gianfranco Contini, in una relazione al convegno *Lingua e dialetto nel teatro italiano oggi* (Biennale - Teatro di Venezia, 4-7 ottobre 1979) ha ricordato fra i protagonisti del «canone espressivistico» della nostra lingua recente i «mimi piú valorosi, da Eduardo al Totò meno consunto»; cit. da Claudio Meldolesi, *Gesti parole e cose dialettali* cit., p. 132.

[147] Ivi, p. 141.

[148] Claudio Meldolesi, *La trinità di Eduardo* cit., pp. 70-73.

gua colloquiale»[149]. Si è trattato anzi di un uso sempre piú espressionistico del bilinguismo da parte di un uomo di teatro completo, per il quale dimenticare la lingua napoletana avrebbe significato dimenticare la propria identità, e che d'altra parte sentiva come impensabile un ritorno puro e semplice ad essa, in una società caratterizzata dal tramonto dei dialetti e dal proliferare dei linguaggi settoriali.

Da questo rapido sondaggio del suo percorso teatrale[150] emergono infatti alcune caratteristiche linguistiche ricorrenti e interattive: momenti dialettali puri; momenti di lingua mescidata al vernacolo; momenti in cui l'italiano è invece riprodotto come lingua degli incolti (che hanno appunto la pretesa di parlare italiano); momenti in cui il dialetto costituisce una specie di ritmo interno del parlato scenico, che non si esaurisce nell'uso di elementi vernacoli sparsi ma si trasfigura nella struttura del periodo, il quale risulta d'altra parte costruito con elementi lessicali appartenenti alla lingua italiana; momenti infine di lingua italiana. Sono i dati di uno sperimentalismo espressivo polifonico, una specie di *teatro-nel-teatro* fra *dialetto* e *italiano* che implica anche germi di antichi linguaggi rimessi in circolo nelle forme attuali della lingua, e sedimenti emotivi di una parola che viene assunta, in quella sua crisi che giunge all'afasia, anche nell'originaria oralità.

ANNA BARSOTTI

---

[149] Stefania Stefanelli, *La nuova drammaturgia a Napoli*, in «Ariel», n. 3, p. 1988, p. 124.

[150] Per un discorso specifico sul linguaggio delle commedie eduardiane, rimandiamo al nostro libro *Introduzione a Eduardo*, Laterza, Roma-Bari 1992; ma si vedano anche i cappelli introduttivi ai singoli testi delle commedie nel presente volume e nella *Cantata dei giorni dispari* (3 voll., Tascabili Einaudi, Torino 1995).

Nota del curatore.

Nel presentare i volumi della *Cantata dei giorni dispari*, da noi curati per i «Tascabili» Einaudi nel 1995, abbiamo giustificato la scelta editoriale di riproporre il «romanzo teatrale» eduardiano incominciando dai «giorni dispari» con il fatto che l'autore stesso aveva intrapreso la pubblicazione complessiva del suo teatro con il primo volume della *Dispari* (nel 1951), seguito da un secondo volume (nel 1958); e soltanto nel 1959 dal volume unico della *Cantata dei giorni pari*. Dal momento che la strutturazione della *Dispari* (edita in tre volumi per la prima volta nel 1966) si trasforma nel tempo, perché la crescita del *corpus* drammaturgico dà luogo a spostamenti automatici e d'autore, ci siamo limitati a raccogliere l'indicazione eduardiana senza seguirla del tutto. Abbiamo curato l'uscita dei tre volumi della *Cantata dei giorni dispari* prima di questa riedizione della *Cantata dei giorni pari*; per la quale ci siamo attenuti, come per l'altra, all'ultima edizione Einaudi, identica a quella del 1979, «riveduta» dall'autore.

Cantata dei giorni pari

Farmacia di turno
(1920)

Eduardo definisce *Farmacia di turno* la sua «prima comme-dia vera e propria» (in *Eduardo De Filippo. Vita e opere, 1900-1984*, Mondadori, Milano 1986, p. 58); ma quando l'attore la scrive, per la compagnia capitanata dal fratellastro Scarpetta, già da sedici anni vive sul palcoscenico: in questa prospettiva acquista interesse il suo «atto unico» d'esordio, e presenta qual-che valore d'anticipazione.

Luogo scenico è appunto *l'interno di una farmacia* (did., p. 11), ritrovo occasionale eppure singolare (la farmacia è *di turno*) d'u-na comunità vivacemente schizzata in macchiette; spazio e tem-po risultano funzionali alla resa d'un caso anomalo, che può an-che richiamare, per l'ambientazione, la coeva drammaturgia ita-liana del «grottesco» (ricordiamo la sala del telegrafo notturna in *Marionette, che passione!* di Rosso di San Secondo). Ma la drammaturgia dell'attore-autore parte dalla tradizione petito-scarpettiana e dal teatro di Varietà, cioè da strutture mobili «che ruotano intorno all'attore solista e all'inventore di tipi» (F. Angelini, *«Natale in casa Cupiello» di Eduardo De Filippo*, in aa.vv., *Letteratura italiana. Le Opere*, vol. IV, Einaudi, Torino 1995, p. 698). La situazione-limite è quella di un farmacista in-ventore («Sterminio» si chiama il suo «veleno p' 'e súrice», p. 13) costretto, da un fatale scambio di flaconi, ad assumere suo malgrado la parte del marito cornuto che vendica il proprio ono-re. Perciò la critica ha pensato ad un «grottesco a teatro» sulle orme di *La maschera e il volto* di Luigi Chiarelli; commedia del resto trasformata in *Chello che simmo e chello che parimmo* pro-prio da Vincenzo Scarpetta, tempestivo riduttore (come già il padre) del nostro teatro in lingua. L'uso delle traduzioni o del-le parodie in napoletano appartiene ancora all'epoca e all'am-biente in cui Eduardo si forma; anche se le situazioni difficili, paradossali, in cui si trovano i suoi primi «tipi tragi-comici» ap-paiono riconoscibili dal pubblico, perché prossime alla realtà.

Non una *causa*, ma un *caso* genera comunque le conseguenze che la società si attende: in questa *farmacia di turno* il paradosso antinaturalistico stravolge un *fatto di cronaca* («Don Save' avete letto stu marito che uccide la moglie per semplice sospetto della sua onestà», scena seconda, p. 12). Tuttavia la coincidenza tematica con la stagione del nostro «teatro in rivolta» non autorizza a evocare il nome di Pirandello: il primo atto unico di Eduardo non oltrepassa la misura e il senso della «trovata». Semmai possiamo cogliervi un lavoro sul personaggio ragionatore e filosofo, che sarà il suo «modulo d'attore» negli anni successivi. Infatti il monologo del farmacista Saverio, ancora incastonato in un dialogo con il medico, potrebbe preludere ad altri, piú significativi, monologhi eduardiani. Ci informa dell'antefatto con un procedimento di «analessi» che diventerà frequente nel corso delle Cantate; l'*incipit ex abrupto* (qui motivato dalla brevità dell'atto) conduce appunto all'informazione differita di ciò che è avvenuto, attraverso il racconto di un personaggio:

> SAVERIO   [...] Il matrimonio... la piú grave sciocchezza che un uomo può commettere [...]. Feci la bestialità 'e me nzurà, credendomi che essendo rimasto solo avessi trovata na femmena che m'avesse fatta una certa compagnia... una certa guida... chi t' 'a dà! Chella penzava a teatre, tulette, cappielle... il suo cozzava con il mio carattere. [...] Un bel giorno, la mia signora sparí... Dotto'... chillu juorno manco si avesse pigliato na quaterna secca... (scena seconda, p. 12).

Tali parentesi aperte nel «dialogo» per dare luogo a «monologhi essenziali», con i quali il protagonista si rivolge *obliquamente* agli spettatori, segnaleranno piú tardi una media incomprensione fra gli uomini (interpretati dagli altri personaggi in scena); eppure il fenomeno discende da una prassi concreta del teatro di tradizione napoletano («A causa della scarsa attenzione del pubblico [...], l'autore doveva continuamente riassumere quanto era stato detto e fatto»), dove la necessità si era trasformata in costume e in arte. Perciò i monologhi riassuntivi erano divenuti via via forme libere di allocuzione al pubblico, affidandosi «alla fantasia e all'estro dell'attore [che] recita a soggetto» (*Eduardo De Filippo presenta quattro commedie di Eduardo e Vincenzo Scarpetta*, Einaudi, Torino 1974, p. 4).

Nell'atto unico si intravvede quindi un primo esempio dell'incontro fra oralità e scrittura che caratterizza il laboratorio teatrale di Eduardo. Ma c'è anche quel *doppio finale* beffardo che diventerà un'altra costante della sua drammaturgia: dopo l'arresto del protagonista, l'immancabile portiere resta rinchiuso nella farmacia buia. Due battute a sorpresa prima che cali la tela: che già il padre Scarpetta aveva sostituito al «solito sermoncino [...] col quale i comici chiedevano perdono agli spettatori e sollecitavano l'applauso» (E. Scarpetta, *Cinquant'anni di palcoscenico*, Gennarelli, Napoli 1922, p. 262), e che spesso, nelle Cantate del figlio, racchiuderanno «tutto il nocciolo della commedia».

La composizione di *Farmacia di turno* risale al 1920. Negli anni di guerra il giovane Eduardo non abbandona il teatro: scrive e interpreta monologhi buffi, scenette brillanti, e non solo per Vincenzo Scarpetta. Anzi, dal '20 presta servizio presso il Secondo Bersaglieri di Roma, ma gli è concesso di alloggiare in un ripostiglio trasformato in camera da letto; uno dei suoi primi, provvisori, rifugi creativi: «Là dentro – ricorderà – scrivevo atti unici o sketch che includevo nel repertorio dei bersaglieri-attori. [...] Ogni sabato i soldati rinunciavano alla libera uscita per assistere allo spettacolo, che si svolgeva, alle 17, sopra un palcoscenico volante, impiantato nel cortile della caserma». Poi, la sera, lasciava la caserma per andare a recitare «sulla scena del Valle nella Compagnia di Vincenzo Scarpetta» (cfr. F. Frascani, *Eduardo*, Guida, Napoli 1974, p. 176).

Vincenzo Scarpetta mette in scena *Farmacia di turno* nel 1921, nello stesso anno in cui Eduardo si congeda e torna a tempo pieno in compagnia (secondo Maurizio Giammusso, in *Vita di Eduardo*, Mondadori, Milano 1993, p. 48). Per Fiorenza Di Franco, invece, l'atto unico debutta al Teatro Nuovo di Napoli il 16 aprile 1931, durante la stagione in cui Eduardo, Peppino e Titina, stanno cercando di formare la propria compagnia; rappresenteranno anche *Don Rafele 'o trumbone*, *Tutti uniti canteremo* (4 aprile 1931), e *Miseria bella* (10 aprile 1931) di Peppino. Nel Catalogo della Mostra *Eduardo De Filippo. Vita e opere, 1900-1984* (cit.) si legge che *Farmacia di turno*, scritta nel '20, fu «in seguito rappresentata dalla Compagnia di Vincenzo Scarpetta» (p. 63); ma anche che, nel tentativo di creare nel '31 la Compagnia «Il Teatro Umoristico di Eduardo De Filippo con Titina e Peppino», i De Filippo portarono al Teatro Nuovo «atti unici scritti dai due fratelli» (p. 67), fra i quali appunto *Farmacia di turno*. La prima rappresentazione dell'atto unico con il titolo *Farmacista distratto*, risale al novembre del 1930 presso il Teatro Nuovo di Napoli, secondo il repertorio curato da Enzo Lavagnini e Antonino Musicò (*Cinquant'anni di parole e di scene*, in *Il cattivo Eduardo*, a cura di I. Moscati, Marsilio, Venezia 1998, p. 146).

Queste le due riprese della commedia: 10 gennaio 1932, Teatro Kursaal di Napoli; 28 marzo 1933, Teatro Sannazzaro di Napoli (cfr. F. Di Franco, *Eduardo*, Gremese, Roma 1983, p. 31).

Il testo di *Farmacia di turno* compare nella prima edizione Einaudi della *Cantata dei giorni pari*, nel 1959, e la sua collocazione rimane costante fino all'ultima edizione della stessa *Cantata*. Non presenta varianti di rilievo, neppure linguistiche; ma nella prima edizione l'elenco delle *Persone* riporta soltanto i nomi propri dei personaggi (*Teodoro, Saverio, Nannina, Vincenzo, Nicola, Carmela, Enrico, Rafilina*), e, per gli ultimi due, solo la parte (*Brigadiere, Guardia*); invece, almeno a partire dall'edizione del '71, accanto ai nomi dei *Personaggi* figura la parte (*Teodoro*, medico; *Saverio*, farmacista ecc.). Inoltre, nell'elenco della prima edizione appare un certo *Nicola*, che, in realtà, corrisponde a *Gregorio*, il portiere; come risulta dal testo stesso pubblicato nella *Cantata*.

Personaggi

Teodoro, medico
Saverio, farmacista
Nannina, cameriera
Carmela, cameriera
Enrico
Vincenzo, falegname
Rafilina, moglie di Vincenzo
Gregorio, portiere
Brigadiere
Guardia

ATTO UNICO

La scena rappresenta l'interno di una farmacia.

SCENA PRIMA

Saverio indi Teodoro.

TEODORO (*viene dalla destra*) Carissimo don Saverio!...
SAVERIO Buonasera!
TEODORO Nce sta 'o «Roma»?
SAVERIO Sta ncopp' 'a seggia vicino a vuie... pigliataville...
TEODORO Stammatina nun aggio avuto 'o tiempo 'e m' 'o leggere...

SCENA SECONDA

Nannina e detti.

NANNINA Don Save', faciteme na purghetella p' 'o guaglione mio!...
SAVERIO Quant'anne tene?
NANNINA Duie anne e mieze!...
SAVERIO Dalle chestu ccà dint' a tre dite d'acqua...
NANNINA Don Save', ma chillo tene pure nu poco 'e freve...
SAVERIO Tu dàlle cheste, si nun le passa viene n'ata vota... io te faccio quatte cartine, chelle è cose 'e viscere!...
NANNINA Quanto v'aggi' a da'?

SAVERIO   Cinquanta centesimi!

NANNINA   Tenite... (*Mette la moneta sul banco*).

SAVERIO   Alla cassa!... alla cassa!... Guè nun ve vulite fa' capace!

NANNINA   Io aggio pagato sempe ccà!...

SAVERIO   Primma... ma mo è n'ata cosa... Tutte 'e farmacie tenene 'a cassa, e 'a mia nun è meno delle altre...

NANNINA   E va bene... (*Prende i soldi dal banco e li dà a Saverio*).

SAVERIO   (*va alla cassa e suona il campanello*)   Cassa cinquanta
centesimi...

NANNINA   Stateve buono!... (*Esce*).

TEODORO   (*dopo pausa*)   Caspita! Seh, e mo fa marenna... Don
Save' avete letto stu marito che uccide la moglie per semplice
sospetto sulla sua onestà!...

SAVERIO   Stupido... Mo va ngalera e ti saluto! La vera risoluzione del problema la trovai io. Tu con me non puoi piú vivere
felice? Preferisci l'altro, e sia!... Vattènne cu' isso in santa pace
e nun ne parlammo cchiú!...

TEODORO   Vabbene, ma questo se pò fa' quando nun ce stanno
figli... Caro don Saverio...

SAVERIO   Fino a un certo punto... Il matrimonio... la piú grave
sciocchezza che un uomo può commettere... Vuie pazziate... ho
riacquistato la mia pace... Figurateve, 'a guaglione songo stato
sempe dint' 'a farmacia 'a mano a papà e sempe appriesso a
isso: per me non sono esistiti mai amici, divertimenti eccetera.
Non ho messo mai un piede fuori di quella porta e poi anche
volendo... Vuie ve ricordate a papà negli ultimi tempi... Malato... nun se puteva cchiú movere... si passò gli ultimi mesi della sua vita ncopp' a chella poltrona addó state assettate vuie
mo... e lloco murette... (*Teodoro si alza e si siede su altra sedia*). Io facevo tutto... come avrei potuto... e peggio ancora dopo la sua morte che presi addirittura le redini della farmacia...
Pensai alla rinnovazione... facette scupà... facette luvà 'e felinie, pecché papà 'e teneva pe' buon augurio... Mo aggio miso
pure 'a cassa... Nun dico che è diventata na farmacia di primo
ordine... ma oggi non lascia niente a desiderare... Feci la bestiali-
tà 'e me nzurà, credendomi che essendo rimasto solo avessi
trovata na femmena che m'avesse fatta una certa compagnia...
una certa guida... chi t' 'a dà! Chella penzava a teatre, tulette,
cappielle... il suo cozzava con il mio carattere. Primma 'e me
spusà nun era accussí... Un bel giorno, la mia signora sparí...
Dotto'... chillu iuorno manco si avesse pigliato na quaterna secca...

TEODORO (*ride*) Ah!...

SAVERIO In seguito seppi che si era unita con un gran signore che tuttora le spenne nu sacco 'e solde...

TEODORO A Napoli?

SAVERIO Sí, ma voi non sapete 'o cchiú bello?... L'altro giorno mi mandò una persona, dice che era il suo avvocato, per mettersi d'accordo con me...

TEODORO Vo' fa' pace?

SAVERIO No... per l'annullamento del matrimonio...

TEODORO E quale è la ragione potente?

SAVERIO Adducendo che... con me non aveva avuto figli... Che lei li voleva... Insomma per ragione... di salute...

TEODORO E voi avete accettato?

SAVERIO Vuie pazziate... E che figura faciarría dint' 'o quartiere...

TEODORO Don Save'... mo 'a na cosa ascimme a n'ata... che cosa è sta reclame Sterminio che ho letto nel giornale?

SAVERIO È una mia invenzione, veleno p' 'e súrice... Sterminio... un paio di volte che se mette è la distruzione completa a base di arsenico...

TEODORO Ah... sí... Don Save' favoritemene una scatola... A casa tengo qualche topolino...

SAVERIO Ma non vi conviene a spendere quattr' e cinquanta... Mo ve dò due cartine d'arsenico... v' 'o priparate vuie stesso... Ne fate quella quantità che credete...

TEODORO E come si prepara?

SAVERIO Cu' 'a patata scaldata... se mpasta cu' nu poco 'e zucchero. Mo ve preparo 'e cartine...

TEODORO Grazie tanto... Siete troppo buono!...

SCENA TERZA

Carmela e detti indi Enrico.

CARMELA Buonasera... Preparatemi sta ricetta...

SAVERIO Miette ccà... Aspirina... che d'è... 'a padrona toia sta influenzata?...

CARMELA Io che ne saccio... S'è cuccata cu' 'a freve... ma facite priesto c'aggio che fa'!...

SAVERIO   E mo... e mo... nce sta pure 'a bevanda... me 'o vuó fa'
 priparà?...

CARMELA   E allora vaco a mbucà sta lettera e po' torno...

SAVERIO   Fa' comme vuó tu... (*Carmela esce*). Don Teodo'...
 Dotto', chella è 'a cammarera 'e mugliérema...

TEODORO   Chella llà... E comme va che 'a manne a spennere addu
 vuie?

SAVERIO   E addó ieve... Oggi 'e farmacie stanno chiuse... e 'a
 mia è di turno...

TEODORO   Già! Oggi 'a farmacia vostra è di turno... Guarda...
 guarda... ma allora stanno 'e casa ccà vicino?...

SAVERIO   Poco lontano...

CARMELA   (*tornando*) È pronta sta ricetta?

SAVERIO   Prontissimo!... Ecco qua... chesta è 'a bevanda...

ENRICO   (*dalla destra*) Signorina Carmela, finalmente vi ritrovo... Caro don Saverio!...

SAVERIO   'A bellezza...

ENRICO   (*a Carmela*) Quando siete uscita dal palazzo un quarto
 d'ora fa... io vi ho tenuto dietro per un pezzo... poi vi ho perso
 di vista... mo passanno p' 'a farmacia vi ho incocciata un'altra
 volta... Come state?

CARMELA   Non c'è male... E vuie?

ENRICO   Si strappa... Vi trovate bene al servizio dei nuovi padroni? Guardate llà, con quella faccia, con questa figura se mette a
 ffa' 'a cammarera... Ma già... questo non dipende da voi... Voi
 avrei bisogno di uno che vi *saprei* consigliare... Uno che vi
 lancierebbi; io per esempio sono il tipo che *facessi* per voi, al
 caso...

CARMELA   Overo? E che me faciarrísseve fa'?

ENRICO   Io?... Don Save', che 'a faciarrie fa'?

SAVERIO   'O saccio io che le faciarrísseve fa'?

ENRICO   La signora... Io *lavorerebbe* per quattro pur di non far-
 ve mancà niente... Come vi trattano nella casa che siete andata
 a servire?

CARMELA   Nun me pozzo lagnà. 'A signora è tanta bona, e pure
 'o signore. Ma 'a chello c'aggio pututo capí ce ha dda sta' nu
 poco 'e mbruoglie... 'O guardaporta m'ha ditto quacche cosa...
 Dice che 'a signora era mmaretata e che cumbinaie 'o servizio a
 'o marito cu' chillo ca tene mo!...

ENRICO   (*ridendo*) Don Save', 'a mugliera vosta... (*A Carmela*)
 Tu nun 'o ssaie pecché 'a poco si' ghiuta a serví cu' lloro... 'A

padrona è l'ex mugliera 'e don Saverio, e a don Saverio facette 'o servizio... Ah... ah...

CARMELA   A vuie?... (*Ride*).

SAVERIO   A me, fallo sapé a tutta Napoli... miette 'e manifeste...

ENRICO   Don Save', chillo 'o ssanno tutte quante... Nun facite tanta miracule...

CARMELA   Io sulo nun 'o ssapevo...

SAVERIO   E tu ce l'he fatto sapé...

CARMELA   Ah!... ah!... ah!... Povero don Saverio...

SAVERIO   Nenne', tu è inutile che ride... Pígliate 'e medicine e vatténne!

CARMELA   E che maniera... Mo me ne vaco... Che bella grazia... Facette buono 'a mugliera...

ENRICO   Nun date retta... Nun ve pigliate collera. Stasera posso venire a cenare?...

CARMELA   Stasera nun pò essere... 'A signora sta poco bona... Se ne parla n'ata vota...

ENRICO   Tu 'o ssaie... Io sto fore d' 'a casa... Sto in urto con mio padre... se no, non ti avrei importunata... E po' ricordate ca ce sta sempe nu guaglione pronto a tutto pe' tte!...

CARMELA   Grazie...

Fanno scena.

SAVERIO   Mo aggi' 'a tené pure 'a cannela... Chill'ato ca dorme comme si stesse 'a casa soia... Ma vuie 'a farmacia mia pe' che l'avite pigliata? Ma che ve credite 'e sta' dint' 'a villa comunale? Mo me fate perdere 'a pacienza...

ENRICO   Iamme, vuie comme 'a perdite ambressa 'a pacienza!

SAVERIO   Io mo che vi debbo dire?... Ma è giusto che in una pubblica farmacia ve mettite a fa' 'ammore comme si stísseve a casa vostra?

CARMELA   Va bene... nun 'a tirate cchiú a luongo... quant'è 'a medicina?

SAVERIO   Tre e settanta!...

Carmela fa per prendere la moneta.

ENRICO   No... non posso permettere... pago io...

CARMELA   Ma pecché... (*Prende dalla cassa il pacchettino rosso*).

ENRICO   Non posso avere quest'onore?...

CARMELA   Comme vuó tu... Si vuó vení, tengo nu poco 'e trip-

pa!... (*Va alla porta, accompagnata da Enrico il quale, uscita la
ragazza, rimane a salutarla con la mano*).

SAVERIO   Amico... amico... Tre e settanta...

ENRICO   Ah! già! Quanto avete detto?

SAVERIO   Tre e settanta alla cassa. (*Va alla cassa e suona il campanello*) Cassa tre e settanta...

ENRICO   C'è una piccola difficoltà... nun tengo manco nu soldo
pe' pavà...

SAVERIO   Uh! Mamma mia, e te miette a fa' 'o splendido! E m'he
fatto sunà 'o campaniello...

ENRICO   Ma io putevo fa' na cattiva figura... Del resto avanzasse-
ve assaie 'a me... (*Esce*).

SAVERIO   Io te ringrazio a perdere stì tre e sittanta... Nun te
fa' vedé cchiú... Io non ce pozzo penzà... l'aggio sunato pure 'o
campaniello!...

SCENA QUARTA

Vincenzino e detti poi Rafilina.

VINCENZO (*dalla comune*)   Buonasera!

SAVERIO   Buonasera...

VINCENZO   Dunque... sentite... Io non ho bisogno di niente...

SAVERIO   E allora che nce site venuto a fa'... Iatevènne...

VINCENZO   E se non mi fate parlare! Ecco qua... Io sono ammogliato, e vorrei far visitare mia moglie da un medico!

SAVERIO   Ma pecché, sta malata?

VINCENZO   Nonzignore... sta bona.

SAVERIO   E allora perdimmo tiempo?

VINCENZO   Nossignore... Quella si è fissata che sta malata e dice
c'ha dda murí...

SAVERIO   Figlio mio, ma questo è certo... tutti quanti dobbiamo
morire...

VINCENZO   Ma essa 'o ddice ogni mumento... N'altro medico dicette che era malattia di nervi... Mi spiego?

SAVERIO   Ma dove sta vostra moglie?

VINCENZO   Sta fuori...

TEODORO   E fatela entrare...

SAVERIO   Qua c'è don Teodoro, la può visitare lui... Don Teodo', vedete di che si tratta... Abbuscateve sta zuppa...

TEODORO   Fate vení 'a signora...

VINCENZO   È na parola... Noi qua fuori, ci abbiamo fatto un as-
suoccio, perché lei non ha voluto entrare... E già, perché voleva
andare da un medico buono... Io so' un pover'uomo... Faccio 'o
masterascio... e Dio 'o ssape... 'a pozzo purtà da nu primario?
S'ha dda cuntentà pe' forza 'e vuie...

TEODORO   Sia fatta 'a vuluntà d' 'o cielo...

VINCENZO   Rafili'... Rafili'... *Imbúcati*... Mamma mia e comme
sta nervosa... Rafili', *filtra* dentro... Nun vo' trasí... aspettammo che se decide...

SAVERIO   E ccà nce ne iammo dimane!...

VINCENZO   Zitto... zitto... S'è decisa... me raccumanno... quanno
trase, facitele quatte cerimonie... quatte cícere annammuolle...
Insomma, impersonificatevi della sua *infermezza*...

RAFILINA (*entrando*)   Buonasera!...

VINCENZO   Site furtunate... v'ha ditte buonasera... Rafili', qui c'è
il medico che ti deve *constatare*... È gruosse... è na celebrità...
(*a Teodoro e Saverio*) Dicite vuie pure accussí... T'assicuro che
sei caduta in buone mani...

RAFILINA   Io mo che t'aggi' 'a dícere... Quanno pe' tte mugliéreta è l'ultima cosa... Si se trattava 'e strafuchiamiente... te sarris-
se iute spezzentanno pe' truvà na ciente lire... Cinquanta pe' nu
miéreco buono nun se ponno caccià, e m'aggi' 'a cuntentà 'e uno
qualunque...

TEODORO   Embè... me sta tuccanno 'e nierve...

VINCENZO   Po' sa' che te dico... l'abito non fa il monaco...

TEODORO   Oh! Ma insomma, io sono un dottore conosciuto... mo
m'avess' 'a caccià 'a fede 'o vattísimo cu' vvuie?

VINCENZO   'O bbi'!... L'he fatto piglià collera... Aggiate pacienza... chella nun è essa... Meh... vedite 'e che se tratta...

TEODORO   Accomodatevi... (*Rafilina siede e comincia a slacciarsi
le scarpe*). Aspettate... Le scarpe che c'entrano?... Sbottonatevi
un poco la camicetta...

RAFILINA   'E visto? M'he fatto cagnà pure 'e cazette...

TEODORO   Che s'avev' 'a accattà 'e scarpe!...

VINCENZO   Va bbuono, è cos' 'e niente... Mo che ghiammo 'a casa,
te miette 'e rotte n'ata vota!...

TEODORO   Dunque, che vi sentite?...

RAFILINA   Che me sento?... 'O ssaccio io sola... 'O ssaccio sul'io...

TEODORO   Ma l'aggia sapé pure io!...

RAFILINA   Ecco qua... Accummencia 'a matina ca me sento na

pena dinto 'o stommaco... na languidezza... na famma, va'... e
aggi' 'a mangià si no nun me passa...

TEODORO   E po'?

RAFILINA   Nun passano nu pare d'ore... N'ata vota pena e languidezza, ... e si nun mangio n'ata vota... nun se calma...

TEODORO   E po'?

RAFILINA   A sera, na famma, na famma!... Nun c'è mangià che
m'abbasta...

TEODORO   E po'?

RAFILINA   A notte, doppo c'aggio magnato e bevuto, me sceto 'a
dint' 'o suonno, e aggi' 'a mangià n'ata vota...

VINCENZO   Vuie mo ca tenite scienza ncuorpo... M'avit' 'a dícere
che d'è?

TEODORO   È stommaco sfunnato... Mo vedimmo... (Osserva le
spalle ed il petto) Sbottonatevi!

VINCENZO   Tito'... chiano chiano... vide addó miette 'e mmane!...

TEODORO   Eh... ma io l'aggi' 'a visità!...

RAFILINA   Nun 'o date retta... bell'o'... facite...

VINCENZO   Ma comme... chillo te sta sguancianno sana sana...

RAFILINA   Ma statte zitto... Vedite si è 'o mumento...

TEODORO   Dite trentatre...

VINCENZO   'O siente... di' trentatre.

RAFILINA   Schiatte... Nun 'o voglio dícere!...

TEODORO   Neh, sapite, io nun tengo tiempo 'a perdere... Ma che
facimmo 'e criature... Dite trentatre...

RAFILINA   Nun 'o voglio dícere...

VINCENZO   Aggiate pacienza, dotto', quella nun è essa... E vi' si
nun aggi' 'a cedere sempe io... mettite 'a recchia... (Teodoro
esegue). Mo 'o dico io trentatre...

TEODORO   Ma chisto è proprio na bestia... Va bene, ho capito
meh... Questa è cosa da niente... è un poco di esaurimento nervoso... Una buona cura ricostituente vi guarirà completamente...

VINCENZO   Guè... comme dicette chill'atu miedeco... Bacoloro!...

TEODORO   Mo vi scrivo io una ricettina... cercate soprattutto di
essere calma...

RAFILINA   Comme dicette Bacoloro...

TEODORO   Molto riposo...

RAFILINA   Comme dicette Bacoloro...

TEODORO   Niente caffè... niente eccitanti... riposo... E mo m'avite 'a pagà. (Pausa). Chesto nun 'o dicette Bacoloro?

VINCENZO   E mo! Me ne stesse scappanne?... 'O bbi', per i capric-

ci tuoi, mo se ne vanno n'ata chioppa 'e lire... Tenite... accattate-
ve 'e sicarie!...

TEODORO   Ma voi state scherzando... Ma so' cose 'e pazze... Don
Save', chillo m'ha dato doie lire...

SAVERIO   Una lira di resto al signore...

TEODORO   Don Save', nun pazziate...

VINCENZO   Ma pecché, vulite cchiú assaie... Tiene mente nu poco,
chillo ha ditto tutto chello che dicette Bacoloro... tale e quale...

TEODORO   Ma quando 'a malatia quella è, la posso cambiare?
Nevrastenia acuta...

VINCENZO   Ah... mo nc' 'e mise chest'ata parola, chesta nisciuno
'a ditto maie... nevrastenia acuta! È na parola nova, doie lire
sta ben pagata... A te, cammina... (Esce).

TEODORO   Truovete chiuso, e piérdete st'accunto!

SAVERIO   Che ce vulite fa' cu' nu tipaccio simile, perciò non ho
risposto!...

TEODORO   Due lire a me?... Io ci sputo sopra!... (Intasca le due
lire).

SCENA QUINTA

Gregorio e detti.

GREGORIO   Don Save', per favore, mettiteme na cosa dint' a sta
mola... io me sento ascí pazze!

SAVERIO   Eccomi qua, famme vedé! E questa è cariata... tuculeia
pure... Mo 'a tirammo... 'a parte 'e dinto tengo tutt' 'e fierre...
Iammo che a fa' 'o dentista è stata sempre la mia passione!

GREGORIO   Ma si sento dulore?

SAVERIO   Chella n'atu ppoco se ne cade appiessa... trase!

GREGORIO   Abbasta che facite ambressa... comme v'aggio ditto,
tengo 'o palazzo sulo... (Entra in fondo con Saverio. Pausa. Poi
di dentro) Ah, vuie me facite male... (Poi piú forte) Ah!!!

SAVERIO (uscendo)   Sciacquatevi la bocca con un poco di acqua...
lloco ce sta 'a funtanella... molti sciacqui!...

TEODORO   Caspita, songo 'e sette e meze... Io vado a pranzo, se
volete favorire con me?

SAVERIO   Grazie... troppo buono!

TEODORO   Buonasera!... (Fa per andare) A proposito, me vulite
da' chelli cartine... 'o vveleno p' 'e súrice?

SAVERIO   Sicuro... ll'aggio mise ncopp' 'a cassa... pigliatavílle...
(*In questo momento, è occupato ad aggiustare alcune cose in
vetrina*) Stateve attiento 'a casa p' 'e guagliune... Vedite addó
'o mettite, ca chell' è arsenico!

TEODORO   Non dubitate... È questo?

SAVERIO   No... dev'essere una carta rossa... Chest'è aspirina... Addó l'aggio miso... Io perciò l'ho avvolto in carta differente... E
st'aspirina pe' cchi l'aggio fatto?

TEODORO   Pe' chella giovine che vuie avite ditto ch'era 'a cammarera d' 'a mugliera vosta... Nun se l'è venuto a piglià ancora...

SAVERIO   No, nun se l'è venuto a piglià ancora... 'e cartine vostre
forse nun l'aggio fatte ancora... me sarraggio distratto!...

TEODORO   E se ne parla dimane... Io me ne vado perché è tardi...
Ce vedimmo dimane... Buonasera...

SAVERIO   Buonasera!

SCENA ULTIMA

Brigadiere, guardie e detto, poi Gregorio.

BRIGADIERE   Buonasera!... Don Save', mi dispiace, ma dovete favorire con noi in Questura...

SAVERIO (*sbalordito*)   Ma... Io nun aggio fatto niente!...

BRIGADIERE   Cheste so' 'e solite chiacchiere...

SAVERIO   Ma forse mugliérema è morta?

BRIGADIERE   Che d'è, mo 'o ssaie ch'he fatte... L'hanno purtata 'o
spitale, nun se sape niente ancora... Mo s' 'a spicce cu' 'o Cum-
missario, tanto già ha confessato...

SAVERIO   Io, nun so' stato io...

Escono come a concerto.

GREGORIO   (*uscendo. È buio perché la farmacia è stata chiusa*)
Prufesso'! Ma ch'è stato? Prufesso', ma ch'è succiesso? Prufesso' io aggio rimasto 'o palazzo sulo... (*Va alla destra e picchia
forte alla porta*) Mamma mia m'hanno chiuso 'a dinto.. (*Gridando*) Prufesso'... Prufesso'!...

Sipario.

Uomo e galantuomo

(1922)

In *Uomo e galantuomo* il «teatro nel teatro» si incontra con la tematica della «pazzia»: ma il primo assume un realismo quotidiano nutrito di gustosi riferimenti autobiografici (che fanno capo all'apprendistato adolescenziale dell'attore nei teatrini napoletani piú popolari); l'altra è portata all'estremo della simulazione, secondo un procedimento farsesco, e quasi parodiata. È la prima commedia meta-teatrale di Eduardo (sebbene sviluppi la famosa «scena delle prove» solo nella *Cantata dei giorni pari* del 1979). I motivi complementari della «pazzia» e dell'«attore» si riflettono l'uno con l'altro in un gioco di specchi e di parole moltiplicato fino all'assurdo: a significare come la quiete dei *savi* comporti sempre l'esistenza dei *folli*, anche se tali si fingono (come il capocomico protagonista) per sfuggire agli assilli della fame.

Dunque l'attore, l'«uomo» che affronta e prova sulla propria pelle il «dramma del passaggio» dalla vita al teatro e viceversa, è il primo esempio dello *spostato* eduardiano; capobanda di quella serie di pazzi (anche veri), di fanciulli che rifiutano di crescere o di visionari, che incarnano nell'antropologia drammatica delle Cantate altrettante varianti del primo termine del conflitto fra «individuo» e «società». E non a caso è l'attore di infima categoria che incontriamo per la prima volta in Gennaro De Sia di *Uomo e galantuomo* (ma che ritroveremo spesso durante il percorso del romanzo teatrale eduardiano). Secondo un aforisma dell'autore, «raggiunto il benessere, l'attore perde la possibilità d'essere» (*Eduardo, polemiche, pensieri, pagine inedite*, Bompiani, Milano 1985, p. 148).

La «cornice» della commedia è costituita appunto dalla rappresentazione del mondo d'una compagnia di guitti girovaghi. Il primo atto mette in scena la loro quotidianità nella *sala comune, con terrazzo nel fondo* di un *albergo di paese* (did., I, p. 37); dove questi professionisti della finzione provvisoriamente vivono: lavano e stendono (*Florence tende una corda da un punto all'altro del terrazzo*, did., *ibid*.), cucinano di nascosto (traditi però dai segnali di «fumo» che fuoriescono dalle camere), ma provano anche le opere del loro repertorio (non a caso *Mala nova* di Libero Bovio). Acquistano quindi rilievo gli incerti di un mestiere che continua come vita: la giacchetta rovinata dalla «sugna» (che Gennaro si è ficcato *distrattamente* in tasca, di ritorno dalla sua misera spesa), infortunio cruciale perché quella «giacchetta» è l'unica dell'attore e dell'uomo; o l'incidente capitato ancora a Gennaro, che si scotta i piedi con l'acqua bollente per cuocere i bucatini... L'ultimo atto si chiude al commissariato, con lo stesso capocomico che fa il matto per non pagare l'albergatore!

D'altra parte, con procedimento a incastro, è inserita in questa cornice un'avventura «borghese»: fra l'impresario della compagnia, Alberto, e la sua amante misteriosa, Bice (gli ha nascosto d'essere la moglie del Conte Tolentano). Nel secondo atto Alberto, ignaro e smanioso «galantuomo», piomberà nella patrizia dimora per chiedere la mano della donna incinta, ma sarà piuttosto costretto, per salvarne l'onore, a fingersi pazzo. Oltretutto nella casa si trova Gennaro, a cui il Conte-medico ha promesso di curare i piedi; e l'incontro fra l'attore e l'impresario provoca una serie esilarante di equivoci giocati sulla presunta pazzia dell'uno *oppure* dell'altro. Il gioco prosegue in modo iperbolico nel terzo atto, dove si riuniscono tutti i personaggi al commissariato: anche il Conte, accusato di adulterio dalla moglie, si fingerà pazzo, provocando indirettamente la recita della pazzia del povero Gennaro (nell'euforia della ritrovata libertà, l'impresario si è dimenticato di pagare l'ingaggio agli attori).

Lo schema del «triangolo adulterino», tipico del dramma come della commedia borghese, è sottoposto al meccanismo comico dell'«inversione» (Bergson); è infatti l'amante, non il marito, che difende l'onore della donna. Ma c'è anche il comico della «trasposizione»: nel primo atto, la scena in cui l'impresario pretende di fare il proprio dovere con l'amante si replica in quella in cui lo stesso Alberto, scambiando il fratello di Viola, primattrice incinta di Gennaro, per il fratello di Bice, gli promette incautamente di sposarla. Ripetizione degradata e contaminata con un *qui pro quo*. D'altra parte la cura degli effetti comici – lazzi pulcinelleschi, trovate gestuali e verbali, espedienti farseschi d'intrigo e d'equivoco – non impedisce di cogliere il

risvolto serio della commedia: proprio dal gioco al rimbalzo della «pazzia» emerge il divario fra *borghesi* e *nobili imborghesiti*,
che la recitano per salvare l'apparenza (Alberto) o sfuggire alle
proprie responsabilità (Conte Tolentano), e i *guitti poveri* che la
simulano per esorcizzare l'amara realtà dei debiti.

Non mancano precedenti di questa contrapposizione nella
tradizione del teatro napoletano: in *Na tragedia scombussolata e
no concierto stravisato* di Pasquale Altavilla, c'è la prova di una
commedia da parte di una compagnia di guitti, dove il mondo
del teatro appare portatore di una sua, pur degradata, verità
strutturale; mentre la parallela rappresentazione fornita da personaggi borghesi appare un genere doppiamente letterario.
Quindi in *Eden teatro* e nella *Bohème dei comici* di Raffaele
Viviani assistiamo alla raffigurazione di un ambiente teatrale,
dove i comici, incolti e analfabeti, sembrano incapaci di uscire
dagli angusti confini della propria *routine*, eppure rivelano una
loro realistica umanità. Non a caso l'allestimento televisivo di
Uomo e galantuomo (nel 1975), con l'autore nella parte del capocomico protagonista, conferma la duplice identità del «popolo degli attori». Eduardo-Gennaro diversifica linguaggio verbale, gestualità e costume, a seconda della figura che interpreta: *artista* o *uomo*. Il suo abbigliamento appare piú disordinato
quando interpreta soltanto l'*uomo*; ma lo stesso attore-personaggio usa in modo doppio il «fazzoletto», che conserva la sua
funzione naturale quando Gennaro è uomo (e si asciuga il sudore), mentre si trasforma in attrezzo scenico quando l'*artista*
prova il suo teatro.

Comunque la struttura del testo presenta una successione
secca di scene che rimanda al modello della farsa tradizionale;
siamo dentro a un disegno piuttosto scarpettiano che pirandelliano, anzi del migliore Scarpetta assimilato da un emergente
Eduardo, che ha visto Pirandello. L'intrigo galante richiama i
vaudevilles francesi «ridotti» in napoletano da Eduardo padre,
e quel suo incastro in una cornice di miseria reale ma pittoresca riconduce proprio a *Miseria e nobiltà* (1888). Commedia scarpettiana a noi nota sia per il film di Mattioli (con Totò) che per
la riproposta scenica e televisiva (dal Teatro Odeon di Milano,
30 dicembre 1955) dello stesso Eduardo con Dolores Palumbo,
Ugo D'Alessio, Isa Danieli, e Luca De Filippo nella parte di
Peppiniello. Incomincia con la difficile convivenza inter-fami-
gliare di due piccoli borghesi *scaduti* anche a causa dei loro me-
stieri *inattuali*: lo scrivano pubblico Don Felice Sciosciammocca

e il salassatore Pascale. Spinti dalla fame piú nera accettano la
proposta del Marchesino Eugenio di fingersi suoi parenti in casa dell'amata: Gemma, ballerina figlia di un cuoco arricchito.
Nonostante l'intrusione della petulante compagna dello scrivano (esclusa dalla recita), l'intrigo si risolve dopo l'agnizione finale, che potrebbe consentire attraverso una rete di matrimoni (non solo fra Eugenio e Gemma, ma anche fra Luigino, fratello della ragazza, e Pupella, figlia di Felice) l'innesto dei due
mondi all'interno d'una famiglia-compagnia borghese.

Anche il capocomico Gennaro, come Don Felice e i suoi poveri compari travestiti da nobilissimi signori, si trova ad attraversare un ambiente piú alto; ma senza esserne assorbito, mostrando anzi ogni cosa a se stesso incompatibile. Il passaggio
scenico, spaziale-semantico, fra gli ambienti sembra lo stesso:
nel primo atto, alla *camera squallidissima* di *Miseria e nobiltà* corrisponde la *sala comune* nell'*albergo di paese* di *Uomo e galantuomo*; nel secondo atto, al *salotto di Don Gaetano* di *Miseria e
nobiltà* succede il *salotto elegantissimo in casa Tolentano* di *Uomo
e galantuomo*. Non a caso, però, agli emarginati istrionici di
Scarpetta subentrano i guitti eduardiani: la sostituzione degli
outsiders sociali con gli attori (*outsiders* anch'essi, ma con uno
«scopo d'arte» che gli altri non avevano) fa emergere ciò che
era implicito nella «finzione reale» di Eduardo padre. La «maschera senza maschera» denuncia il suo vero ruolo, di attore
creatore che quando interpreta il «popolo», come quando interpreta la «nobiltà», ne prende al tempo stesso le distanze.

Scarpetta si fa beffe dei finti nobili (il padre di Gemma è *nu
pezzente resagliuto*) come dei nobili decaduti (il Marchese Fa-
vetti, padre di Eugenio, è un vecchio bellimbusto), ma ironiz-
za anche sulla miseria vera, quando quel suo «mezzo ceto» impoverito, nonostante l'*assillo della fame*, si dimostra preda del-
l'*assillo dell'apparenza*. Eppure *Miseria e nobiltà* riesce a far
ridere anche «con le cose serie»; non a caso Eduardo figlio la
definirà un «dramma inespresso», che Massimo Gorki applaudí
al Mercadante, senza farsi «incantare dalla comicità, a volte superficiale» (E. De Filippo, *Prefazione* a M. Mangini, *Eduardo
Scarpetta e il suo tempo*, Montanino, Napoli 1961, p. 11).

D'altronde nel «1921» (data aggiunta nell'edizione riveduta di *Uomo e galantuomo*) la fusione tra borghesia e nobiltà è
già avvenuta, e non solo nella direzione auspicata da *I mariti*
(1867) del Torelli, che nella sua commedia postunitaria prefi-
gurava il rinvigorimento della sfibrata aristocrazia napoletana

con l'innesto famigliare delle nuove e laboriose forze borghesi. All'intrusione degli aristocratici nella ricca borghesia parteno-pea, cui allude *Miseria e nobiltà*, subentra nella commedia eduar-diana, attraverso la figura del Conte-medico (che però non eser-cita), la metafora scenica di un'altra avvenuta fusione: la no-biltà proprietaria di terre si imborghesisce, ma conserva di fatto l'antico ruolo; quel potere che le consente di condizionare, co-me in passato, anche la vita del «popolo degli attori».

Quindi una commedia come *Uomo e galantuomo* può diven-tare significativa a molteplici livelli, anticipando soluzioni av-venire: nel senso di *La grande magia*, per cui la «vita» è un «gio-co [che] ha bisogno di essere sorretto dall'illusione, la quale a sua volta deve essere alimentata dalla fede» (*Confessione di un figlio di mezzo secolo*, «Il Dramma», 15 marzo 1950); e in quel-lo complementare di *L'arte della commedia*, dove il teatro è «espressione perfetta delle verità, anche politiche, che un atto-re vuol rendere pubbliche» (Eduardo cit. da S. De Matteis, *I De Filippo*, in *Enciclopedia del teatro del '900*, Feltrinelli, Milano 1980, p. 200). La grande illusione che deve sorreggere il gioco dell'esistenza, da un lato, e il teatro come metafora di verità, dall'altro, convergeranno a formare il linguaggio piú complesso della drammaturgia eduardiana; proprio perché il concetto del-la finzione realistica del teatro affonda le radici nel passato di «figlio d'arte» e di «apprendista comico» dell'autore.

Non a caso, quando nel 1965 Eduardo capocomico inter-rompe le rappresentazioni di *L'arte della commedia*, a causa del-le reazioni negative suscitate in «alto loco», riprenderà proprio *Uomo e galantuomo*, che pare una farsa, ma già adombra i dif-ficili rapporti fra teatro e potere. «Il teatro è nato prima anco-ra di quando il gioco dei potenti trasformò il mondo in tante nazioni e ne stabilí i confini; ma da quel momento, senza rego-lare biglietto "egli" si adattò a fare il giro del mondo da clan-destino» (*Eduardo, polemiche, pensieri, pagine inedite* cit., p. 146). Perciò «la metafora è la forma preferita del teatro dialet-tale, perché con la metafora si possono raccontare i fatti socia-li di un paese e spiegare i meccanismi del potere» (Eduardo cit. da S. De Matteis, *I De Filippo* cit., p. 200).

Ancora per Vincenzo Scarpetta (nella cui casa vive a Roma e nella cui compagnia resta fino al 1927) Eduardo scrive alla fi-ne del 1922 la commedia in tre atti dal titolo, tipicamente far-sesco, *Ho fatto il guaio? Riparerò!*; racconterà in proposito un gustoso aneddoto: «Diverso tempo fa proposi *Uomo e galan-tuomo* a Vincenzino Scarpetta. Il titolo era originariamente *Fatto il guaio riparerò*. Questo titolo venne trovato fra le carte di Scarpetta dalla moglie che andò su tutte le furie pensando che il marito avesse combinato qualche guaio e soltanto dopo che venne chiarito l'equivoco tornò la pace in famiglia» (cfr. Anonimo, *Eduardo in Tv con 4 commedie*, «Il Messaggero», 16 luglio 1975).

Con il titolo *Ho fatto il guaio? Riparerò!* la commedia fu messa in scena da Vincenzo nel 1924 (cfr. *Eduardo De Filippo. Vita e opere, 1900-1984* cit., p. 64); «quattro anni piú tardi [rispetto alla data di composizione] al Fiorentini di Napoli» (secondo Giammusso, in *Vita di Eduardo* cit., p. 48). Vincenzo interpreta Alberto, Eduardo il capocomico. Ma come novità fu presentata al Sannazzaro di Napoli, il 23 febbraio 1933, dalla Compagnia «Teatro Umoristico I De Filippo», con il titolo attuale da «teatro del grottesco» (*Uomo e galantuomo* sembra riecheggiare l'intestazione chiarelliana *La maschera e il volto*). La regia era di Eduardo; gli interpreti, oltre a Eduardo (Gennaro), Peppino (Alberto) e Titina, erano Tina Pica, Dolores Palumbo, Gennaro Pisano, Pietro Carloni, Luigi e Peppino De Martino e altri.

A questa prima della commedia fa riferimento la critica, quando sembra accorgersi dell'«autore» nascosto (quindi sdoppiato rispetto all'«attore») sotto lo pseudonimo di Molise:

> Ma quanto è bravo questo signor Molise! Egli lavora per la compagnia De Filippo da un pezzo, non si lascia scoprire da nessuno, anche dopo una serie di successi convalidati da decine di repliche, si guarda bene dall'apparire alla ribalta accanto a Eduardo, a Titina e a Peppino [...]. Dovremmo pur conoscerlo un giorno [...] e congratularci personalmente [anche] per la facondità delle intestazioni d'ogni sua commediola. La quale questa volta è sottodefinita: Colore umorismo e farsa. [...] Egli stempera del colore per la tavolozza stupendamente elementare di Eduardo De Filippo, traccia delle linee a carbone perché il fratello Peppino le distorca con genialità e ne componga smorfie buffe d'una irresistibilità di ritornelli e di toni vocali, schizza figurine di donnette della borghesia o della plebe perché Titina le rimpolpi di carne e le componga in una deliziosa umanità effervescente di ridicolo [...] (S. P. [Saverio Procida], *Uomo e galantuomo*, «Roma», 24 febbraio 1933).

Ma per la ripresa del 22 dicembre 1939, al Teatro Odeon di Milano, un anonimo recensore continua a sottolineare la bra-

vura degli interpreti in rapporto ai meccanismi comici dell'o-
pera:

> Si tratta di tre atti abilmente dotati di situazioni comiche si-
> cure, di trame burlesche ingegnosamente amene, di motivi che
> arieggiano l'ingenuità della commedia dell'arte e ricordano i mo-
> vimenti della farsa. [...] Poiché in questi equivoci e quiproquo e
> sani che si fingono pazzi e pazzi che ritornano sani, si muovono
> Peppino ed Eduardo De Filippo con la loro forza comica che spun-
> ta e travolge qualsiasi osservazione. Quel loro parlare argutamen-
> te incerto, quei loro atteggiamenti che rievocano le linee pulci-
> nellesche, quella immediatezza di gesto e di tono hanno riempito
> i tre brillanti atti [...] (Anonimo, *Uomo e galantuomo*, «Corriere
> della Sera», 23 dicembre 1939).

Oltre i luoghi comuni della critica degli anni Trenta, che pur
lodando insiste su un'arte spontanea e improvvisata, per una ripresa del 1940 si intuisce qualcosa d'altro:

> [La commedia] ha segnato un nuovo trionfo per i due attori, at-
> tori nel piú vero e completo senso della parola. Eduardo e Peppino
> De Filippo [...] Estrosi e geniali e pur sempre governati da un fre-
> no di disciplina che non è meccanico, ma che è di armonia, vivono
> con tale immediatezza e allo stesso tempo contenuta profonda
> e sottile psicologia la vita del personaggio che interpretano, che
> il luogo comune di «finzione scenica» per essi veramente non
> ha senso e non ha valore [...] (Anonimo, *Uomo e galantuomo*, «Il
> Dramma», 15 gennaio 1940).

Quindi, per una ripresa del 22 dicembre 1949, al Teatro
Eliseo di Roma, Silvio d'Amico coglie il tratto piú originale del-
l'autore-attore:

> A una sorta di umorismo lirico ci richiama l'arte di Eduardo De
> Filippo. Anche lui, come e piú degli altri dialettali, muove dalle ap-
> parenze d'una realtà trita, e d'un linguaggio franto, incespicato, ri-
> battuto, tale da dare all'ingenuo l'impressione della piú ovvia quo-
> tidianità: ma per arrivare a ben altro. [Egli] ha inaugurato la sua
> nuova stagione ripresentandosi in una vecchia farsa [...] *Uomo e
> galantuomo*, che tanti anni fa si congegnò [...] con l'unico intento
> d'offrire una serie di pretesti alla bravura dell'attore, il quale dal
> lazzo pulcinellesco può giungere alla sorpresa d'una ossessionata e
> pietosa umanità. Da un motivo vagamente pirandelliano [...] si par-
> tono e s'aggrovigliano una quantità di casi strampalati, tra perso-
> naggi senza reale fisionomia, verso una conclusione che non con-
> clude. Senonché in questo regno, tanto per cambiare, della men-
> zogna, Eduardo ha introdotto, a suo uso personale, un tipo di

miserabile attore vagabondo, che è quanto dire un professionista
della finzione. [...] Si rivela, alla ribalta, la grandezza [di Eduar-
do] attore supergrottesco e, nei momenti buoni, incandescente [...]
(*Eduardo lirico del dialetto*, «Il Tempo», 23 dicembre 1949; poi in
aa.vv., *Eduardo De Filippo e il Teatro San Ferdinando*, Edizioni del
Teatro San Ferdinando, Napoli 1954).

D'altra parte quando con *Uomo e galantuomo*, il 18 marzo 1965, «Il Teatro di Eduardo» sostituisce improvvisamente al Quirino di Roma *L'arte della commedia*, Tian osserva:
«Eduardo torna alle origini [con un] lavoro che fu scritto quarant'anni fa [ma che] è, nonostante le dichiarazioni dell'autore, qualcosa di piú che una farsa scacciapensieri». Merito del-
l'autore o dell'attore? Infatti: «Spoglia, assorta, scavata, la comicità di Eduardo trova, in questo ritorno alle sue prime origini,
una precisa conferma»; ma «anche perché Eduardo, riprendendo il suo antico lavoro, deve evidentemente averlo lavorato e rimaneggiato. Lo stesso personaggio di Gennaro ha ricevuto una impronta asciutta, filtrata, che è quella delle ultime
creazioni di Eduardo» (R. Tian, «Il Messaggero», 19 marzo
1965). E, per una ripresa del 20 ottobre 1965 al Piccolo di
Milano, un altro critico rileva acutamente: «Con *Uomo e galantuomo* Eduardo riporta sulla scena [...] don Gennaro, un personaggio che s'è cucito addosso negli anni giovanili [ma che] è
vivo oggi come ieri, emblema di un'umanità cui è riservata sempre la sconfitta. Il riso sgorga continuo, ma come temperato da
un velo di mestizia, ed Eduardo è maestro nel rappresentare
due volti assieme» (V., «Corriere della Sera», 21 ottobre 1965).
Di fatto, qualcosa incomincia a cambiare in questi anni: non solo in rapporto all'interpretazione e alla regia, ma anche al testo
di *Uomo e galantuomo* (come vedremo sotto).

Eduardo ne allestirà anche una messinscena televisiva, che
andrà in onda la prima volta il 26 dicembre 1975 (Raidue). La
interpretano: Eduardo (Gennaro De Sia) e Luca De Filippo
(Alberto De Stefano), Gino Maringola (Lampetti), Paolo
Graziosi (Vincenzo), Gennarino Palumbo (Attilio), Mario
Scarpetta (Salvatore De Mattia), Ferruccio De Ceresa (Conte
Tolentano), Isa Danieli (Bice), Marina Confalone (Ninetta),
Angelica Ippolito (Viola), Linda Moretti (Florence), Nunzia
Fumo (Matilde), Graziella Marino (Assunta), Antonio Ferrante
(Di Gennaro), Marilú Prati (prima bagnante), Marisa Laurito
(seconda bagnante), Delia Formicola (terza bagnante), Patrizia

D'Alessandro (Gentilina), Sergio Solli (Direttore d'albergo) ed altri. Le scene e i costumi sono di Raimonda Gaetani; la musica è a cura di Roberto De Simone.

La Compagnia di Teatro di Luca De Filippo presenta nell'aprile del 1985, al Teatro Giulio Cesare di Roma, *Uomo e galantuomo*, per la regia di Luca, che interpreta stavolta la parte del protagonista; nella stagione 1995-96 la stessa Compagnia riprende lo spettacolo con Luca De Filippo (Gennaro De Sia), Angela Pagano (Assunta) e Nicola Di Pinto (Conte Tolentano), scene di Bruno Garofalo, costumi di Silvia Polidori, musiche di Nicola Piovani. Ma già Nello Mascia e la sua Compagnia avevano portato in scena a La Pergola di Firenze, nel 1991, la commedia eduardiana. Fra le recensioni si segnalano quelle di Franco Quadri, *Qui c'è già tutto Eduardo («Uomo e galantuomo» di Eduardo De Filippo con la regia di Luca De Filippo al teatro Giulio Cesare di Roma)*, «Panorama», 28 aprile 1985; di Paolo Lucchesini, *Tante risate col giovane Eduardo (Nello Mascia e la sua compagnia portano in scena a La Pergola di Firenze «Uomo e galantuomo» di Eduardo De Filippo)*, «La Nazione», 14 aprile 1991; e di Lia Lapini, *Quel galantuomo sembra Charlot (Pergola: Gregoretti rilegge il giovane Eduardo)*, «la Repubblica», 14-15 aprile 1991.

Uomo e galantuomo è stato rappresentato da altri interpreti in varie città della Cecoslovacchia, nel 1974; al Teatro Aurora di Kujbysev (Urss), nel 1982; al Teatro Slexské Divadlo Opava di Praga, nel 1990; al Nouveau Théâtre d'Angers e alla Comédie de Genève di Ginevra, nel 1991.

Il testo di *Uomo e galantuomo* compare nella prima edizione della *Cantata dei giorni pari*, nel 1959; e la sua collocazione rimane costante nelle successive ristampe o edizioni della *Cantata*. Tuttavia l'opera presenta almeno due versioni: una nell'edizione del '59, ed una, diversa, in quella del 1979 della stessa *Cantata* («riveduta» dall'autore). Nell'edizione 1971 (di cui sono ristampe identiche la '73, la '74 e la '75) le varianti sono minime rispetto alla prima: riguardano l'elenco dei personaggi (di cui si specificano i rapporti famigliari e sociali) o l'aspetto grafico del testo (didascalie inserite fra parentesi nelle battute ecc.). Ma vi si avverte già, in nota, che esiste della commedia «una versione piú completa, con brani a soggetto riportati per intero, pubblicata nel 1966, nella "Collezione di teatro" [Einaudi] diretta da P. Grassi e da G. Guerrieri» (1ª ediz. au-

tonoma, n. 88). Ricordiamo che la messa in scena del 1965 aveva indotto Tian a rilevare dei rimaneggiamenti nel «vecchio lavoro»; inoltre l'allestimento televisivo del 1975, collocandosi
fra le due diverse edizioni del '59 e del '79, può aver influito
sulle varianti introdotte nella seconda.

Infatti l'ultima versione, pubblicata nella *Cantata dei giorni
pari* a partire dal 1979, presenta trasformazioni di rilievo sia rispetto al '59 che al '71. Le didascalie ambientali e gestuali vengono ampliate; maggiore spazio è dedicato al personaggio di
Gennaro De Sia e alle sue trovate in tutti i tre atti. Come si è
anticipato, nel primo atto soprattutto la «scena delle prove» appare piú lunga e dettagliata, e comprende, fra l'altro, la lezione serio-comica sull'arte del suggeritore impartita da Gennaro
al povero Attilio (I, ediz. '79, pp. 37-38; ora I, pp. 53-54). Nel
secondo atto, il capocomico ricapitola per esteso le ragioni della sua presenza in casa Tolentano, fornendo un quadro della misera vita degli attori:

> GENNARO (*a Carlo*)   Noi siamo artisti, signore. Per quel poco che
> si guadagna, non possiamo andare in trattoria. Ma siamo attrezza-
> ti. Io tengo na buatta, quelle scatole di latta che servono per la con-
> serva. Me le dà un salumiere a Napoli, tanto buono, sta sopra a
> Magnocavallo. Facciamo la fornacella, e portiamo tutto con noi:
> piatti, bicchieri... Avevamo messo una caldaia d'acqua per fare i
> bucatini. Acqua abbondante, se no vengono limacciosi... L'acqua
> bolliva... A un certo punto ho dovuto correre. Adesso è troppo lun-
> go raccontarvi la storia, a voi poi che ve ne importa... Arriva un
> momento nella vita che l'uomo deve correre. Legge comune, arri-
> va per tutti quanti. Stamattina è stato il turno mio. Durante la cor-
> sa, non ho visto la fornacella... Sant'Antuono...   (II, ediz. '79,
> p. 47; ora p. 63);

e al tempo stesso puntualizza, con comica pignoleria, la dinamica dell'invito da parte del Conte:

> GENNARO   Il signore, tanto buono [...] S'è fatto largo tra la folla.
> «Io sono medico [...]: Venite a casa mia, vi faccio io una medica-
> tura». Lui, spontaneamente. Non è che io ho chiamato il medico...
> CARLO   Certo, mi sono offerto io, spontaneamente.. State tran-
> quillo, non pagherete niente. È questo che volevate sapere?
> GENNARO   No, è questo che vi volevo far sapere!   (*Ibid.*).

Invece, nella prima versione, la spiegazione è breve e come
riassunta nella battuta iniziale («Io tengo 'na buatta»), che diventerà ritornello comico del personaggio: (Gennaro: «Io tengo

una buatta... sapete, noi siamo artisti... e per non andare al ristorante... dove spelano la gente... con questa buatta ho fatto
una fornacella e cuciniamo noi stessi... ma già... quanno 'na giornata comincia storta, accussí fernesce!», II, ediz. '59, p. 55).
Quindi, nel terzo atto, si accrescono e si precisano gli accorgi-
menti comici: come la *gag* del «bicchiere di acqua e amarena»,
che Lampetti, il delegato di polizia, insiste a chiedere al suo
agente, e che, ripetutamente, gli viene sottratto da altri, prima
dai comici Vincenzo e Attilio, e poi dal capocomico Gennaro;
ovvero Gennaro sta per bere l'acqua, quando:

> LAMPETTI (*se ne accorge ed urla* [...]) Guè!
> GENNARO (*trasale, il bicchiere gli cade di mano e va a finire nel cap-
> pello che egli teneva sulle ginocchia*) Eh!
> LAMPETTI Questo è il terzo bicchiere. [...] Non sono stato cri-
> stiano di bermi un bicchiere d'acqua!
> GENNARO (*che intanto ha versato il liquido dal cappello nel bicchiere,
> glielo porge*) Accomodatevi, bevete!
> LAMPETTI (*furibondo*) Ve la bevete voi, questa porcheria.
> GENNARO Il cappello è pulito, Delegato. Io mi faccio lo «sciampò»
> ogni mattina! (III, ediz. '79, p. 71; ora III, p. 87).

C'è poi l'altra *gag* esilarante, costruita sulla laboriosa ricerca della «parola sfuggita», la «parola chiave», ancora nello scambio di battute fra Gennaro e il delegato:

> LAMPETTI No, questo non l'ho detto proprio. [...] Ho detto che
> la moglie del Conte [...] ha portato delle lettere del marito, tutta
> una corrispondenza equivoca...
> GENNARO (*interrompendolo*) Eccola qua! Questa è la parola: equi-
> voca. Io avevo capito equina. Adesso è tutto chiaro. (III, ediz.
> '79, p. 70; ora III, p. 86).

Per quanto riguarda il linguaggio verbale del testo, nell'ultima versione appare rivisto nella prospettiva di rendere il parlato piú accessibile ad un pubblico non partenopeo (anche i segni di interpunzione risultano modificati nelle battute). Nel-
l'edizione del '59 si nota invece un uso ancora naturalistico del
dialetto: marcato in bocca ai personaggi bassi (soprattutto femminili); italianizzato nei discorsi dei ceti piú elevati (Alberto,
Bice e i suoi famigliari). E il napoletano consente piú occasioni
ai giochi farseschi con le parole (come nella *gag* ripetuta della
«buatta»). D'altra parte, nella prima edizione del testo si intrecciano anche registri diversi, che anticipano risultati espressivi della piú originale e complessa polifonia del teatro eduar-

diano. Fra i momenti dialettali puri e quelli in cui prevale la lingua italiana si rilevano curiosi passaggi: talvolta la lingua si mescola al vernacolo, magari con intenti parodici (quando l'italiano è riprodotto come lingua di incolti che pretendono di parlare italiano); talvolta il dialetto appare sotto forma di ritmo interno al parlato scenico, trasfigurandosi nella struttura di un periodo che risulta, viceversa, costruito con elementi lessicali appartenenti alla lingua italiana.

Comunque l'analisi del linguaggio di quest'opera, nelle sue differenti stesure, offre l'occasione di definire alcune caratteristiche di partenza e di trasformazione della lingua-in-scena di Eduardo, nella concretezza di un confronto fra tempi diversi della sua maturazione. Dal confronto fra la diverse edizioni della stessa commedia emerge la complessità di un'operazione filologica applicata al testo di un autore-attore-regista, il cui linguaggio verbale appare sempre sedimento dell'esperienza spettacolare. Se infatti la versione del '79 di *Uomo e galantuomo*, caratterizzata da una dialettalità complessivamente meno stretta e gergale, risente senza dubbio delle istanze del laboratorio eduardiano dell'ultimo periodo, non può essere trascurato il fatto che tra quest'ultima e la prima stesura ci sono state non solo le numerose riprese teatrali della commedia, ma appunto l'allestimento Tv del '75, per il quale l'autore non può non aver pensato ad un linguaggio piú comprensibile da un pubblico medio o comunque diversificato: lo spettatore televisivo.

Personaggi

Gennaro De Sia, attore
Alberto De Stefano, giovane benestante
Cavaliere Lampetti, delegato di polizia
Vincenzo Schiattarelli, attore
Attilio, attore
Salvatore De Mattia, fratello di Viola
Conte Carlo Tolentano
Bice, sua moglie
Ninetta, cameriera
Viola, attrice
Florence, attrice
Matilde Bozzi, madre di Bice
Assunta, serva
Di Gennaro, agente di polizia

Un albergo di paese, nel 1921. Sala comune, con terrazzo nel fondo, ombreggiato da tendoni a strisce; è estate, il mare e il cielo che vediamo oltre la balaustra del terrazzo sono azzurrissimi. Tre porte laterali con i numeri 5, 6 e 7.
Florence tende una corda da un punto all'altro del terrazzo, ne prova la solidità, poi rientra, si avvicina alla porta di destra e chiama.

FLORENCE Viola! Violetta! Hai fatto co' sti panni? Io la corda l'ho messa: fa' ampressa. Ce sta nu bello sole, sa' come s'asciuttano ampressa!

VIOLA (*dall'interno*) Mo, mo. Chiste parevano pochi pochi, invece è nu muntone 'e panne! (*Esce dalla porta di destra con bacile pieno di panni lavati e strizzati*) Ecco qua. Mo v' 'o vedite vuie. Io mi devo riposare.

FLORENCE Damme a me, ce penso io.

VIOLA (*vistosamente incinta, va a sedere al tavolo, a sinistra, mentre Florence va a stendere al sole i panni*) Ih che bello debutto facettemo aieressera. Giesú, io n'aggio visto pubblici scostumati, ma comme a chiste... Già, Dio ce ne scansi e liberi dai signori!

FLORENCE Facevano 'e spiritosi...

VIOLA No, chille facettero 'e pernacchie! Io n'avette uno che mme facette impressione... E chi se lo scorda piú! Fosse stato nu locale popolare, e va bene: uno fa vedere che non se ne accorge... Ma un locale signorile!

VINCENZO (*dal fondo, sconvolto, un fazzoletto premuto sul naso*) Ce avimmo fatta 'a croce!

FLORENCE Ch'è stato?

VINCENZO Io in questi paesi non ci vorrei venire mai, perché lo so come va a finire. (*A Viola*) Tutto pe' causa d' 'o pernacchio vostro. Vi ricordate quando dissi: «Chi ha fatto 'o pernacchio

tene 'e ccorna?» Poco fa, mentre cammenavo p' 'a strada,
m'ha fermato uno e m'ha detto: «'O pernacchio 'o facette io,
'e ccorna 'e tiene tu!» Poi m'ha dato nu buffettone, e m'ha
fatto uscire il sangue dal naso. Guardate qua... (*Mostra il naso*)
Ah, poi ha detto: «Dincello 'a primma attrice, che stasera ce
ne faccio n'ato». Statevi attenta.

VIOLA   Overo? E io stasera nun esco.

FLORENCE   Non vi dovete mettere mai contro il pubblico... Che
fanno, fischi? Fischi... Pernacchie? Pernacchie... Vuie ringraziate sempre.

VINCENZO   Chillo m'ha pigliato a buffettoni e io 'o ringrazio?

FLORENCE   È pubblico!

NINETTA (*entra da sinistra, vede i panni stesi in terrazza*)   Neh...
neh! Ma vuie fussive pazze? Mo addirittura spannimmo 'o bucato... Levate sta robba: chisto è albergo, nun è na masseria!

VIOLA   Nenne', tu comme 'a faie pesante. Chille so' dduie pan-
nucce...

NINETTA (*energica*)   L'avite luvà... (*E comincia a strappare i panni dalla corda*).

VIOLA (*accorrendo*)   Mo li strappi!

FLORENCE (*cercando di ostacolare Ninetta*)   Embè, mo te l'arravoglio ncanna.

Interviene anche Vincenzo, e tutti gridano forte.

ALBERTO (*da sinistra*)   Che c'è? Che succede?

NINETTA   Don Alberto, ma vi pare che si possono spandere i
panni qua fuori?

ALBERTO   Ma caro Vincenzino, mi pare che la cameriera ha ragione!

VIOLA (*toglie i panni dalla corda aiutata da Florence*)   Ma si può
dire pure con buona maniera.

NINETTA   Pure 'a fune, avevano messo...

GENNARO (*entra dal fondo*)   Che c'è, che c'è! (*Vocio confuso,
giacché tutti si appellano a lui, poi Gennaro riesce a vincere
quel clamore*) Via, via... (*Spinge le donne verso destra*) Le signore in camera. (*Rivolto ad Alberto*) Scusate, don Alberto!

ALBERTO   Oh, bravo. Don Gennaro, vi devo parlare, bisogna
mettere le cose a posto. Io vi feci venire qua a fare delle recite,
perché conoscevo Vincenzo... conoscevo l'impresario del teatro, e volevo aiutarvi. Ma Santo Dio! Voi avete messo l'albergo sotto sopra: addirittura stendere il bucato qui fuori...

GENNARO   Eh, il bucato! Come se fossero coperte, lenzuoli, asciugamani... Quella è la biancheria intima delle signore, camicine,
mutandine... tutta roba fru-fru. La verità è che la cameriera ci ha preso in antipatia da quando siamo arrivati. Ieri sera
noi sentivamo dalla camera nostra, quando parlava con il cameriere... «I saltimbanchi... i morti di fame». Tu sei cameriere?
E allora devi rispettare la clientela dell'albergo, specialmente a
noi che siamo degli artisti.

ALBERTO   A proposito di artisti: ieri sera a teatro è stato un
inferno. Il pubblico è rimasto scontentissimo. Deluso: ecco la
parola.

GENNARO   Freddino. Ma noi non ne siamo rimasti sorpresi, lo
sapevamo. Questo non è un pubblico regolare, diciamo di una
stagione di prosa invernale, in un teatro chiuso...

VINCENZO   È un pubblico balneare.

GENNARO   Oh, bravo! È un teatro all'aperto, la gente viene per
prendere il fresco... Infatti ieri sera la platea era completamente vuota. Giravano tutti intorno, sotto il pergolato, mangiava-
no caramelle, gelati, conversavano fra di loro. Ogni tanto si
affacciavano, «ma non è finito ancora?», e continuavano a pas-
seggiare. Un pubblico fine, però, elegante, educatissimo: in palcoscenico non hanno tirato niente.

ALBERTO   E no, don Gennaro, non è così... Voi avete portato
certa gente... La prima attrice è incinta!

GENNARO   Si vede, eh? Sí, sí, è un poco incinta. La questione è
che la poverella era stanca del viaggio, e allora non si è potuta
mettere il busto. Venivamo da Canosa di Puglia, pigiati in un
vagone di terza classe... nausee, svenimenti... Ma stasera no;
oggi s'è riposata, e stasera vedrete: un vitino di vespa.

ATTILIO (*entra da destra, con la borsa della spesa*)   Don Gennaro, vogliamo andare? Facciamo presto sennò troviamo i negozi
chiusi.

GENNARO   Scusate, don Alberto, vi dobbiamo lasciare: andiamo
a fare un poco di spesa.

ALBERTO   Un momento! A proposito della spesa... il proprietario si è lamentato con me. Dice che voi ieri sera avete cucinato
in camera... stava l'albergo pieno di fumo... Affianco alla camera
vostra c'è una signora straniera che soffre di asma... le venne uno
svenimento, non si riprendeva piú...

GENNARO   Ma quando mai! Quale fumo? L'avete detto voi stesso: è malata di asma, 'a furestiera. Pure se vi accendete una
sigaretta nella camera affianco quella si sente male. Un'altra

esagerazione della cameriera! Noi ieri sera eravamo stanchi, figuriamoci se ci mettevamo a cucinare! Abbiamo fatto due uova al tegamino, che si possono cuocere pure sopra a un candelotto... E che altro? Ah! Un chilo e mezzo di alici fritte.

VINCENZO   Le comprammo qua fuori, appena tirata la rete. Erano vive!

GENNARO   Argento vivo: una poesia!

ALBERTO   Ma don Gennaro, non si può fare questo in albergo... Se tutti quanti ci mettessimo a cucinare...

GENNARO   Tutti... siamo d'accordo, ma noi siamo artisti... Qua è meglio chiarire una volta per sempre la situazione: per quel poco che si guadagna, noi non possiamo andare al ristorante. Noi dobbiamo conservare per i periodi di magra... Il teatro non dà un gettito continuo di contratti.

ALBERTO   Ma io ho parlato col ristorante vicino al teatro: vi farebbe il prezzo fisso.

GENNARO   Abbiamo mandato lui (*indica Attilio*) in avanscoperta, per sapere il prezzo fisso: due e cinquanta a persona.

ALBERTO   E volete spendere meno di due e cinquanta a persona? In un posto di villeggiatura, in piena stagione?

GENNARO   Siamo cinque persone, dobbiamo mangiare due volte al giorno... fatevi il conto: dove arriviamo? Ma noi siamo attrezzatissimi. Io tengo una buatta.

ALBERTO   Come?

GENNARO   Tengo una buatta...

ALBERTO   Ah, capisco: un francesismo.

GENNARO   No, no, una buatta napoletana. Di quelle che servono per la conserva. Me le dà un salumiere a Napoli. Sta sopra a Magnocavallo. Un bell'uomo, coi baffi rossi. È un sorrentino. Appena fa il vuoto, me lo regala... Io lo porto allo stagnaro, e quello me lo aggiusta a fornacella.

ALBERTO   Fornello portatile.

GENNARO   Comodissimo, perché è leggero e non è pericoloso come tutti quei fornelli a benzina, a petrolio, senza contare che quando si viaggia, dentro ci si possono mettere i copioni... E ci abbiamo tutto: piatti, bicchieri, forchette...

ATTILIO   Casseruole, tegamini...

VINCENZO   La grattugia, la padella...

GENNARO   La caldaia grande per i maccheroni. Teniamo persino la macchina per le tagliatelle...

ALBERTO   Capisco... Ma un poco di prudenza! Fate attenzione.

GENNARO   State tranquillo. Oggi cuciniamo nella stanzetta sua (*in-*

dica Attilio) che sta in fondo al corridoio, dà sull'altro versante, sulla scogliera. I fumi, gli odori se ne vanno a mare e nessuno si accorgerà di niente. Permesso!

Tutti e tre i comici si avviano verso la porta di fondo.

ALBERTO   E stasera, dopo la rappresentazione, vorrei invitarvi a
cena, se siete liberi.

GENNARO (*tornando indietro, con entusiasmo malcelato*)   Sí, siamo liberi, è vero? (*Gli altri annuiscono*). A che ora?

ALBERTO   Dopo lo spettacolo.

GENNARO   Prima, dopo... non ha importanza! Vengono pure le
signore, è vero?

ALBERTO   Sí, tutta la compagnia.

GENNARO   Benissimo. Dove ci vediamo?

ALBERTO   Finita la rappresentazione, verrò a prendervi in palcoscenico.

GENNARO   Voi poi vi dimenticate... Gli amici vi rapiscono: ieri
sera vi abbiamo visto in mezzo a uno sciame di belle ragazze...
Facciamo cosí: adesso organizzo io. (*A Vincenzo*) Appena finisce lo spettacolo, tu ti metti davanti alla porta del palcoscenico, nella stradina secondaria, e vedi se lui passa di là. (*Ad Attilio*) Tu ti metti davanti alla porta del botteghino, nella strada
principale. Io sto in piazza... Chi lo vede prima: «Don Albe',
don Albe'!» Ci uniamo e facciamo una sola imbarcata. E grazie
anticipate! (*Ai due amici*) Andiamo, se no si chiudono i negozi.

ALBERTO   Mi raccomando lo spettacolo di stasera.

GENNARO (*si ferma, assieme a Vincenzo e Attilio, sulla soglia, e
si volta*)   Non ci mortificate, Don Alberto. Noi ieri sera eravamo nuovi della piazza, non conoscevamo il gusto di questo pubblico.

VINCENZO   È un pubblico esigente.

GENNARO   Ma stasera si troveranno di fronte a un lavoro serio,
di un autore importante: *Mala Nova*, di Libero Bovio. Si può
provare qua?

ALBERTO   Sí, qui nessuno vi disturberà. A quest'ora stanno tutti
al mare.

GENNARO   Questa è una sala ampia, ariosa. Facciamo una bella
prova serrata, di un paio d'ore. Stasera il lavoro andrà come
l'olio, e vedrete che successo. Sarà un trionfo. Avete visto ieri
sera? Incertezze, malumori, qualche fischio... Stasera il pubblico reagisce seriamente. Di nuovo! (*Esce con i due amici*).

ALBERTO   Arrivederci. (*Dopo una breve pausa, entra Bice, Alberto le va incontro*) Ma brava, che bella sorpresa! (*Cerca di abbracciarla*).

BICE   Stai fermo, qualcuno ci può vedere!

ALBERTO   Ma se sono tutti sulla spiaggia!

BICE   Sí, ma questo non è proprio il momento adatto. Se tu sapessi...

ALBERTO   Che cosa? Ma parla! Io non so come ti vedo... C'è qualche novità?

BICE   Una novità... che io aspettavo... (*Abbassa lo sguardo*).

ALBERTO   (*con gioia*)   Eh, ma non è possibile!

BICE   No, no caro: è proprio cosí.

ALBERTO   Che gioia! (*L'abbraccia*) Cara, cara Bice!

BICE   Cosa fai?

ALBERTO   Sono pazzo, pazzo di gioia!

BICE   (*contrariata*)   Ma a te fa piacere?

ALBERTO   Immensamente! E mammà non sa niente?

BICE   Ma sei pazzo!

ALBERTO   Bene, non temere. Io sono un galantuomo e conosco il mio dovere. Mi presenterò a lei, le dirò come stanno le cose e chiederò la tua mano.

BICE   E no, caro! Questo non può essere.

ALBERTO   Ma perché? Certamente tu fra pochi mesi sarai madre...

BICE   Bè? Ce ne sono tante di mamme, posso esserci anch'io!

ALBERTO   Sentite che ingenuità. In altri termini, tu credi che io, dopo quello che abbiamo fatto, ti lascio con una creatura mia? Ma tu sbagli, io sono troppo galantuomo!

BICE   E vuoi che ti permetta di dire tutto a mia madre? Vuoi farla morire dal dolore? Mio fratello sarebbe capace di uccidermi.

ALBERTO   Hai un fratello?

BICE   Sicuro. Non te l'avevo mai detto? Ho un fratello terribile.

ALBERTO   Ma scusa, la tua famiglia dev'essere ragionevole. Abbiamo mancato, è vero, ma io ti voglio sposare!

BICE   Dio mio, come sei! Ma quale mancanza! Infine, che cosa abbiamo fatto?

ALBERTO   Scusa, piú di quello che abbiamo fatto, che cosa potevamo fare?

BICE   Ma caro, la prendi troppo sul serio!

ALBERTO   Io voglio riparare la mia colpa.

BICE   Ma tu che c'entri? Io sapevo quello che facevo: mi sei piaciuto, ci siamo voluti bene... Non c'è niente da rimpiangere. La colpa è mia, che cosa vai cercando?

ALBERTO   Sentite, ma queste sono cose da pazzi! Io ti compatisco perché sei troppo ingenua. Non lo capisci che tua madre dovrà accorgersene per forza?

BICE   Come ho pensato io, non se ne accorgerà.

ALBERTO   Allora hai pensato qualche cosa?

BICE   Siedi. (*Seggono al tavolo di vimini*). Io ho una zia: zia Margherita, la madre di mammà.

ALBERTO   Allora è la nonna.

BICE   Perché?

ALBERTO   Se è la madre di mammà è tua nonna.

BICE   Già, ma io volevo dire la sorella di mammà.

ALBERTO   Ah, ecco: la sorella di mammà è la zia. Non sa neanche questo, ma che bambina!

BICE   Dunque... la zia Margherita, la quale, rimasta vedova si è ritirata nelle sue proprietà in Calabria... Lei sa tutto.

ALBERTO   E chi gliel'ha detto?

BICE   Io! È una santa, credimi: la bontà in persona. Le ho confessato tutto in una bella lettera e lei mi ha risposto consigliandomi così: fra breve dirò in famiglia che sento desiderio di andare per cinque o sei mesi in casa di zia Maria...

ALBERTO   Zia Margherita! Che c'entra zia Maria?

BICE   Già... Zia Maria è un'altra zia... Severissima! Però io vado da zia Margherita.

ALBERTO   E quando le hai scritto a questa zia?

BICE   Quattro giorni fa, dopo aver parlato col dottore.

ALBERTO   Hai parlato pure col dottore?

BICE   Certamente. Ho voluto la conferma, e poi ho scritto a zia Marianna.

ALBERTO   Adesso zia Marianna? Tu hai detto zia Margherita!

BICE   Già... No, zia Marianna è un'altra zia!

ALBERTO   Ma quante zie tieni?

BICE   Tre... Tre zie!

ALBERTO   Bice, ma sono tutte verità che mi stai dicendo?

BICE (*offesa*)   Come sarebbe?

ALBERTO   Tu mi stai raccontando un sacco di storie: zia Margherita, zia Maria, zia Marianna... Che ne so io, se tutta questa gente esiste veramente?

BICE   Allora, secondo te, io sono una bugiarda? Grazie, sai! Grazie! (*Si alza*).

ALBERTO (*la raggiunge*) Ma scusa: da tre mesi che ci conosciamo io non so chi sei tu. Fra poco sarò padre e non conosco la
madre di mio figlio. Non conosco il tuo cognome, non so che
fai, dove stai... tua madre, tuo padre... Almeno dimmi dove
stai di casa!

BICE   Ma perché?

ALBERTO   Per poterti scrivere!

BICE   E non mi scrivi sempre Fermo Posta?

ALBERTO   Sí, ma... (*Supplichevole*) Dove stai di casa?

BICE (*dispettosa*)   Non te lo voglio dire. Questo fu il patto: tu
non devi mai sapere io chi sono e dove abito!

ALBERTO   Ma io ti voglio bene assai: se tu vuoi lasciarmi, non
ti fai vedere piú e buonanotte. Io dove ti pesco? Fermo posta?

BICE (*amorosa*)   Ma no... Io non ti lascerò mai... Ti vorrò sempre bene.

ALBERTO (*abbracciandola*)   Veramente?

BICE   Veramente!

ALBERTO   E dove stai di casa?

BICE (*scattando*)   Uffà, sei terribile, sai!

ALBERTO   Ma perché non lo posso sapere?

BICE   Smettila, lo saprai quando sarà il momento.

ALBERTO   E va bene.

BICE   Io vado via, perché è tardi. Se mia madre ritorna a casa prima di me, non trovandomi può anche morire dal dolore.

ALBERTO   Addirittura! Adesso muore in quattro e quattr'otto.

BICE   Bello lui! È malata di cuore, povera mamma!

ALBERTO   Malata di cuore?

BICE   E come! Se torna a casa e non mi trova... «Bice dove sta?
Bice dove sta?», non mi vede...

ALBERTO   E muore!

BICE   Muore! Ciao, caro: ci vedremo dopodomani, la nostra solita giornata. Mi vuoi bene?

ALBERTO   Tanto!

BICE   Anch'io!

ALBERTO   Bice, tu non mi lascerai mai?

BICE   Mai, amore mio...

ALBERTO   E dove stai di casa?

BICE   Uffà, non lo saprai mai! (*Esce per il fondo*).

ALBERTO (*a Vincenzo che entra*)   Vincenzo, fammi un favore.

VINCENZO   Servo, don Alberto.

ALBERTO   Vedi quella signorina che è uscita adesso? Seguila, vedi dove sta di casa e poi me lo fai sapere.

VINCENZO   Subito vi servo. (*Esce per dove è entrato*).

ALBERTO   Grazie tante. (*Esce a sinistra*).

GENNARO (*dall'interno*)   Vincenzino, dove vai?

VINCENZO (*dall'interno*)   Vado a fare un servizio a don Alberto.

ATTILIO (*dall'interno*)   Vieni presto per mangiare.

GENNARO (*entra con le braccia piene di involti*)   Si deve provare
pure il lavoro di stasera. (*Seguito da Attilio va al tavolo a sinistra, dove depongono i vari pacchi e pacchetti*). Mamma mia e
che caldo che fa a sto paese! Sono fiamme che escono da sottoterra! E le mosche... La quantità e la qualità... Una razza piccola piccola, ma insistente: ce n'è stata una che m'ha accompagnato dall'albergo al mercato e dal mercato qua. Se la faceva tra il
naso, l'occhio e l'orecchio... Io la cacciavo e quella tornava. Tu
vedi che sei indesiderata... e lasciami in pace! Sono proprio
mosche cafone... (*Toglie un cartoccio di sugna dalla tasca e
s'accorge che essa, squagliandosi per il gran caldo, gli ha macchiato la giacca*) Tè, tè, tè... S'è squagliata 'a sugna dint' 'a
sacca!

ATTILIO   Uh, voi che avete combinato? Vi siete arrovinata 'a
giacchetta!

GENNARO   E nun m'avvilí cchiú assaie! Chillo, 'o cane mozzeca
allo stracciato: io solo questa giacca tengo... Come recito, stasera? Mo vediamo se con un poco di benzina si toglie...

ATTILIO   Co' 'a benzina? Nun se leva, nun se leva...

GENNARO   Con la polvere di sapone...

ATTILIO   È peggio: nun se leva!

GENNARO   Coll'ammoniaca. Acqua e ammoniaca, si fa una bella
spazzolata...

ATTILIO   Nun ce facite niente... Rimane l'alone. Nun se leva,
nun se leva.

GENNARO   Se taglia stu pezzo, va bene? Se taglia! Tu come sei
catastrofico! Vedi che un povero Dio ha passato un guaio...
anche per educazione... Uno dice sí, forse se leva, non si sa
mai! (*Va alla prima porta a destra*) Viola, venitevi a pigliare
sta roba! (*Osserva la tasca macchiata*) Guardate che peccato!

VIOLA (*entra da destra, seguita da Florence*)   Finalmente site venute! Io me credevo ch'íreve muorte 'e subbeto!

GENNARO (*piano, a Attilio*)   Chesta mo, se se n'accorge d' 'a macchia, facciamo l'opera. Nun dicere niente.

ATTILIO   Vi pare.

FLORENCE   Addó site iute?

ATTILIO   Abbiamo fatto la spesa.

VIOLA   E che avete comprato?

GENNARO   Bucatini. Li facciamo al pomodoro. Una fettina di carne per te, per noi un'insalata. Ah, stasera siamo invitati.

FLORENCE   Un poco di frutta l'avete presa?

GENNARO   Sissignore, sta qua: due prugne.

FLORENCE   E il carbone?

GENNARO   Eccolo. Vi raccomando, mo che accendete il fuoco:
non fate fumo. Se l'albergatore s'accorge che cuciniamo in camera, ce ne caccia. Già si sono lamentati... Voi, quando accendete
il fuoco, chiudete porta e finestra, e appilate tutte le fessure...
pare che accussí...

FLORENCE   Facimmo 'a morte d' 'e zoccole! Come respiriamo,
don Genna'?

GENNARO   Come la fate pesante! Quando dovete respirare, aprite la finestra... (*Illustra coi gesti*) Ah, ah, respirate e chiudete
n'ata vòta!

FLORENCE   (*osserva la macchia sulla giacca di Gennaro*)   Uh,
don Gennaro! Tenite 'a giacca tutta nfòsa!

ATTILIO   Sí, nfòsa! Quella s'è squagliata la sugna dint' 'a
sacca!

VIOLA   (*gridando*)   Vedite, vedite! Tu già stavi pulito... mo si'
cchiú nzevuso 'e primma! Ma quanno te spari, quanno?

GENNARO   Ma come, uno si spara per una macchia di sugna? Non
c'è proporzione... E poi, fosse colpa mia?

ATTILIO   E mi pare! Voi vi mettete la sugna in tasca...

GENNARO   Vuó vedé ca te dongo 'o cappiello nfaccia? Ma perché, esiste una teoria, un sistema per portare la sugna? Io sono
distratto... l'artista è sempre distratto.

VIOLA   E se capisce! Pare che quando é dopo è lui che ghietta 'o
sango a pulezzà... Tene chesta scema vicino... Mo cucina, poi
s'addà pruvà 'o lavoro 'e stasera, e po' mettete a pulezzà 'a
giacchetta p' 'o fa' recità... Perché deve recitare, l'artista distratto!

GENNARO   L'artista di-strutto!

ATTILIO   Ma tenite sulo stu vestito? (*Ride*).

GENNARO   Perché, tu tiene 'o guardaroba?

VIOLA   Ma sai che ti dico? Doppo sti recite, me ne vaco a casa
di mio fratello a Napoli, e tu vai scavalcando montagne addó
vuoi tu.

FLORENCE   Ma non importa, va'! Quello se leva co' nu poco d'erba saponaria.

VIOLA   Chillo è isso nu sapunaro, da capo a piede!

GENNARO   È meglio che mi ritiro... (*Esce infuriato*).

VIOLA   Vedite llà di chi m'innammuraie!

FLORENCE   E va bene, va bene. Iammo a cucenà che è tardi.

VIOLA   Io pe' mme nun me fido 'e fa' niente: v' 'o vedite vuie.

ATTILIO   Mo vi do na mano pur'io. (*Assieme a Florence prende la borsa della spesa e i pacchi, ed escono tutti e tre da destra, prima quinta*).

NINETTA   (*dal fondo, seguita da Salvatore*)   Ecco, cheste so' 'e cammere dei comici che so' arrivate ieri mattina.

SALVATORE   Nenne', io voglio parlà co' quello che ha combinato l'affare. Ho domandato e m'hanno mandato qua.

NINETTA   Col signor Alberto De Stefano. (*Guardando verso sinistra*) Sta venendo, eccolo qua. Mo nce putite parlà.

SALVATORE   È lui? (*Indica Alberto che entra da sinistra*).

NINETTA   Sissignore. Don Alberto, questo signore vuole parlare co' vuie. (*Esce dal fondo a destra*)

SALVATORE   Siete voi il signor Alberto De Stefano?

ALBERTO   Sissignore.

SALVATORE   (*presentandosi*)   Salvatore De Mattia!

ALBERTO   Accomodatevi.

Seggono al tavolo di vimini.

SALVATORE   Ecco qua. Voi mo dite: questo signore da me che vuole? È giusto. Cinque minuti di pazienza! Io nella vita ho fatto tutto, o meglio un poco di tutto. E perciò mi trovo a questa età senza una posizione definita e, non vi nascondo, alle volte mi trovo nelle condizioni di dover saltare il pasto. Ben mi sta! Sono contento! Io sto digiuno con piacere! L'ultima sciocchezza la feci quando me ne andai in America. Insomma ho girato il mondo e la vita disordinata mi ha fatto diventare, come si dice, un poco squilibrato. Ma non sono cattivo! Non sono cattivo! (*Piange*) Sono malato, ecco! A me un dottore in Australia mi addefiní l'uomo pírico.

ALBERTO   Come?

SALVATORE   L'uomo pírico. Mi accendo come se fossi polvere da sparo. Per un niente sarei capace di distruggere la mia vita. Ora però non si tratta di niente... si tratta di mia sorella. Io, per tutti i miei continui viaggi, l'ho abbandonata un poco, que-

sto è vero... Ma mo basta! A mia sorella, se non ci penso io, chi
ci pensa? Se ho deciso 'e vení a parlà cu' vuie, è perché sono
o non sono il fratello? Voi dovete intervenire! La vita che fa
non è per lei! Voi sapete in che stato si trova... E io, come
fratello...

ALBERTO Shhh! Basta, ho capito! Avete saputo che vostra sorella...

SALVATORE L'ho saputo. E io intendo...

ALBERTO Voi avete perfettamente ragione. Vuol dire che mi avete preceduto. Avevo deciso di cercarvi, ma una volta che siete
venuto voi da me, ve lo dico subito, bello chiaro chiaro: io
amo vostra sorella e la voglio sposare.

SALVATORE Vuie?

ALBERTO Sissignore.

SALVATORE Ma aspettate! Voi sapete che lei...

ALBERTO So tutto.

SALVATORE Ve la sposate voi? E... mettete una pietra sul passato?

ALBERTO Io già ce l'ho messa. Adesso la dovete mettere voi.

SALVATORE Ma io ce la metto! Mo parlo cu' essa, e presto presto cumbinammo tutte cose.

ALBERTO Vostra sorella sta qui?

SALVATORE Sicuro. Io mo subito ci parlo.

ALBERTO Mentre parlate, io mi vado a fare un bagno, cosí siete
piú liberi. Tanto piacere di avervi conosciuto. Permettete?
(Esce dal fondo).

SALVATORE (va a bussare alla porta di Viola) Arape!

VIOLA (di dentro) Chi è?

SALVATORE Songh'io! Arape!

VIOLA (di dentro) Chesta è 'a voce 'e fratemo! Mo esco io,
aspetta!

GENNARO (di dentro) E vengo pur'io.

VIOLA (entra, seguita da Gennaro, che si è tolta la giacca e si
è messo in pantofole) Guè, Salvato'... Che vuó, perché sei
venuto?

SALVATORE Sono venuto deciso, per dirti che tu a stu muorto 'e
famme lo devi lasciare.

GENNARO Bada come parli, sai: non offendere. Misura le parole.

SALVATORE Statte zitto tu! (A Viola) Quest'uomo per te rappresenta miseria, fame! Mo proprio aggio parlato cu' don Alberto
De Stefano... galantuomo e signore, 'o quale ha detto che ti
vuole sposare, e mettere una pietra sul passato.

GENNARO   Ma nun 'o dà retta! Chillo è scemo: va' trova co' chi ha parlato...

SALVATORE   Co' don Alberto De Stefano.

GENNARO   Ma come, s' 'a sposa e se leggittima na creatura mia? Ma io non posso permettere!

SALVATORE   Perché, devi permettere tu? Quando mai hai contato! Stu pover'ommo, stu disgraziato... Chillo don Alberto ha ditto ca s' 'a sposa presto presto! Sosò... hai fatto 'a fortuna toia! (*A Gennaro*) E tu nun cercà 'e scumbinà, si no te spezzo 'e gambe! Pecché tu poi credevi ca don Alberto ve faceva vení a recità ccà pe' l'abilità toia! È venuto Zaccone! È venuto Betrone... Chell'è stato per causa di mia sorella, p' 'a tenè vicino! E ringrazia a essa si staie mangianno... Sosò, mo me ne vaco: ve do mezz'ora 'e tiempo pe' parlà, pe' ve mettere d'accordo. Quando torno a questo (*indica Gennaro*) nun 'o voglio vedé cchiú. Si 'o trovo ancora qua, 'o piglio pe' nu pede e 'o votto a mmare! Mi sono spiegato? Statevi bene. (*Esce dal fondo a destra*).

GENNARO   (*a Viola che si aggiusta i capelli con fare civettuolo*) Viola... Viola, io non credo che tu vuoi seguire i consigli di tuo fratello...

VIOLA   Che vuoi da me... Se trattasse 'e n'ato... Ma a me don Alberto mme piace assai...

GENNARO   E m' 'o dice nfaccia? Viola, bada che se mi tradisci io sarò sanguigno!

ATTILIO   (*dalla prima a destra*)   Vuie state lloco ffora?

FLORENCE   (*segue Attilio. Rivolta a Viola*)   Hai rimasto 'o sugo ncoppa 'o fuoco. Si nun ce refunnevo nu poco d'acqua, s'abbruciava tutte cose.

ATTILIO   E non ce perdimmo in chiacchiere, dobbiamo provare pure 'o lavoro 'e stasera.

VIOLA   Va buo', pruvammo dopo mangiato.

ATTILIO   No, dopo mangiato io voglio dormire. (*A Gennaro*) Vuie che ne dicite?

GENNARO   E sí, è meglio che proviamo mo. (*Muovendo alcune sedie, le dispone come per formare una porta*).

ATTILIO   Pruvammo 'e scene 'e *Mala Nova*.

FLORENCE   Né, io vaco a voltà 'o sugo! (*Esce dalla prima a destra*).

GENNARO   Iammo, Atti': piglia la scena del fratello e della sorella.

ATTILIO   (*apre il copione, lo sfoglia*)   'A scena d'Andrea e Rusella. (*Siede con le spalle al pubblico, su una coperta di lana che avrà steso in terra*) Mammà!

FLORENCE (*di dentro*) Eh, mo tengo il sugo sopra al fuoco!

ATTILIO E lascia un momento.

FLORENCE (*di dentro*) Si brucia tutto...

VIOLA Mo vengo io!

GENNARO E se ne va pure questa! Appena comincia la prova se la squagliano tutti. (*Gridando*) Viola!

VIOLA (*di dentro*) Nu momento!

ATTILIO Mammà, spicciati!

Entra Florence da prima a destra.

VIOLA (*entrando da prima a destra con padella e cucchiaio di legno*) Eccomi.

GENNARO Che devi fare, cu' stu tiano mmano?

VIOLA Vulevo fa' vedè a essa si s'è fatto. (*Mostra la padella a Florence*).

FLORENCE Sí. E comm'addora!

ATTILIO Faciteme vedè. (*Viola gli si avvicina*). Oggi ce cunzulammo! (*Assaggia il sugo*).

FLORENCE Hai messo la caldaia pe' 'e maccarune?

VIOLA Sí.

ATTILIO Don Gennaro, Vincenzino non ci sta?

GENNARO È andato a fare un servizio a don Alberto. Ma quello è vecchio del lavoro, la parte di Pascale già l'ha fatta. Piuttosto, ci manca un personaggio. Già abbiamo tagliato tre parti. Non si possono fare questi lavori! Non vogliono pagare: «Dovete essere pochi, dovete essere pochi», e poi vogliono i lavori importanti. (*Pausa*). Ci manca il Brigadiere di Pubblica Sicurezza, al finale. Chi m'arresta a me, stasera?

ATTILIO E come si fa?

GENNARO Facciamo arrivare la lettera. Mettiamo all'inizio due battute di giustifica. Andrea e il Brigadiere sono amici di infanzia, e il Brigadiere può essere amico di Andrea, in quanto Andrea non è un delinquente comune: ammazza, sí, ma per onore. Dunque, arriva la lettera, che dice: «Caro Andrea, sul tavolo ho il mandato di cattura per te. Ah, quanto mi dispiace! Non voglio farti avere la vergogna di attraversare il vicolo in mezzo alle guardie ammanettato. In Nome della Legge ti dichiaro in arresto. Vienetenne». Io mi piglio 'a mappatella e me ne vaco.

ATTILIO E la lettera chi la porta?

GENNARO Nessuno. Arriva 'a sotto 'a porta. Se tenevo un attore

disponibile, lle facevo fare 'o Brigadiere, no? S'immagina che il
Brigadiere ha voluto agevolare l'amico fraterno, ma non si vuole compromettere agli occhi della gente: è sempre una irregola-
rità che commette. Il pubblico è intelligente, capisce subito. Il
Brigadiere avrà detto alla guardia: «Tu butta 'a lettera sott' 'a
porta e scappa». Al finale, quando Rusella dice: «Madonna
santa!», tu fai arrivare la lettera qua... (*Indica un punto sul
pavimento davanti a sé*) No, qua no: è voluto. Qua! (*Indica un
punto vicinissimo al primo*) Io piglio la busta... Un momento
di esitazione... «Chi sarà, a quest'ora? Oh, che brutto presentimento!» Apro la lettera, leggo e me ne vado. (*Siede, si asciuga
il sudore*) Che calore! Non si resiste! Appena finita la prova, ce
menammo a mare!

ATTILIO   «Nzerra chella porta». (*Gennaro non ripete, distratto*). «Nzerra chella porta».

GENNARO   Nzerrala tu. Alzati e chiudi la porta. Tieni i servitori?

ATTILIO   No, no, no... «Nzerra chella porta!»

GENNARO   Ma questo è scostumato veramente! Te la chiudi tu la
porta.

ATTILIO   No, voi! Andrea dice: «Nzerra chella porta».

GENNARO   Ah, è battuta di copione! E devi dire: «Signori, comincia la prova!» Il suggeritore d'arte batte le mani per richiamare l'attenzione degli attori, si stabilisce il silenzio, e comincia la
prova. Guitto, imparati!

ATTILIO   E va bene! (*Batte le mani*) Signori, comincia la prova!

GENNARO   Dunque (*rivolto a Florence che si è seduta a sinistra*)
voi state a letto... malata da mesi e mesi, sotto la coperta, con
la febbre forte; tenete l'affanno, non potete respirare... non ci
sono piú speranze per voi: bronchite, polmonite... state cchiú
'a llà che 'a ccà. (*Rivolto a Viola*) Tu stai preparando un decotto per tua madre, ma senza ansietà, perché lo prepari tutti i
giorni, da mesi e mesi... sai pure che non ci sono piú speranze
per lei, ma il decotto per una madre si prepara lo stesso. Un
decotto rassegnato... (*A Florence*) A questo punto voi fate due
colpettini di tosse, senza esagerare, appena appena. Quella tosse cattiva, secca... (*A Viola*) Tu senti la tosse di tua madre, la
guardi, come per dire: «Povera donna, ma perché deve soffrire
in questo modo! Ma che condanna...» Poi uno sguardo al cielo,
come per dire: «Maro', pigliatella!» (*A Florence*) Un altro colpo di tosse, ma questa volta deve essere un accesso: vi dovete
fare uscire gli occhi 'a fora. (*A Viola*) Tu avverti la sofferenza
di tua madre... patisci appresso a lei... Quando finisce questa

crisi, emetti un sospiro, come se tu pure ti fossi liberata della
tosse... A questo punto, s'apre la porta e entro io. (*Batte le
mani*) Signori, comincia la prova! (*Va alle sedie che funzionano da porta, e schioccando le dita si rivolge a Florence*) 'A
tosse... (*A Viola*) 'O decotto... Guarda tua madre... gli occhi al
cielo... «Maro', pigliatella!» (*Le due donne eseguono da povere
attrici quali sono i suggerimenti di Gennaro, il quale si rivolge
ancora a Florence*) L'accesso... (*A Viola*) La sofferenza tua... Il
sospiro... (*Facendo finta di aprire una porta Gennaro emette
un grido soffocato e stridulo assieme, convinto di stare imitando
lo stridio di una vecchia porta che si apre*) Ahhhhhhh!

I suoi compagni credono che Gennaro sia stato preso da un
improvviso malore, e corrono verso di lui, allarmati.

ATTILIO   Don Genna', ch'è stato?
VIOLA   Che ti senti, Genna'?
FLORENCE   P' 'ammore 'e Dio!
GENNARO   Che c'è...?
ATTILIO   Vi siete sentito male?
GENNARO   Si apre la porta! (*Gli altri riprendono i loro posti, ancora turbati dallo spavento preso*). Quelle porte vecchie, umi-
de... dei bassi napoletani... arrugginite nei cardini, coi vetri rot-
ti. Ahhhhhh! (*Riprende l'atteggiamento del personaggio che
deve entrare, camminando curvo, trascinando i piedi, e va verso
sinistra*).
ATTILIO   «Nzerra chella porta». (*Gennaro continua la scena, trascinandosi verso Florence*). «Nzerra chella porta». (*Gennaro
lo ignora*). «Nzerra chella porta!»
GENNARO (*scattando*)   Aspetta! Mi stai torturando: «Nzerra chella porta, nzerra chella porta!» M' 'a vuó fa' fa' sta scena muta?
ATTILIO   E quando lo dite: «Nzerra chella porta?»
GENNARO   Dopo! Lui entra, vede la mamma che sta morendo, la
sorella disonorata... deve creare tutta l'atmosfera! Quando cade affranto sulla sedia... sta scritto nel copione... allora dice:
«Nzerra chella porta». Tu devi dare lo spunto. Appena entra il
personaggio tu gli dài l'imbeccata; quando l'attore ha fatto la
sua scena, allora tu ribatti: «Nzerra chella porta».
ATTILIO   Va bene. (*Gennaro ritorna alla porta*). «Nzerra chella
porta». (*Gennaro va verso Florence, le carezza la testa; sempre trascinando i piedi va verso la sedia al centro e vi si lascia
cadere pesantemente*). «Nzerra chella porta».

GENNARO (*contemporaneamente ad Attilio*) «Nzerra chella porta!»

Viola va alle sedie, fa finta di chiudere la porta.

ATTILIO «Ndre'... tu nun me faie niente?»
VIOLA «Ndre'... tu nun me faie niente?»
ATTILIO «Nzerra chella porta».
GENNARO E l'ho detto!
ATTILIO E lo dovete dire un'altra volta.
GENNARO Perché, la deve chiudere due volte, la porta?
ATTILIO E io che ne so! Qua ci sta scritto due volte.
GENNARO Fammi vedere! (*Gli strappa il copione di mano e legge*) Ah! La prima volta lei non va a chiudere la porta. (*Ad Attilio*) Tu non leggi le didascalie... (*A Viola*) Tu la porta non la chiudi, perché hai paura di tuo fratello. Con la porta aperta hai sempre la possibilità di salvarti. Allora dici: «Ndre', tu nun me faie niente?» Io ti guardo... ho saputo del disonore... ma sei sempre mia sorella. (*A Florence*) Voi piangete e implorate pietà per vostra figlia... io mi commuovo... una lacrima furtiva... (*A Viola*) Ti guardo di nuovo... e un poco piú rassicurante, ripeto: «Nzerra chella porta!» (*Restituisce il copione ad Attilio, va alla porta*) Ahhh! (*Ripete velocissimamente tutta la scena muta, cade sulla sedia*) «Nzerra chella porta!»
VIOLA «Ndre', tu nun me faie niente?»
GENNARO «Nzerra chella porta!»

Viola esegue.

ATTILIO «E mo rispunne a me...»
GENNARO «E mo, rispunne a me...»
ATTILIO «Ma senza nascondermi niente».
GENNARO «Ma sempe... sta scopa...» Che hai detto?
ATTILIO (*scandendo le parole*) «Ma senza nascondermi niente!»
GENNARO Tu non sai suggerire. Il suggeritore d'arte non grida: suggerisce di petto. Io il lavoro lo conosco a memoria, ho bisogno solo dello spunto: si tu strille, io mi imbroglio. È brutto, è guitto! Finisce che il pubblico la commedia se la sente due volte: prima dal suggeritore, poi dagli attori. Un soffio: deve essere un soffio!
ATTILIO Come volete voi. (*Adesso suggerisce con un soffio di voce, incomprensibile*) «E mo rispunne a me...»

GENNARO   «E mo rispunne a me...»
ATTILIO   «Ma senza nascondermi niente...»
GENNARO   «Ma senza nascondermi niente...»
ATTILIO   «Hai capito?»

Gennaro tende l'orecchio, ma non afferra; Attilio ripete la battuta sottovoce; Gennaro, cercando di sentir meglio, accosta un
tantino la sedia ad Attilio, il quale, accostandosi anche lui,
sussurra ancora la battuta; ma Gennaro non afferra... Si avvicinano l'uno all'altro, sin quasi a toccarsi.

GENNARO (inviperito, urla)   Dove vuoi arrivare? Sott' 'a seggia?
Che hai detto?
ATTILIO (gridando)   «Hai capito?»
GENNARO   E parla forte!
ATTILIO   Voi avete detto il soffio...
GENNARO   Ma quando vedi che l'attore non ha capito, aumenta il
volume. (A Viola) «E mo rispunne a me, ma senza annascon-
dermi niente, hai capito?»
ATTILIO (indicando Viola)   «Tu nce facevi 'ammore co' Papele?»
VIOLA e GENNARO (insieme)   «Tu nce facevi 'ammore co' Papele?»
GENNARO (a Florence)   Lo volete dire pure voi? (Ad Attilio) Lo
vuoi dire pure tu? Vogliamo fare un coro? (A Viola) La battu-
ta è mia, perché hai attaccato tu?
VIOLA   E quello m'ha fatto segno...
GENNARO (ad Attilio)   Tu non devi indicare. (A Viola) E pure
se il suggeritore indica, tu non devi parlare... Devi riflettere,
devi capire che non può essere battuta tua... Io poi facevo 'am-
more co' Papele?
VIOLA   Io che ne saccio, Genna'! (E prende in mano la padella
con la salsa, e vi gira dentro il cucchiaio di legno).
GENNARO   Dunque... «Tu nce facevi 'ammore co' Papele?»
ATTILIO   «Sí».
VIOLA (girando la salsa)   «Sí».
ATTILIO   «E 'a quanto tiempo?»
GENNARO   «E 'a quanto tiempo?»
ATTILIO   «'A n'anno!»
VIOLA   «'A n'anno!» (E accompagna le parole con un largo gesto
della destra, nella quale stringe il cucchiaio pieno di salsa; que-
sta va a colpire in pieno il viso di Gennaro).
GENNARO (cerca di pulirsi come meglio può, ma è quasi accecato
dal liquido)   Ma è possibile che devi provare girando la sal-

sa... col cucchiaio in mano? Hai ragione che stai in quelle condizioni... se no te pigliasse a paccheri!

VIOLA   Sicuro! A paccheri...

ATTILIO   Andiamo avanti. Dunque: «Doppo 'a morte 'e patete?»

GENNARO   «Doppo 'a morte 'e patete?»

ATTILIO   «Doppo».

VIOLA   «Doppo».

ATTILIO   «E fuste tu, ca...»

GENNARO   «E fuste tu, ca...» (*Rimane in ascolto, aspettando il resto della battuta*).

ATTILIO   «No».

GENNARO   «E fuste tu ca... no».

ATTILIO   No, no, non dovete dire cosí!

GENNARO   «E fuste tu ca...» che?

ATTILIO   Ca... niente! «Fuste tu ca...», e basta. Non dovete dire
niente piú.

GENNARO   «E fuste tu ca...» e basta!... È asciuto pazzo l'autore.
Fammi vedere.

ATTILIO   (*porgendogli il copione*)   Guardate voi stesso: non ci
sta niente piú.

GENNARO   (*dopo aver brevemente esaminato il copione, facendo il
gesto di voler dare uno schiaffo a Attilio*)   Non ci sta niente,
eh?

ATTILIO   No!

GENNARO   Tu sei analfabeto! (*Gli mette sotto gli occhi il copione, indicandogli un punto*) E questi che sono?

ATTILIO   Che sono?

GENNARO   I sospensivi! Secondo te i sospensivi non si leggono?

ATTILIO   E che debbo dire? «Fuste tu ca... sospensivi?»

GENNARO   Si fanno sentire, si allunga... «Fuste tu ca...» C'è tutta
l'intenzione dentro: «Fosti tu che incoraggiasti questo amore,
fosti tu che lo facesti entrare in casa la prima volta...» Infatti
lei si ribella, perché è innocente e dice subito: «No!» (*A Viola*) Tu m'interrompi subito, se no io continuo a fare «Ca...»
Andiamo avanti.

ATTILIO   «E fuste tu ca...»

GENNARO   «E fuste tu ca...»

ATTILIO   «No».

VIOLA   «No».

ATTILIO   «No».

GENNARO   Lo ha detto. «E fuste tu ca...»

VIOLA   «No».

ATTILIO   «No».

GENNARO   Tu devi precedere l'attore, non seguirlo, se no che suggeritore sei?

ATTILIO   E io l'ho preceduta!

GENNARO   Non è vero! E fuste tu, ca...

VIOLA   No.

ATTILIO   «No».

GENNARO   Devi precedere!

ATTILIO   Ho preceduto.

GENNARO   Niente affatto, lo hai detto dopo di lei.

ATTILIO   E dopo di lei lo debbo dire!

GENNARO   Ma perché?

ATTILIO   Perché ce ne sta un altro, ci stanno due «No».

GENNARO   E dillo prima!

ATTILIO   E voi non mi date il tempo!

GENNARO   (a Viola)   Hai capito? Devi dire due no. «No, no!»
Ed è giusto, perché lei si sente innocente, e reagisce con due no.
E fuste tu, ca...

VIOLA   «No, no!»

ATTILIO   «No».

GENNARO   Ma tu fossi scemo? Li ha detto, i due no! «E fuste tu,
ca...»

VIOLA   «No, no!»

ATTILIO   «No».

GENNARO   (fuori di sé)   L'ha detto!

ATTILIO   E c'aggia fà? Lo deve dire un'altra volta, perché ne è
uscito un altro.

GENNARO   Un altro «no»?

ATTILIO   Eh! Ci stanno tre «no».

GENNARO   Fammi vedere. (Prende il copione, lo esamina, lancia
un'occhiata di disprezzo e pietà insieme a Attilio) Ecco, sempre perché leggi solamente il dialogo. Devi leggere pure a sinistra, i personaggi. Il secondo «no», non è suo, è mio! E poi,
bisogna badare alla punteggiatura: lei ci ha un primo «no»,
con un punto esclamativo. Al mio ci sta il punto interrogativo.
Al terzo «no» c'è punto. Dunque, io dico: «E fuste tu, ca...»,
allora lei, in uno slancio di sincerità dice: «No», punto esclamativo. Io sono ancora dubbioso e dico: «Nooooooo?», punto
interrogativo. Allora lei, a conferma del primo no, dice «No»,
col punto. Sono tre «no», tre intonazioni diverse. (Restituisce
il copione ad Attilio) «E fuste tu, ca...»

VIOLA (*sbaglia il no, dice il «no» di Gennaro*) Noooooo?

GENNARO Questo è il «no» mio. Tu devi dire «No», col punto esclamativo. (*Tentano ancora di dire i tre «No» in ordine, ma non ci riescono. Lo stesso Gennaro sbaglia due o tre volte. Rivolto ad Attilio*) Dammi qua. (*Attilio gli dà il copione ed una matita*). Si tagliano due no: resta solo il no suo. «E fuste tu, ca...», lei dice: «No», io ci credo subito, e andiamo avanti. (*Restituisce il copione, torna al suo posto*) Qua viene il racconto patetico di Rusella.

ATTILIO «Mammà era iuta addó 'o miedico»...

VIOLA «Mammà era iuta addó 'o miedico...»

GENNARO (*in disparte a Florence*) Voi, appena sentite «mammà», cominciate a piangere e la finite solo quando cala il sipario. (*Florence esegue*). Non esagerate, però: voi siete portata a esagerare. Un lamento da malata, appena appena...

Florence diminuisce il volume del pianto.

ATTILIO «Tu faticave 'a funderia»...

VIOLA «Tu, faticave 'a funderia...»

ATTILIO «Isso cu' na scusa trasette dint' 'o vascio... Io nun 'o vulevo fa' trasí... Fuie isso!»

VIOLA «Isso cu', na scusa trasette dint' 'o vascio... Io nun 'o vulevo fa' trasí... Fuie isso!»

ATTILIO «E mme facette mille prumesse, mille giuramente, a mme... na piccirella! E io nun 'o vulevo sèntere!»

VIOLA «E mme facette mille prumesse, mille giuramente, a mme... na piccirella! E io nun 'o vulevo sèntere!»

ATTILIO «Allora isso m'afferraie p' 'e capille...»

VIOLA «Allora isso m'afferraie p' 'e capille...» (*Accompagna le parole con un gesto descrittivo esagerato*).

GENNARO Ma che fai? Il tuo seduttore perché t'afferra per i capelli? Per possederti, non per stappare una bottiglia! (*E le mostra il gesto che deve fare*).

VIOLA «Allora isso m'afferraie p' 'e capille... Ndre', chillo mo se sposa a n'ata!»

Alberto entra, va a sedere a destra, ed ascolta la prova.

ATTILIO «No!»

GENNARO «No!»

ATTILIO «Sí... mo se sposa a n'ata!»

VIOLA   «Sí... mo se sposa a n'ata!»

ATTILIO   «No...»

GENNARO   «No...»

ATTILIO   «M'ha ditto 'a Serpentina!»

VIOLA   «M'ha ditto 'a Serpentina!»

ATTILIO   «No!»

GENNARO   «No!»

ATTILIO   «T' 'o giuro ncopp' 'a mamma!»

VIOLA   «T' 'o giuro ncopp' 'a mamma!»

GENNARO   «No! Pecché io...»

VIOLA e FLORENCE   «Pecché tu...»

GENNARO   «Pecché io l'aggio acciso!»

FLORENCE (*urla*)   «Ah! L'ha acciso!»

GENNARO   Voi state morendo, dove la pigliate la forza per grida-re in questo modo? La moribonda vorrebbe gridare, ma non ce la fa... Anzi, si sgonfia: «L'ha acci...», e non può continuare.

FLORENCE   «L'ha acci...»

ATTILIO   «Madonna santa!»

VIOLA (*a bassa voce, come se pregasse*)   «Madonna Santa!»

GENNARO   No, no, no! Il tuo invece deve essere un grido dispera-to. Tu in un momento realizzi tutta la tua sventura: t'hanno disonorata, tua madre sta morendo, l'innamorato tuo è morto, tuo fratello sta per andare in galera... (*Gridando*) «Madonna Santa!»

VIOLA   «Madonna Santa!»

A questo punto Attilio allunga il braccio, e batte con violenza il copione nel punto dove Gennaro gli ha indicato di fare arriva-re la lettera. Gli altri che hanno dimenticato la lettera, si spa-ventano del rumore improvviso.

GENNARO   Che è?

VIOLA   Ch'è stato?

FLORENCE   Aiuto!

GENNARO   L'hai ucciso?

ATTILIO   Che cosa?

GENNARO   'O sórice!

A questa parola le donne si spaventano e si ritraggono.

ATTILIO   No! È arrivata la lettera!

GENNARO (*riprende il proprio posto, e così anche Viola e Floren-*

ce) E tu hai fatto arrivare nu pacco postale! «Una lettera...
Chi sarà a quest'ora? Che brutto presentimento. Chi è, chi l'ha
portata sta lettera? (*Va alle sedie che fungono da porta, fa
finta di aprirla, sporge il capo*) Il vicolo è oscuro... si vede solo
n'ombra... N'ombra che corre... Mo arriva sotto 'o lampione...
Mo sí che lo vedo bene! È na guardia. (*Torna al centro della
scena, finge di aprire la lettera*) È l'amico mio, è 'o Brigadiere.
Caro Andrea, eccetera, eccetera. (*A Viola*) Mo resti sola, io
vaco carcerato... Mammete more! Ma l'onore trionfa... (*Viola
sviene e gli cade tra le braccia; Gennaro solleva il dito verso il
cielo*) La giustizia di Dio!»

SALVATORE (*entrando dal fondo, e vedendo i due abbracciati*)
Neh, carugnone! Embè, io t'avevo pregato! Lassa sta' a mia surella! (*Si scaglia contro Gennaro che agilmente si allontana,
mentre Attilio, Viola e Florence cercano di trattenere l'energu-
meno*).

VIOLA Salvato', Salvato'!

ATTILIO Don Salvatore, noi stavamo provando!

SALVATORE Ma che vuole provare, l'anema d' 'a mamma! (*Ad
Alberto*) E vuie permettete ca chillo se l'abbraccia, e nun dicite niente?

ALBERTO E a me che me ne preme?

SALVATORE (*inviperito*) Come? Voi avete detto ca v' 'a vulite
spusà!

ALBERTO A quella là? Io?

SALVATORE Chesta è mia surella.

ALBERTO C'è stato un equivoco. Io parlavo di un'altra ragazza.

SALVATORE Aggio capito tutte cose! (*Scaglia contro Gennaro il
suo bastoncino di bambú*) Tu chi sa che gli hai detto, e chillo
mo s'è cagnato. (*Ad Alberto*) E si' ommo tu? Primma dice na
cosa e poi t'annieie? (*Gennaro porge a Salvatore il bastone*).
Grazie!

ALBERTO Amico, io non nego niente. Io parlavo di un'altra,
non di vostra sorella.

SALVATORE No, caro mio, io nun so' scemo... Chillo che t'ha
fatto cagnà penziero è stato stu muorto 'e famma! (*Lancia di
nuovo il bastone contro Gennaro*) E isso me l'ha adda pavà.
T'aggia spaccà 'a capa!

Tutti cercano di trattenerlo.

GENNARO   Aiutatemi! (*Salvatore riesce a liberarsi e si slancia contro Gennaro*). Tenetelo, tenetelo! (*Esce di corsa per la prima a
destra*).

SALVATORE   Nun fui', carugnone! (*Esce dietro Gennaro, seguito
a sua volta da Florence, Attilio e Alberto*).

VIOLA (*quasi svenuta, si abbatte su una sedia*)   Pe' carità, pe'
carità, fermatevi! (*Dalla prima quinta a destra si sentono grida, rumori di sedie e mobili che cadono, e finalmente un rumore fortissimo, seguito da un grido straziante di Gennaro*). Aiutateme... aiutateme!

FLORENCE (*esce dalla prima a destra, raggiunge Viola*)   Mamma
mia! Povero don Gennaro! Currenno, nun ha visto 'a furnacella, ha inciampato, e ll' è caduta tutta l'acqua bullente ncoppa
ai piedi!

NINETTA (*entra dal fondo*)   Che è successo? (*Esce prima a destra, e ne ritorna quasi subito, spingendo, assieme ad Attilio,
Salvatore verso la porta di fondo*).

GENNARO (*entra da destra, sostenuto da Alberto, e da Attilio, che
è tornato indietro, appena messo alla porta Salvatore*)   'O fuoco, 'o fuoco!

NINETTA   Purtatelo 'a farmacia!

GENNARO   Nun ne pozzo cchiú... 'O fuoco, 'o fuoco!

Alberto, assieme ad Attilio, va a prendere un sifone di selz,
torna accanto a Gennaro e gli spruzza l'acqua sui piedi; lo stesso fa Attilio con un altro sifone.

ALBERTO   Don Gennaro, rinfrescatevi!

GENNARO   'O fuoco, 'o fuoco!

ALBERTO e ATTILIO   Rinfrescatevi, rinfrescatevi!

Salotto elegantissimo in casa Tolentano. In fondo vetrata per la quale si accede in giardino. Molte piante e fiori. Tre porte laterali: la prima a sinistra dà in altre camere, la seconda a sinistra dà nella sala da pranzo; a destra, la comune, in seconda. A destra, in prima, un tavolo da gioco coperto da un tappeto di castoro verde, e sopra una cassettina di mogano per conservare le carte da gioco; una ceneriera e altri oggetti. A sinistra, altro tavolo, con sopra un cestino da lavoro. In fondo a sinistra un divano con cuscini. In fondo a destra un mobile da salotto. Qualche arazzo orientale alle pareti. Sedie e poltrone. Nel giardino, servizio di vimini.

BICE (*in piedi in mezzo alla scena, si sforza di insegnare a Carlo alcuni passi di un fox-trott in voga, ma il marito esegue malamente*) No, no: è inutile. Con te non se ne ricava niente, sei proprio negato.

CARLO (*un tipo aristocratico sui cinquant'anni*) Finalmente l'hai capito. Io non ho mai avuto attitudine per il ballo.

MATILDE (*seduta al tavolo di sinistra, intenta a ricamare*) Ma lascialo stare! Perché piace a te, vorresti che tutti ballassero.

CARLO (*va a sedere a destra, Bice a sinistra*) E poi, sono sforzi inutili. Ammesso che io imparassi, cosa impossibile, tra qualche mese tu dovrai rinunziare al ballo.

BICE E perché?

CARLO Il nostro erede non te lo permetterà.

MATILDE Perché, non può essere *una* erede?

CARLO No, no. Non esercito la professione, ma ricordo bene di avere una laurea in medicina. Sarà un maschio.

ASSUNTA (*entra dalla comune*) Permesso... Signore, fuori ci sta un uomo... dice che voi gli avete dato l'indirizzo p' 'o fa' vení qua. Ma se lo vedete, fa una pena...

CARLO Ho capito, fallo entrare. (*Assunta si inchina ed esce*). È

un povero disgraziato. Gli è caduta dell'acqua bollente sui piedi. Tornando a casa l'ho visto che si lamentava, cosí gli ho dato
l'indirizzo e gli ho detto di venire, che gli avrei fatto io stesso
una medicatura.

MATILDE   Ma sí, quando si può fare del bene...

GENNARO (*di dentro*)   Sant'Antuono, protettore del fuoco... (*Entra sorretto da Assunta*) Nenne', tu mi devi reggere... E non
devi correre...

ASSUNTA   Sto camminando cosí piano! (*Lo guida verso una sedia
di destra*).

GENNARO   E non spingere... 'O ffuoco... mamma mia bella! (*Ha i
piedi avvolti in due fazzoletti colorati, ha in mano una vento-
la da cucina. Vede Carlo e si inchina*) Buongiorno, signuri'.
Ah!

CARLO   Buongiorno.

GENNARO (*siede a destra aiutato da Assunta*)   Voi mi dovete perdonare, se mi lamento... Lo so, sono noioso, do fastidio... ma io
mi devo lamentare: ho diritto al lamento. E che s'è trattato di
niente? Una caldaia d'acqua bollente sopra ai piedi! 'O ffuoco,
'o ffuoco! (*E si sventola i piedi col ventaglio*).

CARLO   Ma come vi è successa la disgrazia?

GENNARO   Caro signore, come tutte le disgrazie... Quelle pare
che mandano il telegramma! Da un momento all'altro... Ma io
dovevo capire che la giornata era storta, perché l'avviso l'ho
avuto, quando si è squagliata la sugna in tasca.

CARLO   Perché, voi portate la sugna in tasca?

GENNARO (*seccato*)   Non abitualmente. Sono andato a fare la spesa, e distrattamente... guardate qua! (*Mostra la giacca*).

ASSUNTA   Che peccato! Signora, se permette, gliela pulisco io.

GENNARO   Quanto sei buona! Co' che lo fai?

ASSUNTA   Con la benzina.

GENNARO   Nun se leva!

ASSUNTA   Comme, non si leva?

MATILDE   Con la benzina va via tutto.

GENNARO (*togliendosi la giacca con movimenti delicati*)   Che brava ragazza! Il Signore ti deve benedire!

ASSUNTA   Grazie!

GENNARO   Sei sposata?

ASSUNTA   No.

GENNARO   E ti sposi subito. Troverai un bel giovane alto... (*le
consegna la giacca*) e bello...

ASSUNTA (*allontanandosi con la giacca*)   Grazie!

GENNARO   Già che ti trovi, dài una guardata al bavero... e pure
ai gomiti...

ASSUNTA (*uscendo*)   Va bene, non dubitate.

GENNARO (*a Carlo*)   Noi siamo artisti, signore. Per quel poco che
si guadagna, non possiamo andare in trattoria. Ma siamo attrez-
zati. Io tengo na buatta, quelle scatole di latta che servono per
la conserva. Me le dà un salumiere a Napoli, tanto buono, sta
sopra a Magnocavallo. Facciamo la fornacella, e portiamo tutto
con noi: piatti, bicchieri... Avevamo messo una caldaia d'acqua
per fare i bucatini. Acqua abbondante, se no vengono limaccio-
si... L'acqua bolliva... A un certo punto ho dovuto correre.
Adesso è troppo lungo a raccontarvi la storia, a voi poi che ve
ne importa... Arriva un momento nella vita che l'uomo deve
correre. Legge comune, arriva per tutti quanti. Stamattina è
stato il turno mio. Durante la corsa, non ho visto la fornacella... Sant'Antuono... Hanno cercato di aiutarmi... tutti rimedi
da donnette... Il signore, tanto buono, mi ha trovato sul portone dell'albergo che mi lamentavo. S'è fatto largo tra la folla.
«Io sono medico». M'ha data la carta da visita, ha detto: «Venite a casa mia, vi faccio io una medicatura». Lui, spontaneamente. Non è che io ho chiamato il medico...

CARLO   Certo, mi sono offerto io, spontaneamente. State tranquillo, non pagherete niente. È questo che volevate sapere?

GENNARO   No, è questo che vi volevo far sapere!

CARLO   Venite, venite! Ho di là una piccola farmacia che non
manca di nulla. Andiamo.

GENNARO   A piedi?

CARLO   Sono due passi: la camera accanto!

GENNARO   Per voi è facile, avete i piedi crudi... Ma io... Sant'Antuono!

CARLO   Su coraggio, vi aiuterò io.

GENNARO   No, perché io posso disporre solo di una punta e un
tallone.

CARLO   Vi do una mano. (*Sorregge il braccio destro di Gennaro*).

GENNARO (*punta la mano sinistra sul tavolino accanto a lui e fa per
sollevarsi, appoggiandosi su una punta e un tallone*)   Uno,
due e... tre! (*Si solleva, ma subito ricade indietro col viso contratto in una smorfia di dolore*) Sant'Antuono!

CARLO   Che c'è?

GENNARO   Ho sbagliato: era l'altra punta e l'altro tallone! San-
t'Antuono!

CARLO   Mi dispiace! Proviamo un'altra volta. State attento a non sbagliarvi!

GENNARO   E no, adesso è impossibile: un'altra punta e un altro tallone m'è rimasto. Uno, due e... tre! (*Si solleva in piedi, sorretto da Carlo, ondeggia sulla punta e sul tallone*) Non mi lasciate, per carità!

CARLO   State tranquillo.

GENNARO   Tutt'è prendere l'avvio. Dove dobbiamo andare?

CARLO   (*indica a sinistra*)   Da qua.

GENNARO   (*fa un goffo mezzo giro, e si avvia verso sinistra, saltellando su una punta e su un tallone*)   Oh, hop! Oh, hop! Oh, hop! È andata, è andata... (*Esce con Carlo da sinistra*).

MATILDE   Pover'uomo, fa proprio pena!

BICE   (*scoppia a ridere*)   Che tipo!

MATILDE   Sta in quello stato, e tu ridi!

Bice va in giardino, ridendo.

ASSUNTA   (*entra dalla comune*)   Permesso? In anticamera c'è un signore che vuole parlare con voi.

MATILDE   E chi è?

ASSUNTA   Mi ha dato la carta da visita. (*Porge la carta, poggiata su un piccolo vassoio d'argento, a Matilde*).

MATILDE   (*legge il biglietto*)   E chi è, io non lo conosco. Ma vuole parlare proprio con me?

ASSUNTA   Sí, anzi ha detto: «Di' alla signora che mi deve ricevere assolutamente, perché devo parlarle di cose urgenti che riguardano sua figlia Bice».

MATILDE   (*preoccupata*)   Mia figlia? E che sarà? Fallo entrare.

Assunta esce a destra. Matilde guarda verso la comune impaziente. Pausa.

ASSUNTA   (*da destra*)   Accomodatevi. Ecco la signora.

Alberto entra, Assunta esce.

ALBERTO   (*solennemente*)   La signora Matilde Bozzi? Mi trovo proprio alla sua presenza?

MATILDE   Senza dubbio.

ALBERTO   Ne ero sicuro. Fortunatissimo. Signora, mi perdonerete se vengo a disturbarvi, ma il movente è grave, è urgente...

MATILDE   Voi mi spaventate... Accomodatevi, prego.

ALBERTO (*siede*)   Grazie. Signora, capisco che quello che vengo a rivelarvi è grave, ma io vi prego di affrontare il colpo con forza d'animo.

MATILDE   Insomma, di che si tratta? La cameriera mi ha detto che mi dovete parlare di mia figlia... E allora parlate, ve ne prego.

ALBERTO   Signora, io vi dirò tutto, ma promettetemi d'essere calma.

MATILDE   Ma sí, ve lo prometto.

ALBERTO   Mi raccomando, signora... Il cuore è forte?

MATILDE   Sí... ma perché?

ALBERTO   Vengo ad annunziarvi che per merito di vostra figlia Bice, tra non molto voi proverete la suprema gioia di essere chiamata nonna!

MATILDE   Lo so.

ALBERTO   Nonna!

MATILDE   Lo so.

ALBERTO   Lo sapete?

MATILDE   Sí.

ALBERTO   E sapete tutto?

MATILDE   Ma... tutto, che?

ALBERTO   Signora, voi non sapete il nome del padre della creatura che dovrà nascere.

MATILDE   Ma voi che dite? Lo so chi è il padre.

ALBERTO   Sapete chi è il padre?

MATILDE   E mi pare!

ALBERTO   Allora mi conoscete?

MATILDE   Come sarebbe a dire?

ALBERTO   Signora, sono io il padre del vostro futuro nipote. Vostra figlia è la mia amante da tre mesi. Io sono un galantuomo e non mancherò al mio dovere. Ho l'onore di chiedervi la mano di vostra figlia Bice.

MATILDE   Signore, mia figlia è sposata!

ALBERTO   Sposata! (*Ride*) Ma forse voi non sapete niente. Scrivete a vostra sorella Margherita in Calabria.

MATILDE   Vedete che c'è uno sbaglio? Io in Calabria non ho parenti.

ALBERTO   Allora a zia Marianna...

MATILDE   Ma quale zia Marianna...?

ALBERTO   A zia Maria...

MATILDE   Io non ho sorelle.

ALBERTO   Ricordatevi bene.

MATILDE   Come, non mi ricordo la mia famiglia?

ALBERTO   Signora, io vi posso garantire...

MATILDE (*interrompendolo*)   Basta signore, uscite!

ALBERTO   Ma io...

MATILDE   Uscite...

Alberto si avvia verso la porta. Dal fondo entra Bice con un fascio di rose fresche.

BICE (*va verso la madre, senza vedere Alberto*)   Mamma, queste rose le ho colte per te!

ALBERTO (*vede la ragazza, è tutto contento*)   Non mi ero ingannato! È Bice!

Bice, nel vedere Alberto, rimane di sasso.

MATILDE   Come?

ALBERTO   Bice, Bice, perdonami! Sí, è vero, tu mi avevi proibito di presentarmi qua, ma io mi sono informato e sono venuto. (*Carlo entra dalla prima a sinistra, si nasconde e rimane in ascolto*). L'ho detto a tua madre, che da tre mesi sono il tuo amante, che ci vogliamo bene e ti voglio sposare. Lei mi ha detto che sei sposata, ma non è vero, non può essere vero... Perché mi avresti detto una bugia? Dimmi che non è vero, dimmi che mi vuoi bene quanto io te ne voglio!

CARLO (*scagliandosi contro Alberto*)   Ah, miserabile!

MATILDE (*trattenendolo*)   Per carità!

Alberto è rimasto intontito: la verità è stata un vero colpo per lui.

CARLO (*a Bice*)   Conosci quell'uomo? È vero quanto ha detto? (*Pausa, durante la quale Bice si torce le mani disperata*). Sí, o no? Vuoi parlare?

MATILDE (*supplichevole*)   Don Carlo...

CARLO (*a Matilde*)   Vi prego... (*A Bice*) E cosí, non rispondi? Allora è vero? Se taci, confessi... Ma parla, per Dio!

BICE   Io non lo conosco... Non l'ho mai visto... Te lo giuro!

CARLO (*ad Alberto*)   Allora, signore, mi spiegherete il motivo di questa vostra visita... Ho il diritto di domandarvi spiegazioni!

ALBERTO (*improvvisamente calmo*)   Ma io non ho nessuna colpa se il moto perpetuo non è un fatto compiuto...

Tutti lo guardano meravigliati.

CARLO   Come...?

ALBERTO   ... e poi, abbiate compassione di questo povero perseguitato dalla sorte! Figuratevi che l'alfabeto, d'accordo con i quattro punti cardinali, mi ha rubato il progetto di una mia invenzione... Il parafulmine ad aria compressa... Sarebbe stata la mia ricchezza! Voi non mi volete accordare la mano di vostra moglie? È giusto, lei deve fare il suo dovere di padre onesto... Ma io mi rivolgo alla sorella di Carnevale (*si rivolge a Matilde*) per ricevere l'onore di porgerle i saluti di Muzio Scevola, direttore generale della Rinascente, nonché segretario e amministratore di Giuseppe Garibaldi, discendente diretto del Duomo di Milano! (*Fa qualche passo di danza, accompagnandosi con un motivo canterellato sotto voce*) La llà ra llà là...

CARLO   Ma è pazzo!

BICE   È pazzo!

MATILDE   È pazzo!

CARLO   È pazzo, non c'è dubbio!

ALBERTO (*rinfrancato, canta piú forte e saltella per la stanza*)   La llà ra llà la... La llà ra llà là...

MATILDE   Meno male, che sollievo!

CARLO   Povera Bice, ti ho maltrattata ingiustamente, ti chiedo scusa...

ALBERTO (*girandosi all'improvviso verso Carlo*)   Ma sí, non mi inganno, è lui! Vi riconosco perfettamente... (*Si avvicina, si inginocchia, gli bacia la mano*) Voi, la domenica mattina, dite la messa nella parrocchia di San Gaetano! (*Si rialza, si rivolge a Matilde*) Signora, dite la verità: sono brutto, io?

MATILDE (*impaurita*)   No...

ALBERTO   No? Come no! Puoi negare che sei stata la mia amante per tre mesi? (*Dietro le spalle di Carlo, si rivolge a Bice*) Per tre mesi, sei stata la mia amante, per tre mesi! (*Appena Carlo si gira, ricomincia a ballare*) La llà ra llà...

BICE   Ecco, cosí ha fatto pure con me... Non si è sicuri neanche in casa propria!

CARLO   Voialtre donne andatevene in camera da pranzo. Resterò io per sorvegliarlo. Telefonate in Questura.

BICE   Ho paura per te...

CARLO   Non temere, amore, sarò prudente.

Bice esce.

MATILDE   Statevi attento. Io telefono subito in Questura. (*Esce dietro Bice, da sinistra*).

ALBERTO (*a Carlo*)   Prego, accomodatevi.

CARLO   Se me ne date il permesso...

ALBERTO   Ma vi pare, senza cerimonie. (*Carlo siede*). Quanto sei bella! Sembri una stella... Che bei capelli... (*Carezza la testa di Carlo*) Che seno...

CARLO   Calma, calma...

ALBERTO   Tu sei stata la mia amante per tre mesi. Lo puoi negare?

CARLO   Ma io non lo nego affatto.

ALBERTO   Io ti sposerò... Vivremo dei giorni felici. Al nostro matrimonio inviteremo gatti, cani, conigli, porci, caproni... tutti degni di te... La llà ra llà la...

CARLO   Sicuro, sicuro!

GENNARO (*entra da sinistra, con i piedi fasciati vistosamente*)   Voi siete un grande medico...

CARLO   Come vi sentite? (*Lo aiuta a sedersi al tavolo di sinistra*).

Alberto, vedendo Gennaro, rimane turbato, si ritrae in un angolo per decidere cosa è meglio fare; Carlo intanto siede anche lui al tavolo dove è seduto Gennaro.

GENNARO   Meglio, meglio. Io vi devo fare una reclame straordinaria... Adesso posso appoggiare i piedi a terra.

CARLO   Mi raccomando di non togliere la fasciatura prima che siano trascorsi quindici giorni.

GENNARO   No, e chi la tocca? (*Rabbrividisce*) Se potessi avere la giacca... comincio a sentire un poco di freddo... Vedrete che mi scoppia la febbre.

CARLO   Ma no! Adesso vi faccio portare la giacca, e il freddo vi passerà. (*Senza alzare la voce*) Assunta!

GENNARO (*lo guarda meravigliato, guarda sotto il tavolo*)   Ma questa Assunta dove sta, sotto al tavolo?

CARLO   Ma no. In guardaroba, dopo il corridoio, c'è una porta, e oltre quella c'è Assunta.

GENNARO   E allora chiamatela...

CARLO   L'ho chiamata: Assunta! (*Ha parlato a voce assai bassa*).

GENNARO (*urlando*)   Assunta!

La ragazza entra da destra, portando in mano la giacca. Durante questo tempo Alberto avrà cercato di attirare l'attenzione di Gennaro, senza riuscirvi.

CARLO   Eccola qua.

GENNARO   Perché ha sentito a me! Brava, figlia mia! È venuta bene?

ASSUNTA (*imbarazzata*)   Signo'... S'è bruciata!

GENNARO   Hai bruciato 'a giacca? (*Le strappa la giacca di mano, ne guarda la grossa macchia marrone sulla tasca*) Guarda, guà!

ASSUNTA   Non è stata colpa mia... è stata una disgrazia!

GENNARO   La disgraziata sei tu...

ASSUNTA   Hanno bussato alla porta...

GENNARO   E certo, la giacca non era la tua, non era del tuo padrone...

ASSUNTA   Sentite, io vi volevo aiutare, se poi è successa una disgrazia... io che ci posso fare? (*Si avvia verso la porta*).

GENNARO (*fa un gesto come per indicare una persona di bassa statura*)   Eccolo qua, lo vedi?

ASSUNTA (*si volta*)   Chi è?

GENNARO   Il marito tuo. Un nano ti devi sposare. Un nano, cu na capa tanta...

Assunta esce da destra, seconda.

ALBERTO (*si avvicina a Gennaro*)   Che state dicendo? Che state dicendo?

GENNARO   Oh, caro don Alberto, pure voi qua? Vuie avete visto? 'A cammerera m'ha bruciata 'a giacca. (*Se la mette*).

ALBERTO   Voi restate a pranzo con me.

CARLO (*a Gennaro, sottovoce*)   Dite di sí, dite di sí.

GENNARO (*lo guarda stupito*)   E che, dicevo di no? A che ora?

ALBERTO   Verso le quarantatre, quarantaquattro.

GENNARO (*stupito, ma di fronte al miraggio di un pranzo gratis non si arrende*)   Non potremmo fare una mezzoretta prima?

ALBERTO   Domani ci compriamo il monumento di Carlo Poerio e ce lo facciamo fritto co' la mozzarella.

GENNARO   E quello viene saporito, pieno di formaggio! (*Alberto

fa con il fazzoletto un paio di corna, e lo mette in testa a Carlo).
Uh, signor Conte! V'ha messo le corna!

CARLO *(a Gennaro)*   Secondatelo, è pazzo!

Alberto danza per la stanza.

GENNARO   Ma che pazzo: io 'o conosco!

ALBERTO *(si precipita verso Gennaro)*   Signore, voi siete stata
la mia amante per tre mesi...

GENNARO   Amico, io tengo 'o calzone! *(Alberto riprende a ballare e canterellare, Gennaro lo osserva scuotendo la testa)* Povero giovane... è pazzo... Sai che dispiacere la famiglia... La madre...

CARLO   Povera donna!

Alberto, pieno di sollievo perché Gennaro non è riuscito a sma-
scherarlo, va a sedere a destra.

GENNARO   E sai chi anche ne avrà molto dispiacere? Una sua
amante, una certa Bice.

ALBERTO *(scattando in piedi, avanzando verso Gennaro)*   Stai zitto, stai zitto, stai zitto!

GENNARO   Stai zitto tu! Ohhh! *(A Carlo)* Ai pazzi bisogna dargli
in testa se no se ne approfittano.

CARLO   E voi come sapete di questa Bice?

GENNARO   Me l'ha detto lui. Dice che questa Bice...

ALBERTO   Zitto! Zitto!

GENNARO   Zitto tu! Questa Bice non gli ha mai voluto dire né il
cognome, né dove stava di casa, ma don Alberto stamattina
l'ha fatta seguire da un compagno mio, il quale ha appurato
dove questa Bice stava di casa e gliel'ha detto. Forse per questo
è uscito pazzo, per la troppa gioia.

CARLO   Sicché stamattina stava bene, non dava segni di pazzia?

GENNARO   Niente affatto, ragionava meglio di me e meglio di voi!

CARLO *(guarda Alberto con intenzione)*   Ho capito... ho capito...
(Si toglie il fazzoletto dalla testa).

ALBERTO *(si avvicina a Gennaro)*   Signore, mi hanno rubato il
progetto di una mia invenzione, aiutatemi a rintracciare i ladri... *(Lo prende e lo fa correre per la stanza).*

Carlo va verso la camera da pranzo, cerca di vedere se il Delegato sta arrivando.

GENNARO I piedi, i piedi! Aiuto! Sant'Antuono, protettore d' 'o
ffuoco! Signor Conte, signor Conte!

CARLO Basta! (*A Gennaro*) Riposatevi un poco. (*Gennaro siede*). Il signor Alberto De Stefano si calmerà tra poco, quando
arriverà il Delegato, con le guardie, per trasportarlo in manicomio. Perché voglio che sia trasportato in manicomio...

GENNARO È meglio, questo è un pazzo pericoloso! (*Si sventola i
piedi con il ventaglio*).

ASSUNTA (*da destra, seconda, introducendo Lampetti e Di Gennaro e un agente*) Accomodatevi. (*Esce*).

Lampetti entra, si guarda in giro: vede Gennaro che si allontana da lui, sventolandosi i piedi col ventaglio, lo segue per qualche passo; poi si volta a guardare il Conte che fa movimenti
esagerati per indicargli Alberto e fargli capire che quello è il
pazzo; poi guarda Alberto che cammina avanti e dietro, a destra, con una mano nella giacca, come Napoleone.

LAMPETTI Neh, ma chi è 'o pazzo 'e chisti tre?

CARLO Eccolo là. (*Indica Alberto*).

LAMPETTI È un vostro parente?

CARLO No.

LAMPETTI Perché lo ricevete in casa vostra?

CARLO Non lo ricevo, si è intromesso da sé.

LAMPETTI Come sapete che è pazzo?

CARLO Non ragiona.

LAMPETTI Questa non sarebbe una prova evidente. Noi continuamente ci troviamo di fronte a gente che non ragiona, e pure
non sono pazzi.

CARLO Dice delle cose inconcludenti.

GENNARO (*scoppia in una gran risata*) Ah, ah, ah!

LAMPETTI Chi è, chi ha riso?

GENNARO Io!

LAMPETTI Perché? Perché ridete?

GENNARO Mi è piaciuta l'ironia...

LAMPETTI L'ironia...?

GENNARO La satira...

LAMPETTI La satira?

GENNARO L'allusione...

LAMPETTI (*minaccioso*) L'allusione...?

GENNARO Io na risata m'aggio fatta!

LAMPETTI (*a Carlo*) Dunque?

CARLO   Dice delle cose inconcludenti...

LAMPETTI   Va bene, lasciate fare a me. (*Si volta verso Alberto, che gli sorride invitante, accennando a qualche passo di danza*) Dunque, signore, perché non usciamo di qua? Vi accompagnerò io stesso a casa vostra. In me troverete un amico, un fratello.

ALBERTO   Grazie, signore... Compatitemi! Io sono molto piú disgraziato di voi...

LAMPETTI   Grazie tante!

ALBERTO   Figuratevi che l'alfabeto, d'accordo con i quattro punti cardinali, mi hanno rubato il progetto di una mia invenzione...

LAMPETTI   Lo ritroverò io, e vi prometto di darvi le piú ampie soddisfazioni. Ma per ora seguitemi.

ALBERTO   Sí, vi seguirò, voi siete molto buono... Ma prima vorrei dirvi due parole da solo a solo... Mandate via questi monaci, che non possono sentire le mie poesie. (*Indica Gennaro con gesto melodrammatico*) Quella monaca... cacciatela via!

LAMPETTI   Io vi accontento, ma poi mi seguirete?

ALBERTO   Sí, vi seguirò!

LAMPETTI (*a Carlo*)   Lasciatemi solo con il signore!

CARLO   Ma...

LAMPETTI   È meglio secondarlo. Andate.

CARLO   State attento!

LAMPETTI   Non vi preoccupate, ci sono pure le guardie.

Carlo va verso sinistra.

GENNARO (*attraversando la scena verso sinistra*)   Anche io me ne vado... Debbo andare in convento... (*Ha raggiunto Carlo*) Signor Conte, vi ringrazio di tutto quanto... Qualunque cosa...

CARLO   Niente, niente, per carità. Arrivederci. (*Esce prima a sinistra*).

ALBERTO (*a Gennaro che si avvia verso destra per raggiungere la comune*)   No, voi potete restare.

GENNARO   No... Io devo andare al convento. Oggi dobbiamo fare i dolci...

ALBERTO   Don Gennaro, restate: ho bisogno di voi.

GENNARO (*rassegnato*)   E va bene. (*Va a sedere a destra*) Restano anche le altre suore? (*Indica gli agenti*) La Madre Superiora... (*Indica Lampetti*).

ALBERTO   Grazie. (*Fa per avvicinarsi a Lampetti, che si ritira a sinistra, precipitosamente*).

LAMPETTI   Neh, neh: non vi avvicinate, se no vi faccio attaccare sa'!

ALBERTO   Ma io non sono pazzo. Ho fatto rimanere don Gennaro per fargli fare da testimone. (*Si avvicina a Gennaro, lo
guarda con rimprovero*) Quella tale Bice, è la moglie del
Conte.

GENNARO (*per secondarlo*)   Guarda un po'...

ALBERTO   Voi mi avete rovinato! Avete raccontato tutto al Conte...

GENNARO (*interessato*)   Perché, quando io parlavo col Conte, voi
avete capito quello che dicevo?

ALBERTO   Tutto!

GENNARO   E che dicevo?

ALBERTO   Che questa Bice era la mia amante, che si avvolgeva di
mistero... che l'ho fatta seguire...

GENNARO   Allora non siete pazzo?

ALBERTO   Certo che no!

GENNARO   Ah, che gioia. Infatti io volevo dire: ma come, don
Alberto impazziva da un momento all'altro? Sicché, quella tale
Bice, quella donna che vi faceva soffrire, tutto il romanzo che
mi raccontaste quando arrivai qua... quella Bice è la moglie del
Conte?

ALBERTO   E già.

GENNARO (*come colpito da una folgore*)   Ahhhhh! Allora vi ho
inguaiato!

ALBERTO   Completamente.

GENNARO   E mi potevate fare un segno!

ALBERTO (*esasperato*)   Ma ve ne ho fatto diecimila, di segni!

GENNARO   Segni sbagliati, esagerati... Che mi facevano convincere ancora di piú che eravate pazzo... Ma adesso tutto si aggiusterà. Parlate con il delegato. Voi dovete uscire da questa situazione.

ALBERTO (*si avvicina a Lampetti, il quale si scosta, sempre guardingo*)   Accomodatevi. (*Seggono entrambi, al centro della scena*).
Io mi sono dovuto fingere pazzo, per salvare l'onore della signora Tolentano.

LAMPETTI (*fingendosi convinto*)   Avete fatto bene.

ALBERTO   Per tre mesi sono stato il suo amante, però non sapevo
chi era. Saputo l'indirizzo, mi sono presentato a sua madre,
dicendo: «Io sono un galantuomo e voglio sposare vostra figlia
Bice».

GENNARO (*divertito*)   Si voleva sposare la moglie del Conte!

ALBERTO   Il Conte, il marito, ha sentito tutto, e voleva soddisfazione da me. Fortunatamente ho avuto un lampo di genio e mi
sono messo a dire cose strampalate e mi sono fatto credere pazzo. Questa è la verità.

LAMPETTI   Eh, eh!

L'esclamazione non riesce a dissimulare il fatto che egli non ha
creduto una parola di quanto ha detto Alberto.

ALBERTO   È la verità! Don Gennaro, parlate voi.

GENNARO   Ah, le donne, le donne... (*Agli agenti*) Guardate se viene il Conte. Non vorrei dargli un dispiacere... È stato cosí generoso con me... (*In tono intimo*) Io tengo una buatta... una di
quelle scatole di latta per la conserva. Me le dà un salumiere a
Napoli, sopra a Magnocavallo.

ALBERTO   Don Gennaro, voi dovete parlare di me, non di voi.

GENNARO   E di voi sto parlando. Voglio fare sapere al Signor Delegato chi sono e come mi trovo qua. Io vado alle origini... (*A
Lampetti*) Noi siamo artisti, per quel poco che si guadagna,
non possiamo andare al ristorante... Avevamo messo una caldaia per fare i bucatini, e l'acqua bolliva. A un certo punto ho
dovuto correre... L'ho detto pure al Conte che è troppo lungo
a raccontare tutto il fatto... Insomma, a Bagnoli c'è stata la
corsa...

LAMPETTI   (*interessato*)   E chi ha vinto, chi ha vinto?

GENNARO   Nessuno... Non era una competizione sportiva. È stata
una corsa privata. Correvo io. Lo scemo...

ALBERTO   (*interrompendolo*)   Sí, perché lo scemo, che poi è il
fratello di una donna che sta con lui (*indica Gennaro*) e che è
incinta... quando ha parlato con me, avendo io creduto che la
sorella fosse la moglie del Conte, che pure è incinta...

GENNARO (*interrompendo*)   Già, perché questa è una storia dannata... e si ingarbuglia sempre di piú, perché ci sono due figli, due
madri e tre padri... Durante la corsa, non ho visto la fornacella... e tutta l'acqua bollente m'è caduta sui piedi. E pensare che
mi ero messo le pantofole per stare piú comodo... La disgrazia
ha voluto che fosse il giorno che toccavano a me, perché ne
abbiamo un solo paio, in compagnia, e facciamo a turno...

ALBERTO   (*impaziente*)   Don Gennaro!

GENNARO   Un momento. Il Conte mi ha trovato sul portone del-
l'albergo, si è fatto largo tra la folla, e mi ha dato la sua carta da
visita. Ecco perché mi trovo qua e posso testimoniare. Il signo-

re (*indica Alberto*) non è pazzo. È stato costretto a fingersi pazzo per salvare l'onore della signora Tolentano.

LAMPETTI   Sicché l'amante vostra è proprio la moglie del Conte?

ALBERTO   Esattamente.

LAMPETTI   Ho capito, ho capito tutto... Allora voi vi siete trovato in una brutta posizione...

ALBERTO   Lasciatemi stare...! Sentite, adesso facciamo cosí: io continuo a fingermi pazzo, anche per dare soddisfazione al Conte, povero disgraziato... Davanti a lui, voi fingete di arrestarmi, poi, quando arriviamo in strada, ognuno se ne va per i fatti suoi: io per i miei, voi per i vostri, e don Gennaro per i suoi.

GENNARO   Io pure avvaloro, dico: «Io lo conosco, è scappato da una clinica... la famiglia è disperata... Oh, povero giovane, oh povero giovane...»

ALBERTO (*a Lampetti*)   Si può fare questo?

LAMPETTI   Certamente.

ALBERTO (*si avvicina a Gennaro, mentre Lampetti raggiunge gli agenti e impartisce loro ordini sottovoce*)   Meno male che ho trovato la perla dei funzionari.

GENNARO   Siete stato fortunato.

LAMPETTI (*mentre gli agenti si avvicinano ad Alberto e lo afferrano per le braccia*)   Portatelo via.

ALBERTO   Ma adesso è inutile fingere: noi sappiamo la verità. Se ne parla quando viene il Conte.

LAMPETTI (*con gentilezza esagerata*)   Va bene, va bene, ma per ora seguitemi.

ALBERTO   Ma allora non avete creduto a quello che vi ho detto? Don Gennaro, parlate voi, diteglielo!

GENNARO   Io tengo una buatta... per quel poco che si guadagna... perciò sto qua e posso testimoniare... Non l'arrestate, commettereste un errore: il signore non è pazzo.

LAMPETTI   Ma sí, io condivido la vostra idea, non l'arresto. Lo porterò in una bella casa, dove ci sono tanti buoni amici suoi... Ci sta pure un bel giardino, starete bene, vedrete.

ALBERTO   Ma voi parlate del manicomio! Insomma, finiamola! Io non sono pazzo. Non mi fate perdere la bussola. Basta!

GENNARO   E ha ragione, scusate. Voi non volete credere manco a me! E che sangue d' 'a marina!

LAMPETTI   Guè, e che d' è? Basta! Non vi permettete di usare queste espressioni in mia presenza!

GENNARO   Ma vuol dire... come se fosse: e che diavolo!

LAMPETTI   E nemmeno che diavolo. Io faccio il mio dovere. Lo
so che voi gli date ragione per secondarlo, ma ora potreste
smetterla!

CARLO (*sopraggiungendo da sinistra, seguito da Matilde e da Bice*)   Che succede qui?

LAMPETTI   Io n'ho visti di pazzi, ma questo mett' 'a coppa! Nien-
tedimeno voleva darmi a intendere che è stato l'amante di vostra moglie e che ora per salvarle l'onore, è stato costretto a
simulare la pazzia. Il signore poi, (*indica Gennaro*) per secondarlo, pecché 'e pazze s'hann' 'a secondà sempre, diceva 'o stesso
appresso a lui, ed ha insistito al punto da farmi entrare in dubbio. Ma ora è inutile secondarlo: ci stanno gli agenti, e non c'è
pericolo. È pazzo sí o no?

CARLO   Siate franco, parlate.

ALBERTO   Parlate!

MATILDE   Insomma, a chi aspettate?

LAMPETTI   Parlate!

GENNARO (*indietreggiando*)   Eh! Eh! Eh! Non gridate! A me mi
fanno male 'e piedi!

LAMPETTI   E che, dovete parlare coi piedi?

GENNARO   E voi gridate... lo spostamento d'aria non mi fa certo
bene...

LAMPETTI   Ma insomma, volete parlare?

GENNARO   E parlo, sí... Lo conosco! È il signor Alberto De Stefano, lui ci ha fatto venire a lavorare a Bagnoli, per fare delle
recite... (*Bice comincia a fare cenni disperati all'indirizzo di
Gennaro, cercando di fargli capire che una sua risposta negativa la rovinerebbe*) ...e vi posso assicurare... vi posso giurare
sul mio onore... (*Resta a metà con la frase, avendo finalmente
notato i segni di Bice*) Guardate che situazione!

LAMPETTI   Sentite, se non parlate, vi faccio arrestare.

GENNARO   A me? Sarebbe bello che fra tanta gente che dovrebbe
essere arrestata, fossi arrestato proprio io!

ALBERTO (*trattenuto dagli agenti*)   Ma volete parlare? Siete proprio un bambino!

GENNARO   Io? Io un bambino...? Il bambino siete voi, e pure
viziato... Perché quando uno si mette in una situazione... prende certe responsabilità... sarebbe bello poi che uno dice... Eh,
no! Le deve sostenere fino in fondo... E si capisce... perché,
scusate, allora vi volete prendere solo lo spasso... Eh! Adesso
decido io, e voi mi ringrazierete. (*Agli agenti*) Tenetelo forte.

(*A Lampetti*) È pazzo! La famiglia ha speso un sacco di soldi, ma non ne ha ricavato mai niente! È pazzo!

LAMPETTI (*agli agenti*) Conducetelo via!

Gli agenti eseguono l'ordine, mentre Alberto si divincola e protesta ad alta voce. Lampetti si inchina al Conte, ed esce anche lui da sinistra. Gennaro saluta il Conte, ed esce, continuando ad inchinarsi al Conte, fino a varcare la soglia.

ATTO TERZO

L'ufficio di Pubblica Sicurezza. Nel fondo a destra la comune, a sinistra altra porta. Finestra in prima a destra. In fondo, nel mezzo, una libreria. In primo piano, a sinistra, una scrivania con libri, carte, telefono e un lume da tavolo. Quattro sedie di Vienna. La seconda a destra dà negli uffici.

CARLO (*dal fondo*)   Permesso?

DI GENNARO (*che sta riordinando la scrivania*).   Chi è? Avanti!

CARLO   Scusate, il Delegato non c'è?

DI GENNARO   Nun è venuto ancora. Tornate piú tardi.

CARLO   Ma forse il favore che devo chiedere a lui, posso ottenerlo anche da voi. Vorrei parlare con l'arrestato Alberto De Stefano.

DI GENNARO   'O pazzo ca fuie arrestato aiere?

CARLO   Precisamente.

DI GENNARO   Ma senz'ordine nun ce putite parlà. Chi s' 'a piglia 'a responsabilità?

CARLO   Ma io sono medico, il suo medico personale, venuto apposta per osservarlo.

DI GENNARO   Aspettate un momento. (*Esce. Carlo passeggia su e giú, mentre Di Gennaro dà ordini a due agenti. Di Gennaro torna e si avvicina a Carlo*) 'O pazzo sta venendo. Fortunatamente sta calmo. Voi siete medico? Bè, a mme chillo nun me pare pazzo.

CARLO   Sembra, ma lo è.

ALBERTO (*pallidissimo, entra dal fondo a sinistra, seguito dai due agenti, ai quali si rivolge*)   Non spingete, non spingete perché non è il caso. Io sono un galantuomo. (*A Di Gennaro*) E anche voi, non spingete!

DI GENNARO   E chi vi tocca!

ALBERTO   Io sono una persona come si deve... (*Scorge Carlo*) La llà ra llà là, la llà ra llà là...

DI GENNARO (*uscendo con i due agenti*) Io sto fuori.

CARLO Gentilissimo don Alberto, prego, accomodatevi. (*Seggono*). Posso offrirvi una sigaretta? (*Offre una sigaretta, ne prende una per sé, le accende entrambe*) Prego. Signor Alberto, ascoltatemi. Ormai dovreste aver capito che non torna a vostro vantaggio simulare ancora la pazzia con me. Io poi, considerando che il vostro compito è tanto difficile quanto faticoso, vi darò la prova dalla quale vi apparirà chiaramente la inutilità di questa vostra finzione.

ALBERTO La llà ra llà là, la llè rallà...

CARLO Mia moglie mi ha confessato tutto. (*Alberto ha una reazione violenta*). Che ne dite?

ALBERTO (*dopo una breve pausa*) Sono a vostra disposizione.

CARLO Ma no, no, giovanotto! Non ho nessuna intenzione di dare spunti per tragedie... Date retta a me, sono piú vecchio di voi, e mi permetto credere che accetterete un mio consiglio. (*Pausa*). Giurandovi di non avere rancore verso di voi, non sarei sincero. Per i fatti, e come si sono svolti... troverete giusto che io abbia molta, molta antipatia per voi...

ALBERTO Figuratevi, voi mi state proprio qui, sullo stomaco!

CARLO Giusto, ma questa antipatia è accoppiata a una grande riconoscenza.

ALBERTO Come...?

CARLO Certo. Voi avete macchiato il mio nome, ma dopo vi siete fatto in quattro per salvarlo.

ALBERTO Non capisco...

CARLO Simulando la pazzia. Oggi tutti vi credono pazzo, dunque il mio onore è salvo. Nonostante tutto, mia moglie resterà sempre presso di me...

ALBERTO Coraggio, signor Conte...

CARLO ... Grazie alla vostra geniale trovata, lo scandalo non è avvenuto. Ed era quello soprattutto che mi spaventava. Voi non troverete onesta questa mia soluzione... Potreste però comprenderne la necessità, occupando il posto che io occupo in società, e aggiungendo ai vostri altri vent'anni.

ALBERTO Anche trenta...

CARLO Signor Alberto, convincetevi: io riuscirei a spezzarvi in due... Ma non lo faccio. Crepo, prima di provocare uno scandalo.

ALBERTO E crepate!

CARLO Ora, per evitarlo del tutto, c'è un unico mezzo che vi impongo: dovete rimanere pazzo, dovete farvi rinchiudere in

manicomio senza ribellarvi, e senza cercare di giustificarvi, come tentaste di fare ieri, in casa mia, e per fortuna nessuno vi
ha creduto.

ALBERTO   Sicché, secondo voi, io dovrei rimanere pazzo per tutto il resto della mia vita?

CARLO   Ma chi ha detto questo! Perché esagerate? Per qualche
tempo, finché il fatto sbiadisce. Allora tutti crederanno in una
guarigione, e...

ALBERTO   Non posso accettare.

CARLO   Non potete accettare?

ALBERTO   No.

CARLO (con calma minacciosa) Signor Alberto De Stefano, il
giorno che riuscirete a convincere una sola persona che la vostra è stata una finzione, mi darete la prova dell'adulterio, ed
io avrò tutto il diritto di tirarvi un colpo di rivoltella. Nell'uno
o nell'altro modo, dovrò salvare il mio onore. (Fa per andare).

ALBERTO   Un momento...

CARLO   Accettate le mie condizioni?

ALBERTO   Ecco qua...

CARLO (calmo ma minaccioso) I miei rispetti... (Fa per andare).

ALBERTO   Sentite... Io direi...

CARLO   Accettate?

ALBERTO (rassegnato) Accetto...

CARLO   Benissimo! Tante grazie. Mi raccomando... Fra poco due
guardie vi trasporteranno in manicomio... Non vi ribellate, siate docile. Siete un garbato giovanotto... Quasi quasi provo ri-
morso ad avervi ingannato. Voglio essere sincero: non è vero
che mia moglie ha confessato. È stato uno stratagemma per car-
pirvi la verità. Arrivederci, giovanotto. (Esce dal fondo).

ALBERTO   Che carogna... che carogna...

GENNARO (entra da destra, scorge Alberto) Ah, don Alberto,
state qua... Scusate, il Delegato non ci sta?

ALBERTO   No, non c'è.

GENNARO   Stiamo qua dentro da tre ore e mezzo, aspettando a
lui... Permesso...

ALBERTO   Un momento, un momento: mi dovete fare un piacere.

GENNARO   Dite, dite!

ALBERTO   Andatevene sotto a un tram!

GENNARO   E questo ci manca...

ALBERTO   Lo sapete che è successo? È venuto qua il Conte, e mi
ha detto che adesso, per salvare l'onore della moglie, o mi

faccio chiudere in manicomio per un paio di anni, o lui mi tira un colpo di rivoltella.

GENNARO   Ah! E voi che avete scelto? Il manicomio, naturalmente... Embè, tanto non ci sta via d'uscita... Là dentro starete bene: vi riposate, mangiate... Poi ci stanno tutti quei tipi strani... vi distraete.

ALBERTO   Ma andate all'inferno! Intanto io devo seguitare a fare il pazzo, se no quello mi spara.

GENNARO   E lo fa, lo fa! Tiene il coltello dalla parte del manico.

ALBERTO   Guardate che guaio! Come se non bastasse la nottata che ho passato in camera di sicurezza... Ma voi perché state qua?

GENNARO   Ah, voi nun sapite niente? L'albergatore ce n'ha cacciati. Quando ha saputo che voi eravate uscito pazzo, voleva essere pagato da noi. Noi, come al solito, non tenevamo manco na lira... e allora isso c'ha fatto vení qua, accompagnati dalla cameriera – che sta di là coi compagni miei – e tiene l'ordine o di prendersi i soldi, o di farcelo imporre dal Delegato.

ALBERTO   E va bene, questa è cosa da niente.

GENNARO   Voi scherzate? L'albergatore ci ha sequestrato tutto, e se lo tiene in pegno fino al saldo del debito...

ALBERTO   Roba di valore?

GENNARO   Di valore mo... Roba utile per noi... la buatta, i costumi, gli scenari, i piatti...

ALBERTO   Va bene, quando viene il Delegato, pago io, cosí vi potete andare a ritirare la roba vostra.

DI GENNARO (*entra dal fondo, in fretta. Ad Alberto*)   Neh, neh! Trasitevenne n'ata vota dinto: sta venendo 'o Cavaliere.

ALBERTO   Ma io non ne posso piú di stare là dentro! Sia fatta la volontà del Cielo! Permettete, don Gennaro. (*Si avvia verso il fondo, si volta a fissare Di Gennaro*) E non spingete... (*A Gennaro*) Qua non fanno altro che spingere... fanno di tutt'erba un fascio... (*A Di Gennaro*) Non mi toccate!

DI GENNARO (*bonario*)   E chi ve tocca! (*Alberto esce; Di Gennaro si rivolge a Gennaro*) E voi, chi siete? Che fate qua?

GENNARO   Io sto aspettando di là con i miei compagni. Dobbiamo essere mortificati dal Delegato per un conto che non possiamo pagare.

DI GENNARO   E allora andate di là, aspettate e tra poco sarete chiamati.

GENNARO   Siccome ci sta molta gente... e io sono infermo (*indica i propri piedi vistosamente fasciati*) ...vorrei la precedenza...

Appena viene il Delegato, ci fate chiamare, quello ci mortifica
e noi ce ne andiamo.

DI GENNARO   Va bene.

GENNARO (*si avvia verso destra, poi si volta*) E non spingete!

DI GENNARO   Ma chi vi sta toccando?

GENNARO   No, perché qua sopra voi fate di tutt'erba un fascio...
(*Esce da destra, mentre Di Gennaro esce dal fondo. Sulla soglia si incontra con Lampetti che entra, seguito da Bice*) Buongiorno, Cavaliere.

LAMPETTI   Buongiorno. (*Di Gennaro scompare, Lampetti posa
cappello e bastone, va alla scrivania, seguito da Bice*) Accomodatevi, signora. (*Siedono l'uno di fronte all'altro*). Dunque,
voi sostenete che Alberto De Stefano non è pazzo?

BICE   Lo posso provare.

LAMPETTI   Badate, signora, io lo dico per voi: se le cose stanno
come dite, vi accusate voi stessa.

BICE   No, la colpa non è mia, e se mi ascolterete per cinque
minuti, vi convincerete che il vero colpevole è mio marito.

LAMPETTI   Come sarebbe a dire?

BICE   Poi vedrete. Io come sono?

LAMPETTI   E io che ne so?

BICE   Sono bella, brutta... Non potete dare un giudizio?

LAMPETTI   Siete una bella signora.

BICE   Grazie. E quanti anni ho?

LAMPETTI   E io che ne so?

BICE   Ma press'a poco...

LAMPETTI   Ventitre...

BICE   Ventitre. Ma pure ventiquattro... E facciamo venticinque!

LAMPETTI   Signo', fate voi!

BICE   Vi pare possibile che debba essere tradita da mio marito?
Guardate. Questa è tutta una corrispondenza amorosa tra mio
marito e una signora sposata.

LAMPETTI   Guè, guè... Nun ce pareva. Un uomo tanto serio!

BICE   Io ho mancato, sissignore: ma perché? Per picca, per ripicca, per puntiglio!

LAMPETTI   Ah, ecco! Per picca, per ripicca, per puntiglio! Signora mia, io vi ho capito: voi vorreste con queste lettere contro-
battere vostro marito. Ma il tradimento dell'uomo non giustifica quello della donna. A me me pare nu poco forte. Del resto,
sempre una cosa è, e se posso aggiusterò questa dolorosa faccenda.

BICE   Mi raccomando.

LAMPETTI   Ci penso io. Ed ora andate a casa, che vi terrò informata io stesso.

BICE   Grazie. Io mi sposai per essere una moglie onesta... Ma
quando dopo un anno di matrimonio mi accorsi del tradimento, quando vidi distrutto il mio sogno, diventai una vipera e
decisi di fare lo stesso con uno qualunque, anche brutto, anche
vecchio. Ebbi occasione di conoscere Alberto De Stefano, m'accorsi che era un simpatico giovane, allora pensai: «Meglio questo che mi piace pure!» Ed ecco il mio dramma! (*Esce*).

LAMPETTI   All'anema d' 'o dramma! (*Chiamando verso il fondo*)
Di Gennaro! Di Gennaro!

DI GENNARO (*entra dal fondo*)   Comandate.

LAMPETTI   Fammi venire qua De Stefano, 'o pazzo. Poi mi porti
il solito bicchiere di acqua e amarena. Gelata! Tengo una sete
terribile.

DI GENNARO   Va bene. A proposito, ci sta certa gente che vuole
parlare con voi.

LAMPETTI   E tu poi me lo dicevi domani! Chi sono?

DI GENNARO   E chi 'e ssape? Vulite che 'e chiammo?

LAMPETTI   Falli entrare un momento.

DI GENNARO   E 'o pazzo non lo volete piú?

LAMPETTI   Dopo.

DI GENNARO (*va alla porta di destra, la apre e chiama*)   Ehi,
voi! Venite! (*Esce dal fondo*).

LAMPETTI   Non ti scordare l'acqua...

NINETTA (*dalla seconda a destra, seguita da Vincenzo*)   Serva...

LAMPETTI   Venite avanti. Che c'è?

NINETTA (*arrogante*)   Signo', qua mi manda il padrone dell'albergo che sta a Bagnoli... Aiere venettero cierte muorte 'e famme...

VINCENZO   Guè, tu bada come parli, sa'?

NINETTA   Perché, è bugia che vi morite di fame?

VINCENZO   Tu sei una cameriera, e non ti devi permettere...

NINETTA   Io mi permetto, perché 'o padrone 'ave ragione.

LAMPETTI (*si alza, li raggiunge in mezzo alla scena*)   Neh, neh!
Chi ha ragione si vede dopo. (*A Ninetta*) Mo ricordate che stai
nel mio ufficio... Non hai nessun diritto di insultare la gente in
mia presenza.

Vincenzo siede alla scrivania.

DI GENNARO (*entra dal fondo, va a posare il bicchiere di acqua e amarena sulla scrivania*)   Ecco servito.

LAMPETTI (*a Ninetta che continua a sbraitare*)   Tu ti devi stare zitta!

VINCENZO (*beve l'acqua e amarena*)   Grazie, tenevo na sete!

Di Gennaro è uscito dal fondo.

LAMPETTI (*a Ninetta*)   Siamo intesi? Non si ripeta piú...! (*A Vincenzino*) Ha portato l'acqua, quello?

VINCENZO   Sí, sí... grazie! Me so' consolato!

LAMPETTI   Ve la siete bevuta voi...? Quella era mia. Alzatevi, alzatevi!

VINCENZO (*si alza*)   Sono mortificato...

LAMPETTI   Di Gennaro...

DI GENNARO (*entra dal fondo*)   Comandate.

LAMPETTI   Portame n'ato bicchiere d'acqua e amarena!

DI GENNARO   Subito! (*Esce*).

LAMPETTI   Dunque, di che si tratta?

NINETTA   Aiere venettero ncopp' all'albergo e se pigliaieno tre camere.

Entra Attilio dalla destra.

LAMPETTI (*ad Attilio*)   Voi chi siete?

VINCENZO   È un compagno nostro. (*Ad Attilio*) E don Gennaro?

ATTILIO   Mo viene. S'era allentata la fascia vicino al piede, se la sta aggiustando.

LAMPETTI   Dunque?

VINCENZO   Noi siamo artisti. Un certo Alberto De Stefano ci ha fatto andare a Bagnoli a fare certe recite, e ci garantí per il pagamento delle stanze dell'albergo... (*A Ninetta*) Lo puoi negare?

NINETTA   Ma quello è asciuto pazzo...

VINCENZO   E che colpa è 'a nostra? Vuoi vedere che l'abbiamo fatto uscire pazzo noi?

NINETTA   E se fòsseve galantuomini, avarrisseve pavà vuie!

LAMPETTI (*si alza, raggiunge il gruppo in mezzo al palcoscenico*) Neh, diciteme na cosa: io qua che ci sto a fare? (*Attilio protestando per i modi villani di Ninetta va a sedere alla scrivania. Dal fondo entra Di Gennaro col secondo bicchiere d'acqua*). Mo ve ne caccio a tutti quanti, e felice notte!

ATTO TERZO

DI GENNARO (*posa il bicchiere sulla scrivania*) Ecco servito. (*Esce*).

ATTILIO Troppo buono. (*Beve*).

LAMPETTI (*si volta, vede Attilio che posa il bicchiere vuoto sulla scrivania*) E questo è il secondo!

ATTILIO (*stupito*) No, è il primo!

LAMPETTI (*esasperato*) Alzatevi!

ATTILIO (*si alza*) E che maniera è questa?

LAMPETTI Ma tenete tutti quanti sete?

ATTILIO Eh... fame, sete...

LAMPETTI Di Gennaro! (*Entra Di Gennaro*). Portami un altro bicchiere d'acqua!

DI GENNARO N'ato...? E voi vi fate na panza d'acqua...

LAMPETTI Perché, devo rendere conto a te?

DI GENNARO Nossignore, mo vi servo. (*Esce*).

LAMPETTI Embè, si ve bevite st'ato bicchiere d'acqua, me magno 'a capa 'e uno 'e vuie. Dunque, mettiamo a posto le cose con calma. Non mi fate perdere 'a pacienza!

GENNARO (*entra da destra*) Servo...!

LAMPETTI Chi è?

VINCENZO È un altro compagno nostro.

LAMPETTI Ma voi vi presentate a uno alla volta?

GENNARO Adesso siamo finiti.

LAMPETTI Ma io vi conosco! Vi ho visto ieri in casa Tolentano. Vi ho riconosciuto dai piedi.

GENNARO Mi fa piacere che ve ne ricordate.

LAMPETTI Sedetevi, sedetevi...

GENNARO Sí, perché non mi reggo in piedi. (*Avviandosi alla scrivania, passa davanti a Ninuccia, e si rivolge a lei*) Hai visto? Il signor Delegato ha considerazione per noi... Ci vuole bene... Ci stima. Siamo amici. (*Siede alla scrivania*).

LAMPETTI Che amici e amici! Non esageriamo.

GENNARO (*si alza di scatto e si rivolge a Lampetti con rispetto esagerato*) Per carità, signor Delegato, non ho pensato di offendervi...

LAMPETTI E io mi facevo offendere?

GENNARO Certo! Tutto il rispetto. Forse la parola ha tradito il pensiero... Volevo dire che io mi sento amico, devoto e servizievole. Potete disporre di me per qualunque cosa.

LAMPETTI Grazie, non c'è bisogno.

GENNARO Perché si parla di voi, il vostro nome è su tutte le bocche. Siete conosciuto come persona integgerrima... indulgen-

te con i deboli e rigido con i prepotenti... La mia vita ai vostri
piedi, per qualunque missione...

LAMPETTI   Non esagerate. Come siete servile. Sedetevi.

GENNARO (*siede*)   Grazie!

LAMPETTI   Voi avevate ragione di sostenere che Alberto De Stefano non è pazzo. La moglie del Conte è stata qua, poco fa, e
ha portato delle lettere del marito, che so, tutta una corrispondenza equivoca... e io spero, con questa, di costringere il Conte
a venire a miti consigli.

GENNARO   Non ho capito una parola.

LAMPETTI   Ho parlato tedesco!

GENNARO   No, avete parlato chiarissimo! Voi avete una pronunzia perfetta. Volevo dire che nel discorso che avete fatto mi è
sfuggita una parola. E dev'essere una parola chiave, perché senza quella parola non si capisce niente.

LAMPETTI   Bisognerebbe sapere qual è la parola che vi è sfuggita...

GENNARO   Dovreste ricominciare da capo. Vogliamo fare da quando sono entrato?

LAMPETTI   Scherziamo! È tardi, mi metto a perdere tempo con
voi!

GENNARO   No, perché a volte facendo le stesse azioni, si ripetono
pure le stesse parole.

LAMPETTI   Ma io mi ricordo. Voi vi siete seduto... e io ho detto...

GENNARO   Vi siete offeso che io ho detto: «Siamo amici».

LAMPETTI   Sí, questo prima.

GENNARO   E poi io ho detto... Darei la mia vita per voi...

LAMPETTI   Sí, mi ricordo.

GENNARO   Che poi voi avete risposto: «Se avete bisogno di qualche agevolazione, venite da me»...

LAMPETTI   No, questo non l'ho detto proprio. Ah, ecco! Ho detto che la moglie del Conte è stata qua poco fa e che ha portato
delle lettere del marito, tutta una corrispondenza equivoca...

GENNARO (*interrompendolo*)   Eccola qua! Questa è la parola:
equivoca. Io avevo capito equina. Adesso è tutto chiaro. Il
Conte aveva un'amante. Evidentemente una signora maritata.
Allora non può parlare... Tiene la saraca in tasca... Sicché don
Alberto sarà rilasciato?

NINETTA   Si può sapere io come mi debbo regolare?

LAMPETTI   Va bene, ho capito tutto. Se Alberto De Stefano si è
garantito per loro, non vi preoccupate: fra mezz'ora verrà a
pagare il suo debito.

VINCENZO   Mo mme pare che 'a puo' finí 'e sbraità!

NINETTA   Io voglio sbraità fin' a dimane! Aggi' 'a da' cunto a te?

LAMPETTI (*si alza e si avvicina al gruppo in piedi*)   Mo comincia-te un'altra volta? Che educazione è questa?

DI GENNARO (*entra e va a posare il terzo bicchiere d'acqua sulla scrivania*)   Ecco servito! (*Esce dal fondo*).

GENNARO   Grazie. (*Fa per bere*).

LAMPETTI (*se ne accorge ed urla per impedirgli di bere l'acqua*)   Guè!

GENNARO (*trasale, il bicchiere gli cade di mano e va a finire nel cappello che egli teneva sulle ginocchia*)   Eh!

LAMPETTI   Questo è il terzo bicchiere. (*Si rivolge alla gente in piedi e spingendoli verso la porta di destra*) Via, via, via! (*Tornando verso Gennaro*) Non sono stato cristiano di bermi un bicchiere d'acqua!

GENNARO (*che intanto ha versato il liquido dal cappello nel bicchiere, glielo porge*)   Accomodatevi, bevete!

LAMPETTI (*furibondo*)   Ve la bevete voi, questa porcheria.

GENNARO   Il cappello è pulito, Delegato. Io mi faccio lo «sciampò» ogni mattina!

LAMPETTI   Andate, andate! Toglietevi dai piedi.

GENNARO (*si alza, si avvia verso destra*)   Per un poco d'acqua e sciroppo... m'avete rovinato un cappello... Io mo se fossi uno di quei tipi cavillosi... Mah!

LAMPETTI   Che fareste?

GENNARO   No, dico... se fossi uno di quei tipi che pescano nel torbido...

LAMPETTI   Che volete pescare? Che sono queste minacce?

GENNARO   Per carità, Cavaliere, dormite tranquillo!

LAMPETTI   Voi non dormirete tranquillo se non mi dite dove volete arrivare... Che volete?

GENNARO   Voglio il cappello nuovo. (*Esce da destra spinto dal Delegato*).

LAMPETTI   Ma iatevenne... 'O cappiello novo! (*Chiamando verso il fondo*) Di Gennaro! Di Gennaro!

DI GENNARO (*entra*)   Vulite l'altra acqua?

LAMPETTI   No, no, m'è passata 'a sete.

DI GENNARO   E lo credo: co' tre bicchieri d'acqua!

LAMPETTI   Sono affari che non ti riguardano. Stai al posto tuo. Fammi venire Alberto De Stefano.

DI GENNARO   Subito. (*Esce dal fondo, mentre il Delegato mette un po' d'ordine sulla scrivania*).

ALBERTO (*di dentro*)   Non spingete...

DI GENNARO (*entra*)   Ecco qua Alberto De Stefano.

ALBERTO (*entra*)   Non spingete...

LAMPETTI   Venite avanti, prego. (*Di Gennaro esce, Alberto si
avvicina alla scrivania*). State tranquillo, fra poco vi metterò
in libertà. Io già avevo dato ordini e tutto era disposto per il
vostro trasporto in manicomio. Ma poi una persona mi ha spiegato come è andato il fatto e non c'è piú questo bisogno. Siete
contento?

ALBERTO   Contento? Ma io non posso essere messo in libertà...
Io sono pazzo.

LAMPETTI   Basta! Voi non siete pazzo!

ALBERTO   Io sono pazzo.

LAMPETTI   Voi non siete pazzo e io vi devo mettere subito in
libertà.

ALBERTO   Benissimo. Se io, quando esco per strada, ammazzo un
passante, il solo responsabile siete voi, perché io sono pazzo e
voglio andare al manicomio... La llà ri llà, la llà ri là...

LAMPETTI   E sta bene. Vuol dire che gli ordini che avevo dato,
invece di farli revocare, li farò eseguire immediatamente. (*Chiamando*) Di Gennaro! (*Ad Alberto*) Voi siete pazzo? E sarete
trasportato subito al manicomio. (*Chiama*) Di Gennaro!

GENNARO (*entra di corsa dalla destra*)   Dite, dite, che s'ha ddà
fa'?

LAMPETTI   Che volete?

GENNARO   Mi avete chiamato!

LAMPETTI   Niente affatto.

GENNARO   Avete detto: don Gennaro.

LAMPETTI   Ho detto: Di Gennaro.

GENNARO   Ah! Di...

LAMPETTI   Di!

GENNARO   Avevo capito: do! (*Entra dal fondo Di Gennaro, Lampetti lo raggiunge e si mette a parlare sottovoce con lui. Entra
un agente che si unisce ai due che parlano. Intanto Gennaro si
accosta ad Alberto*) Don Albe', che è stato?

ALBERTO   Il Delegato mi voleva mettere in libertà, io per non
essere sparato dal Conte ho detto che sono pazzo e che voglio
andare in manicomio, e forse adesso mi ci portano. (*Guarda il
Delegato che sta firmando una carta*).

GENNARO   Voi che avete combinato! Qua è venuta la moglie del
Conte... Ha portato certe lettere del marito, tutta una corrispondenza equivoca... io avevo capito equina... Il Conte non

può parlare piú, se no uscirebbe in mezzo il marito dell'altra signora, che forse tiene a sua volta un'altra relazione con un'altra signora maritata, uscirebbero gli altri mariti... Per carità, viene la guerra europea... Non spara, non spara!

ALBERTO Ma questa è una fortuna!

LAMPETTI Conducetelo via!

Di Gennaro e l'agente immobilizzano Alberto.

ALBERTO Un momento un momento! Dove mi volete portare?

LAMPETTI Al manicomio.

ALBERTO No! Io non sono pazzo!

LAMPETTI Mo cominciamo un'altra volta! Vuoi vedere che il pazzo sono io?

ALBERTO Ma se voi mi volevate mettere in libertà!

LAMPETTI Prima! Ma poi voi avete detto che siete pazzo, quindi non posso piú rilasciarvi, perché se per strada ammazzate a qualcuno, il responsabile sono io... L'avete detto voi.

ALBERTO Ma io sto bene, me ne voglio andare a casa mia!

LAMPETTI Adesso è impossibile. Per ora seguite le guardie, poi si vedrà. (*Alle guardie*) Andate!

DI GENNARO Andiamo, su.

Alberto fa resistenza, ne nasce una colluttazione durante la quale si avvicinano sempre a Gennaro, che cerca di evitarli, per non farsi pestare i piedi.

CARLO (*entra dal fondo, trascinandosi dietro Bice, riluttante*) Permesso? (*Tutti si fermano*). Ho saputo che poco fa mia moglie è venuta in questo ufficio. Vi prego di dirmi perché.

GENNARO Adesso ci dite quella cosa là.

LAMPETTI (*distratto, ripete*) Adesso ci dite quella cosa là... (*Si volta infuriato verso Gennaro*) Eh no, voi vi dovete togliere da dietro a me... Io sono nervoso... (*Voltandosi verso Carlo*) Voi giungete a proposito. La vostra signora è venuta qui per dirmi che ha voluto punirvi con questa finzione, per il modo in cui l'avete tradita.

CARLO Io?

LAMPETTI Sicuro! E ringraziate Dio che questo giovanotto si è prestato a questa finzione, per darvi solamente la sensazione del tradimento.

BICE   Avrei dovuto farlo veramente, capisci?

GENNARO (*a Lampetti, nascondendo la mano dietro al suo cappello e facendo le corna*) Invece avete avuto la sensazione...

LAMPETTI   Ma che fate?

GENNARO   Sotto il cappello non si vede niente...

CARLO   Queste son tutte frottole! Io non ho mai tradito mia
moglie!

BICE   Ho le prove, ho le prove!

LAMPETTI   Silenzio, vergognatevi, e credete pure che non vi
conviene negare. Ecco le prove. Tutta una corrispondenza galante...

GENNARO (*interrompendo*) No!

LAMPETTI   Che è stato?

GENNARO   Niente, niente andate avanti!

LAMPETTI   Ma che ho fatto?

GENNARO   Avete sbagliato... Avete detto galante...

LAMPETTI   Bè?

GENNARO   Dovevate dire equivoca...

LAMPETTI   E non è lo stesso?

GENNARO   Ma uno aspetta «equivoco», esce «galante»...

LAMPETTI (*lo guarda male*) Tutta una corrispondenza equivoca... (*a Gennaro*) Va bene? (*Mostra le lettere a Carlo*) Che ne
dite?

BICE   Rispondi, traditore!

CARLO   Ma io...

LAMPETTI   Rispondete...

CARLO (*dopo breve esitazione*) La llà ra llà là, la llà ri llà là...

BICE   Avete visto? (*A Carlo*) A casa, a casa. (*Spinge verso il
fondo il marito, ed esce assieme a lui*).

GENNARO   Ma che buffone!

ALBERTO (*a Lampetti*) Allora, sono libero?

LAMPETTI   Andate, e cercate di essere piú serio in avvenire.

ALBERTO   Arrivederci! Me ne vado di corsa. (*A Di Gennaro*) E
spingete, spingete... (*Esce*).

NINETTA (*a Lampetti*) E io che debbo fare?

LAMPETTI (*a Gennaro*) Dunque, questa dice che dev'essere pagata...

GENNARO   Ma don Alberto se n'è andato...

LAMPETTI   Insomma, sta storia mi comincia a seccare! Regolate
il conto se non volete che prenda seri provvedimenti!

GENNARO   Ma io...

LAMPETTI   Dovete pagare!

GENNARO Io?

LAMPETTI Voi!

GENNARO (*si guarda attorno un po' sperduto, poi azzarda timidamente*) La llà ra là, la llà ri llà là!

Come a concerto cala la tela.

Requie a l'anema soja...
(1926)
poi, nel 1952, ribattezzata:
I morti non fanno paura

Tra *Uomo e galantuomo* ('22) e *Ditegli sempre di sí* ('27) figura come scritta nel 1926 la farsa macabra in un atto intitolata *Requie a l'anema soja…*; «poi, nel 1952, ribattezzata: *I morti non fanno paura*». Vi appare per la prima volta quel «commercio coi morti» che costituisce sul piano semantico uno dei filoni principali delle Cantate. Si prepara la scena di cordoglio, tra il partecipato e il recitato da parte dei congiunti e degli amici del defunto, che verrà riproposta nel terzo atto di *Natale in casa Cupiello* (dove però si tratta d'un moribondo) e poi alla fine del primo atto di *Napoli milionaria!* (ma come pura finzione ed espediente per campare).

La situazione un po' al limite di quest'opera appare giustificata dallo speciale realismo d'ambiente eduardiano. *Una povera casa di due stanze*, attacca la didascalia; se, quindi, nella «camera di passaggio» (che dà sulle scale) si svolge il rito di lamentazione della *recentissima vedova*, Amalia, *denutrita figura di donna sui cinquant'anni* (did., p. 107), nell'altra dovrebbe coricarsi Enrico, viaggiatore di commercio suo affittuario, sopraggiunto improvvisamente la sera delle esequie, oltretutto ammalato. Solo che proprio quell'altra stanza, l'unica confortevole e, diciamo cosí, privata, ha ospitato – in assenza ma fin quasi all'arrivo del vivo – il morto, ovvero il cadavere di don Gaetano; il quale ora sovrasta la scena come un idolo silenzioso, dall'alto del suo *ritratto* [...] *sulla parete di fondo* (did., *ibid.*).

A proposito di tali icone impressionanti (di vivi e di morti) che ritorneranno ad esercitare effetti drammaturgici nel teatro del figlio, ricordiamo la «commedia fantastica» del primo Scarpetta, *'Nu bastone 'e fuoco ossia Pulcinella e Sciosciammocca protetti dalla statua di zí Giacomo* (1876). Ma è piuttosto l'angustia dei luoghi poveri che incomincia da qui a provocare inconvenienti quasi surreali nel teatro eduardiano. Anche perché si tratta di uno di quei palazzoni-alveare dove la *privacy* non è

concessa e, forse, neppure ricercata, una vicina può rassicurare
Amalia sulle reazioni di quel «galantuomo» di inquilino «che
paga puntualmente» (Carmela: «Lo capirà benissimo. Voi non
avete occupata la sua camera per un tavolo di canasta, un morto ci avete messo!», p. 110).

Non a caso tra la *Cantata dei giorni pari* e la *Cantata dei giorni dispari* starà in bilico la collocazione di questo atto unico dal
titolo doppio, in cui, come in altri dello stesso periodo, si fanno
le prove del riso piú amaro (*Requie a l'anema soja...*), ma anche
della vena moraleggiante (*I morti non fanno paura*) di Eduardo.
Nonostante la sua brevità, l'atto si suddivide in due parti. Nella
prima si assiste alla crisi di cordoglio della vedova, supportata
dal conforto, generoso ma troppo autoritario, della *signora del
4° piano*, donna Carmela, e dai commenti di rito, ma talvolta
incongrui, dei compagni del defunto: come lui operai del Gas,
atterriti (anche per se stessi) dall'improvvisa inevitabilità della
sua scomparsa. Nella seconda parte, invece, l'accento si sposta
sull'impressione magico-superstiziosa che subisce l'imprevisto
viaggiatore, rimasto solo (come poi Pasquale Lojacono in *Questi
fantasmi!*) con il ritratto del morto; del quale dovrebbe occupare la stanza «rimessa in ordine» dopo una lugubre ma esilarante scena di trasloco. Perciò la sua «paura dei morti» avrà bisogno dell'esorcismo razionale del medico di turno, per placarsi.

Per quanto riguarda la prima scena, naturalmente collettiva,
il lamento costante e in apparenza rassegnato della vedova scatta a volte nell'urlo selvaggio della *belva ferita* (*Amalia, con gesto
largo da tragedia greca*: «Sott' 'o turreno, staje, sott' 'o turreno!»,
p. 113), secondo moduli comunque tipicamente mediterranei;
ma fa emergere anche la nota stonata, eppure realistica, del rimprovero verso il colpevole d'abbandono:

> AMALIA ([...] *sollevando lo sguardo verso il ritratto del marito, parla
> ad esso con lo stesso tono con cui si parla ad una persona viva, la qua-
> le abbia commesso la piú impensata delle impertinenze*) Hai fatto
> una bella azione. Hai pensato sulo a te. Non ti sei ricordato ch'eri
> nzurato e che lasciavi na povera scòrteca sola! Accussí l'he lascia-
> ta, Amalia? (*Ibid*).

È la vena, appunto, della comicità amara di Eduardo, che
tutto sommato non manca di comprendere le ragioni materiali dei «poveracci» che deride. C'è però, ancora, la vena propriamente farsesca, che investe il tipo dell'amico venuto in ritardo ai funerali (per una lite con la moglie colpevole di rovi-

nargli «le occasioni piú belle»!); ennesimo imbranato di matrice scarpettiana, incapace di esprimersi altro che con gaffes e con tic cosí paradossali da apparire assurdi. Rivolto alla vedova:

> PIETRO   [...] Il vostro dolore... è piú doloroso del nostro [...]. Voglio dire che un compagno non può avere il dolore di una compagna... (*Cerca la frase per racchiudere il pensiero*) La compagna vera siete voi. Voi dovete piangere, noi non possiamo... noi siamo virili. [...] Perché i compagni di una compagnia di lavoro, virili e sprezzanti... devono chiudere dentro quello che volesse venire fuori... (p. 108).

Intanto si commuove e già qualche lacrima scorre dai suoi occhi; poi, sempre straparlando (e rigirando attorno alla formula ripetuta: «sprezzante e virile»), *si commuove sempre piú*, finché *non regge alla piena del pianto che gli sale alla gola*:

> PIETRO [...] Perché le parole sono parole... e la libertà è la libertà. E don Gennaro vostro marito era sprezzante e virile come noi... (*Scoppia a piangere senza alcuna riserva*) [...] Povero compagno! (p. 109).

Si accascia su di una sedia, dando sfogo un poco al dolore di aver perduto un caro amico, ma – insinua e distingue malignamente la didascalia – *molto, moltissimo a tutto ciò che lo contraria nella vita, chi sa da quando e perché* (did., *ibid.*).

Di tipi comunque si tratta, in genere; anche se la scena d'imbarazzo collettivo per la richiesta di spiegazioni da parte di Enrico (*A poco a poco l'insieme di quei gesti zelanti diventa una pantomima da teatro marionettistico*, did., p. 111) sembra piuttosto anticipare il canone espressionista di altre pantomime grottesche, da *Il contratto* a *Gli esami non finiscono mai*. C'è già il modo originale del «figlio d'arte» che innova la tradizione. Comunque proprio il personaggio del viaggiatore (la parte di Eduardo), nel suo sgomento irrefrenabile di fronte al passaggio della soglia di quella camera (che da familiare è divenuta spettrale), manifesta tratti sintomatici di altri *spaesati* eduardiani. Qui appena accennati come in una prova d'attore-creatore che sa «parlare senza le parole»:

> *Scena muta. Enrico rimasto solo* [...] *s'avvia verso la sua stanza; a metà strada rimane perplesso, torna indietro fingendo con se stesso di avere dimenticato qualche cosa, tenta di nuovo di entrare in camera sua; non ce la fa... Apre il balcone, s'affaccia e scruta il cielo. Fischietta una canzonetta in voga* [in questa microscena si prepara il prototipo di

Pasquale Lojacono]. *Torna nella stessa stanza, si dirige difilato alla porta d'ingresso e la spalanca.* [...] *Ora si fa animo: entra di nuovo nella stanza e si avvia lentamente verso la sua camera. Nel frattempo Nicola* [il portiere] *compare sul pianerottolo precedendo qualcuno al quale fa lume con una candela.* [...] *Enrico avverte la presenza di un estraneo e repentinamente si volge verso l'ingresso. Alla vista di Nicola, che continua la sua mimica verso le scale* [...] *rimane come impietrito, ma dopo un attimo grida.* (did., p. 116).

D'altra parte preannuncia figure di medici avvenire (da *Natale in casa Cupiello* a *Napoli milionaria!* fino a *Il sindaco del rione Sanità*) l'anonimo Dottore: che, introdotto dal portiere Nicola (altra figura che crescerà nell'antropologia drammatica eduardiana) nel bel mezzo della crisi di panico di Enrico, gli comunica per assurdo, attraverso la paura dei vivi, il coraggio di convivere coi morti.

I medici delle Cantate non mostrano i tic linguistici e l'automatismo professionale dei dottori molieriani, tranne che nella grottesca mascherata di *Gli esami non finiscono mai.* Sono piuttosto immagini della ragione: a partire da questo «nemico dei medicinali» («Io credo alla tintura di iodio, al sublimato e all'olio di ricino. I tre medicinali che una volta somministrati dimostrano con evidenza realistica il loro effetto», p. 118), che di fronte allo «stato d'animo» confessatogli dal suo paziente («In quella camera, dove io dovrei coricarmi, fino a un'ora fa c'è stato un morto», *ibid.*) comprende, ma spiega:

DOTTORE [...] la vostra è pura suggestione: che vi può fare di male un morto? [...] il morto non è altro che un uomo disarmato sul serio. È il combattente della guerra eterna, al quale la natura ha tolto per sempre l'arma più micidiale e insidiosa, la vera arma segreta: l'anima. Io possiedo ancora quest'arma, voi la possedete ancora. Di me potete aver paura, io di voi... State tranquillo e andatevene a letto. (pp. 118-19).

Questo Dottore filosofo e sentenzioso è anche un po' stregone, se il suo discorso riceve subito una dimostrazione dalla realtà (ma infatti siamo a teatro!) Dal fuori al dentro: *Dalle scale scoppia compatta quanto inaspettata una lite furibonda tra due uomini* (did., p. 119); grazie a quella prospettiva scenografica, propria degli «interni» traforati dei palazzoni eduardiani, si assiste ad un esempio concreto della cattiveria dei vivi, anche attraverso il solito coro dei casigliani e la chiamata da parte del corifeo-portiere:

NICOLA [...] Dotto', nun perdite tiempo, scendete, ce sta nu ferito. [...] Se so' appiccicate pe' poche lire... Che schifo! Povera umanità... (p. 120).

Qui i movimenti coreografici dei personaggi in scena diventano chiaramente allusivi: *Il dottore ed Enrico istintivamente muovono due o tre passi verso l'interno della stanza* (did., *ibid*).

Dal *fuori* dell'umanità ancora «armata» («con la furbizia, l'a-
stuzia, la calunnia, la diffamazione, la vendetta, l'aggressione...», p. 119) provengono i pericoli, le ragioni della paura, non
dal *dentro* d'una casa, e d'una stanza dove aleggiano (forse) in-
nocui fantasmi. Ma al codice spaziale-scenografico insieme a
quello pantomimico dell'attore – affidati provvisoriamente alla didascalia – è dato infine di esprimere il senso un po' pessi-
mistico di questa farsa *noir*:

> *Enrico* [nuovamente rimasto solo] *dopo una piccola pausa chiude la
> porta con due mandate di chiave, poi vi addossa come sbarramento le
> due spalliere del letto grande e i due comodini. Si sente sicuro, ormai.
> Per un attimo [...] punta lo sguardo sul ritratto del defunto, e bisbiglia
> con serenità un deferente: «Scusami!», poi con moto deciso [...] se ne
> va difilato in camera sua. Dopo una piccola pausa, sipario.* (did., p.
> 120).

Curiosamente (ma non troppo) negli «atti unici» piú si manifesta la discussa «misantropia» dell'autore.

Questo atto unico è stato dapprima attribuito dagli studiosi, anche per la stesura, agli anni Cinquanta, ma appartiene
alla prima fase del laboratorio drammaturgico di Eduardo. Secondo Giammusso, egli scrive *Requie a l'anema soja...* appena ritornato con Vincenzino Scarpetta, dopo il fallimento della sua esperienza nel «teatro in lingua» della Compagnia Carini
(M. Giammusso, *Vita di Eduardo* cit., p. 61); in tal caso però
l'anno di composizione sarebbe il 1927. È infatti fra il '22 e il
'27 che il giovane attore prova «abiti diversi». Come regista ha
messo in scena al Partenope di Napoli (nel settembre 1922)
Surriento gentile, «idillio musicale» di Ezio Lucio Murolo; si è
associato alla compagnia di riviste di Peppino Villani (nell'e-
state del 1924) per lo spettacolo *8 e 8 : 16*, che durerà un anno
grazie ai continui aggiornamenti del copione, cui egli contribuisce. Ha quindi accettato la scrittura come «brillante» nella
nuova compagnia diretta da Luigi Carini (con Camillo Pilotto,

Arturo Falconi, Filippo Scelso), firmando il contratto nel dicembre del '26 insieme a Peppino (che poi preferirà proporsi a Vincenzo al suo posto). Ma per Eduardo l'esperimento, favorito da Renato Simoni, non funziona: il repertorio (*Pescicani* di Niccodemi, *Fiordalisi d'oro* di Forzano ecc.) non faceva per lui; inoltre, dopo il debutto al Politeama di Como (nel marzo 1927), gli incassi erano scarsi. In una lettera egli chiede a Peppino di intercedere presso il fratellastro («Io credo che Vincenzino si sia incazzato al punto di non scrivermi piú!»), accennando ad un «fallito mio debutto», ma anche alle minacce, da parte del Carini, di denunziarlo alla Federazione se fosse partito per raggiungere Scarpetta (cfr. P. De Filippo, *Una famiglia difficile*, Marotta, Napoli 1976). Alla fine ritorna nella famiglia-compagnia, continuando a rifornirne il repertorio.

Con il titolo *Requie a l'anema soja...*, l'atto unico fu comunque rappresentato per la prima volta dalla Compagnia «Teatro Umoristico I De Filippo» al Teatro Kursaal di Napoli il 12 gennaio 1932. Con il titolo *I morti non fanno paura*, Eduardo lo ripropose al Piccolo Eliseo di Roma il 9 maggio 1952, insieme ad *Amicizia* e *Il successo del giorno dopo* (che nel '32 si chiamava *La voce del padrone*), senza però partecipare allo spettacolo come attore. «È significativo – scrive Fiorenza Di Franco – che Eduardo, dopo aver messo in scena questa commedia nel '32, non l'abbia piú ripresa fino agli anni Cinquanta. [...] Il pessimismo [...] dell'autore sulla natura umana [...] arriva [...] ad affermare che bisogna temere i vivi. Pur mettendo questa tematica in una cornice umoristica, certamente il pubblico dell'epoca non poteva accettarla» (F. Di Franco, *Le commedie di Eduardo*, Laterza, Roma-Bari 1984, p. 39).

È fra i soggetti dei sei telefilm prodotti dalla Rai e dalla San Ferdinando Film, tratti da atti unici di Eduardo; nel primo ciclo che la televisione gli dedica, la regia tecnica, di impianto ancora molto teatrale, è affidata a Vieri Bigazzi. L'autore partecipa comunque attivamente all'impresa: «È un lavoro piacevole ma minuzioso, che mi lascia soltanto il tempo della recita serale» (cfr. lettera a Roberto Minervini, 8 gennaio 1956; cit. in P. Quarenghi, *Lo spettatore col binocolo*, con Prefazione di F. Marotti, Edizioni Kappa, Roma 1995, p. 36). *I morti non fanno paura* è interpretato dagli attori della Compagnia «Il Teatro di Eduardo»: Ugo D'Alessio (Nicola), Nello Ascoli (Giovannino), Lello Grotta (Alfredo), Dolores Palumbo (Carmela), Elisa Valentino (Amalia), Peppino De Martino (Pietro), Eduardo (Enrico), Vittorio Sanipoli (Dottore); e va in onda il 16 giugno 1956.

Il testo, con il titolo *I morti non fanno paura* e la data «1952», esce nella prima edizione del secondo volume Einaudi della *Cantata dei giorni dispari*, nel 1958 (quindi dopo la messa in scena del '52 e il telefilm del '56); conserva titolo e data e si mantiene sostanzialmente invariato nell'edizione riveduta dello stesso volume della *Dispari*, nel 1971. Poi, espunto dall'edizione del 1979 di questa *Cantata*, viene inserito nell'ottava edizione (riveduta) della *Cantata dei giorni pari* dello stesso anno, con entrambi i titoli e le rispettive date: *Requie all'anema soja...* (1926) e *I morti non fanno paura* (1952). Come abbiamo accennato testimonia, cosí, della labilità di confini fra la *Pari* e la *Dispari*.

Inoltre, con l'edizione nella *Cantata dei giorni pari* del 1979, il testo presenta alcune varianti rispetto alle sue precedenti edizioni nella *Cantata dei giorni dispari*. Dal confronto con una ristampa di *I morti non fanno paura* nel secondo volume della *Dispari* del 1963 (identica a quella del 1961) emerge come l'elenco dei personaggi aggiunga l'indicazione della parte (Enrico, commesso viaggiatore; Nicola, portiere; Amalia, la vedova ecc.) nella versione riveduta nella *Pari* del '79. La didascalia iniziale manca tuttavia di alcune notazioni relative all'ambiente. Dopo lo stesso attacco (*Una povera casa di due stanze*), la prima versione si diffonde in particolari scenografici che non appaiono affatto nella seconda:

> *Quella che vediamo è la piú misera, anche perché presenta l'inconveniente grave di non poter contare sul disimpegno assoluto di essa, per via della porta d'ingresso che dà sulle scale, e che si trova in fondo a sinistra. In fondo a destra un balconcino dal quale, attraverso i vetri, si scorgono le altre case del povero quartiere napoletano. Fra la porta d'ingresso e il balconcino, addossati provvisoriamente alla parete, si troveranno due comodini da notte e le due spalliere di un letto ad una sola piazza; accanto ad esse ben arrotolato uno striminzito materasso di crine. In alto, sulla stessa parete, notiamo tutto quanto serve di solito ad arricchire un muro sovrastante una testata di un letto matrimoniale: fotografie stinte, la palma benedetta, la rituale candela istoriata, una brutta immagine sacra (un Cristo dipinto male o una Madonna) e un ritratto-ingrandimento ovale in cornice raffigurante un massiccio uomo sulla sessantina; il padrone di casa. Alla parete di sinistra, un mobile armadio e qualche sedia; a quella di destra una piccola porta che dà nell'altra stanza.* (did., *Dispari*, vol. II, ediz. '63, p. 189).

Nella parte della didascalia che descrive la disposizione dei personaggi, le due versioni per lo piú coincidono; nella seconda manca solo qualche dettaglio: la luce «*fegatosa*», che entra dal pianerottolo delle scale; gli occhi di Amalia «*istupiditi*», oltre che cerchiati di rosso; a proposito del morto, Gennaro Acampora, scompare la precisazione: *quello che schizza salute dall'ovale della cornice* (did., *ibid.*). Sostanzialmente, anche le altre didascalie corrispondono, cosí come la sequenza delle battute; mancano soltanto, nella seconda versione, alcune frasi scambiate fra Enrico e il Dottore. Dopo che quest'ultimo ha pronunciato il discorso sui medicinali che «dimostrano con evidenza realistica il loro effetto», nella prima versione Enrico aggiunge (*divertito*) per trattenerlo: «Già... Oggi poi tutto è realismo. Che ne dite dei film realisti?»; ma l'altro non abbocca: «Veramente mi occupo poco di cinema. E vi saluto. (*Si alza in piedi di nuovo*)» (*Dispari*, vol. II, ediz. '63, pp. 203-4). Battute poco significative, oltretutto legate ad una determinata epoca (non risalgono evidentemente agli anni Venti e neppure ai Trenta della prima rappresentazione).

Ma le varianti che colpiscono sono quelle relative al linguaggio della commedia, che nell'ultima edizione della *Pari* (contrariamente ad una certa prassi rielaborativa dei testi eduardiani) risulta piú intriso di elementi dialettali e gergali rispetto a quello dell'edizione nella *Cantata dei giorni dispari*; dove anzi si può osservare l'uso d'un italiano corrente, con qualche riferimento all'area campana nella sintassi. Un esempio dal confronto del primo discorso di Carmela nelle due versioni: «(*mostrando l'ovale sulla parete di fondo*) Guardate là... Un uomo massiccio... con una salute di ferro... [...] Quando lo incontravo per le scale, per fare dello spirito, sapete, come si usa fra coinquilini, alludendo a quel colorito sano che aveva lui, e che si poteva tagliare a fette: "Don Gennaro, siete uscito dall'ospedale?" E lui rideva bonario» (*Dispari*, vol. II, ediz. '63, p. 190); «(*mostrando il ritratto del morto sulla parete di fondo*) Guardate là... Nu piezzo d'ommo, co' na salute 'e fierro... [...] Quanno ce ncontràveme p' 'e scale, accussí, pe' pazzia... 'o verevo cu' chelli ppezze 'e russo nfaccia ca se putevano taglià c' 'o curtiello... le ricevo: "Don Genna', siete uscito dall'ospedale?", e isso se schiattava 'e risate!» (*Pari*, ediz. '79, pp. 81-82; ora pp. 107-8).

È evidente la maggiore efficacia comunicativa della seconda versione, che oltretutto sfrutta in chiave comico-grottesca la locuzione «se schiattava 'e risate!» riferita al morto. Per non parlare di quel gorgheggio doloroso da soprano stonato di Amalia («Non ci sta cchiú! Non esiste piú!») e di quella sua cantilena in cui ripete la frase agghiacciante («Sott' 'o turreno, staje, sott' 'o turreno!») che nella versione in lingua perdono colore («Non ci sta piú... Non esiste piú», *Dispari*, vol. II, ediz. '63, p. 195; «Sotto terra stai... sotto terra», ivi, p. 198). Appartiene allo stesso genere di trasformazioni espressive l'inserimento dell'appellativo «'a senzanaso» (*Pari*, ediz. '79, p. 88; ora p. 114), riferito alla Morte, nella tirata del portiere sulla vanità della vita, in lingua in entrambe le versioni.

Personaggi

Enrico, commesso viaggiatore
Nicola, portiere
Pietro Tuppo ⎫
Giovannino ⎬ operai del Gas
Alfredo ⎭
Amalia, la vedova
Carmela, sua vicina di casa
Dottore

Una povera casa di due stanze. È sera. La stanza è illuminata piú dalla luce che entra dal pianerottolo delle scale che dalla lampada agonizzante ormai che pende dal centro del soffitto. In primo piano a destra, infreddolita e stanca, sprofondata in una traballante poltrona, avvolta in uno scialle nero, spettinata e con gli occhi cerchiati di rosso vediamo Amalia, denutrita figura di donna sui cinquant'anni: la recentissima vedova di Gennaro Acampora, operaio manovale della Compagnia del Gas. Accanto ad Amalia, seduta in un atteggiamento apparentemente indispettito, come se la morte avesse dovuto chiedere il permesso a lei prima di pigliarsi don Gennaro, c'è la signora del 4° piano, che si è fatta in quattro per l'occasione: donna Carmela. A sinistra, sinceramente addolorati, siedono l'uno accanto all'altro due colleghi del defunto: Alfredo e Giovannino. Tutti e due hanno posato sulle ginocchia i berretti da lavoro con la scritta: «Compagnia del Gas».
Lunga pausa. Rompe il silenzio qualche lamento rassegnato di Amalia, misto a parole incomprensibili.

GIOVANNINO   Cos' 'e pazze! (*Sottovoce ad Alfredo*) Alfre', tu mi devi credere, io sono rimasto talmente scosso che per rimmettermi ci vorranno un paio di mesi.

Il lamento di Amalia si fa piú distinto.

ALFREDO   Tu... E io? Non piú tardi di tre giorni fa siamo stati qua, seduti, a giocare a scopa fino a mezzanotte...

GIOVANNINO   Quando stamattina ho saputo la notizia, mi sono sentito talmente male... e non mi sono ripreso ancora. È stato un fulmine.

CARMELA (*mostrando il ritratto del morto sulla parete di fondo*)   Guardate là... Nu piezzo d'ommo, co' na salute 'e fier-

ro... (*Abbozzando un tenero sorriso*) Quanno ce ncontràveme
p' 'e scale, accussí, pe' pazzia... 'o verevo cu' chelli ppezze 'e
russo nfaccia ca se putevano taglià c' 'o curtiello... le ricevo:
«Don Genna', siete uscito dall'ospedale?», e isso se schiattava
'e risate! Non ci posso pensare. Da un momento all'altro, che
cos'è che cosa non è, non esiste cchiú...

GIOVANNINO   Non ci si può pensare.

La vedova si lamenta sempre.

ALFREDO (*piegandosi all'ineluttabilità del caso*)   Volontà di Dio!
PIETRO (*entra dalla porta d'ingresso. È un altro collega del morto. Entra un poco confuso perché non gli è riuscito di trovarsi
preciso con gli amici al momento del funerale*)   Buonasera...
(*Dopo una piccola pausa, durante la quale il suo disagio è evidente, chiede*) Il funerale s'è fatto?
CARMELA   Non potevamo aspettare a voi, certamente.
PIETRO (*cercando comprensione nei colleghi*)   Ho fatto questione con mia moglie... (*Confidenziale*) Una rivoluzione in casa...
(*Alludendo alla moglie*) Quella dannata! Sceglie i momenti precisi, mi rovina le occasioni piú belle. (*Accorgendosi della gaffe*)
Piú belle, nel senso che capisce quando metto interesse per una
cosa... (*I due annuiscono con un lieve tentennio del capo come
per dire: «A chi lo dici...»*, e forse alludono alle loro mogli*).
Donna Amalia... (*È mortificato, non trova le parole adatte*) In
questi momenti, un disgraziato non sa che cosa dire... Il vostro
dolore... è piú doloroso del nostro... che... diciamo... è un dolore... parlo del nostro... (*indica i colleghi*) di fratellanza e di
compagni di lavoro. Voglio dire che un compagno non può avere il dolore della compagna... (*Cerca la frase per racchiudere il
pensiero*) La compagna vera siete voi. Voi dovete piangere, noi
non possiamo... noi siamo virili. Perché se non fossimo virili e
sprezzanti, pure il nostro bene amato compagno dall'altro mondo dicesse: «Ma che compagni siete?» ed avrebbe ragione...
Perché i compagni di una compagnia di lavoro, virili e sprezzanti... devono chiudere dentro quello che volesse venire fuori...
(*Intanto si commuove e già qualche lacrima scorre dai suoi
occhi*) Sí, qualche lacrima la versiamo anche noi, ma è sempre
furtiva... (*Si commuove sempre piú*) Perché sprezzante e virile
come sono, vi dico che io, Pietro Tuppo, che ha litigato con
sua moglie... ve lo giuro sui figli... se andate a casa trovate
ancora la pasta e fagioli per terra... che sto digiuno... sull'ani-

ma santa di don Gennaro! Non voglio dire quello che non so dire... (*Ormai non regge alla piena del pianto che gli sale alla gola*) Perché le parole sono parole... e la libertà è la libertà. E don Gennaro vostro marito era sprezzante e virile come noi... (*Scoppia a piangere senza alcuna riserva*) Povero don Gennaro! Povero compagno! (*si accascia su di una sedia, dando sfogo un poco al dolore di aver perduto un caro amico, ma molto, moltissimo a tutto ciò che lo contraria nella vita, chi sa da quando e perché*).

I due colleghi gli si avvicinano per confortarlo.

ALFREDO   Calmati, su...

GIOVANNINO   Si' n'ommo, nun si' na creatura...

PIETRO (*alludendo al compagno scomparso*)   Non doveva morire...

GIOVANNINO   Ormai...

PIETRO (*testardo*)   No, no! Non doveva morire...

Poi si calma, e piano piano torna il silenzio come prima; la vedova si lamenta sempre.

NICOLA (*entra dall'ingresso che dà sulle scale. È il portiere del palazzo, veste un abito liso ma dignitoso. Poveraccio, si moltiplica per tutti gli inquilini. Lo rende felice soltanto il berretto gallonato con la visiera di pelle lucida*)   Eccomi qua. Aggio chiuso 'o miezo purtone e sono nuovamente a vostra disposizione. Se avete bisogno di qualche altra cosa, comandatemi pure.

AMALIA (*distrutta com'è, ormai si commuove pure alle premure del portiere*)   Marito mio... marito mio... (*Piange*).

PIETRO   Ma come è successa la disgrazia?

AMALIA (*piagnucolando*)   Bello e buono... L'altra notte è tornato a casa verso mezzanotte e un quarto...

NICOLA (*interviene, precisando*)   Mezzanotte e venti. Io stavo ancora sveglio, trasete int' 'o palazzo, guardaie 'o rilogio e dicette: «È mezzanotte e venti... stai ancora in piedi?» «Non tenevo sonno, – risponnette io, – mi sono trattenuto per prendere nu poco d'aria». «Nico', – dicette, – ti devo pagare due sigari toscani e quattro giornali: fanno precisamente 350 lire. Domani regoliamo». (*Con amarezza ambigua*) Chi l'avesse detto!

CARMELA (*prodigandosi in maniera dispotica e petulante nei confronti della vedova*)   Adesso dovete fare quello che dico io, senza discutere! (*A un lamento un po' piú forte di Amalia, s'inalbera decisa*) Senza discutere, ho detto! Venite su da me, a casa mia, e vi pigliate una tazza di brodo bollente. (*Amalia emette un suono incomprensibile che vuole significare: «Non mi va giú nemmeno la saliva!» Carmela insiste scandendo*) Una tazza di bro-do bol-len-te, e zitta, mosca! Se no, non vi voglio piú bene e non vi stimo piú. Volete *sconocchiare* per la debolezza? Ne vogliamo fare un altro, di funerale? (*Con dolcezza*) Andiamo, venite sopra da me. Ci pensa Nicola a mettere a posto la casa.

AMALIA (*come di colpo richiamata alla realtà di tutti i giorni*) La camera di don Enrico! Non lo voglio contrariare per nessuna ragione, è tanto amabile! Non ci sta quasi mai perché fa il commesso viaggiatore. Un vero galantuomo, paga puntualmente... Ha scritto da Milano che arriva stasera... Se trova 'a cammera 'e chella manera, sotto ncoppa, me dispiace...

Durante questa battuta Nicola chiude la porta d'ingresso.

CARMELA E che vuol dire? Questa è una camera di passaggio, con la porta d'ingresso là... (*La indica*) Lo capirà benissimo. Voi non avete occupata la sua camera per un tavolo di canasta, un morto ci avete messo!

NICOLA Ma queste so' tutte chiacchiere inutili, adesso penso io a mettere tutto a posto comme steva primma, accussí nun ci sta bisogno nemmeno 'e ce dicere niente.

Il campanello dell'ingresso suona.

CARMELA Chi è?

ENRICO (*dall'interno*) Sono io, aprite.

AMALIA (*come colta in fallo*) Donn'Enrico...

CARMELA (*accomodante*) E va bene, nce 'o dich'io... Nicola, apri.

NICOLA (*indicando l'altra camera*) Ci stanno ancora i fiori per terra e le quattro candele intorno al letto... (*Apre la porta d'ingresso*).

ENRICO (*entra in fretta; non vedeva l'ora di trovarsi sotto un tetto qualunque. È un uomo sui cinquant'anni, abbastanza attivo malgrado la sua corporatura piuttosto pesante. Equipaggiato con panni di fortuna, ma alla milanese. Cappello di panno ciancicabile. Un mezzo paltoncino di colore a disegno sportivo, pos-*

*sibilmente con mezzo bavero di pelo; porta in mano una borsa
di cuoio gonfia e patita e sul braccio un impermeabile. Batte i
denti dal freddo, in preda a uno stato febbrile che lo tiene in
piedi per miracolo)* Buona sera. Una sedia... *(Nicola gliela porge e lui siede quasi al centro della stanza; parla a se stesso, non
vede nessuno)* Io 'sta vita non la posso fare piú... *(Tastandosi
il polso)* Debbo avere per lo meno trentanove e mezzo di febbre... I primi brividi li ho avvertiti in treno. Maledetta fatali-
tà! E come faccio? Domani mattina debbo ripartire... Un affare importantissimo: quattro balle di cotone idrofilo, un prezzo
da fallimento. Prima di salire sono entrato nella farmacia all'angolo: ho lasciato detto che il primo medico che capita, lo man-
dassero subito da me. *(Ora realizza tutto l'insolito che lo circonda e incuriosito chiede)* Ma che c'è? *(A Nicola)* Tu che fai
qua? E la signora Carmela? *(Segue un silenzio imbarazzante.
Amalia ha reclinato il capo piagnucolando e coprendosi il volto
con le mani. Tutti i presenti hanno riguardo per lei, per cui
ognuno di loro cerca di far comprendere a Enrico la sciagura
che si è abbattuta inaspettata su quel povero tetto. A poco a
poco l'insieme di quei gesti zelanti diventa una pantomima da
teatro marionettistico. Il gioco dura fin quando Enrico, compiuto ogni umano sforzo di volontà per comprenderli, spazientito
lo interrompe deciso)* Non vi capisco, santo Dio. Parlate chiaro! *(Ognuno se ne astiene per opportunità, chiudendosi in un
riserbo occasionale. Allora Enrico si rivolge ad Amalia)* Donna
Amalia, che succede? Perché piangete? Dove sta vostro marito?

AMALIA *(non avesse mai pronunciato la parola «marito»... Amalia, con voce selvaggia da belva ferita, e tra l'altro come se
accusasse Enrico stesso della morte del marito, gorgheggia il
suo dolore da soprano stonato)* Non ci sta cchiú! Non esiste
cchiú! Don Enrico, avimmo perduto il nostro angelo tutelare...
ci ha lasciati soli! Quanto vi voleva bene, e quanto vi stimava... Diceva sempre: «Tienitelo caro a don Enrico: non ho
visto mai un galantuomo piú puntuale di lui nei pagamenti.
Tienitelo caro». Quanto vi voleva bene! Non mi lasciate pure
voi! Non l'abbandonate questa povera infelice che è rimasta
priva di marito e di risorse. Marito mio... *(Piange e si accascia
sulla poltrona).*

CARMELA *(dopo una pausa)* Ieri sera a quest'ora è morto.

NICOLA *(interviene precisando ancora una volta)* Nooo! A mezzanotte e venti.

ENRICO (*sinceramente addolorato*) Voi che mi dite... Questa non me l'aspettavo. Immagino la signora... (*Alludendo alla vedova*).

CARMELA (*secca*) S'è scimunita. (*Precisa*) È scema. N'ora fa, quanno s'hanno portato 'o muorto... sapete, viene quel momento di confusione... uno che deve avere, cento occhi? Ha aperto 'o balcone... se non la fermavo a tempo, a quest'ora stessemo chiagnendo duje muorte!

AMALIA (*sempre piangendo*) M'avete fermata, è overo? Ma v'è riuscito na vota... Appena tengo un momentino di tempo...

ENRICO Sicché il funerale s'è fatto un'ora fa?

NICOLA Se arrivàveve n'ora primma, ve truvàveve pure vuie.

CARMELA (*rivolgendosi ad Amalia con tono dolce, come si parla ai bimbi*) Adesso donna Amaliuccia fa quello che dico io: per questa notte dormirà a casa mia. (*Agli altri, da protettrice*) Se no la picchio.

ENRICO (*conciliante*) Seguite i consigli di donna Carmela, signora Amalia. Che ci volete fare... rassegnatevi. Vuol dire che don Gennaro è andato a pregare per voi. Del resto, quella è una strada che dobbiamo fare tutti quanti. (*Rivolto ai tre compagni del morto*) Voi siete compagni di lavoro di don Gennaro?

I tre si alzano in piedi e si presentano a Enrico.

GIOVANNINO Precisamente.

ALFREDO Siamo venuti a fare il nostro dovere verso il compagno scomparso e a congratularci *risentitamente* con la vedova.

GIOVANNI (*indicando Pietro*) Lui è arrivato tardi.

PIETRO Se fosse dipeso da me...

I tre amici seggono di nuovo.

ENRICO Intanto io me ne vado a letto perché non mi reggo sulle gambe. Nico', famme 'o piacere, quanno viene 'o dottore, l'accompagni tu stesso qua e 'o puorte int' 'a cammera mia. (*Si alza, raccoglie le sue cose e muove per andarsene in camera sua*).

Tutti i presenti si scambiano occhiate d'intenzione.

CARMELA (*è la sola che abbia il coraggio d'intervenire*) Aspettate... Già ve vulite cuccà?

ENRICO   Tengo 'a freva forte, ve l'ho detto.

CARMELA   Sí, l'avete detto. (*Agli altri*) È vero che l'ha detto?

TUTTI (*tranne Amalia, all'unisono*)   Come no: l'ha detto.

CARMELA   Ecco... s'ha da mettere prima in ordine la stanza...
Facciamo cosí: mo me porto primma donn'Amalia sopra, poi
torno, e insieme a Nicola sistemiamo tutto in due minuti. (*Ad
Amalia*) Su, andiamo. Sopra ci sta mia sorella, e pure i bambi-
ni, cosí vi distraete un poco, state in compagnia... (*Costringe
Amalia ad alzarsi e la sorregge*).

AMALIA (*macchinalmente cede all'insistenza di Carmela e si avvia
quasi trascinata dalla casigliana. Nicola apre la porta d'ingresso perché il passaggio delle duè donne sia piú comodo per entrambe. Amalia sollevando lo sguardo verso il ritratto del marito, parla ad esso con lo stesso tono con cui si parla ad una
persona viva, la quale abbia commesso la piú impensata delle
impertinenze*)   Hai fatto una bella azione. Hai pensato sulo a
te. Non ti sei ricordato ch'eri nzurato e che lasciavi na povera
scòrteca sola! Accussí l'he lasciata, Amalia? (*A Enrico*) Se si
fosse trattato di una malattia lunga... beh, sapete... chille malatie lente che te lo fanno godere un malato caro in casa... che so,
un mese, due mesi... (*Poi ripensandoci meglio*) Ma meglio un
mese... Una disgraziata ci pensa, e quando sopravviene la morte, dice: «Meno male, è stata la liberazione per tutti e due».
Ma da un momento all'altro... (*Previdente*) Curatevi, don Enrico, curatevi. Maritemo è tornato 'a casa l'altra sera con la stessa freva: trentotto, trentanove... trentanove e mezzo... e mo
sta sotto terra! (*Si lascia andare, ormai non trattiene piú il suo
dolore e lo esterna selvaggiamente, come un'aquila ferita*) Sott'
'o turreno staje! (*Carmela durante la scena ha sempre cercato
di calmarla con mezze paroline, ora la trascina quasi a viva
forza verso l'uscita. Amalia, con gesto largo da tragedia greca
si rivolge direttamente al ritratto del marito*) Sott' 'o turreno,
staje, sott' 'o turreno!

Le due donne sono uscite sul pianerottolo. Si udranno voci di
inquilini che commentano il caso «Povera donna!», «Povero
don Gennaro», ma prevale quella di donna Amalia, la quale
come una cantilena ripete la stessa frase agghiacciante: «Sott'
'o turreno, staje, sott' 'o turreno!», durante tutta la salita delle
scale, fin quando sentiremo sbattere l'uscio della casa di Carmela.

NICOLA (*dopo un silenzio*)   Povera donna, è uno strazio.

ENRICO (*un po' insospettito*)   Ma perché la signora Carmela ha detto che si deve mettere in ordine la mia camera? Ma perché, non sta in ordine?

NICOLA (*con evidente imbarazzo*)   Ecco, vedete... quanno aieressera don Gennaro murette, 'a mugliera non lo poteva aggiustare degnamente qua dentro... Questa è na cammera 'e passaggio, c' 'a porta che dà mmiez' 'e scale, e logicamente... (*Incoraggiato*) Teneva nu sacco d'amice... Infatti è stata una processione di gente che è venuta a visitare il morto per tutta la giornata. Che figura si faceva? Allora si pensò di sistemarlo in camera vostra, che è grande, bella... Mi sono spiegato? Voi poi siete un uomo, non vi può impressionare... non l'avete nemmeno visto!

ALFREDO   Era un sant'uomo.

GIOVANNINO   Non diceva male di nessuno.

PIETRO   Quante volte si è adoperato per mettere pace fra me e mia moglie.

ALFREDO   Noi ce ne andiamo. (*Ai compagni*) Togliamo il fastidio al signore. (*A Enrico*) Buona notte e tanti auguri per la vostra salute.

ENRICO   Grazie.

PIETRO   Buona notte.

GIOVANNINO   Buona notte.

NICOLA   Buona notte. (*I tre escono dalla comune; Nicola trova a portata di mano una scopa e con essa spazza qualche fiore che è rimasto a terra al passaggio delle corone, ne fa un mucchietto e lo mette da parte sul pianerottolo, e intanto commenta sommessamente l'accaduto*) Guai a chi fa male... Stupida vita! Fatichi come a un dannato, ti fai mille nemici per tirare avanti la giornata, per mettere da parte una lira... un bel giorno vene 'a senzanaso, si chiude il libro e ti saluto...

CARMELA (*tornando*)   Eccomi qua, Nicola. Mettiamo tutto a posto presto presto. Vieni con me. (*Ed esce per la prima a sinistra*).

NICOLA   Sono pronto. (*E segue Carmela*).

Enrico solo, si guarda intorno smarrito. Involontariamente il suo sguardo cade sempre sul ritratto di Gennaro Acampora. Ogni tanto controlla i battiti del polso. La febbre aumenta. La scena che segue deve essere concertata tra Nicola e Carmela con sincronismo perfetto di entrate e di uscite. Entra prima

Nicola trasportando a fatica la spalliera grande del letto matrimoniale. Raggiunto il fondo della stanza, poggia al muro la spalliera grande, prende sulle spalle quella del lettino piccolo ed esce di nuovo per la prima a destra. Dopo poco torna con l'altra spalliera. Questa volta si riporta nella camera di Enrico il materasso striminzito. Poi viene la volta dei quattro candelieri con i ceri consumati per metà; Nicola li colloca in un angolo della stanza ed esce di nuovo incrociandosi questa volta con Carmela, la quale reca due lenzuola. Dopo aver sventolato ripetutamente i due candidi teli per liberarli di qualche fiore rimastovi tra le pieghe, la donna va al balcone e li stende sulla ringhiera. Nicola torna recando un crocefisso ed una benda di lino bianco annodata due volte alla sommità. Quest'ultima la regge fra due dita allontanandola piú che può dal suo viso, quasi la mostra ad Enrico, perché costui ne provi lo stesso schifo che ne prova lui.

NICOLA (*alludendo al morto*) È morto con la bocca aperta. (*E colloca la benda sulla spalliera di una sedia; dopo poco il traffico dei due cessa; Nicola, accaldato per la fatica compiuta*) Ecco fatto.

CARMELA (*a Enrico*) Abbiate pazienza, ma da ieri in questa casa non si ragiona. Capirete, la disgrazia è successa da un momento all'altro. Se avete bisogno di qualche cosa, chiamatemi dal balcone. (*Considerando lo smarrimento di Enrico*) Se volete salire da me pure voi...

ENRICO Grazie, signora Carmela, ma io ho bisogno di andare subito a letto. E poi deve venire il medico. Mi corico subito e mi ficco sotto le coperte. Tanto... il morto non l'ho visto.

CARMELA Si ve fa mpressione 'e passà 'a nuttata int' a chella cammera, senza complimenti, per questa notte potete dormire a casa mia.

ENRICO No, no, grazie tante.

CARMELA Allora me ne vado, e buona nottata.

ENRICO Grazie.

Carmela esce per l'ingresso.

NICOLA (*che non vorrebbe trovarsi nei panni di Enrico nemmeno come pulce, bisbiglia*) E me ne vado io pure: vi occorre niente?

ENRICO Niente, grazie. Appena arriva il dottore lo accompagni qua.

NICOLA   Non dubitate. Mettetevi a letto, copritevi bene e fate
una bella sudata. Riguardatevi... Avete visto don Gennaro? Potevate mai pensare che finiva cosí repentinamente? Le ultime
parole me le disse l'altra sera, quando tornò a casa: «Nico', ti
devo pagare due sigari toscani e quattro giornali. Fanno precisamente 350 lire: domani regoliamo». (*Con ambiguo rimpianto*)
Domani regoliamo... Ieri sera a quest'ora stava esposto in quella stanza. (*Ricostruendo la camera ardente e il funerale*) Quat-
to cannele... due monache... i fiori... il carro del Municipio...
quattro visite di amici e ti saluto. (*Prendendo a cuore l'infermità di Enrico, come per mettergli davanti agli occhi l'esempio di
don Gennaro*) Curatevi, curatevi perché la morte non guarda
in faccia a nessuno. Buona notte, va'! (*Esce, chiudendo l'uscio
dietro di sé*).

Scena muta. Enrico rimasto solo raccoglie i suoi indumenti e
s'avvia verso la sua stanza; a metà strada rimane perplesso,
torna indietro fingendo con se stesso di avere dimenticato qualche cosa, tenta di nuovo di entrare in camera sua; non ce la
fa... Apre il balcone, s'affaccia e scruta il cielo. Fischietta una
canzonetta in voga. Torna nella stessa stanza, si dirige difilato
alla porta d'ingresso e la spalanca. Va sul pianerottolo, guardando in alto e in basso. Ora si fa animo: entra di nuovo nella
stanza e si avvia lentamente verso la sua camera. Nel frattempo Nicola compare sul pianerottolo precedendo qualcuno al
quale fa lume con una candela. Giunto al centro della porta
d'ingresso, solleva il candeliere per illuminare meglio la rampa
delle scale e con la mano sinistra fa un cenno invitante e reve-
rente a colui che lo segue. Enrico avverte la presenza di un
estraneo e repentinamente si volge verso l'ingresso. Alla vista
di Nicola, che continua la sua mimica verso le scale, non realizza subito, e rimane come impietrito, ma dopo un attimo grida.

ENRICO   Chi è?
NICOLA   Calma, so' io. Ho portato una candela per accompagnare
il dottore, 'o secondo piano s'hanno futtut' 'a lampadina. (*Par-
lando verso le scale in basso*) Venite dottore.
DOTTORE (*entrando*) Buona sera.
ENRICO   Avanti, dottore. Buonasera. Accomodatevi.

Porge una sedia al medico, un'altra la porge Nicola ad Enrico:
per caso, proprio quella su cui è appoggiata la benda.

NICOLA   La candela la lascio qua.

DOTTORE   Sí, ve la riporto io.

NICOLA   Permesso. (*Esce*).

DOTTORE   Dunque...

ENRICO   Ecco, io sono costretto a viaggiare sempre per la mia professione. Ieri a Milano pioveva e presi molta acqua. Stamattina mi sono messo in treno e ho cominciato a sentire qualche brivido di freddo. Dopo poco m'è scoppiata una febbre da cavallo.

DOTTORE   Vediamo un po'. Spogliatevi. Solamente la giacca e la camicia. (*Enrico esegue*). Bravo, cosí. (*Dopo averlo osservato*) È cos' 'e niente, per ora non vi sono lesioni, ma vi consiglio di mettervi subito a letto, non si sa mai queste forme influenzali quali proporzioni possono prendere. Ci sono moltissimi casi di broncopolmonite. Dovete sudare, sudare molto. Medicine non ve ne prescrivo, semmai domani... ma io sono nemico dei medicinali. Il miglior medico sta nel nostro organismo.

ENRICO   Ma io domani dovrei ripartire...

DOTTORE   Non fate sciocchezze. Domani torno e vi sarò piú preciso. Mettetevi immediatamente a letto. (*Si alza per andare*) A domani.

ENRICO (*sgomento*)   E... ve ne andate?

DOTTORE   Certo, perché?

ENRICO   Tenete molto da fare?

DOTTORE (*siede di nuovo*)   No, veramente me ne vado a casa.

ENRICO   Siete ammogliato?

DOTTORE   Ho due bambine.

ENRICO (*interessandosi volutamente*)   Eh, che cosa importante sono i figli, vero? Voi avete due femminucce?

DOTTORE (*orgoglioso*)   Sette e dodici anni.

ENRICO   ... e avreste voluto il maschio, è vero? Non c'è che fare, nessuno è felice a questo mondo.

DOTTORE   Ma io sono contento! O maschio, o femmina...

ENRICO   Non lo dite, non lo dite, perché si vede dallo sguardo che desideravate il maschio...

DOTTORE   Certo, se fosse venuto... (*Si muove sulla sedia, impaziente*).

ENRICO   Il maschio è il continuatore delle orme paterne. Voi siete medico specializzato?

DOTTORE   No, io sono medico chirurgo.

ENRICO   Ecco perché non amate le medicine.

DOTTORE   Ma non le escludo nemmeno. All'occorrenza, con molta parsimonia. Io credo alla tintura di iodio, al sublimato e all'olio di ricino. I tre medicinali che una volta somministrati dimostrano con evidenza realistica il loro effetto. Bene, io vi saluto. (*Si alza*).

ENRICO (*esaltato, aggirando il medico, vi si pone alle spalle, sbarrandogli il passo*) Aspettate!

DOTTORE   Ancora? Ma perché debbo aspettare? È tardi.

ENRICO   Non mi lasciate solo...

DOTTORE   Ma che c'è?

ENRICO   Vi dico la verità. In quella camera, dove io dovrei coricarmi, fino a un'ora fa c'è stato un morto. Potete comprendere allora il mio stato d'animo.

DOTTORE   Capisco, fa una certa impressione. Ma non pretenderete che io mi corichi con voi?

ENRICO   Facciamo quattro chiacchiere. Se dovete cenare faccio venire qualche cosa dal ristorante all'angolo: mando il portiere.

DOTTORE   Ma neanche per sogno. Mia moglie mi aspetta. Ascoltate, la vostra è pura suggestione: che vi può fare di male un morto? (*Siede di nuovo, Enrico macchinalmente siede accanto a lui*). Un paio di anni fa mi accadde un caso singolare. Un mio carissimo amico, amico di ginnasio, pensate, mi mostrò un foruncolo che gli si era formato sulla parte esterna della coscia destra. Niente di grave, un volgare foruncolo che gli procurava dolori atroci. «Vengo in clinica», disse lui. «Macché, – dissi io, – questa è una sciocchezza da niente. Un piccolo intervento da praticare in casa tua stessa». Prendemmo appuntamento per l'indomani, e mi recai da lui all'ora precisa. Anzi mi portai dietro il mio assistente. Dopo un vermuth servito in camera da pranzo con tutta la famiglia riunita... la moglie, il figlio, il fratello – tutti allegri e felici –, seguiti dal mio assistente, il mio amico e io ce ne andammo in camera da letto. «Quanto tempo?», chiese il fratello. «Dieci minuti, – risposi io, – mentre voialtri prendete un altro vermuth». Ci chiudemmo in camera e il mio amico si sdraiò sul letto. Non feci nemmeno in tempo ad appoggiare il taglio del bisturi sul foruncolo... Una sincope e l'amico mio se ne andò all'altro mondo. Ci guardammo, l'assistente e io... «E chi nce 'o ddice 'a famiglia?» Rimasi piú di un'ora chiuso in camera da letto col cadavere, prima di decidermi a uscire e dare la notizia ai familiari.

ENRICO   Ma non eravate solo, c'era l'assistente...

DOTTORE   Piú morto del morto. Mezzo morto. In quel momento

la partita era pari: un morto e mezzo contro un vivo e mezzo.
Avrei dovuto spaventarmi, o per lo meno perdere il controllo
dei nervi, sebbene mi sentissi completamente a posto con la
coscienza. Disgraziato! Una natura impressionabile, e poi... vat-
telappesca! Avvertivo un senso di disagio, niente piú di questo. Per un poco ebbi l'impressione che il morto mi ritenesse
responsabile della sua dipartita, ma poi... amico mio, il morto
non è altro che un uomo disarmato sul serio. È il combattente
della guerra eterna, al quale la natura ha tolto per sempre l'arma piú micidiale e insidiosa, la vera arma segreta: l'anima. Io
posseggo ancora quest'arma, voi la possedete ancora. Di me
potete avere paura, io di voi... State tranquillo e andatevene a
letto. (*Formulando un'ipotesi per avvalorare sempre piú il suo
concetto, e nel contempo rasserenare il cliente*) Se io, per esempio, per degli strani interessi miei personali, mi fossi intromesso in casa vostra, con l'idea precisa di puntare contro di voi la
mia arma segreta? Se vi dicessi: «Dammi il portafogli o t'ammazzo!»... Se per un equivoco vi avessi scambiato per un mio
nemico al quale avevo promesso di fargli la pelle, e per errore
la facessi a voi? Voi legittimamente dovreste difendervi. O tu
o io! Per disarmarmi definitivamente allora dovreste uccidermi. Non c'è altro mezzo per rendere inoffensivo l'uomo. Altrimenti, se vi riuscisse soltanto di ferirmi o di mettermi in fuga,
la mia arma segreta funzionerebbe sempre contro di voi. Funzionerebbe con la furbizia, l'astuzia, la calunnia, la diffamazione, la vendetta, l'aggressione... Andatevene a letto, felice di
trovarvi solo, con l'ombra d'un disarmato.

Dalle scale scoppia compatta quanto inaspettata una lite furibonda tra due uomini. Le loro voci, roche e feline, giungono
come se fossero ovattate. Infatti la lite è scoppiata nell'appartamento a piano terra. Il dottore ed Enrico accorrono alla porta
d'ingresso, si fermano sul pianerottolo per rendersi conto di
ciò che accade. Le voci assumono un tono bestiale: «Assassino
schifoso», «Ladro fetente», «Sputa i soldi», «Lass' 'o curtiello», «Te la faccio io la pelle». Giunge il rumore sordo di mobili rovesciati. A tutto ciò si unisce il vocio di gente accorsa davanti alla porta dell'appartamento dove si svolge la lite. Si odono alcuni colpi battuti sul legno dalla piccola folla che tenta di
abbattere i due battenti ed irrompere nella stanza: «Fermatevi», «Aprite», «Siete impazziti?» Qualche grido di donna sovrasta. L'uscio cede. Il tafferuglio diventa assordante e incom-

prensibile. Segue un tramestio concitato, poi altre voci: «Non
lo fate scappare», «Fermatelo», «Carogna».

NICOLA (*dalle scale, internamente*)   Dottore, dottore, scendete!
Dottore, c'è un ferito!

Il dottore ed Enrico istintivamente muovono due o tre passi
verso l'interno della stanza.

NICOLA (*entrando trafelato*)   Dotto', nun perdite tiempo, scendete, ce sta nu ferito!
ENRICO   Ma che è successo?
NICOLA   Uno è scappato, evidentemente il feritore, perché aveva la camicia sporca di sangue. L'altro l'abbiamo trovato steso
sul pavimento... Se so' appicciate pe' poche lire... Che schifo!
Povera umanità... Venite, dottore.
DOTTORE (*allusivo*)   Se non è stato disarmato completamente forse potrò fare qualcosa per lui. (*A Enrico*) Io vado... (*Con intenzione*) Andatevene a letto.

Escono il dottore e Nicola.
Enrico dopo una piccola pausa chiude la porta con due mandate
di chiave, poi vi addossa come sbarramento le due spalliere del
letto grande e i due comodini. Si sente sicuro, ormai. Per un attimo, considerando il suo sciocco sgomento di prima, punta lo
sguardo sul ritratto del defunto, e bisbiglia con serenità un de-
ferente: «Scusami!», poi con moto deciso raccoglie i suoi indumenti e se ne va difilato in camera sua. Dopo una piccola pausa,
sipario.

Ditegli sempre di sí

(1927)

Fin da questa fase sperimentale della drammaturgia eduardiana la questione del linguaggio si profila anche dal punto di vista semantico: il problema della «comunicazione difficile» investe il teatro-del-mondo per il pazzo protagonista di *Ditegli sempre di sí* (1927), e poi funesta comicamente il mondo-del-teatro di *Sik-Sik, l'artefice magico* (1929). Nella commedia in due atti del '27, il motivo è riferito a una variante scenica sul tema della «pazzia», ma in una contaminazione originale fra tradizione sancarliniana, Scarpetta padre (*'O miedeco d' 'e pazze*), e teatro pirandelliano o «grottesco». C'è indubbiamente in Eduardo un modo di trattare il tema che lo apparenta piú alla Commedia dell'Arte che a Pirandello, «piú ai monologhi deliranti di Francesco e Isabella Andreini che alla seriosità psicologica degli autori in lingua tra i due secoli» (F. Angelini, *«Natale in casa Cupiello»* cit., p. 699). D'altra parte, se in *Uomo e galantuomo* attori e pazzi si scambiavano i ruoli attraverso artificiali rispecchiamenti reciproci, in *Ditegli sempre di sí* c'è un pazzo vero, con l'«idea fissa» della letteralità linguistica.

Nel primo atto Michele è appena uscito dal manicomio, ma nessuno lo sa (tranne la sorella Teresa). È cordiale e affabile, ma ha appunto il «vizio» (apparentemente «comico») di prendere alla lettera ogni parola detta da coloro che lo circondano. Sua sorella dice che sposerebbe un uomo *come* don Giovanni Altamura (il padrone di casa), e Michele decide subito di combinare il matrimonio, parlandone alla figlia di lui, Evelina. Vincenzo Gallucci (un amico) dice che con il fratello farà pace solo da morto, e Michele manda un telegramma ad Attilio (il fratello) per informarlo della morte di Vincenzo. Perciò alla fine del pranzo di compleanno dello stesso Vincenzo (con cui si apre il secondo atto *a Bellavista, in casa Gallucci*) arrivano non solo una corona di fiori ma anche Attilio, convinto di partecipare ai funerali del fratello. L'equivoco si risolve felicemente

perché i due Gallucci faranno la pace. Ma quando Giovanni dà
del «pazzo» a Luigi, uno spostato che ne corteggia la figlia,
Michele diffonde la voce *come* vera e cerca di tagliare la testa
al giovane, per guarirlo della sua «malattia». L'iperbole della
coerenza riporterà il protagonista in manicomio.

Di fatto Michele rifiuta il dialogo elaborato dalla società, pieno di doppi sensi, e si inventa un «linguaggio privato», che è anche un «anti-linguaggio» (Todorov). Il *leit-motiv* che distingue
il protagonista – «C'è la parola adatta, perché non la dobbiamo
usare?» – funziona come una specie di «formula magica», capace di sollevarlo al di sopra di un'umanità che, imbrogliando
l'*altro*, imbroglia costantemente *se stessa*; insieme il ritornello agisce come detonatore comico, ma oltrepassando il senso dei tic
linguistici di Don Felice Sciosciammocca, perché smonta i giochetti di vanità, di ipocrisia e di egoismo, che si celano dietro
l'uso figurato delle parole e dei gesti dei cosiddetti «normali».

Il pazzo cerca testardamente la comunicazione coi sani, ma
il suo ridicolo «fallimento di propositi» (Propp) nei confronti
degli interlocutori scenici, non manca il bersaglio del destinatario meta-teatrale, il pubblico vero. Attraverserà poi le Cantate
la tensione a superare la messinscena dei «temi dell'io» con la
resa dei «temi del tu», piú informativa sul piano sociale; allo
scopo di conseguire appunto il rapporto che, «nel discorso», si
stabilisce fra due interlocutori (ancora Todorov). Ma vi ricorre
anche l'invenzione di un codice privato o alternativo: e quando il trovarsi *al di qua* del linguaggio degli altri si mischia, nel
carattere di un personaggio, con la follia, l'inclinazione visionaria o il candore infantile, l'effetto di *straniamento comico* è
garantito; cosicché il «dialogo» con i sani, i miopi o gli adulti,
risulta il mezzo piú inadatto alla comunicazione.

D'altra parte in questa commedia l'opposizione fra pazzi e
sani è quella corrente, non un concetto (discutibile come in
Pirandello) né una finzione, ma una convenzione concreta, quotidiana: perciò, dopo l'*attore* contrapposto al *borghese* (*Uomo e
galantuomo*), troviamo l'*alienato* contrapposto al *normale*. Anche
il quadro del mondo si suddivide in due campi contrapposti, dotati ciascuno di una propria realizzazione spaziale: il protagonista di *Ditegli sempre di sí* proviene da un altro mondo, il manicomio («quel» luogo «...llà», che non dev'essere neppure nominato), e ritorna nel suo mondo di «prima», un ambiente della
borghesia media napoletana (did., I, p. 143), come un marziano
ad un pianeta ormai sconosciuto.

Il primo atto rappresenta appunto il ritorno del pazzo Michele nel mondo dei normali: dove oggetti, gesti e parole gli appaiono significativamente spostati; non a caso la sua camera, in assenza di lui, è stata occupata da un altro, Luigino «'o studente», mezzo medico, mezzo attore e mezzo poeta (già definito «pazzo!» dalla cameriera Checchina). E sarà questo personaggio ambiguo a rappresentare, per tutta la durata della commedia, il rivale - *alter ego* del protagonista; la cui entrata in scena, a metà dell'atto, è preparata proprio dalle ripetute scene di teatro di Luigino: dalla dimostrazione delle quattro risate («grassa», «ironica», «amara», «idiota») davanti al «medico dei pazzi», fino all'esibizione delle lacrime «dell'arte sua» per commuovere e stupire Teresa e Checchina (Luigi *singhiozza fino a che le due donne si mettono a piangere, poi cambia faccia e sorride*, did., I, scena quarta, p. 149). Si instaura fin dal principio un rapporto speculare, ma invertito, fra la pazzia (vera) e la recitazione (finta).

Tanto piú che l'arrivo del reduce è introdotto come un'entrata teatrale in piena regola:

CROCE [il dottore] (*appare sulla porta di fondo*)   Ecco qua.
TERESA   Dotto', e frateme?
CROCE   Eccolo qua.

Sulla porta appare Michele.   (I, scena quarta, p. 150).

La «porta» diventa il tratto spaziale che simula scenicamente il confine fra mondi contrapposti; e l'orientabilità dell'avvenimento è rafforzata dal clima di attesa:

TERESA   Miche', Miche'...!
MICHELE (*apre le braccia, raggiante di gioia; vuole sembrare normale a tutti i costi, ma proprio i gesti precisi e il controllo ostinato che esercita sulla sua voce denunziano la grave malattia che l'affligge; un attimo di esitazione, poi*)   Teresi'!   (*ibid.*).

L'ultima didascalia, come poi tutte quelle che nelle Cantate accompagnano il fenomeno d'ingresso di un «nuovo» personaggio, non si limita all'indicazione del codice fonico e gestuale per l'interprete, ma, attraverso informazioni sul suo specifico linguaggio, ne sbozzano il «carattere». Per l'entrata del suo Michele, Eduardo-attore sceglieva la soluzione dell'apparente naturalezza: solo fuggevoli tic (degli occhi, del sopracciglio), qualche risatina appena accennata, denunciavano lo stato anormale del protagonista.

Poi però la «precisione» e il «controllo ostinato» del gesto
e della voce diventano l'ossessione maniacale del personaggio,
e passando naturalmente dal significante al significato – dalla
fonetica al lessico al senso – rappresentano con crescente rilievo quella «marchiatura» psicofisica che fortemente differenzia
l'«eroe» dal mondo circostante, impedendogli la fusione con esso. Ogni entrata di nuovi personaggi provoca infatti, nel primo
atto, momenti di esitazione e di inquietudine in Michele; specialmente l'ingresso in scena di Luigi:

> LUIGI (*ride dall'interno, poi entra sempre ridendo, teatralmente*)   «Ah,
> ah, ah, ah, ah, ah, ah, ah, ah...!»
>
> *Michele è turbato.*   (I, scena sesta, p. 155).

Mancano nel testo le indicazioni relative alla messa in opera
di questi turbamenti nel protagonista; ricordiamo però che, per
realizzare l'effetto scenico della «pazzia» nelle riprese della commedia, Eduardo sceglieva una via di mezzo fra la mimesi naturalistica e la caricatura. Infatti l'attore non doveva soltanto far
ridere (caricatura) ma contemporaneamente far riflettere (si tratta di pazzia vera); quindi per conseguire il suo solito rapporto di
distacco-partecipazione (quasi una corrente alternata) fra personaggio e pubblico, che è anche un rapporto di distacco-partecipazione fra l'attore e il personaggio, egli si limitava ad accentuare il suo procedimento mimico e gestuale caratteristico, quello che consentiva l'effetto di «primo piano»: inserire su un «viso
mobile» (connotato da continui passaggi di espressione) alcune
espressioni «fisse» (caratteristiche della maschera). Eduardo ac-
centuava la fissità mimica della maschera, grazie allo sguardo e
alla piega delle labbra: gli occhi diventavano a un tratto truci
(sotto il sopracciglio alzato), ruotando magari (alto-basso-alto);
la bocca si fissava in una smorfia. Quando voleva mimare il ritorno alla «normalità»: occhi ilari e sorriso disarmato. La fre-
quenza di questa alternanza (serio-ilare), che provoca effetti in-
versi sullo spettatore (si ride della maschera truce), aumentava
man mano che aumentano i segni della follia nel personaggio:
con la maggiore durata della maschera della pazzia.

Infatti il pazzo si ostina a ragionare, sforzandosi di penetrare
nel codice segreto degli altri; ma le regole del gioco gli sfuggo-
no e finisce per imbrogliare le carte piú che mai. Lo spessore
teatrale della sua mania si manifesta appieno non investendo
soltanto la stridente disparità fra le *parole* e le *cose*, ma anche

fra i *gesti* e le *cose*, come nella sesta scena del primo atto. L'amico Ettore è nei guai: si è «servito dei depositi dei [suoi] clienti», secondo la perifrasi ipocrita di lui, ovvero «ha rubato trentamilalire», secondo la deduzione rigorosa di Michele, che lo mette subito con le spalle al muro:

> MICHELE Ma 'e solde erano d' 'e tuoie?
> ETTORE No...
> MICHELE E allora li hai rubati. C'è la parola adatta, perché non la dobbiamo usare? (I, scena sesta, p. 155).

Egli vorrebbe comunque aiutarlo, rivolgendosi però a quel «disperatone» di Luigi:

> MICHELE [...] Voi siete tanto buono: prestategli la somma, lui poi ve la restituisce.
> LUIGI (*ironico*) E certo! (*Batte sulle tasche della giacca*) Teh, qua ci stanno cientomila lire, e qua ce ne stanno ate cientomila... E se ve servono quacche decine 'e migliara 'e lire... eccole (*batte sulla tasca di petto*) stanno qua. (Ivi, pp. 155-56).

Ma l'ironia dell'intonazione e della mimica esula dal suo universo mentale, come quei meccanismi che separano il segno dal suo senso convenzionale; quindi Michele crede non solo alla parola ma anche al gesto dell'altro («Bravo! M'è piaciuto il gesto spontaneo»), e quando Luigi nega di avere il denaro si arrabbia: «Sentite, non glieli volete dare, non glieli date... ma negare l'evidenza no! Vi ho visto io che cacciavate dalla tasca nu pacco 'e bigliette da mille lire. [...] (*offeso*) Io sono una persona seria. 'E bigliette l'aggiu vistu cu' st'uocchie mieie» (p. 156). Il *gesto* è divenuto per lui, automaticamente, la *cosa*.

Di qui la chiave farsesca dell'opera: per cui l'intreccio funziona anche come sequenza irresistibile di equivoci, e quasi ogni scena contiene il suo saporoso colpo di teatro. Tuttavia sul meccanismo collaudato dalla tradizione si avverte già la sovrimpressione di un nuovo senso scenico; perché i *qui pro quo* che scandiscono (attraverso rapidissime scene) i due atti della commedia hanno come temi fondanti quelli poi, piú complessamente, rielaborati da Eduardo: la malattia come natura profonda del teatro, la morte come gioco tra finzione e realtà, il lotto come travestimento illusorio della speranza. Inoltre, come si è accennato, il *leit-motiv* puntiglioso e dispettoso di Michele, oltre a produrre effetti di comica ripetizione, funziona da distanziatore «epico» nei confronti del linguaggio studiatamente

falso degli altri, evidenziandone gli «errori» anche di natura
morale. Non si arriva, con ciò, a mettere in dubbio la classifi-
cazione fondamentale dei personaggi (la normalità del contesto), ma anzi, proprio per questo, si sottolinea l'assurdo nei loro discorsi e nei loro comportamenti.

D'altra parte nel coro dei normali, «personaggi immobili»,
si distinguono le voci piú inquietanti non solo di Luigi, ma anche della sorella del protagonista, Teresa: *è una donna piacente,
di circa quarant'anni, ma* – ci informa la didascalia – *i suoi gesti
a scatti, gli occhi troppo lucidi e troppo irrequieti, fanno capire che
qualche rotella le manca* (I, scena prima, p. 143); non a caso
Regina Bianchi, che succede a Titina (prima interprete scenica
di Teresa) nell'allestimento televisivo del 1962, ha adottato una
soluzione quasi caricaturale: la donna non è pazza (si può quindi prendere in giro), però ha qualcosa di strano anche lei; presenta allora una meccanizzazione nei gesti e negli sguardi al limite, appunto, della caricatura. Quanto a Luigi (che in origine
era animato dalla *verve* comica di Peppino) bastano le frequenti esibizioni attoriche per evidenziarne la stranezza rispetto al
mondo dei normali; senza contare che è un parassita, portatore cioè di una atavica miseria pittoresca. I due rappresentano,
rispettivamente, l'*aiutante* e l'*antagonista* in questa favola grottesca, direttamente legati alla sorte dell'*eroe*, da cui devono comunque distinguersi (anche nella recitazione) per restare nel
campo semantico dei sani.

Infatti i due atti della commedia inscenano il viaggio del pazzo Michele fuori dal *chiuso* del manicomio: i suoi tentativi di approccio prima con la casa, la cui spazialità a Napoli è *aperta*, poi
con la società, appunto *a Bellavista* (did., II, scena prima, p. 163).
Che l'avvenimento dell'opera sia rappresentato dalla prima entrata del protagonista, come «passaggio del limite» fondamentale, è confermato dal fatto che non si ripete l'arrivo di Michele
in casa Gallucci: lo troviamo già seduto intorno alla *tavola imbandita*, insieme agli altri commensali, alla fine del bel pranzo di
compleanno dell'amico. Qui in due scene successive, solo apparentemente staccate e invece consequenziali, si mescolano gli ingredienti della parodia letteraria (quasi petroliniana) e della commedia degli equivoci (comicamente necromorfa).

Pensiamo alla scena della recita della poesia cimiteriale da
parte di Luigi («Ora mistica»). Ci appare oggi una parodia del-
l'ermetismo, ma anche del narcisismo ipocrita dei poeti: Luigi
prima chiede a Michele di insistere affinché reciti la sua poe-

sia; poi, invece, di fronte agli altri finge di non volerla recitare («Francamente e sinceramente: no»), provocando il risentimento del pazzo-serio. Cosicché, mentre l'altro la recita, Michele lo interrompe continuamente, nel tentativo puntiglioso (ed esilarante) di razionalizzarne il senso. D'altra parte la stessa poesia fa da prologo all'inopinato arrivo della corona mortuaria per il padrone di casa, proprio nella ricorrenza della sua nascita: *qui pro quo* o «graziosa cumbinazione» (come osserva ancora Luigi: «'A nascita co' 'a corona 'e muorto! Io me so' fatto ṇu sacco 'e risate...», II, scena seconda, p. 169).

È certo, comunque, che nel secondo atto si infittiscono i segni (anche teatrali) del «male» del protagonista, ritornando ad intervalli sempre piú brevi: e il bersaglio dei suoi tiri maniacali diventa sempre piú chiaramente quello «stravagante» da «'o manicomio» di Luigino: personaggio già congegnato – agli occhi dei normali – per un convincente *transfert*. In successione comico-persecutoria, seguiranno la *gag* del «bicchier d'acqua» (crudele dispetto di Michele) e il processo di letteralizzazione che l'accusa di pazzia, lanciata da don Giovanni Altamura contro Luigi, subisce nella mente del protagonista; il quale deciderà appunto di guarirlo tagliandogli la testa.

Ecco quindi la *scena di paura a soggetto*, che subirà come vedremo diverse elaborazioni registiche ed editoriali. Mentre si fa il vuoto attorno ai due sosia di sventura, si rischia anche di rovesciare nel drammatico il codice comico dell'opera:

> MICHELE Povero giovane, sei pazzo... Ma adesso ti aiuto io. [...] La malattia tua addó sta? Nella testa. E quindi [la logica formale, nei discorsi di Michele è sempre ineccepibile!] se ti taglio la testa elimino 'a malatia. Giusto?
>
> *Ha preso un coltello* [...] *e si prepara a tagliare la gola di Luigino* [...]; *in quel momento entra Teresa seguita dagli altri*. (did., scena ultima, pp. 177-78).

Il patetico tentativo del protagonista di scambiare il suo ruolo di pazzo vero con quello ambiguo del suo *alter ego* predestinato è condotto qui fino all'estremo limite d'un effetto grottescamente orroroso – le cui radici spettacolari affondano nella tradizione popolare – dell'eliminazione fisica dello scomodo Doppio, per potersi fondere, finalmente, coi normali. Invece il «lieto fine» (apparente e ironico) di questa grottesca avventura nel nostro purgatorio quotidiano ribadisce l'ermeticità del confine fra i due mondi: solo con l'eliminazione del pazzo vero (Michele) sarà possibile la sopravvivenza del pazzo finto (Luigi) nel mondo dei savi. D'altra parte non solo questo poetastro e filodrammatico è stato facilmente scambiato per il «pazzo» dalla società dei normali, riconfermando l'equazione corrente fra attore e follia (Giovanni: «Vo' fa' l'artista, invece e se ne addà ji' 'o manicomio! È pazzo, è pazzo!», II, scena sesta, p. 174), ma, anche quando la ridistribuzione dei ruoli gli riconoscerà la patente di sanità mentale, il protagonista continuerà a rispecchiarsi in lui. Contro il suo antagonista-sosia si appunta l'ultima tirata di Michele, nella cui serietà maniacale si riconferma in modo realistico (ma agghiacciante) l'opinione degli altri: «Vattènne 'o manicomio. Tu sei un pericolo per la società. La gente ha paura di te, hai capito? Gli amici, i parenti, 'a famiglia ti possono compatire, ma a un certo punto si rassegnano e ti abbandonano... Vattènne 'o manicomio...» (II, scena ultima, p. 178).

Nella fine (che funge da epilogo mitologizzante) si palesa quindi la reversibilità dell'intreccio: il pazzo, che ha superato il confine per andare dai sani, ritorna, nell'ultima scena dove appunto si dà rilievo alla sua *partenza*, nel proprio mondo; non senza però aver provocato alcuni mutamenti in quello che ha attraversato: ha svelato le ipocrisie e le grettezze che si nascondono nel linguaggio e quindi nei rapporti convenzionali fra gli uomini, e ha persino rappacificato (ma per quanto?) i due fratelli Gallucci che erano stati «dieci anni in urto pe' na sciocchezza» (II, scena quinta, p. 172).

Eppure sono mutamenti che non intaccano nella sostanza l'immutabilità di quel mondo, sottolineata dal duplice movimento del finale con il solito razzo eduardiano: dopo la battuta di Attilio («Stammo tutte quante sott' 'o cielo») che potrebbe suggellare la commedia con un tocco di compassione e magari aprire spiragli fra il mondo dei sani e quello dei folli, *ognuno indossa la sua giacca, nota la mancanza di bottoni con reazioni a soggetto e cala il sipario*. (did.; scena ultima, p. 179).

Eduardo scrive *Ditegli sempre di sí* nel 1925 (secondo la data del copione originale, in tre atti) per la Compagnia di Vincenzo Scarpetta; secondo Giammusso addirittura prima di comporre *Requie all'anema soja...* (cfr. *Vita di Eduardo* cit.).

Anche questa commedia, comunque, fu messa in scena dapprima da Vincenzo (interprete da protagonista) nel 1927; poi fu

riproposta dalla Compagnia «Teatro Umoristico I De Filippo» il
10 novembre 1932 al Teatro Nuovo di Napoli, per la regia di
Eduardo, che interpreta Michele, con Titina (Teresa), Peppino
(Luigi), e ancora Tina Pica, Dolores Palumbo, Gennaro Pisano, Pietro Carloni, Luigi e Peppino De Martino, Ninuccia e
Margherita Pezzullo. Secondo la critica fu un successo, anche per
merito dell'interprete principale: «Eduardo De Filippo è attore
personale e amenissimo, e conferisce sempre ai suoi personaggi
una deliziosa "vis" umoristica, è stato lungamente applaudito»
(Anonimo, *Ditegli sempre di sí*, «Il Mattino», 11 novembre 1932).

Piú mirata la critica di Enrico Serretta: «Osservate un po'
Eduardo De Filippo nella parte del pazzo: non è allegro davvero e va compiendo le sue stravaganze con un'efficacia cosí
contenuta e precisa che in certi momenti *lo spettatore si chiede
se gli sia permesso ridere* a tutti gli equivoci, i malintesi, gli scom-
bussolamenti provocati dalla presenza di un pazzo in una casa dove ognuno lo ritiene un uomo normale appena tornato da
un lungo viaggio [...]» (E. Serretta, *Scoperta dei De Filippo*,
«Comoedia», n. 10, 1933; il corsivo è nostro). Quindi Renato
Simoni per la ripresa del 20 marzo 1934 al Teatro Odeon di
Milano: «Michele pare la cortesia e la saggezza fatte persona.
E tutto quello che fa e dice nasconde, sotto una lucidezza un
po' inquieta, una matta ostinazione. Ebbene, bisogna vedere
quale comicità placida e insieme fantasiosa, sfumata e potente,
distratta e convinta sa raggiungere nell'interpretazione di questo personaggio Eduardo De Filippo. [...] Questo Michele, a
poco a poco, ingrandendosi, passa dalla semplicità piú schiet-
ta e calma ai piú arditi gradi della ilarità, sfiorando talora la
farsa, superandola, per raggiungere il grottesco, mescolando il
vero allo sconvolgimento del vero. *È la follia della comicità*; e
tutto questo con una precisione di particolari osservati, im-
peccabili» (R. S., *Ditegli sempre di sí*, «Corriere della Sera», 21
marzo 1934; il corsivo è nostro).

Alla ripresa del 21 novembre 1934, al Teatro Valle di Roma,
Ermanno Contini osserva: «Il primo atto rappresentato ieri sera dai De Filippo è un piccolo capolavoro non soltanto dal punto di vista teatrale ma soprattutto da quello interpretativo:
Eduardo De Filippo trova infatti modo con esso di darci la piena misura della sua sensibilità, creando con singolare acutezza
la figura d'un pazzo. [...] *La misura con cui Eduardo De Filippo
costruisce la figura del pazzo*, le sue espressioni, i suoi tic, le sue
amnesie, i pasticci che crea, le prepotenze che esercita, sono di

un'efficacia veramente straordinaria» (E. C., *Ditegli sempre di
sí*, «Il Messaggero», 22 novembre 1934; il corsivo è nostro).

Quando la commedia viene ripresentata il 12 ottobre 1955,
a Roma al Teatro Eliseo, dalla Compagnia «Il Teatro di Eduardo» (senza Titina), con Peppino De Martino (Luigi) e Dolores
Palumbo (Teresa), Enzo Muzii non resiste alla tentazione di fare un bilancio («Eduardo ha ripreso contatto con il pubblico romano presentando due vecchie commedie del suo repertorio:
Ditegli sempre di sí e *Sik-Sik, l'artefice magico*. [...] Di che cosa si
è arricchito il suo mondo poetico? Della necessità – ci sembra
– di rapportare il personaggio al suo tempo; di storicizzarlo»),
che non va tutto a favore del «piú maturo Eduardo di oggi».
«Ma nel progredire verso questo sicuro approdo, Eduardo ha
smarrito qualcosa della magica sapienza per cui i suoi personaggi attingevano la vita soltanto dal tessuto drammatico (o comico, se si preferisce), senza dover chiedere aiuto ad una istanza
extrateatrale: agli imperativi della morale, o del buon senso».
Tuttavia rileva acutamente il gioco dell'attore: «Eccolo nei panni di Michele. [...] *Il gioco di Eduardo sta nel nascondere abilmente
al pubblico la chiave della sua parabola*. La verità è sempre resti-
tuita in vita dalla menzogna, e questa da quella; ma quando credi di aver colto il segno, ti resta tra le mani l'inconfutabile verità che il pazzo è pazzo, e non potresti cancellare *la piaga di un
sorriso*, se Eduardo non evocasse, nel momento stesso che s'inchina alla ribalta a ringraziare, *un paesaggio umano* che la comicità non può del tutto esaurire» (E. Muzii, *Ditegli sempre di sí*,
«Contemporaneo», 14 ottobre 1955; il corsivo è nostro).

Sono testimonianze che evidenziano i *due volti* di Eduardo,
o meglio la compresenza della *maschera* e del *volto* nella sua interpretazione creativa del protagonista (abbiamo usato perciò
il corsivo per sottolinearne i passi piú significativi).

La messinscena televisiva di *Ditegli sempre di sí* conferma in
parte tali osservazioni: ha fatto parte del primo ciclo dedicato
al teatro dell'autore-attore-regista; registrata in studio, è stata
trasmessa per la prima volta l'8 gennaio 1962 (Raidue). La regia è di Eduardo De Filippo, con Stefano De Stefani come
regista collaboratore; Aldo Nicolaj collaboratore alla scenneg-
giatura; scene di Emilio Voglino; luci di Alberto Caracciolo.
Ne sono interpreti gli attori della Compagnia «Il Teatro di
Eduardo»: Eduardo (Michele Murri), Regina Bianchi (Teresa
Lo Giudice), Maria Hilde Renzi (Checchina), Pietro Carloni
(Giovanni Altamura), Antonio Casagrande (Luigi Strada),

Gennaro Palumbo (Il dottor Croce), Elena Tilena (Evelina Altamura), Ugo D'Alessio (Vincenzo Gallucci), Angela Pagano (Gina), Nina De Padova (Saveria Gallucci), Carlo Lima (Ettore De Biase), Enzo Cannavale (Il fioraio), Enzo Petito (Attilio Gallucci), Filippo De Pasquale (Un passante), Ettore Carloni (Nicola), Antonio Allocca (Un facchino), Bruno Sorrentino (Altro facchino).

Ditegli sempre di sí sarà poi riproposta dalla Compagnia di Teatro di Luca De Filippo alla Biennale Teatro '82 di Venezia, il 10 febbraio 1982, per la regia dello stesso Eduardo, con scene e costumi di Raimonda Gaetani. Ne sono interpreti: Angela Pagano (Teresa Lo Giudice); Dora Romano (Checchina); Giuseppe De Rosa (Giovanni Altamura); Vincenzo Salemme (Luigi Strada); Franco Folli (Il dottor Croce); Luca De Filippo (Michele Murri); Marta Bifano (Evelina); Gennaro Cannavacciuolo (Ettore De Stefani); Francesco De Rosa (Vincenzo Gallucci); Mariangela D'Abbraccio (Olga); Linda Moretti (Saveria Gallucci); Gigi Savoia (Nicola); Roberto Tedesco (Fioraio); Umberto Bellissimo (Attilio Gallucci).

Nell'occasione molti recensori tendono a sottolineare il fatto che la commedia «ha riacquistato, in questi ultimi anni, almeno per la sua prima parte, una singolare modernità» (G. Davico Bonino, *Ditegli sempre di sí*, «La Stampa», 11 febbraio 1982); ci si chiede, dunque, se i significati che oggi siamo pronti a cogliere nell'opera fossero percepiti dagli spettatori contemporanei alle sue prime rappresentazioni. Per esempio, quella irresistibile scena, che a noi appare inequivocabilmente fondata sulla parodia della poesia «ermetica», poteva allora comunicare (o perfino avere) la stessa carica allusiva? «Nel '27 si incominciava appena a parlare dell'ermetismo, e i poeti laureati si muovevano appena tra le piante dai nomi poco usati» (T. Chiaretti, *Ditegli sempre di sí*, «la Repubblica», 11 febbraio 1982). Problema, a pensarci bene, un po' gratuito; o che si ricollega alla pregnante questione dei «generi» e del loro recupero da parte dell'artista. Il genere nel cui solco si inserisce il giovane Eduardo con *Ditegli sempre di sí* è indubbiamente quello della «farsa» tradizionale napoletana, già aggiornata dallo stesso Scarpetta. Lo testimonia lo stesso meccanismo paratattico, recuperato ed esaltato dal ritmo della messinscena del 1982; anche l'intreccio, se lo si astrae da ogni eventuale valenza semantica seconda o terza, è quello topico con tanto di rivelazione liberatoria finale. Ma «i generi hanno un significato molto importante» (M.

Bachtin, *Risposta a una domanda della redazione di «Novyj Mir»*, «Il Ponte», nn. 11-12, 1979, pp. 1386-87); nei generi (anche e specialmente in quelli teatrali) con il passare del «tempo» si accumulano varie forme del modo di vedere e di pensare degli uomini. Solo per il mestierante «il genere funziona come uno stereotipo esterno», nell'artista risveglia le «possibilità di senso» in esso custodite. Quindi Eduardo, partendo dalla «farsa», non ha costruito la sua commedia con elementi morti, ma con forme già pronte per essere rivitalizzate, che aspettavano forse un contesto storico-culturale ed un «genio individuale» disposti alla loro riscoperta. D'altra parte, anche dal 1927 ad oggi è passato del tempo: anche nel testo eduardiano, all'epoca stessa della sua composizione, dovevano restare imprigionati «tesori di senso potenziali» che allora non potevano rivelarsi ed apparire nella loro pienezza. La proiezione nel «tempo grande» libera l'opera davvero artistica dalla prigione della sua «contemporaneità»; tanto piú quest'opera per il teatro, sottoposta (come vedremo subito) a un continuo processo di trasformazione attraverso le sue «pubblicazioni tramite scena» e «tramite libro». Cosí è avvenuto, avviene «oggi», che questa commedia, definita giustamente (ma con intonazione ingiustamente, talvolta, negativa) «farsesca», dal nostro punto di osservazione attuale, dal nostro essere «altri» rispetto agli spettatori dei suoi esordi, riveli aspetti diversi della sua polisemia anche moderna.

Per la ricostruzione della sua messinscena del 1982 si possono leggere anche le recensioni di P. A. Paganini (*Un ingranaggio teatrale di implacabile comicità*, «La Notte», 10 febbraio 1982); R. De Monticelli (*Ditegli sempre di sí*, «Corriere della Sera», 11 febbraio 1982); O. Bertani (*Il nostro parlare bugiardo*, «L'Avvenire», 11 febbraio 1982); R. Tian (*Ditegli sempre di sí*, «Il Messaggero», 11 febbraio 1982).

Ditegli sempre di sí è stato ripresentato per la regia di Luca De Filippo (con Gabriele Imparato, Fulvia Carotenuto e Mario Porfito) nella stagione 1997-98; e all'estero, da altri interpreti, nel 1997, a Los Angeles (Usa, INV studio City).

Il testo di *Ditegli sempre di sí* presenta una curiosa vicenda editoriale: è inserito nell'edizione Einaudi della *Cantata dei giorni pari* del 1962 in una versione datata «1932»; la quale si conserva nelle successive edizioni della *Cantata* fino a quella del 1971 (riveduta dall'autore), dove il testo appare per la prima volta nella versione datata «1927», che resterà definitiva.

Anche di questa commedia escono (almeno) due versioni differenti, una del 1927 (quella probabilmente rappresentata da Vincenzo Scarpetta) ed una del 1932 (per la messa in scena della Compagnia «Teatro Umoristico I De Filippo» al Teatro Nuovo di Napoli). Il testo «1932», apparso per primo nella *Cantata dei giorni pari* del '62, sostituisce quello di *La fortuna con l'effe maiuscola* (che sparisce definitivamente dalla *Cantata*). La sostituzione sembra fatta all'ultimo momento, perché il volume si chiude con questo testo, mentre fino al precedente, *Io, l'erede* (1942), si era rispettato l'ordine cronologico. Forse l'inserimento avviene in seguito alla registrazione televisiva del 1961 e alla messa in onda nel 1962 della commedia: nella versione del '32 si nota infatti una maggiore italianizzazione del linguaggio rispetto a quella datata «1927». Poi nella *Cantata* del 1971 il testo è inserito correttamente dal punto di vista cronologico, ma rispunta (come si è detto) nella versione piú dialettale del 1927, e tale si conserva nelle edizioni o ristampe successive. Segno forse che in questa «commedia sul linguaggio» (Davico Bonino) la «parola adatta» resta alla fine quella del dialetto, secondo Eduardo («Vattenne 'o manicomio» e non «Vattene al manicomio»), anche se lui stesso aveva diretto la messinscena del 1932, con Peppino e Titina.

La prima differenza fra le due versioni riguarda dunque il linguaggio: piú marcatamente napoletano, per tutti i personaggi che qui appartengono all'area medio-borghese, nella versione del 1927. L'unica eccezione è riscontrabile nel saggio di recitazione offerto da Luigi: «Cinque minuti... un piccolo saggio. La risata grassa (*ride*), la risata ironica (*ride*), quella amara (*ride*), l'idiota (*ride*)» (I, scena terza, ediz. '71, p. 70; ora I, p. 146); il quale, nel secondo atto, declamerà la sua poesia, «Ora mistica», interamente in italiano (in entrambe le versioni). Ma l'atteggiamento del giovane riflette la sua pretesa di apparire, in certe situazioni, colto; non a caso nei momenti di rabbia si esprime in dialetto, come quando rimprovera Checchina: «E c'è bisogno 'e fa' sta reclame?» (ivi, p. 73; ora p. 148).

Si deve inoltre segnalare una trasformazione strutturale del testo che coinvolge un aspetto direttamente connesso alla sua rappresentazione scenica: nel passaggio dalla versione del '27 (ediz. '71) a quella del '32 (ediz. '62) scompare la suddivisione in scene. La presenza nella prima di tale frazionamento (otto scene in ciascun atto) appare conforme al genere farsesco al quale Eduardo si attiene nella fase iniziale della sua produzione artistica; mentre la soppressione successiva dello stesso procedimento risulta dovuta al tentativo di rinnovare il suo teatro, oltre gli schemi della tradizione popolare-dialettale.

Anche perciò la prima versione appare piú sintetica di quella del 1932, dove si ampliano e si arricchiscono alcune battute, che risultano oltretutto ripartite fra piú personaggi; tale distribuzione, da un lato, determina un aumento numerico complessivo delle battute, dall'altro offre ai vari interpreti uno spazio individuale di recitazione maggiore. E, se il fenomeno interessa tutte le figure (principali e secondarie) della commedia, riguarda soprattutto le piú importanti: Michele Murri, Teresa Lo Giudice e Luigi Strada. Significativa, fra le altre, una variante ancora a proposito di Luigi (interpretato nel '32, ricordiamolo, da Peppino); quando l'attore, nel primo atto, esibisce le sue presunte qualità artistiche, nella seconda versione la scena risulta piú articolata e si conclude con l'intervento di Giovanni Altamura, che non apprezza le doti di Luigi in entrambe le redazioni, ma in questa già esclama: «Siete un pazzo!» (I, ediz. '62, p. 553). Battuta che non solo dà l'avvio al contrasto pazzi-sani, ovvero trasgredire-osservare le regole sociali, ma colloca Luigi nello stesso campo semantico di Michele.

Per lo piú nella seconda versione si accrescono anche alcune didascalie, molte introdotte *ex novo*; fatta eccezione per quella iniziale, che nella prima descrive con maggiore ricchezza di particolari il *salottino della borghesia media napoletana [...] in casa della vedova Lo Giudice* (did., I, ediz.'71, p. 67; ora p. 143), cosí da testimoniare una specie di innalzamento sociale rispetto al precedente: *Soggiorno di casa Lo Giudice. L'arredamento è di pessimo gusto, ma tenuto in ordine con la mano del cuore* (did., I, ediz. '62, p. 547). Variante significativa, se confrontata con l'inversa trasformazione subita dall'ambiente di casa Gallucci nella didascalia d'apertura del secondo atto. Mentre nella prima versione troviamo: *Una camera da pranzo arrangiata per la villeggiatura [...] dal centro si accede al giardino. Nel mezzo vi è imbandita una tavola* (did., II, ediz. '71, p. 87; ora p. 163); nella seconda c'è: *Il salone da pranzo della residenza estiva dei signori Gallucci [...]. Sul fondo, due grandi archi vetrati danno sul giardino ben curato [...] tavolo da pranzo riccamente apparecchiato* (did., II, ediz. '62, p. 584). Come se in questa versione si volesse marcare una maggiore differenza sociale tra i fratelli Murri e la famiglia Gallucci, rispetto alla precedente. Per quanto riguarda invece (come si è detto) le altre didascalie, nella stessa versione appaiono piú informative, specialmente quelle di presentazione dei personaggi. Di Teresa si descrive, nel primo atto, anche l'abito (*casalingo, confezionato con una stoffetta da pochi soldi*) e l'acconciatura (*modesta appare imprigionata in una rete serica color verde bandiera*), per concludere che: *L'insieme* [del personaggio], *in sostanza, non lascia dubbio sul fatto che il suo cervello deve valersi, per funzionare, di diverse rotelle sdentate* (did., II, ediz. '62, p. 548). Piú sintetica ma essenziale, e allusiva, la presentazione della sorella del protagonista nella prima versione: *è una donna piacente, di circa quarant'anni, ma i suoi gesti* [...], *gli occhi* [...], *fanno capire che qualche rotella le manca* (did., II, scena prima, ediz. '71, p. 67; ora p. 143). Cosí per Michele, il cui ingresso in scena nell'edizione del '62 (successiva, ricordiamo, all'allestimento televisivo) appare piú dettagliato: *Questi rimane fermo, inquadrato nel vano della porta. È quasi sbalordito di ritrovarsi, finalmente, in casa sua*; e di cui si descrive significativamente il vestiario in questi termini: *Indossa un abito nuovo che però gli sta largo per via delle sue attuali condizioni fisiche* (did., I, ediz. '62, p. 559). Invece la didascalia della prima versione (ultima dal punto di vista editoriale) si limita ad indicare: *Sulla porta appare Michele* (did., I, scena quarta, ediz. '71, p. 74; ora p. 150).

Ma la scena che subisce maggiori trasformazioni, anche attraverso la dilatazione e l'inserimento di didascalie, è quella famosa del «taglio della testa», con cui Michele nel secondo atto tenta, ambiguamente, di eliminare la «malattia» di Luigino. Nella prima versione è accennata soltanto come *scena di paura a soggetto* (did., II, scena ultima, ediz. '71, p. 101; ora p. 177) e culmina subito nella battuta del protagonista («Povero giovane, sei pazzo... Ma adesso ti aiuto io [...]» (*ibid.*) già citata nell'analisi del testo; nella seconda versione non solo la didascalia è sviluppata completamente, ma la scena si articola intorno ad un lungo monologo di Michele che, insieme al suo assurdo rituale mimico, ritarda lo scioglimento dell'azione. Qui *il pazzo si è servito di una variopinta tovaglia da giardino per farne un turbante indiano, e se l'è messo in testa. Reca un secchio di radici secche, e piante indefinibili. Intanto Luigi, rassicurato, s'è seduto su un divano, di spalle al giardino. Dopo una breve pausa Michele appare alle spalle del divano, rimane un attimo in contemplazione dell'inconsapevole «vittima», poi si porta avanti* [...]. *Quando Luigi s'accorge della presenza di Michele, è già troppo tardi per darsela a gambe* (did., II, ediz. '62, pp. 610-11). Poi Michele, dopo aver domandato all'altro: «Voi siete Michele

Murri?» e averne ricevuto *conferma con un brevissimo cenno del capo*, si investe della parte di uno psichiatra indiano, dando l'avvio appunto ad un delirante monologo con qualcosa dell'imbonimento illusionistico del ciarlatano rivolto al suo pubblico («Io sono il professore Diomar Nizibei, indiano. Sono stato incaricato di portarvi nella mia clinica di Bombay [...]»), per cui finge di pilotare un aereo (in realtà *una carriola*) fino a Bombay, dove simula di pronunciare un discorso davanti ad altri medici di fama internazionale («Parlerò brevemente per illustrarvi, colleghi carissimi, il mio punto di vista sullo stato psichico del signor Michele Murri»), alla fine del quale arriverà all'unica «soluzione clinica» del «taglio della testa» (II, ediz. '62, pp. 611-613). Questo lungo monologo, che nella seconda versione prelude al tragicomico epilogo della commedia, sottolinea maggiormente rispetto alla prima (dove manca) il distacco tra il campo semantico del protagonista e il mondo circostante, che usa un linguaggio per lui inaccessibile. Dopo il 1932 (anno a cui si fa risalire questo rifacimento del testo) lo scontro o la mancanza di incontro fra Io e Mondo si concretizza sempre piú verbalmente, ed anche scenicamente, in una distonia o divaricazione di linguaggi; ma spesso nella drammaturgia eduardiana si manifesta come tendenza al monologo del Protagonista (cfr. A. Barsotti, *Eduardo drammaturgo* cit., pp. 485-86). Nel caso specifico, con la tecnica del monologo l'autore-interprete ha voluto marcare non solo il contrasto linguistico fra i due «mondi» ma anche, soprattutto, la grande solitudine di questo protagonista, il cui messaggio arriva, comunque, allo spettatore. Da notare, infatti, che la scena cosí congegnata è già presente nella registrazione televisiva del 1961 (dove il secondo atto è ambientato per metà in casa e per metà in giardino); se nell'edizione della *Cantata* del '71 l'autore rifiuterà la versione del '32, nella sua ultima regia della commedia per la Compagnia di Luca De Filippo (10 febbraio 1982), continua a sfruttarne alcune soluzioni, come appunto il monologo agito dal protagonista.

Anche se non è corretto, da un punto di vista strettamente filologico, confrontare una «pubblicazione tramite libro» ed una «pubblicazione tramite scena», dobbiamo prenderci questa libertà variantistica per un autore-attore-regista come Eduardo. È significativo che nella messinscena del 1982 la camera da pranzo dei Gallucci (dal cui *centro si accede al giardino*) sia diventata il giardino *tout court*, in mezzo al quale è imbandita la tavola e nei cui anfratti si svolge la scena del «taglio della testa»: se l'opposizione metaforica *chiuso* (manicomio) / *aperto* (società) è un indizio essenziale dell'organizzazione spaziale del testo, la spazialità aperta del giardino (seconda tappa), dopo quella solo relativamente chiusa della casa (prima tappa), meglio interpreta e realizza scenicamente il senso drammaturgico del «viaggio» del protagonista eduardiano. In questo come in altri casi analoghi, non possiamo neppure piú parlare di «drammaturgia consuntiva», ma piuttosto di «testo mobile».

Se infatti torniamo al discorso sulle varianti fra le due edizioni (tramite libro) esaminate, si nota, anche a proposito del finale, come nella versione «1927» l'ultima battuta («Stammo tutte quante sott' 'o cielo!», II, scena ultima, ediz. '71, p. 103; ora p. 179) sia pronunciata da Attilio; invece nella versione «1932» è pronunciata da Vincenzo, fratello di Attilio, che dice: «Misteri della natura...» (II, ediz. '62, p. 615), come per sdrammatizzare la tensione creata dalla partenza del folle e dalle sue battute di congedo («Vattene al manicomio [...]»). Ma piú ancora di queste varianti verbali contano, nella prospettiva che abbiamo assunta, le trasformazioni subite nel tempo dall'azione conclusiva, solo in parte testimoniate dalle didascalie. Nella prima versione, la didascalia è quella già citata (*Dicendo queste battute ognuno indossa la sua giacca, nota la mancanza dei bottoni con reazioni a soggetto e cala il sipario* (did., II, scena ultima, ediz. '71, p. 103; ora p. 179); nella seconda invece si precisa: *Attilio e Luigi* [dopo Giovanni e Vincenzo] *hanno indossato anche loro le giacche, e tutti insieme i quattro uomini si accorgono che dalle giacche mancano i bottoni. La constatazione li lascia perplessi e incuriositi. Cala la tela* (did., II, ediz. '62, p. 615). Ma nella rappresentazione del 1982 si preferisce sviluppare in altro modo quelle «reazioni a soggetto» dei beffati dal pazzo (che in una scena precedente aveva tolto tutti i bottoni dalle giacche dei suoi antagonisti), anche perché la *mancanza di bottoni* è diventata *scambio di bottoni*; cosí non solo «la soluzione finale dove, liberatisi del deviante, i superstiti sani continuano ad appiccicarsi sempre come pazzi leciti, ha la sua bella nobiltà didascalica» (T. Chiaretti, *Ditegli sempre di sí* cit.), ma la trovata farsesca ristabilisce l'equilibrio lieve del meccanismo complessivo della commedia.

Il testo di *Ditegli sempre di sí* esce anche (nella versione del «1927») in *I capolavori di Eduardo*, fin dalla loro prima edizione Einaudi del 1973-74, ed in volume autonomo, nella «Collezione di teatro» Einaudi, nel 1974.

Personaggi

Teresa Lo Giudice
Checchina, cameriera
Don Giovanni Altamura, padrone di casa di Teresa
Luigi Strada, inquilino di Teresa
Croce, medico
Michele Murri, fratello di Teresa
Evelina, figlia di don Giovanni
Ettore de Stefani, amico di Luigi
Vincenzo Gallucci, amico di famiglia
Olga, fidanzata di Ettore
Saveria Gallucci, moglie di Vincenzo
Filumena, cameriera
Un fioraio
Attilio Gallucci, fratello di Vincenzo

In casa della vedova Lo Giudice. Mobilia semplice; un salottino della borghesia media napoletana; un gran balcone ad angolo della scena a sinistra. Dal centro pende un vaso grezzo di
terracotta con una pianta da camera. Nel mezzo in fondo vi
sarà un divano letto. In fondo a destra una porta, e un'altra a
sinistra. All'alzarsi del sipario il divano letto ha funzionato da
letto ed è in disordine; accanto, una sedia con sopra cuscini in
seta di colori diversi. Alle pareti qualche quadro, qualche foto-
grafia, ecc. Checchina, la cameriera, sta rifacendo il letto.

SCENA PRIMA

Teresa e Checchina.

TERESA (*è una donna piacente, di circa quarant'anni, ma i suoi
gesti a scatti, gli occhi troppo lucidi e troppo irrequieti, fanno
capire che qualche rotella le manca*) Checchina! E tu staie
ancora a chesto? È possibile che all'una meno nu quarto tu
nun he miso ancora a posto sta cammera?
CHECCHINA Signo', ma vuie sapite a che ora me jette a cuccà
aieressera? Era 'a mezza passata!
TERESA E pecché?
CHECCHINA Quando s'è ritirato don Luigino 'o studente, tanno
me cuccaie, e pirciò stamatina l'aggio fatto nu poco tarde.
TERESA S'adda vedé comme s'adda fa'... ma tu nun puo' durmí
ccà fore... na camera 'e passaggio! Né pozzo dicere niente a
Don Luigino... Chillo me pò risponnere: «Io m'aggio affittato
sta cammera e me voglio ritirà quanno me pare e piace». (*Campanello interno*). Vedi chi è.

CHECCHINA   Subito. (*Esce, poi torna e annunzia*) Signo', è don
   Giovanni, 'o padrone 'e casa.
TERESA   Meno male, 'o padrone 'e casa. Fallo trasí.

SCENA SECONDA

   Giovanni Altamura e detti.

GIOVANNI (*tipo di vecchietto sui sessantaquattro anni, ancora arzil-
   lo, in giacca da camera; entrando*)   Buongiorno, donna Teresi'! Come vedete, sono ai vostri ordini... Di che si tratta?
TERESA (*si avvicina, mentre Checchina esce*)   M'avita scusà... Io
   nun v'avarria incomodato, ma l'inquiline d' 'o secondo piano
   se so' lagnate pecché 'o tubo 'e l'acqua che s'è rutto for' 'o
   balcone scorre abbascio addu loro e ha nfuso tutto 'o muro.
   Venitelo a vedé.
GIOVANNI (*sporgendosi fuori al balcone e guardando insú*)   Ah,
   va bene, e chella è na sciocchezza da niente... In giornata vi
   mando l'operaio e s'aggiusta tutte cose. Vi serve altro? Io ve
   l'ho detto, qualunque accomodo, qualunque cosa, potete disporre liberamente: stammo a porte 'e casa.
TERESA   Grazie, siete troppo buono.
GIOVANNI   Che c'entra, è dovere. Vuie state 'a dodici anni dint' 'a
   casa mia, sapete che stima avevo per la buon'anima di vostro
   marito, e quella che tengo per voi. Vi ripeto: qualunque cosa,
   a vostra disposizione.
TERESA   Grazie, don Giuva'. (*L'accompagna alla comune, mentre
   la porta di destra si apre e compare Luigi*).
LUIGI (*un giovane sui venticinque anni, vestito un poco stravagan-
   te*)   Permesso... Signora Teresa... Carissimo don Giovanni!
GIOVANNI (*seccato del tono confidenziale*)   Buongiorno, buon-
   giorno.
LUIGI   Don Giuva', 'a figlia vostra sta bene?
GIOVANNI   E mammeta, comme sta?
LUIGI   E che c'entra mammà? Io ho domandato innocentemente.
GIOVANNI   Vuie è meglio che Evelina nun 'a guardate manco. Ve
   l'aggiu ditto nu sacco 'e volte: voglio vedé se 'a vulite ferní.
   Scusate, donna Teresi'.
TERESA   No, fate, fate. (*A Luigi*) Avete capito?

LUIGI   E va bene, è inutile che gridate, non ne parliamo piú, giacché vi secca tanto.

GIOVANNI   Me secca.

Campanello interno.

LUIGI   E va bene...

CHECCHINA (*entrando*)   Signo', fore ce sta 'o dottore Croce.

TERESA   'O dottore? Fallo trasí. Scusate se vi trascuro nu mumento, ma è una cosa importante.

GIOVANNI   Fate il vostro comodo, io me ne vaco... Per venire da voi ho lasciato 'o latte e cafè a tavola: me stevo facenno 'a zuppetella.

LUIGI   Io pure vi lascio, tengo appuntamento cu' n'amico mio.

CHECCHINA (*introducendo Croce*)   Favorite, favorite.

SCENA TERZA

Croce e detti.

CROCE   Buongiorno.

TERESA   Carissimo dottore! (*Presentando*) Il mio padrone di casa, il mio inquilino.

GIOVANNI   Altamura. (*Stretta di mano*).

CROCE   Croce.

LUIGI   Strada, studente. (*Stretta di mano*). E pensà che pur'io ho studiato medicina.

CROCE   Overo?

LUIGI   Papà era medico. Aggiu fatto fino 'o secondo anno.

CROCE   Siete medico?

LUIGI   Sí e no. Lasciaie 'a medicina p' 'o teatro, ma non sono riuscito a sfondare. Ho fatto pure il generico in qualche compagnia, ma guadagnavo poco. E cosí lasciaie 'o teatro per la letteratura.

CROCE   Siete scrittore?

LUIGI   Sí e no. Ho scritto qualche poesia, ma non me l'hanno mai voluta pubblicare. Appena esce il volume e faccio soldi mi dedico a 'o teatro n'ata vota. La strada mia è quella, lo sento. Sta ncapa a me ca diventerò una celebrità. Sapete che cosa vera-

mente è difficile per un attore? Il riso! Ridere e piangere in
scena. Quando un individuo arriva a perfezionarsi nel pianto e
nel riso può dire di essere diventato qualche cosa di buono. Io,
per esempio, sentite come rido.

CROCE   Mo?

LUIGI   Cinque minuti... un piccolo saggio. La risata grassa (*ride*), la risata ironica (*ride*), quella amara (*ride*), l'idiota (*ride*).

CROCE   (*indifferente*) Bravo.

LUIGI   E sentite se riesco a commuovervi con il pianto.

TERESA   Ma 'o dottore nun tene tempo da perdere...

LUIGI   Un momento solo. C'è chi lo fa c' 'a cipolla.

CROCE   'A cipolla?

LUIGI   Gli artisti antichi, nell'Ottocento, se mettevano na meza
cipolla dint' 'o fazzuletto e al momento opportuno provocava-
no l'arrossamento degli occhi e le lacrime. Io no, io piango
overamente. Mi bastano pochi istanti di raccoglimento. (*Si copre la faccia con le mani*).

CROCE   Siccome tengo fretta...

LUIGI   E no, per favore! Se parlate rovinate tutte cose. (*Si copre
la faccia con le mani, poi comincia a piangere*) Eccolo, arriva!
Aggia penzà cose tristi. (*Singhiozza*) Songo nu povero disgraziato... nun tengo pate, nun tengo madre... Nun tengo 'e solde pe'
pavà a padrona 'e casa... 'A miseria, 'e guaie... (*Piange a dirotto; di colpo sorride tutto soddisfatto*) Che ne dite? Io tengo
un singhiozzo straordinario.

GIOVANNI   V'avita vevere unnice surze d'acqua.

LUIGI   Il mio pianto smuove anche le pietre. Don Giuva', dite la
verità, vi ho commosso?

GIOVANNI   M'he fatto avutà 'o stommaco.

LUIGI   Seh, va bene!

Si avviano insieme verso la comune, con altre parole a soggetto, e escono.

CROCE (*a Teresa*) Ma chi è quello?

TERESA   È uno stravagante, nun ce badate. Basta, che mi dite di
mio fratello?

CROCE   Fra venti minuti sta qua.

TERESA   Vuie che dicite? Che piacere!

CROCE   Riceveste il mio biglietto?

TERESA   Sicuro.

CROCE   Vi davo una speranza. Oggi ve ne dò la certezza. Dopo l'ultimo consulto avvenuto ieri, venimmo alla decisione che Michele Murri, vostro fratello, è in grado di uscire dal manicomio.

TERESA È stata na grazia d' 'a Madonna! Ma quanno vene?

CROCE Aspetta a me, sta nel caffè sull'angolo, con un mio collega. Sono venuto prima io per prevenirvi di tante cose. Vostro fratello, sí, è guarito, ma intendiamoci: là non si trattava di pazzia vera e propria, si no steva frisco! Ma di uno squilibrio mentale dovuto alla paralisi progressiva che finí vostro padre. In altri termini: atavismo. In quest'anno che è stato al manicomio sotto la mia cura, posso dire che si è calmato alquanto: non piú scatti nervosi come per il passato...

TERESA Che m'ha fatto passà...

CROCE La mia cura lo ha calmato, modificato alquanto. Alquanto, ma mai una persona normale vi restituisco... Miracoli la scienza non ne pò fa': 'o sango d' 'o pate chi nce 'o leva? Voi mi pregaste di interessarmi per farlo tornare a casa sua, e io ci sono riuscito. Pensate però che mo vostro fratello Michele è sotto la vostra responsabilità.

TERESA Io so' sola, so' vedova, a chi aggia da' cunto? Mi dedicherò completamente a lui.

CROCE Secondandolo, trattandolo con gentilezza, facendolo contento in tutto vivrà tranquillo e non vi darà nessun grattacapo.

TERESA Ah, chesto se capisce! (*Chiama*) Checchina! (*A Croce*) Mo vi faccio fare una bella tazza 'e cafè.

CROCE Non v'incomodate, l'ho già preso.

CHECCHINA (*da dentro*) Subito vengo.

TERESA Dotto', non dite niente nnanz' 'a cammarera...

CROCE Ma vi pare!

TERESA E nun fate cerimonie.

CROCE Non ne faccio, l'ho già preso e poi ho premura di andarmene: vostro fratello mi sta aspettando.

CHECCHINA (*entrando*) Signo', che comandate?

TERESA No, niente. Scusa, vattènne. (*Checchina esce*). Io non ho mai fatto sapere che Michele è stato 'o manicomio. Capirete, so' malatie che dolorosamente nun se ponno nemmeno cunfidà... E po', Michele faceva 'o cummerciante, e se è guarito perfettamente pò ripiglià pure gli affari.

CROCE Avete fatto bene.

TERESA E isso è cuntento ca esce d' 'o manicomio?

CROCE Nun ce sta dint' 'e panne. Ha ditto ca appena esce s'addà nzurà.

TERESA Overo?

CROCE   Mette degli altri infelici sulla terra. Io me ne vado, signo'. Fra dieci minuti sarò qua co' vostro fratello.

TERESA (*accompagnando Croce*)   Arrivederci, dotto'. (*Esce con
lui, poi ritorna chiamando*) Checchina!

CHECCHINA (*entrando*)   Comandate?

TERESA   Cagna 'e lenzole dint' 'a cammera 'e don Luigino 'o studente, leva 'a robba soia e miette tutte cose a posto, pecché mo
arriva frateme 'a fore e s'addà cuccà là.

CHECCHINA   E don Luigino aró se cocca?

TERESA   Aró vo' isso. Se ne va. Chisto fuie 'o patto. Io nce 'o
dicette: quanno arriva mio fratello ve ne jate. Va', nun perdere tiempo.

CHECCHINA   Va bene. 'E lenzole pulite addó 'e tenite?

TERESA   'O sicondo tiretto d' 'o cumò dint' 'a camera mia.

Checchina esce.

SCENA QUARTA

Luigino e detti, poi Michele e Croce.

Luigino entra, senza parlare.

TERESA   A proposito, don Luigi', dateme 'o chiavino d' 'a porta.

LUIGI   Vi serve? Eccolo qua.

Checchina rientra con del vestiario di Luigino e pochi libri e
mette tutto su una sedia.

TERESA   Don Luigi', llà sta tutta 'a robba vostra: siccome oggi
arriva mio fratello Michele ve n'avita ji', pecché 'a cammera
me serve pe' isso. Vuie m'avita pagà quindici giorni ancora:
m' 'e date e me lasciate 'a cammera oggi stesso.

LUIGI   Signo', e io addó vaco?

TERESA   E che ve pozzo dicere, 'o patto chisto fuie. A frateme
addó 'o metto?

CHECCHINA (*mostrando diversi colletti e una mutanda rotta*)
Chesta ve serve?

LUIGI   E c'è bisogno 'e fa' sta reclame?

CHECCHINA (*a Teresa*)   Mena tutta 'a robba ncoppa l'armadio e pe' sotto 'o lietto!

LUIGI   Pecché sei cosí spiritosa?

TERESA   Mo è fernuto, mo chella cammera s'addà pulizzà tutte 'e juorne. S'hann'arapí 'e feneste tutt' 'e matine, addà trasí l'aria, 'o sole. Pe' mo, batte 'e materasse, poi scosti i mobili e nce fai na bella sceriata co' 'a soda e 'a varichina...

LUIGI (*risentito*)   Ma che, nce steva 'o coleroso, loco dinto?

TERESA   Ce steva nu signore ca durmiva tutto il santo giorno.

LUIGI   Durmiva pecché 'a notte scriveva, componeva.

TERESA   E fumava! 'E mure, 'e tende so' impregnate 'e fummo fumato. Don Luigi', truvateve n'ata cammera.

LUIGI   Signo', io mo vaco a vedé si me pozzo arrangià con qualche amico; se no me fate 'o favore pe' stanotte me sto ancora qua. Me metto ncopp' 'o divano letto.

CHECCHINA   E già, e io po' aró me cocco?

LUIGI   Llà stesso. Io me metto appiere, a nu pizzetiello, e nun menà cauce, 'a notte, pecché aggia durmí.

CHECCHINA   È pazzo! (*A Teresa*) Signo', ma chisto fa overamente? Io me cuccavo cu' isso!

LUIGI   Troppo onore putive ricevere! Vuó sapé a verità? Stanotte dormi sola, ci ho pensato meglio. Sta robba m' 'a vengo a piglià cchiú tarde. Cercherò, vedrò... Uno si vede in mezzo a una strada da un momento all'altro... senza fuoco, senza tetto, come un cane rognoso... (*Piange*).

TERESA   E su, nun fate accussí... V'aggio trattato cumm'a nu figlio...

LUIGI (*Si soffia forte il naso*)   'O saccio... mammà... Nun è colpa vostra, è 'o destino mio ca me vuo' vedé distrutto...

TERESA   Non esagerate, mo!

CHECCHINA   Site giuvanotto...

LUIGI (*singhiozzando*)   Nun tengo a nisciuno... Orfano di ambodue i genitori... questo è il guaio! Ho lottato, ho combattuto, ma 'a sciorta crudele accussí m'ha vuluto: distrutto! Aiutateme, me sento affucà...

TERESA (*corre al suo fianco con Checchina*)   Calmatevi, p' 'ammore 'e Dio!

CHECCHINA   'On Luigi', mo me fate chiagnere pure a me!

LUIGI (*singhiozza fino a che le due donne si mettono a piangere, poi cambia faccia e sorride*)   Eh, l'arte... l'arte! Vuie mo ve site creduto che io chiagnevo overamente. No! Ho piangiuto apposta, è l'artista che ha voluto dare un saggio dell'arte sua!

Aggio perza 'a cammera, e che me ne importa? L'artista deve soffrire tutto, anche la fame. E io la proverò: state sicure che la fame la proverò... (*Esce*)

CHECCHINA   Signori', ma chillo è proprio nu bello tipo!

TERESA   È stato buono ca se n'è ghiuto. (*Va al balcone*) Chec-chi', levala st'arecheta 'a miezo: si vene quaccheduno...

CHECCHINA   Ce steva nu poco 'e sole, pirciò l'aggio miso lloco, tanto chella n'ato ppoco s'addà seccà. Po' 'a passo p' 'o setaccio e 'a levo 'a miezo. (*Campanello interno; Checchina esce, poi torna, precedendo Croce*) Favorite, favorite. (*Attraversa il fondo e se ne va in cucina*).

CROCE (*appare sulla porta di fondo*)   Ecco qua.

TERESA   Dotto', e frateme?

CROCE   Eccolo qua.

Sulla porta appare Michele.

TERESA   Miche', Miche'...!

MICHELE (*apre le braccia, raggiante di gioia; vuole sembrare normale a tutti i costi, ma proprio i gesti precisi e il controllo ostinato che esercita sulla sua voce denunziano la grave malattia che l'affligge; un attimo di esitazione, poi*)   Teresi'!

TERESA   Miche'!

Si abbracciano.

MICHELE   E chiagne? Tu invece 'e sta cuntenta ca so' turnato guarito, sano, forte comm'a primma, tu chiagne?

CROCE   Di gioia, è pianto di gioia.

TERESA   Assettate.

MICHELE (*a Croce*)   Accomodatevi, prego.

CROCE   Io vi lascio, ho tante cose da fare, tante visite. A ben rivederci, signora. Statte buono, Miche', ti auguro di non avere piú bisogno di me. Ricordati di tutte le raccomandazioni e nun te scurdà 'e gocce, ogni mattina.

MICHELE   Nun dubitate, dotto'.

CROCE   Io verrò a trovarti un paio di volte alla settimana. Di nuovo. (*Esce*).

MICHELE   E questa è la vita! N'anno 'e manicomio: addio commercio, addio affari, addio tutto! Ma mo basta, mo comincia una vita nuova. Dimme na cosa: tu 'e cagnato tutta 'a disposizione d' 'a casa? Ccà era cammera 'e lietto.

TERESA Te ricuorde, te ricuorde?

MICHELE Stu divano a letto steva dint' 'a cammera mia, eh, chella llà.

TERESA Te ricuorde pure 'a cammera toia?

MICHELE Comme nun me ricuordo? Quanta vote m'aggio chiagnuta sta cammera!

TERESA Miche', mo assiettate vicino a me e parlammo seriamente.

MICHELE Sentiamo che me vuó dicere, ca doppo io pure aggia parlà.

TERESA Miche', io e te simmo tutt' 'a famiglia, e saie che dispiacere avette io 'o juorno ca p' 'e stravaganze ca facive avista trasí in manicomio.

MICHELE Una cosa, si vulimm' ji' d'accordo, nun me parlà cchiú 'e stu fatto.

TERESA Mo fortunatamente si' guarito e primma 'e vení tu 'o dottore proprio chesto m'ha ditto. Pe' tutto 'o tiempo ca si' stato... llà, io nun aggio fatto sapé niente a nisciuno. Tutte quante sanno ca tu 'e viaggiato per affari di commercio. Tu nun dicere a nisciuno 'a verità, sarría nu discredito pe' te, si vuó seguità a ffa' 'o commerciante.

MICHELE E se capisce... Vi' che dice chella! Ho intenzione di ripigliare i miei affari, ma te vulevo dicere che io nun so' cchiú nu guaglione e quindi, per la mia tranquillità, per la mia vera sistemazione, me voglio nzurà.

TERESA E ci ho pensato io... Te ricuorde 'a figlia 'e don Giovanni Altamura?

MICHELE 'O padrone 'e casa nuosto?

TERESA Bravo, comme se ricorda! Essa, comm' a tutte quante, sape ca si' stato in viaggio e tutto stu tiempo ha sempe addimandato 'e te. 'O pate, don Giovanni, sta buono. È vedovo, quindi nun tenarisse nemmeno suocera. Haie ditto niente!

MICHELE Ma guardate nu poco 'a cumbinazione! Io proprio di Evelina te vulevo parlà... Fra me e lei c'è sempre stata una simpatia.

TERESA Ma allora va bene, l'affare è fatto. (*Chiamando*) Checchina! Mo 'a manno a chiammà, tanto stammo a porte 'e casa, e cumbinammo lesto lesto tutte cose.

CHECCHINA (*entrando*) Comandate...

TERESA Va' nu mumento 'a porta affianco a nuie, addu 'o padrone 'e casa; addimanna d' 'a signurina Evelina: si nce sta, dille che venesse nu mumento pecché nce aggia parlà.

CHECCHINA   Subito. (*Esce*).

MICHELE   Ce parlo mo?

TERESA   E si capisce: la tua sistemazione mi preme assaie.

MICHELE   E tu che faie? Vuó rimané vedova?

TERESA   Pe' me è nu poco difficile... Pe' me nce vularria n'ommo
'e na mezza età... anziano... L'età 'e don Giuvanne, 'o pate
d'Evelina. Avarria essere pure nu bell'ommo: allora me mare-
tasse n'ata vota. Sí, proprio nu don Giuvanni Altamura.

Michele resta come preso da riflessione.

CHECCHINA (*entrando*)   La signorina Evelina.

TERESA   Io vaco a ricevere Evelina, po' ve lascio sule e tu ce
parle, te miette d'accordo e po' avimma parlà pure cu' don Giuvanne Altamura. (*Esce*).

MICHELE   Soprattutto cu' isso...

TERESA (*entra con Evelina*)   Trase Eveli', trase!

EVELINA   Grazie.

Checchina traversa in fondo da destra a sinistra.

MICHELE   Signorina Evelina...

EVELINA   Finalmente siete ritornato.

TERESA   T'aggio mannata a chiammà per... Mo te spiega tutte
cose Michele. tu po' nce 'o dice a papà e me faie sapé na risposta. Io mo vengo. (*Fa dei segni a Michele e via a destra*).

MICHELE   Accomodatevi, signorina. Ecco qua, Teresina forse non
ha avuto il coraggio di dire niente... In breve, signorí, mia sorella si vorrebbe sposare a papà vostro.

EVELINA (*meravigliatissima*)   A papà?

MICHELE   Sicuro. Non credo che troverà difficoltà. Voi specialmente troverete una seconda madre: Teresina è buona come il
pane.

EVELINA   Va bene, ma io che c'entro? Tutto al piú papà...

MICHELE   E ci dovete parlare voi. Facciamo in modo che stu matrimonio se fa. Mia sorella ha pigliato proprio una cotta per
don Giuvanne.

EVELINA   Veramente? Io nun me ne so' maie accorta.

MICHELE   E site cecata.

EVELINA   Voi come siete scustumato!

MICHELE   Grazie! Del resto, nenne', si nun ve fa piacere, nun fa
niente: a mia sorella nun le preme.

EVELINA   Se pò sapé: le preme o nun le preme?

MICHELE   Le preme, perciò vediamo di concludere.

EVELINA   Io, da parte mia, faccio tutto il possibile.

MICHELE   Ecco, brava. (*Chiamando*) Teresina, Teresi'!

TERESA (*entra*)   Dunque?

MICHELE   Siamo d'accordo.

EVELINA   Mo vaco dinto e ce 'o dico a papà.

TERESA   Brava, vide d' 'o fa' accunsentí, pecché me pareno mill'anne che succede stu matrimonio.

EVELINA   Ve pare, cu' tutt' 'o piacere.

CHECCHINA (*dal fondo*)   Fore ce sta uno che va truvanno a don Luigino. Io nce aggio ditto ca nun ce sta, ma isso ha ditto che l'aspetta.

TERESA   E fallo trasí.

EVELINA   Allora io vado, e piú tardi ve porto 'a risposta.

TERESA   Favorevole, speriamo...

EVELINA   Speriamo! Con permesso.

MICHELE   Prego.

Evelina via.

TERESA   E chesto pure è fatto.

CHECCHINA (*introducendo Ettore*)   Favorite.

SCENA QUINTA

Ettore e detti poi Luigino.

ETTORE   Grazie. (*Pallidissimo e nervosissimo*) Signori...

CHECCHINA (*a Teresa*)   Vulite vení a vedé si 'o rraú 'o pozzo levà 'a copp' 'o ffuoco?

TERESA   Sí, iammo. (*Via con Checchina*)

ETTORE (*riconoscendo Michele*)   Ma sicuro... Michele Murri?

MICHELE   Ettore De Stefano? Amico mio, e tu comme te truove ccà?

ETTORE   Ccà sta 'e casa Luigino Strada, n'amico mio. Tene affittata na cammera ammobigliata. Chesta é 'a casa d' 'a signora Lo Giudice.

MICHELE   Vedova Lo Giudice, ma è mia sorella.

ETTORE   Ah, nun 'o sapevo! Allora tu conosci stu Luigino Strada?

MICHELE   No, pecché so' arrivato 'a na mez'ora.

ETTORE   Ah, già, tu hai viaggiato. È quase n'anno ca nun ce vediamo.

MICHELE   N'anno preciso. Ma tu che hai? Tiene na faccia pallida, pare ch'he passato nu guaio.

ETTORE   Io ti dico tutto, ma per carità...

MICHELE   Io? Ti pare...

ETTORE   Da nu mumento a n'ato m'arrestano.

MICHELE   E comme?

ETTORE   Tu saie che faccio l'agente di assicurazione. Voglio bene a na guagliona, na certa Olga. Povera figlia, nun tene né mamma né pate.

MICHELE   E chi l'ha fatta?

ETTORE   Come, chi l'ha fatta?

MICHELE   Tu hai detto: «Povera figlia, nun tene né mamma né pate». La mia domanda è precisa: «E chi l'ha fatta?»

ETTORE   Miche', il padre e la madre.

MICHELE   Allora li tiene i genitori.

ETTORE   Sono morti.

MICHELE   Oh! Allora si dice: «È orfana». C'è la parola adatta, perché non la dobbiamo usare? Parliamo co' 'e parole juste ca si no m'imbroglio.

ETTORE   Come vuoi tu... È orfana. Io le spendo parecchi soldi. E tieni presente che io aggia mantené pure 'a famiglia mia, e mo mi trovo con un vuoto di trentamila lire. Capisci? Me so' servito dei depositi dei miei clienti.

MICHELE   'A sotto! E pecché nun vaie in Questura?

ETTORE   In Questura?

MICHELE   Ettore bello, io nun te pozzo cunziglià, pecché di queste cose me ne intendo poco. Sopra alla Questura troverai gente pratica. Tu chiedi, dici: «Mi trovo in queste condizioni, cosí e cosí... come mi devo regolare?»

ETTORE   E quelli m'arrestano immediatamente.

MICHELE   Ma io dicevo in linea amichevole.

ETTORE   Vogliamo scherzare...

MICHELE   E allora che pienze 'e fa', mo?

ETTORE   L'unica speranza è st'amico mio.

MICHELE   È ricco?

ETTORE   Addó! È nu disperatone qualunque, però è nu miezo mbruglione, conosce tanta usuraie, voglio vedé si isso me pò fa prestà sta somma, accussí metto a posto tutte cose.

SCENA SESTA

Luigino e detti.

LUIGI (*ride dall'interno, poi entra sempre ridendo, teatralmente*) Ah, ah, ah, ah, ah, ah, ah, ah, ah...!

Michele è turbato.

ETTORE   Luigi'!

LUIGI   Ettore bello! Pare impossibile: nun aggiu truvato addó ji' a durmí.

MICHELE   Perché ridete?

LUIGI   Mi esercito, mi tengo in allenamento.

MICHELE   Nun l'avita fa'.

LUIGI   E pecché?

MICHELE   Mi dà fastidio. Finalmente abbiamo capito chi si divertiva... (*A Ettore*) 'A matina, sta resata rimbombava p' 'o corridoio.

LUIGI   Qua' corridoio?

MICHELE   E pure dint' 'o curtile. (*Agitatissimo*) Nun l'avita fa'.

LUIGI   E nun 'o faccio, non v'arrabbiate. (*A Ettore*) Ma chi è?

ETTORE   Già, tu non conosci... Michele Murri, fratello d' 'a padrona 'e casa.

LUIGI (*a parte*)   Chist'è chillo ca m'ha fatto perdere 'a cammera... (*A Michele*) Tanto piacere.

MICHELE   Fortunato. Qua l'amico ha passato nu guaio.

LUIGI   Che guaio?

MICHELE   Ha rubato trentamila lire.

ETTORE   Rubato, mo... che c'entra? Mi sono servito dei depositi dei miei clienti.

MICHELE   Ma 'e solde erano d' 'e tuoie?

ETTORE   No...

MICHELE   E allora li hai rubati. C'è la parola adatta, perché non la dobbiamo usare?

LUIGI   Guarda che guaio...

MICHELE (*a Luigi*)   Voi siete tanto buono: prestategli la somma, lui poi ve la restituisce.

LUIGI (*ironico*)   E certo! (*Batte sulle tasche della giacca*) Teh,

qua ci stanno cientomila lire, e qua ce ne stanno ate cientomila... E se ve servono quacche decine 'e migliara 'e lire... eccole
(*batte sulla tasca di petto*) stanno qua.

MICHELE   Bravo! M'è piaciuto il gesto spontaneo. (*A Ettore*) E
pigliatille, 'e solde. (*Ettore si stringe nelle spalle*). Ma pecché
fai cerimonie? L'amico s'è messo a disposizione tanto bello!
(*A Luigi*) Dategli 'e solde: s' 'e piglia, s' 'e piglia!

LUIGI   Quali soldi?

MICHELE   Mo nun nce 'e vulite da' cchiú?

LUIGI (*con santa pazienza*)   Nun 'e tengo.

MICHELE   Mo nun 'e tenite?

LUIGI   Nun 'e tengo mo e nun 'e tenevo manco primma.

MICHELE   Sentite, non glieli volete dare, non glieli date... ma
negare l'evidenza, no! Vi ho visto io che cacciavate dalla tasca
nu pacco 'e bigliette da mille lire.

LUIGI   Volete scherzare...

MICHELE (*offeso*)   Io sono una persona seria. 'E bigliette l'aggiu
vistu cu' st'uocchie mieie.

LUIGI (*speranzoso fruga in tutte le tasche, senza trovare niente*)
Ma vuie che vulite 'a me? Io dieci lire tenevo, e manco chelle
ce stanno cchiú...

Campanello interno.

MICHELE   'A porta. Mo vene quaccheduno: trasimmencènne
dint' 'a cammera mia.

Checchina attraversa il fondo da sinistra a destra.

LUIGI (*amaro*)   E già, pecché chella è 'a cammera vosta...

MICHELE   Se capisce. (*Fa passare Ettore, trattiene Luigi sulla
porta*) L'amicizia è amicizia.

LUIGI   E allora?

MICHELE   Se 'e solde nun 'e ttene uno, 'e ttene l'atu.

LUIGI   Amico, lasciatemi stare... (*Esce seguito da Michele*).

SCENA SETTIMA

Checchina, poi Giovanni poi Vincenzo, indi Teresa.

CHECCHINA Favorite. Mo vaco a chiammà 'a signora. (*Via*).

GIOVANNI Trasite, don Vicie'.

VINCENZO (*da dentro*) Mo, quanno chiudo 'a porta! Chella, 'a cammarera, l'ha rimasta aperta. (*Entra*) Eccomi qua.

GIOVANNI Come va da queste parti?

VINCENZO Siccome la mia famiglia e la famiglia Murri sono in grande intimità... Ogni anno, quando andiamo in villeggiatura, veneno a passà na quindicina 'e giorne cu' nuie. Dimane nce ne saglimmo 'o Casino a Bellavista, cosí io so' venuto per invitarli.

GIOVANNI Ah, ecco. E la signora vostra comme sta?

VINCENZO Bene, grazie.

GIOVANNI Sapete che mo me nzoro n'ata vota?

VINCENZO Bravo.

GIOVANNI Me sposo la signora Teresina. Essa stessa m'ha mannato 'a mmasciata: s'è innamorata di me pazzamente.

VINCENZO Allora auguri.

GIOVANNI Grazie.

TERESA (*entrando*) Carissimo don Vincenzo! Auguri per domani: è 'a nascita vosta.

VINCENZO Vi ringrazio e mi fa piacere che ve ne ricordate.

TERESA E già, comme si nce cunoscissemo 'a poco! Vuie me sapite piccerella. (*Giovanni guarda Teresa languidamente: Teresa a parte*) Chillo che vo' 'a me?

VINCENZO Io so' venuto per dirvi, anche a nome di Saveria mia moglie, che domani in occasione d' 'a nascita mia, nce ne saglimmo 'o Casino a Bellavista e voi, come tutti gli anni, avita vení a passà quindici giorni cu' nnuie.

TERESA Ma con piacere, tanto piú che st'anno ce sta pure Michele.

VINCENZO È tornato d' 'o viaggio?

TERESA Sí... è tornato.

VINCENZO Don Giuvanne m'ha parlato pure d' 'o prossimo matrimonio.

GIOVANNI Io ho accettato con tutto il cuore.

TERESA   E non potete credere quanto m'avete fatta contenta.

VINCENZO   Allora, me raccumanno: non mancate, dimane.

TERESA   Dimane è nu poco difficile: si aggia lassà 'a casa pe' quindici giorni, voglio mettere primma tutte cose a posto.

VINCENZO   No, e chillo 'o sfizio è dimane, è 'a nascita mia. Aggio fatto preparà nu pranzo cu' 'e fiocchi, ma senza persone estranei, tutti in famiglia. Mangiammo e po' facimmo nu poco d'allegria dint' 'o ciardino.

TERESA   Allora va bene.

VINCENZO   Verrete?

TERESA   Sissignore.

GIOVANNI   (*languidamente guarda Teresina*)   Pur'io voglio passare quindici giorni a Bellavista. Dimane me vaco a affittà ddoie cammere.

VINCENZO   Na vota ca ve truvate, venite a mangià cu' nuie.

GIOVANNI   Con tutto il cuore.

SCENA OTTAVA

Michele, Luigi e detti, poi Ettore.

MICHELE   (*entrando*)   Carissimo Don Vincenzo!

VINCENZO   Michele bello, finalmente sei tornato!

MICHELE   Mezz'ora fa.

Stretta di mano.

GIOVANNI   Michele caro!

MICHELE   Don Giovanni...

Stretta di mano.

VINCENZO   Dimane ve ne venite a Bellavista: 'e cammere voste so' già pronte.

LUIGI   (*che sta dietro a Michele, prende l'invito per sé*)   Benissimo: iusto iusto! Io stavo senza casa. Luigi Strada, studente. Con entusiasmo accetto il vostro invito: figuratevi, io nun tenevo addó durmí...

VINCENZO Ma io non l'avevo con voi, parlavo a Michele. Due camere per lui e la sorella. A vuie addó ve metto? E poi, non vi conosco.

MICHELE È n'amico nuosto.

VINCENZO E va bene, come amico ve pozzo invità a pranzo dimane, ma pe' durmí è impossibile. Venite a pranzo?

LUIGI Solo a pranzo? Va bene... verrò, verrò...

MICHELE Don Vicie', state sempre in urto cu' chillo frate vuosto?

VINCENZO Sempre, sempre. Isso nun cerca 'e vedé a nuie, né io piglio notizie soie, e so' diece anne.

MICHELE Attilio, me pare.

VINCENZO Attilio, Attilio! Doppo tanta stravaganza, all'ultimo all'ultimo me truffaie cinquantamila franche e se ne jette a Roma a fa' 'o scultore.

TERESA Già, è scultore.

VINCENZO Qua' scultore? Chillo nun sape fa' manch' 'e pasture p' 'o presepio.

GIOVANNI E sta ancora a Roma?

VINCENZO Già... S'è nzurato, ma sempe 'a capa pazza tene. Tant'è vero che vive all'Albergo Tordelli: marito e mugliera che vivono in albergo, figuratevi che spese.

MICHELE Ma vuie proprio nun nce vulite fa' pace?

VINCENZO Io? Manco si me tagliano 'a capa! A me nun me vede cchiú. Basta, io me ne vaco: aggia fa' cierti spese, se no a muglièrema chi 'a sente, aggia accattà parecchia robba. Nuie nce vedimmo dimane senza meno.

TERESA Nun dubitate. Primmo che ve ne jate, ve voglio da' nu vasettiello 'e marmellata ch'aggio fatt'io stessa. Nce 'o purtate 'a mugliera vosta, io nce 'o prumettette.

VINCENZO Grazie.

TERESA Venite, ve faccio assaggià nu bicchierino 'e rosolio. Venite vuie pure, don Giuva'.

GIOVANNI Il rosolio è pure di fabbricazione vostra?

TERESA Tutto: io me faccio uno 'e tutto.

GIOVANNI Allora l'accetto con piú piacere.

Escono seconda quinta a destra.

LUIGI (*apre la porta della camera di Michele*) Ettore, se te ne devi andare questo è il momento: stanno tutti dint' 'a cucina.

ETTORE (*entrando*) 'A coppa 'a fenesta 'e chella cammera aggio
visto 'e trasí dint' 'o purtone a Olga. (*A Luigi*) Va víde si vene
ccà.

Luigi esce fondo a destra.

MICHELE   Chi è Olga?

ETTORE   'A nnammurata mia.

MICHELE   E che venarria a fa' ccà?

ETTORE   A truvà a donna Teresina: sono amiche.

LUIGI (*entrando, tutto eccitato*)   Guè, chist'è 'o mumento pe' te
ne ji'. Olga nun veniva ccà: è trasuta 'a porta affianco. Iammuncenne, va': conosco una persona ricca ca forse te pò aiutà. (*A
Michele*) Quanto mi piacciono sti colpi di scena improvvisi ca
sembrano trovate da teatro, ma che invece succedono nella vita
vera... Io che ho fatto l'attore m'entusiasmo! Lui non si vuole
fare vedere dalla fidanzata, la fidanzata arriva improvvisamente... Lui dice: «Vai a vedere se viene qua». «No, Olga non
viene qua»... Sembra proprio il momento saliente di una farsa.
(*A Ettore*) Andiamo.

MICHELE (*a Luigi*)   Fate n'ata vota.

LUIGI   Ho detto che adoro questi colpi di scena. Certe concomi-
tanze volute da un autore di teatro per ottenere un determinato effetto, si verificano veramente nella vita. Secondo me, quello che succede nel teatro può succedere nella vita, e viceversa.
Nelle vecchie farse, per esempio, tutti i personaggi si trovano
nello stesso ambiente: un ristorante, un albergo... Non so, due
amanti si dànno appuntamento in un albergo, credendo di stare tranquilli, e invece là sopra capita il marito tradito, la moglie informata... «Vieni, amore, qui staremo tranquilli». Arriva il marito tradito. «Che, mia moglie?», «Mio marito!», «Tra-
ditori!» L'amante scappa, la moglie sviene, il marito tradito
spara: pam, pam... La polizia... «In nome della legge, siete
tutti in arresto!»

MICHELE   Fate n'ata vota.

LUIGI   Ma mi state pigliando in giro?

MICHELE   No.

LUIGI   Ho detto che la vita assomiglia al teatro e il teatro assomiglia alla vita e questo è tutto. E si ve credite 'e me sfrocolià 'o
pasticciotto, avite sbagliato palazzo. Iammuncenne, va'. (*Esce*).

MICHELE   Ma a me pare ca quello non ragiona.

ETTORE   È nu poco stravagante.

MICHELE   Tu pure.

ETTORE   So' stravagante?

MICHELE   Scusa, noi dobbiamo ragionare.

ETTORE   Certo.

MICHELE   Tu hai detto che Olga è la tua fidanzata: è vero?

ETTORE   Sí.

MICHELE   E allora perché scappi? Pecché nun te vuó fa' vedé da Olga?

ETTORE   Pe' nun le dicere d' 'o guaio c'aggio passato, pe' nun le da' dispiacere. Che, se tratta 'e niente? 'O guaio è gruosso, pe' l'apparà nce vularria nu terno. Nu terno 'e duicientocinquanta-mila lire. Allora sí, allora venesse ccà e te diciarria: «Miche'! Michele mio! So' ricco: aggio pigliato 'o terno! Aggio vinciuto duicientocinquantamila lire. Mo me piglio a Olga e m' 'a spo-so, pecché so' ricco! Guarda, guarda quanta bigliette 'e mille lire... So' d' 'e mieie, so' tutte d' 'e mieie!» Chistu sarria nu bello colpo! (*Esce correndo*).

MICHELE   Bravo! M'ha fatto piacere. Proprio nu bello colpo. Quello mo aggiusta tutti i fatti suoi...

OLGA (*sulla porta, esita*)   Scusate... Steva 'a porta aperta: ci sta la signora Teresina?

MICHELE   Sicuro. Io sono il fratello.

OLGA   Piacere. Io sono Olga, n'amica sua. 'A vularria vedé nu mumento.

MICHELE   Ah, voi siete la signorina Olga... Tenite nu fidanzato che si chiama Ettore...

OLGA   Sicuro.

MICHELE   Brava, mi congratulo: 'o nnammurato vuosto ha pi-gliato 'o terno: s'ha pezzecato duecentocinquantamila lire.

OLGA   Vuie che dicite?

MICHELE   Mo proprio se n'è ghiuto, tutto cuntento. Diceva: «So' ricco, so' ricco! Aggio pigliato 'o terno, aggio vinciuto duecentocinquantamila lire! Guarda, guarda quanta denare», e m'ha fatto vedé nu sacco 'e carte 'e mille lire.

OLGA   Ma allora è overo? È overo? Che piacere! Io aggia fa' cose 'e pazze, aggia fa' arrevutà Napule... Mamma mia, aiu-tateme!

TERESA (*entra seguita da Vincenzo, Giovanni e Checchina*)   Che è stato, neh?

OLGA   È stato, amica mia, che 'o nnammurato mio ha pigliato 'o terno: ha vinciuto duecentocinquantamila lire.

TERESA   Veramente?

OLGA   Tere', io nun me sento bona... l'emozione è stata troppo forte.

TERESA   Viene dint' 'a camera mia, te piglie na presa 'e cognac, quacche cosa...

OLGA   Sí, grazie, ma po' me ne vaco subbito: aggia truvà a Ettore, voglio dividere con lui tutta la gioia.

TERESA   Don Vincenzi', allora ce vedimmo dimane, permettete. (*Esce con Olga*).

GIOVANNI   Cheste so' fortune... Uno che può dire: «Ho vinto duecentocinquantamila lire».

MICHELE   Pure voi?

GIOVANNI   No, io no... (*Esce appresso alle donne*).

VINCENZO   Basta, io me ne vaco, statte buono, Miche'.

MICHELE   Sicché con vostro fratello Attilio nun ce vulite fa' pace 'e nisciuna manera?

VINCENZO   Niente. L'aggio ditto e basta. Allora 'ave 'o piacere 'e me vedé, quanno le mannano a dicere ca so' muorto. E io, quanno dico na cosa, chell'è. Sulo muorto! Statte buono, ce vedimmo dimane. (*Sulla porta si gira*) Miche', so' muorto! (*Esce*).

MICHELE   Ah, quanto mi dispiace! Chello mo steva cca'! (*Chiama*) Checchina, Checchina! (*Siede al tavolino e scrive*).

CHECCHINA (*entra*)   Comandate.

MICHELE   Aspetta. (*Finito di scrivere*) Tiene solde?

CHECCHINA   Sissignore.

MICHELE   E va' fa' subito stu telegramma urgente, nun perdere tiempo.

CHECCHINA   Va bene.

MICHELE   Pace all'anima sua!

ATTO SECONDO

A Bellavista, in casa Gallucci. Una camera da pranzo arrangiata per la villeggiatura. Due porte laterali. In fondo tre vani; dal centro si accede nel giardino. Nel mezzo vi è imbandita una tavola.

SCENA PRIMA

Intorno alla tavola sono seduti Vincenzo, Saveria, Michele, Giovanni, Luigino, Evelina. Filomena, la cameriera, serve in tavola. Il pranzo è finito, sono al dolce.

VINCENZO Tengo nu buono cuoco, o no?

MICHELE Voi che dite! Io me so' cunsulato.

GIOVANNI I polli erano squisiti.

LUIGI E chillu fritto 'e pesce!

MICHELE Vuie ve l'avite magnate cu' tutte 'e ccape e co' 'e spine.

EVELINA Veramente magnifico.

VINCENZO Nè, ma nun facite cerimonie, vuie sentite che caldo!

GIOVANNI 'O mmena, 'o mmena! (*Vede Luigino che chiacchiera con Evelina e lo guarda minaccioso*) Mo vedimmo... mo vedimmo!

VINCENZO Ccà stammo in villeggiatura, levateve 'e giacchette tutte quante. Mo dò io l'esempio. (*Si toglie la giacca*).

GIOVANNI Vuó sapé 'a verità... (*Si toglie la giacca*).

MICHELE Allora per imitarvi... (*Si toglie la giacca*).

VINCENZO Don Luigi', e voi?

LUIGI No, io preferisco tenerla.

GIOVANNI E vuie squagliate d' 'o calore.

LUIGI Io non soffro il caldo.

MICHELE   Ma si 'o facite pe' cerimonia...
LUIGI   Niente affatto. (*A Michele, in disparte*) Stornate, storna-
te. Nun m' 'a pozzo luvà, tengo 'a camicia rotta.
MICHELE   Nun s' 'a pò luvà: tene 'a cammisa rotta.

Tutti ridono.

LUIGI   Avimmo fatto 'a trummetta 'a Vicaria.
VINCENZO   Qua siamo tutti amici, levatavella.
LUIGI   Lasciamo stare.
SAVERIA   E lasciat' 'o ji', nun s' 'a vo' levà!
LUIGI   Ecco fatto. (*Si toglie la giacca*).
SAVERIA   'A vulimmo arapí sta butteglia 'e sciampagna?
GIOVANNI   Un brindisi ci vuole.
MICHELE (*si alza*)   Se permettete, 'a butteglia l'apro io.
LUIGI (*si avvicina a Michele*)   Adesso è 'o mumento buono.
MICHELE   Per che cosa?
LUIGI   Come, ve l'ho detto prima!
MICHELE   Non mi ricordo.
LUIGI   Al momento dello spumante: «Adesso don Luigino ci fa-
rà sentire una sua poesia».
MICHELE   Ah, sí.
LUIGI   Ci sta l'innamorata mia... la voglio dire, una poesia.
MICHELE   È naturale.
LUIGI   Ve ne sarò grato.
MICHELE (*tornando al suo posto a tavola*)   Ecco lo sciampagna.
È gelato. Ma prima di aprire la bottiglia don Luigino ci deve
fare sentire una sua poesia.
LUIGI (*con falsa modestia*)   No, non cominciamo. Di solito non
mi faccio pregare, ma oggi nun tengo genio.
MICHELE   Non la volete dire?
LUIGI   Francamente e sinceramente: no.
MICHELE   Come, voi adesso mi avete detto: al momento dello
sciampagne fatemi dire una poesia... la voglio dire, una poesia.
LUIGI   Quando mai? Avete capito male. Ho detto: non mettete
in mezzo il fatto delle poesie, perché non sono in vena.
MICHELE   Come? Me l'avete detto pure prima del pranzo... E
che, io sapevo che voi scrivete poesie?
EVELINA   Nun ve facite pregà.
LUIGI   Lo volete voi? Per voi tutto. Vi farò sentire una mia poe-
sia.
TUTTI   Sentiamo, sentiamo.

LUIGI   «Ora mistica». Ho immaginato due distese di cipressi in conversazione notturna. Un lungo viale che conduce al cimitero. Avverto subito l'uditorio che, mentre la tematica delle mie composizioni è un fatto tutto personale, il ritmo, al contrario, si stacca, è vero, dalla formula ermetica, ma si aggancia alla corrente realistica e impressionistica, fatta di chiazze opache e di spiragli allucinanti, il cui filone trova larvati riscontri in tutta la letteratura valida avanguardistica degli ultimi vent'anni. Dunque: «Ora mistica»...

Buio nel cimitero.
Gelo di marmo,
Sagome di tombe,
Loculi disadorni.
Erbetta, erbette.
Gira il custode
E non gli sembra vero
Di udire il chiacchierio
Delle civette.
Lento e pesante il passo
Del custode: cra, cra
Si sente e riconosci quello.

MICHELE   Quella...

LUIGI   Quella chi?

MICHELE   La rana.

LUIGI   Che ce trase 'a rana?

MICHELE   Voi avete detto che si sente: cra, cra.

LUIGI   Cra, cra: il passo del custode. Lo stridio dei piedi sui ciottoli dei viali.

MICHELE   Fino a prova contraria so' sempre state 'e rane che hanno fatto: cra, cra.

LUIGI   Già, ma diversamente come avrei potuto descrivere il rumore di quei passi? Dunque:

cra, cra
Si sente, e riconosci quello.
Fiero, impettito e con le mani sode
Chiude con due mandate quel cancello.
Ecco quel cubo grigio:
È la sua casa.
Ora dorme pesante.
Ulula il vento.
Dorme il custode ignaro.
Dorme nella sua tomba di cemento.

      Chi è? Chi vedo?

      Pallido e disfatto

      S'incammina ed avanza Sergio Pròculo.

MICHELE   Chi è Sergio Pròculo?

LUIGI   È nu signore ca trase dint' 'o cimitero.

MICHELE   'E notte?

LUIGI   'E notte!

      Chi è? Chi vedo?

MICHELE   È un proconsole romano?

LUIGI   No, è nu signore qualunque.

MICHELE   E perché si chiama Pròculo?

LUIGI   Io mi chiamo Strada? Voi vi chiamate Murri? Uh, mamma mia... E stu signore si chiama Pròculo. Jamme nnanze... 'I' si m' 'o facite fa'! Chi è? Chi vedo?

MICHELE   Ma chi è che dice: «Chi è? Chi vedo?»

LUIGI   Ma se m'interrompete continuamente non lo arriverete a sapere mai.

MICHELE   Ma allora ci sta un'altra persona dentro al cimitero?

LUIGI   Niente affatto, non ci sta nessuno.

MICHELE   Allora chi è che dice: «Chi è? Chi vedo?»

LUIGI   'O dich'io.

MICHELE   Allora nel cimitero ci stai pure tu?

LUIGI   Io stongo 'a casa mia... È il poeta che parla. Sono visioni, allucinazioni che riceve lo scrittore nel momento della creazione.

      Chi è? Chi vedo?

      Pallido e disfatto

      S'incammina e avanza Sergio Pròculo.

MICHELE   Scusate, ma il custode è andato a dormire nel cubo di cemento... Va bene?

LUIGI   Sí...

MICHELE   E ha chiuso il cancello con due mandate?

LUIGI   Sissignore.

MICHELE   E allora come entra Sergio Pròculo? Non si può entrare col cancello chiuso.

LUIGI   Ma non bisogna sofisticare.

MICHELE   Sentite, per me non si può entrare da nessuna parte quando ci sta un cancello chiuso.

LUIGI   E va bene: era entrato 'a sera primma.

MICHELE   Allora il cancello si chiude una sera sí e una sera no? O si chiude tutte le sere o non si chiude mai.

LUIGI   Se mi volete prendere in giro, io 'a fernisco e nun se ne parla cchiú.

TUTTI   Ma no, andate avanti.

MICHELE   Andiamo avanti.

LUIGI   Dunque:

S'incammina e avanza Sergio Pròculo.
Stanco si ferma,
Geme e di soppiatto
Si china
E poggia il capo su di un loculo.

MICHELE   Ah, ecco! Abbiamo capito perché si chiama Sergio Pròculo!

LUIGI   E sí, per la rima...

Un gufo veglia, ride una civetta.
E piove, piove.
Il fiume s'è ingrossato.
Tatatatà! Strombazza
Una saetta
E uccide Sergio Pròculo
Chinato.
Ecco l'alba.
Ecco il sole.
Ecco il sereno.
Che vedo intorno al loculo?
Un pezzetto di camicia
Un fazzoletto
Un bottoncino
Una scarpa slacciata
Un pedalino
Una matita rotta
Un portachiavi
Una tessera stinta:
Non si capisce il nome.
Età: ventuno.
Altezza: un metro e ottanta.
Colorito: olivastro.
Disoccupato.

TUTTI   Bravo, bravo!

EVELINA   Complimenti.

MICHELE   Io non ho capito niente.

VINCENZO (*a parte*)   Chisto è proprio nu saponaro. Filume', arape stu sciampagne. (*A tutti*) 'E bicchiere, ognuno se pigliasse 'o bicchiere suio.

SAVERIA   Peccato che Teresina vostra sorella non ha potuto vení.

MICHELE   Ve l'ho detto, teneva tante cose 'a fa'. So' venuto io primma, ma essa o stasera o dimane·al massimo sta ccà.

GIOVANNI   Peccato, io pe' essa ero venuto. (*Vede Luigino che chiacchiera con Evelina e si arrabbia*).

FILUMENA (*ha sturato la bottiglia e versa lo champagne nei bicchieri*)   Ecco servito.

MICHELE   Neh, permettete nu mumento. Alla salute di donna Saveria e di don Vincenzo Gallucci, al quale auguriamo cento anni di vita e di felicità!

TUTTI   Alla salute!

GIOVANNI (*a parte, alludendo alla figlia e a Luigi*)   Ah, se so' messi vicino!

SCENA SECONDA

Il fioraio e detti.

FIORAIO (*avvicinandosi a Filumena che sta sul fondo, da dove si accede al giardino*)   Scusate, chesta è villa Gallucci?

FILUMENA   Gnorsí.

FIORAIO (*chiamando verso il fondo*)   A te! Tràse.

Entra un facchino con corona di fiori per morto; sul nastro c'è scritto: «A Vincenzo Gallucci. L'inconsolabile fratello Attilio».

SAVERIA   Che d'è chella corona 'e muorto?

VINCENZO   E pecché stu malaurio?

MICHELE   'On Vicie', vene a vuie.

VINCENZO   A me?

MICHELE   Sicuro, a Vincenzo Gallucci.

VINCENZO   Ma cheste so' cose 'e pazze...

SAVERIA   L'inconsolabile fratello Attilio...

VINCENZO   Attilio? E bravo, m'ha fatto 'o scherzetto.

EVELINA   E nun ve pigliate collera, don Vicie'.

VINCENZO   Vedite, nun me piglio collera! 'O juorno d' 'a nascita mia me veco arrivà na corona 'e muorto...

SAVERIA   Chella è 'a mmiria... ma tu 'e vvide 'e scapezzà a tutte quante. (*Al fioraio*) Dicite a chi v'ha ordinato sta corona che Vincenzo Gallucci tene 'a saluta 'e fierro e sta pronto p'atterrà tutte 'e nemice.

MICHELE   Ma vedite che specie 'e scherze che vanno facendo! (*Al fioraio*) Chi te l'ha ordinato sta corona?

FIORAIO   Nu signore: m'ha dato l'indirizzo, m'ha pagato e se n'è ghiuto.

GIOVANNI   Vattenne, ca ccà ce stanno tutte gente vive.

FIORAIO   Va bene, io sapevo chesto? Mi dispiace c'aggio perza 'a fatica pe' ve fa' na cosa a regola... Basta, non mancherà tempo per servirvi come meritate.

VINCENZO   Tu he 'a murí 'e subbeto lloco fore.

FIORAIO   No, io dico anche per qualche onomastico, qualche matrimonio.

SAVERIA   Nun ce serve niente, nun ce serve niente. Vedete che modo di esprimersi! (*Il fioraio se ne va con corona e facchino*) Io vularria sapé proprio chi è stato.

VINCENZO   E ce vo' tanto a capí? È stato il mio diletto fratello.

SAVERIA   Ma si chillo sta a Roma?

VINCENZO   Come si ce vulisse tanto a incaricà n'amico a Napoli... E bravo Attilio!

SAVERIA   Basta, nun ne parlammo cchiú. Don Giuva', ve voglio fa' vedé 'o regalo c'aggio fatto a mio marito: nu taglio 'e vestito bello sul'isso.

VINCENZO   Veramente bello: 'o tenevo nganno nu vestito comme a chillo. Venite a vedé.

GIOVANNI   Con piacere. Vieni pure tu, Eveli'. Mo vedimmo si 'a fernisci tu e chillu pezzentone. (*Via con Vincenzo e Saveria*).

MICHELE   Vedete che scherzi...

LUIGI   È stata graziosa 'a cumbinazione... 'A nascita co' 'a corona 'e muorto! Io me so' fatto nu sacco 'e risate... (*Intanto Filumena ha sparecchiato la tavola a grande velocità, e ha portato via tutto*). Ah, ah, ah! Tengo sete... Giesú, chella ha levato tutte cose 'a miezo, pure l'acqua! Tengo na sete... Permettete.

MICHELE   E dove andate a bere?

LUIGI   Mah... in cucina.

MICHELE   In cucina non c'è acqua.

LUIGI   No?

MICHELE   È na casa antica.

LUIGI Ci sarà il pozzo.

MICHELE S'è seccato.

LUIGI Nemmeno in giardino ce ne sta?

MICHELE Niente, nemmeno na goccia.

LUIGI E comme arracquano?

MICHELE Viene l'autobotte. Vene 'a sera e s'arracqua 'a terra.
    Per la casa ogni mattina vengono gli asinelli e portano i barili.
    Se volete l'acqua, avita camminà nu poco.

LUIGI Sí, faccio quattro passi. Addó sta 'a funtana?

MICHELE Uscite dal cancello e girate a destra. Doppo cinque
    minuti 'e cammino trovate una scalinata rustica. Statevi atten-
    to ca si ruciulèa. Sott' 'a scalinata trovate nu viale 'e ficurinie.
    Camminando camminando, 'e ficurinie s'astregneno, ma non
    vi preoccupate perché lo spazio per passare ci sta. Passato 'o
    viale truvate 'a fontana.

LUIGI Vado subito: permesso e grazie.

MICHELE Ci vediamo stasera.

LUIGI Ma io vado e torno.

MICHELE So' quattordici chilometri.

LUIGI Quattordici chilometri?

MICHELE Se volete bere acqua corrente. Se no, dovete bere quel-
    la che abbiamo bevuto a tavola. Questa, vedete... (*Prende un
    secchio dietro un vaso di fiori*) Bevete.

LUIGI Ma è pulita?

MICHELE È quella che hanno portato gli asinelli stamattina. È
    gelata. Bevete, bevete...

LUIGI Grazie. (*Beve*).

MICHELE Bevete...

LUIGI Ho bevuto.

MICHELE Ce ne sta ancora.

LUIGI Lo so, ma non posso bere tutto il secchio d'acqua.

MICHELE Ma poi se la bevono gli altri.

LUIGI E che me ne importa?

MICHELE (*minaccioso*) Bevi!

LUIGI Ma...

MICHELE Bevi!

Luigi beve qualche sorso; entra Filumena, va verso il giardino,
da dove compare Attilio, vestito a lutto; Michele lascia Luigi
per guardare Attilio.

SCENA TERZA

Filumena, Michele, Luigino, Attilio.

ATTILIO (*a Filumena*)   Scusa, bella figlio', Villa Gallucci?

FILUMENA   È ccà, trasite.

ATTILIO   Grazie. Io so' Attilio Gallucci, fratello di Vincenzo.
Appena ho saputa la disgrazia mi so' messo dint' 'o treno ed
eccomi qua con tutto che erano dieci anni che stavamo in urto.

FILUMENA   Ma qua' disgrazia?

ATTILIO (*vedendo Michele*)   Guè, Miche'!

MICHELE   Don Attilio... E quanno site arrivato?

ATTILIO   Na mezz'ora fa.

MICHELE   E comme va, vuie state in urto cu' 'o frate vuosto.

ATTILIO   Ma di fronte alla morte cessa qualunque odio.

MICHELE   Pecché, chi v'è mmuorto?

LUIGI   Lui, naturalmente.

MICHELE   Si capisce: chi l'è mmuorto a isso?

ATTILIO   Comme, Miche': fratemo Vincenzino.

MICHELE   Voi che dite? Chillo sta meglio 'e me!

ATTILIO   Nun è muorto?

LUIGI   Quando mai?

ATTILIO   E stu telegramma? (*Legge*) Avvenuto decesso vostro
fratello venite subito vederlo ultima volta.

LUIGI   Mo si spiega 'o fatto d' 'a curona: l'avite mannata vuie.

ATTILIO   Sicuro. E chi s'è permesso 'e mandarme stu telegramma?

LUIGI   Qualche amico che per farvi fare pace ha truvato stu
mezzo.

MICHELE   Certo, na vota ca ve truvate ccà, mo ve facimmo fa'
pace.

LUIGI   Bravo, portatelo dentro. Voi siete amico intimo, ci riuscirete certamente.

MICHELE   Venite, venite. (*Via, con Filumena*).

SCENA QUARTA

Luigi e Evelina.

EVELINA (*entrando*)   Dunque, io sto qua: che m'avita dicere?
LUIGI   Io me l'aspettavo sta domanda vostra: è quella di tutte le
altre donne. «Che m'avita dicere?» Siate diversa dalle altre...
«Che m'avita dicere?» E voi non 'o sapite? Tutte 'e guardate
che v'aggio fatto, tutte 'e suspire c'aggio jettate, nun v'hanno
fatto capí niente? Vuie m'avita dicere: «Sí, io pure te voglio
bene comme me ne vuó tu». (*L'abbraccia*).
EVELINA   Ma vuie jate troppo 'e pressa!
LUIGI   Io ti voglio bene e ti voglio sposare.
EVELINA   È na parola... chillo papà chesto vo' sentere! Vuie sta-
te nu poco disperato.
LUIGI   Ma chi le mette in giro ste dicerie? Vedete, nu poco dispe-
rato! Assaie, assaie... vuie dite «poco»!
EVELINA   Dunque vedite ca nun è cosa.
LUIGI   Ma in compenso sono giovane e tengo buona la volontà
di lavorare.
EVELINA   Tutto questo ce lo dovete dire a papà.
LUIGI   Io? Chillo già ha detto che mi piglia a cauce... Ci vorrebbe
una persona che le facesse capí che tengo veramente intenzione
di lavorare, e quanno me so' fatto na posizione ce spusammo.
EVELINA   Allora sapite chi ce pò parlà? Donna Saveria, 'a mugliera 'e don Vicienzo.
LUIGI   Brava, quella è l'unica. (*Fa per abbracciarla*) Simpaticona
mia! (*Sentendo arrivare gente escono insieme*).

SCENA QUINTA

Vincenzo, Michele, Attilio.

VINCENZO   È stato nu scherzo, nun ne parlammo cchiú.
MICHELE   Nu scherzo, però, che è riuscito a farvi fare pace. Dieci anni in urto pe' na sciocchezza.

ATTILIO   Sempre cosí succede. Pe' nu niente se strascinano 'e ma-
lummore pe' tutta 'a vita...

VINCENZO (*al fratello*)   Però m'haie fa' nu piacere: lievate sta
giacca nera perché mi fa nu certo effetto.

ATTILIO   Hai ragione. (*Si toglie la giacca*).

VINCENZO   Vieni in camera mia. Te sceglie nu vestito e stasera t' 'o
miette.

ATTILIO   Grazie. A parte l'impressione che può fare un vestito
nero... ma mi sento imprigionato. Avete mai fatto caso a quanti bottoni portiamo addosso noi? La quantità e la varietà...
Non hanno ancora trovato un sistema per eliminà 'e buttone.
(*A Michele*) Io, mi dovete credere, i bottoni li odio.

VINCENZO   Vieni, Atti'.

ATTILIO   Vengo.

Viano; rimasto solo, Michele stacca i bottoni di tutte le giacche che trova appese sulle sedie; arrivato alla sua, la guarda,
riflette, la indossa senza toglierci i bottoni, poi se ne va in giardino.

SCENA SESTA

Saveria, Giovanni, Evelina e poi Michele.

SAVERIA (*entrando con Giovanni*)   Don Giuva', io v'aggia cercà
nu favore.

GIOVANNI   Dite, signo': sono a vostra completa disposizione.

SAVERIA   Ecco qua: don Luigino, povero giovane, s'è miso scuorno 'e v' 'o dicere e ha pregato me.

GIOVANNI   Ma 'e che se tratta?

SAVERIA   Vo' bene a Evelina. Evelina vo' bene a isso e se vonno
spusà.

GIOVANNI   Donna Save', ma vuie dicite overamente? Chillo è nu
disperatone! Cercateme chillo ca vulite, ma chesto è impossibile. Io 'a nu piezzo l'avevo capito 'o suonno ca s'era fatto don
Luigino! Ma 'a miseria sarría niente: chillo è nu stravagante,
chiagne, ride... (*Entra Evelina*) Dice che vo' fa' l'artista! Chillo se n'addà ji' 'o manicomio! (*Vede Evelina*) Ah, tu staie llo-

co! E tu 'e potuto immaginà che io dicevo sí? Jesce, vattènne
'a via 'e dinto, e miettete ncapo che a nu scupatore te faccio
spusà, ma no a chillo!

EVELINA   Ma io 'o voglio bene...

GIOVANNI   Tu devi fare chello ca dico io. Trase dinto, trase. (*Evelina si nasconde dietro Saveria*). Mo me faccio vení 'e capille
mmano!

EVELINA   'Onna Save', chillo me vatte! (*Via a sinistra*).

SAVERIA   'On Giuva', 'a verità è inutile tutta st'ammuina. Nun
vulite da' 'o cunsenso, sta bene! Ma nun 'a facite mettere paura, povera guagliona. (*Via appresso a Evelina*).

MICHELE (*entrando*)   Che è stato, neh?

GIOVANNI   Sia fatta 'a vuluntà d' 'o cielo! Don Luigino se vuleva
spusà a figliema, chillu stravagante. Quello è pazzo! Ma io primma che succede na cosa 'e chesta l'accido: meglio che muore,
cento volte! Io lle facevo spusà a isso! Vo' fa' l'artista, invece e
se ne addà ji' 'o manicomio! È pazzo, è pazzo! (*Via*).

SAVERIA (*rientra*)   Va buono, calmateve mo. (*A Michele*) Vedite
chillo che s'ha fatto afferrà pecché don Luigino se vo' sposà 'a
figlia.

MICHELE   Ma si capisce, signora mia! Vuie forse non sapete niente: Don Luigino è pazzo.

SAVERIA   Vuie che dicite?

MICHELE   È stato n'anno 'o manicomio. 'A famiglia nun ha fatto
sapé niente per non discreditarlo in commercio, sperando che
doppo tanto tempo se fosse guarito... ma arò? Chillo sta peggio 'e primma! Io, per me, non l'accosto piú: mi metto paura.
(*Vede Luigi che si avvicina*) Eccolo qua. Io me ne vado, ma voi
statevi attenta: non lo contraddite, assecondatelo. (*Via*).

SCENA SETTIMA

Luigino e detta, poi Giovanni, Evelina, Vincenzo e Attilio.

LUIGI (*entra*)   Signo', che risposta v'ha dato don Giovanni? Ac-
consente?

SAVERIA (*appaurata*)   Ah... ecco qua.

LUIGI   Ha detto di no, io 'o sapevo! Mannaggia... (*Dà in escande-
scenze a soggetto*).

SAVERIA   No... no... calmatevi, calmatevi: ha detto di sí, accunsente cu' tutto 'o piacere.

LUIGI   Ma come, era tanto contrario... Com'è che ha fatto questo cambiamento?

SAVERIA (*sempre appaurata*)   Ha detto: «Mi sono sbagliato... Don Luigino Strada diventerà un grande poeta»...

LUIGI   «Ora Mistica», eh?

SAVERIA   Come...?

LUIGI   La poesia che ho detto dopo pranzo ha fatto effetto! Donna Saveria mia, che gioia che m'avete dato! Voi mi avete fatto l'uomo piú felice del mondo. Vi debbo baciare la mano.

SAVERIA   Nun v'accustate ca io strillo! (*Via a destra come in concerto*).

GIOVANNI (*entrando con Evelina*)   'O vi' canno, stu bello mobile! Nun 'o guardà, ca si no so' schiaffune.

LUIGI   Caro suocero! Evelina mia bella. (*Soggetto*).

GIOVANNI (*al colmo dell'ira*)   Ma insomma, tu nun 'a vuó ferní! Mo m'hai seccato, mo! (*Gli dà due schiaffi*).

EVELINA   Aiuto, aiuto!

Luigino rimane come di sasso, mentre Giovanni continua a inveire a soggetto e entrano Saveria, Vincenzo e Attilio.

SAVERIA   Nu momento! Che state facendo? Lassat' 'o ji', venite ccà.

Saveria fa gruppo con tutti gli altri compreso Giovanni, al lato opposto di Luigino che si comprime il viso con le mani. Tutti ascoltano Saveria e guardano con compassione e appaurati Luigino che non capisce che sta succedendo; poi tutti scappano da sinistra come in concerto.

FILUMENA (*entrando*)   Signuri', che è stato? Aggio ntiso cierti remmore!

LUIGI   Io aggio ntiso cierte sapure! Aggio avuto duie schiaffe tremende. Per lo meno ci stesse l'acqua...

FILUMENA   'A funtanella sta llà.

LUIGI   Seh, a quattordici chilometri!

FILUMENA   No, sta llà, sotto 'o gesummino.

LUIGI   Ma so' cose 'e pazzi! Mo ce vaco a mettere 'a capa sotto. (*Via*).

SCENA OTTAVA

Teresa e detti, poi Luigino e Saveria.

TERESA (*dal fondo, preoccupata*) Buongiorno, Filume'. Sai si
ccà è venuto fratemo Michele?

FILUMENA Gnorsí, signuri'.

TERESA E io me l'ero immaginato.

FILUMENA 'A padrona aspettava pure a vuie.

TERESA Sicuro, nun aggio potuto vení. Famm'ascí nu momento
a donna Saveria, scusa.

FILUMENA Subito. (*Via*).

LUIGI (*entra con un fazzoletto legato in fronte*) Uh, donna Teresina... Siete donna Teresina?

TERESA E che site cecato?

LUIGI Io ve veco celeste, scusate tanto.

TERESA E che facite cu' stu fazzuletto nfronte? Tenite dolore 'e
capa?

LUIGI Dolore 'e capa? Io, ncapa, me sento 'e granate. Pum,
pam, pom! Aggio avuto dduie schiaffe terribile, ca sulamente 'a
faccia tosta mia l'hanno potuto ricevere.

TERESA E da chi?

LUIGI Da don Giovanni, 'o padrone 'e casa vuosto.

TERESA Pe' causa d' 'a figlia! Io 'o sapevo che jeva a ferní a
mazzate!

SAVERIA (*entrando*) Carissima Teresina, comme staie?

TERESA Cosí, nun c'è male.

Filumena traversa la scena.

SAVERIA (*a bassa voce*) Iammuncenne 'a ccà. Ce sta don Luigino. Chillo è pazzo.

TERESA Don Luigino? Quanno maie.

SAVERIA L'ha ditto Michele frateto.

TERESA Michele... Don Luigi', voi sentite? Mio fratello ha detto a tutti quanti che voi siete pazzo.

LUIGI Overamente? Ma pecché?

TERESA (*a Saveria*) Chillo è stato inquilino mio, m' 'o vulite mparà a me? Cca ce sta nu pazzo, ma nun è don Luigino... è proprio Michele.

SAVERIA   Michele?

TERESA   E sí! Nun me pozzo sta cchiú zitta e po' è inutile, tanto me so' cunvinta chiaramente ca Michele nun se pò sanà... Aiere ascette 'e bello, senza dirmi niente, e nun 'o truvaie cchiú. Stanotte nun s'è ritirato, e immaginate cu' che pensiero so' stata: chillo aiere ascette d' 'o manicomio! Io, povera disgraziata, so' ghiuta currenno pe' tutta Napule p' 'o truvà, e perciò nun so' venuta p' 'a nascita 'e don Vicienzo.

LUIGINO   Ma è proprio pazzo?

TERESA   Se io v' 'o sto dicenno. Nun aggio fatto sapé mai niente a nisciuno per non discreditarlo in commercio.

SAVERIA   Quanto me dispiace! Ma mo jammo addu lloro a chiarí stu fatto: chille stanno cu' 'a capa che 'o pazzo è don Luigino.

TERESA   E ghiammo. Voi venite?

LUIGINO   No grazie, io nun voglio vedé a nisciuno.

Saveria e Teresa via.

SCENA ULTIMA

Michele e detto poi Teresa e tutti gli altri.

Luigino, appaurato, si gira da tutte le parti, sentendo la presenza di Michele; infatti il pazzo ci sta, ma, come da concerto, è invisibile perché ogni volta che Luigino si gira verso di lui sparisce dietro una porta o un vano. Scena di paura a soggetto. Poi Luigino si va a sedere e Michele prende posto affianco a lui. Luigino vorrebbe scappare ma le gambe non l'aiutano.

MICHELE   Povero giovane, sei pazzo... Ma adesso ti aiuto io. (*Lo fa alzare, lo porta vicino alla credenza*) La malattia tua addó sta? Nella testa. E quindi, se ti taglio la testa elimino 'a malattia. Giusto?

Ha preso un coltello da un cassetto e si prepara a tagliare la gola di Luigino; impietrito dalla paura Luigino non può articolare le parole; in quel momento entra Teresa seguita dagli altri.

TERESA   Che stai facendo? Lassa 'o curtiello!

MICHELE (*tutto contento obbedisce; Luigino crolla come un pupo rotto*)   Uh, Teresi', tu stive ccà!

TERESA   Sí, so' arrivata poco primma.

MICHELE (*indicando Luigi*)   Lo vedi? Quello è pazzo, è pericoloso.

TERESA   E va bene, quann'è oggi don Luigino se ne va 'o manicomio. (*Fa dei segni a Luigino*) È vero, don Luigino?

LUIGINO (*appaurato*)   Sicuro, quann'è ogge me ne vaco.

TERESA (*a Michele*)   Va' te piglia 'o cappiello e ghiammuncenne, togliamo il fastidio a questi signori.

MICHELE   Aspettami qua. Ma chillo quanno se ne va 'o manicomio?

TERESA   Cchiú tarde, cchiú tarde.

Michele esce.

VINCENZO   Donna Teresi', vuie po' me mannate nu pazzo dint' 'a casa...

TERESA   Ma io nun sapevo ch'era venuto ccà.

GIOVANNI   Donna Teresi'... e il matrimonio nostro? Evelina me dicette che vuie v'ireve nnammurata 'e me.

TERESA   E mo è pazza pure Evelina.

EVELINA   A me m' 'o dicette don Michele.

TERESA   Ah, ecco! Don Giuva', io nun me posso mmaretà... Tengo nu sacro dovere da compiere: mio fratello. Mi devo dedicare completamente a lui.

SAVERIA   Ce vo' pacienza...

MICHELE (*entra con cappello*)   Eccomi qua.

TERESA   Signori, arrivederci.

MICHELE   Arrivederci. (*Saluta tutti, uno per uno a soggetto, facendo impietrire tutti per la paura, poi si avvicina a Luigi che si è rifugiato in un angolino*) Tu qua stai? (*Luigino fa cenno di sí a tutto quello che gli dice Michele*) Vattènne 'o manicomio. Tu sei un pericolo per la società. La gente ha paura di te, hai capito? Gli amici, i parenti, 'a famiglia ti possono compatire, ma a un certo punto si rassegnano e ti abbandonano... Vattènne 'o manicomio...

TERESA (*un po' a tutti*)   Avete capito...! (*Via con Michele*).
VINCENZO   Povera femmena.
GIOVANNI   Ha passato buono 'o diciassette!
ATTILIO   Stammo tutte quante sott' 'o cielo.

Dicendo queste battute ognuno indossa la sua giacca, nota la mancanza di bottoni con reazioni a soggetto e cala il sipario.

Filosoficamente
(1928)

Il pianeta piccolo e medio borghese, dopo aver subito in *Ditegli sempre di sí* i contraccolpi tragicomici d'una «follia ragionevole», in *Filosoficamente* (1928) è ripreso da un'ottica minore ma funzionale: immerso in una luce senza lampi sinistri, ma neppure bagliori di ribellione. La comicità di Eduardo è acre e perfino crudele, quando raffigura la mentalità dell'Italietta fascista fra il Venti e il Trenta: a partire dal «conformista» per rassegnazione di questo atto unico. Ma, come vedremo, la cattiveria del riso cresce in proporzione alle rendite dei suoi protagonisti-bersaglio.

In *Filosoficamente* il tono sembra pacato, l'andamento procede senza colpi di scena, cosí come la vita della famiglia di Gaetano Piscopo: impiegatuccio povero ma dignitoso, vedovo e con due figlie da accasare (*leit-motiv*: «Chelle s'ann' 'a mmaretà»); l'azione non si interrompe, non si muove quasi, si direbbe che *non c'è*, c'è solo una situazione, accettata nei suoi spostamenti minimali da tutti i personaggi-ambiente, «filosoficamente». Ma è una ben misera filosofia quella di don Gaetano, tipico esponente del proprio ceto: egli stesso vittima di un malinteso senso del decoro e della convenienza, un «borghese piccolo piccolo», assillato (come certi prototipi scarpettiani), ancor piú che dal rovello della «fame», da quello dell'«apparenza». Il suo cruccio principale, condiviso e alimentato dalle figliole, Margherita e Maria (*leit-motiv*: «Giesú, papà... che figura facciamo»), è la necessità di mantenere appunto l'apparenza del suo «prestigio» sociale impiegatizio: «L'impiegato! Deve vestire decente, nun voglia maie 'o cielo se presenta cu' 'e scarpe rotte... Si tene figlie, l'ha dda fa' cumparí, naturalmente quel poco che guadagna serve per mantenere come meglio può le apparenze... e 'a panza soffre. Soffre don Peppi'. E come!» (p. 193). Tuttavia le sue preoccupazioni, confidate all'amico dottore sulla *terrazza al quinto piano* (did., p. 191) del

palazzone in cui vive, non suscitano comprensione e neppure
compassione (nello spettatore), perché vi traspare quella concezione del proletariato («'o scupatore, 'o mondezzaio...») come ceto inferiore ma perfino piú fortunato, per le minori «esigenze» riconosciutegli, che è sintomatica dell'atteggiamento
mentale di un'epoca, qui resa concisamente quanto efficacemente.

Non a caso i ricevimenti organizzati a fatica sulla terrazza
(si rompono i salvadanai, si impiegano i soldi messi da parte per
l'affitto...), per attirare qualche pretendente che si porti via le
ragazze –

> ARTURO   Don Gaeta', Vincenzino se vo' spusà na figlia vosta.
> GAETANO   Chest'è tutto?... Quanno t' 'a viene a piglià?
> ARTURO   Ma ch'è na gatta?   (p. 202) –,

disturbano l'operaio Salvatore, che la sera dorme perché a mezzanotte «aggi' 'a muntà» il turno. E le sue rimostranze non solo vengono criticate («Uh! Don Salvato', come siete pesante,
fino alle dieci possiamo fare quello che vogliamo noi, possiamo
pensare a voi che ve ne andate a letto alle sei del giorno?»,
p. 196), ma perfino vilipese dalla combriccola dei «giovani»; i
quali non trovano di meglio, per divertirsi, che rubare il «mellone [...] appiso 'o balcone» dell'operaio che russa. Con effetto comico di *boomerang* però: per il «fallimento dei propositi»
dell'orbo equilibrista (uno dei pretendenti), che si becca *uno
schiaffo* (did., p. 205) dal robusto Salvatore. Un caso, quasi alla lettera, di «ladro derubato» (Bergson).

Ma anche la comicità dell'ultima parte dell'atto, quando entrano in scena appunto i due corteggiatori delle figlie, l'uno fortemente miope (Vincenzino) e l'altro quasi cieco (Arturo), dando luogo in coppia a occasioni farsesche, è come riassorbita dal
grigiore senza sprazzi dell'intero quadro. Sintomatica l'aria di
festa «apparente» in cui si conclude la situazione scenica, con
la prospettiva «felice» di quel duplice fidanzamento segnato da
un'ottica corta, non solo fisica (dei pretendenti) ma mentale (del
padre delle spose). Qui persino l'illusione-speranza nel fatidico
gioco del lotto è ridotta per Gaetano al sogno ossessivo della
moglie che non lo «lascia tranquillo nemmeno dopo morta», e
riappare «tre notti 'e seguito» per dirgli: «Gaitani', io 'o ssaccio che staie disperato, nun t'avvilí, pecché quanno meno t' 'o
ccride 'e ddoie figlie noste se mmaritano in grazia di Dio.
Giochete: 4, 78, 43. Nun te scurdà» (p. 191).

È anche significativo il linguaggio di questa piccola borghesia napoletana, che mescola dialetto e lingua senza scarti buffi (come quelli che caratterizzano invece il parlato a volte pretenzioso, ma perciò sgrammaticato, dei personaggi scarpettiani); ad eccezione forse della moglie del dottore, Concetta, che, rievocando eccitata la scoperta del «topo [...] imbrogliato in mezzo ai capelli», traduce di foga la sintassi vernacola in italiano con risultati di sintesi esilarante («Figuratevi 'e strille miei... di bello, caduto dai capelli e me lo sono sentito scendere dietro alle spalle... Don Gaeta', io me so' spogliata sana sana, non so' stata crestiana di trovare il topo», p. 195). Si rileva comunque una maggiore tendenza a parlare in lingua nei personaggi della nuova generazione (soprattutto nel commesso Egidio) e nella maestra elementare Palmira, promessa sposa «nu poco bruttarella ma [...] istruita» di don Gaetano; gli ha «prestato nu sacco 'e solde» e anche se ammalata di «nevrastenia» (*leit-motiv*: «sono un guaio») può assicurargli economicamente una certa tranquillità.

Ad ogni modo, la breve commedia contiene qualche nota e qualche spunto che non andranno persi nella produzione avvenire eduardiana (l'attore-autore sperimenta le parti e i pezzi comici o patetici che gli saranno utili poi). A partire dalla prospettiva aperta della terrazza, che ritornerà nel piú mobile intreccio di *Gennareniello*, e quindi nell'intrigo di scale e di balconi che formerà il «tetto» scenografico di *Questi fantasmi!* Ma c'è anche la ricorrenza dei sogni; alcuni dei quali oltrepassano il senso limitato di quello del protagonista. Come l'incubo del medico, che collega senza parere i fallimenti (comici) delle sue puntate al lotto con i turbamenti (rimossi) di ben altri fallimenti:

PEPPINO   Io non gioco piú, da circa due anni. [...]. A me fu terribile [...] per circa quattro notti, me sunnaie nu cliente mio che dopo avergli curato il tifo con il mio metodo speciale, morí nelle mie braccia [...], mi faccio questo sogno: pare che stu cliente mio, un pezzo d'uomo [...] teneva 'a capa mia mmano [...], me guardava e diceva: «E bravo, m'he voluto curà c' 'o metodo tuio... m'he fatto fa' chesta morte... e si' dottore tu?» Allora 'a capa mia diceva: «No, nun sono dottore; sono un saponaro...» «E io so' muorto pe' causa toja...» dicendo queste parole mi sputò in faccia. Capirete dopo quattro notti che me facevo sempre 'o stesso suonno, m'impressionai e feci: 34 'a capa, 17 'o sapunaro, e 48 morto che parla. [...] Quando fu il giorno [...], vado per vedere l'estrazione [...]. Niente, manco nu nummero. Allora capii che la vincita non era per me e giurai di non giocare piú.   (p. 192).

Su un altro piano si collocano specialmente i sogni di Arturo, il giovane cieco che maschera, sotto un'allegria carnevalesca (è lui che dirige i giochi dei giovani sulla terrazza), una malinconia espressa, appunto, nel racconto della sua vita onirica:

> ARTURO   [...] Comme me pozzo nammurà 'e na femmena si nun 'a veco... Quacchedun'ato 'o posto mio s' 'a pigliarria a duro... io invece so' cuntento pecché nun vedenno niente, niente desidero. [...] Uocchie ça nun vede, core ca nun desidera... 'O brutto sapite quann'è? È 'a notte, pecché io 'a notte, quanno dormo ce veco... e allora veco 'e strade, 'a luce, qualche persona cara. Insomma, io quanno dormo faccio cunto che sto scetato, e quanno 'a matina me sceto, faccio cunto che m'addormo. 'O brutto è quanno quacche matina nun me voglio scetà pecché dint' 'o suonno aggio visto na cosa, me ne so' annammurato e m'è venuto 'o gulio 'e m' 'a piglià.   (p. 206).

Un bel pezzo patetico e visionario, che tornerà quasi con le stesse parole nel piú cupo dramma di *Occhiali neri*; qui si esaurisce, come si diceva, nel lieto fine obbligato del matrimonio, ma con una ragazza «senza dote» che solo «qualche cieco» (*gaffe* o *lapsus* della stessa Margherita) avrebbe potuto sposare. Tuttavia, come i piú illustri comici antichi, il giovane Eduardo impara l'«arte» per metterla da parte.

Eduardo scrive *Filosoficamente* nel 1928, anno in cui tenta di mettersi in proprio insieme ai fratelli (Peppino e Titina), con il triplice ruolo di autore, attore e direttore artistico; dell'esperimento resta traccia in un programma di sala della «*"de Filippo"* – COMICA COMPAGNIA NAPOLETANA D'ARTE MODERNA – DIRETTA DA **Eduardo De Filippo: Prosa * Musica * sketch** – *Amministratore Rappresentante Cav. GIULIO VISTARINI*» (cfr. *Eduardo De Filippo. Vita e opere, 1900-1984* cit., p. 65).

L'autore riceve dalla censura la richiesta autorizzazione alla messa in scena di *Filosoficamente* il 16 settembre 1932, mentre la Compagnia «Teatro Umoristico I De Filippo» si trova ormai al Sannazzaro e affronta la «prosa», senza però abbandonare il genere dell'«atto unico» (F. Di Franco, *Le commedie di Eduardo* cit., p. 27); non risulta però che abbia rappresentato né allora e né poi questo testo.

Il testo di *Filosoficamente* sembra quindi l'unico che Eduardo pubblica senza la verifica del palcoscenico: compare nella prima edizione Einaudi della *Cantata dei giorni pari*, nel 1959; non subisce varianti e la sua collocazione rimane costante fino all'ultima edizione della stessa *Cantata*.

Personaggi

Gaetano Piscopo, impiegato
Peppino Cardaia, dottore
Maria
Margherita } figlie di Gaetano
Concetta, moglie di Peppino
Gemma, figlia di Peppino
Salvatore, operaio
Egidio Mazzarelli, commesso di negozio
Palmira, maestra elementare
Arturo Sallustio, giovane cieco
Vincenzino Rendina, giovane miope

Una terrazza al quinto piano.
Piccola borghesia napoletana.
Gaetano e Peppino, poi Maria.

GAETANO (*seduto a destra vicino a Peppino*) Mari'... Mari'...
figlia mia, te voglio mannà a chiammà 'a vammana...

MARIA Sto venendo papà... (*Entra dalla destra*) Sopra 'o comò
non c'era niente. L'avevate messi dentro 'o teraturo della colon-
netta. (*Gli dà dei biglietti del lotto*).

GAETANO 'E llente l'he pigliate?

MARIA So' queste?

GAETANO Nonzignore... cheste so' p' 'a luntananza, t'aggio ditto
chelli llà cu' nu cristallo rutto, va'.

MARIA Uh... papà... mo me facite scendere n'altra volta fino a
basso... mo v' 'e leggo io 'e nummere...

GAETANO Lascia sta', m' 'o vech'io... siete proprio sfaticate...
questa è la gioventú d'oggigiorno... (*Allontana il giornale in
modo da poter leggere*) Niente, niente... e questa è un'altra via
che non spunta... Sabato che vene straccio tutt' 'e bigliette.

MARIA Voi ogni sabato al giorno dite lo stesso, poi durante la
settimana vi fate un sogno qualunque, andreste pure rubando
per giocare.

PEPPINO Bisogna avere carattere, don Gaetano.

GAETANO Ma quando quella è la madre che non mi lascia tranquillo nemmeno dopo morta. Don Peppi', sta settimana mi è
venuta in sogno tre notti 'e seguito... e sempre 'o stesso. M'ha
tuppuliato ncopp' 'a spalla e m'ha ditto: «Gaitani', io 'o ssaccio che staie disperato, nun t'avvilí, pecché quando meno t' 'o
ccride 'e ddoie figlie noste se mmaritano in grazia di Dio. Giochete: 4, 78, 43. Nun te scurdà».

MARIA Povera mammà, pure doppo morta penza a nuie.

GAETANO   'I' che piacere, m'ha fatto perdere cinche lire, io ne facevo n'ato uso.

PEPPINO   Io non gioco piú, da circa due anni. Feci giuramento, ma quanno veco nu banco lotto, passo all'ato marciapiede. A me fu terribile... Giusto come è successo a voi, per circa quattro notti, me sunnaie nu cliente mio che dopo di avergli curato il tifo con il mio metodo speciale, morí nelle mie braccia: io 'o curaie e io lle nzerraie ll'uocchie. Dunque, come vi dicevo, mi faccio questo sogno: pare che stu cliente mio, un pezzo d'uomo, nu pare 'e spalle tante... teneva 'a capa mia mmano. Sulamente 'a capa, 'a teneva p' 'e capille, me guardava e diceva: «E bravo, m'he voluto curà c' 'o metodo tuio... m'he fatto fa' chesta morte... e si' dottore tu?» Allora 'a capa mia diceva: «No, nun sono dottore; sono un saponaro...» «E io so' muorto pe' causa toja...» dicendo queste parole mi sputò in faccia. Capirete dopo quattro notti che me facevo sempre 'o stesso suonno, m'impressionai e feci: 34 'a capa, 17 'o sapunaro, e 48 morto che parla.

GAETANO   No, 48, morto che sputa.

PEPPINO   Precisamente, è lo stesso. La prima settimana mi giocai cinquanta lire e non uscí niente, la seconda settimana mi giocai altre venti lire e nemmeno uscí niente, e la terza settimana dissi: va te fa' friggere e non volli giocare. Quando fu il giorno, don Gaetano mio, vado per vedere l'estrazione...

GAETANO   Uscí il terno?

PEPPINO   Niente, manco nu nummero. Allora capii che la vincita non era per me e giurai di non giocare piú.

MARIA   Papà col permesso del dottore vi debbo dire una cosa.

GAETANO   Dotto', permettete?

PEPPINO   Siete in casa vostra.

MARIA   Papà, stasera vengono gli amici: Arturo Sallustio, Rendina, Mazzarella, 'a moglie d' 'o dottore con la figlia...

GAETANO   Viene pure 'a mugliera d' 'o dottore? Dotto' vostra moglie viene?

PEPPINO   Con me no. Io tenevo da fare un paio di visite, cosí mia moglie viene piú tardi!

MARIA   E che ci diamo solamente la neve col caffè?

GAETANO   E che ce vuó da'?

MARIA   Come, noi sabato sera dicemmo che stasera mandavamo a fare le pizze, Arturo disse che lui mandava il vino.

GAETANO   E che ce pozzo fa'?

MARIA   Giesú, papà... e che figura facciamo...

GAETANO   Ma vuie che nne vulite 'a me? Piglia 'e solde e falle
abballà.

MARIA   Tutto sommato ci vogliono una quindicina di lire...

GAETANO   E allora sto parlando francese? Nun 'e ttengo!

MARIA   ...'a signurina Palmira non v'ha dato 'o mensile, d' 'a
cammera?

GAETANO   E dopo domani chi 'o paga 'o padrone 'e casa? Nun
saccio io stesso comme aggio arrangiato tutt' 'a mesata. Vide si
t' 'e ddà Margherita quínnice lire, l'autriere ha rutto 'o carusiello.

MARIA   E perché l'ha rotto 'o carosello? Per comprarsi le scarpe
e la roba del vestito...

GAETANO   Insomma 'e vuó 'a me? E va t' 'e piglie, chest'è 'a
chiave, stanno dint' 'o cummò. T'arraccumanno, quínnice lire
sulamente. Lunnerí, nce ne chiavammo mazzate io e 'o padrone 'e casa.

MARIA   Va bene papà, quando è lunedí, Dio ci pensa...

GAETANO   Sicuro, chillo Dio penza iusto a nuie... (*Maria va a
sinistra*). Don Peppino mio, nun me ne fido cchiú! Voi, mo nce
vo', siete della famiglia e pozzo parlà. La vita mia diventa impossibile giorno per giorno.

PEPPINO   A chi lo dite...

GAETANO   Vi giuro che certe volte invidio 'o scupatore, 'o mondezzaio... perché non hanno esigenze. Chello che se guadagna-
no s' 'o mangiano e nun hann' 'a penzà a niente cchiú. Dormo-
no in una topaia qualunque ed ecco risolto il problema! 'O
guaio chi 'o passa? L'impiegato! Deve vestire decente, nun voglia maie 'o cielo se presenta cu' 'e scarpe rotte... Si tene figlie,
l'ha dda fa' cumparí, naturalmente quel poco che guadagna serve per mantenere come meglio può le apparenze... e 'a panza
soffre. Soffre don Peppi'. E come! Non ho vergogna a dirlo,
ccà, cu' chello che guadagno io, quel poco che mi dà la prima
figlia facendo la modista, e le centocinquanta lire al mese che
mi dà 'a signorina Palmira per la camera che tiene fittata, a
stento pago 'o padrone 'e casa e riesco a cucinare un piatto
a mezzogiorno e n'ato 'a sera. Un piatto don Peppi'... Senza vino, senza frutta... niente... E pure se fanno 'e capille bianche...

PEPPINO   Ci vuole pazienza... bisogna lottare.

GAETANO   Don Peppino mio, io sto facenno 'o lottatore da che
so' nato... Mo è venuta 'a piccerella a dícere che ce vonno 'e
solde p' 'e pizze perché vengono gli amici... se ne vanno na

quindicina 'e lire... ch'aggi' 'a fa'... domani un piatto a mezzogiorno e 'a sera ce cuccammo diune.

PEPPINO   Ma voi poi, benedetto Iddio, ve mettete ad invitare
gente, a fa' cumunella...

GAETANO   E posso fare diversamente? Due figlie da maritare...
addó 'e porto? Per forza debbo far venire a qualche amico in
casa pe' vedé si 'e pozzo situà. Tanto piú che 'a signurina Palmira ha ditto che hann' 'a spusà primma lloro e po' spusammo
nuie.

PEPPINO   Ma vuie facite sul serio cu' 'a signurina Palmira?

GAETANO   È nu poco bruttulella, ma è simpatica, istruita... e po',
caro don Peppino, m'ha prestato nu sacco 'e solde; diversi
guai, essa l'ha apparate... Guadagna discretamente facendo 'a
maestrina elementare, capirete che quanno aggio situato 'e guaglione, con quel poco che guadagno io al municipio e quello
che guadagna lei, possiamo vivere tranquilli.

MARGHERITA (*dalla sinistra seguita da Maria*) Papà, io credo
che voi sbariate col cervello... Dotto', scusate...

PEPPINO   Niente per carità!

GAETANO   Ch'è stato?

MARGHERITA   Come, Maria ha detto che voi non volete far toccare piú di quindici lire, e che ne accattiamo? Siamo piú di dieci
persone. Se vogliamo offrire solamente le pizze, pure bisogna
farle fare di due lire l'una, mo quelle di una lira le fanno tantel-
le; e un frutto ce lo volete dare? Quello Arturo ha mandato
tre fiaschi di vino e una guantiera di paste di Caflisch che ce le
possiamo buttare per la faccia, noi poi ce ne usciamo con quindici lire... Se poi ci dobbiamo far dire che siamo pirchi di dietro...

GAETANO   Insomma, quanto ce vo' pe' fa' stu ricevimento al signor Arturo?

MARGHERITA   Voi è inutile che fate caricature, perché cosí succede che chiunque si presenta con qualche intenzione... dopo il
secondo giorno se ne scappa, e noi restiamo per la vetrina. Ci
vogliono per lo meno una quarantina di lire per comprare pure
i frutti.

GAETANO   Pigliateve 'e quaranta lire e nun m'affliggite... Accussí
mettimmo ll'uoglio 'a copp' 'o peretto.

MARGHERITA   Lunedí devo consegnare un cappello e ve dò io
una trentina di lire.

Concetta, Gemma e Maria.

MARIA   Venite signo'; dotto' 'a mugliera vosta.

CONCETTA   Grazie, fateme sedé nu poco pecché sta scala stanca veramente.

MARIA   Tutt'è l'abitudine, io la faccio quattro o cinque volte al giorno.

CONCETTA   E tu te vuó mettere cu' me, tenesse io l'età tua, figlia mia. Buonasera don Gaeta'.

GAETANO   Buonasera donna Conce'.

CONCETTA (a Peppino)   Guè, tu staie lloco... bonasera.

PEPPINO   'A faccia 'e mammeta...

GEMMA   Mammà sta nu poco arraggiata pe' causa vosta.

PEPPINO   Pe' causa mia?

CONCETTA   T'aggio ditto mille vote, compra 'o veleno p' 'e topi... «Quanno maie, in casa mia nun ce ne stanno...» E io stasera n'atu poco morivo. Neh, io vaco pe' metterme 'o cappiello davanti allo specchio, sapete me lo stavo aggiustando, mi sento una cosa che mi friccichiava in testa, figuratevi tremavo tutta quanta; me so' levato 'o cappiello e possa uscire un topo di questa posta imbrogliato in mezzo ai capelli. Figuratevi 'e strille miei... di bello, caduto dai capelli e me lo sono sentito scendere dietro alle spalle... Don Gaeta', io me so' spogliata sana sana, non so' stata crestiana di trovare il topo.

GAETANO   Ma ve lo siete inteso scendere dietro alle spalle?

CONCETTA   Già.

GAETANO   Chissà addó s'è mpezzato...

CONCETTA   È stata tale l'impressione che me lo sento ancora muovere addosso.

PEPPINO   E che c'entro io?

CONCETTA   Senti, te lo dico davanti alla gente: tu sei nemico della pulizia e se non sarebbe per me dormiresti dentro a una stalla.

PEPPINO   È inutile, sei rimasta la meza cazetta...

CONCETTA   Già, perché io m'ero sposato a Cardarelli... o pure questa mente superiore... Io da te non mi farei curare nemmeno un ponticcio.

MARIA   Va bene, ve vulísseve contrastà pe' na sciocchezza, stasera ci divertiamo.

CONCETTA   Ah... se capisce, e chi 'o dà retta...

Azione di Peppino.

GAETANO   Va buo'... don Peppi', quella mo sta sotto l'impressione
   del topo...

MARIA   Allora mo scendo io add' 'o pizzaiuolo vicino 'o palazzo e
   compro pure 'e frutte.

MARGHERITA   Frutta scelta, sa'.

MARIA   E se capisce.

MARGHERITA   Va te piglia 'e solde dint' 'a cammera mia.

   Maria esce.

SALVATORE (*dalla loggetta in mutande lunghe*)   Buonasera.

GAETANO   Buonasera don Salvato'. Che si dice?

SALVATORE   E che s'ha dda dícere, se tira comme meglio se pò...
   'O vedite, mo aggio fernuto 'e me magnà nu muorzo, mme fumo sta pepparella ccà fore, e po' mme vaco a cuccà. Aggi' 'a
   muntà 'e notte. All'una m'aggi' 'a truvà 'e Granile, a mezzanotte sveglia.

PEPPINO   Dove lavorate?

SALVATORE   All'azienda elettrica. Tengo pure a moglierema poco
   bene.

GAETANO   Che tene?

SALVATORE   Tene nu frúngolo sotto la *scella* che le porta pure
   'o poco 'e freva, stanotte nun m'ha fatto durmí, uno lamiento
   tutt' 'a nuttata, l'avarria menata abbascio. Si accummencia n'a-
   ta vota mo che mme cocco, cu' nu punio nce 'o schiatto e bonasera. Pecché io aggi' 'a durmí, e si no chi me mantene na nuttata sana all'erta. E 'o stesso dico pure a vuie, avessem' 'a fa' 'a
   siconda 'e sabbato passato... Che se facettene afferrà 'e figlie
   voste, nzieme cu' chilli quatte bammenielle...

GAETANO   Ma chelle s'hann' 'a mmaretà...

SALVATORE   Ma io aggi' 'a durmí. Si no, caro don Gaetano, cu'
   tutta l'amicizia, io vaco addu 'o padrone 'e casa...

MARGHERITA   Uh! Don Salvato', come siete pesante, fino alle
   dieci possiamo fare quello che vogliamo noi, possiamo pensare
   a voi che ve ne andate a letto alle sei del giorno? (*Esce*).

GAETANO   Ma statte zitta. Chillo è operaio e tene 'o diritto 'e
   durmí. Non ve ne incarricate don Salvato', stasera me stongo
   attiento io a nun fa' fa' ammuina.

SALVATORE   Aggiate pacienza. (*Siede, mette a posto la persiana
   e accende la pipa*).

MARGHERITA (*di dentro*)   Venite Egidio. (*Entra*) Papà, è venuto
   Mazzarella.

EGIDIO   Buonasera signori.

GAETANO   Carissimo Mazzarella, accomodatevi. (*Presentandolo al dottore e alla moglie*) Egidio Mazzarella. Il dottore Giuseppe Cardaia.

PEPPINO   Piacere.

CONCETTA   Fortunatissima.

EGIDIO   Io ho avuto il piacere di conoscere vostra figlia sabato scorso.

CONCETTA   Sta qua... Gemma, vieni qua.

GEMMA   Che volete mammà?

EGIDIO   Buonasera signorina.

GEMMA   Come state?

EGIDIO   Cosí, non c'è male... Vi ho portato quattro cinque campioni di *voile* che mi cercaste, cosí potete scegliere, mi dite qual è, e io ve lo mando fino a casa.

GEMMA   E questo è uno piú grazioso dell'altro. Margheri', guarda: so' tutte tinte nuove.

EGIDIO   Ne stiamo vendendo una quantità, perché lo teniamo solamente noi.

CONCETTA   Quale magazzino?

EGIDIO   Fattorusso, signo'.

MARGHERITA   E questi me li chiami colori nuovi? La pervinca se n'è fatta *scarfaccia*, una minestra per tutta Napoli; il prugna poi, non ti dico e non ti conto... Io mo me so' comprata certo *voile* nei Guantai ch'è un amore. Ve lo voglio far vedere, venite pure voi Mazzarella, voi ne capite.

Gemma, Margherita e Egidio fanno per andare.

CONCETTA   Nossignore. Dove volete andare voi soli?

GAETANO   Signo', chelle s'hann' 'a mmaretà. Andate, andate... (*Li spinge*). Quello sarebbe un buon partito per vostra figlia, è un buonissimo giovane e lavoratore.

PALMIRA (*di dentro*)   Don Gaetano, don Gaetano.

GAETANO   'A signurina Palmira. (*Si affaccia al parapetto in fondo*) Signori', che volete?

PALMIRA   Don Gaeta', mi rincresce tanto ma non posso venire in terrazza.

GAETANO   E perché?

PALMIRA   Ho un mal di testa terribile e mi voglio coricare presto.

GAETANO   E se vi coricate è peggio, salite, pigliate nu poco di

aria e vedrete che vi passa. Qua c'è pure il dottore con donna
Concetta.

PEPPINO (*senza muoversi dal suo posto*)   Salite signuri' che l'aria
vi farà bene.

GAETANO   E poi ve ne prego io...

PALMIRA   Allora salgo.

GAETANO   Grazie, siete troppo amabile...

PEPPINO   Quanto siete curioso!

GAETANO   Avess' 'a da' cunto a vuie?

MARGHERITA (*con della stoffa*)   Signo', vedete voi pure, vi piace?

CONCETTA   Bella, è proprio originale... Ma Gemma dove sta?

MARGHERITA   Sta venendo...

GEMMA (*di dentro*)   Ah!... (*Ride*). No, no... (*Entra seguita da
Egidio*).

CONCETTA   Neh Gemma, vieni qua... perché gridavi?

GEMMA   Perché sono urtata col gomito vicino alla porta.

PEPPINO   Tu he ditto: «No, no...»

GEMMA   Mazzarella voleva sapere se m'ero fatta male e io ho
detto: «No, no...»

PEPPINO   Ah, ecco.

GAETANO   Chelle s'hann' 'a mmaretà!

PEPPINO   Don Gaeta', sta venenno 'a signurina Palmira... Quan-
t'è curiosa!

PALMIRA (*dalla sinistra con un fazzoletto legato in fronte*)   Buonasera signori.

TUTTI   Buonasera, buonasera.

PALMIRA   Don Gaetano, sono salita proprio per voi.

GAETANO   Voi mi confondete, sedetevi qua, parliamo un poco,
cosí vi distraete.

PALMIRA   Grazie. (*Siede*). Hanno bussato alla porta, ma io non
ho voluto aprire perché con questo fazzoletto in fronte sono
impresentabile. Anzi chiedo scusa a tutti quanti.

PEPPINO   Per carità, fate il vostro comodo.

GAETANO   Margheri', dice che hanno tuzzuliato 'a porta, va' arape.

Margherita esce poi torna.

PALMIRA   Don Gaetano mio, poco prima mi sentivo scoppiare la
testa, mo me sento nu poco meglio...

PEPPINO   Ne soffrite?

PALMIRA   È un poco d'anemia, dovrei fare una cura ricostituente, io sono un guaio caro dottore, le medicine non le resisto perché tengo uno stomaco infame.

PEPPINO   Delle iniezioni... provate qualche puntura.

PALMIRA   Voi scherzate? Io se vedo solamente l'ago, mi viene uno svenimento... Io ve l'ho detto, sono un guaio, non capisco perché la morte non mi prende.

GAETANO   Per non avere concorrenza.

PALMIRA   Il riposo mi farebbe bene. Devo aspettare le vacanze, mi sembrano mille anni, voi scherzate, dover combattere tutto l'anno scolastico con trenta, quaranta ragazzi... perciò m'è venuta la nevrastenia, e badate che i miei alunni sono i piú tranquilli, perché basta che li guardi che muoiono dalla paura.

PEPPINO   E se capisce!

MARIA (*entra dalla destra*)   Eccomi qua, aggio ordinato tutte cose per le nove precise. (*A Margherita*) Ho incontrato Arturo e Vincenzino, se so' ghiute 'accattà 'e sigarette all'angolo, aggio rimasto 'a porta aperta, staranno saglienno.

MARGHERITA   Arturo t'ha domandato 'e me?

MARIA   Chillo Vicenzino nun m'aveva visto, m'ha guardato pe' tre ore e po' m'ha cunusciuta.

MARGHERITA   Cu' chi te si' misa a fa' ammore? Cu' uno che nun ce vede manco ch' 'a lente.

MARIA   Tu impicciati dei fatti tuoi.

Tutti si sono seduti, qualcuno tossisce come per evitare di parlare, la conversazione è caduta completamente.

CONCETTA   Domani voglio fare pasta e piselli, è un pezzo che non ne mangiamo.

MARIA   Noi li facemmo l'altro giorno.

MARGHERITA   E a papà gli vennero i dolori in corpo.

PALMIRA   A me pure mi fanno male.

PEPPINO   Io li digerisco benissimo.

Pausa. Durante questa pausa si sente russare Salvatore dalla loggetta.

GAETANO   È don Salvatore, pover'ommo, lavora na giornata sana...

GEMMA (*a Egidio*)   Io lo detesterei un uomo che russa...

PALMIRA (*a Gaetano*)   Voi russate?

GAETANO   Quando dormo.

MARGHERITA   Ma che bella conversazione, mi sembriamo tante
mummie... Egidio, e dite qualche cosa, intavolate una discussione, voi siete giovane, se non parlate voi...

EGIDIO   E che devo dire?

MARGHERITA   Mo che viene Arturo Sallustio vedete come trova
gli argomenti per farci divertire.

CONCETTA   Sentite, quello è veramente un simpaticone... quando si uniscono, lui e quell'altro amico... come si chiama.. coso
llà...

MARIA   Vincenzino Rendina.

CONCETTA   Brava, quello miope, quando stanno assieme mi fanno morire dalle risate.

Si sente internamente il canto di Arturo e Vincenzino.

MARIA   'E vvi' ccanno, se ne veneno cantanno...

Arturo, Vincenzino e detti.

ARTURO   È permesso?

VINCENZINO   Buonasera signori.

TUTTI   Buonasera!

ARTURO   Vicenzi', addó sta Margherita?

VINCENZINO   Aspetta nu mumento... ccà pare che ce sta assaie
gente... si nun sbaglio ce sta pure na monaca...

ARTURO   Na monaca?

VINCENZINO   Sí, sta 'a chella parte! (*indica Palmira*).

MARIA   Ve site fatte aspettà nu poco.

ARTURO   Che ci volete fare, tutto pe' causa 'e Vincenzino che 'o
Padreterno me l'ha miso vicino pe' schiuvazione d' 'e peccate
mieie...

VINCENZINO   Ho sbagliato, che vuó 'a me.

ARTURO   Ma che sbagliato... tu 'o cumbine sempe... Simmo iute
addu 'o tabaccaro, io 'o steve aspettanno fore, quanno è asciuto invece 'e piglià a me, ha pigliato a na guardia pe' sotto 'o
vraccio e ha ditto: «Neh bestia, vuó vení sí o no?» 'A guardia
ha ntiso chesto e pe' forza 'o vuleva purtà in questura, c'è voluto 'o bello e 'o buono p' 'o fa' capace ch'è stato nu sbaglio.

GAETANO   Don Vicenzi', comme! Ne facisseve una bbona!

ARTURO   Io dico, na vota ca tiene st'uocchie birbante, te vuó
assicurà primma 'e dícere na parola? Poi non potete credere 'a

paura ca me fa mettere, pecché io so' cecato, isso poco ce vede e va' trova qua' vote 'e chesta iammo a ferní sott' a nu trammo.

VINCENZINO Ma chi l'ha ditto ca poco ce veco, io con le lenti vedo benissimo.

ARTURO Ma nonzignore, caro don Gaetano, è questione d'intelligenza, non bisogna mai contentarsi del poco; o tutto o niente; io nun putenno tené na vista impeccabile, so' cchiú cuntento d'essere completamente cecato, pare che accussí nisciuno tene niente 'a dícere.

MARGHERITA Stavamo aspettando voi per metterci un poco in allegria, qua nessuno dice una parola.

ARTURO Ma si capisce, cosí non ci divertiremo mai, bisogna proseguire per ordine, nun putimme sta' mmiscate viecchie e giuvene... La conversazione che interessa ai giovani, dà fastidio ai vecchi e viceversa... Per conseguenza ci dobbiamo dividere in due categorie: vecchi e giovani. Tutta la gioventú passasse da questa parte. (*Le ragazze con Egidio e Vincenzo passano al lato sinistro*). L'avete fatto?

LE RAGAZZE Sí.

ARTURO E mo tutte 'e viecchie passasseno 'a ccà. (*Nessuno si muove*). L'avete fatto?

Nessuno risponde.

MARGHERITA Papà... e volete passare?

GAETANO Dotto', se passo io dovete passare pure voi.

PEPPINO Eccomi qua.

CONCETTA E io dove mi devo mettere?

GAETANO Ccà, ccà, signo'... vicino a nuie.

PALMIRA Io preferisco mettermi nella categoria dei vecchi, si sta piú tranquilli.

VINCENZINO (*ad Arturo*) 'A monaca, 'a monaca.

ARTURO So' passati tutti quanti?

MARGHERITA Sí, sí.

ARTURO Mo facimmo accussí; per ogni dama ci vuole un cavaliere. Vicenzi', addó staie? Miettete vicino alla signorina Maria.

VINCENZINO E aró sta?

MARIA Sto qua, che diavolo!

VINCENZINO Parlate, ca io vaco addó sento 'a voce.

ARTURO Poi chi ci sta?

EGIDIO Io, Egidio Mazzarella.

ARTURO   Guè, caro Mazzarella, mettetevi vicino alla signorina Gemma. Vicino alla signorina Margherita ci sarò io.

GAETANO   E noi mo ch'avimm' 'a fa'?

ARTURO   Voi ve n'avita ji' solamente.

GAETANO   Per noi propongo uno scopone, io vaco a compagno cu' 'a signurina Palmira e voi con vostra moglie, po' quanno è ora ce mangiammo 'e pizze.

MARGHERITA   Papà, intanto possiamo offrire la neve col caffè.

GAETANO   E sí, io pure tengo sete. Venite, tengo nu mazzo 'e carte nuovo nuovo.

PEPPINO (a Palmira)   Voi siete forte a scopone?

PALMIRA   Io so' nu guaio... (Esce con Concetta e Peppino).

MARGHERITA   Mari' vieni, mi aiuti a prendere i bicchieri e a rompere la neve.

GEMMA   Mo vengo pur'io.

EGIDIO   Io vi seguo.

ARTURO   Neh, ma tornate presto, se no è inutile che ci siamo divisi in due categorie.

MARGHERITA   La gioventú sarà subito di ritorno. (Esce con Maria, Egidio e Gemma).

VINCENZINO   Don Gaeta', io v'aggi' 'a parlà.

GAETANO   Di che si tratta?

ARTURO   Don Gaeta', è na cosa lunga.

VINCENZINO   Voi sapete che giovane sono io e se voglio bene la famiglia vostra, ci conosciamo da tanti anni e sapete che rispetto faccio per voi...

GAETANO   Ma proprio mo m'avit' 'a parlà... Chille me stanno aspettanno pe' giucà...

VINCENZINO   Si nun v' 'o dico mo nun v' 'o dico cchiú. Io ho parlato pure con mio padre e lui è contento. Come impiegato alla Rinascente voi sapete quello che guadagno, facilmente sarò aumentato, e papà ha detto ca si 'ave 'o piacere ca io me ne vaco d' 'a casa soia, mi fa un assegno di trecento lire al mese.

GAETANO   Mi fa piacere, ma che c'entra...

VINCENZINO   Certamente voi non siete un animale che mi mangiate: se può essere, bene, se no non ne parliamo piú.

GAETANO   Ma 'e che cosa?

ARTURO   Don Gaeta', Vincenzino se vo' spusà na figlia vosta.

GAETANO   Chest'è tutto?... Quanno t' 'a viene a piglià?

ARTURO   Ma ch'è na gatta?

VINCENZINO   Al piú presto possibile, pe' mo me basta che vuie dicite sí.

GAETANO   Ma tu parle 'e Margherita?

ARTURO   Ma che mettete a fa' Margherita in mezzo, lui parla della signorina Maria.

VINCENZINO   La seconda figlia vostra.

GAETANO   E va bene, t' 'a dò, t' 'a dongo... Tu sei nu buono giovane. Io vaco a giucà. (*Esce*).

VINCENZINO   Aggio fatto 'o colpo... E tu quando ti decidi?

ARTURO   Ma che m'aggi' 'a decidere, Vicenzi'...

VINCENZINO   Spiegati con Margherita e po' parle cu' don Gaetano, comme aggio fatt'io.

ARTURO   Nun pozzo parlà, Vicenzi', nun pozzo parlà; cu' tutto che capisco che Margherita me vo' bene, che s'è annammurata 'e me, io nun tengo 'o curaggio 'e parlà.

VINCENZINO   Ma pecché?

ARTURO   Pecché avarria essere essa a parlà, avarria essere essa a menarse dint' 'e braccia meie... essa pò dícere: me voglio spusà a nu cecato... Ma io pozzo dícere: spusateve a nu cecato?

VINCENZINO   Certo, hai ragione... pe' me è tutt'altra cosa... io ce veco. Ma io po' te dico na cosa: si aspiette che t' 'o dice essa staie frisco... Chella po' sempe na guagliona è, e se mette scuorno... Te vo' bene però, l'hanno capito tutte quante.

ARTURO   Ma ha dda essere na bella guagliona... Vicenzi', com'è?

Pausa.

VINCENZINO   Bella, bella...

ARTURO   Viato a te c' 'a vide... Vicenzi', io aggio fatto na penzata, stasera lle voglio fa' na meza dichiarazione, voglio vedé si 'a pozzo parlà... tu però mi devi aiutare.

VINCENZINO   In che modo?

ARTURO   Io voglio dícere che stanotte me ll'aggio sunnata, ma tu m'aviss' 'a dícere con precisione essa comm'è, si è chiatta, che colorito tene, si tene qualche nievo, che vestito porta stasera... he capito?

VINCENZINO   Tu vuó sapé i connotati precisi? Ecco ccà Artu', io non vorrei sbagliare, t'aggi' 'a dícere 'a verità pe' nun te fa' fa' na cattiva figura. Facimmo accussí: mo che vene Margherita m' 'a guardo, m' 'a studio bona bona e po' te ne pozzo fa' addirittura nu ritratto.

ARTURO   Bravo.

Margherita, Maria, Gemma ed Egidio.

MARGHERITA (*con due ghiacciate*) Ecco, vi veniamo a servire fino a qua.

ARTURO Grazie.

MARIA E questa è la ghiacciata vostra... (*a Vincenzino*) Vorrei sapere che stai facendo qua... non potevi venire con noi...

VINCENZINO Stavo parlando con Arturo.

ARTURO Non sapete niente? Fra poco avrete un matrimonio. Vincenzino ha chiesto la mano della signorina Maria.

MARGHERITA Veramente?

VINCENZINO Poco prima ho parlato con papà e ha detto che è contentissimo.

GEMMA E a quando i confetti?

VINCENZINO Al piú presto possibile.

MARGHERITA Allora si don Vicenzino s'ammoglia, voi perdete l'accompagnatore...

ARTURO Nun fa niente... Embe', si Vicenzino muresse io comme faciarria? Faccio cunto ch'è muorto.

VINCENZINO Artu', nun me fa' stu malaurio, io ci tengo.

MARGHERITA Dovete trovare una persona che vi guidi.

ARTURO Speriamo. (*Margherita lascia il suo posto, sale la scena, Egidio prende il posto di Margherita*). Vicenzi', Margherita sta llà... (*Indica Egidio*) Guardala bbona, mo t' 'a puo' studià, mi devi dire solamente che vestito porta stasera e che figura tene.

VINCENZINO A me mme pare ch'era cchiú corta, me sarraggio sbagliato pecché mo 'a veco proprio bbona. È alta, molto alta, porta nu vestito a giacca scuro, nu *taier*.

ARTURO Ho capito.

MARIA Se vogliamo fare il giuoco è arrivato un bastimento carico di...

MARGHERITA Sí... sí...

Si dispongono per giocare.

SALVATORE (*dal balcone*) Beh... neh... neh... embè io v'aggio pregato... me vulite fa' durmí, sí o no? Sia fatta 'a vuluntà d' 'o cielo! Addó sta don Gaetano... Ha ditto ca se steve attiento isso. Ma che maniera è chesta! Quann'uno l'ha cercato pe' piacere... Mannaggia 'a vita mia! (*Batte le imposte del balcone ed esce*).

Tutti ridono.

MARGHERITA Iammuncénno 'a chella parte, venite.

EGIDIO Che ce vulesse mo? Pigliete nu mellone che tene appiso 'o balcone.

MARGHERITA Nun voglia maie 'o cielo.

VINCENZINO Aspetta, mo ce saglio io.

MARIA Tu sei pazzo, con questi occhi birbanti che tieni...

VINCENZINO Nenne', io ce veco... Hanno cacciata sta voce...

ARTURO Saglie Vicenzi', ce facimmo ddoie resate.

VINCENZINO M'avit' 'a da' na mano.

EGIDIO Saglie ncopp' 'a spalla mia.

MARGHERITA Giesú, questi sono pazzi, quanto è certo Iddio!

Le donne fanno gruppo in fondo. Vincenzino aiutato da Egidio riesce a scavalcare il balcone.

EGIDIO Fa' presto.

VINCENZINO Aspetta, na vota ca so' sagliuto, me voglio scegliere 'o meglio.

MARGHERITA Don Vicenzi', ammaturo...

Vincenzino tocca tutti i meloni e vi batte le nocche delle dita.

VINCENZINO Chiste so' tutte aciévere.

EGIDIO Aspetta, mo salgo pur'io ca ne capisco cchiú 'e te.

VINCENZINO Vieni... vieni...

Compare sotto l'uscio del balcone Salvatore, vedendo Vincenzino si arresta, piega le braccia e lo lascia fare.

MARGHERITA Uh, don Salvatore... (*Scappa per il fondo*).

Gemma, Maria ed Egidio la seguono.

VINCENZINO (*prendendo un melone*) Chisto è buono! (*A Salvatore scambiandolo per Egidio*) Mazzare', vide pure tu, chisto ha dda essere comm' 'o zucchero. Ce 'o mangiammo doppo cenato alla faccia di don Salvatore!

Salvatore gli dà uno schiaffo.

ARTURO (*sente il rumore*) Vicenzi', he fatto nu sternuto? (*Vincenzino riconosce don Salvatore, scende in silenzio ed esce pel fondo. Arturo, dopo pausa, guardando fisso sul balcone*) Vicenzi', e mine stu mellone e scinneténne, pò essere che te ncoccia don Salvatore.

SALVATORE   I' so' don Salvatore!

ARTURO (*salutando rispettosamente*)   Don Salvatore... (*Esce dal fondo*).

Salvatore rientra. Margherita torna in terrazza.

MARGHERITA   Aspettate, mo se non vi tenevo io, vi facevate male seriamente... là quei due scalini, li abbiamo misurati tutti quanti.

ARTURO   Chillo è asciuto don Salvatore e io pe' vení addó stiveve vuie stevo cadenno.

MARGHERITA   L'avevo detto di non salire, don Vicenzino ha avuto nu schiaffo e mo si sta contrastando con Maria perché lei non lo voleva far salire.

ARTURO   A n'atu poco... 'e nnammurate accussí fanno... Beati loro! Si sapisseve comme l'invidio; ha dda essere bello assai volersi bene!

MARGHERITA   E voi non vi siete innamorato mai di nessuna?

ARTURO   Vedete, per me è un poco difficile... Comme me pozzo nammurà 'e na femmena si nun 'a veco... Quacchedun'ato 'o posto mio s' 'a pigliarria a duro... io invece so' cuntento pecché nun vedenno niente, niente desidero. Vuie per esempio vedite nu bell'oggetto dint' a nu negozio, ve n'annammurate, ve vene 'o gulio e si nun v' 'o putite accattà ve dispiace; io invece stu dispiacere nun ll'aggio, pecché nun 'o veco e 'o gulio nun me vene. Uocchie ca nun vede, core ca nun desidera... 'O brutto sapite quann'è? È 'a notte, pecché io 'a notte, quanno dormo ce veco... e allora veco 'e strade, 'a luce, qualche persona cara. Insomma, io quanno dormo faccio cunto che sto scetato, e quanno 'a matina me sceto, faccio cunto che m'addormo. 'O brutto è quanno quacche matina nun me voglio scetà pecché dint' 'o suonno aggio visto na cosa, me ne so' annammurato e m'è venuto 'o gulio 'e m' 'a piglià.

MARGHERITA   E come riconoscete qualche persona cara che vi viene in sogno se non l'avete mai vista?

ARTURO   Pecché m' 'a figuro comme 'a voglio io... stanotte per esempio, v'aggio vista...

MARGHERITA   Vi sono venuta in sogno?

ARTURO   E non potete essere differente da comme v'aggio immaginata io... ve pozzo dícere pure 'o vestito che purtate stasera.

MARGHERITA   Sentiamo, sentiamo...

ARTURO   Tenete nu vestito a giacca scuro.

MARGHERITA   Quando mai!

ARTURO   Nu *taier*.

MARGHERITA   Nonzignore, vi siete sbagliato!

ARTURO   Ma l'abito non conta, siete molto alta.

MARGHERITA   Quando mai, anzi sono piccolina.

ARTURO   Forse mi sono sbagliato, ma siete bella, bella assai...

MARGHERITA   E che vi ho detto in sogno?

ARTURO   M'avite ditto che ve site annammurata 'e nu giovene e ve pareno mill'anne 'e v' 'o spusà.

MARGHERITA   Sí, quando piovono passi e fichi... Chi volete che mi sposi senza dote...

ARTURO   Voi siete giovane, questa è la piú grande dote per una donna; troverete, troverete chi apprezzerà la vostra bellezza.

MARGHERITA   Sí, qualche cieco... Uh, scusate, voi siete cosí allegro che io mi dimentico sempre...

ARTURO   Fosse 'o cielo ca v' 'o scurdasseve pe' sempe.

MARGHERITA (*cambiando discorso*)   Tenete la cravatta storta.

ARTURO (*prendendole la mano*)   No, vi prego, lasciate sta'... Capirete, si sti ddoie manelle l'acconciano mo, domani stongo punto e da capo, pecché io nun tengo a nisciuno... Si vuie l'accunciate, dimane po' 'a cravatta va truvanno 'e ddoie manelle... si l'accunciate mo, l'avit'accuncià pe' sempe... (*Margherita, dopo pausa, gli aggiusta la cravatta*). Margari', tu me vuó bene?

Margherita senza parlare si abbandona nelle braccia di Arturo.

GAETANO (*di dentro*)   Scennite, 'o pizzaiuolo ha purtato 'e pizze! (*Fuori*) Guagliu', vulite scennere sí o no?

VINCENZINO (*dal fondo seguito dagli altri*)   Eccoci qua.

MARIA   Tengo n'appetito...

EGIDIO (*a Gemma*)   Prego... (*Le dà il braccio*).

GEMMA   Grazie.

VINCENZINO (*ad Arturo*)   Viene, Artu', appoggiate.

ARTURO   Grazie... A te conviene dare il braccio alla tua futura sposa, a me è inutile che m'accumpagne... Puo' spusà senza rimorsi, pecché io nun aggio bisogno cchiú d'accompagnatore... Don Gaeta', io ce veco! Io ce veco! A me me mancavano

ll'uocchie e mm' 'ha dato Margherita, mm' 'ha dato 'a figlia vosta! (*Abbraccia Gaetano che è mezzo intontito per la scena avvenuta*).

Margherita commossa abbraccia la sorella.

Sipario.

Sik-Sik, l'artefice magico

(1929)

Cosí pensava sua sorella Titina, mentre assisteva alle prove di *Sik-Sik, l'artefice magico*, uno dei primi grandi personaggi di Eduardo, nato nel piccolo spazio di uno *sketch* della rivista *Pulcinella principe in sogno*:

> Erano le prime volte che sentivo recitare Eduardo. Mi sembrava cosí diversa, cosí fresca quella sua comicità. Mi accorgevo che, a volte, *ridendo provavo stranamente pena* per quel viso scavato, pallido, per l'espressione di quegli occhi nei quali sembrava brillasse una lacrima. E dicevo fra me: ma Eduardo fa sul serio? Sí. *L'attore faceva proprio sul serio.* (T. De Filippo cit. da A. Carloni, *Titina De Filippo*, Rusconi, Milano 1984, p. 38).

Ma il corsivo è nostro: ci serve a evidenziare due passaggi del testo che illuminano contemporaneamente il punto di vista dello spettatore (*ridendo provavo stranamente pena*) e quello dell'interprete (*l'attore faceva proprio sul serio*), durante l'allestimento di un'opera che assume indubbiamente, nella scrittura scenica di Eduardo, «un ruolo iniziatico di svolta»; non però nella direzione di un «Teatro» che «verrà visto dall'*esterno*, nell'ottica "borghese" di metafora esistenziale e di mistero fascinoso», e neppure soltanto dall'*interno*, «in quanto cioè registrazione concreta che segue il lavoro sul palcoscenico» (P. Puppa, *Itinerari nella drammaturgia del Novecento*, in *Storia della letteratura italiana. Il Novecento*, t. II, Garzanti, Milano 1987, pp. 794-96). A partire da *Sik-Sik, l'artefice magico*, la «drammaturgia della prova» eduardiana apre un varco intermedio fra le due prospettive, di *chi fa teatro* e di *chi lo osserva*.

Né, d'altra parte, lo sguardo di Titina sul fratello che recita, sull'attore che fa Sik-Sik, l'illusionista-illuso, può definirsi nell'ambito dell'ottica borghese, ma piuttosto in quello d'una famiglia-compagnia che sta creando se stessa. Nel periodo di formazione, Eduardo utilizza *anche* gli sguardi di Titina e di

Peppino (suoi compagni d'arme) per diventare «spettatore di se
stesso» (*Eduardo, polemiche, pensieri, pagine inedite* cit., p. 159).
Dalla concreta prospettiva meta-teatrale prende, letteralmente, corpo la sua *comicità tragica* o *fantastica*. Dopo la creazione
di questo personaggio-attore, che dell'arte dell'illusione fa grottescamente la propria ragione di vita, neppure le tragedie dei
suoi personaggi-uomo (normali ma con manie capaci di scate-
nare il comico) si esauriranno mai nel «pianto» (che libera in
maniera intimistica e irrazionale); si riveleranno anzi negli intervalli del «riso», di quel riso eduardiano che cattura l'attenzione e stimola la riflessione.

Titina ridendo provava «stranamente» pena, nell'assistere
alle comiche disgrazie di Sik-Sik, perché non soltanto Eduardo
ma l'«attore faceva sul serio». Nella vicenda esemplare d'un
piccolo eroe di palcoscenico, che lotta contro banali ma – per
lui – tragiche difficoltà, pur di salvare il proprio sogno di grandezza, sperimentava l'incontro che diventerà sempre piú consapevole nelle Cantate: fra i due strati culturali dell'oralità e
della scrittura. Anzitutto il lavoro rappresenta una voluta coincidenza tra destinazione immediata e originaria dello spettacolo ed ambiente simulato dal testo. Scritto per un genere come
la «rivista», subalterno rispetto alla «prosa» regolare, *Sik-Sik*
si ambienta proprio nel varietà: questo mondo, con i suoi concreti apporti di vissuto, fa da sfondo al protagonista, alla moglie Giorgetta (che ne condivide l'*aria scoraggiata e stanca*, ma
non l'illusione artistica), e anche alla coppia di «spalle» rivali
(Rafele-Nicola), che si contendono quel ruolo per «ddiece lire».
Assistiamo dunque al passaggio di caratteristiche del varietà
(improvvisazione dell'attore, ricerca di un rapporto immediato
col pubblico, ripetizione e tradizione prevalentemente orale del-
l'intreccio...) dal piano formale a quello tematico dell'opera, e
viceversa: anche per ciò questo caso singolare di *teatro-nel-teatro* sembra evadere da ogni costruzione intellettualistica, *appare spontaneo*.

Qui il *leit-motiv* della «comunicazione difficile» si collega alla problematica dell'*illusion comique*, ma incarnata nella quotidianità d'un artista da strapazzo. Si va infatti a rappresentare
la patetica e ridevole avventura (esemplata in poche ore) d'un
prestigiatore che arriva tardi, per colpa della moglie-*partner*, al-
l'appuntamento con il solito compare ed è costretto ad ingag-
giare, casualmente, un secondo «palo» (Rafele). Ma l'irruzione
inaspettata del primo (Nicola) scombina ogni «giuoco prepara-

to»; la contesa fra i due apprendisti stregoni manda a monte, sul palcoscenico, i numeri organizzati dal «mago». L'intreccio è semplice, poco piú di un canovaccio all'origine; ma reso altrimenti funzionale da una scrittura scenica che non si esaurisce nell'indubbia vivacità delle *gags*, dei giochi di prestigio verbali. Come vedremo, sia la comicità farsesca che la tensione drammatica dell'opera scaturiscono dal contrasto fra i retroscena dei trucchi di Sik-Sik (ai quali il pubblico in sala assiste) e la tenacia con cui il povero illusionista (e illusionista povero) tenta di realizzarli.

All'interno dell'unità strutturale dell'atto, che trova la sua realizzazione spaziale nella dialettica *rappresentata* fra *retroscena* e *palcoscenico*, si individuano due parti: la prima, situata su [una] *scena* [...] *semplice e nuda: un fondale completamente nero, in fondo a destra una piccola porta con sopra scritto:«Palcoscenico» e a sinistra un fanale acceso* (did., p. 229), informa sulla difficile situazione prima dello spettacolo; la seconda, proiettata su *una modesta scena di giardino da teatro di varietà* [con] *due piccoli tavoli, una cassa, un paravento e tutto l'occorrente per i giuochi* (did., p. 236), introduce direttamente noi, spettatori reali, ad assistere ai «giuochi» di Sik-Sik. Il confine fra le due parti (o tempi, ma rapidissimi) è segnato dal chiudersi e riaprirsi del *rideau* e dal sonoro di una *piccola marcia di occasione*: è il «momento magico», in cui il protagonista tenta di fare il salto dalla realtà all'illusione, dalla vita al teatro. Su questa bipartizione – che interpreta strutturalmente l'ottica bifocale del protagonista – si innestano quattro unità sceniche: l'*antefatto*, affidato al dialogo Sik-Sik - Giorgetta; gli *incontri incompatibili* Sik-Sik - Rafele e Rafele-Nicola (parte prima); infine l'*azione sul palcoscenico* che, nel suo rapporto di doppia similitudine col teatro del mondo e col mondo del teatro, rappresenta contemporaneamente lo spettacolo dell'illusionista e la *Weltanschauung* di Eduardo (parte seconda).

La prima parte procede per microscene (come appunto nel varietà) che tuttavia non mancano di fornire elementi essenziali per il «quadro del mondo» che si sta costruendo. Il ritornello recriminatorio di molti sognatori eduardiani nei confronti della *con-sorte* di turno, che impersona ai loro occhi l'inchiodamento alla piatta realtà («Tu si' 'o guaio mio! Tu sei l'origine di tutte le mie disgrazie!», p. 229), richiama coppie vivianesche, come il Magnetizzatore girovago e la sua donna-Sonnambula di *Piazza Ferrovia*; ma l'irritazione di Sik-Sik verso la moglie incinta, *a testa nuda e con un misero cappottino sulle spalle* (did., p. 229), si smorza quando subentra nell'artista la tenerezza del futuro padre: «Comme te siente? [...] Famme sentí, si muove? (*Le tasta l'addome*)» (p. 230). Con l'arrivo di Rafele, *tipo di uomo malandato e misero*, scatta il meccanismo comico, azionato in gran parte dallo scollamento fra le pose velleitarie di Sik-Sik, che assume *un'aria di importanza* cercando *di usare un linguaggio analogo* (did., *ibid.*), e la manifesta ottusità di Rafele. Incompatibilità che ingigantisce allorché il «mago», ingaggiato per disperazione il compare, comincia a dargli le necessarie istruzioni:

> SIK-SIK   [...] Io dico (*cercando di dare un'intonazione stretta e settentrionale alla sua parlata, tra lo sgrammaticato e il provinciale, proprio di quegli artisti ignoranti che non esitano a rivolgersi al pubblico pur senza averne le possibilità*): «Pubblico rispettabile. Qui non s'imbroglia a nisciuno. Questi sono tutti *giuoca* senza *priparato...* (pp. 231-32).

Lo svolgimento dello spettacolo viene cosí anticipato, dal punto di vista, però, dell'illusionista; e tale anticipazione ha anche un'altra funzione, oltre a quella, immediata, di detonatore comico: il modo stesso in cui l'attore espone l'andamento dei suoi numeri, con il previsto plauso da parte del pubblico («Se ne care 'o tiatro!», ripetuto tre volte), prepara (avvertimento sornione dell'autore) lo stridente contrasto fra Illusione e Realtà.

Ma l'*entrata* cruciale di questa prima parte (nella prospettiva dell'intreccio) è quella *inaspettata*, di Nicola: *tipo comicamente losco di avventuriero e di vagabondo* (did., p. 234). Rafele e Nicola, il servo sciocco e il servo sbruffone, per la loro struttura gestuale e mimica, antipsicologica e antiletteraria, richiamano analoghi ruoli della Commedia dell'Arte, passati poi nella farsa, nel varietà e nell'avanspettacolo. D'altra parte, nella strategia di quest'opera eduardiana, Nicola appare l'altra faccia del «falso aiutante»: la coppia internamente antagonistica, ma complementare, rappresenta l'aggressione dell'*elemento servile*, la forza della banalità (del Caso e del Caos) che si oppone alla metamorfosi, al movimento della Creatività. Se già l'inerzia mentale di Rafele contrasta gli sforzi dell'illusionista per rimediare ad una «mancanza» iniziale, l'irruzione di Nicola introduce un fattore ancor piú destabilizzante, che si somma al primo: perciò l'unione concorrenziale dei due – durante lo spetta-

colo – non farà la forza, ma appunto la contro-forza alla povera magia del protagonista.

Quindi la seconda parte dell'atto è occupata interamente dalla rappresentazione del fallimento, ripetuto tre volte, dei giochi
di Sik-Sik: un «fallimento dei propositi» (Propp) *ridicolo*, eppure, per l'ottica meta-teatrale prevista dal testo, anche *penoso*.
L'impressione provata da Titina, ma anche da Peppino («Eduà,
non lo vedi come sei sicco sicco? Pari la statua della fame!»),
durante la creazione attorica del personaggio, trova riscontro
nelle reazioni del pubblico-noi. Proprio questa corrispondenza
di reazioni fra spettatore speciale e spettatore normale (anche
«borghese») testimonia della capacità dell'attore-autore di prevedere il pubblico dentro e fuori lo spettacolo. Difatti nella sfera dell'«io» si svolge il *dramma del protagonista*, che l'interprete
crea alternando *maschera* e *volto*; soltanto noi, spettatori reali,
ne cogliamo il risvolto comico, quando questo povero Don
Chisciotte della scena è forzato ad entrare in rapporto con gli
«altri». Noi assistiamo, in simultanea, al suo spettacolo e al re-
tro o contro-spettacolo, cioè alle inadempienze e alle *gaffes* dei
suoi «aiutanti magici» divenuti «antagonisti». Tuttavia la nostra
prospettiva non è soltanto *esterna* (cosí da farci ridere) ma anche
interna (Eduardo - Sik-Sik fa sul serio?), grazie all'approccio di
Eduardo con il personaggio e alla partecipazione di Titina e
Peppino, spettatori-attori-coautori, alla prova della scena.

Difatti il successo dello *sketch* incomincia dalle prove; racconta Titina: «Sono le undici del mattino e stiamo provando
Sik-Sik. In questo momento abbiamo smesso di recitare perché
stiamo ridendo fino alle lacrime insieme a tutti gli altri che assi-
stono [...], i tecnici, qualche maschera, qualche impiegato. [...]
La comicità della situazione, quella dei lazzi di Eduardo e di
Peppino, è cosí forte da smuovere, irresistibile, l'ilarità in noi
stessi attori» (cfr. A. Carloni, *Titina De Filippo* cit., p. 38).
Cominciano anche a precisarsi i diversi ruoli dei fratelli: la comicità di Eduardo (Sik-Sik) contiene quel grumo di amarezza che
si trasformerà in smorfia di dolore; Peppino (Rafele) è un talento naturale, che coglie fulmineo lo spunto e lo rivolta in comicità.
«Era giovanissimo – continua Titina – ma con veemenza giova-
nile si difendeva, cercando di aprirsi un varco [in] una lotta sorda, difficile [...]. Da parte mia lottavo anch'io come potevo per
non essere travolta da questi due vulcani in eruzione» (*ibid.*).

Non a caso quindi lo spazio artistico del testo condensa nelle didascalie l'ambiente dello spettacolo: comprende non solo si-

pario, ribalta, quinte, *la scaletta che dalla sala conduce al palco-scenico* (did., p. 237), ma anche il sonoro di quei *rulli di tambu-ro* che faranno da contrappunto beffardo ai bisbigli irritati del «mago» in balia dei caotici «aiutanti». Tuttavia questo specchio del teatro sfoca la presenza degli spettatori rappresentati, cosí che l'allocuzione al pubblico da parte dell'illusionista si trasfor-mi in un lungo monologo, che occupa l'intera partitura verbale della seconda parte dell'opera. O meglio, mentre questo anti-eroe novecentesco cerca di illudere il suo pubblico d'essere non un «prestiggiatore» ma un «mago vero», le risposte sconclusio-nate, e pure dispettose, dei suoi compari concorrono ad evi-denziare il vuoto creatosi attorno al bla bla pretenzioso di lui.

Difatti egli *inizia il suo discorso con quella intonazione carat-teristica già mostrata prima con Rafele, ma questa volta piú cari-cata* (did., p. 236):

> SIK-SIK [...] Due soli possiamo fare quest'esperimento: io e il
> Padreterno! Tutti i prestiggiatori dicono sempre: «L'imbroglio c'è
> ma non si vede». Io invece dico: «L'imbroglio non c'è, chi lo vede
> ha visto una cosa per un'altra». (pp. 236-37).

Piú figure si avvicendano nella configurazione progressiva del personaggio: il *marito*, l'*artista* che ingaggia il subalterno, il *mago* che deve affascinare il pubblico; da un ruolo all'altro l'at-tore (che è dentro e fuori di lui) muterà non solo d'abito ma di linguaggio. Non a caso il giovane Eduardo comincia a scegliere come immagini dell'attore (quindi anche autoimmagini) i piú miseri viaggiatori della scena, la cui debolezza diventava forza quando si trasformava in adattabilità: capacità di patire l'osta-colo e di superarlo. Per ragioni autobiografiche e drammatur-giche l'autore sceglie l'attore di infima categoria, quello che piú di ogni altro possa portare il segno della diversità della *societas comicorum* rispetto alla società civile di ogni latitudine.

Nei continui passaggi tra la vita e il teatro, questi comici deb-bono rispondere ad una domanda cruciale: *quale abito* vestire nelle snervanti querele con i compagni, nelle apparizioni sulla scena, nella divulgazione della propria fama? Abito metaforico ma anche materiale, come quell'unico che Gennaro si rovina al-la fine della «scena della prove» di *Uomo e galantuomo*. Cosí anche Sik-Sik appare all'inizio come *il tipo tradizionale dell'ar-tista guitto, povero, tormentato e... filosofo*, ma già mascherato nei panni approssimativi del mestiere. *Indossa una giacca chiara e poco pulita su un pantalone nero: quello del frak che gli servirà per la rappresentazione* (did., p. 229); e, secondo la tradizione popolare, lascia intravedere sotto il costume residui dell'abito civile (*in testa un cappello floscio*). Quando poi riappare per lo spettacolo, è ancora piú travestito: *con cilindro e kimono cinese sul frak* (did., p. 236).

Pensiamo all'abito di scena del Pulcinella di Antonio Petito, che al camiciotto bianco sovrapponeva una giacca e spesso sostituiva il coppolone con un cilindro; sotto il costume, poi, indossava un maglione rosso, pare a causa dei reumatismi, ma in seguito considerato parte integrante del costume. Qualunque personaggio la maschera dovesse incarnare, l'attore ne adattava gli attributi al camiciotto bianco: per rappresentare un carattere buffo, si vestiva «in giacca e panciotto nero [con] sul capo una parrucca a riccioli e cappello a cilindro e [...] in mano un bastoncello»; come aspirante banchiere appariva «in soprabito e panciotto nero, grosso colletto con cravatta bianca, [...] il cappello a staio e [...] il bastone in mano» (D. Scarfoglio e L. Lombardi Satriani, *Pulcinella il mito e la storia*, Leonardo, Milano 1990, p. 823). Era pratica tradizionale sovrapporre al «costume di base» altri travestimenti: anche se a partire da Petito «il vestito non serve al travestimento momentaneo, ma denota uno *status* sociale permanente e il suo uso si afferma proprio mentre la pulcinellata cessa di essere la commedia dei travestimenti per eccellenza, guadagnando in verosimiglianza» (*ibid.*).

D'altra parte nel prestigiatore impotente eduardiano *abito* e *linguaggio* finiscono per corrispondersi, mostrando la stessa «interferenza» fra la Scena e la Vita; anzi il trasformismo *anche* verbale dell'artefice magico lo pone in un campo semantico «mobile», contrapposto a quello «immobile» degli altri personaggi. Infatti Giorgetta, Rafele e Nicola parlano in dialetto; anche se la loro tipologia individuale riceve contrassegni differenziali dalle rispettive sfumature linguistiche (una dialettalità piú provinciale quella di Rafele, una *volgare parlata sgrammaticata* quella di Nicola), essi rappresentano complessivamente i personaggi della «realtà». Invece Sik-Sik parla «naturale naturale» solo con la moglie; ma quando si presenta come «artista» a Rafele usa un linguaggio velleitario, fonte in se stesso di comicità:

SIK-SIK [...] Sik-Sik, è il mio nome d'arte. Faccio il prestigiatore e lavoro in questo *tiatro*. Il mio aiutante... il mio *sigritario* non è venuto, ha mancato all'appuntamento... Io *avrebbe* bisogno di una persona che lo *rimpiazzerei*... (p. 230).

Il fatto che il personaggio mescoli due codici diversi – dialetto e italiano bastardo ma pretenzioso – avvia il teatro di Eduardo ad una sperimentazione «espressionistica» della lingua scenica; non solo perché l'elevazione cui il protagonista aspira rimane pura velleità, sprofondandolo anzi nei tormentosi labirinti della grammatica:

RAFELE   Io subito dico «Venche io!»
SIK-SIK (*poco convinto del modo come Rafele ha pronunciato la parola «vengo» e ancora incerto e quasi interrogando con lo sguardo, ripete*) Venca?
RAFELE (*ripetendo macchinalmente*) Venca io!?
SIK-SIK (*non ancora convinto*) Venco? (p. 232);

ma anche perché l'italiano entra cosí a far parte di quella realtà ostile che solo illusoriamente Sik-Sik è convinto di sconfiggere. Non a caso il suo modo di superare il problema è simile ai «lampi di genio» con i quali cercherà di salvare i suoi giochi di prestigio sulla scena («Sa che vuó fa'? Dice solamente: "Io!" E levammo 'o fràceto 'a miezo...», *ibid*.).

Sik-Sik si ostina a identificare la propria immagine d'artista in un linguaggio *elevato*, di cui non avverte le storpiature dialettali o ibride. Dalla sua *inconsapevolezza* nasce il comico, soprattutto quando si prepara al «dramma del passaggio»; ma quando il passaggio avviene (sul palcoscenico) il suo *rifiuto del dialetto*, nella tensione verso una lingua alta e ricercata, si trasforma a tutti gli effetti in una nuova specie di *antilinguaggio*. Nella sua mostruosa e grottesca contaminazione fra dialetto regionale-popolare e lingua nazionale-colta, Sik-Sik risente del «prestigio della varietà settentrionale dell'italiano sulla lingua parlata meridionale» (T. De Mauro, *Storia linguistica dell'Italia unita*, Laterza, Bari 1970, p. 173); sintomatici i fenomeni di frequente chiusura delle *e* in *i* e delle *o* in *u* («Girmania», «prisenza», «rumanzesca», «urientale», «udalisca», «tiatro») nella sua allocuzione al pubblico. Al di là del suo immaginario cosmopolitismo, neppure l'«artefice magico» appare affrancato dallo storico complesso di inferiorità – che lo accomuna ai suoi conterranei poveri – nei confronti del Nord, piú ricco e perciò piú autorevole.

Difatti il suo pubblico ideale non gli risponde (in quanto pubblico rappresentato); gli rispondono soltanto (ma *come non dovrebbero*) le due «spalle» antagoniste Rafele e Nicola. Il dialogo con il «pubblico rispettabile» diventa inessenziale, ed è sostituito, appunto, da quel lungo *monologo* che isola il protagonista mentre invano, ma tenacemente, cerca di salvare con la manomissione *verbale* dei *fatti* la propria illusione. Mentre Sik-Sik cerca testardamente la comunicazione con i suoi spettatori, è costretto a inventarsi un codice privato, che non comunica con i destinatari scenici. Eppure il senso del suo monologo giunge al destinatario meta-teatrale, il pubblico «vero»: proprio perché l'essere «attore» differenzia costantemente Sik-Sik dagli altri poveracci qualunque, giustifica il suo variare di linguaggi e di abiti, conferisce dignità al suo ruolo. Cosí l'attore-autore Eduardo, avvalendosi con maestria delle tecniche proprie della farsa ragionale e degli espedienti comici dell'avanspettacolo (le *gags*, i *qui-pro-quo* linguistici, l'ottusità iperbolica del compare, gli scambi di oggetti), rappresenta *anche* e *contemporaneamente* il dramma dell'artista-guitto, che, in quanto tale, vive ai margini non solo della società ma della realtà.

Sono infatti i trasformismi verbali e gestuali dello stesso Sik-Sik a focalizzare il conflitto fra *io* e *mondo* che *drammatizza* quest'opera pervasa di irresistibile *comicità*; dove le didascalie assumono una funzione primaria di supporto e di integrazione. Superano la finalità d'istruzione per l'attore e per lo scenografo, e diventano un mezzo per comunicare il punto di vista dell'autore: intervento «epico», commento e partecipazione alla sorte dei personaggi (la cui traduzione scenica è affidata naturalmente all'espressività dell'interprete). Già nella didascalia che presenta Sik-Sik (cit., p. 229) si può vedere come egli raffiguri, per Eduardo, il prototipo di un'umanità emarginata e tormentata: ma ciò si evidenza particolarmente nella scena di teatro-nel-teatro (dove le didascalie acquistano uno spazio testuale amplissimo).

L'acme della tensione reciproca fra dramma e commedia è raggiunta durante il gioco della sparizione della moglie-*partner* (che anticipa il nocciolo amaro di *La grande magia*); quando Giorgetta rischia di soffocare nella «cascia di legno», perché il lucchetto «vero» non si apre! La tensione è sottolineata proprio dalla didascalia, che testimonia e deve comunicare – attraverso l'attore – al pubblico (noi) l'interesse dell'autore per il risvolto umano e doloroso della scena:

> *Ma la cassa è ancora inesorabilmente chiusa. Che dirà, che farà il pubblico? Ma il dramma di Sik-Sik è un altro: piú vasto, piú grande, piú intimo. L'illusionista pensa alla povera moglie prossima a divenir madre, chiusa là dentro. E allora l'esperimento, il pubblico,*

il teatro, tutto, scolora nel suo cuore tormentato. Ha un'idea [...]
(did., p. 239).

Ci mostra l'«anima» dell'artista contrariata dai bisogni del
«corpo» (Bergson); ma non ci dice tutta la verità, perché neppure nell'ansia di futuro padre Sik-Sik dimentica d'essere attore, e mentre scassa con *colpi sordi e disperati* il lucchetto non
manca di continuare a rivolgersi al suo «pubblico rispettabile»:

SIK-SIK   [...] E... uno!... E... due!... (*I colpi si susseguono e s'intercalano*). E... due e mezzo!... ([...] *Ed ora la voce di Sik-Sik assume
un tono quasi supplichevole, lamentoso*) Beh.... pubblico rispettabile.... facciamo fino a cinque!...   (*Ibid*).

La visione del mondo eduardiana incomincia ad oscillare fra
i due poli opposti della desolazione e della tenacia ricostruttiva
(anch'essa oscillante tra illusione e realtà); ne scaturisce l'«ambiguità» dei finali come costante strutturale del suo teatro.
Anche quando l'ultimo gioco di Sik-Sik fallisce, e al posto del
«culombo» appare *dal cappello a bombetta un nero pollastro*, il
mago non si avvilisce, *ed anche questa volta risolve come solamente lui può risolvere*: «Il culombo che si trovava in quella *gabia* l'ho fatto sparire, l'ho fatto trovare nel cappello del signore... (*Una breve pausa che basta a ridargli la sua abituale audacia*)
E l'ho fatto diventare pollastro!...» (p. 241). Ma stavolta la didascalia conclusiva insinua consapevoli dubbi, da parte dell'illusionista stesso, sull'efficacia di tale «risoluzione», suggellan-
do l'opera con una nota di amarezza: *Se l'orchestra non lanciasse i suoi ironici accordi di tromba si udrebbe il singhiozzo di Sik-Sik.
Ma la tela, piú pietosa, precipita* (did., *ibid*.).
Se in Michele di *Ditegli sempre di sí* Eduardo ha incontrato
il suo modello di folle ragionevole, uno che stando *oltre la soglia* guarda la terra, e di colpo, in un baleno di luce, vede la verità che noi conosciamo annebbiata, in Sik-Sik ha trovato il suo
personaggio-chiave. Da qui in avanti l'«artefice magico» continuerà a rappresentare il suo Sosia geniale e pezzente, specie
di mito e di memento insieme: «se [i miei lavori] andranno male, io dirò che li ha scritti Sik-Sik. Facciamo a scarica barile, io
e lui» (*Eduardo, polemiche, pensieri, pagine inedite* cit., p. 129).
Non a caso con la riproposta di questo *personaggio*, l'*autore* concluderà la sua carriera di *attore* (il 15 ottobre 1980 al Quirino
di Roma); perché Sik-Sik non è soltanto il prototipo del «costruttore di sogni» che si scontra con gli ostacoli della quoti-

dianità (miseria, emarginazione regionale, sociale, linguistica), ma è soprattutto il prototipo dell'«attore», illusionista universale che i sogni vuole costruirli anche per gli altri, per il «pubblico» sempre e comunque «rispettabile». I sogni, e forse – se possibile – anche qualcosa di piú. È l'unico discorso meta-teatrale che Eduardo farà davvero, mettendosi da una parte e dall'altra del «come se» della scena per incarnare i suoi argomenti in personaggi «vivi»: da Gennaro De Sia di *Uomo e galantuomo* ('22) a Sik-Sik l'*artefice magico* ('29), da Franco Silva di *La parte di Amleto* ('40) ad Otto Marvuglia di *La grande magia* ('48), fino a Oreste Campese di *L'arte della commedia* ('64).

Prima di sviluppare tutte le potenzialità espressive di questa «maschera mobile» Eduardo continuerà a nutrire la sua drammaturgia di esperienze diverse. Ma ha già sostituito la maschera mezza bianca e mezza nera, impastata di sofferenza agrodolce, del Pulcinella petitiano e anche la maschera-senza-maschera scarpettiana (don Felice Sciosciammocca) con un *personaggio-prototipo dell'uomo*. Non l'ha colto in quella plebe partenopea che dell'arte di arrangiarsi faceva la sua misera professione (istintivamente istrionica), né in quel ceto piccolo-borghese che della sua precaria promozione portava (nell'abito e nella lingua) i segni vistosi e grotteschi, ma in quel mondo *ex-lege* del teatro che tuttavia aspirava, fra gli assilli del «vitto», a una propria «dignità» artistica e sociale.

Anche ai livelli piú bassi dell'avanspettacolo, Sik-Sik «eroe non-tragico», per quella vocazione onirica che lo porta a salvarsi dalla tragedia, lotta non solo per sopravvivere ma per vivere secondo il suo sogno d'essere artista. E sono già presenti nel suo «carattere», reso mobile dalle diverse figure in cui ogni volta si riconosce, nella sua stessa tenacia a mostrarsi al pubblico sempre vincitore e mai vinto, i tratti di altri protagonisti eduardiani, di quelli che, non riuscendo a vincere oggettivamente la realtà, la vincono soggettivamente, in sogno...

Il 1929, data di composizione di *Sik-Sik, l'artefice magico*, segna una tappa importante nella biografia esistenziale-artistica di Eduardo: si era riunito in quell'anno a Titina e a Peppino nella Compagnia di Riviste Molinari del Teatro Nuovo, per debuttare come «Ribalta Gaia» con un sottogruppo di attori (oltre ai De Filippo, Pietro Carloni, Carlo Pisacane, Agostino Salvietti, Tina Pica e Giovanni Bernardi) nella rivista *Pulcinella principe in sogno*... L'atto unico nasce come *sketch* all'interno

dello spettacolo, in modo curioso: incaricato di scriverne il secondo tempo, Eduardo non partecipava alle prime prove né, col
passare dei giorni, dava segni di vita. L'impresario Aulicino e
il suo «secondo» Vincenzo Scala si raccomandarono a san Gennaro, accendendogli «un cero da cinque soldi»: quarantotto ore
dopo Eduardo sarebbe apparso sventolando il copione scritto
su quattro o cinque fogli di carta da imballaggio (cfr. G.
Magliulo, *Eduardo*, Cappelli, Bologna 1959, p. 24). L'aneddoto,
vero o falso che sia, rispecchia i modi e i tempi di quella drammaturgia: scritta sí, ma mentre già si prova o appena in tempo
per essere provata. L'autore stesso ha tenuto a testimoniare
l'immediatezza della prima stesura del testo («Ero in un vagone di terza classe e avevo portato con me, per colazione, un cartoccio di pane, formaggio e pere: sulla carta di quel cartoccio
cominciai appunto a far vivere Sik-Sik»), non senza sottolineare
tuttavia la gestazione lunga e minuziosa delle sue commedie:
«Prima di scrivere una sola battuta, però, rimugino dentro di
me le scene ad una ad una, in tutti i particolari. [...] Poi quando comincio a scrivere, viene tutto di getto, con facilità; ogni
cosa è stata prevista, ogni piccolo pretesto già collocato al suo
posto, ogni appiglio per qualunque azione successiva già considerato. Ecco perché, ad esempio, potei scrivere l'atto unico
di *Sik-Sik*, il povero prestigiatore che fu il piú fortunato tra i
miei primi personaggi, mentre viaggiavo in treno da Roma a
Napoli nel 1929» (Eduardo cit. da V. Buttafava, *Pensa per un
anno una commedia e la scrive in una settimana*, «Oggi», 5 gennaio 1956).

Quanto alla data del debutto dell'atto unico, le testimonianze sono discordi. Magliuolo riferisce di una prima di
Pulcinella principe in sogno... (coautori Kokasse e Tricot ovvero
Mario Mangini e Eduardo) al Teatro Nuovo di Napoli nel giugno 1929; e del '29 parla anche Eduardo in un altro gustoso
aneddoto di sapore pubblicitario. Dopo il successo del suo *Sik-
Sik*, egli avrebbe permesso al padrone di un bar napoletano (Bar
delle Antille) di esporre un suo ingrandimento nei panni del prestigiatore con l'aggiunta di due versetti – «p' 'o caffè delle
Antille pure Dio, | si sent' 'addore, dice: "Venche io!"» – poi
bollati da un messo della Curia come «blasfemi» (E. De Filippo,
L'abbrustolaro, Introduzione a M. R. Schiaffino, *Le ore del
caffè*, Idealibri, Milano 1985). Invece Giammusso posticipa di
un anno (1930) la data della rappresentazione (*Vita di Eduardo*

cit., p. 71), basandosi sulla testimonianza già citata di Titina e su quella di Peppino (*Una famiglia difficile*, Marotta, Napoli 1976, pp. 238-39). Al 27 maggio 1930 fanno risalire il debutto di *Pulcinella principe in sogno* Lavagnini e Musicò (*Cinquant'anni di parole e di scene* cit., p. 149). Neppure il Catalogo della Mostra *Eduardo De Filippo. Vita e opere* (cit.) offre un contributo definitivo: se nel 1929 «Eduardo scrive *Sik-Sik, l'artefice magico*, il suo primo, grande successo d'autore», nel 1930, «come l'anno precedente, [egli] collabora alle riviste rappresentate al Teatro Nuovo» (nel cui elenco la prima è appunto *Pulcinella principe in sogno*...) (pp. 66-67). Nel volume si trova d'altra parte una foto di scena di «Eduardo in *Sik-Sik*, 1929» (p. 66), dove l'attore assomiglia un po' a Dario Fo; a trent'anni egli non appare molto diverso dal ventenne cosí descritto da Peppino: «magro come una canna da zucchero, due orecchie a sventola da fare impressione, due occhi grandi, allampanati, espressivissimi: a guardarlo tutto, testa, gambe e corpo, era di una comicità irresistibile» (P. De Filippo, *Una famiglia difficile* cit., p. 157). Comunque il successo dello stesso *Sik-Sik* fu enorme presso il pubblico e i critici napoletani (Saverio Procida, Achille Vesce, Ernesto Grassi); e, come ammette lo stesso Peppino, «fu quello, in verità, l'inizio della vera fortuna per noi De Filippo» (ivi, p. 238).

La Compagnia «Teatro Umoristico I De Filippo» metterà poi in scena l'atto unico il 4 gennaio 1932 al Teatro Kursaal di Napoli (cfr. F. Di Franco, *Le commedie di Eduardo* cit., p. 14); e, dopo Napoli (20 maggio 1932, Teatro Kursaal; 22 febbraio 1933, Teatro Sannazzaro), lo spettacolo andrà a Torino (19 marzo 1933, Teatro Alfieri), a Roma (12 ottobre 1933, Teatro Valle) e a Milano (8 maggio 1934, Teatro Olimpia); poi nel '35 nuovamente al Valle di Roma (3 gennaio), e a Milano, all'Olimpia, dove però la recensione di Simoni sembra un po' riduttiva: «i tre attori recitarono con brio buffo e fantasioso *Sik-Sik*, una parodia e insieme una saporita imitazione dei prestigiatori da fiera, che fece ridere moltissimo e fu assai applaudita» (R. S., «Corriere della Sera», 2 febbraio 1935). Roma e Napoli appaiono comunque le tappe piú ricorrenti per le numerose repliche della commedia: dall'Eliseo (19 giugno 1936) al Mercadante (20 aprile 1938), dal Quirino (12 luglio 1938) ancora all'Eliseo (30 novembre 1938) e al Quirino (21 aprile 1939), dal Teatro Diana al Vomero (19 maggio 1939) all'Argentina (13 marzo 1944), e poi di nuovo all'Eliseo (13 ottobre 1955) fino al Teatro San Ferdi-nando (26 aprile 1955).

Sik-Sik, l'artefice magico entra anche nel primo ciclo televisivo (1962) del «Teatro di Eduardo», per la regia dell'autore (in collaborazione con Stefano De Stefani) e con la scenografia di Emilio Voglino. La ripresa da studio comprende anche tre macchiette del teatro di varietà degli anni Venti (interpretate da Eduardo), poesie di Eduardo (lette da lui), e due atti unici, *L'avvocato ha fretta* (di Anonimo), e appunto *Sik-Sik*, di cui sono interpreti: Eduardo (Sik-Sik), Angela Pagano (Giorgetta), Ugo D'Alessio (Rafele), Enzo Cannavale (Nicola), Maria Hilde Renzi e Gennarino Palumbo (duo Flores); data di trasmissione: 1° gennaio 1962 (Raidue). Purtroppo la registrazione della serata è andata perduta, ma cosí ne parla la segretaria di produzione Rossana Mattioli: «Io mi ricordo di *Sik-Sik* come di una commedia straordinaria. Era quasi tutta a braccio... Eduardo le sue commedie le ha scritte tutte, ma delle volte (e questo lo faceva anche a teatro) cambiava parzialmente le sue battute e ne aggiungeva altre, con il terrore dell'attore che in quel momento stava in scena con lui. Ma l'attacco lo dava esattamente come era nel testo. La stessa cosa avveniva con *Sik-Sik*. [...] E mi ricordo che con *Sik-Sik* dovemmo interrompere un paio di volte le prove prima della registrazione perché c'erano i cameramen che non riuscivano a non ridere. Quella credo che fosse un'edizione perfetta, anche dal punto di vista televisivo; era completamente astratta, con pochi elementi di scenografia» (cfr. Intervista effettuata a Roma, il 16 gennaio 1986, cit. in P. Quarenghi, *Lo spettatore col binocolo* cit., p. 87).

Come unico documento audiovisivo rimane il film *Quei due...* di Gennaro Righelli (con Eduardo, Peppino e Assia Noris); però questo film, del 1935, è piuttosto una farsa che cuce situazioni e *sketches* tratti non solo da *Sik-Sik* (ma anche da *L'ultimo Bottone* e da *Tre mesi dopo*) attorno alle figure di Giacomo e Carlino, artisti di varietà costretti ad escogitare ogni sorta di espedienti per sbarcare il lunario.

D'altra parte *Sik-Sik, l'artefice magico* fu interpretato in scena anche da Franco Parenti (Sik-Sik) e da Paolo Graziosi (Rafele) al Piccolo Teatro di Milano nel 1971, nell'ambito della rivista *Ogni anno punto e da capo*; sotto la guida di Eduardo, lo spettacolo ricostruiva con *sketches*, canzoni e balletti, il teatro dei De Filippo negli anni Trenta.

Come abbiamo già accennato, una delle ultime interpretazioni di *Sik-Sik* da parte dell'autore-attore-regista risale al maggio del 1980, al Teatro Manzoni di Milano, in occasione dei festeggiamenti per i suoi 80 anni; recitano anche Angelica Ippolito e Luca De Filippo, che il padre presenta al pubblico come per un passaggio di consegne: «C'è in lui molto dei De Filippo [...], ma innestato su qualcosa di molto personale, un tipo di recitazione modernissima...» (Eduardo cit. da G. Davico Bonino, *Eduardo: «Credere nei fantasmi»*, «La Stampa», 13 maggio 1980). Un brano dello spettacolo apparirà in un servizio per «TG2 Studio Aperto» andato in onda il 24 maggio 1980.

Sik-Sik, le maître de magie (traduzione francese di Huguette Hatem) sarà rappresentato a Grenoble, per la regia di Jacques Nichet, scene e costumi di Alain Chambon, musiche di Osvald D'Andréa, con: Jean-Claude Frissung (Sik-Sik); Chantal Joblon (Giorgetta); Robert Lucibello (Rafele); Luis Merino (Nicola), nel 1992. La differita televisiva da teatro andrà in onda il 20 aprile dello stesso anno (Fr 3). Nel 1997 l'opera è andata in scena, con altri interpreti, al Théâtre du Marais di Parigi (Francia); e al Teatro Nacional S. Joao di Oporto (Portogallo). La sua più recente interpretazione è quella di Toni Servillo.

Il testo di *Sik-Sik, l'artefice magico. Scene* esce a Napoli per l'Editrice Tirrena nel 1932; compare poi (senza sottotitolo) nella prima edizione Einaudi della *Cantata dei giorni pari*, nel 1959, e conserva la collocazione nelle successive ristampe o edizioni della *Cantata*. Presenta una sola variante a partire dall'edizione riveduta della stessa *Cantata* nel 1971, dove la didascalia iniziale perde la premessa di questa specie di confessione d'attore: «Sono le ventuno e trenta. Il pubblico si affolla davanti al botteghino. Fra un quarto d'ora avrà inizio lo spettacolo. Ecco l'unico istante, nel quale sento la responsabilità formidabile del mio compito: questa folla è anonima, sconosciuta, esigente. E mai come in questo istante io sono fuori, ancora completamente fuori del cerchio della finzione. Non mi sento ancora convinto di ciò che dovrò essere, fra qualche minuto, sul palcoscenico. Mi sento confuso alla folla e mi sembra che debba anch'io avvicinarmi al botteghino e chiedere un posto di poltrona, per assistere allo spettacolo. Fino a che la luce della ribalta non m'acceca con le sue piccole stelle luminose e il buio della sala non spalanca il suo baratro infinito, io non prendo, né so, né posso, prendere il mio posto della finzione. I minuti inesorabili m'inseguono. E nella loro corsa mi prendono, mi travolgono, mi spingono verso la porticina del palcoscenico, che si rinchiude, sorda, alle mie spalle. La barriera è chiusa. Due tocchi al

trucco. Il campanello squilla: la prima e la seconda volta. La tela si leva. Ecco le piccole stelle. Ecco il baratro. Ecco l'attore»
(ediz. '59, p. 121). Si rileva inoltre nella stessa didascalia uno
spostamento della nota che detta l'ambientazione della commedia: nell'edizione '59 la descrizione scenografica conclude la
didascalia (*ibid*.), invece nell'edizione '71 e nelle successive la
incomincia («La scena è semplice e nuda [...]», did., ediz. '71,
p. 130; ora p. 229). Il testo esce in quest'ultima versione anche
in *I capolavori di Eduardo* fin dalla loro prima edizione Einaudi
del 1973-74.

Personaggi

Sik-Sik
Giorgetta
Rafele
Nicola

ATTO UNICO

La scena è semplice e nuda: un fondale completamente nero, in fondo a destra una piccola porta con sopra scritto: «Palcoscenico» e a sinistra un fanale acceso.
Sik-Sik entra da sinistra. È un uomo sui quarant'anni, con un paio di baffi neri e folti. Indossa una giacca chiara e poco pulita su di un pantalone nero: quello del frak che gli servirà per la rappresentazione. In testa un cappello floscio. Ha in mano una piccola valigia e nell'altra una gabbia con due colombi uguali. Fra le labbra un mozzicone di sigaro. È il tipo tradizionale dell'artista guitto, povero, tormentato e... filosofo. È seguíto da Giorgetta, sua moglie, a testa nuda e con un misero cappottino sulle spalle. La sua veste è un po' discinta, e rivelando le forme del corpo, farà indovinare un po' di grossezza al ventre. Giorgetta è incinta, e avrà come il marito una certa aria scoraggiata e stanca.

SIK-SIK   Tu si' 'o guaio mio! Tu sei l'origine di tutte le mie disgrazie! Puozze sculà tu e io che te tengo vicino... 'O vvi', nun nce sta nisciuno. Chillo avarrà aspettato nu poco e vedenno che nun veneva nisciuno s'è scucciato e se n'è ghiuto.
GIORGETTA   Ma a che ora tenive l'appuntamento?
SIK-SIK   Alle nove e mezza... mo songo 'e ddiece e nu quarto...
GIORGETTA   E aspettiamo un altro poco, pò essere che pure lui ha fatto tardi.
SIK-SIK   Ma nun me fa' tuccà cchiú 'e nierve... Io, stammatina nun nce aggio raccumannato ato: 'e se fa' truvà preciso... (Guarda intorno) Chi t' 'o dà... Comme faccio?... A chi metto dint' 'a sala pe' me fa' 'o cumpare... e po', nuie stamme accussí affiatate. Chillo sape tutte 'e gioche, è già pratico 'e chello c'avimm' 'a fa...
GIORGETTA   E aspettammo n'altro poco; vedimmo si passa qualcuno.

SIK-SIK   È tarde... io songo sesto numero, chiste già hanno accumminciato 'a na ventina 'e minute... Ma comme? Io te dico: «Scéteme verso l'otto e meza», tu me puozze scetà 'e ddiece meno nu quarto?

GIORGETTA   Andava indietro...

SIK-SIK   Chi?

GIORGETTA   L'orologio.

SIK-SIK   Andava indietro, è ove'?... (*Dopo una pausa*) Va', vide a che stanno, io aspetto ccà ffore n'atu ppoco. (*Giorgetta fa per andare*). Comme te siente?

GIORGETTA   'O solito... e nun fumà... 'o ssaie che m'avota 'o stommaco.

SIK-SIK   Famme sentí, si muove? (*Le tasta l'addome*).

GIORGETTA   No, mo no. Ogge ha fatto un'arte; verse 'e sette m'ha dato dduie cauce.

SIK-SIK   Povero figlio... già fa le mie vendette!

Giorgetta va via borbottando.

RAFELE (*tipo di uomo malandato e misero. Entra dalla destra e scorgendo Sik-Sik si ferma*)   Scusate, mi fate accendere?

SIK-SIK   Accomodatevi.

RAFELE (*cercando in tutte le tasche*)   Me credevo che 'o tenevo nu mezzone. E nun fumammo! Te vuó piglià còllera? Nun fumammo! Grazie lo stesso. (*Fa per andare*).

SIK-SIK   Giovino', sentite, sareste disposto a farmi una cortesia?

RAFELE   Dite.

SIK-SIK   Ecco qua. Io sono Sik-Sik, m'avete riconosciuto?

RAFELE   No, 'a verità. Vuie ve site fatto troppo sicco[1].

SIK-SIK (*assumendo un'aria d'importanza e cercando di usare un linguaggio analogo*)   Sik-Sik, è il mio nome d'arte. Faccio il prestigiatore e lavoro in questo *tiatro*. Il mio aiutante... il mio *sigritario* non è venuto, ha mancato all'appuntamento... Io *avrebbe* bisogno di una persona che lo *rimpiazzerei*... una persona che si mette nella sala del *tiatro*, facenno vedé ch'è uno del pubblico e che mi seconda, me fa 'o palo a qualunque giuoco faccio. Si me facite stu favore, io ve dò na poltrona gratis e dieci lire di compenso. Che ne dite?

RAFELE   Ve pare? Diece lire a notte a notte. Però m'avit' 'a spiegà 'e che se tratta.

---

[1] Gioco di parole. *Sicco* in napoletano vuol dire «magro».

SIK-SIK   E se capisce. Ecco qua. Io faccio tutte cose facile, perché
tu sei nuovo e te puo' mbruglià. Dunque, si alza il *vilario*. Tu
subbeto capisce ch'aggi' 'a ascí io, pecché 'a musica fa accussí:
«Pe-pepé... pe-pepé... pe-pepé... pe-pepé...» (*Fa il motivo delle
trombe di Mefistofele*).

RAFELE   E si presenta lui.

SIK-SIK   Lui chi?

RAFELE   Peppe!

SIK-SIK   E chi è Peppe?

RAFELE   Chillo c'avite ditto vuie.

SIK-SIK   Ma nonzignore, è la tromba.

RAFELE   'O maestro 'e tromba se chiamma Peppe?

SIK-SIK   Gnernò... è la tromba che squilla. Tu nun t'he 'a mbruglià. Dunque... dopo lo squillo mi presento io... tu subbeto me
canusce. Io esco cu' nu chimono cinese autentico per dare piú
importanza, capisci... Quanno me vide, me ne daie na voce...
«Pare proprio nu cinese». 'O pubblico già s'accummencia a sug-
gestionà, perché come sai i cinesi sono maestri in questo genere,
perché tengono abilità e pazienza. Tu he 'a vedé 'a pacienza
che téneno 'e cinese.

RAFELE   Tu he 'a vedé 'a pacienza che sto tenenno io.

SIK-SIK   Tu appena me vide accumparí, accummience a sbattere 'e
mmane... ma nu poco... naturale naturale, senza esagerà. Pecché, è inutile, si 'o pubblico nun ave 'a spinta, nun se move.

RAFELE   Va bene. Io naturale naturale faccio accussí: «Bravo,
bene!...» (*Grida e batte le mani*).

SIK-SIK   No. «Bravo. Bene», no. Io ancora aggi' 'a fa' niente. Devi
battere solamente le mani, ma appena appena.

RAFELE   Aggio capito.

SIK-SIK   Ma già, chesto è inutile, pecché io appena esco... (*solenne
e grave*) se ne care 'o teatro!

RAFELE   Vene 'o terramoto?

SIK-SIK   E po' vide!... Me presento nnanze e faccio na piccola par-
latella che a te non te riguarda.

RAFELE   Che me ne mporta d' 'e fatte vuoste?!

SIK-SIK   Come primo esperimento, faccio 'o gioco d' 'e duie bicchiere. Tiene mente a me. Io dico (*cercando di dare un'intonazione stretta e settentrionale alla sua parlata, tra lo sgrammaticato
e il provinciale, proprio di quegli artisti ignoranti che non esi-
tano a rivolgersi al pubblico pur senza averne le possibilità*):
«Pubblico rispettabile. Qui non s'imbroglia a nisciuno. Questi

sono tutti *giuoca* senza *priparato*, *anza* per evitare qualunque suspetto, io *risírero* un *controlla*, una persona del *pubblica*, che viene qua in palcuscenico a cunstatare con i propri occhi. (*Facendo finta di rivolgersi ad un pubblico immaginario e precipitando le parole per dare un certo tono al discorso*) Si c'è qualche persona del pubblico che vuol venire in palcuscenico, signori?» Tu subbeto rispunne: «Venche io!» M'arraccumanno, si no pò essere che saglie uno d' 'o pubblico che non sta d'accordo cu' mme e me scumbina tutte cose.

RAFELE   Io subito dico: «Venche io!»

SIK-SIK (*poco convinto del modo come Rafele ha pronunciato la parola «vengo» e ancora incerto e quasi interrogando con lo sguardo, ripete*)   Venca?

RAFELE (*ripetendo macchinalmente*)   Venca io!?

SIK-SIK (*non ancora convinto*)   Venco?...

RAFELE (*c. s.*)   Venco io?

SIK-SIK (*torturato dal dubbio e risolvendo l'arduo e difficile problema, data la poca intimità dei suoi rapporti con la grammatica*)   Sa che vuó fa'? Dice solamente: «Io!» E levammo 'o fràceto 'a miezo... Quanno si' sagliuto, io te dongo dduie bicchiere in mano, uno chino 'e gnostia e uno chino d'acqua. Tu appena vide l'acqua, come un desiderio che ti viene spuntaneo, dice naturale naturale: «Oh, tengo *seta*! Ho, vorrei *bera*!»

RAFELE (*ripetendo con la precisa intonazione dell'altro*)   Oh, tengo *seta*! Oh, vorrei *bera*!

SIK-SIK   Allora io dico: «Ah... lei tiene *seta*? Adesso lo faccio bévere io, senza tuccare l'acqua!» Piglio nu fazzuletto, cummoglio 'o primmo bicchiere, po' cummoglio 'o sicondo e dico: «Adesso l'inchiostra andrà a finire nel bicchiere dell'acqua e l'acqua andrà a finire in corpo al signore che tiene *seta*». Faccio 'o mbruoglio e quanno scummoglio 'e bicchiere, dico: «La gnostia è andata a finire nel bicchiere dell'acqua e l'acqua è andata a finire in corpo al signore che teneva *seta*». M'avoto 'a parte toia e dico: «Avete ancora *seta*?» Tu dice: «No». «E dove ve lo sentite?» Tu rispunne: «In corpo».

RAFELE (*colpito dall'ultima frase*)   Non lo facciamo stu gioco. Io pò essere ca me mbroglio...

SIK-SIK   Ma comme? Quello è accussí facile... Tu he 'a dícere ddoie parole...

RAFELE   E va bene... come volete voi.

SIK-SIK   Come secondo esperimento faccio quello della cascia...

GIORGETTA (*tornando e interrompendo*)   Stanno al terzo numero. È venuto?

SIK-SIK (*alla moglie*)   No, ho trovato l'amico che mi fa il piacere. (*A Rafele*) Dunque, faccio quello della cascia... piglio a mia moglie (*la mostra*) e 'a nzerro dint' 'a cascia. Po' io scendo nelle poltrone e faccio vedé a tutto 'o pubblico 'o catenaccio che sarria chistu ccà. (*Glielo mostra*) Chisto è chillo che faccio vedé a 'o pubblico; chist'ato ccà... (*ne mostra un altro*) t' 'o tiene dint' 'a sacca: e chisto è chillo che he 'a mettere vicino 'a cascia pecché chisto è fatto in modo che appena se tocca sta mulletta s'arape. Tu, naturale naturale, quann'io te dongo 'o catenaccio vero, tu, invece, miette chist'ato. Vicino 'a cascia ce sta nu sportellino che non se vede, quanno mugliérema sta 'a dinto, arape 'o sportellino, tocca 'o buttone, scatta 'a mulletta, s'arape 'o catenaccio, e quanno io apro 'a tenda, che sta nnanze 'o bauglio, mugliérema se fa truvà giuliva e surridenta, assettata ncopp' 'a cascia.

GIORGETTA (*assumendo una falsa posa di spigliatezza e di brio*)   Mi faccio trovare cosí...

SIK-SIK (*solenne e grave*)   Se ne care 'o teatro!

RAFELE   N'ata vota?!

SIK-SIK   Poi faccio il giuoco dei colombi. Chisto è nu palummo. (*Glielo mostra*) l'i' 'a tené annascunnuto dint' 'o cappiello. Un altro *déntice* lo tengo io...

RAFELE (*interrompendo*)   Ah, allora vuie tenite 'o pesce e io tengo 'o palummo?

SIK-SIK (*meravigliato*)   Qua' pesce?

RAFELE   'O déntice.

SIK-SIK   'O déntice? *Identice*: tale e quale a chisto. (*Mostra il colombo*).

RAFELE   Ah... *identiche*, ho capito.

SIK-SIK (*continuando la spiegazione di prima*)   Dunque, 'o faccio vedé a 'o pubblico, po' 'o chiudo dint' 'a gabbia, 'o faccio sparí e dico: «Il culombo che si truvava in questa gabbia signori, si trova ora nel cappello del signore». Tu aíze 'o cappiello e faie vulà pe' tutt' 'a sala 'o palummo. (*Solenne come prima*) Se ne care 'o teatro!

RAFELE   E quanno vengo ncopp' 'o palcoscenico, 'o palummo addó 'o lasso?

GIORGETTA   Lo mettete sopra 'a poltrona con il cappello e sopra ci mettete 'o cappotto.

SIK-SIK M'arraccumanno, pecché si faie vedé 'o palummo primma d' o' tiempo, buonanotte.

RAFELE Nun ce penzate!

GIORGETTA Allora io vaco a preparà, tu viene?

SIK-SIK Vengo subito.

GIORGETTA Permettete?

RAFELE Prego.

Giorgetta esce.

SIK-SIK (*consegnandoli a Rafele*) Ecco, chisto è 'o catenaccio finto
e chisto è 'o palummo. Statte attiento.

RAFELE E 'e diece lire?

SIK-SIK (*un po' contrariato*) Ah, già! Cheste so' 'e ddiece lire.

RAFELE E 'o biglietto pe' trasí?

SIK-SIK Nun c'è bisogno. Tu trase, vicino 'a porta truove 'a maschera, t'accuoste e dice sotto voce: «Sik-Sik»... Io vaco, pozzo
sta' senza penziero?

RAFELE Ma quanta vote se parla?

Nicola è un tipo comicamente losco di avventuriero e di vagabondo che entra in fretta dalla sinistra.

SIK-SIK (*scorgendolo*) Ah, tu si' venuto? Io te ringrazio tanto
tanto...

NICOLA (*con una volgare parlata sgrammaticata*) Pecché? Ho fatto *tarda*?

RAFELE È arrivato n'atu fiorentino.

SIK-SIK (*rivolgendosi a Nicola*) Tu mo m'he 'a dícere a me si nun
truvavo l'amico qua comme facevo. (*Rude e deciso*) Mo te ringrazio, non c'è piú bisogno di te!

NICOLA Come sarebbe? Io so' venuto fino a ccà!

SIK-SIK Te ne vaie n'ata vota!

NICOLA E chi v'aiuta a fa' 'e gioche?... Chisto?

RAFELE Chisto?... Che m' 'e pigliato pe' fràtete?

NICOLA Fràteme? E tu po' vulive l'onore d'essere frate a me?
Sia fatta 'a vuluntà 'e Dio! Saie fa' 'e gioche tu?... Saie mettere
'o catenaccio vicino 'a cascia, saie quanno addà vulà 'o palummo?

RAFELE Tu fatte 'e fatte tuoie, cheste so' cose che m'aggi' 'a
vedé io.

NICOLA   E me vulite da' almeno 'o biglietto pe' trasí dint' 'o
          teatro?

SIK-SIK   Vedite, chillo se ne vene a chest'ora e va truvanno pure
          'o biglietto! (*A Rafele*) Me raccomando, ricuordete tutto chello
          che t'aggio ditto. Io me vaco a priparà. (*Andando via a Nicola*)
          Se vuoi il *buglietto* te lo vai a comprare al *putechino*!... (*Esce*).

NICOLA   Insomma tu si' stato buono 'e te piglià 'o posto mio?
          Ma io però trase 'o stesso dint' 'o teatro pecché 'o biglietto me
          l'accatto e vedimmo si 'e gioche 'e ffaie tu o 'e ffacc'io. Anze si
          vuó fa' buono, damme 'o biglietto e 'o palummo e vatténne.

RAFELE   E io te faccio pazzo. (*Fa per andare*).

NICOLA   Tito', damme 'o biglietto e 'o palummo.

RAFELE   Guè... tu 'a vuó ferní, sí o no? Mo m'he seccato!... Mo
          te siente nu buffo!

NICOLA   Ma tu dice overamente? Vuó vedé che te dongo nu cau-
          ce e te faccio abballà pe' n'ora e meza?

RAFELE   Tu a me?

NICOLA   Sí, sí... pecché me mettesse appaura?

RAFELE   E 'assàmme vedé comme faie...

NICOLA   'O bbuo' vedé? E te'!... (*Gli dà un calcio*) Tu si' nu
          carugnone.

Si afferrano e se ne dànno di santa ragione.

RAFELE   Lassa, ommo 'e niente!...

NICOLA   Tu he 'a murí p' 'e mane meie.

Rafele gli dà uno schiaffo e a sua volta riceve un pugno che lo
fa rotolare per terra. Il colombo prende il volo.

RAFELE   'O palummo, 'o palummo!...

NICOLA   Ben fatto!

RAFELE   Afferra... afferra...

Scompaiono a sinistra sforzandosi di afferrare il colombo. Si
chiude il *rideau* e l'orchestra attacca subito una piccola marcia
di occasione, di quelle che sono nel tipico repertorio degli illusionisti e dei prestigiatori. Da una porta della platea entrerà
Rafele e alla maschera dirà la parola d'ordine: «Sik-Sik». Lo
stesso immediatamente dopo farà Nicola. Poi i due comince-
ranno a battere le mani, a fare chiasso, a dimostrare insomma
uno zelo eccessivo e fuori posto. Fino a che la piccola marcia

sarà finita e il *rideau* avrà scoperto una modesta scena di giardino da teatro di varietà di terzo ordine. In scena vi saranno due piccoli tavoli, una cassa, un paravento e tutto l'occorrente per i giuochi già descritti.

Sik-Sik con cilindro e kimono cinese sul frak, viene alla ribalta e saluta il pubblico, con quel gesto classico degli illusionisti di terz'ordine.

RAFELE (*appena Sik-Sik è in iscena si dà ad applaudire freneticamente e a gridare*) Bene! Bravo!

Sik-Sik lo fulmina con un'occhiata.

NICOLA (*quasi come per fare dell'ostruzionismo e disturbare lo spettacolo*) All'uscio! All'uscio, il disturbatore!

I due schiamazzano.

SIK-SIK (*viene piú avanti e inizia il suo discorso con quella intonazione caratteristica già mostrata prima con Rafele, ma questa volta piú caricata*) Pubblico rispettabile. È ormai nota in tutto il *monto* la mia grande *fame* di illusionista. Sik-Sik che ha strabiliato tutti i popoli, questa sera si trova finalmente davanti a voi. La mia vita è stata quasi *rumanzesca*. Avevo sette anni, quando cominciai a far sparire le cose. Il Giappone accolse i miei dodici anni ed a tredici mi baciò in fronte il sole d'*Uriente*. Il miracolo famoso lo feci in *Girmania*: feci sparire una collana di perle d'una signora e non furono piú cristiani di trovarla. In Turchia feci sparire una donna, un'*udalisca* e dopo tre giorni la feci trovare a Napoli... dietro al teatro Fiorentini. E là sta! Questa sera alla vostra *prisenza* eseguirò gli esperimenti piú *famusissimi* e comincio con quello dei bicchieri. Prego maestro. (*La tromba in orchestra eseguirà gli squilli di Mefistofele. Giorgetta con kimono e acconciatura cinese nei capelli, viene dalla sinistra saltellando. Fa un inchino al pubblico, poi va in fondo, prende due bicchieri che si troveranno sul tavolo di destra e li porge a Sik-Sik*). Ecco signori, abbiamo due bicchieri di *vitro*. (*Fa sentire il suono battendo dei colpi con una bacchettina di legno*) In uno c'è acqua semplice, in un altro gnostia. Due soli possiamo fare quest'esperimento: io e il Padreterno! Tutti i prestiggiatori dicono sempre: «L'imbroglio c'è ma non si vede». Io invece dico: «L'imbroglio non c'è, chi lo vede ha visto una cosa per un'altra». Anzi per *avitare* qualunque suspetto, io *risirero* un controllo! (*Precipitando le parole, come per richiamare l'attenzione di qualcuno*) Se c'è qualche persona che vuol salire in palcoscenico, signori.,.

NICOLA (*alzandosi e gridando*) Io!

RAFELE (*gridando anche lui*) Venche io!

Si precipitano tutti e due verso la scaletta che dalla sala conduce al palcoscenico.

NICOLA Ma scusate, l'aggio ditto primm'io...

SIK-SIK A me pare che l'ha detto prima il signore. (*Mostra Rafele; poi a questi*) Salite, fate presto!...

NICOLA Io voglio saglí pur'io...

Salgono confusamente tutti e due.

RAFELE (*a Nicola*) Amico, qua ci debbo stare io.

NICOLA Io sono uno qualunque e posso fare quello che mi pare e piace.

RAFELE E io pure sono uno qualunque...

NICOLA No. Voi non siete uno qualunque. Mo vedimmo comme fernesce cu' chisto stasera.

SIK-SIK Va bene, restate tutti e due. (*A Rafele*) Tenete questo bicchiere. (*Rafele prende il bicchiere con l'acqua*). E voi tenete quest'altro. (*Dà a Nicola il bicchiere con l'inchiostro poi guarda Rafele per attendere la frase convenuta, ma costui è distratto e non parla. Allora passandogli vicino è costretto a sussurrarglielo, fino a che Rafele comprende*).

RAFELE (*come ricordandosi*) Ah... Tengo *seta*! Ah! Vorrei *bera*!

SIK-SIK (*con un sospiro di sollievo*) E adesso vi faccio bere io! (*A Giorgetta*) Madamigella, il foulard! (*Giorgetta sempre saltellando prende un fazzoletto dal tavolo e lo porge a Sik-Sik che nel frattempo ne avrà preso un altro*) Adesso non faccio altro che prendere questi due foulard e coprire i due bicchieri. I signori possono consultare i loro *rilorgi*: in meno di due sicondi, l'*inchiostia* è passata nel bicchiere dell'acqua e l'acqua in corpo al signore che teneva *seta*! (*Scopre i due bicchieri: lo scambio è avvenuto alla perfezione, poi a Rafele sicuro del fatto suo*) Avete ancora *seta*?

RAFELE No.

SIK-SIK E dove ve lo sentite?

Rafele non vuol dire «in corpo» ed esita nel rispondere.

NICOLA (*intervenendo improvviso e rispondendo al posto di Rafele*)   In corpo!

RAFELE   Io m' 'o bevo e tu t' 'o siente ncuorpo?

SIK-SIK (*intervenendo e riparando*)   Ne ho fatto passare metà in corpo al signore e metà in corpo all'altro signore. (*Guarda il pubblico e si mette nella sua posa caratteristica, imitato da Giorgetta. La sala applaude. Sik-Sik ringrazia*) Adesso passiamo al *sicondo* esperimento: la cascia misteriosa. (*Avvicinandosi alla cassa*) Come vedete è una cascia di legno comune dove non vi può essere nessun doppio fondo. Prego i signori di osservare attentamente. (*Rafele e Nicola osservano la cassa*). C'è qualche cosa di anormale? Qualche apertura interna? Qualche buco?

NICOLA (*che si trova alle spalle di Sik-Sik, il quale s'è curvato verso l'interno della cassa*)   Sí, nu bello buco!

SIK-SIK   Che c'entra, quello è un núreco di lignammo. (*Poi rivolgendosi al pubblico*) Prego i signori di osservare questo catenaccio che è un catenaccio comune, di quelli che si mettono... che so... vicino alle porte... vicino alle dispense per non far toccare la roba ai guagliuni...

RAFELE (*cercando affannosamente nelle tasche*)   Io nun trovo 'o catenaccio finto. (*A Nicola*) 'O tiene tu?

NICOLA   Io te faccio pazzo...

SIK-SIK (*rivolgendosi alla moglie*)   Prego, madamigella! (*Giorgetta si mette nella cassa. Sik-Sik chiude il coperchio, poi rivolgendosi a Rafele e consegnandogli il lucchetto vero*) Prego ora il signore di mettere questo catenaccio e di chiudere bene.

RAFELE (*che ha smarrito il lucchetto finto e non sa come fare per riparare*)   Lo devo mettere io? Non lo può mettere lui?

SIK-SIK (*che non sospetta neppure lontanamente che Rafele abbia perduto il lucchetto finto*)   Voi. Voi lo dovete mettere.

RAFELE   Badate che io tengo solo questo... (*Mostra il lucchetto ricevuto allora da Sik-Sik*).

SIK-SIK   E questo dovete mettere.

RAFELE   Questo è un catenaccio vero, non è finto...

SIK-SIK   E me pare che è un catenaccio vero!

RAFELE (*cercando di farsi comprendere*)   Io lo metto?

SIK-SIK   E a chi aspettate?

RAFELE   Dopo non ne voglio sapere niente! (*Va alla cassa, mette il lucchetto e chiude*) Mo t' 'o sbruoglie tu.

SIK-SIK Signori, prego la massima attenzione. (*Tira la tenda davanti alla cassa*) In meno di un *sicondo*, madamigella che è ermeticamente chiusa nella cascia, al mio *cumanto* si troverà, giuliva e *surridente*, seduta sulla cascia. (*Al maestro*) Prego, maestro! (*Un prolungato rullo di tamburo in orchestra. Sik-Sik conta mentalmente, ma aiutandosi con le dita, poi tira la tenda e con tono deciso di comando*) Avanti madamigella! (*Si vede nella parete anteriore della cassa uno sportellino aperto, attraverso il quale la mano della povera Giorgetta fa sforzi inauditi per aprire il lucchetto che è accanto. Sik-Sik guarda il pubblico soddisfatto ma stupito di non sentire il consueto applauso che ha sempre seguito ogni esperimento. Ma d'un tratto si accorge del sinistro e tira in fretta la tenda rivolgendosi nello stesso tempo a Rafele come per chiedergli conto dell'accaduto. Questi gli volge le spalle*). Sangue della marina. Come vedete, la cascia è ancora chiusa...

RAFELE E nchiusa rimmane!...

SIK-SIK Un altro *sicondo* ancora e la cascia sarà aperta. Prego maestro. (*Altro rullo di tamburo ancora piú prolungato del primo. Sik-Sik conta come ha fatto prima, mentre gocce di sudore freddo cominciano a partire dalla fronte e discendono giú lentamente per le guance. Ancora pochi attimi di esitazione. Sorride meccanicamente al pubblico, s'indugia per lasciare il tempo che egli crede necessario perché Giorgetta riesca ad aprire il lucchetto, poi, deciso e sicuro questa volta dell'effetto tira di nuovo la tenda*) Avanti, madamigella. (*Ma la cassa è ancora inesorabilmente chiusa. Che dirà, che farà il pubblico? Ma il dramma di Sik-Sik è un altro: piú vasto, piú grande, piú intimo. L'illusionista pensa alla povera moglie prossima a divenir madre, chiusa là dentro. Ed allora l'esperimento, il pubblico, il teatro, tutto, scolora nel suo cuore tormentato. Ha un'idea, la sola che possa portare a Giorgetta un aiuto, un soccorso. Scompare nelle quinte e ne viene fuori subito armato di martello. Va dietro la tenda e dopo poco si odono colpi sordi e disperati confusi con la sua voce affannosa ed ansante*) E... uno!... E... due!... (*I colpi si susseguono e s'intercalano*). E... due e mezzo!... (*Evidentemente il lucchetto resiste, c'è bisogno ancora di tempo e di sforzi. Ed ora la voce di Sik-Sik assume un tono quasi supplichevole, lamentoso*) Beh... pubblico rispettabile... facciamo fino a cinque!... (*I colpi continuano*). E... tre!... E... quattro!... E... quattro e mezzo... E... cinque meno... un poco!... E... cinque! (*Finalmente il lucchetto ha ceduto, la cassa si è aperta. Sik-Sik tira la tenda*) Avanti, madamigella! (*La povera Giorgetta appare seduta sulla cassa niente affatto «giuliva e sorridente» come di consueto, ma discinta ed affranta. Non dimentica però il sorriso al pubblico, sorriso che questa volta è una misera smorfia di sofferenza. Segue un applauso stremenzito e pietoso che va certamente alla materiale fatica compiuta da Sik-Sik. Pausa. Sik-Sik interroga con lo sguardo la moglie e la sua mano esitante si poggia, paterna e timorosa, sul grembo di lei. Una pausa. Riprende fiato, si alza e viene fino a proscenio a passi lentissimi, sempre lanciando a Rafele occhiate di minaccia e di disprezzo. Poi calmo e pacato*) Questo è un esperimento che feci *anca* in America. Uno spettatore disse che c'era l'imbroglio. (*Rivolgendosi con intenzione a Rafele*) Allora io ci risposi: «Dopo lo spettacolo ti aspetto fuori».

RAFELE (*comprendendo la sonata*)   Ma l'americano sapíte che rispunnette: «He 'a vedé si me truove!»

SIK-SIK   No. Io lo trovai, lo scommai di sangue e mi feci dare pure la dieci lire... E passiamo al terzo e, per grazia di Dio, ultimo esperimento: la scomparsa di un culombo. (*A Giorgetta*) Madamigella il culombo! (*Giorgetta fa un inchino e sorridente porge il volatile*). Io piglio questo culombo...

RAFELE (*interrompendo con tono di mistero*)   Pollastro!...

SIK-SIK (*lanciandogli un'occhiata di ira*)   Io piglio questo culombo...

RAFELE (*c. s.*)   Pollastro!

SIK-SIK (*guarda il colombo dubbioso dopo l'affermazione di Rafele*)   Questo è culombo! Io piglio questo culombo e lo vado a chiudere in una *gabia*, e in meno di un *sicondo* il culombo sarà sparito. (*Va in fondo, prende la gabbia, introduce il colombo, copre tutto con un misterioso panno nero, poi, dopo alcuni gesti di magia e di esorcismo, scopre la gabbia e la mostra vuota. Poi rivolgendosi al pubblico e battendo con aria di sufficienza e di superiorità una mano sulla spalla di Rafele*) Lui non sape niente! (*Ride*).

RAFELE   E neanche lui sape niente!... (*Ride anche lui*).

SIK-SIK   Adesso 'ave la *suppresa*...

RAFELE   No, la *suppresa* l' 'ave lui...

SIK-SIK (*riprendendo il suo tono di imbonitore da baraccone*)   Il culombo che si trovava in quella gabbia, signori, si trova adesso nel cappello del signore. (*Mostra Rafele. Poi a costui*) Fate vedere il culombo!

RAFELE   Io direi... facciamo il giuoco del pollastro...

SIK-SIK   Io ho fatto sparire il culombo!

RAFELE   Ma ognune sape i fatti suoi... Sentite a me, per il bene di tutti quanti è meglio che io faccio vedere il pollastro...

SIK-SIK (*gli dà un calcio e gli strappa il cappello*)   Aggio ditto culombo.

RAFELE (*tirando fuori dal suo cappello a bombetta un nero pollastro*)   Pollastro!... V' 'o sto dicenno 'a mez'ora, 'o palummo se n'è scappato, pe' via 'e Nicola che m'ha pigliato a ponie. E m'avissev' 'a ringraziá c'aggi' arremediato accussí.

Sik-Sik e Giorgetta sono costernati, affranti, senza parole. Si scambiano delle occhiate di avvilimento e di interrogazione. Ma Sik-Sik non si avvilisce mai ed anche questa volta risolve come solamente lui può risolvere.

SIK-SIK   Il culombo che si trovava in quella *gabia* l'ho fatto sparire, l'ho fatto trovare nel cappello del signore... (*Una breve pausa che basta a ridargli la sua abituale audacia*) E l'ho fatto diventare pollastro!...

Se l'orchestra non lanciasse i suoi ironici accordi di tromba si udrebbe il singhiozzo di Sik-Sik. Ma la tela, piú pietosa, precipita.

Chi è cchiú felice 'e me!

(1929)

L'andirivieni fra i generi e i sottogeneri dello spettacolo napoletano porterà l'autore-attore a nuovi sondaggi del teatro del mondo, solo apparentemente *al di qua* del mondo del teatro. Rispetto all'«atto unico» *Filosoficamente*, la comicità eduardiana diventa ancora piú crudele nella «commedia» *Chi è cchiú felice 'e me!* (1929). Già il titolo è ironico: perché in questo ambiente borghese, ma di campagna, il *leit-motiv* del possidente oculatamente agiato, protagonista dell'opera, potrebbe consistere nella frase che egli pronuncia, beatamente, quasi alla fine del primo atto: «Io aggio preveduto tutto, che me pò succedere a me?» (I, scena quarta, p. 268). In una *routine* economica e coniugale mai arrischiata don Vincenzo ha riposto il suo ideale di «felicità»: è infatti convinto di aver saputo tutto prevedere e calcolare («'O destino ce 'o facimmo cu' 'e mmane noste...», I, scena quarta, p. 267), compresa la moglie, «assignata, economica» e «pure bella!»

Raffigura l'italiano medio del ventennio, il conformista per vocazione (e non per rassegnazione come il *travet* Gaetano Piscopo). Perciò Eduardo attiva in questo contesto di mediocrità provinciale, dove la campagna dovrebbe riparare dai pericoli della città, il meccanismo beffardo dell'«inversione» (Bergson). Per un colpo di scena incredibile, al protagonista capita *ciò che non doveva accadere*: un «avvenimento» che esplode, malignamente, subito dopo la battuta con cui egli ha celebrato la propria sicurezza (*che me pò succedere a me?*) Irrompe nella sua *camera da pranzo rustica* (did., I, p. 253) il cittadino, lo straniero pericoloso all'ordine pubblico e privato, e con la pistola costringe il padrone di casa a nasconderlo. Ma Riccardo, ricercato perché ha ferito qualcuno in una rissa, è l'altra faccia, quella violenta e facinorosa, del regime che si manifesta a sorpresa, rivoluzionando l'ordine degli apparenti «giorni pari» dell'uomo qualunque. Non a caso l'*ordine* domestico del primo atto appare nel secondo (*Son trascorsi due mesi*, did., II, p. 271) rovesciato in *disordine*: siamo informati e dalla trasformazione fisica dell'ambiente e dalle chiacchiere maligne dei vicini che, passato il pericolo, Riccardo continua a frequentare la casa di Vincenzo, compromettendo la reputazione di sua moglie. Quindi il primo avvenimento scatenerà il secondo: Margherita, la «moglie ideale» a sua volta trasformata, alla fine di un discorso concitato che ristabilisce *a parole* la legge del dovere coniugale («Io songo na femmena onesta e maie darría nu delore 'e chisto a marítemo», II, scena nona, p. 284) fondato sul rispetto («Io a marítemo 'o rispetto pecché [...] chillo è n'ommo comme se deve», *ibid.*) si getterà *di fatto* nelle braccia del giovane amante.

Si tratta anche stavolta di un finale doppio, che sfrutta in una prospettiva «serio-comica» l'ennesima variante di teatro-nel-teatro: mentre le parole della moglie rassicurano il marito nascosto *in osservazione*, e che fa la controscena mimica insieme al coro di amici-spettatori (*Vincenzo si consola* [...]. *Stretta di mano di Giorgio e Vincenzo* [...] *Giorgio e Vincenzo chiamano tutti gli altri*), la conclusione inaspettata del duetto provoca la *costernazione di tutti* in questo *finale come in concerto* (did., II, scena nona, pp. 284-85). Il colpo d'ala estremo esempla in un testo minore una delle soluzioni caratteristiche del grande teatro di Eduardo: «il capovolgimento del comico nel drammatico [ma anche viceversa] per una specie di urto improvviso» (L. Repaci, *Teatro d'ogni tempo*, Ceschina, Milano 1967, pp. 554-55).

D'altra parte il rapporto mistificante tra il *dire* e il *fare* non riguarda tanto o soltanto Margherita, quanto piuttosto il *milieu* che la circonda. Senza essere «una sorta di Bovary della provincia meridionale» (Coen Pizer), la donna si scopre non rassegnata alla mediocre filosofia del marito; il suo incontro con Riccardo «'o Napulitano» rappresenta solo l'occasione per infrangere il codice d'onore elaborato e sostenuto dal matrimonio borghese. Ma proprio perché la protagonista femminile diventa qui (eccezionalmente) il «personaggio mobile» della commedia, tanto piú «immobili» nella loro ipocrisia appaiono i cosiddetti amici della coppia. La solidarietà è assente da questa provincia partenopea falsamente sana e conservativa; *appare* soltanto, nei discorsi di un contesto pettegolo e maligno, che di per sé contraddice l'opposizione semantica di maniera (*campagna buona - città cattiva*). Attraverso le connotazioni farsesche dei singoli membri della «compagnia dei provinciali» traspare quella cattiveria eduardiana che ne rileva la meschinità e l'invidia, come poi nella riproposta acre dello stesso ambiente nelle «dispari» *Bene mio e core mio* e *Il contratto*. Anzi l'ultima commedia mutua da questa il personaggio del «fratello di latte» (Nicola, la parte di Peppino...) ingenuo, povero e del tutto subalterno al piccolo possidente protagonista.

Chi è cchiú felice 'e me!, commedia in due atti (e nove scene), pare composta da Eduardo nel 1929; ma fu rappresentata per la prima volta dalla Compagnia «Teatro Umoristico I De Filippo» (Eduardo nella parte di Vincenzo e Titina in quella di Margherita) l'8 ottobre 1932, al Teatro Sannazzaro di Napoli: con un successo tale presso il pubblico, che comprendeva anche intellettuali e artisti, da provocare l'interesse di Pirandello e quindi il suo incontro con Eduardo, Titina e Peppino. Si rivela un testo di punta non solo per l'esordio e la consacrazione della nuova compagnia al Sannazzaro, ma anche per la sua «conquista dell'Italia». Scelto per il debutto torinese (al Chiarella, l'11 settembre 1933) finisce per coinvolgere l'esiguo pubblico iniziale, conquistando una bella recensione sulla «Gazzetta del Popolo» ed una piú ampia partecipazione da parte degli spettatori nelle serate successive. La commedia in dialetto, oltretutto campano piú che napoletano (data l'ambientazione rustica), in un primo momento dovette scoraggiare il pubblico; ma in breve tempo quel «pubblico torinese rideva alle nostre battute e capiva tutto», annota Titina (cfr. A. Carloni, *Titina De Filippo* cit., p. 68). Nella stagione teatrale 1932-33 facevano parte della Compagnia, oltre ai tre fratelli, Tina Pica, Dolores Palumbo, Gennaro Pisano, Pietro Carloni, Luigi e Peppino De Martino, Ninuccia e Margherita Pezzullo, Maria Carloni, ed altri (se ne può vedere una foto di insieme nel Catalogo della Mostra *Eduardo De Filippo. Vita e opere* cit., p. 79). Subito dopo la conquista di un'altra piazza teatrale importante, Milano (dove la Compagnia debutta ancora con *Chi è cchiú felice 'e me!*, il 15 marzo 1934 al Teatro Odeon), Simoni esalta i De Filippo come «attori vividi e freschi»; riallacciandone l'«arte» alla tradizione sancarliniana, per la recitazione («nell'accentuazione comica del personaggio, una tendenza al fisso e al generico della tipificazione») e per il fondo farsesco delle loro commedie. Ma allo stesso tempo riesce a mettere in luce la componente moderna e personale della loro interpretazione, la quale «procede, piú che per effusioni e per amplificazioni, per tocchi sobri, pensati, pieni di senso, intimamente e delicatamente espressivi, quella misura e rarità e levità del gesto, che, piú che una rappresentazione dei sentimenti, è un abbozzo di essi, una allusione ad essi» (R. Simoni, *Chi è piú felice di me?*, «Corriere della Sera», 16 marzo 1934). Il critico milanese cerca di scoprire il segreto di una cosí ricca teatralità, discostandosi da una critica di recensioni favorevole ma generica, che negli anni Trenta si limita a definire l'arte di questi attori come «spontanea, viva, fresca, divertentissima» (formula inaugurata da un cronista di «Il Messaggero», il giorno dopo il debutto della Compagnia, con *Chi è cchiú felice 'e me!*, al Teatro Valle di Roma il 7 ottobre 1933). Invece Simoni rileva nell'interpretazione «una nervosità tutta personale [di Eduardo], qualche cosa che mette, anche nella comicità, una umanità e una realtà scarnite e amare»; mostrandosi, fra tutti, il piú attento all'aspetto drammaturgico del suo teatro: «La commedia ha il fondo delle vecchie farse, tutta giocata com'è, non senza crudezza di toni, sul tema tradizionale delle disavventure coniugali, e sulle traveggole e sulla cecità del marito. [...] Se si seguisse questa vena d'ilarità, in cerca della sua sorgente, si arriverebbe ben lontano, fino al Pulcinella e al Magnifico. Ma i due atti del Molise [pseudonimo sotto il quale si nasconde ancora Eduardo] sono rialzati da un misto di grazia rustica e di ironia sapida, di affettuosità e d'impudenza, di gentilezza sentimentale e di cinismo» (R. Simoni, *Chi è piú felice di me?* cit.).

Le riprese della commedia sono numerose: di nuovo al Valle di Roma (2 dicembre 1934) e a Milano (all'Olimpia, 27 febbraio 1936), poi all'Alfieri di Torino (11 marzo 1935); nel 1936 a Napoli (Teatro Fiorentini, 5 febbraio), Torino (Carignano, 7 maggio), Bari (Teatro Piccinni, 15 ottobre); nel 1938 a Roma (Quirino, 8 giugno); nel 1939 a Napoli (Teatro Diana al Vomero, 11 maggio). Nel 1948 lo spettacolo è riproposto dalla Compagnia «Il Teatro di Eduardo», per il ritorno alle scene di Titina dopo una lunga malattia, al Teatro Eliseo di Roma (2 luglio), al Teatro Augustus di Genova (8 ottobre) e al Teatro Nuovo di Milano (22 novembre). A Roma pare che Eduardo non riuscisse a nascondere la commozione: «Venti anni fa – egli ha detto – Titina non aveva i capelli bianchi» (cit. da V. Talarico, *Chi è cchiú felice 'e me*, «Il Momento», 3 luglio 1948).

Chi è cchiu felice 'e me! è stata allestita per il secondo ciclo televisivo del suo teatro dallo stesso Eduardo, che ne firma la regia (con la collaborazione di Stefano De Stefani); scene di

Mario Grazzini, costumi di Maria Teresa Stella, musiche di Romolo Grano. Lo spettacolo (da studio) è interpretato da: Valeria Moriconi (Margherita), Pietro Carloni (Gennarino), Gennaro Palumbo (Eduardo), Carlo Lima (Errico), Enzo Cannevale (Nicola), Eduardo (Vincenzo), Nina De Padova (Consiglia), Ugo D'Alessio (Giorgio), Antonio Casagrande (Riccardo), Filippo De Pascale (Primo Carabiniere), Salvatore Gioielli (Secondo Carabiniere), Anna Valter (Rafilina). È stato trasmesso la prima volta il 13 gennaio 1964 (Raidue).

Il testo di *Chi è cchiú felice 'e me!...* (con i sospensivi nel titolo) compare nella prima edizione Einaudi della *Cantata dei giorni pari*, nel 1959, dove rimane invariato fino all'ultima edizione della *Cantata*; esce anche in edizione autonoma (Einaudi, Torino 1979).

Personaggi

Vincenzo, piccolo possidente
Margherita, sua moglie
Nicola, loro uomo di fatica e contadino
Eduardo ⎫
Errico ⎪
Gennarino ⎬ amici di Vincenzo
Giorgio ⎭
Consiglia, moglie di Giorgio

ATTO PRIMO

Camera da pranzo rustica. A sinistra due porte; a destra la parete è intera e ad essa vi sarà attaccato l'occorrente per la caccia. Fucili, doppiette, borse, carniere, cinture con colpi ecc. In fondo, da sinistra fin quasi al centro, un'ampia porta ad arco a due battenti grezzi che si aprono verso l'interno della stanza. Da detta porta si scorgono quattro sedie rustiche intorno ad un tavolo. Oltre è la campagna. In fondo a destra dal centro allo spigolo, una grossolana credenza con alzata a sportelli di vetro che lasciano vedere nell'interno di essa: piatti, bottiglie, bicchieri ecc. Nel mezzo della scena verso destra un tavolo da pranzo rettangolare con tovaglia, piatti l'un su l'altro, bicchieri, per terra accanto al tavolo vi sarà un fiasco di vino, sedie. Attaccato alla parete di destra vi sarà un altro tavolo un po' piú piccolo con sopra piatti sporchi. Questo tavolo funziona da «Servente». Un lume a petrolio pende dal soffitto per illuminare il tavolo da pranzo. Si noterà ordine e pulizia, la mano della massaia.
Pomeriggio. Ambiente di campagna.

SCENA PRIMA

Margherita, Gennarino, Eduardo, Errico, poi Nicola.

GENNARINO (*dal fondo sinistro seguíto da Eduardo e Errico*) Sie' Margheri', buongiorno.

I due fanno eco al saluto.

MARGHERITA   Buongiorno. Me dispiace che site arrivate tarde... Nuie mo avimmo fernuto 'e mangià... Si veníveve nu poco primma...

EDUARDO   Grazie tanto sie' Margari'. Nuie pure 'a poco avimmo fernuto.

ERRICO   Simmo iute a mangià addu Peppe 'O Naso 'e Cane.

GENNARINO   Na zuppetella 'e fasule...

EDUARDO   E don Vicienzo?...

MARGHERITA   Mo vene, s'è ghiuto a accattà 'o tabbacco p' 'a pippa. Ma chillo mo 'o vedite vení.

ERRICO   Evviva don Vicienzo, ha mangiato, mo se fa na fumatella 'e pippa a ll'aria aperta, a vintiquatt'ore se va a cuccà, e ce vedimmo dimane matina. 'A pezza nun le manca... chi è meglio d'isso.

EDUARDO   E sta mugliera che tene, nun nce 'a miette? (*Margherita abbassa gli occhi per modestia*). Bella, bona e affezionata.

GENNARINO   Don Vicienzo è n'ommo fortunato. Io dico che pe' tutt' 'o munno nun se trova na femmena comme a vuie.

ERRICO   Embè, vuie mo nun me credite. Io nun aggio maie vuluto sapé 'e femmene, songo proprio 'a ntipatia mia pecché ritengo che so' l'origine 'e tutte 'e guaie. Si 'e tratte bone se n'approfittene, pigliene 'o pappaviente, e te tenene comme nu schiavo. Si 'e tratte malamente, se mettene a dispiette. Insomma nun 'e puó capí, né 'a sazio, né 'a diuno, senza mettere quacche auto pericolo cchiú serio, e tu ne saie quacche cosa. Ma si avesse 'a furtuna 'e truvà na femmena comme a donna Margarita, m' 'a spusasse 'a uocchie chiuse.

EDUARDO   He fatto sta diece 'e scuperta.

GENNARINO   'O facisse 'o sacrificio... Na femmena comme a donna Margarita... He ditto niente. Io me menasse 'e capa... Assignata, economica... Sie' Margheri', nun è nu cumplimento che ve faccio, è 'a verità. Vuie site 'a ricchezza d' 'a casa. Vuie spaccate 'o cientesimo.

NICOLA (*dalla seconda a sinistra con due bottiglie piene di un liquido colorato, l'una rosso, l'altra verde*)   Ecco ccà, va bene accussí?

MARGHERITA   Sí, sí... Mo saglie ncopp' 'a seggia, e miéttele dint' 'a credenza nzieme a chest' ate. (*Allude ad altre bottiglie che si troveranno sul tavolo*).

Nicola esegue.

ERRICO   E vi' si nun è overo, a qualunque ora viene, 'a truove accuncianno 'a casa.

MARGHERITA   Ah... se capisce. 'A casa po' è 'a passiona mia. Me piace 'e tené tutte cose sistimato. Mo sto accuncianno chella rrobba dint' 'a credenza.

EDUARDO   Facite 'o commedo vuosto. Nuie si permettete nce assettammo nu poco llà fore, e aspettammo che vene don Vicienzo pecché l'avimm' 'a parlà 'e n'affare.

MARGHERITA   Vuie site 'e padrune, anze, 'o putite aspettà pure ccà si vulite.

ERRICO   Grazie, ma llà ffora se sta cchiú ariose. Permettete (Si avvia verso il fondo a sinistra).

Lo seguono Eduardo e Gennaro; prendono posto intorno al tavolo.

MARGHERITA   Nico'... chianu chiano... Statte attiento che si cade te faie male tu e rumpe tutte cose.

NICOLA (è in piedi su d'una sedia davanti alla credenza)   Nun nce penzate patro', io 'e ccose 'e saccio fa' a duvere... Chesta addó 'a vulite mettere?

MARGHERITA   'A siconda scanzia.

NICOLA   Avite fatto proprio na bella penzata a ghiénchere sti butteglie 'e resolio cu' ll'acqua culurata, almeno fanno figura.

MARGHERITA   E me pare. Chelle so' bone, sarría stato nu peccato a ghittarle. Mamma mia faceva 'o stesso... Quanno ferneva 'o rresolio, si 'a butteglia era bona, essa 'a iencheva d'acqua culurata, e 'a metteva dint' 'a cristalliera... Ccà per esempio nce steva l'anisetto, io nce aggio miso ll'acqua fresca... Teh, miettela vicino a chell'ata. (Nicola esegue). Neh, Nico', 'e mugliéreta n'he saputo niente?

NICOLA   Lassàteme sta' patrona mia... Io me vennesse l'anema 'o diavolo pe' sapé addó sta!... Io nun aveva permettere che ghieva a Napule a fa' 'a cammarera, llà se sberticellaie! Ma capirete, 'o bisogno nce steva... e po' chell'era na santa, nun deva nu passo 'a ccà a llà, si nun 'o diceva primma a mme... Innocenta, innocenta comme na palomma... Figuratevo che na vota, facèveme ancora 'ammore, stevemo danno a mangià 'e galline dint' 'a massaría, a nu certo punto chesta me dice: «Nico', tiene mente, llà nce sta nu 'allo e nu capone, so' tale e quale... pecché uno se chiamma gallo e ll'ato capone?» Vedete che innocenza. Chi puteva maie credere che me faceva chella riuscita... È 'a

terza vota che se ne scappa... 'A primma vota passaie n'anno,
io m'ero miso l'ànema mpace, nun ncè penzavo proprio cchiú...
Nu bello iuorno me veco 'e presentà 'a casa mia 'o cumpare e 'a
cummare e m'ha purtaieno chiagnenne, dicenno che nun 'o ffaceva cchiú... e io 'a perdunaie, pecché 'a puverella era incinta...
'a putevo rummané mmiezo a na via?...

MARGHERITA Certamente.

NICOLA Io me credevo che doppo chistu fatto, doppo chesta prova d'ammore che io l'aveva dato avarría miso 'a capa a fa'
bene... addó! Chella doppo duie mise me lass' 'o figlio e se ne
scappa n'ata vota! Passa n'ato anno e mmiezo... m' 'a veco presentà 'a casa chiagnenno, comme 'o sòleto... menata a 'e piede
mieie... e incinta n'ata vota... Neh, io 'a perdono 'a seconda
vota, m'accollo n'ato figlio, cose ca nun se credeno, doppo se'
mise chella se ne scappa n'ata vota 'o mese passato!...

MARGHERITA E tu nun te ne si' ncarricato 'e sapé addó sta, d' 'a
ji' truvanno?

NICOLA No, e che perdo a ffa' 'a capa... tanto chella è nu mese
che se n'è fuiuta... a n'ati otto mise torna certamente.

MARGHERITA Te porta n'atu figlio e se ne va n'ata vota. Quanto
si' scemo!... Intanto tu he 'a faticà, pe' crescere 'e figlie che va
facenno mugliéreta.

NICOLA Embè, nun nc'è che ffa'. Alla fine po' pare che so' figlie
a qualche estranio. Sempe figlie a mugliérema songo... E v'assicuro patro' che io 'e voglio bene overamente a chelli ddoie
àneme nnucente... Vuie mo nun nce credite... nce sta 'o masculillo ch'è tale e quale a me.

MARGHERITA Overo? E comme se spiega?

NICOLA Eh... comme se spiega... Se vede che 'a puverella me
tradiva sissignore, ma a me penzava... Sempe na suddisfazione
è, nun ve pare?

MARGHERITA Sicuro... Basta, Nico', pòrtate sti piatte spuorche,
po' mentr'io sparecchio, daie na scupata ccà nterra e po' te faie
'a cucina.

NICOLA Va bene (esegue). Patro', ma io m' 'a piglio a suddisfazione... 'a stongo aspettanno che torna n'ata vota, ave voglia 'e
chiagnere... (Esce per la seconda a sinistra).

SCENA SECONDA

Vincenzo e detti poi Nicola.

VINCENZO (*dal fondo a sinistra*)   Amici belli!
GENNARINO   'A bellezza 'e don Vicienzo!
ERRICO   Agli ordini.
EDUARDO   Sempre a servirvi.
VINCENZO   E trasite. Margari', 'e ffaie sta llà ffore?
GENNARINO   Chella 'a signora vosta nce l'ha ditto.
ERRICO   Simmo state nuie che v'avimmo vuluto aspettà llà fore,
pe' piglià nu poco d'aria.
EDUARDO   Fa chistu calore.

Entrano.

VINCENZO   E assettàteve. (*I tre prendono posto intorno al tavolo. Margherita è intenta alle faccende di casa, entra ed esce
dalla 2ª sinistra a piacere*). Neh, voi permettete? (*Cava di tasca
una pipa e del tabacco*) Aggio cagnato tabbacco. Aiere don Rafele 'o pastaiuolo che sta mmiezo 'a piazza m' 'o cunsigliaie, dice
che chesto nun abbrucia nganna.
EDUARDO   Nun 'o date retta a don Rafele... o chesto o chello è
sempe nu veleno che ve chiavate ncuorpo, faccio buono io che
nun fumo.
GENNARINO   Già, pecché 'o vino che te bive nun è veleno. Simme
iute a mangià addu Peppe 'o Naso 'e Cane, ha avuto l'abilità 'e
se vévere cchiú 'e duie litre 'e vino.
EDUARDO   Pecché 'o sustengo buono, si t' 'o bevive tu ne facive
capriole.

In questo frattempo Vincenzo avrà caricata la pipa e fuma.

ERRICO   Comm'è?
VINCENZO   Nun nc'è male... ma costa seie solde 'e cchiú a pac-
chetto.
GENNARINO   Statte attiente...
EDUARDO   All'ànema d' 'o spustamento.
VINCENZO   Se capisce ch'è nu spustamento. Io me fumo nu pac-

chetto 'e tabacco 'o iuorno, se' solde 'e cchiú... dint' a nu mese se' solde 'e cchiú 'o iuorno so' nove lire.

ERRICO (*scherzoso*)   Embè, avit' 'a vedé comme avit' 'a fa' pe' mettere a posto 'o bilancio... (*Ride con gli altri*).

VINCENZO   No, è inutile che redite... io già ce aggio penzato. 'E nove lire 'o mese subito 'e metto a posto. Io vado a caccia ddoie vote 'a semmana, sparo quaranta colpe 'a vota, da oggi in poi ne sparo trenta, e quann'è 'a fine d' 'o mese me trovo 'e nnove lire d' 'o tabbacco. (*I tre si guardano in faccia meravigliati*). Ma ogge nun v'aspettavo proprio, comme va che site venute?

GENNARINO   Ecco ccà don Vicie', se tratta 'e n'affare.

NICOLA (*dalla seconda a sinistra con scopa*)   Patro', aggiate pacienza, quanno levo sti ddoie mulliche 'a sotto 'a tavula, aizate nu poco 'e piede.

VINCENZO (*seccato*)   È cchiú de n'ora che avimmo fernuto 'e magnà, tu mo te decide?

NICOLA   'A patrona ha voluto essere accunciata cierta rrobba dint' 'a credenza.

VINCENZO   Seh, va bene... Nico', tu te si' stunato, 'o fatto 'e mugliéreta nun te fa cunchiudere niente cchiú.

NICOLA   Chi nce penza cchiú a mugliérema, ma che pazziate?

EDUARDO   Nico', ma t' 'o cumbinaie buono 'o servizio.

NICOLA   Embè, che nce vulite fa'... cu' sti ccose nisciuno se puo' fa' masto.

ERRICO   Che c'entra, llà fuie proprio mancanza toia... Io mo m' 'avarría spusata na femmena 'e chella.

NICOLA   Si l'avarrísseve canusciuta quanno nce facevo 'ammore, ve sarrísseve ngannato pure vuie... Quell'era cchiú gnurante 'e me!... Nun s'era maie mòppeta 'a Caivano, ccà nascette e ccà fuie crisciuta. Figurateve che quanno 'a purtaie 'a primma vota a Napule, quanno vedette 'o mare dicette: «Nico', chi ha nfuso llà nterra?»

I quattro ridono.

GENNARINO   Era proprio innocente...

NICOLA   Na palomma!...

VINCENZO   E chella perciò se n'è vulata. (*Imitando con il fischio il canto del merlo*).

NICOLA (*voltandosi di scatto verso i quattro*)   Chi è stato?... Mannaggia 'a morte ccà l'avit' 'a ferní cu' sta pazzía. (*I quattro*

fischiano). 'A vulite fermí sí o no? Patro' facitele sta' zitte. Sta
bene a me sfruculià 'e chesta manera? (*Quasi piangendo*) Io
po' si piglio na seggia... (*Esegue per inveire*).

VINCENZO   Nico'! Embè? Quanno maie 'e fatto chesto? Chillo
nce chiagne?!... Alla fine è stata na pazzía, tu 'o ssaie che te
voglio bene... ce simmo crisciute nzieme... 'O pato era 'o culono 'e papà mio, è nnato dinto a sta casa, e tu 'o puó dícere, io
te tratto comme a nu frato. Meh... ferníscela mo... vo' dícere
che nun pazziammo cchiú. (*Nicola siede in fondo sempre piagnucolando, a poco a poco calmandosi*). Lassat' 'o ji'... 'e vvote
me fa pena... (*I tre ridono*). È nu povero disgraziato... Dunque, vuie dice che site venuto pe' me parlà 'e n'affare? 'E che
se tratta?

GENNARINO   Ecco ccà, don Vice'. Vuie 'o canuscite 'o cummandatore Palmieri?

VINCENZO   'O cummandatore Palmieri...

EDUARDO   Comme... nce fuie chillu scandalo 'o mese passato, 'o
figlio, che ssaccio... s'annammuraie 'e na sciantosa e se sparaie.

GENNARINO   L'essenziale è che 'o ccummandatore, doppo 'a morte d' 'o figlio, se sta vennenno tutte 'e pruprietà, 'e tenute, 'e
mmassaríe... Dice ca se ne va all'estero pecché in Italia non se
fide 'e sta'. Aiere, Pascalotto 'o Surrentino, ce prupunette n'affare. Dicette: «Gennari' si tiene denare dispunibile, chist'è 'o
mumento 'e guaragnà belli pezze». «'E che se tratta?» «'O cummandatore Palmieri se venne pure 'o deposito 'e ll'uoglio addó
nce stanno cinche cisterne, tu 'o lucale 'o canusce, saie pe' quanto s' 'o venne? Pe' ventimila lire». «Tu che dice? Chillo va 'a
coppa a cientomila. Comme se spiega?»

EDUARDO   Llà nce sta 'a causa cu' nu frato...

GENNARINO   'Assàmme parlà Edua'... 'O cummandatore sta in
causa cu' nu frate pecché dice che stu deposito spettava a isso.
Ora mo 'o cummandatore s'ha vennuto tutte cose, è rimasto
sulamente stu deposito e nun se 'o pò vénnere, si primma 'o
Tribunale nun decide a chi spetta; isso però nun vo' aspettà 'a
sentenza, vo' partí subito. Allora ha penzato 'e truvà a uno
che lle dà ventimila lire 'o quale trase mpussesso d' 'o deposito
appena vence 'a causa.

VINCENZO   E si 'a perde?

EDUARDO   Nossignore, pecché 'o Surrentino ha parlato cu' l'avvocato, 'a causa 'a vence certamente.

VINCENZO   Ma mettimmo che 'a perdesse. Io penzo sempe 'o
mmale pe' me truvà bene.

ERRICO   E ma chillo pirciò ne vo' ventimila lire...

EDUARDO   Se ioca na carta...

GENNARINO   Don Vicie', llà so' denare pusitive quanno se vence
'a causa.

VINCENZO   Va bene, ma io che ce trase?

GENNARINO   Nuie sti denare nun 'e tenimmo, 'e cacciate vuie, e a
nnuie che v'avimmo proposto l'affare, nce facite nu rialuccio...

VINCENZO   Me ne dispiace caro Gennarino, ma nun è cosa... io
affare nun aggio maie fatte e nun ne voglio fa'. (*Sentenzioso*)
L'affare songo un incognito! Pàteme pe' gli affari, p' 'o cummer-
cio murette c' 'a malatía 'e core... Uno se va crianne mpicce,
seccature, apprensione, neh pecché?

GENNARINO   Comme pecché, per ingrandire la pusizione finanzia-
ria. Chi nun ríseca non ròseca.

VINCENZO   Ma chi ha ditto che voglio rusecà? Io voglio sta' c' 'a
pace mia, le linee l'aggio tirate, chello che tengo non me super-
chia, ma m'abbasta. Io aggi' 'a essere felice. Sacc'io chello ch'aggio passato fino a poco tiempo fa. Quann'era vivo pàtemo nun
se truvava pace appunto pecché teneva 'a smania 'e gli affari, e
si nun avesse tenuta sta smania, io mo tenarría diece vote chello che tengo... Quanno murette, frisco a ll'ànema soia, me rummanette sta casa c' 'o ppoco 'e massaría e na summetella cuntante ncoppo 'a Banca. Si fosse stato n'ato me sarría miso ncum-
mercio e mo tenarría cap' 'e mbrello... Io invece m'aggio fatto
tutte 'e cunte: 'a casa 'a tengo franca, 'o ppoco 'e rendita me
permette 'e mangià nu piatto 'a matina; dice: ma uno piatto?
Uno piatto, ma senza penziere e senza preoccupazione. 'A massaría, pe' nun avè seccature, s' 'a cultiva Nicola, e quanno cum-
binàimo 'o prezzo isso dicette: vedite, patro', io ve pozzo da'
venticinche lire 'o iuorno, vuie 'o ssapite, cu' 'a raccolta nun se
pò fa' affidamento, nce sta 'a chiena e 'a vacanta. Io rispunnette: invece 'e venticinque, dammenne quindici, ma sicure. Care
amice, 'o destino ce 'o facimmo cu' 'e mmane noste, io me
cuntento d' 'o ppoco e so' felice. Vuie mo, per esempio, me site
venuto a proporre st'affare, facíssime per esempio che io accet-
tasse. (*I tre si interessano*). E facimmo che a l'ultimo io perdesse 'e ventimila lire – cosa impossibile pecché io nun caccio nu
soldo manco si me sparate – per conseguenza fernarría la amicizia e pecché?... Nuie stammo accussí bello... Na sera sí e na
sera no nce vedimmo pe' ce fa' nu miezo litro 'e vino, 'a resata,
'a partetella. No, no... d'affare non me ne parlate. Anze facimmo cunto che nun m'avite ditto niente. Site venute pe' me fa'

na visita, bevíteve na presa 'e resolio e nun ne parliamo cchiú. (*Si alza e va alla credenza*).

EDUARDO (*un po' seccato*) Lassate sta', nuie mo avimmo fernuto 'e mangià.

VINCENZO Allora nu poco d'Anisette, chello ve fa digerí. (*Prende bottiglia e bicchierini*).

GENNARINO Grazie don Vicie', non v'incomodate.

VINCENZO È dovere. (*Serve il liquore ai tre*) Chesto, l'urdimamente che ghiette a Napule l'accattaie addu Caflísce.

EDUARDO Basta, basta... Nun 'e ghienghite... v'avess' 'a spustà 'o bilancio 'e famiglia...

VINCENZO È inutile che me puorte 'a serenata... pecché io te capisco. Si v'aggio offerto 'o liquore, è ssegno che 'o putevo fa'. Io nun esco 'a fore 'o singo. Nel bilancio di famiglia aggio calcolato che pozzo offrí 'o rresolio agli amici quatte vote a settimana. (*I tre hanno bevuto e si guardano meravigliati*). Si venite dimane n'ata vota chesti lloco nun l'avite.

ERRICO (*a Gennarino*) 'I' che delore, chest'è acqua fresca.

VINCENZO 'E cose meie so' tutte sistimate e calcolate. A me nun me pò succedere niente, tutto aggio preveduto. Figurateve che io metto 'o pizzo ddoie lire 'o iuorno pe' me e ddoie pe' mugliérema, pe' chisà, na malatia. So' centoventi lire 'o mese e pe' sta' cchiú sicuro aggio miso n'anno anticipato: millequattrocentoquaranta lire. Si passato l'anno simme state buone 'e salute, chilli solde ce ne servimmo pe' fa' nu viaggetto a Napule, pe' ce fa' na cummerità 'e cchiú; ma seguito a mettere 'e quattro lire 'o iuorno 'o pizzo e tengo sempre millequattrocentoquaranta lire anticipate p'ogne chisà.

EDUARDO E facite buono...

ERRICO Ma chisto quant'anne vo' campà.

GENNARINO All'ànema d' 'o pesantone.

VINCENZO E bevite, che v' 'o tenite mente?... Edua', che d'è, nun faie onore? Tu si' sammuchella...

EDUARDO Don Vicie', che sammuchella... c'aggi' 'a vévere? Chest'è acqua.

VINCENZO Acqua? Tu dice overo o pazzie? Chell'è accussí spiritoso...

EDUARDO 'O spiritoso sarrete vuie! Pruvatelo.

VINCENZO (*assaggia*) Overo... E comme va?

ERRICO E 'o vulite sapé 'a nuie?

NICOLA Chell'è stata 'a patrona che l'ha iencuto d'acqua pecché dice che parevano brutte 'e butteglie vacante.

VINCENZO   E tu 'o ssapive e nun m'he ditto niente? Ma faie fa'
chesta figura?

NICOLA   E nun l'aggio voluto dícere. Sto nervoso. M'avite sfrucu-
liato? E io nun l'aggio voluto dícere. (*Esce pel fondo a sinistra*).

VINCENZO   Sia fatta 'a vuluntà 'e Dio!... (*Chiamando dalla seconda a sinistra*) Neh, Margari'... Margari'...

SCENA TERZA

Margherita e detti.

MARGHERITA   (*dalla seconda a sinistra con cesta di biancheria da
stirare*) Ch'è stato?

VINCENZO   Ma io te faccio pazza a te... Ma comme, miette l'acqua dint' 'e butteglie d' 'o rresolio... io non ne sapevo niente e
l'aggio offerto...

MARGHERITA   (*ridendo*)   Io t' 'o vuleva dícere, ma me l'aggio levato 'e mente. (*Ai tre*) Aggiate pacienza... è stata na distrazione.
(*Mette la cesta sul tavolo attaccato alla parete di destra*).

GENNARINO   Ma niente, ve pare.

VINCENZO   Quanno faie na cosa 'e chesta dimméllo primma... ce
so' capitate chisti ccà e va bene. Ma si erano signure che figura
facevo io?

EDUARDO   Don Vicie', ma vuie ce avísseve truvate dint' 'a sporta
d' 'o sapunaro?

VINCENZO   Voglio dícere che vuie site d' 'a casa, se invece era
quacche persona estrania... (*A Margherita*) Ma 'o rresolio è fernuto? Nun lle pozzo da' niente? Na meza butteglia d'anisetto
ce avev' 'a sta', io me ricordo...

MARGHERITA   E ce sta, l'aggio miso 'a scanzia 'e sotto d' 'a credenza, areto a cierti vasiette. L'aggio annascunnute, si no Nicola s' 'o beve. (*Vincenzo cerca nella credenza*). Ha dda essere na
butteglia bianca...

GENNARINO   Ma non v'incomodate...

Margherita conta la biancheria.

VINCENZO È fatto, è fatto... 'a vi' ccanno... (*Va al tavolo, toglie l'acqua dai bicchierini e li riempie di nuovo*) Ecco qua.

MARGHERITA (*in questo momento guarda la bottiglia che Vincenzo ha in mano*) No, no... aspettate... qua' butteglia he pigliate? Chest'è benzina.

VINCENZO (*odorando la bottiglia*) Ma comme he 'a parlà sempe, si chille nun se n'addunàveno...

ERRICO E già, tenimmo 'o palato 'e stagno...

VINCENZO (*guardando di nuovo nella credenza*) Ma addó càspita sta sta butteglia?

MARGHERITA (*avvicinandosi a lui*) Ccà, ccà... lévete, che mo 'a trovo io...

I tre si alzano.

GENNARINO Ma non c'è bisogno donna Margheri', tanto nuie nce n'avimm' 'a ji'.

EDUARDO Se ne parla n'ata vota.

ERRICO Che d'è, nun nce avimm' 'a vedé cchiú?...

MARGHERITA Chest'è certo.

GENNARINO Stateve bene.

ERRICO Buonasera.

VINCENZO (*ancora cercando*) Ce vedimmo... Ma io sento nu currivo... Aspettate, a vi' ccanno 'a butteglia, nun ve ne iate... (*I tre si fermano. Vincenzo dopo d'aver odorato nella bottiglia*) No, chest'è petrolio.

GENNARINO Addirittura. (*Esce ridendo seguíto da Eduardo ed Errico*).

SCENA QUARTA

Vincenzo, Margherita, poi Giorgio e Consiglia.

MARGHERITA (*si avvicina alla credenza e prende una bottiglia*) 'A vi' ccanno, 'a tenive nnanze 'a ll'uocchie... Santa Lucia mia...

VINCENZO E nun l'aggio vista... Aggio fatto na bella figura.

MARGHERITA Va buo', che te ne mporta, è stato meglio accussí, pò essere che nun nce vèneno cchiú.

VINCENZO   E c'he fatto, mo credo che overo nun nce vèneno
cchiú. Certamente se saranno pigliato collera.

MARGHERITA   Addirittura... alla fine l'avarranno capito ch'è stato nu sbaglio.

VINCENZO   No, io non dico p' 'o fatto d' 'o resolio ma p' 'a
risposta che hanno avuto 'a me.

MARGHERITA   Che risposta?

VINCENZO   No, niente... me so' venute a proporre n'affare... che
ssaccio, se trattava 'e caccià ventimila lire e io me so' rifiutato.

MARGHERITA   Ma nun 'e da' retta. Chello che te pozzo dícere
non te fa ienchere 'a capa 'a nisciuno.

VINCENZO   Puo' sta' sicura che cu' me tòzzeno nterra. Margari',
ma nuie simmo felice overamente. Io pe' cunto mio dico che
ncoppo 'o munno nun nce po' essere n'omme cchiú felice 'e
me. E songo pure fortunato. Aggio truvato na mugliera che 'a
penza tale e quale a me, si tengo mmiria ncuollo è pe' te. Nun
c'è che dícere, si' completa. Nun te manca niente, femmena 'e
casa, economica, senza vizie e ssi' pure bella Margari'... 'A casa
m' 'a faie paré nu Paraviso. 'O sole ce trase pecché ce staie tu.

MARGHERITA   Stasera si' pueta.

VINCENZO   No, Margari', non so' pueta. So' felice. (Si avvicina a
Margherita e l'abbraccia).

MARGHERITA   Lassame sta' Vicienzi'. Aggi' 'a stirà, ce stanno sti
panne mmiez' 'a tre ghiuorne.

VINCENZO   E io me faccio n'ata fumatella ccà ffore all'aria fresca.
(Va in fondo a sinistra) Gué Margari', stanno venenno Giorgio
e Consiglia.

MARGHERITA   (raggiunge Vincenzo in fondo)   Trasite, trasite...
quanno site arrivate?...

CONSIGLIA   (fuori seguita da Giorgio che si ferma a salutare Vincenzo)   Mo proprio.

GIORGIO   Ma stammo stanche 'e che manera.

CONSIGLIA   Siamo arrivate 'e ssei stammatina 'a Napule e fino a
mo non nce simmo arrepusate manco nu mumento.

GIORGIO   Aggio ditto, facimmo una tirata, passammo primma addu don Vicienzo, le purtammo 'e sfugliatelle, po' ce retirammo
e ce cuccammo. (Dà a Vincenzo un cartoccio).

VINCENZO   Che d'è?

GIORGIO   So' sfugliatelle, l'aggio pigliate addu Pintauro; siente,
so' ancora calde.

MARGHERITA   Fuie io che sentenno che ghieveno a Napule, lle
cercaie 'o piacere 'e m' 'accattà.

VINCENZO   Grazie tanto Gio'.

GIORGIO   Niente, te pare.

CONSIGLIA   Margarita mia, me sento 'a capa stunata, pe' Napule nun se pò cammenà. Ma io dico 'a ro' iesce tutta chella gente? Quanta tramme, quanta *vutamòbele*. Po' nu stunamiento. Vaie pe' cammenà 'a na parte, niente. A sinistra, a sinistra. Io nun sapeva che era. Neh chille ll'avevano proprio cu' me. Nu *guardio* s'è mise 'alluccà e m'ha detto: «Lei *piedone* a sinistra».

GIORGIO   L'avesse ditto a me, e va bene. Ma vicino 'a mugliérema, *piedone*. Chelle tene nu pede tantillo.

VINCENZO   Ma forse avite ntiso malamente.

GIORGIO   No, ha ditto proprio *piedone*.

CONSIGLIA   E po', Margarita mia che scandalo... tu vide cammenà femmene annure ch' 'e veste azzeccate ncuollo che se vede tutte cose.

GIORGIO   Cose 'e pazze. Talmente strette, fasciate, che se vedeva 'o vellículo.

CONSIGLIA   Tutte pitturate.

GIORGIO   Io pe' me dico che 'a femmena onesta nun s' 'a dda pittà, e sentite, a Napule si vanno 'e chistu passo stanno frische.

MARGHERITA   Che c'entra, chille po' a Napule nun ce attaccano idea è comme fosse moda, se píttano tutte quante.

CONSIGLIA   None, none, 'a vera signora no. Per esempio nuie a Napule simmo iute a mangià 'a casa d' 'o Marchese Pigna, chella mo è na casa nobile o no? Chille tene 'e ffiglie signurine, 'e ssore, a tavola ce steveno nu sacco 'e femmene, embè nfaccia nun tenevano manco nu poco 'e povere. Ma già, chella po' è na famiglia nobila overo.

GIORGIO   Ma c' 'o dice a ffà'... comme si nun se sapesse, nun 'e ntiso comme t'ha ditto quanno ce ne simmo iute? «Tu sei stata la *nutriccia* di mio figlio, e sempre che venite a Napoli, le porte della mia casa sono aperte per voi»; tene nu core tanto. Ma io però l'aggio fatto rummané c' 'a vocca aperta. L'aggio purtato cinquanta ova e nu panaro d'uva muscarella che puteva ji' nnanz' 'o rre.

CONSIGLIA   E afforza ce ha vuluto fa' rummané a magnà cu' lloro.

GIORGIO   E a tavola m'he fatto fa' chella figura.

CONSIGLIA   E io sapevo chesto? Po' steva meza stunata, mmiez' a tanta signure, me metteva scuorno pure 'e me muovere.

VINCENZO   Ma pecché, c'ha fatto?

GIORGIO   No veramente ce sarria capitato chiunque. Doppo man-

giato nu sacco 'e nguacchie che te dico 'a verità m'hanno fatto
avutà 'o stomaco...

VINCENZO   Pecché, era malamente 'o mangià?

GIORGIO   No, ma che t'aggi' 'a dícere, nuie simme abituate 'e n'a-
ta manera; per esempio: è asciuto 'o pesce, na spigola 'e chesta
manera che addurava 'e frischezza, io me n'aggio pigliata na
bella mollica senza manco na spina; aggio penzato, io cca me
cunzolo 'o Dio mio. Neh, chillo è passato 'o cammariere, e a
uocchie a uocchio, senza me ne fa' addunà, comme nu mariuolo... ha pigliato nu cucchiaro 'e rrobba gialla e ce l'ha menato
ncoppa. L'avarría acciso... e chi se l'ha mangiato cchiú... comme me l'ha miso nnanze, accussí se l'ha purtato n'ata vota.
Capisce, chella rrobba gialla, e muollo muollo... me faceva na
brutta impressione... m'hanno fatto avutà talmente 'o stommaco... 'O marchese ha ditto: «Giorgio perché non mangi?» Aggio ditto: «Non tengo appetito». Quanno simmo arrivate 'e
frutte, 'o cammeriere ha miso innanzi a tutte quante cierte ciòtele 'e vrite chiene d'acqua e na fella 'e limone; io dico, tu vuó
aspettà pe' vedé chello che fanno ll'ate? Niente... mugliérema
ha pigliato 'a fella 'e limone e se l'ha mangiata.

CONSIGLIA   E io sapeva chesto? E po' che d'è? Tu pure nun te
l'he mangiata?

GIORGIO   E se capisce, io aggio visto a te me credevo che tu
'o ssapive... Nce aggio miso nu pizzeco 'e sale e pepe e me
l'aggio mangiata pur'io. Chello invece andovina pecché ser-
veva?

VINCENZO   Tiene mente mo m' 'o vuó mparà a me?... Io so' stato
a Napule nu sacco 'e vote, aggio mangiato a ttavula ch' 'e meglie signure... vedite, pecché serve ll'acqua e 'o limone... Doppo mangiato, ognuno per pulizia se pulezza 'a furchetta soia.

GIORGIO   Nossignore, quanno maie? Cu' ll'acqua e 'o limone se
lavano 'e mmane.

MARGHERITA   A ttavola?

CONSIGLIA   Eh... a ttavola...

GIORGIO   Figúrate quanno aggio visto che tutte quanne se laveve-
no 'e mmane... n'atu ppoco murevo, me so' fatto 'e ciente culu-
re, se so' mmise a ridere tutte quante. Tanno aggio pigliato
fiato, quanno me so' mmiso dint' 'o tramme pe' me ne turnà 'o
paese; anze Cunzi', iammuncénne pecché primma 'e tutto me
sento stanco, e po' me voglio fa' dduie maccarune aglie e uoglio, ca tengo na famma che m' 'a veco cu' ll'uocchie, io so' rimasto diuno llà ncoppa.

CONSIGLIA   E ghiammo. Statte bbona Margari'. Nce vedimmo dimane.

MARGHERITA   Stateve bbuone e grazie d' 'e sfugliatelle.

GIORGIO   Dovere. Per carità. Statte bbuone Vicie'.

VINCENZO   Buon riposo.

GIORGIO   Cara Cunziglia, 'o Marchese tene na bella casa. Sarrà
nobile quanto vuó tu, ma 'e maccarune ca me vaco a mangià io
mo, isso nun s' 'e sonna nemmeno.

Escono per il fondo.

MARGHERITA   Ma che belli tipi.

VINCENZO   Gente ca nun sape campà. Io per esempio na figura 'e
chesta nun 'a faccio. E pecché? Pecché me stongo 'a casa mia.
Tu vaie a mangià 'a casa 'e uno? E che ne saie chello ca te pò
succedere? E si dint' a chella famiglia ce pratica nu mariuolo?
E tu senza vulé ce faie canuscenza e che saccio doppo qualche
tiempo l'arrestano? Se fa 'a causa, accummenciano a interrogare a tutte chille ca 'o canoscene, e tu ce capite vergine vergine.
Quante vote siente 'e dícere: «È ghiuto tizzio sotto 'o trammo». «Ah... overo e comme è stato?» «Mentre ieve 'a casa 'e
n'amico suio». «Pover'ommo? Che disgrazia...» Qua' disgrazia? Qua' disgrazia? Se l'ha voluto isso, si nun se muveva 'a
dint' 'a casa soia non le succedeva.

MARGHERITA   Va bene, ma si per esempio st'amico te manna a
chiammà e tu nun ce vaie, rieste dint' 'a casa, doppo nu poco
cade nu trave 'a coppa e te scamazza, è disgrazia. Si ive 'a casa
'e ll'amico 'o travo nun te ieve ncapo.

VINCENZO   Ma ievo sott' 'o trammo...

MARGHERITA   Ma te va 'o travo ncapo.

VINCENZO   Ma vaco sott' 'o trammo...

MARGHERITA   Ma te va 'o travo ncapo.

VINCENZO   Eh... va bene! Io po' voglio parlà afforza cu' tte, tu
po' capisce chesto...

MARGHERITA   Ma io nun è ca te dongo tuorto. Se sape uno evita
'e guaie quanto cchiú è possibile... ma chille 'e vvote te cadeno
ncoppa 'e spalle senza che te l'aspiette.

VINCENZO   'O destino ce 'o facimmo cu' 'e mmane noste... tu m' 'e
'a dícere a mme che me pò succedere? Niente. Ma se pò negà
ca io so' n'ommo felice? 'O 'i', tu mo te miette a stirà, e io pe'
tramente me fumo sta pepparella e po' ce iammo a cuccà. (*Margherita ha preparato la tavola per stirare. Vincenzo siede in*

*fondo a sinistra con le spalle al pubblico in modo da non vede-
re Margherita)* 'O 'i'... ccà ce ne sta nu poco d'aria fresca e me
pozzo cunzulà nu poco... No, aspetta, pò essere che me cade
quacche ccosa 'a coppa e me va ncapo. (*Mette la sedia proprio
sotto la volta e sempre con le spalle al pubblico poggia i piedi
sopra un'altra sedia*) Mo sto buono e nun me pò succedere
niente. (*Margherita durante questa scena ha portato in scena
un bacile con acqua, lo ha poggiato sul tavolo, ha bagnato i
panni e li ha arrotolati come si usa fare, senza parlare esce per
la seconda a sinistra. Vincenzo seguita a parlare credendo che
in scena vi sia ancora Margherita*) Io aggio preveduto tutto,
che me pò succedere a me? Margarí', nuie avimmo voglia d'essere felice!

SCENA QUINTA

Riccardo e detti.

RICCARDO (*dalla sinistra, pallido, senza cappello, scarpe impolvera-
te. Non ha fiato, ha negli occhi lo spavento, guarda intorno
come per rassicurarsi*)   Scusate, bell' o'...
VINCENZO   Chi è? Chi site? (*Preso dallo spavento cade imbro-
gliandosi con le sedie*).
RICCARDO   Pe' carità, nun alluccate... io songo nu galantuomo.
Io so' napulitane, sto a Caivano 'a quindici iuorne. Sono venuto per la vendemmia. Papà non ha potuto vení pecché sta poco
buono. Oggi io steva p' 'e fatte meie, me veco 'e presentà a
uno che sei mise fa me prestaie seimila lire... insomma, nun
nce ll'aggio pututo da', na parola n'ha purtata n'ata... Ce simmo
date nu sacco 'e mazzate. A nu certo punto isso ha cacciat' 'o
revòlvere io ce l'aggio levato 'a mano e ll'aggio sparato.
VINCENZO   È muorto?
RICCARDO   Me ne so' fuiute... Vuie m'avit' 'a salvà! 'E guardie
m'hanno secutato e mo stanno visitanno tutte 'e ccase ccà attuorno. A me nun me mporta si m'arrestano, ma primma voglio vedé 'a mamma mia... Povera vecchia... Almeno l'assicuro
io che se tratta 'e na cosa 'e niente... Io songo na carogna!
L'aggio fatta fa' vecchia primma d' 'o tiempo... (*Quasi piangen-*

do) Annascunníteme! Annascunníteme 'a quacche parte... 'E guardie, stanno venenno 'e guardie.

VINCENZO   Comme te vene ncapa 'e te ne fui' dint' 'a casa mia... Amico, io sono un pacifico cittadino e vi prego di uscire!

RICCARDO   Annascúnneme, si no faccio trenta e uno trentuno. (*Gli punta la rivoltella sul viso*).

VINCENZO   Chiano... Ma si chille te trovano arrestano pure a me pe' favoreggiamento... (*Guarda verso il fondo*) 'E bi' ccanno!... Mannaggia 'a capa toia... (*Macchinalmente lo nasconde sotto il tavolo di destra*) Miettete ccà ssotto e nun te movere p'ammore 'e Ddio!

Riccardo scompare sotto il tavolo sempre minacciando. Vincenzo lo copre con la coperta che Margherita aveva preparata su l'altro tavolo per stirare e mette il bacile d'acqua sulla sedia accanto al tavolo.

PRIMO CARABINIERE (*entra dal fondo. Con tono amichevole*)   Don Vicienzo bello...

SECONDO CARABINIERE   Vi saluto.

VINCENZO   Servo... Ch'è stato, che d'è sta visita?...

PRIMO CARABINIERE   Niente, avísseve visto nu giuvinotto cu' nu vestito 'e tela, nu panamo...

VINCENZO   Nossignore, pecché chi è?

SECONDO CARABINIERE   Ha tirato nu colpo 'e revòlvere a uno e po' se n'è scappato. Mannaggia ll'aria soia ce sta facenno girà tutto Caivano...

PRIMO CARABINIERE   Ma dinto a quacche ccasa 'e ccà attuorno se sarrà annascunnúto.

SECONDO CARABINIERE   Si 'o trovo fa marenna isso e chi l'ha dato mana... Fanno 'a carità pelosa pe' n'assassino, ma 'e nuie nisciuno nn'ave pena...

PRIMO CARABINIERE   Vuie nun l'avite visto?

VINCENZO   Ve pare... Nun 'o ssapite che a me me piace 'e sta' cuieto...

SECONDO CARABINIERE   Iammuncénne Pascali', don Vicienzo ce penzava cientomila vote primma 'e se mettere in urto cu' nuie.

SCENA SESTA

Margherita e detti.

MARGHERITA (*con ferro da stiro*) Che d'è?

PRIMO CARABINIERE Niente donna Margari', iammo truvanno n'assassino che va fuienno.

MARGHERITA 'E 'o vulite 'a ccà? (*Si avvicina al tavolo e si meraviglia di non trovare la coperta*).

PRIMO CARABINIERE Buonasera don Vicie'...

SECONDO CARABINIERE Neh, Pascali'... e mo addó iammo perdenno 'a capa?

Si trattengono in fondo asciugandosi il sudore.

MARGHERITA Neh, pecché m'he levata 'a cuperta 'a ccà ncoppa?... Mo se fa friddo 'o fierro. (*Si avvicina al tavolo di destra ne toglie la coperta e la rimette al posto di prima*).

I carabinieri escono.

VINCENZO (*crede ferriamente che i carabinieri abbiano veduto Riccardo; al colmo della paura*) M'he mannato ngalera Margari'...

MARGHERITA Tu che staie dicenno?... Se ne so' gghiute 'e guardie.

Vincenzo si assicura che i carabinieri siano scomparsi e sempre appaurato cade sulla sedia dove si trova il bacile con l'acqua, si rialza subito per l'impressione di freddo ricevuta.

Sipario.

ATTO SECONDO

L'identica scena del primo atto. Si nota del disordine. Son trascorsi due mesi.

Nicola e Vincenzo.

NICOLA (*presso Vincenzo gli cuce un bottone alla giacca*) Ecco ccà, nun ve pigliate collera pe' na cosa 'e niente, mo v' 'o coso io.
VINCENZO C' 'o cuttone ianco?
NICOLA E io chesto aggiu truvato, chello nun se vede, doppo 'o tignimmo cu' nu poco 'e gnostia, ce vo' pacienza... che ce vulite fa'.
VINCENZO Ma te pare regolare? Cheste so' ccose che l'ha dda fa' 'a mugliera. Io nun saccio che ll'è afferrato... So' tre ghiuorne che se n'è caduto stu bottone, ogne ssera primma 'e ce cuccà ce 'o ddico che s'ha dda còsere, 'o iuorne appriesso 'o trovo sempre mancante. Stammatina me so' tuccato 'e nierve, e aggiu ditto: «Ma insomma... M' 'a vuó fa' sta grazia?» Nun l'avesse maie ditto... Ha fatto revutà 'a casa e tu stive prisente... Na parola n'ha purtata n'ata... neh?... chella ha avutato 'e spalle e se n'è ghiuta...
NICOLA Mo stateve senza penziere, a n'atu poco 'a vedite vení.
VINCENZO 'O saccio, sarrà iuta 'a casa 'e Giorgio, l'autriere pure facette 'o stesso. Io t'assicuro che nun 'a cunosco cchiú. Non le può dícere na parola che zompa nfaccia, nun le pozzo fa' na cerimonia che se tocca 'e nierve... Stammatina per esempio ce azzeccava tutta chella ammuina pe' nu buttone? E po' che d'è, fino a poco tiempo fa nun l'ha fatto? Anze era essa spuntania-

mente che 'a sera faceva 'a visita a tutte 'e panne mieie pe' vedé si ce vuleva nu punto, si ce mancava quacche buttone. Mo invece comme 'e lasso 'a sera accussí 'e trovo 'a matina... E po', tiene mente, pure 'a casa nun 'a tene cchiú comme na vota... Primma faceva nu sacco 'e pranzette sapurite... mo invece 'o mangià fa schifo... ragú pigliato sotto... maccarune sfatte... brodo nzípeto...

NICOLA   Che v'aggi' 'a dícere padrone mio... Stateve attiente... Mugliérema accussí accumminciaie. Mo me mancava nu buttone... mo truvavo 'a giacchetta scusuta, e io diceva: «Poverella, se sarrà scurdata, nun ha tenuto tiempo...» Nu bellu iuorno, patrone mio, se sfunnaie 'o cazone... Io ce 'o dicevo, e chella piezza 'e nfame nun me deva retta... Naturalmente, iuorno pe' ghiuorno, 'o pertuso s'allargava... Avette l'abilità 'e me fa' sta' duie mise c' 'o cazone sfunnato, e po' se ne fuiette.

VINCENZO (*istintivamente si tocca il pantalone nella parte posteriore*)   Ma che c'entra, mugliérema è n'ata cosa... tu faie cierti paragone. Chella è quistione che nun se sente bbona. Anze si me vene ncapo, si veco che nun le passa 'a faccio visità.

NICOLA   Ma don Riccardo nun se ne va cchiú a Napule? S'è stabilito a Caivano?

VINCENZO   Chi don Riccardo?

NICOLA   Chillo che dduie mise fa sparaie 'o colpo 'e rivolvere e s'annascunnette dint' 'a casa vosta.

VINCENZO   E che ce trase, nuie stammo parlanno 'e mugliérema.

NICOLA   Già... Ma capite... m'è venuto a mente.

VINCENZO   Nun è che s'è stabilito a Caivano. Ma da chella sera che io scanzaie d' 'o fa' arrestà, come fosse, m'è rimasto amico, m'è ricanuscente... tene 'e pruprietà ccà e me vene a truvà spisso.

NICOLA   Ma chella po' 'a mugliera vosta ve vo' bene.

VINCENZO   E che ce trase, nuie stammo parlanno 'e don Riccardo.

NICOLA   Già... già... ma comme va che nun è ghiuto carcerato?

VINCENZO   No, chillo l'ha vinciuto 'a causa, pecché primma 'e tutto chillo che fuie ferito stette buono dint' a dieci iuorne, e po' don Riccardo sparaie con la legittima difesa.

NICOLA   No c' 'o revolvere?

VINCENZO   Statte zitto Nico', e io ce capito sempe a parlà cu' te. Ce fuie la legittima difesa, isso nun steva armato, 'o revolvere 'o cacciaie chill'ato e isso ce 'o luvaie 'a mano e sparaie.

NICOLA   Mo aggio capito.

VINCENZO   Ha avuto nu bello piacere.

SCENA SECONDA

Giorgio e detti, poi Consiglia e Margherita.

GIORGIO (*dal fondo*)   Neh... Vicienzo, Vicie'... Ma quanno mai avite fatto chesto? Cumme si fusseve spuse nuvielle. Chella mugliéreta sta ccà fore, facite pace, nun facite ridere 'a gente.
VINCENZO   Ma chi l'ha ditto niente? Io povero ommo nun aggio araputa manco 'a vocca.
GIORGIO   E va buono, chello ch'è stato è stato, fernitela mo. Nun me pare na cosa regolare.
VINCENZO   Ma m' 'o dice a me? Tu sai si me piace 'e fa' chiacchie-re. Io voglio sta' quieto.
GIORGIO (*parlando verso il fondo*)   Onna Margari', meh... trasite...

Margherita entra con Consiglia.

CONSIGLIA   Margari'... meh, e ghiammo... vuie site marite e mu-gliera, ve vulite tanto bene.
VINCENZO   Margari', ma che t'aggio fatto, se pò sapé? Tu 'a nu mese a chesta parte, ogne pilo te pare nu travo. Vulevo essere cusuto nu bottone, chesto è tutto.
GIORGIO   Va buo', è stato nu sbaglio, chella ha capito malamente.
VINCENZO   Viene ccà, facimmo pace.

Margherita lo guarda con disprezzo ed esce a sinistra.

CONSIGLIA   Iammo, venite... chella mo sta ancora nirvosa.
VINCENZO   Ma vuie m' 'it' 'a credere, io nun l'aggio fatto 'o riesto 'e niente.
GIORGIO   E niente è stato. Mo facite pace e nun se ne parla cchiú.
VINCENZO   Ma io so' pronto, chella nun l'avite vista, se n'è ghiu-ta 'a parte 'e dinto.
GIORGIO   E va'... pigliala cu' 'e buone... Cunzi', accumpagnalo.
CONSIGLIA   Fossero tutte comme a don Vicienzo...
VINCENZO   Io voglio sta' quieto. (*Esce con Consiglia a sinistra*).
NICOLA   Mannaggia 'o beabà...
GIORGIO   Nico', ma che d'è sta storia, quanno maie hanno fatto chesto?
NICOLA   Che t'aggi' 'a dícere Gio'... Ccà nun fernesce buono.

GIORGIO   Aggio appaura che aie raggione... Chesto avimmo ditto io e mugliérema.

NICOLA   Già, chesto 'o ddice tutto 'o paese.

GIORGIO   Una voce.

NICOLA   Addó accuoste.

GIORGIO   E tu pure dice 'o stesso?

NICOLA   'E che cosa?

GIORGIO   'E chello che diceno 'a gente.

NICOLA   E che diceno 'a gente?

GIORGIO   E io che ne saccio?

NICOLA   E 'o vuó sapé 'a me?

GIORGIO   No!

SCENA TERZA

Gennaro, Errico, Eduardo e detti, poi Consiglia.

GENNARINO   Gio', so' venuto a casa e nun t'aggio truvato.

EDUARDO   Noi stiamo a vostra disposizione.

ERRICO   'O quarto p' 'o tressette.

GIORGIO   Sicuro, ato che tressette, ccà ce stanno chesti complicazione.

ERRICO   All'ànema d' 'a nuvità, nuie sapimme tutte cose.

EDUARDO   N'atu poco s'appura a Napule.

GIORGIO   Si già nun s'è appurato.

GENNARINO   Che cosa?

GIORGIO   Chello ch'avite ditto vuie.

GENNARINO   Nuie? Chello ch'he ditto tu.

GIORGIO   Io? Chello che ha ditto Nicola.

NICOLA   Chi ha ditto niente: ma che site pazze?

CONSIGLIA (*dalla sinistra*)   Gio', iammuncénne.

GIORGIO   Hanno fatto pace?

CONSIGLIA   Sí, ma che pace... a n'ati cinche minute s'appícechene n'ata vota. Cose che nun se credono... basta, lasseme sta' zitta...

GIORGIO   Sanno tutte cose.

NICOLA   Ce l'ha ditto 'o marito vuosto.

GIORGIO   Nico', e chi t' 'o fa fa'... insomma me vuó appiccecà cu' Vicienzo?

CONSIGLIA Gio', tu comme 'a faie pesante, chell'è 'a verità, l'aggio visto proprio io l'ata sera a Margarita nziemo cu' don Riccardo dint' 'a massaria che parlavano azzeccato azzeccato.

GENNARINO E pure io.

ERRICO E io pure.

EDUARDO Pur'io.

NICOLA Oh! L'hanno ditto finalmente. Ma stateve zitte, quanno avit' 'a dícere male 'e uno nun ve pare overo... ce truvate proprio nu gusto speciale! E pensate a vuie, nun ve ntricate d' 'e fatte 'e ll'ate... Io pure 'e vedette c' 'a mana mmano, ma nun se dice.

SCENA QUARTA

Vincenzo e detti.

VINCENZO Vuie state ccà?

GENNARINO Siamo venute a piglià a Giorgio pe' ce fa' nu tressette.

GIORGIO Sí, ma io nun pozzo vení pecché aggio che fa', tengo 'e fravecature 'a casa che me stanno accuncianno 'o fuculare... e p'accumpagnà 'a cummara ccà l'avimme rimasto sule, iammo, Cunzi'.

GENNARINO Allora ce ne iammo pure nuie.

VINCENZO Si me venite a piglià cchiú tarde m' 'o faccio cu' piacere nu tressette. Turnate a n'ata mez'ora.

EDUARDO Va bene, va bene, pe' vuie qualunque cosa, mannaggia o' diavolo scartellato... iammuncénne va'.

GENNARINO Iammo Erri'. Mo ce vedimmo don Vicie'... Che ce vulite fa'? Io me sento nu currivo... Iammo, iammo...

ERRICO Prudenza... Capisco quello che ve sentite ncuorpo, ma ce vo' prudenza.

GIORGIO Cumpa'... che vuó fa'... Tu dice... – Ma... – Lo so... ma che t'aggi' 'a dícere...

Escono tutti, meno Nicola e Vincenzo, poi torna Giorgio.

NICOLA Io l'aggio ditto... Mo tanto che hann' 'a fa', v'ann' 'a fa' capí tutte cose. Già 'o ssape tutto 'o paese.

VINCENZO Che cosa?

NICOLA Chello che hanno ditto lloro.

VINCENZO E che hanno ditto lloro?

NICOLA Chello che dice tutto 'o paese.

VINCENZO Nico' parla chiaro.

NICOLA Patro' io ve voglio bene, ce siamo cresciute nziemo e nun pozzo permettere che dura sta iacuvella. Patro', vuie vulite sapé pecché 'a mugliera vosta ha fatto stu cambiamento tutto nzieme?

VINCENZO Ma 'e mugliérema se tratta?

NICOLA Gnorsí, proprio d' 'a mugliera vosta.

GIORGIO (*entra*) Cumpa', se permetti io t'aggi' 'a parlà, me so' turnato pusitivamente, io te so' compare e nun me pozzo sta' zitto, la cosa è grave e è meglio che l'appure 'a me che 'a uno qualunque.

VINCENZO Aspetta che Nicola dice che m'ha dda parlà 'e mugliérema.

NICOLA L'aggi' 'a dícere chella cosa llà...

GIORGIO Ah neh... Insomma ce 'o vuó dícere afforza, l'ha dda vení nu moto a stu pover'ommo, na cosa ncuorpo nun v' 'a sapite tènere e nun v' 'a tenite. Parla...

VINCENZO Ma tu nun m'he 'a dícere 'o stesso?

GIORGIO Io? No, pe' regola toia io songo n'ommo serio, 'a me nun avisse saputo proprio 'o riesto 'e niente, ma puteve maie immaginà che chillo t'ha ditto che mugliéreta s'è mmisa a fa' ammore cu' don Riccardo 'o napulitano? Mannaggia 'a capa toia, l'he ditto? Mo si' cuntento?

VINCENZO Tu che dice, io m' 'e magno vive, io l'accido a tutt' 'e duie.

GIORGIO 'O bi', t'aggio ditto che succedeva nu guaio... è inutile, nun sapite ténere tre cícere mmocca.

NICOLA Ma chi ha parlato?

VINCENZO Cumpa', l'he visto proprio tu dint' 'a massaria?

GIORGIO (*a Nicola*) Mo l'he 'a dícere mo... na vota ch'he fatto 'o ngiucio nun t'e 'a tirà arreto.

NICOLA Io nun me tiro arreto, l'aggio visto cu' st'uocchie mieie e l'ha visto pure 'a mugliera vosta. L'ha ditto poco fa nnanze a tre persone.

VINCENZO Io aggi' 'a fa' arrevutà 'o paese, aggi' 'a fa' cose 'e pazzo. A me? a me? A nu marito comme a me. Addó sta mugliéreta, me l'ha dda dícere nfaccia si è overo che l'ha viste dint' 'a massaria e po' sacc'io chello che aggi' 'a fa'.

GIORGIO   Ma che vuó fa' Vicie'... vuó ji' ngalera?

VINCENZO   Nun 'o saccio, viene cu' mmico, voglio appurà, voglio 'e pprove... e po' l'accido a tutt' 'e duie. (*Esce dal fondo*).

GIORGIO (*a Nicola*)   'E visto ch' he fatto succedere?

NICOLA   Ma chi ha parlato.

Escono.

SCENA QUINTA

Margherita poi Rafilina poi Riccardo.

Margherita entra dalla sinistra. Scena in concerto. Lunga pausa.

RAFILINA (*tipo di lavandaia di paese entra piagnucolando*)   Buongiorno 'onna Margari'. Aggio purtato 'e lenzuole lavate.

MARGHERITA   Miette lloco... ch'è stato, tu chiagne sempe?

RAFILINA   E c'aggi' 'a fa'... Io nun me fido cchiú. Aggio attuppato nu marito che me fa nu paliatone 'a matina e n'ato 'a sera. Aiere ssera siccome s'avett' 'a scurdà... ogge m'ha fatto chillo 'e stammatina e chillo d'aiere ssera.

MARGHERITA   Accussí staie a pensiero cuieto.

RAFILINA   Overo?... E chillo 'e stasera nun l'aggi' 'a avé? 'Onna Margari', p' 'e muorte che tenite mparaviso nun me fido cchiú 'e campà, chillo me sta struienno a me puverella.

MARGHERITA   Agge pacienza Rafili', ogge nun tengo proprio genio 'e me séntere 'e lamiente tuoie. Te si' scucciate 'e maríteto? E lasselo, lasselo, a chi aspiette?

RAFILINA   'O lasso, è ove'? Avite ragione... e chillo me fa sta' cuieta? Basta, io me ne vaco, 'a biancaría è pronta?

MARGHERITA   No, nun 'o saccio...

RAFILINA   E me vulite da' sti solde, ccà sta pure 'a nutarella d' 'a passata.

MARGHERITA   Tuorne a n'atu ppoco, mo marítemo nun nce sta.

RAFILINA   Va tante vote a Napule e nun va manco sotto a nu trammo.

MARGHERITA   Chi, marítemo?

RAFILINA   P'ammore 'e Dio, marítemo mio. Ma chella 'a Maronna m' 'a fa 'a grazia. (*Esce*).

RICCARDO (*dal fondo*)   Buongiorno signora Margherita. (*Pausa*).
Nun me vulite manco salutà? E va bene io nun me piglio collera anzi raddoppio la devozione che ho per voi...

MARGHERITA   E per mio marito.

RICCARDO   No, io a vostro marito nun 'o pozzo vedé, si 'o putesse accídere 'o faciarría cu' tutt' 'o core.

MARGHERITA   E pure nun v'avissev' 'a scurdà che ve salvaie.

RICCARDO   E questo nemmeno è esatto, pecché si io nun 'o minac-
ciavo c' 'o revolvere chillo m'avarría cunsignato deritto deritto
mmane 'e carabiniere. E po' vuie 'o sapite pecché nun 'o pozzo
vedé... So' stato a Napule duie iuorne me so' parute duie secu-
le... m'avite penzato?

MARGHERITA   Io a vuie? E chi site vuie pe' me... Io so' mmaretata e ve l'aggio ditto nu sacco 'e vote.

RICCARDO   'O vvedite? Se capisce po' che io 'o marito vuosto
nun 'o pozzo vedé, site vuie che m' 'o mettite a mal'uocchio.
Margari'... Donna Margari', so' stato a Napule sti duie iuorne
e aggio sufferto 'e ppene 'e l'inferno, tutt' 'e femmene che ncuntravo mmiez' 'a via me facevano currivo, dicevo: «E comme,
vuie site cchiú belle 'e donna Margarita? E vuie v'avit' 'a divertí,
v'avit' 'a véstere elegante, e donna Margherita ha dda sta' chiusa dint' a nu paese infelice, è pussibile che llà ha dda sta' tutt' 'a
vita soia?» Ccà avit' 'a sta' tutta 'a vita vosta? Donna Margari'!

MARGHERITA   Tutt' 'a vita mia, e ce stongo cu' piacere, ccà me
so' maretata e ccà aggi' 'a sta'.

RICCARDO   Ccà avit' 'a sta', avit' 'a sta', ma ce vulite sta'? Nun
ve faciarría piacere a véstere elegante senza sti veste 'e cretton-
ne, a ve mettere nu poco 'e velo blu vicino a ll'uocchie, na cazetta
'e seta. Donna Margari' ve l'aggio purtato 'a Napule nu paro 'e
cazette 'e seta, voglio vedé comme ve stanne, v' 'e metto io
stesso...

MARGHERITA   Io credo che a vuie 'a capa nun v'aiuta, me pare
che mo state esageranno.

RICCARDO   Avete ragione, non mi dovevo permettere. Però voglio vedé comme state cu' nu poco e' russo vicino 'o musso.

MARGHERITA   Che d'è?...

RICCARDO   Io v' 'o dicette .che v' 'o purtavo... A Napule s' 'o
metteno tutte 'e ssignore per completare la toilette; iammo voglio vedé...

MARGHERITA   Ma vuie site pazzo... (*Riccardo dipinge le labbra a*

Margherita e poi di sorpresa la bacia lungamente e fortemen-
te. Margherita gli dà un fortissimo schiaffo e si ritrae) Mo ve
n'avit' 'a ji'. Mo mo.
RICCARDO   Perdonatemi... Io ve voglio bene.

SCENA SESTA

Vincenzo e detti.

VINCENZO   Voi state qua? Me fa tanto piacere. Aggi' 'a mettere
a posto una situazione.
MARGHERITA   Aggi' 'a parlà primm'io. Ma tu si' 'o marito o si'
na mazza 'e scopa?
VINCENZO   Io?
MARGHERITA   Tu, tu, proprio tu. Stu signore se n'ha dda ji' da
dint' 'a casa nosta pecché... pecché 'a gente parla e se pò credere chello che nun è.
VINCENZO   Ma aspetta nu mumento, tu, proprio tu vuó che don
Riccardo nun venesse cchiú ccà?
MARGHERITA   Proprio, nun nce ha dda mettere cchiú 'o pede, si
no va a ferní che tu si' trattato pe' nu marito cuntento e io na
mugliera a duie tierze. Io te voglio bene pecché me si' marito e
t'aggi' 'a rispettà.
VINCENZO   Viene ccà Margari', tu nun puo' credere 'o piacere che
me daie, dicenno chesto; me sento murtificato, pecché pe' nu
mumento aggio creduto chello che diceva 'a gente, so' nu scemo. (*A Riccardo*) È vero? No, me l'avit' 'a dícere nfaccia.
RICCARDO   Come volete voi.
VINCENZO   Don Ricca' me ne dispiace, ma per tutte le buone ragioni che ha ditto mugliérema, vuie ccà nun nce avit' 'a vení
cchiú, vi giuro che questa cosa mi addolora, ma non se ne può
fare a meno. Vi prometto però che qualche volta venimmo a
Napule e ce vedimmo cumme vulimme nuie.
RICCARDO   Ma vi pare, mi farebbe molto piacere, ma nun pò
essere pecché ho deciso di partire per Milano dove tengo degli
affari e cosí la gente non parlerà piú; voi non sospetterete piú e
donna Margherita sarà contenta.
VINCENZO   Certo si ve ne iate a Milano, a me me fa cchiú piacere; pare che accussí nun ve vedimmo proprio cchiú.

RICCARDO   E cosí sia, mo me vaco a preparà nu poco 'e rroba
e se permettete prima di partire vi vengo a salutare.

VINCENZO   Sarà un piacere per noi, abbasta che ve ne iate.

RICCARDO   Quanno dico na cosa chell'è. Voi non avete capito
quello che io sentivo per voi... Ma vi perdono perché tutti si
possono sbagliare. Voi siete l'unico affetto mio... e ricordatevi
che uno solo vive per voi. Io.

VINCENZO   Grazie troppo buono. Giesú chillo ce chiagne.

RICCARDO   Troppo vi ho voluto bene, troppo vi ho stimato.

VINCENZO   Ma vi pare...

RICCARDO   Ma mo è finito, me ne vado e non ne parliamo piú...
(A Vincenzo) Luvàteve 'a miezo. (Esce).

VINCENZO   È proprio nu buono giovane, non mi aspettavo questi
sentimenti. Don Ricca' vi accompagno. Calmatevi. (Esce. Margherita sola, dopo pausa apre il pacchetto che ha portato in
scena Riccardo e ne tira fuori un paio di calze di seta, delle
quali ne misura una, poi sente il passo di Vincenzo e nasconde
le gambe sotto il tavolo). Giesú, io nun 'o capisco a chillo, ha
ditto «Iatevénne ca si no comme stongo mo, m' 'a sconto cu'
vuie». Dimme na cosa. Io me so' assicurato che fra te e isso
nun nce steva niente, si no nun dicive saggiamente: don Riccardo ccà nun nce ha dda mettere cchiú 'o pede. Ma che facive
l'ata sera dint' 'a massaría ch' 'e mane 'mmane?

MARGHERITA   Io songo na femmena onesta e si te risponno perdo 'e dignità, he capito? Se n'è ghiuto? E ringrazia 'o cielo.

VINCENZO   Ma che d'è, pecché te sturzille?

MARGHERITA   Uffà. Quanto si' seccante. (Esce come in concerto).

Vincenzo solo trova sul tavolo il tubetto di rosso per le labbra,
lo gira, lo rigira e non arriva a comprendere cosa sia e a che
cosa serva.
Pausa.

SCENA SETTIMA

Giorgio e detto poi Gennarino indi Nicola.

GIORGIO   Staie sulo, cumpa'?

VINCENZO   Me sapisse dícere chisto che d'è?

GIORGIO   Che cosa?

VINCENZO   Chisto.

GIORGIO   Aro' l'he truvato?

VINCENZO   Io t'aggio dimandato si me saie 'a di' che d'è.

GIORGIO   E nun 'o vide, chist'è nu colpo 'e revolvere...

VINCENZO   Ma che si' pazzo, all'ànema d' 'o revolvere.

GIORGIO   Ma aro' l'he truvato?

VINCENZO   Ccà (*mostra il tavolo*).

GIORGIO   Cu' mugliéreta nce 'e parlato?

VINCENZO   Comme no. Tu avive pigliato nu sbaglio, tu e tutte quante ll'ate.

GIORGIO   Nu sbaglio?

VINCENZO   E già pecché poco primma quando so' venuto pe' parlà cu' mugliérema e mettere 'e ccose a posto, aggio truvato pure a don Riccardo e primma che io parlavo mugliérema ha ditto: «Vicie', chisto ccà nun nce ha dda mettere cchiú 'o pede pecché 'a gente se pò credere chello che nun è, e io te rispetto e te voglio bene», e da oggi in poi don Riccardo ccà nun nce vene cchiú pecché parte pe' Milano.

GIORGIO   Beh... 'O dice tu... ma io poco ce credo.

VINCENZO   No, e tu ci he 'a credere.

GIORGIO   E che facevano dint' 'a massaría?

VINCENZO   Chesto nun me l'ha vuluto dícere, si no ce perde 'e dignità.

GIORGIO   Quanto si' ciuccio. Mo per esempio m'he 'a dícere stu coso che d'è, e pecché sta dint' 'a casa toia.

GENNARINO (*entrando*)   Don Vicie', si vulite vení p' 'o tressette...

GIORGIO   Viene ccà Gennari', chisto nun è mumento 'e tressette, ce stanno cose cchiú serie, anze he fatto buono a vení tu sulo, pecché chill'ate so' duie chiacchiaruncielle, e nun sanno mantené nu sigreto. Sapisse dícere tu stu coso che d'è?

GENNARINO   O sisco d' 'o tramme.

GIORGIO   Qua' sisco... avarrì' 'a essere spertusato.

VINCENZO   Famme vedé meglio... vide... ncoppa ce sta scritto na cosa.

GENNARINO (*legge*)   Rouge... rouge...

GIORGIO   E chi è?

VINCENZO   E chi 'o sape...

NICOLA (*dal fondo*)   Patro'...

GIORGIO   Sst... statte zitto. Io credo che s'arape pecché ce sta na spaccatella vicino.

VINCENZO   Vulimme arapí?

GIORGIO   Eh...

VINCENZO   E arape tu.

GIORGIO   E pecché l'aggi' 'a arapí io... Spetta a te me pare.

VINCENZO   E mo l'arapo io. (*Esita*).

GENNARINO   Ma vuie overo facite? Vuie ve mettite paura? Ma site uommene o che? Miette ccà.

VINCENZO   'O vi' ccanno, 'o sto arapenno.

GENNARINO   E fa priesto, mo ce faie figlià. (*Vincenzo cerca di aprire con precauzione chiudendo gli occhi*). Sangue d' 'a morte! M'ero scurdato, io tengo n'appuntamento urgente, me n'aggi' 'a fui', permettete. (*Esce di corsa*).

GIORGIO   Puozze ittà... acito... m'ha fatto squaglià 'o sango 'a cuollo.

VINCENZO   Chillo se n'è fuiuto p' 'a paura.

GIORGIO   Arape, nun 'o da' retta.

VINCENZO   (*riesce ad aprire il tubetto*)   Gio', chesto non è cosa bona... è asciuto nu coso russo.

GIORGIO   Famme vedé... (*osserva*) E chisto addora 'e cunfiette.

VINCENZO   Pròvene nu poco.

GIORGIO   Cumpa', ma che si' pazzo? Io 'a vita 'a tengo cara.

NICOLA   Aspettate patro', nu coso 'e chisto 'o teneva pure mugliérema.

VINCENZO   Mugliéreta?

NICOLA   Gnorsí, l'urdema vota che stette a casa, l'arrivaie nu paccuttino 'a Napule cu' nu cose 'e chisto 'a dinto e nu biglietto; e siccome capitaie mmano a me, 'o tengo astipato. (*Tira fuori da un portafogli un piccolo biglietto*).

VINCENZO   Miette ccà. (*Legge*) «Ti rimetto il "Ruge". Tuo marito non potrà accorgersene perché basta usarne pochissimo per ottenere l'effetto. Baci. Cesarino».

GIORGIO   È veleno ueh... è veleno. Te vonno stutà.

VINCENZO   Non c'è dubbio... E bravo, me fa tanto piacere, ma io 'e manno ngalera a tutt' 'e dduie.

GIORGIO   Mo sa che avimm' 'a fa', iammo addu don Leopoldo 'o farmacista e ce facimmo dícere che veleno è. 'O facimmo esaminà!

VINCENZO   Bravo, i' mo chesto stevo penzanno. Viene Nico'.

SCENA OTTAVA

Margherita e detti.

Margherita entra dalla sinistra.

VINCENZO   Zitto nun parlate, nun le facite capí niente.

Scena come in concerto.

MARGHERITA   Che d'è iesce?... Aro' vaie?...
VINCENZO   Eh... eh... eh... Io po' pare che so' scemo... mo vaco primma a na parte e po' torno... zitto mo... Ruge... ruge... (*Esce*).
GIORGIO   Ruge. (*Esce*).
NICOLA   Ruge. (*Esce*).
MARGHERITA   Ma che site pazze?... (*Va in fondo presso la credenza e mette in ordine alcuni piatti*).

SCENA NONA

Riccardo e detta poi Vincenzo, poi Nicola, Giorgio, Consiglia, Gennarino, Eduardo, Errico e comparse.

Riccardo entra dal fondo senza parlare, siede al tavolo di fronte di destra e fuma tranquillamente.

MARGHERITA   Mamma mia! Vuie site turnato n'ata vota? E quando partite? Quando partite?... Che d'è, ve site ammutito? Io l'aggio cu' vuie, quanno partite?
RICCARDO   Aspetto il treno di lusso. Anzi me ne voglio andare in aeroplano, in dirigibile...
MARGHERITA   Abbasta che ve ne iate...
RICCARDO   Sapite che sto penzanno? Sto penzanno che quanno me ne so' ghiuto, a vuie sapite comme ve pararrà brutto... E

pure a me... m'ero abituato a ve vení a truvà, a parlà cu' vuie senza suggezione...

MARGHERITA   E che fa, vuie pare che ghiate a Napule... Vuie avite scelto Milano... Llà sa' quanta distrazione truvate... avite voglia 'e ve divertí... ce ne starranne femmene.

RICCARDO   Già perché io parto... Ma site proprio sicura che io parto?

MARGHERITA   Che d'è?... Dicite 'a verità, avisseve cagnato pensiero?...

RICCARDO   Donna Margari' parlammo chiaro. Ma vuie a me pe' chi m'avite pigliato? Ma che songo fatto 'o guagliunciello che le vene 'o capriccetto, po' vede che nun è cosa, se spaventa d' 'o marito e se ne va? Avite sbagliato donna Margari'. Io songo n'ommo. Songo l'ommo che quanno arriva a dícere vicino a na femmena: «Te voglio bene!» nun 'a lassa cchiú 'e pede... Donna Margari' io ve voglio bene! E vuie pure, vuie pure me vulite bene.

MARGHERITA   No, nun è overo, vuie site nu pazzo e ve prego lassateme sta', nun me turturate cchiú. Iatevénne.

RICCARDO (*fa cenno di no*)   Donna Margari', io ccà resto e chi m' 'o pò impedí? Io so' padrone 'e fa' chello che me pare e piace, 'a ccà nun me movo. P' 'o marito vuosto, e che m'interessa d'isso? Nuie simmo duie uommene che vulimme bene 'a stessa femmena, però vuie vulite bene a me, perciò comme isso tene 'o diritto 'e dícere vicino a me: iatevénne, io pure tengo 'o diritto d' 'o dícere a isso. Mo che vene n' 'o caccio.

MARGHERITA   Mo basta... ma vuie vulite ncuità 'a casa mia, e chesto nun ha dda succedere. Iatevénne! (*Vincenzo è in osservazione*). Pecché nun vulite partí cchiú? Uh... Madonna mia, aiuteme tu! Si v'avesse fatto sperà qualche cosa allora sarría chello che dicite vuie, ma i' nun v'aggio maie guardato stuorto. (*Vincenzo si consola*). Ve n'avit' 'a ji', si no me metto 'alluccà comme na pazza. Io songo na femmena onesta e maie darría nu delore 'e chisto a marítemo. Vicienzo m'adora 'e penziere, e sarria na birbanta si 'o tradisse; io, v' 'o dico n'ata vota, so' na femmena onesta e 'a marítemo 'o voglio bene. (*Stretta di mano di Giorgio e Vincenzo*). E po' che ommo site, primma avite dato 'a parola che partíveve, e mo ve site cagnato. Ve n'avit' 'a ji'... Io a marítemo 'o rispetto pecché po' si nun 'o sapite, se fa rispettà, chillo è n'ommo comme si deve. (*Giorgio e Vincenzo chiamano tutti gli altri*). È n'ommo che nun s' 'o fa fa' 'a vuie, e si io le dico chello che vuie m'avite ditto, chillo v'accide... e

tene 'o core d' 'o ffa'... Io voglio bene 'a isso. Iatevénne. Iatevénne. Ve n'avit' 'a ji', ve n'avit' 'a ji! Te n'he 'a ji'. (*Stringe
fra le braccia Riccardo*).

Costernazione di tutti. Finale come in concerto.

Sipario.

Quei figuri di trent'anni fa

(1929)

Se i due atti di *Chi è cchiú felice 'e me!* tentano un rinnovamento della «commedia» partenopea, *Quei figuri di trent'anni fa*, l'atto unico scritto nello stesso anno, torna a rielaborare i meccanismi della «farsa». Infatti l'ambiente di malavita locale che Eduardo simula scenicamente (fu costretto dalla censura fascista a retrodatarlo di «trent'anni») appare demistificato rispetto all'«epica dei bassifondi» dei drammi che Federico Stella rappresentava al San Ferdinando tra fine Ottocento e inizio Novecento. La materia su cui operava Stella, come attore, era quella del teatro «pietoso-sentimentale-populistico-pedagogico» di Francesco Mastriani: dal Mercato, dal Pendino, dal Porto, dalla Vicaria, la Napoli degli emarginati reali accorreva riconoscendosi o proiettandosi «nei protagonisti generosi, nelle protagoniste che difendevano l'onore a prezzo della vita e, spesso, col coltello» (D. Rea, *Teatro napoletano dall'Unità alla fine dell'Ottocento*, in aa.vv., *Teatro dell'Italia unita*, a cura di S. Ferrone, Il Saggiatore, Milano 1980, p. 133).

Il tono di *Quei figuri* risente piuttosto della «riforma» scarpettiana: Luigino Poveretti è un piccolo borghese spiantato (come Felice Sciosciammocca), improvvidamente assunto dal proprietario di una «bisca» clandestina allo scopo di spennare i «polli»; ma l'ingenuo «palo», non comprendendo il codice segreto del biscazziere e dei suoi compari, mette continuamente a rischio l'adescamento della vittima di turno, Peppino Fattibene, e finisce con lo svelare il «trucco» proprio al Delegato di polizia. Anche il *milieu* malavitoso, tra guapperia e camorra, imbrogli e soprusi, è come straniato dalla sequenza delle scenette comiche, secche e veloci, che rompono ogni superstite clima melodrammatico. Il significato profondo di quell'ambiente troverà soluzioni diverse in *Il sindaco del Rione Sanità* (1960), ma qui siamo piuttosto al limite di un'altra deformazione linguistica e visionaria. L'autore dà un nuovo tocco alla raffigurazione dei suoi *insociabili*, focalizzando il candore assurdo, soprattutto verbale, dell'ennesimo spaesato; la cui parte però (si badi) era originariamente assunta da quel «mamo» esilarante di suo fratello Peppino: lo rivediamo in una foto di scena nel vestituccio a quadretti, con profilature in tinta, e paglietta (cfr. *Eduardo De Filippo. Vita e opere* cit., p. 70).

Il *gioco sul linguaggio* è azionato qui dal contrappunto comico fra gergo della malavita (linguaggio privato) e lingua (comune) dello sprovveduto protagonista; contrappunto e ambivalenza che offrono occasioni alla creazione di battute a doppio senso e a *gags* anche affidate all'estro mimico degli interpreti. Ma la trovata piú originale è nel *rovesciamento* della visione del mondo e del senso dell'opposizione *individuo-società*. In un contesto in cui il *dialetto* si trasforma in codice collettivo, l'italiano parlato da questo borghesuccio smarrito diventa una *lingua* che lo isola (accomunando semmai il «palo» soltanto al «pollo»). Infatti gli altri personaggi che lo circondano, anche quando si sforzano di italianizzare il loro dialetto per fingersi rispettabili, si esprimono in un linguaggio lambiccato e grottesco, che risulta comunque incomprensibile al povero Luigino. Anzi, in quest'ultimo caso, lo scontro linguistico è operato dagli stessi parlanti: Gennaro, Barone e complici parlano napoletano prima di imbastire la recita rituale contro don Peppino, usano invece una mescolanza di codici per imbrogliare l'«avvocato».

> BARONE [...]   Paolo... Quello il giovanotto è un poco cacaglio, invece di dire Paolo dice Paaalo. Ma si chiama Paolo: Paolo Luigino Poveretti.   (p. 308).

Non a caso a partire dalla *Cantata dei giorni pari* del '79, dove il testo appare variato rispetto alla prima edizione, si aggiunge il gioco meta-teatrale dell'onomastica. In quei *locali del Circolo della Caccia, sotto la cui rispettabile facciata si nasconde la bisca* (did., p. 299), non solo quei figuri-macchietta recitano una doppia parte, ma quattro personaggi femminili introdotti *ex novo* si travestono nell'abito e nel nome (*Assunta Petrella, alias Marchesa madre; Peppenella, alias Sciú-sciú; Rosetta Colombo, alias Baronessina Rosy; Rafilina, alias Contessina Fifí*); finché la «mascherata sociale» non coinvolge anche la «legge». Cosí il teatro-nel-teatro diventa cornice della commedia: l'azione incomincia con delle poveracce che si fingono grottescamente nobildonne e termina con il Delegato che si finge (altrettanto grottescamente) *una signora austeramente vestita di ne-*

ro, con veletta al cappello, seguito da *quattro agenti travestiti uno da cuoco, uno da spazzino, uno da prete e uno da cameriera* (did., p. 322). Come se nella partitura scenica scarpettiana (ricordiamo ancora *Miseria e nobiltà*), che si orchestra con ritmi musicali in questa *pièce,* avesse operato in seguito la memoria del teatro di Raffaele Viviani: per quel «ballo» di prostitute, ladri e magnaccia, che in *Tuledo 'e notte* culminava nell'accerchiamento di Brigadiere e guardie da parte delle *donne, ebbre del valzer.*

Comunque anche le metafore propriamente eduardiane – la vita come gioco e finzione, opera buffa, o *pastiche* di linguaggi incomunicanti – restano qui allo stato latente, sommerse dall'orchestrazione farsesca dell'insieme.

Eduardo scrive *Quei figuri...* nel 1929; ma con il «Teatro Umoristico I De Filippo» lo mette in scena per la prima volta il 2 gennaio 1932, al Cinema-Teatro Kursaal di Napoli; dove l'impegno della Compagnia era di rappresentare un atto unico nuovo dopo il film, ad ogni cambio di titolo cinematografico. Un programma della stessa Compagnia (che comprende altri due atti unici, *Il chiavino* di Carlo Mauro e *Miseria bella!* di Peppino De Filippo) ne riporta gli interpreti in quest'ordine: M. Cosenza (Filumena); P. Carloni (Gennaro Fierro); P. De Filippo (Luigi Poveretti); G. Pisano (Scamuso); G. Amato (Scuppetella); G. Berardi (Barone); E. De Filippo (D. Peppino); A. Landi (Riccardo); R. Pisano (Emilia); O. Rotondo (Brigadiere); R. Morozzi (Agente). Come sappiamo, Eduardo fu costretto dalla censura a cambiare il titolo originale della commedia (*Le bische*) ed a rappresentarla con i costumi di trent'anni prima (cfr. M. B. Mignone, *Il teatro di Eduardo de Filippo. Critica sociale,* Trevi, Roma 1974, p. 48). Infatti per il regime, che aveva proibito il gioco d'azzardo, le bische non esistevano piú; al punto che, per una ripresa dello spettacolo al Teatro Verdi di Firenze, un recensore afferma: «In *Quei figuri di trent'anni fa* l'autore ha voluto descrivere un ambiente della malavita napoletana di un tempo (fortunatamente tramontato)» (C. G., *Quei figuri di trent'anni fa,* «La Nazione», 4 marzo 1937).

Lo spettacolo è stato comunque riproposto in scena fino agli anni Quaranta: dopo Napoli (19 luglio 1932 al Teatro Reale; 9 marzo 1933 e 3 gennaio 1934 al Sannazzaro) a Milano (3 aprile 1934 al Teatro Odeon), e poi ancora a Napoli (25 dicembre 1936 al Mercadante); appunto a Firenze (3 marzo 1937) e di nuovo a Napoli (11 maggio 1939). Nel 1940 è al Teatro Corso di Bologna (27 febbraio) e al Politeama di Napoli (22 marzo); l'anno seguente ritorna a Roma, il 27 maggio all'Eliseo e il 5 novembre 1941 all'Argentina.

Quei figuri di trent'anni fa farà parte anche dei «sei telefilm da sei atti unici» della Compagnia «Il Teatro di Eduardo», per la regia televisiva di Vieri Bigazzi in collaborazione con l'autore: andrà in onda la prima volta il 2 giugno 1956, con Eduardo stavolta nella parte di Luigi Poveretti. Altri interpreti: Elisa Valentina (Filumena); Peppino De Martino (Gennaro Fierro); Gennarino Palumbo (Scamuso); Ugo D'Alessio (Scuppetella); Nino Veglia (Barone); Nello Ascoli (Don Peppino); Giuseppe Anatrelli (Riccardo); Isa Danieli (Emilia); Rino Genovese (Brigadiere); Lello Grotta (Giovanni). D'altra parte la commedia sarà allestita per Raiuno e trasmessa il 6 maggio 1962, senza Eduardo e per la regia di Peppino (regia televisiva di Romolo Siena, scene di Mario Grazzini, costumi di Marilú Alianello). La interpretano: Dolores Palumbo (Filumena); Pietro Carloni (Gennaro Fierro); Luigi De Filippo (Luigi Poveretti); Dino Curcio (Scamuso); Enzo Donzelli (Scuppetella); Gianni Agus (Barone); Peppino De Filippo (Don Peppino); Pino Ferrara (Riccardo); Grazia Maria Spina (Emilia); Peppino De Martino (Brigadiere); Gigi Reder (Giovanni). Forse un gioco degli scambi tra i due fratelli separati e quasi una rivendicazione da parte del minore: non a caso Peppino assume la parte (Don Peppino) che originariamente era di Eduardo, e attribuisce al figlio Luigi quella che era sua (Luigi Poveretti). Ma il gioco non finisce cosí: nel «quarto ciclo» televisivo del suo teatro ('77-81), Eduardo firma la regia di una nuova versione a colori dello spettacolo, con scene di Raimonda Gaetani e Clelia Gonsalez, musiche dell'epoca adattate da lui stesso e da Nino Rota, trasmessa per la prima volta su Raiuno il 24 dicembre 1978. E qui egli torna ad interpretare Don Peppino, affidando al proprio figlio, Luca, quella di Luigino Poveretti. Inoltre, in questa edizione trasformata nuovi attori interpretano nuovi personaggi: Marisa Confalone (*Peppenella, alias Sciú Sciú*), Linda Moretti (*Assunta alias marchesa madre*), Mariuccia Speri (*Rafilina, alias contessa Fifí*), Patrizia D'Alessandro (*Rosetta, alias baronessina Rosy*); Franco Folli (*Nobile vero*). Pupella Maggio assume la parte, notevolmente ampliata, di *Filumena, signora scaduta* e costretta a fare la donna di fatica. Ci sono poi: Luigi Uzzo (Gennaro Fierro); Franco Angrisano (Scamuso); Sergio Solli (Scuppetella); Antonio La Raina (Barone); Saverio Mattei

(Riccardo); Paola Bonoconto (Emilia); Marzio Onorato (Giovanni); Gino Maringola (Delegato di polizia).

Il testo di *Quei figuri di trent'anni fa* compare nella prima edizione Einaudi della *Cantata dei giorni pari*, nel 1959; e conserva la stessa collocazione nelle successive ristampe o edizioni del volume. Tuttavia subisce trasformazioni minime nell'edizione '71 (per lo piú di ordine grafico o relative all'elenco dei personaggi, di cui si precisano alcuni ruoli); notevoli invece a partire dall'edizione '79 della stessa *Cantata*, da collegare appunto al nuovo allestimento televisivo della commedia nel 1978. Innanzitutto scompare l'originaria suddivisione in scene (fenomeno già osservato nell'edizione riveduta di *Ditegli sempre di sí*). D'altra parte il testo nell'ultima versione risulta caratterizzato da un complessivo ampliamento e da una maggiore articolazione delle situazioni comiche.

L'inserimento dei quattro personaggi femminili a «doppia parte» dà luogo a nuove scene: come per esempio, nell'*incipit*, l'acceso diverbio fra le donne per la presenza di Peppenella, amante di Gennaro, arrogante e sciocca, e l'accurata vestizione di coloro che dovranno partecipare alla recita-truffa (ediz. '79, pp. 219-22; ora pp. 299-302). Si arricchiscono anche le didascalie (specialmente quella che introduce l'ambiente della commedia, e quella che descrive l'irruzione finale della polizia). Al posto della didascalia iniziale, nella prima versione molto sintetica (*Filomena, Gennaro e Luigi. Filomena mette a posto il tavolo da giuoco*, did., scena prima, ediz. '59, p. 193), nell'ultima si indicano dettagliatamente gli arredi dei *locali del Circolo della Caccia*, con gli immancabili *due balconi* [...] *sul fondo* (did., ediz. '79, p. 219; ora p. 299). Qui il cambiamento in bisca è già avvenuto e, di conseguenza, anche la didascalia che segnala la trasformazione inversa del luogo scenico, da bisca in Circolo, risulta variata: [...] *Gennaro tocca un bottone e il tavolo di mezzo* [...] *diventa tavolo da pranzo* [...] (did., scena sesta, ediz. '59, p. 213); [...] *alla fine il tavolo da gioco è diventato un quadro, appoggiato alla parete* [...] (did., ediz. '79, p. 241; ora p. 321). In quest'ultima si informa che: *Intanto le tre ragazze siedono ai tavolini, ricoperti ora di innocenti tovagliette a fiori: chi ricama, chi fa un solitario* [...] (did., ivi, p. 242; ora p. 322). Perciò acquistano rilievo anche le didascalie di presentazione delle donne, il cui aspetto esteriore è stato indicato prima (did., ediz. '79, pp. 219-21; ora pp. 299-301) e dopo il travestimento (did., ivi, pp. 231-32; ora pp. 311-12). D'altra parte, come si è avvertito, appare nell'ultima versione una didascalia che descrive l'irruzione della polizia, cosicché il *leit-motiv* del «travestimento» si estende, nella scena finale, anche al Delegato e ai quattro poliziotti (did., ediz. '79, pp. 242-43; ora pp. 322-23). A proposito di questa scena si nota anche una variante che riguarda l'intervento conclusivo del Delegato. Nella prima versione l'ultima battuta del personaggio (chiamato ancora Brigadiere) appare piú breve e rivolta esclusivamente al biscazziere e ai suoi compari presenti in scena: «Fai 'a ribbellione, te servo io. Aggio saputo dint' 'o quartiere che avite fatto 'o cumplotto, dice che m'avite 'a fa' 'a pelle e io mo' sto ccà, iammo, quanno ve muvite. Vuie site 'na maniata 'e crape! Ma io aggio giurato che v'aggi' 'a distruggere e vi distruggerò! Corpo del diavolo!» (scena sesta, ediz. '59, p. 215). Nell'edizione riveduta invece la battuta si estende ad una certa società napoletana omertosa e corrotta (dopo la frase del Delegato «A te ti servo io...» si inserisce la didascalia *A tutti*, quindi egli accusa: «Delinquento, schifosi... Ci stai tu, eh, Assu'! Filume' tu nun ne sai niente? Siete la piaga di Napoli: soldi co' nteresse, prostituzione, delinquenza, curtellate, sparatorie... Ricordateve però che io so' una brutta carnetta...», ediz. '79, p. 244; ora p. 324).

Appare ampliata soprattutto la parte del protagonista (Luigi nella prima versione – Luigino nell'ultima) che, come sappiamo, era originariamente di Peppino De Filippo; poi passerà a Eduardo, quindi al nipote Luigi e, infine, a suo figlio Luca. Il maggiore spazio concesso all'«ingenuo» e alle sue esilaranti *gaffes* si rileva – non a caso – a partire dalla scena di presentazione di Luigino a Don Peppino Fattibene (interpretati nell'allestimento televisivo del '78 rispettivamente da Luca e da Eduardo De Filippo). Al dialogo fra il «palo» trasognato o distratto e il «pollo» da spennare partecipa anche Barone, uno dei «figuri» principali insieme a Gennaro Fierro; e la situazione comica si costruisce, in entrambe le versioni, su un *qui pro quo* che riguarda soprattutto il linguaggio. Non appena l'ingenuo si presenta («Io sono il palo»), Barone cerca di rimediare trasformando la parola nel primo nome del giovane: «Paolo, quello è un poco cacaglio, invece di dire Paolo dice Palo ma si chiama Paolo: Paolo Luigi Poveretti» (scena terza, ediz. '59, p. 201). Ma nella prima versione la scena si esaurisce in un rapido scambio di battute (Peppino: «Io ho sentito Palo»; Barone: «Nossignore, Paolo, si chiama Paolo: Paolo Luigi Poveretti», *ibid.*);

invece nell'ultima il bisticcio di parole, generato dall'accosta-
mento fonetico «palo»/«Paolo», prolunga ed intensifica il suo
effetto comico grazie al meccanismo della *ripetizione*. Qui il dialogo cresce iterando gli interventi di ciascun personaggio: il giovane si ostina a dire che si chiama «Luigino» ma è «il palo»;
Barone insiste ad attribuire l'equivoco al fatto che Luigi è «cacaglio»; Peppino, pur dandogli ragione, si incaponisce a far scan-
dire il nome allo stesso Luigino: «Paolo. Dite appresso a me:
Pa-o-lo» (ediz. '79, p. 229; ora p. 309).

Si mostra particolarmente variata anche la scena del «gioco
delle carte», in cui Luigi-Luigino si trova alle prese con i suggerimenti (per lui assurdi) destinati a Gennaro (scena quinta, ediz.
'59, pp. 206-10; ediz. '79, pp. 234-39; ora pp. 314-19). Se nella prima versione Luigi accenna soltanto alla canzone «A
Marechiaro» (scena quinta, ediz. '59, p. 207), nell'ultima la canta quasi per intero, incurante dei dissensi provocati fra i «compari», anzi interpretando quei battimani come «applausi» (ediz.
'79, p. 235; ora p. 315). Si verifica quindi uno spostamento di
battute: nell'edizione '59 Luigi intona la canzone solo dopo la
domanda di Gennaro «Chi vuol tagliare?» (riferita alle carte); a
partire da quella del '79, invece, l'esibizione di Luigino precede
la stessa domanda del biscazziere. Di conseguenza, la *gaffe* del
«palo» nella prima versione è affidata soltanto alla didascalia:
*Luigi nel mettere le carte gli cascano di mano e le raccoglie in fret-
ta* (did., ediz. '59, p. 207); mentre nell'ultima si trasforma in un
qui pro quo che riguarda stavolta la situazione: *Luigino [...] taglia, poi fa per mettere [...] il famoso mazzone – sulle carte tagliate
ma gliene cadono due o tre in terra*; dopo che *Tutti* esplodono *disgustati*: «Le carte a terra!», *Luigino, innervosito, prende tutte le
carte e le scaglia per terra* (did., ediz. '79, p. 236; ora p. 316). *Qui
pro quo* e *ripetizione* appaiono dunque i meccanismi comici piú
usati (specialmente il secondo) nella trasformazione del testo da
una versione all'altra. Come nella scena in cui Gennaro invita
Luigino: «Andiamo a vedere se è venuta l'acqua»; un pretesto
per punire, in separata sede, l'incauto dei suoi continui errori.
Mentre nell'edizione '59 l'episodio si presenta una sola volta
(scena quinta, p. 210), a partire da quella del '79 si ripete in tre
diverse occasioni (con la didascalia che segnala: *si sentono rumori di calci e schiaffoni e lamenti*, ediz. '79, pp. 235-39; ora pp.
315-19), rendendo l'intera situazione ancora piú esilarante.

Per quanto riguarda infine il linguaggio, sulla cui polifonia
(come si è detto) è fondato il gioco grottesco della commedia,

non muta sostanzialmente fra le due versioni prese in esame. Semmai, com'è logico, l'ambivalenza (dialetto-italiano) è accresciuta con l'introduzione delle «doppie parti» delle donne, che prima della «vestizione» parlano in dialetto e dopo si esprimono in una lingua ibrida ed artificiosa. D'altra parte, nel già citato intervento finale del Brigadiere-Delegato di polizia, la sua battuta conclusiva – presente in entrambe le versioni – risulta forse piú energica nella prima, perché recitata in napoletano («Mai io aggio giurato che v'aggi' 'a distruggere e vi distruggerò! Corpo del diavolo!», scena sesta, ediz. '59, p. 215).

Personaggi

Gennaro Fierro, biscazziere, ex galeotto
Luigino Poveretti, giovane ingenuo
Peppino Fattibene, avvocato
Barone, «compare» di Gennaro Fierro
Giovannino, giocatore sfortunato
Riccardo, giocatore
Scuppettella, ladro e favoreggiatore
Scamuso, assassino latitante e ladro
Delegato
Filumena, signora decaduta
Emilia, sorella di Giovannino
Assunta Petrella, alias Marchesa madre
Peppenella, alias Sciú-Sciú
Rosetta Colombo, alias Baronessina Rosy
Rafilina, alias Contessina Fifí

ATTO UNICO

I locali del Circolo della Caccia, sotto la cui rispettabile facciata si nasconde la bisca di Gennaro Fierro. In giro vediamo poltrone, divani, mobili eleganti, sedie ma anche tavolini da gioco
tondi coperti dai tipici panni verdi. Trofei di caccia un po'
dovunque; al centro un grande tavolo da gioco con sedie. Porte
laterali e sul fondo due balconi. All'alzarsi del sipario la scena
è vuota.

PEPPENELLA (*dall'interno a sinistra*)   Mammà, mammà!
ASSUNTA (*dall'interno a destra*)   Nun pozzo lascià, tengo 'a tiella
   ncopp' 'o ffuoco!
PEPPENELLA (*c. s.*)   E mannàteme a donna Filumena.
ASSUNTA (*c. s.*)   È andata a comprare *il* zucchero, i portogalli
   e l'*oglio* che era finito.
PEPPENELLA (*c. s.*)   E a me chi me veste?
ASSUNTA (*c. s.*)   Statte n'atu ppoco dint' 'o bagno.
PEPPENELLA (*c. s.*)   Eh! Io mi so' asciugata e mi so' pure nfarinata 'e borotalco!
ASSUNTA (*c. s.*)   Miettete 'a vestaglia e aspetta. (*Trillo di campanello*). 'A vvi lloco. (*Entra asciugandosi le mani al grembiule e
   va ad aprire la porta uscendo dalla prima a destra*).
PEPPENELLA (*c. s.*)   Mo me sente, mo me sente: se ne scende
   senza avvertire!

Entra Assunta seguita da Filumena che porta una bottiglia d'olio, un pacco di zucchero, un cartoccio di aranci e due pacchi di
dolci, uno di sfogliatelle e l'altro di babà.

ASSUNTA   E tanto ce vuleva! Dateme ccà. (*E le comincia a strappare la roba di mano con malagrazia*) Chiste che so'? (*Allude ai
   due pacchi di dolci*).

FILUMENA (*in tono paziente e rassegnato*)   Sfogliatelle e babà.
Me l'ha dati la guardaporte, l'ha mandati don Gennaro.

ASSUNTA   Purtatele int' 'a cucina: 'e preparate dint' 'a quatte
guantiere, venite appriess' a me. (*S'avvia verso il fondo seguita
da Filumena*).

PEPPENELLA (*entra come una furia, infilandosi la vestaglia*)   Lo
volete capire che quando ve ne scendete per fare un servizio
dovete cercare il permesso a me? Un'altra volta che ci *recapita-
te* ve lo faccio dire da Gennaro il fidanzato mio! E quello ve lo
dice in un altro modo.

FILUMENA   Per l'amore di Dio, vi pare che io vi volessi mancare
di rispetto? Ma l'ordine me l'ha dato donna Assunta vostra
madre.

PEPPENELLA   E ha sbagliato pure mia madre, perché qua sopra
comando io per prima, poi don Gennaro e poi basta.

ASSUNTA   E no, scusa. Se debbo diventare la suocera di don Gennaro Fierro, se debbo fare la Marchesa madre quando vi fa
comodo, se mi debbo fare un cuore tanto in cucina per preparare zeppole, frittelle e biscotti di pasta frolla per i clienti di
questa schifezza di Circolo dei Cacciatori, un poco di autorità
la debbo tenere io pure... Non dico assai, ma debbo comandare
un poco io pure.

FILUMENA   Sentite, mettetevi d'accordo e fatemi sapere qua sopra chi comanda, perché se no io perdo la testa e non capisco
niente piú. (*Campanello interno*). La porta.

ASSUNTA   Eh: 'a porta!

FILUMENA   Vado ad aprire?

ASSUNTA   E a chi aspettate?

FILUMENA   L'ordine, il comando.

ASSUNTA (*spazientita*)   Donna Filume', nun facite 'a spiritosa: jate 'arapí.

Filumena esce per la prima a destra.

PEPPENELLA   E si può sapere chi mi aiuta a vestirmi, a me? Stasera, quanto è certo Iddio, faccio chiudere il Circolo dei Cacciatori!

ASSUNTA   E se chiure! Peppene', tu quant'anne vuo' campà? Se
chiure! Accussí io e te facimmo 'a mappatella e ce ne turnam-
mo 'o sesto piano d' 'o vico Scassacocchio...

Preceduta da Rosetta e Rafilina, torna Filumena, la quale prende dal tavolo i due pacchi di dolci e tutto il resto e lo porta in
cucina. Le due ragazze sono volgarucce e alquanto scalcagnate,
ma di aspetto gradevole e provocante. Parlottando e ridacchian-
do tra loro attraversano il salone dirette verso la stanza da cui
abbiamo visto provenire Peppenella.

RAFILINA   Buona sera, donn'Assu'.

ROSETTA   Buona sera. Che odorino stuzzicante di frittelle!

ASSUNTA   Piú tardi venite in cucina e ve ne faccio mangiare due
calde calde. Ma vi dovete andare prima a vestire, perché siete
arrivate con un poco di ritardo.

RAFILINA   Tengo a mammà con trentotto e mezzo di febbre. Se
non tornava mia sorella dal mezzo servizio non la potevo lasciare.

ROSETTA   Io sono rimasta a farle un poco di compagnia. I vestiti
sono pronti?

ASSUNTA   Vestiti, scarpe, calzette, acconciature... sta tutto a posto. Andate, sbrigatevi.

ROSETTA   Presto, Rafilina, andiamo. (*E s'avvia seguita da Rafilina*).

PEPPENELLA   (*indispettita e minacciosa*)   Voi due, abitudine di
salutare non ne tenete?

RAFILINA   Io non mi chiamo «voi due», io me chiammo Rafilina.

ROSETTA   E io Rosetta. Quanto al saluto, poi, ricordati che l'altra sera ti abbiamo salutata e tu non hai risposto al saluto.

RAFILINA   Solo l'altra sera? Quella ha cacciato la superbia da
quando è addiventata «Sciú-Sciú», la protetta di don Gennaro.

PEPPENELLA   Io non sono la protetta, sono la fidanzata.

RAFILINA   Quella che sei sei, al saluto si risponde.

PEPPENELLA   Mammà, le senti, le senti come mi mancano di rispetto?

ASSUNTA   'A vulite ferní, sí o no?

PEPPENELLA   Chiunque, io rispondo facendo con la testa cosí...
(*Abbassa ripetutamente la testa, come per abbozzare un saluto
di convenienza*).

ROSETTA   Con la testa cosí... (*ripete caricaturalmente il gesto
fatto da Peppenella*) ... salutano gli asini! (*Esce per la sinistra*).

RAFILINA   Le ciucce! (*Esce a sua volta*).

PEPPENELLA   (*gridando dietro alle due ragazze*)   Facciamo i conti quando viene Gennaro! O loro due, o io... O io o loro due!

E se no faccio chiudere il Circolo della Caccia. (*Furente, esce per la sinistra*).

ASSUNTA (*fuori dai gangheri, gridando verso sinistra*)   Peppene', tu quanto sei scocciante! Ccà va a ferní ca 'o Circolo della Caccia 'o faccio chiudere io, pecché te sgomm' 'e sango.

PEPPENELLA (*dall'interno*)   Mandatemi a donna Filumena, che non tengo chi m'*imbottona*.

ASSUNTA (*chiamando verso destra*)   Donna Filumena, donna Filumena...

FILUMENA (*dalla cucina*)   Dicite, donn'Assu'.

ASSUNTA   Mia figlia si deve vestire.

FILUMENA   E chi frigge qua?

ASSUNTA   Sto venendo. (*Esce per la destra*).

PEPPENELLA (*dall'interno*)   Donna Filume', rompetevi le gambe qua!

FILUMENA (*accorrendo*)   Pronta, eccomi! (*Tra sé*) Che ambiente, Dio mio che ambiente schifoso!

GENNARO (*entrando e parlando verso l'ingresso*)   A voi, muovetevi, entrate: fusseve surdo? Sto parlando con voi... mo me facite perdere 'a pacienzia e santa notte!

LUIGI (*dall'interno*)   Eccomi a voi, pronto a servirvi. (*Entra e gira intorno lo sguardo osservando l'ambiente che lo lascia intimidito e affascinato*).

GENNARO   Donna Filume', che facite ccà fora? Vi ho detto tante volte che in questo salone ci dovete venire o quando c'è pericolo o quando vi chiamo io.

FILUMENA   Debbo andare a vestire la fidanzata vostra.

GENNARO   Ci andate quando ve lo dico io. Qua comando io solo, mettitavello bbuono dint' 'e ccorne.

FILUMENA   Vi ho detto tante volte che sono una signora e che non voglio essere trattata cosí. (*Piagnucola*).

GENNARO   Guè, oh! E quanno maie 'e cacciata 'a capa 'a for' 'o sacco? Mo te ne caccio e santanotte. 'A signora... qua signori non ce ne stanno! Donna Filume', si nun vulite perdere 'a zuppa, avita fa' quello che dico io. (*Parlando verso sinistra*) Sciú-Sciú, core mio, ccà ce sta Gennarino tuio.

PEPPENELLA (*internamente, languida*)   Gegè, corri-corri... Abbracci a Sciú-Sciú, baci a Sciú-Sciú, carezze a Sciú-Sciú.

GENNARO (*lusingato, rivolto a Luigi*)   Permesso... (*Esce per la sinistra*).

FILUMENA   Non me ne fido piú, non me ne fido piú!

LUIGI   Calmatevi, signora, calmatevi.

FILUMENA Questa non è vita che può durare a lungo: vita di pericoli, paure, palpiti. Questo don Gennaro, Gennaro Fierro, prima con le buone maniere, poi con le cattive, mi fece firmare l'affitto di questa casa, adesso lo tengo io in faccia... Naturalmente l'affittuaria sono io, e allora qualunque cosa succede, ci vado io per sotto. Appunto l'altra sera se non sono morta dallo spavento è stato un vero miracolo. Due giocatori prima vennero a parole, una parola tira l'altra... poi a mazzate e ci scappò la coltellata... Quello che se ne scese da qua sopra col coltello impizzato nella pancia, sono certa che non parla perché è un mammasantissima che conosce le regole, ma non è oggi sarà domani torna qua sopra e si leva la pietra dalla scarpa.

LUIGINO (*ingenuamente*) Che significa «si leva la pietra dalla scarpa»?

FILUMENA Si vendica, succede il fatto di sangue e vado carcerata io.

LUIGINO E voi perché non ve ne andate?

FILUMENA Me ne vado? E se succede qualche cosa la polizia non mi trova? Io sono l'affittuaria. La mia tragedia sapete qual è? Un birbante di marito mi ha ridotto a questo. Ma fu punito, perché dopo avere perduto fino all'ultimo soldo, fuori a quel balcone si sparò.

GENNARO (*tornando, rivolto a Filumena*) Voi state ancora qua! Allora parlo tedesco. Jatevenne perché avimma parlà. Andate a vestire Sciú-Sciú e poi vi andate a preparare pure voi. Stasera ci sta una seduta importante: vestito nero, mantesino bianco e scuffia in testa.

FILUMENA La crestina...

GENNARO Mettetevi a Cristina, Ntunetta, quello che volete voi, ma presentatevi come si deve. Andate da Sciú-Sciú.

FILUMENA (*allusiva*) La vado subito a *imbottonare*. (*Esce*).

GENNARO (*a Luigino*) A voi...

LUIGINO (*preso alla sprovvista*) Che c'è?

GENNARO Ma voi state sempre nella luna? Mi sembrate un mezzo rimbambito. Non avete mai visto una casa da giuoco?

LUIGINO Veramente mai: è la prima volta.

GENNARO E non ci sta niente di straordinario. Accomodatevi. Sediamoci e statemi a sentire. (*Seggono*). Come vi ho detto nel Caffè, io sono il tenitore, il protettore di questa casa da giuoco chiamata il Circolo della Caccia. Sí, va bene... dicimmo accussí.

LUIGINO Diciamo come volete voi.

GENNARO   Ora mo, io vi voglio fare abbuscare qualche cosa di
soldi sicuri, perché secondo me siete il tipo che fa al mio caso.
Tenete una faccia ingenua e primitiva che mi può giovare. Detto in breve: la tua faccia mi serve, la voglio!

LUIGINO   Ma che debbo fare? Perché mi avete fatto salire?

GENNARO   Piano, andiamo piano. Ora vi faccio la spiegazione del-
l'arcano. Amico, io mi chiamo Gennarino Fierro detto Punto-e-Virgola. È un soprannome che mi hanno messo affettuosamente i compagni di galera. Punto-e-Virgola perché cu' me si
deve parlare piazzato. Ora mo, io ti faccio la proposta dell'impiego che tengo l'intenzione di darti; se ti conviene rieste qua,
se no te ne vai, però se dici qualche piccola cosa di quello che
mo ti dico, domani non sarai piú in grado di salutare l'alba.

LUIGINO   Ma si nun me dicite...

GENNARO   A n'atu ppoco vengono i componenti e si comincia la
seduta. Tu si' na faccia nova, nessuno ti conosce quindi sei
insospettabile. Appena si sono seduti i giuocatori, tu te faie na
passiata attuorno 'a tavola, naturale naturale, indifferente, can-
tarellando: «Quanno sponta la luna a Marechiaro, pure li pisce ce fanno l'ammore...»

LUIGINO   «S'arrevotano l'onne de lu mare, e pe' la briezza cagnano culore...» Io la conosco tutta quanta.

GENNARO   Questo non è importante. A nu certo punto 'o Barone
dice: «Commendatore, voi non giocate?»

LUIGINO   Chi è il Commendatore?

GENNARO   Sono io. Dicimmo accussí...

LUIGINO   Ah, 'o fatto 'e dicimmo accussí.

GENNARO   Io dico: «No, tengo dolore 'e capa»... Mi faccio pregare un poco, poi mi assetto e chiamo banco. Qua comincia il
lavoro tuo. Confromme m'assetto, dico: «Chi vuol tagliare?»
Tu immediatamente con un mezzo sorriso da questa parte... da
quest'altra serio...

LUIGINO (fa delle prove che non lo soddisfano troppo)   È difficile.
Guardate mo... (e gli mostra il viso per metà sorridente e per
metà serio).

GENNARO   Nun date retta, nun date retta, nun 'o facite. Se vi
riesce bene, se no no. Dunque: «Chi vuol tagliare?» Tu, immediatamente: «Io!» E mentre tagli, a uocchio a uocchio sopra al
pacchetto ci metti 'o mazzone. Nel nostro gergo 'o mazzone
sono diciotto carte tutte a favore del banco. Quando vedi che
mi scioscio il naso, tu cacci sta lente 'a dentro 'a sacca e naturale naturale la pulizzi. Io allora dico: «Scusate, permettete che

me la metto? Perché la luce forte mi stanca la vista, e mi viene il dolore di testa piú forte». Questa è una lente nera che mi serve perché le carte sono segnate col fosforo, e cosí io le riconosco e le faccio passare addó vogl' i'.

LUIGINO   E pecché nun 'a cacciate vuie?

GENNARO   Perché se no i giocatori si mettono in sospetto. Mentre invece se la cacci tu la cosa è piú naturale. Chistu po' è nu mazzo 'e carte. Tu te miette vicino a me: quanno me gratto ncapo è segno che voglio 'o nove. Tu 'o sfili 'a dint' 'o mazzo e m' 'o passe. Quando faccio nu starnuto voglio l'otto: e tu pronto m' 'o passe. Quanno dico «Mannaggia a bubà», è segno che voglio 'o sette e tu m' 'o daie. Quanno dico: «Corpo del diavolo!», me daie 'o sei.

LUIGINO   Ma io può essere ca me mbroglio, lasciate sta, è meglio ca me ne vado.

GENNARO   Ma comme te mbruoglie: è na cosa accussí facile! Quanno me gratto ncapa è segno che voglio 'o nove. Quanno faccio 'o sternuto, me serve l'otto. Quanno dico: «Mannaggia a Bubà», voglio 'o sette. «Corpo del diavolo», aggi 'a avè 'o sei.

LUIGINO   Sentite a me, nun è cosa. Io inguaio a voi e mi inguaio io. Statevi bene.

GENNARO   E bbi' lloco, so' tutte eguale! Diceno ca se moreno 'e fame, po' quando trovano il lavoro lo rifiutano.

LUIGINO   E già, chillo m'ha proposto n'impiego 'o Ministero...

GENNARO   Senti a me, tu qua sopra puoi guadagnare danari a cappellate. In una serata puoi *guadambiare* pure quaranta, cinquanta lire.

LUIGINO   Meglio cinquanta.

GENNARO   Pure sessanta, settanta. Siente a me, tu qua sopra hai trovato la vena dell'oro. (*Gridando verso sinistra*) Donna Filume'!

FILUMENA (*entra correndo, vestita di nero e con la crestina in testa*)   Comandate.

GENNARO   Vi raccomando questo giovinotto: è robba mia. Può andare, può venire, può fare quello che vuole. È il nuovo impiegato, il nuovo palo. Io vado dentro, vado a fare uno poco di toletta. S'è fatto tardi e mo arrivano i monaci.

LUIGINO   C'è qualche funerale?

GENNARO   Qua' funerale? Veneno 'e muonice, i giuocatori, perciò statte attiento a chello che faie. Quanno me scioscio 'o naso che voglio?

LUIGINO Aspettate... 'a lente.

GENNARO Bravo. Quanno me ratto ncapo?

LUIGINO Vulite 'o pettine.

GENNARO No, 'o nove! Quando faccio lo starnuto, che mi devi dare?

LUIGINO 'O fazzuletto.

GENNARO Ma che stai mbriaco? Voglio 'o otto. Quanno dico: «Mannaggia a bubà», voglio 'o sette e quando dico: «Corpo del diavolo»...

LUIGINO Metto 'a lente ncopp' 'o mazzone.

GENNARO Voglio 'o sei! Tu non ti devi imbrogliare. Io te spezz' 'e gamme. Miettete dint' 'a n'angulo 'e muro e tutto chello ca t'aggio ditto, passatèllo a memoria. (*Via*).

Trillo del campanello di ingresso, Filumena va ad aprire e torna precedendo Scuppettella e Scamuso.

SCUPPETTELLA Tu mi dovevi dare sedici soldi, a scopa, e meza lira a briscola.

SCAMUSO Scuppette', tu nun te ricuorde buono. 'A briscola 'a vincette io, e te rimanette a da' meza lire. Ti sovviene?

SCUPPETTELLA Scamu', tu me facisse fa' scennere 'o Paraviso nterra. Questo succede quando non si paga sul momento.

SCAMUSO Pecché, secondo te io te voglio fa' scemo meza lira? Mannaggia 'a vita mia, te mannasse 'o campusanto!

SCUPPETTELLA 'O vero? 'O tiene sempe mbocca, 'o campusanto.

SCAMUSO Embè, io faccio giuramento ca cu' te nun ce gioco cchiú manco si che.

SCUPPETTELLA Io te dongo sempe sei punti di vantaggio.

SCAMUSO A me? (*Chiamando*) Donna Filume': 'o mazzo 'e carte, 'a lavagna e 'o gesso. (*A Scuppettella*) Mposta!

SCUPPETTELLA E mposta pure tu, meza lira a sette.

SCAMUSO Chiste so' sette solde, ce mancano tre solde, nun 'e voglio cacciá pe' scaramanzia.

SCUPPETTELLA (*sedendo al tavolo*) Joca!

SCAMUSO (*sedendo a sua volta*) Joca!

LUIGINO Voi vi chiamate Filumena?

FILUMENA A servirvi.

LUIGINO A favorirmi. Io sono Luigi Poveretti. Sto qua perché...

FILUMENA Ho capito: dovete fare il palo.

LUIGINO Precisamente. (*Indicando i due giocatori*) Ma quei due, chi sono?

FILUMENA   Eh! Quello che sta da questa parte, è uscito dal carcere per furto e quello che sta dall'altra parte accidette 'a muglièra. Na piezza 'e femmena... E mo va fujenno... Sta sempre armato, porta curtiello e revolver. Ha giurato ca nun se fa piglià vivo... Caccia 'o revolver e spara alla cieca!

SCAMUSO (*alzandosi di scatto, grida sul muso di Scuppettella*)   Tu si' na carogna, he perzo! N'ato punto e so' fora! Joca...

SCUPPETTELLA   Joca!

LUIGINO   Dite al padrone che io me ne sono andato. (*Fa per andare, ma entra il Barone*).

BARONE (*a Filumena*)   Neh, don Gennarino addó sta?

FILUMENA   Dentro. Se volete ve lo chiamo.

BARONE   Chiamalo. (*Vedendo Luigino*) Chi è?

FILUMENA   È persona d' 'a casa.

LUIGINO   Io sono il palo.

BARONE   Zitto! Ah, il nuovo palo. (*Lo squadra da capo a piedi*) E ha provveduto don Gennarino?

FILUMENA   Gnorsí.

BARONE (*a Luigino*)   E 'o palo viecchio?

LUIGINO   Se nfracetaie.

BARONE   Ben detto: se nfracetaie... (*A Filumena*) Di' a don Gennarino che ascisse subito perché ho portato 'o pollastro.

Filumena fa un cenno di assenso ed esce per la sinistra; dopo qualche minuto rientra in scena, la attraversa e entra a destra.

LUIGINO   Ah, don Gennarino è buon gustaio! Le piacene 'e pullaste...

BARONE   Che avete capito? Ho portato il pollastro, e cioè un novellino che si può spennare... Va'! Ma voi, siete d' 'a casa...

LUIGINO   Sissignore, io sono il nuovo impiegato: sono il palo.

BARONE   E non gridate.

LUIGINO   E voi che fate?

BARONE   Io faccio assaie cchiú 'e te. Io runzèo, giro, aòsemo... e quando trovo 'o pivozo 'o porto ccà e 'o pulezzammo.

LUIGINO   'O pivozo?

BARONE   'O zallo, 'o ndondero... 'a scamorza insomma.

LUIGI   'A scamorza?

BARONE   Mo t' 'o faccio vedé praticamente. (*Via a destra*).

SCUPPETTELLA (*volgarmente vittorioso*)   He perzo! He perduto! He fatto 'a fina ca te mmeretave. (*Sputa ripetutamente sul viso di Scamuso*) Puh, puh, puh, puh...

SCAMUSO (*immobile come una statua, risponde a quella salva di sputi in faccia con scoppiettio ritmato di sarcastiche risate*) Eh! Eh! Eh!

LUIGINO (*ritenendo uno scherzo la squallida disputa tra i due, solidarizza con Scuppettella e sputa anche lui in pieno viso di Scamuso*) Puh, puh, puh!

SCAMUSO (*furibondo*) Guè, e chi t' 'o fa fa'? Io ho perduto la partita con lui e solo lui tiene il diritto di sputarmi in faccia.

LUIGINO Chiedo scusa...

SCAMUSO (*puntando l'indice contro Scuppettella*) 'A rivincita!

SCUPPETTELLA Joca!

I due riprendono a giocare a carte.

BARONE (*tornando*) Venite, venite, non ci sta ancora nessuno.

PEPPINO (*entrando*) Ma io poco mi posso trattenere, perché è tardi per me.

BARONE (*a Luigino*) Chist'è 'o pullasto.

LUIGINO Ah, ah...! (*A Peppino*) Avete portato la scamorza?

PEPPINO Qua' scamorza?

LUIGINO Io veramente non lo so...

BARONE (*cerca di riparare*) Il signore deve cenare e vuole la scamorza...

PEPPINO E la vuole da me? Che faccio, il salumiere?

BARONE (*a Luigino*) Mo ve la porta il cameriere... (*Piano*) Vuie accussí nguaiate tutte cose! (*A Peppino*) Vi presento uno dei nostri soci del Circolo della Caccia. (*Piano a Luigino*) Come vi chiamate?

LUIGINO (*piano*) Luigino Poveretti.

BARONE Luigino Poveretti.

PEPPINO (*a Luigino*) Non so perché avete voluto fare lo spiritoso... io arrivo e mi chiedete la scamorza... che vi dovevo rispondere? Io un'altra volta che vi vedo sono due volte... Che non si ripeta piú! (*Presentandosi*) Peppino Fattibene.

LUIGINO Io sono il palo.

BARONE (*correggendo*) Paolo... Quello il giovanotto è un poco cacaglio, invece di dire Paolo dice Paaalo. Ma si chiama Paolo: Paolo Luigino Poveretti.

PEPPINO Io ho sentito Palo.

LUIGINO Eh! E io sono il palo.

BARONE Lo vedete? È cacaglio. Dice Paaalo, ma si chiama Paolo.

PEPPINO Ho capito: è cacaglio.

LUIGINO   Ma che cacaglio... Io mi chiamo Luigino Poveretti e sono il palo.

BARONE   Paolo...

PEPPINO   Paolo. Dite appresso a me: Pa-o-lo.

LUIGINO   Pa-lo.

PEPPINO   No, no: dovete dire Pa-o-lo.

LUIGINO   Ma niente affatto, io mi chiamo Luigi e non Paolo. Però sono il palo.

BARONE   Qualche volta l'imbrocca e qualche volta sbaglia...

LUIGINO   Ma che sbaglia... io sono il palo.

PEPPINO (*scuotendo il capo*)   È cacaglio, è cacaglio!

LUIGINO   Sí, va bene, come volete voi.

PEPPINO (*al Barone*)   Ma io non ho capito in che cosa consiste questo Circolo della Caccia...

BARONE   Ecco qua, la sera i soci si riuniscono e si fanno quattro chiacchiere, si gioca con poco interesse e passa la serata.

PEPPINO   Ho capito, si dicono quattro parole...

LUIGINO   Una parola tira l'altra...

PEPPINO   Si fanno quattro chiacchiere...

LUIGINO   Dalle chiacchiere si viene ai fatti... e... (*fa il segno di una coltellata*).

PEPPINO (*allarmato*)   Neh, quello minaccia, ha fatto il segno del coltello...

BARONE   E si capisce! Quando si va a caccia ci vogliono i coltelli.

PEPPINO   E quando si va a caccia...?

LUIGINO (*alludendo al Barone*)   Lui va a caccia e porta 'e scamorze.

PEPPINO   Ma perché, voi andate a caccia 'e scamorze?

LUIGINO   Anche di pollastri...

BARONE (*sorridente in superficie, furibondo dentro*)   Ma che state dicendo...

LUIGINO   Insomma, lui gira...

BARONE (*interrompendolo*)   Io giro, volto e sto sempre qua... perché mi piace l'ambiente.

LUIGINO   Ecco, proprio. (*Il Barone gli fa segno di tacere*). Io poi non devo parlare, perché non mi conviene: io sono il palo...

BARONE   Paolo, si chiama Paolo: Paolo Luigino Poveretti.

PEPPINO   Chisto adda essere scemo...

GENNARO (*entrando*)   Signori!

SCUPPETTELLA   Servo!

SCAMUSQ   Joca! (*Poi vedendo Gennaro*) Servo...

SCUPPETTELLA   Joca!

GENNARO   Caro Barone, buonasera.

BARONE   Buonasera. (*A Peppino*) Vi presento il proprietario e fondatore di questo Circolo, il Commendatore Gennaro Fierro.

LUIGINO   Detto Punto-e-Virgola.

GENNARO (*seccato*)   Già, gli amici del Circolo, scherzando, mi chiamano Punto-e-Virgola, perché mi piace agire con regolarità e onestà.

BARONE   Il signore avvocato Peppino Fattibene mi ha tanto pregato e ha fatto tante insistenze perché si vorrebbe fare socio.

PEPPINO   Veramente, siete stato voi che mi avete carriato...

GENNARO   Va bene, voi, lui, chi è stato è stato. Voi stasera vedrete come si svolgono le nostre serate amene e se vi conviene fate la domanda e vi faccio socio.

PEPPINO   Ma non mi è possibile, perché la mattina mi alzo presto, vado in Tribunale...

GENNARO   Ma noi non facciamo mai tardi! Va bene, va bene, sarete socio.

PEPPINO   Ma io non posso frequentare il Circolo...

GENNARO   Siete socio!

BARONE   Non lo contraddite: siete socio.

PEPPINO   Sono socio...

GENNARO (*chiama in disparte il Barone e Luigino*)   Barone, sta caldo? (*Allude a Peppino*).

BARONE   Tene l'organetto.

LUIGINO (*a Peppino*)   Voi tenete l'organetto?

PEPPINO   Io?

GENNARO (*piano, a Luigino*)   Stateve zitto, l'organetto significa 'o portafoglio!

LUIGINO (*piano*)   E io saccio chesto...?

GENNARO   Cerca di riparare.

LUIGI (*a Peppino*)   Sapete... voi somigliate a uno che suona l'organetto sotto 'a casa mia... ma tale e quale! Chiede l'elemosina. Dite la verità, siete voi?

PEPPINO   Amico, per regola vostra io sono un signore, sia fatta la volontà d' 'o cielo! Prima c' 'a scamorza, mo coll'organetto! Mo me ne vado e buona notte!

GENNARO   Ma nossignore, quello ha scherzato, aspettate! (*A Luigino*) Vuie v'avite sta zitto, embè! Vuie accussí me disgustate 'e zalle...

LUIGINO   Ma voi come parlate...

GENNARO   È il gergo.

LUIGINO   Ma io il gergo non lo capisco e faccio 'e guaie...

Entrano Rosetta e Rafilina, in «arte» Baronessina Rosy e Contessina Fifí, scollate, profumate, e con molte pretese di apparire raffinate; ma sono giovani e fresche e tutti le guardano compiaciuti. Sventagliandosi e parlottando attraversano la scena e fanno per andare sul fondo, ma Gennaro si avvicina, galante.

GENNARO Care... care...

ROSETTA e RAFILINA Oh, Commendatore caro!

GENNARO Baronessina... Contessina...

BARONE (*a Rosetta*) Cara nipote, ti presento l'avvocato Peppino Fattibene... La Baronessina mia nipote e la Contessina Fifí...

Convenevoli, e parlottio.

GIOVANNINO (*entra dalla comune*) Buonasera, signori.

TUTTI Buonasera.

GENNARO Che c'è, Giovannino, state di malumore?

GIOVANNINO Niente affatto, v'ingannate... Io poi quando mai sto allegro...

GENNARO Vi voglio presentare a questi signori.

PEPPINO Peppino Fattibene.

LUIGINO Luigino Poveretti.

GIOVANNINO Piacere. (*Si allontana*).

PEPPINO Abbiamo fatto una bella figura!

GENNARO Barone, 'o gallo sta pronto?

BARONE Come no... Il gallo sta all'angolo del vicolo e se viene la polizia fa il solito segnale.

Peppenella entra da sinistra, anche lei in abito da sera e tutta ingioiellata; Rosetta e Rafilina, vedendola, si traggono in disparte, imbronciate.

PEPPENELLA Mammà! Dov'è la mamma? Mammina...?

GENNARO Vieni qua, vieni qua... pasticciotto di crema e fragola... pesca sciroppata... Ti voglio presentare il Presidente dei Presidenti del tribunale!

PEPPINO Ma che Presidente dei Presidenti, io sono un semplice avvocato.

BARONE Non fate il modesto.

GENNARO Il Capintesta della Magistratura, Peppino Fattibene. La mia promessa sposa, marchesina Sciú-Sciú.

PEPPINO   Tanto piacere, signorina. Il vostro fidanzato ha esagerato un poco... non sono affatto Capintesta...

PEPPENELLA   Quello che dice Gegè è sempre ben detto. (*A Gennaro*)   Abbracci a Sciú-Sciú, baci a Sciú-Sciú, carezze a Sciú-Sciú. (*Fa moine a Gennaro*).

GENNARO (*che si lascia coccolare compiaciuto, a Peppino*)   È un amore irrefrenabile.

FILUMENA (*entrando, a Peppenella*)   Voi avete chiamato mammina, ma la Marchesa madre è andata in cucina a sorvegliare il buffè, e adesso stava dando gli ultimi tocchi alla sua toilette. Ah, eccola qua. Signora Marchesa, siete desiderata da vostra figlia.

ASSUNTA (*entrando, vestita da sera, un po' pacchiana; avanza fino al gruppo, agitando un vistoso ventaglio*)   Il buffè è tutto pronto, è una vera sciccheria! Tutta roba degna di questa nobile associazione.

BARONE (*a parte*)   Donn'Assu', voi è meglio che vi state zitta!

GENNARO   La Marchesa madre... L'avvocato Peppino Fattibene.

ASSUNTA (*si degna di stendere la destra mettendola proprio sotto il naso di Peppino con l'evidente intenzione di farsela baciare*)   Piacere...

Restano a parlare in gruppo.

RICCARDO (*entrando*)   Agli amici...

TUTTI   Buonasera!

RICCARDO   Embè, state senza fare niente?

BARONE   Aspettiamo i componenti. Se vogliamo cominciare noi...

RICCARDO   E si capisce! Se no si fa tardi. Quando vengono gli altri, onore e piacere.

BARONE   Allora, jammo bello! Donna Filume'.

FILUMENA   Comandi!

BARONE   Prepara 'o tavolo.

Filumena obbedisce, attrezzando il tavolo da gioco centrale di carte da gioco, fiches, ecc.

RICCARDO (*a Giovannino*)   Tu staie n'altra volta qua?

GIOVANNINO   Perché, devo da' conto a qualcheduno?

RICCARDO   Ma perché mi rispondi male? Se ho parlato è stato solo perché stamattina ho incontrato Sisina, l'innamorata tua, la quale m'ha detto che non ti vuole sentire piú nominare, per il fatto che tu questo vizio del gioco non te lo vuoi togliere.

GIOVANNINO Salute a noi!

RICCARDO Non dire cosí perché mi fai piglià collera! Sisina è na bona guagliona e lo fa pe' bene tuo.

GIOVANNINO Pe' bene mio? E posso ancora avere bene, io? Va', va', nun me fa' ridere che non ne tengo genio! Che rappresenta piú la vita mia? 'O juoco m'ha ruvinato e 'o juoco m'adda salvà!

PEPPINO (*che si è avvicinato ai due giovanotti assieme a Luigino, ed è rimasto ad ascoltarli, chiede a Luigino*) Che ha detto?

LUIGINO O cuoco m'ha rovinato, e 'o cuoco m'adda salvà.

PEPPINO Ehhhh! E lo licenzia!

GIOVANNINO (*cupamente*) Quando aggio visto che il gioco è veramente un vicolo cieco per me, e che mi sono rovinato peggio, sacc'io quello che devo fare... Un'anema e curaggio e me levo 'o penziero.

Riccardo, turbato, gli chiude la bocca con la mano.

PEPPINO Ma ch'è stato? (*Prontamente Luigino gli tura la bocca con la mano imitando Riccardo; Peppino la tira via, indignato*) Vi ho pregato, statevi al posto vostro! Con voi non voglio scherzare!

BARONE (*avvicinandosi*) Ch'è successo?

PEPPINO Questo mette le mani in bocca... na mano salata... (*e sputacchia*) che schifo! Mo me ne vado e buona notte!

BARONE Ma niente affatto! Qua è tutto pronto... (*Battendo le mani e in tono allegro*) Signore e signori, un giochetto, un piccolo passatempo... Al tavolo, al tavolo!

LE TRE RAGAZZE (*gioiosamente*) Al tavolo, al tavolo! (*E si avvicinano al tavolo, dove iniziano a prendere posto*).

BARONE Facciamo un poco di baccarat.

LE TRE RAGAZZE Baccarat! Baccarat!

BARONE Signora Marchesa, voi non prendete posto?

ASSUNTA No, grazie, io preferisco sedere qua... (*siede, in fondo alla scena*) a leggere un poco. (*Prende un giornale*) Mi sono incaponìta, e sto andando appresso alle puntate di questo romanzo d'*appendicite*.

BARONE (*piano a Gennaro*) A forza vuole parlare... (*A Peppino*) 'On Peppi'? (*Non avendo risposta, insiste*) Fattibe'?

LUIGINO Fattibe'?

BARONE   Don Peppi'?

LUIGINO   Don Peppi'? Fattibe'?

PEPPINO   Ma insomma, la volete finire? Che so' fatto, lo zimbel-
lo vostro? Don Peppi'... Fattibe'... Io sono un professionista e
non posso essere sfottuto da voi!

BARONE (*a Luigino*)   Stateve zitto voi. (*A Peppino*) No, vi volevo dire: per passare un poco di tempo facciamo un baccarat. Ci
siete?

PEPPINO   Ma io non so giocare, guasterei gli altri.

BARONE   Nossignore, mo ve lo faccio vedere io. È molto semplice. (*A Gennaro*) Commendato', voi ci onorate?

GENNARO   No... Veramente...

LUIGINO   Tene dolore 'e capa!

GENNARO (*seccato*)   Sí, tengo dolore 'e capa!

LUIGINO   Ma se lo pregate viene.

PEPPINO   Vi distraete un poco, venite.

GENNARO   Come volete.

Ora sono tutti seduti intorno al tavolo da gioco, tranne Luigino, che rimane in piedi nelle vicinanze del tavolo, Assunta che,
sprofondata in poltrona, legge il giornale seguendo le lettere
coll'indice della destra, e Filumena che, messo a posto il tavolo
da gioco, se ne torna in cucina.

BARONE   Allora, mille lire di banco.

GENNARO   Mille e cinquecento.

RICCARDO   No, io mi ritiro.

PEPPINO   Mi dispiace, mi ritiro io pure. Non arrivo a questa cifra, il dottore mi ha proibito di giuocare: non posso avere emozioni.

BARONE   Eh, stateve attento! Voi puntate quanto volete voi.

GENNARO   Potete puntare forte perché sto in disgrazia.

RICCARDO   Sicuro! E sa' come perdete, voi? (*A Luigino*) Voi
non giocate?

LUIGINO   Io non posso giocare... Chillo poi comme fa?

GENNARO (*tossicchia con intenzione*)   Ehm...

LUIGINO   Non mi fate parlare...

BARONE   Vogliamo cominciare?

GENNARO   Naturale, il tavolo è formato... Stiamo tutti seduti intorno... (*Guarda con intenzione Luigino*) Voi che fate? Passeggiate, eh?

LUIGINO (*tra sé*)   Ah, già! (*Si dispone come un cantante di varie-*

tà e annunzia) A Marechiaro! di Salvatore Di Giacomo e Francesco Paolo Tosti. *(Canterella imitando l'introduzione musicale
della canzone)* Tara lairalalla... taratra ecc.

Quanno sponta la luna a Marechiaro
pure li pisce ce fanno l'ammore...
S'arrevotano l'onde de lo mare
e pe' la briezza cagnano colore...
            Quanno spunta la luna a Marechiaro...

GENNARO   Neh, neh, noi dobbiamo giocare. *(E batte le mani)*.
BARONE *(anche lui batte le mani per farlo cessare)*   Dobbiamo gio-
care.
LUIGINO *(prende i battimani per applausi e canta piú forte, inco-
raggiato, e girando intorno al tavolo)*
            Ah ah, ah ah ah ah ah ah!
            ah ah ah ah ah ah ah ah...
RICCARDO, GIOVANNINO, PEPPINO E LE TRE RAGAZZE *(battendo le
mani sdegnati)*   Neh, neh? Insomma...
LUIGINO *(ancora piú incoraggiato, si inchina, ringrazia e attacca a
voce altissima)*
            A Marechiaro, a Marechiaro...
GENNARO *(minaccioso, non lo lascia finire)*   Neh, guè! 'A vuó
ferní?
LUIGINO   Voi avete detto...
GENNARO *(alzandosi e avvicinandosi a Luigino)*   Che ho detto?
che ho detto?
LUIGINO   Avete detto...
GENNARO *(rivolto agli altri)*   Ho detto: «Andiamo a vedere se è
venuta l'acqua, perché manca l'acqua».
LUIGINO   Ah, manca l'acqua...
GENNARO *(spingendolo verso sinistra e costringendolo ad uscire
per la porta di sinistra)*   Cammina, cammina.

Escono insieme; subito da dentro, confusi con il chiacchierio
dei presenti, si sentono colpi di schiaffi, calci e lamenti.

LUIGINO *(catapultato in scena da un calcio di Gennaro, entra stro-
picciandosi il sedere, seguito da Gennaro)*   Voi dovete stare a
posto con le mani...
GENNARO   Avanti, si riprende il gioco. L'acqua non è venuta ancora ma non importa, abbiamo delle riserve... *(Riprende il suo
posto; finisce di mischiare le carte e domanda)* Chi vuol tagliare?

PEPPINO   Bè, taglio io.

GENNARO   Veramente l'ha detto prima il signore. (*Indica Luigino*) È vero che l'avete detto prima voi?

LUIGINO   Che cosa?

GENNARO   Che volevate tagliare voi.

LUIGINO   Io non ho fiatato! Che si deve tagliare?

GENNARO   Il taglio al mazzo di carte...

LUIGINO   Ah, già, sí, l'ho detto prima io. Chiedetelo un'altra volta.

GENNARO   Chi vuol tagliare?

LUIGINO (*immediatamente*)   Io! (*Poi si curva verso Peppino atteggiando il viso a una smorfia orribile da paralisi facciale, e chiede in confidenza*) Vedete se da qua è serio!

PEPPINO (*si scosta con repulsione*)   Ma che volete? Che ne so se è serio, se è comico... Che me ne importa? Scostatevi, scostatevi...

GENNARO (*interviene*)   Dovete tagliare? Venite e tagliate.

Luigino si avvicina e taglia, poi fa per mettere le diciotto carte – il famoso *mazzone* – sulle carte tagliate, ma gliene cadono due o tre in terra.

BARONE   Ma come, a terra!

LUIGINO   Come? Eh?

BARONE   Le carte a terra! (*Luigino ne getta a terra altre quattro o cinque*). Le carte a terra!

TUTTI (*disgustati*)   Le carte a terra!

Luigino, innervosito, prende tutte le carte e le scaglia per terra.

GENNARO   Scusate, Baro', raccogliete le carte. (*A Luigino*) A te, andiamo a vedere se è venuta l'acqua!

Luigino impaurito, si sposta prima in un angolo della stanza poi nell'altro, seguito da Gennaro che lo afferra e lo porta a sinistra come prima, e come prima si sentono rumori di calci e schiaffoni e lamenti.

LUIGINO (*entrando in scena e massaggiandosi il sedere*)   Ah! Ah!

GENNARO (*che lo ha seguito*)   L'acqua è scesa.

LUIGINO   Sí, sí, è scesa, è scesa!

Gennaro riprende il suo posto.

PEPPINO   Ha fatto cadere le carte, quell'imbecille... Adesso mischio io. Mischio e taglio. (*Esegue e dà il mazzo a Gennaro che distribuisce le carte*).

GENNARO   Fate il vostro giuoco.

GIOVANNINO   Cinquanta lire.

RICCARDO   Dieci.

BARONE   Cento lire.

SCAMUSO (*a Riccardo*)   Prestami cinquanta lire.

RICCARDO   Io debbo giuocare.

SCAMUSO   Prestami cinquanta lire, se no apro il balcone e me mengo abbascio.

RICCARDO   Téccate 'e cinquanta lire.

SCAMUSO (*mettendo i soldi sul tavolo*)   Cinquanta lire, o tutto o niente.

GENNARO (*a Peppino*)   E voi?

PEPPINO·   Due lire.

GENNARO   E sí, asseccammo 'o mare cu' 'a cucciulella!

BARONE   Il minimo è dieci lire.

ROSETTA   Ma che dieci lire, che dieci lire! Tentiamo la fortuna, tesoro! (*Acchiappa un pugno di fiches e le punta*) Coraggio ci vuole, vedrai che avremo fortuna.

PEPPINO (*guarda la ragazza compiaciuto, mentre lei gli fa una carezza*)   E già, la fortuna si tenta...

GENNARO (*che fino a quel momento si è soffiato il naso per dare il segnale convenuto a Luigino che non se ne dà per inteso*)   E cosí il giuoco è lento, è lento... è troppo lento. (*A Luigino*) Non è vero che il giuoco... 'e llente!

LUIGINO   Sicuro, è lento, è lento.

GENNARO   A me sta luce me fa male 'a vista.

LUIGINO   E io tengo le lenti nere che mi avete dato voi.

GENNARO (*seccato*)   Grazie, non le voglio. Dunque... voltate.

RICCARDO   Sette.

GIOVANNINO   Sette.

GENNARO   Cinque... (*Ridacchia nervosamente*) Ah, ah!

PEPPENELLA (*che non ha seguito il gioco, festosa*)   Bravo Gegè! Serata di fortuna per Gegè. Carezze a Sciú-Sciú, baci a Sciú-Sciú, abbracci a Sciú-Sciú.

GENNARO   Ho perduto io! (*Guarda Luigino*) E favorite! (*Paga tutti tranne Peppino*) Fate il vostro gioco!

PEPPINO   No, no: a me, dovete pagare a me!

GENNARO   Vi ho pagato.

PEPPINO   No, non mi avete pagato.

GENNARO   Quando vi dico che vi ho pagato, basta: io non sono un imbroglione!

PEPPINO   Allora vuole dire che l'imbroglione sono io? Quando vi dico che non mi avete pagato mi dovete credere! Lui era vicino... ha visto tutto. (*Allude a Luigino, a cui ora si rivolge*) Mi ha pagato?

LUIGINO   No!

GENNARO (*furibondo*)   Ma quello non ha capito! Il signore vuole sapere se io gli ho pagato la vincita.

LUIGINO   Ah, ecco! Non gliel'avete pagata.

GENNARO   E favorite! (*Paga Peppino*) Jammo appriesso. (*A Luigino*) Che fate in piedi? Date fastidio a don Peppino. Sedetevi vicino a me.

LUIGINO   Ecco. (*Si avvicina a Gennaro*).

GENNARO   Fate il vostro giuoco.

GIOVANNINO   Cinquanta.

RICCARDO   Cinquanta.

BARONE   Cento lire.

SCAMUSO   Tutte e cento.

SCUPPETTELLA   Cinquanta lire.

PEPPINO   Cinquanta pur io.

ROSETTA   Ma che cinquanta. Stai a sentire me: mettiamo tutto! Tranne il regalino per me... (*E prende una manciata di fiches che ripone nella borsetta*).

PEPPINO   Ma sí, cara...

GENNARO (*dà le carte, e si gratta in testa. Luigi non comprende*) Scusate... Mi prude la testa, mi debbo grattare... (*A Luigino*) Mi sto grattando...

LUIGINO   E vi gratto io! Voi giocate.

GENNARO (*gli toglie la mano*)   Mi debbo grattare io. Voi non potete sapere dove mi prode. Mi sono grattato!

LUIGINO   Ah! (*Gli passa la carta*).

GENNARO   Abbiamo detto: cinquanta, cinquanta, cento, cento, cinquanta e duecento... va bene! Scoprite.

BARONE   Quattro.

GIOVANNINO   Due.

GENNARO (*con aria trionfante*)   Quattro e due... E io! (*Scopre la sua*) Uno... (*Deluso*).

PEPPINO   Avete perduto un'altra volta. A me me piace stu gioco...

GENNARO (*guardando Luigino*)   E quello è uscito uno. Doveva uscire nove, capite?, nove!

PEPPENELLA   Bravo Gegè, serata fortunata! Baci a Sciú-Sciú, carezze a Sciú-Sciú, abbracci a Sciú-Sciú.

GENNARO (*infuriato*)   Ma me staie sfuttenno? Io te faccio na faccia 'e pacchere, io t'abboffo... Aggio perzo, hai capito? Aggio perzo n'ata vota!

RAFILINA   E voi ve site miso questa scema, vicino... Quella non capisce niente...

PEPPENELLA   E quando lo vuoi sapere, non mi salutano mai queste due, e io lo faccio chiudere il Circolo della Caccia!

ASSUNTA   Ma ch'è stato, neh?

PEPPENELLA (*piangendo*)   Mammà... qua non finisce bene!

ASSUNTA   Nun 'e da' retta, quella è l'invidia...

PEPPENELLA   Ma io lo faccio chiudere il Circolo della Caccia!

BARONE   Calma, calma... (*Rivolto a Peppino*) Sapete, le donne...

PEPPINO   E già, il sesso debole...

GENNARO   Questa non è né sesso debole né forte, questa fa parte del sesso scemo!

Peppenella piagnucola; Assunta la conforta.

PEPPINO (*starnutisce*)   Eeeeetcià! (*Luigino pronto gli passa una carta. Peppino prima sorpreso, poi sdegnato esclama*) Come vi permettete? Per chi mi avete preso? Io sono un galantuomo, sa'?

GENNARO   Ch'è stato?

PEPPINO   So' cose 'e pazze! Sappiate... (*rivolto a Luigino*) ... egregio signore, che io non mi presto a queste specie di truffe. Mi guardo bene dal dire quello che avete avuto il coraggio di fare, perché non vi voglio rovinare. E voi, commendatore Fierro, dovreste stare attento nell'ammettere i soci! (*A Luigino*) Io poi, secondo te... Mannaggia a bubà... (*Luigino gli passa un'altra carta*). Ma insomma! Signori, questo mi passa le carte. Vedete! (*Mostra la carta*).

GENNARO (*alzandosi e prendendo per il collo Luigino*)   Andiamo a vedere se è venuta l'acqua.

LUIGINO   No, no, no!

Escono a sinistra, di nuovo si sentono rumori di schiaffi e calci; intanto i giocatori commentano l'accaduto; questa volta entra per primo Gennaro, seguito da Luigino che preme una mano sul naso.

GENNARO Dunque; è un incidente senza importanza. (*Torna al suo posto*) Fate il vostro giuoco.

FILUMENA (*dall'interno*) Aspettate, io vi debbo annunziare...

EMILIA (*entra spingendo da parte Filumena*) Io sono la sorella; nun c'è bisogno che m'annunzi. Giuvanni', col permesso degli amici, ti debbo parlare.

GIOVANNINO (*confuso*) Permesso... (*Alla sorella, avvicinandosi a lei*) Che si' venuta a fa'?

EMILIA Io lo sapevo che ti trovavo giocando... Nun si' cuntento che hai mandato a precipizio una casa. Quella povera mammà... non si riconosce piú, è ridotta uno straccio per tutti i dispiaceri e tutto il veleno che le stai dando...

GIOVANNINO (*infuriato*) Ma insomma, non bastano le scenate a casa, mo 'e prediche me le vieni a fare appresso? Vattènne 'a casa.

EMILIA E vienetènne cu' me...

GIOVANNINO Io non posso lasciare la compagnia. Vattènne.

EMILIA Bella compagnia! Quatte magnafranche mbrugliune che te levano 'a cammisa 'a cuollo.

GIOVANNINO Statte zitta, ca chille sentono...

EMILIA Tu se non vieni con me io faccio cose 'e pazze, me metto a strillà come a na pazza.

GIOVANNINO Ma tu avessi bevuto, staie mbriaca? Mannaggia a bubà!

LUIGINO (*gli si avvicina, gli passa una carta, dicendo piano*) Tenete...

GIOVANNINO (*gettando per aria la carta*) Ma voi vi siete fissato!

LUIGINO E voi dite le parole mie.

GIOVANNINO Amici, scusate...

GENNARO Ma ch'è stato?

EMILIA Nun me ne fido cchiú! Voi a mio fratello lo dovete lasciare in pace, avete capito? Se no vado a ricorrere in questura.

PEPPINO Guè, nenne'... qua non si fa niente di male. Si giuoca con poco interesse, per divertimento, poi si va a caccia...

EMILIA (*puntando l'indice contro Peppino*) Vuie avite arruvinato 'a casa mia, vuie avite distrutto a mio fratello. Guardate là, nu vecchio! Invece 'e se mettere cu' na curona mmano, se ne vene 'o circolo d' 'a caccia! Bell'esempio che date alla vostra età.

GIOVANNINO 'A vuó ferní, o t'aggia pigliá a schiaffe ccà ncoppa?

EMILIA Bravo, pigliame a schiaffe! Anzi va 'a casa e piglia a schiaffe pure a mammà. Scannala, accidela, è meglio: cosí quella povera vecchia fernesce 'e suffrí...! (*Scoppia a piangere e si abbatte su una sedia*).

Fischio prolungato dalla strada.

BARONE   Shhhhhhh!

Tutti tacciono.

PEPPINO   Qualche socio che vuol salire.
TUTTI   Shhhhh!

Secondo fischio prolungato dalla strada.
Il Barone, Scuppettella, Scamuso, Gennaro, Assunta e Filumena fanno una smorfia significativa, come per dire: «è la polizia»; Peppino e Luigino imitano, male, la smorfia e restano tutti cosí fino a che si sente il terzo fischio prolungato dalla strada.

GENNARO   'O gallo ha cantato!

A questo punto il Barone, Assunta, Filumena, Scuppettella, Scamuso e le ragazze si dànno da fare per trasformare l'ambiente da bisca in circolo; ognuno sa cosa deve fare, perché ovviamente il tutto è stato già da tempo predisposto; alla fine il tavolo da gioco è diventato un quadro, appoggiato alla parete; il panno verde, contenente carte, fiches e soldi, e avvoltolato alla meglio su se stesso, finisce in una fioriera situata ai piedi del quadro.

PEPPINO (*smarrito*)   Ma che succede?
BARONE   È uno scherzo, è uno scherzo! Arrivano dei soci per fare uno scherzo e noi scherziamo con loro.
PEPPINO   Ma che mattacchioni!
LUIGINO   È divertente.
SCAMUSO (*si avvicina a Luigino e gli consegna un grosso coltello*)   Tenite, chisto v' 'o rialo!
LUIGINO   Grazie, grazie.
SCUPPETTELLA (*si avvicina a Luigino e gli mette tra le mani un revolver*)   Tenetelo per ricordo mio.
LUIGINO   Troppo buono!
SCAMUSO (*gettandosi ai piedi di Gennaro*)   Don Genna', vuie 'o

sapite 'o guaio mio, aiutateme, nun me perdite! (*E gli bacia le mani ripetutamente*).

GENNARO (*da protettore*) Súsete! Simme figli 'a stessa mamma! (*E lo bacia, come si usa nella camorra*).

PEPPINO   Ah! sono fratelli!

GENNARO (*prende per mano Scamuso*) Viene cu' me. (*E lo porta verso il caminetto, sul quale c'è uno specchio; Gennaro lo fa ruotare su un lato e scopre una nicchia a grandezza d'uomo*) Trase!

SCAMUSO   Grazie! (*Gli bacia la mano, sale su una sedia, poi sulla mensola del camino e entra nella nicchia che a stento lo contiene, appiattendosi contro la parete*) 'A Madonna v' 'o rrenne, san Gennaro v' 'o pava, sant'Antonio v'aiuta! (*Ma Gennaro lo chiude dentro, troncandogli la parola*).

PEPPINO   Che uomo religioso, m'ha commosso!

GENNARO (*raggiunge Peppino e gli consegna una rivoltella*) Vedete se vi piace: l'ho comprata ieri.

BARONE (*si avvicina a Peppino e gli consegna una pistola*) Ma è piú bella la mia... confrontatele!

PEPPINO (*tra sé, esaminando le pistole*) Ma non c'è paragone! È piú bella questa!

SCUPPETTELLA (*gli dà un chiodo lungo*) Questo porta fortuna: pigliatavèllo!

PEPPINO   Grazie!

Intanto le tre ragazze siedono ai tavolini, ricoperti ora di innocenti tovagliette a fiori: chi ricama, chi fa un solitario. Assunta siede di nuovo. Emilia siede a un tavolo col fratello. Filumena che è andata in cucina, rientra con un gran vassoio colmo di frittelle e avanza offrendo i dolci e avvertendo sottovoce.

FILUMENA   'E gguardie, 'e gguardie, 'e gguardie, 'e gguardie!

LUIGINO (*a Peppino*) Che dice?

PEPPINO   'E quaglie, 'e quaglie... Arrivano le quaglie!

Improvvisamente si spalanca la porta in prima quinta a destra ed entra una signora austeramente vestita di nero, con veletta al cappello: il Delegato. Contemporaneamente dalla sinistra e dalla destra in fondo entrano a precipizio quattro agenti travestiti uno da cuoco, uno da spazzino, uno da prete e uno da cameriera. Questa porta un cesto coperto da un panno bianco contenente i berretti dei quattro agenti e la bombetta del Delegato. Lo spazzino ha una scopa che, privata della saggina, diventa il bastone del Delegato. Ognuno di loro porta la divisa sotto il travestimento. Il Delegato si libera del vestito da donna e del cappello, prende il bastone dallo spazzino e la bombetta dal cesto della cameriera. Intanto i quattro agenti si liberano del travestimento e, rivoltella in pugno, piantonano le porte.

DELEGATO   Polizia! Fermi tutti!

LUIGINO   Questo è lo scherzo!

PEPPINO   Scherzo di cattivo genere!

DELEGATO   Fuori il grillo!

GENNARO   Ma, veramente...

BARONE (*cadendo dalle nuvole*)   Il grillo...!

DELEGATO   Il malloppo.

BARONE   Ma quale malloppo?

DELEGATO   Insomma non stavate giocando.

PEPPINO   Sissignore, con poco interesse...

GENNARO   Ma quando mai! Nun 'o date retta!

DELEGATO   Jammo mo non ci avessime conoscere; siamo vecchie conoscenze... (*Scorgendo Emilia*) Tu che faie qua?

EMILIA   Signor Delegato, questo è mio fratello, è un bravo giovane, quelli che l'hanno rovinato so' stati sti quattro delinquenti...

PEPPINO   Piccere', bada come parli! Io sono un galantuomo! (*Gli cade una rivoltella*).

DELEGATO   Ah, bravo! State armato! E chi siete voi?

LUIGINO   Ne tengo una pur'io. (*E la mostra*).

PEPPINO   Ma questa è piú bella e poi io ne tengo due. (*La mostra*).

LUIGI   Ma io tengo pure il coltello. (*E lo mostra*).

PEPPINO   Questo me l'hanno dato per buon augurio. (*Tira fuori il chiodo*).

DELEGATO (*prestandosi al gioco*)   Bravo, date a me, date a me. (*E prende le armi che i due gli porgono*).

PEPPINO   Stavate molto bene vestito da donna, avete fatto uno scherzo simpaticissimo.

DELEGATO   Proprio cosí... E noi scherziamo sempre. Però adesso scendiamo, andiamo a farci una passeggiatina.

PEPPINO   Troppo onore, però voglio offrirvi un gelato.

LUIGINO   E questi signori scendono con noi?

DELEGATO   Si capisce, questi signori saranno i primi.

LUIGINO (*a Peppino*)   E quanti gelati dovete pagare...

PEPPINO   E che me ne importa! Ho vinto quasi cinquecento lire, offro gelati a tutti, le signore prima di tutti e pure a quel signore che sta là dentro. (*Sgomento generale*). È un altro scherzo che vi vogliono fare... (*S'avvia verso il caminetto e apre la specchiera; appare Scamuso, pallido e senza parola*). Andiamo venite con noi, se no restate senza gelato.

DELEGATO (*esultante*)   Sta bene! Che felice incontro! (*A Gennaro*) Ce steva 'o segreto, ce steva...

Gennaro resta a testa bassa.

LUIGINO   E non avete visto la fioriera, con il quadro sopra, il quale poi è un tavolo da giuoco... (*Si avvicina alla fioriera e la scoperchia*).

DELEGATO   Bravo! (*Prende il tappeto verde che contiene le carte, le fiches e i soldi e consegna tutto agli agenti che a un suo cenno si sono avvicinati*).

PEPPINO   Voi siete proprio un simpaticone!

DELEGATO (*dà una spinta a Peppino, lo fa cadere addosso a Luigino*)   Cammenate, cammina! Mo m' 'e scucciato, mo.

PEPPINO   Neh, mascalzone, io te scasso na seggia nfaccia! (*E prende una sedia per la spalliera*).

Tutti lo trattengono, scongiurandolo di tacere.

DELEGATO   Neh, guè, fai 'a ribellione, fai! A te ti servo io... (*A tutti*) Delinquenti, schifosi... Ci stai pure tu, eh, Assu'! Filume' tu nun ne sai niente? Siete la piaga di Napoli: soldi co' nteresse, prostituzione, delinquenza, curtellate, sparatorie... Ricordateve però che io so' una brutta carnetta... Aggio saputo int' 'o quartiere che avete fatto il complotto... dice che avete giurato di farmi la pelle. Bè? E a chi aspettate? Io mo sto qua... quando ve muvite? Vuie site na maniata 'e crape! Ma io ho giurato che vi debbo distruggere e vi distruggerò, corpo del diavolo!

LUIGINO (*trionfante*)   Sei! (*E gli consegna una carta*).

DELEGATO   Ch'aggia fa' cu' sta carta? Portateli via.

Gli agenti li portano via, mentre tutti si protestano innocenti, e cala la tela.

Natale in casa Cupiello

(1931)

Con *Natale in casa Cupiello* siamo al crocicchio fra tradizione e ricerca: com'è testimoniato anche dalla singolare biografia dell'opera; «parto trigesimo», con una gravidanza durata anni anziché mesi, cosí da attraversare e riassumere forse, simbolicamente, la complessa gestazione dell'eduardiana *Cantata dei giorni pari*. Ogni atto-creatura della commedia nasce infatti da esperienze differenti, non solo dell'autore-attore e direttore artistico, ma della «Compagnia Umoristica I De Filippo». Le cui tre maschere principali formano una strana famiglia drammaturgica: padre-madre-figlio, ancor piú che fratello-sorella-fratello.

La maschera del padre è assunta, fin dall'inizio, dal secco Eduardo, con la sua voce piana ma già capace di foniche acrobazie (dall'acuto falsetto all'afasia); quella della madre appartiene naturalmente a Titina, in apparenza dimessa ma petulante (con punte d'isteria rituale); quella del figlio, dispettoso antagonista del padre, è cucita addosso al «mamo» Peppino. Grandi maschere perché incarnate in persone: «Edoardo è "un uomo". Peppino è "un uomo". Titina è "una donna"», come ben vedeva Savinio; che aggiunge: «Con nessun altro come con i De Filippo, i rapporti fra attori e spettatori sono altrettanto familiari» (A. Savinio, *Titina*, «Omnibus», 9 luglio 1938; poi in *Palchetti romani* cit., p. 265).

Quegli stessi attori che «al di là della ribalta» serbano la densità e la gravità, «la dignità della creatura umana!», in contrasto con «l'avvizzimento e l'artificio degli altri» (*ibid.*), debuttano come famiglia-compagnia proprio con l'atto unico *Natale in casa Cupiello*, nel 1931, al Cinema-Teatro Kursāal di Napoli. E la crescita un po' anomala dell'opera, fino alla sua maturazione *quasi* definitiva, contiene gli apporti umani e artistici delle tre maschere in quanto «concentrati di storie»: Eduardo *padre* e Luca Cupiello, Titina *madre* e Concetta Cupiello, Peppino *figlio* detto Nennillo. Da questo nucleo perfetto e precario ha

origine la commedia, con le sue interne conflittualità che la tra-
sformeranno in dramma.

Quando nasce, *Natale* è ancora un «figlio unico» della famiglia-compagnia (corrisponde all'attuale secondo atto); al quale se ne aggiungerà un altro (il primo atto) negli anni '32-33, dopo che i De Filippo hanno lasciato l'avanspettacolo e recitano
in un «vero teatro», al Sannazzaro. Il terzo figlio (per continuare con la metafora) nascerà e crescerà nel corso del decennio successivo di vita della Compagnia, fino appunto alla rottura della Famiglia che l'aveva generata. Composizione anomala
solo in apparenza, se pensiamo all'uso delle riduzioni o degli
ampliamenti nel teatro di tradizione napoletano da cui Eduardo,
come i fratelli, discende; ma qui si parte dal cuore farsesco e
melodrammatico dell'organismo scenico (l'atto unico diventato secondo atto), e gli si attribuisce poi una testa e delle gambe, per andare piú lontano.

Da «vecchio spettatore dei De Filippo – scriverà in proposito Flaiano – ho visto [...] nascere a gradi quel capolavoro che
è *Natale in casa Cupiello*, all'inizio come farsa, in seguito come
dramma di una società controllabile, con un terzo atto da grande maestro, dove la commozione piú felice scaturisce dalla allegria, dalla vivacità dei personaggi messi finalmente di fronte
al "loro" dramma» (E. Flaiano, «L'Europeo», 1° settembre
1966; poi in *Lo spettatore addormentato*, Bompiani, Milano
1996, p. 251). Il «dramma dei personaggi» di *Natale* culmina
nell'impossibilità della loro «riunione» famigliare nel teatro del
mondo; e, per una coincidenza forse rivelatrice, la composizione per intero della commedia reca traccia dei dissensi che porteranno alla separazione Eduardo e Peppino nel mondo del teatro. Il fratello maggiore aveva scritto l'ultimo atto contro il parere del minore, che lo considerava «facilmente intuibile, quindi
scontato e inutilmente penoso» (P. De Filippo, *Una famiglia difficile* cit., p. 276).

Non a caso il primo e il terzo atto, innestati su quello originario, funzionano anche come prologo ed epilogo della tragicommedia del protagonista; l'anti-eroe Luca Cupiello, che si
ostina fino alla morte a costruire le scene del suo Presepe famigliare e sociale, preannuncia un aspetto portante del «Teatro di
Eduardo» del dopoguerra: la *centralità* di un personaggio-prototipo dell'uomo. Un doppio «ambiguo» dell'attore-autore, che
sotto nomi diversi soffrirà con sempre maggiore coscienza lo
stesso *dramma della solitudine*. A partire dall'ambiente segnata-

mente domestico di *Natale*, questo «dramma dell'io» andrà oltre la simulazione artistica d'una incompatibilità psicologica fra i membri della famiglia rappresentata, per trasformarsi nella *metafora teatrale* d'una media (non eccezionale cioè) *incomprensione* fra gli uomini. Anche nei precedenti lavori eduardiani troviamo la Famiglia come Luogo dello scontro, o meglio della mancanza di incontro: ma questa prospettiva è piú legata alla situazione o ridotta al rapporto di coppia, o magari alleggerita dalla comicità dell'insieme. Qui invece l'opposizione fra il protagonista (*pater familias*) e gli altri (moglie, fratello, figli) appare alla base d'una rappresentazione esemplare della realtà. Perciò il conflitto fondamentale si frammenta in una serie sincronica di opposizioni secondarie, che danno il quadro d'una «casa 'nguaiata», in perpetua conflittualità interna: Luca-Nennillo; Nennillo-Pasqualino; Pasqualino-Concetta; Concetta-Ninuccia; Ninuccia-Nicola... la «catena» famigliare non tiene piú.

Se l'«avvenimento» rivoluzionario dell'opera sembra coincidere con la rivelazione del *tradimento* di Ninuccia, la figlia, e a causa dell'intrusione di Vittorio, l'*estraneo*, nel nucleo famigliare si determina la catastrofe, i pericoli per il Presepe concreto e simbolico di Luca non vengono tutti dal *fuori*. Il motivo convenzionale dell'Adulterio serve ad introdurre un altro motivo di incomprensione *in casa Cupiello*: fra quanti *sanno* (Concetta, alla quale si confida Ninuccia) e quanti *non sanno* (Nennillo e Pasqualino). Tanto piú che i secondi con le loro scaramucce incoscienti fanno da contrappunto farsesco al dramma, ma contribuiscono piuttosto ad esasperarlo che a lenirlo. Eppure, al di là di questo meccanismo esterno, conta la molla interna del dramma: l'*ignoranza* di Luca, del *pater* fuori-ruolo. Infine non si tratta di un dramma della gelosia coniugale, anche se c'è la naturale gelosia paterna, che riaffiorerà in *Non ti pago* (1940) e poi in *Mia famiglia* (1955). Assistiamo piuttosto alla «rappresentazione epica» di uno *straniamento* progressivo del protagonista, in seno al proprio mondo domestico e morale, che incomincia già prima della scoperta traumatica dell'adulterio della figlia.

Anche perciò la biografia a tappe di *Natale in casa Cupiello* trova significativi riscontri nel suo sistema drammaturgico e scenico: i tre atti sono nati non solo in periodi diversi, ma in una sequenza particolare. È giusto analizzare il testo *anche* seguendo l'ordine compositivo, «che rivela quella stratigrafia di elaborazione che altrimenti sarebbe occultata, per la perfet-

ta omogeneità del risultato finale, dalla sua lettura lineare»
(F. Angelini, *«Natale in casa Cupiello» di Eduardo De Filippo*
cit., p. 701). La stratigrafia di elaborazione dell'opera fa emergere caratteristiche che richiamano ai primi generi frequentati
dall'attore-autore («sceneggiata» e «farsa» regionali, con ricorrenti puntate nel «varietà»); ma contemporaneamente il suo
assetto quasi finale realizza una sintesi anticipatrice di motivi
che troveranno sviluppi, magari diversi, nella successiva produzione eduardiana.

Come si è accennato, il secondo atto (quello «unico» scritto per il Cinema-Teatro Kursaal) presenta attributi di maggiore dinamismo melodrammatico e farsesco rispetto agli altri due.
La *sfida* fra Nicolino e Vittorio, il marito e l'amante di Ninuccia
incautamente «riuniti» dall'ignaro Luca per il pranzo della
Vigilia di Natale, conserva appunto la memoria delle tradizionali «sceneggiate»:

> NICOLINO ([...] *assesta uno schiaffo a Vittorio, gridandogli con voce
> strozzata*) Tu si' n'ommo 'e niente!
> VITTORIO Carogna!
> NICOLINO (*ha brandito un coltello e si è messo sulla difesa, addossan-
> dosi alla credenza*) Scinne abbascio. Mo he 'a scennere, mo!
> VITTORIO (*accettando l'invito, minaccia a sua volta*) E quanno?
> NINUCCIA (*schierandosi contro il marito in difesa di Vittorio*) No,
> Vitto', nun scennere! (*E gli si para davanti come per difenderlo*).
> VITTORIO Nun te vo' bene mugliereta! Nun te vo' bene! [...]
> Jamme! (*Ed esce svelto per il fondo*).
> NICOLINO (*minaccioso alla moglie*) Cu' tte parlammo doppo (*Ed
> esce dietro a Vittorio*). (II, pp. 399-400).

E a questa specie partenopea di melodramma, tutto emotivamente esibito, assicura il controcanto comico lo *skecht* memorabile della «lettera natalizia» di Nennillo alla madre; dove il
giovane insiste dispettosamente ad escludere dalla «nota d' 'a
salute» lo zio Pasqualino, e quando sembra cedere alla protesta
di lui:

> TOMMASINO (*avendo accomodato la «nota», si dispone a leggere di
> nuovo*) «Cara madre, che il Cielo ti deve far vivere cento anni as-
> sieme a mio padre, a mia sorella, a Nicolino, a me e cento anni pu-
> re a zi' Pascalino, però con qualche malattia...» (II, p. 396).

D'altra parte questi aspetti più platealmente regionalistici
dell'atto vengono resi *anche* altrimenti funzionali dalla complessa dinamica dell'insieme compositivo; per cui l'atto secon-

do assume un diverso spessore: episodio-cardine tra l'*antefatto* (l'atto primo, scritto successivamente per preparare l'ambiente e i rapporti fra i personaggi) e l'*epilogo* (l'ultimo atto, incentrato sulla scena mimicamente pregnante della morte del protagonista). Nella diacronia strutturale del testo, ciascuno dei tre tempi simula appunto una «tappa» del viaggio esistenziale del Protagonista, compresso in poche ma significative giornate, come dimostra anche l'indicazione puntigliosa dell'orario: *le nove del mattino del 23 dicembre* (did., I, p. 359); *le ventuno circa [...] della Vigilia* (did., I, p. 381); *tre giorni dopo quella disastrosa Vigilia di Natale [...], dopo una notte passata completamente in bianco* (did., III, p. 401). La misura temporale della «quotidianità» appare un tratto saliente della drammaturgia eduardiana (pensiamo poi a *Sabato, domenica e lunedì*); ma si tratta pur sempre di un tempo fittizio, creato e accettato come fosse un altro tempo, un *tempo ciclico*, fatto di momenti che funzionano come altalene fra passato e futuro. Anche qui l'unità di tempo è costituita dalla «soggettività» di Luca; il succedersi degli eventi sembra inteso soprattutto a definire il *percorso di un'anima*, quella «credula» dell'anti-eroe: dall'illusione alla disillusione cruciale (primo-secondo atto), fino alla separazione dell'*io* dal contesto inadeguato del *mondo esterno* (ultimo atto).

In questa prospettiva il primo e il secondo atto mostrano un'intrinseca compiutezza che conferma la loro portata di «episodi esemplari»; ma la stessa autonomia scenica riconduce contemporaneamente alla loro stesura separata e in tempi differenti. Potrebbero essere rappresentati *ancora* come testi indipendenti: la loro cornice individuale è perfettamente conclusa. Il primo inizia con il risveglio del protagonista e l'avvio di una giornata in casa Cupiello, e termina con l'equivoco della «lettera»: lettera d'addio di Ninuccia al marito, che però non doveva essere recapitata e invece Luca consegna proprio nelle mani del genero. Un finale sospeso sul baratro delle sue inevitabili ripercussioni; ma che in questa ironica *suspense* potrebbe trovare un'efficace completezza. Il secondo atto incomincia addirittura con un riassunto dell'antefatto, attraverso lo sfogo di Concetta al portiere: «'O cielo m'ha voluto castigà cu' nu marito ca nun ha saputo e nun ha vuluto fa' maie niente [...]. Vedete se è possibile: n'ommo a chell'età se mette a fa' 'o Presebbio» (II, p. 381). L'*incipit* serve attualmente ad esporre il punto di vista della moglie in contrasto con quello illusorio del marito («Parlate male di me a Concetta, seh! Vi mangia vivo», II, p. 393); ma potrebbe – e poteva – semplicemente introdurre il pubblico *in medias res*. Lo stesso atto si conclude, dopo lo scontro fra Nicolino e Vittorio, con la patetica e grottesca «cantata» dei Re Magi, interpretati da Tommasino, Pasqualino, e Luca (che è anche il regista della scena). Ignari di quanto è avvenuto prima, i tre *si inginocchiano davanti a Concetta, che li guarda allucinata, e depositano i doni ai suoi piedi* (did., II, p. 400). Un finale meravigliosamente assurdo, e anche questo compiuto.

Invece il terzo atto funziona da epilogo «mitologizzante»: elaborato o rielaborato in un clima storico diverso da quello in cui nascono gli altri due, dirotta il senso complessivo dell'opera verso esiti di simulazione scenica per cui la «fine» (morte del personaggio principale) testimonia non solo della conclusione di questo intreccio, «ma anche della costruzione del mondo nel suo insieme» (Ju. M. Lotman, *La struttura del testo poetico*, Mursia, Milano 1976, p. 260). Quindi il tragi-comico «Natale in casa Cupiello» si trasforma nella drammatizzazione, sempre piú esclusiva, del soggettivo «Presebbio» del Protagonista: una costruzione del mondo quotidiana e utopica (com'è quella dei tradizionali presepi napoletani), dove l'intero universo, re magi e popolani, angeli e pastori e lavandaie e venditori di angurie e animali, si esibisce, nella sua gioia inconsapevole, attorno alla «grotta» dove un Dio-Bambino è appena nato. A causa della distruzione di tale spettacolo muore Luca Cupiello; e in questa prospettiva antefatto, scontro, epilogo (come tempi dell'azione corrispondenti ai tre atti dell'opera) appaiono anche, rispettivamente, l'introduzione nel *mondo poetico* e infantile del sognatore, la rappresentazione del *mondo prosaico* che lo circonda, la lunga scena della sua fine che testimonia dell'*incompatibilità fra i due mondi*.

Eppure il protagonista si trova fin dall'inizio in un rapporto di netta differenziazione con l'ambiente. Il suo famoso «candore», espresso ripetutamente nella sua tenace mania per il presepe, è quasi un filtro magico che gli impedisce (nei primi due atti) non solo di superare, ma perfino di vedere il «limite» che separa il sogno dalla realtà, la poesia dalla prosa, l'infanzia dalla maturità. Come Don Chisciotte, Lucariello è un costruttore di sogni: in ciò si differenzia dagli altri, da coloro che ai sogni non vogliono credere (Nennillo) o non credono piú (Concetta). Gli ostacoli alla sua impegnativa costruzione sono generali, sociali ed economici, e particolari, nell'ambito della sua famiglia;

ma, piú ancora che dall'insofferenza della moglie (provata dai
concreti problemi domestici cui egli è estraneo) o dalla distruzione materiale per mano della figlia, lo scenografo-regista si
mostra irritato e turbato dalla distruzione morale del Teatro del
Presepe minacciata dal continuo diniego del figlio.

Tutto il primo atto è attraversato e ritmato dal *leit-motiv*:

LUCA   Te piace 'o presebbio, è ove'?
TOMMASINO (*freddo*)   Non mi piace.

L'effetto immediato è quello del bergsoniano *diavolo a molla*: «una molla di genere morale, un'idea che si esprima e che uno
reprima», ripetutamente, ovvero «il conflitto di due ostinazio-
ni» (H. Bergson, *Il riso*, Laterza, Roma-Bari 1983, p. 47). Meccanismo comico fondamentale anche nei bisticci fra zio e nipote;
ma nella rappresentazione complessiva dell'opera questo contrasto *padre-figlio* oltrepassa il senso farsesco d'una ripicca fra
caratteri ostinati, non esprime soltanto una incomprensione generazionale, ma la stessa opposizione fra *mondi diversi* che è alla base del dramma. Già significata dalle contrastanti richieste
con cui padre e figlio incominciano la giornata:

LUCA   [...] (*Sbadiglia, si guarda intorno come per cercare qualche cosa che lo interessi, non sa nemmeno lui precisamente cosa. Poi realizza a un tratto e come temendo una risposta spiacevole chiede allarmato*) 'O Presepio... Addò stà 'o Presepio?   (I, p. 361).
[...]
TOMMASINO (*raggomitolato e sprofondato sotto le coperte, reclama*)
'A zuppa 'e latte!   (I, p. 362).

Per i primi due atti il mondo di Nennillo appare chiuso nelle esigenze di carattere materiale (è un «ladro in casa»), nell'o-
rizzonte delle soddisfazioni gastronomiche (come poi il figlio
famelico e dispettoso di *Gennareniello*); ridicole e patetiche appaiono quindi le sollecitazioni di Luca a immaginare la bellezza della propria opera. La cecità estetica, e morale, del figlio nei
confronti del *mondo creato* dal padre è assoluta: l'effetto è
appunto quello di un dialogo incomunicante tra un Luca -
Don Chisciotte e un Nennillo-Sancho. D'altronde la poesia del
Presepe idoleggiato da Luca può risultare anche ambigua, perché tradisce talvolta una certa arroganza senile (che ritroveremo in *Non ti pago*); l'ostinazione del protagonista a non varcare il confine che lo separa dal mondo degli altri, moglie e figli
compresi, può interpretarsi – in una prospettiva meglio antro-

pologica che sociologica – come attaccamento ad una concezione paternalistica e patriarcale della famiglia: dove la mitica «riunione» dei suoi membri dovrebbe essere assicurata dal predominio dell'anziano. Tema e problema eduardiano che ritorna – piú collegato alla trasformazione della storia e della società – nelle commedie famigliaristiche dei «giorni dispari» (da *Napoli milionaria!* a *Mia famiglia* fino a *Sabato, domenica e lunedí*).

Ma già in questo *Natale* le certezze del protagonista dipendono da un rapporto falsato, illusorio, con la realtà della propria famiglia. Luca si trova fin dall'inizio escluso dai normali rapporti intersoggettivi, dalla comunicazione con i suoi prossimi. Perciò la commedia offre costanti rimandi al problema del linguaggio: a partire da quello scambio di battute fra padre e figlio che abbiamo individuato come *leit-motiv* portante dell'opera, e che si traduce (non solo) sul piano verbale in un movimento binario di ostinata provocazione e continua frustrazione. Dal punto di vista tematico, la domanda ripetuta ossessivamente da Luca («Te piace 'o presebbio, è ove'?») esprime uno sforzo di comunicazione, ma da quello formale segnala una condizione di distanza e di distacco, o, piú in profondità, un tentativo inesausto di assimilare gli *altri* a *sé*. Nonostante la sua strutturale impotenza, questo *pater familias* tradisce nei confronti della moglie e dei figli una vocazione all'*auctoritas* che non ammetterebbe autonomismi o diversioni. Vorrebbe che gli altri passassero nel *suo* mondo, che fossero come lui li *vede* e se li *rappresenta*; in ciò non si rassegna mai: se la prende naturalmente con la moglie («La nemica della casa sei, la nemica della casa!», I, p. 367), accusandola della cattiva riuscita del figlio («Per la galera l'hai cresciuto, per la galera!», I, p. 365), al quale impartisce ripetute lezioni di morale, fingendo persino di cacciarlo di casa («Trovati un lavoro qualunque e non mettere piú piede qua», I, p. 369); pretenderebbe l'accordo tra la figlia e il genero (del cui matrimonio è piú responsabile di quanto non paia). Il fatto che nessuno lo ascolti o gli risponda non gli impedisce di insistere nella recita della propria autorevolezza; quando si sente escluso dal «bisbiglio» fra Concetta e Ninuccia, se ne esce *borbottando*: «Niente, niente... Fra madre e figlia è un altro linguaggio!» (I, p. 371); e piú tardi, *esasperato* dalla ripetuta oscurità delle risposte anche del genero, commenta: «Questa è una società...» (I, p. 376).

La passività di Luca è piuttosto il risultato di quell'impotenza che trova risarcimento, gratificazione soggettiva, solo nella rituale rappresentazione del Mondo del Presepe: «Ma insomma, mi volete lasciare tranquillo? (*Perde le staffe e grida furente*) Non posso essere distratto! Aggia fa' 'o Presebbio!» (I, p. 370). Proprio questa mania lo «distrae» e lo emargina dal mondo degli altri, trasformando anche il suo in «un altro linguaggio» (I, p. 371), in un «parlare speciale» (ediz. '59, I, p. 233). Quindi il Presepe per lui, oltre a configurare sul piano iconografico il mito della famiglia unita, affiatata, non toccata dai mali esterni (come tipica espressione di un'antica tradizione particolarmente radicata a Napoli), rappresenta un'occasione di fuga o di riparo dai problemi piú scottanti o noiosi della quotidianità. Non a caso l'esclusione da parte dei famigliari è subito colta dal capo-di-casa frustrato come opportunità di *autoesclusione*:

> LUCA   [...] Aggia fa' 'o Presebbio? E faccio 'o Presebbio! [...] Però, se succedono guai, da me non ci venite. Se succedono guai, io faccio 'o Presebbio. (*Prende il barattolo con la colla*) Mo vaco a scarfà 'a colla... (I, p. 371).

Anche dopo la scena dello svenimento di Concetta – paura, parapiglia, grida straziate: «È morta muglierema [...] sta murenno muglierema!» (II, pp. 373-74) –, non appena lei si riprende:

> LUCA (*avvicinandosi al letto, chiede teneramente a sua moglie*)   Mo comme te siente? [...] (*ferma lo sguardo sul Presepe distrutto e dopo una piccola pausa, dice quasi fra sé*) Mo miettete a fa' 'o Presebbio n'ata vota... (I, p. 375).

La scissione del personaggio risulta evidente nel passaggio (apparentemente) brusco da un *oggetto* all'altro della sua preoccupazione: la sproporzione fra il malore della moglie (alla quale è sinceramente affezionato) e la distruzione del presepe, implicitamente equiparati dalla reazione soggettiva di Luca, provoca il riso dello spettatore. Sembra quasi che l'autore-interprete isoli «nella stessa anima del personaggio il sentimento da deridere» e ne faccia «uno stato parassita dotato d'una esistenza indipendente»; come se l'«idea fissa» del presepe passasse accanto agli altri sentimenti nella stessa persona senza toccarli, senza esserne toccata, «distrattamente» (H. Bergson, *Il riso* cit., p. 93).

Che questa interna scissione si traduca in un «antilinguaggio» del personaggio stesso appare anche nel secondo atto, quello originario, che ruota intorno all'*impossibile pranzo* della vigi-

lia di Natale: un pranzo sempre atteso e rinviato, con un'inquietudine sospesa che aggiorna un *topos* di quel teatro dialettale ottocentesco, specialmente napoletano, che riprende i modi della Commedia dell'Arte (ripensiamo a *Miseria e nobiltà* del
padre Scarpetta). In questo contesto si collocano appunto due
«dialoghi apparenti» del protagonista, con l'antagonista, ovvero con colui che gli insidia la figlia, e con il genero. In entrambi la monomania di Luca per il presepe genera una catena di *ca-
lembours* che, soprattutto nel secondo, rende la distonia fra i
linguaggi degli interlocutori stridente e drammatica, nonostante i suoi immediati effetti comici.

Anzi la scena della sfida fra il marito e l'amante di Ninuccia
è preparata dal dialogo incomunicante fra Luca e Nicolino, subito dopo che questi ha incontrato il rivale in casa del suocero.
Mentre Luca gli mostra *con fierezza* il suo presepe, l'altro è *distratto* e gli risponde in modo incongruo perché segue *il filo del
suo pensiero* (did., II, p. 393):

> LUCA   [...] Questi sono i Re Magi, tutti e tre: Gaspare, Melchiorre
> e Baldassarre...
> NICOLINO   [...] Mangiano con noi?
> LUCA (*divertito*)   Niculi', tu comme staie stunato! [...] Certamente
> hai fatto un'altra volta questione co' Ninuccia [...].
> NICOLINO (*prende a caso un coltello dal tavolo e ci giuoca simulando
> indifferenza*)   No, vi sbagliate... mai come adesso vedo che c'è un
> accordo completo [...] (*Ibid.*).

Proprio questo dialogo subisce trasformazioni sul piano gestuale e mimico, nel passaggio dalla prima edizione del testo nella *Cantata dei giorni pari* del '59 all'ultima riveduta nel '79. Solo
nel rifacimento compare la didascalia che descrive il gioco col
coltello (allusivamente minaccioso) di Nicolino. Nella versione
precedente, che tende ad accentuare l'ingenuità del protagonista, all'ultima battuta del genero Luca replica (*sempre senza capire l'ironia*): «E questo mi fa piacere...» (ediz. '59, II, p. 259);
nella nuova edizione invece *intuisce qualcosa di torbido che amareggia suo genero, ma nell'incertezza afferma timidamente*: «E questo ci fa piacere...» (II, p. 393).

D'altra parte la spia linguistica piú evidente dell'alienazio-
ne del protagonista emerge dallo sforzo articolatorio che egli
compie, nel dialogo con l'*estraneo*, Vittorio, per convincerlo (e
convincersi) dell'armonia che regna nella propria famiglia:

> LUCA   [...] Quando viene Natale, Pasqua, queste feste ricordevo-

li ... Capodanno ... allora ci *rinuriamo*, ci *nuriniamo*... ci *uriniria-*
mo... (*Non riesce a pronunciare l'espressione «Ci riuniamo»; sbaglia,*
annaspa ci riprova inutilmente)   (II, p. 387);

poi cambia discorso, diffondendosi sul bel matrimonio della figlia, sulle attenzioni che essa gli dedica, sulla propria dignità di
«uomo di fiducia» nella Tipografia..., ma sempre lí ritorna:

LUCA   [...] Ecco che quando viene Natale, Pasqua [...] ci *rinuchia-*
mo... ci *ruminiamo*... (*Prova ancora un paio di volte, finalmente spa-*
zientito, decide di chiarire a modo suo quel concetto formulando una
frase piú comune) Vengono e mangiamo insieme.   (II, p. 388).

Luca Cupiello risolve il suo problema (apparentemente) verbale *allo stesso modo* in cui Sik-Sik cercava di salvare i suoi giochi di prestigio sul palcoscenico, cambiando le carte in tavola.
E come nel caso dell'*artefice magico* si marca il dislivello fra le
pretese italofone del protagonista e la sua inadeguata padro-
nanza della lingua eletta. Tuttavia l'impossibilità per il *pater* di
pronunciare «la difficile parola» si carica qui di significati metaforici: «ci riuniamo» è infatti l'espressione di quell'unità domestica che la costruzione rituale del Presepe e la realizzazione
del pranzo di Natale dovrebbero riconfermare. Luca è impotente ad esprimere il concetto *nel modo che vorrebbe* proprio per
l'avvenuta frattura fra significante e significato. Cosí come risulterà impossibile – in questo secondo atto – l'esecuzione reale del simbolico pranzo.
   Attraverso la via del «linguaggio», non soltanto verbale,
si ritorna quindi all'analogia fra i temi dell'«io» e il «mondo
dell'infanzia» (temi del fantastico per Todorov). Non a caso
l'analogia coinvolge il padre e il figlio, specialmente sul piano
dei gesti che ambedue compiono, ma in maniera differente.
Pensiamo a come Luca reagisce all'ironia di Vittorio sul presepe. Dopo che l'altro gli ha detto (per due volte) «Bravo!», il
protagonista si allontana da lui e *dubbioso* si avvicina a
Concetta: chiede conferma alla moglie («Chisto me pare ca me
sfruculèa...», II, p. 386), e poi sembra esplodere: «Io 'o dongo
nu piatto nfaccia...» (*ibid.*). Eduardo faceva soltanto il gesto,
ma tale da suscitare il riso nel pubblico. I gesti del suo personaggio non vengono mai portati alle loro estreme, o reali, conseguenze. Luca insisterà con l'ospite, illustrandogli le bellezze
della propria opera come ad un visitatore da museo; ma al terzo «Bravo!» (*ormai certo che Vittorio lo prende in giro*) ripiega:

«Voi siete amico di mio figlio, ho capito! (*Va a spegnere l'illu-minazione del Presepe*)» (II, p. 387). Eppure, fra padre e figlio, nonostante il loro antagonismo viscerale, si indovina un rap-porto di continuità, come verso la maggiore caratterizzazione grottesca di un genetico infantilismo. Infatti Tommasino por-ta a compimento, nello stesso atto, i gesti di ribellione solo ac-cennati dal padre. Per esempio, dinanzi alle «strane» reazioni di Vittorio, Nicolino e Ninuccia, che si trovano inaspettata-mente riuniti in casa Cupiello, il padre di famiglia chiede (e non riceve come al solito) spiegazione; quindi:

LUCA (*prende un piatto dal tavolo e lo agita minacciosamente facen-dolo tintinnare contro il piatto di sotto*) Ch'è stato? (II, p. 392).

Ma, alla risposta rituale di sua moglie («Niente, Lucarie', nien-te...»), si limita ad osservare *stizzito*: «E vide si pozzo sapé nien-te!» La scena si replica subito dopo con Tommasino che (*scim-miottando il padre*) chiede a Concetta: «Ma ch'è stato?», e alla stessa risposta della madre, invece, esplode:

TOMMASINO (*più forte*) Ch'è stato? (*E sbatte il piatto su quello che sta sotto con tanta forza che li rompe tutti e due*). (*Ibid.*).

In questo caso la risata del pubblico scatta sia per la ripeti-zione del gesto che per la sua quasi incosciente variazione, che tocca l'estremo limite del gesto stesso. Ma in tale rapporto pa-dre-figlio si riconoscono le tracce di un gioco delle parti che dai primi interpreti (Eduardo-Peppino) è passato a connotare il te-sto, e che si è riprodotto nella messinscena televisiva della com-media (1977) con la variante attorica di Luca De Filippo nella parte originariamente appartenuta allo zio.

Se l'ambiente dell'anima di Luca Cupiello è il «mondo del-l'infanzia», il suo dramma può essere visto anche come un rito di iniziazione mancato. Dopo l'impatto crudele con la *ragione degli altri*, ovvero il loro *rifiuto a riunirsi*, ad essere solidali, appare na-turale che egli si isoli, alla fine, in quel delirio fra il sonno e la ve-glia che è come un eterno «presente» elastico e infinito. «Come se» il protagonista – dopo l'improvviso filtrare di luci e di per-sone sinistre, i fantasmi del *theatrum mundi*, nelle crepe della sua mente che ha subìto il trauma – ritornasse, attraverso il delirio sornione che precede la morte, al suo mondo d'origine, al mon-do dei sogni. È d'altra parte significativo, in senso teatrale, che il momento della *rivelazione* traumatica non venga rappresenta-to: lasciamo Luca grottescamente (ma lui *non sa*) sorridente, pa-

tetico ma tenace regista d'una scena del suo privato Presepe famigliare, mentre travestito da Re Mago offre doni rituali alla
madre, una Concetta semisvenuta; lo ritroviamo, all'inizio del
terzo atto, *a letto, quasi privo di sensi* [...] *tre giorni dopo quella disastrosa Vigilia di Natale*. *La realtà dei fatti* – commenta epicamente la didascalia – *ha piegato come un giunco il provato fisico
dell'uomo che per anni ha vissuto nell'ingenuo candore della sua
ignoranza* (did., III, p. 401). La rappresentazione del «dramma
del passaggio» è lasciata all'immaginazione dello spettatore; anche perché non si tratta d'un vero passaggio, ma quasi d'un ritorno al punto di partenza: da sonno a sonno, da sogno a sogno.

Non a caso lo spazio artistico del terzo atto torna ad essere
la *camera da letto di Luca Cupiello*, come nell'*incipit* della commedia. Ma stavolta il rapporto del Mondo con quello dell'Io del
protagonista si configura come coro di presenze attorno al let-
to-bara di uno che sta per andarsene per sempre. Ci troviamo
già nel pieno di una «crisi di cordoglio» (anche se il morto non
è ancora morto) mediterranea e propriamente napoletana. Dove
il «rito del caffè» aggrega e separa il gruppo dei vecchi e quello
dei giovani, animando la scena con richiami alla quotidianità,
magari umoristici ma non necessariamente grotteschi. Su questo coro mosso e loquace emerge comunque la figura del protagonista, *apparentemente* immobile e balbettante. Il personaggio
è giunto al limite del suo straniamento dal mondo esterno, eppure l'autore-interprete inventa per lui una nuova specie di anti-linguaggio. Un linguaggio verbale appunto *al limite* della com-
prensibilità, che sfrutta l'espediente naturalistico della paresi per
ottenere effetti *altrimenti* comunicativi: come nel monologo far-
fugliante sul «fatto dei fagioli» che risulta «importante», per comunicare ancora una volta l'ostinazione pura e tremenda di Luca
Cupiello, quasi quanto l'*idea fissa* che sostituisce in lui quella del
presepe: «Nicculino è venuto?» Ma concorre all'effetto di «primo piano», caratteristico dei protagonisti eduardiani, il codice
gestuale e mimico solo in parte condensato nelle didascalie:

LUCA   Il fatto dei fagioli è importante [...] (*sorride, ma non riesce
che ad imprimere una smorfia tragica sulla sua bocca tirata verso sinistra*) [...] (*fa il gesto di portare alla bocca cucchiaiate di fagioli*) e *drunghete* e *dranghete*, e *drunghete* e *dranghete*, me mangiaie tutte 'e fagioli! (III, pp. 408-9).

Il volto dell'attore-autore, naturalmente prosciugato dal-
l'età, negli ultimi allestimenti assumeva le sembianze di una

maschera: una maschera tragica appunto, se la bocca non fosse stata *stranamente* sorridente. La simulazione dell'infermità
(che paralizza una parte del viso e del corpo) distorceva il sorriso fanciullesco come per una inconsapevole amarezza (per
Eduardo «l'umorismo è la parte amara della risata»). Si riproduce, alla fine, la sembianza del Pupo, che già si intravede nella dinamica del risveglio del protagonista, nel primo atto; quando, al *lamentoso ritornello* della moglie («Lucarie', Lucarie'...
scétate songh' 'e nnove!», I, p. 360), Luca *si siede in mezzo al
letto e si toglie, svolgendoli dalla testa, uno alla volta, due scialletti di lana e una sciarpa* (did., *ibid*.): dalla maschera al volto.
Ora però il Pupo, *con la schiena sostenuta da quattro o cinque
guanciali, col mento puntellato al centro del petto* (did., III,
p. 401), appare disarticolato per il braccio morto che lo stesso
attore-personaggio si diverte a far ballare su e giú (cfr. did.,
III, p. 412).
    Attorno a lui, i famigliari sembrano conservare i ruoli individuati: zio e nipote accennano per ben due volte ai consueti bisticci, la moglie dimostra la solita parzialità nei confronti del figlio maschio. Concetta è materna anche nei confronti del marito, sia quando lo tratta con una condiscendenza rassegnata,
interrotta da scatti di impazienza e di fastidio, sia alla fine, quando appare *mater* dolorosa, *affranta, distrutta* (did., III, p. 402).
Ma nel magnificare *l'atteggiamento che suo figlio ha dimostrato
verso il padre nella tragica circostanza*, contro tutti («Figlio mio!
E dicevano che eri disamorato...!»), la lamentatrice si esalta al
punto da svegliare *di soprassalto* il marito, che *chiede balbettando*: «Nicculino è venuto?» (III, p. 405). Sino alla fine, infatti,
Luca Cupiello conserva la sua testarda visione del mondo; la caparbietà è un suo «vizio comico», che si manifesta anche nel delirio terminale, al punto di fargli congiungere la mano della figlia con quella dell'amante nella convinzione di «riunire», in
questo modo, la sua famiglia. Ancora una volta come Sik-Sik, il
protagonista inventa e si arrangia; qui anzi *il suo volto si rischiara*,
ed egli *riesce a parlare con piú forza e chiarezza*: «Fate pace in presenza mia, e giurate che non vi lasciate piú» (III, p. 411). Ma il
grottesco della situazione non fa ridere; vi prevale il registro tragico, l'amarezza di un rovesciamento visionario...
    D'altra parte l'epilogo dell'opera è immancabilmente «doppio»: il senso «mitologico» di questo «Natale» cambierebbe
troppo se il testo si concludesse con quell'involontario ma desolante *qui pro quo*, se mancasse, alla fine, il *sospirato «sí»* del

figlio alla provocazione *in extremis* del padre. *Natale* è anche una commedia sulla memoria e sulla possibilità di trasmettere sentimenti e cultura da una generazione all'altra (nel teatro come nella vita); perciò anche il ruolo di Tommasino è importante: bisognava che qualcosa cambiasse in lui, nell'ultimo atto, pur restando lo stesso personaggio. E, al di là delle diverse interpretazioni possibili (volute dall'autore e regista stesso), Eduardo ha fissato le reazioni del personaggio nel testo. *Tommasino si è seduto ai piedi del letto, accanto al padre* (did., III, p. 405); e, nel *caso singolare e tragico* dell'errore di persona (Vittorio al posto di Nicolino) commesso dal moribondo, *Tommasino è il solo a comprendere tutta la tragedia: sul suo volto passa il dolore e di tanto in tanto la collera* (did., III, p. 411). Risulta quindi possibile che questo «figlio prodigo» ladruncolo e vile, messo di fronte alla croce finale del padre (dopo tre giorni di agonia), risponda in *altro modo* al suo appello accorato. Quando *Luca delirante farfuglia qualcosa di incomprensibile* [e] *chiede*: «Tommasi', Tommasi'...», il ragazzo *sprofondato nel suo dolore si avvicina al padre, mormorando appena*: «Sto qua»; e, quando il padre gli *chiede supplichevole*: «Tommasi', te piace 'o Presebbio?», Tommasino, *superando il nodo di pianto che gli stringe la gola, riesce solamente a dire*: «Sí» (III, pp. 411-12).

Luca resta chiuso nel suo mondo, nella sua a volte patetica, a volte grottesca, a volte lirico-simbolica monomania d' «'o Presebbio»; ha sempre fatto parte di un altro mondo, con ciò è collegata la sua morte. Ma se la sua iniziazione tardiva fallisce, forse quella del figlio, grazie al sacrificio del padre, riesce. Il *giovane* potrebbe davvero comprendere ed accogliere l'inusuale messaggio del *vecchio*; il quale perciò, come tutti i grandi visionari, *disperde lo sguardo lontano, come per inseguire una visione incantevole: un Presepe grande come il mondo* (did., III, p. 412).

«*Natale in casa Cupiello* è una delle prime grandi commedie di Eduardo [...]. Rivedendola oggi ... – scriveva Renzo Tian nel 1976 – ci tocca in modo quasi magico (e forse per questo ci mette d'accordo) perché è una non-storia, che esce dai confini del verosimile e della descrizione per arrivare nel territorio della visione e del simbolo. [...] Poche volte come nel *Natale*, la ricerca di Eduardo sa far coincidere la carica delle emozioni e la sottile truccatura comica della fantasia» (*Natale in casa Cupiello*, «Il Messaggero», 7 maggio 1976). Coincidenza straordinaria, se il rapporto fra la *carica delle emozioni* e la *truccatura comica della fantasia* ha provocato sempre problemi ai teorici del «riso».

Partendo dal presupposto aristotelico «dell'*insensibilità* che accompagna ordinariamente il riso», Bergson cerca di risolvere la questione cosí: «Non voglio affermare che noi non possiamo ridere d'una persona che ci ispiri pietà, ovvero affezione: ma è certo che allora, per qualche momento, sappiamo dimenticare tale affezione, far tacere quella pietà» (*Il riso* cit., p. 5). D'altra parte Propp l'affronta a proposito di quei «caratteri» che «non sembrano avere qualità negative, ma che pur tuttavia sono comici. Noi ne ridiamo, ma avvertiamo al tempo stesso per loro un senso di simpatia» (V. Ja. Propp, *Comicità e riso*, Einaudi, Torino 1976, p. 130). Ma entrambi ricorrono all'esempio di Don Chisciotte di Cervantes, personaggio-chiave della letteratura comica o umoristica, e anche grande archetipo teatrale.

> Immaginiamo [...] uno spirito che pensi sempre a ciò che ha fatto, mai a ciò che fa, come una melodia che ritardi sul suo accompagnamento [...], e che si adatti ad una situazione passata ed immaginaria, quando dovrebbe modellarsi sulla realtà presente. Il comico questa volta si istallerà nella persona stessa: è la persona che gli fornirà tutto, materia e forma, causa e occasione [...] (H. Bergson, *Il riso* cit., p. 9).

Questo è per Bergson il personaggio del «*distratto*»; ma il filosofo aggiunge:

> Quale intensa comicità deriva dallo spirito fantastico! [...] Sí, questi spiriti chimerici, questi esaltati, questi folli, cosí stranamente ragionevoli, ci fanno ridere [...]. Anche loro sono corridori che cadono, ingenui che qualcuno piglia in giro, uomini correnti dietro un ideale, ma che inciampano nella realtà, candidi sognatori che la vita maliziosamente persegue. Ma essi sono soprattutto dei grandi distratti, con questa sola superiorità sugli altri, che la loro distrazione è [...] organizzata intorno ad un'idea centrale – e le loro disavventure sono legate dall'inesorabile logica di cui la realtà si serve per correggere il sogno [...] (ivi, pp. 10-11).

Non esaurisce tuttavia il problema del rapporto fra la simpatia e perfino l'ammirazione suscitate dal modello del Don Chisciotte e le modalità per cui si attua quella necessaria «anestesia del cuore» che conduce a riderne. Ci illumina meglio Propp: «per la nobiltà delle sue aspirazioni e per l'altezza delle sue considerazioni, Don Chisciotte è una figura spiccatamente positiva [...] ma per la sua completa incapacità di adattarsi alla vita egli è ridicolo» (*Comicità e riso* cit., p. 135). «Non è comico – dunque – per le sue qualità positive», ma «per quelle negative», che ne hanno fatto «una figura universalmente popolare». D'altra parte la nobiltà del personaggio conferisce a tutte le sue avventure («di natura comica») un aspetto di «profondo valore»: per questa combinazione la comicità di Don Chisciotte acquista «un carattere tragico» (*ibid*.). Come acquista carattere tragico la comicità di Luca Cupiello.

Lo splendido ritratto bergsoniano del cavaliere dalla triste figura, «sognatore» e «grande distratto», si adatta, con gli opportuni aggiustamenti, anche al nostro Lucariello partenopeo. Ma Don Chisciotte e Luca sono entrambi dei «grandi distratti» perché la loro *distrazione è la conseguenza di una qualche concentrazione*. La passione dell'uno per i romanzi di cavalleria e la monomania dell'altro per il teatro del presepe filtrano (e trasfigurano) il mondo che li circonda; ma solo identificando il significato che assume l'oggetto di tale concentrazione, il suo valore simbolico, il lettore o lo spettatore può comprendere «quale intensa comicità deriva dallo spirito fantastico!»

Infatti alla costruzione del personaggio eduardiano concorre la sua fisionomia propriamente teatrale: di fronte a Luca Cupiello gli spettatori ridono pur partecipando al suo dramma. Come una corrente alternata di distacco e di partecipazione dall'autore-interprete passa al personaggio, e da questo al pubblico: e il corpo attorico di Eduardo lascia le proprie stigmate nei testi della sua drammaturgia consuntiva. L'attore consente di fermare di quando in quando il flusso della nostra emotività isolando alcuni particolari ridicoli del personaggio che interpreta, giocando sui due aspetti complementari del «visionario» e del «distratto». Vi concorre anche la *phoné*: pensiamo a quelle risatine, ai gorgoglii, alle onomatopee che punteggiano ed interrompono il flusso vocale (medio-basso, raramente sopra le righe) con suoni inarticolati. La maschera (fissa) è nascosta, ma in agguato sotto il viso (mobile), attraverso quella mimica che s'affida allo sguardo (occhi e sopracciglia), al disegno della bocca (sorriso ad accento circonflesso), ai movimenti (sempre parchi) delle mani. Quando la maschera si scopre (in lampi) scatta il riso; ma è un attimo, poi tutto ritorna alla normalità, cosí come nelle situazioni del teatro di Eduardo.

Ciò a partire dall'*incipit* del difficile risveglio del protagonista per finire nell'*explicit* della sua immobilità, mai statica:

LUCA (*articolando con difficoltà le parole, ribatte ironico* [...]. *Poi fissa lo sguardo su Luigi ed esclama felice*) Niculi'... (III, p. 406);

(*nel delirio della febbre ha ravvisato nelle sembianze di Vittorio quelle di suo genero* [...]. *Con un lampo di gioia negli occhi esclama*) Guè, Niculi'! (*Si sporge dal letto e riesce ad afferrare il braccio di Vittorio.* (did., III, p. 410);

[...] *Ora Luca trae a sé Vittorio per parlargli con tenera intimità* [...]. *Riesce a prendere la mano di Ninuccia e la unisce a quella di Vittorio. Il suo volto si rischiara* [...]. *E visto che i due non parlano, insiste* [...]; *felice che sia riuscito a far fare la pace a Ninuccia e il marito, ride, soddisfatto.* (did., III, pp. 410-11);

Ora Luca delirante farfuglia qualcosa di incomprensibile, agitando lentamente il braccio destro come per afferrare qualcosa in aria. È soddisfatto. Vaga con lo sguardo intorno [...]   (did., III, pp. 411-12);

[...] *mostra al figlio il braccio inerte; lo solleva con l'altra mano e lo fa cadere pesantemente* [...]. *Poi chiede supplichevole* [...]   (did., III, p. 412).

Attirato, affascinato dai personaggi del suo Presepe fantastico, Luca Cupiello dedica, a poco a poco, a loro il suo pensiero, la sua volontà. «Eccolo che gironzola fra noi come un sonnambulo. Le sue azioni sono distrazioni: solamente queste distrazioni si riattaccano ad una causa conosciuta e positiva; non sono piú semplicemente delle "assenze"; esse si esplicano con la "presenza" del personaggio, quantunque immaginario» (H. Bergson, *Il riso* cit., p. 10). Anche l'anti-eroe eduardiano esce dal gioco della vita senza aver superato la barriera fra l'immaginazione e i fatti; «cade» perché nel suo piccolo presepe continua a vedere *un Presepe grande come il mondo*, vi scorge *il brulichio festoso di uomini veri, ma piccoli piccoli, che si dànno un da fare incredibile per giungere in fretta alla capanna, dove un vero asinello e una vera mucca, piccoli anch'essi come gli uomini, stanno riscaldando con i loro fiati un Gesú Bambino grande grande che palpita e piange, come piangerebbe un qualunque neonato piccolo piccolo...*, e, perduto dietro quella visione, *annuncia a se stesso il privilegio*: «Ma che bellu Presebbio! Quanto è bello!» (III, p. 412).

Ma «altro è cadere in un pozzo perché si guardava un punto indeterminato, altro è caderci perché ci si vedeva una stella»! (Bergson).

Come si è accennato, la genesi di *Natale in casa Cupiello* appare singolare, e specialmente controversa per quanto riguarda la cronologia del terzo atto. Nel corso della nostra prima monografia eduardiana, ci siamo appellati all'autore stesso, che ci ha risposto cosí: «Dunque, NATALE IN CASA CUPIELLO: è nata nel 1931 in un atto (il 2° odierno). Nel 1932 o 33 non ricordo con esattezza, dopo aver lasciato l'avanspettacolo e debuttato al Sannazzaro, vi aggiunsi il 1° atto; il terzo invece lo aggiunsi nel 1943» (lettera di Eduardo del 22 febbraio 1983, riportata per esteso in appendice ad A. Barsotti, *Eduardo drammaturgo (fra mondo del teatro e teatro del mondo)*, Bulzoni, Roma 1988, p. 511. Il 1943, come anno di nascita del terzo atto, è confermato da Trevisani: «[*Natale in casa Cupiello*] non fu scritto, originariamente, in tre atti: il primo fu scritto nel 1931 ed appartiene alla prima produzione del "Teatro umoristico" de "I De Filippo". Eduardo aggiunse, qualche anno dopo, il secondo atto; poi (nel '43) il terzo, sviluppando in chiave drammatica la vicenda familiare del mite Luca Cupiello» (G. Trevisani, in *Storia e vita del teatro*, Ceschina, Milano 1967, p. 621).

Invece Fiorenza Di Franco ed altri studiosi eduardiani per il terzo atto risalgono al 1934, attenendosi a un'altra testimonianza, del '36, dell'autore: «[...] questo mio lavoro è stato la fortuna della Compagnia, dopo *Sik-Sik*, s'intende. Ebbe la sua prima rappresentazione al Kursaal di Napoli, ed era un atto unico. L'anno seguente, al Sannazzaro [...] scrissi il primo atto, e diventò in due. [...] Due anni fa venne alla luce il terzo: parto trigesimo con una gravidanza di quattro anni...»; il quale aggiunge: «Quest'ultimo non ebbi mai il coraggio di recitarlo a Napoli, perché è pieno di amarezza dolorosa ed è particolarmente commovente per me, che conobbi quella famiglia» (E. De Filippo, *Primo... secondo (Aspetto il segnale)*, «Il Dramma», n. 240, 1936; poi in *Eduardo, polemiche, pensieri, pagine inedite* cit., pp. 121-30). La famiglia reale, modello dei Cupiello, sarebbe quella dei «nonni paterni» secondo Maurizio Giammusso (*Vita di Eduardo* cit., p. 84). Nel Catalogo della Mostra *Eduardo De Filippo. Vita e opere* (cit.), si indica ancora il 1934 come data della prima rappresentazione di *Natale* in tre atti (a Milano, il 9 aprile al Teatro Odeon e il 21 aprile al Teatro Olimpia).

D'altra parte la stessa Di Franco riporta, fra le recensioni agli spettacoli eduardiani, due testimonianze che possono inquietare: quella di Renato Simoni sul «Corriere della Sera», del 10 aprile 1934, fa appunto riferimento a un terzo atto di *Natale* dove «l'autore è passato audacemente, anzi, temerariamente, dalla farsa a espressioni e rappresentazioni d'un realismo a tratti penoso» (cit. in F. Di Franco, *Eduardo*, Gremese, Roma 1983,

p. 34); ma nell'altra, di Ermanno Contini su «Il Messaggero» del 12 giugno 1937, si afferma: «Eduardo De Filippo [...] ieri sera [...] ha aggiunto l'epilogo, vale a dire il terzo atto. [...] In cinque anni la fantasia di Eduardo ha lavorato senza soluzione di continuità portando a compimento una vicenda e dei caratteri con la stessa coerenza e unità che avrebbe potuto dare loro per mezzo di una elaborazione rapida e continuativa» (cit., ivi, p. 35). Senza contare l'anonimo cronista del «Mattino» di Napoli che nel '36 osserva: «la ripresa di *Natale* richiamò ieri sera il solito pubblico foltissimo che rise a crepapelle per le originali trovate, le irresistibili battute della felicissima commedia di Eduardo De Filippo» (*Natale in casa Cupiello*, «Il Mattino», 1° febbraio 1936). Le reazioni qui descritte non possono riferirsi al terzo atto, e confermano implicitamente la dichiarazione dell'autore di non averlo rappresentato (almeno fino a quell'anno) nella sua città, ma anche il percorso sperimentale della commedia, che viaggiava in versioni sceniche differenti.

Proprio a seguito di queste contraddittorie notizie e testimonianze, abbiamo scritto nel 1983 a Eduardo, ricevendone la risposta citata, e che crediamo giusto avallare. L'ipotesi di un refuso non ci convince, poiché la lettera è scritta chiaramente, a macchina; è naturalmente possibile l'errore di memoria, ma, mentre per gli anni del secondo atto («1932 o 33»), l'autore ammette di non ricordare «con esattezza», indica con sicurezza l'anno del terzo («1943»). D'altra parte la spiegazione del piccolo mistero filologico potrebbe venire dal riconoscimento del carattere sempre provvisorio dei suoi testi teatrali, che l'attore-autore-regista sottoponeva a continue trasformazioni, sceniche e editoriali. Anche una studiosa autorevole come Franca Angelini, nel suo ultimo contributo eduardiano, dopo aver riportato i termini della questione, osserva: «Problemi di questo genere possono nascere dalla particolare struttura aperta di quest'opera e dalla convinzione di Eduardo che l'attore potesse continuamente intervenire sul testo, convinzione sempre sostenuta anche se nelle ultime opere meno provata dalla struttura dei suoi testi» (*"Natale in casa Cupiello" di Eduardo De Filippo* cit., p. 705). Cosí il drammaturgo raccomandava ai suoi allievi: «Non mi portate il copione definitivo, perché nemmeno quando va in prova una commedia il copione è definitivo: nemmeno quando va in scena! Il terzo atto di *Napoli milionaria!* l'ho scritto tre volte e la terza è stata dopo che era andata in scena» (E. De Filippo, *Lezioni di teatro*, Einaudi, Torino 1986, p. 60). In tale prospettiva la data del '43, che Eduardo stesso ci riferisce quarant'anni dopo, corrisponderebbe se non alla definitiva, alla piú compiuta stesura dell'epilogo di *Natale in casa Cupiello*; la cui prima edizione, in «Il Dramma», risale appunto a quell'anno. Anche Davico Bonino, dopo aver riportato la definizione eduardiana di *Natale* come «parto trigesimo con una gravidanza di quattro anni», scrive: «In realtà, il testo definitivo venne prendendo forma attraverso una serie di correzioni e aggiustamenti dal 1931 al 1943: e già questo fatto soltanto sottolinea la centralità di questa commedia [...] all'interno della *Cantata dei giorni pari* [...] sino alle soglie della seconda guerra mondiale» (G. Davico Bonino, *Prefazione* a E. De Filippo, *Teatro*, Edizione CDE, Milano 1985, p. VII).

Nel 1931 si forma la Compagnia del «Teatro Umoristico I De Filippo»: oltre a Eduardo, Titina e Peppino, ne fanno parte Pietro Carloni, Agostino Salvietti (già famoso a Napoli); Dolores Palumbo (che a diciannove anni inizia una carriera che la porterà anche a fianco del protagonista, al posto di Titina); Tina Pica (che ha quarantasette anni, ma sarà l'indimenticabile interprete-ispiratrice delle burbere zitelle eduardiane); Luigi De Martino, Alfredo Crispo, Gennaro Pisano e G. Berardi (cfr. F. Di Franco, *Eduardo* cit., p. 28). Il vero debutto della nuova Compagnia avviene quasi alla fine dell'anno, appunto il 25 dicembre con l'atto unico *Natale in casa Cupiello*, al Cinema-Teatro Kursaal di via Filangieri, a Napoli. Dal giugno i De Filippo hanno firmato il contratto che li impegna a presentare un «atto unico tutto da ridere» dopo il «film parlato». Il successo ottenuto da *Natale*, per la regia dell'autore, che interpreta Luca, con Titina-Concetta e Peppino-Nennillo, prolungherà la durata del contratto fino al 21 maggio 1932. Inizia cosí la fortuna teatrale dei tre fratelli, che attirano nel mondo (marginale) dell'avanspettacolo tutta la «bella gente» di via Chiaia, giovanotti eleganti e famiglie, anche artisti di passaggio a Napoli. E quando la Compagnia si sposta al Cinema-Teatro Reale (luogo scenico di fantasisti e cantanti, acrobati e ballerini), conquisterà anche il pubblico piccolo-borghese e operaio. In «quella sala dove l'aria era resa quasi irrespirabile dal fumo delle sigarette», Frascani scopre i De Filippo, consigliato da Nino Sansone: «Recitano quello che scrivono, ma con una naturalezza incredibile. E quello che scrivono, tutti atti unici, può anche far pensare all'umorismo di Cechov» (cfr. F. Frascani,

Eduardo, Guida, Napoli 1974, p. 13). E al Reale li ammira anche un letterato «italiano» con «il vizio di Napoli» come
Massimo Bontempelli: «nella mia vita napoletana ho il vizio della Compagnia De Filippo: e mentre altrove sto anni interi senza mettere piede in teatro, mai una volta sono rimasto anche
due giorni a Napoli senza andarmi a risentire le commedie e i
comici di quella compagnia; perfezione di gusto, arte, naturalezza e festoso abbandono. Mi domando perché i De Filippo
non risalgano mai le vie d'Italia» (*I De Filippo*, «Il Mattino»,
16 giugno 1932).

   Natale in casa Cupiello (ancora in un atto) va in scena al Reale
il 14 giugno 1932; poi con il «Teatro Umoristico» andrà al
Sannazzaro, crescendo di un atto, il 27 dicembre 1932 e il 25
dicembre dell'anno successivo; le due riprese spiegano forse l'incertezza dell'autore, nella lettera ai noi indirizzata, sulla data
d'innesto del primo atto («intorno al '32-33»). Nel mezzo, c'e-
ra stata anche la prima romana della commedia al Valle, il 3 novembre 1933; secondo Ermanno Contini «I De Filippo hanno
provocato con i loro elementi farseschi la piú viva e irresistibile ilarità. Il pubblico ha mostrato di divertirsi un mondo ed ha
calorosamente applaudito gli eccellenti interpreti» (*Natale in casa Cupiello*, «Il Messaggero», 4 novembre 1933). Lo stesso critico teatrale avrebbe poi testimoniato (come si è visto) l'ulteriore crescita, in scena, di *Natale* ripreso l'11 giugno 1937 al
Quirino di Roma: «da un atto farsesco» sarebbe «venuta fuori», con l'aggiunta dell'«epilogo», una commedia «ricchissima
sí di comicità, ma anche di umanità, patetica, amara, commossa. Il lavoro insomma [...] ha preso sostanza ed è diventato di
qualità» (E. C., *Natale in casa Cupiello*, «Il Messaggero», 12
giugno 1937). Abbiamo già citato anche Simoni, come testimone di una precedente prova, in teatro, del terzo atto di *Natale*
(all'Odeon di Milano il 9 aprile 1934); ma al critico del «Corriere della Sera» si deve pure l'acuta analisi dei meccanismi comici ed umoristici della commedia («Per due atti questa famiglia Cupiello ci esilara con i suoi contrasti, in mezzo ai quali
Luca si muove, creando, con ogni sua azione e ogni sua parola,
una comicità che s'aggira su due o tre motivi principali che sa
abbandonare al momento opportuno, traendo da ogni ritorno
ad essi, e dalla stessa insistenza di questi ritorni, un'allegria mar-
tellante e martellata che oscilla tra la farsa e il grottesco, ma nella quale c'è un fondo di ottima osservazione umoristica»), ed
uno dei piú convincenti ritratti di Eduardo costruttore del pro-

tagonista: «impersonò Luca con quel suo modo largo di accerchiare il proprio personaggio e di definirlo, come conquistandolo dal di fuori, con l'accumulazione dei particolari entro i quali esso si trova, poi, racchiuso e formato» (R. Simoni, *Natale in casa Cupiello*, «Corriere della Sera», 10 aprile 1934). Per quanto riguarda le successive riprese di *Natale*, del resto numerosissime, ci limitiamo a rammentare quella del 1957 (il 24 aprile all'Eliseo di Roma e poi il 17 maggio al San Ferdinando di Napoli) ormai da parte della Compagnia «Il Teatro di Eduardo»; con Pupella Maggio (Concetta), Pietro De Vico (Tommasino), Pietro Carloni (Nicolino) e Giuseppe Anatrelli (Vittorio). Per un'altra messinscena della Compagnia, il 24 aprile 1958 all'Odeon di Milano, Trevisani cosí commenta la crescita non soltanto testuale dell'opera: «*Natale in casa Cupiello* è stata giudicata, a suo tempo, dalla critica come una commedia che risente dell'influenza crepuscolare dominante in molti testi (Bovio, Murolo) del teatro napoletano postdigiacomiano. [...] Ma soprattutto occorre [...] porre in rilievo [la sua] potente carica di grottesco. [...] Si preannunzia, in questa commedia, quell'umorismo tragico che, dopo la maturazione dolorosa e pensosa degli anni di guerra, costituirà l'elemento fondamentale della poetica di Eduardo» (G. Trevisani, *Natale in casa Cupiello*, «l'Unità», 25 aprile 1958).

Di *Natale* si conoscono due edizioni radiofoniche. La prima, per la regia di Ernesto Grossi, risale al 25 dicembre 1946; la seconda, per la regia dell'autore, è andata in onda il 17 novembre 1959, interpretata dai seguenti attori della Compagnia «Il Teatro di Eduardo»: Eduardo (Luca), Pupella Maggio (Concetta), Pietro De Vico (Tommasino), Graziella Marina (Ninuccia), Pietro Carloni (Nicolino), Enzo Petito (Pasqualino), Enzo Cannavale (Raffaele), Vittorio Artesi (Vittorio Elia), Lelio Grotta (Dottore), Clelia Mataniai (Carmela), Liana Troché (Olga Pastorelli), Ettore Carloni (Luigi Pastorelli), Gennarino Palumbo (Alberto), Nina De Padova (Armida), Maria Hilde Renzi (Rita), Olga D'Ajello (Maria); Maria Clara Colonna, Angela Pagano, Anna Lagella, Antonio Casagrande, Riccardo Grillo, Ugo Spinola, e Isabella Quarantotti come narratrice.

Due sono anche le edizioni televisive della commedia, entrambe differite da studio. La prima, per la regia di Eduardo in collaborazione con Stefano De Stefani, con scene di Emilio Voglino, è stata trasmessa la prima volta il 15 gennaio 1962 (Raidue). Cambiano alcuni attori del «Teatro di Eduardo»:

Nina De Padova (Concetta), Elena Tilena (Ninuccia), Carlo Lima (Vittorio), Regina Bianchi (Carmela), Sara Pucci (Olga Pastorelli), Evole Gargano (Armida), Marina Modigliano (Rita); altri ancora interpretano nuovi personaggi di casigliani: Bruno Sorrentino (Mario), Angela Vogano (Giulia), Maria Hilde Renzi (Giuseppina).

Il secondo allestimento televisivo di *Natale in casa Cupiello* andrà in onda la prima volta il 25 dicembre 1977 (Raiuno). La regia è solo di Eduardo, con scene di Raimonda Gaetani, costumi della Gaetani e di Clelia Gonsalez. Accanto all'autore-attore (nella parte di Luca), recitano Pupella Maggio (che ritorna in quella di Concetta), Luca De Filippo (Tommasino), Lina Sastri (Ninuccia), Luigi Uzzo (Nicolino), Gino Mariangola (Pasqualino), Franco Folli (Raffaele), Marzio Onorato (Vittorio), Antonio La Raina (Dottore), Linda Moretti (Carmela), Marina Confalone (Olga), Sergio Solli (Luigi), Bruno Marinelli (Alberto), Maria Facciolà (Armida), Marisa Laurito (Rita), Linda Ferrara (Maria).

In teatro Eduardo continua a riproporre la commedia fino al 1976, con Pupella Maggio nella parte di Concetta e Pietro De Vico in quella di Tommasino: prima all'Eliseo di Roma (il 5 maggio) e poi al San Ferdinando di Napoli (il 15 ottobre), dove lo spettacolo andrà avanti per tre mesi; in questa occasione l'attore ribatte orgogliosamente ad Enrico Fiore, critico di «Paese Sera»: «Attribuire la ressa del pubblico che vuole vedere *Natale in casa Cupiello*, al fatto che sarei "stanco e malato" e in procinto di ritirarmi dalle scene mi sembra poco gentile verso i napoletani e ingiusto verso di me...» Riconferma il distacco fra l'uomo e l'interprete: è la finzione scenica che lo fa apparire malato come Luca Cupiello; ma, con quella protervia senile che distingue tanti suoi personaggi, aggiunge: «sfido qualsiasi cinquantenne – e forse anche qualche quarantenne – a provare una commedia la sera, dove resto in scena quasi ininterrottamente, per poi, alla fine, uscire fuori sipario e parlare col pubblico e dire poesie per un altro buon quarto d'ora...» (E. De Filippo, lettera del 24 novembre 1976, Napoli, ADF, cit. in M. Giammusso, *Vita di Eduardo* cit., p. 366).

Natale in casa Cupiello è stato rappresentato da altri interpreti nel 1957 in Urss, al Teatro Malyj di Mosca; nel 1970 in Gran Bretagna, al Castle Theatre di Farnham; nel 1971 a Teebus in Sud Africa; di nuovo in Gran Bretagna, nel 1982 al Greenwich Theatre (Greenwich), e nel 1983 al Duk of York Theatre di Londra; nel 1984 in Germania, allo Staadtische Bühnen di Münster; nel 1995 al Théâtre du Marais di Parigi.

Il testo di *Natale in casa Cupiello* esce in tre atti nel 1943, nella rivista «Il Dramma» (n. 397). È inserito nella prima edizione Einaudi della *Cantata dei giorni pari*, nel 1959, ma è pubblicato da Einaudi anche in volume autonomo (Torino 1964) ed è compreso in *I capolavori di Eduardo* fin dalla loro prima edizione del 1973-74. La sua biografia testuale, già problematica nella prospettiva cronologica delle «pubblicazioni tramite scena», appare tanto piú intrigante dal punto di vista delle sue «pubblicazioni tramite libro» (Taviani). Infatti nella *Cantata dei giorni pari* del 1959 appare una versione differente da quella che ricompare nell'edizione della *Cantata* del 1979, riveduta dall'autore: a partire dall'elenco dei personaggi, dove il nome del figlio di Luca da «Nennillo» si trasforma in «Tommasino, [...] detto Nennillo», e i nove personaggi dei vicini di casa Cupiello si riducono a sette. Del resto, nell'edizione 1971 della *Pari*, che presenta varianti minime rispetto alla prima, era già scomparso dall'elenco uno dei «casigliani», chiamato appunto «Tommasino».

Secondo quanto ci ha riferito Isabella Quarantotti De Filippo in una conversazione romana del 1987, il primo testo, strutturalmente piú sintetico e caratterizzato da una piú marcata dialettalità, venne ricostruito a memoria da Eduardo e Titina (che avevano perso il copione originario) nell'urgenza della pubblicazione della *Cantata*. Invece il secondo, che amplia battute e aggiunge episodi sia comici che drammatici, l'ha riscritto per intero il solo Eduardo: potrebbe assomigliare di piú ad una stesura letteraria. D'altra parte, già nella ripresa scenica di *Natale* del 1976, «nella quale Eduardo mostra di aver sublimato nello stesso tempo interpretazione e regia», sembra «che questa commedia non sia piú necessariamente legata alla sua condizione di "napoletana"» (R. Tian, *Natale in casa Cupiello* cit). E può aver influito sulla ricomposizione del '79 il nuovo allestimento per la televisione del 1977, inducendo l'autore a rendere piú accessibile il linguaggio verbale dell'opera. Come si è notato, i testi teatrali eduardiani appaiono «consuntivi» dal punto di vista delle loro «pubblicazioni tramite libro»: possono interessare anche «il lettore» proprio perché contengono le tracce della mobile realtà delle messinscene dell'autore-attore-regista (cfr. A. Barsotti, *Introduzione* a E. De Filippo, *Cantata dei giorni dispari*, vol. I, Einaudi, Torino 1995).

Per quanto riguarda le due diverse edizioni dell'opera, si rilevano varianti testuali notevoli fra quella del '59 e quella del '79 (cfr. anche B. de Miro d'Ajeta, *Eduardo De Filippo. Nu tea-*

tro antico, sempre apierto, Esi, Napoli 1993). Le didascalie in
genere subiscono un processo di arricchimento, tranne quella
d'ambientazione del primo atto che, nella prima edizione della *Pari*, appare scenicamente piú particolareggiata: nella camera di casa Cupiello, oltre a un letto matrimoniale, c'è infatti *un
lettino a sinistra. Un paravento è messo a lato del lettino dove, raggomitolato e coperto fino alla testa, dorme Nennillo* (did., I, ediz.
'59, p. 221). Il paravento e l'atteggiamento del giovane, che
ne mostrano la chiusura a bozzolo, mancano nella didascalia riveduta; cosí come un dettaglio poetico della scena che la collega, in modo inusuale per Napoli, all'atmosfera natalizia: *Dai
vetri si scorge la neve cadere a fiocchi* (did., *ibid*.). D'altra parte
l'ambiente famigliare, nella prima versione, appare socialmente piú basso: qui la piccola borghesia sconfina con il popolo,
com'è confermato anche dalla spiccata dialettalità del linguaggio. La stessa didascalia del primo atto mostra *un attaccapanni
a muro a destra sul quale è attaccato il paltò di Concetta, una pel-
liccetta spelacchiata e il cappellino sdrucito, ma dignitoso* (did.,
ibid.); anche questo dettaglio scenico manca nella corrispondente didascalia dell'edizione '79 (ma non nella messinscena
televisiva del '77). Cosí l'ambientazione del secondo atto in
questa edizione, stavolta attraverso indicazioni scenografiche
piú ampie e particolareggiate, manifesta una maggiore agiatezza nei preparativi del «pranzo natalizio» rispetto alla scena
raffigurata nell'edizione '59. Dove *un lampadario è nel mezzo
acceso. Le «catenelle» di carta colorata si avvolgono attorno ad
esso dando una nota caratteristica ed allegra all'ambiente* (did.,
II, ediz. '59, p. 244); poi invece *il lampadario centrale è ad-
dobbato con stelle d'argento e oggettini natalizi. Quattro lunghi
festoni di carta velina colorata, partendo dal centro del lampadario raggiungono gli angoli della stanza* (did., II, ediz. '79, p. 271;
ora p. 381). Una differenza confermata anche sul piano del-
l'allestimento gastronomico: *A sinistra un buffet sul quale vi sono piatti di dolci, frutta ecc.* (did., II, ediz. '59, *ibid*.); *In fondo
a sinistra una credenza sulla quale trionfano tutte le specialità natalizie; non manca la rituale «croccante», gli strufoli e la pasta reale* (did., II, ediz. '79, *ibid*; ora *ibid*.). Inoltre, mentre nella didascalia del primo testo *Concetta è seduta e pulisce della verdura che ha raccolta in grembo e che va mettendo man mano che è
pulita nell'insalatiera* (did., II, ediz. '59, *ibid*.), in quella riveduta la donna *stacca le cime dai rigogliosi broccoli di Natale e le
ammassa via via in una grossa insalatiera* (did., II, ediz. '79, *ibid*).

In conclusione, la *piccola camera da pranzo borghese* del '59 si trasforma nella *stanza da pranzo di casa Cupiello* del '79.

Per quanto riguarda l'*incipit* dell'azione scenica, l'antagonismo fra i caratteri di Luca e di Nennillo appare piú marcato nella prima versione, del resto, come si è osservato, piú sintetica: mancano nel dialogo iniziale fra Concetta e Luca le battute sul «freddo» e poi la ripresa, variata, della discussione sul «caffè». Emerge quindi la richiesta del sognatore, al suo risveglio: (*Di soprassalto, ricordandosi*) «'O presebbio addo' sta?» (I, ediz. '59, p. 223); seguita quasi subito da quella materialistica del figlio: «'A zuppa 'e latte!» (I, ediz. '59, pp. 224-25). Nennillo, in questa edizione, ripete significativamente la battuta anche dopo le sollecitazioni del padre ad immaginare il presepe nella sua completa bellezza:

> LUCA   Ma se non è finito ancora... ce manca ancora tutte cose... Questo è appena il fusto... Quando ci metto l'erba, i pastori...
> NENNILLO (*dispettoso*)   Non mi piace. Voglio 'a zuppa 'e latte.   (I, ediz. '59, p. 225).

Cosí invece nell'edizione riveduta:

> LUCA   [...] (*Indica il Presepio*)   Qua poi ci vengono tutte montagne con la neve sopra [...]. (*Ammiccando*) Te piace, eh? Te piace!
> TOMMASINO (*annodandosi la cravatta*)   No.   (I, ediz. '79, p. 258; ora p. 368).

Ancora a proposito del ripetuto scambio di battute fra padre e figlio sul presepe, nella prima versione la lingua napoletana risulta forse piú immediatamente espressiva:

> LUCA [...]   Te piace 'o presebbio, è ove'?
> NENNILLO (*freddo*)   Non mi piace.   (I, ediz. '59, p. 230);

nell'ultima:

> TOMMASINO (*testardo*)   A me non mi piace.   (I, ediz. '79, p. 253; ora p. 363).

Le varianti linguistiche, nel primo atto, influiscono anche sulla resa del carattere del protagonista: la sua dedizione al Teatro del Presepe appare esaltata nella prima edizione dalla spiccata dialettalità:

> LUCA   [...] (*Gridando*)   Voglio sta' sulo. Aggi' 'a sta' sulo, capisce? Aggi' 'a fatica'. Aggi' 'a fa' 'o presebbio!...   (I, ediz. '59, p. 232);

cosí invece in quella riveduta:

> LUCA   [...] Ma insomma, mi volete lasciare tranquillo? (*Perde le staffe e grida furente*) Non posso essere distratto! Aggia fa' 'o Presebbio!   (I, ediz. '79, p. 260; ora p. 370).

Nel secondo atto, osserviamo questa variante nelle didascalie che accompagnano la scena comica della «lettera natalizia» di Nennillo-Tommasino, dopo che questi ha aggiustato la sua «nota d' 'a salute»:

> NENNILLO (*riprendendo a leggere*)   «... che ti possa far campare cento anni assieme a papà, a mia sorella, a Nicolino, a me e a zi' Pasqualino...»
>
> Pasqualino approva con soddisfazione.
>
> (*Continuando*) «... Però... con qualche malattia...» (*Chiude la lettera*).   (II, ediz. '59, p. 261);

> TOMMASINO (*avendo accomodato la «nota», si dispone a leggere di nuovo*)   «Cara madre, che il Cielo ti deve far vivere cento anni assieme a mio padre, a mia sorella, a Nicolino, a me e cento anni pure a zi' Pascalino, però con qualche malattia...»   (II, ediz. '79, p. 286; ora p. 396).

La prima versione stavolta offre piú informazioni sul codice gestuale-mimico della scena, e, introducendo nel discorso di Nennillo la pausa riempita dal gesto dello zio, evidenzia l'atteggiamento dispettoso del nipote. Cosí anche nel dialogo fra Luca e Vittorio: quando il protagonista, frustrato dall'ironia dell'estraneo sulla costruzione del suo presepe, cerca almeno di esibire la «riunione» della propria famiglia, non riuscendo però a pronunciare la «difficile parola». Nella prima versione non ci sono ancora i prolungati (ed esilaranti) giochi di parole sull'espressione «ci riuniamo», tuttavia la didascalia indica con maggiore precisione i gesti e la mimica di Luca Cupiello: (*Si ferma, si distoglie da Vittorio ripetendosi mentalmente e muovendo appena le labbra la difficile parola. Infine crede di poterla pronunciare. Si gira di nuovo sorridente e ripete*) «Ci... rinueiamo... Ci... (*Rinunciandoci con un respirone*) Vengono e mangiamo assieme!!!! Ah!» (II, ediz. '59, p. 253). E nella piú estesa e pregnante dialettalità del testo si evidenzia uno scarto semantico (che manca in quello del '79): perché in questo passo il protagonista cerca di esprimersi in lingua; la serietà del discorso, a suo giudizio, lo richiede!
Delle varianti nel dialogo incomunicante fra Luca e Nicolino,

che prepara la scontro melodrammatico fra quest'ultimo e il rivale, abbiamo già parlato nell'esame dell'opera; d'altra parte la
scena stessa della sfida, nell'ultima versione, è preceduta dal-
l'episodio nuovo e importante del «bacio» fra Ninuccia e
Vittorio, che scatena appunto l'ira di Nicolino (cfr. II, ediz.
'79, pp. 289-90; ora pp. 399-400). E a variare grottescamente
questa scena – nell'edizione '59 assai piú rapida – si introduce
Concetta che *appare ignara. Reca una fumante insalatiera di broccoli natalizi* (did., II, ediz. '79, p. 290; ora p. 400). Fenomeni
d'accrescimento nelle didascalie dell'edizione riveduta si rilevano anche nella scena successiva, in quella grottesca «cantata» dei Re Magi che conclude l'atto. Nella prima versione la didascalia è piú sintetica: Nennillo, Pasqualino e Luca, senza nulla sapere di quanto è avvenuto prima, *circondano Concetta che
li guarda con occhio vuoto, inebetito, e cantano la «Pastorale» di
Natale, rigirandole sul viso le stelline luccicanti* (did., II, ediz. '59,
p. 268). Invece la coreografia della scena è minuziosamente indicata nella didascalia della nuova edizione:

> *Dopo una piccola pausa, dal fondo entrano Luca, Tommasino e
> Pasquale: con indumenti di fortuna [...] si sono camuffati da Re Magi.
> Luca reca l'ombrello, Pasquale la borsetta e Tommasino il piatto con
> la lettera. Ognuno agita nell'aria una stellina accesa [...], e tutti e tre
> intonano la canzone di Natale [...]. Pasquale dà alla canzone la sua ver-
> sione per la borsetta e Tommasino li accompagna. Dopo un mezzo gi-
> ro intorno alla tavola, si fermano, si inginocchiano davanti a Concetta,
> che li guarda allucinata, e depositano i doni ai suoi piedi.* (did., II,
> ediz. '79, p. 290; ora p. 400).

Il terzo atto presenta una sola variante strutturale, ma importante, che riguarda la diagnosi del Dottore. Nella prima versione, egli collega il trauma del protagonista ad una specie di
blocco infantile: «Luca Cupiello è stato sempre un grande bambino che considerava il mondo un enorme giocattolo ... quando ha capito che con questo giocattolo si doveva scherzare non
piú da bambino ma da uomo ... non ha potuto. L'uomo in Luca
Cupiello non c'è. E il bambino aveva vissuto già troppo» (III,
ediz. '59, p. 279). Eduardo elimina questo discorso nella versione riveduta del testo: forse perché lo ritiene superfluo e troppo didascalico, e anche perché in esso si fornisce un'interpretazione del personaggio che l'autore-attore-regista preferisce lasciare alla ricezione del pubblico. Non devono meravigliare
infatti le diverse interpretazioni del suo personaggio fornite dal-

lo stesso Eduardo a distanza di anni. Nel volume *'O canisto* del 1971 (precedente alla revisione del testo, scenica ed editoriale) egli spinge a vedere «nel rifiuto del presepe da parte dei familiari un rifiuto dell'umanità intera del mistero dell'amore, che proprio Cristo ha portato agli uomini con il Natale» (cfr. M. Giammusso, *Vita di Eduardo* cit., p. 84); e invece nell'occasione della seconda messinscena televisiva, del 1977, che prelude appunto all'edizione riveduta del testo nel '79, egli afferma che «Luca muore e deve morire anche se suscita pietà [...] perché non si dà conto della situazione precaria in cui si trova» (cit. ivi pp. 84-85). Come si è osservato, l'edizione '59 tende a sottolineare il «candore» del protagonista, mentre quella del '79 ad evidenziarne una certa «ambiguità»: tra la prima e l'ultima passa del tempo, per l'autore e per noi, anche quello fondamentale delle prove e riprove del testo sulla scena.

D'altra parte, a proposito del terzo atto si nota anche una variante linguistica che va nella direzione opposta rispetto alle altre finora individuate (dal dialetto alla lingua). Proprio la battuta finale di Luca Cupiello, sia nella versione edita nella *Cantata* del '59 sia in quella leggermente riveduta nella *Cantata* del '71 (e ristampata in *I capolavori di Eduardo* Einaudi del '73-74), è in italiano: «Che bel Presepe! Quanto è bello!» (III, ediz. '59, p. 282; III, ediz. '71, p. 248); invece nell'ultima edizione riveduta della stessa *Cantata* la battuta esce parzialmente in dialetto: «Ma che bellu Presebbio! Quanto è bello!» (III, ediz. '79, p. 302; ora p. 412). Un altro di quei fenomeni di inversione, nei confronti della prassi di revisione testuale, che confermano la polifonia espressionistica (e scenica) della «drammaturgia consuntiva» eduardiana.

Personaggi

Luca Cupiello
Concetta, sua moglie
Tommasino, loro figlio, detto Nennillo
Ninuccia, la figlia
Nicola, suo marito
Pasqualino, fratello di Luca
Raffaele, portiere
Vittorio Elia
Il dottore
Carmela
Olga Pastorelli
Luigi Pastorelli
Alberto   } i casigliani
Armida Romaniello
Rita
Maria

In casa Cupiello. Un letto matrimoniale e un altro piú piccolo, per un solo posto. Comune in fondo a destra. Balcone a sinistra. Su di un tavolo, davanti al balcone, vi sarà un Presepe in fabbricazione, e tutto l'occorrente necessario per realizzarlo: cartapesta, pennelli, sugheri, e un recipiente di latta con la colla Cervione. Tra il balcone e il lettino a un posto vi sarà un piccolo paravento con davanti un treppiedi di ferro con bacinella, ed un secchio smaltato bianco; sul paravento è appoggiato un asciugamani. A ridosso della parete di destra un comò con sopra santi e immagini religiose d'ogni specie con davanti candele e lumini spenti. Sono le nove del mattino del 23 dicembre. Luca dorme nel letto matrimoniale; il posto della moglie, Concetta, è in disordine come se la donna l'avesse lasciato da poco. Nel lettino piccolo dorme Tommasino (detto Nennillo).

CONCETTA (*entra dalla destra con passo cauto; indossa una sottana di cotone bianco e ha sulle spalle uno scialletto di lana; ai piedi un paio di pantofole realizzate con un vecchio paio di scarpe del marito. Reca in una mano una fumante tazza di caffè, e nell'altra una brocca d'acqua. Mezzo assonnata si avvicina al comò, posa la tazza, poi va a mettere la brocca accanto al lavabo; va al balcone ed apre le imposte; torna al comò, prende la tazza e l'appoggia sul comodino. Con tono di voce monotono, abitudinario, cerca di svegliare il marito*) Lucarie', Lucarie'... scétate songh' 'e nnove! (*Dopo una piccola pausa, torna alla carica*) Lucarie', Lucarie'... scétate songh' 'e nnove. (*Luca grugnisce e si rigira su se stesso, riprendendo sonno. La moglie insiste*) Lucarie', Lucarie', scétate songh' 'e nnove.

LUCA (*svegliandosi di soprassalto*) Ah! (*Farfuglia*) Songh' 'e nnove...

CONCETTA Pigliate 'o ccafè. (*Luca, pigro e insonnolito, fa un gesto come per prendere la tazza del caffè, ma il sonno lo vince di nuovo. Imperterrita, Concetta riprende il lamentoso ritornello, con tono un po piú forte, mentre comincia a vestirsi davanti al comò)* Lucarie', Lucarie'... scétate songh' 'e nnove!

LUCA (*si siede in mezzo al letto e si toglie, svolgendoli dalla testa, uno alla volta, due scialletti di lana e una sciarpa; poi guarda di sbieco la moglie)* Ah, songh' 'e nnove? Già si sono fatte le nove! La sera sei privo di andare a letto che subito si fanno le nove del giorno appresso. Conce', fa freddo fuori?

CONCETTA   Hai voglia! Si gela.

LUCA   Io me ne so' accorto, stanotte. Non potevo pigliare calimma. Due maglie di lana, sciarpa, scialle... I pedalini 'e lana... Te ricuorde, Cunce', i pedalini 'e lana che cumpraste tu, ca diciste: «Sono di lana pura, aggi' avuto n'occasione»? Te ricuorde, Cunce'? (*Concetta continua a vestirsi senza raccogliere l'insinuazione del marito. Luca prende gli occhiali dal comodino e si mette a pulirli meticolosamente)* Cunce', te ricuorde? Cunce'...? (*La donna non risponde)*. Cunce', te ne sei andata?

CONCETTA (*infastidita)*   Sto ccà, Lucarie', sto ccà.

LUCA   E rispondi, dài segni di vita.

CONCETTA   Parla, parla: ti sento.

LUCA   'E pedalini ca cumpraste tu, che dicesti: «Sono di lana pura»... Conce', quella non è lana, t'hanno mbrugliata. Tengo i piedi gelati. E poi, la lana pura quando si lava si restringe... questi piú si lavano piú si allargano, si allungano... so' addiventate ddoje bandiere. 'O ccafè, Cunce'.

CONCETTA   Sta sopra al comodino.

LUCA   Ah, già. (*Prende la tazza, dopo avere inforcato gli occhiali. Sbadiglia)* Conce', fa freddo fuori?

CONCETTA   Sí, Lucarie', fa freddo. (*Spazientita)* Fa freddo! E basta.

LUCA   Eh... Questo Natale si è presentato come comanda Iddio. Co' tutti i sentimenti si è presentato. (*Beve un sorso di caffè, e subito lo sputa)* Che bella schifezza che hai fatto, Conce'!

CONCETTA (*risentita)*   E già, mo le facévemo 'a cioccolata! (*Alludendo al caffè)* È nu poco lasco ma è tutto cafè.

LUCA   Ma perché vuoi dare la colpa al caffè, che in questa tazza non c'è mai stato?

CONCETTA (*mentre cerca in un cassetto qualcosa di personale: delle forcine, un pettine, un rocchetto di filo bianco)*   Ti sei svegliato spiritoso?

LUCA   Non ti piglià collera, Conce'. Tu sei una donna di casa e sai fare tante cose. Per esempio, 'a frittata c' 'a cipolla, come

la fai tu non la sa fare nessuno. È una pasticceria. Ma 'o ccafè
non è cosa per te.

CONCETTA (*arrabbiata*)   E nun t' 'o piglià... Tu a chi vuoi af-
fliggere.

LUCA   Non lo sai fare e non lo vuoi fare, perché vuoi risparmiare. Col caffè non si risparmia. È pure la qualità scadente: questa puzza 'e scarrafone. (*Posa la tazza sul comodino*) Concetta,
fa freddo fuori?

CONCETTA (*irritatissima*)   Sí, Lucarie', fa freddo assai: fa freddo! Ma che si' surdo?

LUCA   Cunce', ma che t'avesse data na mazzata ncapa?

CONCETTA   Me l'he addimandato già tre volte: fa freddo.

LUCA   Questo Natale si è presentato...

CONCETTA   ... Come comanda Iddio. Questo pure lo avete detto.

LUCA   E questo pure l'abbiamo detto... (*Sbadiglia, si guarda intorno come per cercare qualche cosa che lo interessi, non sa
nemmeno lui precisamente cosa. Poi realizza a un tratto e come temendo una risposta spiacevole chiede allarmato*) 'O Presepio... Addó stà 'o Presepio?

CONCETTA (*esasperata*)   Là, là, nessuno te lo tocca.

LUCA (*ammirando il suo lavoro*)   Quest'anno faccio il piú bel
Presepio di tutti gli altri anni. Pastorella, 'o terzo piano, ha
detto che lo fa pure lui il Presepio. Mi ha detto: «Facciamo la
gara». Sta fresco... Lo voglio fare rimanere a bocca aperta. Ho
fatto pure i disegni, i progetti. Voglio fare una cosa nuova:
sopra ci metto tutte casette novecento... (*Alla moglie*) Conce',
'a colla l'hai squagliata?

CONCETTA (*sgarbata*)   Lucarie', io adesso mi sono alzata. Se mi
date il permesso di vestirmi per andare a fare la spesa, bene, e
se no ci sediamo e ci mettiamo agli ordini di Lucariello. (*Siede
e incrocia le braccia*).

LUCA (*aggressivo*)   Non l'hai squagliata ancora?

CONCETTA   No.

LUCA   E io aieressera che te dicette? «Domani mattina, appena
ti svegli, prima di fare il caffè, squaglia la colla perché se no
non posso lavorare e il Presepio non è pronto per domani».

CONCETTA (*si alza di scatto, prende il barattolo della colla e si
avvia per la sinistra*)   Ecco pronto, andiamo a squagliare la
colla, cosí stamattina mangiamo colla! Quando viene Natale
è un castigo di Dio! (*Esce e si sente la sua voce che si allontana*) Colla, pastori... puzza 'e pittura!

LUCA (*gridando come per sopraffare gli apprezzamenti della mo-*

glie)   Sei vecchia, ti sei fatta vecchia! (*Finalmente decide di
alzarsi; scende dal letto, si avvicina alle sacre immagini sul
comò, e facendo un piccolo inchino e sollevando lo sguardo
mistico verso i santi, si fa il segno della croce; si avvicina poi
alla sedia ai piedi del letto, prende i pantaloni lisi e se li infila
non senza difficoltà; poi torna verso il comodino, si mette in
testa il berretto appeso alla testata del letto, tenta di bere il
caffè, ma il cattivo sapore lo costringe a sputare il sorso; ancora tremante per il freddo, si rimbocca le maniche della camicia,
sbadiglia e si avvia verso il lavabo; intona la stessa litania con
cui Concetta ha svegliato lui, per svegliare il figlio Tommasino*)   Tummasi', Tummasi', scétate songh' 'e nnove! (*Tommasino non risponde*). Io lo so che stai svegliato, è inutile che fai
finta di dormire. (*Riempie la bacinella di acqua, si insapona le
mani e di tanto in tanto si rivolge ancora a Tommasino*) Tommasi', scétate, songh' 'e nnove. E questo vuoi fare! Vedete se è
possibile: nu cetrulo luongo luongo che dorme fino a chest'o-
ra! Io, all'età tua, alle sette e mezza saltavo dal letto come un
grillo per accompagnare mio padre che andava a lavorare. Lo
accompagnavo fino alla porta, ci baciavo la mano... perché allora si baciava la mano al genitore... poi me ne tornavo e mi
coricavo un'altra volta. (*Ora si insapona la faccia e si lava il
viso abbondantemente. Non trova l'asciugamani e fa sforzi incredibili perché i rivoli d'acqua non gli corrano per la schiena.
Finalmente trova l'asciugamani e si asciuga il volto. Si rivolge
al figlio con piú autorità*) Hai capito, svegliati? (*Visto che Tommasino non gli risponde, abbozza, per quieto vivere*) È meglio
ca nun te dongo retta, se no ci facciamo la croce a prima matina.

TOMMASINO (*raggomitolato e sprofondato sotto le coperte, reclama*)   'A zuppa 'e latte!

LUCA   E questa è la sola cosa che pensi: «'A zuppa 'e latte,
'a cena, 'a culazione, 'o pranzo»... Alzati, 'a zuppa 'e latte te la
vai a prendere in cucina perché non tieni i servitori.

TOMMASINO   Se non me la portate dentro al letto non mi sòso.

LUCA   No, tu ti sòsi, se non ti faccio andare a coricare all'o-
spedale.

CONCETTA (*tornando col barattolo di colla fumante*)   'A colla...
(*raggiunge il tavolo dov'è il Presepe per collocarvi sopra il barattolo di colla*) Io nun capisco che 'o faie a ffa', stu Presebbio.
Na casa nguaiata, denare ca se ne vanno... E almeno venesse
bbuono!

TOMMASINO (*con aria volutamente distratta*) Non viene neanche bene.

LUCA E già, come se fosse la prima volta che lo faccio! Io sono stato il padre dei Presepi... venivano da me a chiedere consigli... mo viene lui e dice che non viene bene.

TOMMASINO (*testardo*) A me non mi piace.

LUCA Questo lo dici perché vuoi fare il giovane moderno che non ci piace il Presepio... il superuomo. Il Presepio che è una cosa commovente, che piace a tutti quanti...

TOMMASINO (*c. s.*) A me non mi piace. Ma guardate un poco, mi deve piacere per forza?

LUCA (*per ritorsione, scuote violentemente la spalliera del letto, intimando al figlio*) Súsete! Hai capito súsete?

TOMMASINO (*dispettoso*) 'A zuppa 'e latte!

CONCETTA (*indifferente all'atteggiamento del marito, si rivolge dolcemente al figlio*) Alzati, bello di mammà, alzati!

LUCA (*a Concetta*) Embè, si le puorte 'a zuppa 'e latte dint' 'o lietto ve mengo 'a coppa abbascio a tutte e due! (*Alludendo alla cattiva educazione che Concetta dà a Tommasino*) Lo stai crescendo per la galera!

CONCETTA (*conciliante*) Quello mo si alza! (*E con gesti mimici, curando di non farsi scorgere da Luca, invoglia Tommasino ad alzarsi; il dialogo muto tra Concetta e «Nennillo» viene sorpreso e interrotto da Luca*).

LUCA È incominciato il telegrafo senza fili.

TOMMASINO (*spudorato, insiste*) 'A zuppa 'e latte!

LUCA (*irritato*) Embè, mo te mengo 'a colla nfaccia.

CONCETTA Alzati, bello 'e mammà. Ti lavi tanto bello, e mammà intanto ti prepara nu bello zuppone.

LUCA Niente affatto. 'O zuppone s' 'o va a piglià in cucina. (*A Tommasino*) Che l'hai presa per una serva, a tua madre? Eh? Tua madre non serve! (*Ha indossato il gilè, la giacca e una sciarpa di lana al collo e ora inizia il suo lavoro al Presepe, incollando sugheri e inchiodando pezzi di legno. Dopo una piccola pausa chiede a sua moglie*) Pasqualino si è alzato?

CONCETTA Sí, sí, si è alzato quello scocciante di tuo fratello! Cu' nu raffreddore che ha tenuto, è stato capace di stare una settimana a letto.

TOMMASINO (*allarmato intimamente, chiede a conferma*) S'è alzato? E sapete se esce?

CONCETTA Sí. Ha detto che si vuole fare una passeggiata, per-

ché dopo la febbre che ha avuto vo' piglià nu poco d'aria 'e
matina e poi si ritira.

TOMMASINO   E sapete se si veste?

LUCA   Giesú, e che gghiesce annuro?

TOMMASINO   No, dico... Sapete se si vuole mettere il cappotto?

LUCA   E si capisce, 'o mese 'e dicembre esce senza cappotto?

CONCETTA (*sospettosa per quelle strane domande*)   Ma pecché?
Che d'è?

TOMMASINO (*eludendo*)   No, niente. Io dicesse che è meglio se
non esce. Può essere che piglia la ricaduta.

PASQUALE (*dall'interno, batte dei colpettini alla porta di fondo
e chiede discreto*)   Lucarie', è permesso?

LUCA   Vieni, Pasquali', entra.

PASQUALE (*apre la porta e entra. È vestito di tutto punto, gli
mancano solo le scarpe; è in pantofole. Tommasino si sprofonda sotto le coperte*)   Buongiorno, donna Concetta.

CONCETTA   Buongiorno.

LUCA (*si avvicina al fratello e gli chiede con interesse*)   Come
ti senti?

PASQUALE   Meglio, meglio... un poco debole.

LUCA (*tastandogli il polso*)   Me credevo proprio ca te passave
Natale dint' 'o lietto. Il polso è buono.

PASQUALE   La lingua, guardami la lingua. (*Tira fuori la lingua
e la mostra*).

LUCA (*dopo averla guardata attentamente*)   È pulita, è pulita.
Mo devi stare a sentire a tuo fratello: mangia forte, carne al
sangue e vino rosso; e fatti delle passeggiate 'a parte 'o mare.
Cosí si fa pure una pulizia nella stanza. È stata sette giorni
chiusa... (*Alla moglie*) Hai capito, Conce': una bella pulizia!

CONCETTA   Sí, sí.

PASQUALE   Infatti voglio uscire. Arrivo fino al Banco Lotto e
torno. (*Con sospetto intimo mal celato*) Donna Conce', non ho
potuto trovare le scarpe mie.

CONCETTA   E 'e vulite 'a me?

PASQUALE (*paziente*)   Non le voglio da voi, ma io sono stato a
letto sette giorni con la febbre... Ho domandato se le avete viste.

LUCA   Ma tu quando ti coricasti dove le mettesti?

PASQUALE   Addó l'aveva mettere, Lucarie'? Sotto il letto.

CONCETTA   E vedete bene che là stanno.

PASQUALE   Non c'è niente, donna Conce': le scarpe sono spari-
te. (*Indicando il letto di Tommasino*) Domandate a Nennillo...

TOMMASINO (*siede di scatto in mezzo al letto e affronta tutti con

audacia spudorata, come per prevenire l'accusa di suo zio, che
egli sa di meritare) Nun accumminciammo! Io non ero il tipo
che mi vendevo le scarpe sue!

LUCA (*che conosce il modo di difendersi di suo figlio quando è in*
colpa, annunzia convinto) S'ha vennuto 'e scarpe.

PASQUALE (*avvilito)* Tu che dice? E io come faccio?

CONCETTA (*che vuole scagionare il figlio)* Ma nossignora!

LUCA (*convinto)* È ladro, è ladro matricolato!

TOMMASINO Io nun m'aggio vennuto niente!

LUCA Non dire bugie!

PASQUALE Confessa.

LUCA Confessa.

TOMMASINO (*dispettoso)* Nun me piace 'o Presepio! Mo vedimmo! Dint' a sta casa, ogne cosa ca succede s' 'a pigliano cu' me.

CONCETTA Avimmo accuminciato a primma matina.

TOMMASINO 'A zuppa 'e latte!

LUCA (*esasperato, col martello in pugno)* Mo te lasso int' 'o lietto! (*Accusando Concetta)* Per la galera l'hai cresciuto, per la
galera!

PASQUALE E io come esco? Io so' stato sette giorni a letto con
la febbre... e quello si vende le scarpe mie.

LUCA Pasca', tu ti devi trovare una camera mobiliata...

PASQUALE Sí, sí, me ne vado.

LUCA Non possiamo stare auniti. Con questo ladro in casa io
non posso prendere responsabilità. Miettete cheste scarpe
quà... (*Prende un paio di scarpe da sotto il letto e le porge a*
Pasquale) Dopo le feste te ne compri un altro paio e le pago io.

PASQUALE Sia fatta la volontà di Dio... Ma perché non lo chiudete? Mettetelo 'o Serraglio! Questo è un delinquente. Ma che
aspettate, ca va mettendo 'a fune 'a notte? Uno se cocca cu' 'a
febbre e se sceta senza scarpe! Perché ti sei venduto le scarpe
mie? Perché?

LUCA Che bisogno avevi di venderti le scarpe?

TOMMASINO Io ho ragione.

PASQUALE Comme, tu te vinne 'e scarpe e hai ragione?

TOMMASINO Sí, ho ragione da vendere... Io le scarpe me le sono
vendute... perché mi credevo che non ti alzavi piú.

PASQUALE Uh, mamma mia! Voi lo sentite? Insomma, io avev' 'a
murí?

LUCA Zio Pasquale doveva morire?

TOMMASINO Tu che vuó 'a me? Campasse, muresse... Quando
il medico ti è venuto a visitare ha parlato chiaro.

PASQUALE   Ha parlato chiaro? E con chi? (*Rivolgendosi un po'
a tutti*) Che mi si nasconde qua?

LUCA   Nun 'o da' retta!

TOMMASINO   Sí, nun 'o da' retta! Il medico disse che ci era pericolo. Eh, guè... Io m'aggio vennuto pure 'o cappotto!

PASQUALE   Neh, Lucarie', tu 'o ssiente? Chillo s'ha vennuto pure 'o cappotto... 'O cappotto nucella...

LUCA (*a Concetta*)   'O cappotto nucella.

PASQUALE   Chello c' 'o collo 'e pelliccia...

LUCA (*a Concetta*)   Cu' chella pellicchiella... (*A Pasquale*) 'O
cappotto tujo.

PASQUALE   Chello c' 'a fodera scozzese.

LUCA   Eh, il cappotto tuo.

PASQUALE   Chillo c' 'a martingana...

LUCA   Pasqua', tu uno ne tieni! (*Esasperato*) E chillo se venne 'o
cappotto 'e Pasquale!

PASQUALE (*con un gesto di rabbia, getta violentemente la scarpe
a terra*)   E nun ascimmo! (*E si siede*).

LUCA   Pasca'... trovate na camera mobiliata.

PASQUALE   M' 'a trovo, m' 'a trovo! Ve lo tolgo il fastidio...
Quello si vende la roba primma ca io moro: aspetta ca moro e
poi te la vendi!

LUCA (*con senso di giustizia*)   E con quale autorità? Chi è lui
che si permette di decidere? Tu sei mio fratello: la roba tua
spetta a me.

PASQUALE (*nauseato*)   Chi se la deve vendere la robba mia? Mettiteve d'accordo... Misericordia! Io mi trovo in mezzo ai canni-
bali. E tu sei mio fratello? Tu sei Caino! Nun tengo niente,
non vi illudete, non tengo niente. Che bei parenti! Aspettano 'a
morta mia... (*Considerando l'inospitalità di quella casa*) Quando poi la gente parla... «Beato voi, state in casa con vostro
fratello... Vi accudiscono, vi vogliono bene»... L'avessero sapè
quello che passo in questa casa, e quanta pizzeche ncopp' 'a
panza mi devo dare dalla mattina alla sera!

LUCA (*punto dalle considerazioni fatte dal fratello*)   Io odio di
contrastarmi con mio fratello, perché poi si esce all'impossibile. Pasquali', tu sei l'eterno scontento.

PASQUALE (*trasecolato*)   So' scuntento?

LUCA   Sí! Lo diceva anche la buonanima di nostro padre. Se gli
amici dicono che hai avuto una fortuna a stare in casa coi parenti, mi pare che hanno ragione. (*Risoluto*) Pasqua', parliamo
chiaro!

PASQUALE (*combattivo*) E parliamo chiaro!

LUCA Tu paghi cinque lire al giorno: 'a tazza 'e cafè 'a matina, 'a colazione, 'o pranzo, 'a cena... Mia moglie lava, stira, rinaccia cazettielle ca nun ce ne stanno cchiú piezze... Mo, pe' via c' 'o ragazzo ha scherzato...

PASQUALE Ha scherzato!!! Ha scherzato...

LUCA (*come per significare la sua impotenza contro la natura ribelle del figlio*) E che faccio, Pascali', che faccio? L'accido? Mi volete armare la mano? (*Esagerando, per rabbia impotente*) Scusate tanto, abbiate pazienza se il ragazzo si è *permettuto* di manomettere il guardaroba di vostra Eccellenza.

PASQUALE (*esagerando anche lui*) No, scusate voi se mi sono preso l'ardire di domandare dove stavano le scarpe mie.

LUCA (*togliendosi il cappello fino a terra*) Vi chiedo scusa.

PASQUALE (*si inchina con lo stesso gesto ironico del fratello*) Vi chiedo perdono.

LUCA (*trasportato dal tono esasperatamente ironico preso dalla lite*) M'inginocchio ai vostri piedi... (*E s'inginocchia*).

PASQUALE Mi metto con la faccia per terra! (*E s'inginocchia a sua volta*).

LUCA (*si alza di scatto e risolve quell'increscioso dibattito salutando Pasquale con tutte e due le mani*) Stateve bbuono, don Pasquali'!

PASQUALE (*imitando il gesto*) Statevi bene! (*E mentre Luca torna innervosito al suo lavoro, Pasquale esce dalla stanza sbraitando*) I parenti? Iddio ne scampi e liberi! Che belli pariente... Tengo 'e pariente, tengo! (*E da dentro si fa ancora sentire*) 'E pariente... Che belli pariente!

CONCETTA Siente, sie'... Quant'è pesante.

LUCA Me pare che 'ave ragione. (*Perentorio, a Tommasino*) Súsete, he capito, súsete! (*Con gesto repentino gli strappa le coperte di dosso*).

CONCETTA (*prontissima interviene*) Lucariè! Lo vuoi fa' piglià nu colpo d'aria?

LUCA Cunce', pe' chisto ce vònno 'e colpe 'e revolvere!

CONCETTA (*a Tommasino, con dolcezza*) Viene dint' 'a cucina ca te preparo 'o latte. (*Ed esce per la sinistra, esortando mimicamente Tommasino ad alzarsi*).

LUCA (*scorgendo i gesti*) La nemica della casa sei, la nemica della casa! (*Torna al lavoro sul Presepe; si rivolge a Tommasino che finalmente ha deciso di scendere dal letto e si sta infilando i pantaloni*) Tieni un carattere insopportabile. Io ti voglio bene,

ma certe volte non so io stesso come ti devo far capire certe
cose. («*Nennillo*» *si avvicina al lavabo, prende la bacinella piena di acqua sporca e la svuota nel secchio. Poi la riempie di
nuovo di acqua pulita e s'insapona sommariamente le mani e la
faccia*) Tu sei un bravo ragazzo. I sentimenti sono buoni, lo so.
Ma tieni un caratteraccio selvaggio. Nessuno ti può fare capire
niente. (*Tommasino si asciuga*). Ma io dico, il giudizio! Tu te
vinne 'o cappotto 'e Pasquale al mese di dicembre! Dove siamo
arrivati? Oramai sei un giovanotto, non sei piú un bambino. A
scuola non hai voluto fare niente. Te n'hanno cacciato da tutte
le scuole di Napoli. Terza elementare: «Non voglio studiare,
voglio fare il mestiere». E allora ti devi interessare. Chi cerca
trova. Vai girando, guarda dentro ai magazzini. Nelle vetrine
ci sono i cartellini: «Cercasi commesso». Si comincia, poi si
può fare strada. Io non sono eterno. I soldi ci vogliono. Mo
t'aggia fa' 'o vestito nuovo. Dopo Natale, viene il sarto, porta i
campioni e ti fai un bel vestito di stoffa pesante, questo che
tieni addosso oramai è partito. Ti faccio pure due camicie. Tua
madre mi ha detto che quelle che tieni non le può salvare piú.
Un vestito e due camicie. (*Indica il Presepio*) Qua poi ci vengono tutte montagne con la neve sopra. Le casette piccole per la
lontananza. Qua ci metto la lavandaia, qua viene l'osteria e
questa è la grotta dove nasce il Bambino. (*Ammiccando*) Te
piace, eh? Te piace!

TOMMASINO (*annodandosi la cravatta*)   No.

LUCA   Bè, certo adesso è abbozzato, non si può dare un giudizio,
è giusto. Ti compro pure due cravatte, che questa che tieni è
diventata nu *lucigno*. E per Natale ti regalo dieci lire, cosí se ti
trovi con gli amici, coi compagni, puoi offrire pure tu qualche
cosa, e fai bella figura. (*Indicando un altro punto del Presepe*)
Qua poi ci faccio il laghetto, col pescatore, e dalla montagna
faccio scendere la cascata d'acqua. Ma faccio scendere l'acqua
vera!

TOMMASINO (*scettico*)   Già, l'acqua vera!

LUCA   Sí, l'acqua vera. Metto l'*interoclisemo* dietro, apro la chiavetta e scende l'acqua. Te piace, eh?

TOMMASINO   No.

LUCA   Ma io non mi faccio capace! Ma lo capisci che il Presepio
è una cosa religiosa?

TOMMASINO (*sostenuto*)   Una cosa religiosa con l'*interoclisemo*
dietro? Ma fammi il piacere!

LUCA   È questione che tu vuoi fare il giovane moderno... ti vuoi sentire superiore. Come si può dire: «Non mi piace», se quello non è finito ancora?

TOMMASINO   Ma pure quando è finito non mi piace.

LUCA (*arrabbiato*)   E allora vattènne, in casa mia non ti voglio.

TOMMASINO   E me ne vado.

LUCA   Trovati un lavoro qualunque e non mettere piú piede qua.

TOMMASINO (*alludendo al Presepe*)   Ma guarda un poco, quello non mi piace, mi deve piacere per forza?

LUCA   Ma dalla casa mia te ne vai.

TOMMASINO   Ma il Presepio non mi piace.

LUCA (*furibondo*)   E vattènne, perché in questa casa si fanno i Presepi.

TOMMASINO   Me ne vado. (*Entra Concetta recando una scodella piena di latte e pane*). Mo mi mangio 'a zuppa 'e latte e poi me ne vado.

CONCETTA (*dopo avere appoggiato la ciotola col latte sul comodino si avvicina al comò e rovista in un cassetto*)   Lucarie', che vuó mangià stamatina?

LUCA   E questa è un'altra tortura mattutina. Ogni mattina: «Lucarie', che vuoi mangiare». Che t' 'o ddico a fa'? Io ti dico una cosa, tu poi ne fai un'altra... Sa' che vuó fà? Domani è vigilia, poi vengono tutte queste feste, e dobbiamo mangiare molto: è meglio che ci manteniamo leggieri. Fai un poco di brodo vegetale che tu lo fai bene, e nce mine trecento grammi di tubetti.

TOMMASINO (*pronto*)   A me 'e tubette nun me piacene...

LUCA   Tu te ne devi andare. Sono tubetti che non ti riguardano.

CONCETTA (*ha preso dei soldi dal cassetto e li ha divisi: una parte li ha messi in una logora borsa di pelle, e un biglietto da cinque lire lo ha stretto nel pugno destro; ora indossa un cappottino liso e un cappello rimediato*)   E senza frutta! Domani è quella santa giornata. So io i soldi che se ne vanno durante questi giorni di festa. Venti lire per la spesa e cinque te le tieni tu dint' 'a sacca, che ti possono servire. Qualche pastore, 'e chiuove... (*Poggia il biglietto da cinque lire sul tavolo del Presepio*).

TOMMASINO (*ha divorato il pane e latte*)   Ecco fatto. L'ultima colazione nella casa paterna. Me ne vado! Questo padre snaturato ha avuto il coraggio di cacciarmi via dal focolare proprio nei giorni del Santo Natale. So io quello che devo fare... mi trovo un lavoro, ma qua non ci vengo piú!

CONCETTA   Tu che stai dicendo?

TOMMASINO   Che sto dicendo? (*Si avvicina al tavolo dove il padre sta lavorando e furtivamente s'impossessa del biglietto da cinque lire*) Lo vedrai. (*Ambiguo*) La tua creatura non la troverai piú! (*Si avvia verso l'uscita*) Fai conto che la tua creatura non è mai esistita. È sparita! (*Ed esce*).

CONCETTA   Nenni', viene ccà...

LUCA (*finalmente capisce l'allusione e s'accorge della mancanza del biglietto da cinque*)   S'ha pigliata 'a cinche lire... (*Gridando dietro a Tommasino*) Basta ca nun ce viene cchiú dint' a sta casa, t' 'a benedico sta cinque lire!

CONCETTA   Nenni', bell' 'e mammà, viene ccà... (*Poi, con malagrazia, a Luca*) Ma ch'è succiesso?

LUCA (*tornando al suo lavoro*)   Nun 'o da' retta, a ora 'e pranzo 'o vide arrivà.

CONCETTA   Chillo ha ditto ca se ne va d' 'a casa.

LUCA   E sarebbe ora. Deve trovare una strada. Deve lavorare. In casa mia non lo voglio piú.

CONCETTA (*spingendo alle spalle il marito affinché si decida a chiarire il motivo di quella lite*)   Ma se pò sapé ch'è stato?

LUCA (*a quella spinta traballa, perde l'equilibrio e per poco non cade lungo disteso sul Presepe. Fortunatamente si riprende in tempo e reagisce spazientito*)   Mo me facive rompere 'o Presebbio. Ma insomma, mi volete lasciare tranquillo? (*Perde le staffe e grida furente*) Non posso essere distratto! Aggia fa' 'o Presebbio!

CONCETTA (*sorpresa da quel tono insolito, osserva ironica*)   Lucarie', tu stisse facenno 'a Cupola 'e San Pietro? (*Internamente suona il campanello dell'ingresso*). E miettece duie pasture ncoppa, come vanno vanno... (*Esce per la porta di fondo. Dopo poco, dall'interno, chiede con meraviglia*) E tu che ffaie ccà, a chest'ora?

Entra Ninuccia seguita da Concetta che si ferma a guardarla preoccupata. Ninuccia è la prima figlia di Luca e Concetta. Veste un elegante abito invernale: cappello, guanti e borsetta; ostenta diversi bracciali d'oro massiccio. È ancora furente e accaldata per un'ennesima lite avuta con il marito.

LUCA   Ninu', tu staie ccà?

NINUCCIA   Bongiorno, papà. (*Prende una sedia e la colloca sgarbatamente al centro della stanza fra Luca e Concetta, e siede ingrugnita e torva*).

I due genitori si guardano significativamente, ognuno per quello che pensa dell'altro, Concetta enigmatica nei confronti di Luca incassa le accuse che egli le rivolge. Cessato il gioco mimico, con una santa pazienza e con dolcezza, Luca si rivolge alla figlia.

LUCA   Ch'è stato? (*Ninuccia tace*). Te si' appiccecata n'ata vota co' tuo marito? (*Ninuccia non risponde*). Io non capisco... Quello è un uomo che ti adora. Non ti fa mancare niente: ti mantiene come una gran signora, t'ha miso quell'appartamento! È un uomo ch'adda faticà, ha bisogno della sua tranquillità. Tiene centinaia di operai che dipendono da lui, tiene i pensieri! Perché vi siete contrastati? (*Ninuccia rimane ostinatamente muta*). Perché vi siete contrastati? (*Visto che la figlia non risponde, tenta di usare un tono piú forte e risentito nel ripetere la domanda*) Perché vi siete contrastati? (*Ma la domanda ottiene lo stesso risultato per cui Luca, rivolgendosi a sua moglie e indicando sua figlia, sentenzia convinto*) Questo è un altro capolavoro tuo!

Concetta, incurante di quell'apprezzamento, prende una sedia, la avvicina a quella della figlia e inizia con lei un dibattito sommesso e convenzionale che assomiglia piú a un bisbiglio, a un furfugliare che a un vero e proprio discorso. Luca tende l'orecchio, ansioso di raccogliere almeno una di quelle frasi che lo possa mettere in condizione di ricostruire il filo misterioso dell'accaduto. Visto e considerato che il tentativo fallisce, esclama indignato:

LUCA   Insomma, io non devo sapere niente!
CONCETTA   (*quasi commiserandolo*)   Ma che devi sapere! Che vuó sapè... Fa' 'o Presebbio, tu...
LUCA   Tu sei la mia nemica! Te l'ho detto sempre. Aggia fa' 'o Presebbio? E faccio 'o Presebbio! Che gente, Giesú, Giesú... Io nun me faccio capace! Però, se succedono guai, da me non ci venite. Se succedono guai, io faccio 'o Presebbio. (*Prende il barattolo con la colla*) Mo vaco a scarfà 'a colla... Ve la piangete voi e le vostre anime dannate. Che razza di gente: nemica del proprio sangue! (*Le due donne riprendono a parlare sottovoce, senza dare importanza a ciò che egli dice. Luca tende ancora l'orecchio, ma disarmato di fronte all'impossibilità di comprendere, rinunzia definitivamente*) Niente, niente... Fra madre e figlia è un altro linguaggio! (*Ed esce borbottando*).

CONCETTA (*libera della presenza del marito, chiede a Ninuccia la conclusione di ciò che le stava raccontando*) E accussí?

NINUCCIA   Aggio avutate 'e spalle e me ne sono andata.

CONCETTA (*allarmata*) Uh, mamma mia, ma che si' pazza? E chillo mo viene qua.

NINUCCIA   Io non ne posso piú! È un uomo che mi tormenta con la gelosia.

CONCETTA   Ma cara mia, tu dovresti camminare un poco piú diritta... Io te so' mamma e t' 'o pozzo dicere.

NINUCCIA   Ma perché, che faccio io? Che faccio? (*Poco riguardosa verso sua madre*) Ma non mi fate ridere! Il fatto vero è che io sono una stupida. Questo sí! Faccio solamente chiacchiere. Devo fare i fatti? E io li faccio. (*Trae dalla borsetta una lettera e la mostra a sua madre*) Ecco qua. Lo lascio, me ne scappo. (*E legge l'intestazione della busta*) «Per il signor Nicola Percuoco. Urgente». (*Trae il foglietto dalla busta e ne legge il contenuto*) «Il nostro matrimonio fu un errore. Perdonami. Sono innamorata di Vittorio Elia e fuggo con lui questa sera. Addio. Ninuccia».

CONCETTA (*terrorizzata*) Ma che si' pazza? E tu 'o vuó fa' murí a chillo pover'ommo... (*Maternamente violenta*) Faccia tosta che sei! Damme sta lettera... (*E s'avventa sulla figlia per strapparle la lettera di mano. Ninuccia resiste*). Damme sta lettera, te dico!

NINUCCIA   No, mammà! No!

CONCETTA (*con un ultimo sforzo riesce a strappare la lettera alla figlia*) Lascia!

NINUCCIA (*indispettita*) E va bene, pigliatavèlla! (*Siede rabbiosa*).

CONCETTA (*si avvicina al mobile e quasi piangendo si rivolge implorante all'immagine sacra della Madonna*) Madonna mia, Madonna mia... trova tu na strada! (*Poi, rivolgendosi a Ninuccia, afferma decisa*) Beh, se dici un'altra volta quello che hai detto, l'uocchie mieie nun 'e vvide cchiú! Chillo t'è marito, ch'è fatto, uno qualunque? Quanno nun 'o vulive bbene, ce penzave primma.

NINUCCIA   Io nun 'o vulevo! Voi m' 'o vulisteve da' pe' forza!

CONCETTA   Ma mo è fatto e non c'è piú rimedio.

NINUCCIA   E io me ne scappo.

CONCETTA   E io te mengo na cosa nfaccia!

NINUCCIA (*inviperita*) E a chi aspettate? Fatelo! Uccidetemi pure... (*Imprecando contro il suo destino*) Ma perché sono stata cosí disgraziata? Però ricordatevi che io non sono piú stupida come una volta... Adesso non potete fare di me tutto quello che volete. I nervi so' nervi e io non li controllo piú. Comme stongo mo cu' 'e nierve, scasso tutte cose!

CONCETTA (*disarmata di fronte a quella insolita ribellione*) Neh, guè...!

NINUCCIA Sí, scasso tutte cose! (*E come una forsennata gira per la stanza e manda in frantumi tutto ciò che trova a portata di mano: la scodella che è servita per la zuppa di latte di «Nennillo», il piatto che la ricopriva, gli oggetti che sono sul comodino, perfino tre o quattro gingilli di gesso e terracotta che facevano bella mostra sul comò. Non contenta, raggiunge il Presepe in costruzione e lo riduce a pezzi. Concetta, avvilita, siede ai piedi del letto grande e inavvertitamente lascia cadere la lettera in terra tra i cocci dei piatti e degli altri oggetti. L'ira di Ninuccia è placata. Scoppia a piangere e siede di nuovo, nascondendo il volto tra le mani*) Site cuntenta, mo?

LUCA (*entra dalla destra, tutto compreso nel rimescolare lentamente la colla sciolta nel barattolo. A due passi dalla porta si ferma perché ha urtato col piede contro un coccio di piatto. Osserva intorno il danno arrecato da Ninuccia, vede la moglie che piagnucola, e chiede preoccupato*) Ch'è stato?

CONCETTA Niente, niente...

LUCA Niente?! Ccà pare Casamicciola... (*Solamente ora si accorge della fine pietosa del suo Presepe. Trasale, sbarra gli occhi e con voce rotta dalla rabbia chiede alle donne*) 'O Presebbio?! Chi è stato che ha scassato 'o Presebbio?

CONCETTA È stata figlieta, 'a vi'? Pigliatella cu' essa.

LUCA Cu' essa? Me l'aggia piglià cu' donna Cuncetta! Cunce', te l'ho detto sempre: tu sei la mia nemica! Ecco l'educazione che hai dato ai tuoi figli, e questi sono i frutti che raccogli! (*Ora sbraita senza riserve*) Ma io me ne vado! Vi lascio a tutti quanti, vi saluto! Vado sopra a una montagna a fare il romito!

CONCETTA (*sentendosi vittima, calpestata e avvilita*) Io... Io... E sempe cu' me, tutte cu' me... (*Come presa da una furia improvvisa, grida istericamente e gestisce come una folle*) Nun ne pozzo cchiú! Nun ne pozzo cchiú! M'hanno distrutto! Marito, figli, parenti... Nun ne pozzo cchiú! (*Finalmente, come presa da deliquio, lentamente si piega su se stessa, riversa ai piedi del letto, col capo contro i materassi*) Aiutatemi...

LUCA È morta muglierema...

NINUCCIA   Mammà, mammà, ch'è stato? (*Corre verso di lei e la soccorre*).

LUCA (*passando davanti al comò ed ai santi, si toglie il berretto*)   Mado', famme 'a grazia! (*Poi corre verso il fondo e chiama*) Pascali', Pascali', sta murenno muglierema! (*Si avvicina al letto dove ora giace Concetta*) Cunce', parla!

PASQUALE (*dal fondo*)   Ch'è stato, Lucarie'?

LUCA   Sta murenno muglierema...

PASQUALE   Tu che staie dicenno?

LUCA   Vai a pigliare la bottiglia coll'aceto.

PASQUALE   Non ti allarmare, è cosa 'e niente. (*Esce per la destra*).

LUCA   Cunce', parla, fa' un discorso... Parla, Cunce'! (*La scuote*) Cunce'...

NINUCCIA   Piano, piano...

PASQUALE (*torna con la bottiglia dell'aceto e la porge a Luca*)   Ccà sta 'acito...

LUCA (*prende la bottiglia e la mette sotto il naso di Concetta, dicendo al fratello*)   Accendi le candele! (*Pasquale prende dalla tasca la scatola dei fiammiferi, ne accende uno e si accinge ad accostare la fiamma alla candela piú vicina*). Apri gli occhi, Conce'...

CONCETTA (*reagisce all'odore dell'aceto, apre gli occhi e farfuglia*)   Sí, sí...

LUCA (*fermando il gesto di Pasquale*)   Aspetta Pasca'... Stuta, stuta: sta parlanno.

Pasquale rimette il candeliere a posto e si avvicina al letto.

NINUCCIA   Mammà, come vi sentite?

CONCETTA (*con un filo di voce*)   Aiutateme, aiutateme...

PASQUALE   Ma se pò sapé ch'è stato?

CONCETTA (*evasiva*)   Niente, niente...

LUCA   È inutile che domandi, perché qua non si può sapere niente.

PASQUALE (*reggendosi a stento i pantaloni come ha fatto fino a quel momento*)   Lucarie', tuo figlio s'ha arrubbato pure 'e bretelle...

LUCA (*repentinamente si sgancia la cinghia e la porge al fratello come per tacitarlo*)   Pigliate chesta.

PASQUALE (*accettando l'offerta di buon grado*)   Ma come si deve fare con quel ragazzo?

LUCA È mariuolo, Pasca'. È una cosa assodata, è inutile parlar-
ne. Tròvate na camera mobiliata...

PASQUALE Sí, m' 'a trovo, m' 'a trovo... Non si può vivere con
questo incubo in casa. (*Si avvia per andarsene in camera sua, e
continua a borbottare fra sé, convincendosi sempre piú che
presso i parenti non c'è posto per lui*) Me ne devo andare... me
ne devo andare. E che aspetto, ca nu juorno 'e chiste s'arrobba
pure a me 'a dint' 'o lietto? (*Ed esce*).

LUCA (*avvicinandosi al letto, chiede teneramente a sua moglie*)
Mo comme te siente?

CONCETTA (*con un tono di voce piú rassicurante*) Eh... nu poco
meglio.

LUCA Tu nun m'he 'a fa' mettere appaura a me... (*Commosso*)
He 'a vedé che paura me so' miso! Conce', ccà simme rimaste io
e te solamente... 'E figlie nun 'e dda' retta, tanto se sape 'a
riuscita che fanno. Cunce', penzammo a nuie. (*Con sincera amarezza*) Hai voglia 'e te sacrificà pe' lloro... È comme si nunn 'e
facisse niente... Cunce', si tu muore, moro pur'io! (*Un nodo di
pianto gli stringe la gola; si toglie gli occhiali e si asciuga una
lacrima*) Come ti senti?

CONCETTA Meglio.

LUCA (*a Ninuccia*) Si vede: ha miso culore n'ata vota.

NINUCCIA Sí, sta meglio.

LUCA (*ferma lo sguardo sul Presepe distrutto e dopo una piccola
pausa, dice quasi fra sé*) Mo miettete a fa' 'o Presebbio n'ata
vota...

NINUCCIA Papà, voi pensate 'o Presebbio?

Dall'interno squilla il campanello della porta d'ingresso.

LUCA Apro io, tu statti vicino a mammà. (*Si avvia per uscire;
passando davanti al comò si toglie il berretto accennando un
fuggevole ringraziamento verso le sacre immagini, ed esce*) Grazie...

NINUCCIA (*implorante, come per chiedere scusa per lo scatto di
poc'anzi*) Mammà...!

CONCETTA Tu me vuó vedé morta, a me. Ma comme, tu scrive
chella lettera? Tu lo sai che tuo marito è un uomo positivo. Se
quello ha la certezza di una cosa simile... chillo t'accide! Siente a mammà: giurami che questa lettera non ce la mandi, che
ci fai pace e finisce questa storia.

NINUCCIA (*poco convinta*) T' 'o giuro, mammà.

LUCA (*entrando con Nicolino*)   Niculi', stava morendo mia moglie...

NICOLINO (*è un uomo sui quarantacinque anni; veste con eleganza vistosa, porta diversi anelli e una spilla d'oro alla cravatta; i suoi gesti sono lenti, compassati; è piú furbo che intelligente; per correre dietro alla moglie dopo la lite in casa sua, si è vestito in fretta, per cui non ha badato ai dettagli della sua toletta: il panciotto è abbottonato storto, la cravatta annodata alla meglio, il lembo posteriore della camicia fuori della giacca*)   Voi che dite?

LUCA   Ce l'avimmo vista perza p' 'e mmane.

NICOLINO (*s'avvicina al letto, affettuosamente*)   Mammà, ch'è stato?

CONCETTA   Niente, nu giramento 'e capa.

LUCA   Mangia poco, mangia come un uccellino. Pure i dispiaceri... È arrivata Ninuccia tutta turbata... Io l'ho capito che vi siete contrastati, ma non ho potuto sapere la ragione. Perché vi siete contrastati?

NICOLINO   No, niente...

LUCA (*rivolto alle due donne*)   Permesso. (*Trae il genero in disparte*) No, sai che d'è, Niculi': quella, Concetta mi mantiene all'oscuro, non mi dice mai niente per non darmi dispiaceri... Lo fa per bene, povera donna. Ma fra uomini *potiamo* parlare. Perché vi siete contrastati?

NICOLINO   No, niente...

LUCA (*esasperato dal ripetersi di quella risposta*)   Questa è una società...

NICOLINO (*alla moglie, conciliante*)   Ma insomma, avimm' 'a fa' l'opera? (*E nel girarsi verso sua moglie, mostra a Luca lo stato in cui si trova la camicia. Luca se ne meraviglia, ma non osa richiamare l'attenzione degli altri*) Dobbiamo fare storie come se fossimo due ragazzini. (*Rivolto a Luca*) Io so' n'ommo serio!

LUCA (*guardando la camicia*)   E io questo dico...

CONCETTA (*con uno sguardo significativo a Ninuccia*)   È stato un malinteso, meh: facite pace.

NICOLINO (*cordiale*)   Io pe' me so' pronto. Chella è essa che non la potete capí 'e nisciuna manèra.

LUCA   Devi avere pazienza. (*Entra Tommasino, torvo e ingrugnito e si siede sul letto, in disparte*). Ah, sei tornato? È finita la superbia.

TOMMASINO   Faccio prima Natale e poi me ne vado.

LUCA   E io lo sapevo! (*A Nicolino*) Che ci vuoi fare, Niculi',
io sono stato disgraziato con i figli. 'O masculo è peggio d' 'a
femmena. Colpa tua, Conce'... nun te piglià collera e nun te fa'
vení svenimente. Sei stata debole. (*Alludendo a Ninuccia*) 'A
femmena, devo dire la verità, è colpa mia. Sai, prima figlia... 'a
femmina... So io quello che mi è costata: dolori, dispiaceri...
(*A Concetta*) Te ricuorde quanno stette malata? Ebbe il tifo
nella pancia. Facettemo 'o voto 'a Madonna. (*Si toglie il berretto*) I figli sono gioie e dolori... Poi lo studio: leggeva, leggeva... tenevamo una casa piena di libri. Perché ha studiato veramente lei. Quello, (*indica Tommasino*) è *alfabetico*, ma questa
no, questa quando apre la bocca, parla. 'A notte fino a tardi: le
due, le tre e mezza, leggeva ancora. «Ninu', stuta 'a luce». E
lei rispondeva: «Eh, per un poco di luce!» Io po' pare che
volevo risparmiare la luce... È perché il sonno della notte fa
bene ai ragazzi... Te l'ho detto: gioie e dolori. Poi ti presenta-
sti tu, per la domanda di matrimonio. Il colpo di grazia!

NICOLINO   Eh, addirittura!

LUCA   Niculi', qua fino al giorno del matrimonio, si piangeva notte e giorno.

NICOLINO   E che si sposava, un delinquente?

LUCA   Per carità! Io te voglio bene. È vero, Cunce': io parlo sempre di Niculino.

CONCETTA   Come no?

LUCA   È questione che tu dicesti: «Io ho già comprato l'appartamento per il matrimonio», noi invece pensavamo di fare una
casa.

NICOLINO   Capirete, ci sono delle esigenze... le relazioni con gli
altri commercianti...

LUCA   Certo. E voi fate sempre ricevimenti. Tu hai diritto. Ma
pensa un padre che si vede togliere la figlia femmina che si
sposa e se ne va... (*Si commuove al pensiero*) Che vuoi sapere... Che vuoi sapere... (*Fissando Tommasino, considera ed ammette il caso paradossale*) Ti potevi sposare a quello. (*Indica
Tommasino*) Ti facevo una statua d'oro! (*Ne ride con gli altri*).

TOMMASINO   E già, io poi mi sposavo a lui.

LUCA   No, io dico se tu *evi* femmina.

TOMMASINO   Non me lo sposavo.

NICOLINO (*scherzando*)   E io mi sposavo a te?

TOMMASINO   Stiveve fresche tutt' 'e dduie.

LUCA   Che c'entra? Io dico se tu *evi* femmina.

TOMMASINO   Non me lo sposavo.

LUCA   Ma che discorso inutile. Scusa, Niculi'. (*Al figlio*) Se tu *evi* femmina... Sei femmina, tu?

TOMMASINO   No.

LUCA   Se tu *evi* femmina, io, come padre che comanda e il figlio deve sottostare, io ti dicevo «Sposate a Niculino», tu te lo dovevi sposare.

TOMMASINO   Se io *evo* femmina, ti rispondevo: «Non mi piace».

LUCA   Ma tu capisci, quello mi deve contraddire pure con le cose impossibili!

NICOLINO   È carattere.

LUCA (*taglia corto e ripiglia il discorso di prima*)   Andiamo, su: fate pace, voi due, e nun ce facite sentí nuvità.

Concetta spinge Ninuccia verso Nicolino, e Luca spinge questi verso Ninuccia.

TOMMASINO (*nel girarsi, Nicolino ha mostrato il lembo di camicia che esce fuori della giacca*)   Uh, Niculino c' 'a pettola 'a fore!

Nicolino se ne accorge e scappa in cucina per rimettersi a posto.

LUCA (*a Ninuccia*)   Tu l'hai fatto perdere 'a capa a quello. Per correre appresso a te, ha fatto una bella figura. (*A Tommasino*) Io pure me n'ero accorto, ma aspettavo il momento giusto per dirceo. Ma come, cosí si dice? «Niculino c' 'a pettola 'a fore!»

TOMMASINO   E come si dice?

LUCA   Si chiama in disparte, e si dice: «Senta, lei tiene la pettola da fuori». (*Rientra Nicolino, e Luca lo spinge verso Ninuccia*) Non fate ridere la gente. Domani è quella santa giornata, e dovete stare in pace. Ve ne venite qua. Cuncetta ha preparato nu pranzo magnifico, non ci manca niente.

NICOLINO   Aggio ordinato quattro aragoste, v' 'e manno stasera.

CONCETTA   Volevo fa' 'o ppoco 'e spesa pe' stamatina. Mo scendo nu momento.

LUCA   Addó vuó ji'? Cunce', tu te si' ntisa male, ma che te ne vuoi andare all'altro mondo? Mo scendo io.

NICOLINO   Ma niente affatto, ci penso io... Vi mando tutto per un giovane mio.

LUCA   Sí, ma non esagerare. Noi ci vogliamo mantenere leggieri. Nu poco 'e brodo vegetale... Ninuccia conosce le verdure che ci vogliono... e cinquecento grammi di tubetti.

NICOLINO Ma che dovete fare co' sto brodo vegetale? Mo vi
mando una bella gallina!

LUCA E certo, quello il brodo di gallina è sostanzioso... ma
noi ci vogliamo mantenere leggieri. Brodo vegetale e cinquecento grammi di tubetti.

NICOLINO Ma niente affatto, vi dovete sostenere. Io vi mando
una bella gallina.

LUCA (*testardo*) Tu mànneme a gallina, ma io mi faccio 'o brodo vegetale.

Concetta e Ninuccia, parlando fra lòro, sottovoce, escono dalla
stanza.

NICOLINO Stateve buono, papà.

LUCA (*alludendo alla figlia*) Devi avere pazienza... Io non so perché vi siete contrastati, ma ti dico: agge pacienza.

NICOLINO Ma vi pare!

LUCA Io conosco il carattere di Ninuccia e capisco che non è
facile per te di assecondarla in tutti i capricci. (*Con trasporto*)
La devi volere bene. Io tengo un'età, e pure Concetta, Dio lo
sa... Ninuccia è la luce degli occhi miei, e devo sapere che quando
non ci sono piú, per lei ci sta un uomo come te che la comprende e la considera, se no, io mòro dannato...

NICOLINO (*sincero*) Ma ve pare, papà! Io 'a voglio tanto bene e
tanto bene... (*Non osa aggiungere che sarebbe capace perfino
di perdonare un tradimento*).

LUCA Grazie, grazie! (*E dopo aver stretto significativamente la
mano di Nicolino, la porta alle labbra e la bacia*).

NICOLINO (*non fa in tempo a sottrarre la mano e ne rimane mortificato*) Ma che fate? Sono io che devo baciare la mano a voi.
(*E gliela bacia*).

LUCA (*fa per ritirare la mano, ma Nicolino, credendo che gliela
voglia baciare di nuovo, non la lascia andare, e cosí Luca esclama concitato*) Lascia, Nicoli', lascia 'a màno!

NICOLINO Ma niente affatto! (*E la trattiene*).

LUCA (*perentorio*) Nicoli', làssa! (*E ritira la mano, mostrando
i pantaloni che a stento riesce a tenere su con la sinistra*) Se ne
cade 'o cazone!

NICOLINO E scusate, metteteve na cinta. Stateve bbuono.

LUCA (*si avvia con lui, sorridendo gli mostra i cocci sparsi per
la stanza*) Chella ha scassato meza casa.

NICOLINO (*avviandosi verso l'uscita*)   E fate una noticina, mi fate sapere quant'è.

LUCA   Ma che si' pazzo? Tutta robba vecchia. Nun 'o dicere manco pe' pazzia.

NICOLINO   A domani sera. (*Ed esce*).

LUCA (*nel raccogliere i cocci trova per caso la lettera di Ninuccia
che Concetta ha lasciato cadere per terra. Incuriosito la raccoglie, ne legge l'intestazione e chiama suo genero che non ha
ancora raggiunto le scale*) Niculi'!

NICOLINO (*torna indietro e si affaccia alla porta di fondo*)   Dite,
papà.

LUCA   Questa è roba tua.

NICOLINO (*credendo di avere smarrito sul serio una sua lettera,
ne legge l'indirizzo e poi l'intasca*)   Grazie, papà. A domani sera.

LUCA   Facciamo una bella vigilia, in grazia di Dio. (*Nicolino
esce, Luca fila dritto verso il Presepe danneggiato mentre Tommasino, assente completamente a tutto ciò che si è svolto in
quella camera intorno a lui, ha costruito un Pulcinella di carta
e lo fa muovere, divertendosi un mondo. Luca raggiunge il
Presepe e si accinge al lavoro*) Mo miettete a fa' 'o Presebbio
n'ata vota...

ATTO SECONDO

La stanza da pranzo di casa Cupiello. Una porta comune in
fondo e due laterali: quella di sinistra dà in cucina, quella di
destra nelle altre stanze dell'appartamento. In fondo a sinistra
una credenza sulla quale trionfano tutte le specialità natalizie;
non manca la rituale «croccante», gli struffoli e la pasta reale.
Al centro, il tavolo da pranzo imbandito per le grandi occasioni. In fondo a destra, ad angolo fra le due pareti, occupa il
posto d'onore il Presepe ultimato. Il lampadario centrale è ad-
dobbato con stelle d'argento e oggettini natalizi. Quattro lunghi festoni di carta velina colorata, partendo dal centro del
lampadario raggiungono gli angoli della stanza. È sera, le ventuno circa. Si aspettano Ninuccia e Nicolino per fare onore al
pranzo della Vigilia e per andare alla rituale messa di mezzanotte. Concetta siede accanto al tavolo, stacca le cime dai rigogliosi broccoli di Natale e le ammassa via via in una grossa insalatiera. Intanto conversa con Raffaele il portiere, il quale, con finto
interesse, ascolta forse per l'ennesima volta le medesime cose.

CONCETTA Don Rafe', mi credete, mi è venuto lo sconfido...
RAFFAELE Ma c' 'o dicite a fa'... io saccio tutte cose...
CONCETTA C'avit' 'a sapé... che avit' 'a sapé... Io sono una povera martire. 'O cielo m'ha voluto castigà cu' nu marito ca nun
ha saputo e nun ha voluto fa' maie niente. In venticinque anni
di matrimonio m'ha cunsumata, m'ha ridotto nu straccio. Che
so' cchiú chella 'e na vota? E se non era pe' me, chissà quanta
vote sta casa sarebbe andata sotto sopra.
RAFFAELE Io e mia moglie lo diciamo sempre: vuie avivev' 'a
nascere c' 'o cazone!
CONCETTA Adesso avete detto una cosa santa. (*Indicando il Presepe*) Vedete se è possibile: n'ommo a chell'età se mette a fa'
'o Presebbio. So' juta pe' le dicere: «Ma che 'o ffaie a fa'»...

voi capite, don Rafe', nuie nun tenimmo criature, me pare na
spesa e nu perdimento di tempo inutile... sapete che m'ha risposto? «'O faccio pe' me, ci voglio scherzare io!» Che ne volete
sapere... Adesso è uscito.

RAFFAELE E come correva!

CONCETTA È andato a San Biagio dei Librai, dice che doveva
comprare certi pastori che si sono rotti.

RAFFAELE Vuie putisseve sta' dint' 'a pace degli angeli. 'A figlia
vosta s'è sistemata bene. Tummasino... ve da' nu poco 'e pensiero, è ovè?

CONCETTA Fosse tutto p' 'o masculo! Se capisce, è giuvinotto,
fa qualche pazzaria, ma è l'età: tutto è perdonabile. Don Rafe',
'o guaio 'e chesta casa è mio marito.

RAFFAELE (sorridendo) Ce vo' pacienza. E 'a figlia vosta fa Natale cu' voi?

CONCETTA Embè, se capisce. Piú tardi viene assieme al marito.

RAFFAELE Pe' cient'anni e cu' salute. Siete rimasta contenta dei
capitoni?

CONCETTA Sí, so' belle... A me me fanno schifo: Lucariello ce
va pazzo.

RAFFAELE Tanti auguri, e se avete bisogno di me, chiamatemi.

CONCETTA Stateve bbuono.

Raffaele esce.

PASQUALE (sbraita dall'interno) E mo basta, mo! Chesta è na
storia c'adda ferní. Mo me so' stancato, mo!

CONCETTA (gridando) Ch'è stato?

PASQUALE (entrando nervosissimo) E che deve essere, donna
Conce'? È sparita un'altra cinque lire. Ma che vaco arrubban-
no? Io per guadagnare cinque lire devo cecare una settimana
intera a fa' nummere dint' 'o Banco Lotto... Che porcheria! Ma
sta vota 'o trovo, 'o mariuolo. 'O trovo, pecché ieri sera feci un
segno su tutti i soldi! Si trovo 'a cinque lire cu' 'a croce ncoppa
me faccio attaccà pe' pazzo.

CONCETTA (sulle sue) Ma chi volete ca s' 'a pigliava, sta cinque
lire vostra?

PASQUALE Donna Conce', qua sti servizielli li fa Nennillo.

CONCETTA Don Pasquali', badate come parlate. Nennillo dana-
re dint' 'a casa nun ne tocca.

PASQUALE 'Onna Cunce', chillo è nu brigante! Ma io non capisco, voi lo difendete pure! Vi pare, io sono lo zio, è figlio a mio fratello, 'o pozzo vulé male? È questione che piú di una volta l'aggio ncucciato cu' 'a mano dint' 'o gilè mio.

CONCETTA   Chillo va truvanno sempe quacche làppese...

PASQUALE   Qua' làppese! Aiere nun ha cunfessato che s'aveva arrubbato 'e scarpe e 'o cappotto?

CONCETTA (*minimizzando*)   Quello fuie na cumbinazione...

PASQUALE   M'ha chiamate cumbinazione?

CONCETTA   Va bene, comme vulite vuie...

TOMMASINO (*dall'interno*)   Entra, Vitto', entra.

PASQUALE   'O vví lloco, stu bello mobile. (*Si prepara allo scontro che dovrà avere con suo nipote*).

TOMMASINO (*entrando*)   Viene, te staie n'atu ppoco cu' me e poi te ne vai.

VITTORIO (*è un giovane sui venticinque anni, dall'aria seria e piuttosto malinconica. Veste con eleganza sobria, porta un cappotto invernale ed ha i guanti. Nell'entrare scorge Concetta e ne prova un certo disagio; abbassa gli occhi e riesce appena a dire confusamente un generico*)   Buonasera.

CONCETTA (*lo fulmina con uno sguardo e a denti stretti risponde*)   Buonasera.

TOMMASINO   Mammà, ccà sta Vittorio, l'amico mio.

CONCETTA (*evasiva*)   Bravo, me fa tanto piacere.

TOMMASINO (*insospettito dall'andirivieni di Pasquale, il quale non gli risparmia di tanto in tanto occhiatacce di minaccia, tasta il terreno*)   Zi' Pasquali', buonasera.

PASQUALE (*sostenuto*)   Buonasera. (*Gira ancora per la stanza, poi di sorpresa affronta il nipote, puntandogli l'indice sul muso*)   Tu t'he pigliata 'a cinque lire 'a sopra 'a culunnetta. Non negare!

TOMMASINO   Io? Quando mai!

PASQUALE   O sputi le cinque lire o te ntosseco Natale!

TOMMASINO   Io nun m'aggio pigliato niente... So' cose 'e pazze! È possibile che io debbo essere offeso davanti agli amici? (*Si scioglie in un pianto dirotto, sproporzionato e incredibile*).

PASQUALE   È inutile che vai a quaglia: pos' 'a cinque lire!

CONCETTA (*risentita e commossa*)   Don Pasquali', mo me pare c' 'a putisseve ferní. M' 'o facite chiagnere cu' 'e llacreme sta povera anema 'e Dio. (*Accoglie «Nennillo» sul suo seno e lo accarezza maternamente*)   Viene 'a ccà, bello 'e mammà.

PASQUALE   E solo tua madre si può commuovere a questo pianto di sciacallo.

TOMMASINO (*volgendosi torvo e minaccioso verso lo zio*)   Chissà qua' vota 'e cheste...

PASQUALE   Neh, quello minaccia! Guè, io sono il fratello di tuo padre, sa'! E mo che viene gli dico tutte cose. Sputa le cinque lire.

CONCETTA   Ma vedite bbuono. Fosse caduta nterra?

PASQUALE   Donna Cunce', io aggio fatta 'a cammera spingola spingola. Eppure ve voglio fa' cuntenta. Adesso vado a vedere un'altra volta. Se non trovo le cinque lire me faccio attaccà pe' pazzo!

TOMMASINO   Però ci andiamo insieme.

PASQUALE   Pecchè, se trovo la cinque lire, dico che non l'ho trovata?

TOMMASINO   Non lo so, ma io devo stare presente. Se si trova la cinque lire, te lo giuro sull'anima santa di mia madre...

PASQUALE   Giesú, quella è viva, chillo dice «sull'anima santa»!

TOMMASINO   Perché, l'anima la tengono solo i morti? Te lo giuro sull'anima viva santa di mia madre: mi metto in mano all'avvocato.

PASQUALE   E io ti faccio un giuramento sacro, un giuramento che non ho mai fatto nella mia vita: te lo giuro sul direttore del Banco Lotto di Napoli, che se non trovo la cinque lire, ti faccio fare Natale al Pronto Soccorso.

TOMMASINO   E mo vediamo.

PASQUALE   E mo vediamo.

Escono.

VITTORIO (*commentando la freddezza con cui Concetta lo ha accolto*)   Donna Conce', ho fatto proprio male a salire?

CONCETTA   Voi ve ne dovete andare. Stasera viene mia figlia col marito a fare Natale con noi e non ci vogliamo amareggiare la serata.

VITTORIO   Ma perché?

CONCETTA   È inutile che facite 'o scemo. E stateve accorto, perché il marito sa tutto.

VITTORIO   Sa tutto?

CONCETTA   Per una lettera che mio marito, senza sapere niente, ha consegnato nelle sue mani. So io quello che c'è voluto per farli fare pace un'altra volta. (*Quasi piangendo*) Le mie lacrime...

VITTORIO (*dopo breve pausa, commosso afferma con trasporto*) Donna Cunce', io 'a figlia vosta 'a voglio bene!

CONCETTA (*come di fronte a una enormità incredibile*) Uh, Madonna mia, chillo m' 'o dice nfaccia! Come se mia figlia non fosse sposata. È maritata, lo volete capire, sí o no? Ma vuie a chi síte venuto a nguaià? Ringraziate a Dio che sono sola. Maritemo è comme si nun 'o tenesse... Mio figlio, nun ne parlammo, chillo è guaglione... Pecchè si tenesse a n'ato ommo vicino, questa storia sarebbe già finita.

VITTORIO (*sincero*) Non vi amareggiate, me ne vado. (*Dopo breve pausa*) Voi non sapete quello che stiamo soffrendo io e vostra figlia. Nun 'o vo' bene 'o marito, nun 'o vo' bene!

CONCETTA (*sapendo di asserire il falso*) 'O vo' bbene! E vi prego di andarvene. Uscite immediatamente. (*Ed esce svelta, precedendolo*).

Vittorio gira sui tacchi e lentamente si avvia, ma si ferma perché Concetta ritorna allarmata, gli blocca il passo e gli fa dei segni incomprensibili. Dopo poco appare Luca, e non si accorge della presenza di Vittorio. Si libera del cappello che poggerà su una sedia, poi entra.

LUCA (*a Concetta*) Dovevi scendere?

CONCETTA (*confusa*) No.

LUCA E perché hai aperto la porta?

CONCETTA Mi credevo che tu avevi tuzzuliato.

LUCA No, io non ho tuzzuliato. Perché hai aperto la porta?

CONCETTA Aggio penzato che stive arrivando e aggio aperta 'a porta.

LUCA Hai pensato che io arrivavo e hai aperto la porta... E io so' arrivato veramente.

CONCETTA Eh!

LUCA Telepatia.

CONCETTA (*che non ha capito*) Già...

LUCA Sai che cos'è la telepatia?

CONCETTA No.

LUCA Quando io non busso e tu apri la porta. (*Nel girarsi vede Vittorio e chiede a Concetta*) Chi è?

CONCETTA È n'amico 'e Tommasino. Se ne stava andando. (*E cerca di congedare alla svelta Vittorio*) Andate, andate.

LUCA Un momento. (*A Vittorio*) Voi siete amico di mio figlio?

VITTORIO Lo vedo spesso.

LUCA (*presentandosi*)   Luca Cupiello, il padre.

VITTORIO   Vittorio Elia.

LUCA   Elia... Mi fa piacere che mio figlio tiene amici anche, diciamo, signori... Si vede, vestito bene. Io ce lo dico sempre a mio
figlio di scegliere le amicizie, perché alle volte un cattivo compagno guasta la pianta giovane.

VITTORIO   Certo...

CONCETTA   Andate che fate tardi.

LUCA   Aspetta, stiamo parlando!

CONCETTA   Ma chillo 'ave che ffa'...

LUCA   E tu pare che n' 'o vuó caccià! Hai offerto qualche cosa?
Un rosolio, un caffè...

CONCETTA   Non ha voluto.

LUCA (*a Vittorio*)   Un dolce... una pasta reale?

VITTORIO   No, è meglio no.

LUCA   Come volete. (*Poi, a freddo*) Avete visto 'o Presepio?

VITTORIO   No, veramente.

LUCA (*a Concetta*)   Nun ce l'he fatto vedé?

CONCETTA (*con sopportazione*)   Lucarie'...

LUCA   Ma allora che l'aggio fatto a ffa'? (*Mostra il Presepe a
Vittorio*) Eccolo qua. Mettetevi da lontano, cosí avete il colpo
d'occhio. (*Lasciando Vittorio a qualche passo di distanza, si
avvicina al Presepe, schiaccia un pulsante accendendo tante piccole «lucciole» natalizie sulla sacra composizione, poi esclama
con orgoglio*) Che?!

VITTORIO   Bello.

LUCA   Questo l'ho fatto tutto io, sano sano.

VITTORIO (*bonariamente ironico*)   Senza aiuto di nessuno?

LUCA (*serio*)   Anzi, contrastato in famiglia: io solo.

VITTORIO   Bravo, bravo!

LUCA   Visitate, visitate. Io sono appassionato. Quando viene Natale, se non faccio il Presepio mi sembra un cattivo augurio.
Abituato che la buonanima di mio padre lo faceva per me e
mio fratello quando eravamo piccoli... poi l'ho fatto per i figli
miei...

VITTORIO   E quest'erba... L'avete messa pure voi, l'erba?

LUCA   Sí.

VITTORIO   Bravo, bravo.

LUCA (*dubbioso, a Concetta, in disparte*)   Chisto me pare ca me
sfruculèa...

CONCETTA   E se capisce!

LUCA   Come, se capisce! Io 'o dongo nu piatto nfaccia... (*A Vitto-*

rio) Ma non vi piace? Non è che vi deve piacere per forza... E
poi il Presepio non si fa solo in casa mia, a Natale si fa in tutte
le case di Napoli... Ma non vi piace?

VITTORIO Sí, sí!

LUCA (*mostrandogli un pacchetto*) Adesso sono andato a comprare i Re Magi, perché quando ho aperto la scatola dove con-
servo i pastori, e se no a Natale è troppa spesa, ne ho trovato
uno con la testa rotta... Li ho cambiati tutti e tre, se no pareva
brutto, uno nuovo e due vecchi! (*Scarta le tre statuette, con
gran cura*) Questi li ho scelti in mezzo a centinaia di pastori.
Faceva un freddo! Ma io mi sono scelti i piú belli. Gaspare,
Melchiorre e Baldassarre, che portavano i regali al Bambino
Gesú. Guardate le faccine.

VITTORIO Bellissimi! E questi li avete scelti voi solo?

LUCA Sí, io solo.

VITTORIO Bravo!

LUCA (*ormai certo che Vittorio lo prende in giro, rimette i Re
Magi nel pacchetto*) Voi siete amico di mio figlio, ho capito!
(*Va a spegnere l'illuminazione del Presepe, e si rivolge a Con-
cetta*) Ninuccia col marito, so' venuti?

CONCETTA No ancora.

LUCA L'altra figlia mia maritata. Vengono a passare il Natale
con noi. Quando viene Pasqua, Natale, queste feste ricordevoli... Capodanno... allora ci *rinuriamo*, ci *nuriniamo*... ci *urini-
riamo*... (*Non riesce a pronunciare l'espressione «Ci riuniamo»;
sbaglia, annaspa ci riprova... inutilmente*) Insomma, voglio dire... mia figlia non abita con noi...

VITTORIO Ah, no?

LUCA E no! Quella ha sposato Nicola Percuoco, che sta bene.
La Ditta Percuoco... forse l'avete leggiuta la *licrama* per la strada: DITTA PERCUOCO. Tiene centinaia di operai che dipendono
da lui. Tiene i pensieri. È fabbricante di bottoni, oggetti di
regalo, scopette, scatole, specchi... ma il *guadambio* importante sono i bottoni. Ha messo quell'appartamento! È overo, Cunce'?

CONCETTA (*annuisce*) E comme no!

LUCA Io quando vado a trovare mia figlia, che lei mi invita sempre a mangiare, io dico: «Ninu', se mi vuoi fare contento,
fammi mangiare in cucina», perché è grande, ariosa, tutta moderna. Ci sta un finestrone che si vede il mare. Io mi metto là
vicino con un tavolino a mangiare e mi consolo. E 'o salone?
Cunce', quant'è bello 'o salone...

CONCETTA   Bello, bello...

LUCA   Quadri, tappeti, argenteria. Ogni pezzo di mobile è un capo d'opera. C'è anche il pianoforte. Non lo sanno suonare, ma c'è. Il pianoforte è un mobile che ci vuole in casa. Loro tengono sempre feste, ricevimenti... Viene un maestro che lo suona, si canta, si *abballa*... E allora, mesi e mesi non ci vediamo. Perché io pure lavoro. Adesso perché sono giorni di festa, ma se no la mattina alle sette e mezzo salto dal letto come un grillo e alle otto e un quarto *stono* in tipografia.

VITTORIO   Tipografo?

LUCA   No, uomo di fiducia. Ho preso il posto che teneva mio padre. Faccio pagamenti, mi affidano qualunque somma... Poi ci ho le chiavi... Le tengo conservate perché è una responsabilità... Concetta, fagli vedere le chiavi.

CONCETTA   Eh, che faccio vedé? So' 'e chiave grosse d' 'a tipografia...

LUCA   La sera chiudo, la mattina apro... e se no come entrano? E dunque, come vi dicevo, mesi e mesi non ci vediamo... Ecco che quando viene Natale, Pasqua, queste feste ricordevoli... Capodanno... ci *rinuchiamo*... ci *ruminiamo*... (*Prova ancora un paio di volte, finalmente spazientito, decide di chiarire a modo suo quel concetto formulando una frase piú comune*) Vengono e mangiamo insieme. (*Dopo una breve pausa, chiede a Concetta*) E Tommasino?

CONCETTA   Sta dentro con tuo fratello, 'o quale ha perduto cinque lire e dice ca se l'ha pigliate Nennillo nuosto.

LUCA   Già, come fosse una novità. Qua i soldi spariscono veramente. Fatemi il piacere, don Vittorio, ditecelo voi a Tommasino. Quello, *ammacare*, a un amico lo sta a sentire, alla famiglia no. Ma adesso ho fatto un accorgimento, ho messo una trappolina... Si 'o ncoccio, a Tommasino, 'o faccio fa' marenna, perché ladro no!

Dall'interno giunge l'ancora animatissimo dibattito di Pasquale e Tommasino.

PASQUALE (*internamente*)   Come vedi non si è trovata.

TOMMASINO   Io sono innocente!

PASQUALE (*entrando scorge Luca, e incoraggiato dalla sua presenza si avvicina al fratello*)   Lucarie', chisto s'ha pigliato cinche lire!

TOMMASINO   Non è vero.

LUCA   Piano, piano, adesso assodiamo il fatto.

TOMMASINO   Io non ne so niente.

LUCA   Statte zitto! (*A Pasquale*) Pasquali', tu hai torto!

PASQUALE   Aggio torto?!

LUCA   E perché non puoi accusare senza avere la prova *irrefrenabile*. Lo dici a me, io faccio l'indagine, e se è stato lui ti do la soddisfazione. 'On Vitto', state presente perché io lo devo mortificare davanti agli amici. (*A Tommasino*) Viene qua, tu, fammi vedé dint' 'e sacche.

TOMMASINO (*indignato*)   Ma è cosa che io devo essere trattato come un ladro?

LUCA   Io sono tuo padre. Famme vedé. (*Lo trae a sé e gli rovista in tutte le tasche*) Si trovo 'a cinche lire... (*Tira fuori una cravatta, da un'altra tasca una trottola e la cordicella per metterla in azione, poi, finalmente, il biglietto da cinque lire; in disparte, al figlio*) Eccola qua. Ma è possibile che devi fare queste figure? (*Mostra il biglietto al figlio avendo cura di non farsi scorgere dagli altri. Tommasino non reagisce, e come se fosse stato suo diritto compiere quel gesto fissa spudoratamente i suoi occhi in quelli del padre; Luca ha un'idea e gli chiede bruscamente sottovoce*) Te piace 'o Presebbio?

TOMMASINO (*coglie a volo l'ambiguità di quella domanda e capisce che arrendendosi guadagnerebbe la solidarietà del padre e il biglietto sarebbe suo. Rimane un attimo in riflessione e in lotta con se stesso, ma poi decide e afferma con fierezza*)   No.

LUCA (*mostrando a tutti il biglietto da cinque*)   Ecco la cinque lire! (*La consegna a Pasquale*).

PASQUALE (*esultante*)   E io lo sapevo!

LUCA   Vergogna... Sei ladro.

TOMMASINO (*allusivo*)   Ma non mi piace, però.

PASQUALE (*dopo avere osservato il biglietto da una parte e dall'altra, trova finalmente il segno convenzionale che vi aveva tracciato e, a riprova di quanto aveva intuito, vi punta l'indice sopra per mostrarlo a tutti*)   Ecco la croce...

LUCA   Famme vedé. (*Prende il biglietto dalle mani di Pasquale e l'osserva*) Bella figura! Quello ci ha fatto il segno e adesso non puoi negare. (*Scorge sul biglietto un altro segno, quello che aveva tracciato lui per cogliere il figlio in flagrante. Per un attimo rimane dubbioso e perplesso. Poi trae in disparte il fratello e gli comunica la gravità della constatazione*) Pasca', qua ce sta 'a stella che ci ho fatto io.

PASQUALE   Dove?

LUCA   Qua. Siccome spesso mi mancavano i soldi, io ci feci un segno.

PASQUALE   Sarà stato...

LUCA   Allora tu arrobbe a me e isso arrobba a te...

PASQUALE   Aspetta nu mumento...

LUCA   Pasca', lascia stare i soldi miei. Io, Dio 'o ssape!

PASQUALE   Sarà stata una coincidenza. Tu nce he fatta 'a stella? E io nce aggio fatto...

LUCA (*interrompendo*) 'A posta. N'avutata d'uocchie, è sparita 'a cinque lire. (*Pasquale non obietta piú nulla. Rimane come preso in trappola*). Adesso non posso dire piú niente al ragazzo. Chillo dice: «Ccà pure 'o zio arrobba»... E va bene: è Natale, non ne parliamo piú.

PASQUALE (*al nipote*) Non lo fare piú.

LUCA (*allusivo*) Non lo facciamo piú.

VITTORIO   Io me ne vado, vi tolgo il fastidio.

LUCA   Già ve ne andate?

CONCETTA   Sí, sí, se ne deve andare.

TOMMASINO   Statte n'altro poco.

VITTORIO   Mi dispiace, devo andare.

LUCA   E Natale dove lo fate?

VITTORIO   Io sono solo a Napoli, la mia famiglia sta a Milano. Mo me ne vado in una trattoria e poi mi ritiro.

LUCA   E restate a mangiare con noi.

CONCETTA (*istintivamente protesta assestando un pugno sulla schiena del marito*) Ne facisse una buona...

LUCA (*risentito*) Cunce', tu t'he 'a sta' cuieta! (*Massaggiandosi la schiena*) Io soffro coi reni. (*In disparte alla moglie*) Tieni la faccia della miseria. Il pranzo è già fatto, la roba ci sta... Che si può mangiare? Quello è signore, mangia poco. (*Poi deciso, rivolgendosi a Vittorio*) Sentite a me, restate con noi. Pensando che ve ne andate solo in una trattoria, di questa serata, mi fate venire la malinconia... (*Egli stesso, aiutato da Tommasino e Pasquale, toglie il cappotto a Vittorio, il quale protesta debolmente, ma poi si arrende*).

PASQUALE   Senza cerimonie, mio fratello ve l'ha detto con tutto il cuore.

VITTORIO   Lo credo, ma sapete...

LUCA   Se ve ne andate mi piglio collera. Siete amico di mio figlio e non posso permettere che ve ne andate a fare il Natale solo. (*Campanello interno*) Mia figlia col marito! Tummasi', aràpe 'a porta.

Tommasino esce svelto.

CONCETTA (*traendo in disparte Vittorio*)   Siete un mascalzone.

VITTORIO   Signo', io non mi potevo rifiutare.

NINUCCIA (*vestita elegantemente, porta un pacco di dolci che consegnerà a sua madre*)   Auguri! (*Abbraccia la madre*).

NICOLINO (*consegnando un altro pacco di dolci a Luca*)   Auguri a tutti! (*Si avvicina a Concetta e Ninuccia*).

LUCA (*aiuta il genero a togliersi il cappotto, lo piega e lo consegna a Pasqualino*)   Pasquali', miettelo dint' 'o saluttino, ncopp' 'o divano.

PASQUALE   Ma ci penso io. (*Si avvia, poi approfittando del momento di confusione, lascia correre la mano lesta prima in una tasca e poi nell'altra*).

La manovra non sfugge a Luca, che s'avvicina al fratello allarmato, e gli strappa il cappotto, nella cui tasca è rimasta imprigionata la mano temeraria.

LUCA   Pascali', e che siamo arrivati, alla dogana!

PASQUALE (*confuso*)   Stevo mettendo 'e guante dint' 'a sacca.

LUCA   Seh... va bene! (*Intanto nota che Tommasino s'è avvicinato servizievole alla sorella e l'ha liberata del cappello e della borsa, e ora, palpeggiando quest'ultima con maestria, fila dritto e esce per la destra. Luca lo segue. Poco dopo Tommasino rientra in camera da pranzo e si rifugia presso la madre. Luca lo segue immediatamente, con la borsa in mano che poi porge a Concetta*)   Cunce', nzerra!

NICOLINO (*si allontana dalle donne e si avvicina a Pasquale*)   Pasquali', il Banco Lotto come va?

PASQUALE   Bene, bene: di queste giornate la povera gente giuoca. Sono giornate di punta. (*E resta a parlare con lui*).

Le due donne si sono appartate e parlano fra loro. Luca impartisce un'ennesima lezione di morale al figlio. Vittorio, rimasto inosservato fin dall'arrivo della coppia, osserva il Presepio.

NICOLINO (*avendo esaurito gli argomenti con Pasquale*)   Ci siamo tutti?

LUCA (*con gioia*)   Tutti! Ah, ci sta pure un amico di mio figlio, che tiene la famiglia a Milano, allora io ci ho detto di restare a mangiare qua... Ti dispiace?

NICOLINO   No, perché?

LUCA   Mo te lo faccio conoscere... (*Lo sgomento delle due donne è evidente*). Don Vitto', vi voglio *rappresentare* mio genero. (*Vittorio avanza, a occhi bassi*). Niculi', ti presento Vittorio Elia, fa Natale con noi. (*Indicando suo genero*) Nicolino Percuoco, fabbricante di bottoni. Tiene centinaia di operai che dipendono da lui. Tiene i pensieri. (*Nicolino vedendo Elia resta pietrificato. Gli si legge sul volto la piena di sdegno che vorrebbe traboccare... Vittorio accenna un lieve saluto col capo. Luca e Pasquale si guardano sorpresi di quella freddezza. Concetta, con la morte nel cuore, aggiusta qualcosa sulla credenza, per darsi un contegno e parla sottovoce con Tommasino. Luca, disorientato chiede al fratello*) Ma che è stato?

Pasquale si stringe nelle spalle.

NICOLINO (*trae in disparte Ninuccia, annichilita e sprofondata nel suo dramma, e le chiede con rabbia repressa*)   Nun ne sapive niente, tu? (*E attanaglia in una stretta potente la piccola mano di Ninuccia nella sua gelida e tremante*).

NINUCCIA (*non resiste alla stretta ed emette un grido acuto*)   Aaaaaaah! (*Libera la mano e massaggiandola con l'altra dice a denti stretti*) E statte fermo, ca me faie male!

LUCA (*dopo avere interrogato gli altri con lo sguardo*)   Ch'è stato?

NINUCCIA   Niente...

LUCA   Ch'è stato, Cunce'?

CONCETTA   Niente, niente...

LUCA (*prende un piatto dal tavolo e lo agita minacciosamente facendolo tintinnare contro il piatto di sotto*)   Ch'è stato?

CONCETTA   Niente, Lucarie', niente...

LUCA (*stizzito*)   E vide si pozzo sapé niente!

TOMMASINO (*scimmiottando il padre, chiede a Concetta*)   Ma ch'è stato?

CONCETTA   Niente, Nenni', niente...

TOMMASINO (*più forte*)   Ch'è stato? (*E sbatte il piatto su quello che sta sotto con tanta forza che li rompe tutti e due*).

CONCETTA   Madonna, ih che serata! Ninu', vieneme a da' na mano dint' 'a cucina.

Le due donne escono per la sinistra.

NICOLINO (*è riuscito ad appartarsi con Vittorio e con voce sommessa l'apostrofa*) Mi darete una spiegazione.

VITTORIO Di che cosa?

NICOLINO Voi lo sapete meglio di me.

VITTORIO Mi attribuite un potere divinatorio che non posseggo.

NICOLINO Ad ogni modo piú tardi ci spiegheremo.

VITTORIO Sono a vostra disposizione.

LUCA (*interrompe il dialogo intimo, andando a mostrare a Nicolino con fierezza i tre Re Magi che poco fa ha fatto vedere a Vittorio*) Questi sono i Re Magi, tutti e tre: Gaspare, Melchiorre e Baldassarre...

NICOLINO (*distratto, seguendo ancora il filo del suo pensiero*) Mangiano con noi?

LUCA (*divertito*) Niculi', tu comme staie stunato! (*Poi sghignazzando si rivolge al fratello e al figlio*) Io ho detto: «Questi sono i Re Magi, Gaspare, Melchiorre e Baldassarre»... e Niculino ha risposto: «Mangiano con noi?» (*Pasquale e Tommaso ridono*). Sta distratto... (*A Nicolino*) Certamente hai fatto un'altra volta questione co' Ninuccia. Non fate ridere la gente... Don Vitto', li vedete: lui e la moglie fanno sempre questione! (*A Nicolino*) Certamente vi siete contrastati per il fatto del mangiare. (*Ride bonario*) Quella, mia figlia lo tortura: non vuole che lui mangia pasta, perché dice che s'ingrassa, che aumenta la pancia... Lui la verdura non la vuole... Di' la verità, t'he mangiato 'e maccarune? (*Nicolino, infastidito, annuisce con un sorriso amaro*). Ma hai ragione! Un uomo che lavora sta a guardare se cresce la pancia, se non cresce la pancia... Perciò vi siete contrastati? Questa è 'a ragione?

NICOLINO (*prende a caso un coltello dal tavolo e ci giuoca simulando indifferenza*) No, vi sbagliate... mai come adesso vedo che c'è un accordo completo. (*E nel dire questo, col coltello indica uno per uno tutti i presenti, descrivendo lentamente un semicerchio, allungando poi la mano anche verso la cucina, per includere nel novero anche Concetta e Ninuccia*).

LUCA (*intuisce qualcosa di torbido che amareggia suo genero, ma nell'incertezza afferma timidamente*) E questo ci fa piacere... Vuol dire che le cose vanno bene e che andate d'accordo. Io pure faccio sempre questione con mia moglie... 'E vote se sento no 'e strille fin'abbascio 'o palazzo... Ma poi ci vogliamo bene. Parlate male di me a Concetta, seh! Vi mangia vivo... C'è l'affetto, siamo attaccati l'uno all'altra e cosí ho educato anche mio figlio Tommasino. (*Non finisce la frase che un rumore sordo fa*

sussultare tutti; Tommasino, preso da un irresistibile gusto van-
dalico, ha lanciato il torsolo della mela che ha divorato contro
il Presepe; Luca si rende conto dell'accaduto e si avventa sul
figlio per chiedergli conto di quell'azione cosí fuori posto) Ch'è
fatto? Embè, te mannasse 'o spitale!

TOMMASINO   Quella ci stava una mosca ncapa a san Giuseppe.

LUCA   'A mosca... Và truvanno 'a mosca 'o mese 'e dicembre...
Ma io nun capisco, 'o Presebbio nun te piace, e ce staie sempre
vicino... (*A Nicolino*) 'O vvi', fa queste cose per dispetto, ma
poi è affezionato e vuole bene alla famiglia. Quello mo è un
giovanotto, non è piú un bambino, eppure quando viene Natale scrive la lettera alla madre. E sono io che lo voglio. Per la
madre i figli devono avere sempre lo stesso rispetto. (*Rivolgen-*
dosi al figlio con un senso di orgoglio) Fai sentire la lettera che
hai scritto a mammà.

TOMMASINO (*riluttante*)   Che le faccio sentí. È una specie di quella degli altri anni.

LUCA   E va bene, Niculino la vuole sentire. Liegge.

PASQUALE   Ogni anno nce avimmo sentere sta litania...

LUCA   Si nun 'a vuó sentí, vattènne int' 'a camera tua. (*Al figlio*)
Leggi... (*Alludendo a Concetta*) Chella mo sta dentro alla cucina e non sente: liegge. (*A Nicolino*) Senti, senti i sentimenti
di questo ragazzo. (*Siede accanto al genero disponendosi ad*
ascoltare con attenzione).

Pasquale siede al lato opposto della stanza, ostile e scettico nei
confronti di quell'omaggio filiale.

TOMMASINO (*trae di tasca la lettera, mentre siede al centro del*
gruppo. Dopo avere dato un'occhiata significativa a Pasquale,
inizia a leggere) «Cara madre, tanti auguri per il santo Natale. Cara madre...»

PASQUALE   N'ata vòta?!

LUCA   Pasca', statte zitto. Lo sai che il ragazzo è stato malato,
ha avuto la malattia di nervi e ha fatto la cura rinforzata. Io
non posso prendere responsabilità: si chillo te mena nu piatto
in faccia, addó arrivammo... Lo sai che è nervoso. Guarda la
gamba.

Infatti Tommasino agita una gamba minacciosamente.

PASQUALE   La vedo, la vedo...

LUCA (*a Tommasino*)   Vai avanti.

TOMMASINO   «Cara madre, da oggi in poi voglio diventare un
bravo giovane. Ho deciso: mi voglio cambiare. Preparami...»

PASQUALE (*interviene pronto e ironico*)   ...'a cammisa, 'a ma-
glia e 'e cazzettine. (*Come tutta risposta Tommasino lancia violentemente un piatto che va a frantumarsi in mille pezzi ai
piedi di Pasqualino; questi si alza di scatto e guarda esterefatto
i cocci sparsi intorno a lui, spaventato di quello che gli poteva
capitare se il piatto l'avesse preso in pieno*) Neh, Lucarie', chillo m'ha menato nu piatto!

LUCA   E io ti avevo avvertito che il ragazzo tiene la malattia
di nervi, che ha fatto la cura rinforzata... È nervoso.

TOMMASINO   Guarda la gamba, guarda la gamba.

LUCA   Pascali', t'he 'a sta' zitto. Dobbiamo mangiare, piatti ce
ne stanno pochi.

PASQUALE   Sí, me sto zitto, me sto zitto. Un delinquente, questo
sei! (*Gira la sedia e siede di spalle, borbottando*) Liegge, liegge... Io non ti curo.

LUCA (*a Tommasino*)   Vai avanti.

TOMMASINO (*soddisfatto del suo «eroismo», si dispone a leggere
di nuovo*)   «Cara madre, ho deciso: mi voglio cambiare. Preparami un bel regalo. Questo te lo dissi l'anno scorso e questo
te lo dico anche adesso».

LUCA   E questo lo diciamo ogni anno.

TOMMASINO (*leggendo*)   «Cara madre, che il Signore ti deve fare
vivere cento anni, assieme a papà, a Ninuccia, a Nicolino e a
me... Cara madre...»

PASQUALE   Io non c'entro, è vero?

LUCA (*a Tommasino*)   Vai avanti.

PASQUALE   Nu mumento, debbo chiarire una cosa.

LUCA   Io lo so quello che vuoi chiarire, ma è meglio che andiamo avanti.

PASQUALE   Nu mumento. (*A Tommasino*) Perché non m'hai messo pure a me nella nota della salute?

LUCA   Va bbuò, Pasquali', abbozza.

PASQUALE   Ma c'aggia abbozzà... Io sono suo zio, m'ha da mettere pure a me.

TOMMASINO   Non posso.

PASQUALE   Perché non puoi?

TOMMASINO   Perché non posso. Non c'è lo spazio.

PASQUALE   Tu tieni in mano nu foglio 'e carta che è una SILOCA, non c'è lo spazio? M'he 'a mettere pure a me. (*Via via si riscalda fino ad uscire fuori dalla grazia di Dio*) Guaglio', mietteme pure a me, si no stasera ce ntussecammo Natale. Tu 'a capa mia nun 'a cunusce... Sanghe d' 'a marina, me ricordo 'e specie antiche! (*Prende una forchetta e minaccia di conficcarla al centro della testa del nipote*) Mietteme dint' 'a nota, si no t'appizzo 'a furchetta ncapa. (*Poi getta violentemente la posata sul tavolo e si allontana sbraitando*) Faccio fa' 'e nummere dint' 'o vico. 'A capa poco m'aiuta.

LUCA (*esterefatto*)   Pascali', ma tu faie overamente?

PASQUALE   Faccio overamente!

LUCA (*imitando caricaturalmente il fratello*)   Piglia 'a furchetta, minaccia 'o guaglione... Aveva ragione nostro padre ca te chiamava «'o fiammifero»!

PASQUALE   E me fido d'essere «fiammifero»!

LUCA   Ma famme sentí: se quello ti mette pure a te nella nota, tu veramente campi cient'anne?

PASQUALE   No.

LUCA   E allora...?

PASQUALE   È per principio!

LUCA   Va bene, ho capito. (*Poi si rivolge al figlio con un tono autorevole che non ammette repliche*) Miette cient'anne pure a isso.

TOMMASINO   Ma come faccio?

LUCA   T'aggio ditto miette cient'anne pure a zi' Pasqualino. Che poi il Padreterno sa quello che deve fare.

PASQUALE (*esasperato*)   Farisei, siete, farisei! (*A Tommasino, con superiorità*) Nun me mettere, nun m'importa.

TOMMASINO (*avendo accomodato la «nota», si dispone a leggere di nuovo*)   «Cara madre, che il Cielo ti deve far vivere cento anni assieme a mio padre, a mia sorella, a Nicolino, a me e cento anni pure a zi' Pascalino, però con qualche malattia...»

PASQUALE   Sei carogna! Carogna sei...

TOMMASINO (*chiudendo la lettera, con fierezza*)   Questa è la proposta.

LUCA (*divertito per l'uscita del figlio*)   Chillo Pascalino s' 'a piglia veramente... (*Poi, a Nicolino*) Facciamo bubà, ma sono questioni senza rancore. Ci vogliamo bene e io, ogni anno, a costo di qualunque sacrificio, devo fare il regalo a mia moglie. Due anni fa le regalai un taglio di stoffa per un cappotto. L'anno scorso le spegnoraie l'orecchine... Nce 'e facette truvà a tavola... fuie accussí cuntenta... Quest'anno ho pegnorato l'orecchine e l'ho comprato un'altra cosa. Aspetta, t' 'a voglio fa' vedé. (*Esce per la destra*).

PASQUALE   Voglio andare a prendere pure il regalo mio. (*Ed esce per il fondo a sinistra*).

LUCA (*dalla destra, recando un ombrello da donna incartato. Si avvicina a Vittorio*)   Ecco qua. (*Mostra l'ombrello*) Lei aveva perduto l'ombrello e io ce ne ho comprato un altro piú bello. L'ho preso da un negoziante amico mio, che mi ha fatto anche risparmiare. Il fusto è fortissimo, e la copertura è di una stoffa speciale che è buona per l'acqua, per il sole, e per il vento. (*Si avvicina a Nicolino*) Niculi', questo poi (*indica il manico*) è materia tua, tu te ne intendi: è corno vero.

PASQUALE (*tornando si avvicina ai due e mostra loro una borsetta di finta pelle*)   E questo è il regalo mio.

LUCA   Io ho pensato pure come ce li dobbiamo regalare... Niculi', vedi se viene mia moglie, mi voglio mettere d'accordo per una sorpresa. (*Si apparta con Pasquale e Tommasino*) Mo che ci mettiamo a tavola... L'idea mi è venuta quando sono andato a comprare i Re Magi... Quando Concetta si mette a tavola, ci presentiamo come i Re Magi che portavano i regali al bambino: Gaspare, Melchiorre e Baldassarre... Ho pensato pure come debbo dire. Io dico: «Tu scendi dalle stelle, Concetta bella, e io t'aggio purtato chest'ombrella!»

PASQUALE   E io dico: «Tu scendi dalle stelle o mia Concetta, e io t'aggio purtato sta bursetta!»

TOMMASINO (*deluso*)   E io che dico?

LUCA   Niente... Tu viene appriesso e faie: «Ta-ra-ta-ra-ra, ta-ra-ra-ra-ra!»

TOMMASINO   Io voglio purtà 'a bursetta...

LUCA   Che c'entra, chillo è 'o regalo 'e Pascalino. Tu puorte 'a lettera dint' 'o piatto.

Dall'interno giunge un tramestio di passi concitati, un tonfo sordo e un rumore di stoviglie fracassate, nonché il rotolio di qualche pentola e un grido acuto di Concetta.

CONCETTA (*dall'interno, come chiedendo soccorso*)   Lucarie', Lucarie'!

LUCA (*allarmato*)   Ch'è stato?

NINUCCIA (*entrando*)   Se n'è scappato nu capitone pe' tramente 'o tagliàvemo!

LUCA   Nun sapevo che era...

NINUCCIA   Ma chella mammà p'afferrà 'o capitone ha tuzzato cu'
'a capa vicino 'o fucolare.

LUCA (*allarmato*)   E s'è fatta male? (*Esce di corsa per la sinistra*).

PASQUALE   Voi vedete... (*Esce appresso a Luca*).

TOMMASINO   Mammà, ve site fatta male? (*E corre in soccorso
della madre*).

Dall'interno giungono le voci dei quattro. Concetta si lamenta,
Luca si rammarica, Tommasino e Pasqualino si dànno da fare
per soccorrere la donna. Dopo un poco appare Concetta sorret-
ta da Luca. Pasqualino e Tommasino vorrebbero rendersi conto dell'entità del danno subito da Concetta.

LUCA (*entra sorreggendo Concetta, la fa sedere su una sedia al
centro della stanza*)   Assèttate ccà. Cunce', tu cierti cose nun 'e
puo' ffa' cchiú. 'O vuó capí ca tiene n'età? Te si' fatta male
assaie? (*Concetta è un po' intontita, risponde vagamente un
po' a tutti e si massaggia il bozzo in mezzo alla fronte. Luca,
indicando il bozzo*) Guardate ccà, se era la tempia, te ne andavi
all'altro mondo.

Ninuccia ha piegato un tovagliolo trasversalmente, a guisa di
fascia, e lo annoda intorno alla testa di sua madre.

LUCA   'O capitone addó se n'è scappato?

CONCETTA (*con voce lamentosa*)   Miez' 'e gravune, sott' 'o focolare.

LUCA   Vedimmo si 'o putimmo acchiappà. (*Esce per la sinistra,
seguito da Pasquale e Tommasino*).

Dopo un poco dall'interno giunge il fracasso della battaglia in-
gaggiata dai tre contro l'indocile anguilla. Rumore di pentole
rotolanti, stoviglie che si frantumano in terra. Finalmente lo
schianto e il fragore di un mobile caduto. Le donne sono coster-
nate.

TOMMASINO (*entra di corsa per annunciare*)   È caduta 'a credenza! (*E scappa di nuovo in cucina*).

Altri rumori si susseguono. Finalmente tornano i tre, malconci
e trafelati. Luca zoppica, Pasquale si massaggia la schiena. Il

solo incolume è Tommasino, il quale è riuscito nella mischia ad arraffare qualche poco di cibo e se lo sta mangiando furtivamente.

LUCA   Che vuó piglià capitone... S'è menato 'a coppa 'a fenesta, è gghiuto a ferní dint' 'a loggia abbascio.

CONCETTA   Va buono, mettimmece a tavula. Io vaco dint' 'a cucina. (*Esce per la sinistra*).

NICOLINO   Mi vorrei lavare le mani. (*Va con Concetta*).

LUCA   Andiamoci a lavare le mani. Pascali', a tiene na preta 'e sapone?

PASQUALE   Viene dint' 'a cammera mia. (*Ed esce per il fondo a sinistra*).

LUCA (*A Tommasino*)   Viene pure tu. Prima di metterti a tavola ti devi lavare le mani. (*Tommasino esce per il fondo a sinistra*). Don Vitto', mo ci vediamo. Ninu', fai compagnia a don Vittorio. (*Ed esce anche lui per il fondo a sinistra*).

VITTORIO (*dopo una breve pausa durante la quale si è accorto della freddezza di Ninuccia*)   Io non volevo rimanere, è stato tuo padre che ha insistito. E me ne posso pure andare.

NINUCCIA   Adesso sarebbe peggio... Ma io ho capito perché tu agisci cosí: hai deciso di fare succedere quello che non deve succedere.

VITTORIO (*con amarezza*)   Hai ragione. (*Trae di tasca una lettera e la mostra*) È mia madre. Vuole sapere perché non vado a passare il Natale con lei...

NINUCCIA (*con voluta indifferenza*)   E perché non sei partito?

VITTORIO   Embè, quanno parli accussí me faciarrisse fa' cos' 'e pazze... (*Con trasporto*) Insomma, io per te nun songo niente cchiú?

NINUCCIA (*crollando*)   Vitto', io nun saccio io stessa c'aggia dicere...

Vittorio la trae a sé, la stringe e la bacia con infinito desiderio.

NICOLINO (*è entrato qualche momento prima; ora si avvicina ai due, li stacca dall'abbraccio e assesta uno schiaffo a Vittorio, gridandogli con voce strozzata*)   Tu si' n'ommo 'e niente!

VITTORIO   Carogna!

NICOLINO (*ha brandito un coltello·e si è messo sulla difesa, addossandosi alla credenza*)   Scinne abbascio. Mo he 'a scennere, mo!

VITTORIO (*accettando l'invito, minaccia a sua volta*)   E quanno?

NINUCCIA (*schierandosi contro il marito in difesa di Vittorio*) No, Vitto', nun scennere! (*E gli si para davanti come per difenderlo*).

VITTORIO   Nun te vo' bene mugliereta! Nun te vo' bene!

CONCETTA (*appare ignara. Reca una fumante insalatiera di broccoli natalizi*)   Jamme a tavola, ngrazia 'e Dio. (*Nel vedere i tre si rende subito conto dell'accaduto e rimane inchiodata a terra*).

NICOLINO (*mostrando a Concetta il quadro poco edificante dei due amanti, dice a denti stretti*)   Chesta è 'a figlia vosta, 'a vedite? Difende l'innamorato suo. E voi sapevate tutto! Ruffiana...

CONCETTA   A me...!

VITTORIO (*sempre minaccioso a Nicolino*)   Jamme! (*Ed esce svelto per il fondo*).

NICOLINO (*minaccioso alla moglie*)   Cu' tte parlammo doppo. (*Ed esce dietro a Vittorio*).

NINUCCIA (*stravolta, alla mamma*)   Mammà, chille s'accideno! (*Ma Concetta è come inebetita. È caduta a sedere su una sedia accanto alla tavola e riesce solo a far capire alla figlia che le gambe le si sono come paralizzate*). Mammà, mammà! (*Poi decide*) Eh! Mo se move, mammà... (*Esce correndo per il fondo*).

Dopo una piccola pausa, dal fondo entrano Luca, Tommasino e Pasquale: con indumenti di fortuna – variopinti tappeti e corone di carta costruite alla buona – si sono camuffati da Re Magi. Luca reca l'ombrello, Pasquale la borsetta e Tommasino il piatto con la lettera. Ognuno agita nell'aria una stellina accesa per l'occasione, e tutti e tre intonano la canzone di Natale:

I TRE   Tu scendi dalle stelle, Concetta bella, e io t'aggio purtata quest'ombrella...

Pasquale dà alla canzone la sua versione per la borsetta e Tommasino li accompagna. Dopo un mezzo giro intorno alla tavola, si fermano, si inginocchiano davanti a Concetta, che li guarda allucinata, e depositano i doni ai suoi piedi.

ATTO TERZO

Ancora la camera da letto di Luca Cupiello. Tre giorni dopo
quella disastrosa Vigilia di Natale. Luca è a letto, quasi privo
di sensi. La realtà dei fatti ha piegato come un giunco il provato fisico dell'uomo che per anni ha vissuto nell'ingenuo candore della sua ignoranza. Con la schiena sostenuta da quattro o
cinque guanciali, col mento puntellato al centro del petto, Luca Cupiello si è da poco appisolato, dopo una notte passata
completamente in bianco. Concetta siede a destra sulla poltrona, circondata da donna Carmela, Olga e la signora Armida
Romaniello, tutte amiche del palazzo, che evidentemente l'hanno confortata per tutta la notte. A sinistra, seduti sul letto di
Tommasino, si troveranno Rita, Maria e Alberto, anch'essi coinquilini volenterosi e solidali. Mentre le donne raggruppate a
destra parlano sommessamente dell'accaduto con interesse e
comprensione, il gruppo di giovani, a sinistra, bisbiglia qualche cosa di superficiale e generico che evidentemente interessa
loro personalmente. Dopo una breve pausa, la porta di fondo
si apre e appare Raffaele il portiere. Reca una guantiera con sei
tazze spaiate, cucchiaini e piattini. Avanza con passo accorto,
perché stringe nell'altra mano una caffettiera colma di caffè, il
cui manico è stato ricoperto da un piccolo straccio che funziona da isolatore. Raffaele si avvicina al gruppo di destra per
iniziare la distribuzione della bevanda.

RAFFAELE   Questo l'ho fatto fresco.
CARMELA   Stiamo andando avanti a caffè.
RAFFAELE (*ad Olga*)   M'ha chiamato vostro marito da sopra la
   finestra d' 'a cucina.
OLGA   Che vuole?
RAFFAELE   Non ho capito bene, perché proprio in quel momen-
   to stavo girando la caffettiera. Ha detto che adesso scende.
   (*Porgendo una tazzina a Concetta*) 'Onna Conce', un sorso.

CONCETTA (*affranta, distrutta*) Non posso, non posso.
CARMELA Ma un sorso di caffè ve lo dovete prendere, se no come vi sostenete?

Concetta assaggia appena e allontana subito da sé la tazza.

ARMIDA (*rivolgendosi sommessamente al gruppo di sinistra*) Piccere', pigliateve nu poco 'e cafè.

Raffaele muove verso il gruppo, lo raggiunge, e serve il caffè.

ALBERTO Io si nun me piglio nu poco 'e cafè, m'addormo all'erta.

Nella guantiera vi sono due tazze; una la prende Rita, Maria vorrebbe prendere la seconda.

RAFFAELE Aspettate, chesta 'a dammo a don Pasqualino. (*Si avvicina a Pasquale che si è isolato al balcone chiuso e guarda fuori attraverso i vetri*) Don Pasquali', 'o ccafè.

Pasquale prende la tazza dalle mani di Raffaele e, sempre guardando fuori, sorseggia il liquido.

ALBERTO (*a Raffaele*) Porta altre due tazze.
RAFFAELE Addó 'e ppiglio? Dint' 'a cucina quattro ce ne stèvano... Due ne ho portato io perché due ne tengo...
RITA (*mostrando la sua tazza*) Bevi qua, io ho finito.

Raffaele riempie di nuovo la tazza offerta da Rita.

MARIA Aspetta, bevo prima io. (*Infatti, beve*).
LUIGI (*è il marito di Olga Pastorelli, un uomo anziano, dabbene. Entra svelto perché ha fretta, deve raggiungere l'ufficio, uno studio di rappresentanze*) Bongiorno. (*Si avvicina al gruppo delle donne*) Donna Concetta bongiorno.

Concetta accenna un saluto col capo.

OLGA (*alludendo all'ambasciata che le ha fatto il portiere*) Che volevi?

LUIGI Volevo sapere se resti quà, se sali... Io me ne debbo scappare. (*Porgendo una chiave alla moglie*) Questa è la chiave di casa. Nun m'aggio pigliato manco 'o ccafè.

RAFFAELE (*mostrando la caffettiera a Luigi, lasciando in asso Alberto che in quel momento gli porgeva la tazza che era servita a Maria, per farla riempire di nuovo*) Qua, qua... (*Si avvicina al gruppo di destra, prende la tazza dalle mani di Olga e la riempie*) Qua ci ha bevuto vostra moglie.

Luigi beve.

ALBERTO (*reclamando la parte di caffè che toccherebbe a lui*) Rafe'...?

RAFFAELE È finito. (*Capovolge la caffettiera perché Alberto si convinca di ciò che ha affermato*) Mo ne vaco a fa' na macchinetta piccola per voi.

Alberto si rassegna. Ripiglia a conversare con le ragazze; Raffaele esce per il fondo.

LUIGI Donna Concetta, don Luca come passa?

CONCETTA Ieri sera venne il dottore, 'o guardaie e facette na brutta faccia.

LUIGI Ma la notte come l'ha passata?

CONCETTA E chi ha dormito? Chiamava Nicolino, voleva a Nicolino... Ha fatto un'arte!

CARMELA Io tengo nu buono presentimento. Ieri sera don Luca stava peggio, stava veramente male... Ma mo sta riposando bene.

CONCETTA No, no, Lucariello nun m' 'a conta justa. 'O braccio sinistro nun 'o move cchiú, 'a lingua s'è tirata, e parla accussí... ca non se capisce niente...

LUIGI Ma riconosce?

CONCETTA Qualche volta sí e qualche volta no. Ieri sera me so' avvicinata, l'aggio ditto: «Lucarie', so' io, sono Concetta tua». Indovinate pe' chi me pigliaie? M' 'a guardato nu poco e po' dicette: «Tu sei don Basilio!» È rimasto impressionato perché na ventina di giorni fa, jetteme a vedé 'o Barbiere 'e Siviglia 'o San Carlo. (*Il gruppetto di sinistra ride per ciò che ha detto Concetta*). Ce regalaine cierti bigliette...

ALBERTO (*piano, alle ragazze*) E chella overo me pare don Basilio...

Le ragazze ridono piú forte; il gruppo di destra rileva e sottolinea con la mimica quella inopportuna risata.

ARMIDA   Piccere', ch'è stato?

MARIA   (*rimediando alla meglio*)   No, Alberto è rimasto senza caffè.

NINUCCIA   (*entra da sinistra con una scodella di brodo fumante nelle mani. Reca sul volto i segni inconfondibili di un dolore recente e profondo*)   Mammà, ce 'o vulimmo da' nu poco 'e brodo 'e pollo? È caldo caldo.

CONCETTA   Io diciarría lassammo sta: quello mo s'è assopito nu poco... Vuie che ne dicite, donna Carme'?

CARMELA   È meglio che lo fate riposare.

OLGA   Quando si sveglia, glielo riscaldate un'altra volta.

Ninuccia mette via la scodella, coprendola con un piatto.

CONCETTA   'O duttore quanno ha da vení?

NINUCCIA   Già avessa avuto sta ccà.

CONCETTA   E Tommasino?

NINUCCIA   È gghiuto a fa' n'ato telegramma a Niculino. Mo 'o vedite 'e vení.

LUIGI   (*guardando l'orologio*)   Io dovrei scappare, ma vorrei aspettare che si sveglia don Luca. Mo aspetto ca se sveglia, e poi me ne vaco.

CONCETTA   (*a Ninuccia, in tono di rimprovero*)   Mo si' cuntenta, mo... a chisto posto ccà t' 'o dicette: «Giurame ca faie pace con tuo marito e fernesce tutte cose»... He visto ch'he fatto succedere?

Ninuccia abbassa lo sguardo avvilita.

CARMELA   E nun ce 'o dicite cchiú... Chella poteva maie immaginà che succedeva chello ch'è succieso...

CONCETTA   Ha tenuto 'a capa tosta. E siccome io a Lucariello non gli avevo fatto sapere mai niente, 'o fatto 'e tre sere fa è stato come na mazzata ncapa... Se sentette male e mo sta dint' 'o lietto, cchiú 'a llà che 'a ccà. Non fa altro che chiamare Nicolino. Vuole vedere Nicolino, e intanto è 'o terzo telegramma c'avimmo fatto, e Nicolino non si vede...

CARMELA   Ma perché, il marito l'ha lasciata?

CONCETTA   Immediatamente. Se n'è andato da certi parenti suoi a Roma e ha detto che non la vuole vedere piú. (*Piagnucolando*) Na casa distrutta...

CARMELA   Avete ragione...

LUIGI   Io me n'avessa scappà.

OLGA   E che aspetti? Se te ne devi andare, vattene. Sei sempre l'eterno indeciso.

LUIGI   No, me pare che t'aveva dicere n'ata cosa... (*Poi a un tratto si ricorda*) Ah, sí: io che faccio, torno a casa pe' mangià?

OLGA   Se vuoi tornare, torna. Faccio un poco di pasta al burro.

LUIGI   Io resterei donna Cunce'... ma devo mostrare il campionario a un cliente, uno di Milano.

TOMMASINO (*dal fondo a destra. Entra svelto e fila dritto verso sua madre*)   Aggio fatto 'o telegramma... (*Consegna a Concetta la ricevuta del telegrafo e degli spiccioli*) Ccà sta 'o riesto. Comme sta papà?

CONCETTA   Sta riposando nu poco, non ti fare sentire. (*Esaltando l'attaccamento che suo figlio ha dimostrato verso il padre nella tragica circostanza*) E sta criatura... Sull'isso m'aggio truvato! Guardate che faccia tiene. So' tre notti che sta svegliato vicino al letto del padre. Nun 'ave cchiú che fa'... 'E scale d' 'o palazzo 'e fa venti, trenta volte al giorno... add' 'o farmacista, add' 'o duttore... Figlio mio! E dicevano ch'era disamorato...!

Infatti Tommasino si è seduto ai piedi del letto, accanto al padre.

LUIGI   Basta, mo me ne scappo.

LUCA (*si sveglia di soprassalto e chiede balbettando*)   Niculino è venuto?

Tutti si fanno attenti e muovono verso il letto come per circondarlo.

CONCETTA   S'è scetato. C'ha ditto?

CARMELA   Vó sapé si è venuto don Nicolino.

CONCETTA   E sempe cu' Niculino sbarèa... (*Poi rivolgendosi a Luca dolcemente*) Mo vene Niculino, piú tardi arriva.

NINUCCIA   Papà, pigliateve nu poco 'e brodo.

CONCETTA   E riscaldalo, che s'è fatto freddo.

Ninuccia prende la scodella ed esce per la sinistra.

TOMMASINO (*premuroso*)   Papà, 'a bevanda...

CONCETTA   Piú tardi, il dottore ha detto ogni ora.

TOMMASINO   E mo è passata.

PASQUALE (*con sufficienza*)   Nossignora, ce vuo' tiempo.

TOMMASINO (*sempre ostile nei confronti di suo zio*)   Tu statte zitto.

PASQUALE   Io sono il fratello e posso parlare.

TOMMASINO (*minaccioso*)   Mo vedimmo.

PASQUALE (*di rimando e con lo stesso tono minaccioso*)   Mo vedimmo.

CARMELA   Ma ve pare chisto 'o mumento 'e v'appiccecà?

RAFFAELE (*dal fondo, recando una guantiera con due tazze e una piccola caffettiera*)   Donna Cunce', 'o duttore.

DOTTORE (*entrando*)   Bongiorno a tutti, bongiorno. Come si va?

CONCETTA   Dotto', aspettavamo a voi con ansia. (*Intanto Raffaele ha riempito la tazza di caffè e la sta porgendo ad Alberto*). Rafè, 'o ccafè 'o dottore.

Raffaele sottrae la tazza dalle mani di Alberto, si avvicina al dottore ed esegue l'ordine di Concetta.

DOTTORE   Grazie, lo piglio volentieri perché sono uscito in fretta. (*E beve*).

Raffaele muove verso Alberto, ma Tommasino lo ferma, porgendogli a sua volta una tazza.

CONCETTA   Bive, Tummasi', bive ca te fa bene.

ALBERTO (*alle due ragazze*)   Io mo scengo e m' 'o vado a piglià 'o bar.

DOTTORE (*porgendo la tazza vuota a Concetta*)   Ha riposato stanotte?

CONCETTA   Ci ha tenuti svegli a tutti quanti... (*Prende un foglietto dal comodino e lo porge al dottore*) Questa è la febbre.

DOTTORE (*dando una scorsa al foglietto, chiede all'infermo*) Don Luca, come andiamo? Voi state una bellezza...

LUCA (*articolando con difficoltà le parole, ribatte ironico*)   Cosí spero di sentire di voi. (*Poi fissa lo sguardo su Luigi ed esclama felice*) Niculi'...

CONCETTA   Non è Nicolino, è Pastorelli, don Luigi Pastorelli... Ci sta pure donna Carmela, la signora Armida con la figlia... La signora Olga, don Alberto, 'a signorina Maria e 'a signorina Rita... Ti sono venuti a trovare tutti quanti!

Tutti si avvicinano al letto.

ALBERTO   Don Luca, dovete fare presto a stare bene!
LUIGI   Ci dobbiamo fare una scampagnata.
MARIA   Vengo pur'io, vengo pur'io!
RITA   Ci andiamo tutti quanti.
CARMELA   Dobbiamo fare una festa.
OLGA   Una festa grande quando starà bene don Luca!
ARMIDA   Sí, sí!

Le effusioni sono andate crescendo di tono fino a diventare assordanti, e il dottore si ribella.

DOTTORE   (*battendo le mani*) Eh! Eh! Basta! (*A Concetta*) C'è troppa gente qua dentro, ve lo dissi pure ieri.
CARMELA   No, ma queste signore sono venute da poco: io sola ho fatto compagnia a donna Cuncetta, stanotte.
ARMIDA   E usciamo, usciamo.
DOTTORE   Sí, è meglio sfollare.

Tutti gli inquilini si avviano verso l'uscita.

ALBERTO   Io me vaco a piglià na tazza 'e cafè abbascio.
RITA   Aspetta, damme na sigaretta.
MARIA   E pure a me.

Alberto distribuisce le sigarette ed esce seguito dalle ragazze.

LUIGI   (*avviandosi all'uscita con sua moglie*) Mo aspetto quello che dice il dottore e poi me ne scappo.

Escono insieme.

NINUCCIA   (*dalla sinistra, recando di nuovo la scodella con il brodo*) Mammà...
CONCETTA   (*chiede consiglio al dottore*) Dotto', nu poco di brodo di pollo...?
DOTTORE   Aspettate, voglio visitarlo prima. (*Osserva le pupille di Luca, poi solleva le coperte e le lenzuola per altre osservazio-*

ni del caso, ma si ferma interdetto perché le sue mani hanno
toccato qualche cosa di insolito. Cerca di capire al tatto, poi si
decide e tira fuori un paio di scarpe e le mostra come per chiede-
re una spiegazione).

CONCETTA (*mortificata*) Uh! Scusate, dotto'.

PASQUALE   Le ha nascoste perché se no il figlio se le vende.

DOTTORE   Addirittura?

TOMMASINO   Già, io po' me vennevo 'e scarpe 'e papà...

PASQUALE   Perché, te mettive paura?

Questa volta la lite fra i due si risolve mimicamente.

DOTTORE (*dopo aver ascoltato il cuore di Luca, poco convinto,*
dice un po' a tutti) Bene, bene, andiamo meglio.

CONCETTA   Làssa fa' 'a Madonna! (*Rianimata, si rivolge a Luca*)
Lucarie', e che d'è? Mo nun dice niente? L'altra volta, quando
sei stato malato, parlave sempre tu. (*Mostrando donna Carme-*
la) Ce sta donna Carmela, racconta a donna Carmela 'o fatto
dei fagioli.

CARMELA (*volutamente pettegola*) Uh, veramente... qual è 'o fatto dei fagioli? Voglio sapé...

LUCA   Il fatto dei fagioli è importante... (*Divertito dal ricordo,*
vorrebbe raccontare, ma il suo pensiero è discontinuo e conver-
ge soprattutto verso un'idea fissa che è quella che più l'ha colpi-
to. Infatti di punto in bianco chiede con interesse) Niculino è
venuto?

CONCETTA   No ancora.

CARMELA   Cuntatece 'o fatto d' 'e fagioli.

LUCA (*sorride, ma non riesce che ad imprimere una smorfia tragi-*
ca sulla sua bocca tirata verso sinistra) Io mi svegliai con un
poco di febbre. Concetta subito dicette: «Si deve chiamare il
dottore». «Lassa sta', Cunce', – dicetti io, – questa è cosa di
niente. Io domani non tengo niente più». «Niente affatto, –
dicette Concetta, – il medico si deve chiamare in tempo, se no
può essere che succede qualche complicazione e poi è peggio».
«E va bene», dicette io: quella Concetta, quando si mette na
cosa ncapa... Venette 'o dottore, fece la visita e disse... Come
dicette, Cunce'?

CONCETTA   È una cosa viscerale.

LUCA   È una cosa viscerale. Deve stare digiuno. Se mangia non
le passa 'a febbre... Ma Niculino quando viene?

CONCETTA   Mo viene, Lucarie', mo viene.

LUCA   Ma 'o telegramma l'avete fatto?

CONCETTA   Sí, sí. Racconta 'o fatto dei fagioli. Quel giorno, io che feci?

LUCA   Quel giorno Concetta aveva fatto i fagioli c' 'a pasta. Un profumo di fagioli c' 'a pasta per tutta 'a casa... Io dicette: «Cunce', ma come, proprio oggi che non mi sento bene hai fatto i fagioli c' 'a pasta che sai che mi piacciono tanto?» «Tu qua' fagioli c' 'a pasta ha fatto a te...! Io ho fatto brodo». Perché Cuncetta 'o ssape che 'o brodo a me nun me sóna... «Ah... e allora questo profumo di fagioli c' 'a pasta da dove viene?» «L'ha fatta 'a signora 'e rimpetto». «E dincello 'a signora 'e rimpetto che me ne mandasse nu piattiello». «Gnernò, – dicette Concetta, – devi stare digiuno se no non ti passa la febbre, e che figura facciamo col dottore?» «Va bene, – dicette io. – Quando è stanotte parlammo». Io sono tremendo... È overo, Conce'?

CONCETTA   Come! Lucariello è tremendo!

LUCA   Concetta aveva pigliato sonno. Io m'alzai e andai dentro alla cucina perché io lo so che quando si fanno i fagioli in casa mia si fanno che possono bastare per tre giorni, perché ci piace di mangiarli freddi il giorno appresso, e pure riscaldati la sera... 'a matina pe' merenda... M'assettaie vicino 'o tavulino... 'O cucchiaio già stava dint' 'a zuppiera... e *drunghete* e *dranghete (fa il gesto di portare alla bocca cucchiaiate di fagioli)* e *drunghete* e *dranghete*, e *drunghete* e *dranghete*, me mangiaie tutte 'e fagioli! Facette 'a zuppiera pulita pulita. Po' me ne tornaie ccà e me mpizzaie dentro 'o portafoglio *(allude al letto)* e dicette: «Quanno è dimane se ne parla». Io sono tremendo, è vero, Cunce'? Il giorno appresso mi svegliai senza nemmeno un poco di febbre. Comme me scetaie, Cunce'?

CONCETTA   Frisco frisco.

LUCA   Frisco frisco. Venette 'o scienziato... e dicette: «Avete visto? Se mangiava nun le passava 'a febbre». Che ciuccio!

DOTTORE   Io me ne vado perché ho delle visite importanti.

Il dottore si alza mentre Concetta si adopera per aggiustare il letto del marito aiutata da Carmela.

CONCETTA   Scusate, dotto'...

DOTTORE   Ma niente, vi pare!

NINUCCIA *(traendo in disparte il dottore)* Dotto', come sta?

DOTTORE   Non bisogna disperare. Certo la batosta l'ha avuta piuttosto pesante, ma ho visto dei casi peggiori che si sono risolti abbastanza bene.

NINUCCIA   Speriamo... (*E raggiunge la madre per informarla di quanto ha detto il dottore*).

PASQUALE (*che ha ascoltato il dottore, assieme a Ninuccia*)   E domani non venite?

DOTTORE   E che vengo a fa'? Don Pasquali', fatevi coraggio e date coraggio 'e ffemmene.

PASQUALE   Vuie che dicite?

DOTTORE   Solo un miracolo... ma non ce la può fare. Ad ogni modo, se ci sono novità mi mandate a chiamare. (*Rivolto a tutti*) Buona giornata.

Tutti rispondono al saluto e accompagnano il dottore sino alla porta di fondo.

CONCETTA   Ninu', levammo sti tazze 'a miezo. (*Ninuccia esegue*). Mo vide ca trase n'ata vota tutta chella gente.

CARMELA   Vi do una mano.

CONCETTA   In tre giorni se n'è andato piú di un chilo e mezzo di caffè.

TOMMASINO   E chille perciò so' venuti.

PASQUALE   Sí, ma io mo ce 'o ddico...

CARMELA   È naturale, ci tolgono l'aria a quel poveretto.

PASQUALE   Mo ce 'o vaco a dicere. (*E si avvia verso l'uscita, ma si ferma perché s'imbatte in Vittorio che sopraggiunge in quel momento*).

CONCETTA (*alla vista di Vittorio rimane allibita. Dopo una breve pausa l'affronta*)   E voi che fate qua?

VITTORIO (*sinceramente addolorato*)   Donna Concetta, non me ne cacciate. Voi non sapete da tre giorni quello che sto soffrendo. Lo so, tutta la colpa è mia... Ma credetemi, me vularría truvà sotto terra. Da tre notti passeggio sotto il palazzo... Mo è sceso il dottore... Volevo baciare la mano a don Luca. Donna Concetta, non mi negate questa grazia!

LUCA (*nel delirio della febbre ha ravvisato nelle sembianze di Vittorio quelle di suo genero Nicolino. Con un lampo di gioia negli occhi esclama*)   Guè, Niculi'! (*Si sporge dal letto e riesce ad afferrare il braccio di Vittorio*) È arrivato Niculino... Che piacere che mi hai fatto! Qua tutti dicevano che tu non venivi... (*Nessuno osa intervenire. Lo stesso Vittorio rimane immobile, con gli occhi a terra. Ora Luca trae a sé Vittorio per parlargli con tenera intimità*) Chillo Niculino me vo' bene a me, è overo? (*Ninuccia riversa sul letto è come trasognata. Tommasino è il solo a comprendere tutta la tragedia: sul suo volto passa dolore e di tanto in tanto la collera*) Addó sta Ninuccia?

NINUCCIA (*in lacrime*)   Sto qua, papà...

LUCA   Damme 'a mano... (*Riesce a prendere la mano di Ninuccia e la unisce a quella di Vittorio. Il suo volto si rischiara, riesce a parlare con piú forza e chiarezza*) Fate pace in presenza mia, e giurate che non vi lasciate piú. (*E visto che i due non parlano, insiste*) Giurate, giurate!

Dall'interno giunge un parlottare sommesso e concitato, poi si sente la voce di Nicolino.

INQUILINI (*voci interne*)   Bongiorno, don Niculi'...

NICOLINO   Addó sta?

Concetta è la prima ad accorrere terrorizzata verso l'uscita; gli altri la seguono nello stesso stato d'animo.

RAFFAELE (*si affaccia alla porta e annunzia grave*)   Don Nicolino.

Infatti appare Nicolino il quale muove diritto verso il letto. Nel vedere sua moglie e Vittorio e Luca in quella scena patetica, ha come una furia di sangue al cervello. Vorrebbe scagliarsi furente, ma viene trattenuto e sospinto a viva forza dai famigliari. Intanto il gruppo degli inquilini si è riversato alle spalle di Nicolino e con parole sommesse esortano l'uomo ad avere comprensione per quel caso singolare e tragico. Tutti insieme riescono ad allontanare Nicolino, il quale a volte si lascia trasportare via, a volte si ribella.

LUCA (*felice che sia riuscito a far fare la pace a Ninuccia e il marito, ride, soddisfatto*)   Hanno fatto pace, l'aggio fatto fa' pace... Hai visto, Conce'? (*A Ninuccia e Vittorio*) Voi siete nati l'uno per l'altro. Vi dovete volere bene. Non fate prendere collera a Concetta che ha sofferto assai... (*Ninuccia e Vittorio allentano la stretta della mano. Ora Luca delirante farfuglia qualcosa di incomprensibile, agitando lentamente il brac-*

cio destro come per afferrare qualcosa in aria. È soddisfatto.
Vaga con lo sguardo intorno e chiede) Tommasi', Tommasi'...

TOMMASINO (*sprofondato nel suo dolore si avvicina al padre, mor-*
morando appena)   Sto qua.

LUCA (*mostra al figlio il braccio inerte; lo solleva con l'altra mano*
e lo fa cadere pesantemente come per dimostrare l'invalidità
dell'arto. Poi chiede supplichevole)   Tommasi', te piace 'o Presebbio?

TOMMASINO (*superando il nodo di pianto che gli stringe la gola,*
riesce solamente a dire)   Sí.

Ottenuto il sospirato «sí», Luca disperde lo sguardo lontano,
come per inseguire una visione incantevole: un Presepe grande come il mondo, sul quale scorge il brulichio festoso di uomini veri, ma piccoli piccoli, che si dànno un da fare incredibile
per giungere in fretta alla capanna, dove un vero asinello e una
vera mucca, piccoli anch'essi come gli uomini, stanno riscaldando con i loro fiati un Gesú Bambino grande grande che palpita
e piange, come piangerebbe un qualunque neonato piccolo piccolo...

LUCA (*perduto dietro quella visione, annuncia a se stesso il privile-*
gio)   Ma che bellu Presebbio! Quanto è bello!

Cala la tela.

Gennareniello

(1932)

Mentre nasce *Natale in casa Cupiello*, come atto unico che Eduardo scrive per il debutto insieme ai fratelli al Kursaal, pratica spettacolare e inquietudine sperimentatrice seguitano ad incontrarsi sul terreno della sua creazione drammaturgica. Ogni lunedí, ad ogni cambiamento di programma cinematografico, «Ribalta Gaia» doveva rappresentare «un atto» nuovo; e proprio questi atti unici, attesi da un pubblico sia popolare che proveniente dagli ambienti colti napoletani, toccano (con esiti artistici disuguali) aspetti diversi dell'ispirazione dell'attore-autore. *Gennareniello* è senza dubbio fra i piú interessanti, anche per il rapporto gemellare che lo lega a *Natale*: attraverso certe corrispondenze che uniscono i due testi *principes* del «famigliarismo eduardiano» si possono individuare relazioni di carattere e di funzione fra i personaggi di questo teatro domestico e quelli del popolo degli attori. Come se Sik-Sik, il *sognattore* primigenio, avesse provato a calarsi nella vita comune...

Il «terzo occhio» della prospettiva scenica è pronto fin dall'inizio a riprendere il mondo: nello spazio aperto del *terrazzino fra i tetti, «sfogo» della famiglia di Gennaro che abita all'ultimo piano* (did., p. 427), si propone un diverso scorcio di quotidianità piccolo-borghese (anche rispetto alla *terrazza al quinto piano* di *Filosoficamente*). Non a caso l'*incipit* di *Gennareniello* si ricollega a quello di *Uomo e galantuomo*: con le donne che stendono il bucato sul terrazzo comune. Anche i fili tesi sul *terrazzino* dell'atto unico intrecciano esistenze individuali e famigliari come su una piccola ribalta: dove il «reggipetto» teso ad asciugare dalla giovane Anna Maria, dattilografa chiacchierata dal vicinato, scatenerà la vena lirica del protagonista (*le dà il reggipetto e canta*: «Nun me dicite no... uocchie [...]», p. 434) nonché la gelosia di sua moglie. L'indumento proibito diventa l'oggetto *climax*, che rivoluziona l'apparente tranquillità d'una famiglia-tipo eduardiana.

La composizione di questa famiglia corrisponde infatti a quella di *Natale in casa Cupiello*, ma si ritroverà poi in *Napoli milionaria!* come anche nella alto borghese *Mia famiglia* degli anni Cinquanta. Padre-madre-figlio-sorella (o fratello) del padre: un piccolo nucleo, le cui varianti saranno significative nelle Cantate. In *Natale* il personaggio della figlia assume la stessa funzione squilibrante, *exlege*, della bella vicina Anna Maria. In *Napoli milionaria!* l'assenza del personaggio della sorella o del fratello del padre si potrebbe anche attribuire alla rimozione di Peppino dal «Teatro di Eduardo», se di solito (come in *Gennareniello*) l'attore non interpretasse la parte del figlio. D'altronde quel personaggio-ruolo ricomparirà poi in *Mia famiglia* e, raddoppiandosi nello zio e nella zia, in *Sabato, domenica e lunedí*.

Ma fra *Natale* e *Gennareniello* si corrispondono anche i caratteri dei rispettivi membri del nucleo famigliare. Gennaro è un altro costruttore di sogni, un inventore incompreso; il «parannabuco», ovvero il suo «sistema per evitare le bucature delle gomme delle automobili», ha la stessa funzione, monomaniaca ed esistenziale, della fabbricazione del «presepio» per Luca Cupiello. Sono modi per evadere da un senso di inutilità presente o per trasformarla in una diversa utilità, proiettata nel passato o nel futuro. Piú concreta e attenta ai problemi del vissuto, la moglie Concetta; ma con lo stesso punto debole che in *Natale*: il figlio diciottenne eppure eternamente bambino. Il cui nome, Nennillo-Tommasino (anch'esso uguale nelle due commedie), perpetua la figura del giovane pigro e viziato, famelico e dispettoso con il padre e la zia (o lo zio), che aveva già portato al successo *Tetillo* di Eduardo Scarpetta. Quanto alla sorella zitella del padre, Fedora, vittimistica ma anche tollerata in casa con fastidio, pare un ruolo cucito addosso a Tina Pica (sua prima interprete); eppure corrisponde alla funzione del fratello celibe di Luca Cupiello. D'altra parte la rielaborazione di *Gennareniello*, per la *Cantata dei giorni pari* del '71, introduce quella solidarietà artistica tra fratello e sorella (Gennaro è anche poeta, Fedora è un'aspirante pittrice) che li oppone agli altri personaggi nella qualità del linguaggio. In un contesto che mescola il dialetto con la lingua, l'ambivalenza non è originata dalla differenza sociale popolano-borghese (come in *Uomo e galantuomo*), ma nasce appunto da un contrasto interno ai membri di uno stesso nucleo famigliare; dove la coppia madre-figlio (Concetta-Tommasino) parla in napoletano, mentre Fedora e Gennaro, uniti dall'illusione di evadere, un giorno, dalla monotonia della vita quotidiana, si sforzano di parlare italiano. Un analogo sodalizio artistico ritroveremo fra zia Memè e zio Raffaele di *Sabato, domenica e lunedí*, commedia che porterà a compimento nel 1959 la formazione concreta e simbolica d'una famiglia - compagnia teatrale.

Si rispecchiano da *Natale* a *Gennareniello* anche certe azioni sceniche: come quelle legate alla voracità iperbolica del figlio e ai suoi furtarelli ai danni della zia (o dello zio); azioni che, tuttavia, nell'atto unico del '32 si muovono ancora nel solco d'una commedia famigliare agrodolce, con spunti farseschi. Motivo dominante di *Gennareniello* è la *mediocritas* piccolo-borghese, come in *Filosoficamente*: non accettata però dal protagonista, né sul piano del proprio ruolo sociale (l'invenzione!, che irrita la moglie: «n'ato ppoco 'o purtammo 'o manicomio [...] se n'è ghiuto dicenno: "Tu non mi hai mai compreso!"», p. 428), né su quello privato della vitalità erotica (ancora Concetta: «Apposto 'e penzà 'affanno ca tene... Non se fire manco 'e se movere e fa 'o cascante...», p. 434). Gennaro non si rassegna a sentirsi «un uomo finito»; piú che mostrare il ridicolo d'un innamoramento fuori stagione, il suo personaggio esprime il piccolo dramma – quasi cecoviano – di uno coi capelli grigi, che sente all'improvviso ritornare l'illusione della giovinezza. Quando la bella vicina lo provoca maliziosamente a darle un bacio, lui sale su una sedia fino alla sua finestra e non si perde «l'occasione: una volta si campa» (p. 438); corre il rischio di «pazzià» una volta. È l'avvenimento dell'opera quel «bacio». Dopo, tutto si sommuove: mentre la moglie ingelosita gli dà del «viecchio rimbambito», Gennareniello minaccia di andarsene da casa: «La decisione l'avevo presa già da un pezzo» (p. 441). Ma quando gli amici incominciano a *sfruculiallo*, con una carnevalesca «incoronazione» che sfuma d'amarezza il riso:

MATTEO 'E capille se l'ha da tignere... Na bella scatola 'e cromatina nera...

MICHELE Mettiteve accussí... (*Lo aggiusta con un bastoncino e un cappello vecchio che si trova in scena fra la roba tirata fuori per il saponaro, ed un paio di calzini spaiati in mano come guanti*). (p. 441),

proprio Concetta si ribella e caccia via infuriata quelli che hanno ridicolizzato l'*ommo* suo.

Il finale dell'atto è esemplare, perché riassume gli ingredienti e il senso dell'intera commedia: marito e moglie trovano nella solidarietà reciproca una nuova armonia. Gennaro canta per

Concetta la sua canzone e lei, stavolta, si commuove. La poesia si può salvare anche nella mediocrità quotidiana... Ma si tratta sempre di un lieto fine a doppio taglio: Tommasino, che *è seduto in fondo a cavalcioni del parapetto*, come uno spiritello maligno, rilancia la nota comica, dissonante, d'ogni piccolo idillio crepuscolare: «Papà... te piaceva 'a signurina, eh...?» (p. 442).

Gennareniello, scritto da Eduardo nel 1932, fu rappresentato la prima volta, secondo Fiorenza Di Franco, l'11 marzo dello stesso anno al Cinema-Teatro Kursaal dalla Compagnia ribattezzata «Il Teatro Umoristico I De Filippo» (*Eduardo* cit., p. 44). Una foto di «scena di *Gennareniello*» presenta Eduardo-Gennaro (un po' invecchiato, con gli occhiali e i capelli dritti sul capo) rivolto alla finestra d'una giovane donna sorridente (Dolores Palumbo - Anna), Titina-Concetta in piedi, che li fulmina con lo sguardo, e Tina Pica - Fedora seduta a cucire sul terrazzino, sotto gli occhi interessati di Pietro Carloni-Matteo (capelli impomatati e pipa in bocca). La didascalia della foto, nel Catalogo della Mostra *Eduardo De Filippo. Vita e opere*, porta la data del «1931» (cit., p. 72); ma un'altra foto della stessa rappresentazione (ne riconosciamo le quinte di cartapesta, i vasi di fiori e le seggiole rustiche, gli abiti degli attori), appare datata «1932» (cfr. F. De Franco, *Eduardo* cit., p. 46). Quest'ultima ritrae la scena del beffardo travestimento che Matteo e Michele (Pietro Carloni e Peppino De Martino) fanno subire a Gennaro: Eduardo siede come in castigo, con il bastone fra le ginocchia e la bombetta in testa, mentre Titina in piedi, le braccia conserte, lo guarda con incollerita pena.

Il repertorio della Compagnia, nella stagione '31-32, consisteva in atti unici (nuovi e riprese) di Eduardo, Peppino, Maria Scapetta (detta Mascaria) ed altri: «I copioni [...] si scrivono con la costante preoccupazione dello spettacolo che deve essere cambiato. Gli angusti camerini del Kursaal (che ha un palcoscenico di trenta metri quadrati ed una soffitta bassissima) ospitano quasi permanentemente i tre "capocomici". Si prova di mattino prestissimo (più tardi comincerà la proiezione cinematografica e non sarà più possibile); si scrive con la colonna sonora del film che fa da sottofondo, si fa colazione col pane e companatico che Mascaria [...] ha portato in teatro, quasi vergognosa» (G. Magliulo, *Eduardo*, Cappelli, Bologna 1959, p. 26). Questo repertorio, conferma Petriccione, «è una specie di Gran Guignol. [...] È un repertorio gaio»; ma aggiunge: «La comicità di Eduardo De Filippo è pacata, composta, compassata, ricca di misura. [...] In ogni lavoro i tre fratelli e il Salvietti [Agostino] hanno la loro parte, quella che può mettere in evidenza le doti: e poiché non ci sono "ruoli" e allori, non tentano di sopraffarsi e non abusano di lazzi e "soggetti" e di quelle tirate a fin di strappare l'applauso. [...] Il diletto allo spettatore è accortamente distribuito» (F. Petriccione, *Nuova generazione dialettale: I De Filippo*, «Comoedia», giugno-luglio 1932). Nella stessa stagione teatrale fanno parte della Compagnia, oltre ai tre fratelli, a Tina Pica e ad Agostino Salvietti, Pietro Carloni, Luigi De Martino, Alfredo Crispo, Dolores Palumbo, Gennaro Pisano.

Gennareniello è uno degli atti unici eduardiani piú riproposti: al Sannazzaro di Napoli (4 aprile 1933 e 21 febbraio 1934), al Teatro Valle di Roma (3 gennaio 1933), all'Odeon di Milano (14 febbraio 1935). Nell'ultima occasione Simoni osserva: «È cara•e buon'arte di commediografo quella che, senza dare nell'astratto, e anche senza tradurle in teatralità manifeste, fa trasparire le sensibilità tormentate, i moti indistinti dell'anima. A me questo atto pare eccellente; e tale è apparso anche al pubblico che chiamò cinque o sei volte gli attori alla ribalta» (R. S., *Gennareniello*, «Corriere della Sera», 15 febbraio 1935). La commedia ha quindi il merito di attirare giudizi che fanno uscire il primo repertorio dell'autore dalla solita connotazione farsesca: «Nuova prova del suo talento di autore ci ha dato Eduardo De Filippo con questa commedia in un atto, nella quale in una lieve vicenda è racchiusa l'essenza di un dramma [...]: non rinuncia a nessuno di quei particolari che mirabilmente la chiarificano: Eduardo [...] disegna i suoi caratteri, conservandone volta a volta i tratti essenziali e fermandoli in notazioni staccate e precise. Dall'insieme di questi appunti psicologici balza fuori la figura viva e palpitante» (C. L., *Gennareniello*, «La Sera», 15 febbraio 1935). Per quanto riguarda l'interpretazione attorica dei tre mitici fratelli, ancora Simoni è il piú preciso: «Eduardo De Filippo ci presentò la diffidente e intorno sogguardante, e talora ingenuamente imbaldanzita vogliuzza sensuale e patetica di Don Gennaro, con una distrazione nervosa e con una concitazione goffa e dinoccolata, d'una amenità che aveva sapore d'umorismo. Titina [...], invece, rappresentò mirabilmente l'umile semplicità, la collera senza retorica, il dolore senza effusioni; da quell'attrice singolarissima che è, mentre Peppino [Tommasino] con una comicità impassibile e testarda, d'una forza aspra e sicura, esilarò gli spettatori» (R. S., *Gennareniello* cit.). D'altra parte colpisce, in riferimento alla stessa edizione scenica del lavoro, la differente impressione che ne ricavano due recensori: mentre per l'uno «Eduardo [...] ha trasmesso alla platea il suo sorridente entusiasmo, la sua delusione, la gioia di essersi alfine ritrovato» (C. L., *Gennareniello* cit.); per l'altro il medesimo Eduardo (anche se la sera dopo) «ha reso con l'abituale finezza di particolari l'inebriante smarrimento del protagonista e l'amaro grottesco ritorno alla verità del suo grigio e avanzato autunno di uomo» (p. d. f. [Pio De Flaviis], *Gennareniello*, «L'Ambrosiano», 16 febbraio 1935). È forse l'ambiguità dei finali eduardiani che, attraverso l'attore-autore, passa nello spettacolo. Riproposto nel 1936 ancora a Napoli (Fiorentini, 3 febbraio), a Milano (Odeon, 2 aprile), a Roma (Eliseo, 17 giugno) e a Napoli (Mercadante, 19 dicembre), poi nel '37 a Firenze (Verdi, 4 marzo); nel '38 ritorna al Mercadante di Napoli (20 aprile) e all'Eliseo di Roma (30 novembre), e si presenta al Teatro Verdi di Bologna (20 dicembre). Il 21 aprile 1939 *Gennareniello* è ancora a Roma, al Quirino. Insieme a *Sik-Sik, l'artefice magico* è uno degli ultimi lavori che Eduardo interpreta: nel maggio 1980 al Teatro Manzoni di Milano.

Nel 1952 esce il film *Marito e moglie*, in due episodi, il secondo dei quali è appunto tratto da *Gennareniello* (il primo invece dalla novella di Guy De Maupassant, *Toine*); ne firmano la sceneggiatura Eduardo, Diego Fabbri e Turi Vasile; ne sono interpreti principali come nell'edizione scenica: Eduardo (Gennaro), Titina (Concetta), Tina Pica (Fedora); ma anche: Luciana Vedovelli (la dattilografa), Giuseppe Pica (il pigionante), Sergio Corti (l'ingegnere).

Per la regia dello stesso Eduardo, l'allestimento televisivo (da studio) di *Gennareniello* sarà trasmesso il 12 novembre 1978; con scenografie di Raimonda Gaetani, che ne cura anche i costumi insieme a Clelia Gonsalez e, a parte l'autore (ancora nei panni del protagonista), nuovi interpreti: Pupella Maggio (Concetta); Chiara Toschi (Anna Maria); Marina Confalone (Fedora); Luca De Filippo (Tommasino); Luigi Uzzo (Matteo); Marzio Onorato (Michele), Sergio Solli ('O Russo). A proposito di questo spettacolo audiovisivo, Anna Maria Campolonghi, assistente alla regia di Eduardo per le commedie «a colori» messe in onda tra il '75 e il '79, racconta che «una cura particolare [l'artista] la riservava al colore come espressione che doveva anticipare il senso dell'intero atto. Per esempio, nel terrazzino

di *Gennareniello* c'è la luminosità di una calda mattinata estiva, un po' offuscata però, cosí come sono offuscati i sentimenti dei protagonisti» (cit. in P. Quarenghi, *Lo spettatore col binocolo* cit., p. 100).

Il testo di *Gennareniello* compare nella prima edizione
Einaudi della *Cantata dei giorni pari*, nel 1959, e la sua collocazione rimane costante fino all'ultima edizione della *Cantata*.
Tuttavia, nell'ambito della stessa, possiamo individuare tre versioni diverse del testo: la prima inserita (appunto) nell'edizione '59, la seconda nell'edizione '71, la terza in quella del '79.
Versioni in cui non si modifica sostanzialmente la struttura del-
l'opera, ma che testimoniano del continuo lavoro di revisione
cui l'autore la sottopone (anche in rapporto alla registrazione
televisiva del 1978). Da notare anzitutto che nella *Cantata* del
'59 e in quella del '71 il testo è suddiviso in scene, secondo l'u-
so del teatro popolare-dialettale; del resto a partire dalla «seconda scena» le due edizioni risultano identiche. Invece nell'e-
dizione '79 tale suddivisione scompare; e soltanto l'attacco della commedia presenta varianti in ciascuna delle tre versioni. Per
esempio, la didascalia iniziale manca del tutto nell'edizione '59,
si profila in quella del '71 (attraverso la generica *terrazza con vista sul mare. Piante, fiori, qualche sedia*, did., p. 253), per poi precisarsi nell'edizione '79: con quell'*angusto terrazzino tra i tetti*,
che comprende *una piccola sopraelevazione*, una *porta che conduce alle scale* e *il panorama di Napoli* sullo sfondo (did., p. 307;
ora p. 427), e dove già la scenografia suggerisce ambiente e atmosfera. Inoltre Fedora nella scena iniziale della prima versione cercherà di rattoppare un lenzuolo che il fratello ha bruciato scrivendo e fumando a letto (ediz. '59); invece nell'edizione
'71 la sorella entra nella terrazza già *munita di tela, cavalletto e
pennelli* (did., scena prima, p. 253), ed è la moglie, Concetta, a
pronunciare la battuta sul lenzuolo bruciato da Gennaro.
Cambia anche il nome della dattilografa che procurerà guai al
protagonista: nell'edizione del '59 si chiama «Anna», e «Maria»
è un'altra vicina che compare (con poche battute) solo all'inizio del testo; nella versione intermedia (ediz. '71) si chiama ancora «Anna», ma scompare il personaggio di «Maria»; a partire dalla edizione '79 la ragazza si chiamerà sempre «Anna
Maria».
Nel complesso l'ultima versione appare ampliata rispetto alle precedenti (dopo l'episodio del «lenzuolo bruciato» le edi-

zioni '59 e '71 sono appunto uguali); crescono alcune didascalie ed anche le battute dei personaggi. Per quanto riguarda il protagonista la scena della «poesia», che egli recita dietro l'invito *interessato e un po' sfottente* dell'inquilino Matteo («Don Gennari', avete scritto niente piú?», ediz. '79, p. 311; ora p. 431), compare soltanto nell'ultima versione. Non solo si completa cosí l'immagine un po' patetica del *pater familias* poeta oltre che inventore; ma quei pochi versi suggeriscono come l'età migliore per amare sia proprio la maturità, preparando all'avvenimento del «bacio» e alle sue conseguenze critiche; piú avanti ancora Gennaro afferma che «il ridicolo è una spirale: gira su se stessa» ma «non penetra» (ediz. '79, pp. 311-12; ora pp. 431-432). L'ultima versione trasforma anche l'episodio della canzone («Nun me dicite no») che il protagonista intona per la bella vicina. Nelle due precedenti una breve didascalia sintetizza l'azione: porgendo ad «Anna» il «reggipetto» cadutole a terra, Gennaro, *come ispirato, comincia a cantare* (scena quinta, ediz. '59, p. 297; ediz. '71, p. 260). Nella terza, invece, le didascalie segnalano l'entrata prima di Matteo (che *si ferma a osservare la scena*), poi di Concetta (che *si ferma anche lei a guardare*), infine di Tommasino (*anche lui guarda la scena*), e a conclusione del canto un'altra didascalia avverte: *Gennaro si accorge dei tre che lo guardano, è impacciato; per cercare di rimediare si avvicina alla moglie, la cinge alla vita con un braccio, accennando qualche passo di danza e canterellando la canzone di prima* (did., ediz. '79, p. 314; ora p. 434). Quando poi, dopo la furibonda lite con la moglie, il protagonista mortificato decide di abbandonare la casa, Matteo e Michele cercano di impedirglielo nelle tre versioni del testo; ma nella prima come nella seconda il loro tentativo è giocato intorno a due battute soltanto:

MATTEO Venite... che maniera è questa... siete un uomo alla fine... Pe 'nu scherzo innocente...
MICHELE Ma certo... nun è il caso... (scena decima, ediz. '59, p. 307; ediz. '71, p. 267).

Nell'ultima, l'azione persuasiva degli amici si articola in modo piú complesso, anche per la maggiore resistenza opposta da Gennaro. Qui egli afferma subito con decisione: «Vi prego di non mettervi in mezzo»; e piú avanti: «Se insistete significa che non avete capito niente. In questa casa non ci posso stare piú. Sono un uomo finito» (ediz. '79, pp. 320-21; ora pp. 440-41). Alla fine la didascalia avverte che gli altri *due si dispongono da-*

vanti alla porta con le braccia piegate come due poliziotti, provocando ancora la reazione del protagonista: «E va bene. Vuol dire che quando ve ne andate voi me ne vado io. La decisione l'avevo presa già da un pezzo... Vediamo chi si stanca prima [...]» (ediz. '79, p. 321; ora p. 441). Come si vede, nell'ultima edizione riveduta il risvolto amaro del comportamento (apparentemente ridicolo) di Gennareniello appare sottolineato: attraverso lo spazio maggiore concesso alle battute in cui egli esprime la propria contrarietà per le umiliazioni subite nell'ambito famigliare.

C'è invece una sola variante che riguarda il personaggio di Concetta; ma ne focalizza nell'ultima versione il tradizionale «mammismo» (che l'accomuna alla Concetta di *Natale*). Quando Tommasino, sgridato per l'ennesima volta dalla zia Fedora, si rifugia tra le braccia della madre, questa nella prima come nella seconda versione si rivolge affettuosamente al figlio: «Nun 'a dà retta... Viene ca te dongo pure duie ciculille...» (scena seconda, ediz. '59, p. 290; ediz. '71, p. 255); nella terza invece, dopo averlo confortato con la stessa battuta, rimprovera la cognata d'averlo offeso: «Non sta bene, 'nfacci 'o ragazzo che già non ci vede tanto bene, "cèco", non "cèco"...» (ediz. '79, p. 309; ora p. 429).

Quanto a Tommasino, le varianti introdotte nelle battute del personaggio non sono numerose, ma servono a rafforzare il suo rapporto di solidarietà con la madre e quello di antagonismo col padre. La prima riguarda l'inserimento di un intervento del giovane, nella versione definitiva, a proposito della scarsa puntualità da parte dell'inquilino, Matteo, nei pagamenti dell'affitto; alle proteste di Concetta, il famelico Tommasino aggiunge *pro domo sua*: «Invece 'e pava' 'e mesate. Metteteve a posto con le mesate: ccà d'adda cucinà 'a matina. Allora pecché s'affitta sta cammera? Ccà s'adda magnà. (*Via*)» (ediz. '79, p. 309; ora p. 429). La seconda variante è una maligna postilla all'osservazione tesa a mortificare Gennaro («Non date retta, quello mio marito ormai non deve andare piú alla moda [...]») che Concetta indirizza alla giovane vicina; nell'ultima versione Tommasino aggiunge: «A n'atu ppoco adda murí...» (ediz. '79, p. 312; ora p. 432). Entrambe le battute, in dialetto, hanno la capacità di incidere sul versante comico del testo. D'altra parte la battuta finale del ragazzo, rispetto alle versioni precedenti («Papà... te piaceva 'a signurina?... Si guarda e non si tocca!», scena decima, ediz. '59, p. 308; ediz. '71, p. 268), appare nell'ultima efficacemente troncata, cosí da risultare piú pungente: «Papà... te piaceva 'a signurina, eh...?» (ediz. '79, p. 322; ora p. 442).

Personaggi

Anna Maria, bella ragazza
Gennaro, pensionato
Concetta, sua moglie
Tommasino, loro figlio
Fedora, sorella di Gennaro
Matteo, maestro di disegno
Michele, giovane ingegnere
'O Russo, «saponaro»

Un angusto terrazzino tra i tetti, «sfogo» della famiglia di Gennaro che abita all'ultimo piano. A sinistra, una piccola sopraelevazione affaccia sul terrazzino per mezzo di una finestrella. A destra, la porta che conduce alle scale. Sul fondo, lontano, il panorama di Napoli.
Concetta sta facendo il bucato; Anna Maria apre la finestrella e si affaccia.

ANNA MARIA   Donna Concetta, state ancora lavando?

CONCETTA   E che vi credete, portare avanti una casa non è una pazziélla... Mo che ho finito questa colata debbo cucinare, poi si devono rinacciare diversi panni, e fino a stasera avita vedé quante ati ccose escene mmiezo!

ANNA MARIA   Eh, ma io la colata non la farei mai! Sapete le mani che diventano!

CONCETTA   Io quand'ero signorina come voi, pure ci tenevo e dicevo: «La colata non la faccio neanche si che»... Ma poi con una famiglia sulle spalle si cambia idea.

ANNA MARIA   Certo...

FEDORA (con scatola di pittura e cavalletto)   Mo me metto qua, dentro non c'è luce...

ANNA MARIA   Che state dipingendo?

FEDORA   Un ciclamino gigante. Natura morta.

ANNA MARIA   Come mi piacerebbe dipingere...

FEDORA   Si capisce... La pittura dà grande soddisfazione! (A Concetta) Il lenzuolo te l'ho lasciato in camera tua. Ho cercato di salvarlo, ho fatto l'impossibile! (Ad Anna Maria) Gennarino mio fratello, l'altra notte gli venne il golio di scrivere a letto, e siccome fumava il sigaro ci fece una bruciatura di questa posta.

ANNA MARIA   Che peccato! Ma perché, don Gennaro la notte scrive?

CONCETTA   E che saccio... Che ve pozzo dicere: io credo che a

n'ato ppoco 'o purtammo 'o manicomio. Stamatina ha fatto ar-
revotà 'a casa pecché nun ha truvato 'e scarpune vicino 'o lietto. Po' ha sbattuto 'a porta e se n'è ghiuto dicenno: «Tu non
mi hai mai compreso!»

FEDORA   Certo, Gennarino è stato sempre un'anima sensibile.

CONCETTA   Sicuro, se n'è accorto ampressa...

FEDORA   'O maestro voleva sapere da me che se mangia... Io glie-
l'ho detto che è pasta e cocozza... ma ha fatto la faccia amara...

CONCETTA   E già! Mo le facimmo nu sturione... Invece 'e se
mettere al corrente ch' 'e mmesate... Tene na cammera fittata... ccà mangia, ccà dorme e nun se pò avé na lira! Certamente,
cara signorina, se noi fittiamo una camera è per bisogno... non
c'illudiamo... qua nessuno è milionario! Capirete, fa piacere un
aiuto alla fine del mese, e invece quello si è messo in casa e so'
tre mesi che non caccia nu soldo.

ANNA MARIA   Chi, il maestro di disegno?

CONCETTA   Proprio. E mio marito non tiene il coraggio di man-
darlo via, perché dice che le fa pena...

FEDORA   Ma cara cognata, mio fratello Gennarino ha ragione!
Come si può cacciare di casa un pover'uomo...

CONCETTA   E quando poi noi non teniamo come fare, chi ci dà a
mangiare, il pover'uomo?

ANNA MARIA   Permettete, donna Concetta, adesso faccio io pure
il mio bucato...

FEDORA   Fate il bucato?

ANNA MARIA   Qualche camicina mia, qualche fazzoletto, con il
Lux.

FEDORA   Io pure la mia biancheria non la faccio toccare da nessuno.

ANNA MARIA   Si capisce, sono cose delicate. Permettete... (*Esce*).

CONCETTA   Fate, fate... Chesta me fa proprio avutà 'o stommaco
c' 'a nubiltà soia...

FEDORA   Ma che nobiltà! Quella fa la dattilografa, cioè... faceva... perché ne fu cacciata dall'ufficio, dopo uno scandalo... che
so... mio fratello non me l'ha voluto dire.

CONCETTA   E pecché?

FEDORA   Concetta, io sono signorina...

CONCETTA   'O sapimmo, 'o sapimmo! Si' zetella... (*Vede entrare
Tommasino*) Che d'è, Tummasi'?

TOMMASINO   Tengo famma...

CONCETTA   Tu t' 'e mangiato chillu zuppone 'e latte, stammatina...

TOMMASINO E tengo famma, ch'aggia fa'?

CONCETTA Dint' 'a credenza ce sta 'a frittata d'aieressera. Va' t' 'a piglia e mangiatella.

TOMMASINO Già m' 'aggio mangiata, e nun ce aggio fatto niente...

FEDORA Ma figlio mio, tu devi farti visitare... questo è *sfunnolo*!

TOMMASINO Tu statte zitta, he capito? Io voglio mangià quanno me pare e piace...

FEDORA Sei scostumato e lazzaro, e sono scema io che ti do confidenza.

TOMMASINO Io tengo famma...

CONCETTA Aspetta nu poco, mo jamme dint' 'a cucina e te faccio na pummarola mmiezo 'o ppane cu' nu felillo d'uoglie.

TOMMASINO Già m'aggio fatta. Mo voglio nu poco 'e pane, uoglio e acite...

FEDORA Ma non lo *infrucète* tanto, che gli può venire una dilatazione di stomaco.

TOMMASINO Penza a te! Tu staie pittanno? E cèca, ngrazia 'e Dio!

FEDORA Penza a te, che cieco già lo sei!

TOMMASINO Mammà, 'a vedite a zi' Fedora... M'ha chiammato «cèco»!

CONCETTA Nun 'a da' retta... Viene ca te dongo pure duje ciculille... (*a Fedora*) Non sta bene, nfacci' 'o ragazzo che già non ci vede tanto bene, «cèco», non «cèco»...

MATTEO (*entrando*) Buongiorno, donna Concetta... signorina Fedora... Donna Concetta, se è possibile, 'a pasta mia me la fate scaldata pepe e formaggio... perché la cocozza non mi va proprio giú... chello duciazzo ncopp' 'o stommaco...

CONCETTA Va bene, ve la facciamo pepe e formaggio... Jammo, Tommasí... Invece 'e pavà 'e mesate... (*Via*).

TOMMASINO Invece 'e pavà 'e mesate. Metteteve a posto con le mesate: ccà s'adda cucinà 'a matina. Allora pecché s'affitta sta cammera? Ccà s'adda magnà. (*Via*).

MATTEO Sta nu poco di malumore vostra cognata?

FEDORA Credo...

MATTEO (*osservando il dipinto*) Benissimo... Sono fiori a campanello?

FEDORA La botanica non è il vostro forte... Sono ciclamini giganti.

MATTEO Questi?! Belli veramente...

FEDORA Gli alunni come si portano?

MATTEO Discretamente.

FEDORA   Sa come vi fanno disperare!

MATTEO   Non tanto. Io poi li tratto bene, faccio la lezione di disegno senza sforzarli e me ne vado...

GENNARO (*entrando*)   Don Matte', a voi cercavo.

MATTEO   Stavo ammirando la pittura di vostra sorella.

GENNARO   Non per dire, è piena di virtú... Chesta ha dipinto quadri importanti! Mo sta facendo dei papaveri...

FEDORA   Ma no, Gennari', sono ciclamini giganti: natura morta!

GENNARO   Ah! Dunque, don Matte': ci dobbiamo interessare molto di questa mia invenzione. Mi devo arricchire e v'aggia fa' guadagnà belli soldi! 'O disegno l'avete fatto?

MATTEO   Lo devo ultimare.

GENNARO   Ho trovato anche la persona che caccia i soldi: un simpatico giovane. Don Matte', diventeremo ricchi! Ve faccio ferní 'e ji' 'a scola municipale 'a matina... E io fernesco 'e stregnere 'a currèa cu' chello poco 'e pensione ca tengo e ca nun basta a niente cchiú. Io ho inventato diverse cose, ma che non avevano grande utilità commerciale, tutte piccole invenzioni che ho applicato in casa mia stesso... Per esempio, io ho inventato il sistema per non fare ammallare i melloni che si appendono.

MATTEO   Come sarebbe a dire?

GENNARO   Perché quanno appennite 'o mellone, quella parte che tozza nfaccia 'o muro si ammalla e in quel punto 'o mellone diventa amaro. Io tanto che scavaie, truvaie 'o sistema...

MATTEO (*servile*)   Eh, eh! E quale sistema?

GENNARO   Nu chiovo luongo, in modo che il mellone viene appeso, sí, ma scostato dal muro.

MATTEO   Vedete che va penzanno...

GENNARO   Ma questa qua ci farà arricchire sul serio! Voi scherzate... Il sistema per evitare le bucature alle gomme delle automobili!

MATTEO   Si capisce... quando abbiamo perfezionato l'apparecchio, scriviamo subito a Ford, in America.

TOMMASINO (*entra mangiando del pane*)   Chest' 'è ppoco, nun 'o voglio... Io me mor' 'e famma...

GENNARO   Ch'è stato?

TOMMASINO   Mammà m'ha dato sulo chesto... Ha ditto che si no me fa male...

GENNARO   E se capisce! Nuie a n'atu ppoco ce mettimmo 'a tavola... Po' succede ca te passa l'appetito e nun te mangie 'o cucenato.

MATTEO   Chillo? Don Gennà, chillo tene nu stommaco 'e fierro... chillo se fida 'e ce fa sta diune quante ne simmo.

GENNARO   È di buon appetito.

MATTEO   Chill'è fammista.

GENNARO   Màngiate chesto, pe' mo, poi se ne parla.

FEDORA   Io ci toglierei pure questo... che porcheria: un ragazzo
che mangia dalla mattina alla sera!

TOMMASINO   Voglio mangià! Scola! Ntrichete d' 'e fatte tuoie...

FEDORA   Guè? Statti al posto tuo...

GENNARO   Io nun capisco 'e chi ha pigliato chillu guaglione... Tene diciott'anni... 'e ffemmene pe' isso comme si nun esistesse-
ne, e pure è gruosso... mo sta criscenne pure 'o mustaccio...

MATTEO   È tardivo...

CONCETTA (*fuori scena*)   Fedo', Fedo'... Fedora!

FEDORA   Che c'è... Come grida, Dio .mio!

CONCETTA (*c. s.*)   Viene nu mumento che nun pozzo lassà 'a carne
ncopp' 'o ffuoco! Te miette c' 'o pennellino mmano... Ah!

FEDORA   Non mi fido piú! Tua moglie, caro Gennarino, è diventata insopportabile. Vi giuro, caro don Matteo, qua mo sta mio
fratello presente, e sa per il passato quanti partiti ho scartato...
ma adesso, pure di andarmene da questa casa, mi sposerei a
chiunque. Chi tiene qualche intenzione per me, può mettere
a parte la suggezione... passo sopra a qualunque cosa... Condizione, età, difetti fisici... pure di andarmene da questa casa mi
sposo chiunque... Permesso, don Matteo... (*Via*).

GENNARO   Mettete a parte la suggezione, parlate...

MATTEO   'E che?

GENNARO   Non tenete intenzione? Io v'ha dongo!

MATTEO   Grazie... troppo onore... ma... io non ho i mezzi... (*Come in segreto, interessato e un po' sfottente*) Don Gennari', avete scritto niente piú?

GENNARO   Eh... qualche cosetta. Primma 'e m'addurmí, 'a notta... Sentite questa! (*Tira fuori dalla tasca un foglio, si guarda
intorno e legge*)

Cuore, mio cuore, canta!
Ora lo puoi.
Il tempo fu insegnante e professore.
Canta quella canzone che a vent'anni
era stonata e senza impostazione.
Non arrossire, intònala!
Il ridicolo è una spirale:
gira su se stessa non penetra,

ma gira, gira, gira su se stessa...
Rosso cinabro il cuore,
ora che la pupilla è semispenta,
ma la parola lenta e pensata, è cantata...
Cuore, mio cuore, canta!
Ora lo puoi!

MATTEO   Bravo! È bella overamente...

ANNA MARIA (*entra, Gennaro intasca la poesia furtivamente*)
Don Gennaro, state prendendo un poco d'aria? Siete sempre
bello...

GENNARO   Ma voi siete una simpaticona!

ANNA MARIA   Tommasino, come al solito state mangiando.

TOMMASINO   Aggio da' cunto a vuie?

GENNARO   Nè, Tummasi'... cosí si risponde?

TOMMASINO   E chella quant'è seccante! Voglio mangià quanno
voglio io!

GENNARO   Niente, nun ne vo' sapé... Chella mo è na bella guagliona... E tenete mente chillo comm' 'a tratta.

MATTEO   È meglio, trovatevene contento.

GENNARO   Voi mi credete: non lo riconosco proprio per figlio.

ANNA MARIA   Ho fatto pure io il bucato. Ho lavato la biancheria
mia... Questa è una camicia.

GENNARO   All'anema d' 'a cammisa! Chest'è nu fazzoletto...

MATTEO   E guardate 'a mutandina...

GENNARO   È niente proprio!

ANNA MARIA   Ne ho delle altre anche piú piccole.

TOMMASINO   Io pure tengo 'e mutande corte.

ANNA MARIA   Tutti i giovanotti le portano corte, estate e inverno.

TOMMASINO   Papà no, 'e porta longhe, si no le venene 'e dulure.

GENNARO   Chi ti ha detto di rispondere in mezzo? 'E porto longhe pe' mo, ma forse le nuove me le farò fare corte...

ANNA MARIA   E diventerete certamente piú attraente.

GENNARO   Lo spero...

CONCETTA (*entra con altra biancheria*)   Tummasi', damme na
mano.

ANNA MARIA   Donna Conce', vostro marito si deve comperare le
mutande corte, perché cosí è la moda... Voi lo fate andare ancora con le mutande lunghe?

CONCETTA   Non date retta, quello mio marito oramai non deve
andare piú alla moda... S'è fatto vecchio.

TOMMASINO   A n'atu ppoco adda murí...

CONCÈTTA   Questa è la biancheria che deve portare... (*Fa vedere delle mutande lunghe e colorate con rattoppi*).

GENNARO   E c'è bisogno 'e fa' l'esposizione? Io non capisco... so' cos' 'e pazze...

ANNA MARIA   Non vi prendete collera, don Gennaro. Voi siete sempre un bell'uomo...

GENNARO   Se non fosse per questo...

CONCETTA   Abbiate pazienza, don Matte': dentro la cucina, sopra 'o ffuoco, ce sta 'a caldara con la liscía... Andatela a prendere.

GENNARO   Ce sta 'o guaglione llà...

CONCETTA   Chill'è n'ammurròne... Fa cadé 'a caudara nterra, nun voglia maie 'o cielo!

TOMMASINO   Io faccio cadé tutte cose, ched'è, nun 'o ssapite?

MATTEO   Mo ci vado io. (*Via*).

GENNARO   Nun vuó fa' niente, sa'... Vuó mangià sulamente. Si' gruosso... io me mettesse scuorno.

ANNA MARIA   Appena si metterà a fare l'amore con una ragazza vedrete come cambierà carattere.

TOMMASINO   Me mett' a fa' 'ammore? Sí...

FEDORA (*entrando*)   Insomma, tu non la vuoi finire di entrare in camera mia?

CONCETTA   Ch'è stato?

FEDORA   S'ha mangiato la coda del pesce di cioccolato che mi regalò mio fratello il primo di aprile...

TOMMASINO   Quando mai?

FEDORA   Eccolo qua, il pesce senza coda! Lo puoi negare, adesso? E poi, hai messo sotto sopra il *tiratoio* del comò... Va scavando sempre nella roba mia per vedere se c'è niente da mangiare. L'altro giorno sparí il pacchettino delle caramelle svizzere...

TOMMASINO   Nun è overo... nun aggio tuccato niente... Mo verimmo, dint' a sta casa!

FEDORA   La roba mia non la devi toccare! (*A Concetta*) Vieni a vedere che *revuoto* sta nel *tiratoio* del comò...

TOMMASINO   Sta ddiece 'e vecchia nun 'a vo' ferní...

FEDORA   Vecchia a me?

TOMMASINO   Eh! E nun te si' maretata pecché si' brutta!

FEDORA   Io ti piglio a schiaffi, capisci?

TOMMASINO   Guè, guè!

CONCETTA   Finiscila! (*Viano come in concerto*).

GENNARO   È ragazzo... troppo ragazzo.

ANNA MARIA   Quanti anni tiene?

GENNARO   Diciotto... E non fa l'amore con nessuno...

ANNA MARIA   Uh! Don Gennaro, m'è caduto il reggiseno... per favore...

GENNARO   Questo è il reggipetto... Beato lui!

ANNA MARIA   Eh, don Gennaro...!

GENNARO (*le dà il reggipetto, e canta*)   «Nun me dicite no... uocchie che arragiunate, senza parlà, senza parlà... (*Entra Matteo con la caldaia e si ferma a osservare la scena*). Nun me dicite no, guardateme nu poco, comme dich'io, comme vogl'io, comme sacc'io... (*Entra Concetta e si ferma anche lei a guardare*). Nun me dicite no, uocchie che ragiunate senza parlà, senza parlà... (*Entra Tommasino, e anche lui guarda la scena*). Nun me dicite no, guardateme nu poco, comme vogl'io, comme dich'io, comme sacc'io...» (*Gennaro si accorge dei tre che lo guardano, è impacciato; per cercare di rimediare si avvicina alla moglie, la cinge alla vita con un braccio, accennando qualche passo di danza e canterellando la canzone di prima*).

CONCETTA (*si libera del marito*)   Sia fatta la volontà d' 'o cielo!

ANNA MARIA   Donna Conce', ha una bella voce vostro marito.

CONCETTA   Sicuro, adda cantà 'o mese 'e maggio... Apposto 'e penzà 'affanno ca tene... Nun se fire manco 'e se movere e fa 'o cascante...

TOMMASINO   N'atu ppoco adda murí...

GENNARO   Qua cascante, io scherzo...

MATTEO   Non fa seriamente.

CONCETTA   Nun pò fa' seriamente... Aggiate pacienza, don Matte', aspettate: mettite ccà dinto.

Matteo esegue. Anna Maria va via, dopo scene c. s.

MATTEO   Voi non vi dovete adombrare, don Gennaro scherza.

CONCETTA   Sí, sí... Vuie poco 'o sapite quant'è veziuso chillo!

GENNARO   Statte zitto, vedite si cunchiude... Chell'è na guagliona...

CONCETTA   Portatella 'a casa.

GENNARO   J' m' 'a purtasse...

MATTEO   Basta, don Gennari', nun ve pigliate collera.

GENNARO   Io? 'A collera fa male...

FEDORA (*entra*)   È venuto 'o Russo... 'o sapunaro.

CONCETTA   Juste mo... Io dicette 'o guardaporta che quanno passava 'o Russo l'avesse fatto saglí... Tengo certa rubicella vecchia... ma mo aggio che fa'... Basta, fallo vení.

FEDORA   È venuto pure quel signore che venne l'altro giorno... come si chiama...? L'ingegnere Aiello.

GENNARO   Fallo vení. (*Fedora via*). Aiello... chesto è l'ingegnere che caccia 'e solde pe' perfezionà la mia invenzione.

MATTEO   Si chiama Aiello.

GENNARO   Michele Aiello. Nu giovanotto molto serio.

CONCETTA   'I' comme te piace 'e perdere tiempo...

GENNARO   Cunce', lasseme fa'... Nun menà 'o niro 'a seccia.

CONCETTA   Io? Chi te penza?

RUSSO (*entrando con Michele*)   Prego, signuri', prima voi.

MICHELE   Grazie. Signore... Caro don Gennaro...

GENNARO   Vi presento il nostro inquilino: il professore Matteo Penna, maestro di disegno. Lui ha fatto il disegno della mia invenzione.

MICHELE   Bravo...

Si salutano.

CONCETTA (*a 'o Russo*)   Sí, ma si si' sagliuto c' 'a capa 'e t'accattà Parige pe' tre solde, te ne puo' gghi'.

RUSSO   Chi v'ha ditto che me voglio accattà Parige pe' tre solde? C'avita vennere?

CONCETTA   Cierte vestite viecchie. (*A Gennaro*) Guè, guè... bellu mobile... T' 'o miette cchiú 'o vestito pignuole?

GENNARO   Cunce', facce parlà...

RUSSO   Assat' 'e vedé.

CONCETTA   Stanno int' 'o suppigno. Viene, pigliele tu stesso.

RUSSO (*depositando il sacco*)   Permettete... (*Via con Concetta*).

MICHELE   Dunque, prima cosa spiegatemi bene di che si tratta.

GENNARO   Gesú... noi parlammo due ore di seguito, l'altra sera...

MICHELE   Ma io non capii niente.

GENNARO   Benfatto...

MATTEO   Ecco qua: si tratta di un'invenzione utilissima.

MICHELE   Questo sta bene.

GENNARO   Questo l'arrivaste a capire?

MICHELE   Certo. Non mi ricordo bene... mi parlaste di automobili... parafanghi...

GENNARO   Voi ci pensate, il sistema per evitare le bucature di gomme alle automobili!

CONCETTA (*entra con abiti usati*)   Nu cappotto, duie vestite completi e tre gilè spare...

RUSSO (*entra portando una spalliera di letto*)   'Assateme 'e vedé... ammacare... (*Osserva la roba*).

CONCETTA   Chille so' nuove...

RUSSO   Signo', ma che pazziate? Ccà ce sta pure 'o funniello...

CONCETTA   Sulo a questo.

RUSSO   Quatte lire tutte cose.

CONCETTA   Ma che si' pazzo? Quatte lire...

RUSSO   Ma pecché, và cchiú assaie, sta rrobba?

CONCETTA   È inutile, cu' te nun se pò fa' nisciuno affare.

GENNARO   Ma te pare 'o mumento giusto pe' vennere 'a robba
vecchia?

CONCETTA   Chi ve sta turcenno?

MICHELE   Ma nun fa niente.

RUSSO   Signuri', vedete: cheste so' quatte mappine vecchie e 'a
signora 'o cchiú ppoco ne vo' nu milione.

GENNARO   Chille so' 'e vestite mieie e m' 'e chiamme mappine?

RUSSO   Io mo m'aggio accattate cierte vestite pe' dieci lire che
ovèro so' nuove... Tenite mente... (*Prende i vestiti dal sacco*).

GENNARO   Ma c'aggia tènere mente... Tu non hai il diritto di deni-
grare la roba mia.

MATTEO   S'intende... E poi, vuoi mettere questa roba con gli
abiti dell'amico mio? Cheste ovèro so' mappine!

RUSSO   E io chesto dico...

GENNARO   Lassate, 'on Matte'... Chiste so' 'e vestite mieie...

RUSSO   Cinche lire... m' 'e date?

CONCETTA   Ne faccio stracci p' 'a cucina... Uh, ma tu veramente
si' mariuolo!

RUSSO   Signo', abbadate comme parlate. E io nun me voglio mparà che ccà ncoppa nun ce aggia vení cchiú... Chesta, tutta 'a casa
comme state, avita truvà nu sapunaro scemo pe' n'avé diciassette lire!

GENNARO   Mo 'a putarrisse ferní.

MATTEO   Ma si nun se ne va 'o piglio a cauce... (*Viano come
in concerto*).

GENNARO   Sia fatta la volontà di Dio... Uno s'ha da appiccecà
c' 'o sapunaro...

MATTEO (*tornando*)   Ma che scostumato, l'avarria pigliato a
calci.

MICHELE   Non ne vale la pena.

GENNARO   Certo. Dunque... vogliamo parlare dei nostri affari?

Si affaccia Anna Maria, nota Michele, Michele nota lei e entrambi cominciano una scena muta a base di occhiate e gesti.

MICHELE   Sono a voi...

GENNARO   Don Matte', avete preso 'o disegno?

MATTEO   Sí, non è completo. Eccolo qua.

MICHELE   E questo che sarebbe? (*Guarda Anna Maria*).

GENNARO   L'apparecchio per evitare le bucature di gomma alle automobili.

MICHELE   Quale? (*Guarda Anna Maria che fa segni*).

GENNARO   Questo... Voi dove guardate?

MICHELE   Bellissima...

GENNARO   ... ssimo...

MATTEO   Sicuro: ssimò! Voi dite ssimà...

MICHELE   Già, bellissimo. E a che serve?

MATTEO   Uh, mamma mia! A evitare le bucature di gomme all'automobili.

GENNARO   Io lo voglio chiamare: il parapanna a buco.

MICHELE (*sempre attento ad Anna Maria*)   Ma come funziona?

GENNARO   Ecco qua... questa è una domanda giusta... Vicino alle ruote, e precisamente ai due lati dell'asse, vengono applicate queste due spazzole, che sono una specie di scope di piccoli fili d'acciaio, non di saggina... Quando l'automobile si mette in moto, mediante un semplice ingranaggio si muovono. L'automobile cammina e queste due spazzole davanti alle ruote fanno cosí... (*indica col gesto*) in modo che se c'è un chiodo, un pezzo di vetro qualunque, viene spazzato immediatamente.

Intanto Michele fa gesti con Anna Maria come per prendere un appuntamento con lei.

MATTEO   È chiaro, anzi io avevo pensato poi di mettere da qua e da là un piccolo cacciamondezze, cosí uno ha la soddisfazione di vedere se sulla strada ce steveno chiodi, pezzi di vetro...

GENNARO   Che facimmo, 'o carro d' 'o spazzamento? Don Matte', non scherziamo!

MICHELE   Dunque... a che serve stu coso?

MATTEO   Chisto nun ce ha ntiso proprio...

GENNARO   E se capisce, vuie state guardanno 'a signurina... che nun 'ave che fa' 'a parte 'e dinto... (*Alla ragazza*) Non avete che fare a casa vostra?

ANNA MARIA   Don Gennaro, con me non c'è niente da fare... e poi io sono innamorata di voi e non farei certamente il cambio...

MICHELE   'E capito? Don Genna', voi fate queste conquiste?

GENNARO   Quella, 'a signurina le piace 'e scherzà...

ANNA MARIA   No, io dico seriamente... E quando siamo a questo vi dico che don Gennaro mi fa soffrire perché non mi ha voluto dare mai un bacio!

MICHELE   Neh, don Genna'! Sta bene a fa' suffrí na ragazza comm'a chella?

GENNARO   Io vi ripeto, la signorina scherza... pecché si vulesse fa' seriamente...

ANNA MARIA   Su coraggio, andiamo! Io faccio seriamente: datemi un bacio.

MICHELE   Don Genna', e che aspettate?

MATTEO   Ce volesse na scalella piccerella...

GENNARO   No, io salirei... semmai salirei su una sedia...

ANNA MARIA   E salite, andiamo su, che sto morendo...

MICHELE   Salite!

GENNARO   Nenne'... nun pazzià cu' me ca io saglio overamente.

ANNA MARIA   E quando?

Gennaro si avvia alla finestra con la sedia.

MICHELE   Oh, bene! Non vi perdete l'occasione: una volta si campa.

MATTEO (*mentre Gennaro dà un bacio alla ragazza*)   Bravo don Gennaro!

Entra Concetta.

GENNARO   Guè, Cunce'...

ANNA MARIA   Donna Concetta, che spasso... Vostro marito m'ha dato un bacio!

CONCETTA   Mo me pare che stu scherzo putesse ferní. Ogni bel gioco dura poco.

ANNA MARIA   Donna Concetta... siete gelosa?

CONCETTA   So' tre mise che dura sta jacuvella... e me pare che basta, mo!

GENNARO   Quella, 'a signurina...

CONCETTA   Statte zitto si no me faie fa' 'a pazza... Viziuso!

ANNA MARIA   Donna Concetta... ma che volete dire? Questo è stato uno scherzo innocente...

CONCETTA   Innocente? Sicuro... io po' so' scema...

GENNARO   Ma tu fosse pazza...

CONCETTA   Mo so' pazza appriesso? Vedite... nu viecchio 'e chel-
l'età!

ANNA MARIA   Donna Concetta, io sono una ragazza onesta...

GENNARO   Insomma, ce avimm'appiccecà c' 'a gente?

CONCETTA   N'ata vota te staie 'o posto tuio...

GENNARO   Mo m'è seccato, mo! Eh! Dio 'o ssape 'a vita sacrificata che faccio...

CONCETTA   E sí, è venuto 'o giuvinotto... mo 'o facimmo spassà
ch' 'e ragazze... Invece... invece 'e se mettere cu' nu rusario
mmano!

ANNA MARIA   Donna Concetta, è meglio che non vi rispondo.

CONCETTA   Io nun l'aggio cu' vuie... l'aggio cu' stu viecchio rimbambito.

GENNARO   Cunce', bada a chello ca dice, si no me faie fa' chello
ca nun aggio fatto maie!

CONCETTA   E che faie?

GENNARO   Me ne vaco!

CONCETTA   Te ne vaie? E vattènne, a chi aspiete?

GENNARO   Cunce', non mi spingere agli estremi che io ovèro 'o
faccio...

CONCETTA   Fallo, fallo e si nun 'o ffaie tu, 'o faccio io.

GENNARO   E me ne vaco, sí, me ne vaco!

MATTEO   Ma non è il caso...

MICHELE   Finitela.

TOMMASINO (*entra con un piatto in mano e mangia*)   Ch'è stato?

GENNARO   'O guaglione vene cu' me, però!

CONCETTA   'E figlie spettano 'a mamma.

GENNARO   'E ffiglie femmene! Ma chisto è masculo e vene cu' me...
Jammo.

CONCETTA   Guè, lassa sta' 'o guaglione, si no fernimmo malamente...

TOMMASINO (*piange*)   Papà, ch'è stato?

GENNARO   Tummasi', viene cu' me. Viene, Tummasi'. Per ora devi
sapere solo che questa pazza di tua madre m'ha costretto ad
abbandonare il focolare... quando poi sarai piú grande conosce-
rai le altre ragioni... Vieni con papà tuo: lavoreremo e mangere-
mo quel poco che riusciremo a cucinare, se no, digiuni!

TOMMASINO   Papà... forse è meglio che resto cu' mammà...

GENNARO   Vuó sta cu' mammeta? Va bene. Deciderà il tribunale.
Addio. (*Via*).

CONCETTA   Che ommo, che ommo! Vuie ce penzate... a chell'e-
tà! (*Piange*).

MATTEO   Ma aspettate... (*Corre dietro a Gennaro*) Don Genna'... Don Genna'!

MICHELE   Mo 'o facimmo saglí nuie n'ata vota... Non fate ridere
'a gente. (*Viano*).

ANNA MARIA   Ah! Che voltamento di stomaco... (*Via*).

FEDORA (*entra stupita*)   Ho visto uscire Gennaro tutto arrabbiato... Ch'è succieso?

CONCETTA   Ch'è successo? Niente... Mo sta 'o guaglione nnanze
e nun· pozzo parlà. Frateto è nu birbante... Se n'è ghiuto d' 'a
casa e ha fatto buono.

FEDORA   Se n'è andato?

TOMMASINO   Mo te ne haie 'a ji' tu sulamente...

FEDORA   Tu statte zitto!

CONCETTA   'Ave ragione, ha ditto buono: vattènne pure tu... Vulimme sta sule...

FEDORA   E me ne vado... me ne vado... mo proprio. Gennaro
come fratello deve pensare a me... Mo me ne vado, in questo
momento: me faccio le valigie e me ne vado. (*Via a soggetto*).

TOMMASINO   Mammà, nun ve pigliate collera... Papà se n'è ghiuto? E nun fa niente. Io me metto a faticà e penzo pe' vuie...
Mammà, me voglio mettere a fa' 'o cuoco...

MATTEO (*entra, trascina, assieme a Michele, Gennaro*)   Venite...
e che maniera è questa... siete un uomo, alla fine. Pe' nu scherzo innocente...

GENNARO   Vi prego di non mettervi in mezzo.

MATTEO   Noi invece abbiamo il dovere di metterci in mezzo perché síamo amici e vi vogliamo bene.

GENNARO   Io so quello che faccio, perciò lasciatemi andare. (*Si
divincola e fa per andare*).

I due lo riafferrano e lo costringono a tornare indietro.

MATTEO   Smettetela, sú. Guardate come è rimasta addolorata
donna Concetta.

MICHELE   Non vi fate pregare, don Gennaro.

GENNARO   Ma perché non vi fate i fatti vostri? Se insistete, significa che non avete capito niente. In questa casa non ci posso
stare piú. Sono un uomo finito.

MATTEO·   Non esageriamo, don Genna'.

GENNARO   Lasciatemi andare. (*S'avvia deciso*).

MATTEO (*di nuovo trattiene Gennaro, assieme a Michele*) Don Gennaro, noi non vi facciamo uscire.

MICHELE Ma certamente.

MATTEO Ci mettiamo davanti alla porta e non vi facciamo passare...

I due si dispongono davanti alla porta con le braccia piegate come due poliziotti.

GENNARO E va bene. Vuol dire che quando ve ne andate voi me ne vado io. La decisione l'avevo presa già da un pezzo. (*Prende una sedia e la piazza al centro del terrazzo*) Vediamo chi si stanca prima... (*Siede piegando a sua volta le braccia*).

MATTEO (*dopo lunga pausa, durante la quale ha scambiato occhiate d'intesa con Michele, attraversa il terrazzo alle spalle di Gennaro e raggiunge Concetta*) Donna Conce', qua sta don Gennaro...

MICHELE Prego, prego: Gennareniello!

MATTEO Gennarenie'... ma comme...!

MICHELE Donna Conce', è stata una pazzeria di gioventú... (*Matteo ride*). Di prima gioventú...

MATTEO Riflettendovi bene, voi assomigliate a Ramon Novarro...

Michele ride.

MICHELE Mo, 'a sera, a Gennareniello lo vedremo spesso al Trocadero... Però dovete essere piú elegante... Ce vo' nu fiore mpietto... camicie di seta...

MATTEO 'E capille se l'ha da tignere... Na bella scatola 'e cromatina nera...

MICHELE Mettiteve accussí... (*Lo aggiusta con un bastoncino e un cappello vecchio che si trova in scena fra la roba tirata fuori per il saponaro, ed un paio di calzini spaiati in mano come guanti*).

MATTEO Donna Cunce', ccà sta Gennareniello...

CONCETTA Ma vuie a chi credite 'e sfruculià...? Ma 'o sapite ca io femmena e bona tengo 'o core 'e ve piglià a pacchere a tutte dduie... Maritemo è n'ommo serio... Maritemo è d' 'o mio e ghiatevenne!

MATTEO Signo', noi abbiamo creduto di scherzare...

MICHELE Sono mortificato...

CONCETTA   Jatevenne...
MATTEO   Donna Cunce'!
CONCETTA   Jatevenne! (*Forte*).

Michele fa cenno di noncuranza a Matteo e viano insieme.

GENNARO (*guarda con riconoscenza la moglie; ha vergogna di avvicinarsi, poi si fa animo, le si avvicina e canta*)   «Nun me dicite no... uocchie che ragiunate... senza parlà... senza parlà...»
CONCETTA (*lo guarda commossa e mormora*)   Gennari'...

Il marito abbassa la testa.

TOMMASINO (*che è seduto in fondo a cavalcioni del parapetto*)   Papà... te piaceva 'a signurina, eh...?

Tela.

Quinto piano, ti saluto!
(1934)

Con *Quinto piano, ti saluto!* siamo piuttosto nel genere del «monologo drammatizzato» che dell'atto unico tradizionale. Non a caso il titolo condensa una battuta-chiave dell'unico personaggio che parli a lungo e alla fine, quasi anticipando fonicamente (come altri titoli eduardiani) il senso «mitologizzante» dell'opera. Inoltre nel 1959, anno in cui esce anche il testo nella prima edizione della *Cantata dei giorni pari*, l'autore ne dirige una versione radiofonica, offrendo la sua voce proprio a Giacomo, «io epico» della breve storia.

Eduardo attore incomincia ad invecchiarsi in questo periodo, e questo suo personaggio di anziano *sui cinquant'anni, con una borsa da impiegato sotto il braccio;* [che] *pallido, affanna per le scale* (did., p. 455), spunta solo da ultimo a fare il suo discorso sul tempo che passa e muore, demolito e polverizzato dagli avvenimenti. Un monologo semplice e senza retorica, che dà un tono e un senso d'elegia sommessa all'insieme: posto nell'«ora di sosta» dei muratori «becchini», a conclusione del frastuono di abbattimento del palazzone alveare, in cima al quale, al «quinto piano», ha trascorso infanzia, adolescenza e giovinezza l'uomo che «oggi» è passato quasi per caso di là.

> GIACOMO [...] ma io aggio curruto guaglione pe' dinto a sti ccàmmare e giuvinotto qua, cu' na scrivaniella tantella facevo mille sogni per il mio avvenire [...] (p. 456).

Certe punte di malinconico lirismo hanno richiamato per questo, come per un altro atto unico messo in scena nel '34, *Il dono di Natale*, l'influenza del teatro di Salvatore Di Giacomo e di Ernesto Murolo, autori del cosiddetto «teatro d'arte» napoletano, polemico (ricordiamolo) con il padre Scarpetta; forse perciò gli stessi spunti non mancano di contraccolpi comici:

> GIACOMO [...] fore a stu balcone mammà m'aspettava tutte 'e notte fino a tarde... e llà... (*indica dove sono i muratori*) mammà... murette (*I muratori si alzano e cambiano posto*). (p. 456).

Si conferma, anche cosí, il carattere sperimentale di questa prima fase del laboratorio drammaturgico eduardiano.

Del resto, altrettanti spunti di commedia o di dramma appaiono ridotti nei tre quadri concatenati che formano il complesso dell'opera. Nel primo troviamo i muratori alla ricerca della fortuna con l'effe maiuscola, l'antico «tesoro», racchiuso nello «scatolino», che si rivela un «*rento*» (un dente!) Nel secondo
assistiamo a una lite da sceneggiata fra il *tipo di elegantone da pochi soldi* (Roberto, giovane e arrogante) e il *tipo di negoziante di
paese* (Salvatore, cafone con la «testa dura») per dividersi le spoglie del «morto», le rovine della casa. Ma la conclusione farsesca della scena non nasconde quella certa antipatia eduardiana
per i nuovi ricchi: *Roberto perde l'equilibrio e cade sedendo in una
mezza botte piena d'acqua. Contemporaneamente Vastianiello* [un
muratore] *lascia cadere un cofano di calcinaccio che copre ed imbianca completamente Roberto* (did., p. 455). Alla fine c'è appunto il «saluto» dell'uomo comune al proprio passato, «alla casa di un tempo» in demolizione, come suggello dei sentimenti
che *tutti gli spettatori* debbono *immediatamente* provare alla vista
del *contrasto di vita e di agonia: quel senso di rimpianto e di pena
che abbiamo per tutte quelle cose che scompaiono dalla vita, cose
forse anche brutte, ma che morendo lasciano sempre un piccolo vuoto nel mondo dei ricordi e della nostalgia* (did., p. 451).

Se infatti la qualità fonica del parlato – un linguaggio dialettale che svaria a seconda dell'estrazione dei tipi e delle figure – ha suggerito all'autore stesso l'idea di un «teatro per gli
orecchi», l'architettura scenica impostata dalla lunga didascalia iniziale, come cornice materiale e psicologica delle diverse
azioni, anticipa suggestivi spaccati del «teatro per gli occhi»
eduardiano. C'è la drammaturgia della luce, solo apparentemente naturalistica (*il sole ha invaso ogni piccolo angolo di questa casa antica. I muri* […] *sono abbattuti per metà scoprendo di
fronte un enorme palazzo moderno circondato di luce* […] *che dirada e spacca ogni tanto i nuvoloni di calcinaccio sollevati dal tufo
che* […] *precipita sotto i colpi piú violenti dei picconi*), oltre a quella del rumore (*un frastuono caratteristico movimenta il disordine
ritmico che ricorda il da fare delle api nel costruire il loro alveare*)
che si trasforma in canto (Vastianiello, detto 'O Tenore, *canta
con voce dolce e sentimentale una canzone in voga*) (did., *ibid.*).
E incomincia pure quel «gioco delle corde» del sipario che al
regista, provvisto della memoria d'attore, servirà per comunicare al pubblico significati metaforici:

Il sipario si leva e scopre questa scena di amarezza e pietà che si risolve in ammirazione per questi uomini che rifanno se stessi credendo di modificare quegli altri che lo stesso credettero. (did., *ibid.*).

Eduardo scrive *Quinto piano, ti saluto!* nel 1934, alla fine di un biennio che segna una svolta nella biografia artistica sua e dei fratelli: non solo l'antico Teatro Sannazzaro (degradato a cinema di terza categoria) rinasce grazie alla Compagnia Umoristica «I De Filippo», ma rappresenta una promozione nella loro stessa carriera. Dopo un primo incontro con Pirandello (appunto al Sannazzaro durante la stagione '32-33), i De Filippo risalgono «le vie d'Italia» – Torino, la Liguria, Bologna, Roma, poi Milano – conseguendo un successo finalmente nazionale. Mettono in scena opere proprie ma attingono anche al repertorio altrui; *I De Filippo interpreti: fra tradizione e novità* è il sottotitolo di un articolo di Renato Simoni uscito nel «Corriere della Sera» il 16 marzo 1934. Sono anni di perfetto equilibrio fra tre diversi e complementari temperamenti d'artista, nel laboratorio comune; equilibrio che sarà rotto proprio dall'incontenibile inquietudine sperimentatrice di Eduardo. Anche perciò (non è paradossale) egli scrive poche novità in questo periodo: appunto *Quinto piano, ti saluto!*, un altro di quegli atti unici in cui prova aspetti diversi della sua ispirazione; come già *Il dono di Natale* da una novella di O. Henry, composto nel 1932 ma rappresentato al Sannazzaro il 4 febbraio 1934 (appare nella prima edizione Einaudi della *Cantata dei giorni pari*, nel 1959, ma poi è espunto da quella riveduta del 1971).

Quinto piano, ti saluto! andrà in scena per la prima volta nel 1935 (secondo il Catalogo della Mostra *Eduardo De Filippo. Vita e opere* cit., p. 83); il 25 giugno 1936 al Teatro Eliseo di Roma (secondo F. Di Franco, *Eduardo* cit., p. 81). Durante la stagione teatrale '35-36 erano questi gli attori del «Teatro Umoristico I De Filippo», nell'ordine dell'«elenco artistico» presentato da una locandina del «repertorio esclusivo» della Compagnia: Giuseppe Ardizzone, Pietro Carloni, Gaetano Cenacchi, Ugo D'Alessio, Titina De Filippo, Eduardo De Filippo, Peppino De Filippo, Amedeo Girard, Lidia Marchese, Mimmo Palermo, Dolores Palumbo, Carmen Pellizzi, Tina Pica, Margherita Pisano, Gennaro Pisano, Giuseppe Rotondo, Vittorio Rusinenti, Mirella Toli, Salvatore, Strani, Vito Verde.

Poche le riprese dell'atto unico: al Teatro Quirino (11 giugno 1937 e 15 maggio 1941) e ancora all'Eliseo di Roma il 1° luglio 1948; in questo stesso anno, al Teatro Augustus di Genova (8 ottobre) e al Teatro Nuovo di Milano (22 novembre). Riproponendo la commedia appunto nel '48, insieme a *Chi è piú felice di me!*, Eduardo ne cambia leggermente la trama, attualizzandola: il palazzo in demolizione diventa una casa bombardata. «*Quinto piano ti saluto* [è] un atto unico delicato e raccolto, dosato con giusta amalgama di colori, forse fin troppo esile per la fantasia di Eduardo, che questa volta ha voluto adeguarsi al nostalgico racconto delle case bombardate, che il piccone demolitore a poco a poco cancella dalla topografia cittadina»: cosí Riet, che lo considera un lavoro recente («Secolo XIX», 9 ottobre 1948). La sua ultima ripresa scenica pare del 15 gennaio 1949, al Teatro Mercadante di Napoli; poi, forse perché «in questa tenue impressione c'è piú descrizione che rappresentazione» (R. Simoni, *Quinto piano ti saluto!*, «Corriere della Sera», 23 novembre 1948), Eduardo ne dirige e interpreta la versione radiofonica trasmessa il 24 febbraio 1959. Oltre all'autore nella parte di Giacomo, vi recitano: Pietro De Vico (Vastianiello); Enzo Petito (Innàro); Enzo Cannavale (Spachieppe); Gennarino Palumbo (Speniello); Antonio Casagrande ('O Turco); Lello Grotta (Federico); Pietro Carloni (Roberto); Riccardo Grillo (Cuzzechiello); Ettore Carloni (Salvatore).

Il testo di *Quinto piano, ti saluto!* compare nella prima edizione Einaudi della *Cantata dei giorni pari*, nel 1959, e la sua collocazione rimane costante nelle successive ristampe o edizioni della *Cantata*.

Personaggi

Vastianiello, detto 'O Tenore, muratore
Spachieppe, muratore
'O Turco, muratore
Innàro, capomastro
Federico, muratore
Speniello, muratore
Roberto, imprenditore
Salvatore, negoziante di paese
Cuzzetiello, muratore
Giacomo, impiegato

ATTO UNICO

Il quinto piano di un palazzo in demolizione, l'appartamento è completamente scoperchiato, il sole ha invaso ogni piccolo angolo di questa casa antica. I muri maestri e quelli divisori sono abbattuti per metà scoprendo di fronte un enorme palazzo moderno circondato di luce e sole che dirada e spacca ogni tanto i nuvoloni di calcinaccio sollevati dal tufo che volta a volta precipita sotto i colpi piú violenti dei picconi. Questo contrasto di vita e di agonia deve essere tanto forte da risvegliare immediatamente in tutti gli spettatori quel senso di rimpianto e di pena che abbiamo per tutte quelle cose che scompaiono dalla vita, cose forse anche brutte, ma che morendo lasciano sempre un piccolo vuoto nel mondo dei ricordi e della nostalgia.
In scena vi sono i muratori che demoliscono con colpi poderosi di piccone. Tutto un frastuono caratteristico movimenta il disordine ritmico che ricorda il da fare delle api nel costruire il loro alveare.
Il sipario si leva e scopre questa scena di amarezza e pietà che si risolve in ammirazione per questi uomini che rifanno se stessi credendo di modificare quegli altri che lo stesso credettero.
In scena vi sono Vastianiello, Innàro, Spachieppe, Speniello, 'O Turco e Federico. Tutti sono occupati per la demolizione. Vastianiello è seduto per terra accanto al balcone. Innàro sbarazza un piccolo stanzino. Spachieppe è in piedi su uno dei muri maestri come pure Speniello, 'O Turco e Federico.
Vastianiello canta con voce dolce e sentimentale una canzone in voga.

SPACHIEPPE   Vastianie', Vastianie'... ce staie luvanne 'a saluta... ma che te cride che staie a San Carlo.
'O TURCO   Lasse 'o ji', chillo sta allero, ha saputo che 'a nnammurata nzerra n'uocchio e 'o dà cunfidenza n'ata vota.

VASTIANIELLO   'O Turco, t'aggio ditto che cu' sti cose nun voglio pazzià.

INNÀRO   Nun 'o facite piglià collera, Vastianiello è nu buono guaglione.

VASTIANIELLO   Se' ma', è quistione che sono gente gnurante, non capiscono la poesia della musica che può essere un diletto e un aiuto per la fatica. Io, 'o piezzo d'opera o l'abbatto o lo costruisco, ce faccio sempe na cantata vicino: a tiempo 'e musica si lavora con piú genio e celerità.

FEDERICO   Vastianie', tu aviv' 'a fa' 'o cantante, no 'o fravecatore.

VASTIANIELLO   Non è detta l'ultima parola.

SPACHIEPPE   E se capisce, 'o munno avota, e pò essere pure ca te vedimmo a San Carlo dinto 'a Traviata... e quanno è tanno m'aggi' 'a luvà nu sfizio. 'O primmo pernacchio t'aggi' 'a fa' io.

VASTIANIELLO   'O ssaie ca m'he scucciato? 'O ssaie ca si nun 'a fernisce te tiro pe' nu pere e te faccio mmesurà tutt' 'o palazzo?

SPACHIEPPE   P'ammore 'e Ddio, t'aviss' 'a cumprumettere.

FEDERICO   Vastianie' lass' 'o campà.

'O TURCO   Te', Vastianie', nu scarrafone. (*Gli lancia qualche cosa di simile*).

VASTIANIELLO   'A vulite ferní. Se' ma', chillo m'ha menato nu scarrafone.

INNÀRO   Lassat' 'o ji'.

'O TURCO   Chella era na pretella.

VASTIANIELLO   Vuie a me nun m'avit' 'a scuccià, ca si no me ne vaco e lasso 'o palazzo miezo demolito e miezo no.

INNÀRO   Nun 'o facite arraggià ca si no chillo nun fatica e stu palazzo miezo demolito e miezo no, che ne facimmo?

VASTIANIELLO   Io quanno demolisco 'e palazze nun pozzo essere distratto.

SPENIELLO   Mast'Inna', mast'Inna'...

INNÀRO   Che buó Spenie'?

SPENIELLO   Ccà è bacante. (*Batte con le nocche delle dita sulla parete di sinistra*).

INNÀRO   E ch' aggi' 'a fa'?

SPENIELLO   Mast'Inna', è bacante 'a ccà a ccà, 'o vedite, comme fosse na nicchia.

SPACHIEPPE   E arapela e miettete dinto.

SPENIELLO   Ma pecché, nun pò essere che ce sta 'o tesoro?

FEDERICO   Comme no... avimmo fatto 'a furtuna nosta.

'O TURCO   Nun dicite chesto pecché pò essere pure, cheste so' case vecchie e 'a gente antica teneva 'a smania d'annascònnere 'e munete d'oro dint' 'e mmure.

VASTIANIELLO   Io pure aiere ntuppaie llà vicino e sentette che sunava bacante, ma nun ce facette caso.

SPENIELLO   Mast'Inna' nuie sempe avimm' 'a menà nterra tutte cose, che ce perdimmo che sfravecammo chianu chiano ccà?

INNÀRO   Spenie', nun te sunnà Parige. Io faccio 'o fravecatore 'a trentacinch'anne, nn'aggio menato palazze nterra, ma nun aggio truvato maie niente. Gatte e cane muorte quante ne vuó tu... ma denare 'a dinte 'e mure 'e Napule nun ne iéscene.

SPACHIEPPE   Però ccà overo è bacante... e chisto è muro maestro... me fa meraviglia.

VASTIANIELLO   E ce vo' tanto, se scassa. Pe' tramente ve guardate nfaccia io già aggio fatto. (*Si accinge a rompere il muro*).

SPENIELLO   Teno', è inutile ca te mmucche, 'a scuperta l'aggio fatta io.

VASTIANIELLO   Io stongo sbarianno ccà vicino da aiere, mo se ne vene isso frisco frisco.

'O TURCO   Qualunque cosa se sparte.

FEDERICO   Si songo oggette antiche s'hann' 'a renunzià, pure si songo munete d'oro.

VASTIANIELLO   E si esce na capa 'e morto?!

'O TURCO   Sempe se denunzia. (*Vastianiello comincia a rompere il muro*). Un rancio, è asciuto un rancio. È un rancio antico.

VASTIANIELLO   S'ha dda denunzià? (*Mette l'occhio nel foro*) Nun se vede niente.

SPACHIEPPE   Allumma nu fiammifero.

FEDERICO (*accende un fiammifero*)   Te'.

VASTIANIELLO   Sèvere 'e pazze! Mast'Inna' ce sta nu scatulino.

Guardano uno dopo l'altro.

'O TURCO   Overo.

SPACHIEPPE   Overo.

INNÀRO   Guagliu', ve vulite luvà? Assateme veré ammaccare. 'O rispetto è rispetto, io songo 'o capomaste e aggi' 'a vedé primm'io. Gnorsí, è nu scatulino.

VASTIANIELLO   L'aggio truvato io 'o primmo.

SPENIELLO   'A scuperta l'aggio fatta io.

FEDERICO   Io aggio allummato 'o fiammifero.

VASTIANIELLO   Mast'Inna' chi l'ha truvato?

INNÀRO   L'aggio truvato io. Pecché si nun deve l'ordine 'e rompere 'o muro, nun truvaveve 'o rieste 'e niente. (*Tira fuori lo scatolino*) Ccà ce ha dda sta' n'oggetto 'e valore... Quacche pare 'e ricchine.

'O TURCO   Arapite. (*Innàro apre*). Ch'è asciuto?

INNÀRO   N'atu rancio.

VASTIANIELLO   Chisto è nu scoglio.

INNÀRO   Ce sta na cartuscella arravugliata. (*Apre*) Chisto è nu brillante...

'O TURCO   È na perla.

VASTIANIELLO   Aspettate, ce sta scritto na cosa ncoppa 'a cartuscella. (*Legge*) «Sant'Antuono, Sant'Antuono, pigliati 'o viecchio e damme 'o nuovo, e dammillo tanto forte...» Mannaggia 'o sango 'e chi t'è vivo! È un *rento*.

Tutti scoraggiati riprendono il lavoro.

ROBERTO (*di dentro*)   Venite, venite guarderete voi stesso. Attento, che voi non siete pratico e vi sporcate. (*Entra. È un tipo di elegantone da pochi soldi, lo segue don Salvatore tipo di negoziante di paese*) O trattate con papà o trattate con me è la stessa cosa.

SALVATORE   Ma quello papà vostro è piú ragionevole.

ROBERTO   Attento, voi non siete pratico e vi sporcate. Io invece sono talmente abituato a camminare in mezzo alle costruzioni che potrei circolarvici in frac senza farmi una benché minima macchiolina.

SALVATORE   Penzate a buie ca io me saccio sta' attiento. Parlammo d' 'o necessario.

ROBERTO   D' 'o necessario io mi pare che vi ho parlato chiaro. Voi vi pigliate tutti gli infissi, i ferri, le pudrelle, le riggiole e verserete alla nostra impresa quarantasettemila lire: se no non ne facciamo niente.

SALVATORE   Ma sentite ccà, mi volete mettere in condizione che l'affare nun 'o pozzo fa'! Chesta è tutta rrobba vecchia, vuie si chiammate 'o sapunaro nun s' 'o ppiglia.

ROBERTO   Ma caro mio, se era roba nuova, nun 'o vendevamo, ce ne servivamo noi per le costruzioni avvenire. 'O bi', pe' da' retta a voi me so' strappata 'a manica... 'o vestito nuovo... Mo si nun so' cinquantamila lire l'affare non si fa.

SALVATORE   Sentite a me, è meglio che torno quanno ce sta papà vuosto.

ROBERTO   E avrete la stessa risposta pecché l'impresa è una, l'ingegnere è mio padre, quindi se pure combinate con papà se io non voglio mando tutto a monte.

SALVATORE   Ma nun 'o vedite ca 'e porte so' tutte tarlate, 'e riggiole so' tutte rotte...

ROBERTO   E nun v' 'e pigliate. Chi vi prega. Sia fatta la volontà di Dio!

SALVATORE   Ma sentite...

ROBERTO   È quistione che con voialtri cafoni non si può avere a che fare... tenete la testa dura...

SALVATORE   Guè... Mo m'he scucciate... 'o ssaie ca l'he 'a ferní! Mo te chiavo nu buffo, te faccio ascí 'o sango p' 'o naso. Nun 'o voglio fa' l'affare, nun me voglio accattà niente cchiú e levate 'a miezo. (*Gli dà una spinta. Roberto perde l'equilibrio e cade sedendo in una mezza botte piena d'acqua. Contemporaneamente Vastianiello, per guardare in basso, lascia cadere un cofano di calcinaccio che copre ed imbianca completamente Roberto*). Benefatto. (*Roberto aiutato dagli altri si alza e cerca di pulirsi*). Dite all'ingegnere vostro padre ca nun me voglio accattà niente cchiú e... stateve attiente ca vi sporcate. (*Esce*).

ROBERTO   Chiamatemi una carrozzella, un taxi e lavorate, nun facimmo che v'arrubbate 'a iurnata. (*Esce con Speniello*).

SPACHIEPPE   Comme s'è cumbinato bello.

INNÀRO   S'ha fatto 'o vestito 'e stagione. Iammo a faticà.

FEDERICO   Mast'Inna' è mieziuorno passato, mo facimmo marenna.

'O TURCO   'O vi lloco a Cuzzetiello cu' 'e marenne.

CUZZETIELLO (*entrando*)   Stocco nun ne teneva.

Tutti prendono la colazione e siedono in fondo a mangiare. 'O Tenore canta. Giacomo entra. È un uomo sui cinquant'anni, con una borsa da impiegato sotto il braccio; è pallido, affanna per le scale fatte. Guarda intorno fermandosi in mezzo alla scena. I muratori lo guardano incuriositi. Scena muta come a concerto.

GIACOMO   Io abitavo qua.

SPACHIEPPE   Vastianie', Vastianie'.

VASTIANIELLO   Chisto è chillo d' 'o *rente*.

GIACOMO   Cosí... di bello... Ah!... Voi siete i becchini. Questo palazzo è un morto che state chiudendo in una bara. E dovete dire che io per questa strada non ci passo mai. Oggi chi sa pecché, m'è venuto pe' ccapa 'e passa' 'a ccà... tenevo na mezz'o-

ra di tempo e ho detto: voglio rivedere le strade mie 'e quanno
ero ragazzo e poi giovanotto... Passo e... e forse fra quindici
giorni questo palazzo non lo avrei trovato piú... sta casa... Questo palazzo è antico, è vero... per circa due generazioni c'è venuta ad abitare gente... e mo che sta in agonia non è venuto nessuno per rivederlo per l'ultima volta... per rivedere la propria
casa... addó uno ha campato... Ma già, la vera casa non sono le
mura, la vera casa la fa il respiro e forse i mobili, i quadri;
basta traslocare tutte le cose, gli oggetti per credere di portarsi
appresso la casa... Scusate buon uomo... ma io aggio curruto
guaglione pe' dinto a sti ccàmmare e giuvinotto qua, cu' na scri-
vaniella tantella facevo mille sogni per il mio avvenire; fore a
stu balcone mammà m'aspettava tutte 'e notte fino a tarde...
e llà... (*indica dove sono i muratori*) mammà... murette. (*I muratori si alzano e cambiano posto*). Tutti dovrebbero dare l'ultimo saluto alla casa d'un tempo... E io ti saluto. (*Si avvicina
al balcone e strappa dal muro quattro o cinque carte da parato,
finalmente riconosce la propria, ne strappa un pezzo, lo intasca
lentamente, se ne va*) Buona giurnata.

Tela.

Uno coi capelli bianchi

(1935)

La commedia in tre atti *Uno coi capelli bianchi* (1935) inco-mincia la serie dei lavori di Eduardo che fino al 1942 attraver-serà il mondo alto-borghese partenopeo; dove la dialettica pi-randelliana fra la *maschera* e il *volto* subisce sintomatici adatta-menti e trasformazioni. Commedie o drammi giocati sull'«età» e sull'«eredità», su «abiti vecchi» che non si riescono a butta-re via e su «abiti nuovi» che si dovrebbero inventare. D'altra parte l'autore è di un *altro mondo*: appartiene alla stirpe degli «attori dialettali», esula da quella borghesia che egli sceglie, in questi anni, come bersaglio polemico alla sua critica rappresen-tazione.

Il titolo dell'opera allude alla maschera verbale (non soltanto all'immagine fisica) del suo protagonista, Giambattista Grossi, *ricco industriale*: l'apparenza diventa in lui «trucco» premedi-tato. Perciò il tipo farsesco dell'«ingenuo» che, senza volere, combina guai (Luigino di *Quei figuri di trent'anni fa*, ma anche, con la variante della pazzia, Michele di *Ditegli sempre di sì*) si rovescia nel suo contrario. Di un Carnevale grottesco ma cru-dele, anzi perverso, è autore e Maschera principale questo «ti-zio [...] prodigiosamente [...] truccato: capelli bianchi, baffi, ve-stito scuro, pallido, sereno, sguardo dolce... il trucco dell'uomo serio» (III, p. 505).

L'origine attorica di Eduardo riempie di un senso *material-mente* meta-teatrale la problematica di Pirandello. All'origine delle menzogne del protagonista c'è un'esasperazione della normale invidia dei *vecchi* per i *giovani* da cui si sentono mi-nacciati, ma che potrebbe implicare anche la prospettiva del mondo del teatro. Battista è «come se» fosse un *primattore in-vecchiato*, che non riesce piú a dominare la parte e cerca di con-servarla obliquamente, con l'esperienza della dissimulazione e l'arte dell'inganno.

Cosí a Bellocore, divenuto suo socio senza gavetta, per eredità paterna:

BATTISTA Come siete giovane! Beato voi! Avvoca', che bella cosa 'a gioventú! Specie per lui che, con la morte della buonanima del padre, si è trovato socio mio senza sapé nemmeno comme!... senza quel tirocinio che ti avvelena tutta un'adolescenza... E bravo 'o piccerillo! E bravo il mio socio!   (I, p. 477).

Ma è soprattutto l'atavica «paura del genero» ad affilare gli strali del protagonista contro Giuliano, marito di sua figlia Margherita e suo successore nella direzione della fabbrica; al quale Battista finge di attribuire il merito d'ogni iniziativa per poi, con mezzi sorrisi ed eloquenti occhiate, affidandosi agli echi delle parole piú che alle parole medesime, rivendicare il proprio ruolo di eminenza grigia. «Già. L'unico mezzo per farsi credere innocente o per lo meno creare il dubbio – osserverà esasperato il genero –, è quello di dichiarare apertamente: "Io sono colpevole!". [...] Ce sta 'o viecchio ca nun è viecchio e nun è giovane, che al suo attivo tiene solamente gli anni... E come se li fa valere!» (II, pp. 487-88). E come doveva essere Eduardo, a trentotto anni, in quell'oscuro *vecchio che non è vecchio e non è giovane*, tutto giocando sull'*aria grave* e sull'antifrasi (appena accennata) della *voce* e dello *sguardo*, almeno fin quando, smascherato, non ricorre all'arte patetica delle lacrime! «In quel volto candido passavano ombre di sciagurata bassezza; si scoloriva quel volto, cosí roseo e argenteo, nella losca incontinenza della parola, nel piacere segreto e avvelenato di dir male. Poi il correre ai ripari, [...] l'adattamento all'umiliazione, il rivalersi, a cose risolte, con gli assenti, inventando e tramando nuove menzogne; e quest'altro aspetto del don Marzio, del calunniatore, assumeva nella dizione, nella maschera, nel gesto, nell'invenzione scenica del De Filippo mirabili sfumature» (f. b, *Uno coi capelli bianchi*, «La Stampa», 10 marzo 1938).

C'è poi una scena in cui l'allusione al mondo del teatro diventa quasi palese; è il momento della «fusione delle due ditte» che dovrebbe segnare il trionfo di Giuliano, per l'idea e per il modo in cui ha condotto le trattative. Il giovane ha preavvertito il suocero («Papà, io me so' preparato pure nu discorsetto augurale. Voi permettete?», II, p. 494) e ne ha ricevuto l'untuoso assenso («Ma naturale; anzi voglio cosí perché tu devi fare strada...», *ibid.*); quindi, mentre *tutti sono seduti quasi a circolo, Giuliano si alza e tira fuori le cartelle*, ma Battista *si alza immediatamente* e gli ruba con prepotente ipocrisia la scena: «Egregio Commendatore! Caro Bellocore... [i sospensivi sono importanti] Amatissimo genero mio! [...] Ho poco da dire; ma quel tanto che basta. Non amo complimenti, onori, pompe. Ormai tutti mi conoscono. Tutti̧ sanno quel poco che modestamente ho fatto per il passato. È ai giovani che dobbiamo lasciare il passo...» (II, p. 495). Di conseguenza Giuliano – il cui personaggio, si ricordi, era andato all'impulsivo e un po' ribelle Peppino – *strappa le cartelle* (did., *ibid.*).

D'altra parte, l'inserimento storico e politico del protagonista nell'ambiente della ricca borghesia dell'epoca, di cui il Cavalier Grossi è l'esponente di maggiore spicco («non è un cavalierato semplice: Cavaliere del Lavoro!», I, p. 477), concorre a spiegare la declinazione negativa del suo prototipo umano. Il suo *leit-motiv* verbale – «Io sono un uomo serio, tengo un'età... tengo i capelli bianchi» – corrisponde a una delle maschere sociali assunte da quel ceto emergente di spregiudicati *parvenus* che s'accorda, negli anni Trenta, con il disegno economico fascista d'una industria che specula attivamente sulla politica coloniale del governo. E il «distacco sociale» (oltreché morale) da parte di Eduardo nei confronti del personaggio che interpreta si manifesta esplicitamente attraverso la prima didascalia d'ambientazione scenica, che rileva, nell'arredamento della *ricchissima stanza da pranzo* di casa Grossi, *quella ricchezza sfrontata degli industriali arricchiti* (did., I, p. 471).

Allo stesso tempo il *leit-motiv* rispecchia la maschera del *Pater familias*, enfatizzato dal regime, che il vecchio indossa per ingannare non solo i giovani (il contrasto generazionale diventerà un motivo ritornante nel teatro eduardiano), ma anche tutti quelli che si fidano della sua apparenza. Maschera sociale e maschera famigliare si incontrano, quindi, a delinquere in questo personaggio nero, con un effetto di comica antipatia e di distacco critico che dall'autore-interprete dovrebbe passare al pubblico. Dal punto di vista propriamente teatrale, il meccanismo fondamentale è quello classico del «ladro derubato»; appunto perché questo bugiardo creatore di equivoci e di pasticci (la bugia è da sempre un artificio del riso) non opera piú per ingenuità o follia, anzi la maschera di serietà che assume lo porta a giudicare (per interesse o per convinzione) «pazzi» coloro che gli si oppongono.

Eppure c'è qualcosa di maniacale nel maligno intrigante, una

perversione del carattere che nemmeno lui, in un momento forse di atterrita sincerità, sa spiegarsi:

> PAUSELLI   Ma perché avete fatto questo? Inventare tutta una sto-
> ria di sana pianta... perché?
> BATTISTA   Non lo so; io stesso non lo so [...]   (II, p. 492).

La struttura della commedia è comunque perfettamente
logica. Nel primo atto Battista tesse le fila di almeno tre situazioni ingarbugliate, fomentando dissidi sia nell'ambito della
propria famiglia sia in quello dei rapporti con il mondo esterno.
Nel secondo atto, assistiamo alle conseguenze della malizia e
dell'ipocrisia (altro «vizio comico» ripugnante, come insegna
Molière) di questo *deus-ex-machina* alla rovescia, perché vengono al pettine i nodi che ha prodotto, intrigando i fili della vita
altrui. Ma, se a fatica e con vergogna lo sciagurato burattinaio
riesce a sfuggire al disonore pubblico, non potrà convincere il
giovane Giuliano, doppiamente danneggiato da lui, nella carriera e nella famiglia. Anzi l'atto, ambientato nel piú «simpatico» salotto del genere (*ammobiliato con gusto. Tutto è fresco, tutto è piú giovane dell'ambiente del primo atto*, did., II, p. 486), si
interrompe sulla minaccia di un gesto estremo: con Giuliano che
pallido e stravolto, impugnando la rivoltella, *esce per il fondo* alla ricerca del suocero; il quale *preso dalla paura* scappa, ma *non
riesce a camminare* e *stenta a parlare* (did., II, p. 499).
Ma ormai, negli anni Trenta, le pistole non sparano piú per
cause d'«onore». Continueranno a minacciare e a non colpire
in *Pericolosamente*, in *Non ti pago*, in *Io, l'erede*. O sparano a
salve o si inceppa il meccanismo o è il ragionamento che lo fa
inceppare. Perciò, nella *notte* in casa Grossi del terzo atto, che
dovrebbe (come in ogni tragedia che si rispetti) contenere la catastrofe, al posto dei colpi di pistola esploderanno i ceffoni.
Giuliano decide di andarsene con la moglie da Napoli, non senza però aver detto al suocero quello che deve: ma nella sua lunga tirata la disquisizione pirandelliana sulla maschera e il volto
si trasforma, appunto, in una esibizione di fantasia scenica, tipicamente napoletana, estroversa e plateale. C'è proprio, nel
discorso del personaggio, uno spunto meta-teatrale, e perfino
un riferimento allusivo alla poetica tragicomica eduardiana.
«Il dramma è un gioco; un gioco tra l'uomo e il destino; un
gioco dove Dio è lo spettatore», scrive Lukács in *Metafisica della tragedia* (*L'anima e le forme*, Sugar, Milano 1963, p. 35); e
d'altra parte Bergson sul significato del comico: «Ora distac-

catevi, assistite come spettatore indifferente: molti drammi diventeranno commedie» (*Il riso* cit., p. 5). Perciò quel «Padreterno» che «nelle ore di ozio» si diverte ad assistere ai casi dei suoi personaggi apparentemente «umani», i quali senza volerlo si truccano «per diventare ridicoli il piú possibile», anzi «tipi buffi o tragici che devono prendere parte alla commedia scritta [per loro] prodigiosamente» (Giuliano, III, p. 505), assomiglia forse al «Padreterno dei teatranti» evocato da Dario Fo. Uno che combina «scherzi» quaggiú per ingannare la noia di un «dramma moderno» ormai privo di valori in nome dei quali combattere sul serio.

Gli imbrogli organizzati da Battista ruotano generalmente attorno al vecchio motivo delle «corna», perché «'e ccorne so' ccorne!», e nel teatro di Eduardo provocano piú guai quando sono sospettate e temute che non quando sono reali: la gelosia di Otello! Ma «essa ha la propria essenza nell'elemento dialettico – che è quanto permette [...] la svolta nel comico» (P. Szondi, *Saggio sul tragico*, Einaudi, Torino 1996, p. 96). D'altra parte, piú che dell'«onore» Giuliano si preoccupa dello «scandalo», cosí come dell'opinione del mondo si preoccupano tutte le vittime borghesi delle maldicenze incrociate da quella macchietta di «uomo serio». Non possono piú essere valori ma scherzi: perciò «il povero disgraziato che non si è truccato ancora», ma che ha scoperto il gioco, abbandona lo spettacolo; e la sua ribellione finale lo riscatta:

> GIULIANO Naturalmente avviene un urto, un contrasto... si sviluppa la comicità... e il Padreterno si diverte. Io, si ve sparo, passo nu guaio, distruggo la mia vita, quella di mia moglie, la mia casa: guardie, tribunale, corte d'assise, carcere... Vedete che grande spettacolo può nascere da questo scherzo lanciato sulla terra! Ma io non mi presto. Io non dò spettacolo; io me piglio a mia moglie e me ne vaco! (III, p. 505).

Solo quando il vecchio istrione compie l'ultimo tentativo di beffarlo, interpretando il ruolo del «padre nobile» (e quasi ci riesce), scatta nel giovane la molla aggressiva degli schiaffoni, che possano cancellare finalmente da quella «faccia» che ha distrutto la sua: «questo sguardo paterno! [...] questo trucco! E lo voglio cancellare io!» (*Lo schiaffeggia ripetutamente.* [...] *Battista non reagisce. Segue i movimenti del ferreo braccio di Giuliano*, III, p. 507).

La soluzione è di rottura, non di rassegnazione: gli schiaffi

del giovane al vecchio suonano come una giusta, inequivocabi-
le, condanna. Giuliano, a differenza del suocero che non si leva mai la propria maschera di menzogna e di ipocrisia, esce alla fine dai giri viziosi di un linguaggio che sui falsi valori è stato elaborato: diventa quindi un «personaggio mobile»; in questo
senso forse piú vicino, che ad altri personaggi pirandelliani, al
Baldovino di *Il piacere dell'onestà*. D'altra parte in *Uno coi capelli bianchi*, piú che dibattere la questione dell'«essere» e del
«parere», della necessità o meno di sopportare il trucco proprio
e altrui per vivere pacificamente (negli illusori «giorni pari» del
fascismo), si denuncia un sistema di vita e di rapporti che, sulla «maschera» degradata fino alla «macchietta», sembra con-
solidarsi proprio negli anni Trenta.

Lo schiaffeggiamento sacrilego conclude quindi, coraggiosamente, una commedia in cui anche l'*humour noir* concorre a rilevare le radici storiche e politiche di un malessere non soltanto
esistenziale; proprio attraverso la satira del pettegolezzo scan-
dalistico degli ambienti «bene», nei quali «gelosia e boria sca-
vano la fossa all'onestà» (A. Colombo, *Eduardo De Filippo*,
«Letture», marzo 1962, p. 163). Non a caso alla prima rappresentazione della commedia il pubblico se ne scandalizzò. Solo
«un gruppo di studenti che dal loggione avevano continuato ad
applaudire» si recò nel camerino di Eduardo «per esprimergli la
propria solidarietà» (G. Magliulo, *Eduardo* cit., p. 44).

Si sa anche che Eduardo, troppo uomo di teatro per non ac-
contentare il pubblico, scrisse un secondo finale, ambiguamente rassicurante: «La commedia finisce con la ribellione definitiva del genero. Calato il sipario è venuto alla ribalta l'autore
per dire che a Napoli e a Roma questo finale aveva lasciato freddi gli spettatori, e perciò egli aveva voluto esperimentarne anche uno del tutto contrario. La scena ricomincia a mezzo, ma,
invece che con la sconfitta di Battista, si chiude con una nuova vittoria. Quel [...] sireno dai capelli bianchi riesce ancora una
volta a persuadere il genero della propria innocenza; e ricomincia subito le maldicenze» (R. Simoni, *Uno coi capelli bianchi*, «Corriere della Sera», 17 gennaio 1939). Cosí anche
Repaci: «Nell'intervallo [tra i due finali] si presentò Edoardo
De Filippo affermando che le sue preferenze andavano alla conclusione pessimista, quella che vede Battista smascherato e per-
cosso» (L. Repaci, *Mettimale in capelli bianchi*, 29 gennaio 1939,
in *Ribalte a lumi spenti*, *1938-1940*, Ceschina, Milano 1941,
pp. 51-52).

Eduardo lasciava dunque, brechtianamente, allo spettatore la scelta tra i due finali, pur dichiarando la propria preferenza per il primo (quello che rimane nelle varie edizioni einaudiane della *Cantata dei giorni pari*). Ma, c'è da chiedersi, questo era (ed è) davvero il finale piú «pessimista»? Proprio nella meno ambigua delle sue commedie (forse mai protagonista eduardiano è stato connotato cosí negativamente) l'autore-attore-regista lascia in sospeso il finale performativo dell'opera. Tanto che Simoni, un po' ingenuamente, si chiede: «Ma le commedie possono dunque avere una conclusione di ricambio?» (*Uno coi capelli bianchi* cit.).

È il solito *gioco dei finali* eduardiano, qui trasferito dal testo allo spettacolo.

Pare che Eduardo abbia scritto *Uno coi capelli bianchi* nel 1935; ma non rappresenta subito la commedia. Ricordiamo che nella stagione '34-35 incomincia il ciclo degli «adattamenti» pirandelliani: la Compagnia «Teatro Umoristico I De Filippo» presenta in napoletano *Liolà* all'Odeon di Milano, il 21 maggio 1935, e *Il berretto a sonagli* al Fiorentini di Napoli, il 13 febbraio 1936.

Uno coi capelli bianchi è proposta in scena come «novità» il 26 gennaio 1938 al Teatro Quirino di Roma, con Eduardo nella parte del «vecchio» Battista e Peppino in quella di Giuliano, la «sua maggiore vittima» (E. C. [Ermanno Contini], *Uno coi capelli bianchi*, «Il Messaggero», 27 gennaio 1938). A proposito dell'esito di questa prima romana, che secondo Magliulo trovò gli spettatori «addirittura ostili nei confronti della soluzione troppo brusca e coraggiosa» (*Eduardo* cit., p. 44), Contini invece osserva: «Il pubblico se la gode sempre un mondo a vedere e ad ascoltare i tre De Filippo» che «anche questa volta hanno recitato da grandi attori» (E. C., *Uno coi capelli bianchi* cit.). D'altra parte, la soluzione scenica del doppio finale risale indubbiamente alle repliche al Quirino, se Savinio afferma: «Lodiamo in ogni modo Edoardo De Filippo che, con un'amenità da Shakespeare giovane, propone della stessa commedia due soluzioni al suo pubblico compiaciuto e plaudente» (A. Savinio, *Karaghiöz*, «Omnibus», 5 febbraio 1938; ora in *Palchetti romani* cit., p. 183). Il giudizio del critico è come sempre penetrante e spregiudicato: «Dalle scene, dal dialogo di *Uno coi capelli bianchi* la verità viene su a fumo, irresistibile e tristissi-

ma, come il fetore da una bòtola di fogna [...] viva dimostrazione che le tragedie piú orrende sono figlie della futilità»; quindi: «Con un testo piú studiato, piú "voluto", *Uno coi capelli
bianchi* potrebbe trovar luogo nel teatro di Gogol´. Con un testo in martelliani e una spolveratina di *esprit* [...] potrebbe trovar luogo nel teatro di Molière» (*ibid*.). Ma è «Edoardo De
Filippo, questo napoletano piú Karaghiöz [Ghiöz il Nero, la maschera turca] che Pulcinella, e che in sé raduna secoli di comicità e di tragedia», a incarnare una «caricatura viva» in questo
spettacolo dell'avvilimento di «*ciò che è venerabile*» (ivi, p. 182).
Egli stesso è l'«uomo-caricatura» in senso antico e sacro: «in
lui il conflitto si ripete tutte le sere fra idolo e profanazione, fra
dignità umana e avvilimento dell'uomo» (ivi, pp. 182-83). In
questa prospettiva, Savinio ripercorre le tappe dell'esperienza
pirandelliana da parte dell'artista: «non a caso Edoardo De
Filippo trova la sua espressione fatale nei drammi nei quali domina l'avvilimento dell'uomo: *Il berretto a sonagli* di Pirandello,
poi *L'abito nuovo* con trama dello stesso Pirandello e dialogo di
Edoardo De Filippo»; ma ora, in *Uno coi capelli bianchi*, in cui
s'è sciolto ormai da «asservimenti e collaborazioni», Eduardo
«vola libero... L'esigenza della caricatura impone l'immagine
dell'asino alato» (ivi, p. 183). Avverte soltanto: «Badi però
Karaghiöz a non imborghesirsi. Ingrassata e diventata ricca, già
la messinscena non gli somiglia piú» (*ibid*.); in contrasto con «il
piú vivo elogio» di Contini per le «lussuose [...] scene [dello
spettacolo] che rappresentavano ricchi interni borghesi di elegante gusto» (E. C., *Uno dai capelli bianchi* cit.).

Lo spettacolo sarà ripreso nel 1938: a Torino il 5 marzo
(Teatro Alfieri) e il 9 marzo (Teatro Carignano), a Napoli il 15
marzo (Teatro Mercadante), a Trieste il 1° dicembre (Teatro
Verdi); nel 1939 a Milano (Teatro Nuovo). Secondo la locan-
dina di una rappresentazione straordinaria della Compagnia del
«Teatro Umoristico I De Filippo», che annuncia la «novità»
Uno coi capelli bianchi, «3 atti e un finale aggiunto di E. De
Filippo», per «giovedí 3 novembre 1938 - XVII - Ore 21», ne
sono interpreti: T. De Filippo (Teresa); A. Pezzullo (Mar-
gherita); I. De Simone (Giuseppina); P. De Filippo (Giuliano
Grimaldi); E. De Filippo (G. Battista Grossi); G. Pisano (Avv.
D'Attilio); A. De Sandri (Bellocore); D. Palumbo (Bianca); G.
Berardi (Dott. Francesco Zanone); R. Pisano (Assunta); V.
Verde (Comm. Lorenzo Fondini); P. Carloni (Barone Pauselli);
G. Rotondo (Portiere). Eduardo figura come «Direttore arti-

stico»; ma come «Registi» appaiono entrambi i fratelli: «E. e P. De Filippo».

Dopo il successo del primo ciclo televisivo di commedie dell'autore, andate in onda su Raidue dal 1° gennaio fino al 19 febbraio del 1962, per un totale di otto serate, la Rai stipula con Eduardo, il 16 luglio dello stesso anno, un nuovo contratto per la realizzazione di altre otto commedie; fra queste è prevista *Uno coi capelli bianchi*, ma poi sarà sostituita da *L'abito nuovo*.

Il testo di *Uno coi capelli bianchi* esce nel 1938 in «scenario», con entrambi i finali ed una nota esplicativa dell'autore (n. 3, p. 156). Poi compare nella prima edizione Einaudi della *Cantata dei giorni pari*, nel 1959; conserva la stessa collocazione e non subisce varianti (se non di ordine grafico) nelle successive ristampe o edizioni rivedute della *Cantata*.

Personaggi

Giambattista Grossi, ricco industriale
Teresa, sua moglie
Giuseppina, loro figlia
Giuliano Grimaldi, marito di Giuseppina
Margherita, cameriera
D'Attilio, avvocato
Bellocore, socio di Grossi
Bianca, nipote dei signori Grossi
Francesco Zanone, dottore, suo marito
Assunta, cameriera
Lorenzo Fondini, commendatore
Pauselli, barone
Portiere

In casa di Giambattista Grossi. Ricchissima stanza da pranzo. Quella ricchezza sfrontata degli industriali arricchiti: molti quadri di gusto discutibile e mobili antichi sovraccarichi di argenteria ne dànno conferma. La scena è di color rosso e oro; in fondo a destra una porta che dà in un corridoio, che a destra è comune e a sinistra dà accesso nelle altre camere dell'appartamento. Nell'angolo della scena a sinistra ampia finestra e ricchi tendaggi. In prima a sinistra e prima a destra due porte. Nel buffet centrale, addossato alla parete di fondo, vi saranno oltre a stoviglie bicchieri ecc. vari barattoli di conserve alimentari.

TERESA (*seduta accanto alla tavola da pranzo che è nel centro della scena e parlando a Margherita che è in piedi ascoltandola*) Sí, sí sta bene; comme ha detto la cuoca sta bene... I maccheroni al forno, 'o pulpettone...

MARGHERITA   Poi del resto è vostra nipote, persona di famiglia...

TERESA   Già, ma ce sta pure 'o marito, ca è 'a primma vota ca vene ccà! È un dottore: medico e chirurgo. A Torino s'ha fatto na posizione invidiabile.

MARGHERITA   Va bene...

Di dentro suona il campanello, Margherita esce poi torna seguendo Giuseppina.

TERESA (*vedendo entrare Giuseppina eccitatissima e con gli occhi di pianto*) Ch'è stato?

GIUSEPPINA   Mammà, mamma mia bella! (*Siede accanto al tavolo e piange*).

TERESA (*a Margherita*)   Vattene in cucina, tu!

Margherita fa per uscire, ma s'imbatte in Giuliano che entra come una furia, e si urtano.

MARGHERITA   Scusate... (*Esce per la comune*).

GIULIANO   Tu staie ccà, è ove'? (*A Teresa*) Buongiorno, mammà! Che si' venuta a ffa'? Ma già, tu quanno puo' da' dispiacere a sta santa femmena, si' tutta felice. Ma non credere che
questa volta finisce cosí.

GIUSEPPINA   E finisce come vuoi tu! Mo me so' seccata, mo!

GIULIANO   Vedi come ti riveli?

GIUSEPPINA   Gesú, ma questo è pazzo! Tu ti fossi scimunito?

GIULIANO   Bada come parli!

GIUSEPPINA   E tu non offendere, perché non è proprio il caso.

TERESA   Ma ch'è stato?

GIUSEPPINA   Sta facendo quest'ira di Dio perché ieri sera sono
andata a casa di Matilde...

GIULIANO   E chi ci stava a casa di Matilde?

GIUSEPPINA   E un'altra volta ci venivi pure tu!

GIULIANO   Io 'a matina tengo che ffa'! Mettitevello buono ncapa!
Si dint' 'a fabbrica nun ce stesse io, in un paio di mesi se ne
andrebbe tutto a carte quarantanove... N'ata vota venive pure
tu! E non consideri che cu' chella batteria 'e lavoro che tengo,
'a sera è naturale che nun pozzo fa' tardi pe' ghi' a ballà...

GIUSEPPINA   Allora che vuoi? Matilde è amica mia; era 'a festa
soia e me vulette cu' essa... Del resto, io nun ce vulevo ji'...
Fuste tu che diciste: «Va', te divierte nu poco!»

GIULIANO   Ma io nun sapevo ca ce steva...

TERESA   Ma chi ce steva?

GIULIANO   Il primo amore...

GIUSEPPINA   Tu è inutile che fai caricature! Ti ripeto per la mille-
sima volta che io nun 'o ssapevo ca isso steva llà; e avess' 'a
cecà si 'o guardaie nfaccia! Quello è fidanzato cu' na nipote 'e
Matilde; anzi Matilde me dicette: «Io nun sapevo niente che
Alberto era stato fidanzato cu' te, si no nun te dicevo 'e vení...» Questo è tutto, se mi vuoi credere, e se no salute alla
fibbia!

TERESA   Giuseppi'...

GIUSEPPINA   E sí, quello me lo fa uscire da dentro all'anima! Sei
un'oppressione! Io t' 'o dicette da quando eravamo fidanzati:
«Quando si vuole bene veramente si deve aver fiducia!»

GIULIANO   Sí, m' 'a salute 'a fiducia! Io po' quanno aggio avuto
'e ccorne, addó m' 'e vaco a cagnà?

TERESA   Mo me pare ca esagerate, mo!

GIUSEPPINA   Sentite come parla! 'E ccorne!...

GIULIANO   Giuseppi', comme se parla se parla, 'e ccorne so' ccorne! Tu cierti cose nun 'e capisce... Alle volte per accettare una semplice galanteria, che alla moglie sembra normalissima, e che dopo cinque minuti non se ne ricorda piú, restano gli occhi della gente maligna, che già ci hanno creato nu castiello ncoppa, e piazzano na croce sulle spalle 'e nu povero marito, ca nun ce 'a leva cchiú manco 'o Pateterno!

GIUSEPPINA   Sicché, a te ti preme quello che la gente pensa... Complimenti!

GIULIANO   Io ho le mie idee e nun aggia da' cunto a nisciuno... Insomma, secondo te, ierisera, aggio fatto na bella figura?

GIUSEPPINA (*gridando con esasperazione*)   Nun 'o ssapevo ca ce steva chillo, llà ncoppa!

GIULIANO   E quanno vediste ca ce steva, se tu avessi avuto tatto, truvave na scusa, e te ne ive immediatamente... 'A gente capiva la vera ragione e diceva: «Avete visto che serietà di donna? Appena ha visto a chillo, siccomme nun ce steva 'o marito, ha vutato 'e spalle e se n'è ghiuta!» Questo fa una signora seria.

GIUSEPPINA   E io nun l'aggio fatto pecché so' na faccia tosta, so' na sfacciata: va bene? Sei contento?... (*Piange*) Sta facenno chesto 'a stammatina, mammà... Era uscito in santa pace pe' ghi' a 'o stabilimento; m'ha cercato 'o fazzuletto pulito; avimmo pazziato; m'ha baciato pure e se n'è ghiuto... Doppo nemmeno nu quarto d'ora, è turnato ncopp' 'a casa cambiato; s'è mmiso a strillà, e ancora l'ha dda ferní... Ma si nun 'a fernisce tu, la finisco io... Ti lascio e me ne vado... O meglio, te ne vai tu, pecché questa è 'a casa 'e mammà!... (*Piange*).

TERESA   Volontà di Dio! Ma a voi po' chi ve l'ha purtata sta bella nutizia?

Giuliano non risponde.

BATTISTA (*dal fondo*)   Buongiorno! Sei qua Giuseppina?

TERESA   Tu eri già uscito? Io me credevo ca stive durmenno! Aieressera te cuccaste pure tarde...

BATTISTA   Non tanto. Io e Giuseppina lasciammo la casa di donna Matilde prestissimo. È vero, Giuseppina?

TERESA   Ah, ma ieri sera pateto venette cu' te?

GIUSEPPINA   Sí, ce venette a truvà; e siccomme Giuliano nun vulette ascí, m'accumpagnaie isso...

TERESA   Ah, va bene! Allora aggio capito!

BATTISTA (*con lieve scatto*)   Che avete capito, Teresa? Voi capite sempre piú del necessario!

TERESA   Pecché te cunosco buono! Perciò stammatina sei uscito presto!

BATTISTA   Dovevo uscire presto per cose che non vi riguardano! E vi prego di non fare insinuazioni, specie per delle bassezze che non possono interessarmi...

TERESA   Però, già he capito!

BATTISTA   (*facendo un segno di superiorità*) Io vedo lontano, cara Teresa! Ho quasi sessant'anni... Praticità! Le parole restano parole... Lasciatemi in pace! (*Esce a sinistra*).

TERESA   Isso è stato, isso è stato. Isso è ghiuto a dícere a maríteto ca ncopp' 'a casa 'e Matilde ce steva Alberto!

GIUSEPPINA   Ma nun credo!

TERESA   Ma insomma me vulite mparà marítemo a me? Stammatina s'è scetato apposta ampresso; ha aspettato a maríteto sott' 'o palazzo, e l'ha cuntato 'o fatto d'aieressera...

BATTISTA   (*che ha seguito la scena facendo capolino dalla quinta a sinistra*) Tu sbagli, Teresa! L'incontrai, ma niente gli dissi...

GIULIANO   Comme!

BATTISTA   Che ti ho detto io?

GIULIANO   Che ierisera, ncopp' 'a casa 'e Matilde ce steva pure Alberto Porpora...

BATTISTA   (*meravigliato ed offeso*) Io? Quando mai?

GIULIANO   Come? Vuie m'avite ditto pure che Giuseppina nun 'o guardaie manco nfaccia...

BATTISTA   Picceri', ma tu ti senti bene? Io te venevo a dícere una cosa simile? Io sono un uomo serio; tengo un'età!... Ricordati bene chi te lo ha detto, figlio mio! E, vi prego, quando volete dar vita alle ombre create dalle vostre piccinerie, non tirate in ballo me. Queste so' piccinerie!

GIULIANO   Voi mi avete detto pure...

BATTISTA   (*con tono di rimprovero*) Giuliano, ti prego! Se scherzi è un conto; se stai dicendo sul serio, allora mi fai paura, perché vuol dire che sei ammalato d'imaginazione: si' pazzo!

GIUSEPPINA   (*suggestionata dal tono serio e addolorato del padre*) Ma se capisce, mammà: chillo po' aveva piacere 'e fa' succedere nu cuntrasto?

GIULIANO   (*masticando amaro*) Vuol dire allora ca me ll'aggio sunnato!

BATTISTA   Ecco, bravo! Hai sognato, caro! Per questa volta ti perdono; ma ti proibisco, per l'avvenire, di servirti del mio nome!

GIULIANO   Intanto, avimmo passato na bella mattinata! Nun so'

ghiuto nemmeno 'a fabbrica... (*Avvicinandosi a Giuseppina*)
Giuseppi', viene ccà!

Giuseppina lo guarda male, si alza ed esce per la sinistra.

TERESA   Giuseppi', iammo, finiscila. Fate pace; è cosa 'e niente... (*Esce appresso*).

Giuliano guarda Battista che cerca di evitare il suo sguardo.

BATTISTA (*dopo pausa*) Eh! Tu sei un bel tipo! Leggero, molto
leggero! Sei ragazzo, questo è! Quanto è brutto avere a che
fare coi ragazzi! E io nun me voglio mparà! Benedetto Iddio!
Io ti vengo a dire una cosa per aprirti gli occhi, per metterti in
guardia...
GIULIANO   Ah, beneditto 'o Pateterno! Voi me lo avete detto!
BATTISTA   Sí, ma nun t' aggio ditto: «Va dicenno ca te l'aggio
ditto io!» Giulia', io devo salvaguardare la mia serietà di uomo
che sta vicino alla sessantina! Quando ci arriverai pure tu, capirai come e perché si deve camminare sul taglio di un coltello.
Io, grazie a Dio, non mi son trovato mai in mezzo a guai perché, piú giovane, lavoravo all'oscuro, accanto alla buon'anima
di mio padre che, povero vecchio, s'era mezzo rimbambito; e
dovevo dargli l'illusione che facesse tutto lui, che tutto dipen-
desse da lui. Mo, cu' na fabbrica ncopp' 'e spalle, aggi' 'a menà
a te nnanze, perché sei giovane, sei il marito di mia figlia, e
t'aggi' 'a fa' fa' strada... Ho l'esperienza... n'aggio visto che
n'aggio visto... vuó vedé che all'ultimo all'ultimo aggi' 'a fa' 'a
figura d' o' chiachiello per aver voluto renderti edotto di una
situazione... Naturalmente io te l'ho negato in faccia, perché
nun songo na criatura e nun pozzo fa' 'a figura d' 'o pulicenella!
GIULIANO   E avete fatto bene. Intanto, io me so' appiccecato
cu' mugliérema, e nun so' ghiuto a 'o stabilimento; mentre invece stammatina m'interessava enormemente trovarmi là. A proposito, leggetevi sta lettera...
BATTISTA (*scorrendo la lettera*) E chesta 'a saccio...
GIULIANO   Ve la ricordate? Questa ci venne due mesi fa. Mo sentite chest'ata lettera che è arrivata a distanza di due mesi dalla
prima:
«Spett. Ditta Grossi, San Giovanni a Teduccio, Napoli.
«Riunitosi il Consiglio di Amministrazione, giorni or sono, fra
le tante discussioni di indole commerciale, uno dei nostri Soci

rimise sul tavolo la gentile proposta fattaci dalla Vostra Spett.
Ditta, due mesi or sono. Ricordandoci della serietà con la quale avete sempre trattato, e quell'accenno graditissimo, di allora, a cui per ragioni indipendenti dalla nostra volontà fummo
costretti a rinunziare, preferiremmo oggi un memoriale piú dettagliato intorno all'idea del sig. Giambattista Grossi; e quali e
quanti sarebbero i vantaggi di questa fusione. In attesa di leg-
gervi ecc. Il Consigliere Delegato».
Chiste se metteno na paura tremenda!

BATTISTA   E pecché?

GIULIANO   Ecco. Quando io a nome vostro 'e screvette, e lanciai
l'idea di fondere le Società e chiedere al Governo la fornitura
per le Colonie, loro da una parte rifiutarono, dall'altra, facendo-
si forti di appoggi chiesero la concessione per sé. Sicuri di otte-
nerla, accumminciaino a mettere dinto tunnellate 'e pummarole,
e tutto quello che sarebbe servito per la produzione. Mo siccome sta cuncessione ritarda, 'a paura fa nuvanta, e vonno fa' 'a
Società, pecché stanno cu' 'o pericolo di perdere tonnellate di
merce già immagazzinata!

BATTISTA   E allora?

GIULIANO   Mo s'adda fa' 'a società! Perché io per via indiretta
ho saputo che la concessione ce sta; è stata discussa, deliberata
e in settimana avranno la comunicazione ufficiale. Io pecché, 'a
settimana passata, iette a Roma?

BATTISTA   Ma se le cose stanno cosí io dò senz'altro il benestare!

GIULIANO   E se capisce! Io perciò vulevo ji' a 'o stabilimento,
stammatina! Pecché il memoriale che loro hanno chiesto, già lo
mandai l'altro giorno...

BATTISTA   Ma l' 'e fatto a nomme mio? Pecché io so' vivo ancora, eh! Non credere che dopo tanti anni che ho buttato il sangue, mi si debba mettere in disparte! Che figura farei?

GIULIANO   Ma si capisce, lo feci a nome vostro! Mi permisi solamente di non chiedere il vostro parere, prima perché non c'era
tempo da perdere e poi perché l'affare saltava agli occhi!

BATTISTA   Ah, certo!

GIULIANO   Mo vaco dinto, vedo si pozzo calmà 'a Giuseppina,
po' scendo: tengo 'a machina abbascio, arrivo fino a 'o stabilimento, vedo si ce stanno nutizie. (*Fa per andare*).

BATTISTA   E torna presto, voi mangiate qua. Teresa ve l'ha detto che arriva mia nipote da Torino, col marito?

GIULIANO   Sí, come no? E io che ce metto? Io dint' a n'ora vado
e vengo. (*Di nuovo fa per andare, poi torna, distratto cava*

dalla tasca un reggipetto) ... E che d'è? Uh! 'o tengo ancora dint' 'a sacca; menu male che nun l'ha truvato mia moglie!... Io poi ieri sera nun ce putette vení 'a casa 'e donna Matilde perché avevo preso un appuntamento con degli amici; iettemo a 'o Circolo; chille purtaieno cierti *girls*; ce facèttemo risate incredibili... Na tedesca se mbriacaie; nun saccio quanta whisky se bevette; all'ultimo accumminciaie a scumbinà; dice che senteva caldo, se spugliaie e se mettette a ballà cu' tutto 'o pietto 'a fore... Na meza pazza... Vulette abballà afforza cu' me; e po' me mettette 'o reggipetto dint' 'a sacca!...

BATTISTA   Miette ccà, miette ccà, lo tolgo io da mezzo, si no tu si' distratto, t' 'o scuorde dint' 'a sacca e fernisce che 'o trova tua moglie!

GIULIANO   Cos' 'e pazze! 'E vvote uno se trova mmiez' a gli amici, nun se pò rifiutà... Cos' 'e pazze! (*Esce*).

MARGHERITA (*dal fondo*)   Permesso?

BATTISTA   Avanti.

MARGHERITA   Signo', ce sta l'avvocato D'Attilio e 'o signurino Bellocore.

BATTISTA   Falli entrare.

Margherita esce poi torna introducendo D'Attilio e Bellocore poi esce.

D'ATTILIO   Egregio cavaliere!

BATTISTA   D'Atti', vi ho detto tante volte, togliete questi titoli! Voi lo sapete, io non ci tengo; anzi mi mortifico quanno nnanze 'a gente mi chiamate Cavaliere!

BELLOCORE   Del resto il vostro non è un cavalierato semplice: Cavaliere del Lavoro! È un'altra cosa! Come state?

BATTISTA   Bene, grazie. Sicché, secondo voi, basta essere Cavaliere del Lavoro per dimostrare alla gente quello che uno ha fatto nella vita! Tutto quello che si fa, si fa per se stessi...

BELLOCORE   Fino ad un certo punto, mi permetto dirvi. In certi casi, specie come nel vostro, è un riconoscimento giustissimo che interpreta il sentimento di tutta la cittadinanza!

BATTISTA   Come siete giovane! Beato voi! Avvoca', che bella cosa 'a gioventú! Specie per lui che, con la morte della buonanima del padre, si è trovato socio mio senza sapé nemmeno comme!... senza quel tirocinio che ti avvelena tutta un'adolescenza... E bravo 'o piccerillo! E bravo il mio socio!

BELLOCORE   Ma io vi dò la parola d'onore che, oltre all'orgoglio, sento tutta la responsabilità della situazione sociale e commerciale che ho; voi lo potete dire... sissignore, ho ventisette
anni, ma in fatto di serietà, non credo avervi dato dispiaceri...

BATTISTA   Siete giovane! Siete giovane! Basta, accomodatevi!

D'ATTILIO   Grazie, ce ne andiamo subito, perché ho un poco da
fare. Almeno io. Vi ho portato a far vedere questi disegni che
ha fatto un valentissimo giovane per le nuove etichette dei barattoli di piselli, melanzane...; a me sembrano buone e soprattutto nuove; si putimmo aiutà stu disgraziato... A lui (indicando Bellocore) sono piaciute moltissimo...

BELLOCORE   Sí, ma se voi non siete di accordo non si discute
nemmeno.

BATTISTA   (esaminando)   Graziose... graziose... Seh, seh... Lascia-
temele qua. Le voglio far vedere pure a mio genero... Sapete
che è lui che decide...

D'ATTILIO   (con ironia)   Sí, lui!

BATTISTA   Sissignore, proprio lui. Io ormai ho un'età, non mi
occupo piú dell'azienda...

D'ATTILIO   Cavalie', a chi 'o vulite mmuccà... Vostro genero, sissignore, è una mente... Ma è giovane; l'esperienza vosta addó
'a piglia? Non per farvi un complimento; ma ccà 'o ddice tutto
l'ambiente... 'e file stanno 'mmano a vuie...

BATTISTA   Io non sono niente... Le iniziative sono di mio genero... Anzi, a proposito, D'Atti'; mi fate il favore di riunire il
Consiglio per domani; ci sono delle comunicazioni importanti
e vantaggiose... Un'altra iniziativa di mio genero... (Stringendo
la mano di D'Attilio con intenzione).

BELLOCORE   Che uomo siete; che uomo!

BATTISTA   Io non sono niente... Anzi siccome l'iniziativa è stata
sua, e tutti i vantaggi che ne deriveranno la società li dovrà a
lui, la riunione, domani, la faremo in casa sua; cosí, dopo, si
aprirà una bottiglia, e brinderemo in onore di mio genero, vera
colonna dello stabilimento Grossi e C.

D'ATTILIO   Benissimo; e a che ora?

BATTISTA   Alle undici, undici e mezzo; al solito.

D'ATTILIO   Allora io me ne vado.

BATTISTA   E pigliatevi nu vermut; na cosa...

D'ATTILIO   No, Cavalie', tengo molto da fare. Oggi è una giorna-
taccia. Sto curando gli interessi... sapete di chi?... Vuie ll'avite
cunoscere: 'o barone Federico Pauselli... Pauselli figlio, pecché
chillo 'o pate murette...

BATTISTA   Pauselli! Sicuro, sicuro... l'ho conosciuto diversi anni
fa! La settimana scorsa ci ho parlato, l'ho visto... Non mi accen-
nò niente... Parlammo pure di voi, nun me ricordo...

D'ATTILIO   Una quistione di eredità. Io poi, voi lo sapete, quanno so' amico, so' amico! N'ato avvocato già avrebbe iniziato
atti, contestazioni; io invece sapete che sto facenno? Opera di
pace! si no va a ferní ca chilli solde 'e ll'eredità, s' 'e mangiano
cu' 'a causa!

BATTISTA   Embè, uomini, uomini! Siete veramente un galantuomo. Che differenza fra voi e lui!

D'ATTILIO   Ma perché?

BATTISTA   No, niente! Voi lo credete un uomo serio a chisto Pauselli? E credetelo! (A Bellocore) Voi che ne dite, Belloco'?

BELLOCORE   Tante volte l'apparenza inganna... Un uomo che
può sembrare serissimo, all'atto pratico è un buffoncello!

BATTISTA   D'Atti', io ho vissuto assai. D'Atti', io non mi entusiasmo facilmente! Parlai, parlai con il sig. Pauselli. Ve l'ho detto, parlammo proprio di voi, tanto ca io ll'avett' 'a mettere a
posto...

D'ATTILIO   Ma pecché, che dicette?

BATTISTA   Avvoca', voi siete un uomo di spirito... e certe cose
non vi toccano... Vuie ve facite na resata... Dicette ca vuie ve
tignite 'e capille!

D'ATTILIO   E aggi' 'a da' cunto a isso?

BATTISTA   Ma proprio! Ognuno è padrone 'e fa' quello che vuole! E proprio questo gli risposi: «A voi che ve ne importa?»
Dice: «No, ma dipende dalla stravaganza che ci fu nella sua
famiglia... 'A sora a Parigi divisa dal marito; colpa del padre
ch'era nu scialaccono, tanto che la mia famiglia dovette affidare
gli interessi ad un altro avvocato... Lui non prende conto di
sua sorella; ma già chella nun l'ha da essere manco sora, pecché
nun se sumigliano...»

D'ATTILIO   Cavalie', ma vuie che state dicenno?

BATTISTA   Parole sue; ve pare che si 'o credevo v' 'o dicevo? Vi
ho voluto dimostrare che buffone è il vostro cliente!...

D'ATTILIO   Gesú, m'è ghiuto tutt' 'o sango ncapa! Sta carogna!
Vedite chi parla! Chillo tene na famiglia ca nun se ne capisce
niente! Uno scandalo continuato! Mme pare l'Albergo 'e ll'Allegria! 'E ssore acchiappano uommene pe' pietto mmiez' 'a via!...
Io l'aggi' 'a ji' truvanno pe' tutta Napoli; l'aggi' 'a spaccà
'a capa!

BELLOCORE   Calmatevi!

D'ATTILIO   Ma che calmà! Io 'o cunosco 'o carattere mio; io mo si nun sfoco me vene nu colpo! Sta carogna!...

TERESA (*dalla sinistra*)   Ch'è stato?

D'ATTILIO   E me l'avesse ditto uno qualunque, io nun ce avarria creduto! M'avarria fatto na resata... Ma voi siete un uomo serio! Siete degno di fede! Io nun me retiro si nun le mpizzo ncanna a una a una tutt' 'e parole c'ha ditto!

BATTISTA   Avvoca', io in buona fede... pecché nun potevo imaginà che davate tanta importanza a queste sciocchezze...

D'ATTILIO   Sciocchezze! Chillo ha ditto ca mia sorella sta a Parigi a ffa' 'a bella femmena! Che mio padre era nu vagabondo; che mia madre lle faceva 'e ccorne; ca io me tegno 'e capille... Che ato aver' 'a dícere? Io cu' 'a testimonia vosta, si 'o sparo, nun 'o pavo manco tre cienteseme... (*A Bellocore*) E c'eravate pure voi presente... S'ha da fa' na casa nciclo, s'ha da fa' na casa nciclo!... (*Esce*).

BATTISTA   Belloco', scetàteve! Me parite na mummia! Iate appriesso, cercate d' 'o calmà... Ca vuie pure avite azzuppato 'o pane...

BELLOCORE   Io?

BATTISTA   'E vi' lloco, 'e vi', 'e criature 'e latte; quanno è 'o mumento diceno: «Io!» Ve site scurdato quanno avite ditto: «L'apparenza inganna. Il Barone Pauselli pare n'ommo serio, invece è un buffoncello».

BELLOCORE   Ma no, Cavaliere, io parlavo in generale...

BATTISTA   Seh, seh, avota fuoglio, tu! Gué, chillo m' 'o nnega nfaccia! Ancora he 'a nascere... E movetevi, andate appresso all'avvocato, ca chillo fa nu guaio! (*Lo spinge via*).

TERESA   Ma che ll' 'e cumbinato a stu disgraziato?

BATTISTA   Teresa, lasciami in pace! Ma vedete nu poco come uno si deve trovare in imbarazzo. Tu sei un amico, il legale della nostra società, un uomo serio, ti attacchi alle malignità e ai pettegolezzi di certa gente... Ah, chillu Bellucore... chillu Bellucore... Ma che manteseniello... Capisco, l'ha fatto per tenerlo in guardia, per allontanargli quel mascalzone da vicino... Mo vide ca se mbroglia 'a úsciola e mettono a mme miezo! Nu schiarimento, nu facciaffronte... Oh Dio, io voglio sta' cuieto! Ma io ce 'o nnego nfaccia!

TERESA   Ma chi t' 'ha fatto fa'?

BATTISTA   Teresa, mai come questa volta, non ho aperto bocca! (*Gira preoccupato per la scena*) Chiste è capace pure ca véneno ccà... Io nun 'e ricevo, eh!

TERESA Giesú, Giesú, Giesú...

BATTISTA Uno deve stare con la preoccupazione... Chillu Bellucore... Chillu Bellucore... Addu me è inutile ca ce véneno! Io nego! Io nun aggio ditto niente! Anzi, a me, nun me parlassero proprio... Si véneno, 'e ricive tu!

TERESA Io? E stanno frische! In casa mia non ci metteranno il piede.

BATTISTA Brava! Non li riceviamo proprio. Sta gente lloco, è meglio tenerla lontana!

GIUSEPPINA (*dalla sinistra*) Mammà, t'hanno telegrafato a che ora arrivano Bianca e 'o marito?

TERESA Hanno telegrafato in mattinata; ma chille véneno in automobile: da un momento all'ato 'e vvide arrivà!

GIUSEPPINA Chi sa comme s'è fatta Bianca, nun ce vedimmo 'a tantu tiempo.

TERESA Quella tiene tutte le comodità; nun le manca niente... Essa e 'o marito s'adorano!

BATTISTA Quello è veramente un uomo serio, e degno di tutta la considerazione...

Margherita dal fondo entra, si avvicina al buffet, apre il tiretto e tira fuori una tovaglia da tavola.

TERESA No, no; lascia sta'; ce vo' na tuvaglia bona... mo t' 'a dò io; viene cu' me...

Escono a destra.

BATTISTA Quelli sono matrimoni! Lei giovane, carina, bene educata; lui un professionista serio; uomo fatto; hanno voglia 'e ji' d'accordo, chilli là...

GIUSEPPINA Caro papà, nel matrimonio, la comprensione è tutto. E io quello che non capisco, di mio marito, è la gelosia... Avvelenarsi l'esistenza, e perché? Giuliano mi vuole bene; ed io vedete arrivo a dire persino che la sua fedeltà e l'attaccamento al lavoro gli fanno perdere quel tanto di interessante che un uomo deve avere! Che so... la piccola avventura, l'amichetta di una notte: quel tanto che tiene sveglia l'ammirazione muta della moglie per il marito...

BATTISTA Se è per questo, io te la potrei svegliare subito questa ammirazione.

GIUSEPPINA   Uh, veramente? Perché, sapete qualche cosa di Giuliano?

BATTISTA   Niente, cosa vuoi che sappia? È meglio ca me stongo zitto...

GIUSEPPINA   No, no, papà, parlate; che mi credete una sciocca?

BATTISTA   Appunto perché non sei sciocca, non voglio parlare.

GIUSEPPINA   No, ma a me me diverte; vi giuro ca nun me piglio collera!

BATTISTA   Nemmeno se, mettiamo il caso, Giuliano ierisera non ti avesse accompagnato da Matilde per raggiungere gli amici al Circolo, per esempio; e che là gli avessero fatte trovare delle *girls*, una delle quali, una tedesca, avvinazzata e ubbriaca, si fosse denudata, e col seno scoperto avesse ballato con lui?

GIUSEPPINA   La storia è immaginata bene; mi dispiace che è immaginata solamente; e vi giuro, mi dispiace piú per Giuliano che per me...

BATTISTA (*cavando di tasca il reggipetto*)   E allora astipete chisto, come trofeo delle battaglie galanti di tuo marito!

GIUSEPPINA (*con un mezzo sorriso*)   Ma allora, è vero? Vuol dire che ieri sera non si è annoiato? E la cosa graziosa è ca stammatina vuleva fa' 'o geluso cu' me!

BATTISTA   Ma t'è dispiaciuto?

GIUSEPPINA   No! È giovane, ed ha fatto bene!

BATTISTA   Ti prego, però, non dire niente a Giuliano; non vorrei fare na brutta figura! Io te l'ho detto cosí accademicamente, perché poi in fondo non c'era niente di male... Giuseppi', io non voglio essere nominato! Si sapevo, nun 'o dicevo! Io ho un'età; cheste so' buffonate!

GIUSEPPINA   No, potete essere tranquillo; ve pare che faccio chiacchiere? Fatti, bisogna fare. Giuliano pure, 'o vedite, fa poche chiacchiere ma fa i fatti!

TERESA (*dalla destra seguíta da Margherita che reca una tovaglia da tavola ricamata*)   Apparecchia per sei! (*Margherita esegue. Campanello di dentro. Margherita esce*). Giuseppi', tu tieni molto gusto a mettere 'a tavula. Me faie 'o piacere dai n'uocchio a Margherita. (*Giuseppina non risponde*). Ch'è stato?

GIUSEPPINA   Niente!

Nel frattempo Battista ha seguíto la scena da lontano e fischietta con indifferenza.

MARGHERITA (*dal fondo*) 'O guardaporte ha ditto ca so' arrivate 'e signurine!

TERESA Vieni, Giuseppi'... (*Si avvia. Giuseppina e Battista la seguono. Dopo pausa voci interne, poi rientrano in scena Teresa e Giuseppina sotto il braccio di Bianca che sorride felice. Appresso Battista con Francesco Zanone*). State proprio na bellezza: tutt' e duie!

BIANCA Anche a voi, vi trovo benissimo!

Prendono posto a sinistra della scena.

FRANCESCO Zio Battista, come va?

BATTISTA Eh, caro! L'età! Forte mi sento, e ringrazio Iddio.

FRANCESCO (*con l'abituale gesto dei medici, stringendogli il mento fra le due dita*) Colorito magnifico!

TERESA Francesco, voi restate con Battista. Perdonate se ci allontaniamo.

BIANCA Vorrei fare un poco di toilette.

FRANCESCO Accomodatevi, zia!

TERESA Vieni, Bianca. (*Si avvia*).

Bianca e Giuseppina la seguono.

BATTISTA La clinica come va?

FRANCESCO Non mi lamento. Quest'anno c'è stata una leggera epidemia di influenza, che ha messo un poco in ordine l'amministrazione.

BATTISTA Sicché le cose sono andate bene. Ecco spiegato il viaggetto a Napoli!

FRANCESCO Cosí ho fatto credere a mia moglie.

BATTISTA Come?

FRANCESCO Una cosa delicata! (*Si alza e va verso la sinistra per assicurarsi di non essere udito dalle donne, poi torna con aria grave*) Sono venuto per voi!

BATTISTA Per me?

FRANCESCO Mi dovete salvare. Si tratta di una faccenda delicatissima, tanto che non ho voluto nemmeno scrivervi per paura di dispersioni... Era tanto tempo che mia moglie desiderava un viaggetto a Napoli; cosí, avendo l'aria di esaudirla, sono venuto personalmente a parlarvi. Sí, avrei potuto evitarvi questo fastidio, affidando l'incarico a qualche amico; ma a me occorreva una persona molto seria; un uomo di età, che si investisse della posizione, e che mi rappresentasse... Chi meglio di voi? Avete i capelli bianchi e posso aprire il mio cuore come ad un padre! (*Si asciuga una lacrima*).

BATTISTA   Parla!

FRANCESCO   Sarò brevissimo, perché poco tempo abbiamo per parlare. Da studente, qua a Napoli, ebbi una relazione... Una disgraziata, poco di buono, però in quel periodo aveva perduta 'a capa cu' mme, 'e na brutta manera. Un anno di amore, e vi garentisco che in quel periodo essa non aveva occhi che per me... Nascette nu figlio... Ve pare che io me putevo spusà a essa? Però il ragazzo non l'ho mai abbandonato; fu chiuso in collegio e so io quello che m'è costato! Ora questa donna che, quando ci lasciammo, trovò la cosa naturale e insignificante, mo, sapendo che ho una posizione discreta, chi sa che farabutto tene vicino, non c'è giorno che non mi fa arrivare alla clinica lettere di ricatto e di minaccia. Vi pare che io posso vivere cosí? Ho dato, ho dato, ho dato! E voglio ancora fare il mio dovere verso stu guaglione che mo tene quattordici anne... Gli ho fatto un assegno vincolato; l'aggio fatto studià; tiene un avvenire... Ma di lei non ne voglio sapere!...

BATTISTA   Ma certo! E che pensi di fare?

FRANCESCO   Parlateci voi! Questo è un assegno di cinquantamila lire. Lei si chiama Gilda Capodangelo, abita a Fuorigrotta... tene 'o telefono: 12432... (*Lo segna con la matita sopra un pezzo di carta*) Gilda Capodangelo, Fuorigrotta, telefono 12432... Le date un appuntamento al centro, e le parlate...

BATTISTA   Ma naturale! Di fronte ad un uomo di età deve piegare per forza! Deve fare quello che dico io!

FRANCESCO   A voi non mancano argomenti; ma soprattutto ricordatevi di non dirle che io mi trovo a Napoli, perché quella sarebbe capace di tutto!

BATTISTA   Stai tranquillo. Ci penso io!

FRANCESCO   Grazie, zio. Ve ne sarò obbligato per tutta la vita! Quello che dovete ottenere è una dichiarazione nella quale la Capodangelo riconosca che non ha mai avuto nulla in comune con me e che suo figlio non mi riguarda. Chella, pe' s'acchiappà 'e cinquantamila lire è capace 'e firmà questo ed altro: la conosco!

BATTISTA   Ho capito. Ho capito!

FRANCESCO   Grazie!

GIUSEPPINA (*dalla sinistra*)   Francesco, volete venire da Bianca?

FRANCESCO   Vengo, vengo! Mi son trattenuto a parlare con zio Battista del piú e del meno...

GIULIANO (*dal fondo felice e fuori di sé per la gioia*)   Papà, risposta affermativa. Si fa la società; hanno mandato questa lettera che già è un impegno, e domani arriva a Napoli l'amministratore delegato per la stipula del contratto. Questi sono milioni.

BATTISTA   Io lo sapevo. Ne ero sicuro. Vedete come si entusiasmano i giovani! Quando si ha l'esperienza, si acquista quella serenità che, negli affari, è oro! Già avevo telefonato per riunire il Consiglio domattina!

FRANCESCO   Grande uomo, siete. Non c'è che dire: l'industriale non si improvvisa... Gli anni, gli anni contano!

BATTISTA   Ma che, ma che! È tutta opera di mio genero! Io non c'entro.

FRANCESCO (*accrescendo la sua ammirazione per Battista*)   E allora, bravo Giuliano! Bravo vostro marito; è vero, Giuseppi'?

GIUSEPPINA   Sí, bravo! Sempre bravo, mio marito! Il commercio lo fa ballare. Lui, il commercio, non lo intravede mai; lo vede sempre nudo, nudo com'è... e nudo, lo fa ballare! (*Esce a sinistra*).

GIULIANO   Giuseppi', ch'è stato? (*Esce*).

FRANCESCO (*a Battista*)   Voi venite?

BATTISTA   Vengo subito. (*Francesco esce. Battista rimasto solo, dopo piccola pausa va al telefono, tira fuori dalla tasca il bigliettino sul quale Francesco ha segnato il numero e l'indirizzo della Capodangelo, lo guarda e poi forma il numero*) Pronti... Chi parla?... C'è la signora Gilda Capodangelo? Ah, io non posso dire chi sono. Telefono da parte di Francesco Zanone... Come?... Sí, sta a Napoli...

Sipario.

In casa di Giuliano Grimaldi. Salotto agiato, ammobiliato con gusto. Tutto è fresco, tutto è piú giovane dell'ambiente del primo atto. Qualche mobile antico, sveltito dalla vivacità di tende di *cretonne* alla finestra. Ampia finestra, che si trova in prima a sinistra. Ad angolo, dalla parete della finestra alla metà del fondo, un vano ad arco che lascia vedere un altro ambiente, che intona perfettamente con il primo. La comune è in fondo a destra, e in prima a destra altra porta.

GIULIANO (*entra dalla comune seguíto da Assunta, cameriera di casa*) Non c'è! Gesú, ma ccà se ragiona o no? Io ce l'ho raccomandato tanto, prima d'ascí. Aggio ditto: «Giuseppi', guarda che alle undici precise i Soci si riuniscono qua; pensaci tu. Telefona pe' fa' vení delle cremolate, e di' ad Assunta che preparasse il servizio».

ASSUNTA A me, 'e chesto, 'a signurina nun m'ha ditto proprio niente.

GIULIANO Ma nun t'ha lasciato nemmeno un'imbasciata per me?

ASSUNTA Signuri', io v'aggi' 'a dícere 'a verità: a me m'è paruto na cosa strana. Ha ditto: «Assu', io esco; di' a mio marito che me ne vaco a divertí».

GIULIANO A divertí?

ASSUNTA Sissignore, tanto ca io ll'aggio risposto: «Ma proprio accussí aggi' 'a dícere a 'o signurino?» E essa: «Sí, l'he 'a dícere accussí: ca me vaco a divertí, vaco a fa' baldoria! A Giuliano bugie non se ne dicono; a mio marito la verità gli piace nuda!»

GIULIANO Nuda? E che ce azzecca? (*Guardando l'orologio*) Basta, mo è tardi; t' 'e vide 'e vení a tutte quante... Che vuó ordinà cremolate... Mo vide lloco, so' l'unnece e cinque... Sciampagna ce ne sta?

ASSUNTA   Avite voglia. Dint' 'a cantina ce ne sta quante ne vulite vuie.

GIULIANO   Embè, pripare 'e bicchiere 'e sciampagna; arapimmo doie tre butteglie...

ASSUNTA   Va bene, signuri'... (*Fa per andare, poi torna*) Eh, ma 'e bicchiere comm' 'e piglio? 'E chiave 'e tene 'a signurina, e nun saccio addó stanno...

GIULIANO   Ma vedete che bel modo di pensare; nchianta na casa accussí... Ma io l'ho capito stammatina; teneva na faccia appesa... Ma che vo' 'a me? Assu', arrangia tu na cosa qualunque, vide addó puo' truvà duie bicchiere...

ASSUNTA   Va buo', signuri'; nun ve pigliate collera, mo m' 'o veco io... 'E cerco 'a signora affianco... (*Campanello. Assunta esce, poi torna*) C'è il signor Lorenzo Fondini.

GIULIANO   'O Cummendatore! Fallo entrare. Sta solo?

ASSUNTA   Sí. (*Esce per la comune poi torna*).

GIULIANO   Accomodatevi, Commendato'. Perdonate. Ma come? Mio suocero non è venuto a prendervi all'albergo?

LORENZO   No, ma è cosa 'e niente. Ierisera mi disse che sarebbe venuto a prendermi alle undici meno un quarto; ho atteso fino alle undici, e avrei atteso anche di piú; ma per non mancare anch'io verso di voi, mi son messo in un taxi e sono venuto.

GIULIANO   Avete fatto bene. Accomodatevi. (*Assunta esce. I due siedono*). E queste sono le cose di mio suocero, ca me toccano 'e nierve. M' 'o diceva aieressera, venivo a prendervi io all'albergo.

LORENZO   Non vi preoccupate per me. Sí, capisco, vostro suocero è un uomo di affari... l'appuntamento gli sarà sfuggito...

GIULIANO   Già, già.

LORENZO   Io non lo conoscevo personalmente, ma vi garantisco che sono rimasto veramente colpito dal modo come tratta gli affari, dalla sua serietà, e soprattutto dalla sua modestia. Perlammo a lungo pure di voi, e vi vuole molto bene. Quando io gli feci i complimenti, non solo per l'idea felice della nostra fusione, ma anche per il modo come sono state condotte a termine le trattative, lui disse testualmente: «No, no, il merito a chi spetta... Tutto si deve a mio genero; io non ho fatto altro che seguirlo...» È meritevole di ammirazione, questo, perché si nota il proposito di spingere avanti i giovani. Lui, magari, lancia l'idea, dà il consiglio, e poi si ritira tranquillo in disparte... Questo è bello... È ammirevole veramente.

GIULIANO   Già. L'unico mezzo per farsi credere innocente o per lo meno creare il dubbio, è quello di dichiarare apertamente: «Io sono colpevole!» Caro Commendatore, sarebbe ora di finirla col fatto dei giovani e dei vecchi. A parte il fatto che qualunque cosa fai: «Sí, è grazioso; ma io tengo un'altra esperienza... Nella mia vita ho visto ben altro...» E vuie agliuttite, agliuttite... a parte questo, ci sono dei casi singolari. Ce sta 'o viecchio ca nun è viecchio e nun è giovane, che al suo attivo tiene solamente gli anni... E come se li fa valere! Con l'esasperarti, sapendo che ti esaspera; col deridere la tua giovinezza, avendo l'aria di fartene una colpa; e te stuzzica, te pogne; e tu zitto, perché lo devi considerare: è viecchio! Tene 'e capille ianche! Ma ch' 'e ttene a ffa'? Questo tizio profana i capelli bianchi; è un trucco, credete a me. A questo tizio, l'ha truccato 'o Pateterno!

LORENZO   Parlate con un'amarezza, io non so...

GIULIANO   Perdonatemi; un piccolo sfogo che dovete concedermi, si no io schiatto... È passato... Scusatemi tanto...

ASSUNTA (*entrando dalla comune e annunziando*)   Il signor Francesco Zanone...

GIULIANO   Ah, fallo entrare.

Assunta esce poi torna introducendo Francesco.

FRANCESCO   Caro Giuliano!

GIULIANO   Presento il Commendator Lorenzo Fondini, nostro socio... Francesco Zanone medico chirurgo, marito di una cugina di mia moglie.

I due si stringono la mano.

FRANCESCO   Dunque, Giulia': tuo suocero ti manda a dire di scusarlo presso il signor Fondini, ma non ha potuto andarlo a rilevare all'albergo per una questione delicatissima... Un incarico che gli avevo dato proprio io...

LORENZO   Ma niente, per carità.

GIULIANO   Ma ch'è stato? Ti vedo un poco preoccupato. Hai dato un incarico a mio suocero? Ma che incarico?

FRANCESCO   Non mi domandare niente. Se non passa sta giornata, io nun sto né in Cielo né in terra. (*Con il tono di chi vuol cambiar discorso*) Dunque, la società è formata, eh?

LORENZO   Tutto a posto e legalmente definito.

ASSUNTA (*dal fondo*)   L'avvocato D'Attilio e il signor Bellocore.

GIULIANO   Avanti, avanti.

D'ATTILIO (*dal fondo, seguíto da Bellocore. D'Attilio è pallido e nervosissimo*) Buongiorno a tutti.
BELLOCORE Buongiorno.

Si salutano senza stringersi la mano, romanamente.

GIULIANO Commendato', vi presento il Legale e il Segretario amministrativo della nostra società; voi non lo conoscete perché è stato molto occupato per affari suoi e non ha potuto curare personalmente le modalità della nostra fusione... (*A D'Attilio*) Mio suocero mi ha accennato qualche cosa...
ASSUNTA (*dal fondo*) Accomodatevi.

Entra Battista. Tutti si alzano e lo ossequiano. Lui entra con la sua aria grave e si ferma a parlottare con ognuno. Un momento di stasi. Mormorio di complimenti, di convenevoli. Poi si avvicina a Giuliano e a D'Attilio.

BATTISTA Caro D'Attilio, come state?
D'ATTILIO Comme aggi' 'a sta'? Dopo quella giornata che ho passato ieri...
BATTISTA Beh?
D'ATTILIO Ll'aggio scritto na lettera. Na lettera 'e fuoco; chesta è 'a brutta copia, 'a vedite? (*Leggendo*) «Caro barone Pauselli dei miei stivali, nel mondo ci sono amici e nemici; qualche volta i nemici possono essere pure signori e simpatici; voi siete lazzarone e antipatico! Per fortuna, vi siete imbattuto in un mio amico, Giambattista Grossi, Cavaliere del Lavoro, degno di fede...»
BATTISTA ... Aspettate!... E io mo, che ce traso, in questo? Perché fate il mio nome?
D'ATTILIO Perché voi me lo avete detto.
BATTISTA Oh Dio!
D'ATTILIO Sentite, sentite appriesso... Dunque (*leggendo*): «... degno di fede, che mi ha voluto salvare dagli artigli velenosi della vostra volgare maldicenza... Se mia sorella sta a Parigi, nessuno la vede; ma le sorelle vostre impunemente qui a Napoli fanno quello che mia sorella fa a Parigi... Non voglio curare piú i vostri interessi... Sceglietevi un legale che abbia delle affinità col vostro modo di agire: io mi ritiro... Quante forme esistono per offendere, e voi avete scelto la piú bassa, la piú inumana...» Poi questo che viene dopo non è interessante...

BATTISTA   Ma scusate, avvoca'; venite 'a ccà, Belloco'.

BELLOCORE   Ditemi.

BATTISTA   Voi eravate presente, ieri; o meglio, io ero presente
quando parlavate voi e l'avvocato. Voi mi avete nominato in
una lettera, come e perché lo assoderemo dopo; ma avete fatto
il mio nome dicendo testualmente: «degno di fede». Io posso
far fede che voi avete detto ca 'e ssore del barone Pauselli
vanno acchiappanno ll'uommene pe' pietto mmiez' 'a via...
France', ti prego... Anche voi, Commendato', sentite... La discussione si iniziò cosí... Il signor Bellocore disse che il barone
Pauselli dava l'impressione di essere un uomo serio e invece
era un buffoncello. Questo lo avete detto?

BELLOCORE   Ma io...

BATTISTA   Rispondete a me. Questo lo avete detto?

BELLOCORE   Sissignore!

BATTISTA   Benissimo. E voi, caro D'Attilio, diceste che della famiglia del barone Pauselli non se ne capiva niente? Che le sorelle ievano piglianno ll'uommene pe' pietto, pe' Napoli? Lo diceste? Io nun songo na criatura. Le vostre erano affermazioni!
Io invece non vi riferivo che semplicemente delle cose alle quali non credevo affatto! E non ci credo. Come, sono sicurissimo,
non ci credeva nemmeno il barone Pauselli. Facilmente, erano
cose che gli avevano riferite, ed alle quali lui non dava nessuna
importanza! Ma le vostre, ripeto, erano affermazioni; quindi
se io avrò un incontro con Pauselli, da quell'uomo degno di
fede quale voi mi riconoscete, non potrò che confermare quanto vi ho detto. E se Pauselli ve spacca 'a capa, a vuie e a Bellucore, fa buono!

ASSUNTA (dal fondo)   Il barone Pauselli.

Tutti si guardano preoccupati. Solamente Battista non perde la
sua calma.

BATTISTA   Avvoca', decidete! Mo 'o guaio l'avete fatto! Facim-
melo trasí; na parola pedòno e cercammo d'apparà...

D'ATTILIO   Ma io ll'aggio scritto chella lettera! Comme ce parlo?

BATTISTA   E 'o cercate scusa; dicite ca site asciuto pazzo... Giulia' abbi pazienza... Commendato', scusate... lasciamoli soli;
s' 'a sbrigano loro... (Ad Assunta) Fa' trasí sta persona...

Francesco, Lorenzo e Giuliano escono per il fondo a sinistra.
Battista fa per seguirli.

D'ATTILIO No, cavalie', nun ve ne iate... È meglio ca state presente... Chisto va trova che intenzione tene.

BATTISTA Vuie basta che non mi nominate, io cerco di aggiustare la cosa.

D'ATTILIO Io non vi nomino... Abbasta che fernesce...

PAUSELLI (*entra accigliato e nervoso*) Chi è il padrone di casa?

ASSUNTA Sta dentro, se volete v' 'o manno a chiamà.

PAUSELLI Sí, mi farebbe piacere.

Assunta esce per il fondo a sinistra.

BATTISTA Caro barone... Capisco, capisco... Sta qua l'avvocato D'Attilio. Voi siete un signore e non dovete dare importanza...

PAUSELLI Vi prego...

Pausa.

GIULIANO (*dal fondo*) Chi mi desidera?

PAUSELLI Lei è il padrone di casa?

GIULIANO Sicuro.

PAUSELLI Le chiedo scusa se mi presento in casa sua senza conoscerci... (*Presentandosi*) Barone Pauselli...

GIULIANO Giuliano Grimaldi.

PAUSELLI Ho bisogno di chiarire una cosa incresciosa. Sono stato a casa dell'avvocato D'Attilio, e la sua signora mi ha detto che il marito era qui; ma non è con lui che devo parlare; è col signor Giambattista Grossi. Lei mi accorda il permesso? Vuol lasciarmi solo con il signore?

GIULIANO Le pare. Si accomodi. Avvoca', favorite dentro con me.

Escono per il fondo a sinistra.

BELLOCORE Cavaliere, con permesso... (*Esce appresso agli altri*).

PAUSELLI Sono in casa d'altri, e piglio tutta la responsabilità di quello che vi dico: «Mascalzone! Buffone!» La moglie dell'avvocato D'Attilio mi ha spiegato come sono andate le cose. Che vi dissi io, quando c'incontrammo al Chiatamone? Che vi dissi dell'avvocato D'Attilio?

BATTISTA Niente.

PAUSELLI Vi dissi che D'Attilio si tingeva i capelli? Cosa me

ne importava? Vi dissi dei fatti intimi della sua famiglia? Parlate!

BATTISTA   Sí, me l'avete detto.

PAUSELLI   Vigliacco. Potete giurare sulla vostra parola d'onore?

BATTISTA   Lo avete detto.

PAUSELLI (*non contenendosi e inveendo*)   Farabutto!

BATTISTA   Le mani a posto! Sono un uomo di età.

PAUSELLI   Che cosa vi ho detto io, al Chiatamone? (*Lo prende
per il bavero e lo scuote fortemente*).

BATTISTA (*preso dalla paura*)   Niente! Non mi avete detto niente! Mi sono trovato parlando... ma vi assicuro che non immaginavo una complicazione del genere.

PAUSELLI   Come vi siete permesso di fare il mio nome? Brutto
farabutto! Alle corte. Adesso chiameremo l'avvocato D'Attilio
e voi darete una smentita a tutto quello che avete detto.

BATTISTA   Signor barone, voi mi rovinate. Per una debolezza mo-
mentanea, alla quale, diciamolo pure, inconsciamente, non ho
dato alcuna importanza, voi volete distruggere quel poco che
conto nella società.

PAUSELLI   Voi darete una smentita a tutto quello che avete
detto.

BATTISTA   Signor barone, non posso. Vi chiedo scusa, mi getto
ai vostri piedi, vi bacio le mani... Vedete, io piango... Piango
pentito e vi giuro che ho pagato a caro prezzo questa mia disat-
tenzione... (*Ora piange in un modo disgustoso per un uomo
della sua età*) Non lo faccio piú, perdonatemi... Non mi date
questo schiaffo morale che, per un uomo della mia età, potrebbe essere la fine... Se ancora mi degnate di tanta fiducia, io
parlerò con l'avvocato D'Attilio, ma da solo a solo... Gli dirò
tutta la verità; che voi non avete detto niente; che l'ho inventato io; e lui, che in fondo, deve a me tanto, mi crederà, e vi farà
una lettera di scuse...

PAUSELLI   Ma perché avete fatto questo? Inventare tutta una
storia di sana pianta... perché?

BATTISTA   Non lo so; io stesso non lo so; ma vi giuro che non
lo faccio apposta.

PAUSELLI   E non pensate che tutto ciò vi diminuisce? Che per
un uomo della vostra età è imperdonabile? (*Pausa*). Non potete immaginare il disgusto che mi viene da questa scena. Voi
non mi fate nemmeno pietà, ed è nel mio interesse che voglio
abbreviarla. Al mondo, fino a prova contraria, esiste la parola
«onore» per i gentiluomini, e forse anche per gli assassini. Da-

temi la parola d'onore della vostra famiglia che parlerete con l'avvocato D'Attilio, e che nelle ventiquattr'ore riceverò una sua lettera di scuse.

BATTISTA   Sí, sí, la parola d'onore...

PAUSELLI   Ricordatevi che aspetterò ventiquattr'ore. (*Esce*).

Battista mettendosi in ordine va in fondo per assicurarsi che Pauselli sia andato via. Il suo volto si rasserena: suona un campanello. Dopo una breve pausa entra Assunta.

ASSUNTA   Comandi.

BATTISTA   Portame nu bicchiere d'acqua; dentro ci metti un cucchiaino di zucchero.

ASSUNTA   Va bene. (*Esce per il fondo a sinistra*).

Altra pausa.

GIULIANO (*seguíto da D'Attilio*)   C'ha fatto 'o barone, se n'è ghiuto?

D'ATTILIO   Ch'è succieso, neh?

BATTISTA (*fa un gesto di superiorità e ride ironicamente*)   C'avev' 'a fa'? L'ho ridotto uno straccio... D'Atti', fatele nu bigliettino 'e scuse, e non se ne parli piú.

D'ATTILIO   Ma come?

BATTISTA   Eh, mo tenite 'a capa tosta, mo! Se vi dico che dovete fare un bigliettino di scuse, è segno che cosí dev'essere... Io tengo l'esperienza, caro D'Attilio; e 'a capa nun m' 'a ioco! Avete agito malissimo contro Pauselli, il quale non credeva affatto a quelle dicerie. Avete avuto torto... (*Poi con tono paterno*) Io vi voglio bene... Sento una tenerezza per voi... Dovete farlo...

D'ATTILIO (*soggiogato dal fascino della voce e dello sguardo di Battista*)   Va bene... e che vi posso dire? Grazie cavalie'!

GIULIANO (*guardando l'orologio e come parlando a se stesso*)   Ma quanno mai ha fatto chesto? Papà, ditemi na cosa, voi stasera verso le otte e mezzo stavate a casa vostra?

BATTISTA   No. Io sono uscito immediatamente dopo pranzo per una quistione delicatissima che riguarda Francesco...

GIULIANO   Ma allora voglio fa' na telefonata a mammà; pecché mia moglie è uscita 'a primma 'e che me retiravo io e nun saccio addó è ghiuta.

BATTISTA   Ma stai senza pensiero!

GIULIANO   No... Sapite che d'è, che quanno esce c' 'a machina mi dà preoccupazione; sempe na femmena è... 'A verità ce 'a faccio na telefonata. Almeno, si sta cu' mammà, me metto l'anima in pace. (*Esce per il fondo a destra*).

BATTISTA   Avvoca', voi intanto chiamate il Commendator Fondini e Bellocore; facimmo sta piccola riunione presto presto perché io tengo un appuntamento e non posso mancare.

D'ATTILIO (*fa per andare in fondo a sinistra, poi torna*) Cavalie', guardate che non vorrei essere noioso; ma 'o barone Pauselli...

BATTISTA   D'Atti', a me me piace 'a gente che capisce subito... Lasciatevi servire... Voi siete stato eccessivo...

D'ATTILIO   'A verità, io sono un poco impulsivo...

BATTISTA   Lo vedete? Io non mi sbaglio... Iate a chiammà sta gente, iate.

D'Attilio esce.

GIULIANO (*dal fondo a destra*)   Nun ce sta! Non so a che pensare!

BATTISTA   Giulia', figlio mio... Ch'è fatta na piccerella?

GIULIANO   Lo so, ma siccome da ieri mi è parsa di vederla strana, cu' na faccia appesa; non mi rivolge la parola... sono in pensiero!

BATTISTA   Chella, mo t' 'a vide 'e vení! 'E fatto priparà nu poco 'e sciampagna?

GIULIANO   Come no. (*Entrando dal fondo a sinistra tutti gli altri, parlando fra di loro. Giuliano tocca il bottone di un campanello, dopo poco entra Assunta alla quale dà degli ordini. Assunta fa cenno di aver capito ed esce per il fondo a destra. Torna a suo tempo. Giuliano a Battista*) Papà, io me so' preparato pure nu discorsetto augurale. Voi permettete?

BATTISTA   Ma naturale; anzi voglio cosí perché tu devi fare strada...

GIULIANO (*tira fuori dalla tasca due tre cartelle*)   Poche parole... pe' nun rimané 'a scemo! Chillo 'o Cummendatore parlerà certamente...

BATTISTA   Speriamo di no. Accomodatevi... Mio genero apre una bottiglia di sciampagna per bagnare e festeggiare la fusione delle due società.

Assunta dal fondo a sinistra con bicchieri da champagne, li poggerà su di un tavolo che troverà a portata di mano ed uscirà per il fondo per tornare quasi subito con due bottiglie di champagne.

GIULIANO   Ferma, ferma. Apro io.

Tutti sono seduti quasi a circolo. Assunta distribuisce loro i bicchieri vuoti. Giuliano dopo aperta la bottiglia versa da bere a tutti.

D'ATTILIO   Alla prosperità delle due ditte riunite! (*E beve*).
TUTTI   Viva! Viva!

Giuliano si alza e tira fuori le cartelle.

BATTISTA (*si alza immediatamente*)   Egregio Commendatore! Caro Bellocore... Amatissimo genero mio! Prima di tutto vi invito a bere alla salute dei soci assenti della Ditta Miracolo degnamente rappresentata dall'Amministratore Delegato, che abbiamo l'onore di accogliere fra noi. (*Piccolo applauso*). Ho poco da dire; ma quel tanto che basta. Non amo complimenti, onori, pompe. Ormai tutti mi conoscono. Tutti sanno quel poco che modestamente ho fatto per il passato. È ai giovani che dobbiamo lasciare il passo... L'idea di questa fusione che porterà vantaggi finanziari considerevoli è di mio genero. Io non c'entro affatto! Io non ho fatto altro che approvare, ed ora non faccio altro che ammirarlo e compiacermi per l'ammirazione che voi tutti avete per lui... (*Beve. Applausi*). Giulia', tu dici che dovevi parlare...
GIULIANO   No, non ho niente da dire. Avete parlato tanto bene voi. Non ho bisogno di aggiungere altro... o meglio, voglio dire una sola cosa; 'e cartelle 'e straccio, 'o vedite... (*Strappa le cartelle*). La notizia della fusione delle società mio suocero l'apprese a fatto compiuto, perché dato l'affetto e la generosità e il desiderio che ha di farmi fare strada, io con animo riconoscente sbrigai tutta la pratica in segreto, e po' lle dette 'a surpresa! È vero ca quanno v' 'o dicette cadísteve d' 'e nuvole?
BATTISTA   Ma l'ho già detto prima; il merito è tutto tuo.
GIULIANO   Ma non lo dovete dire con questo mezzo sorriso. Avit' 'a dícere: «Giuliano s'accide 'e fatica pe' purtà nnanza 'o stabilimento». E che tutte le iniziative passate sono mie; e l'idea di questa fusione è mia...

ASSUNTA (*dal fondo*)   Ci sta un ragazzo dell'Hôtel Excelsior che desidera il Commendator Lorenzo Fondini.

LORENZO   A me? Qualche telegramma, forse? Ho lasciato l'imbasciata in portineria. (*Si alza ed esce per il fondo a destra seguíto da Assunta. Dopo piccola pausa torna con un telegramma, leggendo*) È straordinario, sapete; e chi se l'aspettava! Sentite qua: «Giunge telegramma urgente del Ministero. Sospese forniture Colonie fino nuovo ordine. Informate nuovi soci prendete disposizioni poiché essi sono maggiori azionisti. Occorre fronteggiare imminenti scadenze relative grandi partite merce immagazzinate». (*Tutti si guardano stupiti*). Certo la notizia è allarmante, ma io ne caverò le mani senza dubbio. Scusatemi tanto, vado via, se c'è un treno per Roma, parto subito. In caso di buone notizie ritornerò, altrimenti farò seguire un telegramma... (*Saluta in fretta ed esce*).

FRANCESCO   Cose da pazzi!

BELLOCORE   Cavaliere, come ci dobbiamo regolare? Dite voi una parola, un consiglio...

BATTISTA   Io? Domandate a mio genero. L'iniziativa è stata sua, l'ho dichiarato prima...

D'ATTILIO   Badate che qua la cosa è seria.

BATTISTA   Adesso ve ne siete convinti, adesso.

GIULIANO   Perché, che volete dire?

BATTISTA   Io, niente. Mi pare che adesso dovresti avere tu qualche cosa da dire.

BELLOCORE   Eh!

D'Attilio guarda Giuliano con intenzione.

GIULIANO   Ma adesso che cosa vorreste fare intendere? Non approvaste, forse, in pieno la mia idea?

BATTISTA   Giuliano, ti prego, tu ricordi bene. Io dissi: «Hai fatto bene!» (*Agli altri*) Badate: Hai fatto bene! *Hai fatto!* Si parlava di una cosa già fatta, naturalmente a mia insaputa...

GIULIANO   Aspettate, non girate la frittata come meglio piace a voi... La pratica fu iniziata e svolta a vostra insaputa perché finalmente volevo che qualche vantaggio si riconoscesse anche a me; però a voi lasciai la decisione. Quando ve ne parlai, un vostro «no» avrebbe sventato tutto. Invece voi diceste «sí».

BATTISTA   Dissi «sí»! Ma perché dissi «sí»? Per giungere a questo, per guarire la tua vanità, per dimostrarti una volta per

sempre che nella vita l'esperienza conta, che i capelli bianchi
significano qualche cosa, e ti dico che tu nun saie campà!

GIULIANO   Benissimo. Allora io vi rispondo che sono stanco. Basta! Non voglio piú saperne... Se iesseno a fa' squartà stabili-
menti, società, capille ianche... Basta! Io tengo 'e capille nire,
so' giovane e nun saccio campà; e na vota che nun saccio campà,
pozzo perdere pure 'e lume e vi dico che siete una bestia!

D'ATTILIO   Giuliano!

GIULIANO (*sempre piú irritato*)   Siete una bestia, sí! Risponde-
temi!

BATTISTA (*calmissimo*)   Ti sbagli. Dovrei risponderti per le ri-
me, ma non mi conviene.

BELLOCORE   Ma naturale, avete un'età.

D'ATTILIO   Non si parla cosí vicino ad un vecchio!

GIULIANO   No! Che vecchio e vecchio! Finché prende parte attiva nella vita e pretende di muovere i fili di una azienda, non
deve essere vecchio; anzi deve saper ringiovanire. Deve decider-
si: o vecchio o giovane. Se è vecchio, se chiude dint' 'a casa e
nun scoccia cchiú; ma non deve a suo comodo trincerarsi dietro la sua età e, al momento buono, pretendere il rispetto che si
deve ai vecchi. Solo il vecchio che ha prodotto e che trascorre
gli anni di vecchiaia a riposo è degno di rispetto; ma quello che
sta ancora negli affari e pretende di produrre ancora, deve lottare con i giovani, da collega, da coetaneo! con gli stessi diritti,
con gli stessi doveri! Si no, 'o giovane esce pazzo! Non voglio
occuparmi piú dello stabilimento! Cercate chi fa per voi. Da
questo momento non faccio piú parte della Ditta! E siccome
non siamo piú in rapporti di affari, sento il dovere di riconoscere che siete un uomo d'età, che avete i capelli bianchi, che siete
mio suocero e vi bacio la mano, vi rispetto e vi rispetterò sempre; ma lo farò con il cappio alla gola! (*Esce*).

FRANCESCO   Non vi pigliate collera!

BATTISTA (*sempre calmissimo*)   Per carità, la gioventú è impul-
siva.

BELLOCORE   Ma ha detto che non si occuperà piú dello stabilimento... in un momento come questo...

BATTISTA   Ci ripenserà e sarà lui che verrà da noi... qui...

D'ATTILIO   Noi vi lasciamo in famiglia... (*A Francesco*) Cercate
di farli rappacificare. Arrivederci.

BELLOCORE   Mi farete sapere qualche cosa domani. (*Scambio di
saluti ed esce con D'Attilio per la comune*).

Bianca dopo pausa, dal fondo.

FRANCESCO   Tu qui, Bianca...

BIANCA   Ti dispiace se sono venuta?

FRANCESCO   No, ma non ti aspettavo.

BIANCA   Sono venuta cosí... per fare una visita a Giuseppina...

FRANCESCO   Ma Giuseppina non c'è, anzi Giuliano sta in pensiero perché è uscita da oggi e non è tornata ancora.

BIANCA (*con aria indifferente*)   A proposito, ho espletato la commissione. Questa è la ricevuta delle cinquantamila lire firmata Capodangelo e questo è l'ultimo ritratto del ragazzo.

FRANCESCO (*annichilito*)   Come... (*Guarda Battista che tentenna la testa in segno di disprezzo, poi a Bianca*) Ma tu hai saputo...

BIANCA (*interrompendolo*)   Scusa, dimenticavo la cosa piú importante. La Capodangelo è giú in portineria, vuole vederti per l'ultima volta, m'ha domandato il permesso... Io ho detto «Figuratevi!» Se vuoi scendere... Dice che ti vuole sputare in faccia!...

FRANCESCO (*guarda Battista*)   Io non scendo.

BIANCA   In questo caso salirebbe lei sopra; dice che per nessuna ragione rinunzierà a questo gusto.

Pausa.

FRANCESCO (*guarda Battista*)   Io scendo. (*Esce*).

BATTISTA   Pulcinella!

Bianca rimane sprofondata in una poltrona, accigliata.

GIULIANO (*entra dalla sinistra*)   Se ne so' ghiute? (*Vedendo Bianca*) Tu che fai qua? (*Bianca piange*). Bianca...

BIANCA   Francesco aveva un figlio con una... un figlio che ora conta quattordici anni... (*Piange*).

GIULIANO   Povera Bianca!

ASSUNTA (*dal fondo*)   Signuri', è venuto un ragazzo, ha portato stu biglietto e stu pacchettino pe' vuie. (*Glieli dà*).

GIULIANO   E se n'è ghiuto?

ASSUNTA   Sí. (*Esce*).

GIULIANO (*apre il biglietto e legge mentalmente*)   E che significa?... Bianca, un biglietto di mia moglie, siente: «Ho ballato tutta la serata e ballerò tutta la notte. Divertiti. Giuseppina». (*Apre il pacchetto e ne tira fuori due reggipetti, uno dei quali*

*sarà quello del primo atto. Sul principio rimane come istupidi-
to e comincia a dire a denti stretti e con odio*) Papà! Papà!...
(*Ora lo guarda con disprezzo e negli occhi gli brilla la vendetta. Si avvicina ad un mobile che si troverà in fondo. Cerca di
aprirlo ma non vi trova la chiave; tenta di forzarlo, ma non vi
riesce. Dopo qualche altro tentativo fila per la prima a sinistra.
Battista esce per il fondo a sinistra. Giuliano torna con una
chiave, apre il mobile e tira fuori una rivoltella. Bianca osserva
la manovra, si alza preoccupata*). Dove sta? Dove sta papà?

BIANCA Giuliano!

GIULIANO Addó sta papà?

BIANCA Se n'è andato. (*Giuliano pallido e stravolto esce per il
fondo. Bianca parlando verso il fondo a sinistra*) Zio Battista,
zio Battista!

BATTISTA Che c'è?

BIANCA (*parla in fretta con tono emozionato*) Giuliano è uscito;
s'è portata con sé la rivoltella...

BATTISTA E perché?

BIANCA Io credo per cercarvi.

BATTISTA A me?

BIANCA Voi o Giuseppina; gli hanno portati qui due reggipetti
e questo biglietto... (*Battista legge il biglietto e impallidisce*).
Andiamo!

BATTISTA (*preso dalla paura*) Dove?

BIANCA Andiamo! (*Lo tira per la giacca*).

BATTISTA (*non riesce a camminare, è preso da un tremito nervoso
e stenta a parlare*) Andiamo!

Sipario.

La stessa stanza del primo atto. Notte. Il sipario scopre la scena vuota. Dopo piccola pausa, si odono dall'interno voci confuse. Ogni tanto predomina quella di Teresa.

TERESA (*di dentro*)   Giuseppina, figlia mia!
MARGHERITA   Signuri'!
PORTIERE   È trasuta dint' 'o palazzo comm' a na furia!

Questi tre personaggi entrano in iscena dalla comune, sorreggendo Giuseppina, apparentemente ubriaca, ma non al punto da smarrire la ragione. Pallida, sconvolta, il suo abito da sera è strappato in qualche punto. I movimenti del corpo sono irregolari e mal controllati, e quando il mantello di pelliccia che avrà sulle spalle, volta a volta si aprirà, si intravede appena, attraverso a velatissima stoffa del suo abito, il seno nudo. I tre personaggi suddetti, con parole adatte, adagiano Giuseppina su di una poltrona. Il portiere sale la scena, si toglie il berretto e resta fermo un po' in fondo.

TERESA   Giuseppina! Parla, che è successo? Nun me fa' mettere paura!
GIUSEPPINA (*ora in preda ad un convulso di risa*)   Niente, niente!
PORTIERE   Io, come al solito, stavo fuori al palazzo e vedevo una macchina che arrivava di tutta corsa; quando mi sono accorto che era la signorina che guidava, ho fatto appena in tempo a salvarmi, perché ha sterzato, e 'a fiancata d' 'a machina è sbattuta vicino all'angolo d' 'o purtone, proprio dove stavo fermato io!
TERESA   Giesú, Giesú; scusate tanto... Potete andare.
PORTIERE   Buonanotte! (*Fa per andare, poi ritorna*) Chiamo qualcheduno per togliere la macchina? Dove sta non può rimanere.

TERESA   Sí, sí. Poi domani si manderà in officina. Grazie...

PORTIERE   Di nuovo, buonanotte. (*Esce*).

TERESA (*a Margherita*)   Porta due dita d'acqua in un bicchiere e la boccetta dell'ammoniaca.

MARGHERITA   Subito! (*Esce poi ritorna*).

TERESA (*a Giuseppina*)   Dove sei stata?

GIUSEPPINA (*sempre ridendo*)   A ballare.

TERESA   Sola? (*Guseppina non risponde*). Sei stata sola a ballare? (*Giuseppina ride*). Parla, si no te piglio a schiaffi!

MARGHERITA (*ritorna con bicchier d'acqua e piccola boccetta*) Ecco qua. (*Porge bicchiere e boccetta a Teresa, indicando Bianca che entra*) La signora Bianca!

BIANCA   Giuseppina è qui? Iddio sia lodato!

TERESA (*versa nell'acqua due gocce di ammoniaca*)   Ma tu sai perché sta in questo stato? Che è successo?

BATTISTA (*entrando*)   Pazzi! Due pazzi! Marito e moglie, due pazzi! Già, io l'ho detto sempre; quella è un'avventata... e il marito un ofàno permaloso!... E questa volta non ci voglio rispondere in mezzo... s' 'o sbrigano lloro... Io cu' 'e pazze nun ce voglio avé che fa'!

Durante queste battute Bianca ha parlato sottovoce con Teresa. È chiaro ed evidente che le ha spiegato l'accaduto.

TERESA   Madonna mia! (*A Battista*) Sicché il reggipetto di quella sgualdrina ce 'o diste tu, a Giuseppina?

BATTISTA   Che Iddio mi fulmini! L'avrà visto, l'avrà intravisto... S' 'ha pigliato!... Vuie che vulite 'a me? Lasciatemi in pace!

TERESA (*a Giuseppina*)   E copriti, pazza che sei!... Guardate là: nu vestito stracciato... Dove sei stata?

GIUSEPPINA   Al Quisisana!... Quanta gente...

TERESA (*premendosi le mani in faccia*)   Che vergogna, che vergogna! Figurati! Al Quisisana... tutte famiglie che conosciamo!... Chi potrà piú comparire per Napoli? E Giuliano?... Tu capisce che Giuliano t' accide! E fa bene!... Ma dove, dove si è mai sentito che na femmena arriva a chistu punto...

BIANCA   Calmatevi!

TERESA   È finita... è finita... (*A Battista*) E tu sei stato! Pecché nun te vuó sta' zitto! All'età tua nun te vuó ntricà d' 'e fatte tuoie. Guarda mo in che condizioni hai messo una famiglia intera.

BATTISTA Io non so niente. Mai come questa volta, con tutto
che avrei avuto il diritto di aprire gli occhi a mia figlia, non ho
aperto bocca!

TERESA Tu!... Ma va', va'... che io te cunosco buono! Me pare
'e te vedé. (*Imitando caricaturalmente i gesti e la voce di Battista*) Ieri sera tuo marito ha ballato con una donna col petto
nudo... E questo è 'o reggipetto!

BATTISTA (*gli viene da ridere senza poter suo malgrado nasconderlo*) Ma io te faccio pazza! (*D'un tratto si domina e diventa serio*) Pazza, pure tu! Sbrugliatevelle vuie, io me ne vado in camera mia!... Due e uno tre: sei in buona compagnia, tre pazze!... (*Esce a sinistra*).

TERESA Che uomo! che uomo! So' trentadue anni ca 'o supporto! Sempre 'o stesso... trentadue anni di dispiaceri, dolori... e
senza ragione... per il suo carattere... M'ha torturato trentadue
anni, e io zitta, sempe zitta. (*A Giuseppina gridando in tono di
rimprovero*) Sempe zitta! E se io avesse vuluto fa' comme a
mia figlia, avesse avuto 'a sta cu' 'o pietto 'a fore tutt' 'a vita...
(*Ora con tono doloroso*) E Giuliano! Quella perla di uomo...
quella serietà... quel lavoratore... È finita, è finita!

Giuliano dal fondo. Entra con passo lento, con aria accasciata.
Il suo volto è pallidissimo. Senza parlare, Teresa lo guarda con
spavento. Bianca anche essa lo guarda tremante, e quasi istintivamente con un piccolo passo indietro cerca con il suo corpo di
coprire Giuseppina e proteggerla ad un tempo.

GIULIANO (*dopo pausa guarda tutte e due le donne. Ha intravisto
la presenza della moglie e dice quasi senza fiato*)   Sta qua!

TERESA (*con voce tremante*)   Giuliano!

GIULIANO Non abbiate paura. (*Ora volge le spalle al pubblico e
ai personaggi che sono in iscena, con le braccia si appoggia alla
credenza*) Nun me fido manco d' 'a vedé... (*Silenzio*). Che schifo!... Ma... oramai... Un uomo lavora una vita intera! Sacrifica
la sua gioventú... mmiez' a cunte, carte, progette, cercando come meglio può di evitare tutti gli affari sballati che ti vengono
a proporre al solo scopo di truffarti mille lire, senza rimpiangere un solo momento che forse per quelle mille lire di guadagno
te mannano a 'o fallimento... Questa lotta, questa battaglia,
questa guerra d'insidie, che ti distrugge, che ti ammalisce...
ecco come viene raccolto dall'essere sul quale hai riposto tutta
la fiducia!... È giustizia, questa? E che faccio? Cu' chi m' 'a

piglio? (*Pausa*). Si deve avere un animo perverso... Sí, se dice:
«Bada, che se mi tradisci te faccio 'o stesso!» Ma l'uomo, naturalmente, per la stessa fiducia che ha messo nella propria donna, pensa: «Va bene; è una minaccia... È uno spauracchio!»
No! Vi dico io che cosa è! È la condizione liberatrice, è il
volersi sentire onesta per forza, è il desiderio di volerti tradire, cercando in qualche modo di giustificarlo di fronte alla propria coscienza... Chi fa questo, è la piú disonesta delle donne...

TERESA (*dopo pausa*)   Guarda, Giulia'... Io capisco che in questo momento non puoi controllare quello che dici... Lo trovo
giusto... ma stai esagerando! (*Giuliano la guarda e fa per parlare*). Lasciame parlà! Giuseppina è giovane, e la gioventú fa commettere certe incoscienze... Se io ti chiedo di credermi, te lo
chiedo come una madre... Giuseppina non si è mossa da qua
tutta la serata; ha voluto fare questa finzione per punirti... e na
finzione è stata! Giuseppina te vo' bene! Al Quisisana a ballare
c'è stata col pensiero... Il biglietto che hai ricevuto è partito da
qua... perché, ti ripeto, qua è stata, tutta la serata!

GIULIANO (*voltandosi verso Teresa*)   Veramente?

TERESA   Ti chiedo di credermi come una madre, e pure 'a Madonna che me sente, cumm' a na mamma m'ha da sentí... (*Si asciuga una lagrima*) Giuseppina è stata qua tutta la serata, parola
mia!

GIUSEPPINA   No, che state dicenno? Non è vero! Perché volete
dire bugie, e giurare il falso per rimettere la pace, e calmare
l'orgoglio offeso 'e n'ommo ca nun capisce niente? Il lavoratore!... L'uomo che lotta per affari... che torna a casa stanco...
che nun se fida manco 'e parlà... E io? Io!... Io nun faccio
niente!... Non è piú dura la condanna mia? Quante vote ce
l'aggio ditto: «Famme fa qualche cosa... Un lavoro qualunque!» Perché la mia vita è vuota, vuota! Vuota pecché tengo
nu marito lavoratore!... E sí, va bene... Ma questo marito, poi,
un'ora di libertà che tene, invece di dedicarla alla moglie, che
passa la vita aspettando, se ne va a 'o Circolo, a ballà... E so'
ghiuta a ballà pur'io... E ce steva tanta gente... tutte chille ca te
cunuscevano... i migliori amici tuoi... E m'hanno miso 'e mmane ncuollo... m'hanno toccato... m'hanno toccato... (*Ora parla
con esaltazione. La sua intonazione di rammarico è chiaro che
va piú contro se stessa che contro il marito; quindi un crescendo che man mano la porta ad uno scoppio di pianto*) E ridevano... Tutte le donne che c'erano ridevano! E gli amici tuoi

m'hanno toccato, capisci... qua (*mostra la spalla, e lei stessa si palpa la spalla sinistra, poi la destra*) Gli amici tuoi... Qua, qua! (*Appena, appena percettibile*) Che schifo!... (*Scoppia a piangere fra le braccia della madre*).

TERESA   E zitta, e zitta, e zitta! (*Esce con Giuseppina*).

BIANCA   Santo Dio, ma perché?

GIULIANO   E tu allora che aviss' avuto 'a fa'?

BIANCA   Ma che significa? Siamo due persone differenti, altri caratteri: ognuno si regola a suo modo. Io mi sono disperata, ho pianto... ma ti accerto che mio marito ora non posso piú vederlo... Giuseppina, no! È un carattere piú aperto, piú sincero, piú impulsivo; ha reagito cosí, ma sono sicura che ti vuole piú bene di prima. Non hai visto come piangeva?

GIULIANO (*prende il cappello e fa per andare*)   Buonanotte!

BIANCA   Dove vai?

GIULIANO   Chi 'o ssape! Sbaréo! Anzi, dincéllo ca se stesse ccà. Ma non posso decidermi... Aggi' 'a partí... Dobbiamo partire... Cumme campammo cchiú a Napoli? Dimane le scrivo na lettera... si deciderà... Io nun saccio niente... Statte bona, Bianca... (*Le carezza la guancia*).

BIANCA   Buonanotte, Giuliano!

Giuliano l'accompagna fino alla porta dalla quale sono uscite le donne. Bianca esce. Rimasto solo, si mette il cappello e resta un po' pensoso poi deciso va verso la comune. Ad un tratto si ferma, lentamente girando su se stesso, guarda verso la porta di Battista, vorrebbe parlargli e decide di parlargli. Risoluto va verso quella porta, ad un tratto da essa, si arresta, cava di tasca il revolver e lo mette sul tavolo. Questa volta si avvicina alla porta e bussa. Nessuno risponde. Bussa piú forte.

BATTISTA (*di dentro*)   Chi è?

GIULIANO   Io. (*Si allontana dalla porta di due passi*).

Dopo pausa, Battista entra e si ferma sull'uscio con aria guardinga.

BATTISTA   Che c'è?

Giuliano gli fa cenno di sedere e prendono posto ai due lati della tavola. Battista si accorge della presenza dell'arma e tossisce.

GIULIANO   Quella è la rivoltella mia. L'ho tolta dal cassetto due
ore fa. Sono passate due ore, io sono un galantuomo, non sono
un delinquente... come faccio a spararvi dopo due ore? (*Battista annuisce, lo trova giustissimo*). Non guardate a terra; guar-
datemi in faccia... 'E traditure guardano nterra...
BATTISTA   Ma Giuliano, tu assumi un certo tono!
GIULIANO   Silenzio! Voglio parlà io! Voi credete in Dio?
BATTISTA   E come no?
GIULIANO   Io assai. E credete voi che questo ente supremo abbia
creato il mondo per noi? E potete immaginare che pensi a noi?
BATTISTA   Dio mio, alla massa!
GIULIANO   Io invece ho sempre pensato che noi rappresentiamo
il divertimento delle ore di riposo del Padreterno. Voi mi avete fatto pensare questo. Infatti noi, senza volerlo, ci trucchia-
mo per diventare ridicoli il piú possibile... Ce mettimmo 'o cappiello, 'e llente, 'a pippa mmocca... Noi ci siamo abituati... ma
vi pare poco ridicolo il portiere di un palazzo patrizio, con la fe-
luca gallonata e nu bastone mmano cu' nu pumo tanto... Barba, baffi... e diventiamo macchiette; tipi buffi o tragici che devono prendere parte alla commedia scritta per noi prodigiosamente. Dalle Accademie, dalle Università vengono fuori i grandi
personaggi, le seconde parti, le comparse... Trattandosi del caso vostro devo interessarmi solamente delle comparse... Diplo-
mato in musica; trucco adatto: nu cappiello tanto! (*Fa il gesto
come per mostrare un cappello a larghissime tese*) Capelli lunghi, espressione funerea, fronte bassissima ma corrugata e con
la parte a memoria: io sono musicista! io sono musicista! io
sono musicista! Un altro si trucca da pittore, avvocato, medico, scultore, attore, poeta... Voi per esempio prodigiosamente
siete stato truccato: capelli bianchi, baffi, vestito scuro, pallido, sereno, sguardo dolce... il trucco dell'uomo serio. E che ti
combina il Padreterno nelle ore di ozio? Piglia questo scherzo
e lo mette tra i piedi di un povero disgraziato che non si è
truccato ancora. Naturalmente avviene un urto, un contrasto...
si sviluppa la comicità... e il Padreterno si diverte. Io, si ve
sparo, passo nu guaio, distruggo la mia vita, quella di mia moglie, la mia casa: guardie, tribunale, corte d'assise, carcere...
Vedete che grande spettacolo può nascere da questo scherzo
lanciato sulla terra! Ma io non mi presto. Io non dò spettacolo; io me piglio a mia moglie e me ne vaco! Parto. Rifaccio la
mia vita, e voi per conto vostro continuerete a truffare l'umanità truccato da uomo serio per questi altri pochi giorni di vita

che vi restano! Voi avete dato il reggipetto a mia moglie, ed io
ho avuto la fortuna di non trovarvi subito. Mia moglie ha fatto
uno scandalo che è caduto sulla mia casa e su tutti quanti di
famiglia, ed io sto qua a parlarvi con tutta calma... per dirvi
che me ne vado, e che lo scherzo non è riuscito. Non mi sono
prestato!

BATTISTA   Hai finito? Posso parlare? (*Pausa*). È vero, ho mancato. Mancato forse di serietà, e vorrei punirmi con le mie stesse
mani; ma ascoltami, guardami come due persone in una: l'uomo e il padre! Il reggipetto tu a chi lo desti? All'uomo, e
l'uomo se lo mise in tasca gelosamente, col fermo proposito di
distruggerlo; ma c'era il padre, che naturalmente cominciò a
parlare all'uomo: «Ma che fai? Ma capisci che quella è tua
figlia?... Ma tu capisci che il marito ha avuto l'audacia di con-
fessarti le sue colpe come se tu fossi un estraneo? Ma io e te,
padre e uomo, non siamo la stessa cosa?» E c'è stata una lotta,
Giuliano; una lotta che è stato un tormento... E dalla lotta è
uscito vittorioso il padre! Male, sí: feci malissimo... Ma io non
potevo mai imaginare che Giuseppina si sarebbe regolata in
quel modo! Anzi, lei l'ha preso alla leggera! E invece poi ha
fatto quello che ha fatto... Ma ti pare possibile che se io potevo
imaginare na cosa simile, me ne stavo cosí? Io! Ah, Giuliano,
tu non mi conosci! Mi hai insultato, mi hai trattato come l'ultimo della terra, hai pensato persino di uccidermi... E fallo! Fatelo!... Almeno fernesce na vota e pe' sempe!... Ah, tu avresti
voluto che io ipocritamente avesse distrutto 'o reggipetto, e
nun ce avesse pensato cchiú? Ma tu non sei padre, e ti auguro
di non esserlo mai! So io come mi si è lacerato il cuore! Ho ado-
rato la famiglia, e questi sono i frutti! E quella pazza, per puntiglio, per avventatezza, ti copre una casa di vergogna; e pensando che, in fondo, senza volerlo, sono stato io a provocare lo
scandalo, ti giuro che vorrei trovarmi dieci metri sottoterra...
Ma tu, che puoi capire l'amarezza di un padre?... Perché, ti ripeto, tu non sei padre...

GIULIANO (*fin dalla metà di questo discorso, dall'interessarsi è
passato al commuoversi. Il tono della voce e le parole di Battista lo hanno colpito al punto che dice quasi singhiozzando*) Papà! (*Gli prende la mano e sta per baciarla, poi come
riavendosi di un tratto lo guarda negli occhi ed è ripreso dall'i-
ra: con torno fermo e deciso*) No, questa volta, no! Non mi
fate scemo! È trucco, è trucco! Voi state truccato; voi siete
nato con i capelli bianchi!... I vostri capelli bianchi sono di

nascita, e non mi cogliete! Siete un buffone! Gli anni che avete
non contano, e io nun ve pozzo vedé! M'avete distrutto una
vita, e siete pure fortunato perché io a freddo non vi posso
uccidere! Esasperatemi!... Fate qualche cosa!... Irritatemi! E
vi giuro che vi sparo... (*Battista lo guarda con aria di sufficien-*
za e commiserazione. Giuliano fuori di sé) Non mi guardate
cosí! Che volete far credere? Guardate in faccia! Parlate chiaro! (*Ora con le due mani lo prende per i due baveri della giacca*
e lo attira a sé fino a toccare naso e naso) E io sono stato
distrutto da questa faccia! Da questo sguardo paterno! Da questo trucco! E lo voglio cancellare io! (*Lo schiaffeggia ripetuta-*
mente. Piú lo schiaffeggia e piú l'ira gli monta alla testa. Batti-
sta non reagisce. Segue i movimenti del ferreo braccio di Giulia-
no). Rispondete! Reagite!

Teresa dalla sinistra e Margherita dalla comune.

TERESA   Battista! Giuliano! Per amor di Dio! (*Corre verso Giu-*
liano e lo trattiene. Giuliano con un'ultima spinta abbandona
Battista che barcollando cade fra un mobile e una sedia, a sini-
stra della scena quasi al centro. Teresa a Margherita) Chiama
gente!

Margherita scappa per la comune. Entra Bianca, si avvicina a
Battista, cerca di sollevarlo.

GIULIANO   Carogna! M'ha distrutto una casa, m'ha distrutto una
vita!
TERESA (*supplicante*)   Fallo per me, Giuliano! Basta! Basta!
GIULIANO   Io nun ce pozzo penzà! (*E si avventa ancora una vol-*
ta).

Entra in iscena il portiere, con un signore che probabilmente è
un inquilino del palazzo. Qualcun altro si sofferma sull'uscio.
Il portiere si lancia a trattenere Giuliano.

PORTIERE   Signuri', che fate?
BATTISTA (*alla vista degli astanti riprende coraggio e senza alzarsi*
da terra naturalmente per destare maggiore pietà urla con
odio)   Fuori di casa mia! Fuori! Vigliacco! Mi ha schiaffeggia-
to! Che bell'eroismo! (*Ora il suo tono è pietoso*).

GIULIANO (*spinto dal portiere raggiunge la comune*) Vigliacco!
Vigliacco! (*Esce*).

BATTISTA (*piangendo*) Mi ha messo le mani addosso! A me!
(*Prende una ciocca dei suoi capelli bianchi, come per mostrar-li*) A me!

Sipario.

L'abito nuovo
(1936)

Qual è la lezione di teatro che Eduardo apprende da Pirandello? L'*attore-autore* aveva già trovato il suo personaggio nell'*attore-uomo* Sik-Sik, ma l'aveva realizzato in una forma drammaturgica di passaggio dallo *sketch* all'atto unico; ne aveva quindi rappresentato la storia per «caratterizzazioni», sia simultanee che successive, e «per paratattici effetti di scena» (Meldolesi). Nel dilatare l'intimità dell'«artefice magico», anche attraverso il *doppio strato* delle didascalie, non aveva rinunciato agli effetti comici, che nella compressione del tempo scenico potevano trasformarsi in accenni di tragedia. Ma nelle opere di piú lunga durata la via paratattica della tradizione partenopea (farsa-varietà-commedia scarpettiana) si adattava con difficoltà all'interiorizzazione di un'avventura tragicomica, come dimostra la gestazione di *Natale in casa Cupiello*.

Perciò Eduardo si rivolge a Pirandello, per curare con il suo aiuto la propria schizofrenia di «poeta analitico» e di «teatrante impaziente» (ancora Meldolesi); ma si tratta anche di un'attrazione reciproca: per lo scrittore-drammaturgo che si è fatto capocomico, nel tentativo di contaminarsi con la materialità della scena, l'*altro* è anche l'attore, capace di incarnare con naturalezza i suoi fantasmi. Quindi il Maestro italiano ed europeo (ma intimamente siciliano) offre all'Apprendista napoletano (che già aspira ad un teatro senza confini) alcune lezioni fondamentali di scrittura scenica, insieme alla possibilità di sottrarsi in futuro alla sua influenza. La tecnica pirandelliana entra cosí nel «bagaglio» dell'attore-che-scrive: Eduardo impara a strutturare le sue commedie in tre atti, senza tradire l'originale processo creativo fondato sulla drammaturgia delle attrazioni (gli atti recitabili *anche* in modo indipendente) e sul rapporto di intimità-estraneità fra l'interprete e il personaggio. «L'attore deve misurarsi, controllarsi, costringersi ininterrottamente. Mai immedesimarsi, se il personaggio gli è estraneo, meglio ancora» (*Eduardo, polemiche, pensieri, pagine inedite* cit., p. 30).

La trasformazione della novella pirandelliana *L'abito nuovo* in «scenario di Luigi Pirandello dialogato in 2 atti e 3 quadri e concertato da E. De Filippo» (secondo un Programma della Compagnia «I De Filippo» del 1937), rappresenta certamente un banco di prova per l'aspirante drammaturgo. Non deve meravigliare che reagisca quasi con sgomento alla proposta di collaborazione da parte del Maestro: «mi pareva un sogno pauroso. Ma Pirandello non abbandonò la sua idea. E il giorno dopo ero nel suo studio, seduto di fronte a lui con la penna fra le mani e le cartelle bianche davanti. Atto primo, scena prima...» (E. De Filippo, *Io e la nuova commedia di Pirandello*, «Il Dramma», 1º giugno 1936, p. 31). Anche se ha scritto già tanto nel 1933, quando riceve *a teatro* la visita di colui che considera un «super-autore», Eduardo si sente ancora un «attore che scrive» nel senso banalizzato dalla critica corrente. È un attore dialettale e un capocomico *in pectore*, che valuta le esigenze della Compagnia ma intende risalire «le vie d'Italia» creando un suo nuovo repertorio.

Inizia quindi il cosiddetto «ciclo pirandelliano» per il «Teatro Umoristico I De Filippo»; ma, se «tradurre» in napoletano *Liolà* significherà per Eduardo compiere un'operazione registica moderna (non un allestimento basato semplicemente sulle capacità recitative degli attori), «fare una commedia» da quella novella (*L'abito nuovo*), la piú «secca» di Pirandello, investirà il campo della drammaturgia, attraverso una collaborazione in cui resta difficile stabilire apporti e confini individuali, che aiuterà comunque il piú giovane nella ricerca della propria identità di artista completo.

Anche soltanto il confronto fra la novella e il testo della commedia può servire da cartina di tornasole per distinguere le visioni del mondo dei due autori, a partire dalla *fabula* comune: un'eredità pesante piomba addosso a un povero cristo d'impiegato, da parte della moglie che l'ha abbandonato molti anni prima, e che, dopo morta, lo tormenta con la tentazione d'una ricchezza malguadagnata e da lui malvoluta. Si può supporre che Eduardo sia riuscito a trasformare il Crispucci pirandelliano nel «suo» Crispucci usando la novella come «scenario», ma non nel senso equivocato dal cronista che annuncia il lavoro in corso: «rivive la Commedia dell'Arte. Pirandello infatti non scrive per i De Filippo una compiuta commedia, ma uno scenario che i valorosi artisti riempiranno con i loro dialoghi improvvisati o quasi. Del dialogo si incaricherà Eduardo. Ma è da credere che Peppino e Titina gli daranno una mano» (Anonimo, «La Stampa», 4 gennaio 1936; cit. in M. Giammusso, *Vita di Eduardo* cit., p. 116). La cornice delle due opere è differente; soprattutto la «fine»: mentre nella novella l'«erede» finirà per subire il proprio destino con «umorismo tragico», il dramma termina con la «morte del cornuto».

Il racconto di Pirandello inizia letteralmente con l'«abito», «l'abito che quel povero Crispucci indossava da tempo immemorabile» (*L'abito nuovo*, in *Novelle per un anno*, vol. II, Mondadori, Milano 1987, p. 624) e finisce con l'«abito» («Quell'abito parlava da sé», ivi, p. 632). Il passaggio dall'abito *vecchio* all'abito *nuovo* rappresenta l'avvenimento fondamentale del testo. La battuta fulminante e conclusiva del protagonista («*Wagon-restaurant*») funziona come attributo della nuova maschera che egli ha dovuto indossare. Ma nell'abito vecchio, «nel suo pelame stinto e strappato» (ivi, p. 624), come nel nuovo, «peloso, color tabacco» (ivi, p. 632), si riconosce la stessa vellosità da bestiario antropoide che fa tutt'uno con la persona: corpo, volto, espressione, voce, anzi mancanza di voce. Per il Crispucci del dramma invece, l'abito inadeguato è soltanto quello nuovo, *che gli si sgonfia da tutte le parti* (did., III, p. 557); quello «vecchio», all'inizio, lo rivendica anzi con orgoglio («Io, si me cagno stu vestito ca vuie me regalasteve tante anne fa, e ch'io porto ncuollo comm' 'o cane porta 'o pilo suio, mme vesto russo», I, p. 537). Dalla consapevolezza d'una scissione del rapporto *abito-persona* scatta quella sua *risata folle*, che ci coinvolge *atterriti* nel finale; proprio perché pretenderebbe una corrispondenza fra il *dentro* e il *fuori*, il «fantasioso becco» diventa un «personaggio mobile», o almeno riserva fino in fondo delle sorprese. A differenza del suo Sosia narrato, fin dall'inizio *intimamente* arreso a subire l'«eredità» infamante, il Crispucci cui dà voce Eduardo (come interprete e come traduttore) *esprime* con sofferenza il dramma del passaggio dal *proprio* ruolo di povero cristo all'*altro* di ricco cornuto.

La scrittura narrativa pirandelliana gioca sull'introversione del protagonista, sulle sue «smorfie» grottesche e angosciose, sull'eloquenza dei suoi «sguardi» e su «quell'abisso di silenzio» da cui egli stenta e pena a «tirar su» qualche rara, intensa, battuta. È uno di quei «personaggi neri e dai movimenti da automi» che attraversano l'«avventura del secco pi-

randellismo»: quando l'autore siciliano «aveva l'aria di farsela con gente che per noi è un magma nero e senza voce» (A.
Savinio, *Palchetti romani* cit., pp. 73 e 63). Questa *mancanza
di voce* si trasforma nel dramma in *ansia della voce*: dall'inizio
alla fine il Crispucci eduardiano *parla*, e non solo perché è un
personaggio di teatro; *sfoga* la propria rabbia, la propria passione, difende la propria onestà e quella della figliola «innocente». Contro la sua resistenza, anche verbale, al passaggio
coatto povertà-ricchezza, verità-ipocrisia, si coalizzano le forze di coloro che lo circondano. Non solo il principale e i colleghi dell'*ufficio*, ma anche gli altri abitanti della sua misera
casa (solidali con il fidanzato della figlia, «don Cuncettino [...]
nu giuvinotto serio, figlio 'e n'avvocato...», III, p. 553) si im-
pegnano affinché quel «capo tuosto» ingoi l'eredità e *non parli piú*.
    Invece il Crispucci eduardiano «parlarrà, parlarrà!» (*ibid.*).
Prima, quando riappare nel terzo atto con il cappello e l'abito
nuovi: «Stoffa da gran signore... da gran signore...! (*Con la mano destra accenna per aria il segno delle corna nel mezzo della fronte*) [...] Perché io nun me ll'aggio faticato sti solde... so' 'e solde 'e nu curnuto!» (III, pp. 558-59); alla fine, davanti alla figlia nei panni della madre fuggita, per diciott'anni «come»
morta e, poi, morta davvero per la sua vergogna:

CRISPUCCI   [...] Mo 'o muorto songh'io!... E nun avit' 'a chiagnere... Avit' 'a ridere tutte quante... È muorte nu curnuto! [...]
Redite...! Forte, forte! Accussí! [...] (*Ride sempre piú forte, ad un
tratto si arresta come per una improvvisa paralisi cardiaca, piomba a
sedere sulla sedia balbettando*) 'A morte d' 'o curnuto.

Atterrita sospensione d'animo di tutti. Cala la tela.   (III, p. 560).

In questo epilogo la creatura di Eduardo rivendica un'a-
scendenza con la tradizione anti-rinascimentale, nella linea del
Deforme, del Grottesco, dell'Irriconoscibile. Non a caso
Savinio vi coglieva il «gioco» del grande attore, «portato per
tre atti attraverso uno scambio di dramma interno e di dramma esterno, di sentimenti e d'espressione», ma che nello stacco fra vita e morte, in quel «tac» orrendo, toccava il suo «punto supremo» (A. Savinio, *L'abito nuovo*, «Omnibus», 26 giugno 1937; ora in *Palchetti romani* cit., p. 75). Quel corpo
carnevalesco, con la sua bizzarra *clownerie* gestuale, rappresenta la fase che precede l'immobilità irreversibile (come in certo
teatro di Pirandello e anche di Rosso di San Secondo). Ma l'im-

pietrimento dell'ultimo Crispucci non è quello di chi si arrende, con profonda riluttante asprezza, alla parte che la società gli ha imposto; è la conseguenza di una folgorazione fisica, non morale, che colpisce chi a quella parte si ribella fino in fondo. Perciò il dramma va oltre la battuta amaramente sardonica che conclude il racconto pirandelliano (*Wagon-restaurant*), e prosegue la rappresentazione del calvario del protagonista fino alla morte.

Infatti l'operazione drammaturgica traduce le due parti della novella in tre atti, che attraversano mondi e climi diversi. Nel primo, l'interno dell'*ufficio* è come aggredito dal fuori della *strada*, dal clamore suscitato dalla «processione dello scandalo» e dalla sua tragica conclusione (la moglie rediviva divenuta Celie Bouton, «stella» di Circo equestre, muore «sfracellata» sotto gli zoccoli dei suoi stessi cavalli «impennacchiati»). Nel secondo atto, l'atmosfera lussuosa e lussuriosa della *Villa di Celie Bouton, a Posillipo* appare inizialmente animata dal *manichino*-fantasma della defunta *in una vistosa combinazione di seta e merletti* (did., II, p. 539), ma alla fine è brutalmente esorcizzata dall'«eterno marito», che getta addosso ai colleghi con mogli, fidanzate e figlie, quei «panni sporchi» pericolosi per l'integrità sua e della sua figliola. Nel terzo atto, lo spaccato del palazzone popolare, in cima al quale la famiglia del protagonista consuma la sua grama quotidianità, è invaso e contaminato dal miraggio della «fortuna con l'effe maiuscola». Proprio questa successione concatenata di ambienti-atmosfera scandisce le tappe della *via crucis* del povero Cristo-Crispucci, che non combatte soltanto contro il fariseismo della sua epoca (stazione prima), ma cerca anche di resistere, eroicamente, alle tentazioni di Eros (stazione seconda) e di Plutone (stazione terza).

Cosí il testo teatrale non solo rende esplicito ciò che era implicito (e voluto tale) nella novella, ma molto di piú: ciò che nella novella non c'è. L'ampliamento drammaturgico della rapidissima partitura narrativa (che riguarda molte traduzioni di novella in commedia, anche da parte di uno stesso autore) trasformandone la «composizione» fa emergere una diversa interpretazione della storia. Anzitutto con la narrazione entriamo subito *in medias res*, tutto *è già avvenuto* (è soltanto la reazione del protagonista che si attende), invece nel dramma, quando incomincia l'azione, *tutto deve ancora accadere*. Nella traduzione scenica restano come temi di fondo l'oppressione che la *società* esercita sull'*individuo* e la disparità umana fra l'*apparire* e l'*es-*

sere, ma vengono allo scoperto i sentimenti, le passioni, e prevalgono sul pensiero. I motivi borghesi dell'*orgoglio* e dell'*onore* si mescolano con le insorgenze della *carne* (nel secondo atto); l'*eredità* funziona anche come detonatore comico, che fa esplodere una *farsa tragica* (nel finale). Inoltre la commedia affonda di piú nel sociale: nel conflitto fra ricchezza e povertà, fra il perbenismo ipocrita dei ricchi e l'ardua resistenza che i poveri oppongono alla corruzione, la solitudine del Crispucci scenico risulta donchisciottesca.

Dunque l'interpretazione drammaturgica, se avvalora l'opera di condizionamento che il «gioco delle parti» sociale esercita sull'individuo, non conduce il gioco corruttore fino al coinvolgimento di quel nucleo di sentimenti e di idee che «ciascun uomo» possiede. Nel passaggio dalla *non-vita* della novella alla *vita-morte* della scena, il protagonista sembra arricchirsi o caricarsi di umori eduardiani, diventando per Savinio «il fautore [...] di [una] tragedia sicula tradotta in napoletano» (*L'abito nuovo* cit., p. 73). Non a caso lo stesso Savinio, fra i pochi ad entusiasmarsi della rappresentazione, rilevava «in quest'opera mirabile e allucinante» proprio l'episodio del secondo atto che nel racconto di Pirandello non c'è: «ogni scena andrebbe descritta minutamente: l'ammirazione dei visitatori (scena domenicale da museo) davanti al manichino della defunta in combinazione; il furore da lebbroso sadico di Michele Crispucci che scaglia sugli "onesti" la biancheria "contaminata"»; e del terzo atto lodava (inconsapevolmente, non avendo confrontato i due testi) certe innovazioni del dramma rispetto alla novella: «il ritorno da Venezia del cornuto con l'*abito nuovo* e il cartellino del prezzo che ancora ciondola dal bottone; il racconto della scena nel vagone restorante; la morte del cornuto» (ivi, p. 75).

Infatti lo «scandalo di Posillipo», che conclude appunto il secondo atto, pone fine anche a quell'azione di allucinato spaesamento e di tentazione erotica che teatralizza un moto del protagonista appena accennato nel racconto pirandelliano: l'attrazione per quelle «calze di seta, su fino alla coscia, finissime, traforate» (*L'abito nuovo* cit., p. 627). Crispucci, *rimasto solo* (did., II, p. 542) con il *manichino* della moglie *che* [la] *rappresenta come viva* (did., II, p. 539), partecipa quasi a un «dramma di oggetti», affidato interamente all'espressione mimico-gestuale dell'interprete. Dove però il rapporto di opposizione fra la rigidità dell'immagine della *morta* e il dinamismo fremente del *vivo* sembra rovesciare le parti, man mano che la prima acquista il ruolo attorico di *corpo erotico*. Il «manichino» è un portato delle avanguardie; manca nella novella di Pirandello, ma lo troviamo rappresentato nel suo Teatro d'Arte dalla bontempelliana *Nostra Dea*: donna che cambia personalità a seconda degli abiti indossati e, senza il vestito, è niente. In questa scena di *L'abito nuovo* è invece l'uomo che *si muove come un sonnambulo* [...] *quasi senza saperlo* (did., II, p. 542), «come se» l'iniziativa passasse al fantasma dell'Eros e agli oggetti che ne evocano l'oscura esistenza (Crispucci *con un fil di voce dice*: *«Sommier»*, *ibid.*). Perciò il personaggio che vive nel presente rischia di essere risucchiato dal passato, nel suo disperato *desiderio carnale* di riafferrare l'Oggetto perduto: *con due dita solleva un lembo di quei veli e scopre piano piano la gamba piú su del ginocchio, piú su delle calze, dove appare la coscia e allora con l'altra mano fa per toccare* [...] (did., II, p. 542). Potrebbe essere una situazione da teatro di Rosso, ancor piú che di Pirandello, dove l'Eros è semmai adombrato o censurato...

Ma anche quando Eduardo parte da un caso-limite tende a risolverlo nella dimensione della normalità. Infatti solo se si è disposti a farsi reificare dall'Oggetto, a farsi coinvolgere in un cerimoniale erotico-funebre in cui «altri» possano agire come «operatori specializzati» (E. De Martino, *Morte e pianto rituale*, Boringhieri, Torino 1977, p. 103), la seduta magica o spiritica riesce. Invece qui, con l'entrata improvvisa della donna che si propone come *valet de chambre* di quel «tempio d'amore» (Clara: «'A vulite vedé annuda?», II, p. 544), il «pover'ommo, ... mmiez' a sta ricchezza, ch'è fatta tutta 'e tentazione» (*ibid.*), è *come se avesse ricevuto una rasoiata nella schiena* (did., p. 543) e, ritrovato *se stesso*, trova anche la forza d'una acerba rivolta morale. Smaschera quella disgraziata (che sperava di spremere dall'«erede» qualche goccia della ricchezza dell'«amica»), perché si aggrappa all'unico punto fermo che gli rimane: «io sono un uomo onesto!» (p. 544). Quindi non solo spalanca il «cancello abbascio» ai colleghi avidi e curiosi, ma fa e grida ciò che il suo Sosia nella novella pirandelliana *avrebbe voluto* fare e *dire* «se un resto di ragione non lo avesse trattenuto» (*L'abito nuovo* cit., p. 627). Il Crispucci del dramma *raccoglie la biancheria a manate e torna a distribuirla*: «Tenite ccà, pigliate! Io songo pronto a darvela [...] v'aggia a spurcà a tutte quante...» (II, p. 547). Il suo rigetto nasce dalla disperata denuncia della «verità», perciò appare agli occhi degli ipocriti l'atto di un «pazzo» e di un «buffone» (*ibid.*).

Dare espressione scenica a ciò che nel racconto appartiene al campo dell'inespresso non significa soltanto teatralizzare, ma reinterpretare e perfino rovesciare il senso ultimo di un'opera. Dalla novella al dramma anche la storia degli «abiti» si è complicata: perciò nell'ultimo atto troviamo un abito di vergogna che sembra tramandarsi da madre a figlia, con tutte le lusinghe della ricchezza, e un abito nuovo che il marito-padre non ce la farà a sopportare. Avrebbe significato rinunciare a quel *se stesso* che esiste, nell'antropologia drammatica di Eduardo, come esiste e si può conoscere la *verità*. Al fondo dei suoi personaggi-persone c'è quasi sempre quel rifiuto della «maschera» e d'ogni forma di inconoscibilità del «volto» che lo porterà a distinguere nettamente il suo teatro dall'«idea teatrale» di Pirandello e soprattutto dal pirandellismo:

> Io, questo Pirandellismo attribuitomi dai critici non lo capisco [...], a cominciare dalla mia concezione del teatro a finire con i miei personaggi spesso poveri e affamati, spesso maltrattati dalla vita, ma sempre convinti che una società piú giusta e umana sia possibile crearla, niente potrebbe essere piú lontano dall'idea teatrale di Pirandello e dei suoi personaggi (E. De Filippo, *A colloquio con gli studenti*, 1976, in *Eduardo, polemiche, pensieri, pagine inedite* cit., pp. 172-73).

Ma anche la *morte* che, in questa commedia, interrompe «come una luce che si spegne» (Savinio) il grottesco martirio del *cornuto* si presta ad una doppia interpretazione: liberazione traumatica dalla morsa sociale, e pure soluzione estremistica di un isolato per mantenere fede ai suoi principi e ai suoi sentimenti. È la solita ambiguità dei finali eduardiani. Perciò il Crispucci napoletano potrebbe rappresentare un doppio anche di Luca Cupiello: anche il suo presepe privato va definitivamente in pezzi con il tentativo di fuga della figlia. Dopo l'eredità che l'ha costretto a cambiare tutto quanto lo differenziava dagli altri (la sua miseria onorata *come* il suo abito vecchio), questo secondo «avvenimento» provoca il passaggio dell'«eroe bastonato ma non domato» oltre un «limite» che deve ormai coincidere con l'allontanamento radicale dal mondo dei vivi. Sebbene «alla fine» il punto di vista di Luca come di Michele (Crispucci) abbia implicitamente il sopravvento su quello degli altri personaggi, ciò significherà comunque, per entrambi, la sparizione dal teatro del mondo.

Non sappiamo quando sia venuta a Eduardo l'idea di trasformare in commedia la novella pirandelliana *L'abito nuovo*. Egli racconta di aver puntato sull'esempio Pirandello come su «una delle piú alte personalità del teatro di tutti i tempi», leggendo anche tutte le sue novelle, a partire da una sera del «1919». Con Michele Galdieri era riuscito ad acquistare «un palco lateralissimo in quarta fila» per una rappresentazione dei *Sei personaggi in cerca d'autore* al Mercadante di Napoli; restando senza un soldo, ma «godendo di una serata indimenticabile» (E. De Filippo, *Il giuoco delle parti*, in aa.vv., *Eduardo De Filippo e il Teatro San Ferdinando* cit.). Una data impossibile il 1919 per *Sei personaggi...*; ma forse una «data emotiva [...] perché di uscita da una guerra come poi il 1945 di *Napoli milionaria!*» (C. Meldolesi, *La trinità di Eduardo: scrittura d'attore, mondo dialettale e teatro nazionale*, in *Fra Totò e Gadda. Sei invenzioni sprecate da teatro italiano*, Bulzoni, Roma 1987, pp. 57-58).

Dallo stesso Eduardo, del resto, abbiamo quasi tutte le notizie relative ai suoi rapporti con il Maestro. In una cronaca della prima romana di *L'abito nuovo* si legge: «È noto come questa commedia, tratta dalla novella omonima, sia stata scritta in una stretta ed intima collaborazione, cioè, fra Pirandello, che ne tracciò lo schema e la sceneggiatura, ed Eduardo de Filippo, che sviluppò il dialogo su le indicazioni del Maestro il quale, infine, vi apportò correzioni e aggiunte» (E. Contini, *L'abito nuovo*, «Il Messaggero», 16 giugno 1937); ma, con ogni probabilità, le sue fonti sono due testimonianze eduardiane. Il 1° giugno del '36 era uscito un articolo di Eduardo che cosí dialogizza la genesi del lavoro: «Questa è la prima scena – mi diceva [Pirandello] – e ne sono interlocutori l'avvocato Boccanera e Concettino Minutolo. Boccanera deve dire questo – Minutolo deve rispondere questo. Adesso parla tu, nel tuo dialetto [...]. Lui dialogava, a voce, in lingua, ed io traducevo, a voce, in napoletano. [...] Talvolta io italianizzavo la mia parlata. E Pirandello, indignato: – Ma no, figlio, come le senti, come le senti, le battute: non tradurre! [...] Quando eravamo d'accordo [...], si scrivevano quelle "battute" e si passava alla scena seguente» (*Io e la nuova commedia di Pirandello*, «Il Dramma», 1° giugno 1936, p. 31). *L'abito nuovo*, annunciato nel programma della Compagnia dalla rivista «Lo Spettacolo» del 24 febbraio 1935, era stato ultimato l'11 gennaio 1936; ma non era stato ancora messo in scena. Per il debutto, Eduardo torna sul tema dei suoi rapporti con il Maestro appena scomparso in

Colloquio con Pirandello alla prova dell'«Abito nuovo», che appare su «Scenario» nell'aprile 1937 (ristampato poi come *Il giuoco delle parti* cit.). Qui egli ripercorre appunto le tappe del rapporto: dalla prima fascinazione che lo colpisce, come spettatore pirandelliano, all'incontro cruciale con l'Autore nel '33, presenti Titina e Peppino, nel camerino del Sannazzaro: «fu la sua semplicità che mi spinse a chiederle il permesso di tradurre "Liolà". E quella sera stessa le parlai della sua novella "L'abito nuovo"; e della possibilità di fare una commedia. Lei promise che ci avrebbe pensato [...]» (E. De Filippo, *Il giuoco delle parti* cit.). Cosí quando, di ritorno dall'America, Pirandello rinnova l'incontro con Eduardo, all'Hotel Excelsior di Roma, gli propone con insistenza una collaborazione: «Se io scrivo la commedia in italiano, lei poi la dovrà tradurre. Se invece i dialoghi li scriviamo insieme, il personaggio centrale parlerà con le sue parole, e allora sarà piú vivo piú reale!» (*ibid.*). Di qui la stesura del testo teatrale, nel dicembre del '35, durante l'ultima stagione dei De Filippo al Valle: per quindici giorni, dalle cinque del pomeriggio alle dieci di sera (ricorda Eduardo) «sono stato al suo scrittoio. Lei era seduto di fronte a me, in un'ampia poltrona, e ogni tanto mi passava dei pezzettini di carta con le battute segnate da lei, che davano il via alle scene principali. [...] Cosí è nato "L'abito nuovo"» (*ibid.*).

Ma, a ben guardare, il mistero di quella collaborazione anziché chiarirsi si infittisce, con la seconda testimonianza: laddove, nella prima, Eduardo appare soprattutto l'attore che deve *tradurre, a voce, in napoletano*, ovvero pronunciare *come le sente*, senza italianizzare la sua parlata, le *battute* suggerite in lingua dall'autore, atto per atto, scena per scena; nella seconda il nostro è *seduto allo scrittoio* di Pirandello, che gli passa dei *pezzettini di carta* con le battute soltanto che *davano il via alle scene principali*. In questo *Colloquio* alla fine di una *prova dell'«Abito nuovo»*, il fantasma di Pirandello aleggia sul palcoscenico vuoto, grandeggia ancora con le sue crucciate premonizioni, con i suoi indispettiti silenzi, ma l'opera non è piú soltanto sua (come nel titolo della prima testimonianza: *Io e la nuova commedia di Pirandello*); dopo la drammaturgia della prova è anche e soprattutto dell'*attore che scrive*, di Eduardo.

L'abito nuovo andrà in scena il 1º aprile 1937 al Teatro Manzoni di Milano, con Eduardo nella parte del protagonista, pochi mesi dopo la scomparsa di Pirandello (10 dicembre 1936).

È l'ultima prova pirandelliana per la Compagnia «Teatro Umoristico I De Filippo»: il ciclo di rappresentazioni ispirato al Maestro incomincia infatti con *L'imbecille*, in programma al Sannazzaro il 26 aprile 1933 (per una serata d'onore di Eduardo); prosegue con *Liolà* all'Odeon di Milano, il 31 maggio 1935; poi con *L'uva rosa* al Fiorentini di Napoli, l'11 febbraio 1936 (per una serata d'onore di Peppino); culmina con *Il berretto a sonagli* ancora al Fiorentini, il 13 febbraio dello stesso anno; e termina appunto con *L'abito nuovo*. Ma è soprattutto significativo che fra la rappresentazione di *Liolà* e quella dell'ultimo dramma si sia insinuato un episodio *apparentemente* casuale e deviante: proprio durante la collaborazione per *L'abito nuovo*, Pirandello avrebbe chiesto a Eduardo di mettere in scena *Il berretto a sonagli* (cfr. *Il giuoco delle parti* cit.). Poi se ne pentirà: non per l'esecuzione («Ciampa era un personaggio che attendeva da vent'anni il suo vero interprete», scrive all'attore nel febbraio del '36), ma per il ritardo che le repliche del *Berretto* avrebbero apportato al varo del nuovo lavoro («Ma tu, caro Eduardo, puoi attendere; io no!», *ibid.*). Eppure, se la drammaturgia «è sempre stata un oggetto mobile fra autore e attore» (Meldolesi), l'interpretazione che Eduardo offre dello «scrivano» Ciampa costituisce una tappa importante per la sua re-interpretazione dello «scrivano» Crispucci di *L'abito nuovo*.

C'era molta attesa per lo spettacolo, ma sull'esito le testimonianze sono controverse. Per Peppino, un disastro: «Il fiasco fu cosí totale che dovemmo togliere dal cartello il lavoro dopo appena due sere e addirittura rinunziare a rappresentarlo in altre città» (P. De Filippo, *Una famiglia difficile* cit., p. 308). Naturalmente esagera, dal momento che la rappresentazione fu ripresa al Quirino di Roma (15 giugno 1937) e poi al Teatro Verdi di Trieste (7 dicembre 1938). Il fratello piú giovane era, del resto, contrario agli esperimenti con cui Eduardo tendeva a sganciarsi dal Carro di Tespi della commedia napoletana. Un groviglio di perplessità e di frustrazioni incomincia a dividere, proprio in questi anni, il «solista della comicità» dal «direttore artistico» della Compagnia. Peppino non era convinto di affrontare il repertorio pirandelliano: «Stimavo e veneravo Pirandello; però ritenevo sbagliato sacrificare il nostro repertorio. Mio fratello, invece, la pensava diversamente» (P. De Filippo, «Gente», 15 gennaio 1978); suo fratello pensava che tutto potesse coesistere, «Pirandello, la creatività attorica e la tradizione dialettale napoletana» (Meldolesi).

Se Peppino manifesta resistenze fin dalla rappresentazione di *Liolà*, nella quale non solo è il protagonista (Eduardo è Emilio), ma figura nella locandina del 1935 come responsabile della «versione napoletana» della commedia, ancor piú gli dovevano dispiacere prove come *Il berretto a sonagli* e *L'abito nuovo*, dove ricopre parti non pari a quella del fratello, o nella cui interpretazione doveva contenersi. Durante il monologo di Eduardo-Ciampa nel secondo atto, Peppino-Spanò si risolse a «fare la "statua" e con le spalle voltate al pubblico», dal momento che ogni suo «gesto, sia pure impercettibile... veniva intercettato in sala e commentato con ilarità» (P. De Filippo, *Una famiglia difficile* cit., pp. 301-2). Certo l'attore non dovette sentirsi realizzato nella parte di Concettino Minutolo (fidanzato della figlia di Crispucci). Drastico perciò il suo giudizio negativo anche sul testo di *L'abito nuovo*: «L'opera non piacque, non convinse; ed io posso giurare [...] che quel "testo" sotto sotto, non m'era mai piaciuto. Lo giudicavo un soggetto oltre che vecchio, macchinoso e con chiari riflessi da romanzo d'appendice» (ivi, p. 307). Dà la colpa anche alla supervisione di Renato Simoni: il reinserimento di battute già tagliate avrebbe rallentato i ritmi dell'azione nello spettacolo. Ma Eduardo stesso ne aveva richiesto la presenza alle ultime prove: gli mancava Pirandello, che aveva fatto in tempo ad assistere solo alla prima prova, e il critico del «Corriere della Sera» si era mostrato fra i piú attenti alla sua drammaturgia, fin dal debutto milanese della Compagnia «Teatro Umoristico I De Filippo».

Circa l'esito dello spettacolo, risulta opposta alla testimonianza di Peppino la cronaca di Ermanno Contini, che comunque si riferisce alla replica romana: parla di un «vibrante successo riportato ieri dal lavoro», con «cinque chiamate al I atto, sette al II e nove al III» (*L'abito nuovo*, «Il Messaggero», 16 giugno 1937). Certo dovette influire sul giudizio dei critici la «commozione [per] la morte di Pirandello», che ha lasciato «un vuoto profondo, forse incolmabile» (L. Repaci, *L'abito nuovo*, 4 aprile 1937, in *Ribalte a lumi spenti, 1937-39*, Ceschina, Milano 1939, p. 9). Per quanto le cronache presentino la «nuova opera» come «frutto di una fraterna intesa tra uno scrittore di genio e un magnifico attore» (*ibid.*), sottolineano che «questa insolita collaborazione fra scrittore e interprete fu voluta da Pirandello» (E. Contini, *L'abito nuovo* cit.). Tendono anche a separare ciò che appartiene allo scrittore da ciò che appartiene all'interprete, ma questa discutibile operazione, che attribuisce senza dubbi il testo a Pirandello, solo in parte risulta a vantaggio dell'«autore». Lo stesso Simoni, tra i pochi a confrontare il dramma con la novella, afferma: «Ripensando teatralmente la sua novella [...] Pirandello ingrandí pittorescamente il contrasto tra il bene e il male che ne è l'amara, la tristissima sostanza. Al male soprattutto diede proporzioni mostruose; una specie di irridente e provocante e sfrontato titanismo, sí da sollevarlo quasi fuori della realtà e farne un simbolo»; ma *L'abito nuovo* trae «i maggiori effetti da contrasti romantici e per essi il I e il III atto hanno una singolare, aspra, talora tremenda, perfino irritante, potenza. *Il II pare come spaesato, ci sembra scritto per un'opera teatrale d'altro stile*» (R. Simoni, *L'abito nuovo*, «Corriere della Sera», 2 aprile 1937; il corsivo è nostro).

Non è un caso che proprio il secondo atto provochi, al momento della rappresentazione, le maggiori riserve da parte della critica che si aspetta un'opera tutta pirandelliana: anche se la fine dell'atto sceneggia un motivo accennato nella novella («Voleva [Crispucci] che di quella eredità tutti, con lui, fossero insozzati»), si tratta di un ampliamento eduardiano che appunto, consciamente o inconsciamente, disturba i recensori (con l'eccezione qualificante di Savinio). Cosí Repaci, credendo di lodare l'interprete e larvatamente criticare l'autore: «Eduardo De Filippo fu Crispucci. A lui oltre che all'Assente gli onori della serata inaugurale. Eduardo è entrato con tutta la sua sfiorante umanità nei panni dello scrivanello, temperando con la sapienza del chiaroscuro che gli è abituale la crudezza un po' allucinata di certi passaggi nei quali il personaggio è portato fuori di sé, in una specie di zona parossistica del proprio eroismo, che ricorda certe forzature dell'espressionismo venute di moda nel dopoguerra» (*L'abito nuovo* cit., p. 15). Quindi non appare strana neanche la stroncatura di Gino Rocca, che pure doveva alla Compagnia «Teatro Umoristico I De Filippo», e a Eduardo in particolare, la «versione napoletana» ed il successo di alcuni suoi lavori drammatici (*'O padrone songh'io* nel 1932, *Baffi di ferro* e *Scorzetta di limone* nel '33; e poi *Si salvi chi può* nel 1940). Di fatto Rocca, quando dice di avere assistito ad un «saggio di collaborazione scomposta», dimostra di non sopportare proprio il flusso nuovo di «puro sangue partenopeo», colto da Savinio in quella «tragedia sicula tradotta in napoletano». L'innesto del «dialogato» e del «concertato» eduardiani nello «scenario» di Pirandello lo disturba al punto da ritenere che l'«illustre scrittore» non avrebbe consentito la rappresentazione di «questo suo scheletro polveroso dopo di averlo rimirato nella cornice

delle prime prove»; infatti «la simpatia tutta cerebrale che scaturisce da un'opera pirandelliana compiuta, fa a pugni con quella che la concertazione dialogata sa creare in scena» (G.
Rocca, *Edoardo De Filippo in «L'abito nuovo» di Pirandello*, «Il Dramma», 15 aprile 1937, p. 23). È l'equivoco in cui cade anche Ferrieri, che avrebbe voluto un Crispucci *anche troppo* pirandelliano: «ci voleva quel suo dialogo allucinato [che] per via di argomentazioni irrimediabili ci portasse alla conclusione della sua
filosofia: alla impossibilità cioè per Crispucci di poter accettare la vita dal momento che si era "visto vivere" secondo un itinerario sempre piú costretto, sulla china che lo portava tragicamente, umoristicamente, a diventare il cornuto per forza» (E.
Ferrieri, in *Novità di teatro*, Garzanti, Milano 1941, p. 16).

Non mancano comunque le lodi alla Compagnia, non solo da
parte di Simoni («*L'abito nuovo* fu interpretato ieri sera,
al Manzoni, con ammirabile animazione e concitazione. [...]
Eduardo De Filippo diede a Michele Crispucci una sofferenza
umiliata, acerbe rivolte morali, spasimi frementi, e, nell'ultima
scena, ha raggiunto con un ridere folle, la piú irresistibile potenza della commozione», *L'abito nuovo* cit.), ma anche di Contini, per il quale la recitazione «è stata splendida, curata con
commosso amore, massimamente per merito di Eduardo e
Titina De Filippo che hanno dato un mirabile rilievo ai rispettivi personaggi» (E. Contini, *L'abito nuovo* cit.). A proposito
del personaggio interpretato da Titina, qualche critico parla della «madre» di Crispucci (parte che avrebbe sacrificato l'attrice). Invece in una locandina dello spettacolo del 15 giugno 1937
– a cui fa riferimento Contini – Titina è Clara, l'amica di Celie
Bouton. Secondo la locandina, cosí appaiono distribuite le parti:
E. De Filippo (Michele Crispucci), P. De Filippo (Concettino
Minutolo), T. De Filippo (Clara), Amedeo Girard (Avv. Boccanera), Vito Verde (Avv. Minutolo), Gennaro Pisano (Ruoppolo),
Pietro Carloni (Abatino), Ugo D'Alessio (Cerino), G. Ardizzone
(D. Ferdinando), S. Strani (Commissario), Tina Pica (Erminia),
Italia Marchesini (Prezetella), Margherita Pisano (Rosa), Irma
De Simone (Assuntina), C. Pellizzi (Nannina), R. Pisano (Car-
menella), M. Toli (Fidanzata). Il programma informa anche che
le scene erano del «Prof. Giovanni Rossi di Trieste su bozzetti
di Mario Pompei»; uno dei maggiori scenografi del tempo, cui
Eduardo, con una svolta registica non indifferente nel percorso di un direttore artistico di tradizione dialettale, aveva già affidato l'apparato delle scene e dei costumi di *Liolà*.

In conclusione (recriminazioni di Peppino a parte) il successo dello spettacolo non dovette essere strepitoso, se si considera il numero esiguo di repliche: dopo una ripresa a Napoli nel marzo del 1940, bisogna attendere la messinscena televisiva del 1964 per rivedere *L'abito nuovo*. Per la regia di Eduardo, con la collaborazione di Guglielmo Morandi, scenografie di Emilio Voglino, costumi di Maria Teresa Stella, lo spettacolo va in onda il 20 gennaio su Raidue. Ne sono interpreti: Mario Pisu (Boccanera), Carlo Lima (Concettino Minutolo), Antonio Casagrande (Abatino), Ugo D'Alessio (Ruoppolo), Rino Gioielli (Cicero), Gennarino Palumbo (Cerino), Eduardo (Michele Crispucci), Anna Valter (Erminia), Sara Pucci (Nannina), Lilly Tirinnanzi (Assunta), Nico Da Zara (Commissario), Armida De Pasquali (Cameriera), Filippo De Pascale (Cameriere), Didi Perego (Clara), Nilde D'Alessio (Carmenella), Tania Schmitz (Peppenella), Maria Hilde Renzi (Prezetella), Enzo Petito (Don Ferdinando), Pietro Carloni (Don Minutolo), Michele Faccione (Facchino).

Il testo di *L'abito nuovo* compare nella prima edizione della *Cantata dei giorni pari*, nel 1959; e la sua collocazione rimane costante nelle successive edizioni e ristampe della *Cantata*.

Personaggi

Avvocato Boccanera
Michele Crispucci, scrivano copista
Concettino Minutolo, fidanzato di Assunta
Abatino
Ruoppolo
Cicero
Cerino
Erminia, portiera
Nannina
Donna Rosa madre di Crispucci
Assunta, figlia di Crispucci
Commissario
Cameriera di Celie Buton
Cameriere di Celie Buton
Clara, amica di Celie Buton
Carmenella ⎱ figlie di Ruoppolo
Peppenella ⎰
Prezetella, amica di Assunta
Don Ferdinando, sarto
Don Luigi Minutolo, avvocato

ATTO PRIMO

La scena rappresenta lo studio annesso alla casa dell'avvocato Boccanera. Una porta a sinistra è la comune; a destra finestra; in fondo un'altra porta che immette nella stanza particolare dell'avvocato. I battenti di questa porta saranno di castoro verde con occhi ovali di vetro smerigliato.

In scena quattro tavoli per gli scritturali, scaffali con fascicoli, pratiche ecc. ecc. Sedie.

BOCCANERA (*entrando con Concettino Minutolo*) Entrate qua, siamo soli. Meglio qua, che dentro.

CONCETTINO Avvocato, la mia è una cosa molto delicata; qui non è conveniente parlare; fra poco verranno gli impiegati, i vostri scritturali...

BOCCANERA (*interrompendolo*) E va bene; quando verranno ce ne andremo nello studio. Che vuoi? Parla, parla...

CONCETTINO (*dopo pausa*) Caro avvocato, io vengo forzato.

BOCCANERA Concettino, non cominciamo con queste frasi studiate: «Vengo forzato». Chi ti ha forzato?

CONCETTINO Io ho detto: «forzato» perché sono un ragazzo giudizioso, e vi posso dire che il giudizio è una cosa e il sentimento un'altra. Va bene? Il giudizio forza il sentimento, ed io ho detto: «vengo forzato», perché vengo contro il mio sentimento.

BOCCANERA Uh! Hai finito?! Be', e qual è il tuo sentimento?

CONCETTINO Voi lo sapete qual è il mio sentimento.

BOCCANERA (*interrompendolo*) Sicuro! Bello sentimento! La figlia di Crispucci; (*mostra il tavolo dove Crispucci lavora*) e poi dici che sei giudizioso! Il figlio di un avvocato come tuo padre, che se mette a ffa' 'ammore c' 'a figlia 'e nu scritturale mio?!

CONCETTINO No, mettiamo prima le cose a posto, avvocato; a me piacciono le cose messe a posto. Papà ha il suo giudizio e io

il mio. Tante cose che a mio padre sembrano pazzie, sono invece fatte da me secondo il mio giudizio. Caro avvocato, ognuno
ha il suo. La figlia di Crispucci io penso che poteva essere per
me una buona moglie. E in questa, che è una cosa rara, il mio
giudizio e il mio sentimento potevano andare d'accordo magnifi-
camente.

BOCCANERA   Ma non con quello di tuo padre!

CONCETTINO   Sissignore! Ma perché? Perché ora io riconosco
che quello di mio padre guarda giustamente a cose che non
riguardano la ragazza per se stessa, ed a cui, «forzato», devo
guardare anch'io! Ecco perché vi ho detto: «Vengo forzato»!

BOCCANERA   Ma lo sai che parli come se giocassi a dama?

CONCETTINO   Io non gioco, avvoca'.

BOCCANERA   Chiuso in tanti quadratini; mi fai questo effetto.

CONCETTINO   Perché mi vedete vestito cosí? Vesto a quadrettini
perché mi piace. Quadrettini, sissignore; e tutte le mosse che
faccio sono calcolate.

BOCCANERA   Appunto! Fai «torre» col tuo sentimento, e poi colla pedina del giudizio di tuo padre, te la mangi. Bravo Concettino! E che tieni in mano? Che è sta carta? (*Concettino spiega la
carta e la mostra*). Uh! Sta a Napoli? Celie Bouton!

CONCETTINO   Celie Bouton.

BOCCANERA   Celie Bouton... Nanninella... 'a cchiú bella guagliona 'e Napole... Semplice, fresca... M' 'a ricordo quanno teneva
15 anne e se spusaie a Crispucci... Si rivoltò Napoli; 'a gente
nun se puteva fa' capace, una voce tutte quante: «Ma comme,
Nanninella? Chella guagliona, chella rosa, chella bellezza... si
sposa a Crispucci?» E mo guardate che è diventata... Celie Bouton! Era nu bocciuolo 'e rosa... Ma guardate che rosa è schiuppata! Ha girato tutt' 'o munno con un grande Circo Equestre...
Sta facenno na *tournée* in Italia con un successo fantastico,
perché erano diversi anni che mancava un circo equestre come
questo.

CONCETTINO   E mo è venuta a Napoli?

BOCCANERA   Sí, ma chi sa comme s'è truvata, pecché a Napoli
nun ha vuluto mai lavorare; veniva ogni anno d'estate, per
riposarsi un mese nella sua villa a Posillipo, la quale dice che è
quasi come una reggia. Me ne parlò il figlio di un mio cliente
che c'è stato; dice che quella villa è un incanto. Anzi mi parlava di un particolare... Che in una sala fatta di alcove e illuminata da luci suggestive, ce sta una statua modellata sul suo corpo,
e somigliantissima a lei... Una specie di *mannequin*, che lei con

la scusa di provare i suoi abiti, la veste e la spoglia davanti ai suoi visitatori! E poi brillanti... dicono che abbia una fortuna colossale, fantastica.

CONCETTINO   E... avvoca'... voi mi capite... Di tutta sta furtuna colossale che cosa ne è venuto alla figlia? Solo la vergogna! Sissignore, per Crispucci tutta la mia ammirazione... Se l'è cresciuta con amore a via di sacrifici e privazioni; n'ha fatto una ragazza di casa, onesta e virtuosa. E appunto questo mi fece decidere a chiederla in isposa. La madre lontana, a Napoli non veniva mai... ma mo, avvoca', è venuta pure a Napoli e a suon di tromba... nu fracasso d'inferno... va girando per tutte le strade in *phaeton* con un tiro a quattro, quattro cavalli bianchi tutti impennacchiati, lanciando manifesti e sorrisi a destra e a sinistra, cu' nu mantiello russo ncuollo, 'e penne ncapo, na frusta mmano e sferzando quei cavalli a piú non posso... Uno scandalo!... Avvoca', s'è scasato Napoli! La gente fa ala sui marciapiedi, e lei, spudoratamente, passa in mezzo. 'E bello, ferma 'e cavalle, arape 'a mantella, e... sta in maglione... Avvoca'... avvoca'... una Venere! Ogni apertura di mantello è un applauso generale!... E areto a essa, po', cammelli, elefanti, scigne... tutto il Circo Bouton, che debutta stasera. Credetemi: la processione dello scandalo! Avvoca', me so' sentito tutto il sangue alla testa!... Comme si m'avessero date tutte pizzeche nfaccia... Ho capito il baratro nel quale stavo per cadere e quasi quasi ho creduto che il giudizio di mio padre l'ha fatta venire a Napoli per darmi la lezione che mi meritavo. (*Udendo dall'interno rumore di gente che sta per entrare*) Addio, viene gente: ve l'avevo detto che qua non si può parlare...

BOCCANERA   E ghiammo dint' 'o studio! (*Andando*) E brava Nanninella... Comme fa, comme fa? S'apre 'o mantello? Tu l'hai vista?

CONCETTINO   Avvoca', una cosa meravigliosa. (*Esce parlando*).

Abatino, Ruoppolo e Cicero entrano in scena carichi di manifesti illustrati del Circo Celie Bouton, verdi, rossi, gialli; ed altri manifestini di quelli che si lanciano a mano, che poi attaccheranno alle pareti dell'ufficio e distenderanno sui tavolini, parando cosí festosamente tutta la stanza.

ABATINO   Ma che bella cosa... che femmena!
CICERO   Femmena? Che femmenone!
ABATINO   Maestosa!

RUOPPOLO Mo sta dint' 'o meglio!... Ha fatto uno sviluppo! Ma
se capisce, era chella guagliona! Che ghieve truvanno chillu pazzo 'e Crispucci...

ABATINO Io so' rimasto incantato, affatturato... 'I' che femmena!

RUOPPOLO Crispucci, Crispucci... Chesta era 'a vita ca aveva fa',
chella! Ma tu ll' he vista, con che grazia, con che eleganza arape chella mantellina rossa? Ma che d'è na statua?

ABATINO Marmo...

CICERO Alabastro! Io pe' correre a vedé me s'è stracciata 'a giacchetta... Chi tirava, chi vuttava!... A proposito, e Cerino addó
sta?

RUOPPOLO Se', Cerino!... Cerino stava con noi; ma po' chi l'ha
visto cchiú!

ABATINO (mostrando un manifesto) Guarda ccà, che bellezza...
Che occhi... che capille!... Io stasera ce vaco... Me mpigno 'o
rilorgio... pure 'a cammisa, ma io aggi' 'a sta' in prima fila di
poltrona! (Cerino entra dalla comune a sinistra). Guè, Ceri',
ma ch' he fatto, te si' sperduto mmiez' 'a folla?

CERINO Sono esausto, aiutatemi!... Lo confesso, sí... sono un im-
pudico... ma non mi è bastata una volta sola... ce aggio curruto
appriesso... Pecché, si vulite sapé 'a verità, quella mi ha guardato!

RUOPPOLO Ma vide addó he 'a ji'!...

ABATINO Chella guardava a isso!

CERINO Be', mi sarà parso... Ma chella tene nu paro d'uocchie
ca so' ddoie stelle! Ho dovuto correre appresso per accertarmi
se guardava a me... ogne vota ca se fermava, 'o ffaceva... (Fa il
gesto di aprire il mantello) Roba da morire... E 'a voce? (Imita
la voce) Ogne vote che faceva schiuppà 'a frusta «Oplà...
oplà... oplà...» Po' se fermava... «Olè»!...

RUOPPOLO Va bene; domani a Cerino lo andremo a trovare al
manicomio.

CERINO No, compagni, cheste so' cose serie! Compagni, a me 'a
voce 'e chella m'è rimasta dint' 'e rrecchie!

ABATINO Guè, Ceri', ccà s'ha dda fa' 'a reclame! (Accenna di
fissare i manifesti con le puntine).

RUOPPOLO Ma lasciate sta', povero Michele...

ABATINO Uh, e pecché? Forse noi sappiamo che questa è la moglie di Michele Crispucci?

CERINO Proprio! Chi se lo può immaginare? Nemmeno lui lo
crede piú!

ABATINO   Noi lo sappiamo pecché a Napule se sape tutte cose; ma Crispucci nun s'è cunfidato maie cu' nisciuno. 'A quanno 'a mugliera 'o lassaie, comme si avesse perduto 'a lengua.

RUOPPOLO   Voi siete giovani: ma chi pò sapé chello che tene ncuorpo Michele Crispucci?

CERINO   Va buono, chello che tene tene, io sapite che saccio? Ca Crispucci teneva na bella guagliona pe' mugliera, avette chillu piacere... e facciamolo 'o paragone... pe' cunto mio nun s' 'a meretava proprio! Miette ccà! (*Attaccano i manifesti*). E chisto vicino 'a scrivania 'e Crispucci!

Si mettono festosamente a parare la stanza con i manifesti, pronunciando battute a soggetto. Cosí li sorprende Crispucci entrando dalla comune, mentre con un fazzoletto si preme la guancia destra sfregiata da una frustata involontaria della moglie.

CRISPUCCI (*fermandosi a guardare i manifesti*)   Pure ccà! E avite tenuto 'o curaggio d'azzeccà sti manifeste pure ccà?!

RUOPPOLO (*impressionato dall'aspetto addolorato di Crispucci e accorrendo premuroso*)   Miche', che t' 'e fatto?

CRISPUCCI   Niente, niente... Chella c' 'a frusta...

RUOPPOLO   Te l'ha fatto apposta?

CRISPUCCI   No. E comme me puteva cunoscere?

ABATINO   Ma pecché, la Bouton ve cunusceva?

CRISPUCCI   E già, pecché vuie nun 'o sapíveve?

RUOPPOLO   'A vulimmo ferní? Era 'a mugliera; che d'è nun 'o sapíveve?

ABATINO   E sí, va bene; ma è una cosa inconcepibile... Uno che ha visto chella statua come se la può immaginare cu' Michele Crispucci appiso vicino...

CRISPUCCI (*afferrando Abatino per il bavero*)   E quanno Michele Crispucci ce steve appiso vicino era nu giglio! E tu, ringrazia 'a Madonna ca chella è na mala femmena... pecché si chello che 'e ditto mo, 'o dicive tanno, Michele Crispucci te spaccava 'o core...

Alle grida entrano accorrendo l'avvocato Boccanera e Concettino.

BOCCANERA   Ma che d'è, neh? Che novità so' cheste? Ma che state 'o mercato?

CONCETTINO   Uh, mamma mia! 'O vedete, avvoca'! (*Indica i ma-nifesti*).

CRISPUCCI   Guardate, avvoca'... Guardate che m'hanno fatto! I colleghi... 'e cumpagne!

BOCCANERA (*redarguendoli*)   Vergognatevi! Togliete subito quel-le porcherie, e rispettate la disgrazia del vostro collega...

CRISPUCCI   Siamo tutti quanti sotto l'occhio di Dio; a chi tocca una sorte, a chi un'altra... A me è toccata questa... E se voi ridete di me, offendete Dio!

BOCCANERA (*notando la ferita sulla guancia*)   Crispucci, che vi siete fatto?

Crispucci, non risponde e torna a premersi il fazzoletto sulla guancia, piangendo.

RUOPPOLO (*piano all'avvocato*)   Sua moglie... cu' 'a frusta... sen-za vulé...

BOCCANERA   Povero Crispucci... (*L'abbraccia affettuosamente*) Be'... insomma, ogge vulite fa' na festa della disgrazia del vo-stro collega? Andiamo, lavorate! (*Tutti si mettono a lavorare mentre l'avvocato seguito da Concettino trae un po' in dispar-te Crispucci, e gli dice*) Non credo, caro Crispucci, che dopo quanto è avvenuto io abbia bisogno di molte parole per farvi capire quello che è venuto a dire il figlio del mio carissimo amico e collega Minutolo.

CRISPUCCI   E che v'ha ditto, avvoca'?

BOCCANERA (*traendolo ancora piú in disparte*)   Voi sapete la guer-ra che ha dovuto sostenere a casa sua questo giovanotto, con il padre, per una parola data a voi, nei riguardi di vostra figlia...

CRISPUCCI   Perfettamente. La parola data a me, va bene, la pote-te anche ritirare; ma quello che la vostra parola ha fatto nascere nel cuore di mia figlia?... Voi non ci pensate a questo? Avete gli occhi per guardare solo quello che si vede fuori... E dint' 'a casa mia... addó ce sta figliema, nun ce vulite guardà?... Ce sto pur'io! Ce sta l'onestà mia, e tutta una vita sana... Voi pensate solamente a chella...

BOCCANERA   Ma ce penza tutta Napole, caro don Michele.

CONCETTINO   Noi ammiriamo, rispettiamo, caro don Michele, la vostra onestà, quella della vostra casa... ma è una onestà chiu-sa, mi spiego? privata... di fronte ad una vergogna pubblica.

CRISPUCCI   Ma io la lasciai immediatamente... Non l'ho pensata piú... Assunta nun sape niente, nun 'a cunosce manco: nun teneva ancora n'anno... Io me ll'aggio crisciuta in una casa povera ma onorata. E nun ve pare na nfamità a fa' scuntà a na povera creatura innocente la vergogna di una madre che non la riguarda?

BOCCANERA   Ma come non la riguarda... 'A mamma è sempe 'a mamma...

CRISPUCCI   Ma 'a mamma, pe' mia figlia, è morta. Murette 'o stesso iuorno ca se ne scappaie 'a me... e me lassaie Assuntulella 'e unnice mise mbraccio a mamma mia...

BOCCANERA   Ma abbiate pazienza, don Miche'... sarà morta per vostra figlia, per voi... ma per tutti gli altri, no.

CONCETTINO   Se volevate che fosse morta, Crispu'...

CRISPUCCI   Ll'avev'accidere?... (Afferrandolo per il bavero) Viene ccà... E se io, mo, l'accido... tu, a fígliema, t' 'a spuse?

BOCCANERA   (frapponendosi)   Ma che uccidere!... non facciamo sciocchezze... Dopo tanti anni che volete uccidere?...

CONCETTINO   E non complichiamo le cose.

ABATINO   Chesto ll'aviv' 'a fa' tanno, no mo!

CERINO   Pe' mo, nu segno nfaccia ce l'ha fatto essa a isso!

BOCCANERA   Stateve a posto voialtri, ntricateve d' 'e fatte vuoste!

CONCETTINO   Don Miche', io sono veramente addolorato, e sono venuto dall'avvocato per dirgli proprio questo. Con quale faccia io potrei tornare a frequentare casa vostra, dopo tutto questo scandalo per le vie di Napoli?

BOCCANERA   Caro Crispucci, dovete tenere presente pure la rispettabilità della sua famiglia... Siamo giusti: lo scandalo è grande!

CRISPUCCI   Sí, è forte... è forte... è troppo forte... E vuie avisseve tené nu core assaie cchiú gruosso e assaie cchiú forte di tutto questo scandalo... Ma nun 'o tenite... E ghiatevenne... iatevenne...

Dall'interno si odono voci confuse: «Venite... venite... Curre... Curre... 'A chella parte». Qualche voce piú forte: «Mamma d' 'o Carmene!»

BOCCANERA   Che d'è st'ammuina?

CERINO   Avvoca', certamente mo passa n'ata vota!

ABATINO   Iammo a vedé! (Rifà il gesto del mantello).

CERINO (*cercando di guardare dalla finestra assieme agli altri*)   Ma ccà nun se vede...

RUOPPOLO   Scennimmo abbascio 'o palazzo...

Fanno per avviarsi.

CRISPUCCI   Sí, sí... iate a vedé comme se scummoglie sana sana nnanze a tutte quante!

Le grida interne aumentano e per le scale le voci concitate di Erminia e di Nannina che sopravverranno seguíte da Assunta e da Donna Rosa.

ERMINIA (*di dentro*)   Io aggio visto tutte cose!

NANNINA   Io pure, io pure!

ROSA   Figlia mia!

BOCCANERA   Ma ccà è successa qualche disgrazia!

CRISPUCCI   Assunta! Figlia mia!

ASSUNTA   Papà (*Accorre verso di lui che l'abbraccia*).

CRISPUCCI   Che è stato?

ERMINIA   Male chi fa male! Sfracellata!... sott' 'e stesse cavalle suoie... Dint' a nu mumento: na vutata d'uocchie... Va' trova chilli cavalle c'hanno visto... so' addeventate quatte diavole... uno ncopp' a ll'ato... unu muntone... Sott' 'e piede d' 'e cavalle... sfracellata... n'hanno fatto na pizza...

RUOPPOLO   Ma chi, 'a Bouton?

NANNINA   Na pizza... na pizza... Nun se capiva niente cchiú, né 'a faccia, né 'e braccia, né 'o cuorpo... niente... Una macchia 'e sangue.

ERMINIA   Che impressione... E chi s' 'a scorda cchiú! E tutte ll'ati bestie ca purtava appriesso... inferocite... nun se puteva-no tené cchiú! 'A gente sta scappanno... N'urzo s'è mpezzato dint' a na farmacia... Na ruvina! Se so' nzerrate 'a dinto tutte quante!

CERINO   Scennimmo, iammo a vedé!

RUOPPOLO   Ma che si' pazzo? He ntiso ca ce stanno ll'animale feroce che fuieno pe' mmiez' 'a via?

ABATINO   Ceri', 18 'o sango... 17 'a disgrazia... (*Esce*).

ERMINIA   E 90 'a paura!

CERINO   Viene, viene cu' nuie; iammo a vedé! (*Esce trascinando Ruoppolo e Cicero*).

NANNINA   ...'a paura ce 'a simmo miso tutte quante... 17, 18 e 90. (*Esce appresso*).

ROSA   Miche', figlio mio, è morta, ll'aggio visto io. È morta!

CRISPUCCI   Mammà, 'a mano 'e Dio! (*Guarda Assunta*) E che ll'avite purtata a ffa', ccà? (*Alla madre*) Chella nun ha dda sapé niente...

ASSUNTA   Papà, 'o ssaccio... 'o ssapevo!

CRISPUCCI   'O ssapive? (*Alla madre*) E chi ce l'ha ditto? Ce ll'è ditto tu?

ASSUNTA   No, 'a nonna nun m'ha ditto maie niente... 'O ssapevano tutte quante!

ROSA   E quante vote ha mannato lettere, mbasciate che vuleva vedé 'a figlia... Ma nun l'ha pututo maie spuntà.

CRISPUCCI   E tu nun m'he ditto maie niente?

BOCCANERA   Ma che ghiate penzanno cchiú: povera donna, è morta!

CRISPUCCI   'O ssapeva, avvoca'... 'O ssapeva... Assunta 'o ssapeva ca chella era 'a mamma... Voi capite?... Tutto quello che aggio fatto pe' nun le fa' sapé niente, è stato inutile... L'ha saputo!... Ce l'hanno ditto!... Quanno io lle dicevo che 'a mamma era morta, essa me guardava accussí, e nun chiagneva, pecché 'o ssapeva... E io aspettavo una lagrima innocente, pe' chiàgnere cu' essa; pe' sfugà tutto stu turmiento ca sta chiuso ccà, 'a tant'anne!... 'O ssapeva... Ce ll'hanno ditto, p' 'a fa' crescere mmiez' 'o scuorno... e pe' me fa' mettere scuorno pure a me, nnanze a essa!

BOCCANERA   (*dopo piccola pausa*) Santo Dio... Be', Crispucci, non ci pensate piú... Pigliatevi una giornata di permesso, e ghiatevenne 'a casa...

CRISPUCCI   Io? No... Io lutto non ne porto! 'I' comme sarria comico Crispucci c' 'o llutto! Io, si me cagno stu vestito ca vuie me regalasteve tante anne fa, e ch'io porto ncuollo comm' 'o cane porta 'o pilo suio, mme vesto russo... Mme vesto russo, comme so' addeventate 'e cavalle suoie. Rosso, avvoca': chisto è 'o llutto 'e Crispucci! Io resto qua, aggi' 'a faticà, aggi' 'a cupià... Io nun me movo d' 'o studio.

CONCETTINO   Se permettete, accompagno io la signora e la signorina a casa.

CRISPUCCI   Voi, dopo il discorso che mi avete fatto, nun accumpagnate niente! Ce sta 'a nonna p' accumpagnà Assuntina!

CONCETTINO   No, mettiamo le cose bene a posto. Data la disgrazia e tutta questa confusione che ci sarà ancora per la strada, sento mio dovere di cavaliere di accompagnare e proteggere due donne.

CRISPUCCI (*alla madre*) Addó è succieso 'o fatto? Vicino 'a casa?

ROSA Duie viche appriesso, 'o llargo 'a Carità!

CRISPUCCI T'aggio addimannato pecché aggio visto a donna Erminia 'a guardaporta, Nannina...

ROSA È curruta tutta Napoli, 'e strille so' sagliute 'e ciele.

BOCCANERA Dunque, vedete, è necessario accompagnarle. (*Si sente squillare il telefono. Boccanera va all'apparecchio*) Pronto. Sicuro, è un mio impiegato... Precisamente... Ma naturale... L'accompagnerò io stesso. (*Rimette il ricevitore*) Crispu', il Commissario vi desidera in Questura.

ROSA E che te vonno arrestà?

BOCCANERA Ma niente affatto... Capirete, lui è il marito!

CRISPUCCI Nonzignore! Io non sono piú il marito! Ma no 'a mo... Per voi è morta adesso, per me è morta diciott'anni fa...

BOCCANERA Ma è inutile, caro Crispucci, che voi dite queste cose! Se il Commissario ha telefonato è perché in Questura si ha certamente bisogno di voi.

CRISPUCCI E io vi dico che non ci vado, che non c'entro, perché questa cosa non mi riguarda!

BOCCANERA Come non vi riguarda, se sta di fatto che siete il marito? Non vi potete esimere di fronte a una chiamata della Questura! E poi, che ne sapete voi quali comunicazioni vi si devono fare? Possono essere anche nel vostro interesse...

CONCETTINO Già... Io non ci avevo pensato... C'è l'eredità... la figlia!

CRISPUCCI Mo ce penzate... Mo avite appezzate 'e rrecchie... Aspettate, cu' st'eredità! (*Turando le orecchie di Assuntina come per ripararla da un pericolo*) Tu nun he ntiso niente! E manco tu, mammà! Vaco io a parlà in Questura!

BOCCANERA Ed io vi accompagno. Voi in questo momento avete bisogno di una persona che vi stia vicino!

ROSA 'O Cielo v' 'o rrenne, avvoca'! Nun 'o lassate sulo!

BOCCANERA Ma se capisce! Se', mo 'o lasciavo!

CRISPUCCI Grazie, avvoca', non vi disturbate. Tengo 'a cuscienza mia... Mammà, accumpagna Assunta 'a casa... Io vaco dal Commissario, sacc'io chello ch'aggi' 'a dicere.

Villa di Celie Bouton, a Posillipo. Salone fantastico di luci e sete che dia l'impressione di un tempio d'amore. In giro vi saranno alcove e *sommiers*. A destra, in primo piano, un manichino che rappresenta come viva, Celie Bouton, atteggiata in una vistosa combinazione di seta e merletti.
Il Commissario, un cameriere, una cameriera.

COMMISSARIO C'è altro che vi appartiene? Avete preso tutto?
CAMERIERE Tutto?... È na parola! Ce avimmo pigliato 'a rrobba nosta, ma non è tutto...
COMMISSARIO E che altro c'è?
CAMERIERA 'A bon'anema d' 'a padrona m'aveva prummiso cierti vestite suoie che nun se metteva cchiú.
COMMISSARIO 'A promessa? E chi 'a mantene cchiú sta prumessa? Chella 'a signora è morta!
CAMERIERE Va bene, è morta... Ma io tengo 'e note; chi 'e ppaga? Dolci, liquori, tutti i fornitori... 'A padrona nun si incarricava 'e niente. Pagavo io, e 'a fine 'o mese me rimborsava.
CAMERIERA E io pure: lavanderia, stiratrice...
COMMISSARIO Va bene... va bene... Se avete le fatture, le ricevute in regola, andate dall'avvocato Boccanera, che si incarica di tutto, e sarete pagati. Il signor Crispucci è inutile che l'importunate, in questo momento tiene tante cose per la testa.
CAMERIERA In questo momento? Chillo 'e ccose per la testa l'ha tenute sempe!
COMMISSARIO Silenzio! E rispettate un degno galantuomo! Iatevénne.
CAMERIERE 'O 'i' ccanno...

Dal fondo infatti compare Crispucci con l'aria sbalordita e come oppresso dalla sontuosità del salone.

COMMISSARIO (*facendoglisi incontro ossequioso*) Entrate signor Crispucci. Sono stato comandato di accompagnare e sorvegliare i due domestici che dovevano ritirare la loro roba. Non vi daranno il minimo fastidio; si rivolgeranno all'avvocato Boccanera per essere liquidati. Io, signor Crispucci, sono completamente a vostra disposizione. Se ci fosse della gente male intenzionata che cercasse di darvi molestia, non avete che da rivolgervi a me, ed io sarò felicissimo di servirvi.

CAMERIERA   Quante cerimonie e riverenze. È meglio ca ce ne iammo, nuie!

Escono i domestici.

CRISPUCCI (*con un filo di voce*)   Una preghiera, signor Commissario.

COMMISSARIO   Comandate, dite pure.

CRISPUCCI   No, niente. La preghiera di lasciare la porta aperta, qua e al cancello abbasso. Aspetto persone.

COMMISSARIO   Sarà fatto. Ossequi signor Crispucci, e tutti i miei complimenti. (*Esce*).

BOCCANERA (*entra*)   Crispu', voi state qua... Ma come, mi avete lasciato solo allo studio, e ve ne siete andato. Avete detto: «Io vado a bere...» Sí, avevo voglia 'e aspettà... Vogliamo continuare il nostro discorso? Sedetevi e parliamo con calma. (*Siede*).

CRISPUCCI   Non abbiamo niente da discutere, è inutile insistere. Di tutta questa eredità, io nun voglio niente.

BOCCANERA   Io vi giuro che maledico l'ora e il momento che mi sono messo in mezzo a quest'affare. Sono sette giorni che non sto trovando pace. Dio sa quello che ho fatto per risparmiarvi tutte le preoccupazioni che dovrebbero essere vostre; ma siccome vi conosco, e visto in quale stato siete, ci sto pensando io. Crispu', io stesso, vi confesso sinceramente, non mi ero formato un'idea esatta della fortuna di quella donna. Sí, va bene, qua si era saputo che aveva girato il mondo; avventure straordinarie qua, là, in America, in Francia, in Germania... ma che ll'avessero fruttato tanto non lo supponeva nessuno. Io ccà tengo tutto l'inventario 'e chello ca ce sta ccà, e d' 'o palazzo a Venezia. Si devono prendere le disposizioni su quello che s'ha da vendere per liquidare tutta la gente del circo ch'è rimasta a spasso, ma ci si arriva forse con lo stesso materiale... Tutto quello che resta è assai, assai... e per voi e per vostra figlia. Avite campato pe' tutto stu tiempo comme a nu scarrafone dint' a na tana... questo è un delitto che avete commesso! Pecché vostra madre ha detto nnanze a me, nnanze a tutte quante, che vostra moglie aveva sempre cercato di vedere la figlia, e certamente non solo per il piacere di vederla... Insomma, fatevi coscienza Crispucci, e ragionate... Sta povera figlia, da quella ne deve avere solo la vergogna? Perché voi avete l'orgoglio della vostra onestà, deve essere la vittima non solo della vergogna della madre, ma anche la vittima della vostra onestà?... Crispu', io so' avvocato e ve faccio levà sti pazzielle 'a capo. E, come avvocato, vi dichiaro che l'erede legittima per la massima parte è vostra figlia; la roba è sua, e voi non vi potete opporre. (*Crispucci lo guarda torvo*). È inutile che me guardate brutto, perché cosí è.

CRISPUCCI (*raccogliendo una manata di biancheria*) Ah... allora tutta sta robba se l'ha dda mettere mia figlia.

BOCCANERA Io nun dico c' 'a figlia vosta s'ha dda mettere ncuollo sta rrobba. E po' chesto è niente. Se pò vendere nzieme 'e vestite e 'e pellicce. Si vende, si vende... ma, Crispu', c'è ben altro. (*Mostra la valigetta che ha in mano*) Ccà stanno gli oggetti... perle, brillanti, smeraldi... Ce stanno doie cullane 'e perle che lloro sole vanno nu tesoro... Spille, anelli, bracciali, diademi, stelle di brillanti... Vuie si guardate ccà dinto, perdite 'a vista. Mo ve faccio vedé... (*Cava di tasca una chiavetta e apre lo scrigno*) È tutto inventariato... Un tesoro.

CRISPUCCI (*con gli occhi spalancati guarda il tesoro e vi caccia dentro una mano*) E io... e io, signor avvocato, per tutto il vostro amoroso interessamento, mi posso permettere di offrire alla vostra signora questo braccialetto? (*Cava un bracciale di brillanti, e lo porge all'avvocato, guardandolo velenosamente negli occhi*).

BOCCANERA (*sdegnoso insorge*) Ah! Voi seguitate a ffa' 'o pazzo pure cu' me? E avete l'ardire di offrire a mia moglie uno di questi oggetti?

A questo punto compaiono sull'uscio, smarrite, Donna Rosa e Assuntina e muovono alcuni passi per farsi avanti.

CRISPUCCI E a mia figlia, sí? (*Vedendo Donna Rosa e Assuntina*) Assunta! 'A figlia mia ccà? Avite fatto vení 'a figlia mia ccà? (*All'avvocato*) E vuie avite pututo consiglià na cosa 'e chesta? Ccà, dint' a sta casa! Ah! Ve site mise d'accordo tutte e tre?... E già, pecché mo 'a padrona si' tu... tu, Assuntulella

mia... che t'aggio tenuta e t'aggio fatta crescere pura comm' 'a
n'ostia consacrata?... E mo 'a padrona he 'a essere tu?... Chesto t'hanno miso ncapo, 'a nonna e l'avvocato?

ASSUNTA   Io nun saccio niente, papà!

CRISPUCCI (*alla madre*)   Allora si' tu? (*A Boccanera*) Site vuie,
avvoca'?... Ah, chesto vulite?... Avvoca', vuie accussí a Michele Crispucci, nun 'o pigliate! Michele Crispucci ha camminato
sempe a fronte alta!... No!... Io l'onestà mia nun 'a faccio scarpesà dal disonore 'e tutta 'sta rrobba... nun 'a faccio scarpesà!
Io esco pazzo overamente!... A sta femmena, che è stata 'o
martirio 'e tutta 'a vita mia, che m'ha ridotto accussí, comme
me vedite, io, nun ce 'a dongo pe' vinta. Nun ce 'a dette pe'
vinta quann'era viva... Essa vincette a tutte quante, ma a me
no! Figurateve si nce 'a faccio vénvere mo che è morta... Non
mi lascio schiacciare! Voi che dite, che non mi posso opporre?... Ca sta rrobba s' 'ha dda piglià pe' forza fígliema?...

BOCCANERA   Non vi potete opporre, è rrobba soia. Crispu', nun
ce 'o putite levà.

CRISPUCCI   Nun ce 'o pozzo levà?... Avvoca', iatevénne... Iatevénne, via, via! Io abbrucio tutte cose!

BOCCANERA   Voi siete un pazzo! Ma ve faccio turnà io 'e cerevelle! (*Alle due donne*) Andiamo! Si faranno le dovute pratiche e
o vo' o nun vo' s' 'ha dda piglià afforza!

Escono parlando.

Crispucci rimasto solo, si muove come un sonnambulo in mezzo a tutta quella ricchezza. Sbalordito, non sapendo da dove
guardare prima, con le mani incerte va tastando qua e là mobili
e suppellettili, striscia una mano su un *sommier*, e quasi senza
saperlo con un fil di voce dice: «*Sommier*». Con gli occhi intanto è attratto verso il manichino. Ora guardandolo ha come una
vertigine, ed esprime con tutto il volto la passione repressa da
tanti anni. Il desiderio carnale di quella donna gli fa alzare le
mani tremanti, che non osano da prima toccare, come ne avrebbe la tentazione. La guarda tutta, dalla testa ai piedi, come è
fatta, e come, attraverso la rosea combinazione, trasparisce tutta. Poi con due dita solleva un lembo di quei veli e scopre
piano piano la gamba piú su del ginocchio, piú su delle calze,
dove appare la coscia e allora con l'altra mano fa per toccare.
Dal fondo appare...

CLARA (*con una esclamazione sguaiata*)   Neh, guè, e che state facenno? Facite 'ammore cu' 'o *mannequin*?

CRISPUCCI (*all'esclamazione di Clara si volta di colpo come se avesse ricevuto una rasoiata alla schiena*) Chi è?... No, no!

CLARA Chesta è na pupata! Pare 'e carne... Me pare d' 'a vedé... Era accussí... Nun ve mettite scuorno 'e me. Aizate, aizate... si no, pecché ce sta? Ched' 'è, v'avota 'a capa? (*Lo sorregge*) È bella è ovè? È bella ncoppa e bella sotto... è tutta bella. Nun se n'è vista maie una eguale! Chella llà è stata boccone da Principi, Re...

CRISPUCCI Ma voi chi siete?

CLARA Io? Chi songh'io? E ch' aggi' 'a essere? Nun so' cchiú niente! Io fui!... e v'assicuro che in un'epoca ce putevo sta vicino senza sfigurà assai... 'A vulevo bene, me cunfidava tutte 'e fatte suoie... e quacche vota me parlava pure 'e vuie... e sapite che ve dico? V'apprezzava, vi stimava... e se si parlava d' 'a figlia, Assunta si chiamma, è overo?... io 'o ssaccio... diceva: «Meglio che sta cu' isso ca cu' mme...» Pecché era carattere, temperamento ca quanno se sfrenava addiventava na pazza, e nun capiva niente cchiú... Ma poi, in fondo, Nanninella era na buona guagliona, e a vuie ve penzava e ve vuleva bene...

CRISPUCCI E primma 'e sti Re, sti Principi, 'e tutto 'o munno, è stata 'a mia... Primma che sti Re, sti principi ll'avessero tuccata, l'aggio tuccata primm'io, primm'io...

CLARA Sí, ma primma nun era accussí...

CRISPUCCI Era meglio! Era pura!

CLARA Pura, sissignore, ma no accussí!

CRISPUCCI Accussí, accussí, e meglio! (*Clara fa cenno di no. Crispucci infervorandosi*) Che ne sapite vuie? Teneva quinnice anne, era fresca comm' a na rosa... Quinnice anne, int' a sti braccia ca nun se so' chiuse cchiú... ca 'e tengo ancora accussí 'a tanno!... Che ne sapite?... Nanninella!... Io sulo 'a pozzo chiammà Nanninella! Era tanto bella ca da allora nun m'aggio pututo avvicinà a nisciuna ata femmena! E pirciò m'avite truvato llà vicino... Pecché me vulevo ricurdà na femmena comm'era fatta.

CLARA Uh, pover'ommo!... Dicite overamente? Ma chella è de lignammo... Venite a ccà... (*Fa per passargli un braccio intorno al collo*).

CRISPUCCI (*la respinge con disgusto*) Iatevénne! Che volete? Che site venuta a fa' ccà?

CLARA Per servirvi in qualunque cosa. Nisciuno meglio 'e me sape che ce sta dint' a sta casa. Nisciuno meglio 'e me ve pò mparà comme sapeva campà chella llà! (*Mostra il manichino*).

Teneva ll'arte!... Sapeva comme ll'avev' 'a mbríacà ll'uommene!... 'A vulite vedé annuda?... (*Insinuante*) 'E vvote asceva
ccà fore cu' na pelliccia ncuollo a carna annuda, e po' se metteva ccà... (*si piazza nel centro della scena*) e 'a faceva cadé
nterra, accussí... (*fa il gesto*). 'E meglie uommene perdevano 'a
capa... E pure vuie... Vaco a chiudere 'o canciello abbascio...

CRISPUCCI   No... no... E che vulite fa'?... Ccà?... Ma site pazza?...

CLARA   E che ce vo'?... (*Accende la luce rossa sotto l'alcova a
sinistra*) Ccà, ccà!

CRISPUCCI   Vuie site pazza!? Iatevénne, iatevénne! Io 'a capa
nun 'a perdo. 'A perdette una vota, cu' essa... ma nun 'a perdo
cchiú! Tutto quello che avete detto non mi riguarda; io sono
un uomo onesto!

CLARA   E che vulite fa', vuie, pover'ommo,... mmiez' a sta ricchezza, ch'è fatta tutta 'e tentazione... È assai... È assai... E chesto è niente! 'O sapite 'o palazzo 'e Venezia? Ma ce site stato
maie a Venezia? Chella sí ca mme pare 'a casa d' 'e ffate... E 'a
fata era essa! E vuie chi site? Pecché nun vulite perdere 'a
capa pure vuie? Ll'avit' 'a perdere pe' forza! Pecché ce state
mmiezo, a tutto chello che ha saputo cria' 'a bellezza 'e na
femmena! 'A perde pure 'a femmena, quanno arriva a capí 'a
bellezza soia che è capace 'e cria'... ca pure a nu Re lle pò fa'
perdere 'o regno! E vuie mmiez' a tutta sta rrobba, mme parite
nu verme, nu vermezzullo... ca si essa putesse trasí 'a chella
porta, un'ata vota comm'era, ve mettarria 'o pede ncapo, e ve
scamazzarria, accussí... Pecché chello c'ha fatto essa, cu' 'a bellezza soia, vuie, cu' tutta l'onestà vosta, nun 'o pputite distruggere!...

CRISPUCCI   Che cosa? Mo ve faccio vedé io che sso' capace 'e
fa'... Io so' venuto ccà, pe' chesto... E attaccammo a curto! Io
nun ve cunosco, iatevénne!

CLARA   Vuie è inutile ca ve facite brutto. Si so' venuta, so' venuta per interesse mio. Vuie nun me cunuscite? E a me non m'importa! L'importante pe' mme è ca me cunusceva essa. E voglio
sapé se l'amica mia ha lasciato qualche carta, qualche disposizione per me...

CRISPUCCI   Niente, niente... è morta intestata!

CLARA   E che significa intestata?

CRISPUCCI   È morta senza testamiento. Nun s'è truvato niente!

CLARA   'A furtuna mia! Afforza accussí avev' 'a succedere... Era
giovane... Ha fatto chella morta straziata... Io po' dico accussí,
nun era meglio ca muriveve vuie? Sicché, mo tutte sti belli

cose restano a vuie? Tutte sti pellicce, sti brillante, 'e vestite, muntagne 'e biancheria... che nne facite?

Ruoppolo entra seguíto dalle figlie, Carmenella e Peppenella.

CRISPUCCI   Che nne faccio? Mo v' 'o ffaccio a vedé io, che nne faccio! Venite qua! Ruoppolo, cammina... Che d'è, si' rimasto ncantato?... Fa vení 'e guaglione...

RUOPPOLO   Adesso vengono pure gli altri colleghi: Cerino porta 'a sorella, Abatino porta a' fidanzata... Io ho portato le due figlie mie, come siamo rimasti d'accordo.

CRISPUCCI   Venite qua... Assettateve!

PEPPENELLA (*siede su un sommier e vi si sdraia*)   Papà, comme se sta bello ccà ncoppa! Carmene', viene pure tu!

CARMENELLA (*vedendo il manichino*)   No, viene a vedé... E che d'è, chesta?

PEPPENELLA (*alzandosi e accorrendo*)   Uh, che bella pupata! Pare viva!

RUOPPOLO (*piano a Crispucci*)   Che d'è, muglièreta?

CARMENELLA   Sta tutta annuda, 'a sott' 'a cumbinazione!

PEPPENELLA   Tutta seta!

CLARA   Pareno 'e mmosche attuorno 'o zucchero! (*Facendo loro un versaccio*) Oh!

RUOPPOLO   Mia signo', chelle so' ragazze per bene! (*A Crispucci*) Come si permette? Tu m' 'o putive dicere, io 'e guaglione nun 'e purtavo!

CRISPUCCI   Va bene, Ruo', quanta scrupoli! (*Vedendo entrare Cerino con la sorella*) Ah! Ccà sta pure Cerino! Viene, viene...

CLARA (*fra sé*)   Ma che ha dda vení tutta Napoli, ccà? Ma che vo' fa' stu pazzo?

CRISPUCCI (*prende Ruoppolo per la giacca*)   Viene ccà, Ruo'... tu si' n'ommo onesto... E tu pure, Ceri'... (*In questo momento entra Abatino con la fidanzata*). E tu pure Abati'... Tu si' onesto? (*A Ruoppolo*) E sti figlie toie so' oneste, è overo?

RUOPPOLO   Ma pecché, 'o vvuó mettere in dubbio?

CRISPUCCI   No, pecché aggio visto ca primma ce stevano tanto bene ncopp' 'o *sommier*... (*Le prende e le sospinge*) Assettateve n'ata vota... (*A Clara*) E vuie ca sapite tanta cose... ce se sta meglio cu' n'ommo, è ove'? (*Ad Abatino*) E chesta è 'a fidanzata toia? (*A Cerino*) E chesta t' è sora? E sso' tutte oneste, è vero?

ABATINO   Crispu', ma tu fusse pazzo?

CERINO   Bada comme parle...

RUOPPOLO   Ma che staie mbriaco?

CLARA   Accussí me pare: sta mbriaco!...

CRISPUCCI (*a Clara*)   No, è pe' sapé... Perché, per voi, me lo spiego; vuie site chella che site... chello che era essa... Io voglio
sapé 'a tutta sta gente onesta si faccio buono ad accettare tutta
chesta eredità... Tu che dice Ruo'? Me l'aggi' 'a piglià? (*Comincia ad aprire i tiretti ed estrarne la biancheria: combinazioni,
camicie da notte aperte davanti, di tutti i colori, reggipetti,
mutandine, calze ecc.*) Allora io, ncopp' 'a carne 'e fígliema im-
macolata, avess' 'a mettere chesta rrobba ccà? (*Mostrando una
camicia da notte aperta avanti*) E tu sta cammisa spaccata nnanze ce 'a mettisse ncuollo a fíglieta?... Abati', ncuollo 'a nnammurata toia?... Ceri', a tua sorella? Sí?... E pigliàte, teníte,
purtatevelle... È tutta seta! Sti cazette, guardate comme so'
trafurate! (*E man mano distribuisce a destra e a sinistra biancheria che ha tra le mani. Tutti lo guardano intontiti. Le donne, meno Clara, osservano le camicie con meraviglia ed avidità
mal celata*). Pigliatevella! È rrobba vosta! È rrobba 'e tutt' 'o
munno! Ma io a fígliema, no, no!

A queste parole tutti allargano le mani e lasciano cadere per
terra la biancheria che avevano presa avidamente.

CLARA   Basta! Io nun me ne fido cchiú! M'è ghiuto 'o sango ncapo! Questo è sacrilegio! Chesta rrobba ccà è degna 'e sta' ncuollo a na rigina, comme era essa! A chi 'a vulite da'? Sta gente
ccà nun s' 'a merita! E nun s' 'a merita manco 'a figlia vosta.
Chi s'ha dda mettere na cammisa 'e chesta ncuollo, s'ha dda
lavà primma diece vote cu' ll'acqua 'e rose. E si nun 'o ssapite,
chesta è pure rrobba faticata! Sissignore, faticata! 'O ssaccio io
comm'è faticata sta rrobba... pecché ll'uommene, nun so' tutte
quante simpatiche e spassuse... ce stanno pure 'e viecchie: 'e
viecchie ricche... e quanto cchiú so' ricche, cchiú puorce songo... E cchiú pagano, e cchiú pretendono... ce ne stanno cierte
ca sulo a starce vicino te fanno avutà 'o stommaco!... E tutte
sti piccerelle nnucente, mo, se vulessere piglià sta rrobba
ccà?... S'hanno mparà primma a sta vicino a n'ommo mbriaco... che t'acchiappa accussí... comme so' stata acchiappata io
tanta vote... Ah, vuie guardate sulo 'a bellezza 'e sta rrobba?
Avit' 'a guardà pure comm'è stata fatta, chi l'ha fatta, pecché
l'ha fatta. ...e l'avit' 'a pavà, l'avit' 'a pavà comme 'o ppavam-

mo nuie, a sudore 'e sango... si no, nun site degne manco d' 'o
guardà! (*Piangendo*) E mo, mettitevello, si tenite 'o curaggio!

CRISPUCCI   Embè, avite ntiso? E a chi aspettate? Ah, mo nun
v' 'a vulite piglià cchiú sta rrobba? E vuie 'o ssapíveve ca nun era
robba onesta... tanto è vero ca m'avite dato 'e turture pe' tan-
t'anne. Dunque, 'o ssapíveve! E quanno io v'aggio ditto ca
v' 'o vulevo da', vuie nun avite ditto no... Site venute ccà, cu'
'e piede vuoste... state ccà... e mo nun v' 'o vulite piglià
cchiú... (*Raccoglie la biancheria a manate e torna a distribuirla*) Tenite ccà, pigliate! Io songo pronto a darvela... pecché
nun aggi' 'a essere spurcato io sulo... v'aggia a spurcà a tutte
quante...

RUOPPOLO   Mo ll'he 'a ferní. (*Alle ragazze*) Cammenate 'a casa.
E tu, si scinne abbascio, t'arapo tutte chesto! (*Fa segno a Crispucci di spaccargli la testa*).

ABATINO   Buffone!

CERINO   Cose da pazzi!

Escono tutti vociando e imprecando come a concerto.
Crispucci ride.

ATTO TERZO

La casa di Crispucci. Entrata sulla scala. Una porta a destra e la comune a sinistra. In fondo a destra ampio finestrone. Oltre, tetti e comignoli. Sotto il finestrone una branda con pagliericcio. Piccolo tavolo con l'occorrente per scrivere, libri e carte ammassate. Mobilio poverissimo. Qualche sedia spagliata.
Tramonto tardissimo, quasi sera.
Donna Rosa, Assuntina, Donna Erminia, Prezetella, Don Ferdinando e altre vicine.

FERDINANDO (*sui cinquant'anni. È presbite; occhiali a stanghette sulla punta del naso, dalla tasca del suo gilè pende un pezzo del metro*) Ma, ha scritto?

ROSA   Niente. Nemmeno una cartolina.

ERMINIA   Ma statevе zitto, ca vuie nun cunchiudite... Don Ferdina', ma ve pare ca si avesse mannato qualche nutizia, stésseme accussí?

FERDINANDO   Di modo che, non sapete ancora se questa eredità l'accetta o non l'accetta?

PREZETELLA   Don Ferdina', stammo dicenno chesto 'a quatte iuorne. Donna Rosa e Assuntina stanno perdenno 'a capa, doppo 'o scandalo che succedette 'a villa 'e Pusilleco.

FERDINANDO   Ma dopo lo scandalo della villa a Posillipo, don Michele è partito?

ERMINIA   Sissignore, sissignore; partette pe' Venezia cu' l'avvocato. Ma io dico accussí: a vuie che ve ne mporta?

PREZETELLA   Che ve mettite a ffa' mmiezo? Che ve credite ca ce simme scurdate 'o fatto d' 'a guagliona... sott' 'a ll'uocchie d' 'a mugliera vosta?

FERDINANDO   Ma chi 'a facette niente?... So' tre anne ca nun aggio truvato pace pe' via 'e stu fatto. Aggio perzo 'e cliente, mia moglie me trascura... 'a gente nun me saluta cchiú!... Che diavolo!

PREZETELLA   E chesto è niente... Vuie avite perzo 'o diritto 'e
parlà cu' 'a gente seria, e di rivolgere domande inutili... Pirciò,
iatevénne!...

FERDINANDO   Ma santo Dio!... Neh, p'avé fatto accussí... (*gesto
di fare il ganascino a una ragazza*) nfaccia 'a guagliona ca me
purtaie 'e cazune fernute, questo è tutto!

PREZETELLA   Nfaccia?... Tene 'o curaggio 'e dicere nfaccia... E
po' nun facisteve accussí... (*Ripete il gesto fatto da don Ferdinando*). Facisteve accussí... (*Gesto di un pizzicotto sulla nati-
ca*). Tanto è vero ca 'a guagliona se ne scappaie alluccanno pe'
tutt' 'e scale!

FERDINANDO   E anche ammesso ca fuie nu pízzeco, so' tre anne!... E pe' chesto io aggio perzo 'e diritti civili?

ERMINIA   Ll'avite perze, sí...

FERDINANDO   Io nun so' venuto a fa' domande inutili... Io voglio
sapé si 'o vestito nuovo a don Michele ce 'o pozzo fa' o no. So'
quinnice anne ca 'o stongo currenne appriesso, senza dargli fastidio... Io m'aggio studiata la carcassa sana sana, tengo tutte
le misure... (*Cava dalla tasca del gilè un logoro foglietto di
carta e legge*) Spalle 38 maniche 46, torace 83... Io non ce
metto niente!... (*Cava dalla tasca delle mostre di stoffa*) Basta
ca vuie me sceglite 'a stoffa e quanno vene ce 'o faccio truvà
ncopp' 'o lietto suio. L'importante è di sapere il giorno preciso
dell'arrivo.

LE DONNE (*a coro*)   Nun 'o sapimmo! Nun 'o sapimmo! Nun 'o
sapimmo!

ERMINIA   Ma guarda che mosca cavallina!

ROSA   Vuie penzate a 'o vestito nuovo? Ccà se tratta ca nuie nun
sapimmo si chillo ha perduto 'a capa pure a Venezia cumme 'a
perdette ccà!

ERMINIA   No, pe' chesto, putite sta' senza pensiero... chillo tene
l'avvocato appriesso. Certamente fa mettere 'e sigille pure a
Venezia, comme l'ha fatto mettere a Napoli, in modo ca nisciuno pò tuccà niente.

ROSA   E già, nun tocca niente nisciuno... Nun tocca niente isso,
nun tuccammo niente nuie, intanto 'a rrobba sta sigillata llà, e
ccà nuie ce murimmo 'e famma!

ASSUNTA   Ha giurato ca nun me fa tuccà niente d' 'a rrobba 'e
mammà. Chillo sarrà capace d' 'a fa' tarlà dint' 'e casce. E nun è
na nfamità? Chella seta... chilli merlette!...

PREZETELLA   Sa quanto hann' 'a essere belle!

ERMINIA   Da na parte, po', don Michele pure 'ave ragione... Chel-

la rrobba ncuollo 'a figlia... pure dice na cosa! Ma farla mangià
d' 'e tarle, pure è nu sacrilegio... Se ne putessero mmaretà figlie
'e mamma...

ROSA E po', donn'Ermi', vuie overo facite? E sí, proprio chesta
è stata 'a pazzia 'e Michele... 'e regalà 'a rrobba a tutte quante... e vuie ce 'o vulísseve mettere ncapo n'ata vota?

ERMINIA P'ammore 'e Dio... Io dicevo, si se l'hann' 'a mangià 'e
tarle... è meglio ca se sulleva quacch'anema d' 'o Purgatorio!

ASSUNTA 'A no', ma tu 'a siente? E io m'aggia sentere stu discorso ca mme fa fràgnere ncuorpo! Insomma, 'a rrobba 'e mammà
è giusto ca s' 'a piglieno ll'ate, e io nun aggi' 'a avé niente?

ROSA Assu', nun se piglia niente nisciuno! Tu a pateto l'avarris-
s' 'a cunoscere comme 'o cunosco io... è tuosto! E quanno s'ha
miso na cosa ncapo, nun s' 'a leva manco si che! Miserabili
stevemo, e miserabili rimanimmo... Facce na bella croce ncoppo
e nun ce penzà cchiú. Dint' a sta casa, 'e tutta chella rrobba, nun
trasarrà maie niente!

Donna Rosa non ha finito di dire queste parole che dall'interno
della scala si cominciano a sentire cupi rumori di persone che
salgono cariche di oggetti pesanti. Sono i facchini che trasporta-
no in casa Crispucci i bauli dell'eredità, numerosi e di varia
grandezza.

ERMINIA Che d'è st'ammuina p' 'e grade? (*Va verso la comune*)
Chi è, neh? Ma che site pazze?... state mettenno nu palazzo
sotto e ncoppo... E che maniera!

ROSA Ch'è stato?

PREZETELLA Chi è?

ERMINIA N'ommo cu' nu bauglio...

LE DONNE (*correndo verso la comune, in coro*) Nu bauglio!

ASSUNTA Uno solo?

ERMINIA No, ce stanno pure ll'ate appriesso.

FACCHINO (*con baule, affannando*) È ccà, Crispucci?

LE DONNE (*in coro*) Ccà... ccà...

PREZETELLA N'ato... n'ato... 'o 'i' ccanno...

Entra un secondo facchino con baule.

ERMINIA Donna Ro', avite visto? 'A ricchezza! E pe' cient'anne!

PREZETELLA Assu'... è tutta rrobba toia!

Man mano che arrivano i facchini dispongono in scena i bauli;
l'azione continua mentre fra l'esultanza delle donne si commenta l'arrivo inatteso.

FERDINANDO   Sangue d' 'a morte! E mo è sicuro, 'o vestite ce 'o
faccio!

ASSUNTA   Ma fosse nu suonno, 'a no'?

ROSA   E io che nne saccio? Mo mme vene na cosa!

ERMINIA   Ccà ce sta rrobba pe' nu reggimento!

PREZETELLA   Assu', nun te scurdà 'e me! Io t'aggio vuluto sempe bene!

ROSA   Aspettate! Ma comme, 'a rrobba arriva, e isso no?

ASSUNTA   E già, che d'è, 'a rrobba arriva e papà no... Arriva essa
sola?

CONCETTINO (*spuntando dietro l'ultimo baule*)   No, cari miei, arriva con me. La porto io e la dovete a me.

ROSA   Ma comme, vuie ve facite vivo nzieme cu' 'a rrobba, don
Cuncetti'?

CONCETTINO   Piano, piano! Io mi dovevo far vivo per forza...
prima perché non ho potuto mai cancellare dal mio cuore Assuntina... e poi perché sono stato incaricato da mio padre, il
quale per ordine del suo collega, avvocato Boccanera, che gli
ha scritto da Venezia, ha svincolata questa roba e l'ha mandata
qui con me!

ROSA   Ah! Pozz'essere beneditto!

ERMINIA   È stato il vostro salvatore!

PREZETELLA   Se mmeritasse na statua d'oro!

ROSA   E si nun era pe' isso, comme avarríamo fatto?

ERMINIA   Donna Ro', chisto doppo vo' essere pagato!

ROSA   Ma se capisce, tutto chello che vo'!

CONCETTINO (*con aria di uomo astuto*)   Ma sí... presenterà la sua
parcella! Intanto firmate questa bolletta e passiamo ad altro.
(*Porge a donna Rosa una bolletta e una penna stilografica*).

Donna Rosa firma.

ROSA   Ma isso, Michele, addó sta?

ASSUNTA   Papà, addó sta?

ERMINIA   È arrivato pure 'o signurino?

CONCETTINO   È in viaggio con Boccanera. Sta per arrivare. (*Ai
facchini*) Voi siete stati già pagati, potete andare. (*I facchini
escono*). Donna Ro', nun c'è tempo da perdere. In ogni modo

per qualunque sciocchezza che lui possa commettere ancora,
gli oggetti stanno ccà (*mostra la valigetta*). È una ricchezza!

GLI ALTRI (*commentano sottovoce*)   'E brillante, 'e brillante!

Donna Rosa si affretta a sottrarre con avidità lo scrigno.

CONCETTINO   Aspettate, io non vi posso consegnare niente, se
prima non mi firmate la carta che ha preparato papà d'accordo
con Boccanera. (*Cava di tasca un documento*) Eccolo qua, dovete firmare voi e Assuntina. (*Le porge di nuovo la stilografica*).

Le due donne una dopo l'altra firmano.

ROSA   Beneditto, pozz'essere! Si nun ce steve isso!...

ERMINIA   Una statua, si merita, overamente!

CONCETTINO   Mo sí, tutto deve essere fatto con giudizio! (*Guar-
dandosi intorno*) Donna Ro', mi raccomando... vedite addó 'a
mettite... chiudetela bene... Già, io ci soffro a vedere tutta sta
ricchezza dentro a sta topaia! (*Si tura il naso*) È insopportabile!

ERMINIA   Ma vuie 'a signurina ccà l'avite cunusciuta!... 'A topaia 'a sapíveve già! Che d'è, tutte nzieme cacciate 'e vizie?

CONCETTINO   Che significa? Prima era una cosa e adesso è un'altra! E non ci perdiamo in chiacchiere, perché non c'è neanche
un minuto da perdere. Donna Ro', se vi trovate questa roba in
casa, lo dovete a me, a papà e all'avvocato Boccanera, perché
Crispucci a Venezia ha fatto il pazzo peggio che a Napoli... 'E
chiave nun ce stanno, nun saccio si 'e tene papà dint' 'a cassa-
forte o Boccanera a Venezia. Ma io, sentitemi bene, mo faccio
una cosa secondo il mio giudizio, e voi la dovete approvare,
perché io voglio che il mio giudizio si incontri con il giudizio
popolare. Prima di tutto, innanzi tutto, nuie avimm' 'a salvà
sta piccerella...

TUTTI   Ma comme ma comme... E che se pò fa'?

CONCETTINO   E mo ve dico io che se pò fa'! Crispucci sta per arrivare.

FERDINANDO   'O vvedite, sta per arrivare, e mo nun trova 'o vestito!

TUTTI   Stateve zitto! 'A vulite ferní cu' stu vestito! S'è fissato!

ERMINIA   Signuri', stíveve dicenno?

CONCETTINO   Stavo dicendo, che né mio padre, né Boccanera ponno fa' 'e guardiane vicino a isso, o correrle appriesso cu' na

cammisa 'e forza sempe pronta pe' tutte le pazzie che senza
dubbio continuerà a commettere. Ora, il giudizio popolare, da
che mondo è mondo, insegna che quando due poveri innamorati sono contrastati in amore dalla pazzia dell'uno o dell'altro
genitore, l'hanno fatto trovare sempre, col consenso e l'aiuto
popolare, di fronte al fatto compiuto.

ROSA   Ma che vo' dicere?... Spiegateve chiaro...

ERMINIA   Donna Ro', nun avite capito?... Giustamente il ragazzo ragiona... Se n'hann' 'a scappà...

PREZETELLA   Certo, ma sempe cu' 'o cunsenso d'Assuntulella...

ERMINIA   Figlia mia, il consenso popolare, comm'ha ditto 'o signurino, ce sta... Non c'è altro rimedio contro 'a pazzia 'e papà
tuio... Il ragazzo ragiona...

CONCETTINO   O se no, bisogna farlo interdire; metterci d'accordo e far riconoscere alle autorità che ci troviamo di fronte a un
deficiente...

ROSA   No, no... Povero Michele!...

TUTTI (annuiscono)   Ragiona... ragiona...

CONCETTINO   Sono veramente contento di questo plebiscito... Assu', tu che dici? Tu non mi verrai meno? Bada che è soprattutto per il tuo bene, per la tua salvezza!

ROSA   Uh, mamma mia! Penzàtece buono... Io che lle dico a Michele?

ERMINIA   E che ll'avit' 'a dicere? Il fatto parla chiaro cara donna Rosa...

CONCETTINO   È appunto per non farlo parlare che vogliamo metterlo di fronte al fatto compiuto.

ROSA   Ma parlarrà, parlarrà!

CONCETTINO   E voi lasciatelo dire! Quando la ragazza è salva!

TUTTI   Ma se capisce!

PREZETELLA   Quanno na cosa è fatta, è fatta!

ERMINIA   S'ha dda calmà pe' forza!

ROSA   Uh! Mamma mia! Ma vuie che me vulite fa' fa'? Nun pò
essere, nun pò essere, e si mette stu fuoco dint' a sta casa...

ERMINIA   No, cu' chesto, vuie 'o stutate 'o fuoco! Sentite a me,
sulo accussí fernesce 'e fa' 'o pazzo! 'O signurino don Cuncettino è stato sempre nu giuvinotto serio, figlio 'e n'avvocato...
famiglia rispettabile... e s'ha dda dicere 'a verità, tutt' 'e dduie,
s'hanno voluto sempe bene...

CONCETTINO   Mio padre stesso m'ha fatto venire qua a portare
gli oggetti; questo che vuol dire? Che finalmente non ha nessuna difficoltà a farmi sposare Assuntina!

ERMINIA   Eh, 'o vularria proprio vedé... cu' chesta furtuna ca è
capitata 'a guagliona!

CONCETTINO   Che c'entra questo? Mio padre non si attacca a
certe cose!

ROSA   Sí, ma con tutte queste buone intenzioni che voi dite, non
credo che si stesse ccà, ve diciarría: «Scappatevénne, ca facite
buono!»

CONCETTINO   Naturale! Si opporrebbe, come vi state opponen-
do voi! Per queste cose i genitori non sono competenti! Queste
sono cose che si lasciano al giudizio della gioventú! (*Poi guarda tutti*)... E al giudizio popolare...!

TUTTI   Proprio! È overo! S'è fatto sempe accussí!

ERMINIA   Proprio, da che munno è munno! Io pure nun me ne
fuiette?

CONCETTINO   Assu', siente a me; tu mo t'he 'a vestí, t'he 'a parà
comme a na riggina!

ASSUNTA (*raggiante*)   Na riggina! E comme?... 'E chiave nun ce
stanno; comme facimmo?

CONCETTINO   E allora 'o giudizio mio che 'o ttengo a ffa'? Ho
pensato a tutto. (*Cava di tasca un ferro per forzare le serrature
dei bauli*) E ssaccio pure 'a meglio rrobba addó sta! Io e mio
padre stevemo nnanze, quanno mettevano 'a rrobba dint' 'e
baule! Saccio pure addó sta 'o vestito e 'a pelliccia che t'he 'a
mettere stasera!

ERMINIA   È inutile, il ragazzo ragiona!

PREZETELLA   Sape tutte cose! Che bella intelligenza!

FERDINANDO   Ha previsto tutto!

CONCETTINO (*durante questi commenti cerca tra i bauli quello dove sa che c'è l'abito per la sposa*)   No... ce sta scritto col gesso... L'ho scritto proprio io...

FERDINANDO   Pure 'o segno c' 'o gesso... Che intelligenza!

CONCETTINO   'O 'i' ccanno... dateme na mano... scustammo sti
baule... (*Con lo scalpello fa saltare la serratura di un baule e lo
apre affondando le mani nella roba, fra la meraviglia e lo stupo-
re dei presenti e l'esultanza di Assuntina*).

PREZETELLA   Che bellezza...

ERMINIA   Chisto è 'o curredo 'e na fata!...

PREZETELLA   Va trova che granda sarta ha fatto sta rrobba!

ERMINIA   Qua' sarta! Cheste adda essere tutta rrobba 'e Parigi!

ASSUNTA   'E pellicce... 'e pellicce, addó stanno?

CONCETTINO   Nell'altro baule, là! (*Mostrando ad Assunta il bel-*

lissimo abito che ha levato dal baule aperto) Mo t'he 'a mettere sta veste...

ERMINIA   Figlia mia, viene dinto... te voglio vestere io... Dateme
'o vestito!... (*Prende l'abito sulle braccia disteso e lo mostra in
giro*) Don Cuncetti', badate ca v' 'a vestimmo nuie 'a sposa... e
allora è comme si vuie avisseve ditto: «sí» nnanze a Dio!...

CONCETTINO   Ma quello che ho detto, ho detto... io sono un galantuomo e mi pare di aver dimostrato di saper bene quello che
faccio... Iate, iate, che non c'è tempo da perdere... Io, intanto,
apro 'o baule d' 'e pellicce...

Assuntina con Erminia escono per la prima a destra. Mentre
Concettino apre l'altro baule, Prezetella con le altre ragazze
prima timidamente e poi febbrilmente accennano a levare dal
baule questo o quell'abito, qualche boa, qualche cappello, pas-
sandosi gli oggetti di mano in mano, finché Donna Rosa si
ribella.

ROSA   Neh, guè: chest'è rrobba fine, e nun l'avit' 'a tuccà!

PREZETELLA   E che diavolo... che ce ne mangiammo nu piezzo...
Io vulevo vedé sulamente comme me steve! (*Intanto Concettino ha aperto il baule delle pellicce e tutte le ragazze accorrono
ad ammirare*). Venite, venite a vedé 'e pellicce! Quanto so'
belle!... Ce ne stanno 'e tutte manera! Bianche, nere, marrò...
Chella nera se chiama dello *stracane*...

CONCETTINO   (*scacciandole*)   Sciò... sciò! Mme parite 'e mmosche! Non perdiamo la testa. È meglio questa di visone. È piú
sobria! Questa costa quaranta, cinquanta mila lire!

PREZETELLA   Vuie che dicite?

Appare Assunta vestita con l'abito della mamma, seguíta da
Erminia.

ERMINIA (*di dentro*)   Quant'è bella, figlia mia!... (*La spinge fuori*) Guardatela, guardatela!

PREZETELLA   Gesú, nun se cunosce cchiú! Pare n'ata!

TUTTI   Mo si bella overamente!

CONCETTINO   E chesto è niente... Miéttete 'a pelliccia... (*Assunta
indossa la pelliccia, Prezetella le porge un cappello*). Chi v' 'o
fa fa' 'e tuccà 'e cappielle. Mettete qua... Ccà nun ha dda tuccà
niente nisciuno! E poi su questa *toilette*, 'o cappiello nun nce
vo'. (*A don Ferdinando*) Che tenite dint' 'a sacca?

FERDINANDO È 'o metro!

CONCETTINO L'avite pigliato 'a ccà dinto... (*Accennando ai bauli*).

FERDINANDO 'O cché! Io 'o tengo 'a trent'anne; 'a che faccio 'o sarto!

CONCETTINO E va bene... levateve 'a miezo...

TUTTI (*accennando ad Assunta*) È na signora, è proprio na signora...

ERMINIA Chesta mo nun pò ghi' cchiú a pede... ce vo' n'automobile, vestita 'e chesta manera...

CONCETTINO E se capisce! E sí, iévemo a pede! Mmiez' 'a strada pigliammo nu tassí. Po' appena faccio levà 'e suggelle ce servimmo delle macchine della buon'anima... Dobbiamo compire l'opera. Donna Ro', 'a valigetta addó sta?

ROSA No, chella nun v' 'a dongo!

CONCETTINO E chi 'a vo'... Anzi la dovete conservare bene... Ma, dico, vorreste fare andar via vostra nipote, nel giorno piú felice della sua vita, senza n'oggetto ncuollo, e manco n'aniello 'o dito? Queste so' cose 'e pazze, scusate!

ASSUNTA No, almeno na cullanella, n'aniello... voglio vedé si mme vanno!

CONCETTINO Mettite ccà... (*Le toglie di mano lo scrigno*) Chella s'ha dda mettere 'e perle e n'aniello 'e brillante! Io già saccio quale... 'A chiavetta ve l'ho data... dove sta? (*Donna Rosa gliela porge*). Oh... mo apro io... conosco il segreto! Bisogna prima spingere... (*esegue*) ... tirare a destra e girare tre volte... vedete? è aperta! (*Tutti si affollano intorno spalancando gli occhi*). E levatevi, santo Dio, ccà fa caldo!

PREZETELLA Mamma mia! Ce sta 'o sole ccà dinto! 'O sole e tutte 'e stelle!

CONCETTINO (*intanto avrà preso la collana e l'anello e chiude subito lo scrigno*) Ecco qua... E mo levammo 'a taverna 'a nnanze a Pulicenella. (*Consegna la valigetta e la chiave a donna Rosa*).

ASSUNTA Almeno faciteme vedé! Nun aggio pututo vedé niente!

CONCETTINO 'O vvide n'ata vota... pe' mo miéttete chesto e nun perdimmo tiempo. Avòtete, te voglio appuntà io stesso! (*Esegue*) E mo, nnanze a tutte quante, stienne 'a mano!... Ce metto questo anello come se fosse la fede matrimoniale!

TUTTI (*mentre Concettino compie il rito*) Benedetta! Che te ne puozze vedé bene! Pe' cient'anne!

ERMINIA Donna Ro', mo ce vo' na benedizione vosta!

ROSA Io tanno 'a benedico, quanno 'a veco nnanze all'altare...

CONCETTINO Va bene, presto ci benedirete. Domani stesso, donna Ro', a fatto compiuto... (*Ad Assunta*) Iammuncenne, iammuncenne.

ERMINIA V'accumpagnammo nuie fino abbascio 'o palazzo. Piccere', venite...

PREZETELLA E sí, iammo... auguri, e pe' cient'anne! Evviva 'e spuse!

Escono tutti con esclamazioni augurali delle ragazze. Donna Rosa siede a destra e piange sommessamente.

FERDINANDO Donna Ro', 'a gioventú 'ave sempe ragione. E nun ve mettite appaura... oramai ce stanno 'e solde... e quanno uno s'acconcia quatt'ove dint' 'o piatto... nun s' 'e guasta tanto facilmente... Chillo ccà torna e s' 'a sposa...

ROSA Appunto pe' chesto io l'aggio lassate fa'... Ormai 'o dubbio putarrie essere sulo p' 'a guagliona... Capirete, cu' tutta chesta ricchezza... Pellicce... vestite... brillanti... 'a capa 'e na femmena se ne va... 'A capa d' 'a mamma se ne iette... E puteva pure succedere ca 'a guagliona faceva una autata 'e bello e diceva: «A chisto nun 'o voglio cchiú...» Mo se ne so' ghiute e Dio l'accumpagne! 'E isso songo sicura... Aggiate pacienza... aiutateme a mettere sta rrobba a posto. (*Ferdinando esegue*). Almeno mo che torna Michele, nun se n'addona subito che hanno scassato 'e baule... accussí tengo 'o tiempo 'e ce 'o dicere chiano chiano...

Quando hanno finito di rassettare Ferdinando saluta donna Rosa e fa per andare.

FERDINANDO Donna Ro', bonasera... e state senza pensiero ca tutto s'acconcia... c'è il toccasana! 'A votta è chiena. E questo è l'importante. Di nuovo.

ROSA Buona nottata. (*Don Ferdinando fa per uscire, quando dalla comune appare Crispucci col cappello e l'abito nuovo che gli si sgonfia da tutte le parti. Un grosso sigaro in bocca, tanto che per reggerlo deve sostenerlo con l'indice e il medio della mano levata. È ubriaco, ma fa di tutto per tenersi fermo sulle gambe, tanto che l'ubriachezza deve palesarsi piú dal pallore torbido del volto e dal modo di parlare, che dai movimenti del corpo. Appena entrato guarda la madre e poi don Ferdinando come se non li riconoscesse. E i due lo guardano a loro volta sbalorditi e quasi impauriti. Rosa dopo pausa*) Miche', tu si' turnato?

Crispucci la guarda e non risponde.

FERDINANDO (*quasi fra sé*) S' 'ha fatto... S' 'ha fatto, 'o 'i'... (*Accenna al vestito nuovo*).

CRISPUCCI Voi siete don Ferdinando, è ove'?

FERDINANDO Don Miche', quest'azione da voi non me l'aspettavo... Ma santo Dio chi v' 'ha fatto stu vestito... Chisto fa cuoppe 'a tutte parte... E 'a me nun ll'avite vuluto essere fatto.

CRISPUCCI Questo, per regola vostra, è del primo negozio di Venezia. Stoffa da gran signore... da gran signore...! (*Con la mano destra accenna per aria il segno delle corna nel mezzo della fronte, per sottintendere: «cornuto», ma non lo dice*) Dunque, quando uno raggiunge certe altezze, non si può servire da un sarto come voi. (*Cava dal taschino del panciotto un altro enorme sigaro e va a ficcarlo in bocca a don Ferdinando*) Fumate... (*Poi cava dalla tasca una scatola di fiammiferi e tenta di accendere senza riuscirvi*).

FERDINANDO Lasciate sta'... p'ammore 'e Dio... quanno maie aggio fumato sta specie 'e sicarie... Io sí e no, fumo 'a pippa cu' 'e muzzune!

CRISPUCCI No! Tu he 'a fumà chiste! (*Lo forza e riesce ad accendere il fiammifero*).

FERDINANDO Oh, sant'Anna! (*Timidamente accende e aspira la prima boccata*) Che bella cosa... 'O vapore...

CRISPUCCI 'O cemmeniero d' 'o treno... (*Fischia ed imita il rumore del treno in corsa, sente che vacilla e si butta a sedere su di una sedia accanto alla tavola, seguitando sempre ad imitare il rumore del treno*).

ROSA Miche', tu staie stanco... he viaggiato... Mo te vuó mangià na cusarella... Te faccio due uova, sí?

CRISPUCCI (*si volta a guardare la madre, poi con aria di dispetto le risponde*) Vagon restaurant... vagon restaurant...

ROSA Che he ditto?

CRISPUCCI (*ripete con forza*) Vagon restaurant... se corre e se mangia... se mangia e se corre... Mme pare 'a festa 'o Carmene... 'A luce... 'e bicchiere ca se tozzeno ll'uno cu' ll'ate... pare 'e sentere tanta campanielle!... Cammariere cu' 'e guante 'e file... porteno 'o ghiaccio... ce sta pure 'o ghiaccio... 'o ghiaccio dint' 'o vino... Vino di Bordeaux... e Champagne... Ho pagato tutto io... pe' tutte 'e passeggiere... Me songo susuto... (*Si alza traballando*) Mentre 'a cammera 'e pranzo curreva... e so' caduto ncuollo a na signora che steva a n'ata tavola... Aggio fatto spassà a tutte quante! Bevete! Aggio ditto... questi sono soldi vostri! È rrobba 'e tutte quante, 'e tutte 'e signure 'e tutt' 'o

munno! Perché io nun me ll'aggio faticato sti solde... so' 'e
solde 'e nu curnuto! Il piú grande cornuto del mondo!... «Imbecille, – m'ha ditto nu signore che steva assettato vicino 'a
signora ca io ce so' caduto ncuollo... – Cacciatelo fuori!» Ma
ll'ate: «Va bene, sarà imbecille, ma ha pagato per tutti quanti... Beviamo alla sua salute!» «No... – ho detto io... – 'a salute
'e tutto 'o munno!...» 'E ccorne a me chi m' 'ha fatto? M' 'ha
fatto tutto 'o munno... E io, dal momento che ho accettato e
m'aggio miso stu vestito nuovo ncuollo, non posso fare eccezio-
ni! Bevo ringraziando alla salute di tutto il mondo!... Voi capite che era mio dovere ringraziare a tutti i miei benefattori!
(*Poi guardando la madre che piange*) Oi ma'; ma che faie, tu
chiagne? Tu he 'a ridere!... Nun s'ha dda chiagnere cchiú... La
tua preoccupazione qual era? Ca io nun accettavo? Aggio accettato? E allora nun se chiagne cchiú! Don Ferdina', voi avete
mai bevuto champagne? Mo v' 'o ffaccio bevere io... (*Cava di
tasca una manciata di biglietti di banca e li porge a Ferdinando*) Pigliate, accattatevènne champagne... Pago da bere a tutti
gli inquilini del palazzo!

ROSA   Aspettate, don Ferdina', nun ve muvite... (*A Crispucci*)
Ma che vuó fa'? Ah! Madonna, scànzece...

CRISPUCCI   Assuntina addó sta?

ROSA (*impacciata*)   Ah... È ghiuta nu mumento affianco, da donna Margherita, 'a sarta 'e biancheria... Ma io nun voglio che te
vede accussí...

CRISPUCCI   Oi ma', chiamma tutte quante... chiamma Assunta,
donna Margherita, donna Erminia... A tutte quante... Hann' 'a
vévere cu' me tutte quante! Currite, don Ferdina'... so' io che
cumanno... mo pozzo cumannà a tutte quante!

Mentre Crispucci spinge Ferdinando verso la comune, si odono dall'interno le voci confuse dei vicini e la voce di don Luigi
Minutolo.

FERDINANDO   Aspettate, che d'è st'ammuina?

CRISPUCCI   Zitto, int' 'o palazzo mio!

LUIGI (*di dentro*)   E tu mi sentirai!... (*Entra in scena seguíto
da Assunta, Concettino, donna Erminia, Prezetella ecc.*) Ecco
la ragazza... Ho saputo dal mio collega Boccanera che voi, signor Crispucci, siete tornato con lui. Per fortuna, venendo qua
per salutarvi, ho sorpreso i ragazzi che volevano commettere
una leggerezza assolutamente inutile!

CRISPUCCI Se n'era fuiuta?! Appena arrivata 'a rrobba... Comme 'a mamma... Ma che tene sta rrobba, 'o ncantésemo?

LUIGI No, don Miche', non tene niente; nun ha dda tené niente. Assuntina deve essere una moglie saggia, perciò io ve l'ho riportata a casa intatta, e ve la chiedo in moglie per mio figlio, ora che le cose possono andare pulite pulite... come si usa fra gente per bene...

CRISPUCCI Ah! Mo voi me la chiedete in isposa... mo nun è cchiú figlia a chella...

LUIGI Ma che c'entra!... Ora la signora è morta... Non se ne parla piú!...

ERMINIA Povera femmena... nun sia povera nnanze a Dio!

PREZETELLA Facette chella morte!

CRISPUCCI No! Nun è morta... nun è overo... 'A vvedite llà; è viva! Sta llà! (Indica la figlia) 'A vulite ancora cchiú viva... (Afferrandola) Comme te l'he miso sti perle? Nun se portene accussí!... Mo te mpar'io comme 'e purtave essa... Accussí!... (Intanto le strappa l'abito accollato scoprendole il seno) Cca, a carne annuda, a carne annuda se portene 'e perle...

ASSUNTA (tremante cerca di impedire i gesti del padre e gridando di volta in volta) Papà... papà...

LUIGI Crispucci, ma cosí voi fate ingiuria a vostra figlia!... Questa è una violenza da pazzo...

CRISPUCCI Levatevi!... 'A voglio aparà io, mo, 'a figlia soia!... Ma no cu' sti perle sulamente!... Cu' tutte 'e gioie, cu' tutte 'e brillante... Na vota che tutte quante ve site mise d'accordo pe' lle fa' piglià sta rrobba... e m' 'avite fatto piglià pure a me... Nun 'o vvedite comme stongo vestuto? Ha dda essere viva, viva, essa sulamente!... Quanno v' 'o dicett'io, era morta veramente! Ma mo no!... Mo 'o muorto songh'io!... E nun avit' 'a chiagnere... Avit' 'a ridere tutte quante... È muorte nu curnuto! È muorto un imbecille... Don Ferdina', 'o champagne! Avimm' 'a vévere tutte quante... Redite...! Forte, forte! Accussí!... (Ride) Ah! Ah! Ah! Cchiú forte! Cchiú forte!... (Ride sempre piú forte, ad un tratto si arresta come per improvvisa paralisi cardiaca, piomba a sedere sulla sedia, balbettando) 'A morte d' 'o curnuto.

Atterrita sospensione d'animo di tutti.

Cala la tela.

Pericolosamente
(1938)

L'atto unico si presta alla rappresentazione di situazioni-limite; però questa forma varia, nel teatro di Eduardo, dalla fulminea brevità degli *sketches*, che già l'attore creatore inseriva nelle produzioni di avanspettacolo, ad una piú complessa struttura, organizzata attorno a un'idea centrale, ma con una certa scala di avvenimenti secondari. Se al secondo tipo di atti unici appartengono *Gennareniello* e (come vedremo) *La parte di Amleto*, al primo attiene senza dubbio *Pericolosamente*. Si tratta di una scenetta farsesca (non a caso si chiamerà poi anche *San Carlino*) giocata su una assurda situazione coniugale, dove ritroviamo la pistola che non spara o spara a salve: qui per tenere in equilibrio un rapporto di coppia continuamente insidiato dalla verbosa aggressività della moglie, specie partenopea di bisbetica domata. Ma la «situazione» pare colta *a posteriori*, dopo il fatto di cui rappresenta le conseguenze; potrebbe addirittura ricollegarsi ad un altro atto unico del repertorio della Compagnia «Teatro Umoristico I De Filippo», non di Eduardo ma di Gino Rocca, *Scorzetta di limone*.

C'è fra Rocca ed Eduardo, in questi anni, una specie di sodalizio non ufficializzato: l'autore e critico teatrale veneto recensisce (su «Il Popolo d'Italia») gli spettacoli della Compagnia, il capocomico *in pectore* partenopeo adatta, interpreta e mette in scena alcune sintomatiche commedie dell'altro; fra le quali appunto, al Sannazzaro nel '33, *Scorzetta di limone*. Il rapporto fra questo atto unico e *Pericolosamente* sembra, come si è detto, consequenziale dal punto di vista dell'intreccio; ma forse è anche piú intrigante, se si considera che il protagonista di Rocca, Giacomo, assomiglia a Luca Cupiello per il motivo della «casa espropriata» dalla moglie prepotente: la didascalia lo presenta all'inizio come *un uomo di oltre cinquant'anni, umiliato, grigio, striminzito...* (G. Rocca, *La scorzeta de limon*, in *Teatro scelto*, a cura di N. Mangini, Rizzoli, Milano 1967). Egli paga a caro prezzo un piccolo fallo di sette anni prima, l'avventuretta (oltretutto non consumata) con una ballerina che né la famiglia né il paese gli hanno mai perdonato. Perciò nella propria «casa» non conta piú nulla. Ma, grazie al piano di un amico, riuscirà a riconquistare la posizione perduta: non cancellando la colpa ma anzi enfatizzandola, moltiplicandola, inventando debiti ed altre fantomatiche relazioni.

Arturo di *Pericolosamente* è come se avesse imparato e portato alle estreme conseguenza l'amara lezione di Giacomo: se fingendo di perseverare nella colpa l'altro marito è riuscito a recuperare autorità, egli è convinto «che pe' sta' cuieto, 'e mugliere s'hann' 'a sparà» (p. 574), naturalmente per finta. Quindi riesce ad averla vinta sulla moglie lunatica e aggressiva per un lampo d'ingegno, per una trovata paradossale – «Da allora in poi si nun 'a sparo nun stongo cuieto» (*ibid.*) –, ma che gli consente, ogni volta che lo desidera, di rovesciare le sorti del contrasto.

Tuttavia, nell'atto unico eduardiano, l'amico del protagonista non è l'istigatore della finzione, ma uno spettatore dapprima ignaro, poi stupito e inorridito (finché l'altro non gli spiega il trucco). Michele è un personaggio fuori dell'intreccio, che serve all'autore per mostrare agli spettatori reali la situazione scenica. Egli infatti si presenta alla moglie (Dorotea) del suo vecchio compagno di scuola come un «estraneo», dopo quindici anni trascorsi in America; perché Arturo (incontrandolo per caso) gli ha messo a disposizione una camera d'affitto. Subito Dorotea lo informa della strana abitudine del marito: «Io ero un fiore, mo mme so' fatta ca nun me cunosco cchiú. Mio marito stammatina m'ha sparato n'ata vota. [...] Chillo me spara sempe. Il primo colpo di rivoltella me lo tirò il primo giorno di matrimonio» (pp. 569-70).

Dopo l'entrata di Arturo, Michele ha modo di assistere alla sceneggiata in atto: alle rispostacce della moglie, che gli «fanno ji 'o sango 'ncapa», il marito reagisce sparandole; ma, anziché ucciderla, il colpo di rivoltella la trasforma in una dolce creatura, tutta affettuosità e premure. Però l'efficacia del «miracolo» è di breve durata; quindi l'azione si ripete, con effetti comici sul pubblico, che avendo già compreso il genere della favola si discosta, nelle reazioni, dallo spettatore rappresentato. Infatti la prima volta Michele ha soltanto cercato di fermare l'amico, con una battuta (per noi) esilarante: «Artu', per amor di Dio. Ma che si' pazzo! ? Vuó ji' ngalera? Non vale la pena pe' na tazza 'e cafè» (p. 571); battuta riutilizzata dall'autore in un *qui-pro-quo* di *Filumena Marturano*. Ma alla replica della scena il personaggio-spettatore *pallidissimo* esplode: «Questa è violenza da delinquente. [...] In questo momento me ne vado e ti avverto che ti denunzio» (p. 573). Solo a questo punto l'estroso marito gli spiega: «Io faccio apposta. Quando sposai mia moglie, la quale è una buonissima donna, ma tene nu carattere infame, [...] avemmo una di queste discussioni animate [...] a tavola. Io tenevo in tasca uno di quei revolver scacciacani; nu poco [...] pe' pazzìa, le sparai na botta 'e chella. Immediatamente vidi il cambiamento» (pp. 573-74).

Non manca tuttavia il razzo finale eduardiano, l'azione a sorpresa che conclude questa turbolenta commedia domestica dove si spara «pe' 'na tazza 'e cafè», per uno strappo nella giacchetta da «arraggia'», per una cena fuori fra uomini... La trovata scenica di Arturo (che ha bisogno comunque d'una recitazione «naturale») può funzionare anche a scopo preventivo; quando i due amici *fanno per andare*, il marito *si ferma come preso da una idea* e *tira tre colpi di rivoltella alla moglie*:

MICHELE Artu', ma chella mo nun aveva fatto niente...
ARTURO Mo no, ma io quanno torno stanotte, tengo suonno e voglio durmí. (p. 575).

Esile la trama, non piú che figurine i personaggi; una comicità sancarliniana giocata sul meccanismo dell'«inversione» e della sua variata «ripetizione» (Bergson). Eppure già in questo testo, forse il piú debole della *Cantata dei giorni pari*, Eduardo punta sulla carta del rapporto matrimoniale squilibrato dal fantasma d'una moglie coi calzoni; anche se poi, in *Napoli milionaria!*, Gennaro Jovine riconquisterà il proprio ruolo di capofamiglia non con l'artificio del ribaltamento (come qui), ma grazie ad una sua autentica trasformazione.

Eduardo scrive l'atto unico nel 1938, da un'idea precedente (cfr. F. Di Franco, *Eduardo* cit., p. 129). *Pericolosamente* è stato rappresentato la prima volta, con questo titolo, dalla Compagnia «Teatro Umoristico I De Filippo» il 20 novembre dello stesso anno al Teatro Eliseo di Roma; poi dalla Compagnia «Il Teatro di Eduardo con Titina De Filippo» il 12 marzo 1947, al Teatro Carignano di Torino, con l'autore nella parte di Arturo e Titina in quella di Dorotea. Già il 5 aprile dello stesso anno, al Teatro Mediolanum di Milano, è messo in scena con il titolo *San Carlino*.

Con il titolo *San Carlino 1900... e tanti* compare fra i sei telefilm, prodotti dalla Rai e dalla San Ferdinando Film, i cui sog-

getti sono scelti fra gli atti unici eduardiani, e che vanno in onda settimanalmente a partire dal 19 maggio 1956. Del 30 giugno 1956 è appunto la trasmissione di questo atto unico (ripreso da studio), per la regia televisiva di Vieri Bigazzi, e con la
partecipazione della Compagnia «Il Teatro di Eduardo»; interpreti: Dolores Palumbo (Dorotea), Ugo D'Alessio (Michele),
Eduardo (Arturo).

Con il titolo *L'ora di punta* (dopo il provvisorio *La volta
buona*) il soggetto ritorna, per la regia di Eduardo, nel secondo
episodio del film *Oggi, domani e dopodomani* del 1965, prodotto da Carlo Ponti. Ne sono interpreti Marcello Mastroianni
(Michele), Virna Lisi (Dorotea) e Luciano Salce (Arturo); ma la
sceneggiatura (dello stesso Eduardo e di Isabella Quarantotti)
attualizza la vicenda, trasformando Michele in uno scienziato
convalescente da un esaurimento nervoso, che si accorge come
l'espediente escogitato dall'amico per difendersi dalla bisbetica moglie sia diventato prassi comune (specialmente nell'ora di
punta, quando i mariti vogliono uscire di casa indisturbati, si
spara dappertutto, nelle strade e nelle case). Riassuntivo il giudizio di Giacomo Gambetti: «Eduardo è capace [...] di strappare, al limite dell'assurdo, qualche significato umano e pole-
micamente allusivo anche a spunti deboli e occasionali come
questo, con la collaborazione di un bravissimo Salce-attore; ma
dalle sue qualità e dal suo ritorno al cinema si poteva sperare
ben altro» (in «Bianco e Nero», n. 3, marzo 1966; cit. da P.
Quarenghi, *Lo spettatore col binocolo* cit., p. 158).

Il testo di *Pericolosamente* compare nella prima edizione
Einaudi della *Cantata dei giorni pari*, nel 1959; non subisce varianti e conserva la sua collocazione nelle successive edizioni e
ristampe della stessa *Cantata*.

Personaggi

Dorotea
Arturo, suo marito
Michele, amico di Arturo

ATTO UNICO

Dalla destra entra Dorotea seguíta da Michele. Dorotea è una donna sulla quarantina; dal modo di camminare, di gestire, si osserva subito la mancanza assoluta d'intelligenza. Veste modestamente, anche un po' trasandata. È sempre assente, i suoi occhi guardano sempre lontano nel vuoto, come per raggiungere una visione orribile, ma che l'affascina.

DOROTEA Accomodatevi. Mio marito non c'è; ma mi ha detto che sareste venuto.

MICHELE Grazie, signora.

DOROTEA E che dobbiamo fare io e voi?

MICHELE Niente signora mia, proprio niente.

DOROTEA E allora che siete venuto a fare?

MICHELE Giorni fa, incontrai vostro marito, amico mio carissimo e compagno di scuola, che non vedevo da quindici anni perché sono stato in America. Cumme staie? Come non stai?... «Io mi sono ammogliato da circa due anni», disse lui. «Bravo, me fa piacere», dissi io. «E tu?» «Io so' tornato da pochi giorni perché la Società "Petroliere" dove io lavoro mi ha trasferito alla sede di Napoli. Sto in albergo, e cerco una camera in famiglia». «Ma che bella occasione! – disse lui. – Io ti posso mettere una camera a disposizione in casa mia». «Veramente? Che piacere!» Combinammo pure 'o prezzo, ed eccomi qua.

DOROTEA Arturo adesso viene e v' 'o vedite cu' isso.

MICHELE Allora, parlerò con lui quando viene, e gli farò pure i complimenti per il gusto che ha avuto, sposandovi.

DOROTEA E mo che vedete?... Io ero un fiore, mo mme so' fatta ca nun me cunosco cchiú. Mio marito stammatina m'ha sparato n'ata vota.

MICHELE V'ha sparato?

DOROTEA Sí, ha pigliato 'o revolvere e m'ha sparato: per miracolo non mi ha colpita, pecché va trova chi santo me protegge.

MICHELE   Ma come, stammatina v'ha sparato?

DOROTEA   Sulo stammatina? Chillo me spara sempe. Il primo colpo di rivoltella me lo tirò il primo giorno di matrimonio, a
tavola, dopo il secondo piatto...

MICHELE   Ve dette 'a frutta! E nemmeno vi ferí?

DOROTEA   Per fortuna il proiettile chi sa dove andò a finire. Poi
passarono due tre giorni, facemmo pace e finí. La seconda volta mi sparò a primma matina.

MICHELE   'O ccafè.

DOROTEA   La terza volta il giorno del mio onomastico.

MICHELE   'O dolce.

DOROTEA   Che ne volete sapere!

MICHELE   E da quanto tempo vi spara vostro marito?

DOROTEA   Mo ve dico... Dal primo giorno che siamo sposati. Due
anni.

MICHELE   E nun ve coglie maie?

DOROTEA   E stesse ccà? Fino a mo no, ma chi sa qua' vota 'e
chesta... (*Campanello interno*). Eccolo qua. Sperammo che sta
'e buonumore. (*Esce poi torna con Arturo*).

ARTURO   Guè, Miche', tu mi he 'a scusà se non mi sono fatto
trovare in casa.

MICHELE   Niente pe' carità. Addó si' ghiuto?

ARTURO   (*guardando la moglie*)   So' ghiuto a comprà cierti colpe
'e revolvere ch'erano fernute.

MICHELE   Io ho parlato con tua moglie, ma aspettavo te.

ARTURO   Eccomi qua. Siedi. L'he fatta vedé 'a cammera sua? (*Dorotea non risponde*). Ce he fatta vedé 'a cammera soia?

MICHELE   Non ancora, ma non ha importanza.

ARTURO   Come non ha importanza? 'A primma cosa, tu he 'a
vedé 'a stanza; si te cunviene, si nun te cunviene...

DOROTEA   Io nun songo 'a serva 'e nisciuno, mo se n'è ghiuta
pure 'a cammarera, tengo na casa ncopp' 'e spalle; 'a sera me
cocco cu' 'e gambe ca nun m' 'e sento cchiú.

ARTURO   Ma pecché io nun fatico?

DOROTEA   Fatiche? Tu viene frisco frisco dall'ufficio e te miette
a cummannà.

ARTURO   Frisco frisco? Haie ragione! Vedite, vengo dall'ufficio
frisco frisco... Va'... va'... nun me fa' attaccà 'e nierve.

DOROTEA   Overo? Comme t'attacche ampressa 'e nierve... È ner-
vosetto 'o signurino...

MICHELE   Signo', non rispondete.

ARTURO   Tu m'he 'a credere Miche', chella te dà risposte ca te
fanno ji' 'o sango 'ncapa. È meglio ca me stongo zitto. Hai
preso il caffè?

MICHELE   No, veramente.

ARTURO   E me lo piglio anch'io volentieri. (*Alla moglie*) Portaci
due caffè.

DOROTEA   Ha ordinato il signorino: due caffè uno per lord Strong
e un altro per il Kedivé. 'O ccafè v' 'o ghiate a piglià 'o bar!

ARTURO   Dorote', va' a piglià 'o ccafè.

DOROTEA   Pecché tu si' ciunco? Va' t' 'o piglie tu.

ARTURO   Dorote', va' a piglià 'o ccafè, tu me canusce.

DOROTEA   (*fuori di sé*)   Te cunosco... te cunosco... M'ha arredut-
ta ossa e pelle. 'A sera torna dall'ufficio e me dà cate 'e veleno;
pe' me nun ce stanno divertimenti, cinematografi niente. 'O ccafè, nun t' 'o voglio piglià, schiatta!

ARTURO   Dorote', nun me mettere cu' 'e spalle nfaccia 'o muro.
Dorote'... (*Mette la mano nella tasca dei pantaloni per estrarre
la rivoltella*).

MICHELE   (*preso dallo spavento lo trattiene*)   Artu', per amor di
Dio. Ma che si' pazzo!? Vuó ji' ngalera? Non vale la pena pe'
na tazza 'e cafè! Io nun m' 'o piglio, nun fa niente!

ARTURO   Lasciami Miche', sta vota adda ferní.

DOROTEA   E fernesce, almeno ce accuietammo tutte e duie.

ARTURO   Dorote', sta vota nun 'a scampe! (*Tira un colpo di rivoltella alla moglie*).

DOROTEA   Mamma mia! (*Si abbatte su una sedia*).

MICHELE   Artu', ch'he fatto? L'he culpita?

ARTURO   No... no...

Pausa.

DOROTEA   Aggio avuto n'atu miracolo! (*Si alza e con dolcezza va
vicino al marito*) È cosa 'e niente! Aspetta ca ve porto subbeto
'o ccafè. Sta pronto, pecché sapenno che turnave, n'avevo fatta
na machinetta fresca! (*Mette due dita tra il collo e il colletto di
Arturo*) Madonna! Ma tu staie sudato! Te vulisse cagnà?

ARTURO   (*con altrettanta dolcezza*)   No! Sto appena appena nu poco accaldato!

DOROTEA   Attento! Nun te mettere mmiez' 'a currente. Povero
Arturo! Lavora na giornata sana!

ARTURO   Ma che vuol dire! Tu pare che non lavori!

DOROTEA   Ma famme 'o piacere! E che faccio, io? Sto sempe din-
t' 'a casa; tu avisse bisogno 'e nu poco 'e riposo. Povero Arturo! Mo ve porto 'o ccafè. (*Esce poi torna col caffè*).

ARTURO   Dunque, per te è comodissimo: l'ufficio a cinquanta passi, la camera è piena di sole, con un bel bagno vicino... e poi in
casa di amici. Vedrai che starai bene.

MICHELE   Ma certamente! Non potevo trovare di meglio!

ARTURO   Quindici anni in America, è vero? E t'ha fatto impressione?

MICHELE   Impressione? Io a n'atu poco murevo! Capirai, veder
sparare un colpo di rivoltella contro una donna...

ARTURO   No, io dico, ti ha fatto impressione rivedere Napoli dopo tanto tempo?

MICHELE   E come no! Sono rimasto ghiacciato!

DOROTEA   Ecco il caffè. (*Poggia sul tavolo due tazze di caffè*)
L'ho fatto con la mano del cuore. Sentirete.

ARTURO (*dopo preso il primo sorso*)   È veramente squisito!

MICHELE   Prelibato!

DOROTEA (*vedendo uno strappo sulla manica della giacca di Arturo*)   Giesú, 'o vestito nuovo! T'he stracciato 'o vestito!

ARTURO   Embè m'ero scurdato 'e t' 'o dícere, nun saccio nemmeno comm'è succieso.

DOROTEA   E se capisce, tu cammine comm' 'a baccalà!

ARTURO   Dorotea, bada come parli. Ma vedete se sono parole da
usare: baccalà!

DOROTEA   E allora come devo dire? Vi siete strappato il vestito.
Bravo! Che piacere! Comme si tenesseme 'e rendite spase 'o
sole! Cos' 'e pazze!

ARTURO   Ma devi capire che si è succieso, colpa non ce n'è. Nun
credo ca me vaco straccianno 'e vestite pe' divertimento!

MICHELE   Giusto!

DOROTEA   È questione che sei sbadato! 'O cazone 'e flanella, nun
'o purtaste 'a casa cu' na ncappatura? 'O vestito marro' nun ce
faciste na macchia d'inchiostro?

ARTURO   E va bene, combinazioni! (*Si toglie la giacca*) Dacci
duie punte.

DOROTEA   Io avesse 'a essere pazza; mo t' 'a tiene accussí. Quan-
n'uno è arrunzone, chesta fine adda fa': stracciato e cu' 'e pezze areto.

ARTURO (*minaccioso*)   Dorote', miette duie punte vicino 'a giacchetta.

MICHELE   Oh Sant'Anna!

DOROTEA   M'he 'a taglia' 'e ponte d' 'e dete! Accussí t' 'a miette dimane.

ARTURO   Dorote', stasera te manno 'o campusanto! Acconceme 'a giacchetta!

DOROTEA   Nun t' 'a voglio accuncià, muore 'e subbeto!

Arturo prende la rivoltella.

MICHELE   Ma è ridicolo! Artu', fallo per l'amicizia!

ARTURO   Levete 'a nanze Miche', voglio ji' 'ngalera! (*Punta l'arma*).

Dorotea si nasconde dietro a Michele, il quale le dà una spinta e si nasconde sotto il tavolo.

DOROTEA   Aiuto!

ARTURO   Devi morire! (*Tira un altro colpo di rivoltella*).

DOROTEA   (*cade mezza svenuta sulla sedia*)   Madonna! Ll'aggio scanzata pure stavota!

MICHELE   Vuie nun site morta nemmeno sta vota? Puzzate murí 'e subbeto tutt'e duie! (*Viene fuori da sotto al tavolo, siede e si asciuga il sudore*).

DOROTEA   Damme sta giacchetta! Quant'è brutto 'o 'i', subito s'arraggia! Mo ce faccio nu rinaccio ca nun se vedarrà cchiú nemmeno cu' 'a lente d'ingrandimento. (*Prende la giacca*) Quant'è brutto! (*Esce*).

ARTURO (*guardando Michele che è pallidissimo*)   Miche'?

MICHELE   E no, caro Arturo, io sto facenno 'e capitune ncuorpo! Mi dispiace, ma io chello che tengo ccà, tengo ccà! Non t'immaginavo cosí! Questa è violenza da delinquente. Int' a manco mezz'ora, uno tira duie colpe 'e revolvere 'a mugliera. In questo momento me ne vado e ti avverto che ti denunzio. Faccio io la testimonianza per farti chiudere in un manicomio. Statte buono e ricordati che fra noi due è rotto ogni rapporto di amicizia.

ARTURO   Ma vieni qua, bestia. Qua' delinquente... Io faccio apposta. Quando sposai mia moglie, la quale è una buonissima donna, ma tene nu carattere infame, per una piccola cosa fa rivoltare la casa e soprattutto – e questo è quello che maggiormente me fa perdere 'a capa – ti dà cierti risposte che ti esasperano talmente che uno veramente l'accedesse... il primo giorno di matrimonio avemmo una di queste discussioni animate. Stavamo a tavola. Io tenevo in tasca uno di quei revolver scacciacani; nu poco pecché me facette piglià 'e nierve, nu poco pe' pazzià, le sparai na botta 'e chella. Immediatamente vidi il cambiamento: diventò dolce, sorridente e gentile. Insomma aggio capito che pe' sta' cuieto, 'e mugliere s'hann' 'a sparà. Da allora in poi si nun 'a sparo nun stongo cuieto.

MICHELE   Ho capito, allora è caricata a salve?

ARTURO   Proprio.

MICHELE   E nun m' 'o dicive primma. Io non tengo piú sangue nelle vene.

DOROTEA (*entrando dalla sinistra con la giacca rammendata*)   Ecco qua, nun ce sembra piú niente. Sei contento?

ARTURO   Grazie. (*Infila la giacca*).

MICHELE (*guardando l'orologio*)   Caspita! È tardi! Debbo scendere, tengo un appuntamento.

ARTURO   E vuó vedé 'a cammera?

MICHELE   No, no, debbo andare.

ARTURO   Allora ti accompagno, piglio nu poco d'aria.

DOROTEA   Esci?

ARTURO   Sí, pecché, te dispiace?

DOROTEA   E va', va'. Già, tu quanno me puo' rummané sola a casa, allora si' cuntento.

ARTURO   Siente. Ma nun si' maie cuntenta. Ieri sera a 'o teatro, l'altra sera ietteme 'o cinematografo. Che vaie truvanno? Stasera voglio sta' cu' n'amico mio che non vedevo da quindici anni, e ceneremo fuori.

DOROTEA   Non vieni nemmeno a cena? Ci diamo proprio alla vita! Sa' che ti dico? Tu non esci!

ARTURO   Io esco!

DOROTEA   Tu non esci.

ARTURO   Io esco!

MICHELE (*a parte*)   Artu', sparala e ghiammuncenno.

ARTURO (*a parte*)   Io lo devo fare naturale... (*forte*) Iammo Miche', si no stasera è 'a serata che succede 'a tragedia.

Fanno per andare ma Dorotea non li fa passare.

DOROTEA   Tu non esci.

ARTURO   No? E teh! (*Tira un altro colpo*).

Pausa.

DOROTEA   Aggio avuta n'ata grazia! Allora va', statte buono. A che ora ce vedimmo?

ARTURO   Verso mezzanotte.

DOROTEA   Divertiti.

Si baciano.

ARTURO   Andiamo Miche'... (*Fanno per andare. Arturo si ferma come preso da una idea*) Aspetta, Miche', abbi pazienza. (*Tira tre colpi di rivoltella alla moglie*).

DOROTEA   Ah! (*Cade su una sedia*).

MICHELE   Artu', ma chella mo nun aveva fatto niente...

ARTURO   Mo no, ma io quanno torno stanotte, tengo suonno e voglio durmí.

Cala la tela.

La parte di Amleto

(1940)

Nella *Cantata dei giorni pari* il teatro riaffiora dalla memoria dell'attore (*Uomo e galantuomo, Sik-Sik*) anche come doppio fondo dell'apparente normalità della vita (*Natale in casa Cupiello, Gennareniello, Uno coi capelli bianchi, L'abito nuovo*), con le sue puntate di ordinaria o straordinaria follia (*Requie all'anema soja, Ditegli sempre di sí, Chi è cchiú felice 'e me, Pericolosamente*). Ma i due piani del mondo del teatro e del teatro del mondo si intersecano, fin dalle prime battute della drammaturgia eduardiana, soprattutto quando si va alla ricerca di se stessi e degli altri, dell'Io e del Tu, del vivere e del morire e di quant'altro deriva da questi elementi primari costitutivi della coscienza.

Perciò il «meta-teatro» di Eduardo è quasi sempre implicito nell'attraversamento storico dei giorni cosiddetti «pari» o «dispari»; anche se emerge con maggiore evidenza nelle commedie che s'ambientano tematicamente su un palcoscenico. Non deve stupire, dunque, che in questa fase della prima *Cantata* che prende di mira i *drammi borghesi*, sperimentando anche un linguaggio in cui l'italiano appare variato appena dall'anima dialettale, si ritrovi un atto unico dedicato alla quotidianità del mondo del teatro. Se gli atti unici, come si è ripetuto, rappresentano il genere in cui Eduardo prova i diversi versanti della sua ispirazione, *La parte di Amleto*, ambientato su *un palcoscenico di un qualunque teatro di Napoli*, ci offre l'esempio d'una serata particolare di una compagnia di attori, stavolta non dialettali, dietro le quinte e prima dello spettacolo. *Sono le venti e trenta. Il palcoscenico è un po' buio* (did., p. 591).

L'idea di partenza sembra ripresa dai *Sei personaggi* pirandelliani, con la scena ancora vuota e poi riempita dai litigi rituali fra la prima attrice (Adele Capecchia) e il primo attore (Renato Cartis), che l'ha detronizzata nella direzione della Compagnia; cui fanno da spalla o da coro gli altri commedianti (ognuno secondo il proprio interesse o il proprio spirito). Ma l'*adattamento* eduardiano risente d'una partecipazione piú vissuta, e perciò meno metafisica, alla vita di palcoscenico. Anche se qui non si tratta d'un teatrino popolare o d'una compagnia di guitti girovaghi, ma appunto di un teatro borghese, dove si recita Shakespeare dopo Ibsen (*Amleto* è «un talismano», secondo Cartis, dopo «i forni di *Casa di bambola*», p. 598), l'autore-attore è attratto come sempre dalle figure minori ma funzionali del mondo dello spettacolo.

Non a caso l'azione incomincia dalla discussione fra il Custode (*seduto accanto ad un tavolo, nel suo sgabuzzino,* [che] *fuma e sbuccia castagne arrostite*) e il Pompiere (che *viene dalla sinistra, recando un secchio vuoto*, did., p. 591), a proposito dei «secchi d'acqua vicino 'a quinta [che] hann' 'a essere pieni!» (*ibid.*), ma che nessuno dei due ha voglia, dopo vuotati («pe' forza, si no ll'acqua, quanno resta troppo tiempo, fete!», pp. 591-92), di riempire di nuovo. Un conflitto di competenze e di meriti:

> POMPIERE   [...] Pe' regola vosta, nuie, dint' a mez'ora, quanno capita quacche disgrazia, facimmo 'a fatica che vuie facite dint' 'a diece anne! [...] Mez'ora faticammo...
> CUSTODE   ... e diece anne nun facite niente!   (p. 592);

che anticipa in dialetto, attraverso una comica trasposizione, quelli solo apparentemente piú elevati fra la Capecchio e Cartis. La prima donna strapazza la sarta per l'«abito» smesso da regina («Ed io non indosso gli abiti smessi! Sono la Capecchio!», p. 594), e il primo attore (*dal suo camerino, sollevando la tenda e mettendo fuori solamente la testa*) per ritorsione afferma: «Il mio vestito va benissimo, grazie sarta!» (p. 595).

> FRANCO   Ai miei tempi [...] non mancavano di queste gelosie fra gli attori. Però si recitava bene, si incassavano quattrini. Queste beghe non intaccavano il successo del lavoro, anche perché alla testa di una compagnia c'era sempre un maestro sul serio...   (*ibid.*):

commenta il «vecchio» attore, «*ex attore*», *ormai ridotto, per gli anni e gli acciacchi, a servire gli attori in palcoscenico* (did., p. 594).

Figura-chiave di vittima predestinata ad ogni sorta di scherzo e di angheria (anche da parte del Custode: «Stanno aspettando 'o cappuccino... talpa!»), per la sua stessa inattualità che lo emargina e lo mette sotto (è stato anche «capocomico» ma di provincia!), Franco Selva entra in scena assumendo le caratteristiche fisionomiche e comportamentali che fin da ora distinguono gli antieroi eduardiani. Trucco, vero o finto, da vecchio

(*sui sessantasette anni, completamente bianco di capelli*); figura al-
lampanata, com'era Eduardo anche a quarant'anni (*alto, magro*); passo incerto (*cammina lentamente*); e soprattutto: *Senza
parlare, si dirige verso la scaletta di destra recando una guantiera
con una tazza di caffè* (did., p. 594).

Là dove tutti, dal Custode all'impresario Felta (che entrerà
poco dopo, per accompagnare Rita, aspirante attrice), rivendi-
cano un proprio ruolo, su quel «palcoscenico» che è in fondo,
e appare scenograficamente, «la casa degli attori» (p. 597),
Franco afferma modestamente di non essere «stato mai nulla.
Ho lavorato molto ma ho fatto poco» (p. 595). Eppure, non appena incomincia a respirare «l'aria del palcoscenico», dopo aver
tentato di schermirsi dalle provocazioni scherzose dei giovani
attori («Smettetela di prendermi in giro. Siete ragazzi allegri...
e spesso vi divertite col darmi corda», *ibid.*), finisce per mani-
festare il proprio orgoglio di professionista della provincia
(«Voialtri neanche quella potreste battere [...]. Invece [...] avete la faccia tosta di presentarvi a Napoli, a Roma, a Milano...»,
ibid.) esaltandosi:

> FRANCO [...]   Gli *Spettri... La morte civile... Corrado!* Veniva giú il
> teatro, cari miei! In un lavoro quando al terzo atto dicevo [...] (*re-
> citando con voce stentorea come imponeva l'antico metodo*) «Sulla
> tolda della nave, io marinaio, voi capitano, la mia testa è vostra!
> Ma qui, come leon che in sua tana impera, io sol comando e voglio:
> uscite!» (pp. 595-96).

Nei racconti del vecchio attore, fallito ma ancora innamorato del teatro, si riconosce lo stridente contrasto fra illusione
e realtà, che già emerge dal modo con cui Sik-Sik esponeva l'andamento dei suoi giochi, con il previsto plauso da parte del pubblico («Se ne care 'o tiatro!», ripetuto tre volte); però in quel
caso l'illusione era affidata al futuro, alla proiezione nell'immaginario ottimista dell'«artefice magico», qui invece è riferita al passato, nasce anzi dalla rievocazione nostalgica di un passato forse inesistente.

Ma il pezzo forte, quello in cui si esercita e si valorizza la
«memoria di ferro!» di un attore, è naturalmente il soliloquio
dell'*Amleto* (perché anche le compagnie di provincia non dialettali l'avevano in repertorio); monologo che Franco non rinuncia a *declamare* (le didascalie eduardiane ci dànno informazioni sulle tecniche recitative del teatro all'antica italiana). Si
isola anzi nel proprio sogno d'artista, senza badare ai materia-

li insulti del custode (che *dal suo sgabuzzino gli tira una pallot-*
tola di stracci vecchi [ma] *Franco senza smontarsi minimamente*:
«... Morire, dormire, null'altro [...]», p. 596) e senza neppure
accorgersi dello scherzo basso che questi con gli altri attori or-
ganizza, è il caso di dirlo, alle sue spalle:

> FRANCO   [...] (*Il custode* [...] *Prende un giornale, ne fa un cono, poi*
> *lo appunta* [...] *dietro la giacca di Franco. Dallo sgabuzzino, prende*
> *una canna con in cima uno stoppino* [e] *da lontano cerca di accendere*
> *il cono del giornale*) «[...] Morire... forse sognare... Ah, ecco il pun-
> to! Perocché, quali sogni possono sopravvenire in quel sonno di
> morte, allorché reciso abbiamo i fili con questo mondo?»
>
> *Il cono del giornale ha preso fuoco.*   (p. 596).

Eppure c'è dell'eroico in questo vecchio attore - Don Chisciotte, che si ostina a portare a termine la sua parte d'Amleto
(*seguitando a declamare*: «Morire...») come Luca Cupiello il suo
presepio, fra i lazzi anche pericolosi di coloro che non ne con-
dividono la grande illusione, l'*illusion comique*. Tutto preso
com'è dal sacro fuoco dell'Arte, potrebbe «morire» davvero fra
le fiamme; perché «il fuoco [reale e sacrilego] fa poche cerimonie. Qua è tutto legno» (p. 597), grida infuriato il Pompiere.
   L'unica che potrebbe ancora comprenderlo (prima di gua-
starsi) è forse la *timida* Rita; nome-ruolo, nel teatro di Eduardo,
che s'accompagna quasi sempre a figure femminili di «ingenua»
(*Il sindaco del rione Sanità*), magari anche legate alla pratica della recitazione nella vita (*Il cilindro*) o all'aspirazione ad entrare
nel mondo dello spettacolo (*Il monumento*). Anche se tenta la
strada del palcoscenico per evadere da una storia «comune e banale» con la speranza che il «teatro» possa offrirle «qualche vicenda nuova» (p. 598), c'è in questa *modesta creatura di venti*
anni, che *veste* [si badi] *con semplicità* (did., p. 597), un'affinità
elettiva, pur nell'antitesi generazionale, col protagonista. *Franco*
guarda e sorride a Rita, che ricambia con simpatia:

> RITA   [...] Siete un attore, voi?
> [...]
> FRANCO   Sono stato un attore.
> [...]
> RITA   Io forse diventerò un'attrice.
> FRANCO (*amaramente*)   Alba e tramonto.   (p. 600).

Di fatto lei non si lascia trascinare al riso-che-deride dalla crudele e assurda caricatura che il custode improvvisa del vecchio

attore; il quale proprio in quanto attore ne prende superbamente le distanze: «rozzo plebeo [...] creatura del basso mondo» (p. 601). Come se riconoscesse nelle sembianze della «signorina» una *nobiltà di nascita* che la accomuna alla sua (non di nascita ma di vocazione: «L'Arte, poi, s'impone nel cuore di chi per l'Arte non nasce. Io ho sempre lo stesso entusiasmo», pp. 601-2), a lei Franco sente la possibilità di parlare sinceramente: «Nei teatri dove recitavo io, non entravano critici, e poi, cara, io sono stato un attore mediocre; ho fatto quello che la mia abilità mi ha permesso di fare. [...] Il critico autorevole dice bene dell'attore che vale veramente, ed allora il pubblico concorde gli accorda fiducia [...]; ma [...] il critico piú esperto non avrebbe mai potuto assicurarmi in arte il posto che speravo» (p. 602). Forse nell'unico dialogo comunicante dell'atto, le impartisce anche una piccola lezione sulla vita del teatro che è al tempo stesso sogno e realtà, e che sembra preannunciare (al di là degli attributi qui propriamente scenici) la situazione di *Io, l'erede*:

> FRANCO Ma l'arte vi prenderà. Quando avrete i primi successi [...]. Gli applausi del pubblico! [...] Poi la serata d'onore [...]. E poi... Per la strada tutti vi riconosceranno... Eccola! [...] Poi avrete la vostra compagnia [...]
> RITA (*insistendo*) E poi?
> FRANCO E poi, qualche insuccesso [...], il pubblico è un po' volubile [...]. Ti dicono: lotta! E tu lotti per migliorarti e per la rivincita! [...] E poi... e poi... (*Non sa piú cosa dire, coglie negli occhi di Rita una lieve malinconia, mista ad un senso di commiserazione per lui ed abbassa la testa come colto in fallo*). (*Ibid.*).

Poi ricominceranno i rumori di palcoscenico: i dispetti, le liti anche volgari («isterica pazza», «sfogatore», «megera») fra il primattore e la primattrice porteranno l'impresario, che *ha perduto la pazienza*, a trattarli entrambi senza piú lusinghe o mediazioni: «Né Cartis, né Capecchio! [...] Ho le tasche piene di voi! O meglio ho le tasche vuote per voi! Se lo volete sapere, Cartis, il teatro è vuoto anche stasera» (p. 604).

Proprio sullo sfondo di questa ironica, quanto realistica, foto di gruppo la figura crepuscolare del vecchio guitto si rileva come vittima della piú atroce «burla riuscita». Franco Selva condivide con il protagonista della novella sveviana (non a caso un artista misconosciuto) l'incapacità ad agire «come gli altri», l'attitudine all'autoanalisi ma, al tempo stesso, la facilità ad illudersi; facilità che, dopo tutto, deriva da quel suo insopprimibile «entusiasmo» per l'arte del teatro, frutto a sua volta di una fede mai sopita (nonostante tutto) nell'«originalità» della vita. La fiducia nell'imprevedibilità, nella stranezza, nella casualità, nell'assurdità dell'esistenza, che si estremizza talvolta nel suo doppio, il teatro, convince l'attore della possibilità che si verifichi, anche per lui, il miracolo rituale del *prima dello spettacolo*: sostituire, all'ultimo minuto, il primo attore nella parte di Amleto!

Grazie a quel meccanismo che funziona sia per il «comico» che per il «fantastico» – la letteralizzazione del linguaggio – Franco, sobillato dai soliti buffoni incoscienti, prende sul serio una frase detta per scherzo e per puntiglio da Cartis: «Pianto tutto! Vado via! [...] Mi sostituirà lui: Franco Selva al posto di Cartis! (*Esce ridendo amaro*)» (p. 605). Cosí, quando i rapporti fra l'impresario e il primo attore si sono aggiustati (anche perché risulta dal botteghino un po' di movimento, «la "buttata" dell'ultima ora...»), agli attori che escono dai camerini per la recita appare Franco, con l'abito del principe di Danimarca. Ma *questo spettacolo non li farà ridere, anzi susciterà in loro una profonda pena*: nel pubblico in scena e in quello in sala; perché quella maschera (come già *L'abito nuovo*, per motivi opposti) non solo è inadeguata al corpo del vecchio (*Il maglione nero è troppo grande per le sue gambette stecchite. Anche la giubba è troppo grande per lui*), ma ne sfigura la canizie (*Sui suoi capelli bianchissimi ha messo una parrucca a buccoli, il suo volto è spalmato di cerone troppo rosa*) rendendola ridicola e luttuosa (*Dovrà sembrare un morto imbalsamato*) (did., p. 443). Una di quelle maschere che erano servite d'esempio a Pirandello per distinguere l'«avvertimento del contrario» dal «sentimento del contrario», il comico dall'umorismo tragico.

Ma ancora una volta il teatro di Eduardo, sia pure in una prova senz'altro minore, si distingue da quello pirandelliano; perché, dopo la traumatica presa di coscienza, nell'attore subentra subito il dignitoso rifiuto d'ogni forma di compassione (specialmente se materialmente costituita dalle «cinquanta lire» che l'impresario gli offre):

> FRANCO (*guarda gli altri, comprende. Non stende la mano. Pausa*) Signor Felta, no... Me la darete piú tardi, per un caffè o un pacchetto di sigarette che andrò a prendervi; ma ora no. Franco Selva, vestito da Amleto non vale neanche cinquanta lire. (p. 608).

Due spettacoli si svolgono, allora, su quella scena che all'inizio era apparsa agli spettatori proprio come una «casa» dove «gli attori sono inquilini come gli altri» (p. 597): con la *scala che porta ai camerini. In fondo tre camerini per le prime parti,* [...] *un piano soprastante per* quelli degli *attori secondari* [...], *però con le tende abbassate,* dietro alle quali *si muovono delle ombre* [...] *in pigiama e in veste da camera* (did., p. 591). Con un rovesciamento di prospettiva, che è tipico del teatro eduardiano quando rappresenta il suo mondo della scena, lo spettacolo piú importante (a vista) porta a compimento la serie di azioni marionettistiche degli attori-inquilini con un finale che restituisce, amaramente, il luogo del protagonista all'ex attore. *In scena rimarranno Franco e Rita. La luce si abbassa e subito dopo dalle quinte della scena di Amleto un fascio di luce illumina la misera figura di Franco* (did., p. 608).

Franco guarda dalla parte dove, fra pochi istanti, si svolgerà l'altro *spettacolo;* solo che *i suoi occhi quasi non vedono.* Rita *si fa animo:* «Nonno! Spogliatevi!» Però *Franco non l'ascolta, forse non ode neanche le prime battute dell'Amleto che arrivano dall'interno;* su quelle prime battute *cala la tela* (did., *ibid.*). Un altro esempio di come l'autore riesca a *sdoppiare* il suo *punto di vista:* si situa dalla parte dello spettatore reale (che vede quest'ultima scena del dramma dell'attore) e dalla parte dell'attore (che recita davvero e simula di non vedere il finto spettacolo dell'*Amleto*); e ci dice, fin dal titolo dell'opera (che risulta pateticamente ironico), come gli attori ricevono gli sguardi di coloro che li scrutano sulla scena: «Franco Selva, vestito da Amleto, non vale neanche cinquanta lire», quindi deve spogliarsi...

Eduardo scrive *La parte di Amleto* nel 1940. La Compagnia del «Teatro Umoristico I De Filippo» ha iniziato la stagione '39-40 con una *tournée* nelle città di provincia (Ancona, Trieste, Verona, Bolzano, Como); chissà se in questo giro l'autore non abbia trovato ispirazione per la figura dell'ex attore provinciale dell'atto unico. D'altra parte, quest'altro dramma in cui «domina l'avvilimento umano» (A. Savinio, *Karaghiöz*, «Omnibus», 5 febbraio 1938; ora in *Palchetti romani* cit., p. 183) andrà in scena insieme a *Si salvi chi può,* «versione napoletana di Eduardo De Filippo dell'*Imbriago de Sesto* di Gino Rocca», nel marzo 1940 a Roma e a Napoli. Anche nell'atto unico di Rocca il protagonista è un vecchio, un ex avvocato umiliato dalla vita ed emarginato dall'ambiente chiuso e aggressivo che lo circonda (cfr. A. Barsotti, *I luoghi scenici di Gino Rocca,* in *Atti* del Convegno su *Gino Rocca,* Comunicazione & Cultura, Feltre 1993, pp. 39-55).

La parte di Amleto fu rappresentato la prima volta dalla Compagnia del «Teatro Umoristico I De Filippo» il 19 gennaio 1940, al Teatro Odeon di Milano; e poi ripreso al Teatro Eliseo di Roma e al Politeama di Napoli nel marzo dello stesso anno. La critica tende ad affermare che «l'abile commediografo ha preparato per un buon attore una parte accurata e malinconica di artista vinto» (Anonimo, *La parte di Amleto*, «Corriere della Sera», 20 gennaio 1940); e a lodare nello spettacolo la «mescolanza di riso e di commozione quasi perfetta», soprattutto nella scena «poetica» dove «il vecchio, descrivendo a una [...] nuova recluta [del teatro] gli splendori della fama, non sa piú che cosa inventare per dare un senso a quegli "e poi" coi quali, per bocca della fanciulla, la gloria esprime il suo bisogno di ebbrezza per non vedere il vuoto spalancato ai suoi piedi» (L. Repaci, *Gennaio 1940*, in *Teatro d'ogni tempo*, Ceschina, Milano 1967, p. 388). Ma c'è anche chi rileva nell'atto unico, riproposto al Politeama di Napoli il 14 marzo 1940, le «osservazioni mordaci» o le «sfumature crudeli e dolorose», notando come «in quel piccolo mondo querulo e burlone la figura del vecchio guitto sognatore si lev[i] scarna, con un'amarezza di tratti e con un'intensità di sofferenza e di speranza e di delusione artisticamente assai interessanti»; d'altra parte Eduardo De Filippo non è soltanto «l'autore di questo caustico scorcio teatrale», ma anche l'interprete del protagonista, che ha trasformato in «una figura intensa, lucidamente scarnita, ricca di una calda e racchiusa commozione» (A. Vesce, *La parte di Amleto*, «Il Mattino», 16 marzo 1940).

Nella recensione ai «tre atti comici dati all'Eliseo di Roma» – appunto *La parte di Amleto*, *Si salvi chi può* da Rocca, e *Creature senza difesa* da Čechov –, Flaiano narra il percorso dei due fratelli De Filippo dall'epoca in cui «recitavano nel Teatro della papalina di via Urbana [dando] gli episodi della vita di don Felice Sciosciammocca» a quella in cui «finirono per capire le possibilità di una convivenza del teatro con l'umorismo, il quale finalmente entrava, per la porta di servizio, ma entrava; e per merito quasi esclusivo dei due attori napoletani». E aggiunge: «Diciamo quasi perché non ci vien fatto ricordare, tranne Petrolini, altri attori comici che abbiano tentato imprese nuove per puro amore dell'esperimento. Nei De Filippo c'è, del resto, una tendenza allo studio, all'ordine che li salva dal pericoloso mare dei dialetti e ci fa azzardare l'ipotesi che la commedia italiana possa resuscitare passando per Napoli». Quanto a

La parte di Amleto, osserva acutamente il critico: «Edoardo ha modo e maniera di mostrarsi in tutte le sue melanconiche attitudini. I personaggi che incarna di preferenza quest'attore sono altrettante canzonette napoletane senza musica, piene di quella tristezza propria a un popolo che adopra i fuochi d'artificio per regalarsi un sole notturno. Su questo motivo l'accompagnatore, Peppino, ricama il suo prudentissimo cinismo»; e loda gli altri attori della Compagnia: «ottimi, in ispecie il Salvietti e la Marchesini, la signorina Franci e il De Martino» (E. Flaiano, *I De Filippo*, «Oggi», 2 marzo 1940; ora in *Lo spettatore addormentato*, a cura di S. Costa, Bompiani, Milano 1996, pp. 41-43). I principali attori della Compagnia, nella stagione teatrale 1939-40, erano infatti, oltre a Eduardo e Peppino (senza Titina e suo marito Pietro Carloni), Milena Bianchi, Italia Marchesini, Giovanni Amato, Irma De Simone, Dolores Palumbo, Gennaro Pisano, Margherita Pisano, Agostino Salvietti, Niedda Franci.

Il testo di *La parte di Amleto*, dopo la pubblicazione nel fascicolo n. 331 di «Il Dramma», compare nella prima edizione Einaudi della *Cantata dei giorni pari*, nel 1959; non subisce varianti e conserva la collocazione nelle successive edizioni e ristampe della stessa *Cantata*.

Personaggi

Il pompiere
Il custode Papele
Renato Cartis, primo attore
La sarta
Angelo Zoppi, attore
Riccardo Balzetti, attore
Gastone Rota, attore
Franco Selva, ex attore
Adele Capecchio, prima attrice
Fabio Felta, impresario
Rita Baldelli, aspirante attrice

ATTO UNICO

La scena: un palcoscenico di un qualunque teatro di Napoli.
A destra, prima quinta è la comune. In fondo visibile lo sgabuzzino del custode. Sempre a destra, in seconda quinta, una scala
che porta ai camerini. In fondo tre camerini per le prime parti,
con un piano soprastante per gli attori secondari. Questo secondo piano è circondato da una ringhiera di ferro che gira tutt'intorno e si perde in fondo a sinistra. A sinistra tre quinte rappresentanti la scena del primo atto dell'*Amleto*.
Sono le venti e trenta. Il palcoscenico è un po' buio. Il primo
camerino in fondo è chiuso; il secondo invece è illuminato ma
chiuso anch'esso. Il terzo è aperto e illuminato con la tenda tirata. Al secondo piano sono illuminati tutti i camerini, però con
le tende abbassate. Dietro si muovono delle ombre di attori in
pigiama e in veste da camera, che cominciano a prepararsi per
lo spettacolo.
Il custode seduto accanto ad un tavolo, nel suo sgabuzzino,
fuma e sbuccia delle castagne arrostite.

POMPIERE (*viene dalla sinistra, recando un secchio vuoto e si
dirige verso il custode*) Sentite, io mo giro tutti i teatri; ma
sulamente ccà aggi' 'a fa' quistione! I secchi d'acqua vicino 'a
quinta, hann' 'a essere pieni!
CUSTODE E 'o dicite a me!
POMPIERE No, mo 'o dico a chillo che passa! Embè, io quanno
songo 'e servizio ccà, aggio na mazzata ncapo!
CUSTODE Ma scusate, riempire i secchi nun è cosa che spetta a
vuie?
POMPIERE Spetta a noi; ma santo Dio, quando li abbiamo riem-
piti na vota, me pare che basta! Ogne sera avimm' 'a fa' sta
storia!
CUSTODE Insomma vuie p' 'e svacantà aspettate ca succede n'in-
cendio! Io aggio avut' 'a sbacantà pe' forza, si no ll'acqua,

quanno resta troppo tiempo, fete! Vuie 'a sera doppo 'o spettacolo, ve ne iate, io resto ccà tutt' 'a santa iurnata. Che m'ha
dda vení nu culera? Mo ngrazia 'e Dio, pigliate 'e sicchie, e
riempitele d'acqua fresca! Manco chesto vulite fa'?

POMPIERE   Avete ragione voi! Pe' regola vosta, nuie, dint' a me-
z'ora, quanno capita quacche disgrazia, facimmo 'a fatica che
vuie facite dint' 'a diece anne! (*E si avvia per la scaletta*) Mez'o-
ra faticammo... (*Esce*).

CUSTODE   ... e diece anne nun facite niente!

CURTIS (*dal camerino numero due, chiamando*)   Sarta! Signora
sarta!

SARTA (*dall'interno*)   Eccomi. (*Dopo poco entra dalla scaletta e
va verso il camerino di Cartis*) Eccomi, commendatore!

CARTIS (*alza la tenda e mostra una giubba*)   Per gentilezza, attac-
catemi questo bottone.

SARTA   Subito commendatore! Prendo l'ago e il filo nero. (*Esce
per la scala, poi torna*).

ANGELO (*dalla comune si avvicina al custode*)   Buonasera. Posta?

CUSTODE (*gli dà un pacco di corrispondenza*)   Vedete voi stesso,
perché io non sono andato ancora a scuola.

ANGELO (*sfogliando il pacco trova una sua cartolina e riconsegna
il resto della corrispondenza al custode*)   Una cartolina! (*A
Cartis*) Commendatore, buonasera!

CARTIS   Buonasera, Zoppi.

La sarta dalla scaletta va verso il camerino di Cartis.

ANGELO   Un pienone commendatore! Al botteghino fanno la fila!

CARTIS   L'*Amleto*, caro Zoppi! L'avevo ben detto, io!

ANGELO   È un gran lavoro. È una grande interpretazione vostra!

La sarta ora cuce il bottone alla giubba.

CARTIS   Grazie, Zoppi.

ANGELO   È la verità!

CARTIS (*alla sarta*)   Mi raccomando: cucitelo con un filo resisten-
te, altrimenti quando mi dispero, si distacca di bel nuovo!

ANGELO (*mostrando il camerino numero uno, quello della Capecchio, sottovoce*)   È qui la signora?

CARTIS   Non so. Chi la vede?!

ANGELO   Quando dirigeva lei la compagnia c'era da impazzire.
Io avevo già deciso di piantarla.

CARTIS È un'isterica pazza. Ora mangia l'aglio perché da quando sono entrato io gli affari vanno bene. Ma mi dite, Zoppi, perché il pubblico doveva correre agli spettacoli inscenati dalla Capecchio? È un'attrice da far tanto di cappello, ma non può da sola reggere un lavoro. Mancava l'attore!

ANGELO L'ho sempre detto io! Voi avete autorità; voi imponete al pubblico quello che sentite nel cuore. Vi giuro, commendatore, che certe volte, in scena, manco alla battuta per ascoltarvi. Siete grande!

CARTIS (*lusingato*) Grazie, Zoppi; sapete che non amo i complimenti!

ANGELO Ma non sono complimenti, commendatore! La mia è pura e semplice ammirazione! Beato voi, che sapete recitare cosí bene!

CARTIS Sí, quando sono in forma... Ieri sera, per esempio, la scena del secondo atto, l'ho recitata bene...

ANGELO E il finale? Quando diceste: «Ed ora ho finito...»

SARTA Furono tutti contenti. (*Dandogli la giubba*) Va bene, cosí? (*Esce*).

CARTIS Benissimo grazie. (*Si avvia nel suo camerino*) Arrivederci, Zoppi. Studiare, studiare molto bisogna! (*Esce*).

RICCARDO (*dalla seconda fila dei camerini*) Ciao, Angelo!

ANGELO Buonasera, Riccardo!

RICCARDO Vieni su. Ho comprato delle bellissime cravatte e delle camicie magnifiche!

ANGELO Le hai pagate?

RICCARDO Pagherò. Ho firmato degli effettini.

GASTONE (*viene fuori dal camerino accanto*) Lui paga tutti con gli effettini. Guai se non avessero inventato l'effettino.

RICCARDO Va' là. Se non esistesse il pagamento rateale, reciteresti anche tu a piedi scalzi!

GASTONE Ma io li pago, i miei!

RICCARDO I miei penso di pagarli! Quando li firmo, giuro che ne ho tutte le buone intenzioni! Come vedi, non c'è malafede. (*Chiamando*) Custode?

CUSTODE Comandi!

RICCARDO Ho chiesto un cappuccino mezz'ora fa. Aspetto ancora. Perché non posso averlo?

CUSTODE Forse avete detto che lo volete pagare a rate...

RICCARDO No, caro. Quello lo pago subito, altrimenti, alla fine, il cameriere del bar ne segna almeno trenta in piú.

CUSTODE (*guardando verso la porticina del palcoscenico*) Ecco-

lo! (*Come parlando a qualcuno che arriva*) Tu te muove o no?
Stanno aspettanno 'o cappuccino... Talpa!

Franco è un vecchio sui sessantasette anni, completamente bianco di capelli. Alto, magro; cammina lentamente; è un vecchio
attore di provincia, ormai ridotto, per gli anni e gli acciacchi, a
servire gli attori in palcoscenico. Senza parlare, si dirige verso
la scaletta di destra recando una guantiera con una tazza di
caffè.

RICCARDO   Presto, nonno, si raffredda!

Franco sale la scaletta e lo vediamo attraversare la balconata
della seconda fila dei camerini, fino a quello di Riccardo.

LA CAPECCHIO (*entra dalla porta del palcoscenico e si ferma dal
custode*)   Posta?
TUTTI   Buonasera, signora!
LA CAPECCHIO   Buonasera, ragazzi! (*Sfogliando la corrispondenza che gli ha dato il custode*).
CUSTODE   Accomodatevi signo'... (*Le fa strada fino al camerino;
gira la chiavetta dell'interruttore, apre la porta e lascia passare
la Capecchio*).
LA CAPECCHIO (*entra nel camerino e abbassa la tenda. Dopo piccola pausa, si sente la sua voce che sbraita*)   Sarta! Sarta! (*Tutti
si guardano con intenzione. La Capecchio fuori gridando piú
forte*) Sarta! (*Rientra nel suo camerino*).
SARTA (*dalla scaletta*)   Eccomi, signora Capecchio! (*Entra in camerino*).
LA CAPECCHIO (*di dentro fuori di sé*)   Quest'abito non lo metto;
avete capito? Diteglielo al signor Felta! E cercatene un altro.
SARTA   Ma la fodera è stata cambiata sana sana. È rifatto quasi
nuovo!
LA CAPECCHIO   Ho già visto; non è vero affatto! L'abito è quello
stesso, identico, preciso che rimandai in sartoria ieri sera! È
smesso, capite, smesso! Ed io non indosso gli abiti smessi! Sono la Capecchio! Ricordatelo un po' tutti!
SARTA   Ma quale abito devo portarvi? In sartoria una regina ce
sta!
LA CAPECCHIO   Cosa volete che sappia io? Cercate un abito degno della Capecchio! Andate!
SARTA (*fuori dal camerino, guarda gli altri che se la ridono*)   Guar-

date! (*Mostra l'abito*) È tutto rifatto. La fodera è completamente nuova...

CARTIS (*dal suo camerino, sollevando la tenda e mettendo fuori solamente la testa*)   Il mio vestito va benissimo, grazie sarta!

LA CAPECCHIO (*sollevando la tenda come ha fatto Cartis*)   Buonasera, signor Cartis!

CARTIS   Buonasera, signora Capecchio!

Tutti e due rinchiudono con furia la tenda e rientrano. Franco è entrato in scena durante le ultime battute.

ANGELO   Che te ne pare di questi duetti?

FRANCO   Ai miei tempi, caro, non mancavano di queste gelosie fra gli attori. Però si recitava bene, si incassavano quattrini. Queste beghe non intaccavano il successo del lavoro, anche perché alla testa di una compagnia c'era sempre un maestro sul serio...

GASTONE (*che è sceso dal suo camerino durante la scenetta della Capecchio con la sarta, seguíto da Riccardo, prende la parola*)   Tu, per esempio, eri un maestro.

FRANCO   Io non sono stato mai nulla. Ho lavorato molto ma ho fatto poco.

RICCARDO   Già, lui batteva la provincia...

FRANCO   Voialtri neanche quella potreste battere, perché vi batterebbero i provinciali. Invece talvolta avete la faccia tosta di presentarvi a Napoli, a Roma, a Milano...

RICCARDO   Quando davi gli *Spettri*...

FRANCO   Smettetela di prendermi in giro. Siete ragazzi allegri... e spesso vi divertite col darmi corda.

ANGELO   Quando si scherza, si scherza. Tu sei un uomo di spirito e non devi mai offenderti. Ma in questo momento si parla sul serio e devi crederci. Io dico, ragazzi, che Franco Selva, nel pieno vigore dei suoi trent'anni, avrebbe potuto recitare nei grandi teatri, e avrebbe fatto impallidire molti grandi attori...

FRANCO   Cosa ne sai! Quando avevo trent'anni, tu eri a balia...

ANGELO   Mio padre mi raccontava di te; ed era un tuo grande ammiratore!

RICCARDO   E poi ti conoscevano tutti... Va' là, sei stato bravo!

FRANCO (*esaltandosi*)   Gli *Spettri*... *La morte civile*... *Corrado*! Veniva giú il teatro, cari miei! In un lavoro quando al terzo atto dicevo...

TUTTI   Cosa, su, forza!...

FRANCO (*recitando con voce stentorea come imponeva l'antico me-*
todo) «Sulla tolda della nave, io marinaio, voi capitano, la
mia testa è vostra! Ma qui, come leon che in sua tana impera,
io sol comando e voglio: uscite!»

ANGELO Hai una voce fantastica!

RICCARDO È bravo sul serio!

FRANCO Come?

RICCARDO Sei bravo, te lo dico io!

GASTONE Se in quell'epoca fossi stato un impresario, il calcio te
lo avrei dato io! (*Sottovoce, mostrando il camerino di Cartis*)
Di', gli daresti dei punti con l'*Amleto*?

Franco sorride compiaciuto.

ANGELO Oramai non ricorda piú... Tanti anni!...

FRANCO Ho una memoria di ferro! (*Comincia a declamare il
soliloquio dell'*Amleto) «... Essere o non essere, tale è il problema. È egli piú decoroso per l'anima di tollerare i colpi dell'in-
giusta fortuna, o impegnare le armi contro un mare di dolori e
affrontarli, finirli...» (*Il custode dal suo sgabuzzino gli tira una
pallottola di stracci vecchi, che lo colpisce in pieno volto. Franco senza smontarsi minimamente*) «... Morire, dormire, null'altro; e dire che con quel sonno poniamo termine alle angosce
del cuore e ai mille affanni naturali di cui è erede la carne... È
una conclusione da essere avidamente desiderata...» (*Durante
queste battute il custode avrà fatto dei segni di intesa con gli
altri, come per dire: «Ora lo aggiusto io». Prende un giornale,
ne fa un cono, poi lo appunta con uno spillo dietro la giacca di
Franco. Dallo sgabuzzino, prende una canna con in cima uno
stoppino. È la canna che serve per i lumi di sicurezza. Ora da
lontano cerca di accendere il cono di giornale*) «... Morire...
dormire... Morire... forse sognare... Ah, ecco il punto! Peroc-
ché, quali sogni possono sopravvenire in quel sonno di morte,
allorché reciso abbiamo i fili con questo mondo?»

Il cono del giornale ha preso fuoco.

POMPIERE (*entra in questo momento e a furia di botte spegne
con la mano la fiamma*) Ma che site pazze?

FRANCO Che c'è?

POMPIERE Io faccio rapporto, con le fiamme non si scherza!

RICCARDO Eravamo tutti qui.

POMPIERE   E che significa? Il fuoco fa poche cerimonie. Qua è
tutto legno; se trova a vení n'ispezione, io passo 'o guaio!
Quando non ci siamo noi, incendiate 'o triato cu' tutt' 'o custode, nun me passa manco p' 'a capa!

CUSTODE   Ecco! Accussí è capace ca isso arriva a tiempo; io m' 'o
traso dint' 'a cammarella mia, e murimmo tutt' e dduie ab-
brustulite in un ultimo amplesso!

POMPIERE   Statte 'o posto tuio, zelluso!

CUSTODE   E tu va' t'arriccia 'a permanente; vi' chi parla 'e zelluso!

FRANCO (*seguitando a declamare*)   «... Morire...»

TUTTI   Uh! Basta!

CUSTODE   Guè, tu 'a vuó ferní? Mo te mengo nu cato d'acqua
ncuollo e buonanotte! E chesto fa tutt' 'a santa iurnata! Ogni
tanto ci regala una predica!

Tutti ridono forte.

CARTIS (*dal suo camerino*)   Un po' di silenzio, signori! (*Rientra*).

FELTA (*dalla porta del palcoscenico seguíto da Rita Baldelli*)   Venite Rita, su, coraggio!

TUTTI   Buonasera, signor Felta!

FELTA   Buonasera! (*Seguitando a parlare con Rita*) Il palcoscenico in fondo è la casa degli attori, e gli attori sono inquilini
come gli altri. (*Rita entra timida. È una modesta creatura di
venti anni, veste con semplicità. I suoi lineamenti dicono la
nobiltà della sua nascita*). Non abbiate timore, nessuno vi farà
del male. (*Prende dal portafogli un biglietto da dieci e lo porge
a Franco*) Paga il taxi.

FRANCO   Subito, signor Felta. (*Esce per la porticina*).

FELTA (*agli altri*)   È venuto il commendatore?

RICCARDO   È in camerino.

FELTA (*a Rita*)   Ora vi presenterò il signor Cartis. (*Si avvicina
al camerino di Cartis. Gli altri si fanno da una parte guardando Rita incuriositi*). Cartis, permetti?

CARTIS (*di dentro*)   Che c'è? (*Solleva la tenda*) Buonasera, Felta.

FELTA   Buonasera, ti voglio presentare la signorina. Venite Rita. (*Rita si avvicina ai due*). La signorina Rita Baldelli... Il
commendator Renato Cartis...

CARTIS   Ben lieto signorina.

RITA   Sono una vostra costante ammiratrice.

CARTIS   Troppo amabile! Grazie. (*A Felta*) Ma tu mi hai parlato

altre volte della signorina... mi dicesti della sua vocazione. È
lei?

FELTA   Sí, è lei. Carina, eh?

CARTIS   Molto.

Gli attori per la scaletta rientrano nei propri camerini.

FRANCO (*tornando*) Signor· Felta, ecco il resto. (*Dà dei soldi
a Felta*).

FELTA (*dandogli qualche moneta*) To', per te!

FRANCO   Tante grazie, signor Felta. (*Rimane da una parte*).

CARTIS (*rivolgendosi a Felta*) Ha recitato altre volte?

RITA   Sí, qualche anno fa, fra amiche, per beneficenza. Poi, una
volta, a Capri, anche per beneficenza, recitai con attori veri,
con soli quattro giorni di prove; ebbi i complimenti di tutti. Il
capocomico voleva persino farmi un contratto...

FELTA   È brava, sai. Certo ha bisogno di una direzione. È una
donnina svelta, intelligente... molto signora...

CARTIS   Il babbo è contento della vostra decisione?

FELTA   Ha perduto il babbo da due anni; era molto amico mio.

RITA   E la mamma si è risposata. Come vedete la storia è cosí
comune e banale che quasi mi vergogno di raccontarla. Allora
ho pensato che solo il teatro può offrirmi qualche vicenda nuova.

FELTA   Ora comincerete a vivere un po' fra gli attori, per ambien-
tarvi, per prendere, come diciamo noi, aria di palcoscenico; e
poi per il debutto ci penserà il commendatore...

CARTIS   Stasera ascoltate con attenzione la parte di Ofelia; poi
vedremo alle prove.

RITA   Grazie, commendatore!

CARTIS (*cambiando tono a Felta*) Hai visto, vecchio amico? Cosa ti dicevo io? L'*Amleto* è un talismano. Il teatro questa sera
è pienissimo. Sei contento?

FELTA (*poco convinto*) Sí.

CARTIS   Non sei contento? C'è la fila al botteghino! Sfido! Dopo
la lagna delle sere passate. Dopo i forni di *Casa di bambola*,
l'*Amleto*, nell'interpretazione di Renato Cartis è stata come
una liberazione! Questa sera sarà un esaurito!

LA CAPECCHIO (*viene fuori dal suo camerino*) Cartis, caro Cartis, non dimenticate che non siete solo. Questa sera, accanto a
voi, s'intende, recita anche la povera Capecchio! Buonasera,
signor Felta!

CARTIS (*con un tono di eccessiva gentilezza*) Perdonate, signora Adele! Ma veramente non me ne ricordavo!

LA CAPECCHIO   In fede mia, non vincereste di certo il campionato di buona memoria!

CARTIS   Non ne sarei affatto lieto, se lo vincessi! In cambio dovrei rinunziare a questo stato di grazia, poiché il reparto memoria del mio cervello non potrebbe piú espellere le cose ingombranti e funeste!

LA CAPECCHIO   Povero Cartis! Immagino quale amarezza dobbiate provare, quando un banale mal di testa verrà a rammentarvi di averne una! Permesso, signor Felta! (*Rientra nel suo camerino*).

I tre si guardano un poco imbarazzati, e Cartis comincia a ridere un po' idiota, Felta e Rita ridono poi con lui.

SARTA (*col vestito della Capecchio sul braccio destro, entra dalla scala e dice a Felta sottovoce*) Signor Felta, io come debbo fare? La signora Capecchio dice che non metterà quest'abito perché non è degno di lei. Io non ne ho altri!

FELTA   Santo Dio, tutti cercano di complicare la vita!

SARTA   Ho cambiato la fodera, i finimenti; l'ho stirato tutto quanto: miracoli non ne posso fare.

FELTA   Glielo avete fatto vedere?

SARTA   Non l'ha voluto nemmeno guardare!

FELTA   Dài a me! (*Prende l'abito dalle mani della sarta e si avvicina al custode*) Dammi un giornale!

CUSTODE (*prende un giornale*) Ecco cavalie': questo non l'ho finito di leggere, perché non sono andato a scuola! (*Dà il giornale a Felta*).

FELTA (*avvolge il vestito e deposita il pacco sul tavolo del custode*) Ecco fatto! (*Si avvicina al camerino della Capecchio*) Signora Capecchio!

LA CAPECCHIO (*sollevando la tenda*) Che c'è?

Cartis abbandona la scena e rientra nel suo camerino bruscamente.

FELTA   Signora Adele, volevo domandarvi se l'abito della regina vi sta bene?

LA CAPECCHIO   Caro Felta, mi dispiace; ma io non indosserò

quello straccio. Ve lo dissi appena si cominciò a parlare del-
l'*Amleto*. Abusare si può fino ad un certo punto; ma qualche
raro momento mi ricordo che sono la Capecchio!

FELTA (*alla sarta*) Ma quale abito avete dato alla signora?

SARTA   Quello che vi feci vedere ieri alle prove.

FELTA   E io vi dissi che non andava bene; che avrei pensato io...

SARTA   No, voi diceste: se lo deve mettere...

FELTA (*interrompendola brusco*) Siete una sciagurata e non ricordate niente. Non dovevate permettervi di presentare alla Capecchio quello straccio. (*Alla Capecchio*) Perdonate, signora
Adele, ho pensato io. (*Al custode*) Dammi quel pacco che ho
lasciato da te!

CUSTODE   Quello che mo avete arravugliato?

FELTA   Dammi il pacco e fai silenzio! (*Il custode esegue*). Ho
comprato questo dalla migliore sartoria teatrale; ho sacrificato
un po' di soldi, ma è quello che ci vuole.

LA CAPECCHIO (*apre l'involto, vede l'abito; finalmente è soddi-
sfatta*) Grazie, signor Felta. Siete stato veramente cortese.
E per voi, tutta la riconoscenza della Capecchio! (*Rientra nel
suo camerino*).

FELTA (*a Rita che ride*) Ecco fatto, ci vuole pazienza! Permettete un momento, Rita; vado in amministrazione perché aspetto
un telegramma da Milano. (*Guarda l'orologio*) Fra mezz'ora
comincia lo spettacolo, e vi farò segnare un palco...

RITA   Grazie. (*Felta esce a sinistra. Franco guarda e sorride a
Rita, che ricambia con simpatia. In questo momento entra un
ragazzo con dei piatti avvolti in un tovagliolo e mezzo litro di
vino. Il custode prende tutto dalle mani del ragazzo che va via.
Rita a Franco*) Siete un attore, voi?

FRANCO   No... Sí, e no...

RITA   Sí e no?

FRANCO   Sono stato un attore.

Il custode si avvicina.

RITA   Io forse diventerò un'attrice.

FRANCO (*amaramente*)   Alba e tramonto.

CUSTODE   Signuri', (*indica Franco*) questo è stato un grande artista. Quando recitava lui, aumentavano il prezzo dei pernacchi.
Non si trovava una pummarola, se la volevate pagare mille lire.

FRANCO   Stai zitto, verme!

CUSTODE (*sempre a Rita*) Mo se prende un poco di confidenza

con voi, vi fa sentire qualche pezzo di prosa, e allora la finisce
quando voi lo sputate in faccia.

FRANCO   Perdonatelo signorina, è un rozzo plebeo. (*Al custode*)
Tu sei una creatura del basso mondo; non puoi trovare cibo
per il tuo spirito; le tue radici abbarbicate nel putridume ti
fanno vivere brutto e fesso. I miei occhi non ti odiano, ma
lanciano su di te il loro sguardo pietoso.

CUSTODE   Hai ragione; se dici un'altra parola mi metto a piangere come una *crapa*. Anch'io ero nato per l'arte, e adesso la
litteratura surveglia il mio angelico sonno. Io *putrebbe prisin-
tarmi* in *triato* e *farebba* una mappatella di tutti i grandi attori.
E *putrebbo ricitare Aristodemo...* (*Declama*) «... Quando Aristodemo giunse sulla tomba di sua figlia, fermossi, guardolla e
disse: (*canticchia*) Chi t'ha fatto 'sti scarpetelle, figlia bella,
figlia bella... C' 'o presutto e c' 'a muzzarella!...» Ma voi nun
putite capire! Mia moglie è morta con un tumore in testa e mi
ha lasciato solo; adesso tengo una *cana* con le *catarattole* agli
occhi per mia furtuna, accussí non vede quanno me mbriaco...
Mi ritiro nei miei appartamenti... (*Mostra il vino*) Parlando
con crianza, mi vado a menare questo nella panza; cosí tengo la
speranza che mi addormo e mi *sonno* l'abbondanza. Voi mangiate Arte e *puisia*; io no! Io mi vado a bere questo litro di vino...
E tu, zuco di véspera e nguenta di marmotta, dammi il tuo
sguardo pietoso; e tirati la renza, purtuallo! 'A salute 'e stu
poco! Vive, Pape'! (*Bevendo, esce*).

RITA   Che tipo!

FRANCO   Popolo!

RITA   Eravate attore?

FRANCO (*presentandosi*)   Franco Selva.

RITA   Tanto piacere.

FRANCO   Il mio nome è sconosciuto; recitai sempre in provincia,
ecco perché... Ora sono vecchio, e vivo qua... servo gli attori e
campo... Gli artisti di solito non fanno economia; io non avrei
potuto neanche farne: guadagnavo tanto poco...

RITA   Eravate in compagnia?

FRANCO   Ero capocomico. Ma i capocomici di provincia, allora,
guadagnavano meno di quanto guadagna ora un generico di
una compagnia importante. E voi, signorina, volete avviarvi
per la carriera teatrale?

RITA   Sí, ma...

FRANCO   Con questo esempio! (*allude a se medesimo*). Ma oggi è
tutta altra cosa... L'Arte, poi, s'impone nel cuore di chi per

l'Arte non nasce. Io ho sempre lo stesso entusiasmo. Basta un
attimo per salire, salire... una parte bella che incontra il favore
del pubblico... Io, invece, sempre nei piccoli gelidi teatri di
paeselli di montagna!

RITA   Ma alle volte basta un critico autorevole per indicare alla
folla questo o quell'attore...

FRANCO   Nei teatri dove recitavo io, non entravano critici, e poi,
cara, io sono stato un attore mediocre; ho fatto quello che la
mia abilità mi ha permesso di fare. Non avrebbero scritto degli
articoli di lode, per me. Il critico autorevole dice bene dell'attore che vale veramente, ed allora il pubblico concorde gli accorda fiducia... Buon per l'attore e buon per il critico; ma credete
pure, signorina, il critico piú esperto non avrebbe mai potuto
assicurarmi in arte il posto che speravo.

RITA   Non è confortante quello che mi dite.

FRANCO   Ma l'arte vi prenderà. Quando avrete i primi successi...
Comincerete in qualche piccola parte con un batticuore che vi
parrà di morire; e poi le parti piú importanti, che non vi lasce-
ranno il tempo nemmeno di pranzare. Poi, prima attrice...

RITA   E poi?

FRANCO (esaltandosi)   Gli applausi del pubblico!

RITA   E poi?

FRANCO (sempre c. s.)   Poi la serata d'onore... il palcoscenico
pieno di fiori... doni da tutte le parti... un gran pubblico elegante, quello delle grandi occasioni... Dopo teatro la cena nel ristorante di prim'ordine... brindisi... champagne...

RITA   E poi?

FRANCO   E poi... Per la strada tutti vi riconosceranno... Eccola!
E parlano tra loro... Poi avrete la vostra compagnia, con il
vostro nome alto cosí sui cartelli e a lettere luminose sull'ingresso del teatro.

RITA (insistendo)   E poi?

FRANCO   E poi, qualche insuccesso... Bisogna tener presente che
il pubblico è un po' volubile... Non pensa piú magari agli applausi del primo atto; al secondo fischia. Ma quei fischi ti dànno forza e fede. Ti dicono: lotta! E tu lotti per migliorarti e
per la rivincita!

RITA   E poi?

FRANCO   E poi... e poi... (Non sa piú cosa dire, coglie negli occhi
di Rita una lieve malinconia, mista ad un senso di commiserazione per lui ed abbassa la testa come colto in fallo).

ADELE e CARTIS (*contemporaneamente dai loro camerini*) Nonno!

ADELE Scusate!

CARTIS Perdonate voi!

Non parlano piú.

FRANCO Comandi?

CARTIS Sentite cosa vuole la Capecchio.

ADELE Ma no, sentite cosa vuole il signor Cartis.

FRANCO (*a Cartis*) Dite pure commendatore!

CARTIS Siete desiderato dalla signora Capecchio.

FRANCO Dite pure, signora Capecchio.

ADELE Volevo bere qualcosa.

CARTIS Una camomilla.

ADELE (*punta*) Un cognac! (*Rientra nel suo camerino*).

CARTIS (*guardando Rita e alludendo alla Capecchio*) Strega.

ADELE (*che ha sentito*) Cosa avete detto? (*Esce dal camerino*) Cosa avete detto?

CARTIS Niente. Invece del cognac potevate ordinare una Strega.

ADELE Avete detto: strega! Ecco cosa avete detto. (*A Rita*) È vero, signorina? Eravate qui, mi ha chiamato strega! (*A Cartis*) Siete di quelli che parlano alle spalle. Io, invece, ve lo dico in faccia quello che siete: un cane, ecco cosa siete!

CARTIS Signora Capecchio, è un pezzo che sento il desiderio di mandarvi all'inferno. Se io sono cane, voi siete una gran cagna, e arrabbiata, per giunta!

ADELE Ma state zitto... La compagnia tutta ha le scatole piene di voi! (*Ora grida senza riserve, rivolgendosi agli attori*).

Gli attori fanno capolino dai loro camerini.

CARTIS Voi siete un'isterica pazza! Ordinatevi una doccia gelata. Io son quello che sono!

ADELE Tutto lui! Le parti belle le fa lui! Il pubblico viene per lui. I lavori si scrivono per lui. Non mangerebbe per «sfogare». Sfogatore!

CARTIS Mi fate schifo!

ADELE (*offesa sul serio*) Ritirate la parola, Cartis. Ritirate la parola se non volete che vi dia uno schiaffo!

CARTIS Ma finiscila megera, se non vuoi che ti prenda a pedate fino all'angolo del vicolo.

Il custode viene fuori dal suo sgabuzzino e trattiene la Capecchio.

CUSTODE   Calma, calma!
ADELE (*a freddo*)   Aaaah! (*Questo grido deve essere acutissimo*)..
CUSTODE   Neh, puozze murí 'e subbeto!

La sarta dalla scaletta corre verso Adele.

ADELE   Toglietemi quel mostro dai piedi. Le pedate a me?
CUSTODE   Ma qua' patate?
ADELE (*smaniando*)   Ah!

Gli attori se la ridono fra loro.

FELTA (*dalla sinistra*)   Ma che diavolo accade?
ADELE   O Cartis, o Capecchio!
CUSTODE   Facciamo Carta e Scapecchio, signuri'!
ADELE (*dà una spinta al custode*)   Toglietevi dai piedi anche voi!
CUSTODE (*fuori di sé per la spinta ricevuta*)   Guè! Primma m'ha
   dato uno strillo in testa! Adesso una bottata! Mo la devi finire.
   Quant'è brutta! Mo te nzerro dint' 'o cammerino e te faccio
   ascí dimane matina!
FELTA (*interviene con autorità*)   Tu stai al tuo posto. Vattene.
   (*Il custode si mette da una parte*). Cosa è successo di nuovo?
CARTIS   Se non entravo io in questa compagnia sarebbe andato
   tutto a ramengo!
ADELE (*testarda*)   O Cartis, o Capecchio!
FELTA (*ha perduto la pazienza*)   Né Cartis, né Capecchio! Avete
   capito? Nessuno dei due! La pazienza ha un limite! Mentre
   sudo sangue per procurare un contratto di lavoro, voi pensate
   alla parte piú o meno importante! Ho le tasche piene di voi! O
   meglio ho le tasche vuote per voi! Se lo volete sapere, Cartis, il
   teatro è vuoto anche stasera. Il botteghino ha venduto tre pal-
   chi di prim'ordine, qualche altro di secondo e diciassette poltrone... Intesi?
CARTIS   Ma Zoppi, mi diceva...
FELTA   Ha voluto prendervi in giro... Forno, anche stasera!
ADELE   Portatelo al lettuccio il tuo Amletino! Ah!... Ah!...
   Ah!...
CARTIS   Fatela tacere! I miei nervi non reggono!
ADELE   Povero cucciolo!

Uno alla volta gli attori dalla scaletta hanno fatto gruppo in fondo.

CARTIS   Non pianto la recita perché sono un attore! Un grande attore! Ma domani non contate su di me!

FELTA (*fuori di sé*)   Andatevene! Andatevene tutti! Vattene Cartis, questa sera stessa... Siete irriducibili! Ho un fegato anche io!

CARTIS   Non arrabbiarti Felta, me ne andrò.

FELTA   Quando ti parrà.

Entra Franco con cognac e cappuccino.

CARTIS   Me ne andrò!

FELTA   Vattene, vattene! (*Cartis entra nel suo camerino*). Si reciterà lo stesso! Non si chiuderà il teatro! (*Vicino al camerino*) Vattene! Roba da pazzi! (*Esce a sinistra*).

FRANCO   Cosa c'è?

Adele prende il suo cognac ed esce.

CARTIS   Vado via, giuro a Dio! (*Rientra nel suo camerino*).

FRANCO (*si avvicina al camerino di Cartis*)   Signor Cartis.

GASTONE   No, ti manderebbe all'inferno.

FRANCO   Va via? Questa sera?

RICCARDO   Già.

FRANCO   E l'*Amleto*?

ZOPPI   Non l'hai saputo? Il signor Felta ha detto che lo farai tu! (*Fa un cenno agli altri perché secondino la burla*).

RICCARDO   Sei contento?

FRANCO   Ma smettetela! Ma proprio a me volete raccontarla? (*Si avvicina al camerino di Cartis*) Permesso? Commendatore, ecco il vostro cappuccino.

CARTIS (*sollevando la tenda*)   Veleno! Cicuta! (*Agli altri*) Voialtri eravate presenti; mi sarete buoni testimoni. Cosa mi doveva dire ancora, Felta? Ho tutto il diritto di piantare la compagnia. Pianto tutto! Vado via! (*Prende il cappuccino dalle mani di Franco*) Mi sostituirà lui: Franco Selva al posto di Cartis! (*Esce ridendo amaro*).

FRANCO   Ma va via sul serio?

RICCARDO   E devi sostituirlo tu, ordine del signor Felta.

FRANCO (*incredulo*) Ma sí... (*Li pianta e si allontana da una parte*).

RITA (*agli attori*) Ma fanno sempre di queste liti?

RICCARDO Gelosie!

GASTONE Non bisogna farci caso.

Si presentano e parlano fra loro dell'accaduto.

FRANCO (*non è sereno, vorrebbe interrogare gli attori e non si decide. Certo l'idea di recitare ancora una volta l'Amleto, lo rende nervosissimo, quasi lo esalta. Finalmente si fa coraggio e chiama in disparte Zoppi*) Di', ma sul serio?

ZOPPI (*non ricordando piú lo scherzo ordito in precedenza*) Cosa?

FRANCO Andiamo... Sul serio, Cartis pianta la compagnia, questa sera?

ZOPPI Sí, va via.

FRANCO E dimmi: veramente il signor Felta ha fatto il mio nome?

ZOPPI (*sovvenendosi e secondandolo*) E come! Corri a vestirti caro, presto! (*Lo pianta e torna al suo gruppo*).

FRANCO (*dopo pausa tornando al gruppo*) Io ricordo la parte, ma potrebbe sfuggirmi qualche cosa... Dopo tanti anni...

ZOPPI T'aiuteremo noi, stai tranquillo.

GLI ALTRI Ma sí...

FRANCO Allora...

Campanello interno.

GASTONE I dieci minuti. Andiamo ragazzi. Permesso, signorina, e auguri.

RITA Grazie.

Riccardo e Zoppi salutano Rita.

ZOPPI Su, nonno; svelto! (*Esce per la scaletta con gli altri*).

FRANCO (*a Rita*) Permesso, signorina... (*Chiamando*) Sarta, sarta! (*Esce per la scaletta*).

FELTA (*dalla sinistra*) Perdonatemi Rita, ma questa è una serata movimentata.

RITA Non badate a me!

FELTA (*si avvicina al camerino di Cartis*) Permesso, Cartis. (*Solleva la tenda del camerino*) So che sei un attore e non mi manderai a male lo spettacolo. Domani riparleremo in direzione del fatto; ma stasera ti prego di dimenticare quello che è accaduto.

CARTIS   Io sono un attore, lo hai detto.

FELTA   Anche voi signora Capecchio.

LA CAPECCHIO (*sollevando la tenda*)   La rappresentazione avrà luogo per il pubblico e per voi, signor Felta.

FELTA   Mi hanno telefonato dal botteghino che c'è un po' di movimento: la «buttata» dell'ultima ora... Recitate con animo e domani si aggiusterà ogni cosa. (*Cartis rientra nel suo camerino e la Capecchio nel suo*). Pazienza! (*Rivolgendosi alla seconda fila di camerini*) Ragazzi, siete pronti?

RICCARDO (*dalla scaletta*)   Eccomi.

Zoppi e Gastone escono dai propri camerini vestiti come per i ruoli dell'*Amleto*.

FELTA   Elettrico! Attento. Mi raccomando la luce come abbiamo provato. (*Riccardo, Gastone e Zoppi si avvicinano a Rita. Franco dalla scaletta, seguito dalla sarta che cerca di aggiustargli il mantello. In questo momento Franco è vestito da Amleto. Il maglione nero è troppo largo per le sue gambette stecchite. Anche la giubba è troppo grande per lui. Sui suoi capelli bianchissimi ha messo una parrucca a buccoli, il suo volto è spalmato di cerone troppo rosa. Dovrà sembrare un morto imbalsamato. Gli attori e Rita si accorgono della sua presenza. Questo spettacolo non li farà ridere, anzi susciterà in loro una profonda pena. Franco li guarda e quasi si pavoneggia come per dire: Sto bene? Felta in questo momento si accorge di lui. Dapprima non lo riconosce*) Cosa c'è?

FRANCO   Eccomi signor Felta. Ecco Franco Selva di una volta.

FELTA (*agli attori*)   Perché avete fatto questo?

ZOPPI   Ma commendatore... neanche lo abbiamo accennato...

GASTONE   Non pensavamo...

FRANCO   Spero di accontentarvi...

Felta guarda la sarta.

SARTA   Ha voluto vestirsi per forza. Lo ha fatto credere anche a me.

FELTA   Vi ringrazio tanto della buona volontà, Franco, ma non occorre piú che vi disturbiate. Mi sono riconciliato con Cartis. (*Dal portafogli prende cinquanta lire e gliele porge*).

FRANCO (*guarda gli altri, comprende. Non stende la mano. Pausa*) Signor Felta, no... Me la darete piú tardi, per un caffè o un pacchetto di sigarette che andrò a prendervi; ma ora no. Franco Selva, vestito da Amleto non vale neanche cinquanta lire.

Campanello interno.

UNA VOCE Chi è di scena?
FELTA Andiamo ragazzi! (*Ed esce a sinistra*).

Gastone, Riccardo e Zoppi non staccano il loro sguardo pietoso da Franco.
Cartis dal suo camerino, vestito da Amleto, senza badare a nessuno esce per la sinistra. Riccardo, Gastone e Zoppi lo seguono. In scena rimarranno Franco e Rita. La luce si abbassa e subito dopo dalle quinte della scena di Amleto un fascio di luce illumina la misera figura di Franco. Rita a piccoli passi gli si avvicina, non osa parlargli. Franco guarda dalla parte dove, fra pochi istanti, si svolgerà lo spettacolo. I suoi occhi quasi non vedono.

RITA (*si fa animo*) Nonno! Spogliatevi!

Franco non l'ascolta, forse non ode neanche le prime battute dell'Amleto che arrivano dall'interno.

BERNARDO Chi è là?
FRANCISCO Rispondete a me; fermatevi e dite chi siete.
BERNARDO Viva lungamente il re!
FRANCISCO Bernardo?
BERNARDO Desso!

Cala la tela

Non ti pago

(1940)

Mentre sperimenta un uso nuovo della lingua italiana, Eduardo continua a sottoporre a prove sceniche anche il dialetto: attraverso il «parto trigemino» di *Natale in casa Cupiello* e nella «commedia brillante in tre atti» *Non ti pago* (1940). Se il dialetto è «il linguaggio caldo e conservatore di una vita accettata [...] mentre la lingua della piú vasta *koinè* nazionale è il linguaggio che deve affrontare i problemi nuovi, la creazione coraggiosa di una vita al di fuori delle abitudini» (G. Debenedetti, *Il romanzo del Novecento*, Garzanti, Milano 1980, p. 315), bisogna pur distinguere tra dialetto fotografico e dialetto inventivo. In questi anni che preludono alla bufera bellica, l'autore-attore prepara il terreno alla sua «invenzione post-bellica», lavorando su entrambi i fronti del teatro in lingua e del teatro in dialetto, e sondando le possibilità di «*una rigenerazione attorica e dialettale del teatro nazionale*» (C. Meldolesi, *La trinità di Eduardo* cit., pp. 70-73).

Già Flaiano, che segue i De Filippo dagli anni Trenta, nel 1940 afferma: «nel ponte sospeso tra teatro e letteratura sono loro [...] che si fanno avanti coraggiosamente, tenendo la mano giusta» (*I De Filippo* cit., p. 43). Commentando poi l'inchiesta aperta dalla rivista «Sipario» nel '64-65 sulle difficoltà incontrate dai nostri scrittori di teatro, riporterà questa osservazione di Baldini: «Tutti i drammaturghi italiani contemporanei, anche quelli che passano per essere i maggiori scrivono in italiese. L'unico che non scrive in italiese è Eduardo De Filippo. Forse è anche per questo che Eduardo De Filippo è l'unico drammaturgo italiano contemporaneo» (cfr. E. Flaiano, «L'Europeo», 11 luglio 1965; ora in *Lo spettatore addormentato* cit., p. 227). Poi rileggendo, nella stessa prospettiva, le commedie eduardiane appena uscite nel terzo volume della *Cantata dei giorni dispari*, ne noterà la crescita e le stratificazioni, recita dopo recita. Alla fine contro quei «letterati» che, pur ammirando «il teatro di De Filippo», non riescono a vederlo «disgiunto dalla rappresentazione», anzi considerano i suoi lavori dei «pretesti interpretativi», gli viene voglia di affermare che il teatro non è un genere letterario, ma «un genere di vita, un modo di arrivare alla verità per tentativi che coinvolgono l'esistenza» (E. Flaiano, «L'Europeo», 1° settembre 1966; ora in *Lo spettatore addormentato* cit., p. 253).

Che il teatro di Eduardo sia «un unicum continuo, una lente scoperta della vita antidrammatica che vale proprio per la ragione poetica che l'ha dettata e che è sempre presente» (ivi, p. 251), risulta anche di piú dalle commedie che appaiono *via via* nella *Cantata dei giorni pari*. Se il percorso di questi *giorni pari* sembra culminare nel 1942 con la parabola sardonica e dissolvente di *Io, l'erede* (posta alla fine della *Cantata* solo a partire dall'edizione riveduta del 1971), agli stessi anni appartiene *Non ti pago*, commedia brillante ma ambigua. Non a caso uscirà nel secondo volume della *Dispari* del 1958 prima di trasferirsi nella *Pari* (ancora del '71). Qui si ri-genera una fiaba partenopea a «lieto fine», che aggiorna l'antico motivo della «successione»; anche in *Non ti pago* è questione di «eredità», ma le tematiche dell'«io», i giochi fra sogno e realtà, spirito e materia, si organizzano intorno ad un motivo-chiave della cultura e della teatralità di Napoli, il *delirio da gioco del lotto*. Questo tipico *commercio dei sogni* domina l'esistenza di tutti i personaggi della commedia: un mondo che comprende, come sempre, sia i *vivi* che i *morti*.

Ferdinando Quagliuolo ha ereditato il fatale «banco 'e lotto» dal padre, è una dinastia; ma Mario Bertolini vi lavora fin da ragazzo, e aspira con le «nozze» a succedergli. Dalla parte dell'antagonista staranno la moglie e la figlia del «re», Concetta e Stella, Don Raffaele Console, *prete*, Lorenzo Strumillo, *avvocato*, la coppia dei vicini, i dispettosi e vendicativi Frungillo; «aiutanti» del protagonista sono invece il pulcinellesco Aglietiello, *uomo di fatica in casa Quagliuolo*, e soprattutto Carmela, *donna del popolo*. Aiutanti piú o meno «magici», ma di quella magia illusoria, eppure concretamente vissuta a Napoli, che serve ad evocare la *Fortuna con l'effe maiuscola*: titolo d'una commedia di Eduardo e Curcio che poi scomparirà dalla *Cantata dei giorni pari*, ma che potrebbe costituire il filo rosso della napoletanità dell'assurdo e della disperazione.

Sopra tutti sta, in *Non ti pago*, l'onnipotente «fantasma» del padre di Ferdinando, don Save', la cui apparizione onirica co-

me dispensatore di «numeri» attribuirà alla commedia la fisionomia paradossale di un contenzioso spiritico-giuridico sulla
proprietà legittima dei sogni.

> FERDINANDO (*furente e deciso*)   Non ti pago! Non ti pago! (*Come
> impazzito*) 'O biglietto è 'o mio! [...] T' 'o viene a piglia' ncopp' 'o
> Tribunale... (*Esce per la sinistra lasciando tutti in asso i quali si guar-
> dano intorno a loro come allucinati*).   (I, p. 641);

questa battuta-ritornello (che intesta la commedia) introduce
l'«avvenimento» rivoluzionario con cui il protagonista chiude,
a sorpresa, il primo atto.

Doppiamente colpito dall'invidia per la vincita straordinaria del suo fortunatissimo impiegato e dalla pretesa di costui di
diventare suo genero – Bertolini *consegna il biglietto a Ferdinando*: «Mo' so' ricco 'on Ferdina', mo m' 'a facite spusà a Stella?»
(I, p. 640) –, il padrone del banco si impadronisce del fatale biglietto e *si rifiuta di pagare*. Quel biglietto è «suo» di diritto: i
numeri vincenti li ha dati al Bertolini, che ha occupato nel frattempo la «sua» camera (come Luigi quella di Michele in *Ditegli
sempre di sí*), per «errore di persona» la «buon'anima» di suo
padre «in sogno». Da questo colpo di teatro ha inizio l'avventura psicologica, soggettiva e corale, del *sogno conteso*, che tutti i personaggi, non solo il protagonista, vivranno come un fatto reale. Un'avventura «strana», che non a caso si risolverà dopo un altro colpo di teatro, alla fine del secondo atto: dopo che
l'«Anatéma» lanciato da Ferdinando avrà sortito i suoi cata-
strofici, tragicomici, effetti su chi indebitamente ha tentato di
riscuotere la vincita, ovvero sullo stesso Mario Bertolini diventato sfortunato.

L'autore-attore riscopre nei confronti di questo protagonista, della stirpe dei suoi folli raziocinanti, quel rapporto di in-
timità-distanziazione che distingue le sue creazioni migliori:
Ferdinando è «capo tuosto» per la moglie, *testardo* anche per la
didascalia; eppure indubbiamente simpatico. La contrapposizione fra l'eroe e l'antagonista sembra riprodurre nell'ambito
partenopeo e apparentemente realistico il meccanismo che im-
pregna di amari succhi i comici *cartoons* sul contrasto Paperino-
Gastone. Ma la sua origine è antropologica: si tratta di uno di
quegli «elementi vivi» che nella «tradizione» passano e si trasformano da un'epoca all'altra, da un genere popolare all'altro...
Dietro l'ostinazione di don Ferdinando, a non cedere la figlia
(e il biglietto vincente) al Bertolini, si può intravvedere l'arcai-

ca «paura del genero», la resistenza del «re» a trasmettere il potere al marito della figlia, un «estraneo» (cfr. V. Ja. Propp, *Edipo alla luce del folclore*, Einaudi, Torino 1978, pp. 93-94). Sulla ripetuta opposizione di Ferdinando alle nozze – «E Stella è mia figlia [...]. Ma a figliema nun ce 'a dongo» (I, pp. 637-39) – si impernia per tutto il primo atto il suo conflitto col Bertolini, prima ancora che la cameriera Margherita annunci la cruciale «estrazione». Qui però il vecchio sovrano resterà in vita e in carica «alla fine», restaurando il proprio potere patriarcale; anche se dovrà condividere il regno con il genero (donando come dote alla figlia i «quattro milioni» della vincita).

Sul motivo archetipico della «successione», riproposto forse inconsciamente e senza intenzioni parodiche, si innestano gli altri: quelli che appartengono all'ambito folclorico piú moderno e tipicamente partenopeo (cabala, sogni, lotto, fantasmi in bilico fra aldilà e aldiqua), come quelli che riguardano il versante culturale e storico contemporaneo (attraverso l'opposizione individuo-società), nonché la soggettiva *Weltanschauung* eduardiana (che comprende conflittualità famigliare e scontro generazionale). Questi motivi ricorrenti nelle Cantate assumono oggi un singolare spessore semantico: proprio perché affondano le radici nel passato dei generi popolari, che l'autore ha prima rivissuto alla luce del *suo* presente per consentire poi a noi di riviverli, alla luce del *nostro*. Perciò quel «commercio coi morti» o coi «fantasmi», che percorre gran parte del suo teatro, può essere inquadrato o indagato meglio con strumenti antropologici che psicocritici.

Fin dall'inizio della commedia siamo informati delle scorribande notturne del protagonista e del suo aiutante Aglietiello «ncopp' 'e titte» (I, p. 630) per trarre dal «costrutto» delle nuvole «i numeri per i terni e le quaterne» (I, p. 631). Anche Ferdinando, in quanto antieroe eduardiano, è un *visionario* oltre che un *testardo*. È già apparso il fantasma di suo padre come in una parodia dell'*Amleto*; o forse in memoria delle prime «commedie comico-fantastiche» di Eduardo Scarpetta (pensiamo ancora alla statua dello «Zi' Giacomo» in *'Nu bastone 'e fuoco*). Però qui il «ritorno del morto» non fa paura, anche perché si trasforma in «visione tipica» intessuta di elementi pagani e di influenze cattolico-popolari: «il controllo culturale del ritorno dei morti si manifesta in un rapporto preciso», compreso e controllato da una «tecnica magica» (cfr. E. De Martino, *Morte e pianto rituale* cit., p. 104). Proprio Aglietiello, dal nome allusivo, rivendica l'attitudine riconosciuta di poter dialogare con gli spiriti a vantaggio della comunità:

> AGLIETIELLO [...] (*Tira fuori dalla tasca un fascio di biglietti del lotto*) Stanotte ci sono state le visioni. [...] Stanotte il cielo era nuvoloso. E quando le nuvole si accomenciano a *intricciare* fra di loro, si formano una specie di quadri plastici: figure, cape, animale, albere, muntagne... E quando c'è la persona che conosce il trattato della composizione e della combinazione fumogena, fa la storia perfetta della volontà dei vivi e dei morti [...] (I, pp. 630-31).

D'altra parte in una scena del secondo atto la forma cristiana del culto dei morti, l'Ethos disinteressato della «cara memoria», entra in contrasto con le primitive visioni pagane, la cui contaminazione con i riti del cristianesimo è ancora testimoniata dalle civiltà religiose mediterranee: si dà al «morto» ciò che gli è dovuto, per riceverne in cambio un «ritorno» non solo «regolato», ma favorevole; affinché il fantasma appaia in sogno come «alleato e protettore del vivo» (E. De Martino, *Morte e pianto rituale* cit., p. 108).

> FERDINANDO E allora facimmo comme a chillo d' 'o cunto? Io spendo cinquemilaseicento lire al mese, per candele, trasporto, fiori e messe per mio padre defunto, e il defunto, padre legittimo mio, piglia na quaterna sicura 'e quattro milioni e 'a porta a n'estraneo? [...]
> RAFFAELE [*il prete*] Le messe, caro don Ferdinando, si fanno dire in suffragio dell'anima di un caro estinto. Ma non è consentito farne una speculazione. [...] Che c'entra l'anima in questa meschinità? (II, p. 649).

All'origine della presunta «pazzia» del protagonista («Perdonate don Ferdina', voi sembrate un pazzo») c'è indubbiamente il costume pagano dell'offerta votiva non disinteressata: ma se quel costume non fosse ancora parzialmente diffuso, nell'ambiente rappresentato, Eduardo non potrebbe darne neppure la deformazione grottesca, comica in certe movenze estreme. Cosí per la funzione di Aglietiello: non è detto che il suo ruolo di «operatore specializzato» sia ancora, nella Napoli del 1940, «socialmente riconosciuto», però Ferdinando, reso *impulsivo e testardo* dalla sua *ignoranza* (did., I, p. 633), ci crede o ci vuole credere; per quanto, nel caso specifico, gli attributi pulcinelleschi del «falso aiutante» lo rendano inattendibile agli occhi del pubblico.

Comunque la pazzia di Ferdinando, che vorrebbe portare

«in Tribunale l'anima» del padre morto «da due anni», e come testimone «don Ciccio il tabaccaio» morto «da diciotto» (II, p. 647), non è che un granello di quella generale di un mondo, avvocato Strumillo compreso, che attribuisce a Mario Bertolini il diritto legale di incassare i proventi del proprio sogno. Il codice comune è quello, dicevamo all'inizio, d'una fede collettiva nella realtà di questo tipo di sogni, nella quale si scarica un immaginario popolare tuttora arcaico. Perfino il colto e diplomatico prelato, Don Raffaele Console, l'unico a riconoscere all'inizio che «Bertolini ha sognato. I quattro numeri sono il frutto della sua fantasia» (II, p. 649), dopo le conseguenze realmente negative che la «maledizione» scagliata dal protagonista produce sul disgraziato Bertolini, è pronto a rivendicare in una prospettiva «religiosa» anche la «serietà» dell'Anatéma; e recupera, per l'occasione, pure la parlata dialettale:

> RAFFAELE [all'avvocato Strumillo]   [...] L'Anatéma?... eh, ve ne iate a cascetta... Eh, scusate, voi vorreste distruggere l'Anatematismo? La condanna? La confutazione? La riprovazione di errori commessi per cui l'Anatéma veniva posto quale offerta votiva e quindi esposto alla pubblica maledizione perché consacrato agli dei infernali [...]? Ih, quanto è bello l'avvocato... E sí, mo levammo n'atu rigo 'a sott' 'o sunetto.   (III, p. 666).

Didascalia: *Il bisticcio fra i due si accende sempre di piú* (did., *ibid.*). Al punto che, inesorabilmente, tra i due litiganti – la Chiesa e la Legge – il terzo gode. Proprio colui che tutti hanno chiamato «pazzo» non si perde l'occasione di dare una lezione di logica ai suoi autorevoli avversari, usando due linguaggi differenti, il dialetto e la lingua, per esprimere le ragioni sue e quelle degli altri. Lui non ha maledetto Bertolini, ha invocato sí, sul suo capo, ogni sorta di iperboliche disgrazie, ma:

> FERDINANDO   Ca «se»... che cosa? Si 'e sorde nun le spettano, si 'o suonno era 'o mio l'he 'a fa' passà quattro milioni di guai. Allora 'o biglietto è 'o mio... allora aggio ragione io? E poi, mi sono rivolto all'anima di mio padre perché la maggioranza crede proprio quello che voi avete creduto. Ma è sempre la fantasia che lavora. (III, pp. 666-67).

Prima botta alle argomentazioni della Chiesa. Poi, quando l'avvocato esasperato replica: «Nooo, che fantasia... Qui subentra l'imponderabile. Qui bisognerebbe fare dell'esorcismo», Ferdinando incalza e colpisce a fondo: «E pigliatevella con mio padre. Sapite che vulite fa'? Pigliate l'anima di mio padre e portatela in tribunale» (III, p. 667). Seconda botta, alle argomentazioni della Legge.

«A un certo punto – racconterà l'autore – mi ero talmente ingarbugliato tra la religione, l'avvocato, le leggi, che alla fine non sapevo piú come chiudere la commedia. Eppure ho trovato il modo di uscirne: usando la stessa arma» (E. De Filippo, *Lezioni di teatro* cit., p. 108). Ritorcendo contro gli avversari i loro stessi ragionamenti, il «pazzo» rovescia trionfalmente la sua situazione iniziale: com'è confermato anche dalla collocazione della controversia (al centro dell'atto), che corrisponde con simmetria calcolata a quella della scena in cui (nell'atto precedente) i rappresentanti della Chiesa e della Legge si accanivano contro il protagonista; non a caso la didascalia avverte: *Seggono come nella scena a tre del secondo atto* (did., III, p. 665).

Se Ferdinando è pazzo o superstizioso, il mondo intorno a lui è altrettanto pazzo e superstizioso, soprattutto quando gli fa comodo: dalla moglie Concetta, che fin dall'inizio appoggia il matrimonio della figlia con il fortunato sognatore del lotto «pecché con le sue entrate ponno fa' 'e signure» come fosse un impiego «'o Ministero» (I, p. 639), al gesuitico prelato, «console» di nome e di fatto in casa Quagliuolo, fino al piú scalcinato «paglietta» Lorenzo Strumillo. Quanto a Carmela, la *donna del popolo, linda nel vestire e modesta nel parlare* (did., II, p. 642), che viene a confermare con il proprio sogno il diritto di proprietà di Ferdinando sul sogno di Bertolini («Chillo 'o pate vuosto nun m'ha raccumannato ato: dimane mmatina porta 'a mmasciata a Ferdinando senza meno, responsabilità toia», II, p. 651), appartiene segnatamente ad un campo semantico diverso da quello degli antagonisti dell'eroe, per la simpatia e il rispetto che traspaiono dalla didascalia che la introduce: *Ogni suo gesto franco e leale denota bontà e spirito altruistico* (did., II, p. 642).

Si vedrà in seguito come il sorriso di Eduardo non appaia mai del tutto incredulo o satirico quando sfiora la fede superstiziosa dei suoi personaggi conterranei, specialmente se «popolari». Potremmo addirittura rileggere il suo romanzo teatrale (da *Non ti pago* a *De Pretore Vincenzo*) alla luce di tale rapporto, illusoriamente gratificante, con l'aldilà: come un'ambigua epopea della superstizione, in bilico fra distacco critico e compartecipazione culturale ed emotiva. Anche in questa commedia, sulla cui drammaticità di fondo l'autore continuerà ad insistere («commedia molto comica che secondo me è la piú tragica che io abbia scritto»), il sorriso e il riso – da comunicare allo spettatore – non investono tanto la *Weltanschauung* popolare-arcaica dei suoi napoletani veraci, di quelli che non parlano in italiano, ancora linguaggio della falsificazione nell'avvocato e nel prete. La comicità è provocata piuttosto dalla «situazione paradossale»; d'altra parte «la tragedia di oggi si scrive facendo ridere, non superficialmente, ma con delle annotazioni, degli assurdi palesi» (E. De Filippo, *Lezioni di teatro* cit., p. 92).

Dal punto di vista drammaturgico i tre atti di *Non ti pago*, scanditi da una diacronia puntuale (sei giorni dal primo al secondo, un mese dal secondo al terzo), ampliano ed articolano un intreccio farsesco fino a rappresentare una commedia di costume; dove si individua però uno dei *luoghi scenici* privilegiati dal laboratorio eduardiano: la *Camera da pranzo a tutti gli usi*, tagliata e aperta da un *telaio a vetri che dà fuori al terrazzo* (did., I, p. 629). Già in questa commedia si può riconoscere quel rapporto di «doppia similitudine» con la «napoletanità» che fa interferire reciprocamente intreccio, personaggi e anche topologia dei luoghi: mentre si raffigura «una parte dell'universo» si dà luogo a «tutto questo universo» (cfr. Ju. M. Lotman, *La struttura del testo poetico* cit., p. 293). Ferdinando Quagliuolo e la sua vicenda particolare, con i suoi lati estremi – l'ossessione cabalistica dei numeri e l'invidia maniacale per la fortuna altrui –, non rappresentano soltanto un frammento della vita di Napoli in un periodo determinato della sua storia, ma simboleggiano anche *il perenne inseguimento, da parte dell'uomo, dei propri fantasmi*, a qualunque costo! Un aspetto della *Weltanschauung* dell'autore che attraversa la sua produzione scenica con varianti significative di registro e di genere, di soluzione: qui il comico e la commedia e, dunque, il lieto fine; altrove invece l'abbandonarsi alla Fortuna o il ribellarsi ad essa incompostamente, nel tentativo di rovesciare le parti, condurrà altri protagonisti eduardiani a ricadere poi, piú disillusi, sotto il giogo-gioco delle sue inafferrabili leggi...

Comunque in *Non ti pago* il nutrimento farsesco è evidente (e forse esprime la tentazione dell'autore di esorcizzare, con la risata, il disagio di quegli anni Quaranta). Lo si scopre nel ritmo frenetico delle sequenze e dei fenomeni scenici (innumerevoli le *entrate-uscite* dei personaggi); nell'intelligenza teatrale affinata con cui sono introdotti elementi apparentemente incongrui, le *gags* popolaresche giocate sullo slittamento semantico delle parole o sulla ripetizione dei gesti (un modo studiatamente istintivo di esprimersi con l'anima e col corpo). Osserviamo ancora, sul piano verbale, quella tecnica del discorso diretto che, nel racconto come nell'autopresentazione di un personaggio, ne introduce altri: *dialogo nel dialogo* o *nel monologo* di raddoppiata efficacia teatrale, *specimen* eduardiano che sarà ripreso e enfatizzato dai comici napoletani della nuova generazione (come già Massimo Troisi).

Sedimenti o prolungamenti farseschi si riconoscono anche nella tipologia delle *drámatis personae*: se Aglietiello, servo povero ma furbo, aiutante magico piú per necessità che per convinzione, richiama Pulcinella (nelle controscene mute, *a seconda dei casi darà ragione all'uno ed all'altro*, did., I, p. 639), Mario Bertolini, figurino *ricercatissimo nel vestire, fiore all'occhiello, catenina d'oro all'orologio [...]. Capelli ondulati e impomatati* (did., I, p. 636), reinventa il borghesuccio Don Felice Sciosciammocca. La coppia dei fratelli Frungillo non dà luogo soltanto alla «comicità della somiglianza» (Propp), ma assolve anche alla funzione classica, nella farsa come nel varietà, della «spalla» che fa emergere il carattere del protagonista.

D'altra parte questi personaggi non restano legati ad una meccanica tipologia: proprio perché la composizione dell'opera rielabora l'iniziale trovata paradossale attraverso uno sviluppo dei tre atti conseguente e in crescendo. Aglietiello diventa l'ombra di Ferdinando, specie di cattiva coscienza che incoraggia quella sua *testardaggine* dettata dall'*ignoranza*; è il doppio popolare del protagonista, come poi Raffaele, il portiere inferico di *Questi fantasmi!* I Frungillo accentuano il loro profilo di maschere funeree introducendo il sospetto d'un misterioso delitto (qui degradato comicamente nell'avvelenamento del «cane di famiglia») che culminerà nei «piccoli omicidi» inquietanti di *Le voci di dentro*. Quanto poi al Bertolini, nella sua metamorfosi finale acquista uno spessore «umano» di perseguitato, non piú di persecutore, che rischia di ribaltare la prospettiva della commedia: allorché il personaggio riappare nel terzo atto, *pallido, capelli un po' in disordine e col braccio destro ingessato* (did., III, p. 667), dopo l'«Anatéma» che gli ha sconvolto l'esistenza.

Certo, il registro della «commedia» consente la ricomposizione di tutte le fratture nel goldonismo napoletano dell'epilogo: Aglietiello entra *dalla sinistra con grande vassoio di maccheroni fumanti* (did., III, p. 668), e Ferdinando fa accomodare tutti i presenti (avvocato Strumillo e Don Raffaele compresi) attorno alla tavola imbandita, distribuendo i posti per festeggiare le nozze di sua figlia col Bertolini. La riunione intorno al tavolo da pranzo appartiene alla nostra tradizione scenica, dalla Commedia dell'Arte a Goldoni, ma appare innovata nelle numerose varianti eduardiane (da *Ditegli sempre di sí* a *Io, l'erede*, fino a *Sabato, domenica e lunedí*). Anche in quest'opera il pranzo diventa metafora del mondo del teatro, «il tavolo funziona da micro-palcoscenico dove la recita si condensa» (Angelini); dove, comunque, l'apparente «tutto per bene» del finale è sommosso dall'ennesima virata:

FERDINANDO   ([...] *mentre si accinge a fare la porzione, di punto in bianco si ferma per seguire una sua idea. Piccola pausa*) Bertoli', però ricordete ca tu l'he 'a fa' felice a Stella... Tu l'he 'a vulé bene assaie, pecché Stella è 'a vita mia. [...] No, pecché si no... (*mostra il ritratto del padre*) due paroline a mio padre... (*Fa il segno come dire: «Ti spedisco all'altro mondo»*).

Cala la tela.   (III, p. 669).

Nell'ambiguità di quest'altro epilogo riaffiora la tematica del contrasto generazionale già affrontata, dalla parte dei *giovani*, nell'ambiente alto-borghese di *Uno coi capelli bianchi*. Ma c'è sempre nei *vecchi* eduardiani, anche nei piú simpatici, una certa protervia come gelosa difesa dei privilegi acquisiti con l'età e l'esperienza: è questa che slitta nella cattiveria, la particolare cattiveria che deriva dalla chiusa ostinazione, soprattutto nei personaggi piú marcatamente borghesi. Invece Ferdinando Quagliuolo, *alto, robusto, capelli e baffi nerissimi, sguardo acuto e diffidente*, è introdotto dalla didascalia come *vero tipo di popolano napoletano* (did., I, p. 633): perciò il motivo dell'arroganza senile, legato a quello fiabesco della *successione*, e giocato sull'esercizio di un mestiere che presuppone l'evasione nel sogno, sembra alleggerito dalla *vis comica* che attraversa il «dramma del passaggio».

D'altra parte, nello stesso protagonista, la «paura del genero» si mischia con l'invidia per la fortuna altrui, diventa cavillo giuridico, delirio d'onnipotenza, rancore personale e gusto della vendetta, anche se inconcludente e dannosa per tutti. E l'interpretazione dell'attore dovette premere – nelle riprese dell'opera – sul tasto dell'ambiguità o della cattiveria, se a proposito di una messa in scena al Quirino di Roma si legge: «Eduardo ha interpretato Ferdinando Quagliuolo con un'ambiguità prodigiosa, mai lasciando scoprire il limite tra passione e ragione, follia e simulazione, esibizionismo e delirio» (G. Prosperi, *Non ti pago*, «Il Tempo», 5 dicembre 1962); mentre Renzo Tian osserva: «L'edizione di ieri sera diretta dall'autore ha visto un Eduardo che ha fatto ritrovare al personaggio di Quagliuolo [...] tutta la sua amara ed incolpevole cattiveria, tutta la sua raziocinante assurdità» (*Non ti pago*, «Il Messaggero», 5 dicembre 1962). Cosí, nell'occasione di una riproposta (senza Eduardo) di questa «bellissima commedia sui due livelli del puro divertimento e di una nitida metafora», Franco Quadri ringrazia il suo nuovo interprete, il «figlio d'arte» Luca De Filippo, proprio perché al suo repertorio «aggiunge la conquista della cattiveria» (*Luca De Filippo fra sogni e malocchio*, «la Repubblica», 24 novembre 1989).

Durante la guerra Eduardo ritorna anche alla rivista: anzi *Non ti pago*, scritto nel 1940 subentra in gran fretta (dopo due settimane) a *Basta il succo di limone*; spettacolo satirico di Eduardo e Armando Curcio, che debutta a Roma, al Teatro Quattro Fontane, il 22 novembre dello stesso anno, e cade subito anche a causa della gazzarra dei fascisti che non ne accettano le allusioni ironiche. Ma fra i bersagli parodici c'era anche il «mistero» profano di Thornton Wilder, *La piccola città*, recitato da Renato Cialente ed Elsa Merlini; nella rivista il personaggio di un regista dice: «È tempo di finirla con questo vecchio teatro borghese, dal quale si pretenderebbe addirittura che soltanto i vivi possano parlare [...]. Io ho avuto la scintilla, l'ispirazione di far parlare i morti. Piú novità di questa» (cfr. M. Giammusso, *Vita di Eduardo* cit., pp. 147-48). Anche in *Non ti pago* i morti parlano!

Il «Teatro Umoristico I De Filippo» mette in scena *Non ti pago* l'8 dicembre 1940 al Quirino di Roma, con Eduardo nella parte di Ferdinando e Peppino in quella dell'antagonista Bertolini. Fanno parte della Compagnia nella stagione teatrale '40-41, oltre ai due fratelli De Filippo (ancora senza Titina), Margherita Pisano, Gennaro Pisano, Gigino Pisano, Milena Bianchi, la piccola Coley, Piero Ragucci, Giovanni Amato, Giuseppe Rotondo, Enzo Donzelli, Italia Marchesini, Irma De Simone. La commedia riscuote successo di pubblico ed anche di critica. Nella prima metà degli anni Quaranta si tratta generalmente di contributi a carattere cronachistico; o, meglio, la maggioranza dei critici continua a scindere la doppia

personalità dei De Filippo, autori-attori. Mentre l'affermazione degli attori è incontrastata, sugli autori si nutrono ancora molte riserve: le loro commedie vengono sminuite in
quanto «copioni» o confinate all'interno di un teatro regionale e dialettale; sono ancora lontane dall'essere considerate
testi drammaturgici.

In questo senso proprio la rappresentazione di *Non ti pago*
sembra costituire una svolta. Nella ricerca di una formula che
racchiuda l'arte composita dei De Filippo, dopo Savinio anche
Repaci rifiuta l'etichetta di un teatro «tutto da ridere»; osservando acutamente a proposito di *Non ti pago*: «Se, sul finire
del secondo atto [...] la rivoltella con la quale scherza, creden-
dola scarica, Procopio Bertolini, lasciasse partire il colpo, non
avrebbe la pazza cocciutaggine di Ferdinando una pur lecita
svolta nel dramma? In questo rasentare una bocca del lupo anche nei momenti di piú scoperta comicità è uno dei caratteri
fondamentali dell'arte dei De Filippo e la ragione della sua
straordinaria presa sul pubblico» (L. Repaci, *Umorismo tragico
dei De Filippo*, marzo 1941; poi in *Ribalte a lumi spenti, 1940-42*,
Ceschina, Milano 1943, p. 88). Individua quindi la «caratteristica fondamentale» dell'arte dei De Filippo nel «capovolgimento del comico nel drammatico per una specie di urto
improvviso che restituisce al protagonista il suo vero e patito
volto»; anche se usa una formula pirandelliana per definire l'essenza del loro teatro («umorismo tragico»), riconosce come la
loro comicità nasconda «l'impotenza di vivere che è nel fondo
dei loro personaggi piú significativi» (ivi, pp. 83-85). Ed è interessante notare come nella descrizione di tali «personaggi»
il critico passi quasi insensibilmente dal plurale al singolare. Se
nella recensione a *Non ti pago* afferma che l'arte dei De Filippo
«può vantarsi di avere dato vita a una ossessione, che soprav-
vive alla stravaganza del puro eroe comico, come un gioco
d'ombre rosseggianti su una maschera sformata da una risata
senza fine» (ivi, p. 89), in un precedente articolo rileva in
Eduardo un significativo scambio fra attore e personaggio:
«Questo attore realizza un personaggio di se medesimo in perpetua tensione di affrancamento da una realtà che non gli
somiglia. Egli si difende con l'impassibilità che si conquista
quando si son lasciati brandelli di carne sui feroci cammini
dell'illusione. Un'impassibilità che si dissangua nel monologo.
[...] Edoardo è sempre al di là del proprio dramma. Piú che vi-
verlo egli lo commenta [...]. Il suo umorismo, spesso parados-

sale, può sfiorare la tragedia senz'averne l'aria» (L. Repaci, *Irresistibilità di Edoardo e Peppino De Filippo*, «Illustrazione italiana», 30 giugno 1940; poi in *Ribalte a lumi spenti, 1938-1940*, Ceschina, Milano 1941). Quindi, nel tentativo di individuare sempre meglio questo personaggio, il critico confronta l'arte «sanguigna ed aggressiva» di Petrolini con quella «discreta e sommessa» di Eduardo, insistendo sul ritmo volutamente stanco della voce dell'attore napoletano, anche quando è accesa dalla disperazione; è «un prigioniero che non sa evadere», perciò «raggiunge la perfezione nel disegno di quei personaggi che passano nella vita leggeri come ombre, senza quasi toccarla. Anche contro l'apparenza egli è sempre quel Luca Cupiello che costruisce presepi per bambini, mentre intorno a lui la famiglia va a rotoli, ed egli non la vede» (*Umorismo tragico dei De Filippo* cit., p. 86).

Per quanto riguarda la produzione dei De Filippo, e in particolare quella di Eduardo, lo stesso Repaci considera *Sik-Sik* «"l'artefice magico" della [loro] fortuna», ma definisce *Natale in casa Cupiello* un «gioiello»; se la comicità di *Chi è più felice di me?* ha un «gusto crudele» che arriva «allo stile», quella di *Non ti pago*, «quando tocca la smania del protagonista [...], ha qualcosa di delirante che supera i limiti del comune riso per attingere a un più alto e tipico sarcasmo» (ivi, p. 88). Comunque queste prime commedie, anche per il critico, rimangono nei limiti di un genere teatrale minore: «Giorno verrà che [l'arte dei De Filippo] affronterà il grande carattere al di fuori del teatro dialettale» (*ibid.*). Più attento al valore della drammaturgia eduardiana sembra ancora Simoni: a proposito di *Non ti pago* (al Teatro Olimpia di Milano il 30 gennaio 1941), osserva che accanto alle «maschere» convivono veri e propri personaggi, come il protagonista, la cui «infatuazione assurda non poteva essere tratteggiata così che da un commediografo vero e ricco di sentimento umano» (R. Simoni, *Non ti pago*, «Corriere della Sera», 31 gennaio 1941).

Tuttavia il riconoscimento più importante ai De Filippo porta (come si è visto) la firma di Ennio Flaiano; dimostrando che la loro opera è diventata realtà teatrale italiana, risponde non solo a Repaci ma a quanti continuano a ghettizzare (con simpatia) i loro prodotti artistici: «nei De Filippo c'è [...] una tendenza allo studio, all'ordine, che li salva dal pericoloso mare dei dialetti e ci fa azzardare l'ipotesi che la commedia italiana possa resuscitare passando per Napoli [...]. Senza voler esagerare

ci si accorge che sono piú vicini loro alla letteratura di quanto
non lo siano molti autori d'oggi al teatro [...]» (E. Flaiano, *I De
Filippo* cit.). Quanto alla rappresentazione di *Non ti pago*, il critico si sofferma sulla scenografia, osservando come la scelta dei
mobili, dei finti tappeti, dei parati gialli e tutto il resto fosse già
una trovata comica, che sorprendeva il pubblico; a proposito
sappiamo che «nella prima versione il terzo atto si svolge nella
casa del Bertolini; in seguito tutto viene concentrato in casa
Quagliuolo» (M. Giammusso, *Vita di Eduardo* cit., p. 150).

Nella prima versione di *Non ti pago* mancava ancora l'espe-
diente della maledizione invocata da Ferdinando Quagliuolo.
L'Anatéma fu introdotto per la prima volta nel film tratto dal-
la commedia (con lo stesso titolo) nel 1942, per la regia di Carlo
Ludovico Bragaglia; ne sono interpreti: Eduardo De Filippo
(Ferdinando Quagliuolo), Titina De Filippo (Concetta), Giorgio
De Rege (Aglietiello), Peppino De Filippo (Procopio Bertolini),
Vanna Vanni (Stella), Vasco Creti (Don Raffaele Console),
Paolo Stoppa (Lorenzo Strumillo), Dolores Palumbo (Carmela),
Italia Marchesini (Erminia), ed altri. Nonostante il cast di tut-
to rispetto, e che nelle parti principali rispecchia quello teatra-
le, l'autore stesso criticherà il film: «teatro fotografato»; e aggiunge: «Ma questo sarebbe il meno. Il guaio è che [...], in *Non
ti pago*, il grottesco era mangiato dalla farsa» (Eduardo cit. in
P. Quarenghi, *Lo spettatore col binocolo* cit., p. 17). Isabella
Quarantotti De Filippo sostiene però che «Eduardo riscrisse il
terzo atto quando Peppino se ne andò. [...] Bertolini [...] teatralmente fu una grande creazione di Peppino. Ed era talmente legato a lui che nessun altro attore avrebbe potuto ripeter-
lo. Perciò Eduardo ritenne necessario cambiare finale» (cfr.
Eduardo. Teatro. Tv. Vita, a cura di F. Marotti, Video Electronics Club, Roma 1989, p. 55).

Non ti pago è apparso in televisione, la prima volta, in una
diretta dal Teatro Odeon di Milano il 13 gennaio 1956; la regia
teatrale è di Eduardo (che impersona ancora Ferdinando Quagliuolo), quella televisiva di Alberto Gagliardelli. Ne sono interpreti: Dolores Palumbo (Concetta), Isa Danieli (Margherita),
Ugo D'Alessio (Aglietiello), Lello Grotta (Vittorio Frungillo),
Nino Veglia (Mario Bertolini), Lilly Romanelli (Stella), Rino Genovese (Don Raffaele Console), Peppino De Martino (Lorenzo
Strumillo), Luisa Conte (Carmela), Maria Vinci (Erminia). Poi
lo spettacolo allestito in studio, per la regia di Eduardo (con la
collaborazione di Stefano De Stefani), e con la scenografia di

Mario Grazzini, andrà in onda il 7 aprile 1967 (Raidue). Ad eccezione di Eduardo (Ferdinando Quagliuolo) e di Ugo D'Alessio (Aglietiello), cambiano gli attori: Luisa Conte (Concetta), Maria Hilde Renzi (Margherita), Gennarino Palumbo (Luigi Frungillo), Salvatore Gioielli (Vittorio Frungillo), Carlo Lima (Mario Bertolini), Elena Tilena (Stella), Enzo Cannavale (Don Raffaele Console), Pietro Carloni (Lorenzo Strumillo), Sara Pucci (Carmela), Nina De Padova (Erminia).

Fra le numerose riprese in teatro della fortunata commedia, ricordiamo ancora quella del 4 dicembre 1962 al Quirino di Roma; a proposito della quale il già citato Tian, confrontando l'«Eduardo 1940» con l'«Eduardo 1960», ha modo di osservare: «Non esistono due Eduardi, esistono due voci dalle quali accade che esca, nei momenti felici, un canto monodico» (R. Tian, *Non ti pago* cit.).

La riproposta di *Non ti pago* per la regia di Luca De Filippo debutta al Salone Pier Lombardo di Milano nel novembre del 1989. Luca interpreta Ferdinando, Isa Danieli (che era stata Margherita nel '56) Concetta, Enzo Salemme è Bertolini, Gigi De Luca fa Aglietiello; con Linda Moretti, Bruno Sorrentino, Pippo Cangiano, Cetti Sommella, Franco Folli, Cristina De Miranda ed altri. Le scenografie sono di Bruno Garofalo, le musiche di Nicola Piovani. Ancora a proposito di Luca De Filippo nella parte del padre, Quadri aggiunge alle osservazioni già riferite una nota che sembra distinguerlo: «il suo atteggiarsi birichino deflagra in una vera carogneria che non gli conoscevamo [...]: e Luca attore continua a crescere» (F. Quadri, *Luca De Filippo tra sogni e malocchio* cit.).

All'estero la commedia è stata allestita, con altri interpreti, nel 1958: al Théâtre du Palais Royal di Parigi (*Le bon numéro*); ed. a Buenos Aires (Argentina).

Il testo, come *Non ti pago! Commedia brillante in tre atti*, appare per la prima volta in «Scenario» (n. 3, 15 marzo 1941), nella traduzione italiana di Cesare Vico Lodovici; in questa versione, come si è detto, manca la trovata dell'Anatéma, e il nome di Bertolini è Procopio. L'edizione in volume della commedia esce a Firenze, presso la Libreria del Teatro, nel 1943. D'altra parte il successivo percorso editoriale di questo testo (come di *I morti non fanno paura*) sembra confermare l'ipotesi che l'immagine fondante del «romanzo teatrale» dell'autore sia stata quella dei *giorni dispari*, e che la contrapposizione *pari-di-*

spari, nel titolo delle Cantate, sia venuta dopo. Infatti, come si
è accennato, il testo di *Non ti pago* (senza l'esclamativo nel titolo) è inserito nella prima edizione Einaudi del secondo volume della Cantata *dei giorni dispari*, nel 1958 (precedentemente
all'uscita della *Cantata dei giorni pari*, nel 1959). Proprio con
questa commedia ha inzio il secondo volume della *Dispari* del
'58, che comprende quindi nell'ordine: *Occhiali neri*; *La paura
numero uno*; *I morti non fanno paura*; *Amicizia*; *Mia famiglia*;
Bene mio e core mio; *De Pretore Vincenzo*. Poi però il testo spa-
rirà dal volume a partire dall'edizione della *Cantata dei giorni
dispari* del 1971, per ricomparire nello stesso anno, con varianti minime (di ordine grafico o relative all'elenco dei personaggi) nell'edizione riveduta della *Cantata dei giorni pari*, dove rimane inalterato nelle successive ristampe o edizioni. Esce anche in *I capolavori di Eduardo* fin dalla loro prima edizione
Einaudi del 1973-74.

Personaggi

Ferdinando Quagliuolo
Concetta, sua moglie
Stella, loro figlia
Aglietiello, uomo di fatica in casa Quagliuolo
Margherita, cameriera
Mario Bertolini
Erminia, sua zia
Vittorio Frungillo
Luigi Frungillo
Carmela, popolana
Don Raffaele Console, prete
Lorenzo Strumillo, avvocato

In casa di Ferdinando Quagliuolo. Camera da pranzo a tutti gli usi, comune in fondo. In prima quinta a sinistra porta, in seconda taglia l'angolo un ampio vano con telaio a vetri che dà fuori al terrazzo. In prima a destra altra porta. Mobilio quasi ricco. Siamo in piena estate. Sul terrazzo fiori e sole.

Al levarsi del sipario, accanto al tavolo nel mezzo della scena, si troveranno sedute Concetta e Margherita; parlottano sgusciando fagioli freschi. Dopo poco campanello interno.

CONCETTA   Vide chi è.

MARGHERITA (*depone in un colapaste che si troverà sul tavolo i fagiuoli sgusciati che serbava in grembo e nell'uscire*)   Nu iuorno 'e chisto avimm' 'a fa' 'e pesielle c' 'a pasta, signo': nun 'e facimmo 'a tantu tiempo. (*Esce per la comune. Dopo poco si udrà un grido interno di Margherita*) Puozze iettà 'o veleno amaro! Nun ce 'o voglio perdere. (*Fuori parlando a Concetta*) Spie chi ce 'o ffa fa'!

CONCETTA   Ch'è stato?

MARGHERITA   Aglietiello!... (*Indicando Aglietiello che in questo momento entrerà timido dalla comune*) ... Appena aggio apierto 'a porta s'è menato ncuollo e m'ha dato nu bacio.

AGLIETIELLO   Quanno maie!

MARGHERITA   Guè, mo te l'avverto pe' l'ultima vota nnanze 'a signora: statte 'o pizzo tuio si no chi sa qua' vota 'e chesta te siente nu pàcchero, te faccio cadé chist'ate tre diente ca te so' rimaste!

CONCETTA (*Ad Aglietiello*)   Avimmo passato nu bello guaio cu' te dint' a sta casa!

AGLIETIELLO (*a Margherita*)   E già, si te baciava 'o giovene d' 'o barbiere ca sta sott' 'o palazzo...

MARGHERITA   Addó c'è gusto nun c'è perdenza.

AGLIETIELLO   Ma chillo nun te vo'. Ha ditto che tiene 'e cosce
storte.

MARGHERITA   Overo!... Nun haie idea.

AGLIETIELLO   E allora fammélle vedé, va'!

MARGHERITA   Sicuro, chesto avevo ditto!

CONCETTA   Voglio vedé quanno se decide maritemo a te ne cacciá.

AGLIETIELLO   'Onna Cunce', vuie tenite 'a furtuna dint' 'a casa
e nun 'a sapite apprezzà. Don Ferdinando vostro marito, un
giorno sarà milionario e per merito mio.

CONCETTA   Sicuro!

AGLIETIELLO   Eppure... si vuie me stísseve a sèntere...

CONCETTA   Vattènne... Tu puo' mbruglià a maritemo, ma a me
no. Si fosse pe' me, dint' a sta casa nun ce mettisse 'o pede.

AGLIETIELLO   'Onna Cunce', io aggi' 'a magnà... ognuno s'industria come può. Alla fine nun faccio niente 'e male.

CONCETTA   Ma vattènne, va'. Tu 'o faie ascí pazzo a chillu povero Ferdinando!

AGLIETIELLO   E che songh'io? Chillo è 'o marito vuosto ca nun
vo' fa' maie chello ca lle dico. 'A settimana passata comme
perdette ll'ambo? Pecché vulette fa' a capa soia. Io lle dongo
nu nummero, chillo piglia e se ne ioca n'ato. (*Margherita durante queste battute avrà fatto delle controscene e dei segni ad
Aglietiello, in questo momento alzerà un poco la gonna e gli
mostrerà le gambe*). So' storte, 'e ttiene storte! (*Poi a Concetta*)
Don Ferdinando addó sta?

CONCETTA   Dint' 'a cucina.

AGLIETIELLO   Allora permettete. (*Si avvia verso la sinistra*)
Ll'aggio purtato 'e biglietti giocati: nummere sicure. (*Tira fuori dalla tasca un fascio di biglietti del lotto*) Stanotte ci sono
state le visioni.

CONCETTA (*alludendo alla massa dei biglietti giocati*)   Guarda
llà... Vedite quanta denare iettate... Cos' 'e pazze!

AGLIETIELLO   Iettate? Ma vuie state pazzianno. Questi, 'onna
Cunce', sono il ricavato delle visioni notturne. Io e 'o marito
vuosto simme state fino 'e quatte stammatina assettate ncopp'
'e titte.

MARGHERITA   Spie chi ce 'ha fatto fa'!

CONCETTA   Pe' vedé si ponn' ji' 'o manicomio tutt' e duie.

AGLIETIELLO   Stanotte il cielo era nuvoloso. E quando le nuvole
si accomenciano a *intricciare* fra di loro, si formano una specie
di quadri plastici: figure, cape, animale, albere, muntagne... E

quando c'è la persona che conosce il trattato della composizione e della combinazione fumogena, fa la storia perfetta della volontà dei vivi e dei morti; ne caccia il cosí detto costrutto, e dal costrutto i numeri per i terni e le quaterne. Stanotte, per esempio, indovinate chi ce steva appriesso a na ciuccia cu' na panza tanta? La buon'anima del padre di don Ferdinando: vostro suocero. E 'a ciuccia sapite chi era? Vuie, 'onna Cunce'.

CONCETTA   Io?!

AGLIETIELLO   Vuie, proprio vuie! Perché questa nuvola a forma di ciuccia dopo un poco si è trasformata ed ha preso le vostre sembianze. Nun appena don Saverio, 'a bon'anema d' 'o pate 'e vostro marito v'ha visto, s'è miso a correre, certo curreva comme pò correre na nuvola... e curreva cu' 'e braccia aizate, comme si avesse iuto truvanno a quaccheduno: Ferdina'! Ferdina'! (*Alza le braccia per meglio descrivere la visione della nuvola*).

MARGHERITA   E già, chella po' 'a nuvola parlava!

AGLIETIÉLLO   Tu tiene 'e cosce storte! Statte zitta! Era la voce di un passante in mezzo alla strada: Ferdina'! Ferdina'! Dunque: le sembianze di don Saverio erano perfette, curreva... pecché curreva? Non lo so! 'A voce che ha strillato: Ferdina', Ferdina'... era l'anima di don Saverio che si è servito del viandante per chiamare il figlio. È giusto? E io aggio fatto 'e nummere, mo vedimmo chi è. (*Suono di campanello interno*). Guè! Mummia, arape 'a porta!

MARGHERITA   Signo', o' sentite? M'ha chiammato mummia.

CONCETTA   Nun 'o da' retta, va vide chi è.

Margherita si avvia pel fondo, giunta sull'uscio guarda Aglietiello e gli mostra le gambe, soggetto e via.

AGLIETIELLO   So' storte, neh! Permettete 'onna Cunce'? (*Concetta non gli risponde*). 'Onna Cunce' io sono la fortuna della vostra casa e nun me sapite apprezzà. (*Via a sinistra*).

MARGHERITA (*tornando*)   Signo', fore ce stanno 'e figlie d' 'o nutaro che sta 'e casa affianco a nuie.

CONCETTA   'O nutaro Frungillo?

MARGHERITA   Sissignore.

CONCETTA   E che vonno 'a me? Nuie 'e cunuscimmo appena appena... a stiento ce salutano quanno ce ncontrano p' 'e scale, teneno chella superbia.

MARGHERITA   Vonno parlà cu' 'o marito vuosto, teneno na brutta faccia però.
CONCETTA   Falle trasí.

Margherita esce. Concetta mette un poco d'ordine.

MARGHERITA (*tornando*)   Entrate signuri'.

Entrano i due fratelli Frungillo, il loro aspetto è grave.

LUIGI   Buongiorno.
VITTORIO   Buongiorno.
CONCETTA   Buongiorno. (*A Margherita*) Vattènne fore tu.
MARGHERITA   Permettete. (*Ed esce per la comune*).
CONCETTA (*ai due*)   Accomodatevi, di che si tratta?
LUIGI   Noi vogliamo parlare con don Ferdinando Quagliuolo, perché solo lui ci può dare la spiegazione di un certo affare.
VITTORIO (*marcato*)   Già.
CONCETTA   Ferdinando in questo momento è occupato in cucina; sta mettendo i sugheri sulle bottiglie di pomodoro per l'inverno. Lo vuol fare con le sue mani, perché dice che come le appila lui, non le appila nessuno. Potete parlare con me, è lo stesso.
VITTORIO   Donna Conce', il nostro cane è morto.
LUIGI   E lo chiami cane? Quello era una persona di famiglia. Noi a tavola mettevamo prima il posto suo e poi il nostro. Lo abbiamo trovato fuori al terrazzo con una pancia gonfia cosí, e con la schiuma verde che gli usciva dalla bocca e dal naso.
VITTORIO   No, quella che usciva dal naso era gialla.
LUIGI (*rettificando*)   Gialla.
VITTORIO   Il nonno sta piú morto che vivo... Quello tiene un'età... Può darsi che il forte dispiacere fa morire pure a lui.
LUIGI   No, quello è certo: il nonno muore appresso a Masaniello.
CONCETTA   Sentite, ci dispiace assai, ma non capisco perché ce lo venite a raccontare a noi.
LUIGI   Donna Conce', il cane è stato ucciso da don Ferdinando vostro marito.
VITTORIO   È stato avvelenato.
CONCETTA   Nun 'o dicite manco pe' pazzià, Ferdinando vo' bene a tutte 'animale, nun è capace 'e fa' male manco a na mosca.
LUIGI   Quello lo disse chiaramente ad alta voce, non sapendo che io, dalla camera mia che dà proprio sul terrazzo, sentivo

ogni cosa: «Passa llà! Passa llà! Cane di monnezza!» E io sentevo... «Me staie nguaianno tutte 'e piante. Vide che te dico: si
'e patrune tuoie nun te teneno attaccato, te mengo 'o veleno e
te faccio murí».

VITTORIO   E ha mantenuto 'a parola. Ll'aggio visto io, donna
Cunce', cu' st'uocchie mieie, si no vulesse cecà in questo momento; ll'aggio visto io 'a dint' 'a fenestella d' 'a cammera mia,
diverse notti, isso e Aglietiello 'o facchino suio, l'hanno fatto
'a posta assettate ncopp' 'e titte d' 'o suppigno.

LUIGI   Con tutta la premeditazione... Che cinismo! Aglietiello
po', ha da fa' 'e cunte cu' me. Isso pure ce teneva n'odio,
pecché na vota mmiez' 'e ggrare avette nu muorzo vicino 'a
gamma ca s' 'o ricorda ancora.

CONCETTA   Ma chille ncopp' 'e titte, ce vanno pe' fa' 'e nummere
e pe' giucà. Che ssà... 'e nuvole... 'o fummo... (*Vedendo arrivare Ferdinando dalla sinistra*) Ah, ccà sta mio marito, 'o vedite,
parlate cu' isso.

FERDINANDO (*sui quarantacinque anni, alto, robusto, capelli e
baffi nerissimi, sguardo acuto e diffidente, vero tipo di popolano napoletano. La sua ignoranza lo rende impulsivo e testardo.
Seguito e aiutato da Aglietiello, reca un cesto carico di bottiglie di pomodori con legacci di spago nuovo ai sugheri*)   Aglietie', chianu chianu... cheste pesano. Mo 'e sistemammo dint' 'a
dispensa.

Eseguono.

CONCETTA   Aspetta, vide che vonno, ccà, sti duie signure. Che
saccio 'o nonno, Masaniello...

FERDINANDO   Che c'è?

LUIGI   E già, voi non sapete niente, la nostra presenza non vi
fa sospettare niente, perché siete innocente. (*Ad Aglietiello*)
Tu manco ne saie niente...

AGLIETIELLO   'E che?

Concetta comincia a riporre le bottiglie nella dispensa.

FERDINANDO (*risentito*)   Cunce', lascia sta'. Chesto l'aggi' 'a fa'
io.

CONCETTA (*spazientita*)   Fa' tu Ferdina'! Mo me ne vaco io. N'a-
ta vota, pe' mettere 'e buttiglie dint' 'a dispensa chiammammo
l'ingegnere. (*Via per la destra*).

FERDINANDO   Sempe è bona nu poco 'e maniera... specialmente davanti a persone estranee. (*Poi ai due*) Dunque? Io non vi capisco, innocente, nun ne sapite niente... parlate in un modo...

LUIGI   Il cane della nostra famiglia è morto.

FERDINANDO   Uh, è muorto 'o cane! (*E ride*).

LUIGI   Come? E ridete?

FERDINANDO   Mi dispiace, perché capisco che vi ha fatto dispiacere; ma d'altra parte nun ringraziate a Dio? Ve site levato nu fastidio e na puzza 'a dint' 'a casa.

VITTORIO   Ma perché il fastidio era vostro?

LUIGI   La puzza la sentivate voi?

FERDINANDO   'A sentevo pur'io 'a puzza! Perché il vostro cane aveva trovato il modo di entrare nel terrazzo mio, faceva i suoi bisogni grandi e piccoli e se ne andava.

LUIGI   E voi per questo lo avete soppresso?

FERDINANDO   Ma che soppresso? Ho pregato la Madonna di Pompei che lo facesse crepare, questo sí. Anzi, dal momento che abbiamo ottenuto la grazia, domani senza meno mando il pacco di candele in chiesa che avevo promesso. Ma io non l'ho toccato proprio.

LUIGI   Voi no; ma lo avete fatto avvelenare, dal mandatario. (*Alludendo ad Aglietiello*).

AGLIETIELLO   Ma vuie state pazzianno, neh signo'? Io quanno ncuntravo 'o cane vuosto me fermavo sempe... isso me faceva cu' 'a coda accussí... io pure...

FERDINANDO   Muvive 'a coda pure tu?

AGLIETIELLO   Voglio dicere ch'ero cuntento pur'io. Ma po' me dette nu muorzo a tradimento, quell'era birbante 'a bon'anema d' 'o cane vuosto... e d'allora non ci siamo salutati piú.

LUIGI   E va bene, voi dite che non ne sapete niente?

FERDINANDO   Proprio cosí, non ne sappiamo niente.

LUIGI   E che ghiate a ffa' 'a notte sopra 'e tetti?

FERDINANDO   Questi sono affari che non vi riguardano. Noi 'a notte andiamo sopra ai tetti... pecché vulimmo piglià nu poco d'aria.

VITTORIO   Ma io te l'ho detto che avremmo fatto una venuta inutile.

LUIGI (*a Ferdinando*)   Sentite, voi mi siete stato sempre antipatico. Quando veniste ad abitare affianco a noi, io in famiglia lo dissi subito: quel tipo non mi piace.

FERDINANDO   Veramente?

LUIGI   Proprio cosí. Ma mo figuratevi, dopo la morte del povero

Masaniello e con tutti i giustificatissimi sospetti che ho sulla vostra persona, addirittura mi fate schifo.

FERDINANDO (*ad Aglietiello*)   Tiene mente comme lle schiatto na butteglia nfaccia.

LUIGI   Seh, seh... provatevi, state in casa vostra, provatevi! Che vi posso dire? Dovete fare la stessa fine che avete fatto fare al mio cane: na panza tanta, la schiuma verde dalla bocca, e la schiuma gialla dal naso. Andiamo Vitto'.

I due fratelli Frungillo escono dal fondo.

FERDINANDO   Ma guarda nu poco che se passa? Uno sta dint' 'a casa soia...

AGLIETIELLO   Don Ferdina', nun 'e date retta... Chille so' na famiglia 'e pazze.

FERDINANDO   Damme na mano ccà. (*Sale su una sedia e comincia a mettere le bottiglie a posto nella dispensa*).

CONCETTA (*entrando dalla destra*)   Se ne so' ghiute?

FERDINANDO   Sí, sí... Io pe' bbia 'e chilli duie me ne vaco 'e casa pure 'a ccà.

AGLIETIELLO   'On Ferdina', chiste so' nummere: sei 'o cane...

FERDINANDO   Aglietie', tu me vulisse fa' ji' 'a lemmosena? Stu sabato avimmo iucato 'a duiciento bigliette.

AGLIETIELLO   E questo sabato vinceremo...

CONCETTA   Seh... stateve cu' sta capa. Vedite si è na cosa regolare: nu patrone 'e banco lotto, ca se ioca tutt' 'e denare dint' 'o banco lotto suio stesso.

FERDINANDO   Io faccio quello che me pare e piace. 'O banco lotto era d' 'a bon'anema 'e mio padre e nun aggi' 'a da' cunto a nisciuno.

CONCETTA   E nguaiete, arravogliete mane e piede, a chi 'assigne?

FERDINANDO   Aglietie', 'a vide a chesta, 'a vi'? È stata la mia disgrazia. Spose e buoi dei paesi tuoi... Ma io si m'avesse nzurà n'ata vota, m' 'a pigliarria africana. Razza inferiore? Razza inferiore! Abbasta ca uno sta cuieto. Questa è una donna tremenda.

CONCETTA   Neh? E pecché si è lecito?

FERDINANDO   Perché sei noiosa, si' scucciante sapenno ca si' scucciante. (*Ad Aglietiello*) Chella sa' che ffa? Quanno vede che sto facenno nu guaio, perché capita qualche volta, anzi spesso: «Errare umanum est», nun è ca se sta zitta, no... perché io a un certo punto mi accorgerei dello sbaglio, e cambierei linea di condotta; essa m' 'o dice, m' 'o rinfaccia: «E mo faie n'atu guaio. E ne facisse una bbona... Tiene 'a capa tosta... E nun 'o ffa'... nun 'o ffa'...» E io pe' dispietto 'o faccio, mme nguaio, m'arravoglio mane e piede e 'o faccio.

CONCETTA   E famme sentí, tu po' stu dispietto a chi 'o faie?

FERDINANDO   Nun 'o saccio, ma tu si' 'a morta mia.

BERTOLINI (*entrando*)   Permesso? (*Giovane sui ventisette anni, ricercatissimo nel vestire, fiore all'occhiello, catenina d'oro all'orologio, braccialetto d'oro, tutto il suo abbigliamento denota grossolanità. Capelli ondulati e impomatati*).

FERDINANDO (*nel vederlo diventa scuro in volto e gli volta subito le spalle*)   Ah! Ah!

BERTOLINI   Servo don Ferdina'.

FERDINANDO (*gli cade di mano una bottiglia*)   Ecco, siete arrivato: s'è rotta 'a butteglia. Aglietie', aiza sta butteglia rotta e scopa pulito pulito.

AGLIETIELLO   Va bene. (*A Bertolini*) Siete arrivato è ove'?

BERTOLINI   E l'avesse fatto cadé io 'a mano 'a butteglia, o fosse iettatore, di' 'a verità?

Aglietiello esce per la sinistra poi rientra con la scopa per eseguire l'ordine di Ferdinando.

FERDINANDO   Che site venuto a ffa' ccà? Avite lassato 'o banco lotto sulo?

BERTOLINI   Ce so' stato fino a tarde, aggio vennute tutt' 'e storne, po' siccome era fernuto 'o movimento me ne so' ghiuto. È rimasto 'on Bartolomeo, 'a signurina De Biase e 'o scartellato.

FERDINANDO   E nun ce putiveve rimmané pure vuie? Io pecché ve pago?

BERTOLINI   Pecché me pagate?

FERDINANDO   E chesto voglio sapé, pecché ve pago?

BERTOLINI   Pe' fa' 'o duvere mio e per servirvi sempre. Ma io stu sabato songo 'e libertà: nu sabato sí, e nu sabato no. Che r'è, nun ve ricurdate? Ma vuie a me nun me vulite bene, 'on Ferdina'. Io ve songo nu poco antipatico, e nun sta bene, nun sta bene pecché io v'adoro 'e pensiere. Stongo dint' 'o banco lotto 'a mano 'a bon'anema 'e papà vuosto...

FERDINANDO   E ve site accunciato quatt'ove dint' 'o piatto.

BERTOLINI   Sí... quatt'ove... certo, sto bunariello... vuie dicite quatte ove. Ncoccio ll'ambetiello, 'o situato, 'o sicondo estratto...

FERDINANDO   E indovinate sempre.

BERTOLINI   Embè, c' aggi' 'a fa'... 'a fortuna m'assiste... e vi
dovrebbe fare piacere... 'A settimana passata pigliaie sessanta-
mila lire per la ruota di Bari. Io certamente nun tengo a nisciuno, so' venuto piccerillo dint' 'o banco lotto vuosto, e comme
se dice... Me songo affezionato: vuie pe' me site comme a nu
pate, 'onna Cuncetta è comme si fosse na mamma d' 'a mia, e
Stella...

FERDINANDO   E Stella è mia figlia.

BERTOLINI   E io 'a rispetto, 'a rispetto comme se pò rispettà una
sorella. Io ce 'o dico sempe a zia Erminia: Stella è la corona
della mia testa.

FERDINANDO   E stateve accorto, pecché io 'a testa v' 'a spacco
e fernite 'e ve mettere 'a curona.

STELLA (dalla destra in abito da passeggio)   Mammà, io vado.

CONCETTA   Va' figlia mia bella.

STELLA   Papà statte buono.

CONCETTA (a Bertolini)   M'arraccumanno, turnate ambressa.

BERTOLINI   Ve pare donna Cunce'.

FERDINANDO   Aro' iate?

STELLA   Vado a comprà 'a stoffa p' 'o vestito nuovo.

FERDINANDO   E stu pere 'e vruoccolo c'ha da fa'appriesso?

STELLA (punta)   'O pere 'e vruoccolo cunosce 'o negoziante e
mme fa risparmià sopr' 'o prezzo. (Si avvicina a Bertolini e
tutti e due fanno per uscire). Andiamo.

FERDINANDO   Vieni qua! (Stella gli si avvicina e Ferdinando le
dà un forte schiaffo) Vattènne dint' 'a cammera toia!

STELLA (arrabbiatissima)   Mammà avite visto?

CONCETTA   Ma tu fusse pazzo?

FERDINANDO   Statte zitta si no faccio 'o riesto a te.

CONCETTA   Overo? Gesú, chisto è scemo.

STELLA   Ma io me ne vaco... me ne scappo e ve levo 'o fastidio...
(Ed esce per la destra).

BERTOLINI   Don Ferdina', ho l'onore di dirvi che chesta è stata
na mussetella ca nun avivev' 'a fa'. 'O schiaffo ch'avite dato a
Stella è comme si l'avisseve dato a me. Che male facèvemo
ascenno nzieme? Simme asciute tanta vote.

FERDINANDO   E mo nun ascite cchiú. Vuie levateve stu pensiero
ca tenite cu' Stella, si no fernesce malamente.

BERTOLINI   Io nun m' 'o levo.

FERDINANDO   No, vuie v' 'o levate.

BERTOLINI   Io nun m' 'o levo.

FERDINANDO   Vuie v' 'o levate.

BERTOLINI   Nun m' 'o levo!

FERDINANDO   E io ve ne caccio a cauce 'a dint' 'o banco lotto.

BERTOLINI   No, io ho l'onore di dirvi ca vuie 'e cauce nun m' 'e
date, e nun me ne cacciate 'a dint' 'o banco lotto. Vuie me
putite sulo licenzià. Ma pe' fa' chesto m'avit' 'a da' na bella
liquidazione, si no v' 'a sbrugliate cu' 'e sindacate. E giacché
stammo a chesto, procuratemi il libretto Invalidità e Vecchiaia. Voi siete datore di lavoro, stongo 'a quattordici anni
dint' 'o Banco lotto vuosto e voglio tutte 'e marchette arretrate.

FERDINANDO   E t' 'o vide tu, n'ata vota ce pensave primma.

BERTOLINI   E che ce avev' 'a pensà io? Voi avete carpito la mia
buona fede. 'E marchette avimm' 'a fa' meze pedòno. Pavate
na bella multa. Vaco ncopp' 'e sindacate, ve nguaio... Voglio
tutte 'e marchette arretrate. Stateve bbona 'onna Cunce'... Pi-
gliave a cauce... (Via).

FERDINANDO   Tiene mente comme staie cumbinato? Nu sezzuso
'e chisto te faciarria ji' ngalera.

CONCETTA   Ferdina', vuó sapé 'a verità? Calmete nu poco. E ccà
simme arredutte ca nun se pò parlà chiú. Chesto che cos'è. Hai
dato chillu schiaffo a chella povera anema 'e Dio!

FERDINANDO   Essa a chillu pezzentone nun s' 'o sposa.

CONCETTA   E ssí, mo truvammo 'o principe ereditario!

FERDINANDO   Essa ha dda fa' chello che dico io!

CONCETTA   Ma fosse malamente Mario Bertolini comme marito? È nu buono giovene, sapimmo comm' 'a pensa, s'è crisciuto
dint' 'a casa nosta; assignato, economico, faticatore. Che ato
vaie truvanno?

FERDINANDO   Nun 'o pozzo vedé! È troppo fortunato! Quanno
'a bon'anema 'e mio padre 'o facette vení a ffaticà dint' 'o banco lotto nuosto, nun teneva piezze 'e scarpe 'o pede, se mureva
'e famma. Accumminciaie a giucà, e d'allora nun c'è sabato ca
nun pizzeca ll'ambo, 'o situato, 'o sicondo estratto, 'o terno... E
a poco 'a vota s'è corredato, s'è equipaggiato, e mo nun se fa
mancà niente. Cu' 'a vincita 'e dint' 'o banco lotto mio spignaie
tutte 'e pigne d' 'a zia, po' se facette vestite, biancheria... Neh,
duie anne fa io lasso 'a casa mia a 'o primo piano, cu' chillu
balcone che affacciava ncopp' 'o banco lotto, e io me ne iette
pecché era muorto mio padre e mme faceva impressione, chillo
vence nu terno e s'affitta 'a casa mia. Po' ne vincette n'ato e
facette 'a rinnovazione. E mo se sonna 'a mamma, mo se sonna

'o pate, 'a sora, 'o frato, 'e nepute, 'e cugnate, 'a nunnarella... L'ha distrutte a tutte quante... È rimasto vivo isso sulo. Comme mette 'a capa ncopp' 'o cuscino s' 'e sonna... Quanno s'addorme, accumencia 'a Settimana Incom.

CONCETTA E a te che te ne mporta? Vo' dicere ch'è furtunato. Spusanneso a Stella, ce va bbona pur'essa, pecché con le sue entrate ponno fa' 'e signure.

FERDINANDO Ma pecché, ha da véncere afforza? Comme fosse n'impiego 'o Ministero. (*Durante questa scena Aglietiello si troverà fra i due ed a seconda dei casi darà ragione all'uno ed all'altra*). Si doppo spusate nun se sonna a nisciuno cchiú 'a matina stanno diune.

CONCETTA Tu 'o staie dicenno tu ca chillo vence sempe.

FERDINANDO (*scattando*) Centinaie di biglietti me ioco ogni sabato! Ietto 'e carte 'e mille lire. Passo 'e nuttate ncopp' 'e titte pe' caccià dduie nummere... aggio pigliato 'o catarro e 'a refosa. Niente! Nun pozzo véncere na meza lira.

CONCETTA E chest'è... È 'a mmiria! Pecché Bertolini vence e tu no.

FERDINANDO (*cocciuto e dispettoso*) Ma a figliema nun ce 'a dongo!

CONCETTA E ce 'a dongh'io!

FERDINANDO E io v'accido a tutte e ddoie.

AGLIETIELLO E va bene, mo ve vulite piglià collera pe' na cosa 'e niente.

MARGHERITA (*entra dalla comune*) L'estrazione. (*Consegna a Ferdinando una striscetta di carta con i numeri del lotto*).

FERDINANDO Damme ccà. (*Margherita esegue ed esce per la comune. Ferdinando siede accanto al tavolo, Aglietiello siede anch'esso e cominciano a consultare uno alla volta tutti i biglietti giocati*). Mo vedimmo chi è. Vide lloco, vi'... Uno, doie, tre, quattro e ventisei. Tenite mente che zoza 'e strazione! Ma chi t' 'o dà (*rivolto a Aglietiello*). Chiste pure diciste ch'erano sicure.

AGLIETIELLO 'On Ferdina', chiste s'hann' 'a iucà pe' tre settimane 'e seguito.

FERDINANDO Questa è la quarta settimana.

AGLIETIELLO Ma è la prima del secondo triduo.

FERDINANDO Quanti tridui so'?

AGLIETIELLO Nove tridui.

FERDINANDO E chisto? Diciste mettitece 'a capa ncoppa...

AGLIETIELLO   'On Ferdina', ma io stesse int' 'e nummere? Sono probabilità non è certezza.

FERDINANDO   'A certezza saie qual è? Ca io t'arapo 'a capa, pecché nun pozzo essere fatto scemo 'a te. (*Strappa tutti i biglietti*).

AGLIETIELLO   'A settimana che trase...

FERDINANDO   Te manno 'o campusanto.

BERTOLINI (*di dentro con voce rotta dalla commozione*)   E chi s' 'aspettava... Uh vedete... Io esco pazzo!

MARGHERITA (*di dentro*)   Che piacere!

BERTOLINI (*fuori seguito da Margherita*)   'Onna Cunce', mo mme vene na cosa.

CONCETTA   Ch'è stato?

STELLA   (*entrando*)   Che d'è?

BERTOLINI   'Onna Cunce', Ste', aggio vinciuto quattro milioni.

Ferdinando schizza veleno dagli occhi.

STELLA   Quattro milioni?!

BERTOLINI   Uh Madonna mia! Uh Madonna mia! Io nun ce pozzo penzà! Non c'è dubbio... Ccà sta 'o biglietto giocato, e chiste so' 'e nummere 'e l'estrazione. (*Li mostra*) Don Ferdina', stanotte me so' sognato a vostro padre.

FERDINANDO   Mo accumencia cu' 'a famiglia mia, mo!

STELLA   S'ha sunnato 'o nonno!

BERTOLINI   Quant'era bello! Mmaneche 'e cammisa, comme a quanno s'assettava a leggere 'o giurnale for' 'o banco lotto; cu' chella cammisa rosa, v' 'o ricurdate? È trasuto dint' 'a cammera 'e lietto mio, nzieme a don Ciccio 'o tabaccaro, chillo che murette diciott'anne fa, e m'ha ditto: «Picceri', giochete uno, doie, tre e quattro, quaterna secca pe' Napoli e miettece cinquanta lire 'a coppa». «Ma comme? Uno, doie, tre e quattro?» «E miettece cinquanta lire 'a coppa». E io me l'aggio giucate comme ha ditto 'a bon'anema.

FERDINANDO   Uno, doie, tre e quattro? E tu te l'he iucate?

BERTOLINI   Comme. E vedete... (*Consegna il biglietto a Ferdinando*) Mo so' ricco 'on Ferdina', mo m' 'a facite spusà a Stella?

FERDINANDO   'E chesto ne parlammo doppo. 'A quaterna è 'a mia, 'e nummere te l'ha dato mio padre, 'e solde spettano a me.

BERTOLINI   'On Ferdina', ma che state pazzianno?

CONCETTA   Ma tu fusse scemo?

FERDINANDO (*furente e deciso*)   Non ti pago! Non ti pago! (*Come impazzito*) 'O biglietto è 'o mio! Manco nu squadrone 'e cavalleria m' 'o leva 'a dint' 'a sacca. T' 'o viene a piglià ncopp' 'o Tribunale... (*Esce per la sinistra lasciando tutti in asso i quali si guardano intorno a loro come allucinati*).

ATTO SECONDO

La stessa scena del primo atto. Sono passati sei giorni.

MARGHERITA (*parlando verso la comune*) Entrate, donna Carme', entrate.

CARMELA (*è una donna del popolo, linda nel vestire e modesta nel parlare. Ogni suo gesto franco e leale denota bontà e spirito altruistico*) No, sa che d'è... nun me vulesse fa' vedé 'a donna Cuncetta, Stella...

MARGHERITA Noo, mo proprio se ne so' ghiute dinto a parlà cu' don Rafele 'o prevete. (*E indica la porta di sinistra*).

CARMELA Don Rafele 'o prevete?

MARGHERITA Eh!... L'aggiu juto a chiammà stammatina a primm'ora. Donna Cuncetta m'ha ditto: «Curre 'a parrocchia 'e San Damiano, e dincèllo a don Rafele 'o prevete ca venesse addu me quanto cchiú ambressa è possibile». Donna Carme', ccà nun se trova pace 'a sabato passato. So' sei giorni ca se sentono sule strille: «'O biglietto, 'e quattro milioni... So' solde mieie! Nonzignore so' 'e mieie!» Ve dico proprio ca nun me fido cchiú d' 'e sèntere.

CARMELA E don Ferdinando nun ce sta?

MARGHERITA No, isso è asciuto. Ha ditto che ghieva a chiammà all'avvocato. Cos' 'e pazze!

CARMELA Ma cos' 'e pazze pecché? Scusa... a me mme pare ca don Ferdinando na cosa 'a dice.

MARGHERITA Ma allora vuie nun sapite 'o fatto, scusate. 'O biglietto appartiene a chillu povero Bertolini, pecché isso s' 'o iucaie. Po' don Ferdinando se n'è venuto: «'E solde so' 'e mieie, pecché 'e nummere te l'ha dato mio padre...» Chillo 'o pate è muorto, penzava justo a isso!

CARMELA Guè, bada comme parle, ca cierti discorsi nun so' pe' tte. Se capisce che penzava a isso. Allora nu pate muorto si nun pensa 'o figlio a chi ha da penzà? Basta, io aggi' 'a parlà cu' don

Ferdinando 'e na cosa importante. Mo sa che faccio? Me ne vaco e torno a n'atu poco, e si nun 'o trovo torno n'ata vota.

MARGHERITA   E chille poco putarrà tricà. (*Vocio interno*). Iate 'onna Carme' ca stanno ascenno ccà fore.

Carmela e Margherita escono per la comune.

RAFFAELE (*entrando dalla destra seguito da Concetta e Stella*)   Ci vuole pazienza signora Concetta. Io conosco il carattere di don Ferdinando, si farebbe uccidere prima di riconoscere un suo errore. Prodigo, cuore d'oro, tutto amore per la famiglia; ma perdonatemi l'apprezzamento, capo tuosto, testardo. Con calma, poco per volta, bisogna fargli intendere che la sua tesi è completamente errata. Gli parlerò io, e vedrete che don Ferdinando cambierà idea.

CONCETTA   Io perciò vi ho incomodato, padre. Di voi tiene molta soggezione, e so' sicura ca ve sta a sentí.

MARGHERITA (*dal fondo reca un vassoio con un bicchiere d'acqua e una bottiglia d'anice*)   Padre, vulite bere?

RAFFAELE   Volentieri. (*Egli stesso metterà un poco d'anice nell'acqua e a suo tempo berrà*).

CONCETTA   Nce 'e miso tantu tiempo?

MARGHERITA   Aggio fatto scorrere 'a funtanella. È fredda fredda.

RAFFAELE   Infatti. Sempre compita donna Concetta. (*Beve*).

CONCETTA   Io 'a tengo per voi sta bottiglia d'anice. Saccio ca ve piace.

RAFFAELE   Ma non voglio abusarne, ogni tanto una volta... Quando vengo qua.

CONCETTA (*a Margherita*)   Vattènne fore tu.

MARGHERITA   Permettete. (*Via fondo a sinistra*).

RAFFAELE (*a Stella che si è seduta imbronciata accanto al tavolo*)   E nun te sta accussí... Stella, creatura benedetta. Tu sei tanto intelligente.

STELLA   Io 'o cunosco meglio 'e vuie a papà: chillo ha ditto ca nun ce 'o dà 'o biglietto a Mario... E nun ce 'o dà.

RAFFAELE   Gli parlerò io ti ho detto, e vedrai che don Ferdinando restituirà il biglietto al suo legittimo proprietario. Solamente dovete usare una tattica: non dovete urtarlo e, soprattutto non ne parlate piú, vedrete che lui stesso metterà il discorso in mezzo e si convincerà.

FERDINANDO (*entra dalla comune, un po' preoccupato, ma tutta-*

via fiero della sua decisione. Guarda con diffidenza la moglie, la figlia e don Raffaele) Buongiorno. Come mai da queste parti? V'ha mandato a chiamare mia moglie?

RAFFAELE   Nooo... mi sono trovato a passare e ho detto: mo me vado a bere nu bicchiere d'acqua e anice sopra da donna Concetta. *(Fa una strizzatina d'occhi a Concetta e a Stella).*

FERDINANDO *(a Concetta)* S'è visto nessuno?

CONCETTA   No! *(A Raffaele)* Don Rafe', l'altra sera so' venuta 'a chiesa. Che bella predica! Me facisteve chiagnere, pure Stella piangeva... piangevano tutti quanti. E che folla!

RAFFAELE   Devo dire la verità mi vogliono bene. Soprattutto perché io non dico parole difficili e non parlo latino. Al popolo bisogna parlare con parole semplici, comprensibili. Io 'e conto 'e fattarielle, illustro la vita dei santi. Ultimamente ebbi un grande successo con Sant'Ubaldo protettore di Gubbio. Parlai dei festeggiamenti locali, dei famosi giganteschi ceri, la benedizione dalla montagna...

FERDINANDO *(è sulle spine, non si spiega l'atteggiamento dei tre, e domanda bruscamente a Concetta)* Nun è venuto?

CONCETTA   Chi?

FERDINANDO   Bertolini.

CONCETTA   È venuto nu mumento. *(Cambiando discorso)* Che peccato ca nun me ce truvaie.

RAFFAELE   Venerdí, venerdí è interessante. Venite venerdí sera, parlerò su Sant'Agostino.

FERDINANDO *(seguendo il filo del suo pensiero)* E che ha ditto?

CONCETTA   Chi?

FERDINANDO   Sant'Agostino. *(Si corregge)* Cioè: Bertolini.

CONCETTA   T'ha rimasto 'e salute. *(E ripiglia a parlare con don Raffaele sottovoce).*

FERDINANDO *(dopo pausa, visto che nessuno lo interroga)* 'O biglietto nun ce 'o dongo, 'e solde nun l' 'ave.

CONCETTA   Chillo sa' c'ha ditto? Ha ditto ca nun te denunzia pecché si' 'o padre 'e Stella, e che bonariamente si lle daie 'o biglietto, isso te regala centomila lire.

FERDINANDO   M' 'a fa' 'a lemmosena!

STELLA   Ma pecché fossero 'e tuoie 'e solde?

FERDINANDO   Songhe d' 'e mieie, sí. *(A Raffaele)* V'hanno cuntato 'o fatto?

RAFFAELE   M'hanno accennato qualche cosa.

FERDINANDO   So' solde mieie, 'e nummere ce l'ha dato mio padre.

STELLA   Ma 'o biglietto l'ha giocato Mario cu' 'e solde suoie.

FERDINANDO   Tu statte zitta, si no te dongo n'atu schiaffo. So' ghiuto addu l'avvocato, nun ce stava, l'aggio rimasto ditto ca venesse subito addu me. Primma ca me fa causa isso a me, ce 'a faccio io a isso.

STELLA   È meglio ca mme ne vaco 'a via 'e dinto. Permettete don Rafe'. (*Si alza ed esce per la destra*).

RAFFAELE   Non cosí Stella, non cosí. (*Con un cenno fa capire a Concetta di lasciarlo solo con don Ferdinando*).

CONCETTA   Viene ccà, è cosa 'e niente, bell' 'e mammà. Permettete don Rafe'. (*Via appresso a Stella*).

RAFFAELE (*dopo una pausa, con tono dolce*)   Siete stato dall'avvocato?

FERDINANDO   È naturale.

RAFFAELE   E lo state aspettando qua?

FERDINANDO   Lo sto aspettando.

RAFFAELE   E, se è lecito, che direte all'avvocato?

FERDINANDO   Che mi vogliono ingannare. Che stanno facendo tutto il possibile per commettermi una truffa.

RAFFAELE   Chi?

FERDINANDO   Mario Bertolini e compagni.

RAFFAELE   E i compagni chi sarebbero?

FERDINANDO   Mia moglie e mia figlia.

RAFFAELE   Perdonate, don Ferdina', non mi pare, da quanto mi hanno accennato, che possiate parlare di truffa o inganno.

FERDINANDO   Questo non lo possiamo stabilire né io, né voi. Ci vuole la persona di legge.

RAFFAELE   Fate una causa, non sapete comme riesce... cominciate a caccià denari...

FERDINANDO   Fino all'ultimo soldo! Mme voglio vennere pure 'e cazettielle.

MARGHERITA (*entrando*)   L'avvocato Lorenzo Strumillo.

FERDINANDO   Ecco l'avvocato. Mo vedimmo chi è.

RAFFAELE   Fate come volete, pensateci bene però. Io vi lascio.

FERDINANDO   No, è meglio che state presente. (*A Margherita*) Fallo trasí.

Margherita via e poi torna subito precedendo l'avvocato Strumillo.

MARGHERITA   Entrate signo'.

Strumillo entra e Margherita esce per la comune.

STRUMILLO (*è un uomo sui cinquantasette anni un po' accasciato, evidentemente provato da una triste esistenza; veste un consunto abito di antica foggia, reca con sé una vecchia borsa, sdrucita, di tela pelle; ha uno sguardo aguzzo da falchetto avvilito, ma pronto a ghermire la sua nuova preda*) Il signor Ferdinando Quagliuolo?

FERDINANDO   Sono io.

STRUMILLO   Piacere. Il nostro comune amico mi ha parlato di voi, eccomi qua, siete stato pure a casa mia, ma io non c'ero, di che si tratta?

FERDINANDO   Adesso vi spiego. (*Presentando*) Don Raffaele Console, parroco della parrocchia di San Damiano. L'avvocato Lorenzo Strumillo.

STRUMILLO   Onorato, onorato veramente.

RAFFAELE   Sono io fortunato.

STRUMILLO   La parrocchia di San Cosimo e Damiano... sicuro, la conosco... antichissima. In quella parrocchia si sposò la buon'anima di mia nonna. Noi in famiglia abbiamo avuto due preti e un canonico. Io fui educato in seminario, già... mio padre pe' forza me vuleva fa' fa' 'o prevete... E cosí l'avessi fatto! Eh! 'E prievete stanno buone. Ma... io già facevo l'amore con l'attuale mia moglie, dalla quale poi mi sono diviso legalmente... Ogni tanto me porta a vedé 'a piccerella... Ma io tengo che ffa'... La vita è un turbine... E mo faccio l'avvocato. Del resto, c'è sempre un'affinità: io assisto i vivi e voi assistete i morti.

RAFFAELE   Veramente non è esatto quel che dite. La nostra prima missione è quella di assistere i vivi, e di confortare i moribondi quando l'avvocato se l'è squagliata.

STRUMILLO (*incassa ingoiando un po' amaro e con un mezzo sorriso dice*) Già... (*Cambiando discorso*) Allora? Signor Ferdinando, io sono tutto per voi.

FERDINANDO   Accomodatevi.

Seggono accanto al tavolo.

STRUMILLO   Dunque?

FERDINANDO   Si tratta di una truffa bella e buona. Io ho vinto una quaterna di quattro milioni con quattro numeri che mio padre ha dato a un certo Mario Bertolini. Il biglietto vincente ce l'ho io.

RAFFAELE   Ma il padre del signore...

FERDINANDO   Don Rafe', scusate, fatemi finire. Ora questo Mario Bertolini dice che il biglietto è suo, che la vincita spetta a lui e a me mi vorrebbe dare centomila lire.

STRUMILLO   E voi non mollate. Questo Mario Bertolini deve essere pazzo senza dubbio. Il biglietto lo avete voi, ritiratevi il premio e chi s'è visto s'è visto.

FERDINANDO   E no, perché si è messo d'accordo con mia moglie e mia figlia: dicono che il biglietto l'ha giocato lui con i soldi suoi.

STRUMILLO   Invece lo avete giocato voi.

FERDINANDO   No, l'ha giocato lui.

STRUMILLO   E allora?

FERDINANDO   Ma i numeri glieli ha dati mio padre in presenza di don Ciccio il tabaccaio.

STRUMILLO   Ah! Ho capito! Allora l'ha giocato lui con i soldi vostri.

FERDINANDO   No, con i soldi suoi.

STRUMILLO   Vedete signor Ferdinando, cosí, ad occhio e croce, non posso darvi un parere preciso. Vorrei studiare la cosa nei minimi particolari. Il biglietto non è stato neppure giocato in società, perché pare che non esisteva nessuna intesa fra voi e Mario Bertolini; ma siccome egli vorrebbe riconoscervi un premio di centomila lire, è già qualche cosa. Se come voi dite, vostro padre gli ha dato i numeri in presenza di un testimone, qualche diritto, penso, potremmo accamparlo. Voi seguite la vostra strada, ritiratevi i quattro milioni, se questo Mario Bertolini dovesse agire legalmente, noi chiameremo in causa questo don Ciccio il tabaccaio.

FERDINANDO   E non è possibile, don Ciccio non può venire a testimoniare.

STRUMILLO   Voi scherzate? Non si può rifiutare. 'O facimmo vení cu' 'e carabiniere.

FERDINANDO   Ma don Ciccio è morto.

STRUMILLO   È morto? Beh... vostro padre...

FERDINANDO   E mio padre pure è morto.

STRUMILLO   Aspettate... Ma da quanto tempo?

FERDINANDO   Mio padre da due anni, e don Ciccio il tabaccaio da diciotto.

STRUMILLO (*disorientato*)   Ma scusate, il biglietto in quistione, quando è stato vinto?

FERDINANDO   Sabato scorso.

STRUMILLO   E allora com'è possibile che vostro padre ha dato i famosi numeri a Bertolini?

FERDINANDO   In sogno.

RAFFAELE   Mario Bertolini, ha sognato del padre di don Ferdinando, il quale gli ha dato i quattro numeri in presenza di don Ciccio il tabaccaio, anch'egli a suo tempo defunto.

STRUMILLO   Ma allora il sogno è di Mario Bertolini.

FERDINANDO   No! E questo è l'errore. Perché Bertolini abita alla casa dove abitavo io con mio padre e che io lasciai per venire ad abitare qua dopo la sua morte, perché mi faceva impressione. Dunque, la buon'anima di mio padre, povero vecchio, credeva di trovare a me in quella camera, e non si è accorto che nel letto invece 'e ce sta' io, ce steva Mario Bertolini. Tanto è vero che non ha detto: Bertoli'... ha detto: «Picceri' giochete sti nummere». Perché mio padre accussí me chiammava: picceri'. E posso provare che mio padre teneva antipatia per questo Bertolini, e mai e poi mai l'avarria dato na quaterna simile.

STRUMILLO   A me sta cosa me pare sballata assaie. Io che lle vaco a cuntà a 'e Giudice in Tribunale?

RAFFAELE   Vostro padre, buon'anima, è apparso in sogno a Bertolini e gli ha dato i numeri. Dunque, rispettate la volontà del morto, che in fondo ha voluto dare agiatezza anche a vostra figlia, poiché pare che i due giovani si amino.

FERDINANDO (*testardo*)   Ma aspettate, ditemi una cosa: la buon'anima, l'avete detto voi: buon'anima, è apparso in sogno a Bertolini e gli ha dato i numeri sicuri che sono usciti, è vero? E giacché ci troviamo a parlare di anime, ne possiamo parlare seriamente perché voi ne siete conoscitore.

RAFFAELE   Conoscitore? Don Ferdina', ma io faccio 'o prevete, nun faccio 'o canteniere.

FERDINANDO   Ad ogni modo mi potete spiegare una cosa. Voi sapete se io faccio mai mancare le candele ed il lumino davanti alla nicchia di mio padre, voi sapete che io ogni venerdí vado al Camposanto, e ce vonno cinquecento lire 'e taxí a gghi', e cinquecento a vení, e metteteci due o trecento lire di fiori, sono milleduecento lire. Quattro messe al mese a duecento lire ll'una, so' n'ati ottocento lire; da che è morto, nun m' 'o scordo maie.

RAFFAELE   E fate bene, ho sempre apprezzato e lodato il vostro atteggiamento verso la buon'anima di vostro padre.

FERDINANDO   Ogni venerdí milleduecento lire, so' quattromilaottocento lire 'o mese, piú ottocento di messe, sono cinquemilaseicento lire. È stata l'anima di mio padre che è andata in sogno a Bertolini? Questo mondo dell'al di là esiste sí o no?

RAFFAELE   Certo, e non dovete offenderlo con i vostri dubbi.

FERDINANDO   E allora facimmo comme a chillo d' 'o cunto? Io spendo cinquemilaseicento lire al mese, per candele, trasporto, fiori e messe per mio padre defunto, e il defunto, padre legittimo mio, piglia na quaterna sicura 'e quattro milioni e 'a porta a n'estraneo? Ma scusate, don Rafe', io lo posso giustificare solamente perché essendo morto non aveva il dovere di sapere che io avevo cambiato casa e che sto in un quartiere nuovo. Ma se l'ha fatto con preconcetto, è stata una birbantata imperdonabile. Questo si deve assodare. Se c'è stata o no malafede da parte del defunto. Rispondete adesso, non v'imbrogliate.

RAFFAELE   Ma che m'aggi' 'a mbruglià? Perdonate don Ferdina', voi sembrate un pazzo.

FERDINANDO   E pazzo io esco se voi non mi sapete dare una spiegazione.

RAFFAELE   Le messe, caro don Ferdinando, si fanno dire in suffragio dell'anima di un caro estinto. Ma non è consentito farne una speculazione. Anzi, se è con questa intenzione che osate ordinarmele, vi dichiaro che io non le dico piú. E scusate, se per ogni messa, che in fondo costa duecento lire, si pretenderebbe di guadagnare na quaterna di quattro milioni, non ci sarebbe proporzione e lo Stato andrebbe al fallimento. Che c'entra l'anima in questa meschinità? Bertolini ha sognato. I quattro numeri sono il frutto della sua fantasia.

FERDINANDO   Aspettate! Voi avete detto che l'anima di mio padre è andata in sogno a Bertolini, adesso è la fantasia?

RAFFAELE   Ho detto l'anima per avvicinarmi alla vostra comprensione, perché la maggioranza crede proprio quello che voi avete creduto. Ma non bisogna confondere il prodigio con l'interesse egoistico della nostra vita di tutti i giorni. Che c'entra l'anima... è sempre la fantasia che lavora.

FERDINANDO   E la fantasia che cos'è? Non è l'anima?

RAFFAELE   La fantasia, in questo caso, potrebbe essere un residuo di immagini che continuano a vivere sovrapponendosi frammentariamente fra loro, nel nostro subcosciente, durante il sonno.

FERDINANDO   Ah! Potrebbe essere, non ne siete sicuro... e allora, il mondo dell'al di là che abbiamo detto prima?

RAFFAELE   Don Ferdina', voi che volete da me? Io sono un servo del mistero, che si può definire con una sola parola: mistero.

STRUMILLO   Sentite, ma io non posso portare in Tribunale l'anima di vostro padre, il mistero e la fantasia. In Tribunale si portano documenti e carta bollata. Voi avrete tutte le ragioni possibili, ma il Giudice non può correre appresso al mistero dell'anima. Io vi consiglio di restituire il biglietto al legittimo proprietario, e di accettare le centomila lire che vi ha promesso. E con questo me ne vado perché ho da fare.

FERDINANDO   E allora?

STRUMILLO (*alzandosi*)   Regolatevi come meglio vi piace. Permesso. I miei rispetti, padre. In tribunale ci vogliono prove testimoniali, documenti importanti, carta bollata. Di nuovo, buona giornata.

FERDINANDO   E mi lasciate solo...

STRUMILLO   Non c'è niente da fare.

FERDINANDO   Ma io pago le tasse.

STRUMILLO   E che significa... le pago io pure.

FERDINANDO   Voglio dire: allora non sono tutelato?

STRUMILLO   Don Ferdina', in tribunale bisogna portare la carta bollata.

FERDINANDO   E io la compro.

STRUMILLO   E io la porto in bianco?

FERDINANDO   E come si porta?

STRUMILLO   Si scrive... chi scrive?

FERDINANDO   Voi.

STRUMILLO (*esasperato da tanta ignoranza, fuori di sé afferma l'assurdo*)   E io nun saccio scrivere! Stateve buono! (*Ed esce per la comune*).

RAFFAELE   Sentite a me, nun ve mettite mmiez' 'e mbruoglie, tanto è denaro che rimarrà in famiglia. (*Si alza*) Io me ne vado e spero che le mie parole trovino la giusta eco nel fondo del vostro animo.

FERDINANDO   Io ho capito: per me esiste l'anima e per Mario Bertolini esiste la fantasia.

RAFFAELE   Ma no, convincetevi e non fate piglià collera a donna Concetta. Non vi ostinate. Errare è umano, dimenticare è divino. Io spero che piú tardi passate p' 'a parrocchia, e me date na bbona nutizia. Buona giornata. (*Esce per il fondo a destra*).

FERDINANDO (*rimasto solo gira per la scena come un leone in gabbia, dicendo fra sé*)   Tutti d'accordo! Tutti d'accordo! Ma io non mollo!

MARGHERITA (*dal fondo*)   'On Ferdina', fore ce sta donna Carmela, a stiratrice, è venuta pure primma ma vuie nun ce stiveve, dice che v'ha da parlà.

FERDINANDO   Falla trasí.

Margherita esce e poi torna con Carmela.

CARMELA   Buongiorno, don Ferdina'.

FERDINANDO   Buongiorno, 'e che se tratta? (*A Margherita*) Tu vattènne. (*Margherita via per il fondo a sinistra*). Donna Carme', si è na cosa longa se ne parla n'ata vota pecché mo nun è 'o mumento.

CARMELA   Vuie pazziate? Io v' aggi' 'a dicere mo si no nun trovo pace... E chi putarria durmí 'a notte? Cheste so' cose 'e cuscienza. Chillo 'o pate vuosto nun m'ha raccumannato ato: dimane mmatina porta 'a mmasciata a Ferdinando senza meno, responsabilità toia.

FERDINANDO   (*interessandosi subito*)   Papà?

CARMELA   M' 'aggio sunnato, don Ferdina', m' 'aggio sunnato... Ma accussí naturale e accussí naturale ca tutt' 'o riesto d' 'a nuttata nun aggio pututo cchiú durmí tanto 'e l'impressione. Quant'era bello, cu' chella cammisa rosa, comme a quanno se metteva a leggere 'o giurnale for' 'o banco lotto. 'A primma cosa m'ha ditto: «Carme', sto stanco, famme assettà nu poco». «Ma ve pare don Save', facite comme si fosse casa vosta». E s'è assettato a ppiede 'o lietto. «Carme', te cunosco 'a tant'anne, saccio ca si' na femmena fidata e tu sola me puo' fa nu gruosso piacere». E sudava... sudava... «Dicite don Save'?» «Tu he 'a ji' addu Ferdinando figliemo, e ll'he 'a dicere che 'a quaterna secca spetta a isso, pecché quann'io trasette dint' 'a cammera nun putevo mai immaginà che ce steva Mario Bertolini. Io saccio che 'o biglietto 'o tene isso, nun se facesse fa' scemo, nun se facesse cunvincere d' 'e chiacchiere, pecché io nummere nun ne pozzo da' cchiú». «E pecché neh don Save'?» «E pecché siccome aggio sbagliato, stongo in punizione, e servizie 'e chistu genere nun me ne fanno fa' cchiú...» E sudava... sudava... allora io aggio ditto: «Don Save', perché nun ce iate vuie e ce 'o dicite personalmente a 'o figlio vuosto?» «E pecché nun saccio l'indirizzo».

FERDINANDO   Mannaggia il momento che me ne iette 'e casa 'a llà.

CARMELA   «Carme', tu t'aviss' 'a scurdà?» «Vuie pazziate don Save', dimane matina 'o primmo pensiero vaco addó 'o figlio

vuosto». Ll'aggio accumpagnato fino a for' 'a porta, m'ha addimannato comme steve maritemo, l'aggio fatto lume mmiez' 'e
grade, e quanno aggio ntiso 'e chiudere 'o purtone mme so'
scetata. Don Ferdina', io me sento ancora sta mano nfosa 'e
quanno m'ha salutato. È stata na visione! Nun ve facite fa'
scemo 'on Ferdina'. Chillo m'ha parlato comme stammo io e
vuie mo, 'o vedite.

FERDINANDO   Secondo don Rafele chesta sarebbe fantasia. Donna Carme', diciteme na cosa, vuie site pronta a ripetere in tribunale chello che avite ditto mo a mme?

CARMELA   E che me mettesse paura 'e quaccheduno? Chella è 'a
verità.

FERDINANDO   Allora mo iatevenne, quanno è 'o mumento ve faccio chiammà. 'O biglietto putite sta' sicura ca manco 'e carabiniere a cavallo m' 'o levano 'a dint' 'a sacca. E dicitencello pure a
mio padre.

CARMELA   Stanotte si 'o veco ce 'o dico. (E via pel fondo).

AGLIETIELLO (quasi contemporaneamente dal fondo)   Don Ferdina', io sto ccà. Che vuleva donna Carmela?

FERDINANDO   So' affari ca nun te riguardano.

AGLIETIELLO   Basta, don Ferdina', io stanotte me songo sunnato 'o pate vuosto...

FERDINANDO   Tu pure?

AGLIETIELLO   Pecché vuie pure v' 'avite sunnato?

FERDINANDO   No... va dicenno, t'ha ditto quacche cosa?

AGLIETIELLO   Veramente 'on Ferdina', nun aggio pututo raffigu-
rà buono si era vostro padre o no... steve mmaneca 'e cammisa...

FERDINANDO   'A cammisa rosa?

AGLIETIELLO   Mme pareva nu càmmese, na specie 'e lenzuolo...
po' che ssà, che m'ha ditto... ma nun era papà vuosto... era uno
cu' nu biglietto d' 'o banco lotto, ma nu biglietto gruosso gruosso... po' mme cacciava 'a lengua, che ssa... 'a quaterna... nun
me ricordo... S'è assettato nterra e sudava sudava...

FERDINANDO   Era mio padre, s'era cambiata 'a camicia. Tu 'a sera staie sempe mbriaco, tiene 'o suonno pesante e nun te puo'
ricurdà. Ma a me 'a testimonianza 'e donna Carmela m'abbasta.

AGLIETIELLO   Ad ogni modo io me so' nfurmato buono, nun ce
sta 'a fa' niente: il biglietto con la corrispettiva vincita, spetta
a Mario Bertolini.

FERDINANDO   Chi t' 'ha ditto?

AGLIETIELLO   Cu' chiunque aggio parlato, hanno ditto tutte quan-

te 'a stessa cosa. 'A signurina De Biase, 'o scartellato, 'on Giuvanne 'o barbiere. Anzi, nu signore che se steve facenno 'a barba, ha ntiso 'o fatto e ha ditto: «Se non restituisce il biglietto
passa un brutto quarto d'ora».

CONCETTA (*dalla destra che è entrata un poco prima ed ha ascoltato le parole di Aglietiello*) 'O ssiente? Ma insomma vuó
nguaià na famiglia? Dammillo a mme 'o biglietto, ce 'o port'io,
accussí nun faie na brutta figura.

FERDINANDO Cunce', ma vuie che ve site miso ncapo? Ma che te
cride che songo nu pulicenella? Io me chiammo Ferdinando
Quagliuolo e quanno aggio ditto na cosa, chell'è. Ma comme, io
aggio 'a furtuna 'e vencere na quaterna 'e quatte milione e ce 'a
dongo a isso? 'A Legge me dà tuorto? L'avvocato ha ditto ca
nun pò purtà l'anima di mio padre in tribunale?

CONCETTA Penza a te, penza 'a famiglia toia, penza 'a figlieta,
cchiú tiempo faie passà e peggio è, pecché 'o biglietto vene 'o
mumento ca vuó o nun vuó ce ll'he 'a cunsignà cu' na funa
nganna.

FERDINANDO Manco si me mannano 'a fucilazione.

CONCETTA 'A cammisa 'e forza ce vo' pe' te, 'a cammisa 'e forza.
Ma che t' 'o tiene a fa' stu biglietto? 'E solde nun t' 'e puo'
piglià si no chillo te manna ngalera... Che t' 'o tiene a ffa'?

FERDINANDO Vaco ngalera c' 'o biglietto.

CONCETTA Ha ditto buono don Rafele 'o prevete che tiene 'a
capa tosta.

FERDINANDO Ah, chesto ha ditto don Rafele 'o prevete? Tengo
'a capa tosta? Ma maie quanto se pò credere isso. 'A tengo
tosta, Cunce', tosta assaie. Anze sa che vuó fa' Aglietie'? Attaccammo a curto. A me 'e sorde mme servono, chilli quatte milione 'aggi' 'a mettere uno a coppa a n'ato e me ce aggi' 'a cuccà
ncoppa. Addó sta Bertolini?

AGLIETIELLO 'O banco lotto. Ogni matina se presenta llà dinto
e fa 'o servizio suio, comme si nun fosse succieso niente.

FERDINANDO E già, pecché chillo dice: appena don Ferdinando
se retira 'e solde, 'o faccio arrestà. Va' 'o banco lotto e dincello
ca venesse subito ccà; mo levo io 'o capo 'a terra.

AGLIETIELLO 'O vulite mo?

FERDINANDO Mo t'aggio ditto! (*Aglietiello esce per la comune*).
Chi ha da fa' scemo a Ferdinando Quagliuolo nun è nato ancora. (*Comincia a cercare qualche cosa nelle tasche dei pantaloni,
poi in quelle della giacca*) E addó sta? (*Cerca nelle tasche del
gilè, poi nel portafogli*) Io nun 'o trovo, addó sta?

CONCETTA   Che cosa?

FERDINANDO   'O biglietto, io nun trovo 'o biglietto.

CONCETTA   Giesú, Giesú, Giesú!

FERDINANDO   Addó avite miso 'o biglietto?

CONCETTA   Io che ne saccio, 'o tenive tu.

FERDINANDO   Uh! Maronna mia! Caccia 'o biglietto si no accummencio 'a te!

CONCETTA   Ma tu aiere tenive chell'ata giacca, l'avisse rimasto llà dinto.

FERDINANDO (*guardando un po' da per tutto mettendo disordine ovunque*)   Nun ce sta, nun ce sta. (*Prende una giacca, quella del primo atto che si troverà su di una sedia*) Chesta è 'a giacca che tenevo aiere. (*Rovista in tutte le tasche*) Niente, chi t' 'o dà.

CONCETTA   Tu staie troppo nervuso, cchiú tarde cu' nu poco 'e calma se trova.

FERDINANDO   S'ha da truvà mo!

MARGHERITA (*dal fondo*)   Comandate, signo'.

FERDINANDO   Chi t'ha chiammato a tte? Vattènne fore!

MARGHERITA   Mamma mia, che brutta maniera che tenite 'on Ferdina'!

STELLA (*dalla destra*)   Ch'è succieso neh?

CONCETTA   'O biglietto, ha perzo 'o biglietto, 'o 'i'?

STELLA   'O biglietto 'e Mario? Ben fatto, me fa piacere!

MARGHERITA   Avite perzo 'o biglietto, signo'?

FERDINANDO   Ll'aggio perzo.

STELLA   Mo voglio vedé comme 'a cumbinate. Chi ce crede che avite perzo 'o biglietto?

FERDINANDO   L'aggio perzo? M' 'hanno arrubbato! Tengo 'e mariuole dint' 'a casa! Quattro milioni, grandissimi ladri! Ve denunzio a tutte quante, ve manno ngalera.

MARGHERITA   Io so' na figliola onesta.

STELLA   Ngalera ce iate vuie, pecché Mario ve denunzia e fa buono.

FERDINANDO   Non accetto la denunzia. Statte zitta, fallo p' 'a Madonna! Stateve zitte tutte quante! Venite appriesso a me; iammo a vedé dinto, si truvate 'o biglietto e nun m' 'o cunsignate v'accido. (*Costringe le donne a precederlo ed escono dalla sinistra con parole analoghe*).

AGLIETIELLO (*dalla comune entra guardingo, per osservare che non vi sia nessuno, poi parlando verso l'esterno*)   Entrate, non c'è nessuno.

Entrano Mario Bertolini e l'avvocato Strumillo.

STRUMILLO Bertoli', io non vorrei farmi vedere subito da don Ferdinando... capirete, lui mi aveva invitato per il primo.

BERTOLINI E che c'è di male? Voi l'avvocato fate... Io invece di dire che siete venuto voi da me, dico che sono stato io che vi ho pregato di assistermi.

STRUMILLO Ecco, cosí salviamo la forma, capite. Voi intanto cercate di non urtarlo, facitelo parlà, quando io arrivo con i testimoni se ne parla.

Dalla sinistra si odono le voci di Ferdinando, Concetta, Stella e Margherita.

FERDINANDO (*di dentro*) E questo è niente, adesso voglio perquisire in tutti i mobili della casa...

AGLIETIELLO Sta venenno... Iatevenne fore, nun ve facite truvà.

Escono Bertolini e Strumillo. Entrano sconvolte: Concetta, Stella, Margherita, in camicia e sottana protestando contro Ferdinando che minaccioso le costringe ad attraversare la scena da sinistra a destra.

FERDINANDO Denunzio a tutte quante! 'E faccio attaccà mane e piede! Aglietie', m'hanno arrubbato 'o biglietto!

AGLIETIELLO E mo comme facite? Bertolini sta fore...

FERDINANDO Mme so' nguaiato. Tu capisce che nisciuno ce crede. Dato i precedenti, ognuno dice che ll'aggio fatto sparí io pe' dispietto. Chillo me fa na querela, me manna adderitto adderitto ngalera.

AGLIETIELLO E se sape! Avite visto dint' 'a sacca d'o cazone?

FERDINANDO E comme! 'O tengo ncuollo! È stata 'a primma sacca... ll'aggio sfunnata pure. Va buo'... mo risolvo io... (*Apre un cassetto di un mobile e prende una rivoltella*) Fallo trasí! (*Aglietiello lo guarda atterrito*). Mo ha da fa' chello che dico io, mo. (*Prudentemente scarica la rivoltella*) Facimmo accussí... si no dint' 'arraggia l'accido e vaco a ferní ngalera pe' n'ata ragione. (*Consegna i proiettili ad Aglietiello che li serba in una tasca del gilè*) Fallo trasí.

Aglietiello esce per la comune. Ferdinando siede al tavolo e scrive su di un foglio. Bertolini entra seguito da Aglietiello che lo rassicura mostrandogli i proiettili che nella scena precedente ha serbato nella tasca del gilè. Bertolini poco convinto entra guardingo e Aglietiello esce per la comune.

BERTOLINI   Io sto qua, che mi dovete dire?

FERDINANDO   Come vedete sto scrivendo, aspettate. Bertoli', qui è nato un fatto nuovo: sono stato vittima di un furto... M'hanno arrubbato 'o biglietto.

BERTOLINI (*fuori di sé*)   V'avite fatto arrubbà 'o biglietto? E cheste so' cose 'e pazze! E vuie cu' chesta calma m' 'o dicite? 'On Ferdina', ma vuie ve sentite buono... Chille so' quattro milioni! Vedite buono, l'avisseve miso a qualche parte e nun ve ricurdate... Uh, Madonna mia! Che disgrazia! Quattro milioni!

FERDINANDO   Mo state esagerando, mo! A voi che ve ne mporta? Pecché ve pigliate tutta sta collera? Hanno arrubbato a me, no a vuie.

BERTOLINI   Ma v'hanno arrubbato 'e solde mieie, 'on Ferdina'.

FERDINANDO   Ora facciamo in questo modo: siccome io non posso andare in galera per uno come voi, sono un uomo anziano, tengo famiglia... questa lettera che ho preparata la copiate di calligrafia vostra e la firmate.

BERTOLINI   Io senza il mio avvocato non firmo niente.

FERDINANDO (*aggressivo*)   Tu firme chello ca voglio io.

BERTOLINI (*deciso*)   Io nun firmo 'o riesto 'e niente. (*Aglietiello appare sulla porta di fondo e fa segno a Bertolini che i testimoni non sono ancora arrivati*). Andiamo piano, parliamo con calma. Voi avete detto che vi hanno rubato il biglietto, che lo avete perduto. Io non ci credo, come non ci crederà nessuno nel quartiere... Come vedete tengo il coltello dalla parte del manico. Facciamo cosí: fatemi sposare Stella, tirate fuori il biglietto da dove l'avete nascosto, e i soldi restano in famiglia.

FERDINANDO   Io 'o biglietto nun 'o tengo, e pure si 'o tenesse io a mia figlia nun t' 'a faciarría spusà; tu puoi vincere i terni e le quaterne, ma 'e ffiglie 'e ll'ate no.

BERTOLINI   'On Ferdina', vuie site nu tipo classico... Mo me facite girà 'e cerevelle...

FERDINANDO   E che fai?

Aglietiello fa segni disperati come sopra.

BERTOLINI Sentiamo questa dichiarazione.

FERDINANDO (*legge*) «Illustrissimo Signor Ferdinando Quagliuo-lo...»

BERTOLINI Ma che site 'o Ministro d' 'e Finanze?

FERDINANDO Vicino a te songo illustrissimo. (*Legge*) «Sono mol-to dolente se avete avuto dei fastidi per me in questi giorni. Tengo a dichiararvi che tutto quello che si è detto intorno alla vincita dei quattro milioni è falso. Il biglietto vincente spetta a voi perché voi solo ne siete il padrone e il dominatore assoluto. Vi dichiaro poi che dopo quattordici anni che ho avuto l'onore di lavorare nel vostro banco lotto, per ragioni di salute lascio volontariamente il posto, senza avere nulla a pretendere circa la liquidazione e le marchette». E ci apponete sotto la vostra firma.

Aglietiello fa segno a Bertolini che l'avvocato è in anticamera con i testimoni. Infatti, poco dopo, Strumillo e i testimoni en-trano, e rimangono sulla soglia ad osservare.

BERTOLINI Oh, oh, mi fate ridere! Don Ferdina', vuie tenite 'a freva! Sentite a me nun ve mbrugliate cchiú assaie... La situazio-ne è questa: 'o biglietto l'avite perduto? Male! Ve l'hanno ru-bato? Peggio! L'avete nascosto? Peggio ancora, perché io vi mando in galera.

FERDINANDO (*calmissimo*) Prima che voi mi mandate in galera, io vi mando al camposanto. (*Impugna la rivoltella e la punta verso Bertolini*).

BERTOLINI Quagliuo', voi siete pazzo!

FERDINANDO E io ti sparo.

BERTOLINI E io aspetto ca me sparate ma non firmo.

FERDINANDO (*gli accosta la rivoltella alla tempia*) Io tiro?

BERTOLINI Tirate.

FERDINANDO Tu muore?

BERTOLINI E che so' scemo? Si tirate se capisce che moro!

FERDINANDO Ma tu pierde 'a vita... 'A vita è na cosa cara... se more na vota sola, 'a morte è na cosa seria. Io aspetto n'atu poco, pienzece buono.

BERTOLINI Ma ch'aspettammo 'on Ferdina'? Mo me facite passà 'o genio. Ce aggio penzato... Nun me mporta...

FERDINANDO (*preso dalla disperazione*) Ah, nun te mporta? Em-bè, voglio vedé 'o rrusso... (*Gira la rivoltella dalla parte del manico e colpisce alla testa Mario*) Teh, vedimmo si te mporta chesto!

STRUMILLO Il signor Mario Bertolini ha voluto la mia assistenza in questa sua controversia. Io l'avvocato faccio e devo difendere i clienti: appropriazione indebita, diffamazione, estorsione, minaccia a mano armata, ferita guaribile... chi sa in quanti giorni... (*osservando la testa di Mario*) calcoliamo venti, salvo complicazioni... La causa è ottima. (*A Ferdinando*) Mi volete consegnare il biglietto?

FERDINANDO 'O biglietto me l'hanno arrubbato.

STRUMILLO E chi ci crede? (*Ai Frungillo*) Voi ci credete?

I DUE No.

STRUMILLO Fategli sposare vostra figlia.

FERDINANDO Bertoli', t' 'a puo' scurdà.

STRUMILLO Non gridate, non gridate. (*Dalla sinistra entrano Concetta, Stella e Margherita. Concetta si avvicina a Ferdinando, Stella a Bertolini e Margherita fa scena con Aglietiello*). Vostro marito ha fatto la bravura, l'ha sciaccato.

STELLA 'O sangue...

STRUMILLO (*a Ferdinando*) Vi do' di tempo fino a domani al giorno alle quattro e mezzo, e per essere preciso, alle sedici e trenta. Vi aspetto a casa sua, l'indirizzo lo conoscete perché una volta era casa vostra. Firmerete voi una dichiarazione a lui, che preparerò io. Portate vostra figlia e lui metterà una croce su tutto quello che è successo. Altrimenti: appropriazione indebita, diffamazione, estorsione, minaccia a mano armata e ferimento... Vi siete rovinato!

BERTOLINI Come vedete, si me sparaveve era meglio!

FERDINANDO (*non contenendosi piú*) Tu si' na carogna, pecché pe' nun nguaià 'a casa mia, primma che trasive aggio scaricato 'o revolvere, si no te mannavo 'o campusanto, te facevo arrunà 'e cervelle pe' terra... (*Mostrando la rivoltella*) Chesta è scarica, 'a 'i'. (*Tira il grilletto puntando la rivoltella verso terra, ne parte un colpo. Ferdinando impallidisce, le donne rimangono atterrite, i Frungillo si abbracciano smarriti. Strumillo cade affranto su di una sedia. Bertolini dopo un attimo di smarrimento s'inginocchia e bacia la terra*). Vatte'... vattènne! Tu si' 'a iettatura d' 'a casa mia. Io pe' causa toia stevo perdenno 'a libertà.

BERTOLINI (*con un filo di voce*) Io stevo perdenno 'a vita!

FERDINANDO E l'he 'a perdere... he 'a perdere 'a vita. Tu vuó 'o biglietto e io t' 'o dongo 'o biglietto... (*Fruga in una tasca e tira fuori il biglietto*) 'O 'i' ccanno 'o biglietto... (*Rivolgendosi al quadro del padre*) Papà, 'o 'i' ccanno 'o biglietto... Io ce 'o dongo. Però si 'e sorde nun le spettano, si 'o suonno era 'o mio, tu staie 'o munno 'a verità... Nun se n'ha da vedé bene... l'he 'a fa' passà quattro milioni di guai... Ogni soldo na disgrazia, comprese malattie insignificanti, malattie mortali, ròtture e perdite di arti superiori e inferiori; peste e culera, friddo e miseria, scaienza e famma dint' 'a casa 'e Bertolini fino 'a settima generazione... (*A Bertolini*) Tecchete 'o biglietto... (*Glielo dà. Bertolini infila la porta seguíto da tutti. Ferdinando, rimasto solo, verso il quadro*) Papà... mi raccomando... (*Entra a destra*).

La stessa scena degli altri atti. Il tavolo tondo è apparecchiato per quattro persone. Al centro di esso vi sarà un vaso di fiori. Davanti al quadro grande raffigurante il padre di don Ferdinando vi saranno, su di una mensola applicata per l'occasione, due candele accese e molti fiori in piccoli vasi di forma differente l'uno dall'altro. Seduta a destra si troverà muta e ingrugnita, donna Concetta. Stella passeggia nervosissima. Il campanello della porta d'ingresso trilla; dopo piccola pausa entra dalla sinistra Margherita.

MARGHERITA   'A porta... Madonna mia nun se trova pace. (*Esce per il fondo a destra. Dopo poco torna annunziando*) 'A zia 'e Bertolini.

STELLA   'A signora Erminia.

CONCETTA   Eh... e facimmincèlla fritta c' 'a menta. Ma chisto è l'inferno... Io me desse tanta pacchere e tanta pacchere... (*E dicendo questo realmente si schiaffeggia da se medesima*).

MARGHERITA (*compassionevole*)   No, signo', accussí no. (*Ritorna via pel fondo*).

CONCETTA   Che vo' mo chesta 'a me?... Nun 'a facite trasí, facitelo pe' Dio, nun me ce facite parlà.

ERMINIA (*entrando. Donna anziana sui cinquanta, tipo mezzo borghese, quasi distinta*)   No, signora Quagliuolo, voi mi dovete ascoltare. Adesso si tratta di umanità, si tratta di considerare la nostra posizione veramente precaria.

CONCETTA   Ma, signora mia cara, ditemi voi stessa che ci posso fare? Mettetevi nei miei panni.

ERMINIA   E voi, mettetevi nei miei, signora. Dal giorno della maledizione non abbiamo trovato piú pace. Mario, mio nipote, dopo cinque minuti ch'era stato maledetto, cadde per le scale e si spezzò un braccio. Adesso è un mese e lo tiene ancora ingessato. Io, poverina, passai la notte vicino al letto suo all'ospedale. Approfittando che non c'era nessuno in casa entrarono i mariuoli e ci rubarono tutto. Certamente dovettero accendere qualche candela... chissà che diavolo combinarono... prese fuoco una tenda e addio roba nostra. Non si è potuto salvare nemmeno un tavolinetto. Adesso, Dio lo sa che stiamo passando, arrangiati sopra una cameretta ammobigliata... Creditori che vanno e vengono... uno scorno... perché noi siamo stati sempre puntuali con le nostre obbligazioni. L'avvocato vuole essere pagato, e mio nipote non può ritirare i quattro milioni della vincita, perché ogni volta che ci prova passa un guaio. L'altro giorno, spinto da me e dall'avvocato, dato il bisogno urgente, mentre entrava nella banca ebbe una bastonata fra il collo e la spalla da uno sconosciuto, il quale disse poi: «Uh, scusate, non eravate voi... abbiate pazienza, ho preso uno sbaglio...» E mio nipote che starnazzava per terra. Capirete, adesso siamo entrati dentro al «novanta». Io alle maledizioni ci credo.

CONCETTA   E io pure. Ma posso dire a Ferdinando: «Ferdina', per favore retirate 'a maledizione?»

ERMINIA   Ma vostro marito sapete che altro ha fatto? Non contento di tutto questo, siccome Mario per un paio di settimane non si è presentato al banco lotto dati i guai che ha passato, don Ferdinando gli ha mandato il licenziamento per lettera raccomandata... (*La mostra*) Eccola qua. (*Piangendo*) Ci toglie pure quel tozzo di pane che, onestamente, si procacciava mio nipote.

CONCETTA   Chillo è pazzo... è pazzo... Calmatevi, signora... Che volete sapere? Qua, in casa mia, ci sta l'inferno aperto. Oggi ha vuluto fa' 'o pranzo per festeggiare lo scampato pericolo di un mese fa. Ha invitato a don Rafele 'o prevete... Io nun aggio vuluto cucenà e s'è miso isso stisso 'a cucina.

STELLA   Ma io nun m'assetto a tavola... nun m'assetto. (*Mostrando il quadro*) Guardate che buffonata... Giesú, quello mi sta facendo odiare la buon'anima di mio nonno.

ERMINIA   Non si dice questo.

MARGHERITA (*dalla cucina in fretta*) 'A butteglia 'e ll'uoglio... vo' ll'at'uoglio. (*Apre la dispensa e prende la bottiglia*) Sta frienno 'e mulignane. Si trasite dint' 'a cucina, ve vene 'o friddo... 'A farina pe' terra, cassarole pe' mmiezo, una ncopp' a n'ata... 'a funtana appilata... 'a sta spilanno Aglietiello... 'a carne s'è abbruciata e isso ha ditto ch'accussí ha da essere. 'O dolce, po', l'ha sbagliato... Invece 'e ce mettere 'o zucchero dint' 'a

crema, ce ha miso 'o ssale, e siccome già ce steva 'amarena, ha
ditto ch'accussí 'o vuleva fa'...

FERDINANDO (*dalla sinistra. Ha un grembiule da cucina, le maniche della camicia rimboccate e nella mano destra un mestolo
forato. È entrato un poco prima ed ha ascoltato le ultime parole di Margherita*)   Agro dolce... Accussí 'a voglio fa' 'a pizza:
agro dolce. Ce aggio miso na vranca 'e chiapparielle, ddoie auli-
ve 'e Gaeta, mezza cipolla tritata e nu pizzeco e' pepe... E accussí ce 'avimm' 'a mangià. (*Fingendo di scorgere in questo momento la zia di Bertolini*) Uuuuh, signora Erminia, come va da queste parti? Non vi dò la mano perché è sporca di cucina. (*A
Margherita consegnandole il mestolo*) Dincello a Aglietiello...
Continuasse a friere 'e mulignane... (*A Margherita che si avvia*) Appena volle menasse.

MARGHERITA   Va bene. (*Via a sinistra*).

FERDINANDO   Don Rafele è venuto?

CONCETTA   No ancora.

FERDINANDO   E mo t' 'o vide 'e vení. (*Ad Erminia*) Oggi festeg-
giamo lo scampato pericolo di un mese fa. Per l'incidente di un
mese fa, a quest'ora, io avarri' 'a sta' ngalera e vostro nipote al
camposanto. (*Azione delle donne*). E voi?... Voi, in famiglia,
pure festeggiate questa data...

ERMINIA (*umile*)   Don Ferdina', voi ci avete mandata quella lettera stammatina.

FERDINANDO   Quale lettera?

ERMINIA   La lettera di licenziamento.

FERDINANDO (*ipocrita*)   Embè... come facevo con un impiegato
in meno. Ho aspettato il tempo necessario e poi ho provveduto. Ho assunto un bravo giovane, sulla settantina... di quegli
uomini che si innamorano difficilmente e difficilissimamente
fanno perdere la testa alle figlie dei principali.

STELLA (*alla madre a denti stretti*)   Senti quanto è indisponente.

FERDINANDO (*immediato*)   Ho sentito. Non parlate sotto voce,
perché io sento.

CONCETTA   Salute a nuie!

FERDINANDO   Adesso come faccio...? Non lo posso mettere in
mezzo ad una strada.

ERMINIA   E noi? Don Ferdina', nuie nun stammo mmiez' a na
strada?

FERDINANDO   Ma voi avete altre risorse. Dite a vostro nipote ca
s'addormesse na mezz'oretta, se sonna... nu parente d' 'o suio,
si giucasse n'ambo, nu terno... vence e tira avanti. E poi voi ci

avete i quattro milioni d' 'a quaterna. (*Campanello interno*) Non l'ha ritirato ancora il premio?

Margherita passa e va ad aprire.

ERMINIA (*rassegnata*)   No, no ancora.
FERDINANDO   E allora è segno ca nun 'ave bisogno.

Margherita torna seguendo don Raffaele.

RAFFAELE   Buongiorno a tutti, signori.
TUTTI   Buongiorno.

Le donne gli baciano la mano.

RAFFAELE   Eccoci qua. Don Ferdina', vi ringrazio tanto dell'invito. Vedo con piacere che vi siete messo in grazia di Dio con la vostra famiglia e con gli amici... E questo mi fa gran piacere. (*A Margherita*) Piccere'...
MARGHERITA   Nu bicchiere d'acqua cu' ll'annese?
RAFFAELE   Precisamente. Comm' 'o sape, 'a vi'.

Margherita esce per la sinistra.

CONCETTA   Assettateve don Rafe'. (*Gli porge una sedia*).
RAFFAELE   Grazie. (*Siede, poi sottovoce a Concetta*) L'umore come va?
CONCETTA   Nun ne parlammo... Ce sta levanno 'a salute a tutte quante.
FERDINANDO   Aggio ntiso... aggio ntiso... Sto sentenno.
CONCETTA   Tiene 'a capa cchiú tosta 'e na preta... e vaie truvanno chi t'accide!

Campanello interno. Margherita in questo momento porta l'acqua e anice a don Raffaele e poi va ad aprire.

RAFFAELE   Grazie. Io esco pazzo pe' l'acqua e anice.

Margherita torna seguendo Strumillo e poi via in cucina.

STRUMILLO   Buongiorno a tutti.

FERDINANDO   Avvoca', pure voi da queste parti?

STRUMILLO   Sono venuto perché devo parlarvi. (*Ad Erminia*)
Vostro nipote è stato arrestato.

ERMINIA   Arrestato?

STELLA   E perché?

STRUMILLO   Un quarto d'ora fa, nell'autobus...

FERDINANDO   No, mo v'avit' 'a piglià nu poco d'annese!

Strumillo fa cenno di lasciar stare.

CONCETTA   Ma pecché?

STRUMILLO   Spiatancèllo a vostro marito 'o pecché.

FERDINANDO   E io che ne saccio.

STRUMILLO   Ve lo fate dire da vostro padre che deve stare molto bene informato. Sentite, io me sto facenno 'a croce cu' 'a
mano a' smerza... E chi arape cchiú 'a vocca... C'è da tremare.
Giesú, chillu pover'ommo è nu mese ca nun 'ave cchiú che passà. Se solo pensa 'e se retirà 'e solde d' 'a vincita, come suo
diritto, passa nu guaio. (*Ad Erminia*) Un'ora fa sono stato da
vostro nipote per convincerlo che, in fondo, si tratta di un suo
pregiudizio al quale non deve dare importanza, che il bisogno
ce sta... ca io aggi' 'a essere pavato perché non campo d'aria...
e che era necessario ritirare i quattro milioni. Dopo lunga discussione, finalmente l'ho convinto. S'ha misu chillu malagurio
'e biglietto dint' 'a sacca e siamo scesi per andare all'Intenden-
za di Finanza. Dint' a l'autobus, stevemo pe' scennere, santo
Dio... uno s'è miso a alluccà: «Il portafoglio. Fermi tutti... Mi
hanno rubato il portafoglio...» Ce simme fermate: tutte quante chiuse 'a dinto. Dopo nu poco nu brigadiere cu' ddoie guardie
ce hanno fatto scennere a uno 'a vota, ce hanno perquisito e
dint' 'a sacca 'e vostro nipote hanno truvato 'o portafoglio 'e
chillu signore. 'O mariuolo a uocchio a uocchio, evidentemente,
ce l'ha menato dint' 'a sacca.

Ferdinando prende un vaso di fiori e lo colloca davanti al ritratto di suo padre.

ERMINIA   E mo?

STRUMILLO   E mo... mo vedimmo che se pò fa'. Io lo volevo
seguire, ma m'ha avvistato uno ch'avev' 'a avé cierti solde e me
n'aggia avut' 'a ji'. Don Ferdina', io vi devo parlare seriamente.

(*A Erminia*) Per vostro nipote state senza pensiero perché ho telefonato ad un mio amico che conosce il Commissario e penserà lui ad aggiustare la cosa. L'importante ora è di convincere don Ferdinando.

FERDINANDO   Ma convincere di che? Che c'entro io con i fatti di Bertolini?

STRUMILLO   C'entrate. Vi faccio vedere io come c'entrate. (*Agli altri*) Se mi lasciate dieci minuti solo con don Ferdinando, mi fate piacere.

CONCETTA   Donn'Ermi' venite. Stella viene.

Si avviano parlottando. Don Raffaele fa per seguire le donne.

STRUMILLO   No, Padre, restate, anzi mi fa piacere se rimanete presente.

RAFFAELE   Volete cosí...

STRUMILLO (*a Ferdinando*)   Ci vogliamo sedere per parlare dieci minuti seriamente e serenamente?

FERDINANDO   Ma io ccà sto, parlate.

Seggono come nella scena a tre del secondo atto.

STRUMILLO   Dunque... quello che sta succedendo è semplicemente vergognoso. Voi da una parte e Bertolini dall'altra... Mi sembra di avere a che fare con dei ragazzi. (*Rivolto a don Raffaele con aria di compatimento nei confronti di Quagliuolo e Bertolini, quasi sicuro di trovare nella persona di don Raffaele Console un alleato alla sua superiorità di uomo serio, fatta di scetticismo e praticità, sorride quasi ironico*) Non so se voi sapete come è andato a finire il fatto dei quattro milioni...

RAFFAELE   Ah, la quaterna? No, veramente.

STRUMILLO   Don Ferdinando, qua, in un momento d'ira, ira se vogliamo giustificata, lanciò all'indirizzo di Mario Bertolini una maledizione...

RAFFAELE (*deplorando*)   Oooh...

FERDINANDO   Nooo...

STRUMILLO (*interrompe brusco*)   Un momento, lasciatemi parlare... se no, io me mbroglio, don Rafele non capisce... parliamo uno alla volta. Da quel momento il mio cliente, Mario Bertolini, sta passando ciento e una disgrazia specialmente quando decide di ritirare il premio. Ora, noi siamo qua, uomini di età, gente seria... vogliamo stare a credere alla maledizione?

RAFFAELE   Nooo, no, no, no... piano, un momento... La maledizione è una cosa seria... L'Anatéma?... eh, ve ne iate a cascetta... Eh, scusate, voi vorreste distruggere l'Anatematismo? La
condanna? La confutazione? La riprovazione di errori commes-
si per cui l'Anatéma veniva posto quale offerta votiva e quindi
esposto alla pubblica maledizione perché consacrato agli dei
infernali... Vorreste distruggere tutto questo? Ih, quanto è bello l'avvocato... E sí, mo levammo n'atu rigo 'a sott' 'o sunetto.
STRUMILLO   Per carità, io non voglio distruggere proprio niente. Se mai non credo a questa maledizione. Capisco benissimo
che, nei confronti del mio cliente, giuoca molto il fattore suggestione. Capirete, chillo è prevenuto e appena se move fa nu
guaio. E poi... pure perché, scusate, allora sarría bello! Ognuno se pò scetà na matina, dice: «Tizio m'è antipatico» 'o male-
dice e 'o distrugge... Addó simme arrivate?
RAFFAELE   Ma, allora, se i guai che sta passando il vostro cliente, Mario Bertolini, voi non li attribuite alla maledizione di
don Ferdinando, non capisco, in questo momento, che cosa gli
venite a chiedere?
STRUMILLO   Allora, secondo voi, non solo ha fatto bene a maledi-
re, ma ne avrebbe pure l'autorità?
RAFFAELE   In ogni modo ha maledetto.
STRUMILLO   E ha fatto bene?
RAFFAELE   Io non so se ha fatto bene o ha fatto male... in ogni
modo ha maledetto...

Il bisticcio fra i due si accende sempre di piú.

FERDINANDO   Posso parlare? Dunque, io non ho maledetto proprio nessuno. Tutto il vicinato, amici e conoscenti, cosí dicono,
ma sbagliano. Potete dire voi che io ho maledetto il vostro
cliente?
STRUMILLO   Ma avete detto col sangue agli occhi e rivolgendovi
all'anima di vostro padre: «'O biglietto ce 'o dongo ma nun se
n'ha da vedé bene. L'he 'a fa' passà quattro milioni di guai.
Ogni soldo na disgrazia, comprese malattie insignificanti, malattie mortali e rotture e perdite di arti superiori e inferiori...»
Non è forse vero che vi siete rivolto all'anima di vostro padre?
FERDINANDO   Ca «se»... che cosa? Si 'e sorde nun le spettano, si
'o suonno era 'o mio l'he 'a fa' passà quattro milioni di guai.
Allora 'o biglietto è 'o mio... allora aggio ragione io? E poi, mi
sono rivolto all'anima di mio padre perché la maggioranza cre-

de proprio quello che voi avete creduto. Ma è sempre la fantasia che lavora.

STRUMILLO Nooo, che fantasia... Qui subentra l'imponderabile... Qui bisognerebbe fare dell'esorcismo. Chiste so' spirete maligne... Vostro padre all'atu munno se sta spassanno buono e meglio.

FERDINANDO E pigliatevella con mio padre. Sapite che vulite fa'? Pigliate l'anima di mio padre e portatela in tribunale.

RAFFAELE Signori... Ma non vi accorgete che state bestemmiando? E poi in mia presenza. Finitela una buona volta. Mo so io che dico: basta!

BERTOLINI (*dal fondo. Pallido, capelli un po' in disordine e col braccio destro ingessato*) E anche io. Anche io dico: basta. Buongiorno, don Rafe', buongiorno a tutti.

STRUMILLO Che hanno fatto, vi hanno rilasciato?

FERDINANDO Siete uscito?

BERTOLINI Eh, lo so, a voi vi dispiace. (*A Strumillo*) Tanto buono quel vostro amico, si è fatto in quattro.

FERDINANDO E perché vi presentate in casa mia?

BERTOLINI Voglio pregarvi di non pensare piú a tutto quello che è successo. (*Entrano dalla destra e rimangono in osservazione: Concetta, Stella ed Erminia*). Mi sono convinto che ho sbagliato, che i quattro milioni spettano a voi; questo è il biglietto... (*Lo porge a Ferdinando*) Servitevene, stracciatelo, regalatelo, è vostro!

FERDINANDO E che c'entra? I numeri li giocaste voi, la vincita è vostra.

BERTOLINI Nooo, è vostra, perché vostro padre credeva di trovare voi in quella camera, tanto è vero che mi chiamò: «Picceri'...» Il biglietto è vostro.

FERDINANDO No, là ce sta don Rafele, i quattro numeri sono il frutto della vostra fantasia.

BERTOLINI Don Ferdina', parlammo seriamente. Don Ferdina', io nun voglio murí... Io so' giovane, nun voglio murí. Io stu biglietto nun m' 'o piglio... 'e sorde nun 'e voglio. (*Poggia il biglietto sul tavolo*).

FERDINANDO E io nemmeno.

STRUMILLO E chi s' 'e piglia?

STELLA (*interviene energica e aggressiva*) Nisciuno... nun s' 'e ppiglia nisciuno. Nuie nun 'e vulimmo, tienatille tu. Accàttene tutte fiore e miettancille nnanze 'o nonno. Nuie nun avimmo bisogno d' 'e denare, nun avimmo bisogno pecché simme giuve-

ne... (*Si commuove*) E tu nun tiene core... pecché nu padre che
vede 'e chiàgnere 'a figlia soia comme aggio chiagnuto io 'e
iuorne passate, se smove a cumpassione. (*Piangendo*) Vattènne
nun te voglio bene cchiú manco si che...

Erminia le si avvicina e la conforta.

CONCETTA   E 'ave ragione... Sei cattivo, sei perverso, sei malva-
gio... Si' sanghe 'e pimmice. Allora si' cuntento quanno puo'
turturà 'a gente... E si 'o putisse fa' cu' ll'aghe e cu' 'e spille...
sarisse felice. Ma nun tiene maie nu dulore 'e capa? Staie sempe buono 'e salute? E miettete na ventina 'e iuorne dint' 'o
lietto cu' nu poco 'e freva, almeno stammo nu poco cuiete tutte
quante. Santa fede di Dio, st'ommo sta sempe 'e na manera.
Comme se sceta accussí se cocca, comme se cocca accussí se
sceta... Chillo vede duie guagliune ca se vonno bene, ch'hanno
avuta 'a furtuna 'e se mettere a posto pure finanziariamente,
Padre, capite, pure finanziariamente... «Nonzignore, s'ha da
spusà a chi dico io...» A chillo 'accide, a chillo 'o scanna... è
venuto 'o Rre cumanna scòppole... Ferdina', io n' 'e faccio
fuí'... He capito? E po' 'a vaco a fa' io 'a deposizione ncopp' 'o
tribunale pe' te fa' piglià a cauce 'a tutte 'e Presidente 'e l'Italia. Che natura sbagliata, che essere animalesco... Ferdina' quanto si' scucciante... Uuuuh Ferdina' sciò... sciò... sciò...

AGLIETIELLO (*dalla sinistra con grande vassoio di maccheroni fumanti. Osserva la scena, guarda con intenzione Margherita che
lo segue recando, a sua volta, una salsiera ed una formaggiera,
e dice*)   'O pranzo è pronto.

FERDINANDO   E dillo cchiú allero: «'O pranzo è pronto...» Comme si avesse ditto: «'O carro sta abbascio...»

AGLIETIELLO (*ripetendo piú allegro*)   'O pranzo è pronto.

FERDINANDO   Don Rafe', prendete posto e scusate se, in vostra
presenza...

RAFFAELE   Niente, per carità.

FERDINANDO (*indicando un posto a tavola*)   Qua, mettetevi qua.
(*Don Raffaele si piazza in piedi dietro la sedia indicata da don
Ferdinando*). Avvoca', mo ve truvate, fate penitenza con noi.

STRUMILLO   Non vorrei disturbare.

FERDINANDO   Qua... (*gli indica un altro posto*).

STRUMILLO (*si piazza come ha fatto don Raffaele*)   Grazie.

FERDINANDO (*a Concetta*)   Tu nun t'assiette?

CONCETTA   Sí, comme. Magnàmmice chella schifezza c'ha fatto isso. (*Si avvicina al tavolo indispettita*) Hai ragione che ce sta don Rafele.

FERDINANDO (*si avvicina al gruppo di Bertolini, Stella ed Erminia*)   Quando un giovane s'innamora di una giovane e tiene intenzione 'e s' 'a spusà... parla cu' 'a mamma, ma parla pure c' 'o pate... pecché 'o pate nun è na mazza 'e scopa... 'A passeggiata, 'appuntamento... (*A Bertolini*) A detto di mia moglie siete innamorato di mia figlia...

BERTOLINI   E voi non lo sapete?

FERDINANDO   No, io nun l'aggia sapé, me l'avit' 'a dicere vuie; dunque, siete innamorato di Stella?

BERTOLINI   Sissignore.

FERDINANDO   E io acconsento a questo matrimonio. E prendete posto. (*Tutti seggono meno Stella, Erminia e Bertolini*). Donn'Ermi', sedete qua (*indica un posto a tavola*) c'è un posto pure per voi. (*Erminia siede. Margherita aggiunge un coperto*). Voi, Bertoli', sedetevi a quel tavolinetto assieme a Stella, si no a tavola stammo stritte. (*Bertolini e Stella siedono al tavolinetto assieme. Margherita prepara per due*). Dunque... Aglietie', viene 'a ccà, facimmo sti purzione. Dateme 'e piatte. (*Incomincia a fare le porzioni, poi prendendo il biglietto dal tavolo e mostrandolo*) Voi siete tutti testimoni che il signor Mario Bertolini è venuto lui, spontaneamente, da me per dirmi che si era sbagliato, che la vincita spettava a me e mi metteva a disposizione il biglietto. È vero? E io m' 'o piglio... me retiro 'o premio... e me 'o metto dint' 'a sacca... Perché, siccome ho dato il consenso al matrimonio, mia figlia Stella porta al signor Mario Bertolini una dote di quattro milioni.

STELLA (*commossa*)   Papà.

FERDINANDO (*a Concetta*)   Damme 'o piatto tuio. (*Concetta glielo porge; mentre si accinge a farle la porzione, di punto in bianco si ferma per seguire una sua idea. Piccola pausa*). Bertoli', però ricordete ca tu l'he 'a fa' felice a Stella... Tu l'he 'a vulé bene assaie, pecché Stella è 'a vita mia.

BERTOLINI   Ma ve pare... (*E guarda con amore Stella*).

FERDINANDO   No, pecché si no... (*mostra il ritratto del padre*) due paroline a mio padre... (*Fa il segno come dire: «Ti spedisco all'altro mondo»*).

Cala la tela.

Io, l'erede
(1942)

Anche in *Io, l'erede* conta l'età, che definisce fin dall'elenco i personaggi principali: «Ludovico Ribera, quarantacinque anni»; «Amedeo Selciano, trentotto anni»; «Margherita, sua moglie, circa trent'anni»; «Adele, sorella di Amedeo, sui ventotto, ventinove anni»; «Dorotea Selciano, sui cinquantacinque, cinquantasei anni»; «Bice, diciassette anni»; «Lorenzo De Ricco, sulla sessantina» (p. 683). Come *L'abito nuovo* e *Non ti pago* è un dramma di «eredità»; ma qui non si discute tanto di un patrimonio materiale, quanto – dichiara ironicamente il protagonista Ludovico Ribera – di «tutto il patrimonio affettivo e sentimentale» (I, p. 695). Gli eredi sono «giovani» già invecchiati in un ruolo: si demistifica infatti un altro falso valore della società bene e per-bene, la cosiddetta «carità cristiana»; ossia il commercio della beneficenza, che la famiglia Selciano si tramanda da generazioni come una «polizza» sia terrena che ultraterrena:

AMEDEO [...] in compenso, a me il Padreterno m'aiuta sempre: sto bene in salute e non m'è mancato mai niente! (I, p. 687).

Però lo Straniero venuto dal mare (eco ibseniana o magari sansecondiana) giunge inaspettatamente a riscuotere un'altra polizza, quella ereditata dal padre beneficato, Prospero I, proclamando l'avvento di «Prospero II» (Ludovico, I, p. 695). È «informato» di vita, morte e miracoli di tutti e di ognuno: con questo *leit-motiv* minaccioso e destabilizzante, l'Estraneo (dal passato anomalo e forse delittuoso) corroderà dall'interno, sulla base di documenti ereditati dal morto, la facciata «rispettabile» dei ricchi Selciano, scoprendo gli anelli che non tengono nella loro catena famigliare, apparentemente inattaccabile. La sua è una funzione quasi «epica»: i ragionamenti di lui, i piú lunghi e a freddo dell'intero repertorio eduardiano, riportano a quel teatro di riflessione su *temi morali* inaugurato dai «grot-

teschi» e da Pirandello. L'esasperazione delle azioni e delle reazioni, ma anche delle *parole*, operata da Prospero II stravolge i
capisaldi del costume borghese.

D'altra parte a questo ambiguo gioco fra *morti* e *vivi* (dove i
vivi sono piú morti degli stessi, perché esistono come «conseguenza» di ciò che i morti hanno fatto per loro), non partecipa
soltanto Ludovico, «l'erede» che reinterpreta in modo straria-
to un ruolo *vecchio*, ma anche un personaggio *giovane* davvero,
Bice, l'ultima beneficata, che alla fine imparerà la lezione del-
l'altro («Le strade inventano gli uomini, infatti spesso portano
i nomi degli uomini inventati», III, p. 720) e, forse, cambiando strada, inventerà la propria. Uscendo dal *chiuso* di casa
Selciano verso l'*aperto* delle strade del mondo, Bice potrebbe
uscire dal gioco. Se per quello sconosciuto *raisonneur*, che ca-
villa e spacca il capello in quattro, ci par d'essere nella commedia piú pirandelliana di Eduardo, l'opposizione fondamentale
dell'opera – fra *immobilismo* e *movimento* degli umani – implica una via d'uscita dal pirandellismo stesso. Tuttavia qui, come
in *Uno coi capelli bianchi*, il protagonista non coincide con il
«personaggio mobile»: passare il limite fra schiavitú e libertà,
convertire la ripetizione in creatività, è concesso ad un altro
personaggio, addirittura ad un personaggio minore.

Comunque il ruolo del protagonista non è del tutto passivo,
come il suo linguaggio e la sua ostinazione a restare, fino in fondo, incatenato all'eredità d'una maschera potrebbero far pensare: il suo arrivo inatteso, alla metà del primo atto, ha per la famiglia Selciano, oltre che per Bice, la portata di un «avvenimento» rivoluzionario. Ogni atto, del resto, è reso dinamico da
un avvenimento che lo stesso *raisonneur* determina. Se nel primo l'entrata dello Sconosciuto interrompe il clima da tè di beneficenza che informa, all'inizio, della mentalità dell'ambiente,
nel secondo egli non solo dimostra la propria ragione a seguitare nel ruolo paterno, ma incomincia a produrre un'alterazione
nel carattere di Bice, che, istigata da lui, manifesta indizi di ribellione nei confronti dei suoi benefattori. Atto chiave il secondo: dove si dimostra con i fatti, oltre che con le parole, come la «carità cristiana» non c'entri affatto con quella dei
Selciano («c'entra soltanto quel barbaro desiderio di dominio,
di possesso che l'uomo ha verso gli altri uomini», III, p. 717),
attraverso la ripresa combinata dei motivi dell'«abito nuovo»
(che ogni anno il padre di Amedeo faceva cucire per il padre di
Ludovico, e che l'erede, per stare nei patti, pretende di indos-

sare cosí com'è, troppo largo e corto) e della «pistola». Con Prospero II che, pistola in pugno, costringe i benefattori a deriderlo (ora che non ne hanno voglia) cosí come facevano con suo padre, il finale d'atto *rovescia* in modo violento eppure tragi-comico la situazione passata:

LUDOVICO [...] Ridete, ridete! (*Gli altri obbediscono e ridono sotto la minaccia dell'arma; ridono sempre piú forte e piú impauriti; quando le risate sono diventate isteriche, quasi grottesche, Ludovico posa la rivoltella accanto al suo piatto, siede e dice seccamente*) Basta! Si mangia. (II, p. 711).

L'ultimo atto, serale, quasi notturno, richiama la situazione di *Il piacere dell'onestà*, per il tentativo da parte di Amedeo Selciano di liberarsi dell'intruso: con la complicità del suo procuratore (anch'esso ereditato dal padre), fa in modo di cogliere Ludovico con le mani nel sacco. Ma attraverso l'artificio dell'inversione, o quasi alla lettera del *ladro derubato*, il danneggiamento si ritorce sugli antagonisti dell'eroe: ladro lui, sí (come il padre), ma ladri anche tutti gli altri! D'altra parte, nella conclusione, il protagonista di *Io, l'erede* finisce per perpetuare una situazione uguale a quella del passato, lo stesso passato che egli ha condannato duramente; come si vede nella scena in cui Ludovico ripete, con Adele, il gesto compiuto dal padre con Dorotea:

LUDOVICO Certamente, io resto. (*Va al giradischi, rimette il disco dell'inizio di atto, si avvicina ad Adele, tira fuori dalla tasca un astuccio e lo porge ad Adele*).
ADELE (*lo apre e vede un bellissimo spillo d'oro con brillanti a forma di cuore*) [...] È un cuore...
LUDOVICO Ha la forma del cuore. [...] Ma in brillanti. (III, p. 721).

La satira con cui, nelle sue commedie «anteguerra», Eduardo attacca la borghesia medio-alta assume un tono piú fortemente polemico rispetto a quelle pirandelliane. Non solo perché l'autore appartiene al «popolo degli attori», *outsider* in quell'ambiente che diventa in questi anni soggetto del suo teatro; c'è nel diverso piglio fra il «vecchio» e il «giovane» anche un divario di *Weltanschauung*. Nell'ottica di Pirandello il mondo borghese è *un* esempio della novecentesca *molteplicità dell'io*; invece le radici del teatro del mondo eduardiano sono e saranno sempre piú storiche che esistenziali: il male di vivere, trasformandosi in ogni epoca, appare prodotto da avvenimenti concreti, famigliari e sociali.

Si chiarisce cosí anche il rapporto fra questi «drammi borghesi» di Eduardo e il nostro «teatro-inchiesta» di guerra e dell'immediato dopoguerra, nel quale prosegue appunto il filone dei «processi morali» post-pirandelliani. Pensiamo a *Frana allo scalo nord* ('32), a *Ispezione* ('42), a *Corruzione al Palazzo di Giustizia* ('44) di Ugo Betti, con il quale Eduardo avrà contatti personali. Anche il suo *Erede* apre un'inchiesta, trasformandola di atto in atto in un processo dove fa insieme le parti del giudice istruttore e del pubblico ministero, oltre che (beffardamente) del complice; ma neanche questa sua complicità aspra e rassegnata focalizza l'intera prospettiva del dramma. Mentre la disparità fra colpevoli e innocenti è etico-esistenziale per il teatro di Betti, dove tutti travolge penosamente il «peccato», dall'«inchiesta» eduardiana risulta la responsabilità di un ceto sociale storicamente definito. C'è anche del moralismo in queste opere che scoprono la colpa ipocrita o la debolezza colpevole dei «personaggi borghesi»: moralismo sempre latente nel teatro di Eduardo, ma che nei lavori piú riusciti è superato dalla resa artistica del suo continuo sforzo di comprensione. Comunque, rispetto alle operazioni di colpevolizzazione-assoluzione universale, la sua prospettiva rende, paradossalmente, piú praticabili certe scappatoie o ipotesi di fuga: non a caso in *Io, l'erede* è l'«orfana» e incolpevole Bice ad avere maggiori *chances* di salvarsi...

D'altra parte, proprio questa incursione nel «teatro borghese» (come ambiente e come genere) porterà Eduardo a sperimentare un linguaggio diverso da quello precedentemente usato. Ora assume sfumature intermedie negli atti unici (dal dialetto talvolta italianizzato di *Pericolosamente* all'italiano con macchie dialettali di *La parte di Amleto*); ma in *Io, l'erede* la «lingua» s'accampa come colore di fondo, mentre il «dialetto» dà rilievo alle battute che coinvolgono emotivamente i personaggi, a segnalare come «la lingua nazionale non [sia] ancora uno strumento capace di esprimere compiutamente tutti i sentimenti e le idee» (Bernari). E la stessa sperimentazione linguistica conferma il diverso rapporto dell'autore-attore con i personaggi che interpreta; accentuando quel mutamento di prospettiva già intravisto nei borghesi medio-piccoli, ma integrati, di *Filosoficamente* e di *Chi è cchiú felice 'e me!* Gli unici personaggi con cui Eduardo intrattiene, in questi anni, il consueto rapporto sono il povero-cristo di *L'abito nuovo*, l'ex attore di *La parte di Amleto* e il contro-eroe di *Non ti pago*.

Per il resto, anche se il repertorio mostrerà in superficie le solite trovate esilaranti, anche se il pubblico non sempre avvertirà lo «stacco», l'atteggiamento di Eduardo nei confronti della borghesia del tempo è privo non solo di solidarietà, ma anche di ogni complicità.

Ma è cosí sicuro che le commedie dei De Filippo fanno ridere? [fingeva di chiedersi Savinio] Attraverso mari e continenti fantasmi del Sud e fantasmi del Nord si dànno la mano. Nel teatro «da ridere» dei De Filippo, serpeggiano veleni ancora piú acuti di quelli che amareggiano il teatro di Cecov [...]. Angoscia del Mezzogiorno [...], lotta senza speranza, bassa tragedia della vita [...]. A queste «allegrie», i commendatori e le loro signore venuti a farsi quattro risate, ridono sí, ma con la bocca storta! (A. Savinio, *Teatro da ridere*, «Omnibus», 19 ottobre 1938; ora in *Palchetti romani* cit., pp. 335-37).

L'anno di composizione e di rappresentazione di *Io, l'erede* coincidono: la commedia, in tre atti, debutta con la Compagnia «Teatro Umoristico I De Filippo» (Eduardo nella parte di Ludovico Ribera e Peppino in quella di Amedeo Selciano) il 5 marzo 1942 al Teatro La Pergola di Firenze. Dalla circostanza deriva forse il carattere eccezionale del testo sul piano linguistico: l'unico della *Cantata dei giorni pari* che appare sostanzialmente in lingua fin dalla prima edizione, sebbene poi certe battute ancora in dialetto subiscano (come vedremo) un processo di ulteriore italianizzazione. I principali interpreti della Compagnia nella stagione teatrale '41-42 erano, oltre ai tre De Filippo, Pietro Carloni, Margherita Pisano, Gennaro Pisano, Italia Marchesini, Giovanni Amato, e la piccola Isa Barzizza. Secondo Fiorenza Di Franco, alla prima rappresentazione la commedia «resse in cartellone solo pochi giorni» anche a causa dell'atteggiamento del pubblico, che durante la guerra «veniva a teatro per svagarsi» (*Le commedie di Eduardo* cit., p. 113). Pare inoltre che a Peppino non piacesse la propria parte (Amedeo appunto), ma «naturalmente Eduardo [...] ha fatto del suo personaggio [Ludovico Ribera] una creazione ammirevole, di un'intensa, sarcastica vivezza» (C. Giachetti, *Io, l'erede*, «Il Dramma», 1° aprile 1942). La commedia andò in scena quattro sere soltanto, a Firenze e a Torino.

Io, l'erede compare fra i titoli delle cinque commedie che Eduardo prevedeva di realizzare firmando un nuovo contratto con la Rai il 14 settembre 1967; ma in seguito *Ogni anno pun-*

to e da capo, *Io l'erede* e *I morti non fanno paura* saranno sostituite, rispettivamente, da *Il sindaco del Rione Sanità*, *Il berretto a sonagli* di Pirandello ed *Il cilindro*

La commedia, con il titolo *L'erede* secondo la Di Franco, con il titolo originale secondo il Catalogo della Mostra *Eduardo De Filippo. Vita e opere* (cit., p. 156), fu ripresa al Teatro Valle di Roma nel 1968; per la regia di Eduardo, ma con Gianrico Tedeschi nella parte di Ludovico e Ferruccio De Ceresa in quella di Amedeo: allora ebbe successo (cfr. S. De Feo, *L'erede*, «L'Espresso», 28 aprile 1968; M. B. Mignone, *Il teatro di Eduardo De Filippo* cit., p. 87). Racconta De Ceresa: «conobbi [Eduardo] nel '68, al Teatro Stabile di Roma, e lui accettò che io facessi la parte del ricco signore nella commedia *Io, l'erede*. C'erano Gianrico Tedeschi, Paila Pavese... E lí Eduardo iniziò con me un rapporto molto simpatico. [...] Gli nacque lí l'idea di fare una compagnia con Gianrico Tedeschi e me. Poi il progetto non si realizzò perché Gianrico aveva altre idee circa i testi, ma Eduardo mi prese a benvolere. Tanto che, quando la televisione gli chiese di fare delle commedie sue, mi chiamò» (Conversazione a Milano, 1° aprile 1986, cit. in P. Quarenghi, *Lo spettatore col binocolo* cit., p. 114).

Quindi la commedia «col suo titolo originale» sarà riproposta «nella stagione '80-81» (F. Di Franco, *Le commedie di Eduardo* cit., p. 108). Eduardo ne parla in un'intervista (P. Cervone, *«Io l'erede» in 60 città*, «Corriere della Sera», 6 novembre 1980) per l'annuncio della messinscena (Anonimo, *Salerno reciterà Eduardo*, «Corriere della Sera», 6 novembre 1980), con Enrico Maria Salerno nella parte del protagonista (cfr. R. Medetti, *«Io l'erede», violenta requisitoria contro la carità pelosa*, «La Notte», 8 gennaio 1981).

Nel 1996 Andrée Ruth Shammah ha rappresentato *Io, l'erede* al Teatro Franco Parenti di Milano; ha ripreso «con gusto filologico» brani e spunti anche da altri lavori eduardiani, ma scegliendo il partito di valorizzare al massimo «la parola qual è» ha rinunciato alle «coloriture uscite dal quotidiano o dalla pratica d'attore tipiche del teatro di De Filippo». La regia ha puntato quindi sulla «logica rigorosa dell'assurdo» propria del protagonista (reso con autorevolezza sarcastica da Tommaso Ragno) e sulla ricerca di una rarefazione quasi surreale sostenuta dalle scene di Gian Maurizio Fercioni (fra i quadri e gli specchi vuoti, sullo sfondo occhieggia il volto di Eduardo) e dalle musiche di Michele Tadini. Fra gli altri interpreti: Corrado

Tedeschi, Carolina Torta, Gabriella Franchini, Gabriella Poliziano, Marta Comerio, Sante Calogero, Miro Landoni, Elisa Lepore e Giovanni Vettorazzo. «Ne risulta uno spettacolo simpatico a dispetto della sua anemia» (F. Quadri, *Eduardo e la falsa beneficenza*, «la Repubblica», 21 ottobre 1996).

All'estero *Io, l'erede* è stato messo in scena da altri interpreti in Gran Bretagna (1967, Farnham, Castle Theatre) e in Russia (secondo Mignone, con successo).

Il testo di *Io, l'erede* appare la prima volta in «Scenario» (n. 10, 1942). È inserito nella prima edizione Einaudi della *Cantata dei giorni pari*, nel 1959, dove precede l'ultimo testo, *La fortuna con l'effe maiuscola*, che sarà poi espunto (e sostituito con *Ditegli sempre di sí*) nell'edizione dalla *Cantata* del 1962. Solo a partire dall'edizione della *Cantata* del 1971, *Io, l'erede* conclude i *giorni pari*, conservando questa sua collocazione nelle successive edizioni o ristampe del volume. Nel 1976 esce la prima edizione autonoma della commedia nella «Collezione di teatro» Einaudi.

Se ne possono individuare tre differenti versioni nel percorso editoriale della *Cantata*: una pubblicata appunto nell'edizione '59, un'altra nell'edizione '71, e l'ultima nell'edizione '79. Per esempio, la scena iniziale del tè di beneficenza, con le dame di carità impegnate nella raccolta degli indumenti da destinare ai poveri, appare soltanto nell'ultima; anche se già nella prima e nella seconda versione si respira la stessa atmosfera per i discorsi fra i personaggi *in cordiale conversazione*, mentre *il cameriere entra per servire il tè* (did., I, ediz. '59, p. 497). Nel complesso, comunque, l'edizione del '71 presenta una versione intermedia: il testo si conserva uguale (con minime varianti verbali) alla versione edita nel '59 fino alla metà del secondo atto; ma a partire dalla battuta di Amedeo «Proprio cosí!... (*Esce a sinistra*)» (II, ediz. '59, p. 517), trasformata in «Proprio cosí! Scusa, Adele, lasciaci un momento, devo parlare con questo signore» (II, ediz. '71, p. 455), si avvicina a quello dell'ultima versione. Anticipa infatti la scena di discussione-accordo fra Amedeo e Ludovico, che nella prima edizione conclude il pranzo famigliare, concludendo invece la scena del pranzo e l'atto con l'episodio grottesco della «poesia» e della «pistola».

Nella seconda parte del secondo atto si notano quindi le maggiori varianti strutturali fra la prima e l'ultima versione: cambia la successione delle scene ed anche il finale. Tuttavia nella scena del pranzo, in cui Ludovico (nell'edizione del '71 come in quella del '79) recita la poesia con la pistola in pugno e costringe i presenti a ridere di lui come facevano del padre, una battuta cambiata e l'inserimento di una didascalia suggeriscono un diverso atteggiamento del protagonista. Dopo la stessa reazione aggressiva («No! Dovete dire erede di quel padre. Se dite: figlio di quel padre, vi sparo», II, ediz. '71, p. 466; «No! Dovete dire "erede" di quel padre. Se dite "figlio" di quel padre, vi sparo!», II, ediz. '79, p. 521; ora p. 711), Ludovico *cambia tono, ridiventa ironico e lamentoso* in entrambe le versioni; ma nella edizione del '71 sembra sdrammatizzare l'atmosfera con questa battuta (parzialmente in dialetto): «Ridete, ridete... In fondo so che mi volete bene tutti quanti. Mangiammo, ngrazia 'e Dio... La poesia ve la dirò un'altra volta...» (II, ediz. '71, p. 466). Nell'ultima versione invece il protagonista finisce per seminare nuovamente il panico con un gesto minaccioso ed una battuta fulminante, approfittando dell'isteria collettiva che il suo silenzio ha provocato: «Ridete, ridete! (*Gli altri obbediscono e ridono sotto la minaccia dell'arma; ridono sempre piú forte e piú impauriti; quando le risate sono diventate isteriche, quasi grottesche, Ludovico posa la rivoltella accanto al suo piatto, siede e dice seccamente*) Basta! Si mangia» (II, ediz. '79, p. 521; ora p. 711).

Il terzo atto è simile nelle tre versioni: ad eccezione della didascalia conclusiva, che manca sia nell'edizione '59 sia nell'edizione '71, e nell'ultima sottolinea la complicità rassegnata del protagonista. Nelle prime due versioni il testo termina con le battute fra Ludovico e Adele sulla «spilla di brillanti a forma di cuore», e con una breve didascalia psico-mimica: [Ludovico] *Rimane assorto nel suo pensiero ostinato* (III, ediz. '59, p. 542; III, ediz. '71, p. 476); nella terza invece, dopo l'ultima battuta di Ludovico, c'è appunto questa lunga didascalia: *Adele prende per mano l'uomo e lo tira dolcemente verso la camera di Ludovico, ma lui la ferma, facendole capire coi gesti che vuol riprendersi la roba che ha lasciato sopra e accanto al tavolo. Adele lo aiuta* [...]*;poi, per mano, si avviano verso la camera* [...] *chiudendosi dietro la porta. Dopo un attimo, da sinistra, entra zia Dorotea, come affascinata irresistibilmente dalla musica, e rimane ad ascoltarla, rapita. La porta della camera si apre e appare Adele* [...]. *Vede la zia* [...], *incrocia le braccia sul petto con aria si sfida. Poi, avendo comunicato il messaggio alla zia, e cioè:* «Prospero Primo era tuo, questo è mio e non credo che tu abbia qualcosa da ridire» [...], *rientra in ca-*

mera di Ludovico [...]. Dorotea avanza di un passo, come se voles-se seguirla, ma [...] gira sui tacchi e ritorna sui suoi passi, mentre lentamente cala la tela (did., III, ediz. '79, p. 531; ora p. 721).

Dal punto di vista linguistico, *Io, l'erede* non subisce trasformazioni sostanziali nelle tre versioni individuate: le varianti sono minime e si registrano prevalentemente nel corso della discussione fra Amedeo e Ludovico, nel secondo atto. Come si è anticipato, alcune espressioni marcatamente dialettali si rilevano sia nell'edizione '59 che nell'edizione '71, là dove il dialogo fra i due principali antagonisti si fa piú animato e la tensione della scena sale; ma subiscono nella edizione del '79 un processo di italianizzazione. Per esempio, Ludovico ad Amedeo: «[...] Quanno me ne vaco? Ve lo potete togliere dalla mente, pecché io nun me ne vaco manco cu' 'e cannunate» (II, ediz. '59, p. 522; II, ediz. '71, p. 456); «[...] Quando me ne vado? Ve lo potete togliere dalla testa, perché io non me ne vado neanche con le cannonate» (II, ediz. '79, p. 511; ora p. 701); «Ma voi l'eredità di vostro padre l'avete accettata... Naturalmente se avesse avuto dei debiti, ll'avisseve avut' 'a paga' cu' 'na funa 'ncanna...» (II, ediz. '59, p. 525; II, ediz. '71, p. 458); «Ma voi l'eredità di vostro padre l'avete accettata. Se avesse avuto dei debiti avreste dovuto pagarli, volente o nolente» (II, ediz. '79, pp. 512-13; ora pp. 702-3). Ma anche Amedeo a Ludovico: «No. Chesto v' 'o putite leva' 'a capa... Liquidiamo... Quanto v'aggi' 'a da'?» (II, ediz. '59, p. 528; II, ediz. '71, p. 460); «No. Questo ve lo potete togliere dalla testa. Liquidiamo: quanto volete?» (II, ediz. '79, p. 515; ora p. 705); «[...] 'o sfruculiàvamo... 'o redèvamo 'nfaccia...» (II, ediz. '59, p. 529; II, ediz. '71, p. 461); «[...] Lo sfottevamo, gli ridevamo in faccia!» (II, ediz. '79, p. 515; ora p. 705).

Nonostante la particolare vicenda scenica della commedia, come si è visto reinterpretata anche durante la vita dell'autore da altri attori, non dialettali, ci sembra che il contrasto emotivo fra dialetto e lingua presente nelle prime due versioni renda piú efficaci gli interventi di entrambi i personaggi (impersonati originariamente da Eduardo e Peppino); mentre la mancanza degli stessi scarti linguistici faccia perdere all'ultima edizione del conflitto molte sfumature espressive.

Personaggi

Ludovico Ribera, quarantacinque anni
Amedeo Selciano, trentotto anni
Margherita, sua moglie, circa trent'anni
Adele, sorella di Amedeo, sui ventotto, ventinove anni
Dorotea Selciano, sui cinquantacinque, cinquantasei anni
Bice, diciassette anni
Lorenzo De Ricco, sulla sessantina
Caterina, cameriera
Ernesto, cameriere
Cassese, sarto
Prima signora
Seconda signora
Altre quattro signore, possono essere comparse

In casa dell'avvocato Amedeo Selciano. Ricca camera da pranzo stile «900»; per mezzo di una gran porta finestra a vetri si può accedere a un giardino. Tardo pomeriggio.
Ad apertura di sipario sono in scena sei signore – quattro anziane e due piú giovani – le quali bevono il tè e mangiano sandwiches e pasticcini, in piedi intorno al tavolo. Lo fanno con molta disinvoltura, come per abitudine. Chiacchierano con i componenti della famiglia Selciano presenti in casa – Amedeo, Margherita, Adele –, con Bice, beneficata dei Selciano e con l'amministratore di casa, Lorenzo De Ricco, mentre la cameriera Caterina e il cameriere Ernesto si dànno da fare per riempire tazze vuote e servire dolcetti e sandwiches.

BICE (*leggendo da un quaderno l'elenco dei capi confezionati*) Pullover, 250. Giacchettini, 300. Sciarpe, 500. Scarpette per neonati, 7000. Coperte per culle, 600...

MARGHERITA   L'anno scorso ne facemmo 650.

ADELE   Si perde meno tempo a lavorarla, la lana, che ad andare a raccoglierla. Ti fanno andare e venire, telefoni diecimila volte, ma prima di aprire gli armadi e scartare la roba vecchia si farebbero uccidere. Tutta pigrizia.

PRIMA SIGNORA   Di lenzuola vecchie ne abbiamo raccolte di piú quest'anno, infatti di lenzuolini ne abbiamo ricavati 1000. È vero, Bice: mille?

BICE   Sí, sí. (*Riprende la lettura*) ·Berretti, 2000. Cappellini, 1700. Calzini, 4000. Cappottini, 6000. Calzoncini, 1200. Vestitini per femminucce, 3500. Vestitini per maschietti, 4000.

LORENZO   Avete lavorato sodo.

MARGHERITA   E velocemente. Se si avesse piú tempo... Lavoriamo due, tre ore al giorno, e qualche volta anche di sera.

PRIMA SIGNORA   Stiamo diventando esperte.

ADELE   Tu sei bravissima! Bice, fai vedere un vestitino per maschietto e uno per femminuccia.

BICE (*va in giardino, prende dal tavolo di ferro due vestitini e
li porta in scena*) Ecco.

LORENZO   Quanto tempo impiegate per un vestitino?

PRIMA SIGNORA   Due, tre giorni, a seconda del materiale su cui
lavoriamo. Sono vestitini ricavati da abiti smessi, vecchi, a volte rattoppati...

LORENZO   Sembrano usciti dal negozio!

ADELE   Te l'ho detto: sei bravissima!

SECONDA SIGNORA   E questo l'ho fatto io: celeste con i fiocchetti.
La distribuzione la fanno le suore: non saprò mai quale bambina l'indosserà.

MARGHERITA   Su, care, su: un'altra oretta di lavoro e poi vi mando a casa.

TUTTE (*allegre*)   Sí, sí, andiamo. (*Vanno in giardino, in un punto abbastanza lontano dalla porta finestra, e riprendono il posto di lavoro intorno al tavolino. Una di loro intona la canzonetta che qualche volta si divertono a canticchiare mentre lavorano, e subito le altre la imitano, chi sorridendo, chi ridendo*).
   Cuci, cuci, cuci,
   rammenda...
   L'ago, l'ago, l'ago
   sprofonda...
   nella lana soffice,
   nella mussola,
   nella tela,
   nel panno
   e nel lino...
   Cuci, cuci, cuci,
   cuci, cuci, cuci...
   Vedrai che col filo,
   le forbici e l'ago
   diventa uno svago
   la carità...

LORENZO   Sempre in ritardo, la signorina Dorotea.

MARGHERITA   Bisogna compatirla, povera donna. Quella vive
per il bene del prossimo.

AMEDEO   Non si può negare che è degna sorella del povero papà...

MARGHERITA   Tutti i suoi soldi se ne vanno in elemosine e carità. Zia Dorotea ha una rendita considerevole, che le permette-

rebbe di vivere veramente bene. Bè, quella si priva magari di un vestito, di un oggetto che le farebbe piacere, per fare del bene al prossimo. Oggi, per esempio, è stato il giorno destinato ai bambini poveri; non vi so dire quanti corredini e giocattoli ha comprato.

LORENZO È una mania.

AMEDEO (*in tono di rimprovero*) Non è una mania, è un dovere. Mia zia non è una maniaca.

LORENZO (*confuso*) No, la parola ha tradito il pensiero. Volevo dire: se non fa del bene non si sente tranquilla.

AMEDEO Sangue! Si tratta di sangue. Noi, noi tutti, dai bisnonni fino a mio padre, ci siamo sempre spogliati per dare agli altri. Ed è bello, Lorenzo, credetemi, è bello! La notte si mette la testa sul cuscino e si dorme tranquilli.

LORENZO Certo! E io pure, quando posso fare un'opera buona, mi sento meglio.

AMEDEO Ma non potete mai arrivare a noi! Voi siete un galantuomo, servite la nostra famiglia da molti anni, in diverse occasioni ho potuto constatare che avete un cuore d'oro... ma con la famiglia mia non vi potete paragonare. Alla porta di casa nostra nessuno ha mai bussato invano: chi ha chiesto ha avuto. Non ci siamo mai preoccupati di sapere se chiedono per abitudine o per bisogno vero e proprio. Perché spesso capita che voi fate del bene a un individuo, il quale dopo va dicendo: «L'ho fatto fesso!» Peggio per lui. Sarebbe bello che per un tizio il quale chiede solamente perché non ha voglia di lavorare debba soffrire quello che effettivamente patisce e ha veramente bisogno di un soccorso, un aiuto! Mio padre buonanima sapete come diceva? «Io faccio bene a tutti: vuol dire che la cernita la farà la mano di Dio». E aveva ragione. Io faccio lo stesso. Ho sempre seguito l'esempio di mio padre e mi sono trovato bene. E chi meglio di voi lo sa? Nel mio studio arrivano continuamente lettere pietose, suppliche, domande di beneficenza. Chi tiene il padre malato, chi la mamma... Uno è disoccupato, l'altro ha perduto il figlio... Certe volte sotto il palazzo ci sta la folla... e mai nessuno se n'è andato a mani vuote. Però in compenso, a me il Padreterno m'aiuta sempre: sto bene in salute e non m'è mancato mai niente!

LORENZO Per cent'anni sempre cosí!

AMEDEO Raccontava la buonanima di mio padre – io non me lo posso ricordare perché ero piccolo – che un giorno mio nonno tornò a casa in maniche di camicia. Aveva beneficato un tale che aveva freddo. Gli dette giacca e cappotto, a rischio di prendersi la polmonite. (*A Margherita, alludendo a Bice*) Ma ch'è stato? Perché sta cosí?

MARGHERITA   E lo domandi a me? Quando mai sta allegra... Bice, vieni un poco fra noi.

BICE   Scusate, non ho capito bene...

ADELE   Mia cognata ti diceva di venire un poco tra noi. Vieni accanto a me.

BICE   Grazie, signora Adele, ho un po' di mal di testa. Preferirei andarmene in camera mia, se me lo permettete...

MARGHERITA   Sí, cara, se la nostra compagnia ti mette tanta malinconia è meglio. È meglio pure per noi!

BICE   Ma no, signora Margherita! (*Confusa*) Ho un poco di mal di testa, ve l'ho detto... Ecco perché... (*Si commuove e piange*) Posso andare?

ADELE   Vai, cara, vai.

Bice accenna un saluto per tutti e quasi correndo esce.

MARGHERITA   Dio mio, quant'è complicata quella ragazza!

LORENZO   Quanti anni ha, adesso?

MARGHERITA   Diciassette. Una ragazza dell'età sua dovrebbe stare sempre allegra...

AMEDEO   Sua madre faceva la custode dello studio del povero papà. Era vedova, e quando morí lasciò sta bambina sola. Papà, al solito, per fare del bene, se la prese in casa. Allora aveva sei anni. La fece studiare...

LORENZO   So io quello che è costato la sua istruzione, è passato per le mie mani.

AMEDEO   È coltissima. Ne abbiamo fatto una signorina distinta, ma quella invece di essere contenta pare sempre che ha passato un guaio!

ADELE   Ma perché tutti i discorsi che esaltano la vostra bontà, il vostro buon cuore, li dovete fare sempre in presenza sua? Ammetterete che una disgraziata, per quanto riconoscente, si sente mortificata.

MARGHERITA   Mortificata! E chi la mortifica?

ADELE   Non fate altro che ricordarle quanto vi deve... E la riconoscenza, oltre certi limiti, pesa! Voi non lo potete capire perché in fondo avete avuto la fortuna di dare sempre e di non ricevere mai niente.

AMEDEO   E come fai a capirlo tu che, per quanto io sappia, come noi mai niente hai ricevuto da nessuno?

ADELE   Mai niente, è vero, ma quando zia Dorotea mi chiede di accompagnarla per uno dei suoi famosi giri di beneficenza, tu sapessi che disagio provo, certe volte, a trovarmi circondata da gente povera. Mentre accettano mandando benedizioni, non possono nascondere il disprezzo e l'invidia.

AMEDEO   Queste sono impressioni tue. Noi non abbiamo il dovere di prendere in considerazione quello che le persone a cui facciamo del bene pensano di noi. L'importante è fare del bene...

DOROTEA   (*dalla comune; è una donna sui cinquantacinque anni, robusta e piena di salute; veste un abito scuro molto serio e signorile; entra sbuffando e imprecando contro qualcuno*)   E bravo! Gesú, ma che gente... Buonasera! Che gente...

AMEDEO   Ch'è successo, zia Dorotea?

DOROTEA   E io non lo voglio capire!

CATERINA   Prendete il tè, signorina Dorotea?

DOROTEA   Sí, il tè... Sapessi che nervi ci ho! Non voglio niente! M'hanno rubato la spilla d'oro con i brillanti, quella bella spilla a forma di cuore.

LORENZO   Uh, e chi è stato?

DOROTEA   Se lo sapevo stavo già in Questura.

LORENZO   Non avete qualche sospetto?

DOROTEA   Come no? Tengo la certezza! Mentre distribuivo giocattoli e corredini ai bambini poveri, una folla che non vi dico, tutti i genitori – certe facce patibolari... – mi hanno circondata, e chi mi baciava le mani, chi mi tirava da una parte, chi dall'altra... In mezzo a quella confusione si sono fregati la spilla! E io lo riconoscerei tra mille, il ladro... Era uno coi capelli rossi che mi ha messo due o tre volte la mano sulla spalla dicendo: «Il Signore ve lo rende! Il Signore ve lo rende!» Quando me ne sono accorta mi stava venendo un colpo.

MARGHERITA   E va bene, zia Dorotea, non vi arrabbiate...

DOROTEA   Ci piangerei, mi dovete credere, ci piangerei.

LORENZO   Ma non ci andate piú in mezzo a quella gentaglia: avete tutto da perdere e niente da guadagnare.

DOROTEA   (*prendendo un pasticcino e mangiandolo svogliatamente*)   Ti fanno passare la voglia di fare del bene!

AMEDEO   (*per rabbonirla*)   Ma non tutti sono cosí, ricordatevi la buonanima di don Prospero Ribera.

DOROTEA   Che c'entra, quello veramente ti faceva venire la voglia di fargli una buon'azione! Era cosí riconoscente, si sarebbe fatto uccidere per noi! Una persona di famiglia... È stato in casa nostra trentasette anni... Con mio fratello Matteo si dividevano il sonno.

AMEDEO   Io non mi posso spiegare sta morte improvvisa; stava bene...

DOROTEA   Un colpo, Amede'! La sera pranzammo insieme, stava tanto di buonumore! La mattina dopo, quando Ernesto il cameriere gli portò il caffè in camera lo trovò morto... Quello non se n'è accorto nemmeno, se n'è andato come un santo... E pensare che sei giorni fa stava qua, seduto in mezzo a noi, e mo sta sotto terra!

AMEDEO   Mio padre gli voleva molto bene, si conoscevano dal ginnasio. Poi si perdettero di vista, e quando papà cominciò ad avere i primi successi in tribunale ritrovò questo don Prospero, non vi dico in quali condizioni... Senza una lira e con le scarpe rotte. Allora, sapete come succede: vieni a mangiare da me... e vieni pure domani. Pigliati questo vestito, pigliati questo paio di scarpe. Dormi qua stanotte... e dormi pure domani notte. Piano piano, poco per volta, finí che rimase in casa nostra trentasette anni.

LORENZO   È incredibile!

AMEDEO   Eppure è cosí.

LORENZO   Ma come mai questo don Prospero s'era ridotto in quelle condizioni?

DOROTEA   Io l'ho sempre detto: era l'uomo del mistero.

AMEDEO   Ma che mistero? Lui veramente non parlava mai delle sue cose intime, ma papà sapeva che era ammogliato e diviso dalla moglie. Un matrimonio infelice.

MARGHERITA   Ma che uomo simpatico, però!

AMEDEO   Caspita! Papà non poteva stare un momento senza vederlo...

LORENZO   E non parlava mai di sua moglie?

AMEDEO   Mai! Appena appena qualche accenno a mio padre... Molti dicevano che aveva pure un figlio. Infatti, quattro giorni fa, al funerale, eravamo in pochissimi, notai una figura d'uomo stranissima: sembrava un esploratore! Capelli grigi e pelle scurissima... una faccia, vi dico, interessante. A un certo punto si fece avanti e volle portare un cordone del carro, dicendo: «Io sono il figlio». Mi informai e mi dissero che era arrivato da poco e che aveva preso alloggio all'Albergo Sirena, alla Marina. Io, la verità, sapete che ho fatto? Ho preso tutta la roba che apparteneva al padre, senza nemmeno guardarla: una cassetta, vestiti, biancheria, e gliel'ho mandata.

LORENZO Avete fatto bene. (*Perso nei suoi ricordi*) Don Prospero... Don Prospero Ribera...

ERNESTO (*dalla comune*) Permesso? Fuori c'è il signor Ludovico Ribera. Vuol sapere se lo potete ricevere.

AMEDEO Lupus in fabula! Il figlio di don Prospero.

DOROTEA Dio mio, questo mo comincia a piangere... Coi nervi che tengo... Digli di venire un altro giorno.

ADELE No, perché? Pare brutto.

AMEDEO Ma certo. (*A Ernesto*) Fallo entrare.

Ernesto esce poi torna.

LORENZO Sicché, il figlio non si è trovato quando è morto il padre?

AMEDEO Se vi dico che solamente da qualche giorno ho sentito parlare di lui...

ERNESTO (*dalla comune, introducendo Ludovico*) Prego.

Ludovico appare sull'uscio senza parlare; è un uomo sui quarantacinque anni, il suo volto è segnato da solchi profondi; colorito bronzeo e capelli grigi; dimesso nel vestire ma lindo; i suoi occhi hanno un'espressione triste, sono di una fissità direi quasi testarda: non chiedono, ma sanno quello che vogliono; il suo apparire genera una specie di sgomento interrogativo; porta con sé una valigia, un sacco e una cassetta.

TUTTI (*dopo pausa*) Buonasera.

LUDOVICO Buonasera, signori. (*Ernesto lo libera dei bagagli, mette tutto in terra ed esce*). La famiglia Selciano?

AMEDEO Già.

LUDOVICO Ludovico Ribera.

AMEDEO Tanto piacere. (*Presentando*) Mia zia. La signora Margherita, mia moglie. Mia sorella Adele. Il signor Lorenzo De Ricco, amministratore di famiglia.

LUDOVICO (*a Adele*) Voi siete divorziata.

ADELE Sí.

LUDOVICO (*notando lo sguardo interrogativo che si scambiano gli altri*) Mi sono informato. (*Ad Amedeo*) Vostro padre, l'avvocato Matteo Selciano, è morto. Vostra zia, Dorotea se non sbaglio, è rimasta zitella...

DOROTEA Perché «rimasta», scusate?

LUDOVICO   Scusatemi, signorina, a me sembra, guardandovi, che
le probabilità del non rimanere tale siano tramontate per sempre... È vero che, da che il mondo è mondo, le occasioni sono
mille, ma è pur vero che non potranno mai essere mille e una.
(*A Margherita*) Voi siete la dolce compagna dell'avvocato Amedeo Selciano. (*A Adele*) Voi siete la divorziata... (*Lei si avvicina*) Permettete? (*La guarda fisso negli occhi*) Vostro marito vi
ha perduta perché non vi ha capita... Io conosco il mare, ho
vissuto una vita intera a mare e non mi posso sbagliare. Il
mare cambia colore a seconda del colore del cielo... Gli occhi
vostri possono diventare belli a seconda degli occhi che li guardano. Vostro marito non vi sapeva guardare negli occhi... (*A
Lorenzo*) Voi siete Lorenzo De Ricco, amministratore di famiglia, attento e solerte. Poi c'è una signorina che si chiama Bice,
è vero?
AMEDEO   È in camera sua.
MARGHERITA   Aveva un po' di mal di testa...
LUDOVICO   Ne soffre, lo so. Spesso ha mal di testa. Perdonatemi,
ma sono un poco disorientato... Vorrei entrare in argomento e
non ci riesco. (*Pausa*). Quando mio padre si divise da mia madre avevo quattro anni. Due anni dopo mia mamma morí e fui
affidato a una portinaia che aveva il marito marinaio. A otto
anni mi imbarcarono sulla nave *Caracciolo*. Mi misi a studiare
per conto mio, riuscii a diventare giornalista, mi pubblicarono
diverse novelle e articoli vari, ma poi in redazione cominciaro-
no a piovere lettere anonime, e si seppe che non ero iscritto
all'albo dei giornalisti per mancanza di titoli di studio. Ritor-
nai al mare. Qualche soldo da parte, e diventai padrone di un
piccolo veliero: *Papà*. Già, cosí si chiama, *Papà*. Con quel piccolo veliero ho girato il mondo. Giorni amari, qualche ora felice... Ho tirato avanti con la pesca, spesso col contrabbando.
Dopo trent'anni il mio piccolo veliero mi ha riportato a Napoli. Dopo trent'anni, Napoli... Giro per il Rettifilo e vedo un funerale. Guardo una delle corone: «Al caro Prospero Ribera».
Papà... Il funerale di mio padre! (*Pausa*). Voi siete stati i suoi
benefattori, è vero?
AMEDEO   Mio padre, buonanima, lo trattava come un fratello,
tanto che io dissi, ti ricordi, zia Dorotea?: «Se moriva prima
don Prospero, papà non avrebbe sopportato il dolore...»
LUDOVICO   Stavano sempre insieme?
AMEDEO   Sempre! Ma accomodatevi, prego. (*Seggono*). Mio padre, per trentasette anni, non gli ha fatto mancare niente.

DOROTEA   Gli volevano bene tutti quanti.

MARGHERITA (*indicando una porta a destra del pubblico*)   Quella era la camera sua.

LUDOVICO (*si alza e si avvicina alla porta indicata*)   Qui ha vissuto mio padre... (*Riprende il suo posto*).

AMEDEO   E quando andavamo in campagna, nella nostra villa c'era la camera per lui.

LUDOVICO   Già, mio padre faceva molta compagnia a vostro padre.

DOROTEA   Era una compagnia per tutti.

AMEDEO   Simpatico, di spirito, ci teneva allegri tutti. Poi era coltissimo. Quando papà aveva bisogno di un libro... che so io... di una edizione rara, vostro padre tanto faceva, tanto girava che riusciva a trovarlo.

LUDOVICO   Faceva pure acquisti per conto di vostro padre...

AMEDEO   Sapete anche questo?

LUDOVICO   Mi sono informato.

AMEDEO   Mio padre aveva grande fiducia in lui. Non a torto, perché vostro padre era uomo onestissimo e corretto. La villa in campagna fu lui a comprarla, si occupò lui di tutto.

LUDOVICO   Con l'assistenza del vostro amministratore Lorenzo De Ricco.

AMEDEO   Già.

LORENZO   Già.

DOROTEA   Quant'era spassoso! La sera ci teneva delle ore a raccontarci storielle, aneddoti di grandi artisti. Si interessava di tutto, qualunque cosa volevate sapere, bastava domandare a lui...

AMEDEO   Aveva il dono della memoria, una vasta cultura e una conoscenza perfetta dei classici. E la letteratura... Conosceva la letteratura di mezzo mondo. Negli ultimi tempi si appassionava ai trattati di fisica moderna. Non vi dico poi i processi che si è digerito. E già, perché papà, quando gli affidavano una causa, ne parlava volentieri con lui. Si chiudevano nello studio e parlavano, arringavano... Sembrava un'aula d'Assise in piena seduta!

LUDOVICO   In fondo, la discussione con mio padre gli serviva come esercizio mentale.

AMEDEO   Ecco, precisamente. E mio padre lo diceva: «Alle volte, il contraddittorio di Prospero mi porta sulla via giusta». Quella volta, quando litigarono... non mi ricordo quando fu. Due o tre anni prima che morisse mio padre.

LUDOVICO   Il 20 settembre 1965. (*Meraviglia di tutti*). Mi sono informato.

AMEDEO   Papà lo voleva mandare via, lui strillava... Il motivo non lo ricordo.

LUDOVICO   Perché entrò nell'ascensore senza cedere il passo a vostro padre.

AMEDEO (*disorientato*)   Già, sicuro... Mio padre diceva: «Tu non hai rispetto per me, io che ti voglio tanto bene...»

LUDOVICO   «Che ti faccio tante buone azioni...»

DOROTEA   E gliele faceva veramente. Figuratevi che quando veniva il sarto per mio fratello, pigliava le misure pure a vostro padre.

LUDOVICO   Un vestito d'inverno e uno d'estate.

AMEDEO   Già... Voi vi siete informato.

LUDOVICO   E... di me non hai mai parlato?

AMEDEO   Mai. Proprio questo dicevamo poco fa: era un uomo chiuso.

LUDOVICO   Avrebbe voluto, magari, che io l'avessi cercato...

AMEDEO   Ecco. E voi avete vissuto viaggiando?

LUDOVICO   La mia storia ve l'ho già raccontata. Per trent'anni ho sempre avuto la certezza che mio padre fosse vivo, una certezza che mi veniva dal mare stesso... perché il mare parla a chi gli vuole bene. Infatti, è morto solamente due giorni dopo il mio arrivo. Il mare non mi aveva ingannato.

MARGHERITA   E ora che pensate di fare? Ripartite?

LUDOVICO   No. Ho viaggiato per tanti anni, finalmente mi voglio fermare un poco. Voglio godermi in pace quel tanto che mi ha lasciato mio padre.

AMEDEO   Vostro padre vi ha lasciato un'eredità?

LUDOVICO   Vi fa meraviglia?

AMEDEO   No, ma... e quanto vi ha lasciato?

LUDOVICO   Veramente i conti non li ho fatti ancora, però penso che si tratti di una posizione che mi permetterà di vivere tranquillo. (*Tutti si scambiano occhiate, e si trasmettono lo stesso dubbio: «Don Prospero rubava»*). Voi, tanto gentilmente, mi avete mandato in albergo la poca biancheria di mio padre, qualche vestito e una cassetta. Vi ringrazio assai. In quella cassetta ho trovato molte carte, molti appunti e considerazioni di mio padre, e il suo diario che mi ha dato informazioni su tutti voi... Ma non ho trovato il testamento. L'unico figlio di don Prospero Ribera sono io, dunque tutto quello che possedeva è mio.

AMEDEO (*non rendendosi conto di dove Ludovico voglia parare*) Ah, ecco...

MARGHERITA Ecco...

DOROTEA (*interviene energica*) Ma scusate, tutto quello che possedeva... E che possedeva?

AMEDEO Già, voi parlate di un'ipotetica eredità. Don Prospero Ribera, per quanto ne sappiamo noi, non aveva niente.

LUDOVICO Niente?! Ma voi state scherzando. Non aveva niente? Vi giudicate proprio niente, voi?

AMEDEO Noi? E che c'entriamo noi con l'eredità di don Prospero Ribera?

LUDOVICO Come, che c'entrate? Voi rappresentate tutto il patrimonio affettivo e sentimentale accumulato e tenuto gelosamente in serbo da mio padre, il quale, per anni e anni, si è prestato a far sostenere prima a vostro padre e poi a voi l'eroica e importante parte del benefattore, riservando per sé quella meschina e avvilente del beneficato. Che cosa ha costruito in trentasette anni vissuti tra i benefattori? La posizione di mio padre in che cosa consisteva? Tutti i sentimenti che vi spingevano a fargli del bene, non li coltivaste insieme, voi con il buon cuore e lui con la riconoscenza? E un figlio non eredita tutto ciò che costruisce il padre? Mio padre ha costruito, ma non ha disposto. Io, quale suo legittimo figlio, sono suo legittimo erede: vi ho ereditati. (*Ludovico si alza e tutti seguono il suo esempio, intenti ad ascoltarlo e affascinati*). Sarà un patrimonio di sentimenti, cioè astratto: d'accordo. Impalpabile: giusto! Ma definibile. E per degli uomini di cuore, un patrimonio di sentimenti definibili deve diventare patrimonio di cose... e un patrimonio di cose è trasferibilissimo! (*Prende la valigia e la cassetta e il sacco e si avvia verso la porta indicatagli poco prima da Margherita*) Sono molto stanco... Me ne vado a letto. Circa quello che davate a mio padre, e a cui non intendo assolutamente rinunziare, ci metteremo d'accordo domani. Mi sono informato. Buonanotte. (*Ed esce per l'uscio della camera che fu di suo padre*).

Melenso sgomento degli altri, mentre le signore che lavorano in giardino attaccano la canzoncina: «Cuci, cuci, cuci, rammenda!», ecc. Le loro voci lontane e ridenti arrivano, affievolite dalla distanza, e del tutto inopportune, nella ricca camera da pranzo della famiglia Selciano.

Cala la tela.

La medesima scena dell'atto precedente. L'indomani mattina. Ernesto e Caterina mettono in ordine la grande stanza da pranzo.

LUDOVICO (*entra dalla destra*) Buongiorno, ragazzi. Vi diceva co- sí don Prospero, quando vi vedeva la mattina?

CATERINA A me mi dava uno schiaffetto e mi diceva: «Hai dor- mito bene, bella?»

LUDOVICO Questo non l'ho trovato scritto nel diario di papà, ma se ti fa piacere, perché no? Vieni qua. (*Caterina si avvici- na*). Brava. (*Dandole uno schiaffetto*) Hai dormito bene, bella?

CATERINA Benissimo, e voi...? Come vi chiamate, scusate?

LUDOVICO E a te che te ne importa? Tu come rispondevi a don Prospero?

CATERINA «Benissimo, e voi, don Prospero?»

LUDOVICO Embè?! Seguita a chiamarmi don Prospero. Tu sei una cameriera stipendiata dalla famiglia Selciano. Per te, o Pro- spero, o Nicola, o Franceschiello o Napoleone terzo è la stessa cosa. (*A Ernesto*) Tu come ti chiami?

ERNESTO Ernesto.

LUDOVICO Ah, tu sei Ernesto il cameriere. Bravo! Tu sei quello che, autorizzato dai signori Selciano, ti permettevi di scherzare con mio padre come se fosse stato un tuo pari. A tavola gli mettevi il sale nel vino, gli tingevi di nero la fodera del cappel- lo... gli nascondevi le scarpe... la sedia rotta...

ERNESTO Scherzavamo innocentemente, siccome i padroni si di- vertivano...

LUDOVICO Alle spalle di don Prospero. Ti davano corda e tu ti pigliavi il dito con tutta la mano. Ernesto, sicuro... (*A Cateri- na*) E tu, come ti chiami tu?

CATERINA Caterina.

LUDOVICO Benissimo: Ernesto e Caterina. Dunque, chiamatemi

don Prospero, come se niente fosse cambiato. E questo, vedete, soprattutto nel mio interesse. Perché, se voi ritenete che la morte di don Prospero, diciamo Primo: ecco, di don Prospero Primo, sia riuscita a cambiare qualche cosa, mi danneggiate seriamente. E già! Perché voi siete convinti che dopo la morte di don Prospero Primo, in casa Selciano ci sta una persona di meno! Tu per esempio, Ernestuccio bello, stamattina non mi hai svegliato e non mi hai portato il caffè. Perché? Perché non ti sei ricordato di Prospero Secondo. Non mi danneggiare, Ernesto: tu la mattina mi devi portare il caffè a letto. Nel diario di mio padre ci sta scritto, mi spetta!

CATERINA   Qualche volta ce lo portavo io...

LUDOVICO   E perché non lo dovresti portare piú? Anzi, facciamo cosí: portamelo sempre tu. Questo non è un mutamento, è solo un miglioramento nelle abitudini.

BICE (*entra dalla sinistra*)   Buongiorno.

CATERINA   Buongiorno. (*Osservando l'abito di Bice*) Vi siete messo il vestito della domenica! Che dirà la signorina Dorotea?

BICE   Ho dovuto mettermi questo per forza: l'altro è troppo sciupato.

LUDOVICO   E questo sarebbe quello delle grandi occasioni? (*La guarda ironicamente*).

BICE (*seccata*)   Chi siete, voi?

LUDOVICO   Ludovico Ribera, ma chiamatemi Prospero Secondo. Sono il figlio di don Prospero Primo. Ho ereditato il posto di beneficato qui, in casa Selciano. Spero di fermarmi anch'io una trentinella d'anni. Voi siete la signorina Bice, è vero?

BICE   Sí.

LUDOVICO   Tanto piacere... Mio padre, nel suo diario, ha parlato molto di te... (*La osserva*) Infatti, aveva ragione... (*Ancora la osserva e ride ironicamente*).

BICE (*offesa*)   Perché ridete? Mi trovate tanto ridicola?

LUDOVICO   Ridicola proprio, no. Ma che so... non ti arrabbiare, te lo dico? Mi sembri una gallinella bagnata, una gallinella che è restata sotto la pioggia, fuori al pollaio... (*Ernesto e Caterina escono dalla scena*). Del resto, come beneficata, hai scelto l'atteggiamento giusto. Si capisce, tu stai qua, mangi, bevi, un vestitino bene o male te lo fanno... un posto per dormire ce l'hai... Qualche volta ti fanno pure la carità di portarti al cinema... Non c'è male, come vita tranquilla non c'è male.

BICE   Ma perché m'insultate cosí?

LUDOVICO   Insultarti? Mai piú... Io dico la verità: di elemosina vivi.

BICE   Niente affatto. La famiglia Selciano mi ha cresciuta e la mia riconoscenza deve essere eterna.

LUDOVICO   La famiglia Selciano poteva farne proprio a meno di crescerti come ti ha cresciuta. Abbi pazienza: i tuoi diciassette anni fanno pietà!

BICE   E voi? Voi che dichiarate di avere ricevuto il posto di beneficato da vostro padre e di volere restare in questa casa una trentina d'anni, come Prospero Secondo, voi non fate pietà, forse?

LUDOVICO   Niente affatto. Io voglio beneficiare di una situazione creata da mio padre e dalla famiglia Selciano. Mio padre è morto e i morti non si giudicano, ma i vivi sí, e tu sei viva. Tu non erediti, tu crei una situazione! E ti pare che una ragazza possa vivere una vita di continue rinunzie e privazioni? Perché? Per la riconoscenza che deve sentire per la famiglia Selciano?

BICE   Ma se non fosse stato per loro...

LUDOVICO   Saresti capitata in un'altra famiglia. Il mondo è pieno di gente disposta a fare del bene... Potevi pure trovare una famiglia piú ricca di questa, chi te lo dice? Probabilmente ti stai privando di cose che altri benefattori sarebbero stati felicissimi di darti. La riconoscenza che senti per i signori Selciano ti rende infelice, meschina, perfino brutta... Mentre invece non lo sei. E si capisce, con questo vestitino da tre soldi ricucito e accomodato per te, con questi capelli tirati tirati... lo sguardo umile, sottomesso, come vuoi sembrare bella? Esci, vai dal parrucchiere, comprati un poco di biancheria fine, calze trasparenti, bei vestiti... e manda il conto all'avvocato Selciano.

BICE   Mi metterebbe alla porta...

LUDOVICO   Ma neanche per sogno! È un uomo di cuore e fa del bene soprattutto per dare pace e serenità al suo spirito. L'avvocato Selciano vuole mettere la testa sul cuscino e vuole dormire tranquillo, la notte. In Paradiso ci va il benefattore, non il beneficato. Dunque, tu, prestandoti a soddisfare questa sua aspirazione, non devi rinunziare a niente. Non puoi essere contemporaneamente beneficata e collaboratrice del benefattore. Lui deve raccogliere ingratitudine, deve mostrare l'altra guancia, senza contare poi che questi signori, un giorno, ti potrebbero rimproverare di averli costretti con la tua riconoscenza e con le tue rinunzie a beneficarti meno di quanto non fosse nel-

le loro stesse intenzioni. Tu devi chiedere, comandare, decidere... Se l'avvocato ti mette alla porta, lo farà per una di queste
due ragioni: o non è un vero benefattore ma un egoista, o le
sue condizioni finanziarie non gli permettono di beneficarti in
proporzione alle tue esigenze. Lui si troverà una beneficata piú
modesta per dormire tranquillo la notte e tu, via! Te ne andrai
via senza la sicurezza del domani, ma con la certezza che ti si
aprirà una strada, la tua vera strada, quella che ti porterà sul
tuo vero cammino!

BICE   Allora...?

LUDOVICO   Strilla! Strilla, batti i piedi, ribellati! Tieni diciassette anni che fanno pietà...

Bice lo guarda fisso per un attimo, poi comprime le manine sul
viso, per un intimo bisogno di mostrare il disprezzo che prova
verso ciò che è diventata. Certamente nel suo animo è avvenuto un cambiamento.

AMEDEO (dalla sinistra, seguito da Margherita; entrando si accorge della presenza di Ludovico; l'osserva con sopportazione,
poi cerca comprensione nello sguardo della moglie che è rimasta ancora piú indispettita di lui per la presenza di Ribera)
Buongiorno.

LUDOVICO   Buongiorno, avvocato. Buongiorno signora Margherita.

MARGHERITA   Buongiorno.

BICE (accennando un saluto quasi indifferente all'indirizzo di Margherita e Amedeo, i quali ne rimangono sorpresi) Buongiorno.

DOROTEA (entra, seguita da Adele) Buongiorno.

AMEDEO   Buongiorno, zia. (A Margherita) Tu che fai, esci?

MARGHERITA   Sí, dovrei uscire, ma non ne ho tanta voglia...

DOROTEA   Usciamo insieme, devo fare il solito giro di beneficenza. Oggi visito ospedali. Vieni con me, facciamo due chiacchiere, io e te, e Bice porta i pacchi.

BICE (risoluta)   No! Non li porto i pacchi! (Riprendendosi) Non
posso accompagnarvi oggi, signorina Dorotea: debbo uscire
per conto mio.

DOROTEA (guardando, assieme agli altri, la ragazza, stupita per
l'inconsueto tono di lei)   E a me chi m'accompagna?

BICE   Non lo so, signorina Dorotea... Non sono tenuta a saperlo.
Debbo uscire per cose mie, per conto mio... Una volta tanto

avrò bisogno pur'io di qualche cosa, no? Debbo uscire, subito... Permettete signora Adele... Signora Margherita, scusatemi: voglio uscire! I pacchi non li voglio portare piú, mi vergogno. I miei diciassette anni fanno pietà... (*Ed esce in fretta,
quasi a precipizio, per paura di non riuscire a sostenere piú a
lungo l'insolita ribellione*).

AMEDEO   È impazzita...

LUDOVICO   Perché impazzita? Una che vuole uscire per conto
suo, è pazza...

MARGHERITA   Io l'ho sempre detto, ma voi non mi state a sentire... Quella ragazza è una vipera. Quell'aria di monacella che
tiene è falsa. Sono convinta che al momento opportuno sarebbe pronta a tirare calci. (*Ad Amedeo*) La colpa è tua e di zia
Dorotea che fate la carità pelosa. Quante volte vi ho detto di
metterla alla porta? Noi riscaldiamo la serpe in seno. Ma tu
vuoi fare di testa tua... Fai come ti pare, io me ne disinteresso
completamente! (*Via a sinistra*).

LUDOVICO   Mi sembra un poco esagerato parlare di serpe...

DOROTEA   Voi statevi zitto! L'abbiamo capito che sotto sotto c'è
stato il vostro zampino.

LUDOVICO   Sí, ho parlato con la ragazza per aprirle gli occhi,
pure nel vostro interesse.

DOROTEA   Hai capito, Amedeo? Io, come zia, ti dico: «Mostrati
risoluto! Fai piazza pulita!» Hai capito? Piazza pulita! (*Via a
sinistra*).

AMEDEO   Proprio cosí! Scusa, Adele, lasciaci un momento, devo
parlare con questo signore.

ADELE (*guardando Ludovico*)   Vado...

Ludovico la segue, le apre la porta; lei si gira a guardarlo, Ludovico le restituisce lo sguardo; poi la giovane donna si volta ed esce.

AMEDEO (*impaziente*)   Dunque, accomodatevi!

Seggono.

LUDOVICO   A proposito, siccome di quest'epoca dovevate far fare un vestito nuovo a mio padre – c'è scritto nel diario, anzi
precisa che il sarto gliel'aveva già misurato ma non l'aveva ancora consegnato... il sarto si chiama Cassese –, stamattina sono
andato nel vostro studio e gli ho telefonato per fargli premura.
M'ha detto che l'avrebbe portato subito. Ho fatto bene?

AMEDEO   Sí, e come no!

LUDOVICO   Scusate, mi volevate parlare: dite.

AMEDEO   Ecco. Voi chi siete? Che volete? Chi vi ha mandato? Quando ve ne andate?

LUDOVICO   Piano, piano, non affastelliamo! Una cosa alla volta... Chi sono? Ve l'ho detto ieri sera. Che voglio? Lo sapete benissimo. Qua ci sono venuto spontaneamente, perché non sono il tipo da farmici mandare da nessuno... Quando me ne vado? Ve lo potete togliere dalla testa, perché io non me ne vado neanche con le cannonate.

AMEDEO   Sentite, parliamo seriamente... con calma e serenità.

LUDOVICO   Ma io sono sereno e calmissimo.

AMEDEO   E cercherò di esserlo anch'io. Vedete, voi sostenete una tesi completamente errata, un assurdo addirittura! Un altro, al mio posto, vi avrebbe senz'altro messo alla porta, ma io sono un uomo dabbene, un professionista. Mi ricordo che siete il figlio d'un uomo stimato da mio padre, un uomo che, si può dire, mi ha cresciuto, mi armo di santa pazienza e vi invito ad ascoltarmi e a trarre dalle mie semplici ma granitiche argomentazioni delle conclusioni logiche. Voi dite di essere l'erede legittimo di vostro padre, ma erede di quale patrimonio? Un patrimonio di sentimenti, dite voi. Benissimo. Ma questi sentimenti a noi faceva piacere di manifestarli nei confronti di vostro padre che ci faceva pena, ci era simpatico e gli volevamo bene... Ma a voi, chi vi conosce? Non ci fate pena, non ci siete simpatico e non vi vogliamo bene. Perché vi dovremmo tenere in casa? (*Riscaldandosi*) Vostro padre è stato qui, con noi, per trentasette anni, per Dio! Ha mangiato, ha bevuto, ha campato! Ha fatto la vita del beato porco e se permettete sono io, erede legittimo della sostanza tangibile di mio padre, che chiedo a voi, figlio di don Prospero: «Chi m'indennizza di quanto mio padre ha speso per don Prospero Ribera?» Voi siete il figlio? E pagate! Vi siete fatto vivo solamente dopo la sua morte...? Perdonate, ma questo non è bello da parte vostra. Avevate il dovere di mantenere vostro padre, non dovevate permettere che vivesse di elemosina, dovevate pensare a lui, voi!

LUDOVICO   (*amaro*)   A quattro anni? Io avrei dovuto pensare a mio padre quando avevo quattro anni... Perché poi, dopo la morte di mia madre, con me non si è fatto piú vivo. E sapete perché? Perché trovò benessere e vita comoda in casa vostra. Sfido, io... Qui non gli mancava niente: vita comoda e tranquilla, perché avrebbe dovuto crearsi dei grattacapi, chiedendo notizie di un figlio? L'uomo è piú felice quando non ha responsabilità, quando sta senza fare niente. Lavora per ragionamento, non per istinto. Il fatto adesso è questo: mio padre, con la complicità di vostro padre, non ha lavorato, non ha prodotto: ha disertato la vita. Di questa diserzione agevolata, il danno chi l'ha subito? Io. E io a chi mi devo rivolgere? A voi.

AMEDEO   A me?

LUDOVICO   E già! Perché se vostro padre si fosse fatto i fatti suoi, mio padre avrebbe prodotto, avrebbe costruito, e io ora, in grazia di Dio, avrei ereditato quel tale patrimonio sostanziale e tangibile.

AMEDEO   Ma fatemi il piacere! Che cosa avrebbe potuto costruire vostro padre? Era ridotto in miseria, mio padre lo raccolse che moriva di fame...

LUDOVICO   E chi glielo fece fare di raccoglierlo e di sfamarlo?

AMEDEO   Sicché, per voi, la carità cristiana non conta niente?

LUDOVICO   Conta, come no... Ma non bisogna esagerare. Un aiuto, un soccorso, avrebbero potuto ridargli la fiducia in se stesso, la forza per continuare a lottare... Ma un aiuto, un soccorso! La Samaritana dette un sorso d'acqua al Sofferente, non gli gonfiò la pancia d'acqua... Non possiamo essere noi a distribuire il bene e il male, non conosciamo le proporzioni. Vostro padre ebbe la superbia di mettersi al di sopra di una legge distributrice che probabilmente esiste... Dice: «Ma quello teneva le scarpe rotte e moriva di fame!»... Ma io, a uno in queste condizioni, gli do un aiuto momentaneo e lo metto alla porta in malo modo! Voi invece ve lo siete tenuto trentasette anni in casa.

AMEDEO   Aspettate! Voi dite che mio padre, beneficando don Prospero Ribera, vi ha recato danno? Dunque, secondo voi, l'errore chi l'ha commesso?

LUDOVICO   Vostro padre.

AMEDEO   Benissimo.

LUDOVICO   (trionfante) Lo ammettete?

AMEDEO   Lo ammetto.

LUDOVICO   Andate avanti.

AMEDEO   È chiaro che chi sbaglia paga. Il risarcimento del danno, semmai, lo dovreste chiedere a mio padre. Vi trovate di fronte a una sola difficoltà: mio padre è morto! Non credo che ve la vogliate prendere con i morti!

LUDOVICO   Ma voi l'eredità di vostro padre l'avete accettata. Se avesse avuto dei debiti avreste dovuto pagarli, volente o nolen-

te. L'eredità si accetta con l'attivo e con il passivo. Io sono un
passivo dell'eredità che avete accettato... Sono un debito morale di vostro padre che voi dovete pagare.

AMEDEO   Ma voi siete un debito morale speciale, nuovo... stravagante! Non potete pretendere di entrare nell'elenco di quelli
normali.

LUDOVICO   I sentimenti sono innumerevoli, infiniti... E sono sen-
sibili al punto che un errore può concretarli: io esisto... (*Pausa*). Io esisto per voi, in quanto l'errore di vostro padre mi ha
portato sul vostro cammino. D'altra parte, poi, siete sicuro che
mio padre non facesse comodo a vostro padre? Erano solo bontà di cuore e sentimento di carità cristiana che lo spingevano a
beneficarlo?

AMEDEO   Come sarebbe?

LUDOVICO   Non mi avete detto, e poi nel diario c'è scritto... che
vostro padre discuteva con mio padre tutte le cause?

AMEDEO   Che vorreste insinuare?

LUDOVICO   Il contraddittorio non gli serviva proprio a niente?
La causa piú importante, quella che gli procurò la gloria, non
la vinse con la tesi che aveva tirato fuori mio padre, durante
una delle consuete discussioni? Qui c'è scritto... (*Prende il diario e legge*) «Sotto il tuo arco di trionfo, caro Matteo, potrei
passarvi anch'io a fronte alta e senza arrossire»... Mio padre
era un uomo intelligente; lo vedo dai suoi scritti e soprattutto
dai suoi sistemi di vita. Intelligentissimo! Infatti, era svogliato
e pigro. Ora, due sono i punti: come erede di mio padre, o mi
nominate Prospero Secondo e mi tenete in casa, o mi pagate in
moneta sonante il patrimonio sostanziale che mio padre forse
avrebbe costruito.

AMEDEO   Bè, insomma, concludiamo! Io in casa non vi posso
tenere, primo perché siete antipatico a tutti e poi perché non
subisco imposizioni. Voi avete torto! In nessun codice del mondo troverete un articolo che possa avallare una stravaganza simile...

LUDOVICO   Non c'è, d'accordo! Ma nemmeno per voi.

AMEDEO   Voi, legalmente...

LUDOVICO   Ho torto, lo so. Ma potreste avere torto anche voi...
L'articolo manca per me come manca per voi. Ad ogni modo,
vi prego di non parlarmi di diritto legale, bensí di diritto umano, sentimentale. O scendete sul mio terreno o vi ci faccio scendere io.

AMEDEO   Io vi caccio via a calci, avete capito? Vi accorgete che non sono piú disposto a sopportarvi? Ma io telefono in Questura, anzi telefono al manicomio e vi faccio portare via dagli infermieri!

LUDOVICO   Guardate che voi siete molto eccitato... Gli infermieri non saprebbero a chi portare via, se a me o se a voi! Calma... (*Pausa*). Oltre alle carte, lettere e documenti, di cui parleremo in seguito, nella cassetta che mi avete fatto recapitare in albergo, ho trovato una rivoltella. Già, ne parla pure il diario... Sul manico è incisa una frase: «Non si sa mai». Questa rivoltella fu comprata subito dopo la violenta lite con vostro padre, che dopo oltre trent'anni lo voleva mettere alla porta. Prospero Primo pensò: «Troppo tardi, ormai sono vecchio... Che faccio? Dove vado? Mo mi compro una rivoltella per difendermi dal benefattore...» (*Prende dalla tasca una rivoltella*) Eccola qua. (*Legge l'incisione sul manico*) «Non si sa mai»... La porterò sempre con me. Non si sa mai!

AMEDEO   Voi non sapete quello che dite e quello che fate... Violazione di domicilio, minaccia a mano armata... Mi basta questo per farvi andare in galera!

LUDOVICO   Io che ne so... Perché la legge prenda in considerazione certe tesi sballate e assurde come voi considerate la mia, bisogna ricorrere all'irreparabile. Dal momento che voi non volete scendere sul mio terreno, io non ho altra via per scendere sul vostro: vi sparo... Non appena ci sarà scappato il morto mi si apriranno le vie legali. La mia tesi verrà discussa da uomini con tanto di barba che alla fine, forse, troveranno opportuno aggiungere un nuovo articolo nel codice, che potrebbe essere press'a poco questo: «Colui il quale, per dormire tranquillo la notte e per accaparrarsi un posto in Paradiso, benefica piú del normale un suo simile, sottraendo e lasciando infruttifero in tal modo un capitale umano, e, per giustificare tale atto di egoistico profitto, ne incolpa la carità cristiana, viene punito con la reclusione da tanti a tanti anni»... Se poi mi daranno torto, per lo meno vi avrò tolto il gusto di gongolarne, perché voi, da morto, in questa causa non potrete figurare nemmeno come testimone!

AMEDEO   Ma se io vi tengo in casa, commetto lo stesso errore che commise mio padre! Creo anch'io un disertore della vita. Vi sembra giusto?

LUDOVICO   Un momento: mio padre aveva delle responsabilità, aveva me. Io non tengo nessuno. Se brucio la mia vita non faccio male a nessuno. Dunque, senza rimorsi: resto qua, come Prospero Secondo?

AMEDEO   No. Questo ve lo potete togliere dalla testa. Liquidiamo: quanto volete? Vi prendete una manciata di biglietti da mille e ve ne andate.

LUDOVICO   Ecco, questa è una via: mi liquidate e buonanotte. Però voi parlate di una manciata di biglietti da mille...

AMEDEO   Perché, quanto volete, una manciata di milioni?

LUDOVICO   E a chi li date, i milioni? Ma vi siete reso conto della situazione? Io mi sentirò soddisfatto solamente quando mi avrete dato tutto il patrimonio che mio padre avrebbe potuto costruire in trentasette anni di diserzione agevolata... E chi lo può stabilire? E chi può dire quale sarebbe stata la sua posizione sociale? Quindi, mo che ci penso, danni morali pure... Voi stesso avete detto che negli ultimi tempi si appassionava alla fisica moderna: e se inventava qualche cosa, se faceva una scoperta? Luce senza corrente... un apparecchio per non morire? Ci sono pure i danni collettivi! Vi manderei all'elemosina... E nemmeno mi sentirei soddisfatto. Sentite a me, non vi conviene. Tenetemi come Prospero Secondo!

AMEDEO   E va bene, voglio scendere sul vostro terreno con tutti e due i piedi, anzi a quattro piedi. Voi resterete in casa mia come beneficato! Ammetterete però che esiste una contropartita. Vostro padre faceva qualche cosa per rendersi utile, in cambio della elemosina che gli facevamo.

LUDOVICO   Certamente. Scesi sul mio terreno, se io vi deludo in un solo sentimento, voi avrete tutto il diritto di mettermi alla porta.

AMEDEO   Benissimo. Allora io non voglio perdere niente. Se devo dare, voglio pure avere. Vostro padre parlava con mio padre di tutte le sue cause...

LUDOVICO   Io parlerò con voi...

AMEDEO   Faceva commissioni per tutta la famiglia...

LUDOVICO   Le farò anch'io.

AMEDEO   Ci faceva compagnia e ci divertiva...

LUDOVICO   Vi divertirò.

AMEDEO   Accompagnava zia Dorotea nei suoi giri di beneficenza... faceva acquisti per conto nostro, acquisti importanti!

LUDOVICO   Li farò anch'io...

AMEDEO (al colmo dell'esasperazione)   Lo prendevamo in giro... Lo sfottevamo, gli ridevamo in faccia!

LUDOVICO   Riderete in faccia a me...

AMEDEO   Ma assai! Gli ridevamo in faccia assai!

LUDOVICO   E io vi pregherò di ridermi in faccia per cento anni, con buona salute. D'accordo?

AMEDEO   D'accordo!

Stretta di mano come per sancire un contratto d'onore e escono, Amedeo per la destra e Ludovico per la sinistra. Caterina entra per apparecchiare la tavola con cinque coperti. Dopo breve pausa entra Ernesto, seguito dal sarto Cassese il quale porta con sé un involto contenente il vestito nuovo confezionato per don Prospero Ribera.

ERNESTO   Ma a chi lo portate questo vestito?

CASSESE   Da me lo vuoi sapere?

ERNESTO (*rivolto a Caterina*)   Ha portato il vestito nuovo per don Prospero.

CATERINA   Allora avete sbagliato. Da oggi in poi i vestiti nuovi glieli dovete portare al cimitero!

CASSESE   Lo so che don Prospero è morto, ma stamattina m'ha telefonato uno che mi ha detto: «Il vestito lo dovete portare lo stesso, perché spetta a me che sono suo figlio. L'avvocato Selciano è d'accordo». «In mattinata ve lo porto», ed eccomi qua.

CATERINA   Ho capito. Allora lo dovete consegnare a don Prospero Secondo.

CASSESE   Don Prospero Secondo...?

ERNESTO   Il figlio, il figlio.

CASSESE   Posso entrare?

ERNESTO   Bussate e accomodatevi.

Cassese bussa alla porta della stanza di don Prospero Ribera, ora di suo figlio, poi entra.
Caterina ed Ernesto continuano ad apparecchiare la tavola, fino a mettere tutto in perfetto ordine, poi escono per la comune. Dalla sinistra entra Amedeo, seguito da Dorotea, Margherita e Adele.

DOROTEA   Io, la verità, non sopporterei un'imposizione di questo genere.

MARGHERITA   Ma naturale! Il cuore, la bontà... fino a un certo punto. Io lo metterei fuori a calci.

AMEDEO   Già! E... «Non si sa mai»?

DOROTEA   Che vuol dire «Non si sa mai»?

AMEDEO   Mi capisco io. Con un uomo simile, vi garantisco che non si può avere a che fare. Va' a fare del bene a questo mondo! È un guaio, un guaio serio, perché io non mi fido neanche di vederlo... Dopo avere avuto in casa il padre per trentasette anni, mo ci godiamo il figlio!

MARGHERITA   Ma piglialo per un braccio e mettilo alla porta!

AMEDEO   Mi spara, hai capito? E lo fa, perché non tiene niente da perdere. Quello è un fuorilegge, un delinquente... Chi sa che infanzia e che giovinezza ha passato. Quale esempio ha potuto avere, uno che ha campato in mezzo al mare? Un pirata, un contrabbandiere!

ADELE   Bè, questo, se vogliamo, non è tutta colpa sua... Il padre se ne disinteressò completamente.

AMEDEO   E perché non se la piglia con lui? Però m'ha detto che farà tutto quello che faceva il padre. Staremo a vedere! A me non mi conosce, non mi sa! Dice che se mi delude in un solo sentimento, io avrò il diritto di metterlo alla porta. E mo vediamo! Deve fare tutto quello che faceva il padre, tutto! Voglio vedere se ci resiste, in casa mia!

LUDOVICO (*esce dalla sua stanza, seguito da Cassese; indossa l'abito nuovo che gli ha portato il sarto; l'ampia giacca gli pende da tutte le parti, il pantalone larghissimo e corto e la sua espressione cosciente lo rendono tragicamente buffo*)   Benissimo! Per me va benissimo!

CASSESE   Ma va benissimo per voi, non per me. (*Ad Amedeo*) E scusate! Dice che se lo deve mettere cosí come sta... Quello, il padre, era il doppio di lui!

LUDOVICO   Voi non vi dovete interessare di certe cose.

CASSESE   No, io m'interesso, perché voi portate addosso un vestito cucito da me, e la gente non può sapere se siete pazzo voi o cretino io.

LUDOVICO   Io cosí me lo devo mettere.

CASSESE   E allora io ci levo l'etichetta mia.

LUDOVICO   No, voi l'etichetta non la togliete perché a me mi spetta il vestito cucito da voi, completo di etichetta.

CASSESE   Ma per strada voi date i numeri... La gente vi ride in faccia!

LUDOVICO   Bravo, ci sei. Devo far ridere. È vero, avvocato? Devo fare brutte figure, questa è la mia eredità. Perché dovrei modificare una situazione creata dai nostri padri?

CASSESE   Questo è pazzo!

AMEDEO   Perché non volete che il vestito si modifichi per voi?

LUDOVICO   Perché io resto nei patti. Voi non dovete perdere niente. Scesi sul terreno dei sentimenti, non posso deludervi. Io debbo avere il vestito che davate a mio padre. Se lo faccio aggiustare per me, voi giustamente potreste accusarmi di vanità, e la vanità è un sentimento che io non debbo avere perché non l'ho ereditato. Il vestito deve rimanere cosí...

CASSESE   Volete cosí... Avvocato, io me ne vado.

AMEDEO   Arrivederci.

CASSESE   Buona giornata. (*Esce malcontento per la comune*).

ERNESTO (*dalla comune*)   Il pranzo è servito.

Dorotea, Margherita, Adele e Amedeo prendono posto a tavola, scambiandosi occhiate d'impazienza per la presenza di Ludovico.

LUDOVICO (*osservando e facendo il conto dei posti a tavola, chiama*)   Ernesto! Manca un posto a tavola. Perché...? Io dove mi metto?

ERNESTO   Ma se il padrone non mi dà disposizioni, io non posso permettermi di fare a testa mia.

LUDOVICO   Questo è giusto. Io però ho il dovere di indagare. Io guardo, osservo... (*Prende dalla tasca il diario; da questo estrae un grande foglio che poi depone, ben spiegato e spianato sul tavolo da pranzo come se fosse un piano di guerra*) Mio padre ha disegnato la stanza da pranzo e ha segnato la disposizione dei posti intorno al tavolo. Questo è il posto dell'avvocato Amedeo, questo è quello della signora Adele, questo è quello della signora Margherita, qui la signorina Bice, che non è rientrata ancora ma che a momenti verrà e qui (*indica il posto dov'è seduta Dorotea*) io... Perfetto. Mi dispiace, ma è chiaro: manca il posto della signorina Dorotea.

CATERINA (*che è entrata da qualche istante e ha assistito al dialogo*)   No. La signorina Dorotea ci ha dato l'ordine di cambiare il suo posto con quello di don Prospero Primo, perché la luce negli occhi le dava fastidio.

LUDOVICO   Mi dispiace, quel posto fa parte dell'eredità che m'ha lasciato mio padre e se la signorina Dorotea lo desidera in cambio del suo, deve chiedere il permesso a me. Signorina Dorotea, quello è il posto mio.

DOROTEA (*contenendosi*)   E perché, scusate?

LUDOVICO   Perché me l'ha lasciato papà.

DOROTEA   Sííí? E con quale diritto?

LUDOVICO   Lo dovreste sapere piú voi che io, perché riguarda la vostra coscienza. (*Indica il foglio di carta*) Qua ci sta la carta. Carta canta! Non l'ho stabilito io... Inconsapevolmente, d'accordo, ma con tutte le responsabilità lo avete stabilito voi, e per giunta a mia insaputa... Ora, per questo indiscutibile dato di fatto, se la signorina Dorotea non si alza, io faccio succedere il quarantotto!

MARGHERITA (*alzandosi*)   Voi non fate succedere proprio niente, perché se mio marito non ha il coraggio di mettervi alla porta, vi ci metto io.

DOROTEA   Io da qua non mi alzo nemmeno se vengono i carabinieri!

LUDOVICO   I carabinieri non c'entrano, perché i carabinieri per convenzione sociale darebbero ragione a voi. Dovete avere il coraggio di sostenere il vostro diritto di fronte a me solamente, e poi vediamo se la signorina Dorotea si alza dal mio posto o no!

AMEDEO   La signorina Dorotea non si alza. Zia, se vi alzate faccio cose da pazzi.

LUDOVICO   E io dove mi metto?

AMEDEO   Ma perché vi dovete mettere?

LUDOVICO   Perché ne ho il diritto.

AMEDEO   Basta! Adesso mi sono seccato! Quella è la porta. Uscite immediatamente, perché non possiamo sopportare oltre le vostre stravaganze. Uscite, vi dico. (*Tutti si alzano, in agitazione*). Ernesto, aiutami! Lo so io che debbo fare...

Ernesto fa per slanciarsi contro Ludovico per cacciarlo via.

LUDOVICO (*freddissimo, caccia fuori dalla tasca la rivoltella e la spiana contro tutti*)   Ernesto, non ti muovere. (*Piccolo grido delle donne; Ernesto retrocede impaurito*) A tavola! Ognuno al suo posto... Sedetevi, in grazia di Dio e mangiate. (*Ognuno, costretto dalla minaccia di Ludovico, prende il suo posto a tavola; Dorotea fa per sedere al suo posto*). No, zia, no... quello è il posto mio. Là, voi, là... (*Indica un altro posto*) Ernesto, Caterina, serviteci... (*Ernesto e Caterina, minacciati da Ludovico, eseguono; tutti rifiutano l'antipasto, soltanto Ludovico si serve abbondantemente*). Come vedete, per voi non è cambiato niente. L'erede di don Prospero, per voi don Prospero Secondo, è come se fosse don Prospero Primo. E non dovete perdere niente. Io resto nei patti. Don Prospero Primo vi faceva compagnia, e io vi faccio compagnia. Don Prospero si faceva pigliare in giro perfino dalla servitú, per divertirvi, e io mi farò prendere in giro per farvi piacere. Sempre per divertirvi, don Prospero scriveva poesie e quando ve le leggeva, a tavola, chi rideva, chi gli gettava un tovagliolo in faccia... e la poesia finiva sempre fra un coro di risate e fischi. Dunque, coraggio. Io ho accettato l'eredità con l'attivo e il passivo: quello che devo avere, lo voglio e quello che devo dare lo do. (*Prende dalla tasca un foglietto di carta*) Ho trovato questi pochi versi che mio padre aveva scritto per leggerveli a tavola per farvi spassare un poco... Naturalmente sapeva benissimo come andava a finire. Io, come erede, ve li leggo, aspettando i fischi, le risate e i tovaglioli in faccia... (*Legge con voce stentorea*)

All'ardue cime a cui s'estolle il vate
ove ancor suona di Miron la cetra,
io vo' levarmi e le ali a vol librate
spaziar per l'etra...

(*Ad Amedeo*) A questo punto mi potete tirare un tovagliolo in faccia... (*Amedeo freme ma non si muove*). Decidetevi! Se non mi tirate il tovagliolo io non posso continuare... È necessario. Su, su! (*Porge un tovagliolo ad Amedeo*) A voi, coraggio.

AMEDEO (*tirandogli il tovagliolo in faccia*) E te', te'!

LUDOVICO (*con voce ironicamente compassionevole*) Lo sapevo... Fatemi dire questa poesia, che è bella! (*Legge*)

E disfidando l'Aquilon nel corso...

Qua ci starebbe bene una risata. Fatela voi, signora Margherita. (*Lei resta immobile, Ludovico punta la rivoltella contro di lei*) Ridete, signora.

MARGHERITA (*dispettosamente prorompe in una risata di rabbia contenuta*) Eh, eh, eh! Siete contento?

LUDOVICO Io? Voi dovete essere contenta, siete voi che non dovete perdere il divertimento. Fa parte della contropartita... Dunque (*Legge*)

E disfidando l'Aquilon nel corso –
dico Aquilon per dire ogni altro vento –
stanco, non dòmo, io vo' seder sul dorso
del firmamento.

Qua ci vorrebbe un bel fischio... (*Si guarda in giro*) Nessuno è disposto? Me lo faccio io stesso...

Stanco, non dòmo, io vo' seder sul dorso
del firmamento...

(*Fischio fortissimo fatto dallo stesso Ludovico*).

AMEDEO   Ma questo è veramente un bel tipo...

LUDOVICO (*legge*)
    E là sedendo all'ombra d'un bel faggio
    trarrò dal plettro un sovrumano accordo
    che Apollo accoglierà con un suo raggio
    per mio ricordo...

(*Durante la lettura di questi ultimi versi Ernesto, di nascosto, gli avrà tolto il piatto con l'antipasto, sostituendolo con un cestino da lavoro; Dorotea ride*). Dov'è l'antipasto mio? (*Ludovico finge di essere indispettito, esagerando per indurre gli altri a ridere*) Ma perché non mi lasciate in pace... io voglio stare quieto... (*A Ernesto*) Non ti permettere, sai? Ma io la poesia la finisco lo stesso! (*Legge*)
    E là sedendo all'ombra di un malvone

AMEDEO (*divertito*)   Uh, adesso basta... La vuoi finire? (*Gli tira una pallottolina di pane in faccia*).

Dorotea e Margherita sono ormai in preda ad un riso nervoso.

LUDOVICO (*legge*)
    trarrò dal plettro una canzon piú bella...

TUTTI   Basta, basta, finiscila!

ERNESTO   Mo ce la faccio finire io... (*Prende un bicchiere per metà pieno d'acqua e glielo vuota sulla faccia*) Tiè, tiè!

Tutti ridono.

DOROTEA (*ride quasi con le lacrime*)   Uffa, mi sta facendo ridere senza voglia... Ma già, sempre figlio di quel padre, è!

LUDOVICO (*tornando serio e aggressivo*)   No! Dovete dire «erede» di quel padre. Se dite «figlio» di quel padre, vi sparo! (*Cambia nuovamente tono, ridiventa ironico e lamentoso*) Ridete, ridete! (*Gli altri obbediscono e ridono sotto la minaccia dell'arma; ridono sempre piú forte e piú impauriti; quando le risate sono diventate isteriche, quasi grottesche, Ludovico posa la rivoltella accanto al suo piatto, siede e dice seccamente*) Basta! Si mangia.

Cala la tela.

La stessa scena degli atti precedenti. È sera. È trascorso un mese.

LUDOVICO (*entra dalla comune, seguito da Caterina*)   Chi c'è in casa?

CATERINA   La signorina Dorotea e la signora Margherita. La signora Adele è uscita verso le cinque e non è ancora rientrata.

LUDOVICO   E la signorina Bice?

CATERINA   Se n'è uscita subito dopo colazione. Anzi, la signora Margherita era arrabbiatissima per come si comporta la signorina Bice da un poco di tempo a questa parte...

LUDOVICO   E cioè da un mese, dall'avvento di Prospero Secondo... E l'avvocato?

CATERINA   Il signor avvocato non c'è.

LUDOVICO   Va bene, puoi andare.

CATERINA   Permesso. (*Esce*).

Ludovico, rimasto solo, si avvicina al giradischi e mette un disco di una canzone napoletana. Dopo qualche istante dalla sinistra entra Dorotea, e rimane in ascolto della musica nostalgica.

DOROTEA   Eh, quant'è bella! (*Come richiamando alla mente con nostalgia un suo caro ricordo*) «Uocchie de suonno nire, appassiunate»...

LUDOVICO   Quanti ricordi, è vero?

DOROTEA   Non ne parliamo!

LUDOVICO   Venite qua... (*Dorotea si avvicina*). Sedetevi...

Dorotea siede, non lontano dal giradischi; Ludovico si allontana da lei, che ascolta estatica la melodia napoletana, spegne l'interruttore del lampadario centrale; la scena resta in penombra suggestiva, con la sola luce degli abat-jours e del riflesso lunare sul giardino, oltre la grande porta finestra; Ludovico si avvicina al divano dove è seduta Dorotea, camminando in punta di piedi, le mette le mani sugli occhi e la bacia in fronte.

DOROTEA (*come allucinata, non riuscendo a distaccare la realtà dal sogno*) Prospero... Prospero! (*Ludovico alza il pick-up e la musica si interrompe; poi va ad accendere nuovamente la luce centrale; Dorotea si scuote, tornando alla realtà del momento*) Oh, scusate, scusate tanto! (*Un attimo di riflessione le basta per comprendere che Ludovico conosce il suo segreto; sconfitta e timorosa, dice con un filo di voce*) Giuratemi di non dire niente alla mia famiglia...

LUDOVICO Eravate la sua amante.

DOROTEA (*debolmente*) Non è vero!

LUDOVICO Donna Dorotea, statevi zitta! Io conosco vita, morte e miracoli... Appuntamenti notturni, passeggiate al chiaro di luna e persino le minacce di suicidio che gli facevate, quando mio padre voleva lasciare questa casa... Che ne avete fatto della spilla d'oro con i brillanti, a forma di cuore...

DOROTEA La portavo sempre sul petto, per suo ricordo... Me l'hanno rubata.

LUDOVICO Uno spillo di quella forma è un simbolo. Vuol dire che mio padre vi aveva dato il cuore.

DOROTEA È stato l'unico uomo che m'ha voluto bene...

LUDOVICO Lo so, nel suo diario si parla molto di voi.

DOROTEA Mi raccomando, non dite niente a nessuno: pensate che la mia vita non è stata facile... (*Avviandosi*) Non parlate, ve lo chiedo come a un figlio...

LUDOVICO E poco c'è mancato.

Dorotea esce per la sinistra, Ludovico va in camera sua e chiude la porta.
Quasi subito dopo dal fondo entra Amedeo, seguito da Lorenzo.

AMEDEO Mo vi faccio vedere chi sono io! Lo voglio cacciare a calci.

LORENZO Mi dovete fare un piacere: quando lo cacciate voglio essere presente.

AMEDEO È giusto, voi pure dovete avere la vostra soddisfazione... Mascalzone, è rimasto con la mano nel sacco!

LORENZO Precisamente. Del resto, quello se lo portava scritto in fronte! Il bello è che è venuto proprio da me. Da me! che servo la vostra famiglia da anni, e con quale devozione!

AMEDEO   Che faccia tosta!

LORENZO   Si meritava una faccia di schiaffi, ma siccome avevo deciso di andare in fondo e farlo trovare in difetto, l'ho secondato.

AMEDEO   Avete fatto bene, ma io adesso non voglio perdere nemmeno un minuto di tempo. (*Chiamando verso la camera di Ludovico*) A voi, venite un momento qua!

LUDOVICO (*entrando*) Desiderate?

AMEDEO   Beato chi vi vede.

LUDOVICO   Stamattina sono venuto allo studio ma non vi ho trovato. Ho aspettato un'oretta, poi ho pensato: «Non verrà piú», e me ne sono tornato a casa.

AMEDEO   Lo credo! Ho lasciato lo studio alle dieci e mezza e voi non eravate ancora venuto. Siete dormiglione. Io la mattina mi alzo alle sei e mezza, massimo alle sette.

LUDOVICO   È naturale. Voi non avete nessun motivo per essere pigro. La mattina andate nel vostro studio da padrone, il che significa che non dovete fare niente. Materialmente ci sta il procuratore che fa tutto... ci sta lui (*indica Lorenzo*)... Io invece quando mi sveglio e so che devo venire allo studio a parlare con voi, penso alla vostra intelligenza e mi viene lo sconforto.

AMEDEO   Vostro padre questo non lo diceva e non lo avrebbe mai detto.

LUDOVICO   Ma lo pensava, e lo annotava nel suo diario. (*Legge*) «Per quanto è furbo il padre, tanto è fesso il figlio! Com'è vero che l'intelligenza salta sempre qualche generazione!» Io in tanto lo dico in quanto ne ho il diritto...

AMEDEO   Sicché io sono poco intelligente, è vero? E voi siete un farabutto, un truffatore, un ladro! Se io sono poco intelligente, voi siete stato poco furbo.

LUDOVICO   Ma che state dicendo?

AMEDEO   Pigliatevi quei quattro stracci che vi appartengono e filate immediatamente... perché se no vi consegno alla polizia. E questa volta non vado a denunciare una minaccia, ma un fatto, per cui ho tutto il diritto di consegnarvi nelle mani della giustizia. Ladro!! Cosí avete fatto i miei interessi? Mettendovi in tasca centomila lire di sovrapprezzo?

LUDOVICO   Ma cinquantamila lire le ho date a lui! (*Indica Lorenzo*).

LORENZO   Non vi permettete nemmeno di nominarmi. Delle cinquantamila lire e della lettera d'accompagnamento ho già parlato al signor Selciano: ho voluto fargli capire chi siete e come la pensate. E gli ho pure detto che non vi ho preso a schiaffi, quel giorno che veniste da me, per arrivare a questo e farvi cacciare a calci. Ma se ti permetti solamente di nominarmi, ti piglio a schiaffoni!

AMEDEO   Che c'è? Avete perso la lingua?

LUDOVICO   Avete ragione, sono un ladro.

AMEDEO   Quella è la porta, uscite. Non pretenderete di restare qua, dopo quello che avete fatto?

LUDOVICO   Vado a prendere la valigia e la cassetta. Solamente vorrei chiedervi un favore. Chiamate la vostra famiglia e mettetemi alla porta in presenza loro. Tutti devono sapere che ho rubato e che sono un ladro: ci tengo.

AMEDEO   Se è per questo, sarete accontentato.

LUDOVICO   Permettete. (*Esce per la destra*).

LORENZO   Ma che sfacciato!

AMEDEO (*a Dorotea che entra in questo momento, seguita da Margherita*)   Venite, zia Dorotea... Margherita, vieni! Assisterete a una bella scena.

DOROTEA   Ch'è stato?

AMEDEO   Ci siamo liberati di don Prospero Secondo!

MARGHERITA   E come si è deciso?

AMEDEO   Non si è deciso lui, lo abbiamo fatto decidere noi.

LUDOVICO (*dalla sua stanza, con valigia, sacco e cassetta del primo atto; si piazza al centro della scena e guarda intorno*)   Eccomi qua. Ci siamo tutti? Manca la signora Adele, ma non ha importanza. Signor Amedeo, a voi. Insolentitemi, svergognatemi: me lo merito.

AMEDEO   Lorenzo, parlate voi.

LORENZO   Sí, parlo io. Secondo le vostre disposizioni, lui fu autorizzato a trattare per vostro conto l'acquisto della tenuta vicino a Formia. Ci recammo sul posto per prenderne visione e le trattative si svolsero in questo modo: la tenuta è costata centomila lire in meno del prezzo che avete sborsato voi. S'è messo d'accordo col proprietario e il contratto che avete firmato gli ha fruttato centomila lire di utile... E siccome senza il mio intervento non avrebbe potuto consumare il furto, ha creduto di poter raggiungere un accordo con me. Con me! E ha avuto l'ingenuità di mandarmi metà della cifra, accompagnata da questa lettera... (*Prende la lettera dalla tasca e la legge*) «Egregio signor Lorenzo De Ricco, come d'accordo vi rimetto un vaglia bancario di lire cinquantamila. Come vedete, il primo affare trattato per conto dell'avvocato Amedeo Selciano ha fruttato bene. Sperando che questo sia l'inizio di una lunga serie di guadagni, passo a salutarvi, Ludovico Ribera». Io, con una mano ho preso il vaglia e con l'altra lo consegno ora nelle vostre mani (*esegue*), cosí avrete tutto il diritto di metterlo alla porta.

AMEDEO   Per voi adesso c'è una sola via di salvezza. Consegnarmi immediatamente le cinquantamila lire e sloggiare; altrimenti, come vi ho già detto, faccio una telefonata in Questura e vi consegno alle guardie senza pietà.

LUDOVICO   Piano, piano! Senza una giustifica da parte vostra, io non vi posso restituire la somma.

AMEDEO   Una giustifica? Vuoi vedere mo che lui ruba e io mi debbo giustificare?

LUDOVICO   Ma certamente. Di fronte a me, ladro, siete voi che vi dovete vergognare. Le responsabilità, signori miei, vogliamo pensare alle responsabilità? Perché vi detesto? Perché vi tormento? Perché ho rubato? Questi tre perché, li vogliamo mettere a posto, o no? Dunque, io vi dissi, e fummo d'accordo, che se v'avessi tradito in un solo sentimento, vi avrei dato il diritto di mettermi alla porta. È vero? Voi poi diceste, e pure fummo d'accordo, che per rimanere in questa casa come erede di mio padre, io avrei dovuto fare tutto quello che faceva lui. È vero? (*Pausa*). Mio padre rubava.

AMEDEO   Vostro padre?

LUDOVICO   Precisamente. In questa cassetta ci sono tutti i documenti.

AMEDEO   Bella riconoscenza.

LUDOVICO   No, egregio signore, non bisogna giudicare cosí superficialmente. Bisogna andare in fondo. Come avrebbe potuto mettere da parte un po' di soldi, mio padre, se vostro padre non gli dava modo né tempo di guadagnarseli per conto suo? Che cosa avrebbe dovuto fare in trentasette anni di permanenza in questa casa?

AMEDEO   Avrebbe dovuto adorare la nostra famiglia!

LUDOVICO   E invece la odiava. Il beneficato odia il benefattore appunto per la riconoscenza che gli deve... Perché non crediate che il benefattore si accontenta di una riconoscenza normale. Il benefattore, quando t'ha fatto una buona azione, dopo pretende chissà che cosa... Infatti, si affeziona al beneficato perché, beneficandolo, crede di comprarselo poco per volta e farne cosa sua. Dunque, la carità cristiana non c'entra proprio niente, c'entra soltanto quel barbaro desiderio di dominio, di possesso che l'uomo ha verso gli altri uomini. Io, rubando, non vi ho deluso, ma vi ho dato conferma del male che mi avete fatto. E ho rubato con lo stesso sistema usato da mio padre, cioè con la complicità del vostro amministratore, signor Lorenzo De Ricco qui presente... Già, perché mio padre rubava d'accordo con lui. Il signor De Ricco è stato felicissimo della morte di mio padre, perché essendosi conquistata la vostra fiducia con l'aiuto di don Prospero, un socio non gli faceva piú comodo: gli toglieva la metà degli utili. Ecco perché è diventato onesto da un momento all'altro. (*Prende una lettera dalla cassetta*) E passiamo alla documentazione. (*Legge*) «Caro don Prospero, come d'accordo vi rimetto lire cinquantamila in vaglia bancario. Come vedete, il primo affare definito per conto dell'avvocato Matteo Selciano ha fruttato bene. Spero che questo sia l'inizio di una lunga serie di guadagni, vostro Lorenzo De Ricco». Evidentemente il signor De Ricco non ricordava questa lettera che porta la data del 1920, altrimenti gli sarebbe saltato agli occhi che la mia è la copia identica di questa. Nella cassetta ve ne sono precisamente altre nove, per un complessivo utile di lire centosettantamila. Come vedete io, per mettermi alla pari, devo rubare ancora centoventimila lire. Mo vediamo... appena ne avrò l'opportunità...

AMEDEO Lorenzo...

Costui non risponde; ha un attimo di esitazione, poi, a testa bassa, esce dalla comune.

LUDOVICO Nella cassetta ho trovato lettere, documenti, ma neanche la croce di un centesimo. Dunque io, come erede, dovrei chiedervi conto e ragione delle centosettantamila lire rubate da mio padre. Ma io so dove sono andate a finire. Un poco lo sapete pure voi, avvocato... Quando si è molto giovani e si vive nell'agiatezza, con un padre assai ricco, capita qualche sera di perdere al gioco venti, trentamila lire. E a chi ci si confessa, se non all'amico di famiglia? «Tu godi la fiducia di papà... devi fare il tale acquisto... Io ho perduto sulla parola...», e il debito si paga. Poi diventa accordo e l'accordo entra finalmente nelle cose normali della vita.

MARGHERITA Amedeo...

Amedeo abbassa la testa e non osa parlare.

LUDOVICO   Mio padre comprava gioielli... (*Prende dalla cassetta la fattura di un gioiello e legge*) «Per un anello d'oro con rubini e brillanti, lire dodicimila. Pagato». (*Prende un'altra fattura*) «Per uno spillo d'oro con brillanti, a forma di cuore, lire diecimila. Pagato». E qui c'è una lettera tenerissima, che vale la pena di leggere... (*Legge*) «Prospero mio se tu mi lasci, se te ne vai da questa casa io m'ammazzo». (*Dorotea siede, affranta, e piange sommessamente*). Dunque, niente si trascurò per inchiodare mio padre in questa casa.

MARGHERITA   Zia Dorotea...

Bice entra dalla comune, completamente trasformata. Veste un magnifico abito da mattino, scarpette, calze e pettinatura, tutto intonato con la gioia di vivere che ha negli occhi. La segue Ernesto che porta un grande pacco ben confezionato, contenente l'abito smesso, e una busta contenente il conto della ditta. Tutti la guardano con meraviglia, non credendo ai loro occhi.

BICE   Buongiorno.

AMEDEO   Ma chi è?

MARGHERITA   Chi siete?

BICE   Bice, sono Bice! Non mi riconoscete? Avevo tanto bisogno di comprarmi un vestito, di sentirmi anch'io come le altre... Sto bene cosí? Signora Margherita, guardate la pettinatura. E le scarpe vi piacciono? E le calze?

MARGHERITA   Ma chi ti ha dato i soldi per fare tutte queste spese?

BICE   Nessuno. Il parrucchiere e il calzolaio manderanno i conti piú tardi. Quello del vestito l'ha portato il commesso del negozio che sta aspettando fuori.

AMEDEO   Sí? E chi paga?

Bice rimane confusa e non risponde.

LUDOVICO   (*a Bice, sommessamente ma in modo da far sentire a tutti*)   Siate franca, coraggio! «Paga l'avvocato Selciano».

BICE   (*ripete ingenuamente a pappagallo*)   Paga l'avvocato Selciano.

AMEDEO   Io?!

LUDOVICO   (*a Bice, c. s.*)   «Certo, voi siete il mio benefattore».

BICE   Voi siete il mio benefattore.

AMEDEO   Margherita, tu senti? Ma questo è veramente enorme.

LUDOVICO (*c. s.*)   «Enorme, e perché?»

BICE (*c. s.*)   Enorme, e perché?

LUDOVICO (*c. s.*)   «Siete voi che volete fare del bene»...

BICE (*c. s.*)   Siete voi che volete fare del bene...

LUDOVICO (*c. s.*)   «Io non faccio che secondarvi, ma non voglio rimetterci niente».

MARGHERITA (*energica*)   Vattene, hai capito? In casa nostra non c'è piú posto per te... Mo basta, mo! E dove vogliamo arrivare?

AMEDEO   Niente affatto. Adesso metto io le cose a posto. (*A Ernesto*) Vieni qua, tu. Il commesso sta fuori?

ERNESTO   Sí.

AMEDEO   Dammi questo conto. (*Prende il conto dalle mani di Ernesto e ne legge il totale*) Io pago per quieto vivere. Dirai al commesso che per l'avvenire non siamo responsabili degli acquisti di questa signorina, che non la conosciamo. Avvertisse la ditta e lo stesso avvertimento faremo agli altri.

Ernesto esce.

MARGHERITA (*contrariata ed aggressiva*)   Non dovevi pagare, dovevi metterla alla porta.

AMEDEO   Io so quello che faccio. (*Rivolgendosi a Bice in tono sostenuto*) Ehi, tu, spieghiamoci bene: noi seguitiamo a farti l'elemosina di tenerti in casa, perché la tua età non ci consente di metterti in mezzo a una strada. Togliti tutte le illusioni, seguita a fare la vita che stavi facendo e ringrazia Iddio che ti ha fatta capitare nella nostra famiglia. Se non ti conviene, quella è la porta. Io faccio un bell'esposto in Questura e me ne lavo le mani. Basta con la beneficenza! Non do un soldo a un pezzente nemmeno se lo vedo crepare. Di fronte alla necessità, sceglierai tu stessa la strada che piú ti conviene. Qualunque sarà, per lo meno sarà la tua vera strada.

LUDOVICO   Avvocato, finalmente! Mi pare che qualche cosa l'avete capita!

AMEDEO   Con voi le cose si svolgeranno differentemente.

LUDOVICO   Già, ma ricordatevi che nella vita «Non si sa mai».

AMEDEO   Me lo ricorderò. (*Esce per la sinistra*).

MARGHERITA   Solo io ho sempre capito di che panni veste quella là... (*Esce appresso ad Amedeo*).

Pausa. Abbattutissima, Bice guarda Ludovico senza nascondere il suo smarrimento.

LUDOVICO   Vattene.

BICE   Dove?

LUDOVICO   Non lo so. Il mondo è piccolo. Fra un giorno, fra un mese, fra un anno ci incontreremo e me lo dirai tu a me... Le strade inventano gli uomini, infatti spesso portano i nomi degli uomini inventati... Io fui cresciuto da una portinaia. Povera donna, faceva quello che poteva. Io però sapevo che non era mia madre... Al secondo piano di quel palazzo abitavano moglie e marito con un figlio. Un bambino della mia età, gracile e malaticcio. Aveva quasi sempre la febbre... Spesso mi chiamavano per fargli compagnia, perché aveva una grande simpatia per me. I bambini viziati hanno sempre una ammirazione per quelli poveri. Mi ricordo come fosse adesso... Quanti giocattoli aveva quel ragazzino! Io mi mettevo vicino al suo letto e guardavo: treni, barchette, soldati, fucili, trombette, bersagli... il cerchio. Una volta, mentre scappavo perché una guardia di finanza mi correva appresso – allora vivevo di contrabbando –, sparai due colpi di rivoltella. Cercai di mirare alle gambe, ma chi lo sa, forse sono pure un assassino... Ancora oggi, quando passo per un giardino dove ci sono bambini che giocano col cerchio... tutti sudati, ridenti, felici... io mi fermo e resto delle ore a guardarli. Da bambino non ho mai giocato col cerchio. Papà rimase qua, perché vuoi commettere lo stesso errore? Guarda me e troverai la forza per andartene.

BICE   (risoluta)   Sí! (Alludendo all'abito che indossa) Il vestito lo lascio.

LUDOVICO   No, il vestito è tuo. Lo hai pagato. Ti pare poco quello che t'ha detto l'avvocato Selciano?

BICE   (quasi piangendo)   Sí, l'ho pagato. Grazie... (Prende l'involto che ha portato Ernesto e fa per uscire; raggiunto l'uscio si volta verso Ludovico, che la guarda) E voi? Voi restate?

LUDOVICO   Io non posso andarmene. Te l'ho già detto: sono la conseguenza, e non devo fare niente per modificarla, sono l'erede.

Bice lo guarda un poco, quasi commiserandolo, poi esce rapida. Piccola pausa, poi Adele entra, guardando verso l'interno e seguendo con gli occhi Bice che si allontana.

ADELE   (a Ludovico)   Cos'ha? Piange, ha detto: «Vado via per sempre»...

LUDOVICO   Sí, gliel'ho consigliato io. Doveva andarsene...

ADELE   Ma Prospero Secondo no? Prospero Secondo rimane?
LUDOVICO   Certamente, io resto. (*Va al giradischi, rimette il disco dell'inizio di atto, si avvicina ad Adele, tira fuori dalla tasca un astuccio e lo porge ad Adele*).
ADELE (*lo apre e vede un bellissimo spillo d'oro con brillanti a forma di cuore*)   Bello! Zia Dorotea ne aveva uno quasi simile. Grazie, Ludovico! Sei tanto caro. È un cuore...
LUDOVICO   Ha la forma del cuore.
ADELE (*lusingata e con intenzione*)   È un cuore. (*Toglie l'oggetto dall'astuccio e se l'appunta sul petto*).
LUDOVICO   Ma in brillanti.

Adele prende per mano l'uomo e lo tira dolcemente verso la camera di Ludovico, ma lui la ferma, facendole capire coi gesti che vuol riprendersi la roba che ha lasciato sopra e accanto al tavolo. Adele lo aiuta, prendendo il sacco, mentre lui prende la valigia; poi, per mano, si avviano verso la camera di Ludovico e vi entrano, chiudendosi dietro la porta.
Dopo un attimo, da sinistra, entra zia Dorotea, come affascinata irresistibilmente dalla musica, e rimane ad ascoltarla, rapita. La porta della camera di Ludovico si apre e appare Adele, la quale vuol ritirare dal tavolo la cassetta dimenticata poco prima. Vede la zia, si ferma e le due donne si guardano a lungo negli occhi; Adele incrocia le braccia sul petto con aria di sfida. Poi, avendo comunicato il messaggio alla zia, e cioè: «Prospero Primo era tuo, questo è mio e non credo che tu abbia qualcosa da ridire», si avvicina al tavolo, prende la cassetta e rientra in camera di Ludovico, chiudendosi l'uscio alle spalle. Dorotea avanza di un passo, come se volesse seguirla, ma avendo intuita la situazione che si è creata tra sua nipote e Ludovico, gira sui tacchi e ritorna sui suoi passi, mentre lentamente cala la tela.

Cronologia della vita e del teatro

Per compilare questa nota biografica eduardiana abbiamo tenuto conto di quella già apparsa nella nostra monografia *Invito alla lettura di Eduardo*, Laterza, Bari-Roma 1992; confrontandola e integrandola tuttavia con le piú recenti biografie dell'autore.

1900   Il 24 maggio Eduardo nasce a Napoli dalla libera unione fra Eduardo Scarpetta e Luisa De Filippo, da cui era nata Titina (1898) e nascerà Peppino (1903). Figli naturali e figli d'arte, i tre De Filippo iniziano giovanissimi a calcare le tavole del palcoscenico, recitando nella compagnia di Scarpetta quando c'è bisogno di bambini in scena, secondo la tradizione delle compagnie dialettali e napoletane in particolare, a gestione familiare.

1904   Eduardo debutta nei panni di un cinesino al Teatro Valle di Roma, nella parodia scarpettiana di un'operetta famosa, *La Gheisha*.

1909   I tre fratelli si ritrovano insieme sul palcosenico del Valle di Roma per una recita di *Nu ministro 'miez 'e guaie* (versione napoletana e scarpettiana di *I guai del ministro* di Vito di Napoli); Titina ha undici anni, Eduardo nove, Peppino sei.

1911-12   Dopo che (nel 1910) Eduardo Scarpetta si è ritirato dalle scene, Titina entra a far parte della compagnia di Vincenzo Scarpetta, figlio legittimo del patriarca-capocomico, mentre i fratelli vi recitano occasionalmente; Eduardo (insieme a Peppino) viene mandato in collegio, all'Istituto Chierchia di Napoli, ma dopo un anno scappa a Roma per raggiungere la zia Ninuccia, sorella della madre, che con il marito (Pietro Pizzullo) e i genitori faceva la comparsa nel cinematografo. Anche Eduardo ci prova per rendersi indipendente, ma l'esperienza è durissima e termina presto. Nel 1912 recita nella rivista *Babilonia* di Rambaldo (Rocco Galdieri) indossando la divisa del «guardio», mentre Titina fa la figurazione della *roulette*.

1913-14   Scritturato nella compagnia di Enrico Altieri durante
           l'estate del '13 (e poi del '16), Eduardo sperimenta al
           Teatro Orfeo (piccolo teatro periferico, nei pressi del-
           la ferrovia) un repertorio vario: dalla farsa pulcinellesca
           ai melodrammi recitati senza musica, dai copioni stori-
           co-sociali a puntate alle sceneggiate; entra in contatto,
           dunque, con un filone del teatro popolare-dialettale che
           trasformava in spettacolo la quotidianità piú grama e
           violenta di Napoli. Quel mondo, di cui Mastriani e
           Stella erano stati il maggiore autore e il principale in-
           terprete, sarebbe stato riproposto con altra efficacia
           espressionistica dal teatro di Raffaele Viviani. Sul pal-
           coscenico dell'Orfeo, Eduardo scopre anche il mondo
           del teatro di varietà e delle macchiette (anch'esso pri-
           vilegiato dal primo Viviani), e fa amicizia, in un came-
           rino di «quello sporco locale» che a lui «pare bello e
           sontuoso», con Totò. Anche in questo periodo Eduar-
           do adolescente apprende l'artigianato della scena: pas-
           sa dalla compagnia d'arte varia di Peppino Villani nel-
           la compagnia Urcioli - De Crescenzo, quindi in quella di
           Aldo Bruno, e ancora nella Compagnia Italiana di Lui-
           gi Cancrini, recitando nei teatri napoletani piú popola-
           ri: il San Ferdinando e il Trianon, oltre all'Orfeo.

1914-15   Eduardo entra come «secondo brillante» nella compa-
           gnia di Vincenzo Scarpetta.

1917   I tre De Filippo si riuniscono per la prima volta nella
           compagnia del fratellastro Vincenzo, per recitare al
           Mercadante, al Trianon e al Fiorentini (Titina è da
           tempo in compagnia, Eduardo vi è entrato e uscito di-
           verse volte, Peppino vi arriva dopo essersi formato in
           ruoli di secondo piano in altre compagnie). La loro con-
           vivenza artistica dura pochissimi mesi, in giro per l'Ita-
           lia centro-meridionale, da Perugia e Gubbio, a Bari e
           Foggia: un periodo segnato anche dal clima della guer-
           ra in corso.

1920-21   Negli anni di guerra Eduardo canta, balla, inventa sket-
           ches; e quando il varietà, nel quale avevano furoreggia-
           to le macchiette di Viviani, viene proibito dal governo
           dopo Caporetto (come «spettacolo poco edificante» per

i reduci dal fronte), passa alla rivista, scrivendo e interpretando monologhi buffi o scenette su un registro brillante. Su una locandina che riproduce una sua caricatura (schizzata da Marchetti) per una «serata d'onore» il 22 marzo 1920 al Teatro Nazionale, egli appare di profilo, con i capelli impomatati e divisi dalla scriminatura, in un «fracchetto» elegantissimo e ridicolo allo stesso tempo. Anche se, a partire dal '20, Eduardo presta servizio nella caserma del II Bersaglieri di Roma, viene subito incaricato di organizzare recite con i soldati (Titina gli dava una mano per i ruoli femminili); gli viene concesso quindi di alloggiare in un ripostiglio trasformato in camera da letto, dove scrive atti unici per i bersaglieri-attori, mentre la sera può lasciare la caserma per recitare al Valle. Nel 1920, al ruolo di attore incomincia ad abbinare quello di autore: scrive l'atto unico *Farmacia di turno*, che la compagnia di Vincenzo mette in scena nel 1921. Nello stesso anno Eduardo si congeda e torna a tempo pieno nella compagnia Scarpetta, che invece Titina ha lasciato per una scrittura in una compagnia formata da Vincenzo Corbinci al Teatro Nuovo di Napoli; poi la sorella passerà al Cavour, dove si fidanza con l'attore Pietro Carloni (suo futuro marito).

1922-27 Ancora per Vincenzo (nella cui casa vive a Roma e nella cui compagnia resta fino al '27) Eduardo scrive nel '22 *Ho fatto il guaio? Riparerò!*, commedia in tre atti che andrà in scena qualche anno dopo al Fiorentini di Napoli (con il nuovo titolo, *Uomo e galantuomo*, sarà poi rappresentata dalla compagnia «Teatro Umoristico I De Filippo» il 23 febbraio 1933, al Sannazzaro). Ma fa anche esperienze diverse: il 16 settembre 1922 compie la sua prima prova di regista mettendo in scena al Partenope di Napoli *Surriento gentile*, «idillio musicale» di Ezio Lucio Murolo (uno degli esponenti, insieme a Libero Bovio e a Salvatore Di Giacomo, del cosiddetto «teatro d'arte» partenopeo); nell'estate del 1924 si associa alla compagnia di riviste di Peppino Villani per lo spettacolo *8 e 8: 16* (che resterà in scena un anno grazie ai continui aggiornamenti del copione, cui Eduardo contribuisce). L'attore decide quindi di accettare una scrittura come «brillante» nella nuova compagnia diret-

ta da Luigi Carini (con altri attori di buon nome, come
Camillo Pilotto e Arturo Falconi); firma il contratto insieme a Peppino il 16 dicembre 1926, anche se poi il
fratello troverà piú conveniente proporsi a Vincenzo al
suo posto. Carini avrebbe dovuto portare sui palcoscenici italiani lavori del teatro nazionale in lingua, ma il
repertorio comprendeva drammi di Niccodemi e di Forzano e inoltre (dopo il debutto al Politeama di Como il
5 marzo 1927) la compagnia non andò bene economicamente; perciò Eduardo preferisce tornare in famiglia,
da Vincenzo, che gli mette in scena nel '27 *Ditegli sempre di sí* (la commedia in due atti, scritta nel '25, sarà
poi riproposta, con varianti significative, dalla compagnia «Teatro Umoristico I De Filippo» il 10 novembre
1932 al Teatro Nuovo di Napoli). Ma ancora nel 1927,
dopo la stagione con Vincenzino, l'amicizia di Eduardo
con Michele Galdieri (figlio di Rocco e che diventerà
uno degli autori preferiti di Totò) si concretizza nello
spettacolo dal titolo provocatorio (o scaramantico) *La
rivista... che non piacerà!*, il 27 luglio al Fiorentini di Napoli, e nella compagnia «Galdieri - De Filippo». La dirige lo stesso Eduardo; anche se gli altri due fratelli,
che fanno parte sia della compagnia che dello spettacolo, hanno i loro nomi in ditta. È la sua prima esperienza come capocomico: Eduardo ha convinto Peppino e Titina a rischiare in proprio, in una specie di cooperativa «sociale» senza produttore-finanziatore (su
prestito di una nota strozzina). Una dura esperienza:
molto successo ma pochi incassi!

1928   Comunque Eduardo è sempre piú orientato a formare
una compagnia autonoma con i fratelli, e continua a fare esperimenti in tal senso, nel periodo estivo; in un
programma di sala del 1928 si legge che la «De Filippo
Comica Compagnia Napoletana d'Arte Moderna, diretta da Eduardo De Filippo» promette prosa, musica
e *sketches*. Nello stesso anno l'attore-autore scrive l'atto unico *Filosoficamente*.

1929-30 Nel luglio del 1929, al Fiorentini di Napoli, Eduardo e
Peppino hanno successo con lo spettacolo *Prova generale*, «tre modi di far ridere» (*La risata semplice*; *La risata*

maliziosa; *La risata grottesca*). I tre atti con un prologo e un epilogo di Michele Galdieri portano la firma di R. Maffei (Galdieri) , G. Renzi, H. Betti (pseudonimi dei due De Filippo). Intanto Titina, insieme al marito Pietro Carloni, è tornata con la Compagnia Molinari, ristrutturata come compagnia di riviste, per recitare accanto a Totò (scritturato dall'impresario Aulicino dopo la morte di Gennaro Della Rossa, attore principale e direttore della compagnia). Il debutto al Teatro Nuovo è con *Messalina* di Kokasse (pseudonimo di Mario Mangini); seguiranno *I tre moschettieri*, con Totò-D'Artagnan armato di una stampella d'armadio e penna di cappone sulla bombetta, *Bacco, tabacco e Venere*, e *Amore e cinema*, dove ancora Totò imita Charlot. Si rappresentano anche *Miseria e nobiltà* e *Na Santarella* di Scarpetta, dove Titina interpreta la protagonista. Ma, quando nella primavera del 1930 Totò lascia la compagnia, i due fratelli De Filippo vengono scritturati per l'estate. Eduardo, Peppino e Titina si riuniscono dunque nella Compagnia di Riviste Molinari del Teatro Nuovo, formando una ditta all'interno della compagnia, «Ribalta Gaia», della quale fanno parte anche Pietro Carloni, Carlo Pisacane, Agostino Salvetti, Tina Pica e Giovanni Bernardi. Debuttano nel 1930 con *Pulcinella, principe in sogno...*; Kokasse-Mangini scrive la prima parte dello spettacolo, Tricot, ovvero Eduardo, la seconda, e vi include sotto forma di *sketch* l'atto unico *Sik-Sik, l'artefice magico* da lui già schizzato nel '29. Al 1929 risalgono pure la prima stesura eduardiana dell'atto unico *Le bische* (titolo mutato in *Quei figuri di trent'anni fa* per aggirare la censura fascista, nella rappresentazione del lavoro il 2 gennaio 1932 al Kursaal di Napoli), e la composizione di *Chi è cchiú felice 'e me!* (commedia in due atti che poi la compagnia «Teatro Umoristico I De Filippo» metterà in scena l'8 ottobre 1932 al Teatro Sannazzaro di Napoli).

1931-32   La stagione 1931-32 con la compagnia Molinari è inizialmente dedicata alla rivista: da *Ll'opera 'e pupe* di Tricot e Kokasse (con i due fratelli De Filippo nelle vesti di Orlando e Rinaldo) a *C'era una volta Napoli* di Carlo Mauri, Tricot e Kokasse. Ma dopo l'entusia-

smante successo di *Sik-Sik*, nel febbraio del 1931 i tre
fratelli riescono a formare la compagnia «Il Teatro
Umoristico di Eduardo De Filippo, con Titina e Peppino»: a Roma recitano al Teatro Moderno, al cinema
Quirinale e alla Sala Umberto, accolti con simpatia dal
pubblico e dalla critica; invece al Puccini di Milano è un
fiasco disperato, meglio all'Excelsior, dove ricevono la
visita, con successivo invito a cena, di Raffaele Viviani
(impegnato in quei giorni al Trianon). A giugno sono di
nuovo a Napoli, dove sottoscrivono un breve contratto,
di sole due settimane, con il Cinema-Teatro Kursaal di
via Filangieri: presentano, oltre a *Sik-Sik*, un lavoro di
Peppino, *Don Rafele 'o trombone*, e due novità di
Eduardo, *L'ultimo Bottone* e *Quei figuri di trent'anni fa*.
Ma il vero debutto al Kursaal della nuova compagnia
«Teatro Umoristico I De Filippo», che comprende, oltre ai tre fratelli, Pietro Carloni, Agostino Salvietti,
Dolores Palumbo, Tina Pica, Luigi De Martino, Alfredo Crispo, Gennaro Pisano, avviene quasi alla fine del-
l'anno: il 21 dicembre del 1931 con l'atto unico di
Eduardo *Natale in casa Cupiello* (corrispondente al secondo attuale). Il successo determina la proroga del
contratto, che doveva durare pochi giorni, per alcuni
mesi, fino al 21 maggio 1932. Il nuovo atto unico che
ogni lunedí la compagnia si è impegnata a rappresentare, ad ogni cambiamento di programma cinematografico, diventa un avvenimento atteso, da parte di un pubblico misto: sia d'estrazione popolare, sia proveniente
dagli ambienti culturali napoletani. Ciò costituisce una
spinta a creare un repertorio proprio della compagnia
(vi collabora anche Maria Scarpetta, ribattezzata Mascaria). Nel '32, Eduardo scrive altri due atti unici:
Gennareniello, rappresentato l'11 marzo dello stesso anno, e *Il dono di Natale* (che andrà in scena il 4 febbraio
1934 al Teatro Sannazzaro).

1932-37   Nel '32 Eduardo e Peppino, soci nell'impresa teatrale
(mentre Titina aveva preferito restare come scritturata), riescono a passare dall'avanspettacolo in un vero
teatro, firmando un contratto con l'impresario del Sannazzaro, Armando Ardovino. E il Sannazzaro, teatro
elegante, frequentato dalla Napoli bene, da intellettua-

li e artisti, rimane la sede stabile della compagnia (almeno fino al 1934). È un salto di qualità per il «Teatro Umoristico I De Filippo», di cui Eduardo è direttore artistico, Peppino amministratore, Titina prima attrice. Dopo la stagione '32-33, a cui risale il primo incontro dei De Filippo con Pirandello (durante una recita di *Chi è cchiú felice 'e me!*), la compagnia percorre «le vie d'Italia» (seguendo il suggerimento di Massimo Bontempelli). Andrà in *tournée* a Torino, in Liguria, a Bologna, a Roma (al Valle), poi a Milano (all'Odeon e all'Olimpia), conseguendo finalmente un successo nazionale. Eduardo scrive nel 1934 *Quinto piano, ti saluto!* (atto unico che metterà in scena il 25 giugno 1936 al Teatro Eliseo di Roma), e nel 1935 la commedia in tre atti *Uno coi capelli bianchi* (che poi rappresenterà il 26 gennaio 1938 al Quirino di Roma). Nella stagione '34-35 incomincia il ciclo pirandelliano: la compagnia presenta in napoletano *Liolà* all'Odeon di Milano, il 21 maggio 1935, e *Il berretto a sonagli* al Fiorentini, il 13 febbraio 1936; intanto Eduardo, con la collaborazione dell'autore, trasforma la novella di Pirandello *L'abito nuovo* in commedia napoletana in tre atti: lo spettacolo andrà in scena il 1° aprile 1937 al Teatro Manzoni di Milano.

1938-42 Nel 1938 Eduardo scrive e mette in scena l'atto unico *Pericolosamente* (che poi la compagnia «Il Teatro di Eduardo con Titina De Filippo» rappresenterà il 12 marzo 1947 al Carignano di Torino). Alla fine della stagione '38-39 Titina abbandona la compagnia «per salvare la [sua] dignità di attrice» e torna alla rivista (con Nino Taranto). Nel 1940 Eduardo scrive e mette in scena il 19 gennaio, al Teatro Odeon di Milano, con il «Teatro Umoristico I De Filippo» (senza Titina), un altro atto unico, *La parte di Amleto*; nello stesso anno scrive e rappresenta la commedia in tre atti *Non ti pago*, l'8 dicembre al Quirino di Roma. Con la sua nuova commedia in tre atti, *Io, l'erede*, la compagnia debutta il 5 marzo 1942 al Teatro La Pergola di Firenze. Il 24 marzo dello stesso anno va in scena a Torino *La fortuna con l'effe maiuscola*, commedia scritta insieme da Armando Curcio e da Eduardo. Intanto incominciano a

deteriorarsi i rapporti fra Eduardo e Peppino, ma la crisi rientra: l'8 giugno 1942 i due fratelli stipulano un
nuovo contratto triennale, che attribuisce a Eduardo
la direzione tecnico-artistica del «Teatro Umoristico» e
a Peppino quella amministrativa. Nell'ottobre del '42,
con l'affettuosa complicità di Renato Simoni, si ricon-
ciliano anche Titina e Eduardo, e la sorella torna in
compagnia.

1943-44 L'8 settembre del '43 i De Filippo sono a Roma; l'e-
mergenza provoca inattese alleanze artistiche: intorno
al Natale, per una ventina di giorni, Eduardo, Peppino
e Titina tornano alla rivista, sul palcoscenico delle
Quattro Fontane, insieme a Luigi Cimara, Evi Malta-
gliati e al giovane Aroldo Tieri, con un vecchio copione di Mascaria che avevano recitato nel '30 a Napoli (*Il
Gallo d'oro* o *Wunderbar* o *Tombola*). Dal marzo del
'44 tornano al repertorio di prosa, ma con i loro spettacoli più leggeri; lavorano sempre, passando dall'Argentina al Valle, all'Eliseo (la mattina dopo la loro ultima recita in questo teatro, il 3 giugno, gli americani entrano in Roma). Nell'agosto del '44, i De Filippo
tornano a Napoli (vi mancano dal 1941). Ripartono dal
Cinema-Teatro Kursaal (il Filangieri), poi recitano al
Reale e al Diana; dove, in una mattina di novembre,
durante le prove, scoppia la lite fra Eduardo e Peppino
che segnerà la fine del «Teatro Umoristico»: al termine
delle recite al Diana, il 10 dicembre 1944, il fratello
più giovane abbandona la compagnia.

1945 Nasce la nuova compagnia «Il Teatro di Eduardo con
Titina De Filippo», che debutta con la prima rappresentazione, il 25 marzo al Teatro San Carlo di Napoli,
della commedia in tre atti di Eduardo, *Napoli milionaria!*

1946-47 Eduardo mette in scena il 7 gennaio 1946 all'Eliseo di
Roma, la commedia in tre atti *Questi fantasmi!* Prima
che il '46 finisca scrive un'altra commedia in tre atti, *Filumena Marturano*, che rappresenta il 7 novembre 1947
al Teatro Politeama di Napoli. Nello stesso anno incomincia a pensare ad un teatro tutto suo e a fare piani
per rimettere in piedi il San Ferdinando (distrutto dal-

le bombe); intanto scrive in tre atti *Le bugie con le gambe lunghe* (che poi debutterà il 14 gennaio 1948 al Teatro Eliseo di Roma).

1948-49   Eduardo scrive *La grande magia* (in tre atti), e la mette in scena la prima volta al Teatro Verdi di Trieste, a partire dal 30 ottobre 1948 ma solo per quattro giorni (senza Titina che si è sentita male); nel frattempo scrive anche la commedia in tre atti *Le voci di dentro*, rappresentandola l'11 dicembre 1948 al Teatro Nuovo di Milano. Il 28 novembre del 1949 la compagnia mette in scena *La grande magia* con Titina, al Teatro Mercadante di Napoli.

1950-52   La nuova commedia eduardiana, in tre atti, *La paura numero uno* debutta il 29 luglio 1950 al Teatro La Fenice, in occasione del Festival della Prosa di Venezia. Intanto Eduardo ha comprato il suolo dove sorgeva il Teatro San Ferdinando e ha incominciato i lavori di ricostruzione. Per finanziarli, nella stagione '51-52 non forma compagnia e fa del cinema. Nel 1951 pubblica la sua prima raccolta di poesie, *Il paese di Pulcinella*. Il 9 maggio 1952 va in scena al Piccolo Eliseo di Roma, per la regia dell'autore e con un gruppo di attori appena usciti dall'Accademia di Arte Drammatica di Roma, il trittico di atti unici: *Amicizia* (scritto probabilmente per l'occasione), *Il successo del giorno* (scritto negli anni Trenta con il titolo *La voce del padrone*), *I morti non fanno paura* (nuovo titolo di *Requie all'anema soja...* del 1926, già rappresentato al Kursaal di Napoli il 12 gennaio 1932).

1953-56   Neppure nel '52-53 Eduardo fa compagnia; rifiuta anche, nel luglio del '53, l'invito di Giorgio Strehler a interpretare don Marzio in *La bottega del caffè* di Goldoni. Ma chiude il suo esilio dal teatro («Faccio la prova generale della mia morte», aveva detto a Raul Radice nel gennaio del '53) rappresentando il 2 ottobre 1953 al Teatro Mediterraneo di Napoli *Miseria e nobiltà* del padre Scarpetta, per celebrarne il centenario della nascita. Quindi inaugura il 21 gennaio del 1954 il suo Teatro San Ferdinando con *Palummella zompa e vola* di Antonio Petito (riservandosi la parte di Pulcinella). Ancora al San Ferdinando, dopo una lunga convalescenza, Titina torna in scena con *Monsignor Perelli* di Francesco Gabriele Starace, il 26 marzo 1954, per la regia di Roberto Rossellini; ma è il suo ultimo spettacolo. Nel '54 Eduardo scrive la nuova commedia in tre atti *Mia famiglia*, che con la compagnia «Il Teatro di Eduardo» (ormai senza Titina) rappresenta in anteprima al Teatro Morlacchi di Perugia, il 16 gennaio del 1955; la prima all'Eliseo di Roma è del 18 gennaio dello stesso anno. Ancora all'Eliseo debutta l'11 novembre del '55 un'altra commedia in tre atti di Eduardo, *Bene mio e core mio*. A partire dal 1956 l'attore-autore-regista procede in due direzioni: da una parte, con la sua compagnia e il suo repertorio, gira l'Italia (e presto l'Europa); dall'altra forma la «Scarpettiana», una compagnia che dirige lui stesso senza recitarvi, per far rivivere sul palcoscenico del San Ferdinando il repertorio paterno. Ne faranno parte Beniamino e Pupella Maggio, Salvatore Cafiero e Franco Sportelli, Carla Del Poggio e poi Franca May, Vera Nandi, Enzo Petito, Pietro De Vico (che prenderà il posto di Beniamino Maggio nella parte di don Felice) e Ugo D'Alessio. Nel 1956 Eduardo incomincia anche le sue messinscene televisive, a partire dagli atti unici (*Quei figuri di trent'anni fa*; *I morti non fanno paura*; *Amicizia*).

1957-58   Nel '57 Eduardo porta a termine in fretta una commedia promessa (fin dal '52) e più volte rimandata, *De Pretore Vincenzo*, per una compagnia di giovani e per un regista, Luciano Lucignani, di cui supervisiona l'operato. Il 26 aprile dello stesso anno la commedia va in scena per la prima volta al Teatro de' Servi di Roma, con Valeria Moriconi e Achille Millo come protagonisti, scene e costumi di Titina De Filippo. Ma lo spettacolo viene sospeso dopo tre giorni di repliche per un ordine della Questura, in quanto giudicato «contrario alla morale cattolica». Soltanto in maggio, a chiusura di stagione, si trova il modo di riprenderlo al Valle. È per Eduardo un periodo di intenso lavoro cinematografico, che culmina nella collaborazione con Fellini al film *Fortunella*, uscito nel 1958.

1959 Con *La pietra di paragone* di Gioacchino Rossini alla Piccola Scala, il 29 maggio, Eduardo inizia la serie delle sue regie liriche. Intorno alla metà del '59 compie una *tournée* in Urss, allargando ulteriormente il suo successo internazionale (è il paese in cui sarà piú rappresentato, con 29 allestimenti; seguito dalla Gran Bretagna, con 16 allestimenti, e dalla Germania, con 15 allestimenti). Il 6 novembre del 1959 rappresenta con la compagnia al Quirino di Roma la sua nuova commedia in tre atti, *Sabato, domenica e lunedí* (andrà poi in scena al Teatro Old Vic di Londra nell'ottobre del 1973, con la regia di Franco Zeffirelli, interpreti Joan Plowright e Laurence Olivier).

1960 Eduardo scrive la commedia in tre atti *Il sindaco del Rione Sanità* e la mette in scena il 18 novembre (secondo il catalogo della mostra *Eduardo De Filippo. Vita e opere*, cit. in bibliografia della critica) o il 9 dicembre (secondo Di Franco e Giammusso) al Quirino di Roma.

1961-62 Eduardo allestisce con la compagnia il primo ciclo televisivo delle sue commedie (*Ditegli sempre di sí*; *Napoli milionaria!*; *Questi fantasmi!*; *Filumena Marturano*), che va in onda nella primavera del 1962. Nello stesso anno scrive, insieme a Isabella Quarantotti, lo sceneggiato televisivo in sei puntate *Peppino Girella* (che andrà poi in onda nel 1963); ma rappresenta anche il 20 ottobre 1962 al Quirino di Roma la sua nuova commedia, in due tempi e diciotto quadri, *ll figlio di Pulcinella* (che porta la data di composizione del 1958).

1963-64 *Tommaso d'Amalfi* di Eduardo debutta per la sua regia al Teatro Sistina di Roma, l'8 ottobre 1963, con la compagnia di Domenico Modugno (il cantante interpreta il protagonista, è autore delle musiche ed anche produttore dello spettacolo). Ancora nel '63 Eduardo allestisce per la televisione il secondo ciclo delle sue commedie (*Chi è cchiú felice 'e me*; *L'abito nuovo*; *Non ti pago*; *La grande magia*; *La paura numero uno*; *Bene mio e core mio*; *Mia famiglia*), che vengono trasmesse dal gennaio all'aprile del 1964. È di nuovo in scena, come attore-autore-regista, il 3 novembre al Teatro San Fer-

dinando di Napoli con l'atto unico *Dolore sotto chiave*
(nato come originale radiofonico nel '58), ma affida a
Franco Parenti, in compagnia per due stagioni conse-
cutive, la parte del protagonista.

1965   L'8 gennaio la compagnia «Il Teatro di Eduardo» rappresenta per la prima volta al Teatro San Ferdinando la
commedia eduardiana in tre atti *L'arte della commedia*,
ma dopo la censura espressa da una rubrica televisiva e
forse a causa delle reazioni polemiche suscitate «in alto
loco» lo spettacolo sparisce dal cartellone (ed è sostituito a Roma da una ripresa di *Uomo e galantuomo*). Tuttavia l'autore pubblica subito il suo testo da Einaudi,
con una avvertenza larvatamente polemica.

1966   *Il cilindro* (atto unico scritto nel 1965) va in scena con
Eduardo e la sua compagnia il 14 gennaio, al Quirino di
Roma.

1967   *Il contratto* (in tre atti) di Eduardo debutta il 12 ottobre
alla Fenice di Venezia, in occasione del XXVI Festival
Internazionale del Teatro di Prosa (con scene e costumi
di Renato Guttuso, e musica di Nino Rota). Fanno parte della compagnia, accanto a vecchie glorie come Pupella e Beniamino Maggio, giovani come Bruno Ciri-
no, Isa Danieli e Vittorio Mezzogiorno.

1970   *Il monumento*, commedia in tre atti scritta da Eduardo
(secondo Giammusso) tre anni e mezzo prima, debutta
con la sua compagnia al Teatro La Pergola di Firenze,
il 24 (anteprima per gli studenti) e il 26 novembre (prima). La parte della protagonista femminile, pensata per
Anna Magnani e poi destinata a Valentina Cortese, è
interpretata da Laura Adani.

1971   *Ogni anno punto e da capo* (spettacolo di rivista ricostruito da Eduardo sulla base di quello già rappresentato, con il titolo *È arrivato 'o trentuno*, per la Compagnia Molinari nel gennaio 1931) va in scena con la regia
dell'autore, musiche di Nino Rota e scene di Bruno Garofalo, il 5 ottobre al Piccolo Teatro di Milano; vi par-
tecipano Franco Parenti (che fa Sik-Sik), Ombretta

Colli, Ivana Monti, Paolo Graziosi, Luisa Rossi. Nel gennaio dello stesso anno esce la prima edizione di *'O canisto* (poesie, prose, ricordi).

1972 Al Teatro Eliseo di Roma debutta il nuovo spettacolo della compagnia di Eduardo, *Na Santarella* di Eduardo Scarpetta, con Angelica Ippolito. In maggio Eduardo partecipa alla Word Theatre Season di Londra e al Teatro Aldwych presenta con la sua compagnia *Napoli milionaria!* (gli rendono omaggio Vanessa Redgrave, Laurence Olivier, John Dexter, Joan Plowright ed altre personalità del teatro inglese). Il 18 dicembre Eduardo riceve, all'Accademia dei Lincei, il «Premio Internazionale Feltrinelli»: nell'occasione pronuncia il discorso *Il teatro è il mio lavoro* e annuncia la sua nuova commedia appena scritta, *Gli esami non finiscono mai*.

1973 La compagnia «Il Teatro di Eduardo» mette in scena *Gli esami non finiscono mai* (un prologo e tre atti, scene e costumi di Mino Maccari, musiche a cura di Roberto De Simone) in anteprima il 19 dicembre e in prima il 21 dicembre, al Teatro La Pergola di Firenze.

1974 Proprio mentre recita la malattia finale di Guglielmo Speranza, durante una ripresa di *Gli esami non finiscono mai* sul palcoscenico romano dell'Eliseo, Eduardo avverte i sintomi di un collasso cardiaco; gli applicano un *pace-maker*, praticamente fra una rappresentazione e l'altra (recita fino a domenica 3 marzo, il 4 viene ricoverato e operato, il 27 torna in scena per altre quattro settimane di recite).

1974-75 Alla fine dell'estate del '74, Eduardo allestisce per la televisione il ciclo scarpettiano: *Lu curaggio de nu pompiere napulitano*, *Li nepute de lu sinneco*, *Na Santarella* di Eduardo Scarpetta, e *'O tuono 'e marzo* di Vincenzo Scarpetta. Andranno in onda dal gennaio al febbraio 1975.

1975-81 Va in onda il terzo ciclo delle sue commedie allestite per la televisione (*Uomo e galantuomo*; *De Pretore Vincenzo*; *Gli esami non finiscono mai*; *L'arte della comme-*

dia; *Natale in casa Cupiello*; *Il cilindro*; *Gennareniello*; *Le voci di dentro*; *Il sindaco del Rione Sanità*; *Il contratto*).

1977   L'opera lirica *Napoli milionaria!*, composta da Nino Rota su libretto di Eduardo, inaugura con la sua regia il 22 giugno il XX Festival dei Due Mondi di Spoleto (scene di Bruno Garofalo, direttore Bruno Bartoletti). Il 15 luglio Eduardo riceve la laurea *honoris causa* dall'Università di Birmingham.

1980   Si apre la Scuola di drammaturgia di Firenze, con sede in una sala del Teatro La Pergola: Eduardo lavora con gli allievi fino al 26 giugno. Il 18 novembre riceve la laurea *honoris causa* dall'Università di Roma «La Sapienza».

1981   Incominciano al Teatro La Pergola di Firenze, con *La donna è mobile* di Vincenzo Scarpetta, le rappresentazioni della «Compagnia di Teatro di Luca De Filippo», di cui Eduardo cura la regia. Il 4 aprile si annuncia al Teatro Ateneo dell'Università di Roma «La Sapienza» l'inizio di un corso di drammaturgia da parte di Eduardo, professore a contratto presso la cattedra di Storia del Teatro e dello Spettacolo (l'attore e drammaturgo vi terrà lezioni per l'anno accademico 1981-82 e per il successivo 1982-83). Il 26 settembre 1981 Eduardo è nominato senatore a vita.

1982   Compie una serie di recital insieme a Carmelo Bene in Italia e all'estero (il ricavato del primo spettacolo va ai ragazzi del Filangieri di Napoli e del Fornelli di Bari).

1983   Eduardo cura ancora tre regie: *Bene mio e core mio* per la compagnia di Isa Danieli; *Tre cazune fortunate* e *Nu turco napuletano* per la compagnia di Luca De Filippo. Con una conferenza-spettacolo, *L'attore e la tradizione*, inaugura il 9 luglio a Montalcino lo Studio Internazionale dello Spettacolo (diretto da Ferruccio Marotti dell'Università di Roma «La Sapienza»). Durante l'estate traduce in antico napoletano *La tempesta* di Shakespeare.

1984 Eduardo partecipa al film-Tv *Cuore* di Luigi Comencini, con una indimenticabile interpretazione del vecchio maestro Crosetti. Trascorre luglio e agosto a registrare *La tempesta*, doppiando le voci di tutti i personaggi, tranne Miranda (affidata a quella di Imma Piro). Il 15 settembre riceve il Premio Taormina-arte «Una vita per il teatro» al Teatro Antico di Taormina. Il 31 ottobre muore a Roma.

Bibliografia

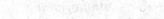

Opere di Eduardo De Filippo.

Commedie.

Cantata dei giorni pari, Einaudi, Torino 1959 (1962^3, 1971^7, 1979^8 con varianti testuali), 1991^{12}.

Cantata dei giorni dispari, Einaudi, Torino, vol. I 1951 (1971^8, 1979^{10} con varianti testuali), 1991^{14}; vol. II 1958 (1971^7, 1979^9 con varianti testuali), 1991^{13}; vol. III 1966 (1971^2, 1979^4 con varianti testuali), 1991^8.

Cantata dei giorni dispari, 3 voll., a cura e con Introduzione di A. Barsotti, «Tascabili» Einaudi, Torino 1995.

Sono usciti anche nella «Collezione di teatro» Einaudi: *Natale in casa Cupiello* (1964); *Le voci di dentro* (1964); *Filumena Marturano* (1964); *Napoli milionaria!* (1964); *Questi fantasmi!* (1964); *L'arte della commedia* e *Dolore sotto chiave* (1965); *L'arte della commedia* (1973 riv.); *Uomo e galantuomo* (1966); *Non ti pago* (1966); *Il contratto* (1967, 1979^5); *Il monumento* (1971, 1977^4 riv.); *Ogni anno punto e da capo* (1971, 1978^4 riv.); *Il sindaco del Rione Sanità* (1972); *La grande magia* (1973); *Gli esami non finiscono mai* (1973, 1977^5 riv.); *Sabato, domenica e lunedí* (1974); *Mia famiglia* (1974); *Bene mio e core mio* (1974); *De Pretore Vincenzo* (1974, 1977^3 riv.); *Ditegli sempre di sí* (1974); *Io, l'erede* (1976); *Le bugie con le gambe lunghe* (1979); *Il figlio di Pulcinella* (1979); *Chi è cchiú felice 'e me!* (1979); *Tommaso d'Amalfi* (1980).

I capolavori di Eduardo, 2 voll., Einaudi, Torino 1973, 1991^8.

Teatro (scelto), prefazione e cura di G. Davico Bonino, Edizione CDE, Milano 1985.

Tre commedie, nota introduttiva di G. Davico Bonino, Einaudi, Torino 1992.

Adattamenti e lavori teatrali in collaborazione.

Pulicinella ca va' truvanno 'a fortuna soia pe' Napule di P. Altavilla (libero adattamento di E. De Filippo), Edizioni del Teatro San Ferdinando, Napoli 1958.

La fortuna con l'effe maiuscola (in collaborazione con A. Curcio), in *Cantata dei giorni pari* cit., 1959; ora in *Il teatro di Armando Curcio*, Curcio, Milano 1977.

La tempesta di William Shakespeare nella traduzione in napoletano di Eduardo De Filippo, Einaudi, Torino 1984.

Peppino Girella (originale televisivo tratto da una novella di Isabella Quarantotti De Filippo), Editori Riuniti, Roma 1964; poi Einaudi, Torino 1988.

Eduardo De Filippo presenta quattro commedie di Eduardo e Vincenzo Scarpetta (tranne *Na santarella* liberi adattamenti di Eduardo), Einaudi, Torino 1974.

Simpatia (commedia in collaborazione con gli allievi della Scuola di drammaturgia di Firenze, su soggetto di Eduardo, con prefazione di G. Macchia), Einaudi, Torino 1981.

Mettiti al passo! (commedia di C. Brachini, allievo del corso di drammaturgia dell'Università di Roma «La Sapienza», su soggetto di Eduardo), Einaudi, Torino 1982.

L'erede di Shylock (commedia di L. Lippi, allieva del corso di drammaturgia dell'Università di Roma «La Sapienza», su soggetto di Eduardo), Einaudi, Torino 1984.

Un pugno d'acqua (commedia di R. Ianní, allievo del corso di drammaturgia dell'Università di Roma «La Sapienza», su soggetto di Eduardo), Einaudi, Torino 1985.

Copioni inediti conservati nel «Fondo Censura Teatrale», Archivio centrale dello Stato.

È arrivato 'o trentuno (1930); *La voce del padrone* (1932); *Tre mesi dopo* (1934); *Occhio alle ragazze* (1936); *Che scemenza* (1937, con Titina); *Il mio primo amore* (1937, radiotrasmissione, con Peppino); *Basta il succo di limone* (1940, con A. Curcio); *Sue piccole mani* (1943).

Con Mascaria (pseud. di Maria Scarpetta): *Noi siamo navigatori* (1932); *Cuoco della mala cucina* (1932); *Il thè delle cinque* (1932); *Una bella trovata!* (1932); *Parlate al portiere* (1933).

Riduzioni inedite: *L'ultimo Bottone* (1932, da P. Muñoz-Seca); *Il coraggio* (1937, da A. Novelli); *Il ciclone* (1938, da A. Avercenko); *In licenza* (1941, da E. Scarpetta).

Poesie e racconti.

Il paese di Pulcinella, Casella, Napoli 1951.

'O Canisto, Edizioni del Teatro San Ferdinando, Napoli 1971.

Le poesie di Eduardo, Einaudi, Torino 1975, 1989[11].

Vincenzo Aprea, Scirocco a Napoli, Un frutto fuori stagione, tre racconti, in AA.VV., *Eduardo nel mondo*, Bulzoni & Teatro Tenda, Roma 1978.

'O penziero e altre poesie di Eduardo, Einaudi, Torino 1985.

'E asciuto 'o sole (poesia inedita del 1973), «Mercurio» di «la Repubblica», n. 20, 19 maggio 1990.

Discorsi e altri scritti.

Primo... secondo (Aspetto il segnale), «Il Dramma», n. 240, 1936; poi in *Eduardo, polemiche, pensieri, pagine inedite*, a cura di I. Quarantotti De Filippo, Bompiani, Milano 1985.

Io e la nuova commedia di Pirandello, «Il Dramma», 1° giugno 1936.

Colloquio con Pirandello alle prove de «L'abito nuovo», «Scenario», aprile 1937; poi col titolo *Il giuoco delle parti* in AA.VV., *Eduardo De Filippo e il Teatro San Ferdinando*, Edizioni del Teatro San Ferdinando, Napoli 1954.

Lettera al Ministro dello Spettacolo, in L. BERGONZINI, F. ZARDI, *Teatro anno zero*, Parenti, Firenze 1961.

Prefazione a M. Mangini, *Eduardo Scarpetta e il suo tempo*, Montanino, Napoli 1961.

Eduardo, polemiche, pensieri, pagine inedite, a cura di I. Quarantotti De Filippo cit.

Sulla recitazione, in *Actors on Acting*, a cura di T. Cole e H. K. Chinoy, Crown Publishers, New York 1970; poi in italiano in *Eduardo, polemiche, pensieri, pagine inedite* cit.

Il teatro e il mio lavoro, in *Adunanze straordinarie per il conferimento dei premi «A. Feltrinelli»*, vol. I, fasc. 10, Accademia Nazio-

nale dei Lincei, Roma 1973; poi come nota introduttiva a
I capolavori di Eduardo cit.

Il punto di arrivo... il punto di partenza, brano tratto dalla conferenza-spettacolo tenuta a Montalcino per l'inaugurazione dello Studio Internazionale dello Spettacolo, il 9 luglio 1983, in
Eduardo, polemiche, pensieri, pagine inedite cit. (Il testo completo è pubblicato nell'opuscolo d'accompagnamento ai dischi con
la registrazione della conferenza, a cura della Discoteca di Stato, in collaborazione con il Centro Teatro Ateneo dell'Università di Roma, nell'album *Il favoloso Archivio della Discoteca di
Stato*, Anno Europeo della Musica 1985).

I fantasmi siamo noi!, lezione-spettacolo, «Piccolo Teatro di Milano», n. 3, 1985.

L'abbrustolaro, Introduzione a M. R. Schiaffino, *Le ore del caffè*,
Idealibri, Milano 1985.

Lezioni di teatro. All'Università di Roma «La Sapienza», a cura di P.
Quarenghi, prefazione di F. Marotti, Einaudi, Torino 1986.

La critica su Eduardo De Filippo*.

Monografie.

F. FRASCANI, *La Napoli amara di Eduardo De Filippo*, Parenti, Firenze 1958; *Eduardo*, Guida, Napoli 1974; *Eduardo segreto*
(biografia), Delfino, Napoli 1982.

G. MAGLIULO, *Eduardo*, Cappelli, Bologna 1959.

G. B. DE SANCTIS, *Eduardo De Filippo commediografo neorealista*,
Unione Arti Grafiche, Perugia 1959.

L. COEN PIZER, *Il mondo della famiglia ed il teatro degli affetti. Saggio sull'esperienza «comica» di Eduardo*, Carucci, Assisi-Roma
1972.

---

* Per una bibliografia della critica piú completa, almeno fino al 1995, rimandiamo al nostro libro *Eduardo drammaturgo (fra mondo del teatro e teatro del mondo)*, 2ª edizione con Bibliografia riveduta e accresciuta, Bulzoni, Roma 1995; il criterio di essenzialità che abbiamo seguito nella presente compilazione non riguarda tuttavia gli aggiornamenti. L'ordine generale
è cronologico, ma al suo interno abbiamo ritenuto opportuno, per facilita-
re la consultazione, raggruppare i contributi di uno stesso critico.

M. B. MIGNONE, *Il teatro di Eduardo De Filippo. Critica sociale*, Trevi, Roma 1974.

F. DI FRANCO, *Il teatro di Eduardo*, Laterza, Bari 1975; *Eduardo* (ricostruzione dell'attività teatrale di Eduardo e delle sue compagnie), Gremese, Roma 1978; *Eduardo da scugnizzo a senatore* (biografia), Laterza, Bari 1983; *Le commedie di Eduardo* (repertorio), Laterza, Bari 1984.

C. FILOSA, *Eduardo De Filippo poeta comico del tragico quotidiano. Saggio su Napoletanità e Decadentismo nel teatro di Eduardo De Filippo*, La Nuova Cultura, Napoli 1978.

G. ANTONUCCI, *Eduardo De Filippo*, Le Monnier, Firenze 1981.

A. BISICCHIA, *Invito alla lettura di Eduardo*, Mursia, Milano 1982.

E. GIAMMATTEI, *Eduardo De Filippo*, La Nuova Italia, Firenze 1982.

A. BARSOTTI, *Eduardo drammaturgo (fra mondo del teatro e teatro del mondo)*, Bulzoni, Roma 1988 (2ª edizione, con Bibliografia riveduta e accresciuta, ivi 1995); *Introduzione a Eduardo*, Laterza, Roma-Bari 1992.

Eduardo. Teatro Tv Vita, a cura di F. Marotti, A. Ottai, P. Quarenghi, Video Electronics Club, Roma 1989.

M. BUSSAGLI, *Ipotesi di lavoro su «Il cilindro» e Eduardo De Filippo*, Libra Edizioni, Firenze 1993.

B. DE MIRO D'AJETA, *Eduardo De Filippo*, Edizioni Scientifiche Italiane, Napoli 1993.

M. GIAMMUSSO, *Vita di Eduardo* (biografia), Mondadori, Milano 1993-95; *Eduardo da Napoli al mondo*, Mondadori, Milano 1994.

P. QUARENGHI, *Lo spettatore col binocolo. Eduardo De Filippo dalla scena allo schermo*, Edizioni Kappa, Roma 1995.

I. MOSCATI (a cura di), *Il cattivo Eduardo. Un artista troppo amato e troppo odiato*, Marsilio, Venezia 1988.

Contributi in altri volumi.

C. MUSCETTA, *Napoli milionaria!*, in *Letteratura militante*, Parenti, Firenze 1953; Da *«Napoli milionaria!» a «L'arte della commedia»* (1965), in *Realismo neorealismo controrealismo*, Garzanti, Milano 1976.

G. PULLINI, in *Teatro italiano fra due secoli, 1850-1950*, Parenti, Firenze 1958; in *Cinquant'anni di teatro in Italia*, Cappelli, Bologna 1960 (poi *Teatro italiano del '900*, Cappelli, Bologna 1971); in *Tra esistenza e coscienza. Narrativa e teatro del '900*, Mursia, Milano 1986.

V. PANDOLFI, in *Teatro italiano contemporaneo, 1945-1959*, Schwarz, Milano 1959; in AA.VV., *Storia universale del teatro drammatico*, vol. II, Utet, Torino 1964; *Eduardo De Filippo*, in AA.VV., *Letteratura Italiana. I Contemporanei*, vol. III, Marzorati, Milano 1969.

S. TORRESANI, in *Il teatro italiano degli ultimi vent'anni (1945-1965)*, Mangiarotti, Cremona 1965.

G. TREVISANI, in *Storia e vita di teatro, 1947-1964*, Ceschina, Milano 1967.

A. CONSIGLIO, *I De Filippo*, voce in *Enciclopedia dello spettacolo*, vol. IV, Le Maschere, Firenze-Roma 1954-68.

V. VIVIANI, in *Storia del teatro napoletano*, Guida, Napoli 1969.

M. STEFANILE, in *La letteratura a Napoli fra il 1930 e il 1970*, in AA.VV., *Storia di Napoli*, vol. X, Società Editrice Storia di Napoli, Napoli 1971.

G. PETROCCHI, P. GIANNANTONIO, in *Letteratura, critica e società del '900*, Loffredo, Napoli 1971.

L. M. PERSONÈ, in *Il teatro italiano della «belle époque»*, Olschki, Firenze 1972.

A. SPURLE, in *I De Filippo. La grande Titina*, Regina, Napoli 1973.

F. ANGELINI, *Eduardo*, in *Il teatro del Novecento da Pirandello a Fo*, Laterza, Bari 1976; *Eduardo negli anni trenta: abiti vecchi e nuovi*, in *Serafino e la tigre. Pirandello tra scrittura teatro e cinema*, Marsilio, Venezia 1990.

G. PETRONIO, in Introduzione a *Letteratura di massa, letteratura di consumo*, Laterza, Bari 1979.

S. DE MATTEIS, *I De Filippo*, voce in *Enciclopedia del teatro del '900*, Feltrinelli, Milano 1980; *Eduardo De Filippo*, voce in *Dizionario biografico degli italiani*, vol. XXXIII, Società Grafica Romana, Roma 1987; in *Lo specchio della vita. Napoli: antropologia della città del teatro*, il Mulino, Bologna 1993.

F. FRASCANI, *Eduardo De Filippo e il teatro napoletano*, in AA.VV., *Teatro contemporaneo*, vol. I, Lucarini, Roma 1981.

V. MONACO, in *La contaminazione teatrale*, Patron, Bologna 1981.

G. BARTOLUCCI, in *Teatro italiano - Italian theatre (Bene, Eduardo, Fo, Ronconi, Strehler)*, Cooperativa Editrice, Salerno 1983.

A. CARLONI, in *Titina De Filippo*, Rusconi, Milano 1984.

V. VALENTINI, *Il fondo audiovisivo di Eduardo De Filippo*; *Il teatro di Eduardo: le messinscene televisive. Audiovisivi per il teatro*, in *Teatro in immagine*, vol. II, Bulzoni, Roma 1987.

G. ANTONUCCI, in *Storia del teatro italiano del Novecento*, Studium, Roma 1986.

R. RADICE, voce in *Dizionario critico della letteratura italiana*, vol. II, Utet, Torino, ed. ampl. e agg. 1986.

P. PUPPA, in *Itinerari nella drammaturgia del '900*, in AA.VV., *Storia della letteratura italiana. Il Novecento*, tomo II, Garzanti, Milano 1987.

S. STEFANELLI, in *Come parla il teatro contemporaneo*, in AA.VV., *Gli italiani parlati*, Accademia della Crusca, Firenze 1987.

C. MELDOLESI, *La trinità di Eduardo: scrittura d'attore, mondo dialettale e teatro nazionale*, in *Fra Totò e Gadda. Sei invenzioni sprecate del teatro italiano*, Bulzoni, Roma 1987.

F. C. GRECO, *Sguardo e profezia; Eduardo autore del suo teatro*, in AA.VV., *Eduardo e Napoli, Eduardo e l'Europa*, ESI, Napoli 1993.

F. TAVIANI, *Eduardo De Filippo e Dario Fo*, in *Uomini di scena, uomini di libro*, il Mulino, Bologna 1995.

A. BARSOTTI, *I «primi piani» di Eduardo: l'attore fra la maschera e il volto*, in AA.VV., *Eduardo in maschera: incontri sul suo teatro*, a cura di M. Bussagli, Edizioni Scientifiche Italiane, Napoli 1995.

F. MASTROPASQUA, *Maschera e drammaturgia in Eduardo; Eduardo e il Gorgóneion*, in AA.VV., *Eduardo in maschera* cit.

F. ANGELINI, *«Natale in casa Cupiello» di Eduardo De Filippo*, in AA.VV., *Letteratura italiana. Le Opere*, vol. IV, Einaudi, Torino 1995.

R. TESSARI, in *Teatro italiano del Novecento. Fenomenologie e strutture 1906-1976*, Le Lettere, Firenze 1996.

G. NICASTRO, in *Scena e scrittura. Momenti del teatro italiano del Novecento*, Rubbettino, Messina 1996.

Articoli in riviste e periodici.

A. CONSIGLIO, *I De Filippo*, «Scenario», n. 10, 1933.

L. D'AMBRA, *I tre umoristi del teatro: I De Filippo*, «Il Dramma», n. 175, 1933.

E. F. PALMIERI, *I De Filippo*, «Scenario», n. 2, febbraio 1943.

L. SILORI, *Eduardo De Filippo*, «Belfagor», V, n. 6, novembre 1950.

E. NARDINI, *I tre De Filippo*, «La Settimana Incom», 26 gennaio 1952.

E. BARBETTI, *Il caso De Filippo*, «Il Ponte», n. 2, febbraio 1954.

G. CALENDOLI, *Una città e un mondo nel teatro di Eduardo*, «La Fiera Letteraria», 5 agosto 1956.

F. COLOGNI, *Antologia su Eduardo*, «Vita e pensiero», marzo 1962.

A. COLOMBO, *Eduardo De Filippo* (con bibliografia e illustrazioni fotografiche), «Letture», marzo 1962.

E. BERTUETTI, *Eduardo, umanità senza schemi*, «Il Dramma», aprile 1962.

H. ACTON, *Eduardo De Filippo*, «London Magazine», II, n. 3, giugno 1962.

L. CODIGNOLA, *Reading De Filippo*, «Tulane Drama Review», VIII, n. 3, Spring 1964.

B. SCHAECHERL, *L'arte della commedia*, «Rinascita», 22 gennaio 1966; *I contratti di Geronta*, ivi, 20 ottobre 1967; *Il gran teatro della vita*, ivi, 10 novembre 1984.

R. REBORA, *Eduardo, operazione sul quotidiano*, «Sipario», maggio 1966.

N. CHIAROMONTE, *Un palcoscenico di pietre per Eduardo*, «L'Espresso», 13 dicembre 1970.

F. QUADRI, *Eduardo. Il tramonto del grande regista*, in AA.VV., *Dossier: rapporto sull'attore*, a cura di G. Bartolucci e F. Quadri, «Sipario», n. 236, dicembre 1965; *Ogni anno punto e a capo*, «Panorama», 21 ottobre 1971; *Qui c'è già tutto Eduardo («Uomo e galantuomo» di Eduardo De Filippo con la regia di Luca De Filippo al teatro Giulio Cesare di Roma)*, ivi, 28 aprile 1985.

R. JACOBBI, *Cronache romane*, «Il Dramma», novembre-dicembre 1971; *Guglielmo Speranza, un eroe della rassegnazione*, «Sipario», n. 324, febbraio 1974.

F. GIOVIALE, *Moralismo simbolico e protesta sociale nel «Contratto»
di Eduardo De Filippo*, «Syculorum Gymnasium», XXVL, n. 1,
1973; *Rassegna eduardiana*, ivi, XXX, n. 2, 1977.

A. GHIRELLI, *Il Cecov napoletano*, «Sipario», n. 324, febbraio 1974;
Eduardo o il senso del tempo perduto, «Rinascita», 2 ottobre
1981.

L. BARBARA, *Profilo di Eduardo*, «La Domenica del Corriere», 31
ottobre 1979.

A. ABRUZZESE, *Il potere di Eduardo*, «Rinascita», 23 maggio 1980.

L. DE BERARDINIS, *«No, 'a mano no». Omaggio a Eduardo da parte
di un esponente dell'avanguardia teatrale napoletana*, ivi.

I. MOSCATI, *Il «match» che preferisco*, ivi, 25 maggio 1980.

A. BARSOTTI, in *Itinerari teatrali attraverso il '900 italiano*, «Rivista
Italiana di Drammaturgia», V, n. 15-16, giugno 1980; *«Sik-Sik,
l'artefice magico»: un eroe del nostro tempo*, «Critica letteraria»,
XIII, n. 47, 1985; *Su Eduardo drammaturgo. Fra tradizione e innovazione*, «Teatro contemporaneo», V, n. 9, febbraio-maggio
1985; *Famiglia e società nella commedia storica di «Napoli milionaria!»*, «Problemi», n. 75, gennaio-aprile 1986; *«Questi fantasmi!» o dell'ambiguità dei vivi*, «Ariel», 1, n. 1, gennaio-aprile
1986; *«La grande magia» secondo Eduardo*, «Quaderni di Teatro», VIII, n. 31, 1986; *Un «abito nuovo» da Pirandello a Eduardo*, «Ariel», 1, n. 3, settembre-dicembre 1986; *Eduardo, punto e a capo? A proposito della nuova drammaturgia napoletana*,
«Il Castello di Elsinore», VIII, n. 24, 1995.

M. G. BARABINO, *Il teatro di Eduardo: lo spazio scenico come metafora*, «Studi di storia delle arti», 1980.

C. MELDOLESI, *Gesti parole e cose dialettali. Su Eduardo Cecchi e il
teatro della differenza*, «Quaderni di Teatro», n. 12, maggio
1981.

S. TORRESANI, *Eduardo De Filippo: appunti bibliografici (e qualche
personale considerazione)*, «Otto/Novecento», n. 3-4, 1981.

K. OVARI, *L'io e la realtà nelle prime commedie di Eduardo De Filippo*, «Teatro contemporaneo», III, febbraio-maggio 1984.

L. SCIASCIA, *Ricordo di Eduardo*, «L'Espresso», 11 novembre
1984.

R. CIRIO, *Dimenticare Eduardo*, «L'Espresso», 2 giugno 1985.

L. VILLARI, *Eduardo: il senso e la malinconia della storia*, «Nuovi
Argomenti», n. 15, luglio-settembre 1985; *Se ne andò salutando Shakespeare*, in *Eduardo sempre in scena* (comprende anche

una poesia inedita di Eduardo, *È asciuto 'o sole!*, lettere di Peppino e Titina De Filippo, e una nota di M. Praga al primo atto di una commedia incompiuta, *Poi si vesti da medico di famiglia*), «Mercurio» di «la Repubblica», n. 20, 19 maggio 1990.

P. E. POESIO, *Eduardo è tornato in teatro*, «Ariel», 1, n. 2, maggio-agosto 1986.

G. GUERRIERI, *Dialoghi con Eduardo durante le pause (maggio 1978)*, «Teatro e Storia», V, n. 1, aprile 1990.

F. FRASCANI, *Eduardo De Filippo attore*, «Misure critiche», n. 70-71, aprile 1990.

M. DE BENEDICTIS, *Eduardo De Filippo. Viaggio al termine della nottata?*, ivi, 1990.

F. TAVIANI, *Eduardo e dopo*, in AA.VV., *Dossier: Eduardo De Filippo e la sua eredità*, «lettera dall'Italia», V, n. 19, luglio-settembre 1990.

R. PALADINI, *Varianti d'autore nella «Cantata dei giorni dispari» di Eduardo De Filippo*, «Ariel», VII, n. 1, gennaio-aprile 1992.

M. BRIZZI, *L'incontro di Eduardo e Pirandello: L'abito nuovo*, «Biblioteca Teatrale», n. 29, gennaio-marzo 1993.

F. ANGELINI, *Gli ultimi studi su Eduardo: una nota*, «Ariel», XI, n. 1, gennaio-aprile 1996.

Articoli e recensioni di spettacoli raccolti in volume.

L. REPACI, *L'arte sommessa e discreta di Eduardo attore*, in *Ribalte a lumi spenti, 1940-1942*, Ceschina, Milano 1943; anche in *Teatro d'ogni tempo*, Ceschina, Milano 1967.

R. SIMONI, in *Trent'anni di cronaca drammatica (1911-1952)*, Sei, Torino 1951-60.

V. PANDOLFI, *La tradizione popolare in Eduardo De Filippo*, in *Spettacolo del secolo*, Nistri-Lischi, Pisa 1953.

S. D'AMICO, in *Palcoscenico del dopoguerra*, ERI, Torino 1953; in *Cronache del teatro (1914-1955)*, Laterza, Bari 1963-64.

M. STEFANILE, *Eduardo De Filippo o la lezione di Pulcinella*, in *Labirinto napoletano*, ESI, Napoli 1958.

N. CHIAROMONTE, *Eduardo in Purgatorio*, in *La situazione drammatica*, Bompiani, Milano 1960.

S. QUASIMODO, in *Scritti sul teatro*, Mondadori, Milano 1961.

E. BENTLEY, in *In Search of theater*, Knopf, New York 1963; in *The Genius of the italian theater*, The New A. Library, New York 1964.

G. LANZA, in *Teatro dopo la guerra*, Edizioni del Milione, Milano 1964.

E. POSSENTI, in *10 anni di teatro*, Nuova Accademia, Milano 1964.

P. GRASSI, *Il contratto nuovo di Eduardo*, prefazione a E. DE FILIPPO, *Il contratto*, Einaudi, Torino 1967.

L. CODIGNOLA, *Il teatro di Eduardo*, in *Il teatro della guerra fredda e altre cose*, Università di Urbino, Argalía 1969.

E. PAGLIARANI, *Eduardo risperimenta la sua giovinezza*, in *Il fiato dello spettatore*, Marsilio, Padova 1972.

S. DE FEO, in *In cerca di teatro*, vol. II, Longanesi, Milano 1972.

G. GERON, in *Dove va il teatro italiano*, Pan, Milano 1975.

C. ALVARO, in *Cronache e scritti teatrali*, Abete, Roma 1976.

P. GRASSI, in *Quarant'anni di palcoscenico*, Mursia, Milano 1977.

G. ARTIERI, *Eduardo e Napoli europea*, in *Napoli punto e basta?*, Mondadori, Milano 1980.

A. SAVINIO, in *Palchetti romani*, Adelphi, Milano 1982.

E. FLAIANO, in *Lo spettatore addormentato*, Rizzoli, Milano 1983.

G. PROSPERI, in *Maestri e compagni di ventura*, Sercangeli, Roma 1986.

A. M. RIPELLINO, in *Siate buffi. Cronache di teatro, circo e altre arti («L'Espresso» 1969-77)*, Bulzoni, Roma 1989.

F. QUADRI, in *Teatro '92*, Laterza, Roma-Bari 1993.

G. GUERRIERI, in *Il teatro in contropiede. Cronache e scritti teatrali 1974-81*, Bulzoni, Roma 1993.

E. FLAIANO, in *Lo spettatore addormentato*, Bompiani, Milano 1996.

Articoli e recensioni di spettacoli su quotidiani.

M. BONTEMPELLI, *I De Filippo*, «Il Mattino», 16 giugno 1932; poi col titolo *Il teatro di Eduardo*, in AA.VV., *Eduardo De Filippo e il Teatro San Ferdinando* cit.

E. CONTINI, *Natale in casa Cupiello*, «Il Messaggero», 12 giugno 1937; *L'abito nuovo*, ivi, 16 giugno 1937; *La grande magia*, ivi, 21 gennaio 1950.

A. SAVINIO, *Hanno votato per loro i santi*, «Corriere della Sera», 4 luglio 1946.

A. GEREMECCA, *Questi fantasmi!*, «Il Mattino», 15 ottobre 1946.

E. BIAGI, *La dinastia dei fratelli De Filippo*, «La Stampa», 5 aprile 1959.

R. TIAN, *Non ti pago*, «Il Messaggero», 5 dicembre 1962; *Uomo e galantuomo*, ivi, 18 marzo 1965; *Eduardo resuscita i morti a patto che abbiano famiglia*, ivi, 13 ottobre 1967; *Eduardo*, ivi, 17 dicembre 1970; *Il prodigio di un Eduardo piú moderno che mai*, ivi, 11 gennaio 1974; *Spirito allegro*, ivi, 28 marzo 1974; *De Pretore Vincenzo*, ivi, 3 gennaio 1976; *Natale in casa Cupiello*, ivi, 7 maggio 1976; *La politica e il teatro*, ivi, 27 settembre 1981; *Ditegli sempre di sí*, ivi, 11 febbraio 1982; *La tradizione? È un trampolino*, ivi, 11 luglio 1983.

M. STEFANILE, *L'arte della commedia*, «Il Mattino», 9 gennaio 1965.

R. RADICE, *L'arte della commedia*, «Corriere della Sera», 9 gennaio 1965; *«Il contratto» di Eduardo al Festival della prosa di Venezia*, ivi, 13 ottobre 1967; *«Sabato, domenica e lunedí» di Eduardo De Filippo a Londra*, ivi, 27 ottobre 1973; *I sette sogni nel cassetto di Eduardo*, ivi, 9 gennaio 1976.

A. LAZZERI, *Un imbroglione camuffato da apostolo della bontà*, «l'Unità», 13 ottobre 1967.

R. DE MONTICELLI, *Per punire i vivi «resuscita» i morti*, «Il Giorno», 13 ottobre 1967; *Il monologo silenzioso di Eduardo*, «Corriere della Sera», 1° marzo 1974; *Eduardo imprendibile scappa sempre via dal suo gran monumento*, ivi, 24 maggio 1980; *Apparizioni, incantesimi, caccia ai fantasmi...*, ivi, 10 luglio 1983; *Maschera e vita, riso e pianto*, ivi, 2 novembre 1984; *Trionfale «magia» di Eduardo-Strehler*, ivi, 7 maggio 1985; *L'Eduardo di Turi Ferro («Il sindaco del Rione Sanità» al Manzoni di Milano)*, ivi, 17 gennaio 1987.

A. BLANDI, *Il contratto*, «La Stampa», 18 ottobre 1967.

P. E. POESIO, *Di retorica si muore*, «La Nazione», 26 novembre 1970.

C. GALIMBERTI, *Le tre barbe del dottor Speranza*, «Corriere della Sera», 22 ottobre 1973.

L. COMPAGNONE, *La risata tragica di Eduardo*, «Corriere della Sera», 8 settembre 1974; *Non ho paura di questo fantasma*, «Paese Sera», 6 gennaio 1977; *Storia del grande Amleto di Partenope*, ivi, 2 novembre 1984.

M. LUNETTA, *La verità di Eduardo*, «l'Unità», 23 settembre 1975.

A. SAVIOLI, *La speranza di Eduardo*, «l'Unità», 24 dicembre 1975; *Il teatro di una vita*, ivi, 2 novembre 1984; *Il vicolo delle meraviglie*, ivi, 7 maggio 1985; *I fantasmi di casa Eduardo*, ivi, 31 maggio 1992; *Quei fantasmi non invecchiano mai (Successo e sei serate di tutto esaurito al teatro Morlacchi di Perugia)*, ivi, 24 febbraio 1992.

A. GHIRELLI, *Il segreto di Eduardo*, «Paese Sera», 11 gennaio 1976.

E. MO, *Eduardo cambia il finale del testo: «Napoli milionaria!» diventa disperata*, «Corriere della Sera», 19 giugno 1977; *Da Spoleto il grido di Napoli*, ivi, 22 giugno 1977.

G. DE CHIARA, *L'avanguardia chiama Pulcinella*, «Avanti!», 19 ottobre 1975; *Un nome entrato da anni nella leggenda del teatro*, ivi, 2 novembre 1984; *L'incontro storico tra Eduardo e Strehler*, ivi, 7 maggio 1985.

G. GUERRIERI, *Passione civile di Eduardo*, «Il Giorno», 23 aprile 1976; *Un padrino nel «Rione Sanità»*, ivi, 7 giugno 1978.

E. PAGLIARANI, *E Eduardo riscopre il fascino del comico*, «Paese Sera», 10 gennaio 1980.

G. STREHLER, *Gli ottanta anni di Eduardo*, «Il Mattino», 24 maggio 1980.

D. REA, *La degnità di un artefice magico*, «Il Tempo», 1° ottobre 1981.

G. DAVICO BONINO, *Ditegli sempre di sí*, «La Stampa», 11 febbraio 1982; *Strehler si fa piú giovane per Eduardo*, ivi, 7 maggio 1985.

T. CHIARETTI, *State attenti, è matto però sa bene ciò che dice («Ditegli sempre di sí» di Eduardo interpretato dal figlio Luca De Filippo alla Biennale Teatro '82 di Venezia)*, «la Repubblica», 11 febbraio 1982; *Fra lacrime e risate ha parlato di tutti noi*, ivi, 2 novembre 1984; *Attore, creatore, maestro: Eduardo una sola maschera*, ivi, 3 aprile 1985; *Eduardo secondo Strehler*, ivi, 7 maggio 1985.

R. DI GIAMMARCO, *E sulla scena nuda che piacere ritrovare il fascino di Eduardo*, «la Repubblica», 13 luglio 1983.

R. PALAZZI, *Eduardo, un gran cuore in una grande festa*, «Corriere della Sera», 17 settembre 1984.

G. PULLINI, *Nel tempo la sua presenza di teatrante. Le tre stagioni. Tenero, ironico e giudice*, «Il Tirreno», 2 novembre 1984.

L. LUCIGNANI, *Quando mi dettava il suo «De Pretore»*, «la Repubblica», 2 novembre 1984.

T. KEZICH, *Quella «grande magia» di Eduardo*, «la Repubblica», 8 gennaio 1985.

U. VOLLI, *Tra genio e artigianato una preziosa eredità*, «la Repubblica», 28 maggio 1985: *Ma Filumena vince ancora*, ivi, 19 novembre 1986; *Eduardo rivisitato da Calenda: Sindaco mafioso al Rione Sanità*, ivi, 16 gennaio 1987.

G. RABONI, *Magnifico De Berardinis fra le schegge di Eduardo*, «Corriere della Sera», 3 luglio 1989; *Luca De Filippo evoca i fantasmi di Eduardo tra gli applausi al Morlacchi di Perugia*, «Corriere della Sera», 24 febbraio 1992.

F. QUADRI, *Luca De Filippo tra sogni e malocchio (Successo per la ripresa eduardiana «Non ti pago! »*, *con Isa Danieli ed Enzo Salemme)*, «la Repubblica», 24 novembre 1989; *Ricordi su palco*, ivi, 6 aprile 1990; *Calibano in marionetta (Cosí la «Tempesta» con la voce di Eduardo)*, ivi, 17 novembre 1990; *Napoli visionaria nel nome di Eduardo (Al Diana di Napoli «Le voci di dentro», diretto e interpretato da Carlo Giuffrè)*, ivi, 17 ottobre 1991; *Le ambigue visioni di Luca De Filippo («Questi fantasmi» di Eduardo con la regia di Pugliese)*, ivi, 26 febbraio 1992; *Il tormento di Giuffrè. La «nuttata» di Eduardo secondo Patroni Griffi (per l'allestimento di «Napoli milionaria! » trent'anni dopo)*, ivi, 20 maggio 1993.

L. LAPINI, *Sublimi menzogne firmate Eduardo (Tieri-Lojodice alla Pergola con «Le bugie hanno le gambe lunghe»)*, «la Repubblica», 18-19 novembre 1990; *Quel galantuomo sembra Charlot (Pergola: Gregoretti rilegge il giovane Eduardo)*, ivi, 14-15 aprile 1991.

P. VALENTINO, *La grande magia incanta Mosca. Eduardo e Strehler entrano nel cuore dei russi anche senza traduzione*, «Corriere della Sera», 17 dicembre 1990.

P. LUCCHESINI, *Tante risate col giovane Eduardo (Nello Mascia e la sua compagnia portano in scena a La Pergola di Firenze «Uomo e galantuomo» di Eduardo De Filippo)*, «La Nazione», 14 aprile 1991.

V. CAPPELLI, *Nei bassi di Eduardo come in Bosnia (Patroni Griffi realizza una trilogia: «Punto sulla straordinaria attualità»)*, «Corriere della Sera», 15 maggio 1993.

Rassegne, cataloghi, convegni, numeri monografici.

AA.VV., *Eduardo De Filippo e il Teatro San Ferdinando*, Edizioni del Teatro San Ferdinando, Napoli 1954.

AA.VV., numero monografico di «Sipario» dedicato a Eduardo De Filippo, XI, n. 119, marzo 1956.

AA.VV., *Eduardo nel mondo*, Bulzoni & Teatro Tenda, Roma 1978.

AA.VV., *Eduardo*, «Il Mattino documento», 24 maggio 1980.

AA.VV., *Eduardo nel cinema*, Edizioni Tempi Moderni, Napoli 1985.

AA.VV., numero monografico di «Théâtre en Europe» dedicato a Eduardo De Filippo, n. 6, aprile 1985.

AA.VV., *Omaggio a Eduardo*, a cura di L. Boccardi, Edizioni in Castello, Venezia 1985.

AA.VV., *I tanti volti di Eduardo*, Atti del convegno omonimo (Milano, Sala del Grechetto, 1° aprile 1985), a cura dell'Ufficio stampa del «Piccolo Teatro di Milano», Milano 1985.

AA.VV., *Eduardo De Filippo. Vita e opere, 1900-1984*, catalogo della mostra (Teatro Mercadante di Napoli, 27 settembre - 16 novembre 1986), a cura di I. Quarantotti De Filippo e S. Martin, Mondadori, Milano 1986.

AA.VV., *L'arte della commedia*, Atti del convegno di studi sulla drammaturgia di Eduardo (Roma, Teatro Ateneo, 21 settembre 1988), a cura di A. Ottai e P. Quarenghi Bulzoni, Roma 1990.

AA.VV., *Eduardo senza Eduardo*, incontri con critici, registi, attori, traduttori, sulle messinscene delle opere di Eduardo da parte di altri interpreti, a cura di A. Savioli (Teatro Cortesi di Sirolo, 1989).

AA.VV., *Dossier: Eduardo De Filippo e la sua eredità*, «lettera dall'Italia», v, n. 19, luglio-settembre 1990.

AA.VV., *Eduardo nel mondo*, catalogo della mostra di manifesti, lettere, immagini del teatro di Eduardo De Filippo, a cura di C. Molfese e I. Quarantotti De Filippo, edito a cura dell'Istituto del Dramma Italiano, Guida Monaci, Roma 1991.

AA.VV., *Eduardo e Napoli, Eduardo e l'Europa*, Atti del convegno omonimo (Aula Magna della Facoltà di Lettere dell'Università di Napoli, 26 marzo 1985, nell'ambito della manifestazione *Ricordo di Eduardo*), a cura di F. C. Greco, ESI, Napoli 1993.

AA.vv., *Eduardo in cilindro*, Atti degli incontri sul teatro di Eduardo (Cecina, Teatro E. De Filippo, 8 febbraio - 18 marzo 1993), a cura di M. Bussagli, Livorno 1994.

AA.vv., *Eduardo in maschera: incontri sul suo teatro*, a cura di M. Bussagli, Edizioni Scientifiche Italiane, Napoli 1995.

Interviste.

G. SARNO, *Intervista con Eduardo De Filippo*, «Roma», 31 marzo 1940.

L. RIDENTI, *Sono stato da Eduardo*, «Il Dramma», 1° gennaio 1949.

ANONIMO, *Confessione di un figlio di mezzo secolo*, prefazione a E. DE FILIPPO, *La grande magia*, «Il Dramma», n. 105, marzo 1950.

V. PANDOLFI, *Intervista a quattr'occhi con Eduardo De Filippo*, «Sipario», n. 119, 1956; poi in *Teatro italiano contemporaneo* cit.

V. BUTTAFAVA, *Pensa per un anno a una commedia e la scrive in una settimana*, «Oggi», 5 gennaio 1956.

S. LORI, *Intervista con il grande autore-attore napoletano*, «Roma», 7 maggio 1969; *Intervista a Eduardo*, «Il Dramma», novembre-dicembre 1972.

R. TIAN, *Intervista con Eduardo: il teatro, la vita*, «Il Messaggero», 13 luglio 1975.

M. G. GREGORI, *Eduardo De Filippo*, in *Il signore della scena*, Feltrinelli, Milano 1979.

R. NISSIM, *Eduardo: «Come ho scritto una commedia in una settimana»*, «Il Tempo», 13 luglio 1983.

M. NAVA, *Eduardo: la Napoli dei giorni dispari. (Intervista al senatore a vita De Filippo sui mali della sua città)*, « Corriere della Sera», 17 gennaio 1983.

A. GHIRELLI, *Eduardo: «Tradurrò Shakespeare in napoletano»*, «Paese Sera», 10 luglio 1983.

C. DONAT CATTIN, *Eduardo: «Invecchiate con me»*, «Corriere della Sera», 13 ottobre 1984.

P. CALCAGNO, *Eduardo. La vita è dispari (conversazione con Eduardo, intervento di Dario Fo)*, Pironti, Napoli 1985.

Testimonianze.

P. DE FILIPPO, *Una famiglia difficile*, Marotta, Napoli 1976.

I. QUARANTOTTI DE FILIPPO, in *Eduardo, polemiche, pensieri, pagine inedite* cit.

G. GARGIULO, *Con Eduardo*, Colonnese, Napoli 1989.

L. DE FILIPPO, *Sulla scena con papà*, «Televenerdí» di «la Repubblica», 2 settembre 1994.

Nota su edizioni e varianti della «Cantata dei giorni pari» di Eduardo De Filippo*.

La *Cantata dei giorni pari*, pubblicata da Einaudi, consiste in un volume unico che esce per la prima volta nel 1959. Fra le edizioni successive del volume, risultano rivedute dall'autore la terza, del 1962, la settima, del 1971, e l'ottava, del 1979.

La prima edizione (1959) presenta sedici commedie: *Farmacia di turno*; *Uomo e galantuomo*; *Filosoficamente*; *Sik-Sik, l'artefice magico*; *Chi è cchiú felice 'e me!...*; *Quei figuri di trent'anni fa*; *Natale in casa Cupiello*; *Gennareniello*; *Il dono di Natale*; *Quinto piano, ti saluto!*; *Uno coi capelli bianchi*; *L'abito nuovo*; *Pericolosamente*; *La parte di Amleto*; *Io, l'erede*; *La fortuna con l'effe maiuscola*.

La terza edizione (1962) contiene ancora sedici commedie: *Farmacia di turno*; *Uomo e galantuomo*; *Filosoficamente*; *Sik-Sik, l'artefice magico*; *Chi è cchiú felice 'e me!...*; *Quei figuri di trent'anni fa*; *Natale in casa Cupiello*; *Gennareniello*; *Il dono di Natale*; *Quinto piano, ti saluto!*; *Uno coi capelli bianchi*; *L'abito nuovo*; *Pericolosamente*; *La parte di Amleto*; *Io, l'erede*; *Ditegli sempre di sí*. Ma, rispetto alla precedente, elimina il testo di *La fortuna con l'effe maiuscola* (1942), al cui posto inserisce quello di *Ditegli sempre di sí*, in una versione datata «1932»; il nuovo testo, inoltre, sembra inserito all'ultimo momento, dopo *Io, l'erede* (1942), e, chiudendo la *Cantata*, ne altera l'ordine cronologico.

La settima edizione (1971) continua a presentare sedici commedie: *Farmacia di turno*; *Uomo e galantuomo*; *Ditegli sempre di sí*; *Filosoficamente*; *Sik-Sik, l'artefice magico*; *Chi è cchiú felice 'e me!...*; *Quei figuri di trent'anni fa*; *Natale in casa Cupiello*; *Gennareniello*; *Quinto pia-*

---

* Questa nota riprende ed integra la *Nota sulle «Cantate» di Eduardo. Edizioni e varianti* apparsa in appendice al nostro volume *Eduardo drammaturgo (fra mondo del teatro e teatro del mondo)*, Bulzoni, Roma 1988 (2ª edizione con bibliografia riveduta e accresciuta, 1995), pp. 509-10. Una analoga *Nota su edizioni e varianti della «Cantata dei giorni dispari»* è inserita in ciascuno dei tre volumi della *Cantata* pubblicati negli «Einaudi Tascabili» nel 1995. I rilievi qui e altrove contenuti nascono anche da una ricerca di gruppo svolta in anni di seminari ed esercitazioni con gli allievi; si rimanda in proposito al contributo di Renata Paladini (*Varianti d'autore nella «Cantata dei giorni pari» di Eduardo De Filippo*), in «Ariel», n. 1, gennaio-aprile 1992.

no, ti saluto!; *Uno coi capelli bianchi*; *L'abito nuovo*; *Pericolosamente*; *La parte di Amleto*; *Non ti pago*; *Io, l'erede*. Ma questa edizione (alla quale corrispondono le ristampe del '73, '74, '75) aggiunge per la prima volta il testo di *Non ti pago* (1940) ed elimina quello di *Il dono di Natale* (1932). Qui *Ditegli sempre di sí* riappare in una versione differente, con la data «1927»; inserito fra i testi di *Uomo e galantuomo* (1922) e di *Filosoficamente* (1928), ristabilisce l'ordine cronologico. Subiscono varianti minime, di ordine grafico o relativo all'elenco dei personaggi: *Uomo e galantuomo* ('22), *Quei figuri di trent'anni fa* ('29), *Natale in casa Cupiello* ('31); *Sik-Sik, l'artefice magico* perde una parte della didascalia iniziale. Invece *Gennareniello* ('32) e *Io, l'erede* (che chiude nuovamente il volume) presentano varianti di maggiore importanza.

L'ottava edizione (1979) comprende diciassette commedie: *Farmacia di turno*; *Uomo e galantuomo*; *Requie a l'anema soja...* (1926) «poi, nel 1952, ribattezzata: *I morti non fanno paura*»; *Ditegli sempre di sí*; *Filosoficamente*; *Sik-Sik, l'artefice magico*; *Chi è cchiú felice 'e me!...*; *Quei figuri di trent'anni fa*; *Natale in casa Cupiello*; *Gennareniello*; *Quinto piano, ti saluto!*; *Uno coi capelli bianchi*; *L'abito nuovo*; *Pericolosamente*; *La parte di Amleto*; *Non ti pago*; *Io, l'erede*. Rispetto alla precedente edizione, qui è inserito il testo di *Requie a l'anema soja...* (1926) con il doppio titolo *I morti non fanno paura* (1952); subiscono nuove varianti (sia rispetto al '59 che al '71) *Gennareniello* e *Io, l'erede*, per i quali si può parlare di una terza versione. Appaiono sensibilmente modificati i testi di *Uomo e galantuomo*, di *Quei figuri di trent'anni fa*, e di *Natale in casa Cupiello* (per i quali si può parlare di una seconda versione).

Le edizioni successive del volume risultano identiche a questa del 1979.

Per la vicenda individuale dei testi di ciascuna commedia, nella storia editoriale della *Cantata*, rimandiamo alle note storico-critiche introduttive; osserviamo comunque che presentano varianti i testi appunto di *Uomo e galantuomo*, di *Requie all'anema soja...*, di *Ditegli sempre di sí*, di *Sik-Sik, l'artefice magico*, di *Quei figuri di trent'anni fa*, di *Natale in casa Cupiello*, di *Gennareniello* e di *Io, l'erede*.

Considerando d'altra parte le diverse strutturazioni della *Cantata dei giorni pari*, testimoniate dalle edizioni rivedute (1962, 1971, 1979) posteriori alla prima (1959), possiamo trarne spunti di riflessione che riguardano anche la *Cantata dei giorni dispari*: ricordiamo, infatti, che la prima edizione della *Pari* (1959) esce dopo i primi due volumi (rispettivamente 1951, 1958) della *Dispari*. Già questo fatto suggerisce ipotesi sulla declinazione del titolo di quest'opera *in progress* – il «romanzo teatrale» eduardiano nel suo complesso – che l'autore pubblica dopo, ma anche durante (se ne consideriamo le continue e variate rappresentazioni), la sua messa in scena. Se la metafora della *Cantata* contiene di per sé il versante dell'oralità, che si lega sempre alla prospettiva quotidiana d'un Cantastorie teatrale, i quadri che la compongono appaiono nell'edizione Einaudi prima come appartenenti ai *giorni dispari* e poi a quelli *pari*; curiosamente, secondo un percorso che va a ritroso rispetto al calendario storico.

Un'ipotesi è che l'immagine fondante del titolo e della «pubblicazione tramite libro» (Taviani) del romanzo teatrale di Eduardo sia stata la *disparità* dei *giorni* che esso *cantava*, e solo in un secondo tempo, per contrapposizione, sia emersa la *parità* di altri *giorni* già *cantati*. Ma andrebbero sempre considerati i due percorsi (della scena e del libro) che nel teatro eduardiano si intersecano ad un certo punto, e interagiscono. L'uomo di scena incomincia a sentire l'esigenza di essere anche uomo di libro (autore in senso classico e moderno) al momento in cui concepisce l'idea, appunto, d'un suo romanzo teatrale, che può interessare «anche il lettore». E questo ha inizio (nel volume che apre la *Cantata dei giorni dispari* nel 1951) con *Napoli milionaria!*, ovvero con la prima commedia rappresentata dalla Compagnia «Il Teatro di Eduardo» (con Titina e senza piú Peppino), nell'occasione storica della fine della guerra e in quella scenica della fine della famiglia-compagnia «Umoristica I De Filippo». Solo nel 1959, quando cioè la «sua» Compagnia (la seconda Compagnia) si è consolidata, Eduardo incomincia a pubblicare o ad inserire nel romanzo le prime commedie: quelle scritte per il repertorio della Compagnia di Vincenzo Scarpetta e poi per la Compagnia del «Teatro Umoristico I De Filippo» (anche sotto gli pseudonimi di Tricot e di Molise). Ma proprio questa operazione di ricupero (di un passato prossimo inizialmente rimosso) risulta piú complessa, come dimostra la continua revisione di alcuni lavori contenuti nella nuova *Cantata*, che arrivano a presentare (attraverso le edizioni rivedute) fino a tre versioni diverse.

Quanto al titolo, dev'essere *Pari* per contrapporsi al *Dispari* della *Cantata* già incominciata a pubblicare. Ma se è chiaro il senso della *disparità* dei giorni cantati dal «Teatro di Eduardo», quello della *parità* dei precedenti comporta difficoltà di interpretazione. Possono essere *giorni pari* perché poi c'è stata la guerra, se ripensiamo all'annuncio fatto da Eduardo al pubblico romano di *Napoli milionaria!* (il 31 marzo 1945); il suo non sarebbe piú stato soltanto «teatro da ridere» perché «ogni anno di guerra ha contato come un secolo della nostra vita di prima» (E. De Filippo cit. da M. B. Mignone, *Il teatro di Eduardo* cit., p. 11). Ma sembra difficile che l'autore nel '59 (quando pubblica il volume della *Pari*) la pensasse ancora cosí, semplicemente. Magari nel '45, quando inizia il suo nuovo ciclo da capocomico, poteva ritenere che il suo teatro precedente fosse soltanto «teatro da ridere»; ma le sue testimonianze successive rivelano una prospettiva differente. D'altra parte Eduardo non può aver definito *pari* i *giorni* della *Cantata* anteguerra perché c'era il fascismo; semmai allora pari significherebbe *illusoriamente* pari, dunque *pari* in senso ironico. Ma forse la grandissima efficacia del titolo generale deriva proprio dal fatto che il senso della contrapposizione *pari-dispari* resta *ambiguo*...

Com'è confermato dalla vicenda dell'inserimento e della collocazione dei testi nella *Cantata dei giorni pari*: nel '59 (si è visto) sono sedici. Si incomincia con *Farmacia di turno* (1920) e con *Uomo e galantuomo* (1922); atto unico d'esordio e commedia in tre atti. La collocazione di queste due opere all'inizio della *Pari* resterà costante (anche se il secondo testo subirà varianti). Seguiranno *Filosoficamente* (atto unico, 1928) e *Sik-Sik, l'artefice magico* (atto unico, 1929); *Chi è cchiú felice 'e me!*... (commedia in due atti, del '29, dal cui titolo poi scompariranno i puntini di sospensione), e *Quei figuri di trent'anni fa* (farsa in un atto, dello stesso anno, in seguito rielaborata). Compare con la data del 1931 (non nella versione di quell'anno, un atto unico, ma già in tre atti) *Natale in casa Cupiello*; seguita dall'atto unico gemello (del '32) *Gennareniello*, e da altri due atti unici: *Il dono di Natale* (dello stesso '32) e *Quinto piano, ti saluto!* (del '34). C'è quindi il cosiddetto ciclo pirandelliano o dei drammi borghesi: *Uno coi capelli bianchi* (tre atti, 1935); *L'abito nuovo* (tre atti, 1936) – con l'intermezzo dell'atto unico farsesco *Pericolosamente!* (1938) –, poi *La parte di Amleto* (ancora un atto unico, del 1940) e *Io, l'erede* (tre atti, 1942). Chiude la prima edizione della *Pari* un atto unico scritto in collaborazione con Armando Curcio, *La fortuna con l'effe maiuscola* (1942), quasi per ribadire il carattere (amaramente) da ridere del volume.

Confrontando questo indice dei testi con quello dell'ultima edizione riveduta della *Cantata* si nota subito, nel primo, una mancanza: *Ditegli sempre di sí*. Soltanto l'edizione riveduta del '62 (la terza della *Pari*) elimina *La fortuna con l'effe maiuscola*, forse a causa di un contenzioso nato con Curcio, ed inserisce al suo posto, dopo *Io, l'erede*, il testo di *Ditegli sempre di sí* (nella versione del 1932, messa in scena il 10 novembre dello stesso anno al Teatro Nuovo di Napoli dalla Compagnia del «Teatro Umoristico I De Filippo»). Inserimento *in extremis* (si è detto) che altera l'ordine cronologico; il quale sarà ristabilito nella successiva edizione riveduta del volume: quella del 1971 (la settima), piú rilevante anche per la trasformazione subita da alcuni testi. Qui *Ditegli sempre di sí* riappare nella versione del 1927 (diversa da quella già pubblicata, e probabilmente corrispondente alla messa in scena di Vincenzo Scarpetta). Inserimento ancor piú significativo: *Non ti pago* (tre atti del 1940); testo già comparso nella prima edizione del secondo volume della *Dispari* (1958), che anzi iniziava con quella commedia. Inoltre, nell'edizione riveduta del '79 (ottava, uguale all'ultima) viene aggiunto un atto unico dal doppio titolo, *Requie a l'anema soja*... (1926) e *I morti non fanno paura* (1952); anche questo testo, con il solo titolo *I morti non fanno paura*, era già stato inserito nella prima edizione del secondo volume della *Cantata dei giorni dispari*, da cui viene espunto proprio nel 1979.

Riassumendo: dal punto di vista della strutturazione delle Cantate, due commedie passano, attraverso le varie edizioni, dalla *Dispari* alla *Pari*: due testi, *Non ti pago* e *I morti non fanno paura*, che per la prima volta appaiono nel secondo volume della *Dispari* del 1958, ma ne escono rispettivamente nel 1971 e nel 1979, per trasferirsi (l'ultimo anche con il titolo *Requie all'anema soja...* e con qualche variante) nelle corrispondenti edizioni della *Pari*.

Si conferma cosí il fenomeno della mobilità della drammaturgia eduardiana, individuato a partire dal nostro primo libro sull'autore-attore-regista, *Eduardo drammaturgo (fra mondo del teatro e teatro del mondo)*. Mobilità che abbiamo preferito definire come «drammaturgia consuntiva»: Eduardo pubblicava, poi continuava a rappresentare, e nelle rappresentazioni a cambiare; ma alcuni di questi mutamenti sono documentati dalle stampe, nell'ambito delle stesse edizioni Einaudi. Le varianti testimoniano appunto il passaggio dallo spettacolo al libro, e talvolta viceversa; Eduardo, dopo la prima rappresentazione e la prima edizione di una sua commedia, continuava a rappresentare e a cambiare, ma poi sentiva l'esigenza di fissare sulla pagina certi cambiamenti, dando luogo a nuove edizioni. Già nella riedizione della *Cantata dei giorni dispari*, che abbiamo curata per gli «Einaudi Tascabili», si sono date notizie relative alla trasformazione di alcuni testi (macroscopico il caso di *De Pretore Vincenzo*); ma il fenomeno si può documentare soprattutto in questa *Cantata dei giorni pari* (dove i testi appaiono piú variati che nell'altra, e che presenta, anche in rapporto alle varianti-in-scena, la vicenda originale di *Ditegli sempre di sí*). E si conferma specialmente l'incertezza dell'autore nell'attribuire i testi alla *Dispari* o alla *Pari*, per l'ambiguità non solo dei singoli testi (serio-comici) ma della stessa titolazione del romanzo teatrale; non a caso da alcune lettere della corrispondenza dell'Einaudi con Eduardo risulta che, fin quasi all'uscita della *Cantata dei giorni pari*, non era chiaro a nessuno dove corresse la distinzione...

Glossario

'a: pronome, articolo: la; prep.: da, circa, alla, in.

abballà: ballare.

abbascio: giú, abbasso.

abbastà: bastare; *abbàstano*: bastano.

abbià: avviare e anche scagliare.

abbrucià: bruciare.

abbuscà: guadagnare; fig.: prendere le botte.

acalà: calare, abbassare.

accattà: comprare; *accattatavènne*: compratevene.

accídere (o *accírere*): uccidere; *accedíte*: uccidete; *accerètte*: uccise.

accuncià: aggiustare, disporre in bell'ordine; *accònceme*: aggiustami; *s'acconcia quatt'ova dint' 'o piatto*: si impossessa di beni materiali.

accunto: cliente; *trovate chiuso e pierdete st'accunto*: ironica esclamazione di chi s'imbatte in qualcuno che gli propone un affare vantaggioso solo per chi lo propone.

accussí: cosí.

aciévere: acerbe.

acíto: aceto.

addereto: dietro.

addimannà: domandare.

addó: dove.

'a do': da dove.

addu: presso, da.

addurà: odorare, profumare; *addòra*: profuma.

addunà (se n'): accorgersene; *se n'addòna*: se n'accorge; *se n'addunàvene*: se ne accorgevano.

affatturato: incantato, magico.

affucà: soffocare, strangolare.

agliuttite: inghiottite.

aiere: ieri.

aizà: alzare; *aizàte*: alzate; *aíze*: alza, alzi.

alléro: allegro.

allerta: in piedi.

all'intrasatto: all'improvviso.

'allo: gallo.

alluccà: gridare; *allucche*: (tu) gridi.

allumà: accendere.

ammacàre: magari.

ammalí (s'): intristirsi; *s'ammalisce*: s'intristisce.

ammallàto: detto di frutti che si macchiano e marciscono nel punto in cui poggiano contro una superficie solida.

ammuína: chiasso, confusione.

ammurròne: uno che fa le cose in fretta e perciò non bene.

'a mo!: da ora! (ironicamente: da molto tempo).

ampressa, ambressa: presto.

andovina: (tu) indovina.

ànema: anima.

annascònnere: nascondere; *annascunnuto*: nascosto; *annascunníteme*: nascondetemi.

ànnese: anice.

annieie (t'): lo neghi.

annudo, annure, annuro: nudo.

annumenà: nominare.

aòsemo: io annuso, fiuto (come fanno i cani).

aparà: ornare, parare a festa.

apparà: appianare, sistemare.

appengono: appendono.

appesa (faccia): viso lungo, malumore.

appezzate, appizzate: detto di orecchie tese.

appiccecà (s'): bisticciarsi, litigare.

appiccià: accendere.

appiessa: da sola, da per sé.

appilà: otturare, chiudere; *appilato*: otturato.

apposta: a bella posta, di proposito, e anche al posto di, invece.

appriesso: dietro, dopo.

apprimma: prima.

appriparà: preparare.

appurà: venire a sapere; *appuraie*: venne a sapere.

arapí: aprire; *aràpe*: apri, apre; *arapenno*: aprendo; *araputo*: aperto.

arècheta: origano.

arèto: dietro, indietro.

aríllo: grillo.

aro': quando mai!

'a ro': da dove.

arraccumannà: raccomandare.

arracquà: innaffiare.

arraggiata: arrabbiata.

arraggiunà: ragionare; *uocchie c'arraggiunate*: occhi che ragionate, pensierosi.

arravuglià: avvolgere, aggrovigliare.

arrevutà: rivoltare, rivoluzionare.

arrunà: raccogliere.

arrunzòne: arruffone.

arruvinato: rovinato.

arte: mestiere; *fare un'arte*: ripetere ossessivamente.

ascì: uscire; *ascesse*: uscirei, (lui) uscirebbe, uscisse; *ascèva*: usciva; *ascìmmo*: usciamo; *ascì pazzo*: impazzire; *esco*: io esco; *éscene*: escono.

asciuttà: asciugare.

'assame: lasciami; *'assat' 'e*: lasciateli; *'assàteme*: lasciatemi.

asseccà: asciugare.

assettà: sedere; *m'assetto*: mi siedo.

assignà: addebitare, dare la colpa; *a chi l'assigne?*: a chi vuoi incolpare?

assignàto: quadrato, economo.

assuòccio: diverbio, duello.

astipà: conservare; *astipàto*: conservato; *astípete*: conservati.

astrègnere: stringere.

ata, ato: altra, altro; *me sento n'atu ttanto*: mi sento assai meglio.

attaccà: legare; *attaccà 'e falzo*: accusare di falso; *attaccàmmo a curto*: tagliamo corto.

attuppà: fare un incontro che può avere spiacevoli conseguenze.

audienza, aurienza: ascolto, retta; *da' aurienza*: dar retta.

aulíva: oliva.

autàta: voltata (verbo e sost.).

àuta, àuto: alta, alto.

autriere (l'): l'altro ieri.

avanzà: essere in credito.

avè: avere; *aggi' 'a*: devo; *aggio avut' 'a (m')*: mi sono dovuto; *avarrànno*: avranno; *avarría*: avrei, (lui) avrebbe; *avarri' 'a*: dovrei, (lui) dovrebbe; *avarríamo*: avremmo; *avarissev' 'a*: dovreste; *averriss' 'a*: dovresti; *avess'avut' 'a*: avrebbe dovuto; *avessem' 'a*: dovremmo; *avessen' 'a*: dovrebbero; *avett' 'a*: dovette; *avev' 'a*: doveva; *avivev' 'a*: dovevate.

avutà: voltare; *v'avòta*: vi gira; *avòtete*: voltati; *tu avuòte*: tu volti.

avvelí (anche abbelí): avvilire.

azzeccà: attaccare e anche indovinare; *che nce azzecca?*: che c'entra?

azzuppà: intingere; *azzuppà 'o ppane*: fig.: partecipare attivamente alle malignità dette su qualcuno.

bacante, vacante: vuoto.

bammenièlle: bambocci, detto ironicamente di ragazzi o giovani troppo vivaci e di pochi scrupoli.

bastantemente: abbastanza.

baúglio: baule.

bbia: via; *pe' bbia*: per colpa, a causa.

bbi' canno ('e): le vedi qua, eccole.

beabà (facciamo): facciamo a chi strilla di piú, litigando.

beabà (mannaggia a): imprecazione bonaria.

bell' 'o: bell'uomo, vocativo.

bellezza ('a): lett.: è arrivata la gioia, la simpatia; fig.: saluto cordiale oppure ironico.

bello ('e): di punto in bianco.

bello sul'isso: cosí bello che non ha eguale.

bettone: bottone.

bèvere: bere; *bive*: imp.: bevi.

birbantata: bricconata.

birbante: disobbediente, detto di membra e di occhi.

bottàta: spinta.

buatta: barattolo (dal franc. *boite*).

buffo, buffettone: schiaffo, schiaffone.

buglietto: biglietto.

buie: voi.

buscía: bugia.

butteglia: bottiglia.

ca: che.

cacàglio: balbuziente.

caccià: tirare fuori, cacciare; *caccià 'a voce*: mettere in circolazione una voce.

cadísteve: cadeste.

Caflishe: Caflish, noto Caffè-Pasticceria.

cagnà: cambiare; *cagnasse*: cambierei, cambiasse.

calamaro: calamaio, calamaro.

calimma: caldo, afa.

càmmara, cammarella: camera, cameretta.

cammaréra, cammariero: cameriera, cameriere.

cammísa: camicia.

campà: vivere.

campata: il minimo indispensabile per vivere.

cana: cagna.

canciello: cancello.

cannèla: candela.

canòsceno: conoscono; *canusce*: conosci.

capa: testa, pettinatura; *a capa 'e mbrello*: di cosa fatta senza criterio; *cu' 'a capa*: con l'intenzione.

capace (fa'): capire, far capire; convincere.

capille: capelli; *me faccio veni 'e capille mmano*: ti strappo i capelli.

capitune: anguille.

capone: cappone.

cappiello, cappielle: cappello, capelli.

Cardarelli Antonio: famoso medico.

care: cadi, cade.

carriàto: trascinato.

carte quarantanove (a): a rotoli.

cartuscella: cartina.

carugno': carogna (vocativo).

carusiello: salvadanaio.

Casamicciola: per antonomasia, luogo che sembra devastato dal terremoto.

cascante: cascamorto.

cascia, casce: cassa, casse.

cascetta (*ve ne iate a*): essendo considerato sedere a cassetta il posto piú scomodo della carrozza, fig. vuol dire: state male combinato.

cataràttole: cataratte.

cato, cate: secchio, secchi.

cauce: calci.

cauràra: caldaia.

càure: caldi; *sta càuro*: è ricco.

cazetta, cazettielle: calza, calzini; *meza cazetta*: borghesuccia o borghesuccio che ostenta uno stato sociale superiore a quello a cui appartiene.

cazone, cazuni: calzone, calzoni.

ccà, canno: qua.

cchiú: piú.

cecà: diventare cieco e anche accecare.

cemmeniero: fumaiolo.

cènnera: cenera.

cerevelle: cervello, cervella.

cetrulo luongo luongo: cetriolo cresciuto troppo perciò pieno di semi e quindi immangiabile; fig.: persona cresciuta ma inservibile.

che d'è? che r'è?: che è?

chella, chello, chille, chelli: quella, quello, quelle, quelli.

chenca: società equivoca (corruzione di *gang*).

chesta, chesto, chiste, cheste: questa, questo, questi, queste; *chesti lloco*: codeste.

chiachiello: persona poco seria, da prendere alla leggera.

chiàgnere: piangere; *chiàgne*: piange; *chiagnènno*: piangendo.

chiano: piano.

chiapparielle: capperi.

chiatto: grasso, obeso.

chiavà: ficcare, assestare.

chiena: piena.

chino chino: pieno fino all'orlo.

chioppa: coppia.

chisà (*pe'*): chissà.

chiuovo: chiodo.

cícere: ceci; *quatte cícere annammuolle*: qualche attenzione affettuosa.

ciculille: ciccioli.

cientemila: centomila.

cientéseme: centesimi.

cierti: certi.

cinche: cinque.

ciòtele: ciotole, coppe.

ciuccio: asino.

ciunco: paralizzato, cionco.

c' 'o: con il, con lo.

còcco (*me*): mi corico.

cocozza: zucca.

colata, culata: bucato.

confromme: non appena.

considerà, cunsiderà: considerare, avere considerazione, pietà.

coppa: sopra; *'a copp' 'a mano*: di rimando.

cosa: oltre al significato normale ne assume diversi secondo il contesto: *te pozza veni na cosa*: ti venga un accidente; *l'è venuta na cosa*: gli è venuto un malessere; eccetera.

cosce: gambe.

cose 'e: cose da; *cos' 'e pazze*: roba da matti.

còsere: cucire; *còso*: cucio.

crapa: capra.

creanza, crianza: rispetto, creanza.

cria': creare; *crianne*: creando.

criatura: creatura, bambino.

cride: tu credi.

criscenno: crescendo e anche allevando; *crisciarrànno*: cresceranno.

cristiani, crestiani: persone, gente; *essere cristiano di*: essere capace di.

cu': con.

cucciulella: conchiglia.

cufenaturo: grosso vaso di terracotta, lavatoio.

cugnomme: cognome.

cuieto: tranquillo.

culono: contadino, colono.

culunnetta: comodino.

cumanno: comando; pretenzioso: *cumanto*.

cumbinà: combinare, concludere.

cummàra: comare.

cummerità: comodità.

cummoglià: coprire; *cummògliate*: copriti.

cumpa': voc. compare.

cumpatí: compatire, avere comprensione.

cunòscere: conoscere, riconoscere.

cuntante: in contanti.

cuntà: contare, raccontare.

cunto: conto e racconto.

cunzulà: consolare; *se cunzulà*: ricrearsi.

cuollo: collo; *'a cuollo*: da dosso.

cuoppe: cartocci a forma di cono; fig.: persona fatta male; rigonfi di stoffa negli abiti cuciti male.

curréa: cinta, cinghia.

currívo: rancore rabbioso e impotente per un torto ricevuto di cui non ci si può vendicare; sangue arrabbiato che distrugge il fegato.

cusarella: cosetta.

cuttòne: cotone.

da': dare; *daie*: tu dài; *deva*: egli dava; *darría*: darei, darebbe; *dongo*: io do.

ddoie: due (anche *duie*).

delore: dolore.

deritta: dritta e anche furba.

dícere: dire; *dicénnele*: dicendogli; *dich'io*: dico io; *diciarríe*: direi, direbbe.

diciassette: nella Smorfia è la disgrazia; *passà nu diciassette*: passare un guaio.

diec' 'e (sta): questa grande.

dinto: dentro; *dint' 'o*: nel.

diuno: digiuno.

duciazze: dolciastro, stucchevole.

duro, piglià a duro: prendersela troppo.

'e: prep.: di, alle; art.: gli, i, le; pronome: gli, le, loro.

faccia: viso; *buttare per faccia*: abbondanza di qualcosa; *tenere in faccia*: modo di dire del popolino per significare che un qualcosa è intestato a sé; *faccèlla*: visetto.

facciafronte: confronto.

fa': fare; *facèttere*: fecero; *facirría, faciarríe*: farei, farebbe; *faciarríemo*: faremmo; *faciarrísse, faciarrísseve*: faresti, fareste; *facíte*: fate; *ve facíte brutto*: vi adirate; *facíte 'e nummere*: vi comportate in modo cosí stravagante o esagerato che la gente può cavarne i numeri per il Lotto.

famma: fame; *fammista*: uno che ha sempre fame.

fasule: fagioli.

fatticiello: piccolo fatto, fatterello.

felillo: filino.

felinie: fuliggini.

fella: fetta.

femmena: donna.

ferni: finire; *fernarria*: finirebbe; *fernesce*: finisce; *fernéva*: finiva; *fernítela*: finitela; *fernuto*: finito.

fète: puzza.

fibbia (salute alla): non me ne importa.

ficurinie: fichi d'India.

fido (me): ho la forza; *nun me fido*: non ho la forza.

fierro: ferro.

figlià: partorire; *ce faie figlià*: ci fai stare in ansia per conoscere la fine di quello che stai dicendo.

figliema, figlieta: mia figlia, tua figlia.

fiúra: figura.

fora, fore: fuori; *so' fore*: ho vinto.

fornacella: fornello (anche furnacella).

fosse Dio: volesse Dio, magari.

fràceto: fradicio.

fràgnere: rodere.

franco: gratis.

frate, frato, fratu: fratello; *frateme, fratemo*: mio fratello; *fratete*: tuo fratello.

fravecatòre (pl. fravecatúre): muratore.

freva, freve: febbre.

friccichià: dibattersi come un pesce fuori d'acqua.

frisco (pl. frische): fresco; *frisco all'ànema soia*: sia benedetta la sua anima.

frúngolo: foruncolo.

fuculare: focolare.

fui': fuggire; *fuie*: fuggo, fuggi, fugge; *fuiúto*: fuggito.

fuiarella: fuga interminabile.

fumata: rubata (cioè, come svanita in fumo).

funa: fune, corda; *mettere 'a funa 'a notta*: i ladri d'una volta mettevano una corda da un lato all'altro dei vicoli per fare cadere i passanti e derubarli; fig.: fare il ladro.

funnièllo: fondello.

galiota: galeotto, tipo da galera.

gallènaro: pollaio.

genio: voglia, lena.

gesummino: gelsomino.

ghi' (anche *ji'*): andare; *ghiammo*: andiamo; *ghiammuncénne*: andiamocene; *ghiatevénne*: andatevene; *ghiate*: andate; *ghiette*: andò; *ghiésce*: esci, vattene; *ghiuto*: andato; *ghiveve*: andavate.

ghiénchere, ghiéngere: riempire; *ghienchíte*: riempite.

ghiettà (anche *iettà*): gettare; *ghiettà 'o sango*: faticare duramente.

ghiucà: giocare (anche *iucà*).

ghiuorno: giorno; *ghiurnata*: giornata.

gnernò, gnorsí: signornò, signorsí.

gnostia: inchiostro.

grade, grare: scalini.

gramegna: erbaccia, gramigna.

gravune: carboni.

grillo: nel gergo dei giocatori, il danaro sostituito dai gettoni.

gruosso: grande, grosso, cresciuto.

guagliona, guaglione, guagliune: ragazza, ragazzo, ragazzi; *guagliuncella*: ragazzina.

Guantai: vecchia strada di Napoli.

guaragnà (anche *guadambià*): guadagnare.

guardaporta, guardaportone: portinaia o portinaio.

guardio: guardia.

gulio: voglia, desiderio.

haie: hai.

hann' 'a: devono; *he 'a*: devi; *he 'a ji'*: devi andare; *vide addó he 'a ji'*: va' a raccontarlo a qualcun altro.

'i': vedi.

iacuvella: fatto serio trasformato in cosa ridicola da persona poco seria.

ianca, ianco, ianche: bianca, bianco, bianchi.

iate dicenno: dite pure, continuate a parlare.

iénchere: riempire; *ienchéva*: riempiva; *iencuto*: riempito.

impersonificatevi: pretenzioso per compenetratevi.

inchiantà: piantare in asso, lasciare.

inchiosta: corruzione di inchiostro.

incuccià: incontrare, sorprendere; *incuccià n'ambo*: azzeccare un ambo.

infermezza: corruzione di infermità.

infrucià: mangiare con tanta avidità da infilare il cibo perfino nelle narici; *non lo infrucéte tanto*: non lo rimpinzate troppo.

int' 'a: dentro a.

interoclisimo: corruzione di enteroclisma.

isso: lui.

'it' 'a: dovete.

ittà 'acito: crepare di rabbia.

iucature: giocatori.

iuoco: gioco.

iuorno: giorno; *na cosa 'e iuorno*: una cosa veloce.

iusto: giusto (prep. e agg.).

lancerebbi: pretenzioso per lancerei.

lassà: lasciare; *nun 'a lassà 'e pede*: non cessare di seguirla, di tenerla d'occhio; *làssame*: lasciami; *lassàmmo*: lasciamo; *làsseme*: lasciami.

lazzaro: plebeo (agg. e sost.), ineducato, invadente (da «Lazzaro», una delle due divisioni – l'altra era formata dagli «Alarbi» – della plebe napoletana nel Seicento, durante la festa della Madonna del Carmine).

le: gli, le, loro.

lemmòsena: elemosina.

lengua: lingua.

lestu lestu: presto presto.

lête: levati.

lietto: letto.

lignammo: legno, legname.

linee: linee; *'e linee l'aggio tirate*: ho programmato ogni cosa secondo le mie possibilità economiche.

liscía: liscíva.

lloco: là; *lloco fore*: là fuori.

lucale: locale.

lucigno: lucignolo.

lunnerí: lunedí.

luonghe: lunghe.

luvà: levare, togliere; *luvaie*: tolse, levò; *luvàteve*: toglietevi.

ma': maestro, capomastro; *se' ma'*: signor capomastro.

m' 'a: me la.

macchiulella: macchiolina.

magnà: mangiare; *mangiarse 'e maccarune*: mangiare la foglia.

magnafranco: chi mangia a sbafo, parassita.

maie: mai.

mala, malo: cattiva, cattivo; *mala nova*: brutta notizia; *malu tiempo*: cattivo tempo.

malato: fig.: costoso come un malato.

maluocchie: malocchio.

mammasantissima: personaggio d'alto grado nella gerarchia della camorra; fig.: pezzo d'uomo e anche uno che conta, che comanda, che ha potere.

màmmeta: tua madre.

mana: mano; *manella*: manina.

manéra: maniera; *'e chesta manéra*: grande cosí.

maniàta: manciata; fig.: branco.

mannà: mandare, emanare; *mànnano*: mandano; *mannàsse*: mandasse, manderei.

mannàggia: male ne abbia; *mannàggia beabà*, *mannaggia bubbà*: imprecazioni bonarie.

mano (a) a mano: dall'uso di passare le merci da scambiare dalla mano del venditore in quella del compratore; fig.: cosa fatta senza perder tempo.

mantesiniello: grembiulino; fig.: persona servile e pettegola (dai servi pederasti del Seicento, detti Mantesinielli).

mappàta: grosso involto; *na mappàta 'e*: un branco di; *mappatella*: involtino.

mappína: straccio.

marenna: merenda; *mo fa marenna*: adesso passa un bel guaio; *'o faccio fa' marenna*: gli do un assaggio della mia ira.

maríteto: tuo marito.

masculo: maschio; *masculillo*: maschietto.

massaría: podere.

masterascio: falegname.

masto: maestro; *nisciuno se pò fa' masto*: nessuno può erigersi a maestro.

mazzàte: botte.

mazzecato (parlà): parlare con reticenza.

mbasciate: commissioni, ambasciate.

mbattà: impattate, fare partita patta.

mbé: ebbene.

mbrello: ombrello.

mbriacà: ubriacare, confondere.

mbroglio: imbroglio (pl. *mbruoglie*).

mbruglià: imbrogliare.

meh: via, su.

meie: mie.

menà: gettare; *menaie*: gettò; *mengo*: getto, butto; *me menasse 'e capa*: mi butterei a capofitto; *mine*: tu getti.

mettere 'a coppa: superare.

mezzòne: mozzone, mozzicone.

miédeco, *miéreco*: dottore, medico.

miette ll'uoglio ncopp' 'o peretto: completi l'opera, ma è detto in senso ironico: fai una fatica inutile.

miso: messo (verbo).

m' 'it' 'a: mi dovete.

mmanica: manica; fig.: banda, branco.

mmanne: mandi.

mmano: in mano.

mmaretà: maritare; *mmaretata*: maritata.

mmasciata: messaggio, imbasciata.

mmena ('o): fa caldo.

mmeretà: meritare, esser degno; *mmeretavo*: meritavo; *mmiérete*: meriti (verbo).

GLOSSARIO

mmico: con me.

mmiezo: in mezzo.

mmiria: invidia.

mmiscate: mescolati, assortiti.

mmiso: messo (verbo).

mmocca: in bocca.

mmuccà: imboccare; fig.: darla a bere; riflessivo: infilarsi, introdursi.

mo: ora, adesso; *mo vedimmo, mo verimmo*: vediamo chi la vince.

mola: dente molare.

mondezza: immondizia.

mòppeta: mossa (dal verbo *mòvere*).

mòto: colpo apoplettico.

mozzecà: mordere: *mòzzeca*: morde.

mparà: imparare e anche insegnare; *mpàrete*: impara (forma imperativa).

mparaviso: in paradiso e perciò in alto.

mpezzà: ficcare; *se mpezzaie*: si ficcò, si introdusse; *mpezzàto*: infilato.

mpiccià (se): impicciarsi, intrigarsi.

mpietto: in petto.

mpòsta: metti la posta (al gioco).

mugliéreta, mugliérema: tua moglie, mia moglie.

mulliche: molliche.

munnezzaro: mondezzaio.

munno: mondo.

montone: mucchio.

muollo: molle (agg.).

muònice: monaci (in gergo: guardie).

muorto: morto.

muorzo: boccone (pl. *muorze, morze*).

murí: morire; *murette*: morí; *murevo*: morivo.

musso: bocca, muso.

mustaccio: baffi.

muzzone, muzzune: mozzicone, mozziconi.

n', na: un, una; *nu*: un, uno.

nascette: nacque.

n'at'ommo: un altro uomo.

ncanna, nganno: in gola, alla gola; *a chesta ll'he purtata sempe appesa nganno*: questa l'hai sempre portata appesa alla gola come una reliquia, cioè l'hai sempre venerata; *chillo 'o tengo nganno*: quello lo tengo segnato, verrà il momento che gli darò il fatto suo.

ncantesemo: incantesimo.

ncapa, ncapo: in testa.

ncappatura: strappo.

ncarricà: incaricare; *nun te n'incarricà*: non ti preoccupare.

nce: ci.

nchiantà: piantare, lasciare.

ncoccià: cogliere, sorprendere, incontrare, azzeccare; *ncucciaie*: sorpresi (verbo).

ncoppa: sopra.
ncuietà: togliere la quiete, inquietare.
ncuollo: addosso, in braccio.
ncuorpo: in corpo, dentro di sé.
Ndre': Andrea, vocativo.
nenne', nenni': bambina, bambino, vocativo.
nfama: infame.
nfamità: infamia.
nfosa: bagnata; *nfuso*: bagnato.
nfracante: in flagrante.
nfracetà: infradiciare; *nfracetaie*: infracidò.
ngalera: in carcere.
ngiucio: pettegolezzo.
ngrazia: in grazia.
nguacchio: intruglio, pasticcio.
nguaiato: messo nei guai, rovinato.
nguenta: unguento.
nierve: nervi; *attaccà 'e nierve*: innervosirsi.
nievo: neo.
niro: nero.
nisciuno: nessuno.
nnammurà: innamorare.
nnammuratielle: giovani innamorati.
nnanze: avanti, davanti.
nnucente: innocente.
no' ('a): nonna, vocativo.
nommo: nome.
none: dialetto della provincia: no.
nova: sost.: notizia; agg.: nuova.
novanta (o *nuvanta*): nella Smorfia è la paura.
ntipatia: antipatia.
ntiso: udito, sentito.
ntossecà o *ntussecà*: avvelenare.
ntrícate: impícciati (anche *ntríchete*).
ntuppà: urtare; *ntuppaie*: urtai; *ntuppato*: urtato.
nturzà: gonfiare; *nturzanno*: gonfiando.
nuie: noi.
nummere: numeri.
Nunziatella: collegio militare di Napoli.
núreco: nodo.
nutarella: noticina.
nutricia, nutriccia: balia, nutrice.
nuasette: color nocciola.
nuvielle: novelli.
nzerrà: chiudere; *nzérra*: chiudi; *nzerraie*: io chiusi.
nzevúso: unto di grasso.

nzípeto: insipido, sciocco.

nzisto: agg.: in gamba.

nzogna: sugna.

nzurà (se): ammogliarsi.

'o: articolo: il, lo; pronome: lo, gli.

ofàno: borioso, vanaglorioso.

oi ma': mamma, vocativo.

ommo: uomo.

'onna, 'on: donna, don.

ove': vero?

overo: davvero

overamente: veramente.

pacchero (pl. *paccheri*): schiaffone.

pacchiana: contadinotta; agg.: di cattivo gusto.

paccuttino: pacchettino.

paíse: paesi.

palià: bastonare, picchiare.

paliatòne: solenne bastonatura.

palòmma: farfalla bianca.

palummo: colombo.

panàro: paniere.

panza: pancia.

pappaviente: sopravvento; fig.: l'abusare di una circostanza favorevole a sé.

parà: preparare, abbigliare.

paré: sembrare; *pararrà*: sembrerà; *paruto*: sembrato, parso.

Parco d' 'a Rimembranza: giardino in memoria dei caduti della prima guerra mondiale a Posillipo.

partetella: partitina.

passata (d' 'a): della volta passata, della settimana passata.

passi: uva passita; *quanno pioveno passi e fichi*: mai.

passiàta, passiatélla: passeggiata, passeggiatina.

patàna: patata; fig.: stupida.

pate: padre; *pàtemo*: mio padre; *pàteto*: tuo padre.

patrune: padroni.

pavà: pagare.

pazzaría: pazzia; manicomio.

pazzià: scherzare; *pazzià a fa' male*: scherzare col fuoco; *pazzèa*: egli scherza.

pazziélla: giocattolo, scherzo.

pe': per.

pede, pere: piede; *piere*: piedi.

pedòne: per uno, ciascuno.

penzà: pensare; *penzarrísseve*: pensereste.

pepparella: pipetta, piccola pipata.

peretto: bottiglia di vetro spesso, a forma di pera.

pertuso: buco.

pèttola: lembo della camicia che esce dal calzone.

pèzza: antica moneta e in genere danaro; *la pezza nun le manca*: è ricco.

pézze: toppe; *pézze 'e russo nfaccia*: guance rosse, indice di buona salute.

pezzecà: dal vecchio gioco napoletano «'O pizzeco», in cui si pescavano le carte con l'indice e il pollice, come per pizzicare; *pezzecà 'o terno*: fare terno.

piazzato: situato e anche chiaro e preciso.

piccerella, piccerillo: bambina, bambino.

piecure: pecore.

piedone: corruzione di pedone.

piezzo d'opera: infisso.

piglià: prendere, pigliare; *pigliàieno*: presero; *pigliatavillo*: prendetevelo.

pignuolo: pinolo (sost.), color pignolo (agg.).

pilo: pelo

pímmece: cimice.

Pintauro: famoso dolciere.

pirciò: perciò.

pirchio: tirchio, avaro; *pirchi*: avari.

pírico: facile a prendere fuoco.

piscà: pescare.

pittà: dipingere; *pittà 'o sole*: fare cosa impossibile.

pívoze: in gergo, le vittime (dal gioco «a mazza e pívoze», in cui si batte un pezzetto di legno, assottigliato alle estremità, con un bastone).

pízzeco: pizzicotto; gioco a carte.

pizzo: angolo, lembo; *statte 'o pizzo tuio*: sta al tuo posto.

pògnere: pungere, stuzzicare.

pònie: pugni.

ponticcio: pretenzioso per patereccio.

porte 'e casa (a): vicini di casa.

posta: sorta, grandezza.

poté, puté: potere; *pònno*: possono; *pòzza, pòzzano*: possa, possano; *pozzo*: posso.

pòveṛe: polvere.

pponte: punte.

preia (se): si rallegra.

premere: importare.

préreche: prediche.

presebbio: presepio.

pressa: fretta; *'e pressa*: di fretta.

presutto: prosciutto.

pretella: piccola pietra.

pueta: poeta.

puisia: poesia.

pulezzà: pulire; *pulezzammo*: puliamo; *pulizze*: pulisci.

Pulicenella: Pulcinella; *levammo 'a taverna 'a nnanze a Pulicenella*: togliamo di mezzo le tentazioni.

pullasto: pollo.

pummarola: pomodoro; *pummarolella*: pomodoretto.

pumo: pomo.
punio: pugno.
puntone: angolo di strada.
puose: posa, metti giú.
pupàta: bambola; *na pupata*: una bellezza.
pusitivamente: apposta.
putechino: botteghino.

qua': quale.
quacche: qualche.
quaccheduno, quaccheruno: qualcuno.
quatte: quattro.
quinnece, quinnici: quindici.

rancio: granchio e ragno.
ràreca: radice.
rattà: grattare; *rattanno*: grattando; *i' ratto*: io gratto.
recchia: orecchio.
Re cumanna scoppole: castigamatti.
refòsa: aggiunta.
refriscà: rinfrescare.
refúnnere: rimettere, aggiungere.
remmore, rumore, a remmore: rivoluzionato.
rente, rento: dente.
renza, piglià 'a renza: fig.: pigliare una violenta simpatia per qualcosa o qualcuno;
    s' 'a tirata 'a renza: s'è ricreduto, ha cambiato strada.
resolio: rosolio.
revutà: rivoltare.
revuòto: gran disordine.
rialuccio: regalino.
ribosciato: debosciato, corrotto.
ricchine: orecchini.
riggina: regina.
riggiòla: mattonella.
rilogio: orologio; *rilorgi*: orologi.
risírero: pretenzioso per desidero.
«Roma»: popolare giornale di Napoli.
ròseca: rode, borbotta (dal verbo *rusecà*).
rraú: ragú.
rrenne: verbo: rende; *Dio v' 'o rrenne*: Dio vi ricompenserà per questo.
rubicella: robetta.
ruciuleà, ruciulià: cadere rotolando.
ruffiana: mezzana.
rummané: restare; *rummanette*: rimase.
runzéio: io ronzo.
russo: rosso; *voglio vedé 'o rrusso*: voglio veder scorrere sangue.
rutto: rotto.

sacca: tasca.

sacc'i': so io.

saglí: salire; *sagliute*: saliti.

sagliutelle: piccole salite.

sammuchella: beone (da sambuca).

sango: sangue; *sango d' 'a marina*: eufemismo di bestemmia, sta per sangue della Madonna.

sanguigno: strafalcione per sanguinario.

sapé: sapere; *sàpe*: sa; *sapimmo*: sappiamo; *sapisse*: sapessi; *sapíveve*: sapevate.

sapunara (*erba*): erba saponaria per il bucato.

sapunaro: raccoglitore ambulante di roba vecchia, rigattiere; *'a sporta d' 'o sapunaro*: detto di cosa che vale poco.

sazio (*né 'a*) *né 'a diuno*: né quando sono ottimista perché ho mangiato, né quando sono pessimista perché digiuno, cioè mai.

sbacantà: svuotare.

sbarià: farneticare, delirare; *sbarèo*: deliro, farnetico.

sberticellà (*se*): squilibrarsi.

scaienza: scarsità, carestia.

scamazzà: schiacciare.

scamorza: formaggio fresco; fig.: scioccone.

scanzà: liberare, evitare; *scanzaie*: scansai, scansò; *scànzace*: liberaci.

scapezzà: morire.

scarfà: scaldare.

scarfaccia: minestra riscaldata.

scarpesà: calpestare.

scarpune: pantofole ricavate da scarpe vecchie.

scarrafone (pl. *scarrafune*): scarafaggio.

scartellato: gobbo.

scasato: che non ha casa, che vive per strada; *s'é scasato Napule*: tutta la città è uscita per strada; detto dell'effetto di notizia o fatto clamoroso.

scassà: rompere.

scella: ala o ascella.

scippà: strappare; *sceppasse*: strapperei.

sceriata: strofinata (verbo e sost.).

sceruppe: sciroppi.

scerúppete: sciroppati, sorbisciti.

scetà: svegliare; *scèteme*: svegliami.

schiattà: crepare, scoppiare, rovinare.

schiuppà: scoppiare, sbocciare, schioccare.

schiuppata: sbocciata e sbocciatura.

schiuvazione: martirio, tormento, espiazione.

sciaccà: rompere la testa.

sciallaccono: scialacquone.

sciantosa: cantante di varietà (dal franc. *chanteuse*).

scigna: scimmia.

scinne: scendi.

sciorta: sorte.

scioscio: soffio.

sciòsciole: frutta secca delle feste natalizie.

sciso: sceso, disceso.

scommà, scommàto: schiumare, schiumato; *scommà 'e sango*: fare uscire sangue dal naso a forza di botte.

sconfido, scunfido: sconforto.

sconocchià: cadere perché mancano le ginocchia.

scòrfana: corruzione di «orfana», detto anche di chi non lo è ma merita la tenerezza suscitata da un'orfana.

scòrteca: femminile di *scuorteco*, ronzino pelle e ossa; fig.: persona provata dalla vita.

sculà: colare; *puozza sculà*: che tu possa morire e colare gli estremi umori vitali.

scumbinà: scombinare e anche delirare.

scummoglià: scoprire.

scuorno: vergogna.

scupà: scopare; *scupatore*: spazzino.

scuppetta: fucile.

scusuta: scucita.

se': signore e anche sei (numero).

se, seh: sí (ironicamente).

seccia: seppia; *menà 'o niro 'a seccia*: fare discorsi pesanti e pessimistici.

secutato: inseguito.

seggia: seggiola, sedia.

seie: sei (numero).

semmana: settimana.

senga: fessura.

sennuzze: singhiozzi.

senzanaso: la morte.

serenata (*puorte 'a*): vuoi incantare.

Serraglio: casa di correzione per ragazzi costruita in Napoli dai Borboni.

sèvere 'e pazze: cose da pazzi.

sezzuso: sporcaccione.

sfasterià (*se*): seccarsi, infastidirsi.

sfatto: scotto.

sfogatore: attore che vuole emergere a qualsiasi costo, invadente.

sfavrecà: demolire.

sfrocolià, sfruculià: stuzzicare, burlare; *sfruculià 'o pasticciotto*: fare un dispetto, stuzzicare.

sfugliatelle: dolci ripieni di ricotta.

sfunnà: sfondare; *sfunnaie*: sfondò.

sfúnnelo: stomaco sfondato, insaziabilità.

sguancià: strapazzare, sgualcire, palpeggiare.

si': sei (dal verbo essere).

sicàrie: sigari.

sicchie: secchi.

sicco: magro.

sie': signora.

singo: segno; *nun esco 'a fora 'o singo*: non devio dalla via tracciata.

sírece: sedici.

sisco: fischio.

situà: situare, sistemare; pretenzioso: *situatà*.

smerzà: rivoltare, rovesciare.

smerza: rovescia, sinistra; *farse 'a croce 'a mano smerza*: essere smarriti, stupiti.

sòleta: solita; *'o sòleto*: al solito.

sonà: suonare; *nun me sòna*: non mi persuade, non mi pare giusto, non mi piace.

sonnà: sognare.

sora: sorella; *sosò*: sorellina.

sòso (me): mi alzo.

sotto ('a): esclamazione di paura o meraviglia.

spànnere: stendere.

sparagnà: risparmiare.

spàrtere: dividere.

spassà (se): divertirsi.

spassuse: divertenti.

specie antiche (me ricuordo 'e): mi ricordo di quando ero giovane che non la facevo passare liscia a nessuno.

spertusà: bucare: *io spertòso*: io buco.

spezzentà (se): ridursi in miseria; *va spezzentanno*: va facendo il pezzente.

spia': domandare.

spingola: spilla; *spingola spingola*: spillo per spillo, accuratamente.

spitale: ospedale.

sponta (non): non mette capo ad altra via.

spustà: spostare; fig.: esorbitare.

stienne: stendi.

stocco: merluzzo seccato al sole.

storne: biglietti del Lotto compilati ma rifiutati dai clienti e che si vendono a chiusura del Banco Lotto a prezzo ridotto.

stracàne: astrakan.

strafuchiamente: scorpacciate.

strappa (si): sottinteso «la vita», e perciò: si tira avanti.

strúffoli: dolci napoletani di Natale.

strúiere: struggere; *struienno*: struggendo.

stunamiento: intontimento.

sturzellà: torcere, storcere, mettersi di cattivo umore.

stutà: spegnere; fig.: uccidere.

súbbeto: subito; *muorto 'e súbbeto*: morto di incidente.

sunetto (mò luvammo n'atu rigo 'a sott' 'o sunetto): il sonetto è già corto e conciso se togliamo un rigo non si capisce piú niente.

suonno: sogno, sonno.

superchià: avanzare.

superchio: il soverchio.

suppigno: soffitta.
suppresa: sorpresa.
súrice: topi.
súsete: alzati (imp.).
sustengo: io sopporto.

tadesca: corruzione di tedesca.
taier: corruzione di tailleur, abito a giacca.
tanno: allora; *tanno pe' tanno*: sul momento.
tantillo: piccolo.
tantu bello: per benino.
te', teh: tieni; *técchete*: eccoti.
tené: tenere; *tenarría*: terrei, avrei; *io tenghe*: io ho.
teratore, teraturo: cassetto; *tiratorio*: italianizzazione di teratore.
ternicciullo: piccolo terno.
tiano: tegame di terracotta.
tico: con te.
tiella: tegame di metallo.
tirante: bretelle.
titò: senti un po' (dal franc. *dit donc*); *Titò*: signor mio.
titte: tetti.
tòzzeno: urtano; *tòzzeno nterra*: urtano contro una resistenza insuperabile.
tramente (pe'): frattanto.
trammo: tram.
trappàno: zoticone.
trasí: entrare; *trasarrànno*: entreranno; *tràse*: entra (tu); *trasette*: entrò.
trenta e uno trentuno (faccio): completo la faccenda, la cosa.
trentenella: una piccola trentina.
triato: teatro.
tricà: tardare, aspettare.
trònole: tuoni.
trummétta: tromba; *'a trummétta 'a Vicaria*: pettegolo che sparge notizie senza giu-
    dizio o prudenza.
truvà: trovare.
tubette: qualità di pasta corta.
tuculià: vacillare; *tuculèia*: vacilla.
tuòsseco: veleno.
tuosto: duro.
tuppulià: dare di gomito.
turcenne (chi ve sta)?: chi vi tocca?
tutte cose: tutto.
tutte quante: tutti.
tuzzà: urtare.
tuzzulià: bussare; *tuzzulèo*: io busso.

ubbligazione: obbligo.
uno 'e tutto: un pò di tutto.

unnice: undici.

uocchie: occhi; *uocchio a uocchio*: sotto il naso.

uoglio: olio.

úrdemo: ultimo; *l'urdimamente*: recentemente.

urzo: orso.

úsciola: urna dei voti; *mbruglià 'a úsciola*: confondere le cose.

uva muscarella: uva moscatella.

v' 'a, v' 'o: ve la, ve lo.

vacante: vuoto.

vammàna: levatrice; *te voglio mannà a chiammà 'a vammana*: detto in senso ironico a chi è lento, perché la levatrice serve in fretta.

vasà: baciare.

vascio: basso (agg.); abitazione a pianterreno che dà direttamente sulla strada
(sost.).

va' trova: va a scoprire, chissà.

vattènne: vattene.

vàttere: battere; *vattíteme*: battetemi.

vattísimo: battesimo.

vedé: vedere; *veco*: vedo; *vech'io*: vedo io; *vedite*: vedete.

vellículo: ombelico.

vení: venire; *véneno*: vengono; *veníveve*: venivate; *vieneténne*: viènitene.

vénnere: vendere; *vennúto*: venduto.

vergine vergine: innocente e ignaro.

vermezzullo: vermiciattolo.

véspera: vespa.

vévere: bere; *vive*: bevi; *vippeto*: bevuto.

veziuzo: vizioso.

vi': vedi; *vi' canno ('a, 'o)*: eccola, eccolo.

viato: beato.

vico (pl. *vichi*): vicolo.

vilario: velario, sipario.

vinte: venti (numero).

vizie: difetti.

vocca: bocca.

voce (*me ne dai na voce*): verrà il momento che te ne pentirai.

volío: voglia, desiderio.

vòllere: bollire; *vòlle*: bolle.

vota: volta.

vòtta: botta, botte; verbo: sprizza, butta.

vraccio: braccio.

vranca: manciata.

vrite: vetro.

vruoccole: broccoli; *pere 'e vruoccolo*: fig.: persona ingombrante.

vuie: voi.

vulé: volere; *vularría*: vorrei; *vulísseve*: voleste, vorreste; *vònno*: vogliono.

vullente: bollente.
vulunnà, vuluntà: volontà.
vuosto: vostro.
vutà: voltare, rimestare; *vòto*: vòlto, giro.
vutamòbele: automobili.
vuttà: spingere, buttare; *vòtto*: spingo.
vvote: volte.

zalle: gonzi.
zelluso: tignoso.
zeppola: focaccina fritta a forma di ciambella.
zetella: nubile.
zi' (*'a, 'o*): zia, zio (vocativo).
zòccole: ratti.
zompà, zumpà: saltare.
zòmpo: salto (sost. e prima persona presente di *zompà*).
zòza: porcheria, fanghiglia.
zucà: succhiare.
zuco: sugo.
zumpà: saltare.
zuppa: fig.: modesto guadagno; *abbuscàteve sta zuppa*: guadagnatevi la giornata.

Indice

Stampato per conto della Casa editrice Einaudi
presso Mondadori Printing S.p.A., Stabilimento N.S.M., Cles (Trento)

C.L. 17291

Edizione								Anno			
4	5	6	7	8	9	10		2007	2008	2009	2010